杜宏春 —— 校證

劉錦棠奏稿校證

上冊

中華書局

圖書在版編目（CIP）數據

劉錦棠奏稿校證／杜宏春校證. —北京：中華書局，2019.11
ISBN 978-7-101-14178-8

Ⅰ.劉… Ⅱ.杜… Ⅲ.奏議–匯編–中國–清代 Ⅳ.K249.065

中國版本圖書館 CIP 數據核字（2019）第 227612 號

書　　名	劉錦棠奏稿校證（全二册）
校 證 者	杜宏春
責任編輯	杜艷茹
裝幀設計	周　玉
出版發行	中華書局
	（北京市豐臺區太平橋西里 38 號　100073）
	http://www.zhbc.com.cn
	E-mail：zhbc@zhbc.com.cn
印　　刷	北京市白帆印務有限公司
版　　次	2019 年 11 月北京第 1 版
	2019 年 11 月北京第 1 次印刷
規　　格	開本/710×1000 毫米　1/16
	印張 79　插頁 5　字數 1150 千字
印　　數	1–1000 册
國際書號	ISBN 978-7-101-14178-8
定　　價	398.00 元

杜宏春　1965 年生，安徽省滁州市人，文學博士，現任聊城大學運河學研究院教授、研究生導師；教育部哲學社會科學重大項目首席專家，教育部學位中心通訊評審專家，國家社科基金通訊評審專家。長期從事中國古典文獻學等學科的教學與研究工作，主持完成國家社科基金項目 3 項、國家古籍整理出版專項經費資助項目 3 項、教育部社科基金重大項目 1 項、省部級社科基金項目 13 項，出版學術專著 10 部，獲廳局級、省部級獎勵各 3 項。

目　録

上　册

下　册

劉錦棠奏稿卷九

前　言

　　劉錦棠(1844—1894),字毅齋,湖南湘鄉人。其父親劉厚榮戰歿於岳州,錦棠爲報父仇,隨其叔父劉松山轉戰於江西、安徽、陝西等地,成爲老湘軍中后起的年青將領。同治三年(1864),幫辦老湘軍營務,遵例報捐縣丞。四年,以軍功賞戴藍翎,擢知縣,加同知銜,旋賞換花翎。五年,以同知直隸州遇缺即選。六年,奉旨以知府遇缺即選,旋以道員遇缺儘先即選,加按察使、布政使銜,加法福靈阿巴圖魯勇號。同治九年,其叔父廣東陸路提督劉松山陣亡,經陝甘總督左宗棠舉薦,加三品卿銜,總統劉松山舊部。十年,破金積堡,捕殺馬化龍,得賞穿黃馬褂、雲騎尉世職。十三年,署甘肅西寧兵備道。光緒元年(1875),升補甘肅甘凉道員,調甘肅西寧道。二年,率部攻克烏魯木齊,殲滅天山北路的妥明等部,封騎都尉世職。三年,攻占達阪、托克遜等城,迫使阿古柏懼罪自殺。隨後乘勝追殲阿古柏殘部,攻克庫車、拜城、喀什噶爾等地,賞雙眼花翎,以三品京堂候補。四年,晉二等男爵,擢太常寺卿,授通政使司通政使。六年,始幫辦新疆軍務,旋以左宗棠奉詔晉京,飭署欽差大臣督辦新疆軍務,統哈密及鎮迪道所屬文武地方官。七年,擢欽差大臣督辦新疆軍務。八年,收復伊犁,提出新疆建省方案。九年,補授兵部右侍郎。十年,清廷批准新疆建省,授首任新疆巡撫,加尚書銜,仍以欽差大臣督辦新疆事宜。擔任巡撫期間,執行左宗棠建設新疆的規劃,在修水利、獎勵農桑、改革軍事和田賦制度、修治驛道和城池等方面做出了重大貢獻。十三年,署伊犁將軍。十五年,回籍侍養,加太子少保銜。次年,晉太子太保。二十年,晉一等男爵,贈太子太傅。未幾,卒於里。謚襄勤,予建祠。

《劉襄勤公奏稿》是劉錦棠任欽差大臣督辦新疆軍務和甘肅新疆巡撫期間向清廷奏報之部分摺片之彙編,凡十六卷,共收摺片 362 件,起於光緒四年(1878),迄於二十年(1894)。其中第一卷爲歷次謝恩摺,後十五卷涉及晚清收復新疆、籌辦善後、新疆建省、對外交涉等政治、經濟、軍事、外交、民族、民生、地方治安以及宗教等一系列重大問題,内容廣泛,史料豐富。清代同治以降,階級矛盾激化,内憂外患不斷,在面對邊疆民族問題時,中央王朝爲鞏固自己在邊疆地區的統治地位,因地制宜地采取了一系列特殊政策,包括武力鎮壓以及懷柔策略。作爲珍貴的重要官文書之一的奏摺,真實地反映了當時中央王朝與地方官吏對地方的治理情況,揭示了各個歷史事件的演變進程,是難能可貴的一手文獻,彌補了正史文獻之不足,對於研究清末新疆政治、經濟、軍事以及社會階層的變動,對於地方史以及民族政策的研究,有著重要的史料價值。

《劉襄勤公奏稿》有光緒二十四年湖南長沙刻本,收入《近代中國史料叢刊》第二十四輯和全國圖書館文獻縮微複印中心編《中國文獻珍本叢書》影印本以及《清代新疆稀見奏牘彙編》(同治、光緒、宣統朝卷)。本書以光緒二十四年湖南長沙刻本爲底本,以中國第一歷史檔案館藏《硃批奏摺》《録副奏摺》和台北故宮博物院藏《軍机及宫中檔》以及臺北"中央研究院"檔案館藏《總理各國事務衙門檔案》爲校本,并查照《上諭檔》和《清實録》，進行點校整理。對於重要的或與摺件相關的文獻酌情照録，以期爲相關研究者提供一部來源非常可靠、資料极爲丰富、内容相對完備的研究文本。

《劉錦棠奏稿校證》詳細地考證了劉錦棠在投效軍營、轉戰中原、率軍出關、平定内亂、收復新疆、抗擊外侮、籌辦善後、對外交涉、設立行省、發展生産、督修水利、獎勵農桑、酌改田賦、捐貲助賑、關注民生、興辦學堂、改革軍事、廢除舊制、修治驛道、完具城池等方面所做的重大貢獻和取得的輝煌成就，因此，整理者認爲，本書的有關成果，對推動中國近代史、新疆地方史、民族關係史以及民族政策等方面的深入研究，具有重要的学术意義。

本書編纂時，仍有一些清代檔案（包括外交、秘密組織、農民運動和帝國主義侵略）尚未開放閱覽，而這些檔案大部分藏於中國第一歷史檔案館。因此，底本有少量摺片無法與原件、録副查照，只能根據其他史料進行校勘，降低了文字的準確性。未盡之處，俟將來清代檔案全部開放，再做進一步研究。

凡　例

一、本書以光緒二十四年（1898）長沙刻本爲底本（《劉襄勤公奏稿》，沈雲龍主編《中國近代史料叢刊》第二十四輯，文海出版社，1968）爲底本，以中國第一歷史檔案館藏《硃批奏摺》《錄副奏摺》和臺北故宮博物院藏《軍機及宮中檔》以及臺北“中央研究院”檔案館藏《總理各國事務衙門抄檔》爲校本，並查照《上諭檔》和《清實録》，逐件逐字對照，疑義之處以硃批奏摺（原件）爲準。

二、標點。本書一律采用新式標點。

三、校勘。采用對校、他校之法，逐字校勘，並於文末出校。以（　）表示錯字、衍字，以〔　〕表示校改之字。

四、補證。對摺件所涉之事件，查找相關文獻，並酌情補録，以資參考；對部分事件前因後果，以案語形式酌引文獻，方便讀者查考。

五、底本無序號，兹編排序號，並於標題下方附上日期，以便查照。

劉錦棠奏稿卷一

起光緒四年三月,訖光緒十五年五月,謝摺彙此卷

001.由騎都尉世職晉爲二等男遇有三品
京堂缺出開列在前謝恩摺

光緒四年三月二十四日

遇缺前補三品京堂二等男臣劉錦棠跪◆1奏,爲恭謝天恩,仰祈聖鑒事。

竊臣於三月二十二日在喀什噶爾行營,接奉督辦新疆軍務大學士陝甘督臣左宗棠恭錄行知:准兵部火票遞到光緒四年二月十二日內閣奉上諭:候補三品京堂劉錦棠智勇深沉,出奇制勝,用能功宣絕域。著由騎都尉世職晉爲二等男,遇有三品京堂缺出,開列在前。欽此◆2。聞命自天,銜感無地。謹即恭設香案,望闕叩頭謝恩。伏念臣兩世從軍,久隨節鉞,三邊於役,更領師干。每虞駑鈍之庸材,莫靖鴟張之驕虜。幸播威聲於天討,兼承方略於元戎,直搗龍荒,廓清鶡部。鼠五能而俱盡,朽折枯摧;兔三窟而俄空,燼灰冰泮。聊效馳驅于薄伐,敢希甌禄之殊恩!乃荷聖慈,疊

膺懋賞。執蒲濫晉,殿居高爵之班;列棘遥躋,首備清漕之選。榮非意及,感極涕零。惟有勵翼從公,靖邊塵而疆以周索;傾忱圖報,馴異族而漸以華風。所有感奮榮幸下懷,謹繕摺恭謝天恩。伏乞皇太后、皇上聖鑒。謹奏。光緒四年三月二十四日◆³。

軍機大臣奉旨:知道了。欽此。

【案】此摺原件①現藏於中國第一歷史檔案館,兹據校補。

【案】同治九年正月,因廣東陸路提督劉松山中炮陣亡,老湘一軍接統需員,陝甘總督左宗棠附片保舉即選道劉錦棠接統老湘全軍,並派即選道黃萬友幫辦,以昭妥協:

再,劉松山馬步全軍員弁、勇丁,均湖南人,而籍隸湘鄉者尤多,於此時而謀接統之將,非能調護諸將而才堪一面之寄者不可。查有現在總理該軍營務布政使銜即選道法福凌阿巴圖魯②劉錦棠,本劉松山之侄,隨同劉松山轉戰各省,於用兵機宜夙有領會,膽略甚優,在該軍總理營務已久,軍情翕服,堪以接充總統。惟老湘一軍營哨各官,多已保至提鎮,總統之員非位望稍崇不可。劉錦棠自晉入陝,由陝赴甘,戰功卓著,本應保獎之員。可否仰懇天恩,先賞劉錦棠京銜,以資鎮壓,伏候聖裁。又,記名提督頭品頂戴瑚松額巴圖魯黃萬友,與劉松山同爲予謚壯武,前布政使銜即選道王鑫舊部,現在該軍辦理營務,穩練勇往,素得軍心,堪以派充幫辦。臣謹檄飭遵照,以定軍心。理合附片陳奏。伏乞聖鑒訓示施行。謹奏。

軍機大臣奉旨:另有旨。欽此。③

同治九年二月初四日,左宗棠之奏旋得允行:

庚子,又諭:左宗棠奏提督剿賊大勝、中炮陣亡、懇請優恤予謚建祠

---

① 中國第一歷史檔案館藏:《錄副奏摺》,檔號:03—5128—067。據摺後硃筆,此件應爲原件。

② “以陝西官軍防剿回匪並援剿直隸捻匪出力,賞提督宋朝如……一品封典,道員薛書常等二品封典……道員劉錦棠……巴圖魯名號。”(《清實錄·穆宗毅皇帝實錄(六)》,卷二百四十,同治七年八月上,第319—320頁,中華書局,1987)

③ 中國第一歷史檔案館藏:《硃批奏片》,檔號:04—01—16—0189—172。

一摺。廣東陸路提督劉松山於正月初十日，督軍進剿甘肅石家莊回匪，攻克該逆新修各寨，斃匪一千數百名，復進攻馬五寨，忽有援賊二千餘名排列營前。十五日，劉松山會同金運昌①迎剿，擊斃馬步悍賊約千名，餘匪竄遁，攻破外卡，各軍一鼓齊登。劉松山策馬督攻甚急，忽寨中飛子洞中左脅，受傷甚重，即時陣亡。劉松山由勇丁轉戰湖南等處十餘省，剿平粵、捻各巨寇，謀勇兼優，無愧名將。此次西征回匪，策馬前行，躬冒鋒鏑。該逆聞風膽落，方冀攻克金積堡，掃蕩而前，肅清邊圍，不料中道陣亡。覽奏，曷勝悼惜。劉松山著照提督陣亡例，從優議恤，加恩予謚，入祀京師昭忠祠，並於陝甘等省立功地方建立專祠。所部陣亡各員，查明一併附祀。該提督各省戰績，並著宣付史館立傳。其遺櫬回籍時，著沿途地方官妥爲照料，以示朝廷軫念忠勤至意。尋予祭葬世職，謚忠壯。又諭：左宗棠奏提督劉松山陣亡後，該軍統率需員，查明布政使銜候選道劉錦棠，膽略尚優，軍情翕服，堪以接統，請賞加京銜等語。劉錦棠著賞加三品卿銜，接統劉松山舊部，用資鎮率。②

同治九年十一月，陝甘總督左宗棠以接統老湘全軍即選道劉錦棠連破營壘，攻破金積鎖，忠勇異常，附片奏請賞給其父母正二品封典：

　　再，接統老湘全軍三品卿銜布政使銜即選道法福凌阿巴圖魯劉錦棠，向在老湘軍總理營務，隨同劉松山轉戰數省，卓著戰功。本年正月，劉松山陣亡，奉旨賞加劉錦棠三品卿銜，統其軍。該員調度一切，悉中機宜。每遇戰事，必身先士卒。計自二月進兵以來，連破賊壘、卡寨數百座，誅王洪、楊明等首要各逆多名，擒斬以數萬計。雖由將士用命，戮力同心，亦劉錦棠忠勇奮發、克承劉松山之志也。現在，金積鎖圍已成，劉錦棠督軍環逼，誓洗堅巢，亟應先爲籲請恩施，以示優異。合無仰懇賞給劉錦棠父母正二品封典，俾諸軍咸知朝廷廑念戎行，恩加不次，益奮勉以立功名，實於軍務大有裨益。謹附片具陳。

①　金運昌(？—1886)，字景亭，安徽盱眙人。少孤，爲總兵郭寶昌之母撫養，從姓郭。從寶昌剿捻，積功至游擊，擢總兵，遷提督，復姓金。同治八年(1869)，代郭寶昌率卓勝營剿辦西北民變。九年(1870)，攻金積堡。光緒三年(1877)，抵烏魯木齊，授提督。十一年(1884)，病歸。十二年(1886)，卒於里。

②　《清實錄·穆宗毅皇帝實錄(六)》，卷二百七十六，同治九年二月上，第826頁。

伏乞聖鑒訓示施行。謹奏。①

同治十年正月，以劉錦棠接統湘軍，克平巨憝，經陝甘總督左宗棠奏請，清廷賞給雲騎尉世職，並賞穿黃馬褂：

諭内閣：左宗棠等奏平毀金積堡賊巢、首要各逆伏誅、寧靈肅清、出力各員請獎一摺。甘肅回逆馬化漋等於同治八年秋間擁衆復叛，盤踞靈州所屬金積堡老巢，勾結陝甘各回，四出竄擾。經左宗棠派軍分投截剿，節節掃蕩，並令道員劉錦棠等進擣逆巢，疊將附近賊壘攻破，四面鎖圍。該逆勢窮乞撫，勒令平毀堡塞，呈繳軍械，猶敢遷延觀望，並於堡內埋藏洋槍洋炮一千餘件，匿不繳出。是其心懷叵測，怙惡不悛，實屬罪無可逭。現經劉錦棠等將首逆馬化漋父子、兄弟及逆黨譚生城等概行正法，洵足以申天討而快人心。現在堡塞一律平毀，餘衆分別安插。其起獲銀十九萬兩零，除分賞各軍外，著左宗棠將所餘銀兩，爲遷居靈州之回衆購辦賑糧，俾安生業，仍督飭各軍將各股回匪次第進剿，以期全省廓清。陝甘總督一等伯左宗棠運籌決勝，調度有方，著加恩開復降三級留任處分，並加賞一騎都尉世職。寧夏將軍穆圖善、陝西巡撫蔣志章，協籌防剿，均合機宜，穆圖善著交部從優議叙，蔣志章著交部議叙。道員劉錦棠接統湘軍，克平巨憝，著加恩賞給雲騎尉世職，並賞穿黃馬褂。所有尤爲出力之道員黃鼎，著賞穿黃馬褂。提督雷正綰著開復革職留任處分，並照一等軍功例從優議叙。②

《清實録》：“以甘肅西寧府城解圍，賞道員劉錦棠白玉翎管一支、白玉搬指一個、大荷包一對、小荷包兩個、火鐮一件。”③同治十二年二月初一日，陝甘總督左宗棠具摺代奏謝恩：

欽差大臣陝甘總督一等恪靖伯臣左宗棠跪奏，爲據情代奏，恭謝天恩事。據三品銜道員劉錦棠稟稱：竊錦棠於同治十一年十二月初

---

① 中國第一歷史檔案館藏：《硃批奏片》，檔號：04—01—16—0322—221。

② 《清實録·穆宗毅皇帝實録（七）》，卷三百四，同治十年二月上，第30—31頁，中華書局，1987。

③ 《清實録·穆宗毅皇帝實録（七）》，卷三百四十五，同治十一年十一月下，第544頁。

十日接奉行知:十一月二十日内閣奉上諭:左宗棠、豫師奏剿匪獲捷、西寧府城解圍出力員弁請獎一摺。道員劉錦棠著賞給白玉翎管一枝、白玉搬指一個、大荷包一對、小荷包兩個、火鐮一把,以示優異等因。欽此。謹即恭設香案,望闕叩頭祗領。伏念錦棠瀟湘下士,砆礫庸材,冠首鎧以從戎,忝簪翠羽;任指鹿於行陣,強挽燕弧。術效囊沙,幸奏湟中之捷;錯防鑄鐵,敢言閫外之勛。乃荷優褒,渥膺懋賞。冠綏有美,榮增玉管之輝;決拾同調,恩比彤弓之賚。佩魚符於錦袋,義協垂紳;仰鴻製於赤刀,光分賜火。寵榮下賁,傴僂難勝。惟有感切彈冠,勉圖定箭,橐囊思戢,奮虎旅之三千;烽燧全銷,答鴻施於萬一。所有感激下忱,懇請據情轉奏,恭謝天恩前來。理合恭摺代奏。伏乞皇上聖鑒。謹奏。同治十二年二月初一日。①

同治十三年,陝甘總督左宗棠以劉錦棠戰功卓著,辦事妥協,附片奏請,委令統領老湘馬步全軍即選道劉錦棠署理西寧兵備道篆務,旋獲允行:

　　再,西寧道郭襄之現准部咨,行令赴部引見,自應委員接替,以便該道迅速起程。臣查有統領老湘馬步全軍即選道劉錦棠,十一年力解西寧重圍,收撫降卒,遷徙客回,分別安插本地漢回,辦理善後一切事宜,均極妥協,駐軍已久,情形尤為熟悉,堪以委令接署,以期周妥。除給委並行司知照外,謹附片陳明。伏乞聖鑒訓示。謹奏。②

光緒元年十月十五日,陝甘總督左宗棠以剿辦民變異常出力,卓著戰功,具摺保奏劉錦棠調補西寧道員缺:

　　欽差大臣大學士督辦新疆軍務陝甘總督一等恪靖伯加一等輕車都尉臣左宗棠跪奏,為遴員請補西寧道缺,以愜輿情,恭摺仰祈聖鑒事。竊臣于光緒元年八月初六日准吏部咨會:西寧道郭襄之赴部引見,復因病未痊,稟由直隸督臣李鴻章奏請開缺,並聲明將來病痊,尚堪起用等因。光緒元年七月初四日,軍機大臣奉旨:郭襄之著准其開缺。欽此。由部開單咨行查照序補前來。臣維西寧道原係請旨簡放

① 中國第一歷史檔案館藏:《硃批奏摺》,檔號:04—01—12—0513—077。
② 中國第一歷史檔案館藏:《硃批奏片》,檔號:04—01—17—0114—074。

之缺，前經署督臣沈兆霖奏請，將西寧道、府二缺比照省會首府之例，由外調補，經部議准咨覆在案。兹郭裹之因病開缺，隨照部咨，於通省實缺人員内逐加遴選，非現居要職，即人地未宜。查西寧地處邊徼，從前回漢紛争擾攘多年，幾至不可收拾。同治十一年，臣派總統老湘軍布政使銜三品卿銜候選道法福靈阿巴圖魯劉錦棠督兵赴湟，攻破大小硤堅壘，力解西寧城圍，克復大通縣城，收撫降卒，遷徙客回，分别安插本地漢回，剿撫兼施，恩威並用。嗣經奏署西寧道缺，籌辦善後一切，條理裕如，全湟深資保障，成效業有可睹。現飭交卸篆務，部署出關。闔屬士民紛懇留任，輿情愛戴，實出忠誠。

　　查劉錦棠戰功、才識卓越尋常，經臣於剿辦河州叛回閔殿臣事竣案内奏請破格録用，奉旨交軍機處記名，兹仍請補西寧道缺，實因邊防民望所繫，未敢壅不上聞。如蒙俞允，劉錦棠雖隨征出塞而兼署，人員謹遵舊政，可免紛更，地方士民知實任如常，自更日臻綏謐。是否有當，伏乞皇太后、皇上聖鑒訓示施行。謹奏。十月十五日。①

此摺於光緒元年十一月初八日獲允行。《光緒朝上諭檔》：“光緒元年十一月初八日，上諭：左宗棠奏請以劉錦棠補授西寧道缺一摺。甘肅西寧道員缺著劉錦棠調補，所遺甘凉道員缺著鐵珊補授。欽此。”②而十一月初七日，清廷下旨劉錦棠補授甘凉道員缺。《光緒朝上諭檔》：“光緒元年十一月初七日内閣奉上諭：甘肅甘凉道員缺，著劉錦棠補授。欽此。”③時間相距甚近。

《清實録》：“諭内閣：左宗棠奏攻拔古牧地堅巢，克復烏魯木齊、迪化州各城詳細情形，與金順前奏大略相同。所有尤爲出力之西寧道劉錦棠著賞給騎都尉世職。提督譚拔萃、譚上連、余虎恩、譚和義、席大成均著賞給雲騎尉世職。黄萬鵬、蕭元亨均著賞穿黄馬褂……”④是年十月二十一日，陝甘總督左宗棠即爲劉錦棠代奏謝恩：

① 中國第一歷史檔案館藏：《録副奏摺》，檔號：03—5101—021。
② 中國第一歷史檔案館編：《光緒朝上諭檔》，第一册，第342頁，廣西師範大學出版社，1996。
③ 中國第一歷史檔案館編：《光緒朝上諭檔》，第一册，第341頁。
④ 《清實録·德宗景皇帝實録(一)》，卷三十九，光緒二年八月下，第553頁，中華書局，1987。

　　欽差大臣大學士督辦新疆軍務陝甘總督一等恪靖伯加一等輕車都尉臣左宗棠跪奏，爲據情代奏，恭謝天恩事。竊據三品卿銜布政使銜西寧道雲騎尉世職法福靈阿巴圖魯劉錦棠、頭品頂戴記名提督甘肅寧夏鎮總兵嘎什普祥巴圖魯譚拔萃、頭品頂戴題奏提督陝西漢中鎮總兵博奇巴圖魯譚上連、頭品頂戴題奏提督陝西陝安鎮總兵奇車博巴圖魯余虎恩、頭品頂戴記名提督奇朗阿巴圖魯譚和義、頭品頂戴記名提督霍隆武巴圖魯席大成呈稱：接奉恭録行知：准兵部火票遞到光緒二年八月十六日內閣奉上諭：前據左宗棠奏攻破古牧地堅巢，克復烏魯木齊、迪化州各城等因。欽此。謹即恭設香案，望闕叩頭謝恩。伏念錦棠等湖湘下士，軍旅粗材，久厠戎行，愧無寸效，疊膺鶚薦，仰荷鴻施。茲復以遠塞會師，堅城連下，更邀聖恩逾格，世職優加，聞命自天，銜感無地。錦棠等惟有互相奮勉，掃除餘孽於星海東西；勉效馳驅，靖殘氛於天山南北。誓竭駑駘之報，聊申犬馬之忱。所有感激榮幸下忱，懇請代奏，恭謝天恩。謹據情代奏。伏乞皇太后、皇上聖鑒。謹奏。十月二十一日。①

　　清廷"以攻克達阪城及托克遜堅巢，並會克吐魯番滿漢兩城，賞甘肅西寧道劉錦棠雙眼花翎、提督譚上連等騎都尉世職、黄萬鵬雲騎尉世職、陶生林等黄馬褂、章洪勝等巴圖魯名號、總兵李能傑等花翎。餘升叙加銜有差"②，陝甘總督左宗棠遂於光緒三年八月爲劉錦棠等代奏謝恩。摺曰：

　　欽差大臣大學士督辦新疆軍務陝甘總督一等恪靖伯加一等輕車都尉臣左宗棠跪奏，爲據情代奏，恭謝天恩事。竊據三品卿銜布政使銜西寧道騎都尉世職法福靈阿巴圖魯劉錦棠、頭品頂戴題奏提督陝西漢中鎮總兵博奇巴圖魯譚上連、頭品頂戴題奏提督陝西陝安鎮總兵奇車博巴圖魯余虎恩、頭品頂戴記名提督甘肅寧夏鎮總兵嘎什普祥巴圖魯譚拔萃、頭品頂戴記名提督奇朗阿巴圖魯譚和義、頭品頂戴記名提督伯奇巴圖魯黄萬鵬呈稱：接奉恭録行知：准兵部火票遞到光

①　中國第一歷史檔案館藏：《録副奏摺》，檔號：03—5115—102。
②　《清實録·德宗景皇帝實録（一）》，卷五十一，光緒三年五月，第713頁。

緒三年五月初十日內閣奉上諭:道員劉錦棠出奇決勝,允協機宜,著加恩賞戴雙眼花翎。提督譚上連、余虎恩、譚拔萃、譚和義加恩均著賞給騎都尉世職,黃萬鵬著賞給雲騎尉世職。欽此。謹即恭設香案,望闕叩頭謝恩。伏念錦棠等南湘下士,西域從戎,忝佐前驅,供指揮於紫塞,偶因薄效,膺首薦於彤廷。前以准部偉平,欽承鳳綍;近復回疆報捷,渥荷鴻施。或弁美如星,彩煥珠聯之色;或賞延於世,寵增門蔭之華。凡茲異數便蕃,洵屬非常遭際,自天有命,伏地滋慚。惟有勉效鷹揚,進規雁磧,同袍偕作,誓清沙漠之塵;荷戟長征,齊矢涓埃之報。所有感奮榮幸下忱,懇請代為陳奏,恭謝天恩。謹據情代奏。伏乞皇太后、皇上聖鑒。謹奏。①

光緒三年十一月,清廷將劉錦棠開缺,以三品京堂候補。《清實錄》:

又諭:左宗棠奏官軍追剿逆回,連復阿克蘇、烏什兩城一摺。官軍進規新疆南路,自克復喀喇沙爾、庫車各城後,經甘肅西寧道劉錦棠督率所部疾馳西進,自九月十五至二十等日,將安集延、白彥虎各股跟蹤追剿,疊獲勝仗,殺賊以數千計,連復阿克蘇、烏什兩城,就撫各回不計其數,師行迅利,大振軍威。仍著左宗棠督飭劉錦棠等穩慎進取,將白彥虎等逆擒獲,速蕆大功。此次官軍整旅西征,於冰霜凜冽彌望戈壁之中,一月馳驟三千餘里,收復喀喇沙爾、庫車、阿克蘇、烏什四城,南疆已復其半。諸將士踴躍用命,自應量予恩施,劉錦棠著開缺,以三品京堂候補。②

光緒三年十二月初十日,清廷仍令劉錦棠以三品京堂候補。《光緒朝上諭檔》:"光緒三年十二月初十日奉上諭:劉錦棠著仍遵前旨,以三品京堂候補。欽此。"旋陝甘總督左宗棠附片覆奏曰:

再,甘肅西寧道劉錦棠經臣奏奉諭旨:劉錦棠著開缺,以三品京堂候補等因。欽此。臣維西寧道員缺,前經署督臣沈兆霖奏請,將西寧道府二缺比照省會首府之例,由外調補,經部議准咨覆在案。茲劉

---

① 中國第一歷史檔案館藏:《錄副奏摺》,檔號:03—5122—114。
② 《清實錄‧德宗景皇帝實錄(一)》,卷六十二,光緒三年十一月下,第860—861頁。

錦棠既奉旨開缺,容臣於通省實缺内遴選人地相宜之員,奏請調補。謹附片陳明。伏乞聖鑒。謹奏。①

光緒四年二月十九日,陝甘總督左宗棠具摺爲劉錦棠代奏謝恩:

欽差大臣大學士督辦新疆軍務陝甘總督一等恪靖伯加一等輕車都尉臣左宗棠跪奏,爲據情代奏,恭謝天恩事。竊據候補三品京堂騎都尉世職法福靈阿巴圖魯劉錦棠呈稱:接奉恭録行知:准兵部火票遞到光緒三年十一月二十一日内閣奉上諭:劉錦棠著開缺,以三品京堂候補。欽此。即恭設香案,望闕叩頭謝恩。伏念錦棠奉檄誓師,出關討賊,供指揮於行列,膺首薦之頻仍,荷寵命之遥領,撫菲才而知愧。兹因四城告捷,復躋九列清班,異數欽承,私衷過望,處恩愈渥,報稱彌艱。惟有永靖狼燹,列成解防秋之甲,廓清雁磧,銷兵净幽夏之塵,以期仰答高厚鴻慈于萬一。所有感激榮幸下忱,懇請代爲陳奏,恭謝天恩前來,理合恭摺據情代奏,伏乞皇太后、皇上聖鑒。謹奏。光緒四年二月十九日。②

光緒四年三月二十八日,軍機大臣奉旨:知道了。欽此。③

1.【遇缺前補三品京堂二等男臣劉錦棠跪】此前銜據原件補。

2.【案】此"上諭"《光緒朝上諭檔》未載,而《清實録》記之詳盡:

壬辰,上以新疆回匪蕩平,紅旗報捷,詣鍾粹宮慈安端裕康慶昭和莊敬皇太后前、長春宮慈禧端佑康頤昭豫莊誠皇太后前賀嘉。諭内閣:本日左宗棠、金順、劉典由六百里加急紅旗奏捷,克復南路西四城,回疆一律肅清一摺。上年,官軍收復新疆南路東四城後,當經候補三品京堂劉錦棠定計規取西四城,先派提督余虎恩等由阿克蘇取道巴爾楚克瑪納爾巴什進,爲正兵。派黄萬鵬等由烏什進,爲奇兵。約定師期,先攻喀什噶爾。劉錦棠駐扎巴爾楚克瑪納爾巴什,以握衝要。旋於十一月十五日遄發,疾驅而前。十七日,收復葉爾羌。二十日,倍道至英吉沙爾,收撫纏回,仍即前進。二十二日,抵喀什噶爾。而余虎恩等已於十三日齊抵城下,分路進攻,先將僞副元帥王元林一

①　中國第一歷史檔案館藏:《硃批奏片》,檔號:04—01—13—0435—004。
②　臺北故宫博物院藏:《軍機及宫中檔》,文獻編號:408006148。
③　中國第一歷史檔案館藏:《録副奏摺》,檔號:03—5128—092。

股殺盡，復有馬步賊三四千撲救。余虎恩督軍力戰，賊乃開城紛竄。該提督等與黃萬鵬分路馳追，復分軍由捷徑馳截，賊勢披靡，遂擒獲逆首于小虎，陣斬叛回藍得全，全股殲除淨盡。提督蕭元亨步隊與黃萬鵬合力縱擊，生擒僞元帥馬元，並斬其副白彥龍，此股亦經殲除，劉錦棠當將逆回金相印父子及于小虎、馬元磔誅梟示。此外，喀什噶爾各逆黨正法一千一百餘名，餘氛皆靖。提督董福祥率隊馳抵和闐，於十一月二十九日、十二月初二日旋剿旋撫，和闐亦已肅清。溯自同治三年，布魯特叛酋肇亂，逆回金相印等攻陷喀什噶爾，蠶食南八城。而吐魯番、烏魯木齊等相繼淪陷，於今十有餘年。朝廷恭行天討，特命左宗棠以欽差大臣督辦新疆軍務。該大臣剿撫兼籌，議定先規北路，首復烏魯木齊，以扼其總要，旋克瑪納斯，數道並進，規復吐魯番等城，力爭南路要隘，然後整旅西行，勢如破竹。現在，南八城一律收復。此皆仰賴昊天眷佑，列聖垂庥。兩宮皇太后宵旰焦勞，知人善任，用能内外一心，將士用命，成此大功，上慰穆宗毅皇帝在天之靈，下孚薄海臣民之望，實深欣幸。

該領兵大臣等櫛風沐雨，艱苦備嘗，允宜特沛殊恩，用酬勞勩。欽差大臣大學士陝甘總督左宗棠籌兵籌餉，備歷艱辛，卒能謀出萬全，膚功迅奏，著加恩由一等伯晉爲二等侯。候補三品京堂劉錦棠智勇深沉，出奇制勝，用能功宣絶域，著由騎都尉世職晉爲二等男。提督余虎恩、譚拔萃前經賞給騎都尉世職，均著改爲一等輕車都尉世職。提督黃萬鵬、蕭元亨、戴宏勝、陶生林前經賞給雲騎尉世職，著改爲騎都尉世職。騎都尉世職提督席大成著賞加一雲騎尉世職。董福祥、陳建厚、譚慎典、張春發、湯仁和、李隆寶、潘長清，道員羅長祜，均著賞給雲騎尉世職。提督張俊、湯彥和、桂錫楨，總兵侯名貴、夏辛酉，副將秦玉盛，著賞穿黃馬褂。提督章洪勝、方友升、楊金龍著賞給頭品頂戴。提督劉福田、戴貴品，總兵張宗本、胡登花、崔偉、湯咏山著賞給正一品封典。提督劉長其、胡義和、劉廣昌，總兵楊先勝、施思貴、鄧金陵、姜世友、朱凌雲、張雲輝、夏朝宗、田仲魁、李正隆、劉先胥、李清貴、張宏勝、蔣殿勛、武朝聘，副將張琳、胡得貴、傅其政、李永昭、王鉞安、許獻德、李長裕、曾傳知、查春華、李能傑、王輝臣、楊勝魁、蔡福謙、吳首懷、杜錫斌、李金良，參將莊偉、王咸臨、邵運禮、趙輔清、方純盛、趙靖邦、柴典禮、張花、趙奉樂、陳得時、林語、雷振邦、秦宗恩、張淮、林秀全，游擊海有德、金湧華、董占富、劉萬富、張瑞揚、趙永福、劉占學、楊元林、湯金榜、聶心田，都司余福章、禹寶山、謝春生、守備張守訓、杜海輝，千總方襲龍，著賞給巴圖魯名號。游擊何克元，守備馬應升、杜海輝、李生富，千總黃金鉞、朱文煥，把總周鳳亭，五品翎頂德克吉本，軍功馬得海、李振魁，知縣黃圖鞏、史宜長，著賞戴花翎。知縣陳毓蘭、喻先麓、童生張炳，軍功吳元昌，著賞戴藍翎。其餘出力文武員弁勇丁，著左宗棠等查明，匯案保獎。陣亡之提督鍾興發，副將張興隆，都司謝得勝、成東來，守備楊占魁、黃髮喜、陳崇元、譚榮發，都司何得所，千總滿永得、傅得勝、康祖振、楊春勝、戴國志、葉得勝，把總張富全、董鎮海、周得勝、胡春華，均著交部從優議恤。白彥虎等仍著該大臣等督飭劉錦棠等設法擒拿，毋任漏網。①

3.【光緒四年三月二十四日】此具奏日期，據原件補。

【案】光緒四年五月初一日，西寧府知府鄧承偉為移明劉錦棠著由騎都尉世職晉為二等男等因刊換關防事曰：

　　　　欽加二品頂戴鹽運使銜儘先補用道西寧府正堂蒙恩加一級並加二級紀錄三次鄧，為移明事。光緒四年二月十二日，蒙署西寧兵備道張憲牌：本年四月十七日，准甘肅軍需總局移：案蒙幫辦陝甘軍務太僕寺正堂劉照會：案准左大臣爵閣部堂咨開：欽奉光緒四年二月十二日諭旨：劉錦棠著由騎都尉世職晉為二等男，遇有三品京堂缺出，開列在前等因。欽此。應即刊換關防，以昭信守。茲刊就"欽差大臣行營總理營務處總統馬步各軍遇缺前補三品京堂二等男法福靈阿巴圖魯"關防一顆，除咨行外，相應咨會等因到本寺堂。准此。除分行外，合行檄飭。為此照會該軍需局，即便移行知照等因到局，移道行府。

蒙此,擬合就移,爲此合關者。右關循化分府安。光緒四年五月初一日移,五月十二日到。①

002. 補授太常寺卿謝恩摺

光緒四年六月初四日②

太常寺卿二等男臣劉錦棠跪◆1奏,爲恭謝天恩,仰祈聖鑒事。

竊臣在喀什噶爾行營,接奉督辦新疆軍務大學士陝甘督臣左宗棠恭録咨行:准吏部咨:光緒四年四月初四日,奉旨:劉錦棠補授太常寺卿。欽此。謹即恭設香案,望闕叩頭祇謝天恩。伏念臣猥以凡庸,久參行列,偶呈薄效,疊拜殊施◆2。前以師靖花門,懋賞忝分列爵;兹復班聯棘寺,清秩更晉儒官。問朝儀而未嫺,罔知攸措;叨容臺之濫厠,曾不逾時。是誠夢寐所難期,曷禁感慚之交集!臣惟有恪勤勵志,敬慎從公,冀攄葵藿之微忱,少答生成於大造。所有微臣感激榮幸下懷,謹繕摺具奏,恭謝天恩。伏乞皇太后、皇上聖鑒。謹奏。光緒四年六月初四日◆3。

光緒四年八月初一日◆4,軍機大臣奉旨:知道了。欽此。

【案】此摺原件③、録副④現藏於中國第一歷史檔案館,兹據校補。

1.【太常寺卿二等男臣劉錦棠跪】此前銜據原件補。

2.【偶呈薄效,疊拜殊施】原件、録副作"肆伐偶呈其薄效,崇階疊拜夫殊施",是。

3.【光緒四年六月初四日】此具奏日期,據原件補。

---

① 中國第一歷史檔案館藏:《青海檔案》,館藏號:07—65—25。
② 刻本省略年份,兹補齊,以下同。
③ 中國第一歷史檔案館藏:《硃批奏摺》,縮微號:436—0419。
④ 中國第一歷史檔案館藏:《録副奏摺》,檔號:03—5795—072。

4.【光緒四年八月初一日】此奉旨日期,據録副補。

【案】光緒四年七月初五日,西寧府知府鄧承偉以劉錦棠補授太常寺卿刊換關防事移知循化廳,知照施行:

> 欽加二品頂戴鹽運使銜儘先補用道西寧府正堂蒙恩加一級並加二級紀録三次鄧,爲移知事。光緒四年六月十七日,蒙署西寧兵備道張憲牌:本年六月初八日,准欽差幫辦陝甘軍務太僕寺正堂劉照會:案准左大臣爵閣部堂咨開:准吏部咨:欽奉光緒四年四月初四日諭旨:劉錦棠補授太僕寺卿。欽此。應行刊換關防,咨送啓用,以昭信守。茲刊欽差太常寺卿總統馬步各軍二等男法福靈阿巴圖魯關防一顆,除咨行外,相應咨會等因。准此,除分行外,合就行知,爲此照會該局,即便知照等因到局。蒙此,擬合移知。爲此合移,煩爲轉飭所屬,一體知照施行等因。准此,擬合就行。爲此,仰府官吏查照來文事理,轉飭所屬,一體知照,毋違等因。蒙此,擬合就移,爲此合關。貴廳煩照來文事理,知照施行。須至關者。右關循化分府安。光緒四年七月初五日移,十八日到。①

003. 補授通政使司謝恩摺

光緒四年九月二十日

通政使司通政使二等男臣劉錦棠跪◆1奏,爲恭謝天恩,仰祈聖鑒事。

竊臣在喀什噶爾行營,接准◆2督辦新疆軍務大學士陝甘督臣左宗棠恭録咨行:准吏部咨:欽奉光緒四年七月初八日諭旨:劉錦棠補授通政使司通政使。欽此。謹即恭設香案,望闕叩頭祗謝天恩。伏念臣湘中下士,樗散庸材,猥緣行列微勞,倖晉臺階顯秩。恩承三錫,躋躋同位之榮;任重太常,曾廁崇班之列。凡兹便

---

① 中國第一歷史檔案館藏:《青海檔案》,館藏號:07—25—24。

蕃之異數,已非癏痰所能安,矧復玉陛恩來。銀臺忝領,懷傳宣於堯殿;喉舌攸司,慎出納于虞廷。敷陳宜允,殊施疊被,薄效難期,感激悚惶,罔知所措。惟有導揚威德,永清戎索之風塵;宣布仁恩,俾識天家之雨露。他日全銷兵氣,漢關看振旅而還;斯時速奠遐荒,邊户盡啓扉而卧。庶伸蟻悃,稍慰鴻慈。所有微臣感激榮幸愚忱,謹繕摺具奏,恭謝天恩。伏乞皇太后、皇上聖鑒。謹奏。光緒四年九月二十日◆3。

　　光緒四年十一月二十八日◆4,軍機大臣奉旨:知道了。欽此。

【案】此摺原件①、録副②現藏於中國第一歷史檔案館,兹據校補。

1.【通政使司通政使二等男臣劉錦棠跪】此前銜據原件補。

2.【接准】原件、録副均作"承准"。

3.【光緒四年九月二十日】此具奏日期,據原件補。

4.【光緒四年十一月二十八日】此奉旨日期,據録副補。

004. 御賞白玉柄小刀火鐮荷包等物謝恩摺

光緒五年五月初六日

　　通政使司通政使二等男臣劉錦棠跪◆1奏,爲恭謝天恩,仰祈聖鑒事。

　　竊臣閏三月二十三日在喀什噶爾行營,承准督辦新疆軍務大學士陝甘督臣左宗棠咨行:准兵部火票遞到光緒五年三月十六日内閣奉上諭:劉錦棠運籌決策,調度有方,用能迅赴戎機,實堪嘉尚,著賞給白玉柄小刀一把、大荷包一對、小荷包二個等因。欽此。謹即恭設香案,望闕叩頭謝恩祗領。伏念臣防秋乏策,用夏

---

①　中國第一歷史檔案館藏:《硃批奏摺》,縮微號:391—0225。

②　中國第一歷史檔案館藏:《録副奏摺》,檔號:03—5132—080。

鮮功,致兹餘孽之鴟張,尚待勞師於雕勦。雖不逾時而告捷,迅掃邊氛,然既先事之莫防,敢言戰績。乃荷恩言下逮,兼膺懋賞優加,鸞綍輝煌,驚寵褒之溢量;鶊膏拂拭,仰法制於尚方。佩左分賜火之榮,光生金燧;疊雙表垂紳之度,彩絢錦囊。賜自彤廷,頒來紫塞,瞻天銜感,伏地拜登。臣惟有韜略窮研,鉛刀勉效,狼煙永靖,銷鋒鏑以長安,雁磧無驚,櫜弓矢於不用,以期仰答鴻慈於萬一。所有微臣感激榮幸下忱,謹繕摺具奏,恭謝天恩。伏乞皇太后、皇上聖鑒。謹奏。光緒五年閏三月二十八日◆2。

光緒五年六月十九日◆3,軍機大臣奉旨:知道了。欽此。

【案】此摺原件①、録副②均藏於中國第一歷史檔案館,兹據校補。

1.【通政使司通政使二等男臣劉錦棠跪】此前銜據原件補。

2.【光緒五年閏三月二十八日】此具奏日期,據原件補。

3.【光緒五年六月十九日】此奉旨日期,據録副補。

005. 御賞福字荷包等物謝恩摺

光緒六年三月初九日

通政使司通政使二等男臣劉錦棠跪◆1奏,爲恭謝天恩,仰祈聖鑒事。

光緒六年三月初六日,准兵部火票遞到軍機處咨行:賷奉單開,交出恩賞福字並荷包、銀錢、銀稞、食物諸珍。謹即恭設香案,望闕叩頭祇領。伏惟皇上福被九垓,文同八表,乾學展珠囊之秘,坤珍啓銀甕之祥。禹甸盂安,修金貢之三品;堯廚鼎養,隆玉食於萬方。臣幸際昌熙,遠從征役,領緑營於西徼,未伸寸效於涓埃;瞻

---

① 中國第一歷史檔案館藏:《硃批奏摺》,縮微號:391—2054。

② 中國第一歷史檔案館藏:《録副奏摺》,檔號:03—5139—082。

紫氣之東來,更沐湛恩之汪濊。芝綸寵賚,欽承錫嘏之文;藻繪遥臨,普仰垂裳之治。寶則形成麟趾,泉府源流;珍則味擬龍膏,上方下逮。鴻施渥被,籠戴難勝。從此永托福林,三邊溢慶,同依仁宇,九塞銷兵。樂包容而來獻其琛,遐荒進銀鏤䍤罄;蒙煦育而既飽以德,邊氓悉含甘呪滋。所有微臣感激榮幸下忱,謹繕摺具奏,恭謝天恩。伏乞皇太后、皇上聖鑒。謹奏。三月初九日◆2。

　　光緒六年五月十七日◆3,軍機大臣奉旨:知道了。欽此。

【案】此摺原件查無下落,録副現藏於中國第一歷史檔案館①,兹據校補。

1.【通政使司通政使二等男臣劉錦棠跪】此前銜據録副補。

2.【三月初九日】此具奏日期,據録副補。

3.【光緒六年五月十七日】此奉旨日期,據録副補。

006. 幫辦新疆軍務謝恩摺

光緒六年三月二十一日

　　幫辦新疆軍務通政使司通政使二等男臣劉錦棠跪◆1奏,爲恭謝天恩,仰祈聖鑒事。

　　竊臣於三月十三日在喀什噶爾行營,承准督辦新疆軍務大學士陝甘督臣左宗棠恭録咨行:准兵部火票遞到光緒六年正月二十一日内閣奉上諭:通政使司通政使劉錦棠著幫辦新疆軍務。欽此。謹即恭設香案,望闕叩頭謝恩任事。伏念臣猥以凡庸,久從征役,前驅勉效,幸無豕突之虞;懋賞疊承,時懷◆2鶼濡之義。涓埃未報,夢寐難安。乃復恩綍榮頒,邊籌忝佐。感非常之知遇,祇倍切夫悚惶。查新疆地處極西,幅員遼闊,朔南路別,種族既屬,

---

蕃多中外,界連藩籬,尤爲緊要。雖餘氛蓋經净掃,而武備究難稍鬆,邊防之關係匪輕,幫辦之仔肩甚重。如臣檮昧,深懼弗勝。惟有勉竭駑駘,益加勤恪,隨時咨商督辦新疆軍務大學士陝甘督臣左宗棠,暨幫辦新疆軍務伊犁將軍臣金順,統籌時勢,妥慎圖維,枕戈立先事之防,同澤收和衷之益,以仰副皇上廑念西陲至意,庶伸愚悃,少答寵施。所有微臣感激下忱,謹繕摺具奏,恭謝天恩。伏乞皇太后、皇上聖鑒。謹奏。光緒六年三月二十一日◆3。

光緒六年五月十八日◆4,軍機大臣奉旨:知道了。欽此。

【案】此摺原件①、録副②現藏於中國第一歷史檔案館,兹據校補。

1.【幫辦新疆軍務通政使司通政使二等男臣劉錦棠跪】此前銜據原件補。

【案】光緒五年九月,陝甘總督左宗棠以現辦善後事宜,因地施治,附片奏請賞劉錦棠欽差銜幫辦新疆北路軍務:

再,通政使司通政使二等男法福靈阿巴圖魯臣劉錦棠,出關以來,克復各城,勳績丕著,疊蒙天恩,不次擢用,優加賞賚,遐邇聞之,同深感服。其現辦善後事宜,因地施治,寬猛得宜,吏畏民懷,已睹成效,洵一時傑出之才,非臣衰庸所能及也。維邊方之任,非賢能不足宏兹遠謨,亦非重其事權不足舒其蘊蓄。竊見俄人近時日睹劉錦棠勳望日盛,不免因畏憚而生忌疾之心,動輒造謠傳播,妄思搖撼。古云盜憎主人,固無足怪。惟威名日久,疑謗易滋,無以寒遠人之膽。又飛鳥未盡,良弓已藏,足隳任士之氣。區區愚忱,不敢不盡。伏懇天恩,併案論功,將劉錦棠優賞欽差銜,飭令幫辦新疆北路軍務,以彰殊眷而資鎮壓之處,伏候聖裁。仰乞慈鑒訓示施行。謹奏。③

光緒六年正月二十三日,清廷以邊關緊要,時事艱難,飭令劉錦棠幫辦

①　中國第一歷史檔案館藏:《硃批奏摺》,檔號:04—01—17—0128—049。
②　中國第一歷史檔案館藏:《録副奏摺》,檔號:03—5150—087。
③　中國第一歷史檔案館藏:《硃批奏片》,檔號:04—01—12—0526—021。

新疆軍務,與左宗棠等通盤籌畫,以固疆圉。《清實録》:

　　又諭:本日據王大臣等會議籌備邊防事宜一摺。此次俄國與崇
厚所議條約章程多所要求,斷難允准,已改派曾紀澤前往再議。惟該
國不遂所欲,恐其伺隙啓釁,必須有備無患,以折狡謀。新疆防務緊
要,左宗棠熟悉邊情,老於軍事。即著將南北兩路邊防通盤籌畫,務
臻周密。本日有旨,令劉錦棠幫辦新疆軍務。劉錦棠、金順兩軍均在
前敵,尤爲吃重,並著隨時偵探防範,會商左宗棠,妥爲布置。錫綸現
駐塔城,兵力太單,且與俄人逼處,宜策萬全,如能就地選募邊人,招
來蕃屬,亦可壯我聲威,著與左宗棠商酌辦理……現在時勢艱難,全
賴該督等爲國宣勤,同仇敵愾。所有一切機宜,著於奉旨一月內具
奏,以慰廑系。將此由五百里各密諭知之。①

2.【懍】原件、録副均作"凜"。

3.【光緒六年三月二十一日】此具奏日期,據原件補。

4.【光緒六年五月十八日】此奉旨日期,據録副補。

【案】同治六年三月二十一日,陝甘總督左宗棠片奏爲劉錦棠幫辦新
疆軍務遇有摺件請准用木質關防奏事:

　　再,臣欽奉光緒六年正月二十一日內閣奉上諭:通政使司通政使
劉錦棠,著幫辦新疆軍務。欽此。當經恭録咨行,並刊換木質關防,
文曰"欽差幫辦新疆軍務總統馬步各軍通政使司通政使二等男法福
靈阿巴圖魯關防",咨送劉錦棠啓用。惟劉錦棠駐師喀什噶爾南路,
新疆無部頒銅質印信,劉錦棠歷次拜發賀摺,均借用甘肅安肅道關
防。然相距六千餘里,現復欽奉恩旨,幫辦新疆軍務,遇有摺件,若仍
借印拜發,恐滋遲誤。合無仰懇天恩,准其用木質關防奏事,以期迅
捷,出自鴻慈,謹附片具陳。伏乞聖鑒訓示。謹奏。

　　光緒六年五月初一日,軍機大臣奉旨:著照所請,該部知道。
欽此。②

----

① 《清實録·德宗景皇帝實録(二)》,卷一百八,光緒六年正月下,第588頁。
② 中國第一歷史檔案館藏:《録副奏摺》,檔號:03—5809—004。

光緒六年三月二十一日,劉錦棠片奏爲啓用新關防日期事:

再,臣於三月十三日承准督辦新疆軍務大學士陝甘督臣左宗棠刊刻木質關防一顆,咨送到營,文曰"欽差幫辦新疆軍務總統馬步各軍通政使司通政使二等男法福靈阿巴圖魯關防"。臣謹於三月二十一日拜摺謝恩,即行啓用。除分咨外,理合附片具陳。伏乞聖鑒。謹奏。

光緒六年五月十八日,軍機大臣奉旨:知道了。欽此。①

007. 署理欽差大臣督辦新疆軍務謝恩摺

光緒六年十月十五日

署理欽差大臣督辦新疆軍務通政使司通政使二等男臣劉錦棠跪◆1奏,爲恭謝天恩,瀝陳下悃,仰祈聖鑒事。

竊臣于本年八月二十一日由喀什噶爾起程前赴哈密緣由,當經恭摺馳陳在案。九月二十七日,在吐魯番途次,承准督辦新疆軍務大學士陝甘督臣左宗棠恭錄咨會:承准軍機大臣字寄:光緒六年八月二十二日奉上諭:左宗棠現在料理啓程來京,關外一切事宜,應即交替。劉錦棠威望素著,辦理新疆善後事宜,諸臻妥協,著署理欽差大臣,督辦新疆軍務。俟劉錦棠到哈密後,左宗棠即將欽差大臣關防交給祗領。所有新疆一切布置,並著詳細告知,妥爲籌辦,即行迅速北上等因。欽此。跪聆之下,感悚莫名。十月初六日,行抵哈密。十二日,承准左宗棠移交欽差大臣關防前來。謹即恭設香案,望闕叩頭謝恩,祗領任事。伏念臣起家寒畯,材質庸愚,年未及冠,即隨臣叔父已故廣東陸路提督臣劉松山,轉戰各省,廿載馳驅,習慣勞苦,於戰守之道尚能粗窺崖略。每自揣綿薄,身領偏師,爲國敵愾,但令餉需接濟,遇事勤慎,或可

① 中國第一歷史檔案館藏:《錄副奏摺》,檔號:03—5666—026。

倖免僨事。至於督師重任、地方吏事,自顧不學無術,識闇才塵,實難勝任。乃蒙聖恩高厚,倚畀非常,五内屏營,罔知攸措。臣維新疆地處極邊,幅員遼闊,屬兹餉源日縮,隱患方殷,一切軍務善後暨中外交涉諸事宜,最爲艱鉅。以左宗棠耆勛碩望,用達體閎,猶且竭慮殫精,兢兢業業,乃克有濟。臣之才力既萬不及左宗棠,臣之資望則尤不但不及左宗棠,即如金順、楊昌濬暨張曜等,亦皆老成素望,非臣後起新進所能比並。内揆愚分,外審事勢,重寄忝膺,實不足以孚衆心而維全域。設有貽誤,微臣之貪榮戀棧,固無解於當世之譏評,而萬里岩疆必更煩朝廷之擘畫。捫心自省,寢饋難安。合無仰懇恩施,垂念邊陲重地,另簡賢能大員,畀以欽符,督辦新疆軍務,庶西事藉免疏虞,而臣亦得以自安愚拙。至現在左宗棠奉旨陛見,克期起程,臣自應暫行署理,一切恪守左宗棠成規,與金順、楊昌濬等和衷商辦,恭候欽派大員,前來交代。臣兩世叨受國恩,自關外用兵一二年間,由道員時擢卿班,並邀爵賞,異數頻仍,有加無已,捐軀糜頂,未足云酬。現際時事多艱,臣具有天良,苟心力之所能爲,正當藉效涓埃,勉圖報稱,何敢意存規避,自外生成。祇以力有不逮,不得不據實瀝陳,籲懇矜全區區苦衷。惟乞聖明察諒,邊事幸甚,微臣幸甚。所有感激悚惶下悃,謹繕摺具奏。伏乞皇太后、皇上聖鑒訓示施行。謹奏。十月十五日◆²。

　　光緒六年十一月二十四日◆³,軍機大臣奉旨:覽奏。具見敬慎之忱。惟朝廷正深倚畀,劉錦棠務當恪守左宗棠成規,將新疆一切事宜妥爲籌辦,與金順、張曜等和衷共濟,用副委任,毋庸固辭。欽此。

　　【案】此摺缺原件,録副現藏於中國第一歷史檔案館①,兹據校補。

① 中國第一歷史檔案館藏:《録副奏摺》,檔號:03—5154—119。

1.【署理欽差大臣督辦新疆軍務通政使司通政使二等男臣劉錦棠跪】
此前銜據録副補。

【案】光緒六年八月初四日，陝甘總督左宗棠遵旨具摺薦舉賢員，以幫
辦新疆軍務通政使劉錦棠堪辦關外一切事宜：

> 欽差大臣大學士督辦新疆軍務二等恪靖侯加一等輕車都尉臣左
> 宗棠跪奏，爲遵旨覆陳，仰祈聖鑒事。竊臣於七月二十四日哈密行
> 營，承准軍機大臣字寄：光緒六年七月初六日奉上諭：左宗棠現已行
> 抵哈密，關外軍務諒經布置周詳。現在時事孔艱，俄人意在起釁，正
> 須老於兵事之大臣，以備朝廷顧問。左宗棠著來京陛見，一面慎舉賢
> 員，堪以督辦關外一切事宜者，奏明請旨，俾資接替。此外，帶兵各員
> 中有才略過人、堪膺艱巨、秉性忠勇、緩急足恃者，並著題列保薦，用
> 備任使。將此由六百里諭令知之。欽此。跪聆之餘，欽感無既。臣
> 以菲才，謬膺關隴、新疆重寄，計逾七載。圖報未遑，屬以敵情叵測，
> 使者失詞，疏請出屯哈密。所有規畫布置大略，茲已具摺陳明。伏讀
> 諭旨：“左宗棠著來京陛見，一面慎舉賢員，堪以督辦關外一切事宜
> 者，奏明請旨，俾資接替。”欽奉之下，謹即料理起程。惟關外一切事
> 宜必賴賢能接替，始免他虞。竊見幫辦新疆軍務通政使司通政使法
> 福靈阿巴圖魯二等男臣劉錦棠，志在匡時，才能應變，隴中關外，夙著
> 勛勤，近辦新疆善後事宜，威惠並行，邊民感服，臣嘗自愧不及。如蒙
> 恩命，督辦關外一切事宜，必能勝任。劉錦棠前聞臣到哈密，擬即前
> 來晤商軍務，臣比覆書止之。茲臣既奉命來京，軍事需人接替，比即
> 馳告劉錦棠，仍速來哈密，商議一切。由喀什噶爾赴哈密共五十四
> 站，劉錦棠得信後起程，九月杪始可到此，計其時已奉有諭旨矣。如
> 蒙恩允，以劉錦棠接替，是否並將欽差大臣關防交劉錦棠祇領。此應
> 候諭旨遵行者一也。安肅道員駐肅州，地在關外，哈密廳介居其中，
> 向歸陝甘總督統屬。茲既督辦關外軍務，應劃哈密廳、鎮西廳、迪化
> 州，並歸新疆。而玉門、安西州地方營務及驛站仍由地方文武管理，
> 歸安肅道考核，照舊歸陝甘統屬，庶陝甘、新疆界限攸分，責成考核，
> 均歸畫一。臣以陝甘總督督辦新疆軍務，固無所庸其分晰。至關外

軍務接替有人,則比劃明彼此,俾其各有遵循,伏乞聖裁。如以督辦新疆軍務署銜,不用關外兩字,更覺分明。此應候旨遵行者二也。臣俟劉錦棠行抵哈密,會商一切,交卸軍務,即當馳返蘭州,清理案牘。陝甘督篆是否即交楊昌濬接署,出自聖裁。

臣交篆後,即取道秦晉北上,不敢遲延。惟頻年力疾從戎,咯血、脾泄諸證時愈時發,藥餌無效。近則健忘益甚,步履維艱,頻年以來,杖不釋手。每遇祭祀典禮,登降拜跪,輒須掺扶,以防傾跌,形極衰頹,情同戀棧。此衷耿耿,不敢自明。茲幸仁慈曲逮,俾釋仔肩。或者長依日月之末光,稍延桑榆之暮景,曷勝欣幸,感激之至。謹先據實馳陳。伏乞皇太后、皇上聖鑒訓示施行。謹奏。八月初四日。①

左宗棠之摺於是年八月二十二日得清廷批復,飭令左宗棠即將欽差大臣關防交劉錦棠祇領,並將新疆一切布置妥為籌辦,迅速北上。《清實錄》:

又諭:左宗棠奏遵旨覆陳並布置情形,及請免保薦人才各摺片。左宗棠現在料理起程來京,關外一切事宜,應即交替。劉錦棠威望素著,辦理新疆善後事宜,諸臻妥協,著署理欽差大臣,督辦新疆軍務。俟劉錦棠到哈密後,左宗棠即將欽差大臣關防交給祇領。所有新疆一切布置,並著詳細告知,妥為籌辦,即行迅速北上。所請派署陝甘總督篆務,著聽候諭旨。金順駐扎西路,距伊犁較近,一切邊防情形,著隨時與劉錦棠和衷商辦,以維大局。喀什噶爾逼近俄境,亦關緊要,劉錦棠起程後,須派得力將領,認真防守,毋稍大意。前諭左宗棠保薦將才,原以該大臣平日留意人才,見聞所及,必有深知其人,堪膺任使者,不必拘定現在新疆軍營之人,仍著臚舉以聞。將此由六百里各諭令知之。②

2.【十月十五日】此具奏日期,據錄副補。

3.【光緒六年十一月二十四日】此奉旨日期,據錄副補。

① 中國第一歷史檔案館藏:《錄副奏摺》,檔號:03—6015—041。
② 《清實錄·德宗景皇帝實錄(二)》,卷一百十八,光緒六年八月下,第722頁。

【案】光緒六年十月十五日，劉錦棠隨摺附片奏報接欽差大臣關防及啓用日期等事：

　　再，臣于本年十月十三日承准督辦新疆軍務大學士陝甘督臣左宗棠移交欽差大臣關防前來，當即祗領。謹於十五日拜摺謝恩，即行啓用。所有原用欽差幫辦新疆軍務總統馬步各軍通政使司通政使二等男法福靈阿巴圖魯木質關防，業經銷毀。除分別咨行外，理合附片陳明。伏乞聖鑒。謹奏。

　　光緒六年十一月二十四日，軍機大臣奉旨：知道了。欽此。①

光緒六年十二月十三日，陝甘總督左宗棠附片奏請飭部查明欽差大臣劉錦棠應得辦公銀兩一事：

　　再，臣督陝甘兼辦新疆軍務，有總督養廉，堪資辦公之用。茲劉錦棠由通政使奉旨署理欽差大臣。本任京秩無廉項可支，頗形拮据，應懇天恩，飭部臣查明向例欽差大臣應得辦公銀兩，一律准其支銷，以示體恤，伏乞聖裁。謹附片具陳。伏乞訓示施行。謹奏。

　　光緒六年十一二月十三日，軍機大臣奉旨：著照所請，戶部知道。欽此。②

008. 御賞福字荷包等物謝恩摺

光緒七年正月二十四日

　　署理欽差大臣督辦新疆軍務通政使司通政使二等男臣劉錦棠跪◆1奏，爲恭謝天恩，仰祈聖鑒事。

　　竊臣於光緒七年正月十四日准兵部火票遞到軍機處咨行：賚奉單開，交出御賞福字荷包、銀錢、銀錁、食物等項。謹恭設香案，望闕叩頭祗領訖。欽惟皇上文德誕敷，福基永紹，聖學括珠囊之秘，天麻迓銀甕之祥。堯厨萃水陸珍奇，勤萬幾而不遑暇食；虞殿

①　中國第一歷史檔案館藏：《錄副奏片》，檔號：03—5812—072。
②　中國第一歷史檔案館藏：《錄副奏片》，檔號：03—5154—044。

頌星雲糺縵,覆群生而與◆2 物皆春。六琯調陽,一人有慶。臣仰
叨福蔭,忝佩兵符,職列銀臺,時懷素餐之咏;寵邀錫典,猥蒙紫陛
之恩。璿題與義畫同垂,墨和露湛;寶翰揭箕疇之旨,福自天申。
縕魚袋以章身,霞裳並耀;鏤鯨文而利用,雪錠交輝。擷草木之精
英,義不忘乎懷核;沐醍醐之釀澤,味更渥於投醪。甘分八膳之
珍,餐傳玉屑;瑞應雙歧之麥,制妙銀絲。備荷鴻施,曷勝龜戴。
從此書紳誌感,役萬里而心懷綸言;挾纊騰歡,祝三多而鼇凝黼
宸。帝德之包涵至廣,島人皆貢寶輸琛;皇仁之煦育維深,邊户盡
豐衣足食。所有微臣感激榮幸下忱,謹繕摺具陳,恭謝天恩。伏
乞皇太后、皇上聖鑒。謹奏。光緒七年正月二十四日◆3。

　　光緒七年二月三十日◆4,軍機大臣奉旨:知道了。欽此。

　　【案】此摺原件①、録副②現藏於中國第一歷史檔案館,兹據校補。
　　1.【署理欽差大臣督辦新疆軍務通政使司通政使二等男臣劉錦棠跪】
此前銜據原件補。
　　2.【與】原件、録副均作"興",似未確。
　　3.【光緒七年正月二十四日】此具奏日期,據原件補。
　　4.【光緒七年二月三十日】此奉旨日期,據録副補。

009. 授欽差大臣督辦新疆軍務謝恩摺
光緒七年十一月二十七日

　　欽差大臣督辦新疆軍務通政使司通政使二等男臣劉錦棠
跪◆1 奏,爲恭謝天恩,仰祈聖鑒事。
　　竊臣前准吏部咨開:光緒七年八月二十四日內閣奉上諭:通

---

① 中國第一歷史檔案館藏:《硃批奏摺》,檔號:04—01—12—0527—040。
② 中國第一歷史檔案館藏:《録副奏摺》,檔號:03—5158—101。

政使司通政使劉錦棠,著授爲欽差大臣督辦新疆軍務等因。欽此◆2。當於十月初一日拜摺◆3,奏懇天恩,收還成命,另簡賢能接替,以重邊疆,而免貽誤。兹於光緒七年十一月二十日接准兵部火票遞回原件,後開軍機大臣奉旨:覽奏。情詞懇切,具見寅畏之忱。惟念劉錦棠任事經年,辦理一切,頗臻妥協。該大臣膺兹重寄。惟當將防務善後及中外交涉諸事竭力籌辦,以期邊圉久安,用副委任,毋許固辭。欽此。跪聆之下,感悚莫名。謹即恭設香案,望闕叩頭謝恩。伏念臣猥以凡庸,仰蒙倚畀,忝膺督師之任,愧非負重之材。自接篆以來,遇事每形竭蹷,内窺愚分,隕越堪虞。是用再三懇辭,屢瀆天聽。乃復綸綍欽承,垂訓勉之温旨,寓驅策之深心。自顧何人邀兹殊寵,不禁慚懼汗下,感激涕零。臣具有天良,更何敢終蹈拂命之咎,以自外高厚生成!惟有矢慎矢勤,任勞任怨,就才識之所克逮,懍遵聖誨,將防務善後及中外交涉諸事竭力籌辦,以期邊圉久安,庶效涓埃,少酬知遇。所有感悚下忱,謹繕摺具奏,恭謝天恩。伏乞皇太后、皇上聖鑒。謹奏。光緒七年十一月二十七日◆4。

　　軍機大臣奉旨:知道了。欽此。

【案】此摺原件現藏於中國第一歷史檔案館①,兹據校補。

1.【欽差大臣督辦新疆軍務通政使司通政使二等男臣劉錦棠跪】此前銜據原件補。

2.【案】此節文字尚有省略之處,完整應爲“光緒七年八月二十四日内閣奉上諭:通政使司通政使劉錦棠,著授爲欽差大臣,督辦新疆軍務。廣東陸路提督張曜,著幫辦軍務。欽此。”②

3.【案】光緒七年十月初一日,督辦新疆軍務大臣劉錦棠奏請清廷收

---

①　中國第一歷史檔案館藏:《録副奏摺》,檔號:03—5819—017。據硃批可斷,此摺即屬原件無疑。

②　中國第一歷史檔案館編:《光緒朝上諭檔》,第七册,第224頁。

還成命，另簡賢能，接替欽差大臣：

　　欽差大臣督辦新疆軍務通政使司通政使二等男臣劉錦棠跪奏，爲籲懇天恩，收還成命，另簡賢能接替，以重邊疆，而免貽誤，恭摺仰祈聖鑒事。竊臣准吏部咨開：光緒七年八月二十四日内閣奉上諭：通政使司通政使劉錦棠，著授爲欽差大臣督辦新疆軍務等因。欽此。伏念臣識淺才疏，不學無術。自接權篆務以來，晝作夜思，時形竭蹶，於邊城全無裨益。自知力小任重，弗克負荷，曾經兩次披瀝下忱，具摺懇辭，未獲仰邀俞允，五内屏營，不知所出。微臣之愚，猶謂暫行署理，不過目前權宜之舉，一切事宜，惟有勉循左宗棠規畫成法，靜候交代。乃蒙倚畀益隆，授爲欽差大臣，督辦新疆軍務。聞命之下，惶悚莫名。臣自束髮從軍以洎於今，受恩至爲深重，即捐糜頂踵，難言報稱。前次疊辭重任，均荷温諭訓勉，已不禁感激涕零。兹復榮膺特授，寵遇愈優。臣心非木石，苟爲綿力之所克逮，自當黽勉以從，藉答涓埃，何敢飾讓沽名，畏難諉責，以自外高厚生成。惟新疆幅員週二萬餘里，内而種族蕃雜，外而强鄰密邇。屬兹久亂積罷之後，以防務言之，則餉項日絀，籌畫綦難。以善後言之，則事系創舉，繁重異常。至於中外交涉諸事件，尤動關全域安危。疆事之艱巨，倍於各省。督辦之仔肩，重於督撫。是非勛望夙著卓有經世之略者，不足以策久安而資統轄。臣本軍旅粗材，國家苟有緩急，屬以偏師，俾效馳驅，仰賴福威方略，或可倖呈薄效。至關外岩疆重寄，實非臣之庸陋所能濟事。在一時承乏已愧，建樹毫無，若復貪榮戀棧，居之不疑，終必誤公曠職，煩朝廷異時西顧之憂。迨至僨事之餘，即治臣以應得之罪，而貽害已屬不淺。與其隕越於將來，不若瀆陳於此日。合無仰懇天恩，俯念西事關重，收還成命，另簡賢能大員，畀以欽符，督辦新疆軍務，庶邊境可期永奠，而臣得藉以自循愚分。如蒙允准，擬俟交替後，即行僛裝北上，泥首宫門，以伸犬馬戀主之忱。臣從前剿辦關内外逆回，出入鋒鏑之中者，十有餘年，初未嘗有所規避，何至頓改效命之初心，自便偷安之私計！祇以才力不及，不得不籲懇，矜全區區愚悃。儻邀聖慈垂諒，匪獨微臣之幸，實邊事之大幸也。謹繕摺由驛具奏。

伏乞皇太后、皇上聖鑒訓示施行。謹奏。光緒七年十月初一日。

軍機大臣奉旨：覽奏。情詞懇切，具見寅畏之忱。惟念劉錦棠任事經年，辦理一切，頗臻妥協。該大臣膺茲重寄。惟當將防務善後及中外交涉諸事竭力籌辦，以期邊圉久安，用副委任，毋許固辭。欽此。①

4.【光緒七年十一月二十七日】此具奏日期，據原件補。

010. 御賞福字荷包等物謝恩摺

光緒九年正月二十八日

欽差大臣督辦新疆軍務通政使司通政使二等男臣劉錦棠跪◆1奏，爲恭謝天恩，仰祈聖鑒事。

竊臣承准兵部火票遞到軍機處咨行：賷奉光緒八年十一月二十八日由内交出年終御賞福字荷包、銀錢、銀錁、食物等項。臣適患病未痊，謹恭設香案，力疾强起，望闕叩頭謝恩祇領。欽惟我皇上永肇福基，包舉宇内。富有四海，法無須龜貝金刀；玉食萬方，味不外舜葱堯韭。康庶事而無遠弗屆，覆群生而與物皆春。六琯調陽，一人有慶。臣久叨福蔭，忝佩兵符。握銀槍而赴戎機，餉嘉穀而羞每飯。猥荷九重之賜，不遺萬里而遥。揮毫揭錫福之經，墨如湛露；束帶葉括囊之象，服取章身。翻錢譜而輪郭攸宜，溢銀坑而重輕惟准。醍醐酪乳，飫聖澤以如膏；囷圓鹿方，燦御園之碩果。凡此鴻施之稠疊，實覺寵戴之難勝。臣惟有配命自求，同袍學賦，效却金而修清節，常懷核以懷素餐。從茲三命益恭，載賡戢穀磬宜之什。更祝萬年有道，永庇豐衣足食之麻。所有微臣感激榮幸下忱，謹繕摺叩謝天恩。伏乞皇太后、皇上聖鑒。謹奏。光

---

① 中國第一歷史檔案館藏：《硃批奏摺》，檔號：04—01—16—0213—027。

緒九年正月二十八日◆2。

　　光緒九年三月初二日◆3,軍機大臣奉旨:知道了。欽此。

【案】此摺原件①、録副②現藏於中國第一歷史檔案館,兹據校補。

1.【欽差大臣督辦新疆軍務通政使司通政使二等男臣劉錦棠跪】此前銜據原件補。

2.【光緒九年正月二十八日】此具奏日期,據原件補。

3.【光緒九年三月初二日】此奉旨日期,據録副補。

011. 賞假三月並人參六兩謝恩摺

光緒九年四月初九日

　　欽差大臣督辦新疆軍務通政使司通政使二等男臣劉錦棠◆1奏,爲恭謝天恩,仰祈聖鑒事。

　　竊臣承准軍機大臣字寄:光緒九年三月初三日奉上諭:劉錦棠著再賞假三月,在營安心調理,毋庸開缺,併發去人參六兩,以資調攝等因。欽此。當即恭設香案,望闕叩頭祇領謝恩訖。伏念臣質同蒲柳,養愧參苓,屬以邊寄叅膺,未先奏起瘵之效,深恐病軀貽誤,遂瀝陳乞退之情。方五夜以難安,莫報涓埃於此日。冀餘生之静攝,猶供驅策於將來。乃蒙天語渥褒,造命之微權獨運。聖慈曲逮,駐年之珍藥遥頒。此在耆舊夙勛,已屬非常之寵遇。矧以淺資强齒,尤爲異數之榮施。感悚私衷,淪肌浹髓。臣惟有恪遵諭旨,專意服調,如其仰荷殊恩,沉疴漸起,即當勉圖效命,盡瘁何辭,斷不敢稍耽安逸,自外生成,以期仰答高厚鴻慈於萬一。所有微臣感激下忱,謹繕摺叩謝天恩。伏乞皇太后、皇上聖鑒。

---

① 中國第一歷史檔案館藏:《硃批奏摺》,檔號:04—01—16—0213—038。

② 中國第一歷史檔案館藏:《録副奏摺》,檔號:03—5824—002。

謹奏。光緒九年四月初九日◆2。

　　光緒九年五月十一日◆3，軍機大臣奉旨：知道了。欽此。

【案】此摺原件①、録副②現藏於中國第一歷史檔案館，兹據校補。

1.【欽差大臣督辦新疆軍務通政使司通政使二等男臣劉錦棠跪】此前銜據原件補。

2.【光緒九年四月初九日】此具奏日期，據原件補。

3.【光緒九年五月十一日】此奉旨日期，據録副補。

012.旌賞祖母陳氏五世同堂謝恩摺

光緒九年九月二十六日

　　欽差大臣督辦新疆軍務通政使司通政使二等男臣劉錦棠跪◆1奏，爲微臣叩謝天恩，恭摺仰祈聖鑒事。

　　竊臣閲邸抄，光緒九年六月十九日内閣奉上諭：卞寶第奏命婦五世同堂籲懇恩施一摺◆2。原任廣東陸路提督劉松山之母、現任通政使司通政使劉錦棠之祖母陳氏，年近八旬，親見七代五世同堂，洵爲熙朝人瑞，加恩著賞給御書匾額一方，頒發以示殊榮。所有例應旌賞之處，著禮部議奏。欽此。祗領◆3之下，欽感莫名。謹即恭設香案，望闕叩頭謝恩。伏念臣祖母井臼躬操，桑榆景迫，遭逢皇世，早分一命之榮；渥被皇仁，疊晉五花之誥。兹復以五世同堂之慶，荷九重逾格之施。寵錫褒嘉，天語則輝生子舍；璇題綽楔，奎章則捧出上方。凡兹未盡之年華，悉沐非常之雨露。臣邊陲於役，侍奉久疏，聞命自天，感恩無地。惟有益矢勤慎，圖報涓埃，遵慈訓而勉竭駑駘，體宸廑而永靖瀚海，以

① 中國第一歷史檔案館藏：《硃批奏摺》，檔號：04—01—16—0213—079。

② 中國第一歷史檔案館藏：《録副奏摺》，檔號：03—5179—032。

期仰答高厚鴻慈於萬一。所有微臣感激榮幸下忱，謹繕摺具陳，叩謝天恩。伏乞皇太后、皇上聖鑒。謹奏。光緒九年九月二十六日◆4。

　　光緒九年十一月初二日◆5，軍機大臣奉旨：知道了。欽此。

　　【案】此摺原件①、録副②現藏於中國第一歷史檔案館，兹據校補。

　　1.【欽差大臣督辦新疆軍務通政使司通政使二等男臣劉錦棠跪】此前銜據原件補。

　　2.【案】光緒六年，陝西巡撫曾國荃以捐助賑濟銀兩，附片奏請賞給劉錦棠祖母劉陳氏御賜區額，以示旌表：

　　　　再，臣准通政使司通政使二等男爵劉錦棠函稱，該員祖母劉陳氏以晉省頻遭災歉，民間荒地極多，現正籌散牛力、籽種，願將積存養贍銀三千兩捐助，湊濟晉田，並以身受一品誥封，不敢邀獎，徑將此項匯兌到晉。臣查劉陳氏係前任廣東陸路提督劉松山之母、現統老湘軍劉錦棠之祖母。該陳氏夙著義方之訓，年老家居。自奉儉約，無異貧寒，慨然遠念晉民耕種無資，捐助巨款，洵屬好施樂善，出於至誠。雖函稱不敢仰邀獎叙，臣何敢壅於上聞！查光緒四年五月，前陝甘督臣楊岳斌之父秀貴、母向氏捐助賑銀二千兩，蒙恩賞給御書區額。今劉陳氏有子劉松山，官至提督，昔年屢立戰功，爲國捐軀。其嫡孫二等男爵劉錦棠，現正宣勞萬里之外，亦緣世篤忠貞。可否援案賞給區額嘉獎之處，非臣下所敢妄請，出自逾格鴻慈。理合附片具奏。伏乞聖鑒訓示。謹奏。

　　　　光緒六年二月初七日，軍機大臣奉旨。欽此。③

　　曾國荃之奏片於同年二月初七日得允行：

　　　　光緒六年二月初七日内閣奉上諭：曾國荃奏命婦捐款濟災，可否

---

　　①　中國第一歷史檔案館藏：《硃批奏摺》，檔號：04—01—14—0081—040。
　　②　中國第一歷史檔案館藏：《録副奏摺》，檔號：03—5539—064。
　　③　中國第一歷史檔案館藏：《録副奏片》，檔號：03—5590—001。

賞給匾額，請旨辦理等語。原任廣東陸路提督劉松山之母、通政使司通政使劉錦棠之祖母劉陳氏，捐養贍銀三千兩，解助山西耕種荒地之資，實屬樂善好施。著南書房翰林書寫匾額一方，賞給該命婦，即交劉錦棠祗領，以示嘉獎。欽此。①

以捐助山西種荒銀兩，賞給原任廣東陸路提督劉松山母、通政使司通政使劉錦棠祖母陳氏扁額，曰積慶啓勛。②

光緒九年五月二十日，湖南巡撫卞寶第具摺旌表劉錦棠之祖母劉陳氏：

湖南巡撫臣卞寶第跪奏，爲一品命婦五世同堂，籲懇恩施，以彰人瑞，恭摺仰祈聖鑒事。竊湖鄉縣壽婦劉陳氏，系處士陳□俊之女、劉忠馥之妻、前廣東陸路提督予諡忠壯劉松山之母、現官通政使司通政使劉錦棠之祖母也。年十四歸忠馥，克修婦職，靜好無違，逮事祖姑及事舅姑，並轉得其歡心，處家庭以和順，教子孫以義方。咸豐初年，發逆猖獗，蹂躪東南，命二子努力從戎。長子厚榮，早歲死餒。次子松山，統領湘軍，轉戰十數省，爲時名將。後因攻剿逆回，在金積堡重炮陣亡。孫錦棠接統其衆，平定西陲，移孝作忠，皆秉壽婦之訓也。且復心地慈祥，樂施好善，恤貧乏孤鰥，以惠鄉里。置義田、義學，以贍族人。光緒六年，聞晉省災荒，捐銀三千兩助賑。經前山西巡撫曾國荃奏請，奉旨賞給匾額。現年七十八歲，膝前已有曾孫四人，元孫一人，一門聚順，五世同堂。非徒閥閱休，無以熙朝人瑞。據該縣紳士一品封職候選郎中曾國潢等，備具宗圖，開呈事實清摺，公懇奏請旌表前來。臣查定例，壽婦年屆百歲五世同堂，或未屆百歲親見七代五世同堂，均准分別建坊給匾。今湖鄉縣壽婦劉陳氏年近八旬，親見七代五世同堂，例得上邀旌典。惟系忠勛之家一品命婦，應如何加恩以示優異之處，出自鴻慈。除將事實清摺、宗圖咨部查核外，謹會同湖廣總督臣涂宗瀛，恭摺具奏。伏乞皇太后、皇上聖鑒。謹奏。五月

① 中國第一歷史檔案館編：《光緒朝上諭檔》，第六册，第36頁。
② 《清實錄·德宗景皇帝實錄（二）》，卷一百九，光緒六年二月上，第604頁。

二十日①。

　　　光緒九年六月十九日,軍機大臣奉旨。欽此②。

湖南巡撫卞寶第之奏,於十年六月十九日得清廷允行:

　　　光緒九年六月十九日內閣奉上諭:卞寶第奏命婦五世同堂籲懇
　　恩施一摺。原任廣東提督劉松山之母、現任通政使司通政使劉錦棠
　　之祖母陳氏,年近八旬,親見七代五世同堂,洵爲熙朝人瑞。加恩著
　　賞給御書匾額一方,頒發祗領,以示殊榮。所有例應旌賞之處,仍著
　　禮部核議具奏。欽此。③

3.【祗領】原件、録副均作"祗聆",是。

4.【光緒九年九月二十六日】此具奏日期,據原件補。

5.【光緒九年十一月初二日】此奉旨日期,據録副補。

013. 御賞福字荷包等物謝恩摺

光緒十年正月十六日

　　欽差大臣督辦新疆軍務兵部右侍郎二等男臣劉錦棠跪◆1
奏,爲恭謝天恩,仰祈聖鑒事。

　　竊臣承准兵部火票遞到軍機處咨行:齎奉光緒九年十一月二
十八日由內交出年終御賞福字荷包、銀錢、銀錁、食物等項。謹恭
設香案,望闕叩頭謝恩祗領訖。欽惟我皇上文教覃敷,福基永奠。
珠囊絢彩,包容大一統之規;銀甕翔機,珍異却萬方之貢。康庶事
而不遑暇食,交梨火棗,並獻堯厨;覆群生而與物皆春,燕粉雞絲,
同歌舜日。一人有慶,億姓臚歡。臣忝竊兵符,遠違黼座,念何日

---

　　① 中國第一歷史檔案館藏:《録副奏摺》,檔號:03—5538—080。
　　② "予五世同堂命婦原任廣東提督劉松山之母、現任通政使司通政使劉錦棠之祖母陳氏旌
賞如例,並頒扁額曰慶衍陔華。"(《清實録・德宗景皇帝實録(三)》,卷一百六十五,光緒九年六月
下,第316頁)
　　③ 中國第一歷史檔案館編:《光緒朝上諭檔》,第九册,第209頁。

得酬萬一，伏地滋慚；感頻年拜賜九重，自天申命。恩流藻翰，堯文偕義畫同昭；寵佩荷囊，紫綬共金章一色。泉爲府而利用，敢忘撲滿之箴；銀湧池以呈祥，即是不貪之寶。而且香浮麥隴，隨瓊糜玉糝以齊頒；潔比蓮房，合絳質紅襦而並錫。凡鴻施之俯逮，實鼇戴以難勝。臣惟有益矢勤慎，仰承福蔭，佩韋弦而力籌邊備，式金玉而砥礪廉隅。果拜天家，詩懷素餐之訓；甘分士卒，食先正席之嘗。從茲貢寶輸琛，罔皇風者卅六國；還祝宵衣旰食，介景福於億萬年。所有微臣感激榮幸下忱，謹繕摺具陳，恭謝天恩。伏乞皇太后、皇上聖鑒。謹奏。光緒十年正月十六日◆2。

光緒十年二月二十二日◆3，軍機大臣奉旨：知道了。欽此。

【案】此摺原件①藏於中國第一歷史檔案館，録副②現藏於臺北故宮博物院，兹據校補。

1.【欽差大臣督辦新疆軍務兵部右侍郎二等男臣劉錦棠跪】此前銜據原件補。

2.【光緒十年正月十六日】此具奏日期，據原件補。

3.【光緒十年二月二十二日】此奉旨日期，據録副補。

014. 補授兵部右侍郎謝恩摺

光緒十年正月十六日

欽差大臣督辦新疆軍務兵部右侍郎二等男臣劉錦棠跪◆1奏，爲恭謝天恩，仰祈聖鑒事。

竊臣于上年十一月初八日承准吏部咨開：欽奉諭旨，補授兵部右侍郎◆2。旋經瀝陳下悃，籲懇收回成命。兹於光緒十年正月

---

① 中國第一歷史檔案館藏：《硃批奏摺》，檔號：04—01—12—0531—015。

② 臺北故宮博物院藏：《軍機及宮中檔》，文獻編號：125426。

初五日准兵部火票遞到原件,後開軍機大臣奉旨:覽奏,情詞懇摯,具見悃忱。該侍郎向來辦事認真,朝廷深資倚任。惟當勉圖報稱,將新疆應辦事宜妥爲經畫,一面加意調治,以慰廑系,毋許固辭。欽此。跪讀之餘,沐幬覆深仁,愈寵驚以無地。拜除固懷慚於午夜,瀆請又恐負夫生成。當即恭設香案,望闕叩頭謝恩。伏念臣學愧芸編,材同樗散。會遠征於西塞,已忝鵷班;復晉貳於中樞,未嫻豹略。驅馳敢許,苦二豎之侵尋;艱大益投,非孱驅之可任。謹蟻忱之披瀝,懇鸞綍之允收。乃荷温詔褒嘉,苟有微長必録;更蒙聖懷眷顧,若惟其疾之憂。感君父之矜全,極臣工之遭際。論階資則尚多先達,對儕輩以何顔;論科目則起自戎行,實縹緗之失業。勞師遠戍,功未奏乎趙屯;無術貽譏,讀久疏於霍傳。戴恩至重,循分曷安。臣惟有暫領偏師,恒枕戈以勵志;權持使節,願銷甲以事農。體大造之好生,期袪夙疾;飭邊庭之要治,力固岩疆,庶以稍答高厚鴻慈于萬一。至若新設各官,現已次第委署。其有未盡事宜以及營餉兵制,臣必當立即統籌,迅速擬辦,恭候聖裁,屆時再乞恩准,收銷兵符,俾臣開缺卸差,回籍調養,以圖異日得效犬馬之勞,合併陳明。所有微臣感激榮幸下忱,謹繕摺叩謝天恩。伏乞皇太后、皇上聖鑒。謹奏。光緒十年正月十六日◆3。

　　光緒十年二月二十二日◆4。軍機大臣奉旨:知道了。欽此。

　　【案】此摺原件①藏於中國第一歷史檔案館,録副②現藏於臺北故宮博物院,兹據校補。

　　1.【欽差大臣督辦新疆軍務兵部右侍郎二等男臣劉錦棠跪】此前銜據原件補。

　　①　中國第一歷史檔案館藏:《硃批奏摺》,檔號:04—01—16—0216—047。
　　②　臺北故宮博物院藏:《軍機及宮中檔》,文獻編號:125435。

2.【案】此諭旨，見《光緒朝上諭檔》："光緒九年十月初四日內閣奉上諭：禮部左侍郎著徐郙調補，未到任以前，著陳蘭彬署理。劉錦棠著補授兵部右侍郎，未到任以前，著徐用儀署理。欽此。"①

3.【光緒十年正月十六日】此具奏日期，據原件補。

4.【光緒十年二月二十二日】此奉旨日期，據錄副補。

015. 御賞福字荷包等物謝恩摺

光緒十一年二月初二日

欽差大臣督辦新疆事宜尚書銜甘肅新疆巡撫二等男臣劉錦棠跪◆¹ 奏，爲恭謝天恩，仰祈聖鑒事。

竊臣承准兵部火票遞到軍機處咨行：賫奉光緒十年十一月二十八日由內交出年終御賞福字荷包、銀錢、銀錁、食物等珍品，到臣行營。謹即恭設香案，望闕叩頭謝恩祗領訖。伏念臣猥以庸愚，從征塞徼，驟領封圻之寄，已深惶悚之忱。茲以鳳鑰新更，鴻施復逮，頒御題之嘉福，敷錫九疇；普春色於太和，包容萬類。重以白榆星朗，輝映裹蹄；絳果霞鮮，勻圓鶴頂。劈將珠顆，配宜剝棗之甘；屑作瓊糜，潤到滴酥之味。領八珍之貴品，寵渥醍醐；拜十賚於尚方，香生匕箸。凡此恩榮之特被，實非夢寐所敢期。臣惟有震恐省愆，師干勵職。勉攄丹悃，辮貞亮爲一繁；慎懍素餐，矢忠誠以百鍊。懸奎章於日月，永靖鑄兵帶劍之風；鞏鼎祚之河山，仰紓旰食宵衣之念。所有微臣感激下忱，謹繕摺叩謝天恩。伏乞皇太后、皇上聖鑒。謹奏。光緒十一年二月初二日◆²。

光緒十一年三月初四日◆³，軍機大臣奉旨：知道了。欽此。

---

① 中國第一歷史檔案館編：《光緒朝上諭檔》，第九冊，第343頁。

【案】此摺原件①、録副②現藏於中國第一歷史檔案館,兹據校補。

1.【欽差大臣督辦新疆事宜尚書銜甘肅新疆巡撫二等男臣劉錦棠跪】此前銜據原件補。

2.【光緒十一年二月初二日】此具奏日期,據原件補。

3.【光緒十一年三月初四日】此奉旨日期,據録副補。

016. 京察交部從優議叙謝恩摺

光緒十一年四月二十二日

欽差大臣督辦新疆事宜尚書銜甘肅新疆巡撫二等男臣劉錦棠跪◆1 奏,爲恭謝天恩,仰祈聖鑒事。

竊臣閲邸抄,光緒十一年正月二十四日奉上諭:朕奉慈禧端佑康頤昭豫莊誠皇太后懿旨:三載考績爲國家激揚大典,中外滿漢諸臣有能恪其職守、勞勩最著者,尤宜特加獎叙,以示優眷。兹當京察屆期,吏部開單題請甘肅新疆巡撫劉錦棠鎮撫邊陲,才猷卓著,著交部議叙。欽此◆2。跪聆之下,感悚莫名。伏念臣起自戎行,忝膺疆寄,未有涓埃之報,屢蒙高厚之施。分封而寵以男任,晉秩則儕諸卿長。溯整旅出關而後,旋領欽符。際設官經野之時,何知吏治。乃以激揚之大典,遽邀甄別與邊陲。聞命滋榮,撫躬知愧。臣惟有冰兢自凛,勉竭愚誠,以期仰答鴻慈于萬一。所有微臣感激下忱,謹繕摺恭謝天恩。伏乞皇太后、皇上聖鑒。謹奏。光緒十一年四月二十二日◆3。

光緒十一年六月十六日◆4,軍機大臣奉旨:知道了。欽此。

---

① 中國第一歷史檔案館藏:《硃批奏摺》,檔號:04—01—16—0217—028。
② 中國第一歷史檔案館藏:《録副奏摺》,檔號:03—5194—016。

【案】此摺原件①、録副現藏於中國第一歷史檔案館，兹據校補。關於此摺具奏日期，刻本作"（光緒十一年）四月初九日"，而原件、録副均作"光緒十一年四月二十二日"，刻本應誤。

1.【欽差大臣督辦新疆事宜尚書銜甘肅新疆巡撫二等男臣劉錦棠跪】此前銜據原件補。

2.【案】此節文字尚多節略，《光緒朝上諭檔》：

光緒十一年正月二十四日內閣奉上諭：朕奉慈禧端佑康頤昭豫莊誠皇太后懿旨：三載考績爲國家激揚大典，中外滿漢諸臣有能恪其職守、勞勤最著者，允宜特加甄叙，以示優眷。兹當京察届期，吏部開單題請，詳加披閲，禮親王世鐸、大學士額勒和布、户部尚書閻敬銘、刑部尚書張之萬、刑部右侍郎許庚身、工部左侍郎孫毓汶，翊贊樞廷，小心謹慎，辦理庶務，悉臻妥協，均著交該衙門議叙。大學士直隸總督李鴻章經畫遠猷，克膺重任。大學士左宗棠老成碩望，勞勤不辭。兵部尚書彭玉麟督師嶺嶠，保障宣勞。均著交部從優議叙。兩廣總督張之洞籌濟軍事，不分畛域。四川總督丁寶楨久膺疆寄，任事實心。甘肅新疆巡撫劉錦棠鎮撫邊陲，才猷卓著。均著交部議叙。兩江總督曾國荃夙著勛勤，辦事諳練，著開復革職留任處分。雲貴總督岑毓英果勇性成，不避艱險，著開復降二級留任處分。餘著照舊供職。欽此。②

3.【光緒十一年四月二十二日】此具奏日期，據原件、録副校正。

4.【光緒十一年六月十六日】此奉旨日期，據録副補。

017. 御賞福字荷包等物謝恩摺

光緒十二年二月十二日

欽差大臣督辦新疆事宜尚書銜留任甘肅新疆巡撫二等男臣劉錦棠跪◆¹奏，爲恭謝天恩，仰祈聖鑒事。

---

① 中國第一歷史檔案館藏：《硃批奏摺》，檔號：04—01—12—0532—067。
② 中國第一歷史檔案館編：《光緒朝上諭檔》，第十一册，第14頁。

竊臣於光緒十二年正月二十九日承准軍機處咨開：年終恩賞福字荷包、銀錢、銀錁、食物等項，交兵部由驛馳遞到臣。當即恭設香案，叩頭祗領訖。伏念臣幸際昌期，愧無報稱。望北辰於萬里，賦天保以彌殷；處西域者十年，物土宜而未辨。茲以始和布令，慶賜遂行，昭雲漢以摛文，衍箕疇而賜福。綴服耀纓纕之色，寵重銀章；登筵增七鬯◆2之光，珍頒玉食。臣惟有謹加什襲，時懷素餐。勸戒所以農桑，務安鴻雁；戴堯天之日月，上頌駕鴦。所有微臣感激榮幸下忱，謹繕摺恭謝天恩。伏祈皇太后、皇上聖鑒。光緒十二年二月十二日◆3。

光緒十二年四月初四日◆4，軍機大臣奉旨：知道了。欽此。

【案】此摺原件①、録副②現藏於中國第一歷史檔案館，茲據校補。

1.【欽差大臣督辦新疆事宜尚書銜留任甘肅新疆巡撫二等男臣劉錦棠跪】此前銜據原件補。

2.【七鬯】原件、録副均作"匕鬯"，是。

3.【光緒十二年二月十二日】此具奏日期，據原件補。

4.【光緒十二年四月初四日】此奉旨日期，據録副補。

018. 謝年終恩賞摺
光緒十三年二月初八日

尚書銜降一級留任甘肅新疆巡撫二等男臣劉錦棠跪◆1奏，爲恭謝天恩，仰祈聖鑒事。

竊臣承准軍機處咨開：光緒十二年年終恩賞福字荷包、銀錢、銀錁、食物等項，交兵部由驛馳遞到臣。當即恭設香案，望闕叩頭

① 中國第一歷史檔案館藏：《硃批奏摺》，檔號：04—01—12—0534—060。
② 中國第一歷史檔案館藏：《録副奏摺》，檔號：03—5208—014。

祗領訖。伏念臣濫膺邊寄，未效寸長，鵜濡恒懍夫丹忱，鶴俸滋慚於素食。茲以新更歲紀，仰沐宸慈。法義畫以垂型，自天賜祉；敷箕疇而建極，匝地熙春。重以章燦七襄，紫羅紉佩；幣登三品，赤仄同頒。果餌風香，潤到滴酥之味；粉酏雪潔，佐將餐玉之方。寵渥鴻施，悚深寵戴。臣惟有倍加震省，冀葉履綏。體宵衣旰食之勤，下修職守；際嶽貢川珍之盛，上頌升平。所有微臣感激下忱，謹繕摺恭謝天恩。伏乞皇太后、皇上聖鑒。謹奏。光緒十三年二月初八日◆2。

朱批：知道了。欽此◆3。

光緒十三年四月初一日，奉朱批：知道了。欽此◆4。

【案】此摺原件①、録副②現藏於中國第一歷史檔案館，茲據校補。

1.【尚書銜降一級留任甘肅新疆巡撫二等男臣劉錦棠跪】此前銜據原件補。

2.【光緒十三年二月初八日】此具奏日期，據原件補。

3.【案】原件僅朱筆"知道了"三字。

4.【光緒十三年四月初一日，奉朱批：知道了。欽此】此奉旨日期與内容，據録副補。

019.賞假三月並人參八兩謝恩摺

光緒十三年閏四月二十七日

尚書銜降一級留任甘肅新疆巡撫二等男臣劉錦棠跪◆1奏，爲恭謝天恩，並陳愚悃，仰祈聖鑒事。

竊臣承准軍機大臣字寄：光緒十三年三月二十六日奉上諭：

---

① 中國第一歷史檔案館藏：《朱批奏摺》，檔號：04—01—16—0222—067。

② 中國第一歷史檔案館藏：《録副奏摺》，檔號：03—5221—002

劉錦棠奏請開缺、賞假一年省親就醫一摺。覽奏,情詞肫摯,殊深廑系。現在新疆地方緊要,所有屯田、遣勇各事宜,尚須妥籌經理。該撫久膺邊寄,辦事認真,于新疆一切情形尤爲熟悉,朝廷眷顧西陲,正資倚畀。雖據陳情懇切,惟當此時事艱難,自應國爾忘家,益圖報稱。劉錦棠著賞假三月,並加恩賞給人參八兩,在任安心調理,毋庸開缺。將此諭令知之。欽此。跪聆之下,感激涕零。當即恭設香案,望闕叩頭祇領。伏念臣謬應重寄,時懷素餐,屬當二豎之侵尋,仰荷九重之眷注。寵頒異數,珍藥頻加,獎勵微勞,溫綸曲逮。擴天地生成之量,極古今際遇之榮。刻骨何言,縻身莫報。臣敢不節宣其氣,飲食以時。冀延草木之年,庶獲涓埃之效。惟臣自遠離鄉土,久缺晨昏,負相依爲命之心,抱貪禄忘親之愧。西山景短,北闕恩長。非蒙天鑒垂憐照於此時,恐至人子不忍言之一日。查邊事屯田爲要,現已奏定章程,即各軍欠餉未清,亦荷指提協濟。計協款到臣之日,正假期屆滿之時。臣自當力疾從公,妥籌布置,發清舊欠,募補新軍,悉改坐糧,以資節餉,期於事濟,不敢後時。願及親存,再申前請。未到還家之日,魂夢皆驚。倘邀錫類之恩,須臾亦幸。寸私可遂,萬險奚辭。臣近來痰嗽未除,猶苦昏眩,幸交夏令,脚氣漸平。日事按摩,强能步履。仍當趕緊醫治,以期上慰宸廑。謹恭摺恭謝天恩,並陳愚悃。伏乞皇太后、皇上聖鑒。謹奏。光緒十三年閏四月二十七日◆[2]。

　　硃批:知道了。欽此◆[3]。

　　光緒十三年六月十五日,奉硃批:知道了。欽此◆[4]。

　　【案】此摺原件①、録副②現藏於中國第一歷史檔案館,兹據校補。

　　1.【尚書銜降一級留任甘肅新疆巡撫二等男臣劉錦棠跪】此前銜據原件補。

---

① 中國第一歷史檔案館藏:《硃批奏摺》,檔號:04—01—12—0538—004。
② 中國第一歷史檔案館藏:《録副奏摺》,檔號:03—5224—060。

2.【光緒十三年閏四月二十七日】此具奏日期,據原件補。

3.【案】原件祇有硃筆"知道了"三字。

4.【光緒十三年六月十五日,奉硃批:知道了。欽此】此奉旨日期與內容,據錄副補。

020.賞福字及荷包等物謝恩摺

光緒十四年二月初五日

尚書銜降一級留任甘肅新疆巡撫二等男臣劉錦棠跪◆1奏,爲恭謝天恩,仰祈聖鑒事。

竊臣於光緒十四年正月二十八日承准軍機處咨開:十一月二十八日由內交出年終恩賞福字荷包、銀錢、銀錁、食物等項,交兵部由驛馳遞到臣。適微臣患病未痊,謹恭設香案,力疾望闕叩頭祇領。伏念臣猥以弱植,忝綰邊符,以采薪而疊被溫綸,期勿藥而久無明效。終朝竊位,清夜疚懷。茲當歲紀更新,復荷宸慈下逮。承御題之殊寵,敷錫九疇;仰聖化於太和,包容萬類。重以金登三品,輝映天錢;果列百名,華徵地產。調玉屑而粉養色潔,擘銀絲則匕箸香來。叨逾格之鴻施,實悚衷而鼇戴。臣惟有冰淵震省,衣帶恒銘。胥飲和食德之倫,歡臚含哺;上納賡歸琛之頌,慶紀昇平。所有微臣感激下忱,謹繕摺叩謝天恩。伏乞皇太后、皇上聖鑒。謹奏。光緒十四年二月初五日◆2。

硃批:知道了。欽此◆3。

光緒十四年三月二十六日,奉硃批:知道了。欽此◆4。

【案】此摺原件①、錄副②現藏於中國第一歷史檔案館,茲據校補。

① 中國第一歷史檔案館藏:《硃批奏摺》,檔號:04—01—16—0225—027。

② 中國第一歷史檔案館藏:《錄副奏摺》,檔號:03—5547—088。

1.【尚書銜降一級留任甘肅新疆巡撫二等男臣劉錦棠跪】此前銜據原件補。

2.【光緒十四年二月初五日】此具奏日期,據原件補。

3.【案】原件僅硃筆"知道了"三字。

4.【光緒十四年三月二十六日,奉硃批:知道了。欽此】此奉旨日期與內容,據錄副補。

021. 賞假六月並人參八兩謝恩摺

光緒十四年十一月二十二日

尚書銜甘肅新疆巡撫二等男臣劉錦棠跪◆1 奏,爲恭謝天恩,仰祈聖鑒事。

竊臣前奏假期已滿,病難速痊,仍懇開缺,回籍就醫,藉遂烏私一摺。兹於光緒十四年十一月十六日,差弁賫回原摺,奉硃批:據奏病久未痊,殊深系念。新疆地處邊陲,責任綦重。該撫威望素著,倚畀正殷,著再賞假六月,安心調理,毋庸開缺,並賞給人參八兩,俾資調攝。欽此。並由兵部火票遞到恩賞人參八兩。臣當即恭設香案,望闕叩頭祇領。伏念臣邊符久玷,夙疾未瘳,屢瀆宸嚴,時深內疚。兹復仰邀眷注,渥荷矜全。賞逾格之假期,温綸曲逮;出尚方之珍藥,異數頻頒。朝廷高厚之施,恩榮不次;臣子遭逢之盛,古近罕倫。極淪肌浹髓以難名,雖糜頂捐軀而莫報。臣惟有糜加攝養,殫竭愚誠,冀枯幹之回春,上紓慈念;策庸樗以效職,稍答生成。所有微臣感激下忱,謹恭摺叩謝天恩。伏乞皇太后、皇上聖鑒。謹奏。光緒十四年十一月二十二日◆2。

硃批:知道了。欽此◆3。

光緒十四年十二月二十八日,奉硃批:知道了。欽此◆4。

【案】此摺原件①、録副②現藏於中國第一歷史檔案館，兹據校補。

1.【尚書銜甘肅新疆巡撫二等男臣劉錦棠跪】此前銜據原件補。

2.【光緒十四年十一月二十二日】此具奏日期，據原件補。

3.【案】原件僅硃筆"知道了"三字。

4.【光緒十四年十二月二十八日，奉硃批：知道了。欽此】此奉旨日期與内容，據録副補。

022. 賞福字及荷包等物謝恩摺

光緒十五年二月初二日

尚書銜甘肅新疆巡撫二等男臣劉錦棠跪◆1奏，爲恭謝天恩，仰祈聖鑒事。

竊臣於光緒十五年正月二十五日承准軍機處咨開：十一月二十八日由内交出年終恩賞福字荷包、銀錢、銀錁、食物等項，交兵部由驛馳遞到臣。當即恭設香案，望闕叩頭謝恩祇領。伏念臣猥以輕材，久庸重寄，荷恩慈之疊沛，慚報稱之毫無。兹當鳳籥新更，復沐龍綸下逮。九疇敷錫，拜特眷於奎章；萬類包容，凝太和於辰極。貢金品重，赤仄同類；賜果名嘉，瓊芬並屑。潤到滴酥之味，寵渥醍醐；參將切玉之方，潔侔冰雪。凡此鴻施之被，實滋龕戴之深。臣惟有震省身心，咸銘衣帶，進天保升恒之祝，上答丹宸；惟日用飲食之經，下詒黎庶。所有微臣感激下忱，謹繕摺叩謝天恩。伏乞皇太后、皇上聖鑒。謹奏。光緒十五年二月初二日◆2。

硃批：知道了。欽此◆3。

光緒十五年三月十三日，奉硃批：知道了。欽此◆4。

---

① 中國第一歷史檔案館藏：《硃批奏摺》，檔號：04—01—12—0544—127。

② 中國第一歷史檔案館藏：《録副奏摺》，檔號：03—5540—070。

【案】此摺原件①、録副②現藏於中國第一歷史檔案館,兹據校補。

1.【尚書銜甘肅新疆巡撫二等男臣劉錦棠跪】此前銜據原件補。

2.【光緒十五年二月初二日】此具奏日期,據原件補。

3.【案】原件僅硃筆"知道了"三字。

4.【光緒十五年三月十三日,奉硃批:知道了。欽此】此奉旨日期與內容,據録副補。

023. 賞假回籍省視祖母謝恩摺

光緒十五年二月二十五日

尚書銜甘肅新疆巡撫二等男臣劉錦棠跪◆1 奏,爲恭謝天恩,仰祈聖鑒事。

竊臣於光緒十五年二月二十三日准吏部咨開:光緒十四年十二月二十八日內閣奉上諭:劉錦棠奏懇恩展假、回籍省視祖母一摺。覽奏,情詞懇切,自應勉如所請。劉錦棠著賞假六個月,准其回籍省親,假滿即行回任,以資倚畀。甘肅新疆巡撫,著魏光燾暫行護理。欽此。跪聆之下,感激涕零。伏念臣自膺邊寄,未效涓埃,祇緣烏鳥之私,莫解黃牛之執。屢申曲請,上冒宸嚴。方兢惕以弗遑,乃矜全之備至。特頒溫語,憫一念之愚忱;優展假期,拜重申之寵命。雖碎骨粉身而莫報,亦淪肌浹髓以何言。省親而詔奉九重,固臣子非常之遇;錫類而恩銜萬里,尤古今罕有之榮。臣惟有趕緊料理,遄歸省親,一俟假期屆滿,遵即馳回本任,仍舊供職,以冀仰答高厚生成於萬一。除交卸起程日期恭摺陳報外,所有微臣感激下忱,謹繕摺叩謝天恩。伏乞皇太后、皇上聖鑒。謹奏。光緒十五年二月二十五日◆2。

---

① 中國第一歷史檔案館藏:《硃批奏摺》,檔號:04—01—12—0545—183。

② 中國第一歷史檔案館藏:《録副奏摺》,檔號:03—5247—108。

礫批:知道了。欽此◆3。

光緒十五年四月初十日,奉礫批:知道了。欽此◆4。

【案】此摺原件①、録副②現藏於中國第一歷史檔案館,兹據校補。

1.【尚書銜甘肅新疆巡撫二等男臣劉錦棠跪】此前銜據原件補。

2.【光緒十五年二月二十五日】此具奏日期,據原件補。

3.【案】原件僅礫筆"知道了"三字。

4.【光緒十五年四月初十日,奉礫批:知道了。欽此】此奉旨日期與内容,據録副補。

024. 賞加太子少保銜謝恩摺

光緒十五年五月初十日

太子少保尚書銜甘肅新疆巡撫二等男臣劉錦棠跪◆1 奏,爲恭謝天恩,仰祈聖鑒事。

竊照臣於本月初二日行次蘭州,恭閲邸鈔,光緒十五年正月二十二日,欽奉慈禧端佑康頤昭豫莊誠皇太后懿旨:各省封疆大吏均爲國家倚任之臣,其久歷戎旃、熟諳韜略者,懋建殊勳,賢勞尤著。現任提鎮諸臣,類皆起自行間,洊膺專閫。各該文武大員爲國宣勤,歷久不懈。現在歸政伊邇,允宜分别施恩。甘肅新疆巡撫劉錦棠著賞加太子少保銜等因。欽此。當即恭設香案,望闕叩頭謝恩。伏念臣志慕請纓,術梳鼓篋,偶與小戎之列,遂領疆圻;未登大雅之堂,何堪師保。兹以建中德茂,歸政禮成,合萬國之歡心,帝隆孝養;邁百王之大法,世仰徽音。乃復俯念微勞,溥加懋賞。輔導而愧無心學,職備東宫;聯翩而寵晉頭銜,輝生西域。自

① 中國第一歷史檔案館藏:《礫批奏摺》,檔號:04—01—12—0545—175。

② 中國第一歷史檔案館藏:《録副奏摺》,檔號:03—5248—048。

天聞命,伏地滋慚。臣惟有倍矢靖共,力圖報稱。考漢代屯邊之策,時幸能逢;繹禮經教胄之文,身先思慎。所有微臣感激下忱,理合繕摺,叩謝天恩。伏乞皇上聖鑒。再,臣此摺係借用陝甘總督關防,合併陳明。謹奏。光緒十五年五月初十日◆2。

　　硃批:知道了。欽此◆3。

　　光緒十五年六月初四日,奉硃批:知道了。欽此◆4。

【案】此摺原件①、録副②現藏於中國第一歷史檔案館,兹據校補。

1.【太子少保尚書銜甘肅新疆巡撫二等男臣劉錦棠跪】此前銜據原件補。

2.【光緒十五年五月初十日】此具奏日期,據原件補。

3.【案】原件祇硃筆"知道了"三字。

4.【光緒十五年六月初四日,奉硃批:知道了。欽此】此奉旨日期與内容,據録副補。

025. 賜祭原任廣東陸路提督劉松山謝恩摺
光緒十五年五月初十日

　　太子少保尚書銜甘肅新疆巡撫二等男臣劉錦棠跪◆1奏,爲恭謝天恩,仰祈聖鑒事。竊照臣於本月初八日行次蘭州,恭閱邸抄,光緒十五年正月二十二日,欽奉慈禧端佑康頤昭豫莊誠皇太后懿旨:邇來各省軍務一律敉平,朝廷安不忘危,每思疆埸之臣身經百戰,竭志捐軀,亮節孤忠,時深惘念。本年二月,舉行歸政典禮,論功行賞。普遍寰區,更宜澤及九原,以褒忠藎。原任廣東陸路提督劉松山,著賜祭一壇等因。欽此◆2。伏念臣少遭家難,惟

①　中國第一歷史檔案館藏:《硃批奏摺》,檔號:04—01—12—0545—051。

②　中國第一歷史檔案館藏:《録副奏摺》,檔號:03—5250—013。

臣叔是依,長事戎行,亦臣叔所教,忠義實根諸性命,至今如見其生平。恩榮且及於子孫,永世不忘夫報稱。兹復仰蒙慈命,追念成勞。秩元祀而記功,宗三代之典章斯重;聽鼓鼙而思將,帥四方之觀感尤深。臣敢不慎守前型,勉圖後效,奉晨昏於萬里,祖孫懷錫類之仁,通魂夢於九原,存没共匪躬之義。所有微臣感激下忱,理合繕摺,叩謝天恩。伏乞皇上聖鑒。再,臣此摺係借用陝甘總督關防,合併陳明。謹奏。光緒十五年五月初十日◆3。

　　硃批:知道了。欽此◆4。

　　光緒十五年六月初四日,奉硃批:知道了。欽此◆5。

【案】此摺原件①、録副②現藏於中國第一歷史檔案館,兹據校補。

1.【太子少保尚書銜甘肅新疆巡撫二等男臣劉錦棠跪】此前銜據原件補。

2.【案】此節文字尚有節略,《光緒朝上諭檔》:

　　　　光緒十五年正月二十二日,欽奉慈禧端佑康頤昭豫莊誠皇太后懿旨:邇來各省軍務一律敉平,朝廷安不忘危,每思疆場之臣身經百戰,賁志捐軀,亮節孤忠,時深憫念。本年二月,舉行歸政典禮,論功行賞。普遍寰區,更宜澤及九原,以褒忠藎。原任西安將軍多隆阿、杭州將軍瑞昌、伊犁將軍明緒、正黃旗漢軍都統舒通額、烏魯木齊都統平瑞、署雲貴總督潘鐸、浙江提督饒廷選、廣西提督張玉良、烏魯木齊提督業布衝額、署福建陸路提督福寧鎮總兵林文察、署貴州提督趙德光、甘肅提督高連陞、廣東陸路提督劉松山、鑲紅旗護軍統領舒保、護軍統領恒齡、吐魯番領隊大臣色普詩新、塔爾巴哈臺參贊大臣武隆額、巴燕岱領隊大臣穆克登額、庫倫辦事大臣薩凌阿、內閣學士全順、浙江巡撫王有齡、兵部左侍郎黃琮、刑部右侍郎張錫庚、都察院左副都御史張芾、副都統舒明安、副都統蘇倫保、乍浦副都統傑純、河南歸

①　中國第一歷史檔案館藏:《硃批奏摺》,檔號:04—01—14—0084—081。
②　中國第一歷史檔案館藏:《録副奏摺》,檔號:03—5250—014。

德鎮總兵李臣典、江西南贛鎮總兵程學啓、總兵何建鼇、廣西右江鎮總兵張樹珊、廣東高州鎮總兵楊玉科、貴州安義鎮總兵陳嘉、福建按察使張運蘭、乾清門頭等侍衛卓明阿、頭等侍衛隆春、頭等侍衛奇克達善，均著賜祭一壇。此外滿漢陣亡殉難之實任一二品文武大員，並蒙古各盟陣亡二品以上各員，著吏部、兵部、理藩院、八旗，確切查明，咨報禮部，各賜祭一壇。該衙門知道。欽此。①

3.【光緒十五年五月初十日】此具奏日期，據原件補。

4.【案】原件祇硃筆“知道了”三字。

5.【光緒十五年六月初四日，奉硃批：知道了。欽此】此奉旨日期與內容，據錄副補。

---

① 中國第一歷史檔案館編：《光緒朝上諭檔》，第十五冊，第66頁。

劉錦棠奏稿卷二

起光緒六年四月,訖光緒七年八月

026. 遵旨密陳新疆西路邊防情形摺

光緒六年四月初二日

幫辦新疆軍務通政使司通政使二等男臣劉錦棠跪◆1奏,爲遵旨密陳新疆西路邊防情形,仰祈聖鑒事。

竊臣於三月十三日承准軍機大臣密寄:正月二十一日奉上諭:本日據王大臣等會議籌備邊防事宜一摺。此次俄國與崇厚所議條約章程多所要求,斷難允准,已改派曾紀澤前往再議。惟該國不遂所欲,恐其伺隙啓釁。必須有備無患,以折狡謀。新疆防務緊要,左宗棠熟悉邊情,老於軍事,即著將南北兩路邊防通盤籌畫,務臻周密。本日有旨,令劉錦棠幫辦新疆軍務。劉錦棠、金順兩軍均在前敵,尤爲吃重,並著隨時偵探防範,會商左宗棠、妥爲布置。錫綸現駐塔城,兵力太單,且與俄人逼處,宜策萬全,如能就地選募邊人,招來蕃屬,亦可壯我聲威,著與左宗棠商酌辦理。棍噶札拉參久在邊疆,聞爲俄人所憚。該呼圖克圖前經給假三年,現當用人之際,著錫綸傳旨,令其銷假赴營,統帶所部,以爲掎角。錫綸駕馭有方,當可收指臂之助。左宗棠前有移營哈密之奏,究竟移扎該處,能否聯絡聲勢,有裨前敵,於後路不致懸隔,可以兼顧,該督當斟酌情形,妥籌進止。至練生軍以防師老,足糧食以計長久,聯兵勢以完後路,均係目前要著,並著悉心經畫,以固疆圉。現在時勢艱難,全賴該督等爲國宣勤,同仇敵愾。所有一切機宜,著於奉旨一月内具奏,以慰廑系。將此由五百里各密諭知之。欽此◆²。

　　竊惟俄國前乘回變,攘竊伊犁。迨官軍廓清天山南北,又復藪我逋逃,不行縛送。血氣之倫,固已同深憤懑。此次因退還伊犁,多所要挾。界務、商務各條,枝節横生,居心尤爲險譎。現在曾紀澤銜命往俄,再與辯議。該國知前約決難允准,或者稍抑狡謀,俯首以從,亦未可定。惟戎心叵測,凡在邊疆將士,自應先事預防,以期有備無患。若果兵釁一開,則天山南北兩路均關緊要,自非合力圖之不可。臣承准督辦新疆軍務大學士陝甘督臣左宗棠,咨送二月二十三日拜發摺稿◆³,以精河一帶堅扼要隘之任,責之伊犁將軍金順。以塔爾巴哈臺防務,責之參贊大臣錫綸。而派廣東陸路提督張曜,率師由阿克蘇冰嶺。而派臣分兵,取到烏什,西繞布魯特游牧地,亦指伊犁,以斷俄人圖援伊犁之路。如此路難進,則屯兵喀什噶爾外卡,遙張深入俄境之勢,使知内患堪虞,時勤狼顧,不敢復爲豨突。老成至計,固已無微弗喻。臣查烏什繞赴伊犁,從前本有換防官兵往來捷徑,果能由此直擣大城,則避實擊虚,出奇制勝,洵爲兵家上策。惟該處布魯特向屬回地◆⁴,是以官兵往來如行衽席之上。自同治年間回疆不靖,該布魯特即爲俄人誘往服屬。現在烏什北行二百餘里,出拜代里、達阪,即係俄境。今昔情形倐然迥異。烏什地勢偏北,由喀什噶爾前往該城,已十餘站,再向前進,又十餘站◆5,與臣現駐之回疆西路四城,相距窵遠,難於兼顧。此烏什之西未便進兵之實在情形也。

　　回疆幅員廣莫,纏回、土回、布魯特,族種繁多,民志未定,控制安撫,本未易言,而喀什噶爾、英吉沙爾、葉爾羌、和闐四城尤有甚難者。按阿克蘇、拜城一帶與伊犁相值,以地勢考之,西路四城斗出伊犁幾二千里,沿邊卡倫與俄國圖爾齊斯坦總督所駐之塔什罕、七河巡撫所駐之阿里木臺,均不甚遠。而納林橋托和瑪克窩什、阿來等俄城,在在緊鄰。伏讀諭旨,尤爲吃重等因。仰見聖明洞燭無遺,下懷莫名欽服。臣自肅清新疆,逐日訓練士馬,如臨大敵。而四年之九月、十月,五年之正月、八月,陝回安集延、布魯特等逆四次犯邊。幸仗天威,隨時撲滅。其爲不可一日弛備,已可概見。再,查喀什噶爾由伊斯里克小路出卡至俄地之亦特木梭,計程一千二百餘里,與烏什往伊犁之路相會,較烏什前去約多七百餘里,而可省繞走烏什之十餘站,似進兵稍爲便利。然由喀什噶爾起行,三百四十里至鐵勒克、達阪下,亦即俄屬布魯特各部,若以孤軍深入,不特運道必有疏虞,即軍行亦難暢達。臣現部馬步萬人,防守瑪喇爾、巴什以至和闐各城,綿長三千里,差敷分布。如分隊涉歷俄境,遠圖進取,就現在兵力,實屬有所未逮。且所部將士,久從征役,疲病頗多。上年咨商陝甘督臣左宗棠派隊出關,以資換補,已經左宗棠奏明,調派題奏提督陝西漢中鎮總兵譚上連①、記名提督寧夏鎮總兵譚拔萃等統率前來。雖餉項奇絀,軍

────────────

①　譚上連,字雲廷,衡陽縣人。咸豐八年(1858),投效湘軍,隸李續宜軍副將蕭慶衍部。次年,以解寶慶之圍論功,賞六品頂戴。十一年(1861),升把總。同治元年(1862),以解潁州之圍,復攻占霍丘,升千總,賞加守備銜。三年(1864),湘軍轟塌天京城垣,爲先登將領之一,升參將。後以功升總兵,交軍機處記名。八年(1869),隨劉松山進攻甘肅靈州一帶回軍。劉陣亡後,率部隨劉錦棠進占金積堡。十二年(1873),攻陷肅州。光緒二年(1876),左宗棠督師出關,爲前鋒,率本部老湘軍右營和剛毅等營,馳赴巴里坤,攻克古牧地,連克烏魯木齊、昌吉、呼圖壁、瑪納斯北城,與譚拔萃直抵柴窩,助金順攻下瑪納斯南城,基本肅清天山北路。

數未能多增,而挑補生軍,裁汰疲弱,仍可足成萬人原額。擬俟陸續到齊,加以整頓,可期士氣常新,將來天山北路一有舉動,或須抽撥隊伍,分屯喀什噶爾外卡,以張深入俄境之勢。自應遵照左宗棠原奏,妥慎辦理。至偵探敵情,本屬要務,惟彼族稽查嚴密,必使夷類前往,方不致滋生事端。臣於四年夏間商明左宗棠,招募有身家之布魯特兩哨,充當馬隊,並令該營頭目,出具切實保結,俾其輪班扮作商民,往俄偵探,較易得實。遇有俄國確實舉動,仍隨時咨報左宗棠,以便代為馳奏,仰慰宸廑。所有一切機宜,臣才識短淺,何敢率陳!緣欽奉諭旨,於一月內迅速具奏。謹將西路四城防務情形撮舉大概,恭摺密陳。伏乞皇太后、皇上聖鑒訓示施行。謹奏。光緒六年四月初二日◆6。

光緒六年五月十三日◆7,軍機大臣奉旨:另有旨。欽此。

● 軍機大臣字寄:光緒六年五月十三日奉上諭:劉錦棠奏覆陳新疆西路各城邊防情形一摺。所陳進兵道路及偵探敵情各節尚為詳悉。該京卿所部現在防守瑪喇爾巴什以至和闐各城,地段遼闊,務當就現有兵力,嚴密布置,以期有備無患。喀什噶爾等城邊境多與俄境毗連,尤宜不動聲色,勤加偵探,隨時咨商左宗棠,相機防範。毋稍疏虞。將此由五百里諭令知之。欽此。

【案】此摺録副①現藏於中國第一歷史檔案館,據字體判斷,應為原件無疑,茲據校補。

1.【幫辦新疆軍務通政使司通政使二等男臣劉錦棠跪】此前銜據原件補。

2.【案】光緒六年正月二十一日,清廷發佈多道諭旨,飭令各該將吏認

_____

① 中國第一歷史檔案館藏:《録副奏摺》,檔號:03—6014—053。

真訓練軍隊，加強邊防，以防俄人逞強，以固邊圉。飭令李鴻章等將現有兵力認真整頓，一面備齊戰艦，於煙臺、大連灣等處擇要扼扎，以固北洋門戶：

> 諭軍機大臣等：本日據王大臣等會議籌備邊防事宜一摺。此次俄國所議條約多所要求，萬難允准。雖已另派曾紀澤前往再議，而該國心懷叵測，詭譎多端，不可不先事防範，用折狡謀。天津屏蔽京師，關繫全局，李鴻章籌防有年，所有建築炮臺、購備戰船等事，現已粗具規模，即著將現有兵力認真整頓，一面備齊戰艦，於煙臺、大連灣等處擇要扼扎，以固北洋門戶。奉天營口本屬北洋所轄，該處與煙臺海防，責成該督統籌兼顧，庶幾呼應較靈。至現在水師不足，仍注重陸師，以期有備無患。李鴻章所部淮軍久經戰陣，亦宜有威望素著之宿將統帶，在籍提督劉銘傳應否調赴天津，著李鴻章奏明辦理。湖南提督李長樂如其才尚可用，亦著奏調赴津，以資倚任。北路綏遠城、張家口均屬近邊，已調劉連捷一軍，往駐綏遠。其張家口一路，亦宜有兵屯扎，李鴻章所部淮軍現扎山東張秋鎮者，人數尚多，著該督酌調此軍，派得力將領，統率前赴該處，分扼要隘，並著景豐、祥亨將本有額兵認真操防，並於本地邊人無論旗民、蒙古，一體添募訓練，以聯聲勢。該處附近圍場地方，彌望沃壤，亦可募軍屯田，以爲省餉實邊之計。現在時事多艱，邊防孔棘，全在任事諸臣殫心籌辦，以收實效，不得徒托空言，敷衍從事，致糜餉師老，於防務終屬有名無實。李鴻章倚畀最深，責任最重，尤當力肩鉅任，宏濟艱難。所有一切應辦事宜，並著於奉旨一月內迅速具奏。將此由五百里各密諭知之。①

飭令劉坤一、何璟、張樹聲、吳元炳、譚鍾麟、裕寬等將沿海沿江一帶防務妥籌布置，悉心籌畫，以防日本恣事：

> 又諭：本日據王大臣等會議籌備邊防事宜一摺。此次俄國與崇厚所議條約章程，勢難允許，已改派曾紀澤前往再議。該國不遂所欲，難保不滋生事端，已照王大臣等所議，將東北等處邊防分別籌布

---

① 《清實錄·德宗景皇帝實錄（二）》，卷一百八，光緒六年正月下，第587—588頁，中華書局，1987。

矣。惟俄人與日本相交，踪迹詭秘。上年，日本已炱焉思逞，若俄人此次暗唆日本生事，狼狽爲奸，必將滋擾洋面。南洋地段遼闊，必須嚴密設防，方能有備無患，著劉坤一、何璟、張樹聲、吳元炳、譚鍾麟、裕寬、勒方錡、譚鈞培懍遵迭次諭旨，將沿海沿江一帶防務妥籌布置，藉杜詭謀。福建之臺灣、廈門等處，江蘇之吳淞、長江等口，尤扼要吃重之區。該督撫等當各就地方情形，悉心區畫務策萬全，並須添練陸軍，以輔水師，爲未雨綢繆之計，毋得稍有疏虞。長江水師著彭玉麟、李成謀認真整頓，隨時加意巡防，以期周密。現在水陸設防，需費甚鉅，亟應寬爲籌備。臺灣後山辦理多年，迄未就緒，著即酌行停止，騰出餉需，以作海防之用。應如何留扎兵勇，彈壓撫綏，俾番族相安無事，著何璟、勒方錡悉心籌畫，奏明辦理。現在時艱孔棘，豈可再事因循，不思自強之計！該督等接奉此旨，即著於一月内將籌辦事宜次第舉行迅速詳細具奏，毋得視爲具文。將此由五百里密諭劉坤一、何璟、張樹聲、吳元炳、裕寬、譚鍾麟、勒方錡、彭玉麟，並傳諭譚鈞培、李成謀知之。①

飭曾國荃將劉連捷移扎綏遠城，以資扼守，並勤加訓練，以備邊防：

又諭：前因崇厚出使俄國，議辦條約章程，事多窒礙難行，經王大臣等會議後，降旨令曾紀澤前往再議。惟念俄國要挾多端，心殊叵測，不遂所欲，難保不枝節橫生。本日據王大臣等奏，籌議邊防各節，自應及時布置，以備不虞。綏遠城爲近邊要隘，防範宜嚴。曾國荃前調劉連捷一軍駐扎山西。該省現尚靜謐，著曾國荃飭令該軍移扎綏遠城，以資扼守。該將軍等務當嚴飭各將領勤加訓練，毋稍疏懈。將此由五百里各密諭知之。②

飭涂宗瀛飭令宋慶統率所部，迅即前赴奉天、營口等處，擇要駐扎，俾資禦侮而固邊防：

又諭：本日王大臣等會議籌備邊防一摺。此次崇厚與俄國所定

① 《清實錄·德宗景皇帝實錄(二)》，卷一百八，光緒六年正月下，第588—589頁。
② 《清實錄·德宗景皇帝實錄(二)》，卷一百八，光緒六年正月下，第589頁。

條約,既未允行,則邊備自不容緩。奉天爲根本重地,沿海各口,尤關繫要,必須有大枝勁旅,居中填扎,方足以資保衛。宋慶一軍從前剿匪頗爲得力,現在豫省邊境靜謐,著涂宗瀛飭令該提督統率所部,迅即前赴奉天、營口等處,擇要駐扎,俾資禦侮,而固邊防。將此由五百里密諭知之。①

爲防俄人在北疆滋生事端,飭吉和、春福等督率操防,並飭令内外蒙古聯絡聲勢,屏蔽沿邊,以固疆圉:

又諭:本日據王大臣等會議籌備邊防事宜一摺。此次俄國與崇厚所議條約章程,勢難照行,已改派曾紀澤前往再議。惟該國不遂所欲,難保不滋生事端,亟應未雨綢繆,以期有備無患。烏里雅蘇臺、科布多、庫倫地方,皆與俄國毗連,北路邊防甚關緊要,現在已選派土謝圖汗、車臣汗兵各二千駐扎庫倫,三音諾彦兵二千駐扎烏里雅蘇臺,札薩克圖汗兵二千駐扎科布多。各派統帶一員,分往扼要防守,仍歸該將軍大臣節制調遣,並由神機營選派官兵分往各城,認真訓練,俾成勁旅。即著該將軍、大臣等,督率操防,並飭令内外蒙古聯絡聲勢,屏蔽沿邊,毋令俄人伺隙蹈瑕,狡焉思逞,以固疆圉。邊外轉運維艱,芻糧不裕,應及時講求屯墾,以足兵食。且庫倫可耕之地甚多,科布多官屯尚有餘地,烏里雅蘇臺所屬推河地方亦有屯田舊迹,豈可任其荒廢,並著吉和、春福、車林多爾濟、那遜綽克圖、杜嘎爾、清安、桂祥、奕榕、那木濟勒端多布,酌度情形,認真興辦,冀臻富强。該將軍等接奉此旨,即著一月内次第籌辦,詳細具奏,毋得視爲具文。此外未盡事宜,並著隨時奏明辦理。將此由五百里各密諭知之。②

飭令户部通盤籌畫,解足軍需:

又諭:本日王大臣等會議籌備邊防一摺。此次開辦東北兩路邊防,需費浩繁,現在部庫支絀,必須先時措置,以備不虞。著户部通盤籌畫,先將各省丁漕鹽關實力整頓,並將釐金洋藥税等項責成督撫力

① 《清實錄‧德宗景皇帝實錄(二)》,卷一百八,光緒六年正月下,第589—590頁。
② 《清實錄‧德宗景皇帝實錄(二)》,卷一百八,光緒六年正月下,第590頁。

除中飽，毋任有濫支侵蝕情弊，俾資應用。惟邊防刻即舉辦，需餉甚急，著戶部先於提存四成洋稅項下酌撥鉅款，以應急需。一面按年指撥各省有著的項，俾無缺誤。其西征專餉、津防水陸路軍、北洋海防經費及淮軍專餉，著戶部分飭各省關，按年全數解足。東三省練餉協餉，各省關未能解足者，亦著勒限解清，毋任延誤。將此諭令知之。①

爲防止俄國逞強東北，飭令李鴻章、岐元、豐紳等認真籌辦海防，以備不虞而固邊圉：

又諭：本日據王大臣等會議籌備邊防事宜一摺。此次俄國與崇厚所議條約章程，多有要求，斷難允准，已改派曾紀澤前往另議。惟該國未遂所欲，難保不伺隙啓釁。東三省爲根本重地，且吉林、黑龍江兩面與俄接壤，俄人近在海參崴地方悉力經營，已成重鎮，其意存窺伺可知，尤應規畫防守，備豫不虞。奉天一省沿海口岸，最關緊要，現已諭令涂宗瀛調宋慶一軍，前往該處，擇要駐扎，以爲陪都拱衛。該省所有制兵，並著岐元與該提督隨時會商，認真訓練，務期有一兵得一兵之用。至金州海口關繫緊要，應如何豫籌防守之處，著李鴻章、岐元會籌辦理。吉林、黑龍江兵夙稱勇敢，樸實耐勞，果能選擇知兵將領，訓練策勵，足成勁旅。其獵戶人等槍枝最長，亦可募用。此外如招集打牲索倫諸部落及辦理墾荒榷稅各事宜，爲就地取材之策，又金匪人衆強悍，如能撫而訓之，當不至爲敵所誘。富和熟諳該省情形，著銘安督飭該副都統，實力操練，期有實濟，並令吳大澂前往吉林，隨時幫辦。該將軍當與妥籌一切事宜，以冀日有起色。編修于蔭霖摺於吉林情形，言之甚爲詳晰，著鈔給銘安閱看。所有琿春等三城及海參崴一帶地勢情形，並著繪圖貼說具奏。松花江久爲俄人窺伺，應如何製造戰船，添練水師，並著該將軍等察看情形，速籌辦理。黑龍江地方應辦防邊練軍各事，著豐紳妥爲籌畫，次第舉行。已革總兵陳國瑞前在軍營，頗有戰績，現在黑龍江戍所，是否堪以起用，著豐紳據實具奏。現在時艱孔亟，外侮憑陵，斷不可稍涉因循，不思自強之

---

① 《清實錄·德宗景皇帝實錄（二）》，卷一百八，光緒六年正月下，第590頁。

計。東三省勢逼强鄰，即使釁端不開，亦不可一日稍弛邊備。所有該省應行辦理各事宜，著各該將軍等迅速籌辦，限於一月內詳晰具奏。將此由五百里各密諭知之。①

3.【案】光緒六年二月二十三日，陝甘總督左宗棠具摺曰：

欽差大臣大學士督辦新疆軍務陝甘總督一等恪靖伯加一等輕車都尉臣左宗棠跪②奏，爲遵旨覆陳，仰祈聖鑒事。本日據王大臣等會議籌備邊防事宜一摺。此次俄國與崇厚所議條約章程多所要求，斷難允准，已改派曾紀澤前往再議。惟該國不遂所欲，恐其伺隙啓釁，必須有備無患，以折狡謀。新疆防務緊要，左宗棠熟悉邊情，老於軍事，即著將南北兩路邊防通盤籌畫，務臻周密。本日有旨，令劉錦棠幫辦新疆軍務。劉錦棠、金順兩軍均在前敵，尤爲吃重，並著隨時偵探防範，會商左宗棠妥爲布置。錫綸現駐哈城，兵力太單，且與俄人逼處，宜策萬全，如能就地選募邊人，招徠蕃屬，亦可壯我聲威，著與左宗棠商酌辦理。棍噶札拉參久在邊疆，聞爲俄人所憚，該呼圖克圖前經給假三年，現當用人之際，著錫綸傳旨，令其銷假赴營，統帶所部，以爲犄角。錫綸駕馭有方，當可收指臂之助。左宗棠前有移營哈密之奏，究竟移扎該處，能否聯絡聲勢，有裨前敵，於後路不致懸隔，可以兼顧，該督當斟酌情形，妥籌進止。至練生軍以防師老，足糧食以計長久，聯兵勢以完後路，均係目前要著，並著悉心經畫，以固疆圉。現在時勢艱難，全賴該督等爲國宣勤，同仇敵愾。所有一切機宜，著於奉旨一月內具奏，以慰廑系。將此由五百里各密諭知之。欽此。

竊維俄國與崇厚所議，恣其要求，崇厚擅行應允，誠非意料所及。朝廷改命使臣前往再議，詞嚴義正，自可折其奸謀。曾紀澤上稟宸謨，成議而返，庶幾息事安邊，事有結束，彼此畫疆而守。善後諸策，但以固圉爲先，倘其始終狡執，論辯竭而釁端開，非合南北兩路全力，

① 《清實錄·德宗景皇帝實錄（二）》，卷一百八，光緒六年正月下，第591—592頁。
② 此前銜係推補。

慎以圖之不可。按伊犁轄境千數百里，北倚大山，本葱嶺北出之幹，首起西荒，尾插東海，山陽水入中國，山陰水入俄部，歸西海，乃中俄天然界畫也。其由葱嶺中出者爲天山，山北諸流東行，迤北爲伊犁河，天山北路至此而止，與葱嶺北出大幹不相聯附，故伊犁幹山爲北邊盡處，究不得指爲天山北路也。至喀什噶爾北境，舊與浩罕所部安集延南境相接。自俄羅斯占據浩罕舊都塔什干城，並其三部，浩罕遂亡，安集延北境亦爲俄有。逆酋阿古柏由南境糾其餘衆，竄踞回疆八城及吐魯番，乃與俄約，將南境之地併入回疆，自爲一部。此次大兵既定天山北路，引兵而南，連克吐魯番及南八城，阿古柏種滅，安集延亡，其南境又歸於我。即喀什噶爾西北卡外之地也，雖辟地無多，而以山川條列言之，葱嶺北出大幹，水北流者爲俄屬，南流者爲新疆，天山介居其間，南北兩路諸城錯落布置，皆吾舊土也。至喀什噶爾卡外安集延所遺南境之地，本非俄境，又在伊犁界外，官軍乘勝窮追，得之叛豎之手，與俄無涉，俄自無所藉口以與我爭。夫中國與俄近，雖壤地相接，然此疆爾界，本有天然形勢可憑。但使堅持定議，於伊犁界務概以同治三年所定爲斷，其未定之喀什噶爾卡外，即照阿逆與俄所擬前約定局。如此山水條列，朗若列眉，以守則固，安集延、布魯特餘衆亦可斷其勾結，相芘以安，誠數世之利也。至不得已而用兵，自應熟察彼己情形，與前敵諸軍詳爲商榷。

竊維俄踞伊犁，毀大城不居，以大城迤東清水河、塔爾奇、綏定三城故墟居漢回，而於大城東九十里金頂寺營造街市幾二十里，俄官、俄兵及各處商賈、客土各回錯處其中，煙户萃聚。上年雖議交還，而催收銀糧如故，種人怨忿，莫敢誰何。現擬規復伊犁，東路宜嚴兵精河一帶，扼其紛竄，伊犁將軍金順主之；中路由阿克蘇冰嶺之東沿特克斯河徑趨伊犁，計程一千二百五十里，本商貨往來之道，廣東陸路提督張曜主之；西路取道烏什，由冰嶺之西經布魯特游牧地約七站抵伊犁，計程一千二百五十里，此路久經封禁，道光初那彥成、德英阿奉敕覆陳，指爲換防官兵往來捷徑者也，通政使司通政使劉錦棠主之。三路兵力本不爲單，然踞伊犁之俄兵來去靡常，未知確數，而俄官安置清水河、塔爾奇、綏定三處漢回，調知約尚三四千之多，俄人已將其眷屬送歸俄境，脅爲其用。土回聞伊犁有交還之説，兇惡者懼爲官軍所不容，携帶逆眷投入俄境。其留伊犁人數無從稽考。此外旗營除傷亡外，存者寥寥。而錫伯一旗，雖尚有八九千之多，然心懷兩端，非但難期得力，並須防其内訌。是三路之軍，戰守相資，非厚集其勢不可也。

按劉錦棠駐西四城，總統馬步二十五營旗，計弁丁八千五百七十名，馬隊一千五百騎，内步營應換防者頗多。臣前飭題奏提督、陝西漢中鎮總兵譚上連選募舊部將弁勇丁七百餘名，並統楊昌濬挑練三營餘丁百數十名，赴劉錦棠營補換防缺額，已予二月初三日出關，約五月初旬可到喀什噶爾。至檄調之記名提督寧夏鎮總兵譚拔萃等五營，尚無到蘭確信，已催其迅速成行。俟到齊後，劉錦棠始可分軍出烏什，以圖進取也。張曜駐阿克蘇之軍，步隊四千五百有奇，馬隊五百餘騎，以之徑取伊犁，兵力未免單薄。張曜擬增募皖北步隊千名，挑選舊吐爾扈特馬隊數百騎同進。臣飭撥步隊四營、馬隊一營，歸其節制調遣，並擬令提督易開俊率所部步隊填防後路。金順函商增募湖北四川步隊、河南馬勇。臣以新軍既需整飭，又路遠未能克期必到，不若先就近分撥皖軍卓勝營馬步，可期得力。擬飭提督金運昌分所部馬隊五百、步隊一千五百助之，其如何布置，仍聽金順調度。塔爾巴哈臺地介窮邊，與俄逼處，錫綸兵力既單，誠如諭旨“非選募邊人、招徠蕃屬不可”。頃接其正月十二日來函，商調烏魯木齊等處土勇。按烏魯木齊土勇，即徐學功、孔才舊有振武、定西營勇丁内挑出二千零六十名原備復立制兵者，嗣陸續汰革歸併，共只存一千一百餘名，已撥歸都統恭鏜、提督博昌分統。兹既咨商赴調，則綏來、昌吉一帶應飭金運昌派隊填防。金運昌所部，既飭分馬步二千赴前敵，歸金順調遣，應調還派駐古城、奇臺、阜康各處步隊，備填扎原防。其古城、奇臺、阜康，應俟臣到哈密後，分營填扎，始臻周密。此規復伊犁三路布置大略情形也。

就現在局勢言之，俄之官商、俄之兵力，既歸重金頂寺各處，距精河一帶較近,金順只宜堅扼要隘,遏其紛竄,不必以深入爲功。中路阿克蘇之軍徑指伊犁大城,斷金頂寺歸路,俄之官商與俄之兵力及陝、漢、土各回之思投俄境者,不肯棄其貨財輜重,一意東趨,即分起侵軼,人數無多。金順一軍加撥皖軍,尚可協力禦之,再能分堵精河西北內竄狹徑,則屏蔽更寬。塔爾巴哈臺且無西顧之憂,所應防者,齋桑斜米竄犯布倫撫海之路已耳。劉錦棠如由烏什冰嶺西路徑指伊犁大城,則俄圖援伊犁來路可斷。如此路亦難進兵,則屯兵喀什噶爾外卡,遙張深入俄境之勢,亦使知內患堪虞,時勤狼顧,不敢復爲豨突矣。雖兵事利鈍非所逆料,然慎以終始,其要無咎。合理與勢觀之,固有不待再計決者。此籌擬戰守之大略情形也。

出塞之軍,向以轉饋爲難。茲則天山南北,連歲有秋,關內外糧料、柴草,均設局購備支應,師行衽席之上,將弁踊躍争先,如前出塞時。天時和煦,漸與內地相近,非若從前凜冽景況,尤堪仰慰宸懷。臣俟布署周妥,暮春之吉,當率馬步各營出屯哈密,與南、北兩路諸統領籌議,再上方略。奉諭於一月內迅速具奏,謹先撮舉大概,爲我皇上陳之。

至關內善後事宜,經楊昌濬隨時商榷辦理,諸臻妥協。階、文賑務,照常料理,未敢稍形玩愒。巴燕戎格及西路河湟番回,均安恬如故。前此伺路搶奪匪徒,均次第捕治。計匪惡在逃未獲者,不過十數,仍按名緝捕。四民各安其業,較從前氣象,更覺蒸蒸日上矣。臣移軍哈密,可聯絡諸軍,於關內吏事、防務亦可隨時與楊昌濬商辦,不慮疏失。近飭肅州加募新兵三百名,加意訓練,復增調防軍,填扎舊壘,以資鎮撫而利關鍵,兼司運解餉需,合併陳明。伏祈皇太后、皇上聖鑒訓示施行。謹奏。

軍機大臣密寄:光緒六年三月初八日奉上諭:左宗棠奏遵籌布置情形一摺。俄約現須另議,將來如何歸宿,尚難逆料。目前事機未定,兵端固不可自我而開,然一切布置自宜先事圖維,以期有備無患。左宗棠擬以金順所部扼扎精河一帶,張曜一軍由阿克蘇前進,劉錦棠一軍由烏什前進,規復伊犁大城。此三路官軍,即著金順、劉錦棠、張曜不動聲色，豫爲整備。如果事得轉圜，固可不煩兵力。設竟釁自彼開，即可迅赴戎機，不致墮其詭計。塔城兵力較單，錫綸擬調烏魯木齊等處士勇前往協助。即著該參贊大臣妥爲布置，以資防守。左宗棠定於三月内出扎哈密，著於到防後將三路官軍及後路填扎各營，相度機宜，與金順等妥商調度，並隨時偵探伊犁情形，慎密籌辦，以免疏虞。將此由五百里各密諭知之。欽此。①

4.【回地】原件作"内地"，是。

5.【再向前進，又十餘站】此句刻本疑奪，兹據原件補。

6.【光緒六年四月初二日】此具奏日期，據原件補。

7.【光緒六年五月十三日】此奉旨日期，據《軍機處隨手登記檔》②校補。

027. 前赴哈密籌商邊防善後事宜暨起程日期摺

光緒六年八月二十一日

幫辦新疆軍務通政使司通政使二等男臣劉錦棠跪◆1奏，爲微臣前赴哈密籌商邊防善後各事宜，暨由喀什噶爾啓程日期，恭摺陳明，仰祈聖鑒事。

竊維新疆西四城地方，毗連夷境，道路綿長，邊防事宜較他處尤爲吃重。臣以菲材，駐防要地，兼之善後諸務頭緒繁多，恒恐勿克勝任，致有貽誤。因擬輕騎减從，親赴哈密，與督辦新疆軍務大學士陝甘督臣左宗棠面商一切機宜。八月十四日，接閱左宗棠來函，亦有沿邊防務如已周密，應即赴哈一行，以便詳細熟籌等語。自應遵照辦理。查俄國前有兵屯扎喀屬界外，嗣據探報，業已悉數撤回。現在邊卡地方一律安静，布魯特各部落亦俱恭順。惟安

① 《左宗棠全集》，第十册，第8773—8785頁，上海書店出版社，1986。
② 中國第一歷史檔案館藏：《軍機處隨手登記檔》，檔號：03—0229—2—1206—132。

集延種族切近邊卡，向稱狡悍，聞臣遠赴哈密，難保不勾結不逞野回復圖滋擾。當經傳集所部將領道員羅長祜、陝西陝安鎮總兵余虎恩、陝西漢中鎮總兵譚上連、記名提督董福祥、張俊等，密示戰守機宜，並飭令和衷共濟，分任防剿，毋得互相推諉。至各營暨善後稅釐各局日行尋常文件，檄委劉長佑，代拆代行。其事關緊要者包封，遞臣行次，自行核辦，以昭慎重。現在布置業已就緒，擇於八月二十一日，携帶木質關防，自喀什噶爾起程。查由喀至哈，往返一萬餘里，倍道兼行，年内當可回喀，不致久延。除咨報左宗棠知照外，所有微臣前赴哈密暨由喀什噶爾起程日期，謹恭摺馳陳。伏乞皇太后、皇上聖鑒。謹奏。光緒六年八月二十一日◆2。

　　光緒六年九月二十八日，軍機大臣奉旨：另有旨。欽此◆3。

　　● 軍機大臣字寄：光緒六年九月二十八日奉上諭：劉錦棠奏前赴哈密與左宗棠籌商邊防善後各事宜一摺。覽奏，已悉。左宗棠現在來京陛見，前有旨令劉錦棠署理欽差大臣，督辦新疆軍務。劉錦棠行抵哈密，即祗領關防任事。所有新疆一切布置，務向左宗棠詳細諮商，遵照辦理，並將邊防事宜與金順、張曜和衷商榷，切實籌辦。諸將士久戍西陲，亦宜威惠兼施，俾得踴躍用命，隨時分飭各軍認真防守，不得稍涉大意，亦不得輕舉妄動，以靖邊疆。將此由五百里諭令知之。欽此。

　　【案】此摺録副①現藏於中國第一歷史檔案館，據字體與日期判斷，應爲原件，兹據校補。

　　1.【幫辦新疆軍務通政使司通政使二等男臣劉錦棠跪】此前銜據録副補。

────────

　　① 中國第一歷史檔案館藏：《録副奏摺》，檔號：03—6015—039。

2.【光緒六年八月二十一日】此具奏日期，據録副補。

3.【光緒六年九月二十八日，軍機大臣奉旨：另有旨。欽此】此奉旨日期與内容，據《軍機處隨手登記檔》①、録副校補。

　　●軍機大臣字寄：光緒六年十一月初四日奉上諭：左宗棠奏交卸起程，並酌帶馬步隊入關各摺片◆1。已明降諭旨，以劉錦棠署理欽差大臣，督辦新疆軍務，命張曜署理幫辦軍務，楊昌濬護理陝甘總督矣◆2。西陲軍事緊要，劉錦棠責無旁貸，務當按照左宗棠布置成規，妥爲籌辦，以期動合機宜。張曜已署理幫辦軍務◆3，著劉錦棠與金順張曜隨時彼此會商，和衷共濟，毋得各存意見，以副委任。左宗棠現在馳赴蘭州，交卸督篆。楊昌濬一切有所遵循地方應辦事宜，即著悉心經理，毋得稍有貽誤。所有藩臬篆務，著左宗棠揀派妥員署理◆4。該督此次酌帶馬步二千餘名入關，赴張家口駐扎，應〔俟〕抵京後，再行相機辦理。另片奏請將哈密、鎮迪道歸劉錦棠統轄◆5等語。哈密及鎮迪道所屬文武地方官，均暫歸劉錦棠統轄。將此由六百里諭知左宗棠、劉錦棠、金順、張曜，並傳諭楊昌濬知之。欽此。

　　【案】此"廷寄"缺原件，《光緒朝上諭檔》亦未收録，兹僅理校。

1.【案】光緒六年十月十二日，陝甘總督左宗棠奏報交卸督篆回省起程日期：

　　　　太子太保陝甘總督二等恪靖侯加一等輕車都尉臣左宗棠跪奏，爲恭報微臣交卸關防起程回省日期，仰祈聖鑒事。竊臣於九月十二日承准軍機大臣字寄：八月二十二日欽奉上諭：左宗棠現在料理起程來京，關防一切事宜，應即交替。劉錦棠威望素著，辦理新疆善後事宜，諸臻妥協等因。欽此。兹劉錦棠已於十月初六日行抵哈密，連日

① 中國第一歷史檔案館藏：《軍機處隨手登記檔》，檔號：03—0229—3—1206—263。

會商新疆一切布置事宜，均已詳細。臣將新疆軍務、餉事采運一切，分項開單，移交劉錦棠。謹於十月十二日委署哈密廳通判李壽芝、署哈密協副將蔣富山，恭齎咸字第八十一號欽差大臣關防一顆，交劉錦棠祗領。臣即於是日啓程入關，沿途趲行，俟抵蘭州，遵旨交卸陝甘總督篆務。一面馳奏，一面遄行。計由陝西、山西、直隸驛道北上，冀可遄速展覲，一紓十四年思闕之忱。謹由驛馳奏。伏乞皇太后、皇上聖鑒訓示施行。謹奏。十月十二日。

　　光緒六年十一月初四日，軍機大臣奉旨。欽此。①

同年十二月初三日，陝甘總督左宗棠奏報交卸督篆由蘭州起程進京陛見日期：

　　太子太保陝甘總督二等恪靖侯加一等輕車都尉臣左宗棠跪奏，爲恭報微臣交卸督篆由省起程日期，恭摺仰祈聖鑒事。竊臣前於十月十二日在哈密交卸欽差大臣關防，即於是日起程入關，業經馳奏在案。茲於十一月十三日行次涼州府城，接奉上諭：左宗棠奏，交卸起程並酌帶馬步隊入關各等因。欽此。臣捧讀之下，按站趲行，於十一月抵蘭州省城，連日會商一切事宜，均已清晰。謹於十二月初三日派委蘭州府知府恩霖、督標中軍副將陶世貴，恭齎第九號陝甘總督銀印關防一顆並王命旗牌等件，交楊昌濬祗領。臣於初四日由蘭州起程北上，趨詣闕廷，跪聆聖訓。所有交卸督篆由省起程日期，理合恭摺具奏。伏乞皇太后、皇上聖鑒訓示施行。謹奏。十二月初三日。

　　光緒六年十二月十三日，軍機大臣奉旨：知道了。欽此。②

光緒六年十月十二日，陝甘總督左宗棠附片奏報酌帶馬步親兵赴張家口駐扎訓練，請旨調員聽候差遣：

　　再，交鄰之道，以修睦爲先；制和之權，以力戰爲急。非熟審彼此強弱情形，冒昧從事，則言戰或以損威，而言和翻以啓侮，誠不可以不慎也。俄羅斯內亂方滋，黷武不已，〔實爲敗徵。〕③此次揚言兵船

---

①　中國第一歷史檔案館藏：《錄副奏摺》，檔號：03—5153—089。

②　中國第一歷史檔案館藏：《錄副奏摺》，檔號：03—5154—042。

③　此句據岳麓書社 2009 年版《左宗棠全集·奏稿七》第 546 頁補。

二十三隻，由黑海阿非利加駛至中國洋面，圖封遼海，意在脅和，以索兵費。勿論是否虛張恫喝，其先肇釁端，已屬有目共睹。以理論之，彼自蹈不韙，於我無尤。以勢言之，彼兵船二十三號，尚不及福建船政一局所造之多。以人數言之，輪船至大配裝人數多不過千，小者僅容數百，非不勝指數也。〔以器械言之，彼國製造向不甚精，自爲土爾其敗後，向德國購製大小槍炮，歷時未久，存儲亦必不裕。其所以敢肆披猖者，不過以西俄腴地爲質，舉國債五千二百萬兩，濟惡有資耳，而實則挖肉醫瘡，久之瘡未斂口而肉亦垂盡，亦何能救其傾危乎！〕①

中國自平發逆、捻逆、回逆以來，制兵雖未足額，而習戰之勇丁、驍壯之將領，隨地選募，尚易成軍。炮械雖未充盈，而製造之匠師、采購之洋制，專供調發，尚無短絀。藉使俄人深明彼己真實情形，計或不出於此。〔今居然稱兵肇釁者，因息借國債暫足供其揮霍，妄思取償於我，一也。習聞東北爲根本之地，備禦空虛，思出不意而蹈我之瑕，二也。至泰西各國不肯與之顯然樹敵者，慮其反顏相向而自啓兵端，又慮中國近已轉弱爲强，若此次與俄戰勝，更不免啓蔑視各邦之漸，其願從中居向者，本爲見好而起，意似殷勤而實則仍持兩端，不肯爲之盡力也。〕②朝廷廑念吉林、黑龍江兵單勢孤，業經徵調各軍馳往援應。兵力既厚，自可恃以無虞。雖利鈍非所逆睹，亦斷未宜因之過懷顧慮，頓改勝籌。即如削平發逆、捻逆、回逆諸役，自用兵以至底定，先後各十數年。當其兇焰倏張，其勢力豈不十倍俄國，而究之禽獺草薙，種滅無遺，則廟謨素定，天定、人和之效固昭然可睹也。臣昨與劉錦棠詳加商榷，所見略同。劉錦棠頗悉夷情，亦謂此時局勢，非決之戰勝，別無善策也。

臣此次奉詔北行，遄速就道，固無須多帶兵勇隨行。惟俄情既肆鴟張，近畿重地，似須久經訓練弁兵，以資調援，兼之近接烏里雅蘇臺咨報，有俄兵陸續到界，揚言九月內開仗，而伊犁、阿克蘇、喀什噶爾

---

① 此節據岳麓書社 2009 年版《左宗棠全集·奏稿七》第 546 頁補。
② 此節據岳麓書社 2009 年版《左宗棠全集·奏稿七》第 547 頁補。

外卡屯駐之俄兵據報逐漸撤減,或系改趨東北,亦未可知。臣與劉錦棠商議,應調臣所部親軍營步隊合差官大旗共一千四百餘名、旌善馬隊五起六百餘騎,俟臣登程後,飭營務處鹽運使銜分省補用知府王詩正等率領,十一月内入關,取道平番,趨歸化城,徑赴張家口駐扎,俟臣抵都,再移駐近畿,聊資調遣。臣陛見後,亦可入營親加訓練,以赴戎機。庶西北一面兵力有增,而劉錦棠一軍兵力尚厚,調營填防哈密,仍屬有餘,彼此均期兼顧。至此軍馬步行資、月餉,應仍由西征糧臺支領,將來專款報銷,無須請領部餉,合併聲明。是否如斯,伏乞聖鑒訓示。謹奏。

　　軍機大臣奉旨:另有旨。欽此。①

　2.【案】光緒六年十二月初三日,陝甘總督左宗棠附片奏請飭楊昌濬會辦新疆善後事宜,得允②。片曰:

　　再,關内外事體同條共貫,本無畛域可分,非彼此均以大局爲重,呼吸相通,則事多不舉,必致貽誤。劉錦棠前未知楊昌濬欽奉護理督篆諭旨,曾函請會奏留其幫辦甘肅、新疆善後事宜,蓋深知楊昌濬之爲人,冀獲同心之助也。比欽奉諭旨楊昌濬護理督篆,彼此私衷同深慶幸。維陝甘總督與新疆交涉事件極多,應請旨令楊昌濬會辦新疆善後事宜,俾各有遵循,出自聖裁。謹附片陳明,伏乞訓示施行。謹奏。③

　3.【案】光緒六年十月初五日,陝甘總督左宗棠具奏請以張曜幫辦軍務,得允行。片曰:

　　再,統領嵩武軍廣東陸路提督一等輕車都尉兼雲騎尉世職張曜,自同治十二年十月經臣奏派出關,克復各城,勳勤丕著。厥後辦理南疆東四城善後事宜,田地施治,措置裕如。該提督文武兼資,實一時之選。臣於光緒四年紅旗奏捷案内附片,仰懇天恩,將張曜改爲文

----

① 《左宗棠全集》,第十册,第8965—8968頁,上海書店出版社,1986。

② 《清實錄》:“命護理陝甘總督楊昌濬會辦新疆善後事宜。”(《清實錄·德宗景皇帝實錄(二)》,卷一百二十五,光緒六年十二月,第796頁)

③ 《左宗棠全集》,第十册,第9007—9008頁,上海書店出版社,1986。

職,奉旨:張曜著候旨簡用。片留中。欽此。欽遵在案。現臣奉旨陛見,所有督辦新疆軍務之任,已蒙簡放劉錦棠署理欽差大臣,臣得釋仔肩,又幸交替得人,堪紓慈廑。維新疆周二萬餘里,南北均關緊要,幫辦僅金順一人,似難兼顧。現在張曜駐軍南路之阿克蘇,形勢居中,足資策應。可否敕令幫辦軍務,出自聖裁。謹陳明請旨,仰祈慈鑒訓示施行。謹奏。

　　光緒六年十一月初十日,軍機大臣奉旨:張曜已有旨,令其署理幫辦軍務矣。欽此。①

4.【案】光緒六年十二月初三日,左宗棠片奏委員署理甘肅藩司篆務,亦得允行。片曰:

　　再,臣於光緒六年十一月初四日欽奉諭旨:楊昌濬著護理陝甘總督,所有藩、臬篆務著左宗棠揀派妥員署理等因。欽此。除甘肅按察使一缺已由臣奏委二品頂帶按察使銜甘肅平慶涇固道魏光燾署理外,所有甘肅布政使員缺,臣查卸署西寧辦事大臣陝西延榆綏道李慎,廉勤夙著,練達有爲,堪以委署。除札飭遵照外,謹附片陳明。伏乞聖鑒。謹奏。

　　光緒六年十二月十三日,軍機大臣奉旨:知道了。欽此。②

5.【案】十月十二日,陝甘總督左宗棠又附片曰:

　　再,哈密綰轂新疆南北兩路,地居衝要,東與甘肅所屬安西州接壤。將來議設行省,必以哈密劃隸新疆,形勢始合。即安臺站以通文報,設郡縣以興吏事,置營汛以重地方,均須及時漸圖措置,以免臨事周章。除南路建置應從緩議,其北路鎮迪一道舊設文武地方官規模粗具。劉錦棠既承恩命督辦新疆軍務,則哈密及鎮迪一道所屬文武地方官,均應歸劉錦棠統轄。所有升調、補署、考核及一切興革事宜,均可就近辦理,分別奏咨,以專責成。陝甘總督相距過遠,無庸兼管。

　　① 中國第一歷史檔案館藏:《錄副奏片》,檔號:03—5812—016;《左宗棠全集》,第十冊,第8937—8938頁,上海書店出版社,1986。
　　② 中國第一歷史檔案館藏:《錄副奏片》,檔號:03—5154—043;《左宗棠全集》,第十冊,第8989頁,上海書店出版社,1986。

應即請旨敕遵,俾疆圍分明,各知循守。是否有當,伏候聖訓施行。謹奏。

軍機大臣奉旨:另有旨。欽此。①

028. 布置南路暨哈密等處防務摺

光緒六年十一月二十日

署理欽差大臣督辦新疆軍務通政使司通政使二等男臣劉錦棠跪◆¹奏,爲布置南路暨哈密等處防務,恭摺馳陳,仰祈聖鑒事。

竊臣於本年十月十九日在哈密行營,承准軍機大臣字寄:光緒六年九月二十八日奉上諭:劉錦棠奏前赴哈密與左宗棠籌商邊防善後各事宜一摺。覽奏,已悉。左宗棠現在來京陛見,前有旨令劉錦棠署理欽差大臣,督辦新疆軍務。劉錦棠行抵哈密,即祗領關防任事。所有新疆一切布置,務向左宗棠詳細諮商,遵照辦理,並將邊防事宜與金順、張曜和衷商榷,切實籌辦。諸將士久戍西陲,亦宜威惠兼施,俾得踴躍用命,隨時分飭各軍認真防守,不得稍涉大意,亦不得輕舉妄動,以靖邊疆。將此由五百里諭令知之。欽此。跪聆之下,仰見朝廷綏定邊疆之至意,寸衷欽感,莫可名言。伏念臣才粗識闇,望淺資輕,猥蒙聖恩高厚,倚畀非常,力小任重,時懼弗勝。臣自本年十月十二日接篆任事,謹於十五日專摺,恭謝天恩,並瀝陳下悃,籲懇另簡賢能接替,以免貽誤◆²。區區苦衷,計邀聖慈察諒。然臣任事一日,自當盡一日心力,以藉圖報稱於萬一。

竊查新疆南北兩路,形勢並重,北路防務歷經左宗棠、金順會同籌辦,諸臻安協。即將來有應相機變通之處,臣當與金順等體

---

① 《左宗棠全集》,第十冊,第8969—8970頁,上海書店出版社,1986。

察情形，隨時會商辦理。惟南路防務，左宗棠現由哈密抽隊北行，臣仍應駐哈，扼南北總匯之地，以便兼顧。局面一變，不得不另爲布置。西四城爲極邊衝要，内則幅員遼闊，諸事草創，種類蓄雜，厥性難馴。外則鄰邦密邇，沿邊一帶，路徑紛歧，在在皆屬要害，以言安内靖外，實非容易。臣在彼數載，凡事與左宗棠隨時商辦，倖免隕越。自本年八月間由喀什噶爾東赴哈密，當經傳集文武各員，面授機宜，飭令分任營局各務。數月以來，接據文報，知各員尚能循分供職，和衷共濟，地方一律安謐，塞上烽火無驚。惟此乃一時權宜之計，實非可久之道。臣既移駐哈密，西四城軍民諸事件，自難一一遙制。而各將領、局員才分相埒，事權不一，非得文武兼資、威望夙著之大員前往督率，局勢終嫌渙散，邊事難期萬全。現已緘商張曜，請其率帶全部，移防喀什噶爾、英吉沙爾兩城，總辦西四城邊防善後，暨中外交涉諸事宜。喀、英兩城與俄境尤爲切近，張曜宜自喀城就近調度壹是。嵩武一軍，近新募生力軍千餘人，壁壘一新，移防後，臣當於現駐喀、英兩城各軍内飭題奏提督董福祥所統之董字軍步隊中、左、右三營，題奏提督張俊所統之定遠軍步隊中、左、右三營，記名提督夏辛酉、張宗本所帶之恪靖馬隊右、後兩營，併交董福祥統領，移駐葉爾羌、和闐等處，並飭喀什噶爾防營步隊一旗、纏回、布魯特馬隊各一旗，仍駐喀城，計馬步十一營旗，概行撥歸張曜節制調遣，俾厚兵力。

至阿克蘇、烏什兩城籌備，亦須周密。嵩武軍開拔後，擬於現駐西四城各軍内，飭總理營務處道員羅長祜，將所部老湘右軍五營、中軍右營一營，共步隊六營，裁汰疲弱，併爲四營，另撥記名提督譚慎典、陳建厚所帶之白旗、壽字馬隊各一營，共馬步六營，歸其統帶，移防阿克蘇、瑪納爾巴什一帶。飭陝西漢中鎮總兵譚上連率所部恪靖馬隊中前左三營，並將現駐葉、和兩城陝西陝安鎮總兵余虎恩所部老湘左軍步隊五營，裁汰疲弱，併爲三營，共馬步六營,交譚上連統帶,移駐烏什。又,甘肅寧夏鎮總兵譚拔萃①、記名提督譚和義,上年經左宗棠奏明,檄由湖南招募步隊二千數百人西來時,以老湘馬隊諸軍弁勇有久役思歸、疲病不堪復用者,擬分別假遣,以譚拔萃等所募新勇填補缺額。兹既於老湘步隊十一營內裁減四營,所有譚拔萃等新募隊伍,可無庸再行裁拆,併哈密原有親軍步隊暨旌善馬隊各起,前經左宗棠奏派營務處鹽運使銜分省補用知府王詩正,帶赴張家口駐扎,已於本月二十日啟行。臣須添設親軍,現於譚拔萃等新募四營中,提撥兩營,並檄調臣原駐喀城親兵一併來哈,填扎營壘,俾免空虛。譚拔萃等新募之軍,除調駐哈密兩營外,其餘兩營以一營交譚和義督帶,暫駐吐魯番,聽候調撥;以一營交譚拔萃督帶,進駐庫車。查庫車、哈喇沙爾兩城馬步各防營,向歸記名提督易開俊節制調遣,易開俊業經病故,現委譚拔萃接統,以一號令,而專責成。以上布置各情形,臣前與左宗棠當面諮商,亦以爲然,即當趕爲部署,用速戎機。屬兹時事多艱,邊防吃緊,臣當與金順、張曜督飭諸將認真整頓,嚴密戒備,仍不准先事張皇,稍動聲色,務期在在不露戰之迹,時時不忘战之念,養精蓄銳,静以觀變。臣維古之善用兵者,每多意思安閒,如不欲戰,而戰則必勝。臣雖不足以語此,竊願與金順、張曜互相勉勵,以期上紓宵旰西顧之憂。所有微臣布置南路八城暨哈密等處防務各緣由,理合恭摺陳明。是否有當,伏乞皇太后、皇上聖鑒訓示。謹奏。光緒六年十一月二十日◆3。

---

① 譚拔萃,字冠英,湖南湘潭縣人。咸豐初投身湘軍,隸老湘軍劉松山部。隨同劉松山輾轉大江南北及陝甘地區,與太平軍、撚軍、陝甘回軍作戰。歷擢哨長、參將、總兵加提督銜。史稱"松山部將,推拔萃爲首"。同治九年(1870),經左宗棠保奏,署寧夏鎮總兵,賞穿黃馬褂。光緒元年(1875),改爲實任。光緒二年(1876),丁母艱,仍留營統前軍赴敵。北疆平定後,揮師越天山南下。三年三月,會同各軍連下達阪、吐魯番、托克遜三城,打開南疆大門。同年九月,攻取喀喇沙爾,乘勝而進,先後收復庫車、阿克蘇、烏什等地。次年初,攻克和田,收復新疆。光緒五年(1879),奉急檄返回軍營。次年,統安遠軍駐庫車,不久移屯喀喇沙爾,再移古城子。以積勞成疾,於光緒十年(1884)卒於軍。賞加一等輕車都尉,附祀劉松山祠。

軍機大臣奉旨：另有旨。欽此◆⁴。

光緒六年十二月十五日，軍機大臣奉旨。欽此◆⁵。

● 軍機大臣字寄：光緒六年十二月十五日奉上諭：劉錦棠奏布置防務一摺。劉錦棠現在駐扎哈密，新疆南路防務自應另籌布置。西四城事務繁雜，且近俄邊，一切尤關緊要，各將領事權不一，必須才兼文武之大員前往督率。劉錦棠商令張曜移扎喀什噶爾，就近調度，所籌甚合機宜，即著張曜統率全部，迅赴喀城，將西四城邊防善後暨中外交涉事宜，隨時妥籌，與劉錦棠會商辦理。所有提督董福祥等馬步十一營旗，均歸節制。至阿克蘇、烏什等城，並著劉錦棠飭令道員羅長祐等分投扼扎，認真防守。其餘布置各節，均著照所議行。北路防務將來有應變通之處，著劉錦棠、金順相機酌辦。左宗棠現在來京，該大臣等責任綦重，惟當遇事和衷，相期共濟，以副委任。將此由五百里各諭令知之。欽此。

【案】此摺原件①、録副②現藏於中國第一歷史檔案館，茲據校補。

1.【署理欽差大臣督辦新疆軍務通政使司通政使二等男臣劉錦棠跪】此前銜據原件補。

2.【案】光緒六年十月十五日，劉錦棠以署理欽差大臣督辦新疆軍務，具摺謝恩，並瀝陳下情。詳見 007 號奏摺。

3.【光緒六年十一月二十日】此具奏日期，據原件補。

4.【軍機大臣奉旨：另有旨。欽此】此句刻本缺，茲據原件補。

5.【光緒六年十二月十五日，軍機大臣奉旨。欽此】此句據録副補。

---

① 中國第一歷史檔案館藏：《硃批奏摺》，縮微號：450—0805。
② 中國第一歷史檔案館藏：《録副奏摺》，檔號：03—6015—108。

029. 增設行營糧臺並遴員督辦臺務片

光緒六年十一月二十日

　　再，西征餉糈諸務最爲繁劇。左宗棠督辦軍務時，除奏銷歸後路各糧臺彙造外，其餘鈎稽出納，向派行營支應處幕僚，分任其事，由左宗棠綜核辦理。以左宗棠精心強記，自可措之裕如。臣於理財一道，素非所長，自顧才力遠不逮左宗棠，而軍需關繫重大，條緒紛雜，深恐或有疏失，前經諮商左宗棠議增行營糧臺，揀員督辦，所有奏銷案件，照舊歸西征糧臺、陝甘後路糧臺會同彙辦。其各軍營臺局銀糧出入諸事宜，此后概歸督辦之員一手經理。遇有應行籌酌之處，仍由臣裁決飭遵。至原設支應處，則專管臣營餉事。如此分別辦理，庶界限清而責成專，臣得以藉免貽誤。惟督辦糧臺之任，實非賢能可靠之員不足以當之。茲查有三品銜浙江補用道候補知府陳寶善◆¹老成諳練，廉正明達，堪以勝任。即當派令承辦，以資得力。該員原係在浙候補人員，經左宗棠奏調來營，總查新疆善後事宜。北路各城業經該員查勘周遍，將地方諸事禀由左宗棠斟酌損益。惟南路尚未前往，現在行營糧臺，舍該員無可當斯任者，不得不移彼就此。其南路善後事宜，臣自秋間由喀什噶爾前來哈密，沿途留心訪察，各處情形早已得其大概，仍當另派妥員，周歷各城，過細查察。陳寶善久官牧令，政聲卓著，吏治深諳，將來當舉臣夙所聞見，併另員巡察情形，與該員商酌興革，以期妥善而規久遠。所有增設行營糧臺遴員督辦各緣由，謹附片陳明。伏乞聖鑒訓示。謹奏。

　　光緒六年十二月十五日◆²，軍機大臣奉旨：知道了。欽此。

【案】此片缺原件，録副①現藏於中國第一歷史檔案館，兹據校補。

1.【案】光緒四年十二月初六日，陝甘總督左宗棠附片奏調浙江補用知府陳寶善赴甘差委，得允行②。片曰：

> 再，回疆底定，籌辦善後事宜，頭緒紛繁，全賴得人經理。非諳習吏事，無以盡措注之宜；非通達治體，無以規久遠之效。時務方殷，需才尤切。查有浙江補用知府陳寶善，前在浙江歷任永嘉、西安、黄巖、臨海、錢塘、會稽、歸安等縣知縣，治匪安民，卓有聲績。當戎務倥傯時，籌畫餉需，不遺餘力。所歷各縣，輿頌攸同。臣前於浙撫任内，素知其能……合無仰懇天恩，飭下浙江撫臣，將浙江補用知府陳寶善調赴臣軍營差遣，並准將藍翎知府銜廣東試用同知魏炳蔚留營差遣，以資歷練。謹附片具陳。伏乞聖鑒訓示施行。謹奏。
>
> 軍機大臣奉旨：另有旨。欽此。③

光緒六年三月初一日，陝甘總督左宗棠以辦理新疆善後事宜需員，附片奏調陳寶善，飭赴新疆差委，獲允。片曰：

> 再，臣於光緒四年十二月初六日奏調三品銜浙江補用知府陳寶善赴甘差委，奉旨允准，當經欽遵行知去後，兹該員陳寶善於光緒六年二月十八日來營禀到。該員諳習吏事，通達政體，臣所素知，現飭赴新疆，巡察善後各局事宜，斟酌損益，並令周歷各處，察看地方衝僻繁簡一切實在情形，詳加諮度，務期開設郡縣，布置協宜，以昭妥慎而垂久遠。謹附片陳奏。伏乞聖鑒。謹奏。
>
> 光緒六年三月二十七日，軍機大臣奉旨：知道了。欽此。④

光緒六年十二月初二日，陝甘總督左宗棠以邊方吏材難得，新疆諸務創始，尤須經理得人，奏請將陳寶善改留甘肅，免補知府，以道員遇缺題奏：

① 中國第一歷史檔案館藏：《録副奏片》，檔號：03—5154—064。
② 《清實録》："乙未，諭内閣、左宗棠奏請調員差委，並請將前調同知留營等語。浙江補用知府陳寶善，著梅啓照飭令該員前赴左宗棠軍營，聽候差遣。廣東試用同知魏炳蔚，著准其留於左宗棠軍營差遣。"見《清實録·德宗景皇帝實録（二）》，卷八十四，光緒四年十二月下，第280頁，中華書局，1987。
③ 中國第一歷史檔案館藏：《硃批奏片》，檔號：04—01—13—0431—024。
④ 中國第一歷史檔案館藏：《録副奏片》，檔號：03—5148—159。

　　再，三品銜浙江補缺候補用道候補知府陳寶善，經臣奏調來甘，委查新疆善後一切興革事宜，據實稟陳，聽候核奪。陳寶善飭赴新疆，由哈密逾天山，遍歷巴里坤、古城、阜康、迪化州，至昌吉、綏來各縣，詳加訪察，於地方渠道水利、山川形勢、官吏賢否、民情向背及應興應革一切事宜，均能得其要領，隨時稟復前來。臣詳加批閱，分別咨行，籌議興辦。竊維邊方吏材難得，現在新疆諸務創始，尤須經理得人。臣與劉錦棠、楊昌濬往復函商，應請旨將陳寶善改留甘肅，免補知府，以道員遇缺題奏，以裨吏治而惠邊氓。伏祈聖鑒訓示施行。謹奏。

　　光緒六年十二月十三日，軍機大臣奉旨：著照所請，該部知道。欽此。①

2.【光緒六年十二月十五日】此奉旨日期，據録副補。

030. 遵旨統轄哈密及鎮迪道屬文武辦理緣由摺
光緒七年正月十九日

　　署理欽差大臣督辦新疆軍務通政使司通政使二等男臣劉錦棠跪◆1奏，爲奉旨統轄哈密及鎮迪道屬地方文武官員，謹將欽遵辦理緣由恭摺具陳，仰祈聖鑒事。

　　竊臣承准軍機大臣字寄：光緒六年十一月初四日奉上諭：左宗棠另片奏請將哈密、鎮迪道歸劉錦棠統轄等語◆2。哈密、鎮迪道所屬文武地方官，均著暫歸劉錦棠統轄等因。欽此◆3。跪聆之下，感悚莫名。伏念臣猥以凡庸，荷蒙非常知遇，命署欽差大臣篆務。受代以來，辦理邊防及回疆善後、中外交涉諸事宜，已覺時形竭蹶。兹復奉旨統轄哈密及鎮迪道屬地方文武官員，事件益繁，責任益重。自顧軍旅粗材，廿年戎馬，於從政之道未嘗學習，膺兹

<hr>

①　中國第一歷史檔案館藏：《録副奏片》，檔號：03—5154—104。

寵命,何以克勝！查哈密以西,舊設一直隸州、四縣、三廳,幅員遼闊,政務殷繁。其一切事宜經左宗棠極力籌辦,固已綱舉目張,秩然有成規可守。惟是兵燹之後,民困未蘇,亟宜撫綏安集,以期漸次復元。其餘澄清吏治,整飭營伍,在在胥關緊要。臣既奉旨暫行統轄,自當振刷精神,認真辦理,仍與護理陝甘督臣楊昌濬、伊犂將軍臣金順、烏魯木齊都統臣恭鏜、烏魯木齊提督臣金運昌,隨時商榷,務臻周妥,用副朝廷軫念邊陲之至意。所有微臣奉旨統轄哈密及鎮迪道屬地方文武官員欽遵辦理緣由,謹繕摺具奏。伏乞皇太后、皇上聖鑒訓示。謹奏。光緒七年正月十九日◆4。

光緒七年二月十二日◆5,軍機大臣奉旨:知道了。欽此。

【案】此摺原件①、錄副②現藏於中國第一歷史檔案館,兹據校補。

1.【署理欽差大臣督辦新疆軍務通政使司通政使二等男臣劉錦棠跪】此前銜據原件補。

2.【案】光緒六年十月十二日,左宗棠以疆土分明,奏請將哈密及鎮迪一道軍政各項差務歸屬劉錦棠辦理,以專責成:

> 再,哈密綰轂新疆南北兩路,地居衝要,東與甘肅所屬安西州接壤,將來議設行省,必以哈密劃隸新疆,形勢始合。即安臺站以通文報,設郡縣以興吏事,置營汛以重地方,均須及時,漸圖措置,以免臨事周章。除南路建置應從緩議,其北路鎮迪一道舊設文武地方官,規模粗具。劉錦棠既承恩命,督辦新疆軍務,則哈密及鎮迪一道所屬文武地方官,均應歸劉錦棠統轄。所有升、調、補、署考核及一切興革事宜,均可就近辦理,分別奏咨以專責成,陝甘總督相距過遠,無庸兼管。應即請旨飭遵,俾疆圉分明,各知循守。是否有當,伏候聖訓施行。謹奏。③

---

① 中國第一歷史檔案館藏:《硃批奏摺》,檔號:04—01—16—0207—080。

② 中國第一歷史檔案館藏:《錄副奏摺》,檔號:03—5814—069。

③ 中國第一歷史檔案館藏:《錄副奏片》,檔號:03—5153—090;《左宗棠全集》,第十冊,第8969—8970頁,上海書店出版社,1986。

3.【案】此"軍機大臣字寄"有節略,《光緒朝上諭檔》:

軍機大臣字寄:欽差大臣督辦新疆軍務大學士陝甘總督二等恪靖侯左、署欽差大臣督辦新疆軍務通政使司通政使劉、幫辦軍務伊犂將軍金、署幫辦軍務廣東陸路提督張,傳諭護理陝甘總督署甘肅布政使楊昌濬:光緒六年十一月初四日奉上諭:左宗棠奏交卸起程,並酌帶馬步隊入關各摺片。已明降諭旨,以劉錦棠署理欽差大臣,督辦新疆軍務。命張曜署理幫辦軍務,楊昌濬護理陝甘總督矣。西陲軍事緊要,劉錦棠責無旁貸,務當按照左宗棠布置成規,妥爲籌辦,以期動合機宜。張曜已署理幫辦軍務,著劉錦棠與金順、張曜隨時彼此會商,和衷共濟,毋得各存意見,以副委任。左宗棠現在馳赴蘭州,交卸督篆,楊昌濬一切有所遵循,地方應辦事宜即著悉心經理,毋得稍有貽誤。所有藩臬篆務,著左宗棠揀派妥員署理。該督此次酌帶馬步二千餘名入關,赴張家口駐扎,應俟抵京後再行相機辦理。另片奏請將哈密鎮迪道歸劉錦棠統轄等語。哈密及鎮迪道所屬文武地方官,均著暫歸劉錦棠統轄。將此由六百里諭知左宗棠、劉錦棠、金順、張曜,並傳諭楊昌濬知之。欽此。遵旨寄信前來。①

4.【光緒七年正月十九日】此日期據原件補。

5.【光緒七年二月十二日】此奉旨日期,據錄副補。

031. 請免余虎恩騎射片

光緒七年二月二十五日

再,分統老湘左軍陝西陝安鎮總兵余虎恩,於咸豐九年隨同官軍在江西饒州府攻克浮梁縣城,右腿受矛傷二處。又是年在廣東連州剿賊,右乳下受矛傷一處。又於咸豐十一年在安徽徽州府,力解城圍,右膝蓋受矛傷一處。又於同治七年在直隸吳橋縣,

---

① 　中國第一歷史檔案館編:《光緒朝上諭檔》,第六冊,第283頁,廣西師範大學出版社,1996。

追剿游賊,身受矛傷七處。又於同治八年攻克甘肅靈州,右手受矛傷二處。是年,復攻克吳忠堡賊巢,右腿受炮傷一處,骨損,子未出。雖經隨時醫愈,然筋骨被損,時作痛楚,以致騎射均屬不便。據稟請奏免騎射前來。臣覆核無異,合無仰懇天恩,俯准將陝西陝安鎮總兵余虎恩免其騎射之處,出自逾格鴻慈。除咨部外,謹附片具陳。伏乞聖鑒訓示。謹奏。

　　光緒七年三月十六日◆1,軍機大臣奉旨:著照所請,兵部知道。欽此。

　　【案】此摺原件①、録副②現藏於中國第一歷史檔案館,兹據校補。
　　1.【光緒七年三月十六日】此奉旨日期,據録副補。

032. 奏籌邊重寄才力難勝再陳下悃摺
光緒七年三月二十二日

　　署理欽差大臣督辦新疆軍務通政使司通政使二等男臣劉錦棠跪◆1奏,爲籌邊重寄,微臣才力難勝,再陳下悃,籲祈聖鑒事。

　　竊臣於上年恭奉恩命,署理欽差大臣督辦新疆軍務,當經具摺陳謝,並聲明督師任重,非臣所能勝,仰懇天恩,另簡賢能接替在案。旋於十二月三十日差弁賷回原摺,欽奉諭旨:覽奏,具見敬慎之忱。惟朝廷正深倚畀,劉錦棠務當恪守左宗棠成規,將新疆一切事宜妥爲籌辦,與金順、張曜等和衷共濟,用副委任,毋庸固辭等因。欽此。跪聆之下,感悚莫名。時以俄約未定,防務正殷,未敢再事瀆陳,仰勞宸厪。數月以來,一切邊務及善後事宜,與金順、張曜等隨時酌商,雖幸邊事敉安,實覺時形竭蹶,兢兢祇懼,夙

① 中國第一歷史檔案館藏:《硃批奏片》,檔號:04—01—17—0181—033。
② 中國第一歷史檔案館藏:《録副奏片》,檔號:03—5815—087。

夜屏營。伏念臣起自寒畯，效命疆場，兩世荷高厚之仁，匹夫膺非次之寵，斯即捐糜頂踵，莫報涓埃。苟有寸長可效，何敢自外生成，致涉飾讓沽名之嫌、辭難諉責之誚。惟量能而處，人臣之職，尸位妨賢，古今所戒。

查新疆地處邊衝，幅員遼闊，外則夷部鄰接，内則種族羼居。在承平之日，尚須才望最優者，乃足以資鈐御。矧值時事多艱之際、地方兵燹之餘，兵則藉力各軍，食則仰給他省，苟非長駕遠馭◆2之材，實難以孚衆望而維全局。現在與俄議和，事尤繁劇，將來通商劃界，暨交收伊犁，籌辦善後，利弊動關久遠，措置更宜精詳，稍有失宜，貽誤匪淺。臣才識愚昧，不嫻學術，徒有枕戈之懷，曾無致遠之用，遽膺斯任，負乘滋慚，不獨難厭衆心，亦恐見輕外夷。且才德卓著者，今尚不乏。臣何人斯，貿然塵忝，在一時承乏，已多叢脞之憂，若久領重任，實昧覆餗之戒。又，臣自同治八九年間，隨同臣叔父已故廣東陸路提督臣劉松山圍攻金積堡逆巢時，賊引渠水灌營。臣與諸將士竭力堵禦，往來泥淖之中、寢處沮洳之場者數月，自此以後◆3，臣兩腿不時作痛，發輒數日，困憊不堪。據醫云，風濕深入筋骨，非靜爲調治不能即時◆4痊可。臣屢牘請左宗棠代奏，未蒙轉陳。近年腿痛漸數，勢將增劇，以不才如彼，而患疾如此，倘復自欺，何以副我皇上殷殷綏邊之意！再四思維，與其貽誤而負罪於將來，不若循分而瀝陳於此日。區區愚忱，惟有再申前請，仰懇天恩，俯垂曲鑒，另簡賢能大員，畀以欽符，督辦軍務，俾臣得安愚拙之分，稍免隕越之羞，不徒微臣感激，實邊庭所深賴也。如蒙俯允，寬其拂命之愆，臣仍當在營效力，斷不敢偷安自逸。所有嚴疆重寄微臣才力難勝緣由，謹再披瀝下忱。伏乞皇太后、皇上聖鑒訓示。謹奏。三月二十二日◆5。

光緒七年四月二十七日◆6，軍機大臣奉旨：劉錦棠在新疆軍營有年，情形較熟，朝廷量材簡任，深資倚畀。該京卿惟當將一切事宜竭力籌辦,以安邊圉,毋再固辭。欽此。

【案】此摺缺原件,録副①現藏於中國第一歷史檔案館,兹據校補。

1.【署理欽差大臣督辦新疆軍務通政使司通政使二等男臣劉錦棠跪】此前銜據録副補。

2.【長駕遠馭】録副作"遠馭長駕",因缺原摺,兹存疑。

3.【自此以後】録副作"自此後"。

4.【即時】録副作"即期",是。

5.【三月二十二日】此具奏日期,據録副補。

6.【光緒七年四月二十七日】此奉旨日期,據録副補。

033. 請旌烈婦劉李氏摺

光緒七年三月二十二日

署理欽差大臣督辦新疆軍務通政使司通政使二等男臣劉錦棠跪◆1奏,爲烈婦殉夫殞命,節義堪嘉,籲懇旌表,以維風化,恭摺具陳,仰祈聖鑒事。

竊准烏魯木齊都統臣恭鏜咨開:據鎮迪道福裕詳:據迪化直隸州知州陶模申:據前代理綏來縣知縣彭椿年、烏垣采訪局委員劉高儐會詳稱:查得已故同知衔甘肅補用知縣前署綏來縣知縣劉銓之妾李氏,甘肅古浪縣民女,同治十三年,劉銓娶以爲妾。光緒六年四月間,劉銓在綏來縣署任,赴鄉查禁罌粟,過於勞瘁,舊病忽發。氏左右侍奉湯藥,衣不解帶者數月。嗣劉銓病勢益增,醫治罔效,旋於七月初六日辰時病故。氏痛哭,暈絶幾次,哀毀異於恒常,親視殮殯。初八日,扶櫬安厝後,沐浴更衣,自言欲以身殉。衆以其悲傷過情,善言勸慰,猶未深信。及晚,傳請夫弟,囑托後

---

① 中國第一歷史檔案館藏:《録副奏摺》,檔號:03—5815—112。

事,又復掩面悲啼◆2。詢諸侍婢,始知早已吞服金葉,多方解救,業已無及,遂於是夜氣絕。計距劉銓病故日期,僅止三日,洵屬節烈可風,呈請轉咨具奏等因。臣查已故知縣劉銓,係湖南湘陰縣人,由軍營勞績經陝甘督臣左宗棠洊保今職,嗣委◆3署理甘肅永昌、阜康知縣◆4,復調署綏來縣篆,因病身故。其妾李氏矢以身殉,得遂其志,庸行奇節,足以維持風化,矜式里閭。茲准烏魯木齊都統臣恭鏜咨據鎮迪道福裕詳,轉據迪化州知州陶模申,據該各印委查明確據,依次加結,造具李氏事實清冊詳報前來。臣覆查確實,應請旨旌表,以慰幽魂而勵末俗。除將賚到冊結送部查核並咨明湖南撫臣知照外,謹會同會辦新疆善後事宜護理陝甘總督臣楊昌濬、烏魯木齊都統臣恭鏜、甘肅學政臣鄭衍熙,恭摺具奏。伏乞皇太后、皇上聖鑒,敕部議覆施行。謹奏。光緒七年三月二十二日◆5。

　　光緒七年四月二十七日◆6,軍機大臣奉旨:著准其旌表,禮部知道。欽此。

【案】此摺原件①、錄副②現藏於中國第一歷史檔案館,茲據校補。

1.【署理欽差大臣督辦新疆軍務通政使司通政使二等男臣劉錦棠跪】此前銜據原件補。

2.【掩面悲啼】原件、錄副均作“掩面悲涕”。

3.【委】刻本奪“委”,茲據原件、錄副補。

4.【案】同治十三年,陝甘總督左宗棠奏委劉銓等署理永昌等縣知縣,得允。其片曰:

　　　　再,安定縣知縣趙國棟辦事遲鈍,撤任遺缺,查有補缺後以同知補用之藍翎留陝遇缺儘先即補知縣朱懋修,精明勤慎,辦事實心,堪以委署。又,署永昌縣知縣黃河帶署事年滿遺缺,查有同知銜遇缺後

---

① 中國第一歷史檔案館藏:《硃批奏摺》,檔號:04—01—12—0627—061。

② 中國第一歷史檔案館藏:《錄副奏摺》,檔號:03—5535—078。

以知縣補用之即選州判劉銓，安詳穩練，才具開展，堪以委署。據藩、
臬二司會詳前來。除批准給委赴任外，理合附片陳明。伏乞聖鑒。
謹奏。硃批：知道了。①

光緒四年，陝甘總督左宗棠具報委任劉銓等署理阜康等縣知縣事：

再，署阜康縣知縣李篤慶因病乞假遺缺，臣查有同知衛甘肅補用
知縣劉銓，才具明晰，堪以委署。西寧縣知縣朱鏡清撤任遺缺，查有
補用知縣陳明德，年輕才明，堪以委署。古浪縣知縣調補張掖縣知縣
林銘新飭赴本任遺缺，查有候補通判方希祖，明幹穩練，堪以委署。
代理寧夏縣知縣胡韻蘭撤委遺缺，查有補用同知李日乾，辦事認真，
堪以委署。據藩、臬二司會詳前來。除由臣分別批飭給委外，理合附
片陳明。伏乞聖鑒。謹奏。

光緒四年五月初一日，軍機大臣奉旨：知道了。欽此。②

5.【光緒七年三月二十二日】此具奏日期，據原件補。

6.【光緒七年四月二十七日】此奉旨日期，據録副補。

034. 首逆逋誅請飭使臣向俄理論解送懲辦摺

光緒七年三月二十八日

署理欽差大臣督辦新疆軍務通政使司通政使二等男臣劉錦
棠跪◆1奏，爲首逆逋誅，請飭行使臣向俄理論，解送懲辦，以靖後
患，恭摺具陳，仰祈聖鑒事。

竊逆酋白彥虎與其黨馬壯及安夷阿古柏之子伯克胡里等，久
爲叛逆，關內、新疆遭其蹂躪◆2。迨大軍痛剿，窮竄入俄。因敦睦
鄰之誼，姑未加兵◆3，一切情形經左宗棠奏報在案◆4。四年二月
二十二日，欽奉諭旨：總理各國事務衙門奏新疆首逆逃入俄界，現

①　中國第一歷史檔案館藏：《硃批奏片》，檔號：04—01—17—0114—059。
②　中國第一歷史檔案館藏：《録副奏片》，檔號：03—5129—002。

與俄國使臣理論情形一摺◆5。逆首白彥虎與伯克胡里及馬壯等均逃入俄國境內，經總理各國事務衙門與俄國使臣布策理論。據布策面稱及其照會均謂咨報本國，本國於此事能查照條約所載辦理，仍須左宗棠照會圖爾齊斯坦總督等語。白彥虎爲積年惡首，罪不容誅，現與伯克胡里及馬壯等竄匿俄疆，亟應執約理論，令其迅速交出，以免死灰復然，致貽後患。著左宗棠查照總理各國事務衙門前函，即日行文俄國圖爾齊斯坦總督，並令劉錦棠先行就近行知，務將白彥虎等照約解回，聽憑治罪，未可稍涉大意。該衙門王大臣仍不時催詢布策，轉咨本國後，究係如何辦理，亦不得稍涉鬆勁等因。欽此◆6。仰見聖謨深遠，除惡務盡至意◆7，左宗棠與臣先後欽遵查照◆8，而俄官以收養難民飾詞見覆。上年崇厚使俄所議條約，又未載明。臣等正深疑慮，因已另簡使臣，未及論列。昨承准總理各國事務衙門來緘，知使臣曾紀澤已換新約，奉旨准其畫押◆9。所議若何，臣不得其詳。既蒙俞允，何庸再爲顧慮。惟白逆等如何交出，仍未聞議及。愚昧之見，有不能不詳陳於聖主之前以備芻蕘之采者。夫通和事關久遠，利弊必須熟籌。當此定約之初，正可理論之際，商務則宜防其收羅外部，遂彼浸廣之謀，累華商而擾地方，猶其後矣。界務則宜防其占踞要衝，予我孤注之地，失鉅費而得空城，猶其小矣。至索取逆酋，則尤當務之急，不可度外置之者也。白逆等負其豺狼之性，濟以剽狡之謀，倡亂歷年，黨羽景附。其於◆10各處之軍情形勢，又無不親歷而周知。當其逆焰方張，固有衆莫敢攖之勢。及其力窮出竄，亦未忘致死於我之心。數年來，引奸出亡、嗾黨入犯之案，層見疊出。現在餉項奇絀，亟應◆11酌量裁勇，以節糜費，亦因此而不能一旦解嚴。當天威遠震之時，大軍壓境，猶頻有邊警。若數年之後，防軍凱撤，邊備稍鬆，該逆黨羽之散處內地者，尚懷往日樂亂之情，其隨從竄俄者，亦有思歸故土之意，窺隙思便，起而乘之。即不必俄人誘使，不必白逆躬爲，而內之奸民、外之黠虜亦或有借以爲資而起者，雖小醜不能有爲，而師動費隨，不免重煩宸廑，且各將士之與該逆角戰，各地方之被該逆殘害者，無不欲得而甘心。若與俄通和之後，即該逆不復爲亂，而昂然出入，藐我將吏，虐我民人，坐視其橫，則難銷積怒者之憤，追誅前罪，則易啓左袒者之嫌。不惟天討莫伸，亦慮邊陲多故。至其爲叛人之逋藪，啓外部之戒心，因事而構間是非，輸誠而教敵戰陣，斯又棄刑章而養邊寇，事在意中者矣。

　　自古通款尋盟，必弭虞詐。苟有收亡納叛，豈爲睦鄰！查咸豐十年所議條款内載：凡有重罪人犯，或逃入◆12 境内，一經行查，即將該犯送交本國，按律治罪等語。今白逆◆13 之爲重犯，人所共知，成約具存，豈容收納？況此梟獍之徒，飽颺饑附，在我則爲法無可寬之大憝，在俄則爲材無可取之匹夫。若違約庇奸，又示下以背叛之道，想亦俄人所深惡也。臣仰荷殊恩，忝司邊役，不敢緘默於此日，而貽後患於無窮。乘此合議初更，尚堪補救，惟有仰懇聖明，仍飭總理各國事務衙門◆14 與彼國駐京公使，執約理論，或令曾紀澤向俄言明，務將白彥虎等解回，或就近押交臣與金順、張曜營中，恭候明諭，再行懲辦，以彰國法，而快人心。其隨該逆竄入俄境者，亦悉令押回，分別辦理，則邊境永安，而邦交益固矣。至此外如何通商、如何劃界，使臣當已擬定，無從置喙。所有首逆通誅，亟應執約理論以靖後患情形，謹繕摺馳陳。伏乞皇太后、皇上聖鑒訓示◆15。謹奏。

　　軍機大臣奉旨：另有旨。欽此。

　　●軍機大臣字寄◆16：光緒七年四月十七日奉上諭：劉錦棠奏首逆通誅，請飭使臣向俄理論、解送懲辦一摺。劉錦棠以曾紀澤已與俄國另立新約，白逆等如何交出，未聞議及，急應執約理論，不可置之度外等語。白彥虎一事，前於二月間，據曾紀澤電寄總理各國事務衙門，詢及辦法，當以此事自須論及，應否即議，或俟換約後再議，由曾紀澤審量辦理。經該衙門由電報傳旨寄覆，曾紀澤接奉此旨，當能相度機宜，妥爲籌辦◆17。俟曾紀澤奏到時，再行諭知劉錦棠遵照。將此由四百里諭令知之。欽此18。

【案】此摺原件、録副俱缺，而爲《清季外交史料》①所收，兹據校補。

1.【署理欽差大臣督辦新疆軍務通政使司通政使二等男臣劉錦棠跪】此前銜係推補。

2.【遭其蹂躪】《清季外交史料》作"連被蹂躪"。

3.【姑未加兵】《清季外交史料》作"始未加兵"。

4.【案】光緒三年七月十九日，陝甘總督左宗棠奏報官軍克期進剿應防賊踪紛竄一摺，得允，並令左宗棠、金順等督飭各軍，探明白彥虎行踪，嚴加堵剿②。其摺曰：

　　督辦新疆軍務陝甘總督一等恪靖伯加一等輕車都尉臣左宗棠跪奏，爲新疆南路官軍克期進剿，應防賊踪紛竄，恭摺馳陳，仰祈聖鑒事。竊臣欽奉光緒三年七月初二日上諭：左宗棠擬俟新秋采運足供，鼓行而西。刻下已届秋令，著即檄飭各軍，克日進兵，節節掃蕩。白彥虎素稱狡猾，務當設法就地擒斬，毋任再行遠竄等因。欽此。現據總理行營營務處總統馬步各軍西寧道劉錦棠稟稱：托克遜各城攻克後，擬乘勝進規南路八城，祇因吐魯番新糧收穫需時，哈密、巴里坤車馱轉運陳糧難於驟集，正值駝隻歇廠，轉運艱難，無從設法。又，地本火州舊壤，夏令炎威灼人，未可急進。擬俟八月初旬，凉風漸至，各營

① 王彥威纂輯、王亮編、王敬立校：《清季外交史料》，第466—467頁，書目文獻出版社，1987。

② 軍機大臣字寄：光緒三年八月初四日奉上諭：左宗棠奏南路官軍克期進剿，請敕嚴防北竄一摺。逆酋帕夏伏誅後，白彥虎一股分踞庫爾勒附近一帶。劉錦棠、張曜各軍現在克期進剿，誠恐該逆避兵紛竄，轉致蔓延。左宗棠務當飭令各軍探明賊踪，繞前截擊，遏其旁竄，以期就地殲除。刻下帕夏既斃，賊勢渙散，未必甘受白逆脅制。大軍西進，並可曉諭回衆，但將逆首設法擒斬，餘衆可從末減。果使白逆就誅，各城自必聞風納款，不至重煩兵力。第該逆素稱狡猾，恐其一聞官軍進發，由西路翻山，乘虛奔突，則北路各城又形吃重。著金順、英翰、榮全、額勒和布、車林多爾濟、杜嘎爾、保英、英廉督飭各營，勤加偵探，嚴密防範，遇有賊匪竄出，即行實力堵剿，毋任竄逸。將此由六百里各諭令知之。欽此。（《左宗棠全集》，第九册，第7930—7931頁，上海書店出版社，1986）

糧運稍資裹帶，當即獎帥師徒，鼓行而西。惟近據降回供稱：逆回白彥虎一股分踞庫爾勒附近一帶，議俟官軍進逼，即翻山北竄伊犁、綏來等處。請即字行北路軍營，加意偵探截擊，務遏竄踪。臣維安集延逆酋帕夏父子伏誅，餘孽自無棄巢遠竄之事。惟白逆一股分踞庫爾勒附近一帶，極為散漫。該逆悍鷙不足，狡猾有餘，現雖偷息開都河西岸，一聞官軍進逼，其避兵鼠竄，自在意中。察看賊之竄路有三：一，西竄庫車、阿克蘇一帶；一，迤西而北竄伊犁境內；一，東南竄羅布淖爾，取道吐魯番界，覓荒僻無人之徑，東竄敦煌，以取通海藏之路。就此三路而言，如西竄庫車、阿克蘇，是本官軍追賊必出之途，無庸別籌佈置。如旁竄羅布淖爾一帶，地僻人稀，逆衆盤旋山澤間，難以善脫，狡謀或不出此。惟翻山而竄伊犁邊界，以出昌吉、綏來，則地勢平衍，道路紛歧，難於遮截，非預為擇要堵剿不可也。臣已密飭劉錦棠、張曜於進兵時就近攔截，遏賊奔衝，免分兵力。賊果西竄，自當躡踪追剿，期於盡殺乃止。如其回竄而南，張曜所部及留後各營當相機截擊。巴里坤、哈密、安西等處防營，節節布置，尚可無虞。所宜預為籌策者，北竄一著耳。窮寇亡命狂奔，急何能擇？苟恃距賊過遠，防範稍疏，誠慮倉猝聞警，將貽意外之患。《傳》曰：“不備不虞，不可以師。”此所宜慎也。除飛咨幫辦軍務伊犁將軍臣金順暨駐精河之廣州副都統福珠哩嚴飭所部，遠發偵探，加意預防，一遇回逆股匪竄近，即行截剿，毋使一名漏網，並飛咨署烏魯木齊都統臣英翰，檄飭統領卓勝軍金運昌，加意偵探防剿、毋稍疏忽外，相應請旨，敕下額勒和布、保英、英廉、金順、英翰，一體加意嚴防，以昭周密而竟全功。所有官軍克期西進並防賊紛竄情形，恭摺馳陳，伏乞皇太后、皇上聖鑒訓示施行。謹奏。①

5.【案】光緒四年二月十二日，清廷令左宗棠飭劉錦棠等將各逆設法擒拿，毋任釜底游魂，稍稽顯戮，並著總理各國事務王大臣向俄國使臣理論，令

① 《左宗棠全集》，第九冊，第7927—7930頁，上海書店出版社，1986；《左宗棠全集·奏稿六》，第660—661頁，岳麓書社，2009。

其將白彥虎等悉行交出,勿使該逆視爲逋逃之藪,藉以藏身。《清實録》:

　　諭軍機大臣等:本日,左宗棠等紅旗報捷,官軍克復西四城,新疆
南路一律肅清,暨外國商官等給文回國,布魯特各部落分別安置,並
請將殺賊反正之陷賊員弁免其治罪各摺片。覽奏欣慰,已明降諭旨,
將戰狀宣示,並將該大臣及劉錦棠等特沛恩施,出力、陣亡各員均照
所請獎恤矣。新疆各城淪陷十餘年,經左宗棠等步步爲營,次第收
復,克奏膚公,各城善後及一切未盡事宜,實屬調度有方,深堪嘉尚。
所有左宗棠等務當妥爲籌畫,以慰廑系。逆首白彥虎,罪不容誅,亟
應拿獲,以申國法。現在該逆與伯克胡里及馬壯等均逃入俄國,著左
宗棠等飭令劉錦棠等將各逆設法擒拿,毋任釜底游魂,稍稽顯戮,並
著總理各國事務王大臣向俄國使臣理論,令其將白彥虎等悉行交出,
勿使該逆視爲逋逃之藪,藉以藏身。葉爾羌等城内乳目教頭及英國
商官,均准給文回國。布魯特十九部落,除投附俄國五部落外,其十
四部落願歸故土者,即行放歸。願留中土者,准於關内安插,所籌尚
屬周妥。著左宗棠等妥爲分別辦理,仍著隨時稽察,毋任再行勾結爲
患。喀什噶爾城形勢險要,該大臣等所稱南自英吉沙爾,北至布魯特
界,按照卡倫地址,改築邊墙,於衝要處間以碉堡,形勢益增完固。著
照所議妥爲籌辦。前都司何步雲等十六員弁,即照所請,概行革職,
免其治罪。左宗棠等另片奏廣東提督張曜文武兼資,請改用文職等
語。張曜著候旨簡用,片留中。將此由六百里各諭令知之。①
光緒四年二月二十二日,總理衙門具奏與俄國交涉引渡白彥虎情形:

　　總理各國事務恭親王奕訢等跪奏,爲新疆首逆逃入俄國,謹將遵
旨與俄國使臣理論一切情形,恭摺奏陳事。光緒四年二月十二日奉
上諭:左宗棠等紅旗報捷,官軍克復西四城,新疆南路一律肅清,逆首
白彥虎與伯克胡里及馬壯等均逃入俄國,著左宗棠等飭令設法擒拿,
並著總理衙門王大臣向俄國使臣理論,令其將白彥虎等悉行交出等
因。欽此。欽遵。由軍機處交出到臣衙門。臣等伏查上年七月間,

---

① 《清實録·德宗景皇帝實録(二)》,卷六十七,光緒四年二月上,第37—38頁。

據左宗棠來函，以白逆狡詐，計其竄路，如入伊犁，官軍自當躡追，可否與俄國使臣處先爲提及，勿誤疑官軍爲徑取伊犁等因。臣等當與俄國使臣布策面論，並鈔録問答各語，函知左宗棠在案。現在新疆肅清，逆首白彦虎等逃入俄國，按照俄約第八款，應送回，聽中國按律治罪。且上年七月，臣等已將左宗棠函稱各節轉告，更不應有容留中國逆叛之事。臣等欽奉諭旨後，即於十五日照會俄國使臣布策，囑其轉行其國邊界官，按照條約及去年七月所稱，將白彦虎黨羽悉數解送軍營。十六日，臣沈桂芬、臣毛昶熙、臣董恂、臣景廉、臣成林、臣夏家鎬復往俄館，面爲理論。據稱，上年七月已説明，由左宗棠照會土耳其斯坦總督，自然易辦。昨接照會，可行知本國，按照條約辦理。惟牽引交涉未結各案，以爲中國未能照約辦結。臣等告以白彦虎等身爲首逆，天下人共惡之，即逃入俄國，亦必爲俄國所惡，此事與尋常交涉案件不同。即如近時，吉林地方有誤殺俄人一案，該將軍等不待俄國照會，已行辦結，亦爲案關重大起見，再三辯詰，據稱日後必有照會前來等語。臣等即將是日問答各語函知左宗棠，囑其行文俄官，或由劉錦棠行文，就近設法。至十八日，據俄國使臣布策照稱，將照會所稱咨報本國，本國於此事能查照條約所載辦理，仍須左大臣照會土耳其斯坦總督云云。核與十六日面論情形，大略相同。

查俄國使臣既稱本國照約辦理，諒不肯自居爲逋逃藪，第牽及未結各案爲口實，並謂須由左宗棠照會土耳其斯坦總督，是否意在推諉，或借以居奇，均不可測。臣等公同商酌，此時該逆已入俄疆，能否迅即交出，實無把握。惟有始終執約理論，乃爲名正言順辦法。應請敕下左宗棠，查照臣衙門前函，即日行文俄國土耳其斯坦總督，並令劉錦棠就近行知俄國邊界官，務將白彦虎等照約解回，聽憑治罪。臣等仍須時加催詢俄使臣布策，轉咨本國後究係如何辦理。内外一氣，勿稍鬆勁，以期罪人斯得，仰紓宸廑。謹將臣衙門與俄國使臣布策往來照會各一件照録，恭呈御覽。謹奏。光緒四年二月二十二日。①

---

①　王彦威纂輯、王亮編、王敬立校：《清季外交史料》，第242—243頁。

光緒四年二月二十二日,總理各國事務衙門致俄國使臣布策之照
會曰:

　　爲照會事。光緒四年二月十二日,准左大臣紅旗捷報,新疆南路
一律肅清,首逆未獲情形。據稱,劉錦棠所部於上年十二月十三日收
復喀什噶爾城,回逆白彥虎、安集延酋伯克胡里分道窮竄,當經分兵
追拿。十五日,追至明要路,有布魯特回子報稱:伯克胡里已於昨日
竄過,此時計已抵過路峽,距俄國窩什地方不遠,俄國早派多人在彼
照管,俟伯克胡里到,即收取器械,放入界內。訊之擒賊,供亦相同。
又,十六日追賊至岌岌槽,擒獲尾賊供稱,白逆十五日由此經過。即
拔隊前進,忽山溝內衝出騎馬持械一股,約五六百,經通事探聞,知爲
俄屬布魯特部衆,所稱黑勒黑斯者也。詢其在此何爲,答稱:我頭目
派來放卡,知中國有人由此路過,故來看視,前隊過去已遠。告以過
去者係賊頭白彥虎,來者係中國追賊之官兵。答云:地屬俄國,非先
知照,不得便過。如要拿人,非頭目自行捆送不可。問頭目何在,答
稱在納林河,距此尚十數站等語。並訊據生擒各賊,簽供白彥虎於秋
杪已遣甘回馬壯,賣所掠金銀貨寶,由俄屬布魯特赴俄國,買路求生。
次者即與叛弁前瑪喇爾巴什守備馬振威、甘回索老三、黑寶才、馬良
會等,先行竄走。又據偵探賊踪之布魯特回子報稱,白彥虎一股竄過
恰哈瑪克,於十一月二十四日到俄界納林河橋。俄人收其軍械,放令
過橋而去。此伯克胡里、白彥虎均由俄屬布魯特竄入俄境、俄人收納
之實在情形也。惟過納林河橋,俄國地方究竟何人管轄,無從查詢。
應請飭下總理衙門,照會俄國大臣,請飭將白彥虎及馬壯等逆交出,
固見邦交厚誼,亦有以慰諸將士奮激之心等因。奉上諭:著總理衙門
王大臣遵照辦理等因。欽此。本衙門查南路各城淪陷多年,經大兵
血戰,一律收復。貴國睦誼克敦,自必同深欣悅。查上年七月二十七
日,與貴大臣面晤,曾談及白彥虎如逃往伊犁,官兵追剿,請告知伊犁
貴官,不必驚疑,並代爲堵截。貴大臣曾言,土耳其斯坦總督自能設
法等語。前據左大臣奏報,白彥虎、伯克胡里等均竄往貴國邊界,想
貴國邊界各員必能按約查拿,迅速捆送。現既奉諭旨,理合照會貴大

臣，迅速轉行知照貴國邊界官，按照庚申條約所載及去年七月二十七日貴大臣所稱，將逃往貴國之逆賊白彥虎、伯克胡里等悉數解送本國軍營，以昭大義而重邦交。相應照會貴大臣查照可也。須至照會者。光緒四年二月二十二日奉旨。①

同年二月二十三日，俄羅斯使臣布策覆總理各國事務衙門照會曰：

爲照覆事。本月十五日，貴王大臣將左大臣所奏報之要略知會本大臣。内引據各口供，所得安集延酋伯克胡里及酋回白彥虎逃往俄國情節，請貴王大臣照會本大臣，設法交出白彥虎及馬壯等因，奉有諭旨，所以貴衙門願俄國邊界官照庚申條約第八款所載及本大臣上年七月間所有將逃往俄國之白彥虎、伯克胡里等悉數解送歸國軍營等因照會前來。准此，本大臣將以照會所稱，咨報本國。本國於此事蓋能查照條約所載辦理，但應提及此事仍必須經由左宗棠照會土耳其斯坦總督，如本大臣上年七月間曾言之者。其時，承貴大臣詢以爲追拿白彥虎中國兵可否許入俄國境内，常答以不能允准。若因成全此事，左大臣須俄國官員幫助，則當知會土耳其斯坦總督。須至照會者。二月二十三日。②

6.【欽奉諭旨：總理各國事務衙門奏……欽此】此節文字，《清季外交史料》缺署。

7.【仰見聖謨深遠，除惡務盡至意】此句《清季外交史料》未錄。

8.【欽遵查照】《清季外交史料》作“欽遵行查”。

9.【案】光緒七年二月十五日，曾紀澤具奏中俄改訂條約蓋印畫押一摺：

出使俄國大臣曾紀澤跪奏③，爲與俄國外部改訂條約章程情形，恭摺具陳，仰祈聖鑒事。竊臣於七月二十三日因俄國遣使晉京議事，當經專摺奏明並電報總理衙門在案。八月十三日，接准總理衙門電稱：奉旨著遵疊電與商，以爲大局。次日，又接電稱：面奉諭旨：俄事

①　王彥威纂輯、王亮編、王敬立校：《清季外交史料》，第243—244頁。

②　王彥威纂輯、王亮編、王敬立校：《清季外交史料》，第243頁，書目文獻出版社，1987。

③　此前銜據王彥威纂輯、王亮編、王敬立校《清季外交史料》第459頁校補。

日迫,能照前旨爭重讓輕固妙,否則就彼不強中國概允一語,力爭幾條,即爲轉圜地步,總以在俄定議爲要各等因。欽此。臣即於是日往晤署外務部尚書熱梅尼,請其追回布策,在俄商議。其時俄君正在黑海,熱梅尼允爲電奏,布策遂召回俄。嗣此往返晤商,反覆辯論,疊經電報總理衙門,隨時恭呈御覽。欽奉四月初五,五月十九,七月十七、三十,八月初五等日軍機大臣字寄上諭,令臣據理相持,剛柔互用,多爭一分,即少受一分之害。聖訓周詳,莫名感悚。臣受恩深重,目擊時艱,統籌中外之安危,細察事機之得失,苟獲稍酬高厚,敢不勉竭駑庸!上年,條約、章程、專條等件,業經前出使大臣崇厚蓋印畫押,雖未奉諭筆批准,而俄人則視爲已得之權利。臣奉旨來俄商量更改,較之崇厚初來議約情形,難易迥殊,已在聖明洞見之中。俄廷諸臣多方堅執,不肯就我範圍。彼各有忠於所事之心,亦無怪其然也。自布策回俄後,向臣詢及改約諸意,臣即按七月十九日致外部照會大意,分條繕其節略付之。布策不置可否,但允奏明俄君,意若甚難相商者。臣屢向熱梅尼處催詢各條,彼見臣相逼太甚,遂有命海部尚書呈遞戰書之説。臣不得已,乃遵總理衙門疊次電報,言可緩索伊犁,全廢舊約。熱梅尼又欲臣具牘言明,永遠不索伊犁。經臣嚴詞拒絕,而微示以伊犁雖云緩索,通商之務,尚可與商。旋接外部照會,除歸還帖克斯川外,餘事悉無實際。爰據總理衙門電示,分列四條,照覆外部,又與之事事面爭,熱梅尼等嫌臣操之太蹙,不爲俄少留餘地,憤懣不平。布策又以通州准俄商租房存貨暨天津運貨准用小火輪船拖帶兩事,向臣商論。臣直答以原約之外不得增添一事,雖其計無可施,而蓄怒愈深矣。臣日夜焦思,深恐事難就緒,無可轉圜。適俄君自黑海還都,諭令外部無使中國爲難,於可讓中再行設法退讓,但經此次相讓後,即當定議云云。外部始不敢固執前議,於是一月二十六日,送來照會兩件、節略一件。第一照會言此次允改各條,中國若仍不允,則不得在俄再議,且將外部許臣商改之事全行收回。第二照會言交收伊犁辦法三條。節略中則歷敘允改之事,約有七端,臣請逐款詳其始末。

第一端曰交還伊犂之事。查原約中，伊犂西南兩境分歸俄屬。南境之帖克斯川，地當南北通衢，尤爲險要。若任其割據，則俄有歸地之名，我無得地之實。緩索之說，誠屬萬不得已之舉。否則祖宗創業艱難、百戰而得之地，豈忍置爲緩圖！臣奉命使俄後，通盤籌畫，必以界務爲重者，一則以伊犂、喀什噶爾兩境相爲聯絡，伊犂失則喀什噶爾之勢孤，此時不索，再索更待何時！一則以伊犂東南北三界均與俄兵相接，緩索後不與議界，恐致滋生事端。若竟議界，又嫌迹近棄地，而又慮其得步進步。伊犂雖已緩索，而他事之爭執如故也。嗣因挽留布策，非將各事略微放鬆不可。遂舍西境不提，專爭南境，相持不下，始允歸還。然猶欲於西南隅割分三處村落，其地長約百里，寬約四十餘里。臣檢閱輿圖，該處距莫薩山口最近，勢難相讓。疊次屬色爭辯，方將南境一帶地方全數來歸。其西南隅仍照前將軍明誼所定之界。

第二端曰喀什噶爾界務。從前，該處與俄接壤者僅正北一面，故明誼定界，祇言行至葱嶺靠浩罕界爲界，亦未將葱嶺在俄國語係何山名照音譯出，寫入界約。今則迤西安集延故地盡爲俄據，分界誠未可緩。崇厚原約所載地名，按圖懸擬，未足爲憑。臣愚以爲，非簡派大員親往履勘不可。吉爾斯必欲照崇厚原議者，該所爭在蘇約克山口也。臣答以已定之界宜仍舊，未定之界可另勘。吉爾斯躊躇良久，謂此事於中國有益，非俄所求，既以原議爲不然，不妨罷論。臣慮界址不清，則釁端易啓，特假他事之欲作罷，論者相爲抵制。布策又稱原議所分之地，即兩國現管之地。臣應之曰：如此，何妨於約中改爲照兩國現管之地勘定乎？最後吉爾斯乃允寫各派大臣秉公勘定，不言根據崇厚所定之界矣。

第三端曰塔爾巴哈臺界務。查該界經明誼、奎昌等分定有年，迨崇厚來俄，外部以分清哈薩克爲言，於是議改。考之輿圖，已占去三百餘里矣。臣每提及此事，必抱舊界立論。吉爾斯知臣必不肯照崇厚之議，始允於崇厚、明誼所定兩界之間，酌中勘定，專以分清哈薩克爲主。所稱直綫自奎峒山至薩烏爾嶺者，即指崇厚所定之界而言也。

日後勘界大臣辦理得法，或不致多所侵占。以上三端，臣與外部先後商改之實在情形也。

第四端曰嘉峪關通商，允許俄商由西安、漢中行走直達漢口之事。總理衙門駁議，以此條爲最重，疊議商務者，亦以持此條爲最堅，蓋以我之內地向無指定何處准西商減稅行走明文。此端一開，效尤踵至，後患不可勝言。外部窺臣著重在此，許爲商改。及詢以如何商改之處，則云須各大端商定，再行議及。臣親詣布策寓所，告以事關全局，儻不見允，則餘事盡屬空談，詞意激切。布策言於吉爾斯，於是允將嘉峪關通商仿照天津辦理，西安、漢中兩路及漢口字樣，均允刪去不提。

第五端曰松花江行船至伯都訥之事。查松花江面，直抵吉林，愛琿城定立條約時，誤指混同江爲松花江，又無畫押之漢文可據，致俄人歷年藉爲口實。崇厚許以行權至伯都訥，在俄廷猶以爲未能滿志也。現將專條徑廢，非特於崇厚新約奪其利，直欲爲愛琿舊約辯其誣。臣初慮布策據情理以相爭，無詞可對，故擇語氣之和平者，立爲三策：一、徑廢專條；二、稍展行船之路，於三姓以下，酌定一處爲之限制；三、仍允至伯都訥，但入境百里，即須納稅，且不許輪船前往。布策均不以爲然。適奉電旨責臣鬆勁，於是抱定第一策立言，務期廢此專條。布策猶糾纏不已，吉爾斯恐以細故傷大局，不從其言，遂允將專條廢去，聲明愛琿舊約如何辦法，再行商定。

第六端曰添設領事之事。查領事之在西洋各國者，專管商業，其權遠在駐扎中國領事官之下。故他國願設者，主國概不禁阻。臣此次欲將各城領事刪去，外部各官均以爲怪，隨將中國不便之處與之説明。吉爾斯謂領事之設，專爲便商起見，係屬賓主兩益之事。中國既有不便，即僅於烏魯木齊添設一員何如。臣因其多方相讓，礙難再爭。而總理衙門電鈔編修許景澄摺內，稱科布多、烏里雅蘇臺、烏魯木齊三處毋設領事，其次爭烏魯木齊、烏里雅蘇臺兩處等語。臣乃復見布策，懇其商改，節略內始將烏魯木齊改爲吐魯番，餘俟商務興旺時，再議添設。

第七端曰天山南北路貿易納稅之事。新疆地方遼闊，兵燹之後，凋敝益深，道遠則轉運維艱，費重則行銷益滯。招商伊始，必限以行走之路、納稅之章，商販實多未便。閱總理衙門來電，曾言收稅爲輕。臣因將原約內均不納稅字樣改爲暫不納稅，俟商務興旺，再訂稅章。查西例，納稅之事，本國可以自主。日後商情果有起色，即伊犁等處亦不妨逐漸開徵，以充國課。以上商務四端，臣與外部先後商改之實在情形也。

此外節略所叙，則又有償款一端。凡商改之事，益於我則損於彼。熱梅尼、布策等本有以地易地之請，臣稱約章事祇可議減，不可議增。彼遂謂中國各路徵兵，顯欲構釁。俄遣船備邊以相應，耗費盧布一千二百萬圓，向臣索償。且言如謂未嘗交綏，無索費之理，則俄正欲一戰，以補糜費等語。臣答以勝負難知，中國獲勝，則俄國亦須償我兵費。彼之言雖極恃強，臣之意未爲稍屈。旋接總理衙門覆電，囑臣斟酌許之，至多不得逾二百萬兩。又電言如無別項糾纏，統計約五百萬兩，償款即可商定云云。臣見吉爾斯、熱梅尼等始則爭易兵費爲名，繼則爭減代守伊犁償款之數。久之，熱梅尼謂遲一年收回伊犁，又加還帖克斯川，以代守費論，至少亦須加盧布四百萬圓。臣照會中但允加代守費二百五十萬圓，若並歸伊犁西境，猶可略議增加。吉爾斯不談西境，僅稱連上年償款統算，非盧布一千萬圓不可。臣嫌爲數過多，吉爾斯笑曰：“俄國豈以地出售者？果爾，則以帖克斯川論之，豈僅值五百萬圓乎？不過改約多端，俄國一無所得，面子太不光彩，此以自慰耳。”臣察其意甚決，乃言熱梅尼所説僅四百萬，何得又增百萬，吉爾斯無詞折辯，故節略內仍以添償盧布四百萬定數。查上年崇厚所議兵費償款盧布五百萬圓，合銀二百八十餘萬兩。此次俄國認出自華至英匯費，則英鎊之價較賤，合前後盧布九百萬圓而統算之，約計銀五百萬兩以內。

臣綜觀界務、商務、償款三大端，悉心計較，與總理衙門來電囑辦之意，大略相同，即摘録照會、節略大意，電請總理衙門代奏，並與外部説明，俟接奉電旨後再行畫押。一面與布策先行商議法文條約章程底稿,逐日爭辯,細意推敲,稍有齟齬,則隨時徑赴外部,詳晰申説,於和平商榷之中,仍示以不肯苟且遷就之意。且以有益於中國無損於俄人等語,開誠布公而告之,於崇厚原訂約章字句,陸續有所增減。如條約第三條,删去伊犁已入俄籍之民入華貿易、游歷,許照俄民利益一段。第四條,俄民在伊犁置有田地,照舊管業,聲明伊犁遷出之民不得援例,且聲明俄民管業既在貿易圈外,應照中國民人一體完納稅餉;並於第七條伊犁西境安置遷民之處,聲明係安置因入俄籍而棄田地之民,以防邊民雖入俄籍而仍有占據伊犁田土之弊。第六條,寫明所有前此各案,以防别項需索。第十條,吐魯番非通商口岸而設領事,暨第十三條張家口無領事而設行棧,均聲明他處不得援以爲例,以杜效尤。第十五條,修約期限改五年爲十年。章程第二條,貨色包件下添注"牲畜"字樣,其無執照商民照例懲辦,改爲從嚴罰辦。第八條,車脚運夫繞越捷徑以避關卡查驗,貨主不知情分别懲辦之下,聲明海口通商及内地不得援以爲例。凡此增減之文,皆係微臣與布策商草法文約稿之時,反覆力爭而得之者,較之總理衙門三月十二日所寄廷寄奏定准駁之議,雖不能悉數相符,然合條約章程計之,則挽回之端似已十得七八。此臣與吉爾斯、布策等商量條約章程底稿與節略七端之外,又爭得防弊數端之實在情形也。

　　十二月十七日,接准總理衙門電示,奉旨:覽,來電均悉。該大臣握要力爭,顧全大體,深爲不負委任,即著照此定約畫押。約章字句務須悉心斟酌,勿稍疏忽。餘依議。欽此。臣告知外部轉奏俄皇,此邦君臣仰慕皇仁,同深欽感。俄皇諭令外部,允廢崇厚原定約章,另立新約,又飭催布策速行繕約畫押。臣因節略七端之外所爭諸條字句尚未周妥,日夜與布策晤談而筆削之,直至光緒七年正月初九日,始將法文約章底稿議定。又彼此商訂漢文、俄文條約章程,各繕二分,而將先訂之法文繕正二分,以資考證,逐條參酌核對無訛,於正月二十六日與外部尚書吉爾斯、前駐京使臣布策,公同畫押、蓋印訖,電請總理衙門代奏,仰慰宸廑。

　　伏念臣以菲材,膺此重任,深懼措施失當,上負天恩。幸蒙皇太后、皇上指授機宜,不責以强爭必行,但責以羈縻無絶。更喜總理衙門王大臣平心體察,艰鉅周知,遇事提撕,遵循有自。縱絜長較短,仍不免顧此失彼之慮;而酌理准情,尚不悖爭重讓輕之義。除鈔録臣與吉爾斯、熱梅尼、布策疊次問答節略咨呈總理衙門存查,並將條約章程各一件、專條一件,派駐俄國頭等參贊官二品頂戴道員邵友濂賫回京師,進呈御覽,請飭下總理衙門核議,恭候聖裁外,謹將條約章程底稿先行鈔録,咨呈總理衙門查核。所有與俄國外部改訂條約章程、遵旨蓋印畫押緣由,理合繕摺馳陳。伏乞皇太后、皇上聖鑒。謹奏。①

10.【其於】《清季外交史料》作"其餘",顯誤。

11.【亟應】《清季外交史料》作"亟宜"。

12.【逃入】《清季外交史料》作"入",似奪"逃"字。

13.【白逆】《清季外交史料》作"白逆彦虎"。

14.【總理各國事務衙門】《清季外交史料》縮作"總理衙門"。

15.【所有首逆逋誅,亟應執約理論以靖後患情形,謹繕摺馳陳。伏乞皇太后、皇上聖鑒訓示】此節文字,《清季外交史料》未載。

16.【軍機大臣字寄】《清季外交史料》缺。

17.【經該衙門由電報傳旨寄覆,曾紀澤接奉此旨,當能相度機宜,妥爲籌辦】此句《清季外交史料》未載。

18.【將此由四百里諭令知之。欽此】此句《清季外交史料》省略未署。

035. 新疆命盜案件請暫行變通辦理摺

光緒七年四月初十日

署理欽差大臣督辦新疆軍務通政使司通政使二等男臣劉錦棠跪◆¹奏,爲新疆遠在邊荒,情形迥殊内地,請旨飭將命盜案件

---

① 《曾惠敏公(劼剛)遺集》,沈雲龍主編:《近代中國史料叢刊》第十九輯,第119—136頁,文海出版社,1966;王彦威纂輯、王亮編、王敬立校:《清季外交史料》,第459—463頁。

暫行變通辦理,以期妥速而歸簡易,恭摺仰祈聖鑒事。

　　竊查安集延逆酋阿古柏,占據新疆十有餘載,弱肉强食,民氣益囂。向來纏回殺死人命,均由兇犯出買命銀數兩至數十兩不等,給與屍親,從無抵償之説。阿古柏惟利是圖,變本加厲,以致殷實土豪視殺人爲兒戲,而搶劫之風亦因之日甚。臣於光緒三年由托克遜進規南路,每克一城,即傳集該地民人,宣布朝廷德威,飭令蕩滌污俗,共保身家,並責成各頭目挨户勸導,如仍前不法,罔知悛改,立即扭送懲辦;頭目容隱不報,一經查出,併行究治。續經大學士陝甘督臣左宗棠譯刊《聖諭十六條①附律易解》一卷刷印多本,分發各城義塾及大小伯克頭目誦讀講解,並令傳告鄉民共知觀感。察看近日情形,從前貪忍鷙悍習氣似已稍戢,間有暋不畏死,殺斃一二命,與夥衆持械搶劫,訊明供證贓物確鑿無疑,法難曲宥者,以地方甫經收復,民志未定,即依軍法就地盡法懲辦。其情節稍輕之犯,分別擬以管押繫杆枷號笞杖,並酌量時日久暫,笞杖多寡,取保釋放。案結後,均摘叙案由及辦理各節,譯繕簡明通俗告示,張貼市鎮通衢並犯事地方,俾頑梗兇徒見之互相傳述,冀可收革面洗心之效。惟南路各城相距,近者數百里,遠者至◆²一二千里,郊關之外,大都戈壁鹹灘,往往行數日程,渺無人煙,解犯就道,時有戒心,非節次派勇防護不可。自吐魯番以

---

　　① 《聖諭十六條》,清帝康熙主張至治之世,教化爲先,親自撰寫《聖諭十六條》,並於十一年(1672)頒佈。其内容爲:一、敦孝弟以重人倫。二、篤宗族以昭雍睦。三、和鄉黨以息争訟。四、重農桑以足衣食。五、尚節儉以惜財用。六、隆學校以端士習。七、黜異端以崇正學。八、講法律以儆愚頑。九、明禮讓以厚風俗。十、務本業以定民志。十一、訓子弟以禁非爲。十二、息誣告以全良善。十三、誠窩逃以免株連。十四、完錢糧以省催科。十五、聯保甲以弭盜賊。十六、解仇忿以重身命。其子雍正帝將其通俗解釋,纂成一書,共有廣訓一萬餘言,名曰《聖諭廣訓》,並親製序文,頒行天下。《清實録》:"諭内閣:前據侍郎胡肇智呈進前任安徽潁州府教授夏炘恭繹《聖諭十六條附律易解》一卷,暨所撰《檀弓辨誣》三卷、《述朱質疑》十六卷,當交南書房翰林閲看。據稱該員所輯《附律易解》,尚得周官與民讀法遺意,用於講約,甚有裨益。其《檀弓辨誣》《述朱質疑》二書,亦均能有所發明。該員年屆耄耋,篤學不倦,甚屬可嘉,即著武英殿將該員所繹聖諭十六條附律易解刊刻頒發。其《檀弓辨誣》《述朱質疑》兩書,均著留覽。"(《清實録·穆宗毅皇帝實録(六)》,卷二百四十七,同治七年十一月下,第436—437頁)

西，僅有善後總分各局，向無州縣及例設監禁書役，即略知例案之幕友，亦因離家窵遠，視爲畏途，無從延請。是以平日辦事，既苦乏人襄助，遇有過往人犯，收管局內，又不免疏失之虞。北路雖設有印委各官，而舉目荒涼，民氣未復，亦與南路情形大略相同。且查新疆戶民，種類繁多，風氣不一，語言文字、制度儀文、衣冠嗜欲各自爲俗。南路以纏回◆3布魯特族類爲最衆，蒙古次之，漢、回又次之。北路以哈薩克族類爲最衆，蒙古、漢、回次之，纏回◆4又次之。而滿漢孑遺之民，則兩路均寥寥無幾。該民人等久違聲教，初就範圍，譬如牧群之馬，一時難免受羈靮，其奔軼之性，究難猝除。臣再四思維，惟有於犯案到官，勤審勤結，擇其尤不法者，立予痛懲，庶各種莠民咸生畏憚。若泥於文法，不遠數千里展轉解勘，不獨簽解收管事事爲難，而遷延日久，縱將重犯處以嚴刑，愚民事過即忘，亦將熟視無睹，不足以震動其心。昔漢朝初定，關中除秦苛政，約法三章：殺人者死，傷人及盜抵罪。厥後班超平定西域，亦誡受代之任尚，以水清無大魚，察政不得下和，宜蕩佚簡易，寬小過，總大綱。任尚不從，卒至變叛。《記》云：“修其教，不易其俗。齊其政，不易其宜。”誠以軍旅之後、荒遠之區，尤當蠲除煩苛，與民休息，不可以常例拘也。

伏查乾隆元年平定黔省苗疆，開設郡縣，欽奉諭旨：苗民風俗與內地百姓迥別，嗣後苗民一切自相爭訟之事，俱照苗例完結，不必繩以官法等因。欽此。仰見我高宗純皇帝慎重巖疆，聖意淵深，無微不至。雖新疆久入版圖，似非初開苗疆可比，然道里綿長，臺站疲困，種類錯雜，俗尚紛歧，欲一旦用夏變夷，遽臻上治，實未易言。臣上年在喀什噶爾行營，曾將命盜案辦法咨商左宗棠，旋准咨覆：歷代撫馭邊氓，立法最宜簡易。現在草創伊始，所辦各節，因地制宜，本無不合。應俟改設行省後，由新疆督撫體察情形，奏咨辦理。刻下如有前項案情，即飭各善後局員酌量擬辦，覆核遵行等因,咨行到臣。左宗棠旋即交卸北上,臣自維資質庸愚,不諳吏事,驟膺拔擢,權攝欽符,並奉特旨,暫轄哈密鎮迪道所屬文武地方官,職任愈重,兢惕滋深。而改設行省,又非一時所能就緒,區區愚昧之見,不敢緘默不言。合無仰懇天恩,伏念萬里窮邊與內地省分情形不同,飭將新疆南北兩路命盜案件暫行變通辦理,俾得就地迅速審擬完結,由臣按季摘由彙奏,一面咨部立案,似於撫治邊方◆5大有裨益。臣仍當會同幫辦軍務伊犁將軍臣金順、護理陝甘督臣楊昌濬、烏魯木齊都統臣恭鏜、署幫辦軍務廣東陸路提臣張曜,督飭各善後局員、各印官,於一切重案悉心研鞫,勿任刑求,務期無枉無縱,定讞具詳,再行逐細覆核飭行,以仰副朝廷明罰敕法、刑期無刑之至意。所有新疆命盜案件擬請暫行變通辦理緣由,謹恭摺具陳。伏乞皇太后、皇上聖鑒訓示施行。謹奏。四月初十日◆6。

　　光緒七年五月初一日◆7,軍機大臣奉旨:著照所請,刑部知道。欽此。

　　【案】此摺缺原件,錄副①現藏於中國第一歷史檔案館,茲據校補。

　　1.【署理欽差大臣督辦新疆軍務通政使司通政使二等男臣劉錦棠跪】此前銜據錄副補。

　　2.【至】刻本缺"至",據錄副補。

　　3.【纏回】錄副作"纏頭"。

　　4.【纏回】錄副作"纏頭"。

　　5.【邊方】錄副作"邊防",是。

　　6.【四月初十日】此具奏日期,據錄副補。

　　7.【光緒七年五月初一日】此奉旨日期,據錄副補。

---

① 　中國第一歷史檔案館藏:《錄副奏摺》,檔號:03—7304—032。

036. 請飭河南照額協解嵩武軍餉片

光緒七年四月初十日

　　再,臣准署幫辦新疆軍務廣東陸路提臣張曜咨稱:所部嵩武軍原額馬隊二營、步隊十二營,按月額定餉銀三萬七千兩有奇,嚮由河南省批解。迨回疆肅清後,各營勇丁久從征戍,疲弱較多,於光緒四年三月簡汰步勇二營,月減額餉銀五千兩。上年籌備邊防,整頓隊伍,由河南添募新勇一千二百人,除換補外,實餘壯勇五百名。當此移防喀什噶爾,必須多用騎兵,以資得力,已將餘勇改設馬隊二營,仍符原額馬步十四營之數,照從前額餉馬步每營月支大數相同,請自光緒七年正月爲始,河南省每月仍按原定額餉三萬七千兩,按月批解等因。臣維嵩武一軍,征戍日久,將士不無疲弱。上年籌備邊防,經張曜招募新勇,挑汰換補。此次移防喀什噶爾,以所餘壯勇添設馬隊二營,原期整飭戎行,以固邊圉,且於原定馬步十四營額數並未增加。惟該軍月餉嚮由河南省專協,該省連年亢旱,協款稀解。前督臣左宗棠隨時接濟,既已不遺餘力。臣自接辦軍務,疊准張曜函牘商請借撥銀兩,以濟要需。時值臣軍餉項竭蹷,上年各省關欠解既多,本年新餉解者亦屬寥寥,彼此固同在艱窘,亦不能不於萬難設法之中騰挪接濟,共維時局。現在該軍仍照原額添足馬步十四營,需餉尤殷,相應請旨飭下河南撫臣,查照原定每月三萬七千兩零餉數,按月批解,以冀飽騰。謹附片陳明。伏乞聖鑒訓示施行。謹奏。

　　光緒七年五月初一日◆1,軍機大臣奉旨:另有旨◆2。欽此。同日承准知會,已奉有寄信諭旨,令河南巡撫照額撥解矣。

【案】此奏片原件①、録副②現藏於中國第一歷史檔案館,兹據校補。

1.【光緒七年五月初一日】此奉旨日期,據録副補。

2.【案】此摺得清廷允准,並飭河南巡撫涂宗瀛設法騰挪,以濟要需。《光緒朝上諭檔》:

> 軍機大臣字寄:河南巡撫涂,光緒七年五月初一日奉上諭:劉錦棠奏張曜所統嵩武一軍,原額馬隊二營、步隊十二營,旋經簡汰步勇二營,現仍改設馬隊二營,與原額馬步十四營之數相符。該軍月餉請自光緒七年正月爲始,仍由河南省每月按原定額餉,撥解三萬七千兩零等語。張曜一軍現在移防喀什噶爾,需餉甚殷,著涂宗瀛督飭藩司,按照原定額餉,每月撥解三萬七千兩零,以資應用,毋稍遲緩。將此由四百里論令知之。欽此。遵旨寄信前來。③

037. 新疆南路五次剿平邊寇摺

光緒七年四月初十日

署理欽差大臣督辦新疆軍務通政使司通政使二等男臣劉錦棠跪◆1奏,爲新疆南路諸軍五次剿平邊寇,所有在事出力文武員弁欽遵疊奉恩旨,擇尤彙案保獎,謹繕清單,恭摺仰祈聖鑒事。

竊查大學士前任陝甘督臣左宗棠,移交光緒四年十一月初三日奏陝回逃匿俄境,分道寇邊,經官軍截剿净盡一摺◆2。是年十一月十六日奉上諭:在事出力將士,著准其擇尤保奏等因。欽此◆3。光緒四年十二月初六日,奏剿捕逆回、竣事一摺◆4。是年十二月二十日奉上諭:所有出力將弁勇丁,准其附入截剿陝回案内,擇尤請獎等因。欽此◆5。光緒四年十二月二十一日,奏安集

① 中國第一歷史檔案館藏:《硃批奏片》,檔號:04—01—01—0944—071。原件具奏日期爲"光緒七年三月二十日",屬記載錯誤,兹據録副、刻本校改。

② 中國第一歷史檔案館藏:《録副奏片》,檔號:03—6084—038。

③ 中國第一歷史檔案館編:《光緒朝上諭檔》,第七册,第84頁。

延逆目竄匿俄境，復潛入布魯特，糾衆謀逆，官軍剿捕葳事，首逆伏誅，邊境安謐一摺◆6。五年正月初六日奉上諭：此次出力員弁，著准其彙案保獎等因。欽此◆7。光緒五年三月初三日，奏布魯特、安集延兩部合謀入寇，官軍進剿大獲全捷一摺◆8。是年三月十六日奉上諭：此次在事出力各員弁，著照所請彙案，分別從優保獎等因。欽此◆9。光緒五年十月初一日，奏漏逸賊酋糾衆犯邊，官軍進剿大獲全勝一摺◆10，將前後剿辦陝回安、布各賊迭次尤爲出力員弁併案，隨摺請獎，並聲明此外出力將士尤多，應歸另案保獎。是年十月十四日奉上諭：餘著照所議辦理等因。欽此◆11。欽遵各在案。均經左宗棠恭錄，宣示行間，將士歡呼感奮，有口同聲。節據各統將按照各次勞績，開具請保清單，呈由左宗棠核定。正擬入告，適奉詔北上，移交微臣接辦。

查原單内開各員弁，經左宗棠暨臣將其戰功稍次者切實删減，惟剿辦邊寇，勞師至四五次，諸軍員弁勇丁更番出戰，其中實多異常出力未可掩抑者，是以人數雖仍屬不少，而詳加考核，並無冒濫。謹彙爲一案，酌擬甄叙，開單恭呈御覽。其藍翎六品武職以下各弁，另彙清單，照例咨部注册。臣維歷次戰狀，早經奏明有案，無俟微臣贅陳。第念關外征戰之苦，百倍内地，而湘楚、嵩武諸軍五次剿辦邊寇，師行絶塞，多係自來人迹不到之處，其險阻艱難又十倍於新疆腹地。溯自光緒四五年間，纏回、陝回、安集延、布魯特各逆目，於全疆肅清後，乘官軍積勞解嚴，相繼竊發，糾黨犯順，陰狡鷙悍，其鋒殆不可當。維時各賊酋又假教祖後裔，煽誘衆回◆12，人心惑亂，訛言雷動，向非剿辦得手，回疆大局將不堪設想。幸而事機順利，所向克捷，先後擒斬著名首要各逆以數十計，殄除匪黨以數千計，立解色勒庫爾城圍，速遏伊阿瓦提亂萌，良由諸軍將士沐國家養兵之澤，感朝廷信賞之恩，忠誠激發，效命致身，艱險備嘗，毫無畏避。雖調發頻仍，而鋭氣常新，到底不懈，用能消醜類滋蔓之患，絕遠人窺伺之心。皇威遐暢，邊域乂安，其行役之勞、義勇之氣，有足錄者。所有清單内開各員暨另單咨部注册各弁，均係戰功卓著。伏懇鴻慈逾格，免其逐一填注考語，俯允分别照單給獎，庶償前勞而策後效。臣得藉勵軍心，勉效馳驅，感戴恩施，同無既極。謹會同署幫辦新疆軍務廣東陸路提臣張曜，恭摺具陳。伏乞皇太后、皇上聖鑒訓示施行。謹奏。光緒七年四月初十日◆13。

軍機大臣奉旨：另有旨。欽此。

光緒七年五月十八日，軍機大臣奉旨。欽此◆14。

光緒七年五月二十日内閣奉上諭：劉錦棠奏新疆南路諸軍剿平邊寇出力員弁開單請獎一摺。光緒四五年間，邊外在逃回匪暨安集延、布魯特各逆目疊次糾黨入犯，均經官軍剿捕，斃匪甚多，邊境一律安謐。在事各員弁尚屬著有微勞，自應量予獎叙。所有單開各員弁，均著照所請獎叙，該部知道，單併發◆15。欽此。

【案】此摺原件①、錄副②現藏於中國第一歷史檔案館，兹據校補。

1.【署理欽差大臣督辦新疆軍務通政使司通政使二等男臣劉錦棠跪】此前銜據原件補。

2.【案】此摺現藏於臺北故宫博物院，兹補錄之：

　　欽差大臣大學士督辦新疆軍務陝甘總督一等恪靖伯加一等輕車都尉臣左宗棠跪奏，爲陝回逃匿俄境，分道寇邊，經官軍截剿净盡，恭折仰祈聖鑒事。

　　竊臣前據總統嵩武軍廣東陸路提督張曜馳報：八月二十四日，烏什城西一百七十里雪巴里哇地方，突有馬賊四五十騎竄至。又據阿克蘇西南五百一十里柯爾品六品伯克報：同日，由布魯特竄來馬賊數

---

① 中國第一歷史檔案館藏：《硃批奏摺》，檔號：04—01—01—0944—031。
② 中國第一歷史檔案館藏：《錄副奏摺》，檔號：03—6016—055。

十騎,肆行劫殺。立飭各防營出隊搜捕。九月初三日,遇賊於烏什西北三百里阿依他溝,陣斬逆回二十二名,奪獲賊馬四十五匹,生擒賊一名。訊據供稱,在俄境托胡瑪克種地受苦。賊目孫義合、白彥虎、金山商同出外搶劫,孫義合、金山在前,約六十餘人。此系白彥虎夥內四十七人,由托胡瑪克馬行十三日到此。旋據續報:馬隊營官武朝聘及解餉委員周兆璋追柯爾品一股馬賊,沿途頗有擒斬。賊由五臺竄阿提黑兩克地方,恰遇總統劉錦棠所部馬隊迎頭截擊,擒斬殆盡。頃據劉錦棠馳報:九月初一日,據瑪喇爾巴什營官記名提督李克常飛稟:八月二十七日,接東二站圖木舒克臺、東三站車底庫勒臺驛書渾巴什等報:二十六日未刻,有馬賊八九十騎由阿克蘇西北柯爾品竄至東四站雅哈庫圖克臺,戕斃柴草局員補用主簿歐陽紅、驛書高清新及局勇驛卒五名,附近纏回有死者。是夜,賊西竄至車底庫勒臺,戕害驛書二名,搶去驛馬、什物。二十七日,復折向東,竄至色底克臺,搶去驛馬六匹。李克常聞警,立派哨官查春華、副將劉長其率隊馳赴東路掩捕。劉錦棠在喀什噶爾聞警,以賊踪一日擾及三臺,飆忽殊甚,當扼其必出之路擊之。九月初二日,派提督楊金龍率馬隊百騎赴色底克臺一帶,提督譚慎典率馬隊二百騎赴瑪喇爾巴什一帶,助李克常,並咨商張曜派隊夾擊。初四日,李克常報稱:查春華馳過各臺,未見一賊。據色底克臺驛書吳耀南報,賊踪盡已北竄。訊據被虜逃出之董娃子供稱:賊騎百餘,陝回居多,亦有新疆人在內。聞賊中商議,將於夜間傍山而西,覓路上竄卡勒克沁各臺。李克常親率步隊數十人,向西路截捕。比至卡勒克沁臺,則賊已先數時衝過,戕害柴草局員守備彭福泰,驛書王治安,局勇、驛卒各一,搶失驛馬十匹,其領解寒衣之勇丁及遞送文書之驛卒共六名亦倉猝遇賊被戕。賊向北路樹窩內竄走。李克常追至樹窩,賊竄又遠。是夜,收隊玉帶里克,適楊金龍馬隊馳至,會商留隊,分扎玉帶里克卡及勒克沁、屈爾蓋三臺,仍率隊由北面樹窩窮追而下。途中接東路探報:初一夜,有另股賊百二三十騎,竄至雅哈庫圖克二十里殺掠。楊金龍即馳赴東路截剿,李克常赴瑪喇爾巴什,會隊夾擊。初五日,據喀什噶爾善後局委員候選同知王維國稟：據阿奇木報：八月二十日，烏什西北三百餘里拜代理克竄出漢回一起，二十三日，又竄出漢回一起，肆行搶殺，均向柯爾品竄走，與各處探報相符。

劉錦棠以此次竄賊行踪飆忽，於各處路徑恍若舊游，當即各城漏網餘孽見瑪喇爾巴什一帶官軍躡踪急追，不敢東犯，非繞由喀什噶爾邊境速覓歸路，必難善脱。查拜代里克一帶，出卡即是俄境，賊覓歸路，當在乎此。遂飭總理營務分統右軍道員羅長祜，率總兵夏辛酉、提督張宗本所部馬隊三百騎，五品頂帶署喀什噶爾伊什罕伯克瑪木特帶領纏回布魯特馬隊六十騎，提督段伯溪率所部步隊百五十名，已革花翎都司何步雲、已革藍翎外委何俊帶領防營步隊百五十名，赴各邊隘要之。初六日午刻，羅長祜等啓行。是夜，次阿爾圖什。詗賊於卡勒克沁繞竄北面樹窩，復又上竄，日馳二百里，所過劫掠一空。羅長祜初擬截賊於阿爾圖什北二百里之索封口，五更得報，賊已於初六日黎明由索封口竄過矣。遂改擬向索封口西北三百餘里之沖殻罕截擊，傳令馬隊即行，步隊留守。一日夜馳四百餘里，抵沖殻罕。初八日天明，登山瞭望，瞥見騎賊由東南結隊而來，飭夏辛酉、張宗本，分伏山前、山后以待，令瑪木特帶纏回六十騎出陣誘之。賊易其少，挺矛躍馬衝出，甫過山凹，前後伏兵齊起，裹賊中央，槍轟矛刺，短兵相接，陣斬賊目賽屹塔即碎屹塔及黑振江，賊目金山棄馬翻山而逸，旋經布魯特人縛獻。計陣斬悍賊百數十名，生擒二十三名，奪獲戰馬二百餘匹。所掠駝馬、衣服悉數收回。械送金山及生擒各賊赴喀什噶爾，劉錦棠親提審訊。據金山供稱：伊等隨白彥虎住托胡瑪克地方，白彥虎因窮苦難過，商之馬良會，赴俄官處領路票，假稱赴逆首馬壯所居之鴨爾湖貿易，為出外搶掠計。到鴨爾湖，會馬壯黨夥，分兩股繞過俄人所設之卡犯邊。伊等係前一起頭目，後一起頭目爲孫依虎、馬家老二，均約定飽掠後，由此路同歸。不料到此猝遇官軍，馬家老二已經官軍陣斬，惟孫依虎屍首未見。又據供稱：在精河一帶滋擾者，劉士林一股，人數多少，伊等不知。訊畢，極刑處死，傳首沿邊各地方，懸挂示衆。並准嵩武軍分統孫金彪報稱，孫義

合一股均陸續擒斬。孫義合即孫依虎，馬家老二當即馬良會，均伏
誅矣。各山未被害之布魯特人等咸歡呼膜拜，謝官軍保全之恩，聲
殷山谷。此次寇邊之賊，分起飆忽，較尋常馬賊爲悍。經官軍節次
截剿，擒斬共二百數十名，並無遺漏。掃除神速，實足破賊膽而快人
心，並可張國威而弭邊釁。出力將士可否量加甄叙，出自天恩。其
陣亡遇害之花翎游擊銜陝甘補用都司蕭夢益、儘先拔補把總張發
華、儘先拔補外委石有元、補用守備彭福泰、補用主簿歐陽紅，懇恩
敕部分別從優議恤，庶士氣常新，邊防日增鞏固，於時局不無小補。

　　至應還伊犁、應交叛逆兩事，臣等早與俄國七河巡撫圖爾齊斯坦
總督商議，迄無成局。俄官互相推諉，藉端支延，意殊叵測。此次寇
邊之賊，由逃匿俄境之首逆白彦虎、馬壯等指嗾所致，生擒各賊口供
僉同，並於賊目金山身邊取出俄官所給路票兩紙。其陣斬各賊隨身
路票之未暇搜取無從呈驗者，尚不計也。臣維俄國邊官於新疆交涉
各案屢持異議，爲緩還伊犁、緩交叛逆之計，守邊將士積忿久矣。此
次又藉貿易，給與首逆白彦虎等路票，致諸賊深入爲寇，戕害我民人，
騷擾我臺站，劫掠我駝馬。幸軍官速赴戎機，扼要殲旄，尚無損失。
然揆諸邦交之誼，應否如斯？前此圖爾齊斯坦總督來文，言喀什噶爾
應照約通商，並不言照約交還伊犁。臣與各總統以伊犁未還以前，斷
難遽照所請。此次竟給貿易路票與白彦虎等，致入寇犯邊，橫行罔
忌。揆諸友邦睦誼，應否如斯？將來携帶俄國路票赴卡貿易者，又豈
足信乎？兹將搜獲俄文、俄記兩票咨呈總理各國事務衙門察驗，應請
旨敕總理衙門照會俄國駐京公使，知悉備案，或不致如察罕格根一案
之事過無稽。應否請敕下欽差全權大臣吏部侍郎崇厚一併入議之
處，伏乞皇太后、皇上聖鑒訓示施行。謹奏。光緒四年十一月初
三日。①

3.【案】此"廷寄"有節略，兹據《清實錄》等補：

　　軍機大臣字寄：光緒四年十一月十六日奉上諭：左宗棠奏陝回逃

_____

① 臺北故宮博物院藏：《軍機及宮中檔》，文獻編號：408006198。

匿俄境,分道寇邊,經官軍截剿淨盡一摺。逆首白彥虎嗾令黨夥金山、孫依虎、馬家老二等,由俄境托胡瑪克地方分股竄擾烏什、阿克蘇等處,勢極飄忽。因官軍躡踪窮追,不敢東犯,繞由喀什噶爾邊境,尋覓歸路。經劉錦棠督飭各軍,扼要截擊,擒斬二百數十名,陣斃賊首馬家老二、孫依虎,並將金山擒獲,訊明正法,餘匪殲除殆盡,洵足以寒賊膽而快人心。在事出力將士,著准其擇尤保奏,陣亡遇害之花翎游擊銜陝甘補用都司蕭夢益、儘先拔補把總張發華、儘先拔補外委石有元、補用守備彭福泰、補用主簿歐陽紅,均著交部,分別從優議恤。至北路精河一帶匪踪竊發,獲賊供稱係劉士林一股。並著金順懍遵前旨,督飭官軍,遏賊即擊,痛加剿洗,毋任紛竄。此次寇邊之賊,皆由白逆等指使,賊供僉同,並於賊目金山身邊搜出俄官所給路票兩紙,由左宗棠咨交總理各國事務衙門。此事關係邦交甚重,著該衙門照會俄國駐京使臣,知悉備案,並著崇厚於行抵俄國時,詳悉查明,按照條約妥籌辦理。將此諭知崇厚,並由六百里諭令左宗棠、金順知之。欽此。①

4.【案】光緒四年十二月初六日,陝督左宗棠奏報纏回聚眾謀逆,官軍剿捕竣事:

　　欽差大臣大學士督辦新疆軍務陝甘總督一等恪靖伯加一等輕車都尉臣左宗棠跪奏,為纏回聚眾謀逆,官軍剿捕竣事,恭摺馳陳,仰祈聖鑒事。竊臣准廣東陸路提督張曜馳報:據阿克蘇阿奇木等報稱:十月十六夜,距阿克蘇城西南二百里之尹阿瓦堤地方回民三百餘人,將該處稅局圍搶,稅局委員從九品何澍淵、清丈委員縣丞官立朝及書識、弓手、親兵、火夫共九員名被戕。張曜聞警,立派委州同陳漪帶同在城商伯克、哈資伯克及阿渾人等前往察辦;一面調駐扎城南馬隊營官武朝聘率所部馳往剿辦,並派馬隊營官秦玉盛、李福雲等繼進,為其策應。旋接武朝聘報:十七日未刻,至距渾巴什五六里地方,遙見

_____

① 《清實錄·德宗景皇帝實錄(二)》,卷八十二,光緒四年十一月下,第251—252頁;《左宗棠全集·奏稿七》,第190頁,岳麓書社,2009。

騎馬回匪百六七十騎蜂擁而來。武朝聘督隊奮擊，槍炮之後，繼以刀矛，匪衆敗潰，陣斬十八名，生擒十二名，奪獲賊馬四十三匹。賊衆分兩路逃竄。其向尹阿瓦堤竄走者，武朝聘躡踪追剿。十八日四鼓，追至尹阿瓦堤，沿途擊斃二十餘名，生擒十四名，並奪其馬。各莊回民多已避匿，武朝聘會同委員陳漪招輯安撫。其向東竄走者，李福雲率隊追至渾巴什河沿，騎賊拚命泅水，水深溜急，得過對岸者僅止三賊，餘俱溺斃。武朝聘解生擒各賊赴阿克蘇城，張曜提訊。内一名系寄居尹阿瓦堤多年之安集延人，名伊先和卓，據供實未預知逆謀。訊之各匪，僉供伊先和卓本不在場，該匪等妄思假其名號，希圖裹脅安集延之人，迫令同行，非其本意。當經省釋。其被擒之阿不都熱哈滿、阿斯滿、鐵干巴哈、托胡達買提、都拉木沙五犯，續獲之哈斯木卡哇、買邁提巴哈西兩犯，署阿克蘇阿奇木獲送之哎沙哈拉阿西、于沙他斯、毛拉呢牙斯三犯，均發交善後局員補用直隸州知州龍魁、候補知縣陳嘉續會同研訊。據各匪首供：托胡達買提及其弟古立買提起意謀逆，本月十五、十六等日，與哎沙哈拉阿西、于沙他斯、毛拉呢牙斯等會商，約俟事成，各當頭目，詐稱已約定黨夥數百人，在葉爾羌河沿爲其內應。群賊信以爲真。十六夜二鼓後，古立買提、哎沙哈拉阿西、都拉木沙等帶同近莊二百數十人潛往劫局，局中員役九員名被戕。次日，復裹得百餘人，齊赴渾巴什，殺斃居民二人。行過渾巴什數里，遇官兵擊敗，各自逃生，陸續被獲。其古立買提已於官軍圍拿緊急時，掣刀自刎矣。准張曜咨報前來。

　　臣查尹阿瓦堤，係嘉慶年間新開之地，由各回莊遷移該處者原止一千户，嗣後生齒日繁，分十大總莊。數十年來，仰荷聖澤涵濡，仁風翔洽，同爲承平有道之民也久矣。此次匪徒倡亂，糾合馬步三百餘人，公然執械樹旗，自作不靖，戕害局員，肆行搶殺。計距陝回突竄烏什邊境，爲時不久。蓋因陝回飄忽倏至，馳騁自如，妄思學步，不知陝回已經官軍擒斬畢事，此次聞警星馳，復能出其不意也。除陣斬、溺斃逆賊不計外，生擒六十餘名。經張曜提訊，將首要各犯極刑處死，傳首起事地方梟示，餘均訊明，分別辦理，地方安謐如常。所有在事尤爲出力將弁勇丁，可否附入截剿陝回案内酌予保獎，恭候訓示遵行。其遇害之縣丞官立朝、從九品何澍淵，應懇天恩敕部議恤。所有纏回聚衆謀逆，經官軍剿捕竣事緣由，理合恭摺具奏，伏乞皇太后、皇上聖鑒訓示施行。謹奏。光緒四年十二月初六日。

軍機大臣奉旨：另有旨。欽此。①

5.【案】此"廷寄"節略，兹據《清實録》補：

諭軍機大臣等：左宗棠奏纏回聚衆謀逆，剿捕竣事，俄商請領路票，前往西路，請飭禁阻，安插吐爾扈特人情形各摺片。本年十月間，阿克蘇之尹阿瓦堤地方，突有回匪托胡達買提等糾衆倡亂，圍搶税局，戕害委員，經張曜派兵馳往剿辦，當將該匪等殲除，辦理尚爲迅速。所有出力將弁勇丁，准其附入截剿陝回案内，擇尤請獎。遇害之縣丞官立朝、從九品何澍淵均著交部議恤。哈密巴里坤等處疊有俄商執持科布多文案處路票，並庫倫執事官滿漢蒙俄字執照，前往貿易。現在邊境匪踪未净，既屬難於照護，尤恐真僞莫辨，著保英、清安、桂祥、英奎、那穆濟勒端多布於伊犂未經收還以前，遇有俄商請給路票赴西路貿易者，即行設法禁阻。各執事官及文案人員尤不得擅給路票，如敢任意妄爲，並著奏明參處。俄商如持該國路票前來，所過各地方應即一併阻止，以歸畫一。吐爾扈特人衆陸續旋回游牧，前有旨賞給銀四萬兩，由左宗棠給發，著該大臣仍遵前旨撥給，俾資安插，並督飭委員等妥爲照料，毋任失所。將此由五百里各諭令知之。②

6.【案】光緒四年十二月二十一日，陝甘總督左宗棠奏報安集延逆回竄匿俄境，復潛入布魯特，糾衆謀逆，官軍剿捕藏事，首惡伏誅：

欽差大臣大學士督辦新疆軍務陝甘總督一等恪靖伯加一等輕車都尉臣左宗棠跪奏，爲安集延逆回竄匿俄境，復潛入布魯特，糾衆謀逆，官軍剿捕藏事，首犯伏誅，邊境安謐，恭折馳陳，仰祈聖鑒事。竊臣准通政使司通政使二等男臣劉錦棠咨稱：本年十月初間，據喀什噶

---

① 臺北故宫博物院藏：《軍機及宫中檔》，文獻編號：408006204。
② 《清實録·德宗景皇帝實録（二）》，卷八十四，光緒四年十二月下，第281頁。

爾西南境各纏頭伯克及布魯特頭目先後報稱：上年竄遁俄境之安集
延逆目阿里達什，由俄官處告假潛出，帶同默爾開里木和哲擁立迭拉
什罕爲條勒，率安集延胖色提五名、玉子巴什及賊黨一百八十餘名，
竄至奈曼地方，勾通該部布魯特頭目阿布都勒哈瑪及其子買賣提斯
拉木等種人三百餘名，謀襲喀什噶爾城池等語。十月十三日，探報賊
衆擾至伊勒庫楚卡倫外，喉黨人塔什密里克莊，分途糾集各布魯特。
十五日，探報賊衆擾至玉都巴什卡倫，並分股入烏帕爾之瑪襟爾念經
散食。瑪襟爾者，回子祖墓，即回衆所稱拱拜者也。其煽惑布魯特種
人，均假所立條勒名號爲詞，謂漢人非其族類；現聞喀什噶爾官軍内
調，正可乘虛襲取；條勒所到之處，可免上糧納稅。蓋襲用安集延帕
夏阿古柏先年闖入回疆時故智也。劉錦棠聞報，即派知府袁堯齡總
理喀什噶爾漢城防務，派參將劉必勝率隊移扎喀什噶爾回城北門外，
以備不虞。十五夜二鼓，劉錦棠親率提督譚慎典、方友升、總兵夏辛
酉各帶馬隊二百騎，提督楊金龍、張宗本、湯咏山各帶馬隊百騎，飭喀
什噶爾伊什罕伯克五品藍翎瑪木特爲嚮導，向烏帕爾進發。派道員
羅長祐率提督段伯溪步隊三百名，總兵候名貴炮隊三百名，已革外委
何俊防營步隊三百名，提督彭明達、曾楚南親兵二百名，帶同布魯特
總管五品藍翎以尚胡里，向烏帕爾繼進。又派提督張俊率步隊兩營，
取道英吉沙爾之鐵勒克卡倫，赴塔什密里克扼扎，防賊分竄。布置甫
畢，令赴烏帕爾馬步各隊銜枚疾進，定以十六日黎明齊隊。是夜，行
一百五十里，抵烏帕爾回莊瑪襟爾。賊衆見官軍突至，即返走玉都巴
什，與大股合勢，謀抗官軍。劉錦棠令馬步隊伍搜查各回莊伏賊，躡
蹤急進，馳三十餘里，至玉都巴什，瞭見迤南戈壁賊騎團集，約八百餘
人，立飭夏辛酉、張宗本率馬隊三百先進，譚慎典、方友升率馬隊四百
繼之，羅長祐、侯名貴、何俊、彭明達、曾楚南率步隊一千又繼之，自率
楊金龍、湯咏山馬隊二百左右策應。夏辛酉、張宗本麾隊直前，賊排
隊迎拒，洋槍、叉子槍子如雨注。夏辛酉、張宗本率刀矛隊怒馬陷陣，
斬執毛旗賊目而奪其旗。官軍歡噪乘之，賊衆遂潰，向南面山谷竄
走。夏辛酉、張宗本督隊緊追，陣斬三百餘名，生擒三十餘名。譚慎

典、方友升麾所部急進，馳百餘里，賊紛竄山谷，不見踪迹。是處爲布魯特游牧地，亂山叢襍，難於覓徑，未便窮追。劉錦棠傳令停隊，飭以尚胡里率所部布魯特馬隊百騎入山，傳諭布魯特各頭目引路追剿，違者斬。劉錦棠當聞警之初，預檄英吉沙爾、葉爾羌各卡倫外布魯特頭目，令各率衆赴奈曼會剿。二十九日，以尚胡里至奈曼，回目庫彌什已率部衆四百餘人先伏山谷間，適阿里達什經官軍擊敗，率其死黨由此竄過，庫彌什令其部衆四百餘人分起截擊，殲斃殆盡。中有裝束稍異者，詢之帶傷賊黨，知爲阿里達什，並於身旁搜獲玉印一顆，遂割取首級，同以尚胡里詣營報功。劉錦棠驗視無異，重加犒賞，歡呼膜拜而去。訊據賊供，此起回目，惟阿布都勒哈瑪父子敗後已分路翻山竄逸。劉錦棠派隊窮搜無獲，收隊凱旋。其被阿里達什煽誘從逆之塔什密里克、烏帕爾兩莊回民，據擒賊供指及良民告發，手持槍械者約三百人，已經官兵擒斬無遺。此外愚回於阿里達什入境時，或前往迎接，或隨同念經，或饋送糧草、牛羊，人數無從確指。劉錦棠以首惡既誅，餘可勿問，惟提塔什密里克伯克一名、玉子巴什二名、阿渾毛拉五名、散人十二名，烏帕爾玉子巴什六名、阿渾毛拉五名、散人三十一名，訊俱糾人從亂，罪無可逭，均駢誅梟示，以昭炯戒。

此次劉錦棠所部馬步各隊速赴戎機，剿辦奮迅，布魯特種人效順，踴躍爭先，陣斬漏網逆目，獻之軍前，俾免蔓延貽患，均屬異常出力。可否彙入前次截剿陝回案內一併保獎，出自天恩。其打仗陣亡之補用參將回疆肅清案內擬保總兵銜副將丁遠學，千總擬保守備李富貴，軍功擬保把總羅中英、梁勝德，懇恩敕部照擬保官階從優議卹。此外陣亡勇丁，容俟查明另案彙報。

臣維阿里達什本安集延酋帕夏阿古柏親信黨羽，阿古柏服毒自盡後，逆子伯克胡里信任尤專。上年，伯克胡里赴阿克蘇與海古拉戰，赴和闐與呢牙斯戰，皆留阿里達什守喀什噶爾回城，爲其援應，其明徵也。迨換防已革都司何步雲等返，正奪據漢城，阿里達什逐日引衆攻撲，又嗾白彥虎帶領陝回助攻，經臣於上年十二月十八日奏報。迨官軍克復喀什噶爾，阿里達什隨同伯克胡里竄匿俄境之窩什地方。

此次由俄官處告假潛出，煽惑回民，圖襲喀什噶爾。幸劉錦棠於賊謀甫露之時，聞警星馳，剿除迅速，俾邊圉無驚，布魯特相庇以安，不至蔓延爲患。惟阿里達什爲中國漏網要逆，既遁匿俄境，俄官不肯交出，又任其告假潛出，糾衆寇邊，揆諸友邦睦誼，應否如斯？現在中國叛逆遁匿俄國者尚多，似此紛紛竄擾，防不勝防，守邊將士將無解甲晏眠之日，積忿久而心不甘，臣實有難於禁約者。應請旨飭總理衙門照會駐京俄使，知照備案。可否請旨飭下欽差全權大臣吏部侍郎崇厚一併入議之處，並俟聖裁。謹據實馳陳。伏乞皇太后、皇上聖鑒訓示施行。謹奏。光緒四年十二月二十一日。①

7.【案】此"軍機大臣字寄"《光緒朝上諭檔》未載，《清實錄》：

軍機大臣字寄：光緒五年正月初六日奉上諭：左宗棠奏安集延逆目糾衆謀逆，剿捕蕆事一摺。覽奏，均悉。安集延逆目阿里達什由俄官處告假潛出，糾衆謀襲喀什噶爾，經劉錦棠督率官軍星馳進剿，克期撲滅，陣斃首逆阿里達什，辦理尚爲迅速。劉錦棠於逆謀甫露之時，迅赴戎機，俾邊境不至驚擾，尚屬奮勇。仍著左宗棠飭令隨時嚴密防範，以安邊圉。布魯特回目庫彌什協助官軍，克殲逋寇，頗知效順，並著傳旨嘉獎。此次出力員弁，著准其彙案保獎。陣亡之擬保總兵銜副將丁遠學，擬保守備李富貴，擬保把總羅中英、梁勝德，均著交部照擬保官階，從優議恤。阿里達什由俄國告假潛出寇邊，既經伏誅，此外逆黨之遁匿俄境者尚多，應如何申明禁約之處，著該衙門照會俄國駐京使臣查照，並著崇厚於抵俄國後，按照條約妥籌辦理。陝甘兩省文武各員年終密考，近數年來，該督均未辦理，嗣後仍著照例具奏。將此諭知崇厚，並由五百里諭令左宗棠知之。欽此。②

8.【案】此摺兩岸故宮無存，茲據《左宗棠全集》補錄：

欽差大臣大學士督辦新疆軍務陝甘總督一等恪靖伯加一等輕車

① 臺北故宮博物院藏：《軍機及宮中檔》，文獻編號：408006212。
② 《清實錄·德宗景皇帝實錄（二）》，卷八十五，光緒五年正月上，第296頁；《左宗棠全集·奏稿七》，第220—221頁，岳麓書社，2009。

都尉臣左宗棠跪①奏，爲布魯特、安集延兩部合謀入寇，官軍進剿大獲全捷，恭折馳陳，仰祈聖鑒事。竊上年安集延賊首阿里達什勾通布魯特逆回阿布都勒哈瑪及其子買賣提斯拉木竄擾邊境，經官軍擊敗，阿里達什伏誅，阿布都勒哈瑪父子翻山竄逸各情形，經臣於上年十二月二十一日馳報。嗣准通政使司通政使二等男臣劉錦棠函牘並稱：阿布都勒哈瑪父子敗竄俄屬阿來地方，議投俄羅斯，俄官令其暫居邊境。阿布都勒哈瑪遂勾結寄居俄境之安集延酋愛克木汗條勒、阿希木汗條勒、哎買提和卓，再爲内犯之計。條勒和卓者，回部尊其教祖後裔之稱，如中國之稱聖裔也。愛克木汗、阿希木汗二人本同胞兄弟，即從前首逆張格爾胞弟玉素普之孫。阿布都勒哈瑪之勾結愛克木汗者，以其爲安集延酋長，應與阿古柏報復爲詞。其勾結阿希木汗、哎買提者，以其爲條勒和卓，足令布魯特各部歸心也。向三逆誆稱南路沿邊一帶有衆數萬，許爲之助，待汗與和卓到，即起事奪回各城。愛克木汗等信之，率其屬胖色提二十餘人、玉子巴什百餘人、所部安集延回衆八百有奇，於上年十二月十三日徑抵烏魯克恰提地方，我守外卡纏回頭人、布魯特頭人及回兵共二十八名被其擄去。又脅誘正西、西南一帶布魯特各部，其不從者殺之。至臘底，聚衆已一千七八百人。由烏魯克恰提而東三百四十里爲卡浪圭内卡，再東六十里曰明約洛，即明要路，距喀什噶爾城百里。劉錦棠連接邊報，賊氛漸近。明約洛本喀什噶爾要隘，劉錦棠原派總兵田九福步隊一營扼守，賊不得過。上臘二十八日，遂繞向東南，竄至畢勒套格依地方，又以水草不足，本年正月初一日復折而南趨，至博斯塘特勒克地方，即希布察克布魯特比所居也。其左大山綿亘，其右山巒起伏，中爲廣谷，水草甚便。出谷口東南行六十里爲烏魯阿提外卡，有路可通色勒庫爾一帶，再東二百里爲塔什密里克之伊勒庫楚内卡，出谷口正東行百六十里爲烏帕爾之烏帕拉特内卡，稍南爲烏帕爾之玉都巴什内卡，地皆戈壁。賊由畢勒套格依北來，皆必經戈壁。惟博斯塘特勒克後

---

① 此前銜係推補。

面岡原錯雜,草木叢茂,由此西北行二百里爲阿依阿提外卡,再西二百里爲卡拉阿爾提,又一百八十里爲黑子里拉提達阪,逾此即入俄屬阿來地界。賊之踞博斯塘特勒克者,以其爲布魯特比駐扎之處,意在盡脅希布察克各野回部衆,以厚其勢,而協以謀我也。

劉錦棠詳考地圖,稽諏各布魯特部衆而得其詳。意以官軍前去,必度戈壁,戈壁平衍,一望無涯,賊得覘我虛實動靜,預爲準備,似此示形以致寇,非計之得也,須伏兵山谷,待賊來擊之,遂定四面圍剿之策。五年正月初三日,派提督方友升率所部三百騎進烏帕爾,提督譚慎典率所部二百騎進玉都巴什駐營,兩營相距三十里。飭令分段偵明賊踪,隨時飛報。又陰縱卡内布魯特人投入賊中,佯言官軍無多,誘其深入。初七日,方友升報:賊衆大至,約二千三四百人,游騎已擾至烏帕拉特近邊。劉錦棠遂留知府袁堯齡督同總兵侯名貴率炮隊一旗、親兵一哨守漢城,總兵杜錫斌率步隊一營守回城。先派提督張俊督同提督胡登花、石蘊玉率步隊千名,由英吉沙爾取道圖木舒克以向塔什密里克,限初十日午正到烏魯阿提,防賊旁竄。又派提督董福祥督同總兵田九福率步隊千名,提督張宗本、總兵夏辛酉率三百騎,由喀什噶爾回城取道卡浪圭拔至無胡素魯克。該處西距烏魯克恰提百二十里,東南距畢勒套格依二百里,以圖截賊來路。並飭官軍到時,或賊尚未折轉,則急進畢勒套格依駐營,扼賊回竄。皆令捲旗息鼓以行。劉錦棠自率道員羅長祐營勇並喀城防勇步隊一千五百名、親兵步隊一百六十名、馬隊二百騎,於初九日黎明由喀什噶爾漢城啓行。是夜,接方友升馳報,本日有騎賊三十餘,直薄烏帕拉特卡,當經擊退,賊向博斯塘特勒克竄走。並訊據纏回擒獲探賊供稱,賊中傳令,是夜由博斯塘特勒克來烏帕爾,搶官軍營盤。劉錦棠以賊由南路來,地勢平坦,一經官軍剿敗,退竄歸巢,地散路平,官軍雖躝賊窮追,未能多殺,不如先取其巢,待賊返擊之。遂留參將劉必勝,提督段伯溪、張復良、李雲照、已革外委何俊,率步隊七百五十名,扎烏帕爾莊外,助同堵剿。派羅長枯率提督譚慎典、方友升、楊金龍馬隊五百騎,小馬隊四十騎,及提督張春發、湯彥和、張仕林、彭明達、曾楚南,總兵彭禮堂、把總張鴻疇步隊七百五十名，是夜由北面小路銜枚疾走，向博斯塘特勒克遄進，約次日天明取齊，徑搗其巢。部署定，羅長祐即率隊前進，黎明行近博斯塘特勒克谷口，守巢之賊方散布谷中，熟睡未醒，其驚覺者倉猝間覓軍械不及，我軍馬步馳至，槍炮之後，繼以刀矛，斃賊五百餘名。訊據擒賊供稱，大股賊已於初更向烏帕爾去矣。羅長祐令馬步各隊暫憩谷內，飲馬作炊，一面派騎四出偵探。午間，遙見戈壁東面塵土大起，偵者回報，賊由烏帕爾折回。羅長祐令各隊偃旗臥鼓以待。方賊之由博斯塘特勒克進襲烏帕爾官營也，行至烏帕爾西南十里地方，天尚未明。其地在戈壁內，久爲山水衝刷，遂成平沙，可容多騎，賊停隊於此。天明，賊先率百餘騎徑撲烏帕爾官營。劉錦棠聞報，即令劉必勝、何俊率隊先往擊之。自率段伯溪步隊及馬隊繼進，爲其策應。又令張復良、李雲照各率隊伍，多張旗幟，作爲兩路，一由烏帕爾迤左樹林抄出，一由烏帕爾迤右山溝抄出，均約於大股屯集處會隊。劉必勝、何俊之隊首與賊遇，分左右進擊之，賊騎百餘敗走。劉必勝、何俊方躡踪追剿，忽西南溝內大股騎賊紛紛結團衝出。劉必勝、何俊勒馬整隊以待，騎賊分團更番來撲，迄不爲動。賊改用圓陣四面環攻，洋炮、叉槍子如雨注。劉必勝、何俊督劈山炮、擡槍、洋槍各隊層迭施放。鏖戰正急，何俊被子傷腦右，適策應各營齊至，號鼓齊鳴，聲震山谷。小馬隊、回馬隊先進，段伯溪步隊繼之，張復良步隊已由右面抄至，李雲照步隊亦由左面抄至。賊睹官軍馬步相依，聲勢聯絡，且層見側出，不知多少，未敢戀戰。劉錦棠揮隊壓追三十餘里，擒斬悍賊百數十名，見賊仍向博斯塘特勒克返竄，知其已墮計中，從容收隊，還至蘇巴什，就水草扎營，遣騎馳偵前途戰狀。

　　敗賊回竄博斯塘特勒克，初十日午初即近谷口。羅長祐令譚慎典、方友升、楊金龍等列馬隊於谷外，令湯彥和、張春發等率步隊仍伏谷中，自登左面山坡，相機調度。賊瞥見官軍阻其前，亦整隊拚死繼進，每團約四五十騎，前後兩股，共約四十餘團，作連珠勢，與官軍接仗。槍炮對施半時之久，互有傷亡，勝負未決。羅長祐令各馬隊以長矛衝陣，譚慎典率數十騎怒馬挺矛，直入賊陣，遇賊即刺，斬賊首買賣提斯拉木於陣前，賊陣大亂。楊金龍率隊由右路進，方友升率隊由左路進，各奮勇無不以一當十，殺賊以三百計。賊既不復成陣，分爲左右兩支，右股多約千騎，急圖奔歸巢穴，徑向谷右衝入，不料谷中又已設伏也。湯彦和、張春發等步隊見賊至，突起槍矛並進，斬馘遂多。逸賊棄馬翻山，羅長祜麾各營馬步緊迫，霎時擒斬淨盡，斬賊首哎買提和卓、阿希木汗條勒於陣。其左一支約五百騎，敗後繞由谷外，傍嶺脚西竄，圖出阿依阿提外卡。譚慎典、方友升、楊金龍等率馬隊躡追，賊且戰且走。譚慎典以一夜之力馳二百里，直追至阿依阿提外卡，沿途殺騎賊三百餘，並奪其馬。羅長祜於是夜四鼓亦拔隊前進。十一日午正，抵阿依阿提，令布魯特騎卒馳探，令譚慎典等率馬隊繼之，囑以追至俄界即止，自駐阿依阿提以待。十二日申刻，譚慎典等馳抵卡拉阿爾提，據布魯特騎卒回報，賊首愛克木汗條勒、阿布都勒哈瑪共剩百餘騎，竄過黑子里達阪，已入阿來俄境矣。譚慎典始收隊回。此外敗賊之竄至畢勒套格依及烏魯阿提者，經董福祥、張俊、張宗本、夏辛酉馬步各營分途搜斬淨盡。馬步隊伍均於十五、十六兩日先後撤回原防。

綜計是役除陣斬賊首阿希木汗條勒、哎買提、買賣提斯拉木三名外，並擒斬賊目胖色提十有七：曰買木時甘吉，曰塔什巴易，曰他什伯克，曰開里木，曰土魯普，曰太呢胡呢，曰卜根胡里，曰塔什買提，曰買賣提胡里，曰亦司瑪儀，曰遥子買賣提，曰呼土魯克，曰沙底克，曰沙悟的，曰哈生木，曰滿素爾，曰其詳比，皆阿古柏舊人也。玉子巴什六十有奇，其名難以盡悉。總計是役陣斬安集延賊七百有奇，布魯特賊千四百有奇，奪獲槍炮、軍械、馬匹、駝只無數。其漏網之愛克木汗條勒、阿布都勒哈瑪現竄俄境，已飭沿邊各布魯特總管，嚴密偵察。其竄入俄境後俄官如何接待，應俟劉錦棠偵探確實咨會到臣，再行入告。

竊維南疆邊境，與安集延、布魯特諸回部壤地毗連，犬牙交錯。自戡定以來，兩部常爲邊患，亦由形勢迫切，窺伺難防也。彼中所號爲汗、爲比者，君長之稱；所號爲條勒者，教祖之裔，皆部衆素所崇奉者也。此次入寇，由其汗與條勒號召而來，故起事未幾，糾集已衆。幸劉錦棠調度敏速，迅赴戎機，於地勢、賊踪瞭如指掌，指麾布署，悉合機宜，所部將領士卒踴躍爭先，復能整齊行列，以靜制動，用克乘其初起，速就蕩平，不致重煩兵力。所履各戰地，皆從前出塞之師未嘗經歷者。自此，邊方諸部應亦稍識天威。計所殺之賊二千數百名，而官軍陣亡者已四十餘員名，受傷者九十餘員名，蓋亦血戰矣。所有此次出力各員弁勇丁，擬彙入前次截剿陝回及剿辦安集延逆回兩案一併保獎。惟按其功次擬保，多有逾限制之外者，應籲懇天恩，俯准分別列保，以示優異。其力戰陣亡之提督銜總兵李青雲，總兵陳大根，總兵銜副將沈煦階，副將銜參將李春廷，參將周桂蘭，都司陳松廷，孫祥吉，守備王永朝，守備銜千總龍碧雲，千總張保林、周喜祥、王銓衡、王益生，把總鄒鳳玉、朱有福、沈福隆、羅文燦、陳仁十八員弁，懇恩敕部，從優議恤，以慰忠魂。所有官軍剿辦安集延、布魯特寇邊之賊，出卡窮追，陣斬逆賊渠目，克獲大勝、疆圉乂安情形，謹據實馳奏。伏乞皇太后、皇上聖鑒訓示施行。謹奏。①

9.【案】此"軍機大臣字寄"《光緒朝上諭檔》未載，茲據《清實錄》等補足：

　　光緒五年三月十六日內閣奉上諭：左宗棠奏布魯特、安集延寇邊，官軍進剿獲勝一摺。上年安集延賊首阿里達什勾通布魯特逆回阿布都勒哈瑪等，竄擾新疆南路邊境，經通政使劉錦棠督軍擊敗。阿里達什伏誅後，阿布都勒哈瑪等復勾結安集延賊首等內犯。劉錦棠審明地勢，設計圍攻，自本年正月初三至十二日，分布各軍於烏帕爾、博斯塘特勒克等處，迭獲大勝，追至沿邊地方，計陣斬賊首三名，殺賊二千數百名，餘匪逃竄出境，奪獲軍械、駝馬無數，辦理極合機宜。劉錦棠運籌決策，調度有方，用能迅赴戎機，實堪嘉尚，著賞給白玉柄小刀一把、火鐮一把、大荷包一對、小荷包二個。此次在事出力各員弁，著照所請，彙案分別從優保獎。陣亡之提督銜總兵李青雲，總兵陳大根，總兵銜副將沈

① 《左宗棠全集·奏稿七》，第259—264頁，岳麓書社，2009。

煦階，副將衘參將李春廷，參將周桂蘭，都司陳松廷、孫祥吉，守備王永朝，守備衘千總龍碧雲，千總張保林、周喜祥、王銓衡、王益生，把總鄒鳳玉、朱有福、沈福隆、羅文燦、陳仁，均著交部從優議恤。欽此。①

10.【案】此摺原件現藏於中國第一歷史檔案館②，又見於《左宗棠全集》，兹補録之：

欽差大臣大學士督辦新疆軍務陝甘總督一等恪靖伯加一等輕車都尉臣左宗棠跪奏，爲漏逸賊酋糾衆犯邊，經官軍進剿，大獲全勝，所有尤爲出力文武及陣亡各員弁，籲懇天恩，從優獎恤，恭折馳陳，仰祈聖鑒事。竊布魯特賊首阿布都勒哈瑪、安集延賊首愛克木汗條勒等，率衆竄逼色勒庫爾，通政使二等男臣劉錦棠親率馬步二千餘人，定於七月二十六日啓行，前往剿辦。所有進兵情形，經臣具奏在案。

兹准劉錦棠九月初二日來咨稱：七月二十五日，據色勒庫爾阿奇木伯克阿布都勒哈山等稟報前來，探得賊股竄至蘇巴什地方，距色勒庫爾只有一站，因飭伯克素唐夏等在城防守，一面帶同伊什罕伯克米爾子哎克木等並居民二百出城，扼扎蘇巴什南面。該賊探知要隘已扼，即繞由間道逾嶺而來。十九日，大股已抵城下，約三千餘人，將城圍住。祈撥大兵援剿。劉錦棠以色勒庫爾城小而堅，尚易固守，但阿奇木、伊什罕等均隔在城外，恐城内各回目與居民不無驚惶。該處設有疏虞，剿辦較爲費手。又以師行糧隨，路險不能容車，且聞沿邊布魯特各族被脅者多其尊崇條勒之教，聞風回應者尤復不少。自英吉沙爾出卡，皆布魯特支帳之所，爲運道所必經，難保中途無梗，因飭各營裹帶二十日行糧，並飭喀什噶爾、英吉沙爾各局星夜雇驢裝運糧料，一併隨行。劉錦棠二十六日督隊由喀城啓行，二十七日抵英吉沙爾。適前調之管帶壽字馬隊提督陳建厚率隊前來，即飭暫駐英城。次日復飭提督張俊、提督石藴玉率定遠中、右步隊兩營並提督胡登花率定遠左營五成隊伍，帶同進剿，仍留該營五成隊伍，會同壽字一旗

---

①　《清實録·德宗景皇帝實録（二）》，卷九十，光緒五年三月下，第352頁；《左宗棠全集》，第十册，第8519—8520頁，上海書店出版社，1986。

②　中國第一歷史檔案館藏：《硃批奏摺》，檔號：04—01—30—0195—046。

馬隊駐守英吉沙爾城垣。八月初一日，過哎齊牙克達阪，抵哈引恰提
地方，接據色勒庫爾守城伯克素唐夏等稟報：連日賊衆環攻，率居民
同心堅守。二十六日早，賊酋派人到城下誘降，伯克等以阿布都勒哈
瑪在賊酋中素稱凶狡，非設計擒斬不可，乃偽許其降，約阿布都勒哈
瑪前來定議。阿布都勒哈瑪信之，旋即親詣城下。該伯克等預選二
十餘人，各帶軍器出城，與阿布都勒哈瑪相見。數語後，玉子巴什蘇
乃滿等即將該酋馬繮扭住，阿布都勒哈瑪知已中計，拔刀砍落蘇乃滿
數指，撥馬狂奔。幸二十餘人中有名谿罕者，開槍擊洞該酋背心，即
時落馬。而同去各人同時開槍排擊，斃賊七名，餘賊飛奔。伯克等割
取阿布都勒哈瑪及七賊首級入城。賊黨忿甚，攻城愈急。盼官軍往
救等情。劉錦棠得報，即改道由山路急進。因岩壑崎嶇，勢難迅速。
初三日，趲行百餘里，至勤的克地方，探報色勒庫爾之賊，聞官軍將
至，已於二十九日向北竄去。初四日，又改道北趨，逾卡拉搭什達阪
至秦爾里安，詗賊於初二日已竄至布倫可地方。布倫可者，西南距色
勒庫爾約四站，距秦爾里安約兩日程。劉錦棠以賊既相距四站，若不
覓路繞追，必難及賊。比令董字中右兩營、定遠中左右三營各步隊及
靖營馬隊、西征馬隊一旗，暫歸提督董福祥節制，於初五日四鼓兼程
先進。自率總理營務處知府袁堯齡督飭親兵各哨並總兵侯名貴炮隊
一旗、提督譚慎典白旗馬隊一營，提督楊金龍之恪中馬隊一旗，軍功
何振元之防勇步隊一旗及纏回各馬隊，護衛輜重，亦於是日辰刻繼
進。初十日，行抵察哈爾艮，迭接董福祥稟報：初五日，抵扎克牙哈
奇，初六日午刻，至察哈爾艮，獲賊探一名，訊據供稱：賊踪相距六七
十里。董福祥擬乘夜襲之，飭各營小憩，申刻銜枚疾馳。夜分至彼，
賊已聞信竄去。初七日早，追至空臺根滿斯，忽見前面有賊三十餘
騎，向木吉一路狂奔，並見所宰牛馬鮮血滿地，知賊去不遠。念官軍
兩日一夜馳三百數十里，人馬勞乏已甚，然不猛進，賊更遠颺，遂挑步
隊之健者，乘隊驟隨同馬隊追逐，派提督張俊率之先進，董福祥率疲
乏步隊護輜重繼進。酉刻，據張俊馳報：是日午後，追至木吉，探賊大
股麇聚距木吉六七里地方，解鞍秣馬。張俊整隊徐進，自率數十騎登

高瞭望，忽見前面峻嶺夾峙，大河貫入谷口。賊見東南塵起，知我軍追至，遂列隊河南，分數十團，每團數十百騎，依山對河，按次排列。張俊令總兵夏辛酉、提督張宗本率西征一營一旗馬隊擊其左，總兵田九福之董左營爲接應。提督方友升率靖營馬隊擊其右，提督胡登花、石蘊玉之定遠左、右兩營爲接應。自率董字中營、定遠中營隊伍由中路擊之。鏖戰半時，勝負未分。忽有一綠衣賊酋手執紅旗，在前指揮掠陣，勢甚兇悍，被我馬軍槍轟落馬，賊遂大敗。官軍掩殺約二里許，賊復回拒。張俊嚴飭各營整隊奮擊，斃賊多名。該逆仍死拒不退。夏辛酉、張宗本、方友升等各分哨由左右兩路繞出其前，自率馬隊直貫賊陣。張俊又率所部由中路奮威衝殺。人自爲戰，無不以一當十。賊方窘蹙至極，時復見官軍左右抄截，去路將斷，遂大潰狂奔。官軍乘勝追至卡拉阿提地方，時已天晚，遂收隊就地爲營。是夜四鼓，張俊仍率隊猛追。初八日午刻，又復及賊。沿途賊屍枕藉。初九日，直追至黑子拉提達阪下。該逆僅剩百餘騎，翻山亂竄。張俊等以過山即系俄屬阿來地界，乃止不追。方賊在木吉西面爲官軍擊敗時，張俊等正追賊向前，董福祥率隊進至該處，遙望谷口有馬馳出，瞥見平川內有賊約二三百名、牛羊二三千頭，知爲賊衆所擄在後留牧者。董福祥麾隊猛擊，賊衆翻山紛竄。官軍急追，悉數斬之。計是役共殺賊二千數百名，奪獲軍械、旗幟千數百件，馬匹、牛羊數千頭，生擒悍賊六十三名，內有胖色提買賣提巴巴一名、玉子巴什十五名，陣斬著名胖色提，曰買賣賽亦提、曰阿子、曰亦薩克、曰白奇巴圖魯、曰阿里必、曰開拜克拉八和洛、曰毛拉和買提、曰邁提哈力克、曰可坎平完提、曰托乎大，曰克力恰克等十一名。其買賣賽亦提，即前安夷帕夏阿古柏派充喀喇沙爾大通哈者也。其生擒之買賣提巴巴者，即阿古柏派充烏什大通哈者也。至陣斬玉子巴什，據稱有六十餘名，難以悉數。此八月初五至初九等日馬步各營追剿迭獲大勝之實在情形也。

劉錦棠以餘賊業經過山，追亦無及，遂飭各馬隊由阿依阿提達阪回防，自率各步隊由碧勒可斯達阪回防。以色勒庫爾伯克等固守城池，並能誘殺巨酋，厥功甚偉，而城外莊稼牲畜被賊劫掠，殊可矜憫，因飭提督楊金龍携帶銀兩、緞匹,率恪中營馬隊馳赴該處,酌給犒賞,以示激勸。安撫事竣,即由田角塔回防。緣山內道路紛歧,即各城纏回亦未嘗經歷,故飭馬步各隊分路行走,兼察地勢。其逆酋阿布都勒哈瑪首級,經楊金龍解至喀城,當傳飭本地纏回與該逆素識者驗明,傳首示衆。除將生擒之買賣提巴巴、胖色提等六十三名訊明斬梟外,其從逆之布魯特頭目庫彌什、豁坎等二名,已經按名拿獲解營,候訊明分別辦理。

查阿布都勒哈瑪與愛克木汗條勒兩次糾衆犯邊,狡猾凶頑,恬不畏死。此次率党竄至烏魯克恰提卡外,聲言奉俄國號令攻取喀、英各城,煽惑部衆。及聞官軍布置嚴密,無隙可乘,遂變計往攻色勒庫爾,冀取該處爲老巢,爲復擾回疆張本。劉錦棠聞報,督隊疾馳,逾越重迭達阪,鑿冰開道,冒險以行。方擬進至伊犁克雅克地方,截其歸路,便可聚殲,詎該逆偵知官軍進剿,先已北趨。當官軍行抵秦爾里安之日,賊於前兩日已過布倫可地方,按程計日,相距數站。雖派隊急迫,竊恐未能及賊。幸董福祥、張俊等迅厲無前,士氣競奮,四晝夜馳八百餘里,人未交睫,馬未卸鞍,接仗時猶復倍加抖擻,愈接愈厲,卒能殄此狂寇,大振軍威。惟此次師行所至,率皆荒復阻絶、自來人迹罕到之區,石壁冰梯,直插霄漢,鳥道陡絶,士馬均須猱附而升,俯視幽壑冥冥,渺不見底,加之煙霧嵐瘴,濃濁殊常,中者不省人事,致弁丁之染患急證者多,而戰馬糧馱之墜崖而斃及勞傷以死者,更難數計。蓋自出關以來,行軍之艱阻勞瘁未有若斯之甚也。迭據各擒賊供稱:阿布都勒哈瑪與愛克木汗條勒由俄境糾衆內犯時,俄官姜達郎囑以此行務取喀什城池,否則不准再入俄境。賊供如一,諒非無因。然縱賊內犯,實遺之禽,於我無損,則亦置之勿論可耳。嗣接探報:愛克木汗條勒竄至俄境阿來所屬可苦蘇地方,隨行僅三十餘人,內有受重傷者五人。可苦蘇北通安集延,西通哈拉替根。俄人將愛克木汗條勒如何安置之處,應俟探明續報。

臣竊維新疆邊患,以布魯特、安集延爲最劇,以壤地交錯,易致釁端也。而布魯特之汗互相雄長,安集延之條勒爲回族所崇信,故汗與條勒一有煽動，內地回衆即靡然從風，轉相勾結，星星之火，足以燎原。非乘其初發，急起撲之不可也。劉錦棠自克西四城後，上年速剿陝回金山，去冬今春兩剿安集延、布魯特各逆，此次復剿阿布都勒哈瑪、愛克木汗條勒，用兵不越旬時，渠目幾無漏網，而內地各城得安堵如故，雞犬無驚者，則審機之明、赴機之速，有以致之。臣前奏以賊由外卡之外繞攻色勒庫爾，地勢崎嶇，劉錦棠由喀什噶爾、英吉沙爾邊境以援色勒庫爾，程途較爲坦易。不料賊攻堅城不下，逆酋中計授首，群賊聞官驟至，擁愛克木汗條勒狂奔，避官軍而北竄。劉錦棠指麾各營，改由北路前截後追，備嘗艱阻，卒以蔵役。愛克木汗條勒雖剩三十餘人遁竄俄境，死灰難以復燃，亦概可見矣。

　　所有此次及前次速剿陝回金山及去冬今春兩剿安集延、布魯特共四案尤爲出力文武員弁兵勇，謹擇其尤者並爲一案，繕具清單，恭呈御覽，伏乞天恩，逾格准獎，以示優異。此外出力將士猶多，應歸另案保獎，庶足勵士氣而播皇威，而偉伐遐宣，可增史牒之光，亦可靖兵戎之氣。其力戰陣亡者，除勇丁四十六名已經賞恤外，所有前三案擬保之副將銜補用參將王克德，補用游擊林相，補用都司余繼康，守備銜千總井養成、辛全，擬保守備黃龍輝，藍翎守備銜千總賈福堂，藍翎把總謝占鼇、趙連珠、趙鳳祥、楊義林、李成義、蕭德春、向廷珍，擬保藍翎把總王新臣、劉全成、劉忠發、湛意誠，藍翎外委沈福橋等十九員名，並懇天恩，敕部照擬保官階從優議恤，以慰忠魂。所有剿辦邊寇大獲勝仗情形，謹會同幫辦甘肅新疆善後事宜前浙江巡撫臣楊昌濬，據實馳陳，伏祈皇太后、皇上聖鑒訓示施行。謹奏。光緒五年十月初一日。①

11.【案】此"廷寄"《光緒朝上諭檔》未載，茲據《左宗棠全集》補錄：

　　光緒五年十月十四日內閣奉上諭：左宗棠奏賊酋糾衆犯邊，官軍追剿獲勝，請將出力陣亡各員懇恩獎恤一摺。布魯特賊首阿布都勒

　　①　又見《左宗棠全集》，第十冊，第8627—8641頁，上海書店出版社，1986；《左宗棠全集·奏稿七》，第364—369頁，岳麓書社，2009。

哈瑪、安集延賊首愛克木汗條勒等迭次糾眾犯邊,本年七八月間,竄至烏魯克恰提,聲言攻取喀什噶爾等城,復圍攻色勒庫爾。經通政使劉錦棠督率官軍節節追剿,先將阿布都勒哈瑪誘斬,並生擒買賣提巴巴胖色提等多名,内地各城悉已安堵。剿辦尚為得手。所有此次並迭次剿辦陝回金山及安集延、布魯特各逆出力員弁,均屬著有微勞,自應量予獎勵。單開之道員羅長祐,前經賞給雲騎尉世職,著改為騎都尉世職。提督董福祥、張俊,均著賞給頭品頂帶,並賞給三代正一品封典。擬保道員袁堯齡,著賞給那爾琿巴圖魯名號,並賞給二品封典。提督張宗本,著賞穿黃馬褂。總兵夏辛酉,著交軍機處記名,遇有提督、總兵缺出,請旨簡放,並賞給三代正一品封典。提督譚慎典、方友升,均著遇有提督、總兵缺出,儘先題奏。胡登花等均著賞給頭品頂帶。總兵杜錫斌、田九福、侯名貴,均著交軍機處記名,遇有提督、總兵缺出,請旨簡放,侯名貴並賞給三代正一品封典。提督湯彥和、張春發,均著交部照頭等軍功從優議叙。楊金龍著賞換年阿巴圖魯名號,並賞給正一品封典。李克常著交部照頭等軍功從優議叙。陳建厚著交部從優議叙。擬保副將劉必勝,著免補副將,以總兵交軍機處記名,遇有缺出,請旨簡放。提督段伯溪等,均著交部照頭等軍功從優議叙。李清貴等均著賞給頭品頂帶。劉長其等均著賞給正一品封典。張果著賞換依伯德恩巴圖魯名號。王賢俊著賞換哈希巴巴圖魯名號。王春發著賞換噶爾薩巴圖魯名號。總兵查春華,著交軍機處記名,遇有提督、總兵缺出,儘先題奏。李全忠等均著交軍機處記名,遇有提督、總兵缺出,請旨簡放,李全忠並賞給壯勇巴圖魯名號。陳錦泰等二員,並賞給正一品封典。楊勝魁等,均著免補總兵,以提督交軍機處記名,遇有提督、總兵缺出,請旨簡放,並賞給正一品封典。周天財等,均著賞給正二品封典,周天財並賞換芬臣巴圖魯名號,許獻德並賞換都隆額巴圖魯名號。擬保總兵周義發,著賞加提督銜,並賞給正一品封典。總兵胡少亭,著俟補總兵缺後,以提督升用,並賞換奇穆欽巴圖魯名號。副將姚建仁等,均著免補副將,交軍機處記名,遇有總兵缺出,請旨簡放。姚建仁等二員並賞給正二品封典,周龍渭等四員並賞加提督銜,張瑞揚並賞換博多歡巴圖魯名號。擬保副將羅雲義等,均著免補副將,交軍機處記名,遇有總兵缺出,儘先題奏,羅雲義並賞加提督銜,温正和並賞換喀勒春巴圖魯名號。副將柴典漢等,均著免補副將,交軍機處記名,遇有總兵缺出,請旨簡放,柴典漢並賞換富隆阿巴圖魯名號,張淮並賞給正二品封典。擬保副將張立德等,均著免補副將,交軍機處記名,遇有總兵缺出,請旨簡放,張立德並賞換富呢雅罕巴圖魯名號,趙楚南並賞換烏勒喜蘇巴圖魯名號,趙輝南並賞加提督銜,何美玉著免補副將,交軍機處記名,遇有總兵缺出,請旨簡放,並賞給正二品封典。侯進孝等,均著免補副將,交軍機處記名,遇有總兵缺出,請旨簡放,侯進孝並賞換綽勒歡巴圖魯名號,趙有正並賞換精濟巴圖魯名號。副將陳得時,著免補副將,交軍機處記名,遇有總兵缺出,請旨簡放,並賞給正二品封典。擬保副將何有道,著免補副將,以總兵遇缺儘先題奏,並賞給穆特本巴圖魯名號。唐加奇等,均著免補副將,交軍機處記名,遇有總兵缺出,請旨簡放。參將劉占學等,均著免補參將,以副將遇缺儘先推補,並賞加總兵銜,劉占學並賞換蘇埒巴圖魯名號,楊元林並賞換綽克綽歡巴圖魯名號。擬保參將胡德超,著免補參將,以副將仍留原省,儘先推補,並賞加總兵銜,賞換額騰依巴圖魯名號。米漢璋等,均著免補參將,以副將遇缺儘先推補,並賞加總兵銜,米漢璋並賞給確勇巴圖魯名號。參將余福章等,均著免補參將,以副將遇缺儘先推補,並賞加總兵銜,內路長德並賞給利勇巴圖魯名號,林志魁並賞給振勇巴圖魯名號。莊偉著免補參將,以副將仍留福建,儘先推補,並賞加總兵銜。擬保參將張泰華等,均著免補參將,以副將仍留各原省遇缺儘先推補,張泰華並賞加總兵銜,徐積誠並賞給信勇巴圖魯名號。副將魏其德,著以副將留於甘肅,遇缺儘先推補,賞給直勇巴圖魯名號,並正二品封典。擬保游擊李景隆,著免補游擊、參將,以副將仍留原省、原標,遇缺儘先補用,並賞給鋒勇巴圖魯名號。沈凌西等,均著免補游擊、參將,以副將遇缺儘先補用,沈凌西並賞給克勇巴圖魯名號,張廷臣並賞給桓勇巴圖魯名號。楊繩武等,均著免補游擊,以參將遇缺,儘先推補,楊繩武並賞給固勇巴圖魯名號,張天有、馮滿盛並賞換花翎。游擊賈永清等,均著免補游擊,以參將留於陝甘,遇缺儘先推補,並賞加副將銜,賈永清並賞給銳勇巴圖魯名號,王天珍並賞給果勇巴圖魯名號。擬保游擊文福祥,著免補游擊、參將,以副將留於陝甘,儘先推補,吳照庭著免補游擊,以參將遇缺,儘先推補,並賞加副將銜。游擊俞尚智,著免補游擊,以參將留於甘肅,遇缺儘先推補,並賞加副將銜,賞給綽勇巴圖魯名號。郝忠裔著免補游擊,以參將仍留原省,遇缺儘先補用,並賞加副將銜,賞給揚勇巴圖魯名號。擬保都司張士德等,均著免補都司、游擊,以參將遇缺儘先推補,張士德並賞加副將銜,雷登科並賞換花翎,李生榮著免補都司,以游擊留於陝西,儘先補用,並賞加參將銜,楊大鵬著免補都司,以游擊遇缺儘先推補,並賞給勉勇巴圖魯名號。閻戰彪著免補都司,以游擊儘先推補,並賞加參將銜。擬保守備江鏡堂等,均著免補守備、都司,以游擊儘先補用,內楊紹寅並賞換花翎,白重陞著免補守備,以都司儘先補用,並賞換花翎。廖克明等,均著免補守備,以都司儘先補用,廖克明並賞給武勇巴圖魯名號,王義圃並賞給剛勇巴圖魯名號。方綏德著免補守備,以都司儘先補用,並賞加游擊銜。田品堂著免補守備,以都司遇缺儘先補用,並賞給捷勇巴圖魯名號。擬保千總何振元,著免補千總、守備,以都司留於陝甘,遇缺儘先補用。擬保把總陳金玉,著免補把總,以千總留於甘肅,儘先拔補,並賞加守備銜,賞換花翎。擬保千總劉占魁等,均著免補千總,以守備留於甘肅,儘先補用。軍功劉其相,著免補外委、把總,以千總儘先拔補,並賞加守備銜。巡檢曠肇勛,著免補本班,以縣丞仍分發省分,歸候補班前補用。

　　所請將已革總兵楊德俊開復原官翎枝、勇號,仍交軍機處記名、遇缺簡放並免繳捐復銀兩之處,著該部議奏。陣亡之擬保副將銜參將王克德,游擊林相,都司余繼康,守備銜千總井養成、辛全,擬保守備黃龍輝,千總賈福堂,把總謝占鼇、趙連珠、趙鳳祥、楊義林、李成義、蕭德春、向廷珍,擬保把總王新臣、劉全成、劉忠發、湛意誠,外委沈福橋,均著照擬保官階,從優議恤。餘著照所議辦理。該部知道。

單併發。欽此。①

12.【衆回】原件、録副均作"回衆",是。

13.【光緒七年四月初十日】此具奏日期,據原件補。

14.【光緒七年五月十八日,軍機大臣奉旨。欽此】此據録副校補。

15.【案】此摺附有清單一份②,現藏於中國第一歷史檔案館,茲補録之:

謹將新疆南路諸軍五次剿平邊寇在事出力文武員弁,擇尤酌擬獎叙,繕具清單,恭呈御覽。題奏提督李隆寶,記名提督潘長清、陳建厚、劉福田、丁連科、李雲照、張仕林、趙寶林、喻先達、彭明達、萬勝常、李其森、周恒升,補用提督彭禎祥,均請交部照頭等軍功從優議叙。丁連科並請賞給正一品封典。記名提督資勇巴圖魯曾義良,記名提督勝勇巴圖魯戴貴品,記名提督策勇巴圖魯張添習,記名提督輯勇巴圖魯戴富臣,記名提督運勇巴圖魯米榮昌,記名提督勉勇巴圖魯米祥興,記名提督雄勇巴圖魯王春發,記名提督健勇巴圖魯張復良,記名提督聖勇巴圖魯譚聲彩,均請賞換清字勇號。頭品頂戴記名提督胡義和,頭品頂戴補用提督王義和,記名提督黃萬福、李定貴、許得勝、譚致祥、張宏勝、鄧金波、周鵬翥、陳國明、劉得勝、易有才、吳貴年、徐祖意、周應堂、鄧静雲,提督銜留陝題奏總兵段發義,提督銜記名總兵胡仁和、張魁元,提督銜四川補用總兵鄭三元,均請賞給正一品封典,周鵬翥並請賞給勇號。記名提督李祥麟、陳美仙、龍春華,簡放總兵潘鳳翔,均請賞給頭品頂戴。記名提督楊春林,升用提督補用總兵易國治,提督銜補用總兵侯祖朝,記名總兵夏子雲、曾昭德、蔣迎勝、趙武和、譚正南,提督銜記名總兵李飛鵬,陝甘補用總兵湯文千,均請賞給勇號,並請賞給正二品封典。

記名總兵龍同春、陳文明、易松林、彭里堂,陝甘補用總兵賀元和,均請以提督交軍機處記名,遇有提督、總兵缺出,請旨簡放。記名總兵何觀光、李長裕、匡群臣、蔣殿勛、楊月照、黎忠明,甘肅題奏總兵

① 見《左宗棠全集》,第十册,第8641—8650頁,上海書店出版社,1986;《左宗棠全集·奏稿七》,第369—372頁,岳麓書社,2009。

② 中國第一歷史檔案館藏:《録副奏摺》,檔號:03—5816—027。

張琳、傅其政，留陝甘補用總兵吳焕章，均請賞加提督銜，蔣殿勛並請賞給正一品封典。升用提督記名總兵傑勇巴圖魯陳友明，提督銜遇缺簡放總兵桓勇巴圖魯王太山，提督銜留甘記名總兵奮勇巴圖魯歐陽雲峰，提督銜記名總兵固勇巴圖魯廖廷贊，提督銜記名總兵傑勇巴圖魯賀摺紳，提督銜記名題奏總兵豈勇巴圖魯姚期珍，記名總兵克勇巴圖魯鄭松春，記名總兵捷勇巴圖魯王秀緯，陝甘題奏總兵懋勇巴圖魯王輝臣，記名總兵利勇巴圖魯田印洪，記名總兵堅勇巴圖魯黃清發，記名總兵烈勇巴圖魯李春德，記名總兵信勇巴圖魯胡得貴，總兵銜留甘肅推補副將勃勇巴圖魯王定德，均請賞換清字勇號。記名總兵陳秀華、趙克閔、龔得勝、劉萬泰、劉先華，留甘題奏總兵王全勝，升用總兵江西補用副將何品忠，總兵銜補用副將余醒壽，均請賞給正二品封典。

　　總兵銜兩江補用副將成保元，請免補副將，以總兵仍留原省，遇缺提前請旨簡放。總兵銜補用副將劉高漢，總兵銜陝甘補用副將李大秋、劉道忠、周太勝，總兵銜推補副將吳首懷、趙雲發、石有基、王長發，總兵銜留陝補用副將張仲、洪友發，推補副將羅義俊、劉熙春、聶達盛、王致祥、王成林、蕭得勝、洪長春、張寶祥、譚華武、楊文清、譚寶源，補用副將劉忠亮、彭福春、沈山連，陝甘推補副將楊全勝，留陝補用副將胡金科，留甘推補副將何克元，總兵銜留甘補用副將黃金玉，均請免補副將，以總兵交軍機處記名，遇有總兵缺出，請旨簡放。李大秋並請賞加提督銜，周太勝、聶達勝、王成林、蕭得勝、洪長春並請賞給正二品封典，劉高漢、王致祥、譚華武、黃金玉並請賞給勇號。

　　推補副將李良輝、賀福春，補用副將陳福星，均請免補副將，以總兵儘先推補。推補副將謝榮陞，請免補副將，以總兵留於甘肅，儘先推補。陝甘補用副將張再泗、王錦堂，留甘補用副將林語，均請免補副將，以總兵仍留各原省，儘先補用。補用副將李品高、陳怡昇、鍾孝貴、歐金福、梁清和，推補副將胡友全、喻桂芳、白寬、孟玉成、連福、談永勝、蕭益星、劉義春、文由義，陝甘補用副將藍勝和、顏魯東，留陝補用副將蕭文典、劉萬明，湖南補用副將譚其祥，留陝補用副將騰勇巴圖魯雷振邦，均請賞加總兵銜。梁清和、談永勝、劉義春、文由義、藍勝和、顏魯東、蕭文典，並請賞給二品封典。胡友全、喻桂芳、白寬、孟玉成、連福、劉萬明，並請賞給勇號。雷振邦並請賞換清字勇號。補用副將李世恩、程正興，留甘推補副將金湧華，留陝補用副將王寶山，湖南補用副將黃黼卿，均請賞給二品封典。

　　總兵銜推補副將陳桂廷、羅宗升、張德華，推補副將徐耀南、李正元、張興廷、舒茂堂、屈仕貴、周金順、許長發，補用副將李良其、張毓靈、蕭忠泉，總兵銜江西補用副將周陞朝，陝甘推補副將趙達元，總兵銜陝甘補用副將王才吉，留陝補用副將黃澤忠、劉星輝，留甘補用副將孫光南、屈洪德，總兵銜留甘補用副將程東海、陳德懷，劉湖南補用副將唐仕隆，歸部即選副將李振湘，均請賞給勇號。藍翎陝甘補用副將李昌熙，藍翎副將銜補用參將李臣貴，均請賞換花翎。

　　副將銜補用參將湯殿恒、葛友仁、袁亨山、何光田、易盛富、李仁美、江輝堂、趙珍國、蕭啓本、劉春臺、李盛元、彭先榮、陳世林、周廷韻、賓恩照、胡振明，副將銜推補參將焦大聚，副將銜補用參將才勇巴圖魯譚用賓，藍翎副將銜補用參將陳國富、劉賢春，均請免補參將，以副將儘先補用。劉春臺、彭先榮、陳世林，並請賞加總兵銜。趙珍國並請賞給二品封典，譚用賓並請賞換清字勇號，湯殿恒、李仁美、江輝堂、胡振明、焦大聚，並請賞給勇號。陳國富、劉賢春，並請賞換花翎。補用參將魏騰義、馮世明、謝春生、倪三星、戚松林、朱得勝、吳家慶、楊定邦、胡蘭柱、羅明祥、易國斌、李善堂，藍翎補用參將朱義勝、譚復勝，均請免補參將，以副將儘先推補。魏騰義並請賞加總兵銜，謝春生並請賞給二品封典，朱義勝、譚復勝並請賞換花翎。副將銜補用參將湯春漢、張禹廷、蔡允明、羅明高，留甘推補參將湯金榜，補用參將王咸臨，均請免補參將，以副將留於陝甘，儘先推補。湯春漢並請賞加總兵銜，張禹廷、羅明高、湯金榜，並請賞加二品封典。

　　副將銜陝甘即補參將李元友、湯萬棠、劉連軒、彭定勝，副將銜留陝補用參將蕭志高，副將銜留陝補用參將鄧雲遠、李明熙、湯臣輔，副將銜貴州補用參將安大成，副將銜安徽補用參將李揚廷，湖南補用參將余華松、唐潤泉,留陝補用參將羅寶林、劉有成、潘宗岳,均請免補參將,以副將仍留各原省,儘先推補。劉連軒、彭得勝、鄧雲遠、李揚廷,並請賞加總兵銜,李明熙、湯臣輔、安大成,並請賞給勇號。副將銜補用參將陳復升,請免補參將,以副將留於湖南,儘先推補。副將銜補用參將張進昌,請免補參將,以副將留於甘肅,遇缺儘先題奏,並請賞加勇號。湖南補用參將李錦恒、張友勝,均請免補參將,以副將改留甘肅,儘先推補。補用參將李得朋、湯得勝、謝賢炳、張正修、徐光斗、張青富、熊福堂,均請免補參將,以副將儘先推補,並請賞加勇號。

補用參將劉明魁、周漢溪、胡大海,均請免補參將,以副將留於甘肅,儘先補用。補用參將朱長勝、唐星發、張國勝,留甘補用參將朱增文,均請賞加副將銜。朱長勝並請賞給二品封典。副將銜湖南補用參將沈光友,副將銜補用參將陳保林、董國元、凌國賢,補用參將朱位佳、田種德,副將銜留甘補用參將趙常山、王揚聲,留甘補用參將陶廷相,留甘補用游擊何大吉,參將銜補用游擊符永光、李國彩、蕭寶臣,補用都司楊長茂,均請賞給勇號。副將銜補用游擊鄧純禮、許清文、任貴清,參將銜補用游擊王桂林,補用游擊趙興驥、賀道貴,均請免補游擊,以參將儘先補用,並請賞給勇號。參將銜補用游擊蔣光樓、陳連陞,補用游擊李雲濤、楊光美、張春和、馮福田、王鴻恩,均請免補游擊,以參將留於陝甘,儘先推補,陳連陞、李雲濤並請賞加副將銜。

補用游擊佘文藻,請免補游擊,以參將留於福建,儘先推補。參將銜陝甘補用游擊歐陽勝、楊得勝、楊熙春,副將銜湖南補用游擊袁馨遠,留甘補用游擊丁萬發、王香齋、梁東魁、李森林、楊得功、鄒洪勝、熊高祿,陝甘補用游擊陳尚新、羅春林、易長春、丁協和、薛成德、王鳳臣、侯明俊、李清華,江西補用游擊王迎琦,湖南補用游擊徐先發,留福建水師補用游擊張玉峰,參將銜陝西補用游擊黃泗元,均請免補游擊,以參將仍留各原省,儘先補用。歐陽勝、楊得勝、楊熙春、梁東魁、鄒洪勝、熊高祿、陳尚新、羅春林、易長春、丁協和,並請賞給勇號。參將銜補用游擊李百熾,補用游擊張得勝、趙鳳寅,均請免補游擊，以參將留於甘肅，儘先補用。張得勝、趙鳳寅並請賞加副將銜。參將銜補用游擊任福年、王得榮、姜高陽、龍彩煌、蕭慶壽、沈克俊、鄒勝學、周德湘、伍才受、熊瑞清、湯輔廷、王德政、謝光德、朱金鏞、閔必富、謝復勝、黃萬里、周漢臣，補用游擊楊秀春、何鎮福、羅正高、章賢友、朱少益、李金全，儘先補用游擊舒昭履，均請免補游擊，以參將儘先推補，並請賞加副將銜。

兩江督標補用游擊顧懷福，請免補游擊，以參將仍留原省原標，儘先補用。補用游擊孟占彪、龍陞雲、高學海，均請免補游擊，以參將留於陝西，儘先推補，並請賞加副將銜。補用游擊周德亮、向山仁、葉發青、彭長發、高金山、孔高明、薛明壽、丁魁、陳元佐、路建盈、白自灝，游擊銜湖南補用都司何德勛，留陝補用都司潘鴻章、陳明星、張鼎元，陝甘補用都司田雲龍、周平貴、袁大有、方綏定、桂國仁、李來玉、劉克俊、胡桂才，留甘補用都司石中璞、方中和、曹義魁、楊開太、王祥林、方治平，湖南補用都司劉德才、楊輔賢、成名，藍翎兩江補用都司周永興，均請免補都司，以游擊仍留各原省，遇缺儘先補用。陳明星並請賞加參將銜，文輝祥、周平貴並請賞加二品頂戴，周永興並請賞換花翎。

補用都司朱幹臣，請免補都司，以游擊留於江西，儘先補用。游擊銜補用都司馮清華、李康海、黎春勝、張金林、王茂林、譚正坤，補用都司何玉澄、魯福堂、王祖培、彭作猷、謝叢先、黃清龍、趙和益、文香發、楊勝輝、張福勝、張興順、田自禮、劉彥彪、賀明棠、李生富、鄒克珍、馬萬福、皮煥軒、鄭廣洛、趙楨、王雲貴、胡碩功、陳日升、周洪順、郭春林、向運良、王興發、酆春華、成嗣魏、柳作棟、張俊金、李興永、陳得勝、劉金榜、劉雲程、江德蒸、朱有勝、黃壽益、陳法清，藍翎補用都司賀福林、李恭安、彭雲泰、賀鎮發、李太和、戴方正、譚傳鼎，均請免補都司，以游擊儘先補用。楊勝輝並請賞給三品封典，田自禮、柳作棟並請賞給二品頂戴，戴方正並請賞換花翎。

游擊銜補用都司田有樂、褚慎基，補用都司何舉照、周徵義、譚有德、王蘭橋、彭福林、萬松榮、雷世才、胡金田、丁士範、丁有勝、陳少林、祝紹田、屈發生、周國昌、吉步陞、柳逢春、謝封申、呂長勝、尹良勝，均請免補都司，以游擊儘先補用，並請賞加參將銜。游擊銜補用都司陳太福、陳東暘，補用都司謝興禮、楊友成，留甘補用都司周德順，均請免補都司，以游擊留於甘肅，儘先補用。陳東暘並且賞加二品頂戴。江西補用都司歐陽清，請免補都司，以游擊仍留原省，遇缺儘先補用，並且賞加二品頂戴，賞給勇號。游擊銜補用都司馮應瑞、楊青山、馮金玉，補用都司張遠聯、鄭尚勤、張得威、姜瑞廷，均請免補都司，以游擊儘先推補，並請賞給勇號。游擊銜補用都司楊碧桂，補用都司葉福祥、曹洪勝、蘇景照、譚榮華、朱萬榮，藍翎補用都司方義章，均請免補都司，以游擊留於陝甘，儘先推補，並請賞加參將銜。蘇景照、譚榮華並請賞給勇號，方義章並請賞換花翎。

藍翎游擊銜補用都司馬三高、藍翎補用都司歐良輔、江其中、文龍理、張賢德、張桂林、譚楚勝、丁雲龍、劉達祥、李耀祖、劉華章，均請免補都司，以游擊儘先補用，並請賞換花翎。游擊銜補用都司李福衡，請免補都司，以游擊留湖南，儘先補用。游擊銜補用都司黃善懷，補用都司胡三元、胡寶太、田正明、楊振江，均請免補都司，以游擊儘先補用，並請賞加副將銜。

留陝西撫標補用都司張葆真，留安徽撫標補用都司李學文、朱有元，留甘補用都司羅立堂、方承猷，均請免補都司，以游擊仍留各原省、原標，儘先補用，並請賞給勇號。花翎補用都司劉桂林、龍得貴、張有德，藍翎補用都司盧春華、劉尚賢、左九邱、袁熾昌、周群先，均請賞加游擊銜。盧春華、劉尚賢、左九邱、袁熾昌、周群先，並請賞換花翎。補用都司劉吉臣，補用守備趙金山，均請賞戴花翎。四品頂戴分省補用衛守備朱以成，請仍以衛守備歸漕標，儘先前補用，並請賞給勇號。都司銜補用守備蔣良瑞，請免補守備，以都司儘先補用，並請賞給勇號。都司銜補用守備彭仁和、蕭發陞、陳俊和、薛藴華、閻禮亨、史寶琛、姚炳義、劉鳳祺、李鳳山、譚承澍、湯東陞、譚定斌、危作霖、韓生玉、陳希賢、安明、楊學遵，均請免補守備，以都司儘先補用。

藍翎都司銜補用守備劉榮、孫起鳳、吳炳元、張太清、蔣義方、周禎祥、何國福、張友勝、龍昌林、何恒興、陳希賢、高天發、藺如桂、楊萬全、宋得貴、劉保、樊學成、韓仲義、孫建功、何占元、陳友、賈永澤、李得清、桂占鼇、馬彩、殷全喜、戴富林、任新春，藍翎補用守備李運隆、戴龍騰、鍾玉聲、喻連陞、楊春華、蘇得書、程得元、趙桂瀾、喻達昱、張得兆、王開明、張世坤、李景秀、譚福春、張得陞、王子章、金春華、柳永淑、洪福田、趙占鼇、武有名、袁得高，均請免補守備，以都司儘先補用，並請賞換花翎。都司銜補用守備葉致和、曹作霖、周德安、岳梓楨、夏寶亭，補用守備張祥和、賀德祥、丁大貴、湯玉和、陳明勝、趙定友、虎進林、羅祥發、陳潤身、袁律勝、林貴和、侯忠才、魏在辛、李金聲、張克仁、劉占奎、司天剛、胡洪祥、劉金山、徐春林、周如海、張榮齋、李玉成，均請免補守備，以都司儘先補用，並請賞加游擊銜。

花翎補用守備李義生、沈仁貴、丁宗德、周自文、朱文煥、戴壽山、周篤生、楊清久、李餘春、李喜恩、朱占奎、李應富、徐廷珍、羅鎮清、王自貴、任一舉、孫友義、潘禎祥、賀得雲、楊得貴、李如盛、吳再全、李玉山、孫繼武、李長發、黃其升、楊朝臣、李勝祥、彭得勝、任友明、趙金元、羅紹勛、成玉洲、賈福昌，補用守備張義從、李廣發、吳學興、楊達管、袁雲松、尹昌富、鄧滿德、余玉春、蕭北先、唐植林、李瑞林、喻汝霖、周世定、譚世明、陳亨柏、王登高、蔡魁元、龔良益、張必祥、譚秀春、殷海棠、楊有才、譚承祥、龍照綱、尋山和、李清泉、劉春廷、王漢卿、周瑞泉、鍾壽生，均請免補守備，以都司儘先補用。賈福昌並請賞給勇號，李瑞林並請賞戴藍翎。

都司銜留陝補用守備羅生雲，陝甘補用守備潘英南、那廣義、姚楚斌、蕭玉廷，湖南補用守備黃春霆、朱望隆、張澤忠、文綿馥，陝西陝安鎮標補用守備王忠美、李增潤，浙江提標水師補用守備吳忠選，留甘補用守備王景祥，均請免補守備，以都司仍留各原省、原標，儘先補用。羅生雲、蕭玉廷、文綿馥、吳忠選，並請賞加游擊銜，黃春霆並請賞給四品封典。藍翎補用守備鍾海蘭、曹克興，補用守備許爾昌、鄒凌雲，均請免補守備，以都司留陝甘，儘先補用。曹克興並請賞換花翎。補用守備周翰香，請免補守備，以都司留於福建，儘先補用。補用守備楊連升，請免補守備，以都司留廣東，儘先補用。藍翎補用守備馮盛德、李青山、楊忠惠、羅茂蘭，補用守備賀得雲、吳岳雲、周鳳亭，均請免補守備，以都司留甘肅，儘先補用。馮盛德、李青山、楊忠惠、羅茂蘭，並請賞換花翎。

補用守備劉宗清、賀永貴、馬占榮，均請免補守備，以都司儘先補用，並請賞戴花翎。補用守備陝甘督標左營把總耿炳，請免補守備，以都司仍留陝甘督標，儘先補用。藍翎分省補用衛守備楊保定，請仍以衛守備分省，歸候補班前先補用，並請賞換花翎，賞加都司銜。補用守備羅雲漢、吳長勝、陶樹棠、黨維新，漕標即補衛守備張毅，補用衛守備王壽珠，均請賞加都司銜。羅雲漢、張毅、王壽珠，並請賞給四品封典。補用守備曠忠道，請賞給五品封典。藍翎都司銜補用守備趙玉坤、鄧泰祥，藍翎補用守備周源清、陶定邦、羅隆聲、方端臣、曾茂林、王慶春、彭致文、譚堯欽、劉維順、陳曉初、彭封美、劉銘芳、謝盛德、符雲祥、周貴華、金玉振、胡春煦、譚揚廷、張彩廷、談雋祺，藍翎守備銜拔補千總江培源、周啓賢、易海青，均請賞換花翎。補用守備朱豪傑，守備銜拔補千總湯英才，拔補千總劉紹祥，均請賞戴藍翎。花翎防禦銜儘先補用驍騎校德克吉木，請免補驍騎校、防禦，以佐領儘先補用。守備銜拔補千總蕭蘭齋、譚勝魁、伍交松、楊慶春、石光賢、張守祥、嚴上楨、連廣財、陳丕德、許萬清、雷科瀛、王治邦、高生茂、王積山、李景福、陳金貴、張從芳、歐萬總、周占魁、謝得朝，均請免補千總，以守備儘先補用，並請賞加都司銜。

藍翎守備銜拔補千總劉興福、李廣明、易長松、湯成明、蕭成烈、鍾華美、張運蘭、李隆清、張起保、蘇永發、李秋華、劉宗藩、陳桓義、楊才、王全興、韓國相、施登桂、趙廣才、方有成、何春福、張錦寅、田占魁、姚有舉、李錫賢、馮財、李新有、馬玉泉、劉世保、武克昌、李成福、王森桂、賀德勝、孟金元、李文龍、李連升、張建林、唐倫楹、陳福田、周家泰、萬勝卿、龍錫霖、王兆善、陳天祿、姚文元、王文成、馬茂森、鄢藍田、沈永吉、葛鎮全、董玉清、胡友勝、蕭春華、袁鑑福、王正清、秦春鳴、陳清和、張翠、申榮貴、李攀桂、周登基、王福倉、田益堂、趙福，藍翎五品銜拔補千總周維新，藍翎拔補千總劉長春、劉福堂、蔣榮華、劉華林、胡世卿、李葆楨、李復勝、鍾林祥、張洪發、詹鳳祥、賀時雨、呂輝遠、丁明山、李春和、劉恒豐、彭雲志、馬正元、馮振魁、仵發祥、成章煥、詹福泰、姚玉林、周照雄、陳慶魁、戴冠冕、趙樹棟、趙全隆、段有清、謝萬寶、張登瀛、陳裕華、文郁盛、成裕和、湯義貴、閻治邦、杜殿貴、王萬順、丁任海、周復華、寧繩武、徐倉、樊倬、張生彥、彭兆瑞、謝益清、周世福、蕭貴齡、蔣登科、閻順芝、楊堃、黃惠亭、周南傑、周文質、王裕昆、鄒迪祥、李仕成、李正清、聶金元、魏光明、丁忠輝、吳占元、巢玉春、孫文禮、董良法、趙學芝、丁得保、李廣安、李得成、馬桂林、王吉山、陳玉林、莊榮、陳作發、陳文秀、王勝清、彭樂春、唐咏祥、蔣世均、彭義發、成希仁，均請免補千總，以守備儘先補用，並請賞換花翎。

藍翎守備銜拔補千總蘇意成、楊香庭、彭顯廷、陳悅來、吳祥達、李廣森、鍾鳳山、蘇彥魁、郭勝奇、張洪儀、劉連傳、任玉發、張學保、羅得勝、胡大昇、李長青、章祖文、廖玉貴、伍定有、劉步軒、曾本鏗、蕭義勝、凌玉和、彭紫春、鄭德發、彭有和、曾長吉、周有貴、譚玉成、楊永學、范得勝、何興亮、李忠良、王席珍、朱美峰、符桂林、彭玉樹、諶安鎮、周友明、何瑞祥、胡楚漢、何俊德、成國泰、趙澤春、傅伍才、戴瑞蘭、守備銜拔補千總龍嶽雲、譚玉成、李祖植、丁萬倉、王朝棟，藍翎五品銜拔補千總喻忠智，藍翎拔補千總唐珊輝、魏榮發、過春華、彭連陞、臧方元、孫進才、田春發、譚桂馥、楊大成、李應臣、徐中貴、丁有福、朱楚南、續懷堂、蔣得喜、劉德才、張雲虎、劉篤烈、梁啓治、賀義順、譚瀛濱、鍾官德、黃長春、謝榮欽、陳克昌、劉震祥、羅秀忠、王殿魁、朱心良、張心田、李方義、彭映新、劉有成，拔補千總熊吉春、楊鑫、陳自遠，並請賞戴花翎。

五品藍翎伊犁錫伯營廂紅旗喀爾瑪阿佐領下儘先即補驍騎校巴吐，請免補驍騎校，以防禦儘先即補，並請賞換花翎。藍翎守備銜拔補千總曾明亮、孫鳳福，藍翎拔補千總胡彥龍、馬登雲、張楚英、陶立忠、馮立本，藍翎留甘拔補千總路紹謙，花翎守備銜留甘拔補千總張國良，守備銜拔補千總易榮貴、羅俊傑，均請免補千總，以守備留甘肅，儘先補用。孫鳳福、陶立忠、馮立本、路紹謙，並請賞換花翎，張楚英、張國良並請賞加都司銜，易榮貴並請賞戴藍翎。藍翎拔補千總彭俊友，請免補千總，以衛守備歸漕標，遇缺前先補用。衛守備衛分省補用衛千總武英，藍翎五品銜分省補用衛千總袁芳菁，歸標補用衛千總陳國基，分省補用衛千總張永祐，均請免補衛千總，以衛守備歸漕標以衛守備歸漕標，遇缺前先補用。

守備銜拔補千總陳耀彩、彭羨情、張運璋，守備用拔補千總樊正清，拔補千總丁忠蔚、王長青、譚拱辰、陳家亮、李義發、杜長榮、趙萬慶，武舉李毓龍、傅作楫，均請免補千總，以守備儘先補用，並請賞戴藍翎。

藍翎拔補千總常大順、謝崑山，均請免補千總，以守備留湖南撫標，儘先補用。藍翎守備銜安徽壽春鎮標拔補千總劉宗翰，請免補千總，以守備仍留原省、原標，儘先前即補，並請賞換花翎。藍翎拔補千總劉燮松，請免補千總，以守備留安徽撫標，遇缺儘先前補用，並請賞換花翎。拔補千總陳斌生、姚傳洲，請免補千總，以守備留陝甘，儘先補用。拔補千總鍾鼎勛，請免補千總，以守備留浙江，儘先補用，並請賞戴藍翎。藍翎拔補千總唐長青、吳慶源、張德才、蕭永春、何滿福、石明德、陳雲章、唐春華，均請賞加守備銜。藍翎拔補把總宋世德、盧秀春、董祥達、李怡順、楊福祿、楊伯玉、呂永福，均請免補把總，以千總留甘肅，儘先拔補，並請賞加守備銜。拔補把總陳錫周，請免補把總、千總，以衛守備分省，儘先補用。藍翎守備銜拔補把總陝甘督標中營外委袁傑，藍翎拔補把總甘州提標中營經制徐彪，藍翎拔補把總陝甘督標中營步兵曾秉一，均請免補把總，以千總仍留各原省、原標，儘先拔補，並請賞換花翎。徐彪、曾秉一並請賞加守備銜。

藍翎拔補把總楊綏廷、丁流璵、湯秉誠，均請免補把總，以衛千總歸漕標，遇缺儘先即補，並請賞加衛守備銜。藍翎拔補把總尋學漢，請免補把總，以千總留湖南，儘先拔補，並請賞加守備銜。藍翎拔補把總劉同發、劉步林、賴照吉、張光宗、武襄恩、劉俊發、鍾咸璽、曹金榜、馬生貴、鄭麟勛、鄧榮漢、楊一揆、歐陽春、文章、蘇勝安、譚日升、陳盈庭、黃正揚、熊義山、王有勝、王玉堂、陳慶安、楊世全、任仁興、秦有廣、王友田、成福祥、尹德發、呂貴廷、劉忠信、雷鎮南、陳義勝、李顯忠、李占名、李芝南、熊秀春、石常然、華玉林、周桂亭、李春華、易春元、段偉勛、彭呈玉、吉鵬燾、胡信友、胡義信、陳洛、張仁豐、苟炳忠、張勝才、胡仁義、李得勝、吳鏡庭、陳金山、張澤潤、童維和、余錫峰、王祥發、胥登山、白福貴、朱明魁、黨桂林、彭運春、胡桂亭、黃添有、彭禹廷、蘇佑臣、湯炳南、曾德元、劉永勝、張義福、段文選、劉志伶、何名蘭、李萬喜、孫得蔭、趙萬瑞、趙康、趙守忠、方登第、董福慶、石金山、李長新、李治虎、祁膺簡、張行志、孫大才、王仁福、李得芳、劉建有、陳義成、馬得福、張生才、伍秀、劉春華、劉長魁、韓文炳、侯明達、郭得成、何起鳳、張全泰、楊永興、張萬祥、楊生財、閆瑞芝、米生花、張生玉、李洪貴、李全春、陳起雲、楊國棟、郭瑞隆、任天佑、張全禮、蘇有才、韓定邦、趙全瑞、聶厚孝、何滿倉、魏振甲、牛全保、倪尚書、陳士發、趙大魁、郭富華、黃玉海、李聚勝、劉顯財、李毓林、李昌逢、牛喜、吳正玉、袁松亭、夏得時、姚生元、李得勝、張從世、孫占魁、劉得發、張有福、李生貴、朱綬禧、王進魁、敬全龍、李玉林、閆大明、孫仁福、胡占魁、劉興發、石威山、張成魁、吳進葆、朱玉平、臧積善、劉起才、耿有章、符占庫、張從福、王得有、高大有、田宗仁、譚承湘、孫世廣、李占彪、譚必煌、許從心、石春華、徐祖滔、彭玉昌、易瑞昌、楊慶普、謝崑山、汪萬財、王大榮、袁玉恒、張占鑣、戴元忠、于上海、江永泰、白小海、胡萬方、龍尚恢、李世洪、黃江發、彭國清、張三陽、成道恕、馬振威、謝漢翹、朱華祺、彭貴昇、李清雲、譚見得、成潤生、夏登魁、段道生、沈福、陶福春、章恭葵、張翔、何月星、唐典謨、徐得勝、唐運泰、楊占清、王得武、喻望高、龔景春、夏德珍、王百治、朱瀰咏、孫占彪，拔補把總張雨沛、曹富友、張朝元、康得明、劉瑞才、李建勛、劉忠友、王蓮貴、劉宗成、楊德貴、王桂馥、劉雲昌、吳福全、黃登科、莊福雲、關永興、劉德忠、馬秀春、王寶泰、任德成、胡忠信、孔信義、白雲興、符玉昌、吳恒祖、楊厚宗、劉福昌、李復成、張文福、李福盛、王日隆、龔述窗、甘榮爵、楊開俊、徐世清、尚忠發、馬生金、袁魁廷、張自義、丁受魁、胡三星、黃傑、龍以德、梁全盛、張生成、王得勝、趙富玉、劉萬榮、趙玉元、劉恒勝、許紹堂，均請免補把總，以千總儘先拔補，並請賞加守備銜。

六品頂翎孫顯良、羅象春、李成斌，均請賞給五品頂戴。六品頂翎徐樹鍔，請賞給五品頂翎。六品軍功回目蘇棠八素，六品頂戴布魯特馬隊哨長賣買提哈里克，均請賞給五品頂翎。六品頂戴布魯特頭目呼里恰克薩、乙特蒙素爾，均請賞給五品藍翎。六品頂戴纏回馬勇解喜木索里馬干散哈生木滿素爾，六品頂戴布魯特馬勇牙和布以斯、俪木納斯爾、毛拉吐勒的、買賣提沙依布、買賣提條勒、克的克薩、可巴依哈里邁提、胡爾班嘉巴爾，均請賞給五品頂戴。

鹽運使銜留陝遇缺儘先題奏道王久銘，請賞加二品頂戴，並請賞給正二品封典。分省遇缺即補知府武條第，請賞加鹽運司銜。花翎甘肅候補班前遇缺補用直隸州知州羅鎮嵩，請似補缺後，在任以知府遇缺儘先前題奏，先換頂戴，並請賞給四品封典。花翎留甘儘先補用同知直隸州知州李慶棠，請免補本班，以知府仍歸原省候補班前，儘先即補。藍翎分省補用直隸州知州章鶴年，請賞換花翎。分省遇缺即補直隸州知州余運昌，同知銜分省補用知縣譚傳彝，均請賞給正五品封典。甘補用知州李凌漢，請賞加運同銜。選缺候補用同知候選通判秦紹欽，請免選本班、以同知分省歸候補班前，遇缺儘先即補。藍翎鹽提舉銜知州用分省補用州同蕭彰棣，請免補本班，以知州留於甘肅，歸軍功候補班，前先補用，並請賞換花翎。同知銜補缺候補用直隸州知州分省補用知縣袁春江，請免補各本班，以知府留陝西，歸候補班前，遇缺儘先即補。同知銜留甘補用知縣彭俊磷，請免補本班，以同知仍留原省，歸候補班前，遇缺儘先即補。留陝補用知縣劉虡，請免補本班，以知州仍留原省，歸軍功班，前先補用。分省補用知縣尋選，請免補本班，以知州留於甘肅，歸候補班前，遇缺儘先即補。藍翎同知銜分省遇缺即補知縣沈先鍈、劉兆麟，均請賞換花翎。分省補用知縣章兆璜、成心中，陝西儘先補用知縣李炳蓮，均請賞加同知銜。成心中、李炳蓮,並請賞戴藍翎。

同知銜留陝即補知縣宋先培,請賞戴花翎。同知銜分省即補知縣譚釗一,請俟補缺後,以同知直隸州知州用,並請賞給正五品封典。分省補用知縣左兆鳳,請仍以知縣分發省分,歸候補班前,遇缺儘先即補,並請賞戴藍翎。藍翎六品銜遇缺儘先選用鹽大使在任遇缺即補知縣張介祺,請補知縣後,以同知在任遇缺前儘先即補,先換頂戴,並請俟歸知縣班後,賞換花翎。不論雙單月歸部即選教諭蔡鍾藩,同知銜知縣用候補縣丞周振嶽,均請免選本班,以知縣分發省分,歸候補班前,遇缺儘先補用。蔡鍾藩並請賞加同知銜。留甘儘先即補縣丞朱希知、楊承澤,均請免補本班,以知縣仍留甘肅,歸候補班前,遇缺儘先即補。朱希知並請賞加同知銜。雙月即選州判鄧幹,請仍以州判留於甘肅,歸候補班前,遇缺儘先即補,並請賞戴藍翎。

分省補用縣丞陳楚善,請俟補缺後,以知縣用。分省補用主簿黃端鎬,分省即補巡檢張復觀,均請免補各本班,以縣丞仍分省,歸候補班前,遇缺儘先即補。補缺後升用鹽知事分省補用稅課大使陳方義,請免補各本班,以鹽經歷分省,歸候補班前,儘先補用,並請賞加知州銜。文童張蔭齡,請以從九品分省,歸候補班前即補,並請賞戴藍翎。

二品頂戴按察使銜甘肅題奏道張宗翰,請交部照頭等軍功從優議叙。分省遇缺儘先題奏道袁鴻祐,請賞加按察司銜,並請賞給正三品封典。分省遇缺題奏道英林,請賞加二品頂戴,並請賞給二品封典。分省遇缺題奏道劉作梁,留甘補用知府危兆麐,留陝補用知府王耀鑾,均請賞加鹽運使銜,並請賞給三品封典。道銜不論雙單月儘先選用知府劉占鰲,請免選本班,以道員分省,遇缺儘先題奏。不論雙單月選用同知楊鴻度,請免選本班,以知府分省,歸候補班即補。四品銜補用直隸州知州魏敬先,知府銜分省補用直隸州知州劉昭南,均請免補本班,以知府仍分省,歸候補班前,遇缺儘先即補。知府銜補用直隸州知州留甘儘先即補知州王翔,請免補各本班,以知府仍留原省,遇缺儘先前題奏。

知府銜留甘補用同知彭紹豐,分省補用知州禹金聲,留甘補用知縣李永飛,留陝補用知縣侯壽山,同知銜分省補用知縣舒寶,州同銜分省補用知縣黄旭臣,均請賞戴藍翎。禹金聲並請賞給五品封典。藍翎留陝補用同知黄元龍,藍翎留陝補用知州閻禮堂,藍翎同知銜分省補用知縣高樟,藍翎同知銜分省即補知縣喻先麓,藍翎同知銜留甘補用知縣曾紀敘,均請賞戴花翎。留甘補用州同彭允孚,留甘補用知縣徐鼎藩,均請免補各本班,以知州仍留甘肅,歸候補班前補用。同知銜直隸州知州用分省即補知縣張起宇,分省儘先即補知縣羅錫疇,均請免補知縣,以直隸州知州仍分省,歸候補班前即補。張起宇並請賞加知府銜。

五品銜分省補用知縣張運芙,請免補本班,以知州仍分省,歸候補班前,遇缺儘先即補。浙江補用布政司理問朱宗洛,請俟補缺後,以同知用。同知銜分省補用知縣楊星炳、張恩濬,均請以本班留於甘肅,歸候補班前,儘先補用。楊星炳並請賞戴花翎,張恩濬並請俟補缺後,再行送部引見。同知銜分省補用知縣史宜長、譚澤湘、喻庠,請賞給正五品封典。留陝補用知縣彭棣雲,請俟補缺後,以直隸州知州用,先換頂戴。留陝補用知縣樊鶴鳴,留甘補用知縣李作霖、石翰瑛、陳奎、陳大章,藍翎留甘補用知縣文培夏,分省補用知縣胡紹麟、葉藻春、李徽高,六品翎頂留陝補用知縣張儒珍,均請賞加同知銜。文培夏、張儒珍,並請賞換花翎,李作霖並請賞戴藍翎。

分省補用知縣焦怡潤、劉濟坤,均請以知州仍分省,儘先補用。開復鹽提舉銜分省補用知縣羅正湘,請免繳捐復銀兩,仍以知縣留於甘肅,儘先補用。分省補用州判劉毓坤,請免補本班,以通判仍分省,歸候補班前即補。知縣用候選縣丞胡岑,候選縣丞李郁芳,均請免選本班,以知縣分省,儘先補用。李郁芳並請賞加五品銜。補缺候補用知縣留甘補用縣丞譚叶庚,升用知縣湖南補用縣丞聶家遂,留甘補用縣丞張鋆、陳日新,均請免選本班,以知縣仍留各原省,歸候補班前補用。張鋆並請賞加同知銜。

分省補用縣丞陳鳳鳴,請免補本班,以知縣留於甘肅,歸候補班,前先即補。分省補用縣丞章瑞麟,請免補本班,以州判仍分省,歸候補班,前先補用,並請賞加州同銜。不論雙單月即選府經歷李徵煦,請俟選缺後,以知縣用。五品銜分省補用縣丞成鴻庥,分省補用縣丞余金盛、吳昞荃、譚龍高、皮士鵠、侯維漢、蕭貽蓼,留甘補用縣丞蕭貽淞,分省即補府經歷李晃,留福建補用縣丞李雲駿,均請俟補缺後以知縣用。李晃並請賞戴藍翎。分省補用縣丞蔣相綸、李滋蕃、譚師竹、潘德礽、危煥章、甘瑞堅,留甘補用縣丞李翰垣、夏紀釗,留陝補用縣丞劉固楨,候選縣丞夏繼言,留甘補用府經歷蕭煥章,分省補用鹽大使吳珍亭,五品軍功州同銜候選府經歷王兆元,五品頂翎補缺候補用知縣分省補用縣丞李妍春,歸部不論雙單月即選從九品劉永桂,均請賞戴藍翎。不論雙單月歸部選用縣丞馮南錕,雙月候選縣丞王良弼、王樹鎔,均請以本班分省,歸候補班,儘先前補用。馮南錕、王良弼並請賞戴藍翎。

補用縣丞不論雙單月選用主簿王文鼎,不論雙單月歸部選用主簿譚恩榮,候選從九品何本恭,分省補用從九品王詩志,均請免選、免補各本班,以縣丞留甘,歸候補班前先補用。譚恩榮並請賞戴藍翎。選缺候補用縣丞不論雙單月選用從九品彭存耀,縣丞用不論雙單月選用從九品羅炳南、分省補用主簿胡之蒸、譚履端、夏鴻謨,分省即補主簿王鏡清,分省補用巡檢王登瀛、何禮章、陳熾昌、劉煊,分省補用縣主簿左輝玠,不論雙單月歸部即選從九品顏昌祿,候選從九品劉鍔,分省補用從九品蔣炳森、楊成德、陳舜典,分省即補從九品周源,均請免選、免補各本班,以縣丞分省,歸候補班前先即補。彭存耀、譚履端並請賞戴藍翎。

不論雙單月選用按司獄張介壽,請免選本班,以鹽大使遇缺前儘先即選,並請賞戴藍翎。遇缺即選縣主簿吳世謨,不論雙單月歸部即選從九品劉昌蕃,候選從九品王槐,均請免選各本班,以鹽大使分省,歸候補班前即補。吳世謨並請賞戴藍翎。留甘補用主簿陳國琛,留甘補用巡檢鄧世藩,浙江分缺先前用從九品魏鎔,均請免補各本班,以縣丞仍留各原省,歸候補班前先補用。陳國琛、魏鎔並請賞戴藍翎。分省即補從九品方正廉,請以府經歷縣丞仍分省,歸候補班前,遇缺儘先補用。不論雙單月選用主簿何纓頌，請以本班分省，遇缺儘先前補用。分省補用巡檢楊光燦，分省即補從九品葛鎮亮，請俟補缺後，以縣丞用。雙月選用巡檢方綏遠，請免選本班，以縣主簿不論雙單月，遇缺儘先即選，並請賞戴藍翎。

留甘補用從九品袁家楨，請免補本班，以主簿仍留原省，歸候補班前，遇缺儘先即補。分省補用州吏目彭懷棣，分省補用從九品段澤洪，喻志藩，分省補用未入流謝文炳、閆先達、馮卓英，不論雙單月選用未入流劉宗陶，均請免補、免選各本班，以主簿分省，歸候補班前先補用。閆先達、劉宗陶並請賞戴藍翎。補用縣丞留甘補用從九品何炳焕，分省即補巡檢何振漢，分省補用巡檢李占魁，分省補用從九品南濟鳳、余兆蘭、倪嶽松、龔應榜、何書俊、楊丕甲，不論雙單月選用從九品王葉康，分省補用未入流蘇國楨，均請賞戴藍翎。不論雙單月儘先即選從九品王植山，請以縣丞分省，儘先即補。雙月選用從九品劉鴻傑、段典昆，選用從九品黄傳湛，均請以本班分省，歸候補班前先即補。劉鴻傑並請賞戴藍翎。分省補用未入流劉樞，請免補本班，以巡檢仍分省，歸候補班前先補用，並請賞戴藍翎。

廩貢生曹昺星，廩生雷崇德，均請以訓導歸部，不論雙單月遇缺前先即補。附生龔一桂、譚澤蘭，文童魏程先、周宗溪、劉澤寰，均請以巡檢分省，歸候補班前，遇缺儘先即補，並請賞戴藍翎。附生周壽槤，文童張復琛、賀宗章，均請以巡檢分省，歸候補班前即補。從九職銜丁流蕃、謝述罕，附生孔日文，文童李凝禧、曾興宇、陳濟雲，均請以從九品，不論雙單月歸部，遇缺前先即選。孔日文並請賞戴藍翎。文童左兆龍、張頲、余際盛、陳光謨、羅春騶、曹文昭、李振鵬、湯瑞恩、楊開鳴、王化成，均請以從九品分省，歸候補班前即補。余際盛並請賞戴藍翎。六品頂翎王潤生，文童王道昌，均請以巡檢不論雙單月，儘先前選用。文童董文定、陳兆鴻、彭文藻、賓壽和、譚克安、羅淦、余兆芬、熊光燾、陳道濬、段潤之、何賡鹿、譚本藩、戴承恩、江培德、涂樹棠、馮巨源、熊廷瑜、應正楝、陶爍、石寶臣、李儒昌，均請以未入流留甘，歸候補班前補用。

記名提督楊玉周、張忠武,均請交部照頭等軍功從優議叙。題奏提督劉文有,記名提督王名滔、李嘉泰,升用提督留甘補用總兵劉見榮,提督銜陝甘補用總兵易玉林,記名副都統古城協領富勒銘額,均請賞加頭品頂戴。補用提督喻先知、鄧榮佳、賀興隆、王紫田、譚會友、鄧漢南、瞿珍海、劉春祥,補用提督赫勇巴圖魯鍾南英,升用提督陝甘補用總兵張珂名,均請以提督交軍機處記名,遇有提督、總兵缺出,請旨簡放。喻先知並請賞給正一品封典,劉春祥並請賞加頭品頂戴,鍾南英並請賞換清字勇號。

頭品頂戴記名提督徐占彪,記名提督譚洪發,提督銜補用總兵劉本桂,提督銜留甘補用總兵張清和,均請賞給正一品封典。題奏提督鋒勇巴圖魯陳家貴,記名提督鋭勇巴圖魯譚桂林,記名提督利勇巴圖魯丁全德,提督銜記名總兵略勇巴圖魯李茂乾,陝甘補用副將迅勇巴圖魯陶新知,均請賞換清字勇號。補用總兵龍在田,請賞給清字勇號。

補用提督借補陝甘督標左營參將胡珍品,升用提督補用總兵左步雲、王桂高、夏勝本、劉春庭,升用提督陝甘補用總兵劉星勝、佘忠泰,補用提督留浙江補用總兵王正和,提督銜留甘補用總兵首煥林,提督銜留陝補用總兵周萬俊,提督銜補用總兵李全高,提督銜記名總兵志勝、黃本富、陳輝章、曾傳禮、蕭鎮江,補用總兵李洪超、杜青雲、殷有勝、王大茂、章萬彬、李致輝,分省補用總兵陳羅,閩浙補用總兵符光陞,陝甘補用總兵滕春山,均請以提督交軍機處記名,遇有提督、總兵缺出,請旨簡放。胡珍品並請賞給正一品封典,首煥林、志勝並請賞給勇號。

記名簡放副都統寧夏滿營管理八旗蒙古協領凌雲,請交軍機處記名,遇有副都統缺出,開列在前,請旨簡放,並請賞加頭品頂戴。提督銜福建補用總兵熊道賓,提督銜留甘補用總兵張益貴,補用總兵程玉廷、陳鴻舉,留甘補用總兵劉德明、吳貴年,總兵銜留陝補用副將劉輔軍,留甘補用副將陳友明,補用副將葉三春,副將銜兩江補用參將李清華,均請賞給勇號。程玉廷並請賞加提督銜。留甘補用總兵江進賢、曾嘉照，補用總兵陳玉麒、劉友勝、郝長慶、彭壽山、武魁，均請以總兵交軍機處記名，遇有總兵缺出，請旨簡放。劉友勝、武魁並請賞給勇號。

　　升用總兵補用副將王香山、單體成，升用總兵留陝補用副將戴連臣，總兵銜補用副將徐光明，總兵銜四川補用副將黎飛雄，總兵銜安徽補用副將張祥銳，補用副將熊大賓、賀桂元、汪大吉、黎定斌、羅同春、向蘭桂，均請免補副將，以總兵交軍機處記名，遇有總兵缺出，請旨簡放。徐光明、張祥銳並請賞給勇號，黎飛雄並請賞加提督銜。留陝補用總兵陳龍伸，升用總兵推補副將成旗亭、林長福，均請賞加提督銜。成旗亭、林長福並請賞給正一品封典。補用總兵留甘補用副將張玉魁，總兵銜留甘補用副將鄒冠群，總兵銜兩江補用副將龍自蛟，湖南補用副將陳德華，留甘補用副將周沛春、周詒芳、黃福春、王得勝，兩湖補用副將霍春和，均請免補副將，以總兵仍留各原省，儘先補用。鄒冠群並請賞加提督銜，周沛春並請賞給正二品封典。升用總兵補用副將楊萬勝、尚恒禄、潘世才、柳育興，補用副將殷亮、左文彬、蔣復勝，留甘補用副將羅平安，均請免補副將，以總兵遇缺儘先補用。羅平安並請賞給勇號。

　　留甘補用副將文馥春、陳廷福、張獻琛、彭有才，藍翎留甘補用副將向太元，均請仍以副將留原省前先補用。文馥春、張獻琛並請賞給勇號，陳廷福、彭有才並請賞加總兵銜，向太元並請賞換花翎。補用副將徐丕先，請以副將留於陝甘，儘先前補用。補用副將蔡義興，請賞給二品封典。副將銜留甘補用參將勁勇巴圖魯李宗經，副將銜留甘補用參將楊文進、蘇揚福，副將銜陝甘補用參將鍾紫雲，升用副將留陝補用參將蘇遂意，留甘補用參將齊彩輝、董大榮、曹玉龍、畢昌鼎、江雲山，陝甘補用參將馬彥春、鄧有元，藍翎留甘補用參將歐陽萬明、羿大業、余桂山，藍翎留陝補用參將吳鎮楚，均請免補參將，以副將仍留各原省儘先補用。李忠清並請賞換清字勇號，蘇揚福、鍾紫雲、馬彥春，並請賞給勇號。歐陽萬明、羿大業、余桂山、吳鎮楚，並請賞換花翎。副將銜補用參將蔣福春、翁寶林、劉星賢，補用參將戴紹田、劉連陞、張鳳寅、蔣得勝、李有載、周運信、鄧洪懋、甘鎮南、方甫佑、陳依欽、藍翎補用參將何義廷、鄧宏發，均請免補參將，以副將儘先補用。劉星賢並請賞給二品封典，何義廷、鄧宏發並請賞換花翎。

補用參將蕭明貴，留陝補用參將余兆陽，均請賞加副將銜。余兆陽並請賞給二品封典。參將銜補用游擊□德友，補用游擊陳瑛、余魁龍、趙明祥、盧裕馥、丁有才、蕭福貴、張萬元、陳佑春、王發祥、胡九成、王啓善，均請免補游擊，以參將儘先補用，並請賞加副將銜。

藍翎補用游擊何德茂、喻新瑞、鄒大林、張福美、何桂林、尹桂廷，藍翎參將銜補用游擊吳槐庭，均請免補游擊，以參將儘先補用，並請賞換花翎。參將銜陝甘補用游擊周廷瑞，藍翎留甘補用游擊黃金鳳、許山青，藍翎陝甘補用游擊王華珍，留陝補用游擊劉秀顏，留甘補用游擊李必勝、陳炳熙、吳錫忠、張梅俊、吳興元、宋高魁、王梓材、鄧咸林、馮流寶，均請免補游擊，以參將仍留各原省儘先補用。黃金鳳、許山青、王華珍，並請賞換花翎，鄧咸林並請賞加副將銜。

天津鎮標補用游擊孟玉奎，請免補游擊，以參將仍留原省、原標儘先補用，並請賞加副將銜。補用游擊廖茂林，請免補游擊，以參將留於甘肅儘先補用，並請賞加副將銜。藍翎補用游擊賀茂棠，請賞換花翎。黑龍江城鑲紅旗漢軍攝車布佐領下儘先補用佐領綽哈佈，請免補佐領，以協領儘先補用，先換頂戴。藍翎補用都司劉瓊友、譚藻賢、張友元、王定太、劉秀寬、李朝宗、吳世昭、郭洪喜、萬邦孚，均請免補都司，以游擊儘先補用，並請賞換花翎。

游擊銜儘先都司袁孝平，補用都司郭明揚、江天錫、蕭孝田、潘玉臨、劉長清、林鎮湘、唐青雲、李都揚、張有貴、李元榜、劉熙春、賀其祥、泰祖全、盧潤玉、李得財、黃漢清、談定國、董鑫潮、喻德良、喻少林、李文志、曾樊貴、袁紫林、宋萬勝、左新盛、潘應春，均請免補都司，以游擊儘先補用。江天錫、蕭孝田、黃漢清、李元榜，並請賞戴花翎，李文志並請賞戴藍翎。補用都司李勝輝、龍玉堂、柳正鎔，均請免補都司，以游擊留於甘肅儘先補用。柳正鎔並請賞加參將銜。補用都司董紹榮、徐承元，均請免補都司，以游擊留於四川儘先補用。藍翎留甘補用都司謝登見、唐國光、陳吉高、黃德耀、鄒玉祥、湯玉林、何紹志、劉志美、戴國恩,藍翎留陝補用都司楊志進,留甘補用都司孫治平,留陝補用都司湯貴和,游擊銜陝甘補用都司劉萬鍾,湖南撫標補用都司陳黃喆,均請免補都司,以游擊仍留各原省儘先補用。陳吉高、湯玉林、何紹志、劉志美、楊志進,並請賞換花翎。孫治平、陳黃喆並請賞戴藍翎,劉萬鍾並請賞加副將銜。

藍翎補用都司周揚馨、王慶貴、李高陞、徐恒山、歐光彩、嚴裕臨,均請賞加游擊銜,並請賞換花翎。藍翎留甘補用都司蕭春濃,請以都司仍留原省,儘先補用,並請賞換花翎。藍翎補用都司彭立義、陳鶴林、張國恩,均請以都司儘先補用,並請賞換花翎。黑龍江布特哈正黃旗奇布松武佐領下花翎即補防禦領催庫隆,請免補防禦,以佐領儘先即補,並請賞加三品銜。防禦連喜,寧夏滿營正黃旗滿洲防禦成元,均請以佐領儘先即補。連喜並請賞戴花翎,成元並請賞加協領銜。佐領銜防禦訥爾精額,請免補防禦,以佐領儘先補用,並請賞加協領銜。雲騎尉都成額,請以防禦遇缺儘先即補,並請賞戴花翎。

藍翎守備王德森,請免補守備,以都司留於貴州撫標補用,並請賞換花翎。藍翎補用守備徐茂林、萬遠清、周洪順、李欽山、曾昌貴、曾雲富、黃欽來、王玉田、譚光電、易桂瑛、張洪勝、鍾茂春、文貴和、李漢臣、譚清選、劉泰興、劉立、向昌林、楊文蔚、趙立龍、蕭啓勝、董南斌、楊楚亭、劉春霖、王有得、張洪泰、邱文林,均請免補守備,以都司儘先補用,並請賞換花翎。補用守備黃堯安、李亨坤、李海源、徐珍、王元、宋得元、宋玉、閻德馨、楊洪勝、王訓賢、方金蘭、何家佑、蘇榮發、傅勝輝、李福齊、劉松青、李長青、譚在郊、胡雲貴、高連元、唐文林、李永發、余竹青、高洪慶、陳耀湘、殷發芝、龔永清、劉東益、鍾正田、彭協春、陳仕林、易少文、鄒玉龍、趙荆璞、王有德、孫福、牟占彪、徐占鼇、王廷祿、李茂林、鄧得風、易九皐,都司銜補用守備馬定邦,均請免補守備,以都司儘先補用。馬定邦、胡雲貴並請賞加游擊銜,余竹青並請賞戴藍翎。藍翎補用守備周香喬、王永清,均請賞換花翎。花翎守備楊玉麟,請免補守備,以都司留於兩江督標儘先補用。補用守備譚師尚,請免補守備,以都司留陝甘儘先補用。藍翎留甘補用守備彭同祥、王介圭、姚惟貴,均請免補守備,以都司仍留原省儘先補用,並請賞換花翎。藍翎補用守備楊文高,請以衛守備留於湖廣,儘先補用,並請賞換花翎。

正白旗滿洲祥瑞佐領下護軍校文元,請免補委副護軍參領,以護軍參領即補,並請賞加副都統銜。正白旗滿洲諾木歡佐領下護軍校勝泰,請以委護軍參領儘先即補,並請賞加副護軍參領銜。黑龍江齊齊哈爾城鑲黃旗漢軍巴克精阿佐領下藍翎儘先即補驍騎校披甲德明,請免補驍騎校,以防禦儘先即補,先換頂戴。藍翎儘先即補驍騎校巴彦布,請免補驍騎校,以防禦儘先即補,並請賞換花翎。京旗補用驍騎校阿納歡,請免補驍騎校,以本旗佐領儘先補用,先換頂戴。藍翎守備銜拔補千總蕭价藩,拔補千總李永欽、狄福生、潘瑞生、殷成譜,均請免補千總,以守備儘先補用,並且賞加四品頂戴。守備銜拔補千總沈春壽,藍翎拔補千總周溪江、蔣鼎山、左海晏、胡昌文、鄧登先、成明遠、胡鳳吉、蔣星和、張轉星、周映堂、陳煦亮、吳斌勝、徐友勝、范得亮、劉人傑、劉少連、林華德、蔣德華、王國春、薛晴嵐、劉錫山、殷成仁、張泰和、郭彩亭、劉錫光、張友發、羅青雲、吳成宗、周並堂、鄒敦仁、孫明坤、葉連雲、何作孚、談紹雲、吳梓奇、王勝和、史明貴、許竹青、周直和、黃樹廷、鄭寶生、廖有材、饒世明、胡玉澤、馮進魁、蕭楚南、周雲魁、曹越庵、李壽德、蔡上崇、張嘉田、王得南、陳則運、江孝全、曾大英、楊宗朝、漆多見、喻鼎興、傅添明、吳福堂、鄒雲彪、浮宗德、易勝芳、唐國良、蔣有慶、蘇朝貴、陳爲亮,拔補千總陳駿業、劉繹武,均請免補千總,以守備儘先補用。沈春壽、劉少連、林華德、蔣德華、王國春、唐國良、蘇朝貴,並請賞加都司銜。陳爲亮、陳駿業並請賞戴藍翎。

藍翎拔補千總秦自春、李福田、傅卓雲、李萬明、王三友、譚信裕、徐鳳林、李生福、左雨霖、張致和、丁連益、易榮華、彭榮耀、王金文、楊蘭生、易菊亭、龐清華、張春溪、蔣梓卿、羅韶春、謝紫山、周永清、李春林、劉金榜、張先提、文茂華、吳祖榜、李得喜、彭書義、胡元祖、何佑忠、劉義華、吳貴發、張啓棟，藍翎守備銜開復甘州提標補用千總宋德昌，均請免補千總，以守備儘先補用，並請賞換花翎。藍翎守備銜千總張文新，請以千總留於四川督標，儘先補用，並請賞換花翎，賞給四品封典。甘肅西寧鎮海協標札什巴汛千總杜長榮，請以守備儘先補用。藍翎拔補千總朱宗闔、譚煜斌，均請免補千總，以守備留於湖南儘先補用。藍翎拔補千總瞿湜龍、楊明溥，均請免補千總，以守備留於陝西儘先補用，並請賞換花翎。藍翎拔補千總陳起鳳，藍翎補用守禦所千總周公瑞，藍翎五品銜拔補千總熊首華，均請免補千總，以衛守備分省儘先補用。熊首華並請賞加都司銜。藍翎補用守禦所千總周清和、吳邦棟，均請免補千總，以衛守備歸漕標儘先補用。正黃旗漢軍聯恩佐領下六品軍功馬甲保亮，請以驍騎校儘先即補，並請賞加五品銜。五品銜把總何安祥、丁捷，五品軍功拔補把總王楚中、余廣卿，均請免補把總，以衛守備儘先補用。何安祥、丁捷並請賞加都司銜。

拔補把總曹全標、劉國棟、李全成、黃德興、游永慶、劉名揚、熊清義、龍成章、魏承先、彭家彥、蕭錫蕃、蕭延福、談炳南、曾彬全、黃元發、鄭國忠、楊德承、李金和、黃滿堂、湯瑤齡、黃瑞松、袁寶和、虎吉清、李元清、戴義才、齊爵廷、李泰安、譚泗海、鍾鏡波、蔣運堂、李廣財、李嶽嵩、王春芳、喬得桂、胡起鳳、何萬順、李有龍、譚有信、聶復元、陳明德、羅永雲，均請免補把總，以千總儘先拔補，並請賞加守備銜。

藍翎浙江補用千總李懋鈺，請免補千總，以守備留浙江儘先補用，並請賞換花翎。藍翎五品頂戴拔補把總謝兆成，把總王連修、李九如，均請免補把總，以千總儘先拔補。謝兆成並請賞換花翎，王連修、李九如並請賞給五品銜藍翎。六品軍功外委汪長貴、石開山、韓朝金，均請免補外委，以把總儘先拔補，並請賞戴藍翎，賞加五品銜。藍翎六品軍功孟玉林，請免補外委，以把總留於天津鎮標儘先拔補，並請賞加五品銜。藍翎儘先外委靳萬福，請免補外委，以把總儘先拔補，並請賞加五品頂戴，賞換花翎。

　　三品衔甘肃试用道雷声远,请以本班仍留原省,遇缺尽先题奏,并请赏加二品顶戴。三品衔甘肃遇缺题奏道陈宝善,留甘遇缺尽先题奏道谭信榘,均请赏戴花翎。谭信榘并请赏加按察使衔。盐运使衔分省补用知府王诗正,请免补本班,以道员仍分省,遇缺尽先题奏。道衔留甘遇缺题奏知府杨杰,请免补本班,以道员仍留甘肃,遇缺尽先题奏,并请赏戴花翎。知府衔分省补用直隶州知州邓业斅、郭相熏,均请免补本班,以知府分省,遇缺尽先题奏。郭相熏并请赏加盐运使衔。知府用甘肃补用同知李培先,指发江西试用同知陈亮采,留甘补用直隶州知州余兆奎、蒋本艾,均请免补各本班,以知府仍留各原省,遇缺尽先前题奏。余兆奎并请赏戴花翎。补缺候补用知府留甘补用同知萧毓英,请先换知府顶戴。候选员外郎邹兆元,知府衔浙江补用同知胡晋牲,补用知府留甘补用同知督院笔帖式承绪、桂安,候选同知锡章,四品衔江苏补用知州谢国恩,荫袭知州王诗质,均请赏戴花翎。王诗质并请俟选缺后,以直隶州知州用。留甘补用直隶州知州江鑫、黄丙焜,均请俟补缺后,再行送部引见,并请赏戴花翎。

　　甘肃补用直隶州知州石本清,请俟补缺后,以知府补用,先换顶戴。蓝翎知府用山西补用同知马汝屏,蓝翎留甘补用同知潘琳,均请赏换花翎。马汝屏并请赏给三品封典。分省补用知州冯志熙,请免补知州,以直隶州知州分省前先补用。选用通判兼袭云骑尉谢陶,请免选本班,以直隶州知州留于甘肃前先即补,并请赏戴花翎。户部主事刘兆梅,请以直隶州知州留于甘肃,归候补班前,遇缺尽先补用,并请赏戴花翎。留甘补用通判欧阳乐清,请以同知仍留原省,归候补班前先即补。五品衔双月选用通判严先礼,请免选本班,以知州留甘补用。陕西补用通判杨敏,盐提举衔甘肃试用通判裘如林,均请免补本班,以同知仍留各原省前先补用。杨敏并请赏戴蓝翎。六品荫生张恒鸿,请以知州分省,归候补班前先补用,并请赏戴花翎。蓝翎盐提举衔甘肃补用通判张照,留甘补用知县汪縠元,留陕补用知县周发镛,均请免补各本班,以知州仍留各原省,归候补班前先补用。汪縠元并请赏给五品封典,周发镛并请赏戴蓝翎。

藍翎運同銜選用通判張懋德,分省補用知縣劉兆霽,均請以本班,留於甘肅,歸候補班前先即補,並請賞換花翎。劉兆霽並請賞加同知銜。兵部七品小京官朱冕榮,請以同知分省,歸候補班前,遇缺儘先補用,並請賞戴花翎。五品銜補用同知留陝前先補用知縣柳葆元,請俟同知補缺後,以知府補用,先換頂戴,並請賞給四品封典。

鹽提舉銜即補同知直隸州知州江蘇補用知縣周紹斌,同知銜留甘補用知縣劉嘉德,留甘補用知縣同鎮牲,均請免補本班,以直隸州知州仍留各原省歸候補班前,儘先補用。周紹斌並請賞加知府銜。同知銜補缺候補用直隸州知州留陝補用知縣王駿儀,五品頂戴甘肅補用知縣李原琳,補用同知先換頂戴甘肅補用知縣李佐興,同知銜留甘補用知縣巨藩、周兆璋,均請賞戴花翎。李原琳並請賞加同知銜。五品銜分省補用知縣方希孟,請免補本班,以知州分省,前先補用。同知銜留甘補用知縣楊得炳,請俟補缺後再行送部引見,並請賞給正五品封典。藍翎鹽提舉銜知府用補用直隸州知州甘肅候補知縣方希林,廂白旗滿洲祥元佐領下藍翎同知銜留甘即補知縣罕札布,藍翎五品銜江蘇補用知縣程錦澄,藍翎五品銜甘肅試用知縣李壽芝,均請賞換花翎。李壽芝並請賞給隨帶軍功加三級。分省補用知縣左宗翰,請免補本班,以知州留甘,歸候補班前先補用,並請賞給五品封典。同知銜選用知縣劉鳳翔,補缺候補用知州先換頂戴甘肅補用知縣蕭承恩,均請賞給五品封典。蕭承恩並請賞戴藍翎。留甘補用知縣王懋勛、趙先榘,藍翎留甘補用知縣秦鼎升,留陝歸候補班補用知縣甘象乾,留陝歸候補班前補用知縣甘曜湘,分省補用知縣左昭煌、左新前、葛棠、沈永祐、李時熙,六品銜留陝補用知縣徐好仁,候選知縣劉玉堂,六品頂戴甘肅補用知縣王榮,均請賞加同知銜。秦鼎升並請賞換花翎,王懋勛、甘象乾、甘曜湘、左昭煌、葛棠、沈永祐,並請賞戴藍翎。左新前並請賞給正五品封典。

同知銜分省補用知縣柳岳齡,請以本班留甘補用,並請俟補缺後再行送部引見。開復甘肅補用知縣方觀海,請免繳捐復銀兩。五品銜知縣用直隸候補直隸州州判張丙嘉,留甘補用州判蔣士修、李文

焕,布理問銜留甘補用州判魏承恩,留甘補用縣丞魏國鈞、麥廷賡、陳
純治、易建藩、危榮斗,湖北試用縣丞林長慶,補缺候補用知縣陝西試
用府經歷程壎,留甘補用府經歷羅林潤,均請免補各本班,以知縣仍
留各原省歸候補班前先補用。蔣士修、麥廷賡、魏純治、程壎,並請賞
加同知銜,張丙嘉並請賞給四品封典。五品頂戴山東試用鹽大使鄧
錫藩,請賞戴花翎。補缺候補用知縣分省補用縣丞李連杜,分省補用
縣丞王殿清、唐受桐、何運昌、吳鴻猷、高維寅、譚傳科、文立山,均請
免補本班,以知縣分省歸候補班前先補用。李連社、王殿清、吳鴻猷、
譚傳科,並請賞加同知銜,何運昌並請賞戴藍翎。

　　藍翎升用知縣選用縣丞王兆鼎,不論雙單月候選縣丞周爲楷,均
請免選本班,以知縣分省歸候補班前先補用,並請賞戴藍翎。理問銜
候選縣丞胡琦,請免選本班,以知縣不論雙單月儘先即選,並請賞加
同知銜。五品頂戴浙江試用鹽大使楊恕,請以本班歸候補班前先補
用,俟補缺後以知縣用。五品銜分省補用縣丞鄭錫山,分省補用縣丞
王廷贊,請免補本班,以知縣留甘歸候補班前補用。王廷贊並請賞加
同知銜。

　　分省補用縣丞劉本敦,請免補本班,以知縣留陝歸候補班前補
用。選缺候補用知縣候選縣丞傅澤霖,請免選本班,以知縣留甘補
用。藍翎不論雙單月選用府經歷縣丞董宜安,請免選本班,以通判不
論雙單月儘先即選。留甘補用縣丞胡執中、潘力垂、楊溥霖,均請以
知縣仍留原省歸候補班前先補用。留陝補用縣丞陳進祿,請俟補缺
後以知縣用。選用縣丞王鈺,選用教諭吳才矩,均請俟選缺後以知縣
補用。吳才矩並請俟歸知縣班後賞加五品銜。補用府經歷劉熙仁,
請免補本班,以州同留甘,儘先補用。五品翎頂升用知縣不論雙單月
即選縣丞李祖鑫,請以本班留甘前先補用。雙月候選府經歷余起鵬,
請以本班分省歸候補班前先補用,並請賞戴藍翎。不論雙單月選用
訓導羅炳塋,分發試用訓導劉浤,均請免選本班,以教諭不論雙單月
儘先即選,並請賞戴藍翎。廩貢生國子監學正銜雙月選用訓導余益
楷,請免選訓導,以學正教諭歸部,不論雙單月遇缺儘先即選。

鑲黄旗滿洲祥英佐領下翻譯舉人前鋒恩陞,請以知縣分省,遇缺前先即補。分省補用縣丞黃承萱,留陝補用縣丞劉得源、柴士楨、邸登嶽、楊膺禄、張秉懿,選缺候補用縣丞遇缺即選從九品王好賢,均請賞加六品銜。選用主簿譚中粹,不論雙單月即選巡檢劉孔乙,均請免選本班,以縣丞分省歸候補班前補用。譚中粹並請賞戴藍翎。五品銜翰林院待詔羅會焜,請賞戴花翎。捐納同知職銜劉繼祖,請以州判留陝儘先前補用。留甘補用巡檢李雍,請免補本班,以縣主簿仍留原省歸候補班前先補用。分省補用從九品劉遠望、王儀隆、沈霖、張耀光,分省補用巡檢夏在仁、張德全,均請免補各本班,以縣丞仍分省歸候補班前先補用。張德全並請賞加布政司理問銜,沈霖並請賞加五品銜。留甘補用從九品黎庶懷,留陝補用從九品王俠,均請免補本班,以縣丞仍留各原省歸候補班前補用。歸部選用從九品王炳堃,請免選本班,以縣丞留陝補用。分省補用從九品周廷爵、宋均平,州吏目任洪久,均請免補各本班,以鹽大使分省歸候補班前補用。不論雙單月即選從九品陳映堃,不論雙單月選用巡檢蔣孝泉,均請免選本班,以縣丞歸部,不論雙單月遇缺即選。

不論雙單月遇缺即選從九品李恒貞、李榮德、郭彩紀,選用從九品袁運鈞、章豫,均請免選本班,以縣主簿留甘前先補用。歸部不論雙單月即選從九品楊凌漢,請免選本班,以縣主簿不論雙單月儘先選用。不論雙單月即選從九品楊孝恭、宋宗翼,分省補用巡檢吳楚藩,均請賞戴藍翎。廩生武夔卿、周先浚,請以訓導歸部,不論雙單月遇缺即選。武夔卿並請賞戴藍翎。附生高昌運、鄒代鈞,貢生唐遠啉,附貢生左宗概,均請以縣丞分省歸候補班前先補用。附生鄭甲瑛、易鼎元,均請以府經歷留甘歸候補班前儘先補用。監生鄧宗沅、周召南,附生尋汝傊,文童周名駒、任仁靜、彭運壬,均請以從九品分省歸候補班前先補用。鄧宗沅、尋汝傊、彭運壬,並請賞戴藍翎。監生陳幬、陳其煒、王運泰,從九職銜陳名鋒,文童歐陽綸、龍驤、李壽驥、劉鈞鎔、汪逢源、左德清、劉裕、陳慶鑾,均請以巡檢分省歸候補班前補用。陳幬、陳其煒、陳名鋒、汪逢源,並請賞戴藍翎。文童嚴慶陽、瞿燮昌、陳雲卿、吉殿傑,均請以巡檢留陝補用。文童宋振清、魯國璠、陳裕良、何先發、龍可懷、王翰、譚楷、陳運恒、吳庇南、羅敬熙、許惠元、熊淦,六品頂翎首書田,均請以典史分省歸候補班前先補用。分省補用未入流邱培運,請免補本班,以從九品分省歸候補班前補用,並請賞戴藍翎。

頭品頂戴提督銜記名總兵圖桑阿巴圖魯武朝聘,請賞穿黃馬褂。遇缺簡放提督總兵孫金彪,請交部照頭等軍功從優議叙。補用提督振勇巴圖魯楊壽山,補用提督銳勇巴圖魯王得魁,補用總兵銳勇巴圖魯劉世俊、孫萬林,均請賞換清字勇號。記名總兵林秀全,請賞加提督銜。總兵銜補用副將李福雲、郭汝亭,補用副將羅輔臣,均請免補副將,以總兵記名簡放。李福雲並請賞加提督銜。補用副將馮英華,請賞加總兵銜。總兵銜補用副將徐化周,補用副將朱廷芳,副將銜補用參將李鴻春、馮南超,副將銜補用游擊郭仕儒,均請賞給二品封典。副將銜儘先參將谷振傑,請免補參將,以副將留甘儘先補用,並請賞給勇號。副將銜補用參將周金山、姜成立、張覲臣、李金彪,副將銜陝西補用參將周炳生,儘先參將毛守禮,均請免補參將,以副將儘先補用。周炳生並請留陝西補用,毛守禮並請賞給二品封典。補用參將馮志道、孫藍田,均請賞加副將銜。候補游擊杜金標、胥明德、陳國毓、曹鳳儀、許世忠、袁春和、朱明山、許萬勝、于得魁、鄧萬春、李學成、秦鳳山、岳浩然,補用游擊楊洪順、許錦榮、張宗文,均請免補游擊,以參將儘先補用,並請賞加副將銜。補用游擊李連得、張寶銀、余興旺、李興隆、史忠魁、李占彪、曹文祥、雷鳴霖,均請免補游擊,以參將儘先補用。李連得並請賞給勇號。藍翎補用參將梁嘉樂,藍翎補用游擊李萬明、于登會,藍翎補用都司王殿魁、劉紹源、王順芳,藍翎補用守備余西庚、丁金山、徐榮、樊廣修、彭殿元,藍翎五品蔭生伊立佈,藍翎守備銜千總賈祥麟,均請賞換花翎。游擊銜補用都司徐海山、李志和、平文,補用都司張林年、房景山,均請免補都司,以游擊儘先補用,並請賞加副將銜。

游擊銜補用都司劉同志、李清安、李元成、楊玉清、馮占魁,補用都司秦永合、張宏道、李建功、喻康發、馬繼明、劉鳳林、馮之順、孫萬齡、劉占元、李玉魁、齊玉功、王道林、彭金山、韓孝忠、孟廣山、李加保、劉全勝、胡元泰、劉廷蘭、胡金鼇、薛文德、董貫章、王金貴、楊澤魁、白玉和、王春安、杜學成、梁長西、孫紫成、傅漢秋、袁忠平、白文治、蕭大綸，藍翎都司曹守和、張富清，均請免補都司，以游擊儘先補用。曹守和、張富清並請賞換花翎。補用游擊常治國，儘先防禦恒瑞，補用守備丁良修、夏續春，均請賞戴藍翎。藍翎都司銜補用守備王得勝、楊舒發、孟玉魁、任泰來，都司銜補用守備王鳳鳴，均請免補守備，以都司儘先補用。王得勝、楊舒發、孟玉魁、任泰來，並請賞換花翎，王鳳鳴並請賞戴藍翎。留山東補用守備武朝富，留湖南補用守備蕭長清，均請免補守備，以都司仍留各原省，儘先補用，並請賞加游擊銜。都司銜補用守備桑友良、王占元、賴馥，補用守備王夢祥、陳得勝、李士仁、焦文亮、孔昭魁、楊東秀、胡占魁、金尚才，均請免補守備，以都司儘先補用，並請賞加游擊銜。

選用衛守備劉三保，請免選衛守備，以都司分省儘先補用。選用衛守備黃國華，請俟選缺後以營都司補用，並請賞戴藍翎。補用守備陳小球、唐丙焜、葉奎標、於錦城、陳光玉、熊元龍、彭福田、孫蛟、方其祥、郭華堂、焦得勝、高金聲、李鐸奎、張連山、劉玉蘭、靳呈雲、李壽山、范有才、李萬俊、周國華、苗鳳魁、馮嘉賓、武朝貴、劉明義、馬朝立、李公獻、徐占魁、王永敬、張登雲、喬振堂、周景洛、李自明、惠洪勝、高連陞、修良友、馮玉文、尚青雲、趙玉山、董文山、李運陞、楊得勝、方得應、殷受林、甘輔清、蔣兆麟、林寅、黃定開、李玉雄、劉全勝、王玉山、何得勝、湯玉貴、李光元，均請免補守備，以都司儘先補用。

承襲雲騎尉拔補把總徐華鼎，請以都司歸標儘先補用。都司銜儘先千總郭成山、李嘉平、白得勝、李連陞、王保全、劉春暉，守備銜儘先千總王榮宇、姬鳴章、于宜山、李德馨、劉福星、李景星、裴樹森、楊作釗、孫長麟，守備銜譚勝馥，千總賀彩雲、鄒有傳、黃綱紀、諶吉山，藍翎補用千總馮以成，都司銜補用千總蘇振方，儘先千總左友朋，守備銜補用千總蕭玉林、補用千總杜魁元、李琛、王得勝、劉鳳朝、金連陞、范青山、買占元、袁文燦、李景槐、李德興、岳得勝、左治仁、袁宗宇、李得功、王振興、石泰山、張鳳麟、宋海藍、范魁元、曹占修、邵心堂、王武文、楊學言、孫治田、呂得功、張遇春、姚文富、萬鳳林、宋山海、楊富貴、王興海、李金玉、劉錦堂、宋得功、尹太清、鄭永德、單思雲、常金棠、劉遇春、張文彬、陳豐林、張儒林、李連成、張鴻福、魏連元、張慶雲、許志仁、楊有才、金正鈞、王華鵬、魏廷傑、王懷清、黎廷棟、張國斌、王興發、李廣俊、武朝鳳、張廣安、袁朝賓、楊萬里、師啓捷、朱英、陳光裕、司馬玉和、牟鎮疆、馮錫錕、朱守閭、劉占魁、朱莊嚴，均請免補千總，以守備儘先補用。馮以成並請賞換花翎，蘇振方、左有朋、蕭玉林，並請賞戴藍翎。杜魁元、李琛、王得勝、劉鳳朝，並請賞加都司銜。衛守備用武進士劉鳳章，請以衛守備不論雙單月選用，並請賞戴藍翎。補用衛千總陶金勝、錢斌，請免補衛千總，以衛守備儘先補用。補用驍騎校成喜、文祥，均請免補驍騎校，以防禦儘先補用。馬甲蔚文、圖克丹布，均請以驍騎校儘先補用，並請賞加五品銜。

分發江西試用知府馮芳植，分發四川試用同知祝汝晉，均請歸候補班前遇缺即補。藍翎留甘補用同知周漢，藍翎分省補用同知奚麟、王樹棠，均請賞換花翎。留甘儘先補用直隸州知州陳嘉績，請免補本班，以知府仍留甘肅歸候補班前補用，並請賞戴花翎。分省補用直隸州知州潘時策，請免補本班，以知府分省補用。留甘補用同知歐陽振先，請免補本班，以知府仍留原省補用。甘肅補用直隸州知州陳延芬，請俟補缺後以知府用。留甘補用直隸州知州馮彬，分省補用直隸州知州龍魁，同知銜留甘補用知縣張廷楫，均請賞戴花翎。

分省補用知州易上達、留甘補用知州潘力謀，均請賞加四品銜。易上達並請賞給四品封典。分省補用知州陶必良、王紹，同知銜選用知縣沈康，均請賞給五品封典。甘肅涼莊理事通判承蔭，請俟俸滿後，以六部員外郎選用。分省補用通判何運昌，請免補本班，以同知分省補用。選用通判蔣鑾英，請免選本班，以同知分省前先補用。開復江蘇候補通判魯沛，開復湖北來鳳縣知縣鈕福嘉，均請免繳捐復銀兩，留陝補用。奏留道員用河南丁憂知縣孫壽昶，請免補各本班，以道員仍留河南,服闋後儘先補用,並請賞加按察使銜。該員立功在先,丁憂在後,合併聲明。

留甘補用知縣胡燮元,請免補本班,以直隸州知州仍留原省補用。留甘補用知縣余猷澄,藍翎分省補用知縣婁紹豫,均請賞加同知銜。婁紹豫並請賞換花翎。選用知縣張成基,請免選本班,以知州不論雙單月儘先選用。湖南候補知縣閔憲曾,請俟補缺後送部引見。留湖北補用知縣陳砥瀾,分省補用知縣潘運蔚,均請賞戴藍翎。潘運蔚並請賞加知州銜。揀選知縣陳作基,舉人李慶鏞、許延祺,均請以知縣分省補用,並請賞加同知銜。留甘補用州判姬愷臣,請賞加五品銜。捐納同知銜舒體元,請以州判不論雙單月遇缺即選。指分兩淮試用鹽大使賈場,請免補本班,以知縣仍留原省補用。選用縣丞余起鴻,知縣用候選縣丞徐彥成,均請免選縣丞,以知縣分發省分儘先補用。余起鴻並請賞加同知銜。

分省補用鹽大使史文光,留甘補用縣丞師保恒、喻先儁,分省補用縣丞章守銘,均請免補本班,以知縣留甘前先補用。分省補用鹽大使張式楷,分省補用縣丞金正聲、吳鳳章、夏繡春,均請免補本班,以知縣仍分省歸候補班前補用。金正聲並請賞加同知銜。選用縣丞談鎮堃、吳清葆,請免選本班,以知縣留甘前先補用。指分四川試用府經歷龔長奎,請免補本班,以知縣仍留原省補用。分省補用縣丞朱斌侯、潘生華、王振文、李連傑,均請賞戴藍翎。朱斌侯並請俟補缺後以知縣補用。選用訓導周鳳儀,請俟選缺後以知縣用。湖北補用縣丞蔣文俊,湖北試用縣丞楊昌熾,均請俟補缺後以知縣用。楊昌熾並請俟歸知縣班後,賞加五品銜。候選縣丞周觀光,請以本班留甘補用。縣丞用分省補用巡檢沈錡,請免補本班,以縣丞分省歸候補班前補用,並請賞戴藍翎。選用巡檢陳際豐、唐耀楠,選用從九品彭壽棠,均請免補本班,以縣丞分省歸候補班前補用。陳際豐並請賞戴藍翎。

選用主簿買汝賢,縣丞用分省補用巡檢葉星南,分省補用巡檢于桂馨,主簿用選用未入流王章玉,均請賞戴藍翎。選用從九品譚道淵、賀維新,均請免選本班,以鹽大使分省前先補用。增生顏傳誥,附生鄭浚明、周渾、徐嵩峻、王澤存、余庚、孫恒升、馮炳□，均請以縣丞分省補用。顏傳誥、周渾並請賞戴藍翎。附生武鳴琴、周南，均請以縣主簿分省補用，武鳴琴並請賞戴藍翎。監生周全德，文童江家駒、徐鋭先，均請以從九品留陝補用，並請賞戴藍翎。

文童吳慶鑒、謝南澄、林之翰、陸之驥、童文茂、屠開運、郭興岐、汪守謙、潘時澍、喻東園、李維翰、杜元清、熊品全，均請以巡檢留甘，遇缺即補。吳慶鑒並請賞戴藍翎。文童蔣效、丁鏜、吳樾、李成桂、李長照、孫以燕、陶諤光、王文勃、丁擎、侯守清，均請以從九品分省，遇缺即補。文童喻於義、吳光嶽、黃憲儀，均請以巡檢分省補用。開復翎頂已革閩浙督標中軍副將李東昇，前署福建漳州鎮總兵，丁憂回籍後，經閩浙督臣、福建撫臣於光緒六年二月以委權專閫貪鄙不職，奏參革職。此案該革員在事尤爲出力，請開復原官，仍以副將留原省，儘先補用。

已革留陝補用副將甘肅寧夏鎮標後營兼管城守營都司劉春藻，前以藉端勒索、擅責商民情事，經陝甘督臣左宗棠於光緒五年正月二十二日，奏參革職，永不叙用。此案該革員隨隊打仗，實屬異常出力，請注銷永不叙用字樣。已革花翎儘先選用副將借補長江水師提標蕪湖營前領哨守備李華庭，同治十一年，經前兵部侍郎臣彭玉麟於奏參庸劣不職各員弁案内，奏奉諭旨革職，不准留營。此案該革員在事尤爲出力，請注銷不准留營字樣。

留甘肅降補府經歷縣丞前甘肅花翎補用同知施補華，前經陝甘督臣左宗棠派赴阿克蘇軍營密查地方情形，路過闢展，不容該處巡檢楊培元置辯，聲色交加，致楊培元愧忿莫釋，自縊身死。經左宗棠奏奉諭旨，拔去花翎，仍留甘肅，以府經歷縣丞降補。此案該員在事異常出力，請開復原官翎枝，仍留甘肅補用。已革藍翎同知銜安徽盱眙縣知縣陶炳南，前經安徽撫臣裕禄甄別庸劣不職及人地未宜各員，據實參奏，光緒元年正月十六日奉上諭：盱眙縣知縣陶炳南居心巧滑，辦事顢頇，著即行革職等因。欽此。該革員嗣來新疆，投效軍營，疊次剿辦邊寇，均在事異常出力，請開復原官、原銜翎枝，仍以知縣分省補用。

已革同知銜留甘補用知縣徐茂光，前署甘肅鞏昌府會寧縣知縣，光緒二年六月，經陝甘總督臣左宗棠於隨時甄別案內，以庸才議聞、貪利忘公奏參，奉旨革職，旋即出關，投效軍營，隨同剿辦邊寇，異常出力，請開復原官、原銜，仍以知縣分發省分，歸候補班前補用。已革同知銜留甘補用知縣蔣順達，前署甘肅安西直隸州敦煌縣知縣，與前任知縣謝榮勛互相稟訐，經陝甘督臣左宗棠奏參革職，旋經督臣奏審明革員懷私挾詐請旨懲處一摺，光緒三年六月二十六日奉上諭：蔣順達浮收失察，業經革職，免其置議等因。欽此。此案該革員在事異常出力，請開復原官原銜，仍留原省補用。

已革花翎記名簡放提督烏勒興額巴圖魯甘大有，前於領款諸多轇轕，朦混虧挪，經陝甘總督臣左宗棠於同治十二年四月，奏參革職，不准投效軍營。嗣經繳清餉項，赴營效力，隨同克復新疆南路八城，復經左宗棠奏請開復副將翎枝、勇號，免繳捐復銀兩。經部臣核議，以該革員既不准投效軍營，所請開復之處，均毋庸議。光緒六年六月十九日具奏，本日奉旨：依議。欽此。此案該革員在事異常出力，請註銷不准投效軍營字樣。

已革閩浙督標中軍副將楊在元，前署福建臺灣鎮總兵，告病開缺回籍。後經閩浙督臣訪聞，該革員在任有侵吞營餉、濫委營缺各情，奏請暫行革職，調閩歸案訊辦。嗣經福建司道訊明，並無侵吞濫委等情，詳由福建督臣具奏。旋經部議，雖經司道等訊無侵吞賄弊重情，究屬擅專背謬，既經革職，應毋庸置議等因。此案該革員在事尤爲出力，請開復原官，仍以副將留原省儘先補用。

已革花翎總兵銜補用副將前任巴里坤中營游擊陳升恒，請開復原官、原銜、翎枝。降補甘肅府經歷縣丞前留甘補用直隸州知州王新銘，前代理甘肅迪化直隸州知州奇臺縣知縣，經陝甘督臣左宗棠於甄別各員案內，以才可有爲，利心頗重，奏奉諭旨，以府經歷縣丞降補，仍留甘肅。該員深自愧奮，交卸奇臺縣事，即赴軍營效力，隨隊打仗，勞績卓著。請開復原官，仍以直隸州知州留甘，歸候補班前補用。

降補府經歷縣丞前花翎安徽遇缺即補直隸州知州楊克勤,同治十年,經安徽撫臣英翰於甄別庸劣不職案內,奏請降補。十一年正月二十六日奉上諭:安徽候補直隸州知州楊克勤,居心巧滑,不堪造就,著以府經歷縣丞降補。欽此。此案該革員在事異常出力,請開復原官翎枝,仍留原省補用。

已革留湖南補用副將前署甘肅靖邊營游擊陳南波,已革營守備武進士周之道,均請開復原官。留甘補用同知吳人壽,前在駐陝軍需局,因解餉渡河遇風失事,經陝甘督臣左宗棠於同治十一年十二月,奏奉諭旨,交部議處。此案該革員在事出力,請開復疏失餉鞘處分,仍以同知留甘補用,並請俟補缺後再行送部引見。

已革同知銜湖北補用知縣吳錫震,前署湖北宜都縣知縣,光緒四年,經湖廣督臣、湖北撫臣於甄別案內奏參革職,旋即投效軍營,異常出力,請開復原官原銜,分省補用。

038. 籲懇節哀摺

光緒七年四月二十四日

署理欽差大臣督辦新疆軍務通政使司通政使二等男臣劉錦棠跪◆[1]奏,爲敬陳愴痛愚悃,籲懇節哀,仰祈聖鑒事。

竊臣接准護理陝甘督臣楊昌濬轉咨部文到營,驚悉光緒七年三月初十日大行慈安端裕康慶昭和莊敬皇太后慈馭上賓◆[2],萬里攀號,五中震裂。當即會同哈密辦事大臣明春率文武各員,舉哀成禮。伏惟大行慈安端裕康慶昭和莊敬皇太后臨朝聽政,前後十有餘年,旰食宵衣,屢平大難,湛恩閭澤,深浹人心,誠坤德之難名,爲宇內所共戴。茲乃遽爾升遐,薄海臣民悲慕何極!我皇上仁孝性成,猝成大事,愴怛曷勝。惟念列聖付托之重,又值慈禧端佑康頤昭豫莊誠皇太后體氣甫康,伏懇節哀順變,善葆聖躬,上紓慈懷之戚,下慰中外之望。臣謬蒙知遇,報稱毫無,現復奉旨無庸來京,未獲叩謁梓宮,稍申犬馬依戀之忱,尤覺寢饋難安。惟有竭盡心力,勉效涓埃,藉圖追答鴻恩於萬一。所有愴痛愚悃謹繕摺具陳。伏祈◆³ 皇太后、皇上聖鑒。謹奏。光緒七年四月二十四日◆⁴。

光緒七年六月初六日,軍機大臣奉旨:知道了。欽此◆⁵。

【案】此摺原件①、録副②現藏於中國第一歷史檔案館,茲據校補。

1.【署理欽差大臣督辦新疆軍務通政使司通政使二等男臣劉錦棠跪】此前衙據原件補。

2.【案】光緒七年三月初十日,慈安皇太后因病升遐,是日,清廷頒佈大行慈安端裕康慶昭和莊敬皇太后之臨終詔誥:

　　光緒七年三月初十日,慈安端裕康慶昭和莊敬皇太后誥曰:予以薄德,祇承文宗顯皇帝冊命,備位宮闈。迨穆宗毅皇帝寅紹丕基,孝思肫篤,承歡奉養,必敬必誠。今皇帝入纘大統,視膳問安,秉性誠孝,且自御極以來,典學維勤,克懋敬德,予心彌深欣慰。雖當時事多艱,昕宵勤政,然幸體氣素稱强健,或冀克享遐齡,得資頤養。本月初九日,偶染微痾,皇帝侍藥問安,祈予速瘥。不意初十日病勢陡重,延至戌時,神思漸散,遂至彌留。予年四十有五,母儀尊養,垂二十年,屢逢慶典。疊晉徽稱,夫復何憾。第念皇帝遭茲大故,自極哀傷,惟人主一身,關繫天下,務當勉節哀思,一以國事爲重,以仰慰慈禧端佑康頤昭豫莊誠皇太后教育之心。中外文武恪恭厥職,共襄郅治,予靈爽實與嘉之。其喪服酌遵舊典,皇帝持服二十七日而除。大祀固不可疏,群祀亦不可輟,再予向以儉約樸素,爲宮壼先,一切事關典禮,固不容矯從抑損,至於飾終儀物,有可稍從儉約者,務恤物力,即所以

副予之素願也。故茲誥諭,其各遵行。①

3.【伏祈】原件、録副均作“伏乞”。

4.【光緒七年四月二十四日】此具奏日期,據原件補。

5.【光緒七年六月初六日,軍機大臣奉旨:知道了。欽此】此奉旨日期與内容,據録副補。

039. 請恤蕭迎祥摺

光緒七年五月十九日

署理欽差大臣督辦新疆軍務通政使司通政使二等男臣劉錦棠、頭品頂戴護理陝甘總督會辦新疆善後事宜臣楊昌濬跪◆1奏,爲營員積勞病故,籲懇天恩俯准,飭部從優議恤,恭摺仰祈聖鑒事。

竊查前管帶楚軍剛毅左營補用提督西朗阿巴圖魯蕭迎祥,湖南湘鄉縣人。咸豐七年,投入湘果後營,從征江西,轉戰四川、陝西、甘肅等省,前後二十餘年,疊受重傷,戰功卓著。光緒六年,經大學士前陝甘督臣左宗棠檄調,帶隊出關,在喀喇沙爾行次聞訃丁親母憂,當經左宗棠奏請留營,奉旨允准◆2。嗣該員抵喀什噶爾防所,哀痛之餘,傷疾陡發。屢據稟請回籍守制治傷,情詞迫切。臣錦棠見其形容毀瘠,神志昏亂,不能任事,不得已給假,令其南歸,以示體恤。詎於本年正月二十日,在哈密旅次積勞病故。飭據總理關内防軍營務處兼統武威、剛毅等營甘肅按察使魏光燾查明,稟請具奏前來。臣等覆查,已故提督蕭迎祥屢立戰功,素稱得力。茲以痛母情切,觸發舊傷,遂致身故,洵屬忠孝無虧,殊堪矜閔。可否仰懇天恩俯准,飭部將已故補用提督西朗阿巴圖魯蕭

---

① 中國第一歷史檔案館編:《光緒朝上諭檔》,第七册,第45頁。

迎祥照軍營積勞病故例，從優議恤，以彰勞藎之處，出自逾格鴻慈。除咨部外，謹合詞恭摺具奏。伏乞皇太后、皇上聖鑒訓示施行。再，此摺係臣錦棠主稿，合併聲明。謹奏。光緒七年五月十九日◆3。

　　光緒七年六月初十日◆4，軍機大臣奉旨：著照所請，該部知道。欽此。

　　【案】此摺原件①、録副②現藏於中國第一歷史檔案館，兹據校補。

　　1.【署理欽差大臣督辦新疆軍務通政使司通政使二等男臣劉錦棠、頭品頂戴護理陝甘總督會辦新疆善後事宜臣楊昌濬跪】此前銜據原件補。

　　2.【案】光緒五年九月十四日，陝甘總督左宗棠以蕭迎祥等隨征有年，轉戰數省，戰功卓著，附片奏請將蕭迎祥等留於陝甘，按班補用，並得允行：

　　　　再，臣等歷將外省投效陝甘人員附片奏明，留于陝甘補用，並聲明尚有堪留陝旨之員，隨時察看，陳明改留等情。奉旨：著照所請，兵部知道。欽此。欽遵在案。兹查有記名總兵補用提督蕭迎祥、補用總兵儘先副將廖德榮、參將銜花翎儘先補用游擊余兆陽、花翎儘先補用守備蔣松林等四員，隨征陝、甘兩省，卓著戰功，熟習邊防營伍，若以原官、原銜留于陝甘，按班酌量補用，實於營伍大有裨益。合無仰懇天恩，俯准將該四員一併留於陝甘，按班補用，出自鴻慈。隙蕭迎祥、廖德榮禮歷清冊俟查取至日另文咨送外，其余兆陽，蔣松林二員履歷清冊，隨摺咨送兵部查照。理合附片陳明，伏乞聖鑒訓示施行。謹奏。③

　　光緒六年六月十六日，左宗棠附片奏請補用提督蕭迎祥聞訃丁母艱仍請留營帶隊：

　　　　再，據分統換防湘營題奏提督陝西漢中鎮總後譚上連詳報：管帶剛毅正左營補用提督蕭迎祥稟稱，於光緒六年三月二十五日，在喀喇

<hr>

①　中國第一歷史檔案館藏：《硃批奏摺》，檔號：04—01—12—0528—017。
②　中國第一歷史檔案館藏：《録副奏摺》，檔號：03—5816—056。
③　中國第一歷史檔案館藏：《録副奏片》，檔號：03—5142—039。此件具奏日期不确，兹據中國第一歷史檔案館、湖南《左宗堂全集》整理組編《左宗棠未刊奏摺》（岳麓書社，1987）校改。

沙爾行次聞訃,丁母艱。提督係屬親子,例應奔喪回籍,懇即委員接帶,俾得交卸營務,回籍終制等情。轉報前來。查蕭迎祥,久經戰陣,自管帶剛毅正左營歷年以來,征防著績,膽力均優。今春,經臣挑練出關,飭赴喀什噶爾通政使二等男臣劉錦棠行營,聽候調撥。現值防務蝥嚴,迢遞征途,未便遽易生手。合無仰懇天恩,准令蕭迎祥留營帶隊,俟伊犁收復,防務稍松,再由臣給咨回籍,以遂孝思而符定制。除咨部查照以該提督聞訃之日作爲丁憂日期外,謹附片具陳。伏乞聖鑒訓示。謹奏。

　　光緒六年七月十六日,軍機大臣奉旨:著照所請,兵部知道。欽此。①

3.【光緒七年五月十九日】此具奏日期,據原件補。

4.【光緒七年六月初十日】此奉旨日期,據錄副補。

040. 請旌烈婦蕭賀氏片
光緒七年五月十九日

　　再,前管帶剛毅左營補用提督蕭迎祥積勞病故,業經臣等查明,奏請賜恤。復據關內防軍營務處甘肅按察使魏光燾稟:轉據提督唐鳳輝、李日新、副將彭開星、彭桂馥、同知曾傳節、彭緒瞻、王開斌、知縣聶邦光、陳希洛、龔炳奎、張紀南等稟稱:已故補用提督蕭迎祥之妻賀氏,係湖南湘鄉縣賀俊卿之女。同治十三年,同縣之蕭迎祥憑媒聘定爲室,因從軍秦隴,未遑迎娶。光緒六年,蕭迎祥之母胡氏念其子年四十餘尚未娶婦,携聘媳賀氏來甘肅完婚,行抵蘭州,適蕭迎祥先已帶隊,起程出關。蕭胡氏正料理西進,忽患咳嗽之證,不能就道,央賀俊卿送賀氏前行,及蕭迎祥於哈密合巹後,蕭賀氏寓居哈城,蕭迎祥遂拔壘而西。嗣蕭胡氏在

① 中國第一歷史檔案館藏:《錄副奏片》,檔號:03—5810—036。

蘭州身亡,蕭迎祥由喀什噶爾請假南歸,因哀毀太過,觸發舊傷,醫治不愈,光緒七年正月二十日,在哈密旅寓積勞病故。蕭賀氏痛不欲生,洋藥數次,因救獲蘇。其父賀俊卿責以不可遽死大義,反覆開導,始勉延殘喘,扶櫬入關,三月初九日,抵蘭州,慘撫雙棺,一慟幾絕。時夫弟游擊蕭迎吉在旁,該氏即將衣物、鎖鑰親手點交,且云兩世旅櫬宜即南返,未亡人所以苟活至斯者,徒以長途無夫家親屬可托,今將相從地下等語。蕭迎吉及賀俊卿勸慰百端,並囑其婢,用心防護。是月十三日卯刻,該氏乘婢出,即沐浴更衣,投繯自縊,年僅二十三歲。鳳輝等誼屬同鄉,見聞較切,謹合詞稟懇轉詳等情。查蕭賀氏與蕭迎祥成婚未久,遽喪所天。因念萬里之夫骨未歸,九原之姑靈莫奠,含悲搵淚,隱忍扶喪,卒之慟撫姑棺,殉夫地下,洵屬從容就義,節烈可嘉,據情稟請鑒核具奏前來。臣等覆查,已故提督蕭迎祥積勞病故,其妻蕭賀氏由關外扶櫬,行抵蘭州,將衣物、鎖鑰點交夫弟蕭迎吉收存,夫棺付托得人,祭奠姑靈畢事,方乘間沐浴更衣,投繯殞命,庸行奇節,非一時激烈者可比,允足維持風化,矜式里閭。茲據甘肅臬司魏光燾轉據提督唐鳳輝等聯名具稟前來。臣等覆查無異,相應籲懇天恩俯准,給予旌表,以慰幽魂而勵末俗。除咨部並湖南撫臣知照外,謹會同甘肅學政臣鄭衍熙,合詞附片具奏。伏乞聖鑒訓示施行。再,此摺係臣錦棠主稿,合併聲明。謹奏。

　　光緒七年六月初十日◆¹,軍機大臣奉旨:著准其旌表,禮部知道。欽此。

　　【案】此摺原件①、録副②現藏於中國第一歷史檔案館,兹據校補。此片具奏日期原件未署,録副署爲“光緒七年五月初九日”,而據軍機大臣奉

---

　　①　中國第一歷史檔案館藏:《硃批奏摺》,檔號:04—01—12—0527—092。
　　②　中國第一歷史檔案館藏:《録副奏摺》,檔號:03—5535—134。

旨時間可知,應爲“光緒七年五月十九日”,刻本確,兹據改。

1.【光緒七年六月初十日】此奉旨日期,據録副補。

●軍機大臣字寄:光緒七年五月十六日奉上諭:接收伊犁及分界事宜,前派錫綸會商金順,相機籌辦。現在曾紀澤與俄國新訂約章,業經批准,一俟互換後,俄國派有大員,約定在何處交收,即著錫綸懍遵前旨,馳往會晤,並著升泰一同前往,按照曾紀澤新訂條約及所繪界圖,妥慎辦理。此事關繫甚重,務當與劉錦棠、金順、張曜詳細籌度,總期界畫分明,永昭信守,不得稍涉輕心,致貽後患。將此由四百里諭知劉錦棠、金順、張曜、錫綸,並諭令升泰知之。

041. 烏魯木齊提標營制未復請飭部緩催造册摺

光緒七年七月初一日

署理欽差大臣督辦新疆軍務通政使司通政使二等男臣劉錦棠、頭品頂戴護理陝甘總督會辦新疆善後事宜臣楊昌濬跪◆[1]奏,爲烏魯木齊提標營制未復,無從造送兵册,懇恩飭部暫緩行催,恭摺具陳,仰祈聖鑒事。

竊臣等據署理甘肅布政使李慎詳稱:前奉兵部行催,通行各省將現在實存兵丁造册送部,以備纂修則例等因。當即咨行各提、鎮、協,飭屬遵辦咨送,以便彙造總册。嗣接准烏魯木齊提臣金運昌咨覆:烏垣自經兵燹,營制無存,所有應造實存兵丁清册,無從辦理,請俟關外軍務大定,營制規復,再行遵辦。由司詳請具奏請旨,飭部查照前來。臣等查烏垣自經兵燹,營制本屬無存。上年,前任督臣左宗棠籌備邊防,以烏城等處均係要地,不可空虛,曾飭署烏魯木齊中軍參將張光春、署瑪納斯協副將◆[2]余蘭桂各募土勇五百名,分段防扎,以補罅隙。嗣僅據張光春報招土勇三百七十名,編列成旗,月需餉銀一千七百餘兩,解由前任提臣前任提臣博昌驗收分放。原議此起土勇係爲將來改復營制之用,本年春間,臣錦棠因瑪納斯協營地當衝要,准金運昌咨募精壯勇丁四十名,每名照土勇章程,月給口糧銀三兩,已飭哈密行營糧臺按月搭解,亦爲規復制兵而設,但糧餉均仍係勇章,究非兵額。

　　至於提標各營員缺,現雖頗有委署,藉圖逐漸整飭,然有官無兵,官仍虛設。臣錦棠疊准金運昌函請,分設各營土勇,暫資遣使,因餉項不逮,無以應之。竊維復綠營以規久遠,固爲新疆之要圖,而裁營勇以復制兵,尤屬目前之先務。現在和議既定,防務稍鬆,雖交割伊犂,劃分界限,事關緊要,仍須有備無患,以免彼族生心。果有勁旅數支,緩急足恃,扼吭駐扎,即可壯我聲威。臣等擬俟局勢稍定,酌裁營勇,或仍先募土勇,漸復制兵,即以裁勇之餉作爲制兵之餉,務使支放不至拮据,兵政可收實效,以期仰副朝廷慎重邊疆至意。一俟營制規復,再行遵造兵册,以符定例。除咨明兵部查照外,所有烏魯木齊提標營制未復、兵册無從辦理、懇恩飭部查照緣由,謹會同烏魯木齊提臣金運昌,合詞恭摺具奏。伏乞皇太后、皇上聖鑒訓示施行◆3。再,此摺係臣錦棠主稿,合併聲明。謹奏。光緒七年七月初一日◆4。

　　光緒七年七月二十三日◆5,軍機大臣奉旨:兵部知道。欽此。

　　【案】此摺原件①、録副②現藏於中國第一歷史檔案館,刻本具奏日期署"七月闕日",兹據原件和録副校改爲"光緒七年七月初一日"。

　　1.【署理欽差大臣督辦新疆軍務通政使司通政使二等男臣劉錦棠、頭品

---

　①　中國第一歷史檔案館藏:《硃批奏摺》,檔號:04—01—01—0944—022。

　②　中國第一歷史檔案館藏:《録副奏摺》,檔號:03—5817—067。

頂戴護理陝甘總督會辦新疆善後事宜臣楊昌濬跪】此前銜據原件補。

2.【協副將】原摺無"協"。據下文"瑪納斯協營"可知，原件似奪"協"。

3.【訓示施行】此句原件、録副皆署，刻本奪之，兹據校補。

4.【光緒七年七月初一日】此具奏日期，據原件補。

5.【光緒七年七月二十三日】此奉旨日期，據録副補。

042. 提標及各路副參游都關防遺失請飭部補鑄片

光緒七年七月初一日

再，烏魯木齊提督總兵官印信並提標中軍參將、瑪納斯協副將、濟木薩營參將、庫爾喀喇烏蘇營游擊、精河營都司、鞏寧滿城城守營都司各關防及喀噶巴爾噶遜營守備條記，前因地方失陷，均遺失未獲。兹據署甘肅布政使李慎造具印模清册到營。此外，遺失之烏魯木齊提標左營游擊、右營都司並迪化城守營都司以及瑪納斯協標左右二營都司各關防司中查無舊案印信篆文等情，詳請具奏頒發前來。臣等覆核無異。除將賷到印模清册並將未造册之烏魯木齊提標左營游擊、右營都司並迪化城守營都司、瑪納斯協標左右二營都司應頒各關防咨部分別查辦外，相應請旨敕部，一併補鑄，頒發啓用，以昭信守。謹會同烏魯木齊提臣金運昌，合詞附片具陳。伏乞聖鑒訓示施行。再，此片係臣錦棠主稿，合併聲明。謹奏。

光緒七年七月二十三日◆[1]，軍機大臣奉旨：禮部知道。欽此。

【案】此摺缺原件，録副①現藏於中國第一歷史檔案館，刻本具奏日期署"七月闕日"，兹據録副校改爲"光緒七年七月初一日"。

1.【光緒七年七月二十三日】此奉旨日期，據録副補。

---

① 中國第一歷史檔案館藏：《録副奏片》，檔號：03—5817—069。

043. 新疆南路西四城興修各工
完竣并籌辦應修各工摺

光緒七年七月初二日

署理欽差大臣督辦新疆軍務通政使司通政使二等男臣劉錦棠跪◆1 奏,爲回疆西四城興修河渠、橋路、官店、城倉已經完竣各工並新疆南北兩路尚有應修工程,現籌辦理情形,恭摺具陳,仰祈聖鑒事。

竊臣自光緒三年率師克復新疆南路各城,治軍之暇,兼籌善後事宜,目擊地方彫敝情狀,知最爲切要之務,莫急於興水利以除民患,通驛路以便行旅,固城防以資守禦。疊經咨商大學士前任陝甘督臣左宗棠次第舉行,數載以來,頗著成效。

回疆西四城水道以葱嶺南北兩河爲最著,烏蘭烏蘇河由喀什噶爾城南折而東,北經牌素巴特、龍口橋各處,以達瑪喇爾巴什,又數百里入噶巴克阿克集大河,是爲葱嶺北河,今所謂紅水河是也。葉爾羌、托克布隆河與聽雜布河合流於城東之莫克里莊,東北行經愛吉特虎各軍臺,繞出瑪喇爾巴什以東數百里至噶巴克阿克集地方,與烏蘭烏蘇河會,是爲葱嶺南河,今所謂玉河是也。玉河東面大半依傍山麓,河岸占高。西面自愛吉特虎臺起至阿克薩克臺止,綿長四百餘里,河岸較東面爲低。河岸之外,向築有長堤一道。咸豐年間以後,河道久未疏治,河岸與長堤久未培補,致陸續壅潰多處,從前既未隨時修濬,迨經變亂,逆酋不恤民困,更無有過而問者,以致年深月久,愈壅愈高,愈決愈寬,河水從各決口溯湧四出,徑由瑪喇爾巴什以上直趨喀什噶爾之烏蘭烏蘇河,並不率由故道。自愛吉特虎臺起至察巴克臺止,數百里間,田廬漂没,驛程梗阻,城堡坍塌。而瑪喇爾巴什地方本爲回疆東四城赴西四城咽喉要路,因地處低窪,遂爲群水所匯,竟成澤國。臣派員前往查看,勘得賴里克臺東二十里決口一處,邁那特臺東二里許決口一處,又東三十里決口一處,阿郎格臺東十五里決口一處。又賴里克臺以下三百餘里河中,壅有大小沙洲十餘處。估計工程極爲浩大,而民瘼所關,不能不急圖拯救。因飭陝西陝安鎮總兵余虎恩、提督湯彥和、陶生林、劉福田、李克常、已革總兵楊德俊等,各帶所部營勇,兼督民夫,堵築決口,挑挖沙州,並將老岸及長堤加高加厚。軍民分段工作,以次蕆事,堤岸均臻穩固,河道一律疏通。其瑪喇爾巴什一城,向多膏腴之地,自河水爲災,渠堤盡毀,居民靡有孑遺。臣飭提督陶生林、方友升、萬勝常、知縣文培夏等,將該處大連渠、小連渠、北連渠逐一修復,並飭多開支渠,以備蓄洩。一面招徠流亡,散發牛籽、農具,難民漸次復業。此興修葉爾羌所屬河渠工程之大略情形也。

其喀什噶爾烏蘭烏蘇河之水,不獨喀城之民資其利以耕作,即瑪喇爾巴什地畝亦賴以灌溉。因兵燹久未修治,於龍口橋上面二十餘里衝決一口,河水直注玉代里克各臺,經提督湯彥和、楊金龍等率帶勇丁民夫相度地理,開挖支河以分水勢,堵塞決口以截橫流,由龍口橋以達玉代里克、卡拉克沁、屈爾蓋各臺,本有可耕之地,特以渠道久廢,旱潦無備,遂致土地荒蕪。臣飭提督董福祥、張俊開濬渠道,引龍口橋之水以灌玉代里克一帶,散給貧民牛具、籽種,俾資開墾。自龍口橋以上,如英阿瓦提、牌素巴特、和碩阿瓦提,大阿爾圓什、黑子爾、普巴依托、海雅賣雅、七克托、蘇灣浪浪各水渠河道,均以歲久失修,或沙石淤墊,或堤岸潰決,先後飭道員羅長祜、提督董福祥、張俊、侯名貴、同知王維國等一律修整完善。此興修喀什噶爾所屬河渠工程之大略情形也。

以驛路言之,臣自光緒三年冬,窮追陝回安集延,賊多掘水斷橋,以緩我師。大軍所過,率係凫水踏冰而進,倉卒不及修整。重以葱嶺南北兩河水患方殷,西北自喀什噶爾城南烏蘭烏蘇河上游

起,西南自葉爾羌之愛吉特虎臺起,均至瑪喇爾巴什、察巴克臺等
處止,每當伏秋盛暑,諸山冰雪消融,河水暴漲,近河各站,一望瀰
漫,悉爲巨津◆2,道路橋梁,蕩然無存。凡轉運驛遞暨往來各項差
使,迂道而行,率多遲誤。商賈裹足,稅釐減色,官民爲之交困。
自兩河工程經始,即飭道員羅長祜、提督張春發、段伯溪、總兵劉
必勝,在喀什噶爾城南各路修大小橋梁三十餘座,修平道路數百
里。飭同知王維國在七克托地方修橋梁二座。飭提督湯彥和、楊
金龍修整龍口橋、玉代里克各臺橋路。並飭陝西西安鎮總兵余虎
恩、提督李克常、陶生林、方友升、已革總兵楊德俊等,自愛吉特虎
臺起至瑪喇爾巴什、察巴克臺等處止,搭造大小橋梁二十餘座,道
路一律平治。又查回疆西四城各臺站,亂後舉目荒涼,居民無多,
凡轉運暨各往來差使員弁,以無駐宿公所,每多占住民舍。居民
房屋卑陋,糧餉軍裝時多疏失之虞,且恐不肖弁丁藉差滋擾,遺黎
不堪其苦。因分飭各路營局,就近在於各站蓋造官店,以爲經過
差使人等栖息之所。此興修各驛工程之大略情形也。

以城防言之,喀什噶爾、葉爾羌、英吉沙爾、和闐漢回各城,自
同治初年回疆叛變以至官軍克復,疊經圍攻,屢有損傷。各賊酋
本無遠略,並未隨時修茸,歷年既久,傾圮愈甚。其各城倉廠亦多
破壞,以致城內不能廣積軍食。因通飭各營局,將各城牆垣門卡
暨濠上吊橋概行補茸完善,並添造倉廠,以資儲峙。又喀什噶爾、
葉爾羌兩城之外教場,地當扼吭,向各有演武廳一所,極爲雄峙,
久已頹廢,亦經一體修造,用復舊觀而重形勢。此興修各城工程
之大略情形也。

以上所修河渠、橋路、官店、城倉,工程本皆浩繁,且回疆土地
非沙即鹼,厥性輕浮,消長無常,興修工程非多用人力萬分結實,
鮮不旋修旋壞。加以大亂之後,百物昂貴,民人稀少,若一概取資
公家,所費不知凡幾。臣辦理各項工程,係半藉營勇,半資民力。

各軍弁勇自有應領糧餉，毋庸另給食用。此外，由各善後局轉飭各回目，糾集民夫民匠，帶赴工次，歸督修之員調遣。所有夫役皆係被災窮民，仿以工代賑之法，每日給發食糧。惟所雇民匠，除日給食糧外，仍按日酌發工價銀兩。其購製木料、石塊、磚瓦、石灰、鐵器暨應用各物並運脚、犒賞、民匠工價諸費，均係挪用軍餉，所用糧料係在徵收糧石項下支放。各項工程係於光緒四、五、六三年內先後興修，陸續完竣，均經委員勘驗，並無草率偷減情事，歷經咨報左宗棠有案，並經分飭各營局督率各阿奇木伯克隨時保護，以期永久。竊見回疆西四城自興修各項工程以來，間閭鮮水旱之憂，行旅忘跋涉之苦，轉輸文報，無慮遲延，田賦稅釐，漸有起色，則非諸將士踴躍從公之力，其效或未易臻此也。

再，查新疆南北兩路，自遭寇亂十有餘年，地方糜爛已極，各處城池、衙署、廟宇、河渠暫難盡復舊規。雖經左宗棠暨臣等極力籌辦，先其所急，然以言百廢具興，則當期之十年以後。現在南北兩路應修工程尚多。即如瑪喇爾巴什，因久被水災，城垣盡圮，正在鳩工興修。又如迪化州、綏來縣、精河、鎮西廳等處城垣，均多頹廢，亟須修葺。喀喇沙爾之開都河堤岸、葉爾羌之圖木舒克各臺渠壩，亦須整修。各工程或業已興役，或正在勘估。疊准烏魯木齊提臣金運昌咨商，並據印委各員稟請前來。臣細加查核，皆地方應辦之事，未可以煩難勞費，稍涉因循。惟新疆地屬邊荒，又值久亂積罷之餘，一切情形與內地迥異，大小各工程若必依照例章，勢將拘牽窒礙，於地方轉鮮實效。凡遇應修各工程，臣惟有督飭承修各員，切實舉辦，務求完固。需用銀糧即在軍需項下暨地方入款內，隨時籌發，力加撙節，以期費省事舉，於邊疆有所裨益。所有回疆西四城興修河渠、橋路、官店、城倉已經完竣各工並新疆南北兩路尚有應修工程現籌辦理情形，理合恭摺具陳。伏乞皇太后、皇上聖鑒。謹奏。光緒七年七月初二日◆³。

　　光緒七年七月二十三日◆⁴,軍機大臣奉旨:知道了。所有應修各項工程,著仍督飭承修各員,實力舉辦,務求完固,以重邊疆。餘依議。欽此。

　　【案】此摺原件①、録副②現藏於中國第一歷史檔案館,兹據校補。

　　1.【署理欽差大臣督辦新疆軍務通政使司通政使二等男臣劉錦棠跪】此前銜據原件補。

　　2.【悉爲巨津】原件、録副均作"悉爲巨浸",當是。

　　3.【光緒七年七月初二日】此具奏日期,據原件補。

　　4.【光緒七年七月二十三日】此奉旨日期,據録副補。

044.湘軍文武員弁積勞病故請恤摺

光緒七年七月二十七日

　　署理欽差大臣督辦新疆軍務通政使司通政使二等男臣劉錦棠跪◆¹奏,爲續查新疆立功後積勞病故文武各員弁,請旨飭部議恤,謹繕清單,恭摺仰祈聖鑒事。

　　竊西征各軍營疊次陣亡、傷亡、病故文武員弁,歷經大學士前任陝甘督臣左宗棠奏請賜恤在案。兹據老湘諸軍統帶官禀稱:續查積勞病故文武員弁,花翎鹽運使銜分省歸候補班前補用知府胡焜等八十五員弁,先後開具銜名、籍貫,呈懇奏請恤典等請前來。臣維邊陲征戰之苦,百倍內地。自關外用兵,老湘諸軍各員弁懷忠抱愨,踴躍前驅。仰仗國家福威,逆氛迅掃,全疆敉平,而各員弁備嘗險阻艱難,蕆事之後,多因積年辛苦過甚,患病身故,實堪

---

　　①　中國第一歷史檔案館藏:《硃批奏摺》,檔號:04—01—05—0176—005。

　　②　中國第一歷史檔案館藏:《録副奏摺》,檔號:03—9592—030。

矜憫,非籲懇朝廷恩恤,似無以勵藎勤而慰幽魂。所有花翎鹽運使銜分省歸候補班前補用知府胡焜等八十五員弁,均係立功後積勞病故。謹將該各銜名、籍貫另繕清單,恭呈御覽。仰懇天恩俯准,飭部一併照軍營立功後積勞病故例,從優議恤。此外如尚有遺漏未報員弁,應俟各軍續查報到,再行具奏。除咨部外,理合恭摺具陳。伏乞皇太后、皇上聖鑒訓示施行。謹奏。光緒七年七月二十七日^{◆2}。

　　光緒七年八月初六日^{◆3},軍機大臣奉旨:胡焜等均著照所請,交部議恤。單併發^{◆4}。欽此。

【案】此摺原件①、録副②現藏於中國第一歷史檔案館,兹據校補。

1.【署理欽差大臣督辦新疆軍務通政使司通政使二等男臣劉錦棠跪】此前銜據原件補。

2.【光緒七年七月二十七日】此具奏日期,據原件補。

3.【光緒七年八月初六日】此奉旨日期,據録副補。

4.【案】即隨摺所附之知府胡焜等八十五員弁清單,兹補録之:

　　　謹將老湘諸軍立功後積勞病故文武員弁銜名、籍貫,繕具清單,恭呈御覽。花翎鹽運使銜分省歸候補班前補用知府胡焜,湖南瀏陽縣人。甘肅歸軍功班遇缺先補用知府黄壽先,湖北鐘祥縣人。花翎留甘肅歸候補班儘先補用直隸州知州袁錫齡,湖南長沙縣人。藍翎分省歸候補班前補用同知陳兆蓮,湖南湘陰縣人。留甘補用知州蔣孝勛,湖南湘陰縣人。同知銜分省補用知縣王承澤,湖南湘陰縣人。藍翎分省補用知縣黄國犖,湖南善化縣人。分省補用知縣莫湘傑,湖南長沙縣人。分省補用知縣葉藻春,湖南湘鄉縣人。五品銜補用縣丞陳基瑀,湖南湘鄉縣人。候選府經歷周國璿,湖南湘鄉縣人。主簿李苞,甘肅環縣人。藍翎補用從九品廖映祥,湖南寧鄉縣人。不論雙

---

①　中國第一歷史檔案館藏:《硃批奏摺》,檔號:04—01—12—0528—012。

②　中國第一歷史檔案館藏:《録副奏摺》,檔號:03—5163—020。

單月選用從九品謝勝,湖南新化縣人。

頭品頂戴記名提督易榮昌,湖南湘鄉縣人。記名提督張輔文,湖南寧鄉縣人。提督銜記名總兵奇臣巴圖魯胡仁和,湖南湘鄉縣人。提督銜補用總兵易榮華,湖南寧鄉縣人。陝甘遇缺題奏總兵勝勇巴圖魯譚連元,湖南茶陵縣人。記名簡放總兵李蘭亭,湖南長沙縣人。記名總兵譚聲駿,湖南湘潭縣人。儘先補用副將胡林洲,湖北黃陂縣人。兩湖補用副將曹良占,湖南衡山縣人。補用副將彭安仁,江西吉水縣人。補用參將陳士傑,湖南衡陽縣人。二品封典副將銜儘先補用游擊羅元善,湖南湘鄉縣人。花翎游擊魏全成,湖南湘鄉縣人。補用游擊熊連陞,湖南湘鄉縣人。補用游擊楊吉祥,湖南衡山縣人。補用游擊歐義和,湖南常寧縣人。補用游擊成湘其,湖南湘鄉縣人。游擊銜補用都司劉瑞祥,湖南湘鄉縣人。花翎儘先補用都司吳德曾,安徽涇縣人。花翎留陝甘儘先補用都司濮慶升,江蘇上元縣人。補用都司傅文勝,湖南湘陰縣人。藍翎留陝甘補用都司湯立成,湖南寧鄉縣人。游擊銜補用都司江得蒸,湖北黃陂縣人。都司告占榮,甘肅平遠縣人。儘先補用都司陳紫春,湖南湘鄉縣人。花翎守備李元亨,湖南平江縣人。花翎留陝甘補用守備劉加任,湖南寧鄉縣人。花翎守備王金山,四川廣元縣人。花翎儘先補用守備魏長清,江蘇上元縣人。花翎儘先補用守備皮家綬,湖南湘鄉縣人。藍翎守備王正超,湖北江夏縣人。藍翎守備朱豪傑,湖南平江縣人。藍翎守備蕭永春,湖北襄陽縣人。藍翎守備范金魁,湖北永綏廳人。花翎守備周如海,湖南湘鄉縣人。守備孫占武,甘肅平遠縣人。守備鄧有元,陝西咸陽縣人。守備王登榮,甘肅靖遠縣人。

藍翎補用千總鄧春生,湖南湘鄉縣人。藍翎補用千總楊茂勝,安徽宣城縣人。儘先補用千總賀祥勝,湖南湘鄉縣人。千總馮得連,甘肅河州人。千總蕭麒麟,湖南湘鄉縣人。千總祁千福,湖北鄖縣人。把總曾繼美,湖南湘鄉縣人。把總田運官,湖南永定縣人。把總劉得貴,甘肅河州人。把總姚春福,甘肅肅州人。把總范得勝,甘肅平遠縣人。把總丁得勝,甘肅金縣人。把總黃進保,甘肅固原州人。把總王新臣,甘肅環縣人。把總安興邦,甘肅安化縣人。把總聞正福,甘肅靈州人。把總徐守廉,甘肅安化縣人。把總楊永勝,甘肅固原州人。把總張明義,甘肅固原州人。把總白舉成,甘肅環縣人。把總劉全成,甘肅西寧縣人。

藍翎拔補把總楊恒洲,湖南湘潭縣人。藍翎拔補把總袁湘林,湖南湘鄉縣人。藍翎拔補把總高萬興,陝西岐山縣人。藍翎拔補把總張梓臣,湖南湘鄉縣人。藍翎拔補把總李雲樹,湖南湘鄉縣人。藍翎拔補把總沈雲祥,湖南湘鄉縣人。藍翎拔補把總唐春華,湖南湘鄉縣人。儘先拔補把總劉正禄,甘肅洮州廳人。儘先拔補把總揚長發,湖南湘鄉縣人。儘先拔補把總謝長勝,山西河津縣人。儘先拔補外委張復亭,湖南寧鄉縣人。藍翎拔補外委鍾文瑞,湖南湘鄉縣人。

軍機大臣奉旨:覽。欽此。①

045. 請恤丁翰片

光緒七年七月二十七日

再,花翎按察使銜前分省補用道降選知府丁翰,曾經大學士前任陝甘督臣左宗棠以才具難勝繁劇之任,奏請以簡缺知府歸部銓選,仍留原銜◆1。於光緒五年十二月初八日軍機大臣奉旨:著照所請,吏部知道。欽此。嗣准部咨內開:該督所請該員仍留原銜,查按察使銜,係知府本管上司銜,應不准其戴用等因。該員自降選後,深自愧奮。臣夙知其才具雖短,品學尚優,且久歷戎行,營務頗爲熟習。因於上年咨商左宗棠調赴喀什噶爾行營辦理營務。該員到營後,籌畫邊防,竭慮殫精,甚多裨益。去冬,派赴沿邊一帶巡察各處卡倫。時值嚴寒,該員逾越雪磧冰梯,不辭況瘁,以致積勞成疾。本年正月間,復力疾來哈密行營,稟商一切事宜,行次

① 中國第一歷史檔案館藏:《録副奏摺》,檔號:03—5163—021。

關展地方,病益加劇,竟於三月二十三日身故,殊堪憫惻。合無仰懇天恩,俯准將已故花翎按察使銜前分省補用道降選知府丁翰開復原官原銜,飭部照軍營積勞病故例議恤,以勵藎勤之處,出自逾格鴻慈。除咨部外,謹附片陳明。伏乞聖鑒訓示施行。謹奏。

　　光緒七年八月初六日◆2,軍機大臣奉旨:丁翰著照所請,交部議恤。欽此。

　　【案】此摺原件①、録副②現藏於中國第一歷史檔案館。此片具奏日期,刻本署“光緒七年七月二十七日”。原件署“光緒七年”,未確;録副署“光緒七年八月初六日”,即奉旨日期,亦誤。

1.【案】光緒五年十一月,陝甘總督左宗棠於附片奏曰:

　　再,臣營隨員花翎按察使銜分省補用道丁翰,曾委赴古城,辦理采買、轉運局務三年,尚無貽誤。惟其人性耽詞翰,於會計一切不甚留心;又存心寬厚,闇於知人,所信任之人,挾懷欺詐,丁翰亦不之覺。臣於古城局撤委時,委員代其鈎稽清算局中款目,幸虧挪無多,尚易彌補。而察其才具,難勝繁劇之任。應請旨將花翎按察使銜分省補用道丁翰以簡缺知府歸部銓選,仍留原銜,出自天恩。謹據實陳明。伏乞聖鑒訓示施行。謹奏。

　　光緒五年十二月初八日,軍機大臣奉旨:著照所請,吏部知道。欽此。③

2.【光緒七年八月初六日】此奉旨日期,據録副補。

046.接收伊犁及分界事宜現籌辦理情形摺

光緒七年閏七月初二日

署理欽差大臣督辦新疆軍務通政使司通政使二等男臣劉錦

---

　①　中國第一歷史檔案館藏:《硃批奏片》,檔號:04—01—13—0350—039。

　②　中國第一歷史檔案館藏:《録副奏片》,檔號:03—5163—022。

　③　中國第一歷史檔案館藏:《硃批奏片》,檔號:04—01—0526—006;《録副奏片》,檔號:03—5143—024。

棠跪◆1奏，爲接收伊犁及分界諸事宜現籌辦理情形，恭摺具陳，仰祈聖鑒事。

　　竊臣承准軍機大臣字寄：光緒七年五月十六日奉上諭：接收伊犁及分界事宜，前派錫綸會商金順相機籌辦。現在曾紀澤與俄國新訂約章，業經批准，一俟互換後，俄國派有大員，約定在何處交收，即著錫綸懍遵前旨，馳往會晤，並著升泰一同前往，按照曾紀澤新訂條約及所繪界圖，妥慎辦理。此事關繫甚重，務當與劉錦棠、金順、張曜詳細籌度，總期界畫分明，永昭信守，不得稍涉輕心，致貽後患等因。欽此。並經總理各國事務衙門咨送改訂條約前來。臣維收城分界諸務，事體最爲繁重，非熟籌審處，不足以杜流弊而規久遠。欽奉明旨，命錫綸、升泰與臣詳細籌度，臣等自應竭識慮所能及，互相商榷，務臻周妥，斷不敢以朝廷派有專員，意存推諉。惟臣駐扎哈密，距伊犁、喀什噶爾暨沿邊等處程途遙遠，文報往還，動需時日。若錫綸、升泰凡事必與臣會商，勢將多費周折，轉虞遲誤。臣意收城、劃界二者，遇有重大緊要須臣與聞之處，錫綸、升泰知會到臣，即當舉臣所見，與之商酌，以期有所補益。至其餘一切事件，均有訂約可循，錫綸、升泰自可就近會商金順、張曜辦理，較爲便速。其新疆通商諸務，此時固宜豫爲籌及，然必俟俄國領事官到日，方能定妥壹是。屆時臣當會同金順、張曜，按約開辦。伊犁收還時，金順自應率部，進駐該城。臣昨得其來緘，言及所部行當拔壘，深以餉項支絀爲慮。臣軍餉需雖同處艱窘之會，然亦不能不勉爲挹注，即當量力接濟，資其前進。該軍啓行時，應由金順申明紀律，務令秋毫無犯。將來伊犁善後諸事宜，即由金順遴員設局，與臣隨時會商辦理。以臣愚見，竊謂伊犁居民，其願遷居俄國者，既須照約聽其自便。官軍到彼，總須嚴禁擾累，善爲撫輯，藉以維繫人心，否則孑遺之民將相率他往，徒得空城，亦甚無謂。至從前被賊迫脅情有可原之民教人等，應由金順按照新約第二條,恭録光緒五年内閏三月二十四日、四月初七日兩次恩旨,會列臣等前銜,就近出示曉諭,以廣皇仁。

再,查新約第五條,内開兩國特派大臣遵照督辦交收伊犁事宜之陝甘總督與土爾吉斯坦總督商定次序開辦,陝甘總督奉到批准條約,將通行之事派委妥員,前往塔什干城,知照土爾吉斯坦總督等因。自係曾紀澤訂約時因左宗棠前以陝甘總督兼欽差大臣督辦新疆軍務,故有此議。臣與護理陝甘總督臣楊昌濬緘商,以現在局勢變遷,未便拘泥條約。而所派之員,苟非諳練邊務,轉恐僨事。哈密距伊犁太遠,臣行營差遣各員,求其熟悉伊犁等處情形者,一時殊難其選,應即由金順會商錫綸、升泰,就近派委妥員前往,以期便捷而資得力。所有接收伊犁及分界諸事宜現籌辦理情形,謹恭摺具陳。是否有當,伏乞皇太后、皇上聖鑒訓示施行。謹奏。光緒七年閏七月初二日◆2。

光緒七年閏七月二十一日◆3,軍機大臣奉旨:覽奏,均悉。官軍進扎伊犁,自應嚴禁擾累,善爲撫輯,將來善後諸事,著劉錦棠隨時與金順會商辦理。前已派金順督辦交收伊犁事宜,錫綸作爲特派大臣,該京卿當仍遵前旨,與該將軍等妥商籌辦。欽此。

【案】此摺原件、録副俱缺,然《欽定平定陝甘新疆回匪方略》①載之,兹據校補。

1.【署理欽差大臣督辦新疆軍務通政使司通政使二等男臣劉錦棠跪】此前銜係推補。

2.【光緒七年閏七月初二日】此具奏日期,據刻本補。

3.【光緒七年閏七月二十一日】此奉旨日期,據《清實録》補。該日此摺得允,《清實録》与刻本所載奉旨内容相同。

① 　中央民族大學圖書館藏:《欽定平定陝甘新疆回匪方略》,第314册,第13—17頁。

047. 科布多所屬布倫托海無庸撥營駐扎片

光緒七年閏七月初二日

再，科布多參贊大臣臣清安等，曾於上年咨請大學士前任陝甘督臣左宗棠撥軍駐扎布倫托海地方，以固邊圉。左宗棠意以調營前往，則糧餉軍裝等項必須源源接濟，方能有恃無恐。該處南距鎮迪道所屬之古城瑪納斯等處，程途窵遠，轉餉維艱，且其時新疆諸軍正議添竈，無力兼顧。若僅撥一二營分駐，又恐形單力薄，不能禦敵，多則轉運愈難。是以左宗棠躊躇，未即撥營，比經咨覆清安等，令其與臣悉心籌議，嗣經清安等奏明，依照左宗棠覆文，由臣妥籌辦理，奉旨恭錄咨會前來。臣查科布多所屬之布倫托海，地處極邊，毗連俄境。前值防務戒嚴，自不能不籌兵設守。現在和約已定，邊防稍鬆，今昔情形迥不相侔。即令投俄之哈薩克、陝回各種，或有零股出沒，清安等所轄兵丁當足以資捕剿，自可無庸再由臣軍撥營前往，且新疆南北兩路各軍現以餉源日絀，正在分別裁減歸併，力圖撙節。所存馬步各防營僅敷分布，亦實無餘力可以他及，並非故存畛域之見也。所有布倫托海地方現在毋庸由臣撥營駐扎緣由，謹附片具陳。伏乞聖鑒。謹奏。

光緒七年閏七月二十一日◆[1]，軍機大臣奉旨：知道了。欽此。

【案】此片原件、錄副俱缺，《清季外交史料》《光緒朝東華錄》以及《欽定平定陝甘新疆回匪方略》諸書亦均未收錄。

1.【光緒七年閏七月二十一日】此奉旨日期，據《軍機處隨手登記檔》①校補。

---

① 中國第一歷史檔案館藏：《軍機處隨手登記檔》，檔號：03—0232—3—1207—221。

•軍機大臣字寄:光緒七年閏七月初九日奉上諭:總理各國事務衙門奏接收伊犁事宜,亟應克期舉辦一摺◆¹。接收伊犁及分界事宜,前已先後派令錫綸、升泰前往辦理。惟原定條約,應特派大臣,遵照督辦交收伊犁事宜之陝甘總督商定開辦。現在陝甘總督曾國荃◆² 因病給假調理◆³,一時未能到任,著派金順督辦交收伊犁事宜,錫綸作爲特派大臣,以符原約。該將軍等仍當與劉錦棠、升泰等詳細妥籌,會同俄國所派大員,在伊犁城商定,次序開辦,並著金順派委妥員前往塔什干城,知照土爾吉斯坦總督,將交收伊犁各事照約如期辦竣。其分界事宜,仍著錫綸、升泰懍遵前旨,與劉錦棠、金順、張曜隨時隨地詳加籌度,妥慎辦理,勿稍輕率。將此由五百里各諭令知之。欽此。

【案】此"廷寄",《光緒朝上諭檔》未載,僅據《清實錄》①校補。

1.【案】光緒七年閏七月初九日,總理衙門王大臣奕訢等奏會同俄國大員接收伊犁:

> 總理各國事務恭親王奕訢等跪奏,爲接收伊犁事宜,亟應克期舉辦事。竊奉五月十六日上諭:約章互換後,俄國派有大員,約定在何處交收,即著錫綸懍遵前旨,馳往會晤,並著升泰一同前往,按照曾紀澤新訂條約及所繪界圖,妥慎辦理。此事關繫甚重,務當與劉錦棠、金順、張曜詳細籌度,總期界劃分明,永昭信守,不得稍涉輕心,致貽後患等因。欽此。惟查新約第五條,内開兩國特派大臣遵照約内關繫交收事宜,在伊犁城會齊辦理。該大臣遵照督辦交收伊犁事宜之陝甘總督與圖爾吉斯坦總督商定,次序開辦,陝甘總督奉到批准條約,將通行之事派委妥員前往塔什干城,知照圖爾吉斯坦總督,於三個月内將交收伊犁之事辦竣各等因。現在陝甘總督曾國荃尚未到任,署陝甘布政使楊昌濬護理督篆,與從前情形不同。臣等公同商

---

① 《清實錄·德宗景皇帝實錄(二)》,卷一百三十三,光緒七年閏七月,第917頁。

酌，擬請旨飭下伊犁將軍金順督辦交收伊犁事宜，錫綸作爲特派大臣，仍與劉錦棠、升泰等詳細妥籌，會同俄國所派大員，在伊犁城商定，次序開辦。責成金順派委妥員前往塔什干城，知照圖爾吉斯坦總督，將交收伊犁各事照約，如期辦竣。至分界事宜，擬請飭下錫綸、升泰懍遵前旨，與劉錦棠、金順、張曜隨地隨時詳加籌度，妥慎辦理。謹奏。光緒七年閏七月初九日。①

同日，恭親王奕訢等又具摺奏報中俄兩國換約日期，得允：

　　總理各國事務恭親王奕訢等跪奏，爲中俄新訂約章，接准電報，業經互換事。竊查中俄改訂條約章程各件，欽奉批准，恭用御寶後，派員賫送出使大臣曾紀澤遵辦。旋據曾紀澤電報：七月十二日，祗領到批准約章，十七日由法國啓程，二十日行抵俄國等因。茲復接曾紀澤電報內稱，本日換約禮畢，電聞以便安排頭批償款收地，想早派人索白逆牘已具，遲數日即發等語。伏念此次訂立約章，辦理數年，始克就範，其中應行開辦各條款，在在均關緊要，臣等已奏請分別議籌等因。奉旨：依議。欽此。現值互換事竣，除由臣衙門將應辦事宜分別奏咨、次第辦理外，謹將換約日期專摺具奏。謹奏。光緒七年閏七月初九日。

　　奉旨：知道。②

2.【案】光緒七年二月初一日，清廷令曾國荃補授陝甘總督，並飭進京陛見。《光緒朝上諭檔》：“光緒七年二月初一日奉上諭：曾國荃著補授陝甘總督，即行來京陛見。陝西巡撫著衛榮光補授。欽此。”③《清實錄》：“光緒七年二月朔，諭軍機大臣等：本日已有旨，將曾國荃補授陝甘總督，令即來京陛見。曾國荃接奉此旨，著即起程來京，山海關一帶防務，著李鴻章妥爲籌畫。所有劉連捷、郭寶昌、劉維楨各軍，即著歸李鴻章節制調遣。至劉連捷、郭寶昌、劉維楨所統各營，應如何分別撤留，及山海關一帶防務如何扼要布置，著李鴻章妥籌具奏。將此由五百里各諭令知之。”同年二月初五

①　王彥威纂輯、王亮編、王敬立校：《清季外交史料》，第469頁。
②　王彥威纂輯、王亮編、王敬立校：《清季外交史料》，第469頁。
③　中國第一歷史檔案館編：《光緒朝上諭檔》，第七冊，第25頁。

日,曾國荃具摺謝恩曰:

太子少保新授陝甘總督一等威毅伯臣曾國荃跪奏,爲恭謝天恩,仰祈聖鑒事。竊臣於本年二月初三日在山海關營次,承准軍機大臣字寄:二月初一日奉上諭:本日已有旨將曾國荃補授陝甘總督,令即來京陛見,接奉此旨,著即啓程來京。山海關一帶防務,著李鴻章妥爲籌畫等因。欽此。當即恭設香案,望闕叩頭謝恩訖。伏念臣守關半載,莫展一籌,既無持戈之勞,兼有采薪之患,乃蒙龍光曲被,湖節遥頒,膺九陛之殊恩,畀三邊之重寄。聖慈逾格,感激難名。查陝甘爲西北形勝之區,總督有統轄軍民之責,自昔漢回雜處,地廣而物產未豐;今兹患難初平,事繁而仔肩特重。臣之少壯已不如人,今更早衰,何能勝任! 在聖主優加策勵,不以無用而棄樗櫟之材;在微臣渥荷綸音,尤願竭誠而圖桑榆之報。惟臣自前年九月至上年三月,迭次大病,均經奏明在案。今更衰邁日增,右足筋絡漸縮,徐步庭階,尚須人力扶持始能行走,深懼曠官溺職,亟思避位讓賢。現定二月十二日啓程,先至天津就醫半月,將山海關防務交李鴻章籌辦。臣之親兵三營,先已札飭劉連捷統領管帶,以歸畫一。其餘衛隊、選鋒、先鋒各隊隨營文武員弁,概行到津,飭令各回原省。臣一面清釐經手事件,咨行山西備案,一面趕緊調治病軀,擬俟足疾稍愈,即當由津北上,跪聆聖訓。所有微臣感激下忱,理合專摺叩謝天恩。伏乞皇太后、皇上聖鑒。謹奏。二月初五日。

光緒七年二月十一日,軍機大臣奉旨:知道了。俟抵天津,將經手事件清釐完竣後,即行來京陛見。欽此。①

3.【案】光緒七年二月二十七日,新授陝甘總督曾國荃以足疾未痊,難以行走,具摺懇請開缺調理:

太子少保新授陝甘總督一等威毅伯臣曾國荃跪奏,爲微臣足疾未痊,難以行走,據實瀝陳,恭摺仰祈聖鑒事。竊臣二月初五日恭謝

---

① 中國第一歷史檔案館藏:《録副奏摺》,檔號:03—5158—036;《曾忠襄公(國荃)奏議》,沈雲龍主編:《近代中國史料叢刊》第四十四輯,第1917—1920頁,文海出版社,1966。

天恩一摺,欽奉批旨:知道了。俟抵天津,將經手事件清釐完竣後,即行來京陛見。欽此。跪聆之下,欽感莫名。伏查上年秋冬,臣在山海關營次,嬰疾不能治事,當經奏明在案。欽奉溫諭,賞賚優加,調理兩月,力疾從公。荷蒙聖恩,新授陝甘總督,聞命自天,感激無地,亟思遵旨入都,稍展頻年戀闕之忱。二月十九日,行抵天津。陸路困頓,右足氣血下注,酸楚異常。春深,肝木特旺,寸步難移。徐行斗室,尚須人力扶助。似此日甚一日,求效愈切,見效愈難。現已交卸防務,因足疾不能趨朝,彌覺心急如焚,極思避位讓賢,籲懇鴻施俯准開缺,而聖恩重於山嶽,臣力未報涓埃,此心尤用耿耿。連日李鴻章親至臣寓,視臣實在病狀,代為焦慮之至。所幸醫家診視,僉稱脈理尚不急燥。推究病之根源,由於軍營受濕帶傷,出血太多。同治初元,留辦金陵軍務,出入三十六穴地道之中,積受寒濕,是以壯年所帶傷痕硝磺藥毒由創口歛入筋絡。年過五十,氣血彌衰,北方水土不合,發而為病,肝筋不能伸縮。據醫者云,如趁春夏之天,得南中溫和地氣,佐以活血之藥,多方調治,猶幸可望全愈。若再遲延數月,深恐殘廢,流為痼疾。微臣聞之,更加焦灼,因思歷年每遇春夏,卒疾加劇。光緒乙亥、丙子兩年在河督任內,此病突發,旋以量移晉撫,奏請開缺,未蒙俞允,渥荷聖慈,准其回湘就醫。至於丁丑年二月,乃見輕鬆,遵旨力疾赴晉,然實無月不病,疊經陳奏在案。迨抵榆關,厥疾日增,至今步履艱難,又甚於前。耳鳴重聽,雜病叢生,愈覺無以自立。亟欲趨叩闕廷,懔天威於咫尺,深懼隕越貽羞,致干罪戾。欲在北方調治,則水土不合,病轉滋多。二月初三日,欽奉恩旨,將近一月,未能入覲天顏,愚忱尤切悚惶。竊思犬馬之精力雖就漸衰,而犬馬之年齒尚未全老,豈甘疲癃殘廢,自外生成!輾轉思維,罔知所措。惟有據實瀝陳,籲懇天恩,俯鑒下情。如蒙高厚鴻慈憐臣久病,准其開缺調理,則此後微臣有生之日,皆出之聖主所賜之年。抑或寬予假期,俾臣得至漢口、長沙就醫三四個月,趕緊調治。一俟足能行走,即當迅速入都,泥首宮門,恭聆聖訓,再行驅赴新任,以期仰報聖恩於萬一,無任悚惕待命之至。所有微臣足疾未痊,難以行走,理合專摺據實瀝陳。伏乞皇太后、皇上聖鑒訓示。謹奏。二月二十七日。①

軍機大臣奉旨：另有旨。欽此。

此摺旋於二月三十日得清廷俞允，《清實錄》：“壬戌，諭內閣：曾國荃奏病仍未痊、請假調理一摺。曾國荃著賞假三個月，就醫調治。一俟假滿，即行來京陛見。陝甘總督仍著楊昌濬護理。”②而同年七月初四日，曾國荃又以假期已滿，病體未痊，復具摺陳請開缺調理，未得允行，再得賞三月之假。其摺曰：

太子少保新授陝甘總督一等威毅伯臣曾國荃跪奏，爲微臣假期已滿，病勢未痊，籲懇天恩，俯准開缺調理，恭摺瀝陳，仰祈聖鑒事。竊臣於光緒七年四月初三日行抵湖南省城，當於恭慰聖懷摺內聲明在長沙養病。嗣奉批摺：知道了。欽此。伏念臣本庸愚，賦質羸弱，命途屯蹇，半居憂患之中，所至艱難竭蹶，因之疾病日增。每當勞瘁困憊之餘，輒請假期，藉免應酬。本年三月，渥蒙聖慈垂憐，寬給假期，准予就醫，方冀專意靜攝可以速愈，無如暑雨濕蒸，足疾未嘗少減。長沙距臣里居不過四五日之程，至今尚未到籍，衰邁情形，已可概見。據醫者云，由於軍營疊被重傷，出血過多，積受風寒，元氣虧損，實非急切所能全愈。臣欲乞恩展假，則病痊未卜何時，西陲緊要之地，豈容久曠職守！思欲力疾北上，則右足不良於行，道路寒暑靡常，未秋先凜，倘或途次加劇，微軀尤覺難支。犬馬餘生，誠無足惜，緬維受恩之深重，未答涓埃，即今多病之支離，無由報稱。再四思維，惟有籲懇天恩，俯准開缺，庶幾仔肩暫釋，得以安心調理。從此日加培養，醫治癥結，尚可及時復元。一俟數月之後步履如常，即當趨叩闕廷，泥首宮門，求賞差使，斷不敢稍耽安逸，自外生成。所有微臣病體未痊籲請開缺調理緣由，恭摺瀝陳。伏乞皇太后、皇上聖鑒。再，此次拜摺，係借用湖南巡撫關防，合併陳明。謹奏。七月初四日。

① 中國第一歷史檔案館藏：《錄副奏摺》，檔號：03—5158—097；《曾忠襄公（國荃）奏議》，沈雲龍主編：《近代中國史料叢刊》第四十四輯，第 1935—1940 頁。

② 《清實錄·德宗景皇帝實錄（二）》，卷一百二十七，光緒七年二月，第 843 頁。

光緒七年七月二十三日，軍機大臣奉旨：曾國荃賞假三個月，安心調理，毋庸開缺。欽此。①

048. 回子郡王之子承襲世爵摺

光緒七年閏七月二十七日

署理欽差大臣督辦新疆軍務通政使司通政使二等男臣劉錦棠跪◆1奏，爲已故回子郡王之子年已及歲，請旨飭議，承襲世爵，恭摺具陳，仰祈聖鑒事。

竊據委辦吐魯番善後局務甘肅候補道雷聲遠稟稱：已故吐魯番魯克沁回子郡王阿克拉依都，原任葉爾羌阿奇木伯克◆2。同治三年，庫車逆回犯葉爾羌城，該回王隨同官兵打仗被執，於同治十二年遇害捐軀。其子瑪木特現已及歲，可否請襲世爵等因。當飭署吐魯番同知楊大年，查取宗圖冊結，旋據加結蓋印，詳送前來。卷查光緒四年，臣在喀什噶爾行營采訪回疆西四城歷年殉難滿漢文武官員及各阿奇木伯克銜名、事實，據已故魯克沁回子郡王前葉爾羌阿奇木伯克阿克拉依都之子瑪木特稟稱，伊父承襲魯克沁回子郡王世爵，充當葉爾羌阿奇木伯克。同治三年，庫車等處漢回變亂，犯葉爾羌城。伊父隨同官兵，出城打仗，力竭被執，擁至庫車監禁三年，又移喀什噶爾監禁六年，始終不屈。十二年，安集延逆酋阿古柏於禁中取出殺害，經臣咨報大學士前任陝甘督臣左宗棠具奏請恤。嗣經理藩院於光緒五年五月初五日議奏，本日奉旨：給恤賞銀一千一百兩等因。欽此。欽遵在案。臣維吐魯番魯克沁回子郡王，自額敏和卓肇封三傳至阿克拉依都，咸豐年間曾充葉爾羌阿奇木伯克，嗣因逆回倡亂，隨同官軍打仗，力竭被執，

①　中國第一歷史檔案館藏：《錄副奏摺》，檔號：03—5161—189；《曾忠襄公（國荃）奏議》，沈雲龍主編：《近代中國史叢刊》第四十四輯，第 1941—1943 頁。

監禁九年之久,未嘗屈辱,卒遇戕害,大節無虧。伊子瑪木特年已及歲,例得承襲魯克沁回子郡王世爵。相應請旨飭下理藩院核議,以便遵行。除將賫到宗圖册結一併咨院查照外,理合恭摺具陳。伏乞皇太后、皇上聖鑒訓示施行。謹奏。光緒七年閏七月二十七日◆3。

　　光緒七年九月二十六日◆4,軍機大臣奉旨:該衙門議奏。欽此。

　　【案】此摺録副查無下落,原件①現藏於中國第一歷史檔案館,兹據校補。

　　1.【署理欽差大臣督辦新疆軍務通政使司通政使二等男臣劉錦棠跪】此前銜據原件補。

　　2.【案】關於回子郡王阿克拉依都之事迹,咸豐四年三月初十日,葉爾羌參贊大臣德齡會同和田辦事大臣法福禮,以葉爾羌伯克阿克拉依都等呈請捐助軍餉,具摺奏請示下:

　　　　奴才德齡、法福禮跪奏,爲葉爾羌伯克呈請捐助軍餉,謹據情代奏,仰祈聖鑒事。竊現據葉爾羌三品阿奇木伯克郡王阿克拉依都、四品伊什罕伯克郡王銜貝勒邁瑪第敏呈稱:伯克等一介愚回,世受天恩,毫無報稱。現值内地軍務費用浩繁,葉爾羌文武俱各捐購軍餉,阿克拉依都情願捐輸銀二千五百兩,邁瑪第敏情願捐輸銀一千兩,藉伸下悃。謹將報捐銀兩數目呈請代奏前來。奴才等遂傳見該伯克等,諭以内地軍餉費用雖多,款項盡可通融,爾等可毋庸捐助。該伯克等瀝陳感戴,懇求再三。奴才等察其情詞肫切,未敢壅於上聞,謹據情恭摺具奏。該伯克等所捐銀兩,可否賞收,伏乞皇上聖鑒訓示遵行。謹奏。三月初十日。②

　　咸豐八年十一月十九日,葉爾羌參贊大臣慶英會同喀什噶爾參贊大臣

---

①　中國第一歷史檔案館藏:《硃批奏摺》,檔號:04—01—12—0528—022。
②　中國第一歷史檔案館藏:《録副奏摺》,檔號:03—4262—082。

固慶，具摺保舉阿奇木伯克阿克拉依都等共同捐修水磨工竣出力人員：

奴才慶英、固慶跪奏，爲另擇地址，建修水磨，據三品阿奇木伯克率領兩莊回子，捐修渠道、石磨、房間，一律完竣，並監修之員弁、書吏及捐資出力伯克回子核實酌擬開單請獎，恭摺仰祈聖鑒事。竊查葉爾羌原設官水磨二處，在回城南門外，離漢城二十餘里。上年，賊匪滋事，將該處房間磨盤全行燒毀無存，當即派員查明，籌款修理，前經附片奏明在案。奴才等伏思水磨所出穀粒，日供官兵食用，不可稍有間斷。該地方離城太遠，往返運送亦需脚價，且遇有事之時，勢難保護，僅仗城內旱磨供支面斤，實在不敢支用。奴才等公同商酌，擬在於附郭就近之處，踏勘地址，另行建修，庶幾一勞永逸，不致有誤兵糈。當行飭委前署糧餉章京部缺筆帖式哲成額查辦去後，旋據稟稱：勘得城北半里許，有空地一塊，堪以改建水磨。但地形微高，必須另開渠道以引河水，方能濟事，設有緩急，城上槍炮相離甚近，足資防衛等情。奴才等因事關創始，務期斟酌妥善，復親詣查勘，與該筆帖式所稟相符。當即諭飭采買木料，雇覓回夫，擇日興工。所需石磨四盤，葉爾羌山內向不出石，必由巴爾楚克采辦。正在籌畫間，據三品阿奇木伯克阿克拉依都稟呈：據密沙爾、哈依瑪克奇二莊大小回子呈稱，該莊田多水少，現聞新建官水磨，另開水渠，實於頭莊大有裨益，衆回子歡欣鼓舞，情願捐修水磨，挑挖渠道，共成其事等情。奴才等查係實在情形，該莊回子既樂於從事，未便阻其急公好義之忱，自應准如所請，隨即派委部缺筆帖式哲成額、署中營參將倭賀、已升游擊署守備米殿策、已升都司游擊衙史玨、千總趙啓榮、把總梁一龍，隨帶書吏，前往監修去後，復據回務章京多仁布呈：據三品阿奇木伯克阿克拉依都稟稱：該伯克情願捐麵一萬斤、石磨四盤，由巴爾楚克自行挽運。又據密沙爾莊明巴什木蔭捐辦木料一百三十根、椽子五百根、麥葦三百六十籠。哈依瑪克奇莊明巴什托胡達捐木料一千零七十根、椽子一千三百根。通事回子胡達、拜底土遜二名，共捐木板一千三百塊、麥二千五百斤。回子愛三、阿布拉、愛薩、阿布都思買提四名，共捐麵八千四百斤、石灰六千二百五十斤。又據葉爾羌閑散回子補用六品伯克阿塔,情願捐辦熟鐵五百六十斤、葦席一千二百塊、滾運木料車六輛,並捐助巴爾扎克修理城垣口糧麵九千六百七十九斤,捐助修理各廟宇、教場等處口糧麵二萬一千五百八十三斤,所需脚價,自行運送各等情。奴才等均飭令回務章京存記。茲據該筆帖式哲成額呈稱:自去年九月初八日興工起,至本年七月底止,修成磨樓二座,共房八間,内安石磨四盤,前後大小房四十五間,新開大渠一道,長九百零一丈八尺,寬一丈八尺,深九尺五寸。於河之上流修壩,堵水入渠中。所有舊河阻隔,架木爲梁,上安槪槽,長四丈,寬一丈五尺,深八尺,接水經過,復分爲兩股,直趨水磨,現已開工磨面,水勢暢流,可期久遠。所有需用木料、麵斤、匠役工作以及各項什物,均係伯克回子自行捐辦,動用無存。各工一律完竣,禀請驗收前來。奴才等親往查驗,俱屬工堅料實。此項工程既係該伯克等公同捐資辦理,請免造册報銷。至該員弁、書吏等在工數月,自備資斧,督催監修,著有微勞。該伯克回子踴躍捐輸,實屬情殷報效,未便泯其微忱。除將兵丁、回子由奴才等自行獎勵外,相應核實酌擬開單呈覽,籲懇天恩格外賜獎,以示鼓勵。再,此次修理各廟宇、教場五六臺河壩並巴爾楚克城工,共用麵六萬七千二百六十二斤,均係閑散回子升用六品伯克阿塔捐辦,請免報銷,合併聲明。謹將建修水磨工竣並捐資出力人員酌核保舉各緣由,理合恭摺具奏。伏乞皇上聖鑒。謹奏。十一月十九日。

　　咸豐八年十二月二十六日,奉硃批。欽此。①

3.【光緒七年閏七月二十七日】此具奏日期,據原件補。

4.【光緒七年九月二十六日】此奉旨日期,據《軍機處隨手登記檔》②校補。

①　中國第一歷史檔案館藏:《録副奏摺》,檔號:03—4136—105。
②　中國第一歷史檔案館藏:《軍機處隨手登記檔》,檔號:03—0232—3—1207—285。

049.回部坎巨提呈進貢沙金片

光緒七年閏七月二十八日

再,新疆色勒庫爾之南回部坎巨提向例進貢沙金。該頭目俄則項前於光緒四年呈進,經大學士前任陝甘督臣左宗棠奏奉諭旨,飭理藩院議奏,援案賞給大緞二匹,由左宗棠就近發給祗領在案◆1。茲准署幫辦新疆軍務廣東陸路提臣張曜咨稱:現據該頭目俄則項循例呈到進貢沙金一兩五錢,咨請具奏前來。臣覆核無異。除將例賞大緞二匹由臣發交轉給俄則項祗領,並將所進沙金一兩五錢咨送內務府呈進外,理合附片陳明。伏乞聖鑒。謹奏。

光緒七年九月二十六日◆2,軍機大臣奉旨:知道了。欽此。

【案】此奏片原件、錄副俱缺,茲僅理校。

1.【案】光緒四年十月,陝甘總督左宗棠以回目俄則項不甘從逆並進貢沙金,附片奏請議給犒賞:

> 再,臣准總統馬步全軍通政使司通政使二等男臣劉錦棠咨稱:色勒庫爾之南回部有名坎巨提者,譯即喀楚特,歸化已久,自安集延竊踞喀什噶爾後,隔絕不通,該頭目俄則項固守舊部,不甘從逆。此次官軍克復南八城,該頭目遣人遞稟,並循例恭呈進貢金沙一兩五錢,且以該處通溫都斯坦要隘,距邊界十日程,請示辦理。當經劉錦棠諭令照舊扼守,嚴查出入,並賞給五品頂戴及衣料、布匹等件。咨請具奏前來。臣維回疆變亂十有餘年,向時諸部落之羈縻勿絕者,或改歸他屬,或望風而靡,獨坎巨提一部,以蕞爾微區,憑險自固,巋然獨存。其孤立不屈,深明大義,實屬一時僅見。合無仰懇天恩,飭下理藩院,查照向章,議給賞犒,以昭激勸而廣懷柔。俟所進金沙一兩五錢遞送到營,再由臣咨送內務府呈進外,理合附片具陳。伏乞聖鑒訓示施行。謹奏。

光緒四年十月二十三日，軍機大臣奉旨：該衙門查議具奏。欽此。①

光緒六年八月初十日，左宗棠以俄則項循例進貢沙金，附片具奏曰：

再，新疆色勒爾之南回部坎巨提向例進貢沙金。該頭目俄則項前於光緒四年呈進，經臣奏奉諭旨，敕下理藩院議奏，援案賞給大緞二匹，飭由臣就近發給祗領在案。兹准幫辦新疆軍務通政使司通政使二等男臣劉錦棠咨稱：光緒六年三月間，復據該頭目俄則項循例呈進貢沙金一兩五錢。咨請具奏前來。臣覆核無異。除將例賞大緞二匹由臣發交轉給俄則項祗領並將所進沙金一兩五錢咨送內務府呈進外，理合附片具陳，伏乞聖鑒。謹奏。

光緒六年九月十八日，軍機大臣奉旨：該衙門知道。欽此。②

光緒八年八月二十四日，劉錦棠又爲回部坎巨提進貢沙金請賞，具摺曰：

欽差大臣督辦新疆軍務通政使司通政使二等男臣劉錦棠跪奏，爲呈進回部貢金，恭摺具陳，仰祈聖鑒事。竊照新疆色勒庫爾之南回部坎巨提，向來按年進貢沙金。該頭目俄則項前於光緒四年呈進，經大學士前督辦新疆軍務陝甘臣左宗棠奏奉諭旨，飭理藩院議奏，援案賞給大緞二匹，由左宗棠就近發給祗領，歷經欽遵辦理在案。兹准署幫辦新疆軍務廣東陸路提臣張曜咨稱：現復據該頭目俄則項呈到進貢沙金一兩五錢，已將例賞大緞二匹發交俄則項祗領。咨請具奏前來。臣覆查無異。除將所進沙金一兩五錢咨送內務府呈進外，理合恭摺具奏。伏乞皇太后、皇上聖鑒。謹奏。八月二十四日。

光緒八年十月初四日，軍機大臣奉旨：該衙門知道。欽此。③

---

①　中國第一歷史檔案館藏：《錄副奏片》，檔號：03—5796—111；《左宗棠全集·附冊》，第160頁，岳麓書社，2009。《左宗棠全集》考其具奏日期爲"光緒六年三月"，兹據錄副，當爲"光緒四年十月"。

②　中國第一歷史檔案館藏：《錄副奏片》，檔號：03—5534—008；《左宗棠全集·奏稿七》，第522—253頁，岳麓書社，2009。

③　中國第一歷史檔案館藏：《錄副奏摺》，檔號：03—5170—015。

2.【光緒七年九月二十六日】此奉旨日期,據《軍機處隨手登記檔》①校補。

050. 擒獲安夷監禁已久分別辦理摺

光緒七年八月十七日

署理欽差大臣督辦新疆軍務通政使司通政使二等男臣劉錦棠跪◆1 奏,爲前克達坂城擒獲安夷監禁肅州已久,現擬分別辦理,恭摺具陳,仰祈聖鑒事。

竊臣前於光緒三年三月初七日督師攻克達坂城,生擒夷回一千二百名,内除訊明係南八城及吐魯番托克遜等處纏回八百六十五名,喀喇沙爾、吐爾扈特種人六十九名,本地回民一百六十四名,各給衣糧,分別遣歸安插,報由大學士前任陝甘督臣左宗棠奏明外◆2,其餘所獲之安集延夷官大通哈一名,其名爲愛伊德爾呼里。夫通哈者,猶華言大總管也。又胖色提六名,一名愛什邁特,一名宜牙子邁特,一名毛喇阿邁特,一名他亦爾呼羅,一名愛里邁特,一名邁買地里。胖色提者,猶華言營官也。又安集延玉子巴什三十六名,南八城玉子巴什十二名。玉子巴什者,猶華言哨官也。又安集延職事人等如華言什長之類者四十六名。此外尚有被脅夷衆一百二名。計共獲安集延人二百十三名。時因大通哈供稱,願遣人報知帕夏阿古柏縛送陝酋白彦虎,表順歸誠,再求恩宥。各胖色提亦同聲代阿古柏乞款。臣比許其各遣親信數人往告阿古柏,一面將大通哈並各夷衆派員羈押,以俟回報。均禀由左宗棠核明奏報在案。旋以遣去夷衆回報需時,而此項擒獲安集延人數過多,行營方長驅前進,未便久押,禀經左宗棠批解肅州暫行監禁。臣於得批後,委派總兵凌應高點驗起解,除各夷目遣歸

① 中國第一歷史檔案館藏:《軍機處隨手登記檔》,檔號:03—0232—3—1207—285。

送信未還及因被擒受傷過重旋即身死並在押、在途病斃外,計解到肅州一百一十二名。左宗棠飭於肅城南隅隙地,另修獄房一所,房外四面高築圍墻,將各夷犯圈禁其中,飭肅州鎮標中軍守備撥兵防範,俾免疏失,並由肅州轉運局按月給予口糧,屆冬仍各給棉衣,以示體恤。嗣因夷目大通哈、胖色提並各玉子巴什等潛謀鑿墻逃走,經左宗棠查悉,立將各夷目及謀逃各犯訊明,軍前正法。餘存安集延人七十名,仍行圈禁。計自三年九月十八日解肅收禁,至今已逾四年之久。檢查從前被獲時原訊口供,現存各安集延人等多係脅從,並有為酋長勒令隨隊貿易者,委非甘心從逆,情本可原。且達坂城一役,所擒之漢纏並本地各回及吐爾扈特種人,凡係脅從,或遣歸原籍,或就近安插,均經奏明辦理有案。此起安夷雖與漢纏回民有別,然核其受酋脅制之情,初無二致,現在豢養數載,均能守法安分,感激國恩。據安肅道王必達詳情核辦前來。

臣維達坂城所擒之安集延人等,原因該夷目大通哈等自請公同上書帕夏阿古柏,勸其縛獻白逆,是以由營押解肅州,暫行圈禁。迨後阿古柏以勢窮力蹙,服毒身死,縛獻白逆一節亦遂無回報,而大通哈等鑿墻謀逃,經左宗棠訊明正法,其餘各犯因係脅從,又未同謀逃走,仍行圈禁,以至於今。左宗棠原擬俟軍務大定,奏懇恩施。惟此起係安集延脅從之犯,較之從前擒獲纏回脅從各犯辦理頗難。若遠遷內地,該犯等語言不通,服食不同,自難望其安處。若概行遣歸本國,安集延地方切近回疆,竊恐遣歸之後,若輩視從逆為故常,亦非所以示遠人而昭儆戒。若仍久禁肅州,則中俄和議已定,肅州現准通商,安集延今屬俄人邊部,將來俄人至肅,其中難保無代為請命者。允則不成事體,不允又慮枝節橫生。此種情形,均為事所或有。若不先事慮及,臨時必致差謬。臣思維再四,擬懇天恩,將肅州監禁各安集延之原供貿易者遣歸本國;其餘被脅勉從者,酌發南八城各阿奇木伯克爲奴,嚴加管束,不准遠出滋事。似此分別擬辦,庶遣歸者共戴皇仁,而分發爲奴者亦知守法安分矣。如蒙俞允,再由臣將各犯行提到營,宣布朝廷撫良誅匪德意,曉以利害,反覆開陳,務使遣歸、分發各夷類咸知懷德畏威,不敢妄萌異志,方爲得宜。所有前克達坂城擒獲安夷監禁肅州日久,現擬分別辦理緣由,是否有當,理合恭摺具陳。伏乞皇太后、皇上聖鑒訓示。謹奏。

光緒七年九月初十日◆3,軍機大臣奉旨:著照所請,該部知道。欽此。

【案】此摺缺原件、録副,《欽定平定陝甘新疆回匪方略》亦未收録,兹僅理校。

1.【署理欽差大臣督辦新疆軍務通政使司通政使二等男臣劉錦棠跪】此前銜係推補。

2.【案】劉錦棠率軍攻克達阪城、擒獲安集延夷人押解肅州監禁之稟,現已無從查悉,而陝甘總督左宗棠之覆函可資查照:

> 湘軍劉總統票攻克達阪城擒獲安集延夷人押解肅州監禁由,據稟已悉。逆酋帕夏於庫爾勒服毒自斃,指供確鑿,業據該總統前稟具報。逆子海古拉負屍行至庫車,又經庫車、阿克蘇、薩牙三處回人截殺。由張軍門轉據羅布淖伯克等呈報到營,合之該總統前稟海古拉經庫車、回子擋留之説相符,而各營探稟亦有同者。以事理言之,海古拉負屍西趨,自以速歸故巢爲意,斷無中道迍邅之理。既留滯庫車,其爲庫車回子遮截所致無疑。大通哈等所遣之人既無確實回報,安知海古拉之在庫車與否? 今請寄信庫車,覓海古拉下落。投遞密信,不過姑爲若輩緩死之計,未必足恃。且白逆狡詐,非帕夏父子所能制,已在意料之中。惟即予辦理,亦屬無謂。該總統暫留不殺,以觀其變,所見甚是。至其餘在押各夷七十六名,應即解由吐魯番轉解赴肅監押可也。該總統親統大軍西進,自應以烏垣防務交金提督辦

理。英都統老於行間,久經戰伐,皖軍本其舊部,亦可就近指麾。此後該軍臺務自應移設吐魯番,以取近捷,不必專恃烏垣作後路。惟達阪、托克遜應留營鎮壓,尚須與張軍門籌定分布耳。潘長清明白妥實,以之代湯秀齋,甚好。見在糧、運兩事能否敷衍,交秋後天氣是否凉定,未能懸揣。師期遲速,一聽該總統酌定,本爵大臣閣部堂不爲遥制,實則不可遥制也。南疆戡定有期,幸穩慎圖之爲要。①

3.【光緒七年九月初十日】此奉旨日期,據《軍機處隨手登記檔》②校補。

【案】據《清實録》:“己亥……督辦新疆軍務通政使劉錦棠奏請將監禁肅州之安集延脅從夷衆原供貿易者,遣歸本國,被脅勉從者,酌發南八城各阿奇木伯克爲奴,嚴加管束。從之。”③由此可斷,劉錦棠此摺之奉旨日期應爲“光緒七年九月初十日”。

---

①　《左宗棠全集·札件》,第430—431頁,岳麓書社,2009。

②　中國第一歷史檔案館藏:《軍機處隨手登記檔》,檔號:03—0232—3—1207—269。

③　《清實録·德宗景皇帝實録(二)》,卷一百三十六,光緒七年九月上,第957頁。

劉錦棠奏稿卷三

起光緒七年十月,訖光緒八年七月

051.籲懇收還成命另簡賢能接替摺

光緒七年十月初一日

欽差大臣督辦新疆軍務通政使司通政使二等男臣劉錦棠跪◆¹奏,爲籲懇天恩,收還成命,另簡賢能接替,以重邊疆,而免貽誤,恭摺仰祈聖鑒事。

竊臣准吏部咨開:光緒七年八月二十四日內閣奉上諭:通政使司通政使劉錦棠,著授爲欽差大臣,督辦新疆軍務等因。欽此。伏念臣識淺才疏,不學無術。自接權篆務以來,夙作夜思,時形竭蹶,於邊域全無裨益,自知力小任重,弗克負荷,曾經兩次披瀝下忱,具摺懇辭,未獲仰邀俞允,五內屏營,不知所出。微臣之愚,猶謂暫行署理,不過目前權宜之舉,一切事宜,惟有勉循左宗棠規畫成法,靜候交代。乃蒙倚畀益隆,授爲欽差大臣,督辦新疆軍務。聞命之下,悚惶莫名。臣自束髮從軍以洎於今,受恩至爲深重,即捐糜頂踵,難言報稱。前次疊辭重任,均荷溫諭訓勉,已不禁感激涕零。茲復榮膺特授,寵遇愈優。臣心非木石,苟爲棉力◆2之所克逮，自當黽勉以從，藉答涓埃，何敢飾讓沽名，畏難諉責，以自外高厚生成。惟新疆幅員周二萬餘里，內而種族蕃雜，外而强鄰密邇。屬茲久亂積罷之後，以防務言之，則餉項日絀，籌畫綦難；以善後言之，則事係創舉，繁重異常。至於中外交涉諸事件，尤動關全局安危。疆事之艱鉅，倍於各省；督辦之仔肩，重於督撫。是非勛望夙著、卓有經世之略者，不足以策久安而資統轄。臣本軍旅粗材，國家苟有緩急，屬以偏師，俾效馳驅，仰賴福威方略，或可倖呈薄效。至關外巖疆重寄，實非臣之庸陋所能濟事。在一時承乏，已愧建樹毫無，若復貪榮戀棧，居之不疑，終必誤公曠職，煩朝廷異時西顧之憂。迨至僨事之餘，即治臣以應得之罪，而貽害已屬不淺。與其隕越於將來，不若瀆陳於此日。

合無仰懇天恩，俯念西事關重，收還成命，另簡賢能大員，畀以欽符，督辦新疆軍務，庶邊境可期永奠，而臣得藉以自循愚分。如蒙允准，擬俟交替後，即行戒裝北上，泥首宮門，以伸犬馬戀主之忱。臣從前剿辦關內外逆回，出入鋒鏑之中者十有餘年，初未嘗有所規避，何至頓改效命之初心，自便偷安之私計！祇以才力不及，不得不籲懇，矜全區區愚悃。儻邀聖慈垂諒，匪獨微臣之幸，實邊事之大幸也。謹繕摺由驛具奏。伏乞皇太后、皇上聖鑒訓示施行。謹奏。光緒七年十月初一日◆3。

光緒七年十月二十日◆4，軍機大臣奉旨：覽奏。情詞懇切，具見寅畏之忱。惟念劉錦棠任事經年，辦理一切，頗臻妥協。該大臣膺茲重寄，惟當將防務善後及中外交涉諸事竭力籌辦，以期邊圉久安，用副委任，毋許固辭。欽此。

【案】此摺缺録副，原件①現藏於中國第一歷史檔案館，兹據校補。

1.【欽差大臣督辦新疆軍務通政使司通政使二等男臣劉錦棠跪】此前銜據原件補。

2.【棉力】原件作"綿力"，是。

3.【光緒七年十月初一日】此具奏日期，據原件補。

4.【光緒七年十月二十日】此奉旨日期，據《軍機處隨手登記檔》②校補。

【案】關於此摺之奉旨日期，《清實録》："己卯，督辦新疆軍務通政使劉錦棠以署任實授，奏懇收回成命。得旨，覽奏。情詞懇切，具見寅畏之忱。惟念劉錦棠任事經年，辦理一切，頗臻妥協。該大臣膺兹重寄，惟當將防務善後及中外交涉諸事，竭力籌辦，以期邊圉久安，用副委任，毋許固辭。"③"己卯"應爲"光緒七年十月二十日"，與《軍機處隨手登記檔》所載相合。

052. 請免鄭錫澡繳捐復銀兩片

光緒七年十月二十日

再，臣軍委員開復花翎升用同知浙江候補知縣鄭錫澡，前於新疆南路諸軍五次剿平邊寇案内在事尤爲出力，經臣於本年六月初二日附片奏保◆¹，請免其補繳加倍捐復銀兩，以知縣仍留浙江補用，並俟補缺後，再行送部引見。光緒七年七月初四日，軍機大臣奉旨：該部議奏。欽此。兹准吏部咨開：查鄭錫澡革職原案◆²，係屬私罪。今得有勞績，請免繳捐復銀兩，仍留浙江補用，並未奉旨允准，且例應引見人員，非軍務省分，概不准保，俟補缺後再行引見。所請免其補繳加倍捐復銀兩仍以知縣仍留浙江補用並俟

① 中國第一歷史檔案館藏：《硃批奏摺》，檔號：04—01—16—0213—027。
② 中國第一歷史檔案館藏：《軍機處隨手登記檔》，檔號：03—0232—4—1207—308。
③ 《清實録·德宗景皇帝實録（二）》，卷一百三十八，光緒七年十月，第980頁，中華書局，1987。

補缺後再行送部引見之處，均核與章程不符，應毋庸議。仍飭該
員補繳加倍捐復銀兩，俟銀兩繳清，給咨赴部引見，由部另擎省分
補用等因。於光緒七年閏七月十四日具奏，奉旨：依議。欽此。
恭録知照到臣。伏思此案既經吏部議駁，奉旨依議，自應欽遵
辦理。惟查鄭錫澤前隨臣疊次剿辦邊寇，打仗奮勇，陣斬要逆，
實屬異常出力。雖此次所請獎叙係屬奉旨交議，並非已蒙允准
之案，然臣於本年四月初十日陳明五次剿平邊寇案内，鄭錫澤
應得褒獎，請俟剿辦階州番匪保案部覆到營，再行甄叙。奉旨：
該衙門知道。欽此。欽遵在案。是鄭錫澤著有勞績未可掩抑，
固已早邀聖明洞鑒。若因該員保案現經部臣一併議駁，臣遂將
所立戰功置不復録，而同案出力諸員皆已仰蒙恩獎，獨任鄭錫
澤一員向隅，將何以昭公允而作士氣！在部臣謹守成法，自不
容不遇事循例，而邊疆軍務非信賞難以圖功，臣亦不能不爲另
核請獎。合無仰懇恩施，准將開復花翎升用同知浙江候補知縣
鄭錫澤，免其補繳加倍捐復銀兩，仍俟該員經手事件完竣，給咨
赴部引見，由部另行籤擎省分補用，以獎前勞而策後效之處，出
自逾格鴻慈。謹附片具陳。是否有當，伏乞聖鑒訓示施行。
謹奏。

　　光緒七年十一月十四日◆3，軍機大臣奉旨：著照所請，該部知
道。欽此。

　　【案】此奏片缺原件，録副①現藏於臺北故宮博物院，兹據校補。
　　1.【案】光緒六年六月十五日，陝甘總督左宗棠以差遣需員，飭調鄭錫
澤等赴甘，留營差委，以資臂助，奏請飭部備案：
　　　　再，臣營差遣需員。查有湖南丁憂在籍兵部車駕司七品小京官

---

　①　臺北故宮博物院藏：《軍機及宮中檔》，文獻編號：119514。

朱冕榮，篤實勤慎，才品均優，比經札調赴營。據稟，上年八月二十日服闋，由籍呈明咨部，現已遵調到營。已革浙江花翎升用同知補用知縣鄭錫濠，以貴州文生隨臣轉戰浙中，疊著戰功，洊保知縣，歷署奉化、山陰、黃巖等縣，循聲卓著，嗣因餘杭案被議革職。臣上年札調赴甘。現均留營差委，以資臂助。伏懇天恩，飭部備案。該員等感激鴻施，自當奮勵圖報。微臣隨時勖勉，務期練習，克底於成。謹附片陳明。伏乞聖鑒訓示。謹奏。

　　軍機大臣奉旨：該部知道。欽此。①

光緒七年正月二十四日，督辦新疆軍務劉錦棠以鄭錫濠剿辦邊寇異常出力，附片奏請給予獎叙，以昭公允：

　　再，查大學士前任陝甘督臣左宗棠於剿辦階州番匪案內奏請開復之已革花翎升用同知浙江候補知縣鄭錫濠，於光緒三年因餘杭案被議革職，旋經左宗棠奏調西來，派赴臣營差遣。臣前在回疆剿辦邊寇，該員隨隊打仗，異常出力。嗣於光緒五年冬，該員奉差入關，適值階州番匪滋事，復經左宗棠派往該處，隨同署蘭州道劉璈等辦理剿撫事宜，尤為得力。是以左宗棠於剿辦番匪案內，奏請開復原官原銜翎枝，並免繳捐復銀兩。奉旨：著該部議奏。欽此。伏思該員鄭錫濠於剿辦邊寇案內在事異常出力，未便沒其老勩，自應列入彙案請獎。查該員前經左宗棠奏請開復之案，現在尚未接准部覆，以致此案底銜難以懸擬。合無仰懇天恩，准將該員此案應得保獎俟接准前案部覆後，再由臣奏請甄叙，以昭公允而免向隅之處，出自逾格鴻慈。謹附片陳明。伏乞聖鑒。謹奏。

　　軍機大臣奉旨：該部知道。欽此。②

光緒七年六月初二日，劉錦棠再附片奏請准浙江候補知縣鄭錫濠免繳捐復銀兩，以知縣留於浙江補用：

　　再，查臣營委員開復花翎升用同知浙江候補知縣鄭錫濠，前於新

①　中國第一歷史檔案館藏：《硃批奏片》，檔號：04—01—16—0212—062。
②　中國第一歷史檔案館藏：《硃批奏片》，檔號：04—01—16—0207—089。

疆南路諸軍五次剿平邊寇案內隨隊打仗，異常出力。本年四月間，臣遵旨彙保此案在事出力各員弁，當因該員先於剿辦階州番匪案內經大學士前任陝甘督臣左宗棠奏請開復原官原銜翎枝，並免繳捐復銀兩。奉旨：著該部議奏等因。欽此。其時尚未接准部覆，致此案底銜難以懸擬。比經附片陳明，懇將該員此案應得保獎俟接准前案部覆，再由臣奏請甄敘在案。茲准護理陝甘總督臣楊昌濬咨：准吏部咨開：鄭錫濠應准其開復原官原銜翎枝，仍按章程飭令該員補繳加倍捐復銀兩，俟銀兩繳清，咨報吏戶二部，並給咨該員赴部引見等因。於光緒七年三月初一日具奏，奉旨：依議。欽此。欽遵知照前來。臣查鄭錫濠既於剿辦番匪案內開復原官原銜翎枝，所有五次剿平邊寇案內，該院實屬異常出力，未便沒其勞績。合無仰懇天恩，准將開復花翎升用同知浙江候補知縣鄭錫濠免其補繳加倍捐復銀兩，以知縣仍留浙江補用，並俟補缺後再行送部引見，出自逾格鴻慈。謹附片具陳。伏乞聖鑒訓示施行。謹奏。

　　光緒七年七月初四日，軍機大臣奉旨：該部議奏。欽此。①

　　2.【案】浙江候補知縣鄭錫濠革職一案，緣於光緒元年浙江餘杭葛品連身死案，因葛畢氏、楊乃武均被刑逼妄供因姦謀斃葛品連，枉坐重罪，鄭錫濠於密查案情後，含糊稟覆，於光緒三年二月被擬革職。《清實錄》：

　　光緒三年丁丑二月壬寅，諭內閣：前因給事中王書瑞奏浙江覆訊民人葛品連身死一案，意存瞻徇，特派胡瑞瀾提訊。嗣據該侍郎仍照原擬具奏，經刑部以情節歧異議駁。旋據都察院奏，浙江紳士汪樹屏等聯名呈控，降旨提交刑部審訊。經刑部提集人證，調取葛品連屍棺，驗明實係因病身死，並非服毒，當將相驗不實之知縣劉錫彤革審。並據御史王昕奏，承審大員任意瞻徇，復諭令刑部徹底根究。茲據該部審明，定擬具奏。此案已革餘杭縣知縣劉錫彤因誤認屍毒，刑逼葛畢氏、楊乃武妄供因姦謀斃葛品連，枉坐重罪，荒謬已極。著照所擬，從重發往黑龍江，效力贖罪，不准收贖。前杭州府知府陳魯，於所屬

①　中國第一歷史檔案館藏：《錄副奏片》，檔號：03—6016—075。

知縣相驗錯誤，毫無覺察，並不究明確情，率行具詳，實屬玩視人命。寧波府知府邊葆誠、嘉興縣知縣羅子森、候補知縣顧德恒、龔世潼，承審此案，未能詳細訊究，草率定案。候補知縣鄭錫濠，經巡撫派令密查案情，含糊稟覆。均著照所擬革職。巡撫楊昌濬據詳具題，既不能察出冤情，迫京控覆審，又不能據實平反，且於奉旨交胡瑞瀾提訊後，復以問官並無嚴刑逼供等詞嘵嘵置辯，意存迴護，尤屬非是。侍郎胡瑞瀾於特旨交審要案，所訊情節，既與原題不符，未能究詰根由，詳加覆驗，率行奏結，殊屬大負委任。楊昌濬、胡瑞瀾均著即行革職。餘著照所擬完結。人命重案，罪名出入攸關，全在承審各員盡心研鞫，期無枉縱。此次葛品連身死一案，該巡撫等訊辦不實，始終迴護，幾致二命慘罹重辟，殊出情理之外。嗣後各直省督撫等於審辦案件，務當督飭屬員悉心研究，期於情真罪當，不得稍涉輕率，用副朝廷明慎用刑至意。①

3.【光緒七年十一月十四日】此奉旨日期，據錄副補。

【案】光緒十二年十一月初十日，浙江巡撫衛榮光附片奏請飭令欠繳浙省濫款各員，勒限速行掃解，以重庫款：

　　再，稽核豁免總局布政使許應鑅詳稱：本屆查豁民欠、追提濫款案內，有回籍及改省各欠員，現經開單詳奉奏咨，將各該員押解來浙，以憑嚴追在案。迄今日久，未准咨覆，亦未據各該員來浙完解，均屬任意違延。茲查陳寶善一員，江蘇江寧縣人，寄籍安徽歙縣，欠繳銀一千一百九十五兩。該員現在甘肅，以道員補用，經督辦東三省防務福州將軍穆圖善奏調差遣。鮑國琦一員，四川成都縣人，欠繳銀三千二百五十七兩。該員現已選授直隸沙河縣知縣。鄭錫濠一員，貴州玉屏縣人，欠繳銀七千五百二十七兩。該員現在新疆效力。王福祥一員，正黃旗漢軍惠成佐領下人，欠繳銀一千二百六十兩，現以候補道員在京當差。以上四員，皆非無力完繳，豈容日久延宕！開單詳請分別奏咨前來。臣查陳寶善等均係有官人員，現有差委，應繳浙省豁

① 《清實錄·德宗景皇帝實錄（一）》，卷四十八，光緒三年二月下，第663—664頁。

免案内濫款銀兩，自應遵飭完納。除開單分咨各該員改省將軍、都統、督撫等轉飭趕緊掃解外，相應請旨飭下各該將軍、督同、督撫等轉飭各該員將應繳前項銀兩迅速掃解，如再遲延，即行委員押解來浙，以便按限勒追，以重庫款而儆玩延。理合附片陳請。伏乞聖鑒訓示。謹奏。①

鄭錫濤雖於新疆剿辦邊寇等案内異常出力，卓著勛勤，開復原官原銜翎枝。然免繳捐復銀兩一案，據浙江巡撫衛榮光之奏，清廷堅持原議，仍勒令按限追繳。《清實錄》：

> 辛亥，諭内閣：衛榮光奏查辦豁免追提濫款請將逾限不繳各員分別嚴追一摺……另片奏回籍及改省各員請飭嚴追等語。甘肅候補道陳寶善、直隸沙河縣知縣鮑國琦、新疆效力之鄭錫濤、候補道王福祥，著各該將軍、都統、督撫等轉飭各該員，將應繳銀兩迅速掃解，如再遲延，即行委員解往浙江，按限勒追。②

053. 請優恤楊傑片
光緒七年十月二十日

再，臣行營已故營務處委員花翎留甘肅遇缺儘先題奏道楊傑◆1，自咸豐年間投效軍營，夙著勤勞。前值邊防戒嚴，營務異常繁劇，該員承辦一切，勇於任事，夙夜從公，不辭勞瘁，實軍中最為得力之人。奈該員體素清羸，因用心過度，以致元氣大虧，漸成虛勞之證，始猶不甚介意，仍復力疾辦公，毫無貽誤，旋因關外寒熱無常，水土不宜，外感乘虛，深入膏肓，醫藥罔效，竟於光緒七年閏七月十八日在哈密行營病故，實係積勞所致，深堪憫惻◆2。合無仰懇天恩俯准，飭部將已故花翎留甘肅遇缺儘先題奏道楊傑照軍

---

① 中國第一歷史檔案館藏：《錄副奏片》，檔號：03—6558—071。
② 《清實錄·德宗景皇帝實錄（四）》，卷二百三十五，光緒十二年十一月下，第169頁。

營積勞病故例從優議恤,以彰勞藎之處,出自逾格鴻慈。謹附片
具陳。伏乞聖鑒訓示施行。謹奏。

　　光緒七年十一月十四日◆3,軍機大臣奉旨:楊傑著照所請,交
部從優議恤。欽此。

　　【案】此片缺原件,錄副①現藏於臺北故宮博物院。茲據校補。
　　1.【案】光緒五年九月十四日,陝甘總督左宗棠以楊傑等精明幹練,奏
請改留甘肅新疆,辦理善後事宜,仍照原班叙補,得允行:

　　　　再,甘肅新疆善後事宜,軍務、地方均賴得人經理。茲查有補用
　　知府江西候補同知楊傑,精明幹練,辦事實心。補用知州浙江試用通
　　判傅壽森,才具敏達,志在有爲。同知銜浙江試用知縣汪榘,才長心
　　細,慮事周詳。均經臣暨督辦甘肅新疆善後事宜前浙江撫臣楊昌濬
　　札調來營,委辦營務,冀收指臂之效。合無仰懇天恩俯准,將補用知府
　　江西候補同知楊傑、補用知州浙江試用通判傅壽森、同知銜浙江試用知
　　縣汪榘三員,改留甘肅新疆,仍照原班叙補,俾收得才實效。除分咨江
　　西、浙江撫臣知照外,謹合詞附片具陳。伏乞聖鑒訓示施行。謹奏。
　　　　光緒五年十月十一日,軍機大臣奉旨:著照所請,該部知道。
　　欽此。②
　　2.【深堪憫惻】錄副作“深堪憫惜”。
　　3.【光緒七年十一月十四日】此奉旨日期,錄副缺署,《清實錄》:“壬
寅,予已故甘肅遇缺題奏道楊傑優恤。”③“壬寅”即“十一月十四日”,並與
同日其他奏片奉旨日期一致,茲據補。

054. 賑恤吐爾扈特南部落銀兩請飭核銷摺

光緒七年十一月二十一日

　　欽差大臣督辦新疆軍務通政使司通政使二等男臣劉錦棠

---

①　臺北故宮博物院藏:《軍機及宮中檔》,文獻編號:119507。
②　中國第一歷史檔案館藏:《硃批奏片》,檔號:04—01—12—0526—029;《錄副奏片》,檔
號:03—5142—034。
③　《清實錄·德宗景皇帝實錄(二)》,卷一百三十九,光緒七年十一月,第995頁。

跪◆1奏,爲遵旨發過吐爾扈特南部落人衆賑恤銀兩,懇請飭下理藩院核銷,恭摺具陳,仰祈聖鑒事。

竊查大學士前任陝甘督臣左宗棠移交卷內,光緒四年九月間,吐爾扈特南部落難民七千八百餘名口,由伊犁西湖仍歸喀喇沙爾珠爾都斯地方游牧。經喀喇沙爾善後局員黃丙焜防營營官黃長周妥爲安插,查明待賑者四千餘名口,比即按名發給賑糧,俾資日食。嗣左宗棠欽奉光緒四年十二月初四日上諭:金順奏吐爾扈特南部落人衆旋回喀喇沙爾珠爾都斯地方游牧一摺。吐爾扈特南部落人衆,自逆回構亂以來,逃散各處,顛沛流離,經該署盟長派員前往收集,約計一萬餘人,現已遷移,仍回珠爾都斯游牧。該部人衆困苦情形,殊堪矜念。加恩著賞給銀四萬兩,由左宗棠給發,用示優恤藩部至意等因。欽此。當經左宗棠恭錄宣布,並飭局員黃丙焜等察酌,貧戶賑糧仍須接續給發。該部落多係插帳游牧,須換製帳房,購買羊種,即酌給銀兩備辦,用示朝廷優恤藩部至意,歷經左宗棠奏明在案◆2。茲據局員黃丙焜禀稱:該部落福晉恩克巴圖自光緒四年九月起至六年九月止,陸續由該局領過各色賑糧七十二萬九千九十九斤十兩,按照本地采運價值,折合銀一萬四千八百二十八兩二錢四分三釐。又領過羊種一千六十隻,每隻采價銀五錢六分,共合銀五百九十三兩六錢。又領過現銀二萬四千五百七十八兩一錢五分七釐。統共合算銀四萬兩。取具該福晉總散領狀,禀請核辦前來。臣覆查無異。

竊維吐爾扈特人衆,自遭逆回變亂以來,轉徙地方,流離困苦。迨歸復舊土,仰荷皇仁,賞給四萬兩,該部落人衆得資生活,永慶安居。數年以來,生齒漸繁,畜牧日富,莫不含哺鼓腹,歌頌高厚鴻恩於無極。該部落人民渾樸,近尚安靜,足以上慰聖懷。所有發過該部落賑恤銀四萬兩,相應請旨飭下理藩院核銷。除分咨外,謹恭摺具陳。伏乞皇太后、皇上聖鑒訓示施行。謹奏。十一月二十一日◆3。

　　光緒七年十二月十三日◆4，軍機大臣奉旨：該衙門知道。
欽此。

　　【案】此摺缺原件，録副①現藏於臺北故宫博物院，兹據校補。
　　1.【欽差大臣督辦新疆軍務通政使司通政使二等男臣劉錦棠跪】此前
銜據録副補。
　　2.【案】光緒四年十二月初六日，陝甘總督左宗棠附片具報安插吐爾
扈特人衆：
　　　　再，臣前奉光緒四年正月二十三日上諭：金順奏吐爾扈特南部落
　　　懇請仍歸喀喇沙爾地方照舊游牧一摺。吐爾扈特人衆自遭兵燹以來
　　　寄住庫爾喀喇烏蘇，情形困苦。現在喀喇沙爾業經克復，據稱，福晉
　　　恩克巴圖呈請帶領伊子布彥綽克圖並屬下阿拉巴圖，取道烏魯木齊
　　　南山前赴喀喇沙爾，收集逃散人衆，仍歸珠爾都斯地方照舊游牧。自
　　　應准如所請，以示體恤。著左宗棠、金順將該部落人衆設法安插，毋
　　　令失所等因。欽此。祗領之餘，敬仰聖慈軫念藩部一視同仁至意。
　　　竊查喀喇沙爾一城，前被安夷、陝逆掘開都河水淹没，已成巨浸。迨
　　　經官軍收復，廬舍蕩然無存。比派員前往設局，辦理善後，撫輯流亡，
　　　疏銷積水，修葺城堡，並派各營分駐其間，以資照護，漸有成效可觀。
　　　前奉諭旨：吐爾扈特人衆欲歸舊土游牧，應即設法安插。當經恭録咨
　　　會金順：俟該福晉等起程，派員送至喀喇沙爾，並飭沿途防營派隊護
　　　送，設局支給食糧。到喀後，收集該部人衆，飭由善後局及防營妥爲
　　　照料，令其照舊在珠爾都斯地方游牧。其貧苦不能自存者，酌發賑
　　　糧，俾免失所。嗣據喀喇沙爾善後局委員補用知州黄丙煜、管帶防營
　　　補用知縣黄長周等稟報：從前寄住伊犁之吐爾扈特人衆於九月間接
　　　踵歸來，當派隊伍妥爲照護。查點人數，共大小男婦七千八百餘名
　　　口，均就開都河兩岸安插游牧。惟其中能自食者僅三千餘名口，餘均

────────────

　　①　臺北故宫博物院藏：《軍機及宫中檔》，文獻編號：120085。

待哺嗷嗷。黃丙煜等察看情形，宣示皇仁，按日發給賑糧，復業安居，照常靜謐。臣維吐爾扈特人衆，自逆回肆亂，分兩股奔逃，一逃伊犂，一逃西湖，十餘年來，轉徙流離，困苦已極。仰仗朝廷威福，邊圉肅清，得歸舊土，復領獲賑糧，藉資存活，感荷皇仁再造，有口同聲。其吐爾扈特福晉恩克巴圖尚寄寓西湖，稱俟喀喇沙爾安插竣事，即率同餘衆一併歸來。所有安插吐爾扈特人衆情形，謹附片陳明。伏乞聖鑒訓示。謹奏。

　　軍機大臣奉旨：另有旨。欽此。①

光緒四年十二月二十八日，陝甘總督左宗棠復具摺奏報賑恤吐爾扈特南部落新歸人衆情形：

　　欽差大臣大學士督辦新疆軍務陝甘總督二等恪靖侯加一等輕車都尉臣左宗棠跪奏，爲覆陳賑恤吐爾扈特南部落新歸人衆情形，恭摺仰祈聖鑒事。竊臣欽奉本年十二月初四日上諭：金順奏吐爾扈特南部落人衆旋回喀喇沙爾珠爾都斯地方游牧一摺。吐爾扈特南部落人衆，自逆回構亂以來，逃散各處，顛沛流離，經該署盟長派員前往收集，約計一萬餘人，現已遷移，仍回珠爾都斯游牧。該人衆困苦情形，殊堪矜念。加恩著賞給銀四萬兩，由左宗棠給發，用示優恤藩部至意等因。欽此。臣查吐爾扈特南部落人衆，前回喀喇沙爾珠爾都斯地方游牧，共計七千八百餘名口，經喀喇沙爾善後局員補用知州黃丙煜、防營營官補用知縣黃長周妥爲安插，查明待賑者四千餘名口，比即飭令按名發給賑糧，以資口食，經臣於本年十二月初六日奏明在案。竊維新疆勘定，議設行省、改郡縣，以及裁併營旗，假歸兵勇，需餉甚鉅。兵燹之餘，各處流亡來歸，均資安插。招徠、撫輯、開墾，均發給賑糧、牛力、種籽，事歸一律，俾無厚薄之分。吐爾扈特人衆新歸，發賑安插，無凍餒之虞，有團聚之樂，感荷皇仁廣被，有口同聲。賑糧原議截至明年二月止，旋欽奉諭旨，賞給銀四萬兩，臣以恭錄宣

---

① 《左宗棠全集》，第十冊，第8401—8404頁，上海書店出版社，1986；《左宗棠全集·奏稿七》，第205—206頁，岳麓書社，2009。

佈，並飭局員黃丙焜等察酌貧户，賑糧仍須接續照發。該部落多係叉帳游牧，須換製帳房，購買羊種，即酌給銀兩備辦，用示我皇上優恤藩部至意。其發過賑糧、銀兩，由臣另款報銷。所有賑恤吐爾扈特南部落新歸人衆情形，恭摺覆陳。伏乞皇太后、皇上聖鑒訓示施行。謹奏。光緒四年十二月二十八日。

　　軍機大臣奉旨：知道了。欽此。①

3.【十一月二十一日】此具奏日期，據録副補。

4.【光緒七年十二月十三日】此奉旨日期，據録副補。

055. 刊換督辦西征糧臺關防片

光緒七年十一月二十一日

　　再，陝西按察使沈應奎蒙恩擢授貴州布政使◆1，例應陛見，即赴新任。臣與護理陝甘督臣楊昌濬因其有經手軍需報銷尚未辦竣，不便遽易生手，前經會銜奏留◆2，懇將沈應奎暫緩交卸西征糧臺事務，以清要案。奉旨：沈應奎著俟葉伯英到陝交卸泉篆，將經手事件辦竣，仍遵前旨來京陛見。欽此。欽遵在案。臣查沈應奎從前辦理西征糧臺事務，由大學士前任陝甘督臣左宗棠刊發欽差大臣營務處辦理西征糧臺布政使銜陝西按察使司按察使關防一顆，曾經奏明有案◆3。現在沈應奎既已◆4升貴州藩司，暫行留辦銷案，自應刊換關防，俾資信守。茲由臣改刻木質關防一顆，文曰欽差大臣奏委總理營務處督辦西征糧臺貴州布政使司布政使關防，發交沈應奎啓用，並飭將原用關防即行銷毀。至該臺應行奏催及咨行各省關事件，仍照舊呈由陝西撫臣核辦，一面呈報陝甘督臣衙門暨臣行營察核，以符原案。謹會同護理陝甘督臣楊昌

---

①　臺北故宫博物院藏：《軍機及宫中檔》，文獻編號：408006215；《左宗棠全集·奏稿七》，第230—231頁，岳麓書社，2009。

濬、陝西撫臣馮譽驥附片陳明。伏祈◆⁵聖鑒。謹奏。

　　光緒七年十二月十三日◆⁶,軍機大臣奉旨:知道了。欽此。

　　【案】此奏片缺原件,錄副①現藏於臺北故宮博物院,茲據校補。

　　1.【案】光緒七年八月十三日,清廷令陝西按察使沈應奎補授貴州布政使。同年九月初七日,沈應奎具摺謝恩,並請進京陛見:

　　　　補授貴州布政使陝西按察使臣沈應奎跪奏,爲恭謝天恩,籲懇陛見,仰祈聖鑒事。竊臣接奉撫臣行咨:准吏部咨開:光緒七年八月十三日內閣奉上諭:貴州布政使著沈應奎補授。欽此。臣當即恭設香案,望闕叩頭謝恩。伏念臣浙西下士,智識庸愚,由校官簽升云南知縣,即隨大學士前督臣左宗棠從戎,閩嶠咨調來秦,洊保監司,久司轉餉。同治十三年,補授陝安道缺,四權鰲篆,三綰烏符。上年,渥蒙聖恩,真除司臬,仔肩愈重,報稱愈難。今乃復荷溫綸,擢藩黔省,撫束循省,益切悚惶。竊查貴州爲邊徼奧區,藩司有司宣重任,舉凡用人理財,在在均關緊要。恕臣樗昧,深懼弗勝。惟有籲懇天恩,俯准入都,跪聆聖訓,俾得有所遵循,以期仰答高厚鴻慈於萬一。再,臣尚有辦理西征糧臺事宜,經稟請督撫臣委員接替,一俟交卸清楚,即行束裝,起程北上,合併陳明。所有微臣感激下忱並籲懇陛見緣由,謹繕摺恭謝天恩。伏乞皇太后、皇上聖鑒訓示。謹奏。九月初七日。

　　　　光緒七年九月十九日,軍機大臣奉旨:已於馮譽驥摺內批示矣。欽此。②

　　光緒七年九月初七日,陝西巡撫馮譽驥以升任貴州藩司沈應奎尚有經手未完鞫讞事件,具摺奏請暫緩交卸北上:

　　　　陝西巡撫臣馮譽驥跪奏,爲請留升任臬司暫緩北上,俟新任臬司到,再行交卸起程,恭摺具陳,仰祈聖鑒事。竊臣接准吏部咨開:光緒七年八月十三日內閣奉上諭:貴州布政使著沈應奎補授。葉伯英著

――――――――――

①　臺北故宮博物院藏:《軍機及宮中檔》,文獻編號:120086。
②　中國第一歷史檔案館藏:《錄副奏摺》,檔號:03—5164—064。

補授陝西按察使。欽此。當即恭録轉行去後，查升任臬司沈應奎接奉行知，例應具摺謝恩，籲請陛見即日迎摺北上。其臬司篆務應即遴員接署，以便該升司交卸起程。惟陝省疊辦軍務以來，各屬詞訟多未及時究結。上年二月履任後，復遵旨清理庶獄，督同該升司，屢飭各屬州縣，於已結未結案件每月詳細開報，嚴於期限，不准拖延。其有疑難之案，情節稍涉支離，即行提省，交該升司，親督獄局，委員覆加推鞫，務臻明允。該升司在陝多年，稔知各屬民風强弱，且復用心精密，善察獄情。現在催提各起案件，尚待訊明，自應令該司一手辦結，較爲嫻熟。合無籲懇天恩俯准，令升任臬司沈應奎暫緩北上，俟新任臬司葉伯英到陝，再行交卸起程，於公務實有裨益。所有請留新任臬司暫緩交卸緣由，謹會同護理陝甘督臣楊昌濬，恭摺具奏。伏乞皇太后、皇上聖鑒。謹奏。九月初七日。

光緒七年九月十九日，軍機大臣奉旨：沈應奎著俟葉伯英到任後，再行來京陛見。欽此。①

同日，陝西巡撫馮譽驥又以沈應奎尚有辦理西征糧臺事宜，附片奏請暫留：

再，該升司沈應奎尚有辦理西征糧臺事宜。臣查西征糧臺，於同治八年經前督臣左宗棠奏請以前侍郎臣袁保恒辦理，同時復設駐陝軍需局，派委該司辦理。迨袁保恒入都供職，遂將臺局歸併，均交該藩司一手經管，綜司轉饋，兼理報銷，舉凡軍餉、軍裝、軍糧、軍火，采買製造，催趲勾稽，十餘年來，條理裕如，深資得力，亦經前督臣疊次奏明在案。尤爲難者，餉項每形匱乏，前敵需用正殷，不得不向商民挪借。該升司全局統籌，推其緩急，或質剖以堅其信，或周轉以待其宜，從無失信商民，故得從容應手。今雖軍務暫鬆，而後路一切均關緊要，一旦更易生手，恐乏肆應之才。臣已切實函商護督臣楊昌濬有無可以接替之員，再行合詞具奏。謹先附片陳明。伏乞聖鑒。謹奏。

① 中國第一歷史檔案館藏：《録副奏摺》，檔號：03—5164—059。

光緒七年九月十九日,軍機大臣奉旨:知道了。欽此。①

2.【案】光緒七年九月十七日,署理欽差大臣劉錦棠、護理陝甘總督楊昌濬會同陝西巡撫馮譽驥,以升任貴州藩司現任陝西臬司沈應奎經手糧臺軍需報銷未竣,具摺奏請飭其暫緩交卸,旋得允行。摺曰:

署理欽差大臣督辦新疆軍務通政使司通政使二等男臣劉錦棠、頭品頂戴會辦新疆善後事宜護理陝甘總督甘肅布政使臣楊昌濬跪奏,爲升任臬司經手糧臺軍需報銷未竣,請暫緩交卸,以清要案,恭摺會陳,仰祈聖鑒事。竊臣於光緒七年九月初八日接准吏部咨開:八月十三日內閣奉上諭:貴州布政使著沈應奎補授。欽此。自應循例,籲請陛見,迅赴新任。惟查沈應奎經前督臣吳棠委辦駐陝軍需局,嗣該局裁併,復籌辦西征糧臺,前後十有餘年。所有經理後路一切收支及轉運接辦事宜,廉明精晰,巨細兼綜。每當支絀萬分之際,尤能設法籌措,力濟餓軍,前督臣依賴最殷,臣等深資其助。自同治五年十月起至光緒三年底止,所有軍需收支款目,遵旨開單報銷,以歸簡易,均飭由該升司三次欽遵開單造報,經左宗棠詳核具奏在案。茲查光緒四年正月起至六年底止,關內外各軍營局收支用款,經前督臣左宗棠及臣等奏奉恩旨,仍准開單報銷,自應仍由該臺趕緊彙案造報,以免延誤。光緒六年以前軍需收支各款項,係左宗棠任內之事,左宗棠離甘以後,層累曲折,頭緒紛繁,非在事年久熟悉款目之員辦理,難臻妥洽。刻查關內各軍款冊已滿,惟關外各營局用款冊籍尚未查取齊全,臣等正在催令查辦,事關緊要,未便遽易生手。合無仰懇天恩,俯准升任陝西臬司沈應奎暫緩交卸,俾將此案報銷一手趕辦完竣,一俟告藏,即行飭令北上,不致久稽。仰荷鴻慈,曷勝感悚。所有臣等請暫留升任臬司清結銷案緣由,謹會同陝西撫臣馮譽驥恭摺由驛馳陳。伏乞皇太后、皇上聖鑒訓示。再,此摺係臣昌濬主稿,合併聲明。謹奏。九月十七日。

光緒七年九月二十八日,軍機大臣奉旨:沈應奎俟葉伯英到陝交

① 中國第一歷史檔案館藏:《録副奏片》,檔號:03—6086—040。

卸臬篆,將經手事件辦竣,仍遵前旨,來京陛見。欽此。①

3.【案】光緒六年五月初三日,陝甘總督左宗棠以袁保恒回京供職,奏請飭令辦理駐陝軍需局務陝安道沈應奎幫辦西征糧臺事務:

> 　　再,前辦西征糧臺戶部左侍郎袁保恒回京供職,所遺西征糧臺事務,臣委陝西藩司接管,並飭辦理臣軍駐陝軍需局務陝安道沈應奎就近幫辦,以資熟手。沈應奎籌畫餉需,絡繹轉饋,數載以來,調理秩如,隨宜斟酌損益,悉當人心。將士一意馳驅,一舉蕩平新疆南北兩路各城,實資其力。臣茲出屯哈密,籌備邊防,距陝更遠,所有後路餉運事宜尤關緊要。沈應奎欽奉恩命,擢補陝西臬司,臣謹奏留,暫緩陛見。現值邊寶泉升任江西藩司,交卸伊爾。所有西征糧臺事務,應即委沈應奎一手經理,並將原辦駐陝軍需局務撤並,以歸畫一。除應行奏催及咨行各件,並刊發木質關防交沈應奎啓用,以昭信守外,謹會同陝西撫臣馮譽驥附片陳明。伏乞聖鑒施行。謹奏。

> 　　軍機大臣奉旨:知道了。欽此。②

4.【既已】刻本缺"已",據錄副補。

5.【伏祈】錄副作"伏乞",是。

6.【光緒七年十二月十三日】此奉旨日期,據錄副補。

●軍機大臣字寄:戶部、欽差大臣督辦新疆軍務通政使司通政使劉,陝甘總督譚,傳諭護理陝甘總督甘肅布政使楊昌濬◆1:光緒七年十二月十五日奉上諭:戶部奏新疆局勢大定亟應裁減勇營一摺◆2。頻年以來,各省關協解西征軍餉,實已不遺餘力,甚至迭次籌借洋款,銷耗息銀。國家經費有常,似此年復一年,斷非經久之道。現在新疆平定,防務漸鬆,劉錦棠曾有隨時裁撤各營之請,即著該大臣與譚鍾麟、楊昌濬悉心會商,將關內外現存馬步若干

---

① 中國第一歷史檔案館藏:《錄副奏摺》,檔號:03—5164—096。
② 中國第一歷史檔案館藏:《硃批奏片》,檔號:04—01—17—0186—016;《左宗棠全集·奏稿七》,第486—487頁,岳麓書社,2009。

營如何漸次裁減之處,迅速酌核,奏咨辦理。至光緒五、六兩年欠解餉銀尚多,加以裁減營勇,均須發給欠款。其光緒八年西征月餉,自應照舊撥解十成,著户部咨行各督撫、將軍、監督等一體遵照。將此諭知户部,並由五百里諭令劉錦棠、譚鍾麟,並傳諭楊昌濬知之。欽此。遵旨寄信前來◆³。

【案】此"廷寄"收於《光緒朝上諭檔》①和《清實録》②,兹據校補。

1.【户部、欽差大臣督辦新疆軍務通政使司通政使劉,陝甘總督譚,傳諭護理陝甘總督甘肅布政使楊昌濬】此句刻本缺,兹據《光緒朝上諭檔》補。

2.【案】光緒七年十二月十五日,經筵講習官户部尚書景廉等以新疆局勢大定,具摺請裁勇營:

經筵講習官户部尚書景廉等謹奏,爲新疆局勢大定,亟應裁減營勇,騰出餉力,以籌善後而期經久,恭摺仰祈聖鑒事。竊查各省關每年協解西征軍餉銀七百餘萬兩,自同治五、六、七、八等年奏明協撥、添撥之日起,截至光緒七年底止,前後十數年,用餉八九千萬兩。各省關協濟,實已不遺餘力。嗣因累年欠解餉銀三千數百萬兩,經前陝甘總督左宗棠疊次奏借洋款銀一千二百萬兩,又奏借華洋商款銀三百五十萬兩。其本息銀兩,由江蘇、浙江、湖北、廣東、福建等省每年應解西征餉項内,按期歸還。查前項借款,本係因各省關欠餉過多,爲此不得已之計,雖仍在各省關協餉内歸還,然已耗去息銀六百七八十萬兩。國家經費有常,豈容日久受此虧累!兹幸新疆平定,防務漸鬆。本年九月間,據欽差大臣劉錦棠片奏,關内外各營陸續裁撤馬步兵勇共五千二百餘名,並聲明仍當隨時裁撤,以期撙節而紓餉力等因在案。應請飭下欽差大臣劉錦棠、陝甘總督譚鍾麟悉心會商,將關内外現存馬步若干營如何漸次裁汰之處,迅速酌核,奏咨辦理。溯查光

---

① 中國第一歷史檔案館編:《光緒朝上諭檔》,第七册,第358—359頁。
② 《清實録·德宗景皇帝實録(二)》,卷一百四十,光緒七年十二月上,第1011—1012頁。

緒四年,臣部會同軍機大臣議覆左宗棠奏陳新疆情形摺內,議令各省
關自光緒五年起三年內,協解西征軍餉,均須報解十成。其三年以
後,新疆善後諸事經理就緒,應如何酌度餉需作爲永遠經費之處,屆
時再由臣部奏明辦理等因。是光緒八年各省關應解西征協餉,照案
即應量爲減撥。惟光緒五、六兩年仍欠解銀三百數十萬兩,加以將來
裁撤營勇,均須發給欠餉。是光緒八年西征月餉仍應照舊報解十成,
勢難遽行減撥,恭候命下,應由臣部咨行各督撫、將軍、監督等,一體
遵照。又查光緒六年七月,左宗棠奏辦理新疆善後事宜情形摺內,聲
稱新疆南北兩路,光緒四、五兩年共計徵收各色京斗糧料五十一萬五
千餘石,徵收房租、地課、釐稅等銀二十二萬三千餘兩等語。查此項糧
料,按照新疆采買價值,每石合銀四兩至八兩不等,加以稅釐等項,每年
約可徵收銀一百數十萬兩。想現在開屯愈廣,稅課日增,酌盈劑虛,亦
可藉作補苴之計,庶幾一二年內甘省軍需不難規復舊制,而各省關協濟
之款亦可漸爲息肩矣。所有西征大局仍應裁營節餉緣由,臣等理合恭
摺具陳。伏乞皇太后、皇上聖鑒。謹奏。光緒七年十二月十五日。經
筵講習官戶部尚書景廉、戶部尚書臣董恂、戶部左侍郎臣宗室崑岡(學
差)、經筵講官署戶部左侍郎吏部左侍郎臣宗室奎潤(差)、戶部左侍郎
臣王文韶、頭品頂戴戶部右侍郎左翼總兵臣崇禮、戶部右侍郎臣孫詒經
(學差)、署戶部右侍郎吏部左侍郎臣邵亨豫。①

3.【遵旨寄信前來】此據《光緒朝上諭檔》校補。

056. 俄商往來新疆貿易不得行銷中國土貨摺

光緒八年正月初四日

欽差大臣督辦新疆軍務通政使司通政使二等男臣劉錦棠
跪◆¹奏,爲俄商往來新疆貿易,應遵查驗,不得行銷中國土貨,以

---

① 臺北故宮博物院藏:《軍機及宮中檔》,文獻編號:120187。

符約章,恭摺具陳,仰祈聖鑒事。

　　竊臣前准總理各國事務衙門遞到中俄和約,當經分別咨行遵辦在案。近准伊犁將軍臣金順咨稱:現議交收伊犁,俟收城之後,劃界通商,當次第舉行等語。大凡商務所關,固應早爲議定,各自通飭諭知,俾兩國皆有遵守,一經開辦,庶幾免觸禁令,弭釁端即以固和好,是亦重邦交之道也。臣維新疆各城,久已設局抽收稅釐,商貨出入,必須查驗,始准銷售。今俄商貨運進卡,如至新疆有稅釐局地方,自應呈請查驗,於貨單、貨包上蓋用查過戳記◆2,方可行銷。如未銷完,運赴別處,亦應將銷過貨物開注單內,呈局查明,蓋戳放行。續至有稅釐局之處,均應照此辦理。儻貨照不符,即送交俄官區處,以杜包庇販運情弊。約章載有專條,在中國順勢就施,不過略增繁費。而俄人甫經入市,詎必盡悉約章。若待臨時分辯,易起爭執,不如由俄官早自傳聞,務使成範各懷,迨至進卡,即踵而行之,以是爲固然而無所遲阻,於行商豈不甚善!條約又載,俄商辦運中國土貨,由恰克圖及新疆回國,特將回國二字標明,則在中國途間只當逐遵查驗,以防夾帶私貨,原無准其銷售之理,就令已運出卡,亦不得由陸路復運進卡。詳考舊章,有由海口辦運中國土貨,復運內地銷售之說,而無自俄販運中國土貨由陸路復進口內銷賣明文。凡新約所未改者,皆可仍舊照行。而俄國邊界商民皆不知此,往往將中國土貨復運進口,雖經在事各員頻令折回,似仍於義未曉。此事於華商大有關礙,所以然者,華商完釐次數多而成本重,俄商完釐次數少而成本輕,故未可任其運銷,恐妨華商生計耳。俄官應將和約宣告該國官商,於辦貨時加意斟酌,遇有此等土貨,幸勿錯誤再行購買販運前來,則可免其阻滯折耗,爲益實不少也。合無仰懇天恩◆3,飭下總理各國事務衙門,照會俄國駐京使臣,移知該國官員一律照辦,以符約章而保商本。謹恭摺具陳。伏乞皇太后、皇上聖鑒訓示施行。謹奏。正月初四日♦4。

　　光緒八年正月二十七日♦5,軍機大臣奉旨:該衙門知道。欽此。

　　【案】此摺缺原件,錄副①現藏於臺北故宮博物院,亦見《清季外交史料》②,兹據校補。

　　1.【欽差大臣督辦新疆軍務通政使司通政使二等男臣劉錦棠跪】此前銜據錄副補。

　　2.【查過戳記】錄副作"查驗查過戳記"。

　　3.【天恩】錄副奪"天恩"。

　　4.【正月初四日】此具奏日期,據錄副補。

　　5.【光緒八年正月二十七日】此奉旨日期,據錄副補。

　　【案】此摺當經抄錄咨呈總理各國事務衙門,備案查照,《總理各國事務衙門檔案》:

　　　　四月二十八日,督辦新疆軍務大臣劉錦棠文稱:爲照本大臣爵司堂,於光緒八年正月初四日在新疆哈密行營由驛具奏俄商來往新疆貿易應遵查驗,不得行銷中國土貨,以符約章一摺,當經鈔稿咨呈在案。兹於本年二月二十二日准兵部火票遞迴原摺,後開軍機大臣奉旨:該衙門知道。欽此。除欽遵咨行外,相應恭錄咨呈。爲此咨呈貴衙門,謹請欽遵查照施行。③

057.保舉提督董福祥片
光緒八年二月十六日

　　再,頭品頂戴題奏提督雲騎尉世職阿爾杭阿巴圖魯董福祥④,於

---

　　①　臺北故宮博物院藏:《軍機及宮中檔》,文獻編號:120979。

　　②　王彥威纂輯、王亮編、王敬立校:《清季外交史料》,第496—497頁,書目文獻出版社,1987。

　　③　臺北"中研院"近代史所檔案館藏:《總理各國事務衙門檔案》,館藏號:01—20—006—02—002。

　　④　董福祥(1839—1908),字星五,甘肅環縣人。同治元年(1862),率衆抗清,後爲劉松山擊敗,投清。所部改編爲董字三營,先後從劉松山、劉錦棠等剿辦西北民變,積功至提督。光緒元年(1875),進兵新疆,以收復烏魯木齊等地及平定南疆功,於十六年(1890)擢喀什噶爾提督,後調甘肅提督,賞太子少保銜。宣統元年(1908),卒於甘肅。

同治八年投效臣叔父原任廣東陸路提臣劉松山部下。見其打仗奮勇，飭令管帶董字步隊三營，頗著勞績。迨臣任事以後，隨同轉戰，無役不從，所向皆捷。現統領董字、定遠馬步各軍，分駐葉爾羌、和闐各城，紀律嚴明，兵民相安，深資得力。該員忠勇果決，質樸寡言，臨敵審機，膽識俱備，實係邊才之選，求之將領中不可多得。臣緣該員籍隸甘肅，所帶營勇多係關隴土人，能耐勞苦，駐防關外，尤爲相宜。故臣所部將領惟該員統兵較多，蓋取其熟悉機宜，才可勝任，兼爲將來局勢大定留防塞上地步也。合無仰懇天恩，伏念該員戰功卓著，識略優長，量予擢用，出自逾格鴻慈。臣爲邊地需才起見，儻於軍事有裨，自應遴舉所知，以備聖明采擇，斷不敢妄爲汲引，稍涉徇私，自取罪戾。冒昧上陳，不勝惶悚。伏乞聖鑒訓示。謹奏。

　　光緒八年三月初八日◆¹，軍機大臣奉旨：留中。欽此。

　　【案】此奏片缺原件，録副①現藏於臺北故宮博物院，兹據校補。

　　1.【光緒八年三月初八日】此奉旨日期，據《軍機處隨手登記檔》②校補。

058.神靈顯應懇賜匾額封號摺

光緒八年三月初一日

　　欽差大臣督辦新疆軍務通政使司通政使二等男臣劉錦棠、頭品頂戴烏魯木齊都統臣恭鏜跪◆¹奏，爲神靈顯應，據請籲懇天恩，賞賜匾額、封號，以答神庥，恭摺仰祈聖鑒事。

　　竊據甘肅鎮迪道福裕詳稱：據署鎮西撫民同知陳晉蕃轉據地

---

　　①　臺北故宮博物院藏：《軍機及宮中檔》，文獻編號：121750。
　　②　中國第一歷史檔案館藏：《軍機處隨手登記檔》，檔號：03—0235—1—1208—062。

方紳士前任巴里坤鎮標中營游擊陳升恒、補用游擊李鳳鳴、升用直隸州知州袁永豐並耆民人等聯名呈稱：巴里坤城北門外歷有關聖帝君廟，建自唐時。雍正年間，建城設官，改爲武聖廟，神靈最著。又南關歷建有蒲類海龍神祠暨楊泗將軍祠並城隍廟，戶民因事祈禱，輒著靈應。同治三、四、五等年，回氛甚熾，斗粟萬錢，烏垣、奇、古、吐、哈各城相繼不守，糧盡援絕，城關民人相食，四鄉村堡焚掠一空，逆回族黨◆2時撲孤城。當攻守吃緊時，在城官紳兵民等遂向關帝諸神廟禱求默佑，旋督同饑疲之官兵團丁登陴防守，隨賊所向，拼死捍禦，屢瀕於危，賊均敗退。夜間巡邏，將士時見神異，或聞兵馬馳驟之聲，或見衣甲舞刀，挺立城上。四年六月初九日，賊由東北城隅架雲梯，猱升而上，前隊業已登城，突遇神將擋禦，賊衆驚嘩。我軍死士遂當先轟擊，賊卒以退，鎮城亦因之而安。向非武聖各廟神靈護佑，人力何能逮此！伏查鎮西地方守城換防將卒團紳民勇，生者仰蒙皇恩獎敘，死者亦荷賞恤入祠，獨神庥未答，紳民等撫衷負歉，感悚交深。是以合詞呈懇轉詳，奏請分別賞頒匾額，並賜封號等情前來。臣等維新疆自逆回變亂，南北各城均已次第淪陷，惟巴里坤孤城懸注，糧盡援絕，當時官軍尚能一意拒守，力保危城，爲後此規復新疆駐軍儲糧根本。雖殺賊致果必賴各將士團丁忠勇之力，而神靈默佑，護國保民，其功德未可泯也。茲據鎮迪道福裕具詳轉懇前來。臣等覆查無異。合無籲懇天恩，頒發巴里坤武聖廟、蒲類海龍神祠、楊泗將軍廟匾額各一方，並懇賞賜巴里坤城隍神封號，用昭靈貺而順輿情。謹合詞恭摺具奏。伏乞皇太后、皇上聖鑒訓示施行。再，巴里坤城隍向無封號。又，此摺係臣錦棠主稿，合併陳明。謹奏。光緒八年三月初一日◆3。

　　光緒八年三月二十二日◆4，軍機大臣奉旨：另有旨。欽此。

　　光緒八年三月二十二日內閣奉上諭：劉錦棠等奏神靈顯應請頒匾額並加封號一摺。甘肅巴里坤武聖廟、龍廟祠、楊泗將軍廟、城隍廟，素著靈應。同治年間，回匪屢次撲城，勢甚危急，經官紳等虔謁祈禱，均獲轉危爲安，實深寅感。著南書房翰林恭書匾額各一方，交劉錦棠等祇領，敬謹懸挂巴里坤武聖廟、龍廟祠、楊泗將軍廟，以答神麻。所請加城隍廟封號之處，著禮部議奏◆5。欽此。

　　【案】此摺原件①現藏於中國第一歷史檔案館，録副②藏於臺北故宮博物院，"上諭"收於《光緒朝上諭檔》③，茲據校補。

　　1.【欽差大臣督辦新疆軍務通政使司通政使二等男臣劉錦棠、頭品頂戴烏魯木齊都統奴才恭鏜跪】此前銜據原件補。

　　2.【族黨】原件、録副均作"嗾黨"。

　　3.【光緒八年三月初一日】此具奏日期，據原件補。

　　4.【光緒八年三月二十二日】此奉旨日期，據録副補。

　　【案】光緒八年三月二十二日，劉錦棠等奏得允，《清實録》："戊申，以神靈顯應，頒甘肅巴里坤武聖廟扁額，曰布昭聖武；龍神祠扁額，曰威宣式遏；楊泗將軍廟扁額，曰海祠表世。並加城隍神封號，曰靈濟。"④

　　5.【案】光緒八年五月初二日，經禮部議覆具奏，加甘肅巴里坤城隍神封號得允行，禮部遂於五月十六日片移軍機處查核：

　　　　禮部謹奏，爲遵旨議奏事。光緒八年三月二十二日內閣奉上諭：劉錦棠等奏神靈顯應請加封號一摺。所請加城隍廟封號之處，著禮部議奏等因。欽此。欽遵抄出到部。據原奏內稱，巴里坤建有城隍廟，戶民因事祈禱，輒著靈應。同治三、四、五等年，回氛甚熾，斗粟萬

① 　中國第一歷史檔案館藏：《硃批奏摺》，檔號：04—01—14—0081—003。
② 　臺北故宮博物院藏：《軍機及宮中檔》，文獻編號：122049。
③ 　中國第一歷史檔案館編：《光緒朝上諭檔》，第八册，第82頁。
④ 　《清實録·德宗景皇帝實録（三）》，卷一百四十四，光緒八年三月，第41頁。

錢,烏垣、奇、古、吐、哈各城相繼不守,糧盡援絕,逆回族黨時撲孤城。當攻守吃緊時,在城官紳兵民等遂向神廟禱求默佑,旋督饑疲士卒登陴防守,得以力保危城,爲後此規復新疆諸軍儲糧根本。向非神靈護佑,人力何能逮此! 據詳奏請敕賜封號等因前來。臣等查例聞廟祀正神,實能禦災捍患,有功德於民者,由督撫題請敕封封號,交内閣撰擬等語。今巴里坤城隍廟既據該大臣等聲稱,因事祈禱,素著靈應,核與禦災捍患功德及民之例相符。臣等公同商酌,擬如所請,敕賜封號,以昭靈貺而順輿情。如蒙俞允,臣部移交内閣撰擬封號字樣,進呈欽定。臣部行文該大臣等,遵照辦理。爲此謹奏請旨。

　　光緒八年五月初二日。本日奉旨:依議。欽此。

　　禮部爲片移事。本部具奏議覆劉錦棠等奏請敕加巴里坤城隍封號一摺。相應鈔録原奏,片移貴處查核可也。須至片者。右片移軍機處。光緒八年五月十六日。①

059.新疆六年分徵收額糧稅釐數目片

光緒八年三月初七日

　　再,户部奏稱:光緒六年七月,左宗棠奏光緒四、五兩年新疆共徵收各色京斗糧五十一萬五千餘石,徵收房租、地課、稅釐等項銀二十二萬三千餘兩等語。查此項糧料,按新疆采買價值,每石合銀四兩至八兩不等,加以稅釐等項,每年約可徵收銀一百數十萬兩各等因。鈔稿知照到臣。伏惟新疆久罹兵燹,民鮮孑遺,耕種失業,而北路爲尤甚。從前大兵出關,先由北路進取。值各該處糧價昂貴◆[1],每石需銀至七八兩不等,甚且無從采辦。官軍糧料概由關內甘州、肅州暨包頭、歸化等處轉運接濟,勞費無算。迨至三年冬克復南路各城,前敵各營則均就地采糧,價值與關內相

---

①　臺北故宫博物院藏:《軍機及宫中檔》,文獻編號:123202。

等,小麥百斤值銀不過六七錢,包穀、高粱百斤值銀不過五六錢。而北路向多沃壤,經地方官招集難民,廣爲屯種,收成既豐,糧價亦漸次平減。刻下糧料充積,頗有穀賤傷農之患。惟哈密一處,纏回墾地不多,營中應用糧料仍須由他處轉運,合之運脚,較爲昂貴耳◆2。現查新疆六年分共徵收各色京斗糧料三十四萬七千二百餘石,較之四、五兩年多收八萬餘石。核計時價,每京斗小麥一石,值銀九錢至一兩不等,包穀各項價值尚須遞減。以六年徵收糧料數目計之,高低牽算,僅值銀二十六七萬兩。其徵收章程係照古人什一取一之法,未免取盈。將來清丈完竣,按畝升科,度必有減無增,徵收數目尚難預定。此外,房租、地課、税釐各款,六年分除局費外,共得銀二十二萬七千餘兩。新疆每年入款只有此數,實無一百數十萬兩之多。至各處徵糧,均照時值就近撥發防營濟食,其價即於應領餉項内劃扣清訖。除咨部外,理合附片陳明。伏乞聖鑒。謹奏。三月初七日◆3。

　　光緒八年三月二十七日◆4,軍機大臣奉旨:知道了。欽此。

【案】此奏片缺原件,録副①現藏於臺北故宫博物院,兹據校補。

1.【昂貴】録副作"翔貴"。

2.【耳】録副無"耳"。

3.【三月初七日】此具奏日期,據録副補。

4.【光緒八年三月二十七日】此奉旨日期,據録副補。

060.遵旨覆陳裁撤營勇並挑選標兵改坐糧摺

光緒八年三月初七日

　　欽差大臣督辦新疆軍務通政使司通政使二等男臣劉錦棠

---

① 臺北故宫博物院藏:《軍機及宫中檔》,文獻編號:122119。

跪◆1奏,爲遵旨覆陳事。

　　竊臣於光緒八年正月初六日承准軍機大臣字寄:光緒七年十二月十五日奉上諭:户部奏新疆局勢大定亟應裁減營勇一摺等因。欽此。仰見我皇上軫念邊陲至意,下懷欽感,莫可名言。臣溯自光緒二年,大軍陸續出關,次第規復南北兩路。因伊犂未經收還,不敢弛備。於是防營薪糧、鹽菜、軍裝轉運等款,遂積久而愈多。幸賴各省關於西征協餉源源撥解,朝廷復准息借洋款,以濟緩急◆2,用能迅赴戎機。臣受代以來,懼蹈師老財殫之失,故有隨時裁撤各營之請,蓋頓兵絶域,本難久持◆3,匪僅國家經費有常,宜圖節省也。恭繹諭旨,關内外現存馬步若干營,如何漸次裁減之處,迅速酌核,奏咨辦理。臣維伊犂將軍臣金順一軍,從前駐扎庫爾喀喇烏蘇,尚經大學士前陝甘督臣左宗棠派卓勝軍,分防精河一帶。今伊犂甫經接收,金順移營前進,地面愈闊,沿邊種落愈繁,必須加意鎮撫,以安反側而杜覬覦。已遷俄籍者,係中國頑民,心志叵測。儻俄人不能約束,致有内訌外犯之事,邊疆亦即戒嚴。光緒四、五兩年五次寇邊之案,其前車也。廣東陸路提督臣張曜所部豫軍馬步僅十四營,駐防喀什噶爾、英吉沙爾等城,毗連哈薩克、布魯特及浩罕安集延各部落,情形吃重。臣方以兵力單薄爲之慮,是金順、張曜兩軍目前未能遽裁,乃不待再計始決者。此外湘楚卓勝各軍,光緒六年左宗棠遵旨入都,檄調親兵一千五百餘名、旌善馬隊五旗帶赴直隸。上年八月以前,經臣於湘楚兩軍内又裁去馬步弁勇四千一百餘人,咨由前護督臣楊昌濬會銜附奏在案。後又續裁二千一百餘人。現在微臣所部共祇馬步六十營旗,約計二萬五千餘人。上年冬間,臣曾函商烏魯木齊提臣金運昌,就所部卓勝軍酌量裁併,現擬先裁步勇四營、馬勇兩營,並分行湘楚各軍將領,視其防務稍鬆、兵力略厚者,先撤馬隊四營、步隊兩營,約計每撤一營,需銀四萬兩有奇。臣智慮短淺,不足臨邊。惟現籌辦理情形，約有數端，請爲聖主陳之。

一、餉項急需接濟也。查上年所借洋款四百萬兩，除劃還華商舊欠外，報解到甘者，實止二百八十餘萬兩。臣上年先後裁去弁勇六千三百餘人，計散放餉銀六十餘萬兩。關內各軍亦經楊昌濬裁汰不少。現又准陝甘督臣譚鍾麟函稱，擬將關內五十餘營旗酌爲遣散，需餉甚鉅。今臣軍續議減竈，出款愈繁，難資周轉。且撤者應清積欠，防者月需薪糧，待哺嗷嗷，艱窘萬狀。相應請旨，飭下戶部咨行各督撫、將軍、監督，趕於本年夏秋間，迅籌大批起解，以濟要需。否則，臣與譚鍾麟、楊昌濬雖朝夕圖謀，終難集事。

一、裁營必須逐漸也。新疆各軍久役於外，强悍性成，離家至萬數千里之遠，一旦遣撤，既恐逗留關外◆⁴，又慮沿途滋事。臣上年所遣各營，係將口糧攤勻數目，由後路各臺局逐站點名給發，仍飭該原管將弁申明紀律，分起成行，煞費經營，始獲率之東下。非如內地散軍，克期◆⁵可以蕆事。臣現會商譚鍾麟、楊昌濬，稽核糧臺存餉多寡，及各省關報解衰旺，仍照上年撤營辦法，挨次給餉，庶無他虞。

一、新疆宜定大局也。謹按乾隆年間勘定新疆，移滿洲、蒙古、東三省索倫、錫伯等兵暨陝甘兩省綠營兵，或携眷駐防，或按期換守，其見諸載籍者數逾四萬。新疆現有之防營，僅足相抵。此後滿洲、蒙古等兵能否移防，姑弗具論。至陝甘綠營兵，業經楊昌濬奏明，新疆行省無論設與不設，必須另立營制，未便再由關內調撥換防，致有顧此失彼之虞。是則湘楚、卓勝各軍一裁，而南北兩路無駐防，無番戍，烏魯木齊提屬之兵額，固屬虛懸。即伊犂金順、喀什噶爾張曜之軍，亦無後勁，邊防未可深恃矣。

臣愚以爲，因革損益，國之常經。左宗棠改設行省之議◆⁶，是否可行，朝廷自有權衡，非臣所敢置喙。惟楊昌濬所請另立營制,則與改行省復舊制二者均不相妨。若於關外現裁營勇中選其精壯、耐勞不願回籍者,仿往代屯田之法,編成額兵,烏魯木齊提標兵額,應飭由金運昌就所裁卓勝軍,認真挑選,俾復步兵舊額之半,並改行餉爲坐糧,以省饋運。一轉移間,而營伍易實,邊患可消,假勇得所,於新疆大局實有裨益。可否變通辦理之處,微臣不敢擅專,伏望宸衷獨斷,立見施行,邊事幸甚,大局幸甚。所有遵旨覆陳緣由,是否有當,除咨部外,理合恭摺由驛五百里馳奏。伏乞皇太后、皇上聖鑒訓示施行。謹奏。三月初七日◆7。

光緒八年三月二十六日◆8,軍機大臣奉旨:另有旨。欽此。

●軍機大臣字寄:户部、欽差大臣督辦新疆軍務通政使司通政使劉◆9:光緒八年三月二十六日奉上諭:劉錦棠奏遵旨覆陳一摺。據稱金順、張曜兩軍,目前未能遽裁,現擬卓勝軍先裁步勇四營、馬勇兩營,並於湘楚各軍視其兵力略厚者,先撤馬隊四營、步隊兩營,約計每撤一營,需銀肆萬餘兩,餉項急需接濟。及裁營逐漸遣撤,並請另立營制等語。所籌尚屬周妥,即著將應撤各營仍照從前辦法,妥爲遣散,嚴飭原管將弁申明紀律,毋任逗遛滋事。其所稱關内各軍,現擬裁遣需餉已鉅,關外又議減寵,已撤者應清積欠,留防者月需薪糧,出款愈繁,艱窘萬狀,自係實在情形。著户部咨行各督撫、將軍、監督,務於本年夏秋間迅籌大批濟用,毋得延宕,致誤要需。至所擬於現裁營勇中選其精壯,仿屯田法,編成兵額,並由金運昌挑選標兵,復步兵舊額之半,及改行餉爲坐糧各節,著劉錦棠會商譚鍾麟等悉心妥籌,奏明辦理。將此諭知户部,並由五百里諭令劉錦棠知之。欽此。遵旨寄信前來◆10。

【案】此摺缺原件，録副①現藏於臺北故宮博物院，摺後“廷寄”缺原件，僅見於《光緒朝上諭檔》②及《清實録》③，兹據校補。

1.【欽差大臣督辦新疆軍務通政使司通政使二等男臣劉錦棠跪】此前銜據録副補。

2.【案】光緒二年正月初七日，清廷以西征軍務緊要，需餉孔殷，允准左宗棠奏借洋款之請。《清實録》：

> 又諭：前據左宗棠奏，出關需餉孔亟，擬借洋款，由沈葆楨查照臺防成議辦理，當交該衙門速議具奏。兹據總理各國事務衙門、户部奏稱，西征軍務緊要，請飭各省迅解協餉，並准其借用洋款等語。西征軍餉，前經該部議令將上年指撥各省關的餉一百二十萬兩，由該將軍、督撫查明欠解若干，限一個月内全解。至積欠西征軍餉二千六百十餘萬兩，限一年内提解一半，並經該部會同總理各國事務衙門奏明，各督撫應將西征海防各餉，各按各款清解，不得因有海防撥款，將西征各餉延欠。嗣經譚鍾麟奏請提年終一月滿餉，該部議照成案，於浙江等省積欠協餉内提銀六十萬兩。據左宗棠奏稱，各省關應解協餉，截至上年十月止，僅收過銀二百六十餘萬兩，比常年短至一半。其指提年終一月滿餉，僅據浙江、四川、山西報解銀十五萬兩，此外尚未起解。實屬延玩。著該將軍、督撫遵奉前旨，查照該部各前奏，將指撥出關的餉及年終一月滿餉，即行照數完解，不准稍有帶欠。各省關原協、添協西征各餉，江蘇月協銀八萬兩，江西月協銀六萬兩，福建月協銀四萬兩，河南月協銀一萬五千兩，除同治十二年改撥穀軍運費外，仍月協穆圖善餉銀一萬兩。湖北月協並應協穆圖善餉銀八萬兩，廣東月協銀七萬兩，湖南月協銀一萬兩，山東月協銀一萬二千兩，山西月協並應協穆圖善餉銀五萬兩。又河東月協雷正綰餉銀五千兩，安徽月協銀二萬兩，四川月協銀四萬兩，閩海關月協雷正綰餉銀二萬兩，浙江月協銀十二萬兩。各該省歷年撥解之數有過半者，有不及一

---

①　臺北故宮博物院藏：《軍機及宫中檔》，文獻編號：122118。

②　中國第一歷史檔案館編：《光緒朝上諭檔》，第八册，第87頁。

③　《清實録·德宗景皇帝實録(三)》，卷一百四十四，光緒八年三月，第5頁。

半者。惟湖南止解三分之一，河南撥解不及十分之一，廣東、福建、四川欠解亦多，殊屬不成事體。著將河南暨湖南、廣東、福建、四川各藩司先行交部議處，並著照所議，將光緒元年以前積欠舊餉除專案指提外，暫予緩解。其自光緒二年起，所有應協西征新餉，著該將軍、督撫查照每年應協款目，按三四年前撥解之數，力籌措解，統於每年年終核計。如不能照原撥添撥數目解至八成以上，即將該藩司、監督照貽誤京餉例，由該部指名嚴參。該將軍、督撫務當實力督催，嚴飭各該藩司、監督按月源源報解，俾濟要需。至借用洋款，本非善策。前經該衙門奏明，嗣後無論何省，不得輒向洋人籌借。惟左宗棠因出關餉需緊迫，擬借洋款一千萬兩，事非得已。若不准如所請，誠恐該大臣無所措手，於西陲大局殊有關係。著沈葆楨即照左宗棠所奏，妥速籌議，奏明辦理，以期無誤事機。除按照成案由各關分年撥還洋商外，即由該部所議各省應協西征新餉款內，自本年起分年撥還。國家經費有常，此次籌借鉅款，係合天下之力，辦西陲軍事，竭十餘年之力，辦今日軍事。似此辦法，實屬可一而不可再。左宗棠當仰體朝廷籌餉之艱，振刷精神，將新疆軍務迅速籌辦。著即會商金順簡選精銳，鼓行而西，以次剿除烏魯木齊、吐魯番等處賊匪，綏靖邊疆，總期早日告竣，藉紓餉力。儻稍事遷延，徒糜鉅款，則以後供支，勢將曷繼！左宗棠素顧大局，諒不至日久無功，致干懲處也。將此由六百里諭知左宗棠、文煜、沈葆楨、李鶴年、劉坤一、翁同爵、張兆棟、吳元炳、裕祿、劉秉璋、楊昌濬、丁日昌、丁寶楨、鮑源深、李慶翱、譚鍾麟、王文韶並傳諭文格、李文敏知之。①

3.【久持】錄副作“持久”。

4.【逗留關外】錄副作“關外逗留”。

5.【克期】錄副作“刻期”。

6.【案】光緒四年正月初七日，陝甘總督左宗棠以新疆應否改設行省，開置郡縣具摺，請旨敕下總理衙門、軍機處、六部九卿及各省督撫，會議

① 《清實錄·德宗景皇帝實錄(一)》，卷二十五，光緒二年正月，第372—374頁。

復陳：

　　欽差大臣大學士督辦新疆軍務陝甘總督一等恪靖伯加一等輕車
都尉臣左宗棠跪奏，爲新疆應否改設行省，開置郡縣，事關西北全局，
請旨敕下總理衙門、軍機處、六部九卿及各省督撫，會議復陳，聽候聖
裁，以期允協事。竊臣於上年六月十六日具奏，遵旨統籌全局，謹將
愚慮所及據實密陳一摺。七月十七日，承准軍機大臣字寄：光緒三年
七月初二日奉上諭：左宗棠所陳統籌新疆全局，自爲一勞永逸之計。
南路地多饒沃，將來全境肅清，經理得宜，軍食自可就地取資。惟目
前軍餉支絀，若南路一日不平，則曠日持久，餉匱兵饑，亦殊可慮。該
大臣所稱地不可棄，兵不可停，非速復腴疆，無從著手等語，不爲無
見。著即督飭將士，戮力同心，克期進剿，並揆時度勢，將如何省費節
勞，爲新疆計久遠之處，與擬改行省郡縣，一併通盤籌畫，妥議具奏。
欽此。跪誦之餘，欽仰無旣。

　　上年秋後，官軍由托克遜、吐魯番聯絡西進，所有布置一切及餉
糧轉運、地勢、賊踪，臣已疊次預爲陳奏。仰仗朝廷威福，師行迅利，
連克喀喇沙爾、庫車、阿克蘇、烏什四城。劉錦棠派余虎恩、黃萬鵬等
分軍兩路，進規喀什噶爾，駐軍於巴爾楚克、瑪納爾巴什，以扼葉爾
羌、和闐衝要，兼策應前敵之軍，均經疊次陳奏。頃據總理行營營務
處候補三品京堂劉錦棠十一月十九日葉爾羌馳報：已於十七日克復
葉爾羌城，適接余虎恩、黃萬鵬飛稟，十三日齊抵喀什噶爾，即於是夜
克復喀什噶爾滿、漢兩城，復出城追剿竄賊，尚未收隊。又據張曜牘
稱：由阿克蘇先派馬隊三營赴前敵助剿，適和闐伯克呢牙斯攜男婦五
百餘口，由間道來投，籲懇安插。臣批令仍歸和闐收輯部衆。劉錦棠
甫將大概情形馳報，即於二十日率馬步各營，繞道英吉沙爾，以抵喀
什噶爾。所有復城殺賊詳細情形，俟劉錦棠到喀具報到臣，當即露布
上聞，仰紓慈廑。是南疆克期底定，尚免老師糜餉之虞。而官軍自克
復喀喇沙爾以後，所歷均是腴疆。臣調閱各城米糧、布匹、銀錢及軍
民所需日用百貨價值清單，與東南各省腹地相若，且有較之內地市價
更爲平減者。加以經理，則利民用、裕軍儲，胥有攸賴。現飭古城、巴

里坤、哈密、安西采運局減采停運,並將各局分別撤留,以示撙節。十年艱難辛苦,百計經營,時虞弗逮者,一旦霍然,如沉疴之去體。將來軍食就地取資,全域既振,制用自紓,我皇上保大定功,規模宏遠,上與高宗拓地節餉之貽謀,若合符節。

惟是新疆擬改設行省、置郡縣,雖久安長治之良圖,然事當創始,關係天下大局,非集內外臣工之遠猷深算,參考異同,則思慮未周,籌策容多疏誤。且甘肅荒瘠著名,所有兵餉全資各省協濟,相沿已久。臣前奏請敕戶部將咸豐年間報銷冊籍全分頒發到臣,以憑稽考,尚未見到。現復逐加訪詢甘肅本省及鎮迪一道餉需經費,每年常額計三百二十餘萬兩內外,伊犁、塔爾巴哈臺及吐魯番、南八城滿綠各營餉需經費,約尚需百數十萬兩,均係由各省撥解接濟。此時雖指西征臺局及各省關專款分解濟用,將來應仍復舊額,以歸有著。合無仰懇皇上天恩,敕下軍機大臣、總理各國事務衙門、六部九卿及各省督撫臣,將新疆應否改設行省、置郡縣,從長計議,具奏請旨,並將各省關從前應解甘餉及應解新疆額餉各實數咨部,核對行知,庶微臣斟酌損益,得有憑藉。現在南路八城雖復,所有屯墾、撫輯、善後一切事宜需用甚繁,均由臣軍餉內隨時挪墊,臣不敢另款請銷。各省關遵照部章,均解至八成以上,臣亦斷不敢格外請益。至於南路腴區全復,凡可爲開源節流計者,臣自當殫誠竭慮,慎以圖之,務求弊去利生,以益大局。愚昧之見,是否有當,合併陳明,伏乞皇太后、皇上聖鑒訓示施行。謹奏。正月初七日。

光緒四年正月二十一日,軍機大臣奉旨:另有旨。欽此。①

7.【三月初七日】此具奏日期,據録副補。

8.【光緒八年三月二十六日】此奉旨日期,據録副補。

9.【戶部、欽差大臣督辦新疆軍務通政使司通政使劉】此前稱據《光緒朝上諭檔》校補。

① 中國第一歷史檔案館藏:《録副奏摺》,檔號:03—5664—004;《左宗棠全集》,第8090頁,上海書店出版社,1986;《左宗棠全集·奏稿七》,第3—5頁,岳麓書社,2009。

10.【遵旨寄信前來】此據《光緒朝上諭檔》校補。

●軍機大臣字寄：欽差大臣督辦新疆軍務通政使司通政使
劉、陝甘總督譚◆¹：光緒八年三月二十七日奉上諭：譚鍾麟奏覆陳
裁減關內營勇，並酌留防營一摺◆²。關外各營，昨據劉錦棠奏，已
照所議裁撤。關內各營，茲據譚鍾麟奏，先將輔字、開字兩營遣
撤，其餘酌量防地，改旗者十四營，共計裁正勇、伙勇四千餘人，其
餘營勇擬陸續裁撤等語，所籌尚屬周妥。即著該督將應裁之勇，
妥爲遣散，毋任逗遛滋事。留防各營，先行扼要布置，以期漸復營
制，節省餉糈。又奏籌度新疆南路情形一摺◆³。所請酌度七城廣
狹繁簡，設立丞倅牧令一員，更於喀什噶爾、阿克蘇兩處各設巡道
一員，如鎮迪道之例。著劉錦棠體察情形，會商該督，妥議具奏。
將此由四百里各諭令知之。欽此。遵旨寄信前來◆⁴。

【案】此"廷寄"見於《光緒朝上諭檔》①及《清實録》②，茲據校補。
1.【欽差大臣督辦新疆軍務通政使司通政使劉、陝甘總督譚】此前稱
據《光緒朝上諭檔》校補。
2.【案】光緒八年三月十六日，陝甘總督譚鍾麟具摺奏報遵旨裁減關
內營勇，並酌留防營情形：
　　頭品頂戴陝甘總督臣譚鍾麟跪奏，爲遵旨裁減關內營勇，並酌留
　　防營情形，恭摺覆陳，仰祈聖鑒事。竊臣於七年十二月二十四日承准
　　軍機大臣字寄：光緒七年十二月十五日奉上諭：户部奏新疆局勢大
　　定，亟應裁減勇營一摺。現在新疆平定，防務漸鬆，劉錦棠曾有隨時
　　裁撤各營之請，即著該大臣與譚鍾麟、楊昌濬悉心會商，將關內外現
　　存馬步若干營如何漸次裁減之處，迅速酌核，奏咨辦理等因。欽此。

① 中國第一歷史檔案館編：《光緒朝上諭檔》，第八册，第87頁。
② 《清實録・德宗景皇帝實録（三）》，卷一百四十四，光緒八年三月，第46頁。

遵旨寄信前來。臣當即咨會督辦新疆軍務大臣劉錦棠,酌奪辦理,並往復函商,關外當令金順、張曜兩軍通盤合算,酌定撤留。臣錦棠以金順一軍現將拔駐伊犂,交涉紛紜,百廢待舉。張曜一軍駐防喀什噶爾、英吉沙爾,係極邊要隘,均難遽撤。湘楚各軍,北路自哈密至精河,駐防三千里而遙,南路自哈密至喀什噶爾、葉爾羌、和闐等處,駐防七千里而遙,地勢袤延,兵單不足分布,現擬於烏什、葉爾羌、阿克蘇等處裁減三四營。而找發欠餉需銀二十餘萬,關內外同時並舉,竊恐餉項不敷周轉。臣鍾麟當與臣楊昌濬商酌,速飭糧臺籌撥起解,俾早撤一月,可省一月之費。所有關外詳細情形,由臣錦棠另摺陳明。關內馬步防勇二萬餘人,臣鍾麟與臣昌濬再四斟酌,先將輔字營五百人、開字營三百人遣撤。其餘酌量防地之廣狹疏密,改旗者十四營,共裁勇丁二千六百餘名。各營裁去伙勇一千四百餘名,合計正勇、伙勇四千餘人,應找發餉銀十餘萬兩,係將欠數最少者先行裁汰。現存防勇十二營二十八旗、馬隊十二起,尚有欠餉一百四十餘萬之多,欲再裁而餉力不繼,祇能隨時酌遣。查甘肅額兵五萬七千餘名,上年奏定分成裁減,應存三萬九千九百餘名,此時存標之兵不過減數十分之六,以現存勇丁核之,數足相抵。惟兵餉輕而勇糧重,銀數殆將過半,自以漸復制兵為便。然臣揣度關內情形,如西寧、河州、平涼、固原、秦州等處番族、回族及安插之眾,種類各別,性悍難馴。一旦將防營全撤,專恃制兵,恐不足以資鎮壓。臣擬請將現存之勇陸續裁減後,酌留防勇三十旗、馬隊數起,分布要地,合計勇餉、兵餉,較甘省原額數不甚參差。三五年內,撤一旗勇,增一營兵,庶餉力可紓而營制得以漸復。臣愚昧之見,是否有當,謹會同幫辦新疆善後事宜布政使臣楊昌濬,恭摺具陳。伏乞皇太后、皇上聖鑒訓示。謹奏。光緒八年三月十六日。

硃批:新疆平定,關內外營勇總宜裁撤,該督奏稱,裁撤正勇四千餘名,足見實心辦事。惟找發欠餉,為數過多,且防營亦不宜全撤。著通籌全局,分別遣留,以資鎮壓。議裁兵勇已四年矣,迄今尚未立定章程,殊屬延緩。內地之轉輸有定,邊防之費用無窮。著即會同速議具奏。①

3.【案】光緒八年三月十六日，陝甘總督譚鍾麟爲統籌新疆南路，設置職官，具摺曰：

　　頭品頂戴陝甘總督臣譚鍾麟跪奏，爲統籌新疆南路情形，擬請分設各城職官，以資治理而固民生，恭摺仰祈聖鑒事。竊維新疆底定已四五年，前督臣左宗棠請設行省，蓋亦維持久遠之策。伏讀光緒六年五月初一日上諭：現在伊犁尚未收復，布置一切，不無窒礙。所有新疆善後諸務，仍著該督因地制宜，此地籌辦。欽此。仰見聖謨廣運，動出萬全之至意。臣閱左宗棠原奏，自督撫司道府廳州縣以及佐雜等官甚多，不但目前建置城池、衙署，一切需用浩繁，費無所出，即以後文武廉俸、役食等項經久之費，亦未易籌。茲事體大，朝廷自有權衡，微臣何敢妄擬！臣愚竊謂目前辦理善後，因革損益，百廢待興，而要以固結民心爲主。即設立行省，亦當從州縣官辦起。如果地方日增富庶，然後遞設督撫以統轄之，其勢亦順而易。查新疆北路自哈密以至精河，中間鎮迪道所屬州縣各官，均已復舊。伊犁同知，收復後即可委員往署。地曠人稀，現有之官足資控制，似毋須另設多員。惟南路八城僅吐魯番一同知、闢展一巡檢。其餘七城克復以後，一切善後事宜，如清丈地畝，稽查戶口，徵收稅釐，皆委員辦理，已經數年，委員非盡力不善，第以空名辦實事，時復更易，既無職守，亦無考成，安得有與斯民相維繫之念！夫纏頭回亦人也，族類雖殊，要各自有田園、室家之戀。其所以屢作不靖者，勢迫之也。聞未亂以前，誅求無厭，正賦之外，需索繁多，大約官取其一，阿奇木伯克等取其二。官與民文字不同，言語不通。即傳回民當堂面諭，而阿奇木等從中撥弄，傳語恐嚇，故往回視官如寇讎。比來回民頗有能通漢語者，誠得愷惻慈祥之吏安輯撫綏，均其賦役正額外，絲毫不以擾累。民知官之愛己也，自能上下相孚，相安無事。近接候補道羅長祜來信：胡什齊、布魯

---

① 臺北故宮博物院藏：《軍機及宮中檔》，文獻編號：122140；中國第一歷史檔案館藏：《硃批奏摺》，檔號：04—01—01—0946—020。

特等部落游牧人民有避安集延之虐徙俄境者,亦有因中國稅斂之寬陸續來歸者,則民情大可見矣。我但自修其政教,不必招之而自至,更不必禁強鄰之迫以相從也。新疆本甘肅所轄,自左宗棠有劃分疆圉總督毋庸監管之奏,欲參末議,似嫌越俎。然臣身受重恩,忝膺邊寄,凡有關民生利弊,曷敢緘默不言!如一得之愚或有可采,亦請出自特旨,飭令劉錦棠體察南路七城情形,分別地方廣狹繁簡,設立丞倅牧令等官。一城不過數十莊,不及東南一小縣,七城各設一官足矣。更於喀什噶爾、阿克蘇兩處各設巡道一員,如北路鎮迪之例,皆歸欽差大臣管轄,庶地方有所責成,民心有所繫屬,是亦綏邊馭遠之一端。如蒙俞旨允行,其餘未盡事宜,臣當隨時與劉錦棠互商辦理,斷不敢稍分畛域也。臣愚昧之見,是否有當,謹繕摺密陳。伏乞皇太后、皇上聖鑒訓示。謹奏。三月十六日。

　　光緒八年三月二十七日,軍機大臣奉旨。欽此。①

4.【遵旨寄信前來】此據《光緒朝上諭檔》校補。

061. 辦結纏回阿不拉等糾眾謀亂片

光緒八年四月初二日

　　再,臣於上年五月十五日據英吉沙爾善後局委員知縣羅正湘報稱:訪聞英屬忙升莊纏頭回子阿不拉有圖當帕夏、糾眾謀亂情事。正密拿間,據署阿奇木愛沙稟報前來。隨知會分防英吉沙爾之嵩武軍統領記名提督孫金彪撥弁勇,會同局員等,首先拿獲阿不拉、外思定二名,訊據供出夥黨姓名。又續獲紫牙五定一名、庫萬占一名、毛拉阿洪一名、尼牙子一名、沙一提一名、賽一提阿吉一名,隔別研訊,欲乘英城隊伍換防之際,起意謀亂屬實。並在阿不拉家搜出洋槍、火藥、弓刀各件,逆迹顯然,錄供馳報等情。並

---

① 臺北故宮博物院藏:《軍機及宮中檔》,文獻編號:122133。

准幫辦軍務廣東陸路提臣張曜咨：據英吉沙爾營局禀同前情等因各到營。臣以案關重大，當經咨請張曜，就近提訊，仍批飭羅正湘會營，嚴緝餘犯，安撫人心去後，嗣准張曜咨開：飭派副將李福雲前往，將該犯等一律提到，發交喀英善後總局道員張宗翰審訊，犯供與原審相符。惟纏回圖謀共事，以抱經盟誓爲信。此案抱經立誓者共係六人，已獲阿不拉、外思定、紫牙五定三名，尚有五受兒、蘇傅尼牙子、買賣土的三名未獲。行據羅正湘會營，設法緝獲，續交張宗翰隔訊無異，詳解張曜行營，督同局委各員覆加研審，各供符合。尚有知情在逃之毛拉克等未獲。行據羅正湘禀稱：該犯等聞拿在逃，懸賞通緝，獲日另解。是逃犯弋獲無期，現犯應先擬結，咨會到臣哈密行營。

臣詳加確核，緣阿不拉係英吉沙爾忙升莊人，充當玉子巴什。因上年三月臣布置邊防，飭將英城所扎之定遠軍移防葉爾羌所遺防地，經張曜派嵩武軍統領孫金彪填扎。該犯阿不拉探聞一軍將去，一軍未來，遂乘隙想當帕夏，起意謀亂。帕夏者，即華言大元帥也。該犯先與素好之外思定商允，並捏稱手下已約定數百人，囑外思定往阿拉堡地方，邀約賽一提阿吉充當頭目。緣賽一提阿吉向係念經纏回，人衆悦服。該犯往約，意在勾結多人，易於成事。詎外思定一再相邀，堅拒不從。阿不拉只得捏稱賽一提阿吉允當頭目，許帶一百五十人前來，軍火、器械均已齊備等語。囑外思定即以此言送信，各莊邀人，希圖煽惑。曾遇面識之毛拉阿洪、尼牙子、沙一提、庫萬占等四人，說過約其一同起事，不准聲張。毛拉阿洪等以其妄言，不置可否而去。外思定一面邀得素好之紫牙五定、蘇傅尼牙子、買賣土的三人並阿不拉，均到五受兒即烏舒兒白的克家，說明作亂情事。阿不拉家向埋有洋槍九杆、火藥三大包並弓刀各件，係從前逆酋阿古柏當帕夏時埋的。外思定知其軍火確實，遂一共六人，抱經立誓，都算頭目。內蘇傅尼牙子、買賣土的二人初不願意，阿不拉又僞以賽一提阿吉入夥爲詞，勉强逼令抱經，約定四月二十二日夜間破城。外思定仍連日逢人密語，又向面識之毛拉克説知，不料臨期各莊都無人來，蘇傅尼牙子、買賣土的二人亦均未至，不能動手。阿不拉知事已敗露，並聞善後局有人訪拿甚嚴，該犯遂以外思定等作亂，先到阿奇木處首告，冀圖卸罪。賽一提阿吉距城較遠，正行首告，聞案已破，因即中止。旋獲外思定到案，訊悉前情，並供出同夥人名不諱，當在阿不拉家起獲洋槍、火藥等件。阿不拉亦自認起意謀亂屬實。飭拿各犯，毛拉克等聞拿，先期逃逸。旋經營局將案内各要犯先後拿獲，隔別研訊，口供相符。羅正湘一面懸賞嚴緝逃犯，安撫人心，報經發交道員張宗翰訊明，詳由張曜督同局委各員，覆審無異。嚴詰各犯，此外並無同謀知情窩隱之人，咨請查照擬結等因前來。自應擬結。

　　查該犯阿不拉，身充玉子巴什，乃欲乘換防之際，圖當帕夏，糾衆倡亂，實屬不法。迨至事機敗露，率以外思定等作亂爲名，向阿奇木首告，妄希卸罪。復與◆1 真心悔過、自行投首不同。若遂科以謀反大逆之條，究與攻城戕官釀成巨案者有別。新疆案件，前經臣奏請，變通辦理，奉旨允准欽遵在案。應將此案首犯阿不拉與抱經立誓之從犯外思定、紫牙五定、五受兒四犯，不分首從，即行就地正法，並將首犯阿不拉梟首，懸竿示衆◆2，以昭炯戒而快人心。蘇傅尼牙子、買賣土的二犯，當時抱經既係逼從，臨期舉事亦均未到，較之外思定等四犯，情罪稍輕，擬即在於英吉沙爾永遠錮禁。其餘毛拉阿洪、尼牙子、沙一提、庫萬占四犯，雖未同謀，而於外思定等告語之時，並不力拒其非，亦屬首鼠兩端，應一概遷徙喀喇沙爾地方，到日由局折賣安置。以上各犯，查明家屬，一併遷徙，財産入官，槍藥、弓刀驗明存局。賽一提阿吉屢次拒不從亂，正行首告，案犯業已破獲，應免置議。逃犯毛拉克，獲日另結。除咨覆張曜飭局遵照分別辦結，仍將辦結緣由繕具簡明通俗告示，翻譯回字，實貼犯事地方，俾共懍知，並飭據羅正湘稟稱，英吉沙爾地方人心現已一律安定。

　　臣維新疆纏回，犬羊性成，瞖不畏死，一切頑梗兇惡之徒，所在皆有，全在各城營局員弁等隨時留心訪察，庶奸宄不致潛生。此次該犯阿不拉等圖當帕夏，糾衆謀亂，事雖未成，若非該營局員弁等先期訪拿，迅獲首要各犯，難保不搖動人心，釀成巨案。所有拿獲此案首從各犯之員弁，緝捕尚屬迅速，應請天恩俯准，將頭品頂戴遇缺簡放提督總兵博奇巴圖魯孫金彪、鹽提舉銜留甘儘先補用知縣羅正湘等交部分別議叙，以昭激勸，實於新疆地方營務、捕務兩有裨益。所有英吉沙爾纏回阿不拉等糾衆謀亂，訊明辦結，並請將緝捕出力員弁獎叙緣由，謹附片陳明。伏乞聖鑒訓示。謹奏。

　　光緒八年四月二十三日◆³，軍機大臣奉旨：孫金彪、羅正湘均交部分別議叙。餘依議。該部知道。欽此。

【案】此摺缺原件，録副①現藏於臺北故宮博物院，茲據校補。

1.【復與】録副作"核與"，是。

2.【懸竿示衆】録副作"傳杆示衆"。

3.【光緒八年四月二十三日】此奉旨日期，據録副補。

062. 請給病假一月在營調理片
光緒八年四月十五日

　　再，臣自同治八九年間，隨同臣叔父已故廣東陸路提臣劉松

---

① 　臺北故宮博物院藏：《軍機及宮中檔》，文獻編號：122966。

山，圍攻甘肅寧夏金積堡賊巢時，逆回掘渠水灌營。臣與諸將士晝夜竭力堵禦，往來泥淖之中、寢饋沮洳之場者數月，自此遂得兩足疼痛之病。從前雖不時舉發，然速則二三日，遲亦不過五六日，即就平復。近歲以來，日漸增劇。本年三月間，偶感風寒，宿恙復作，骸膝酸痛異常，洎今將及一月，尚未少愈。每接見僚屬，勉強酬答，如坐鍼氈。批閱案牘，甫及數行，即筋掣心悸，汗出神昏，不能畢事。據醫者云，寒濕深入筋骨，元氣大虧，必須謝絕賓客，靜心調治，方能漸就痊可。合無仰懇天恩俯准，賞假一月，在營調理。其營中日行公事，由營務處隨時請示辦理。如遇緊要事務，雖在病中，仍當力疾躬親，以昭慎重。謹附片陳懇。伏乞聖鑒訓示。謹奏。

光緒八年五月初六日◆1，軍機大臣奉旨：著賞假一月。欽此。

【案】此摺原件①現藏於臺北故宮博物院，茲據校補。

1.【光緒八年五月初六日】此奉旨日期，據《軍機處隨手登記檔》②校補。

063. 庫車回子郡王承襲摺

光緒八年四月十五日

欽差大臣督辦新疆軍務通政使司通政使二等男臣劉錦棠跪◆1奏，爲已故回子郡王之子阿美提懇恩飭議，承襲世爵，恭摺具陳，仰祈聖鑒事。

竊臣前於光緒四年在喀什噶爾行營，探訪回疆西四城歷年殉難滿漢文武官員及各阿奇木伯克銜名事實，據署喀什噶爾三品阿

---

① 臺北故宮博物院藏：《軍機及宮中檔》，文獻編號：122967。

② 中國第一歷史檔案館藏：《軍機處隨手登記檔》，檔號：03—0235—2—1208—116。

奇木伯克阿美提稟稱：該伯克祖父向居庫車，其父愛瑪特係頭等臺吉，曾襲郡王世職◆2，充阿克蘇三品阿奇木伯克◆3。同治三年五月初一日，庫車漢回作亂，該伯克之父愛瑪特在城爲賊所執，監禁三日，旋被戕害等情。當經臣咨明大學士前任陝甘督臣左宗棠具奏請恤◆4。嗣准理藩院議奏，奉旨：賞給恤銀一千一百兩等因。欽此。欽遵在案。兹准幫辦軍務廣東陸路提臣張曜咨：據喀英善後總局取具已故回子郡王愛瑪特之子阿美提年貌、籍貫册結並宗圖、親供甘結，蓋印呈請轉咨，可否請襲世爵等因到營。臣查庫車回子郡王，自鄂斯滿肇封，三傳至愛瑪特。同治三年，因逆回變亂，庫車城陷，爲賊所執，不屈而死，洵屬大節無虧。其子阿美提例得承襲郡王世爵，臣前飭令署理喀什噶爾阿奇木事務，爲人尚屬謹慎。現又調署和闐三品阿奇木伯克，於應辦諸事頗稱認真。兹准咨請，核明具奏前來。除將賫到宗圖、親供、册結各件一併咨院查照外，相應請旨飭下理藩院議覆遵行。再，愛瑪特請恤案內，因左宗棠原奏誤作愛買提，經理藩院議覆行查。嗣查該故回王名字，實係愛瑪特，咨院更正有案，合併聲明。謹繕摺具奏。伏乞皇太后、皇上聖鑒訓示施行。謹奏。四月十五日◆5。

　　光緒八年五月初六日◆6，軍機大臣奉旨：該衙門議奏。欽此。

【案】此摺缺原件，録副①現藏於臺北故宫博物院，兹據校補。

　　1.【欽差大臣督辦新疆軍務通政使司通政使二等男臣劉錦棠跪】此前銜據録副補。

　　2.【案】道光二十三年二月二十八日，葉爾羌參贊大臣圖明額具摺奏請以和闐已故五品頂翎鄂斯滿之子愛瑪特承襲世職：

　　　　奴才圖明額跪奏，爲和闐回子承襲五品頂花翎世職，恭摺具奏，

────────

仰祈聖鑒事。竊准和闐辦事大臣達明阿咨呈:據署三品阿奇木伯克
阿布都瓦依特報稱:查有和闐世襲五品頂花翎回子鄂斯滿病故,所遺
五品頂花翎世職,請以已故鄂斯滿之長子愛瑪特造冊咨送驗襲前來。
奴才覆查屬實,核與承襲之例相符。謹將應襲五品頂花翎世職回子
姓名,繕具清單,恭呈御覽,伏候欽定。除咨理藩院查照外,理合恭摺
奏聞。伏乞皇上聖鑒。謹奏。道光二十三年二月二十八日。

　　硃筆:另有旨。①

　3.【案】道光三十年六月初四日,葉爾羌參贊大臣德齡具摺代奏愛瑪
特調補阿克蘇三品阿奇木伯克謝恩:

　　　奴才德齡、忠泰跪奏,為恭摺據情代奏,叩謝天恩,仰祈聖鑒事。
竊奴才等前因葉爾羌三品阿奇木伯克伊斯瑪依爾年力就衰,請旨將
該伯克原品休致,茲於道光三十年五月二十日奉到批回:另有旨。欽
此。同日奉上諭:德齡、忠泰奏休致伯克並揀員調補先行委署以資治
理一摺。葉爾羌三品阿奇木伯克伊斯瑪依爾年力就衰,以原品休致。
所遺之缺,著愛瑪特調補。其阿克蘇三品阿奇木伯克員缺,著阿密特
接署。餘著照所擬辦理。該部知道。欽此。奴才等當即札飭該阿奇
木伯克愛瑪特遵照去後,茲據該阿奇木伯克呈稱:小奴才愛瑪特一介
愚回,世受聖恩,至優柱渥,愧涓埃之未報,實慚悚之難名。今又仰蒙
大皇恩施,調補葉爾羌阿奇木伯克員缺,受恩愈重,圖報愈難。惟有
竭誠辦理一切,稍效犬馬之忱,以期仰報高厚鴻慈於萬一。謹將愛瑪
特感激下悃呈請代奏等情。據此,奴才等查該伯克愛瑪特感激之心,
實屬出於至誠,理合據情恭摺代奏。伏乞皇上聖鑒。謹奏。六月初
四日。

　　道光三十年七月初七日,奉硃批:知道了。欽此②。

　4.【案】光緒五年三月初三日,時任陝甘總督左宗棠以愛瑪特等死事
確實,奏請飭下理藩院查明職銜議恤:

---

① 中國第一歷史檔案館藏:《硃批奏摺》,檔號:04—01—12—0460—064。
② 中國第一歷史檔案館藏:《錄副奏摺》,檔號:03—2793—026。

　　再，臣准通政使司通政使二等男臣劉錦棠咨稱：據暫署喀什噶爾三品阿奇木伯克阿美提稟稱，該伯克祖父向居庫車，其父愛買提（愛瑪特）係頭等臺吉，曾襲郡王世職，充阿克蘇三品阿奇木伯克。道光二十三年，該伯克曾隨其父入都引見。同治三年五月初一日，庫車城被漢回攻陷，該伯克之父在城爲賊所執，越三日遇害。又，據前吐魯番魯克沁郡王葉爾羌三品阿奇木伯克阿克拉依都之子瑪木特稟稱，其父承襲魯克沁郡王世爵。道光十一年，在吐魯番修城出力，奉旨賞戴三眼花翎。咸豐三年引見，奉旨乾清門行走，充葉爾羌阿奇木伯克。咸豐七年，保守葉爾羌城出力，奉旨御前行走。同治三年庫車等處漢回變亂，圍葉爾羌城。其父隨同官兵出城打仗，力竭被執，擁至庫車監禁三年，又移喀什噶爾監禁六年，始終不屈。同治十二年，逆酋阿古柏於監中取出殺害。均稟懇轉報請恤各等因，咨請核辦前來。臣覆查愛買提等死事各情，均屬確實。惟據稱均係郡王世職，又兼頭等臺吉及乾清門行走、御前行走各職銜，臣營無案可稽，有無歧誤，不能詳悉。懇請飭下理藩院查明，照例議恤，以慰忠節而昭激勸。謹附片陳明，伏乞聖鑒訓示施行。謹奏。

　　光緒五年三月十六日，軍機大臣奉旨：愛買提等均著理藩院查明，照例議恤。欽此。①

5.【四月十五日】此具奏日期，據錄副補。

6.【光緒八年五月初六日】此奉旨日期，據錄副補。

064. 新疆北路留營照舊分防卓勝軍分別留遺摺
光緒八年五月初二日

　　欽差大臣督辦新疆軍務通政使司通政使二等男臣劉錦棠跪◆¹ 奏，爲新疆北路大河沿地方東至奎屯臺等處，請旨飭令金順

---

　　①　中國第一歷史檔案館藏：《錄副奏片》，檔號：03—5136—074；《左宗棠全集·奏稿七》，第266頁，岳麓書社，2009。

留營,照舊分防,以便抽調現駐精河之卓勝軍馬步二千人分別留遣,恭摺馳陳,仰祈聖鑒事。

竊臣前准軍機大臣字寄:光緒七年十二月十五日奉上諭:户部奏新疆局勢大定,亟應裁減營勇一摺等因。欽此。遵旨寄信前來。臣當即與譚鍾麟等函牘會商,譚鍾麟意以關外當合金順、張曜兩軍通盤合算,酌定撤留。光緒八年三月十六日,譚鍾麟奏遵旨裁減關内營勇並酌留防營情形,摺内即曾聲叙及此。臣因金順、張曜兩軍均在前路,於本年三月初七日遵旨覆陳摺内,聲明目前未能遽裁,惟請裁卓勝軍馬步六營、湘楚各軍馬步六營。嗣奉上諭:所籌尚屬周妥,即著將應撤各營仍照從前辦法,妥爲遣撤等因。欽此。欽遵恭録分咨金順、張曜、金運昌等各在案。兹准金順來函,擬將全部拔赴伊犁,並稱大河沿迤東至安集海,該軍舊日駐防各處須由臣撥營填防。又准咨稱:伊犁甫經收復,回纏、哈薩克雜處,其間向背莫測。俄兵未撤,人民未附,正需兵力鎮撫。伊犁地勢極形遼闊,本部馬步實屬不敷分布。精河、大河沿一帶通連南北,山口過多,扼扎更關緊要。揆時度勢,防範萬難稍鬆,應請將現駐精河卓勝軍馬步二千人,從緩調回裁撤各等因。到臣行營。伏查現駐精河之卓勝軍馬步二千人,係左宗棠督辦軍務時因俄約未成,邊防吃緊,撥助金順防剿之隊。臣前奉旨裁撤營勇,因伊犁既已收還,精河防務漸鬆,當經奏定,酌裁卓勝軍步隊四營、馬隊二營,自應欽遵辦理,將卓勝軍現駐精河之馬步二千人調回,以便分別遣留。伏繹前奉裁營旨意,原爲餉需難繼、急求撙節之道。目下餉事日形支絀,臣與譚鍾麟極力籌畫,實已技窮勢迫。若不將此二千人迅速調回,則卓勝軍裁營事宜必致延擱◆2。營勇遲裁一日,即糧餉多耗一日。此奏定裁撤之卓勝軍馬步六營萬難中止、精河馬步二千人急宜調回之實在情形也。又,查金順所部馬步營勇,官兵統計不下四十營。自距安集海一站之奎屯臺起,西至伊犁等處地方,從寬計算,縱橫不過二千里,以四十營扼要防守,初非不敷分布。現在新疆南北兩路由臣處發餉之軍,除從前裁併及現經奏定遣撤各營不計外,通共所存馬步各隊亦不過四十餘營,而分防地段則自哈密起,南至烏什、和闐、喀什噶爾各城極邊等處,北至綏來縣屬境,縱橫一萬餘里,營數與金軍略同,而防境之遼闊,實過金軍數倍。兵力單薄,自可概見。臣之初意,因金軍原駐之奎屯臺、庫爾喀喇烏蘇迤西一帶,終須責成金順防扎。回疆西四城,終須責成張曜所部嵩武軍防扎。故前次有兩軍未能遽裁之議。不料金順擬將全部移扎伊城,欲臣派撥隊伍填扎至距伊城四百餘里之大河沿。此臣自顧兵力實難照辦者也。

　　至金順慮及伊犁甫經收復,種類雜處,俄兵未撤,人民未附,擬以兵威懾之。此大不然。竊謂伊犁一隅,有精實馬步隊十數營前往駐扎,即足以資鎮撫。但能申明紀律,嚴禁騷擾,使各種人民懷我恩信,自可帖然就範。至中外交涉諸務,如果處置得宜,足以折服俄人之心。彼族雖狡,亦不致顯背成約,自啓釁端。若稍涉張皇,臨之以大兵,不但人多約束難周,本地糧草難給,尤恐俄人暨諸反側之徒心懷疑懼,轉致別生變故。前閱總理各國事務衙門王大臣◆³致金順函件,言及接收伊犁事宜,內有中國帶兵但取足資彈壓、不必過多等語。此論切中機宜,是金順所部各營儘可兼顧後路,無庸悉數拔赴伊犁,揆諸時勢,理有固然。所有大河沿東至奎屯臺等處,應請旨飭令金順留營照舊分防,俾臣得調回現駐精河之卓勝軍馬步二千人,交金運昌合卓勝全軍分別留遣,以安邊事而節餉需。謹具摺由驛馳陳。是否有當,伏乞皇太后、皇上聖鑒訓示施行。謹奏。光緒八年五月初二日◆⁴。

　　軍機大臣奉旨:另有旨。欽此◆⁵。

　　御筆硃批:新疆地方久已平靖,自當裁減勇丁,以紓餉力。該大臣所奏,尚合事理。著傳旨金順,毋得多留無用之兵,虛糜帑項。務當和衷商酌,期於事有濟。朕既授劉錦棠爲欽差大臣,則裁撤兵勇,自應聽其調度,金順何得妄生異同? 況伊犂一隅,即須四十營,然則新疆萬里,當用幾十萬人耶! 金順著傳旨申飭。所有裁營事宜,著責成劉錦棠一手經理◆6。

　　光緒八年五月二十三日,軍機大臣奉旨。欽此◆7。

　　●軍機大臣字寄:欽差大臣督辦新疆軍務通政使司通政使劉、幫辦新疆軍務伊犂將軍金◆8:光緒八年五月二十三日奉上諭:劉錦棠奏疊接金順函咨,擬將全部拔赴伊犂。該軍向來駐防大河沿迤東至安集海各處,由劉錦棠撥營填防,並將現駐精河卓勝軍從緩調回裁撤。該大臣自顧兵力單薄,防境遼闊,難以照辦,及奏定裁撤之卓勝軍急宜調回等語。所奏自係實在情形。金順駐扎伊犂,所帶馬步各軍,但取足資彈壓,要在申明紀律,嚴禁騷擾,懷以恩信,自可共釋嫌疑,不致別生變故。所部各營,毋庸悉數拔往。所有大河沿東至奎屯臺等處,仍著金順酌量留軍防守。其現駐精河之卓勝軍馬步二千人,即著劉錦棠調回,恪遵前旨,分別遣留,以節餉需。將此由五百里各諭令知之。欽此。遵旨寄信前來◆9。

　　【案】此摺原件①藏於中國第一歷史檔案館,録副②現藏於臺北故宮博物院,"廷寄"見於《光緒朝上諭檔》③及《清實録》④,兹據校補。再,此摺原件現存兩份,内容相同,惟奉旨内容有異,原件①爲御筆硃批,内容較多。

---

　　①　中國第一歷史檔案館藏:《硃批奏摺》,原件①檔號:04—01—01—0946—017;原件②檔號:04—01—16—0214—067。
　　②　臺北故宮博物院藏:《軍機及宫中檔》,文獻編號:123362。
　　③　中國第一歷史檔案館編:《光緒朝上諭檔》,第八册,第131頁。
　　④　《清實録·德宗景皇帝實録(三)》,卷一百四十六,光緒八年五月,第72頁。

原件②僅署"軍機大臣奉旨：另有旨。欽此"。一份奏摺，兩份原件，内容相同而奉旨内容有異，緣由待考。

1.【欽差大臣督辦新疆軍務通政使司通政使二等男臣劉錦棠跪】此前銜據原件補。

2.【延擱】原件、録副均作"延閣"。

3.【總理各國事務衙門王大臣】原件①、②及録副均作"總理各國事務王大臣"。

4.【光緒八年五月初二日】此具奏日期，據原件補。

5.【軍機大臣奉旨：另有旨。欽此】此奉旨内容，據原件②補。

6.【御筆硃批：新疆地方久已平靖……所有裁營事宜，著責成劉錦棠一手經理】此"御筆硃批"據原件①補。

7.【光緒八年五月二十三日，軍機大臣奉旨。欽此】此句據録副補。

8.【欽差大臣督辦新疆軍務通政使司通政使劉、幫辦新疆軍務伊犁將軍金】此"廷寄"銜名，據《光緒朝上諭檔》校補。

9.【遵旨寄信前來】此據《光緒朝上諭檔》校補。

【案】伊犁將軍金順爲清廷申飭後，即於光緒八年八月初一日具奏籌辦大河沿東至奎屯留軍布防情形：

> 幫辦軍務大臣伊犁將軍奴才金順謹跪奏，爲遵旨大河沿東至奎屯酌量留軍防守布置情形，據實覆陳，仰祈聖鑒事。竊奴才於本年七月初二日，准兵部火票遞到軍機大臣字寄：光緒八年五月二十〔三〕日奉上諭：劉錦棠奏，疊接金順函咨，擬將全部拔赴伊犁。該軍向來駐防大河沿迤東至安集海各處，由劉錦棠撥營填防，並將現駐精河卓勝軍從緩調回裁撤等語。所有大河沿東至奎屯臺等處，仍著金順酌量留軍防守。其現駐精河之卓勝軍馬步二千人，即著劉錦棠調回，恪遵前旨，分別遣留，以節餉需。將此由五百里各諭令知之。欽此。遵旨寄信前來。奴才欽奉之下，惶悚莫名。當此籌餉爲難之際，時切隱憂。裁軍節餉，原所樂聞。伏思上年冬間，籌辦接收伊犁，適接劉錦棠函稱：將來伊犁收還，拔隊前進。所有現在駐防各處地方，想能留隊照常防扎，萬一兵力嫌單，必須劉錦棠撥軍分防，即請賜覆等因。

奴才當即覆商,如拔隊西進,擬奎屯暫留馬隊一營,八十四户馬隊一營,庫爾喀喇烏蘇步隊二營、馬隊一營,固爾圖步隊三營,托多馬隊一營,精河、大河沿臨時酌定。所有暫留之隊,如抵伊犁有應扎之處,隨時飭調,遺出地方,再請劉錦棠撥隊填扎。奴才之本議未嘗以大河沿東至奎屯責成劉錦棠撥軍防守有畛域之見也。今春接收伊犁,由庫爾喀喇烏蘇啓程,於二月十六日肅械劉錦棠。奴才遵照總理各國事務衙門來函,僅帶足資彈壓之兵,擬於二月二十二日拔隊前往。後路留扎奎屯馬隊一營、八十四户馬隊一營,庫爾喀喇烏蘇馬隊一營、步隊兩營,四棵樹馬隊百騎,固爾圖步隊三營,托多克馬隊二營,精河英字步隊二營,卓勝馬步隊二千人,以資防守而利轉輸等語,亦無請劉錦棠調隊填扎之事。及至三月十九日,准劉錦棠函咨:前派駐防精河之卓勝馬步二千人調回烏垣,以便裁併。奴才與之函商,南北兩山歸俄屬,哈薩克人逾數萬,加以陝回勾結,不時出没滋擾。後路一帶,博羅塔拉又緊逼俄境。塔勒奇、達阪爲後路最要咽喉,勢必有兵扼扎。值此人心未附,强鄰壓境,所帶馬步不敷分布,擬駐精河之卓勝馬步二千人,暫緩調回裁撤,誠恐後路鞭長莫及,兼顧難周,商請劉錦棠暨烏魯木齊提督金運昌妥爲籌畫,並無全部拔赴伊犁之語。且精河以東至奎屯所留扎各隊,亦未調拔一人一騎。即後路撥隊填扎,原係劉錦棠函囑。奴才以爲,商請駐扎精河之卓勝馬步暫緩調回,似與裁併無甚關係,劉錦棠無一字之覆。上煩宸廑,實出意料所不及,奴才歉仄難安。前駐精河之卓勝馬步二千人,早經劉錦棠調回。大河沿東至奎屯仍係奴才向留扎之隊,分布駐防。兹奉諭旨,留營防守,自當欽遵妥籌。精河地當衝要,僅扎英字兩營,兵力較單,擬將固爾圖步隊三營調赴精河填扎,遺出固爾圖地方調八十四户馬隊一營填扎,以期周密,而資控制。所有籌防後路布置情形,據實覆陳,以紓朝廷西顧之憂。謹恭摺具陳。伏乞皇太后、皇上聖鑒訓示。謹奏。光緒八年八月初一日。

軍機大臣奉旨：另有旨。欽此。①

金順上奏後，於九月十一日得清廷批復：

軍機大臣字寄：欽差大臣督辦新疆軍務通政使司通政使劉、幫辦軍務伊犁將軍金：光緒八年九月十一日奉上諭：金順奏，遵旨籌防後路布置情形一摺。前據劉錦棠奏，金順擬將全部拔赴伊犁，大河沿東至安集海各處由劉錦棠撥營填防，難以照辦各情。兹據金順奏稱，該將軍並無全部拔赴伊犁之語，精河以東至奎屯留扎各隊，亦未調拔等語。所有精河等處防務，仍著金順督飭各營，妥籌布置，毋稍疏懈。新疆善後防守事宜關係緊要，劉錦棠、金順均爲朝廷所倚任，務當以國事爲重，和衷共濟，彼此熟商妥辦，期於大局有裨，不得稍存意見，致有貽誤。將此由四百里各諭令知之。欽此。遵旨寄信前來。②

●軍機大臣字寄：欽差大臣督辦新疆軍務通政使司通政使劉、幫辦新疆軍務伊犁將軍金、幫辦軍務廣東陸路提督張、伊犁參贊大臣升◆¹：光緒八年五月二十三日奉上諭：總理各國事務衙門奏新疆開辦商務懇准暫免各城釐税一摺◆²。新疆地方設卡徵釐，藉資軍食。現在俄民運貨往來，暫不納税，而各部落人及内地華商，仍令照章完納，未免苦樂不均，且恐弊竇叢生，於釐金亦有名無實。至沿邊人衆，尤宜廣其謀生之路，以示招徠。所有進出卡倫貨物往來新疆各城貿易者，著概行暫免釐税，俟商務興旺，照約議立税則時，再復舊章。著劉錦棠、金順、張曜、升泰遵照辦理，並行知各城，一體遵辦。將此由五百里各諭令知之。欽此。遵旨寄信前來◆³。

【案】此“廷寄”《光緒朝上諭檔》未録，僅見於《清實録》③，兹據校補。

---

① 中國第一歷史檔案館藏：《硃批奏摺》，檔號：04—01—01—0947—043。
② 中國第一歷史檔案館編：《光緒朝上諭檔》，第八册，第247頁。
③ 《清實録·德宗景皇帝實録（三）》，卷一百四十六，光緒八年五月，第72頁。

1.【欽差大臣督辦新疆軍務通政使司通政使劉、幫辦新疆軍務伊犁將軍金、幫辦軍務廣東陸路提督張、伊犁參贊大臣升】此前稱係推補。

2.【案】光緒八年五月二十三日，總理各國事務王大臣奕訢等以新疆開辦商務，奏請暫免各城釐稅：

> 臣奕等跪奏，為新疆開辦商務，籲懇天恩，暫免各城釐款，俾中外一律，以紓民困而固人心事。竊中俄改訂條約內第十二條載：俄國民人並准在伊犁、塔爾巴哈臺、喀什噶爾、烏魯木齊及關外之天山南北兩路各城貿易，暫不納稅，俟將來商務興旺，由兩國議定稅則，將免稅之例廢棄各等語。伊犁地方現經收復，所有通商貿易事宜，自應按照新約陸續開辦，正在暫不納稅之時。惟查新疆各城，自光復以後，節經設有釐卡，徵收商販釐金，藉資軍食。新疆邊外各外部，其浩罕、安集延各種歸附於俄者，方藉此條約，得沾利益。其餘布噶爾、愛烏罕、巴達克山、克什米爾各部落，在中國皆有羈縻勿絕之誼。至如布魯特、哈薩克，布列沿邊，尤為切近，多有商販載運貨物往來各城貿易營生者，今照依新約，凡俄民運貨往來暫不納稅之處，即為各部落人及內地華商照章完稅之處，未免苦樂不均，深恐弊竇百出。如商民詭托影射俄人，包庇營私，勢必空有釐稅之名，仍無完稅之實。且新約內本有伊犁民人歸華歸俄均聽其便之議，若俄商可以免稅，華民不准免釐，恐避重就輕，更有聞而生心者。臣等再三籌度，現在伊犁收復，試辦通商之始，商民陸路負販，本與海口迥別，且兵燹之餘，邊外各種人及華民謀生不易，自宜量加體恤。所有進出卡倫貨物往來新疆各城貿易者，擬令概行暫免釐稅，俟一二年後民氣蘇復，商務興旺，俄商遵照條約議立稅則之時，仍令華民及各種人一體照舊章完稅，庶中外一律，不致偏枯，而邊氓感戴彌深，即眾志益形團結。如蒙俞允，應請特降諭旨，飭令劉錦棠、金順、張曜等一體遵照辦理。所有臣等擬請暫免新疆各城徵收釐稅緣由，理合恭摺具陳。伏乞皇太后、皇上聖鑒訓示。謹奏。光緒八年五月二十三日。①

---

① 臺北故宮博物院藏：《軍機及宮中檔》，文獻編號：123368。

軍機大臣奉旨:另有旨。欽此。①

3.【遵旨寄信前來】此句係推補。

【案】光緒八年五月二十五日,總理各國事務衙門行文,飭令暫免新疆各城徵收釐稅,並令劉錦棠、金順等一體遵辦:

> 五月二十五日行督辦新疆軍務大臣劉錦棠文稱:光緒八年五月二十三日本衙門具奏新疆開辦商務,擬請暫免徵收釐款一摺,奉旨:另有旨。欽此。同日奉上諭一道,相應恭録諭旨,鈔録原奏,咨行貴大臣,欽遵查照可也。同日,行陝甘總督譚鍾麟文同上,伊犁將軍金順文同上,伊犁參贊大臣升泰文同上,伊犁幫辦大臣張曜文同上,塔爾巴哈臺大臣錫綸文同上,哈密辦事大臣明春文同上,烏魯木齊都統恭鏜文同上。同日給安肅道劄同上。②

065. 銷病假片

光緒八年六月初二日

再,臣前因偶感風寒,觸發足痛宿恙,日久不愈,於本年四月十五日,附片陳懇賞假一月,在營調理。五月二十九日,准兵部火票遞回原片,後開軍機大臣奉旨:著賞假一月。欽此。跪聆之餘,銜感無地。臣於四、五月内,連服辛温發散之劑,外感業已全袪。惟足疾根株,一時難以盡拔,腿膝酸痛之證,猶復時發時止,幸尚能勉力支持。五月中旬,即已强起,照常視事,未敢稍涉疏懈。理合附片陳明。伏乞聖鑒。謹奏。

光緒八年六月二十三日,軍機大臣奉旨:知道了。欽此◆1。

---

① 臺北“中研院”近代史所檔案館藏:《總理各國事務衙門檔案》,館藏號:01—20—033—01—001。

② 臺北“中研院”近代史所檔案館藏:《總理各國事務衙門檔案》,館藏號:01—20—033—01—003。

【案】此奏片原件、録副俱缺，兹據前後摺件校補。

1.【光緒八年六月二十三日，軍機大臣奉旨：知道了。欽此】此奉旨日期與内容，據《軍機處隨手登記檔》①校補。

066. 遵旨擬設南路郡縣摺

光緒八年七月初三日

欽差大臣督辦新疆軍務通政使司通政使二等男臣劉錦棠、頭品頂戴陝甘總督臣譚鍾麟跪◆¹奏，爲遵旨擬設新疆南路郡縣，恭摺覆陳，仰祈聖鑒事。

竊臣等承准軍機大臣字寄：光緒八年三月十七日奉上諭：譚鍾麟又奏籌度新疆南路情形一摺。所請酌度七城廣狹繁簡，設立丞倅牧令一員，更於喀什噶爾、阿克蘇兩處各設巡道一員，如鎮迪道之例。著劉錦棠體察情形，會商該督，妥議具奏等因。欽此。遵旨寄信前來。仰見朝廷眷顧西陲動歸久遠之至意，跪聆之餘，莫名欽感。伏念新疆當久亂積罷之後，今昔情形判若霄壤。所有邊疆一切事宜，無論拘泥成法，於時勢多不相宜，且承平年間舊制，亂後蕩然無存，萬難再圖規復。欲爲一勞永逸之計，固舍增設郡縣，別無良策。種種緣由，經大學士前任陝甘督臣左宗棠疊次奏明有案。仰蒙聖明洞鑒，准其因時制宜。在事諸臣先後禀承宸謨，籌辦善後諸務，罔敢稍涉疏懈。現在地利日闢，户口日增，各族嚮化諸事均有成效。郡縣之設，時不可失。兹奉旨命臣等會商，妥議久安長治之基，實肇於此，自當竭愚慮所及，熟籌審度，以期妥協而垂永久。謹按經野建官之道，必量其地之民力物產，足以完納國課，又可供給官吏、胥役而有餘，然後視其形勢之衝僻繁

---

① 中國第一歷史檔案館藏：《軍機處隨手登記檔》，檔號：03—0235—2—1208—161。

簡,置官以治之。非從寬預爲計畫,則官困而民必受其害。故新疆添置郡縣,設官未可過多,此必然之勢也。

惟南路各城民人較多,腴區較廣。其轄境之最遼闊者,縱橫至數千里,少亦數百里。若設官太少,又慮鞭長莫及,難資治理,不足爲經久定制。臣鍾麟原奏內有一城不過數十莊,不及東南一小縣,七城各設一官足矣等語。經臣錦棠就近體察情形,此説蓋亦不盡然。又,臣鍾麟原奏將吐魯番作爲南路城池,有七城設官之議。臣錦棠查吐魯番現不在八城數内。自吐城以西喀喇沙爾、庫車、阿克蘇、烏什,是爲南路東四城。葉爾羌、喀什噶爾、英吉沙爾、和闐,是爲南路西四城。應統八城,通盤籌畫,一律改設郡縣。以上各節,均經臣錦棠與臣鍾麟往復緘商,意見相合。謹公同酌議,除自哈密南至吐魯番北至精河應暫照臣鍾麟原奏無須另設多員外,回疆東四城擬設巡道一員,駐扎阿克蘇。該道以守兼巡,爲兵備道,督飭所屬水利、屯墾、錢糧、刑名事件,撫馭蒙部,彈壓布魯特,稽查卡倫,作爲衝繁疲三項要缺。喀喇沙爾與吐爾扈特、和碩特游牧地方,犬牙相錯,每有交涉事件,擬設直隸廳撫民同知◆2一員,治喀喇沙爾城。庫車擬設直隸廳撫民同知一員,治庫車城。阿克蘇爲古温宿國,擬設温宿直隸州知州一員,治阿克蘇城。拜城縣知縣一員,治拜城,歸温宿直隸州管轄。烏什緊鄰布魯特部落,爲極邊衝要,擬設直隸廳撫彝同知一員,治烏什城。以上各廳州縣,應統歸東四城巡道管轄。

回疆西四城擬設巡道一員,駐扎喀什噶爾回城。該道以守兼巡,爲兵備道,管理通商事宜,督飭所屬水利、屯墾、錢糧、刑名諸務,彈壓布魯特,控馭外夷,稽查卡倫,作爲衝繁疲難請旨最要缺。喀什噶爾爲古疏勒國,擬設疏勒直隸州知州一員,治漢城。疏附縣知縣一員,治回城,歸疏勒直隸州管轄。英吉沙爾緊鄰布魯特,爲極邊衝要,情形與烏什略同,擬設直隸廳撫彝同知一員,治英吉沙爾城。葉爾羌爲古莎車國，擬設莎車直隸州知州一員，治漢城。葉城縣知縣一員，治回城，歸莎車直隸州管轄。葉爾羌所屬瑪喇巴什一城，爲回疆東西咽喉要地，積年河水爲患，必須置員撫治，擬設直隸廳水利撫民通判一員，治瑪喇巴什城。和闐爲古于闐國，擬設和闐直隸州知州一員，治和闐城。于闐縣知縣一員，治哈拉哈什地方，歸和闐直隸州管轄。以上各廳州縣，應統歸西四成巡道管轄。凡兹建置大略，較之光緒六年四月十八日左宗棠奏擬設立各員◆³，稍爲簡省。較之臣鍾麟原奏七城各設一官之議，略有加增。斟酌損益，務適於中，冀得免流弊而成永圖。至於佐雜人員，應俟郡縣設定，由道員暨各丞倅牧令就近察酌地方情形，將其必不可少者，詳請奏設。其各廳州縣疆界，應俟立官畫分後，再行奏咨。各處地方暫時責成諸軍統領、營官，督率營勇駐防，俟兵制議定，再行奏請設立總兵、副將、參、游、都、守、千、把等官。其餘未盡事宜，統俟陸續籌議，隨時奏請睿裁。所有擬設新疆南路郡縣大概情形，謹會同幫辦軍務臣張曜、幫辦新疆善後事宜臣楊昌濬，恭摺覆陳。是否有當，伏乞皇太后、皇上聖鑒訓示施行。再，此摺係臣錦棠主稿，合併聲明。謹奏。七月初三日◆⁴。

光緒八年七月二十二日◆⁵，軍機大臣奉旨：另有旨◆⁶。欽此。

【案】此摺缺原件，錄副①現藏於臺北故宫博物院，兹據校補。

1.【欽差大臣督辦新疆軍務通政使司通政使二等男臣劉錦棠、頭品頂戴陝甘總督臣譚鍾麟跪】此前銜據錄副補。

2.【直隸廳撫民同知】錄副作“直隸廳理事撫民同知”。

3.【案】光緒六年四月十八日，陝甘總督左宗棠具摺陳奏新疆宜開設行省，請先簡督撫臣，以專責成：

————

① 臺北故宫博物院藏：《軍機及宫中檔》，文獻編號：124515。

　　欽差大臣大學士督辦新疆軍務陝甘總督二等恪靖侯加一等輕車都尉臣左宗棠跪奏，爲遵旨覆陳新疆宜建省，開設郡縣，應請先簡督撫臣，以專責成，而便咨商措置，恭摺仰祈聖鑒事。竊臣於光緒四年十一月奏覆新疆情形一摺，欽奉諭旨：事關創始，必須熟籌於事前，乃可收效於日後。刻下伊犂未經收還，一切建置事宜尚難遽定。其餘南北各城應如何經理之處，即著左宗棠悉心籌畫，次第興辦，期於先實後名。俟諸事辦有眉目，然後設官分職，改設郡縣，自可收一勞永逸之效。所有辦理情形，並著隨時詳細具奏。嗣於五年九月續奉諭旨：新疆地方愚回錮習未除，自應規劃久遠，移其風俗，俾就範圍。該大臣所擬改設郡縣，應如何辦理之處，並著妥議具奏。欽此。竊惟新疆南北各城，頻年辦理善後事宜，均有端緒。所有詳細情形，業經會銜陳奏。臣與楊昌濬再四咨度，分設郡縣於時務相宜，如蒙恩旨俞允，會同籌商辦理，從此邊地腹地綱舉目張，城郭盧帳群萃州處，彼此各仍其舊。治外則軍府立而安壤有藉，疆圉莫焉；治內則吏事修而政教相承，民行興焉。上無鄙夷其民之心，下有比户可封之俗，長治久安之效，實基於此。臣兩次欽奉諭旨，恭錄咨行新疆在事諸臣，意見相合。竊計改設郡縣，經出經入費用，較之從前部撥常年實數，不但無增，且可漸減。誠及此時籌議興辦，開設行省，於國計邊防不無裨補。

　　按新疆形勢所在，北路則烏魯木齊，南路則阿克蘇，以期能控制全疆，地居天山南北之脊，居高臨下，左右伸縮，足以有爲也。謹擬烏魯木齊爲新疆總督治所，阿克蘇爲新疆巡撫治所，彼此聲勢聯絡，互相表裏，足稱其形勢。將軍率旗營，駐伊犂。塔爾巴哈臺改設都統，並統旗綠各營，並擬增設伊犂兵備道一員，塔爾巴哈臺擬增設同知一員，以固邊防。北路鎮迪道應仍其舊，擬改迪化州直隸知州爲迪化府知府，擬增置迪化縣知縣一員。附郭州屬，原設縣四，一阜康，一昌吉，一綏來，一奇臺，應仍其舊。擬升呼圖壁巡檢爲呼圖壁縣知縣，升濟木薩縣丞爲濟木縣知縣。鎮西廳同知治巴里坤，擬改爲鎮西州直隸州。擬仍復原設宜禾縣知縣，附郭哈密通判擬改爲直隸廳同知。

吐魯番境一名廣安州，爲入南疆衝要首站，擬增設廣安道一員，以資控扼，其吐魯番同知擬改爲廣安州直隸州。擬升闢展巡檢爲闢展縣知縣。托克遜爲烏魯木齊通南八城衝要，擬就地置托克遜縣知縣一員，以資聯絡。南路擬設阿克蘇巡道一員、喀什噶爾兵備道一員，擬設知府四員，一治阿克蘇，一治庫車，并隸阿克蘇巡道。按阿克蘇，即古溫宿國，擬設溫宿府知府一員、溫宿縣知縣一員，附郭擬設尹河縣知縣一員，治尹河瓦提，擬設拜城縣知縣一員，治拜城，均隸溫宿府知府管轄。庫車即古龜茲國，擬設鳩茲府知府一員、鳩茲知縣一員，附郭擬設沙雅爾知縣一員，治沙雅爾，歸鳩茲府知府管轄。喀什噶爾即古疏勒國，擬設疏勒府知府一員、疏勒縣知縣一員，治漢城，疏附縣知縣一員，治回城，並附郭歸疏勒府知府管轄。葉爾羌即古莎車國，擬設莎車府知府一員、莎車縣知縣一員，治漢城，莎附縣知縣一員，治回城，並附郭歸莎車府知府管轄。喀喇沙爾即古焉耆國，擬設焉耆直隸州知州一員，治喀喇沙爾，並設庫勒縣知縣，治庫爾勒，歸焉耆直隸州管轄。和闐即古于闐國，擬設于闐直隸州知州一員，治和闐，並設于闐縣知縣一員，並附郭歸于闐直隸州管轄。烏什即古尉頭國，擬設尉頭直隸同知一員，治烏什。英吉沙爾即古依耐國，擬設依耐直隸同知一員，治英吉沙爾。

凡茲所擬建置大略，雖經臣與新疆在事諸臣悉心商訂，具有規模，而地非親歷，究難信之於心。既擬置省分、設郡縣，則政務繁簡，地畝肥磽，物産盈虛，丁户多寡，差徭輕重，爲缺分苦樂所關，非權其經出經入實數，爲之斟酌損益，俾適於中，則官困而民必受其病。適奏調浙江候補知府陳寶善到營，臣留居幕中，令其熟閱新疆各局往復公牘，面爲講求，預將興革諸務貫徹胸中。飭三月下旬出關，遍歷新疆察驗一切，一面就近稟商各總統，一面稟報聽候核示。陳寶善久官牧令，廉幹耐勞，熟嫻吏事。茲令參商建置興革事宜，或有裨益。至義塾甫興，學政及各府廳州縣校官應緩議設。其丞倅佐雜，應俟分設郡縣後，再分別陳奏，請旨遵行。新疆各員應否按照邊俸遷調升轉，暫時亦可緩議。至各城應安設臺站驛遞，增設提、鎮、副、參、游、都、守、千、把、外、額大小武職及額兵俸廉餉乾本折，均應俟新設督撫會同議擬具奏。而藩臬大員，均隨督撫駐扎，庶總匯之司得所稟承，事無不舉。凡此皆應由新疆督撫奏明次第興辦者，非臣所得預議也。如新疆置省分設郡縣，仰荷諭旨允行，應懇天恩先簡新疆總督、新疆巡撫，重以事權，俾得臨時陳奏，徑達宸聰。其新疆軍務，臣有督辦之責，固不敢稍有諉謝也。是否有當，謹會同頭品頂戴幫辦甘肅新疆善後事宜臣楊昌濬，合詞具陳，伏乞皇太后、皇上聖鑒訓示施行。謹奏。

光緒六年四月十八日。

　　軍機大臣字寄：光緒六年五月初一日奉上諭：左宗棠奏覆陳新疆宜開設行省，請先簡督撫一摺。所擬建置事宜頗為詳悉。惟現在伊犁尚未收復，布置一切不無窒礙。所有新疆善後諸務，仍著該督因地制宜，次第籌辦。原摺著暫留中，再候諭旨。將此由四百里諭令知之。欽此。①

4.【七月初三日】此具奏日期，據録副補。

5.【光緒八年七月二十二日】此奉旨日期，據録副補。

6.【案】此事《光緒朝上諭檔》與《清實録》均未見，待考。

067. 裁撤阿奇木伯克等缺另設頭目並考試回童分別給予生監頂戴片

光緒八年七月初三日

再，新疆各城向設阿奇木伯克等員，其職銜有三、四品者。見議建置郡縣，擬設丞倅牧令各員，官階既非甚崇，若回官仍循舊章，殊有枝大於本之嫌，似宜量為變通，以歸妥善。郡縣設定後，擬將回官各缺暨阿奇木伯克等名目概行裁去。各廳州縣另行酌設頭目額數，略如各省辦公紳士，不可以官目之。遇有缺額，即行

① 中國第一歷史檔案館藏：《録副奏摺》，檔號：03—5092—010；《左宗棠全集》，第十冊，第8829—8837頁，上海書店出版社，1986；《左宗棠全集·奏稿七》，第473—476頁，岳麓書社，2009。

就地選舉，出具切實考語，詳由該管道轉請邊疆大員，發給委牌。惟須照回官向例，撥給地畝，作爲辦公薪資，免滋需索、侵吞諸弊。又南路纏回愚懦者居其大半，彼教中所謂條勒阿渾，往往捏造邪説，肆其誘脅之術，人心易爲摇惑，禍亂每由此起。纏回語言文字本與滿漢不同，遇有訟獄、徵收各事件，官民隔閡不通，阿奇木伯克通事人等得以從中舞弊。是非被以文教，無由除彼錮習。自全疆勘定以來，各城分設義塾，令回童讀書識字，學習華語。其中儘多聰穎可造之資，授之以經，輒能背誦，學寫楷書，居然端好，爲之講解義理，亦頗能領會。足見秉彝之良，無分中外。雖不必侈言化民成俗，而其效已有可睹。此時建置南路郡縣，教職等官暫可不設。惟宜設法鼓勵，使回族争奮於學，庶教化可期漸興。所有原設各塾，應由各廳州縣延師訓課，以“小學”、《孝經》《論語》《孟子》《大學》《中庸》《詩》《書》《易》《禮》《春秋》教各回童。擬每歲令各廳州縣考試一次，有能誦習一經熟諳華語者，不拘人數多寡，即送該管道衙門覆試，詳由邊疆大員援照保舉武弁之例咨部，給予生監頂戴。待其年已長大，即准充當頭目。如有勤學不倦能多習一經或數經者，無論已未充當頭目，均准各廳州縣考送，由道覆試請獎，再行遞換五品以下各項頂戴，仍不得逾六品，以示限制。惟曾任三、四、五品阿奇木伯克者裁缺後，仍應准其照舊戴用翎頂，充當頭目。其各項頂戴頭目人等，如果承辦差使異常出力，仍隨時酌量保奏，懇恩賞給三、四、五品頂戴，用昭激勸。理合會同幫辦軍務臣張曜、幫辦新疆善後事宜臣楊昌濬，附片具陳。是否有當，伏乞聖鑒訓示施行。再，此片係臣錦棠主稿，合併聲明。謹奏。

　　光緒八年七月二十二日◆[1]，軍機大臣奉旨：另有旨。欽此。

【案】此摺缺原件,録副①現藏於臺北故宮博物院,兹據校補。

1.【光緒八年七月二十二日】此奉旨日期,據録副補。

【案】劉錦棠等摺片,業由軍機大臣議定,進呈清帝定奪,《光緒朝上諭檔》:"蒙發下摺報,臣等公同商閲……劉錦棠等奏擬設新疆南路郡縣摺,又奏擬變通回官名目片。劉錦棠奏新疆擬設巡撫等官併歸甘肅,合爲一省摺,又奏烏魯木齊都統等缺宜酌量裁撤片……均擬暫留請旨。其餘摺、片、單,擬批呈進。是否有當,伏候聖裁。謹奏。"②光緒八年七月二十三日得清廷批復:

> 丁未,諭内閣:劉錦棠、譚鍾麟、張曜奏請變通新疆官制、營制各摺片。著各該衙門速議具奏。尋奏新設南路道廳州縣等缺,係爲治理得人起見,應准如所請。至三四品阿奇木、依什罕伯克各有專責,今請裁撤銜額,僅留頂戴,回民能否相安,並世襲王公臺吉所兼伯克職任暨吐魯番協理旗務伯克等,向有呈進貢物及年班等事,是否仍照舊制,未據聲明。應請旨飭令該大臣等妥議章程具奏。城垣、衙署、壇廟、倉廒、監獄、驛傳、塘站等工,應令核實估計具報。其徵糧較多之處,兵食有餘,即行折徵銀兩,與從前南路各城折變之例相符,均應照准。從之。③

068. 新疆各道廳州縣請歸甘肅爲一省摺

光緒八年七月初三日

欽差大臣督辦新疆軍務通政使司通政使二等男臣劉錦棠跪◆¹奏,爲哈密、鎮迪道等處地方暨議設南路各道廳州縣,擬請併歸甘肅,合爲一省,以規久遠,恭摺具陳,仰祈聖鑒事。

竊查光緒六年大學士前陝甘督臣左宗棠奏稱,將來議設行

---

① 臺北故宮博物院藏:《軍機及宮中檔》,文獻編號:124516。
② 中國第一歷史檔案館編:《光緒朝上諭檔》,第八册,第189頁。
③ 《清實録·德宗景皇帝實録(三)》,卷一百四十九,光緒八年七月,第112頁。

省，必以哈密劃隸新疆，形勢始合。哈密及鎮迪一道所屬文武地方官，均應歸劉錦棠統轄。所有升調、補署、考核及一切興革事宜，均可就近辦理，分別奏咨，陝甘總督無庸兼管等因。於光緒六年十一月初四日奉上諭：左宗棠奏請將哈密、鎮迪道歸劉錦棠統轄等語。哈密及鎮迪道所屬文武地方官，均著暫歸劉錦棠統轄。欽此。欽遵在案。伏念新疆改設行省之議，左宗棠實始發之。查本年三月十六日，陝甘督臣譚鍾麟奏籌度新疆南路情形摺內，亦有設立行省當從州縣辦起，然後遞設督撫以統轄之等語。蓋新疆本秦隴之屏障、燕晉之藩籬，此時回亂雖平，而外患方殷，亟宜經營盡善，以固吾圉。然舊制既不可復，自不得不另籌善策。左宗棠、譚鍾麟所議改設行省，固無非維持永久之謀。至臣愚慮所及，則與左宗棠等不能盡同，有不庸◆2不及時陳明者。臣自曩歲出關辦賊，洎於今已歷七載，熟度關外情形，求所以長治久安之道，固舍設郡縣、易舊制，別鮮良圖。此臣之所見與左宗棠等相同者也。

惟將新疆另爲一省，則臣頗以爲不然。現在臣等擬設之南路各廳州縣，合之哈密及鎮迪道等處，原有各廳州縣，總共不過二十餘處。即將來地方日益富庶，所增亦必無多。卷查光緒六年四月十八日左宗棠覆陳新疆宜建省開設郡縣摺內所載，擬設及原有各廳州縣亦不過二三十處。嘗考各省中郡縣之最少者，莫如貴州、廣西等省。新疆則尚不能及其半，難自成一省也，亦已明矣。且新疆之與甘肅，形同脣齒。從前左宗棠以陝甘總督督辦新疆軍務，凡籌兵籌餉以及製辦、轉運諸務，皆以關內爲根本。其勢順，故其事易舉。臣之才力、資望，萬不逮左宗棠，而受代以來兩年之間，雖無寸功足錄，然尚未至僨事者，皆賴譚鍾麟、楊昌濬誼篤公忠，力顧全局，故能勉強支持。向使甘肅大吏稍存畛域之見，則邊事已不堪問。若將關內外劃爲兩省，以二十餘州縣孤懸絕域，其勢難以自存，且後路轉餉、製械諸務，必將與甘肅分門別户以清眉目，所需經費較目前必更浩繁，其將何以爲繼！故新疆、甘肅勢難分爲兩省。臣所見有與左宗棠等不同者此也。

又，臣閲譚鍾麟奏籌度新疆南路情形摺稿，議將北路鎮迪等處暨擬設南路郡縣，皆歸欽差大臣統轄。謹按，欽差大臣本非國家常設之官，且哈密及鎮迪一道原係奉旨暫歸微臣統轄。現既議設南路郡縣，必須熟籌可久之道，不得仍作權宜之計。況郡縣設定後，諸事須照各省辦法，而言例章，則臣營無舊案可稽；言用人，則軍中無合例堪以補署之員。至於錢糧、刑名、升遷、調補諸事，又無藩臬兩司可專責成。似兹室礙難行之處，未可枚舉。微臣之愚，擬請將哈密、鎮迪道等處，暨議設南路各廳州縣，併歸甘肅爲一省，惟歸甘督遥制，竊恐鞭長莫及，擬仿照江蘇建置大略，添設甘肅巡撫一員，駐扎烏魯木齊，管轄哈密以西南北兩路各道廳州縣，並請賞加兵部尚書銜，俾得統轄全疆官兵，督辦邊防。並設甘肅關外等處地方布政使一員，隨巡撫駐扎。舊有鎮迪道員，擬請援◆3福建、臺灣之例，賞加按察使銜，令其兼管全疆刑名、驛傳事務。改迪化直隷州爲迪化縣，添設迪化府知府一員，治迪化城，管轄迪化、昌吉、綏來、阜康、奇臺五縣。似此辦理，實較另爲一省稍免煩費，而於新疆時勢亦甚相宜。如蒙聖明准行，仰懇迅簡巡撫、藩司，暨擬設之南路兩道員，以便及早措置壹是。

現在伊犁既經收還，分界亦不久可以蕆事，沿邊無警，防務解嚴。如設巡撫，則欽差大臣儘可裁撤。臣擬俟巡撫西來，當舉關外一切情形，詳細告知，並將經手事件交其接辦，再行呈繳關防。仍俟臣足疾醫治全愈後，即當偹裝北上，以伸累載戀闕之忱。蓋新疆蕩平已六年之久，此時軍務日鬆，急宜定大局以修政理。臣於吏治嚮少閲歷，關外郡縣諸事宜多係創始，斷非軍旅粗材所能了局。區區愚悃，實恐貽誤將來，並非意存規避，此不能不預先瀝陳者也。所有哈密、鎮迪道等處地方暨議設南路各道廳州縣擬請併歸甘肅合爲一省各緣由,臣係爲規畫久遠起見,理合恭摺具陳。是否有當,伏乞皇太后、皇上聖鑒訓示施行。謹奏。光緒八年七月初三日◆4。

　　光緒八年七月二十二日◆5,軍機大臣奉旨:另有旨。欽此。

　　【案】此摺原件①藏於中國第一歷史檔案館,録副②現藏於臺北故宮博物院,兹據校補。

　　1.【欽差大臣督辦新疆軍務通政使司通政使二等男臣劉錦棠跪】此前銜據原件補。

　　2.【不庸】原件、録副均作"不容",是。

　　3.【援】原件、録副均作"援照",是。

　　4.【光緒八年七月初三日】此具奏日期,據原件補。

　　5.【光緒八年七月二十二日】此奉旨日期,據《軍機處隨手登記檔》③校補。

　　【案】光緒八年八月初三日,翰林院編修劉海鼇即具陳酌議新疆善後事宜:

　　　　日講起居注官翰林院編修臣劉海鼇跪奏,爲酌議新疆善後事宜,請權緩急,恭摺仰祈聖鑒事。竊臣伏讀七月二十三日上諭:劉錦棠、譚鍾麟、張曜奏請變通新疆官制各摺片,著各該衙門速議具奏。欽此。仰見皇上綏靖邊疆至意。臣備員侍從玉門,未出扼塞,無由周知,何敢妄參末議!惟通籌西域情形,則郡縣未可遽設,屯田可以專辦,有不能不分緩急者,請爲皇上瀝陳之。夫建非常之業者,必有可因之勢,有可乘之時,有可爲之力,而功乃有成。郡縣自秦始,然春秋時夷於九縣,楚稱葉縣,封建浸化爲郡縣。秦因而設之,相沿至今。

　①　中國第一歷史檔案館藏:《硃批奏摺》,檔號:04—01—01—0946—011。
　②　臺北故宮博物院藏:《軍機及宮中檔》,文獻編號:124518。
　③　中國第一歷史檔案館藏:《軍機處隨手登記檔》,檔號:03—0235—3—1208—192。

臺灣富庶之區，沈葆楨請設臺北府，居者甚少，幾乎有城郭而無人民，時勢不同也。新疆地勢遼闊，以戈壁周迴二萬餘里，版圖初入，涉險建城不過二十餘處，每城不過數十莊。離亂之後，戶口益稀。今欲舉一城百十莊而養一州縣，合二十餘城而成一省，臣知其不能，何者？地廣人稀。併歸甘肅既難遙制，改設官制亦屬虛名。矧事方經始，需費甚繁，且庫儲支絀，西餉歲近千萬，力已難支，又何能籌此鉅款，以供經野設官之用？此郡縣未可遽設也。至原奏屯田一法，實因地制宜之上策。新疆蕩平六年，今春收復伊犁，局勢大定。惟逆回白彥虎竄伏俄境，難保不乘間窺伺，則營勇未可盡撤。第營勇不撤，餉亦難繼，欲收兵食兩足之效，則屯田尚焉。天山南北不少膏腴，近聞西征士卒多有娶妻成家者，授之以田，其情甚願，導之為農，其利自倍，惟在實力奉行耳。左宗棠、譚鍾麟公忠體國，力顧大局，劉錦棠、張曜練習邊事，規畫精詳，非尋常將帥可比，試辦屯田已有成效，請飭通籌專辦。其營勇之精壯者酌留，以備邊防。餘皆計口分田，各給仔〔籽〕種，使之自食其力，易冰天雪窖之鄉為鋤雨犁雲之地。成熟之後緩數年以升科，廣收租糧，以供軍需，每年可節餉銀數百萬兩。又和闐、古城、火道溝、塔爾巴哈臺等處產金產玉，物力豐饒，使經理得人，通商惠工，其財不可勝用。兵化為農，戍卒感生成之德；養繼以教，荒服消獷悍之風。長治久安之道，無逾於此，此屯田之可專辦也。臣愚昧之見，是否有當，伏祈皇太后、皇上聖鑒，交部併原件會議施行。謹奏。

光緒八年八月初三日。①

光緒八年八月初五日，劉海鰲之奏得批復，《清實錄》："戊午，諭內閣：翰林院編修劉海鰲奏新疆善後事宜請權緩急一摺，著各該衙門歸入劉錦棠等摺片，一併議奏。"②

---

①　中國第一歷史檔案館藏：《錄副奏摺》，檔號：03—5092—013。

②　《清實錄·德宗景皇帝實錄（三）》，卷一百五十，光緒八年八月，第119頁。

069. 各城旗丁併歸伊犁滿營
添設撫標增置總兵等官額兵片

光緒八年七月初三日

再，哈密以西各滿營旗丁，亂後孑遺僅存，舊制萬難規復。即以古城、烏魯木齊兩處言之，前此古城領隊大臣勝安由京西來，道出哈密，與臣談及古城滿營房屋久已鞠爲茂草，該處旗丁總共不過十數人。勝安自以補授斯缺，原應即行赴任，究竟古城無隊可領，無營署可居，進退維谷，殊形狼狽。臣比屬其與金順、恭鏜熟商自處之道，悵然逾天山北去。臣於光緒二年夏秋之交，率師克復烏魯木齊。其時滿城傾圮，瓦礫荒涼，未見旗丁一人。嗣臣進克南路各城，始將旗丁之被賊裹脅者陸續拔出，迭送烏魯木齊安插。然爲數亦復無多，故以恭鏜之精明强幹，世受國恩，銳欲有所爲，以圖報稱，然所管旗丁只有此數，雖都統有兼轄鎮迪道之責，而政務亦甚簡少，不足以發舒其才氣。他如哈密辦事大臣明春所部健銳威儀各營，現已奏明，全行裁撤◆1。其所轄回務，亦經左宗棠奏准，歸哈密通判管理◆2，欽遵在案。

竊維國家建官分職，原各有分內應辦之事。現在新疆時勢變遷，都統暨辦事領隊各大臣兵少事簡，幾無異投閒置散。此不但非朝廷設官之初意，亦諸臣心所不安也。如蒙聖明俯察臣言，准照擬設甘肅巡撫之議，則烏魯木齊自須設立撫標官兵，南北兩路均宜另設額兵，添置總兵、副將、參、游、都、守、千、把等官，以爲永遠防邊之計。烏魯木齊提督應移駐喀什噶爾，以扼要害。吐魯番暨南路舊有參贊、辦事、領隊各大臣員缺，固可一律裁去，即自哈密北至伊犁，所有都統暨辦事、領隊各大臣員缺，亦宜酌量裁撤。巴里坤、古城、烏魯木齊、庫爾喀喇烏蘇等處所餘旗丁，如目前之零星分布,終恐無濟實用,不如併歸伊犁滿營,生聚教訓,以期漸成勁旅。查承平時新疆南北兩路,係歸伊犁將軍總統,烏魯木齊都統亦兼轄鎮迪一道。如設巡撫,則不但鎮迪道無須都統兼轄,即將軍亦無庸總統全疆,免致政出多門、巡撫事權不一。其伊犁滿營似應改照各省駐防將軍營制,從新整頓,務求精實可用,庶於邊防有所裨益。總之,新疆不復舊制,便當概照行省辦法。若二者兼行,則一切夾雜牽混之弊,難以枚舉。屬兹伊犁已還,界務將竣,大局宜急◆³定奪。臣忝膺欽符,既有所見,不敢不據實直陳,是否可行,祗候睿斷,理合附片陳明。伏乞聖鑒訓示施行。謹奏。

光緒八年七月二十二日◆⁴,軍機大臣奉旨:另有旨。欽此。

光緒八年七月二十三日內閣奉上諭:劉錦棠、譚鍾麟、張曜奏請變通新疆官制、營制各摺片,著各該衙門速議具奏◆⁵。欽此。

【案】此奏片缺原件,錄副①現藏於臺北故宫博物院,兹據校補。

1.【案】光緒二年七月十八日,陝甘總督左宗棠奏報哈密威儀軍應行汰併一摺:

欽差大臣大學士督辦新疆軍務陝甘總督一等恪靖伯加一等輕車都尉臣左宗棠跪奏,為哈密辦事大臣兼帶威儀一軍應行汰併,以節虛糜而昭核實,恭摺仰祈聖鑒事。竊臣於本年正月初三日具奏文麟兼帶馬步遵旨裁併實數,懇恩敕撥有著專款,定限撥解,以資整頓一摺。奉旨:户部議奏。欽此。嗣准户部抄咨內開:文麟所部,減為馬步各兩營,又親兵二百名。其餉需經臣議奏,照楚軍章程,合之糧價每月共銀二萬兩。文麟又稱需銀三萬兩,數目迥殊。究竟哈密防軍應留幾營,其隨營員弁夫役名數需人若干,每年需餉若干,即由臣與文麟

① 臺北故宫博物院藏:《軍機及宫中檔》,文獻編號:124519。

核實妥定，奏明請撥後，再由部核明指撥等因。當經轉咨查照。迄未據咨送花名清冊前來，臣亦未便催促。旋准明春咨稱：文麟因病身故，所遺威儀一軍請揀員接帶。臣比咨明春會同張曜查點實在人數，分別造冊送核。茲准咨送點驗花名清冊七本到臣，內威儀軍員弁勇役共二千五百八十六員名，除點驗未到，實只二千三百一員名。按文麟從前所開人數，短一千三百四十員名。此虛數之宜節者。威儀各營除將領、營哨各官外，隨營員弁多至一百數十員名，而哈密、沁城屯田，每屯有官，每棚有長，又有文案、海查、藍旗、傳號、差官、親兵各員弁，不知何所用之。員弁一人薪水，抵勇丁數名口分而有餘。現在餉絀且絕，猶可任其坐食虛糜乎！此冗雜之宜節者。哈、沁各城屯丁，多由外處避賊流徙而來，土著最少。計奇臺、古城、濟木薩、迪化州、鎮西廳漢民居十之九，安西所屬漢民居十之一，川、陝客民僅十九名耳。哈密地方本纏回世業，大軍徑抵阜康、奇臺、古、濟一帶，難民既思歸故土，而本地纏回之流徙吐魯番者，將來復業，鵲巢難任鳩居。幸值豐稔，自宜預爲籌維。屯丁一撤，事可兩利，此浮費之宜節者。臣前與明春、張曜函商，意見相同。惟裁汰冗雜員弁，宜酌給川資，整理伊始，宜酌籌經費，均由臣於軍餉內量爲挪墊，以期妥速。俟明春、張曜覆到，速將文麟任內一切料理完，一面奏請敕撥該軍有著的餉，定限撥解，乃可漸收餉節兵精實效，而明春接統該軍亦可免宿累牽擾矣。謹據實陳明，伏乞皇太后、皇上聖鑒訓示。謹奏。七月十八日。

光緒二年八月初三日，軍機大臣奉旨：知道了。欽此。①

光緒六年十一月二十四日，哈密辦事大臣明春具奏辦理裁併健銳各營情形：

奴才明春跪奏，爲裁併健銳一軍，謹將辦理裁併情形恭摺具奏，仰祈聖鑒事。竊奴才前因餉項支絀，奏請將健銳一軍抽裁馬步五營，酌留三營，以節糜費，懇請天恩暫由部庫借撥銀兩，以資汰遣而期迅

① 中國第一歷史檔案館藏：《錄副奏摺》，檔號：03—5749—050；《左宗棠全集》，第九冊，第7585—7588頁，上海書店出版社，1986；《左宗棠全集·奏稿六》，第466—467頁，岳麓書社，2009。

速各等情，業已先後奏明在案。旋准户部咨覆：奏准於部庫封存四成洋稅項下，暫行墊發庫平銀八萬六千六百兩，作爲奴才遣撤經費。此項銀兩即在湖北、四川兩省欠解哈密健鋭軍專餉項下，湖北省提銀五萬兩，四川省提銀三萬六千六百兩，限於本年八月以前解部歸款，以重庫儲。當經奴才派去差弁游擊陶連生由部領解。兹於本年十月二十日，據差弁陶連生管解前項銀八萬六千六百兩到營。奴才遵即將健鋭各營慎加選擇，挑出年力精壯者，酌留步隊三營。其餘馬隊二營、步隊三營並幫辦、統領、營官、委員、跟役人等一百八十四員名，均按照奏定章程，找發半年欠餉，概行資遣，令其回原籍。一共裁去官弁、勇夫、兵役計二千九百六十四員名，通計用銀八萬六千五百八十一兩八錢。又支放屯田牛隻、農具等項銀三千一百九十六兩五錢。其不敷經費，由奴才陸續另款籌給。現在抽留健鋭步隊三營及威儀軍步隊一營、馬隊二營，奴才飭令統領營官等勤加訓練，扼要分防，期於地方有裨。謹將辦理裁併健鋭各營情形，理合恭摺具陳。伏乞皇太后、皇上聖鑒。謹奏。十一月二十四日。

光緒六年十二月二十六日，軍機大臣奉旨：知道了。欽此。①

2.【案】光緒六年九月十一日，陝甘總督左宗棠具奏哈密回務請由哈密通判兼管：

欽差大臣大學士督辦新疆軍務陝甘總督二等恪靖侯加一等輕車都尉臣左宗棠跪奏，爲哈密回務請照吐魯番例，飭由哈密通判兼管，俾事歸一律，以收實效，恭折具陳，仰祈聖鑒事。竊查新疆南路各城纏回，每年應納額糧，向由臺吉、伯克等催收交官。迨後各城淪陷，諸務廢弛。光緒三年克復各城後，即規復舊制，變通辦理，剔除一切弊端。所有纏回每年應徵額糧，暫准仍由各伯克等催督花户親赴善後局完納，填給券票備查，以杜中飽。其餘命盜、錢債、田土、户婚、事故各案件，概由局員察律辦理，當經通飭遵行。其吐魯番廳所屬回務，向歸該廳辦理，遵行日久，漢回稱便，固無庸別議更張。查哈密廳舊

———————————

① 中國第一歷史檔案館藏：《録副奏摺》，檔號：03—5812—150。

設通判一員,原兼理地方事務。其土著户民,向本回族種類。所有詞訟案件一切,均係回目臺吉、伯克等辦理。所有回户滋生多寡、物產盈虚,通判不復過問。是名雖久隸版圖,實仍各分氣類,望其一道同風,而政教難施,漸摩無自,何以致之。現擬建義塾、廣屯墾、開水利、課蠶桑,所有一切興革事宜,均應責成哈密廳承辦。而該員一官匏繫,事權爲臺吉、伯克所分,纏回無所遵循,官民仍多扞格。若援照吐魯番例,兼管回務,纏回仍歸地方官治理,一切詞訟案件,概由官審斷申報。其回目臺吉、伯克向以催納貢糧爲事,姑仍其舊。如有横征苛派病民情弊,許回民赴官申理,審問得實,通詳該管上司責革,換替承充,庶幾政平訟理,同我華風,與吐魯番南北各城事歸一律,而回務積弊可除。應否如斯,伏祈皇太后、皇上聖鑒訓示施行。謹奏。

軍機大臣奉旨:著照所請,該衙門知道。欽此。①

3.【宜急】録副作"急宜"。

4.【光緒八年七月二十二日】此奉旨日期,據録副補。

5.【案】關於劉錦棠等創設行省、改設郡縣、變通營制之議,直至光緒十年九月三十日始得清廷批復,並准其所議,添設新疆巡撫、布政使各一員。新疆旗綠各營兵數及關内外餉數,均照議核實,以資治理。《清實録》:

辛未……前經左宗棠創議改立行省,分設郡縣,業據劉錦棠詳晰陳奏,由部奏准先設道廳州縣等官。現在更定官制,將南北兩路辦事大臣等缺裁撤,自應另設地方大員,以資統轄。著照所議,添設甘肅新疆巡撫、布政使各一員。其應裁之辦事、幫辦、領隊、參贊各大臣及烏魯木齊都統等缺,除未經簡放有人外,所有實缺及署任各員,著俟新設巡撫、布政使到任後,再行交卸,候旨簡用。至伊犂參贊大臣一缺、塔爾巴哈臺領隊大臣二缺,應裁應留,著劉錦棠等酌定具奏。新疆旗綠各營兵數及關内外餉數,均照議核實經理。國家度支有常,不容稍涉耗費,劉錦棠務當與金順等挑留精鋭,簡練軍實,並隨時稽查

① 《左宗棠全集》,第九册,第8899—8901頁,上海書店出版社,1986;《左宗棠全集·奏稿六》,第523—524頁,岳麓書社,2009。

餉項,如將領中有侵冒情事,即著據實奏參,從重治罪。如有未盡事宜,仍著劉錦棠妥爲籌畫,陸續陳奏,再由該部詳核定議。①

● 軍機大臣字寄:欽差大臣督辦新疆軍務通政使司通政使劉、幫辦軍務伊犁將軍金、陝甘總督譚、烏里雅蘇臺將軍杜、伊犁參贊大臣升◆1:光緒八年七月二十日奉上諭:金順奏伊犁參贊大臣升泰患病懇請開缺,並起程回京日期,暨請派會辦分界事宜,一面行知額爾慶額前往各一摺◆2。覽奏,殊堪詫異。伊犁甫經收還,辦理分界及善後各事宜,關繫何等重大,疊經諭令妥慎籌辦。金順、升泰宜如何勉力和衷,期無貽誤。如果金順與升泰有意見不合之處,升泰儘可據實直陳,聽候察奪。即使患病屬實,籲請開缺,亦應自行陳奏,候旨遵行。乃竟咨請金順代奏,擅自起程回京。金順明知分界諸事正當吃緊,並不力爲阻止,竟敢率行代奏,任令起程,即派額爾慶額前往會辦。似此玩視邊務,輕量朝廷,種種謬妄,殊出情理之外,即將金順、升泰置之重典,亦屬罪有應得。姑念邊疆緊要,金順、升泰從寬,均著革職留任。升泰無論行抵何處,即著迅速折回,將分界善後一切事宜,與金順悉心商辦,彼此不准以意氣用事,致誤機宜。儻敢各存成見,置國事於不顧,定將金順、升泰從重治罪,勿謂寬典可以倖邀也。現在分界期迫,即著長順、額爾慶額等會同慎重辦理,毋稍草率,並著劉錦棠、譚鍾麟、杜嘎爾等查明升泰現在行抵何處,飭令迅回伊犁,不准逗遛。將此由五百里各諭令知之。欽此。遵旨寄信前來◆3。

【案】此"廷寄"據《光緒朝上諭檔》②及《清實録》③校補。

---

① 《清實録·德宗景皇帝實録(三)》,卷一百九十四,光緒十年九月下,第764—765頁。
② 中國第一歷史檔案館編:《光緒朝上諭檔》,第八册,第187頁。
③ 《清實録·德宗景皇帝實録(三)》,卷一百四十九,光緒八年七月,第110—111頁。

1.【欽差大臣督辦新疆軍務通政使司通政使劉、幫辦軍務伊犁將軍金、陝甘總督譚、烏里雅蘇臺將軍杜、伊犁參贊大臣升】此前稱係據金順、升泰等摺件推補。

2.【案】光緒八年六月初十日，伊犁將軍金順因伊犁參贊大臣升泰患病，呈請開缺回京調理，具摺奏報：

幫辦軍務大臣伊犁將軍臣奴才金順謹跪奏，爲據情代奏，患病日久，籲懇天恩，賞開伊犁參贊缺，回京調理，仰祈聖鑒事。竊奴才於光緒八年六月初三日准伊犁參贊大臣升泰咨稱：蒙恩簡放斯缺，於去年七月初四日陛辭出京，十月中旬行抵哈密，取到巴里坤馳赴伊犁。時值天氣嚴冷，冰雪滿地，途次感受寒濕，迨抵庫爾喀喇烏蘇，即覺腰酸，左腿疼痛。因接收期限緊迫，未遑醫治，旋於十二月十八日由庫赴伊。冰雪中眠食栖止，受寒加劇。今年交春後，寒濕舉發，腰酸、左腿疼痛較前加重。彼時勉强支持，並未敢一再請假，冒瀆宸聰。迨至四月間，病勢益增，疼痛日甚，復加咯血之症，夜不能寐，輾轉牀褥。當差家丁昌祥具呈，懇乞代奏開缺，回京調理。經將軍挽留，囑令加意調治。不得已多方覓醫，服藥月餘，迄未見效。近日咯血過多，心氣太虧，肝陰不足，漸成怔忡之症。現在伊犁地方收復，在在均關緊要，無如病久纏綿，精神恍惚，兼之邊外良醫難得，藥味不真，一時難望速痊。若以病軀戀棧，誠恐有乖職守，獲戾滋深。雖報效之日月方長，何敢據謀眠豫，而疾病之侵凌已甚，未便久誤邊疆。再四思維，焦灼萬狀。惟有籲請代奏，開缺回京，俾得沿途就醫調治，可期就痊等情前來。臣查內閣學士兼禮部侍郎銜伊犁參贊大臣升泰，去冬十一月馳抵庫城，正值天氣嚴冷，受寒已深。旋因接收期迫，憩息粗定，仍復馳驅載道，戴雪履冰，靡鹽不遑，寒氣更深入肌骨，加以任大責重，昕夕焦勞，心血因之而耗矣。今春三月，得晤綏定，連稱腰腿疼痛，四肢畏寒。勸其延醫胗調，歷春而夏，未嘗一日廢藥，屢欲開缺回京，挽留而止。兹因病益增劇，邊外良醫難得，藥味不真，兼水土未能相服，非開缺回京調理，難期速痊，自係實在情形。伏思升泰蒙恩簡放以來，力顧大局，不辭勞瘁，奴才正資臂助，乃以疾病糾纏，弗克終事，固非奴才意料所及，亦非升泰竭誠報國初心。可否仰懇天恩，逾格成全，賞開伊犁參贊之缺，仍留內閣學士兼禮部侍郎銜，回京調理，就近供職，不勝感激惶悚之至。理合恭摺代奏。伏乞皇太后、皇上聖鑒訓示。謹奏。再，升泰因病開缺，就醫情急，欲於六月二十一日，由伊犁起程，合併陳明。

　　軍機大臣奉旨：另有旨。欽此。光緒八年六月初十日。①

同日，伊犁將軍金順以伊犁參贊大臣升泰因病開缺回京，具摺陳請就近選派分界大臣，以期妥速：

　　幫辦軍務大臣伊犁將軍臣奴才金順謹跪奏，爲分界大臣伊犁參贊升泰因病開缺回京，亟應凛遵前旨，就近遴選大員，奏請添派分界，以期妥速，恭摺仰祈聖鑒事。竊奴才准伊犁參贊大臣升泰咨稱：因病呈請開缺，回京就醫，業已恭疏代陳。所有分界事務，亟宜另選大員，剋日舉辦。奴才查前經奏請添派哈密幫辦大臣長順，於本年五月二十日已抵伊犁，當即備文咨催俄官約期前往塔爾巴哈臺，會同勘分西北邊界。茲升泰咨請開缺，中段分界事務在即，不容稍緩。奴才復與該大臣長順面商，就近會同俄官，先自伊犁西南邊界分起，迤邐西北至哈布塔、蓋沁達蘭子等山接連塔爾巴哈臺，一手勘畫，建立界牌而昭鄭重。惟自塔爾巴哈臺西南起，迤邐東北至布倫托海、霍伯克塞哩等山，皆係塔城交接。其奎峒山、阿爾泰山原屬科布多所轄地面。若以長順一人履勘，誠恐長途窵遠，趕辦不及。前奉諭旨，著奴才等於就近各城大員中遴選明白曉事堪以勝任者，保薦奏請派往等因。相應請旨敕下科布多幫辦大臣額爾慶額，就近會同俄官將薩烏爾、奎峒等山邊界詳細履勘，照約畫分，以昭妥協而期迅速。至喀什噶爾界址，巴里坤領隊大臣沙克都林札布同時前往舉辦，但時日迫促，未便拘泥膠固，貽誤事機。一面奏請，一面行知科布多幫辦大臣即刻分別前往，會同俄官，詳慎辦理。除將總理各國事務衙門繪寄輿圖另繪一分咨送科布多幫辦大臣遵照辦理外，所有請派分界大臣緣由，是否有

————————————

① 　中國第一歷史檔案館藏：《硃批奏摺》，檔號：04—01—12—0529—043。

當,謹恭摺馳陳。伏乞皇太后、皇上聖鑒訓示。謹奏。

　　光緒八年六月初十日。軍機大臣奉旨:另有旨。欽此。①

3.【遵旨寄信前來】此句係據升泰、金順等摺推補。

【案】光緒八年八月二十九日,伊犁參贊大臣升泰以清廷顧念邊關界
務緊要,不加重懲,革職留任,具摺謝恩:

　　革職留任內閣學士兼禮部侍郎銜伊犁參贊大臣奴才升泰跪奏,
爲遵旨折回伊犁,力疾起程,謹繕摺叩謝天恩,仰祈聖鑒事。竊奴才
於八月十二日行抵距哈密百里之南山口途次,承准軍機大臣字寄:光
緒八年七月二十日奉上諭:金順奏,伊犁參贊大臣升泰患病,懇請開
缺,並起程回京日期等因。欽此。祇承之下,惶悚莫名。伏念奴才蒙
古世僕,智識輇庸,前蒙特恩,授爲伊犁參贊大臣,命辦分界事宜。繼
又奉旨補授內閣學士兼禮部侍郎銜,仍留伊犁參贊。鴻施稠疊,浹髓
淪肌。奴才具有天良,敢忘圖報! 自上年十二月蒞任以來,與伊犁將
軍奴才金順遇事商榷,不遺餘力,按照條約,收還伊犁各城。方冀殫
竭愚忠,將分界善後事務次第舉辦,俾怕萬遺,而固邊圉。乃福薄具
生,抱病日劇,腰酸腿痛,咯血歃見,證頰怔忡,迄無起色。身處邊徼
之地,苦無良醫良藥,深懼病軀戀棧,貽誤事機,厥咎甚重。而奴才年
未五旬,犬馬報主之日方長。前次咨請金順代奏,出於就醫念切,急
遽登程,謬妄情形,實由病魔昏瞶所致。渥荷聖慈,不即置之重典,闔
門頂戴,感激涕零。惟奴才腰酸腿痛、咯血怔忡諸證,沿途醫治失宜,
未就痊可,加以風寒感冒,益覺難支。現在迅遣家丁,赴哈密尋覓良
醫,趕來南山口旅次診視。無論奏效與否,定當剋日起程,遵旨迅速
折回伊犁。回任後,舉凡界務、善後一切事宜,仍與金順勉力和衷,悉
心商辦。從此懍遵訓誨,效職邊陲,竭蒲柳之羸姿,勵桑榆之後效,固
不敢意氣用事,致失機宜。更不敢粉飾張皇,貽誤大局,冀下以贖擅
自起程之大罪,上以酬從寬留任之溫仁。一息尚存,不勝屏營愧懼之
至。所有奴才感激下忱並遵旨折回伊犁、力疾起程各緣由,謹繕摺叩

① 中國第一歷史檔案館藏:《硃批奏摺》,檔號:04—01—12—0529—044。

謝天恩。伏乞皇太后、皇上聖鑒。謹奏。八月二十九日。

　　光緒八年九月十九日，軍機大臣奉旨：知道了。欽此。①

光緒八年九月十三日，將軍金順以清廷不加重懲，僅革職留任，具摺謝恩：

　　幫辦新疆軍務大臣革職留任伊犁將軍奴才金順謹跪奏，爲欽遵諭旨姑念邊疆緊要，從寬革職留任，恭摺叩謝天恩，仰祈聖鑒事。竊奴才於本年八月三十日承准軍機大臣字寄：光緒八年七月二十日奉上諭：金順奏伊犁參贊大臣升泰患病懇請開缺，並起程回京日期，暨請派會辦分界事宜，一面行知額爾慶額前往各一摺。覽奏，殊堪詫異。伊犁甫經收還，辦理分界及善後各事宜，關繫何等重大，疊經諭令妥慎籌辦。金順、升泰宜如何勉力和衷，期無貽誤。如果金順與升泰有意見不合之處，升泰儘可據實指陳，聽候察奪。即使患病屬實，籲請開缺，亦應自行陳奏，候旨遵行。乃竟咨請金順代奏，擅自起程回京。金順明知分界諸事正當吃緊，並不力爲阻止，竟敢率行代奏，任令起程，即派額爾慶額前往會辦。似此玩視邊務，輕量朝廷，種種謬妄，殊出情理之外，即將金順、升泰置之重典，亦屬罪有應得。姑念邊疆緊要，金順、升泰從寬，均著革職留任。升泰無論行抵何處，即著迅速折回，將分界善後一切事宜，與金順悉心商辦，彼此不准以意氣用事，致誤機宜。儻敢各存成見，置國事於不顧，定將金順、升泰從重治罪，勿謂寬典可以倖邀也。現在分界期迫，即著長順、額爾慶額等會同慎重辦理，毋稍草率，並著劉錦棠、譚鍾麟、杜嘎爾等查明升泰現在行抵何處，飭令迅回伊犁，不准逗遛。將此由五百里各諭令知之。欽此。遵旨寄信前來。奴才聞命自天，戰慄恐懼，愧悔交縈。伏思升泰自上年十一月抵庫爾喀喇烏蘇以來，事無巨細，靡不和衷商榷。今春進駐伊犁，升泰常有疾病糾纏，醫藥不全，屢欲開缺，回京調治，屢勸莫止。奴才因慮分界緊要，恐誤事機，一時愚拙，遂允爲代奏，實屬謬妄，罪無可逭。荷蒙高厚優容，不加重懲，從寬革職留任。仰邀逾格鴻施，曲賜矜全，感激涕零，奮興愚懦。一俟升泰折回伊犁，趕將界

―――――――――

① 　中國第一歷史檔案館藏：《録副奏摺》，檔號：03—5820—097。

務善後一切事宜和衷妥商,敬慎籌辦,上紓朝廷西顧之憂,下伸犬馬微臣於萬一。所有感激下懷叩謝天恩緣由,謹恭摺具奏。伏祈皇太后、皇上聖鑒。謹奏。光緒八年九月十三日。

軍機大臣奉旨:知道了。欽此。①

---

① 中國第一歷史檔案館藏:《硃批奏摺》,檔號:04—01—16—0214—096。

劉錦棠奏稿卷四

起光緒八年九月,訖光緒九年三月

070. 請撥部款彌補新疆所免釐金並接濟軍餉摺

光緒八年九月二十二日

欽差大臣督辦新疆軍務通政使司通政使二等男臣劉錦棠跪◆1奏,爲請撥部款彌補新疆所免釐金,並軍餉將罄,擬懇飭部暫借鉅款,俾資接濟,恭摺具陳,仰祈聖鑒事。

竊臣承准軍機大臣字寄:光緒八年五月二十三日奉上諭:總理各國事務衙門奏新疆開辦商務,懇准暫免各城釐稅一摺。新疆地方設卡徵釐,藉資軍食。現在俄民運貨往來,暫不納稅,而各部落人及內地華商,仍令照章完納,未免苦樂不均,且恐弊竇叢生,於釐金亦有名無實。至沿邊人衆,尤宜廣其謀生之路,以示招徠。所有進出卡倫貨物往來新疆各城貿易者,著概行暫免釐稅,俟商務興旺,照約議立稅則時,再復舊章。著劉錦棠、金順、張曜、升泰遵照辦理,並行知各城,一體遵辦。欽此◆2。仰見聖恩寬大、惠愛邊氓之至意,跪聆之下,欽感莫名。伏念新疆僻在極邊,土地磽瘠,自祖宗朝平定準回兩部以來,關外用款向賴內地協濟。咸豐、同治年間，粵、捻、苗、回各匪相機叛亂，各省自救不暇，朝廷亦不能不急顧腹地。於是新疆變起，餉斷援絕。戍邊諸臣束手無策，坐以待斃。甚或臨難苟免，不復知有忠義廉恥。臣自出關辦賊，師行所至，每呼遺民老兵諮詢往事，知從前新疆之亂，固由在事諸臣類多奉職無狀，馴致諸事廢弛，人心離異，釀成全疆失陷之禍。然關外軍需動輒仰給於人，亦實難以自存也。大學士前任陝甘督臣左宗棠深鑒前車，於各城戡定後，議行田賦、水利、釐稅諸政，意以利源一開，即各省或有他故，協餉不以時至，尚可就地羅掘，勉強支持。其用心亦良苦矣。

　　臣曩在喀什噶爾行營，見崇厚所議條約，內有俄商不納稅之說，即曾慮及釐務弊竇叢生，中外苦樂不均，擬請併免華商及各部落稅釐。而其時左宗棠方銳意辦理釐務，臣竊以爲不然。後接幫辦軍務臣張曜暨統領老湘右軍總理臣軍營務道員羅長祜來函，亦以請免華商稅釐爲言。蓋臣幫辦軍務時暨羅長祜等，雖聞籌餉之難，究無籌餉之責，知督辦大員必不任餓軍嘩潰。即遇空乏，不過馳書告急，一舉筆之勞而已。大凡天下事，不躬親閱歷，則其中之艱苦憂患，不切於己。臣自接縮欽符，始不敢仍主免釐之議。率行陳請者，誠以釐稅一項，雖歲入銀不過二十餘萬兩，而在新疆視之，則如渴極思飲，滴水皆珍也。現在既經總理各國事務衙門奏准，暫免徵收，自應欽遵辦理。臣於奉旨後，謹即恭錄行知各城，一體遵辦，將原設各局卡概行裁撤，並遍張告示，通諭商民暨沿邊諸部落，俾各周知。細繹諭旨所有進出卡倫貨物往來新疆各城貿易者，著概行暫免釐稅等因，自是專指中外往來行商而言。至本地土產，如金銅、牲畜等項，額徵課銀，本國家維正之供，不得概予豁免，仍飭戶民赴各廳州縣衙門及各善後局照常交納。惟此項課銀所入無幾，從前新疆釐稅收數較多，且係可靠之的款，軍食局費，藉資彌補。今驟少此一款，自不能以未克深恃之協餉，抵償歲入有著之釐金。再四思維，惟有仰懇天恩，飭令户部從光緒八年五月二十三日奉旨免釐之日起，歲撥銀二十餘萬兩，專濟關外釐金之缺，俾得稍免拮据。仍俟照約議立俄商税則、興復釐務時，再行停撥。抑臣更有請者，本年各省關協餉起解寥寥，關内外遵旨裁撤各營旗應發欠餉，無從籌給。防營月需之現餉，亦屬異常支絀，轉瞬餉項告罄。即使各省關趕緊續解，已有緩不濟急之勢。現在洋款既未便再借，不得不於户部暫借鉅款，以資接濟。仍於各省關應解西征協餉項下酌量攤劃，定限歸還。昨陝甘督臣譚鍾麟與臣函商及此，意見相同，擬即由譚鍾麟主稿，酌核數目，另摺詳細會奏。

臣等明知部款關係國計根本，不應妄請撥借。惟臣等忝膺重寄，諸軍饑乏堪虞。若不預爲籌畫，大局將難設想。事勢所迫，計無所出，不得不作此冒昧之請。如蒙聖慈鑒允，實西事之大幸也。所有請撥部款彌補新疆所免釐金，並軍餉將罄，擬懇飭部暫借鉅款，俾資接濟各緣由，謹會同陝甘督臣譚鍾麟恭摺具陳。伏乞皇太后、皇上聖鑒訓示施行。謹奏。九月二十二日◆3。

光緒八年十月十四日◆4，軍機大臣奉旨：户部議奏。欽此。

【案】此摺缺原件，録副①現藏於中國第一歷史檔案館，兹據校補。

1.【欽差大臣督辦新疆軍務通政使司通政使二等男臣劉錦棠跪】此前銜據録副補。

2.【案】此"廷寄"之内容，録副僅作"總理各國事務衙門奏新疆開辦商務，懇准暫免各城釐税一摺等因。欽此"。

3.【九月二十二日】此具奏日期，據録副補。

4.【光緒八年十月十四日】此奉旨日期，據録副補。

①　中國第一歷史檔案館藏：《録副奏摺》，檔號：03—6017—082。

071. 請飭部預籌解濟西征欠餉摺

光緒八年九月二十二日

　　欽差大臣督辦新疆軍務通政使司通政使二等男臣劉錦棠跪[1]奏，爲各省關歷年應協西征軍餉解不足數，並於光緒九年分新疆所需餉項亟宜預籌解濟，請旨飭部核議指撥，恭摺具陳，仰祈聖鑒事。

　　竊臣前奉光緒七年十二月十五日上諭：光緒八年西征月餉，飭各省關照舊撥解十成等因。欽此。並經部議，各省無論如何爲難，亟應籌足十成，以資開放各等因。臣維西征協餉，現以關外爲大宗，大約解款十成，關內用銷其四，關外用銷其六。各省關自奉撥以來，並未年清年款。查光緒五、六兩年，各省關欠解銀三百餘萬兩，七年分欠解銀二百三十餘萬兩，八年截至六月底止，欠解銀一百五十九萬四千餘兩。又山西省應解卓勝軍半餉每月一萬八千兩，自光緒三年二月起至八年六月止，欠解銀一百二十餘萬兩。年來關內外遣撤營勇，清發欠款及防營月餉之需，祇此新借洋款，藉以支持。現在洋款蕆罄，而各省關應解之餉尚不能趕緊籌解，以致已撤之假勇欠餉不能清釐，即月需之現餉，亦屬無從籌發。萬竈望哺，百事待舉，而餉源日見其縮，辦理諸形窘手。寸衷焦灼，莫可名言。

　　臣自光緒六年冬奉命督辦新疆軍務，准大學士前任陝甘督臣左宗棠移交關外各營局年需軍餉暨善後、采運各項經費銀三百七十餘萬兩，各營欠發餉銀二百五十餘萬兩，經臣會商陝甘督臣譚鍾麟、幫辦新疆善後事宜臣楊昌濬，陸續裁減營勇，並將善後、采運諸費力加撙節。臣部現存馬步四十八營，總計勇餉局費並哈密以西文武官廉俸及兵役、書吏、軍臺、驛站各項應發經費，年需銀二百七十餘萬兩。各營欠餉截至七年底止，總計銀二百二十餘萬兩。臣部四十餘營，自哈密起北至昌吉、綏來一帶，南至喀什噶爾、和闐等處，分防一萬餘里，幅員遼闊，隊伍單薄。此時兵制未定，營勇遽難再裁，即餉需遽難再減。恭繹諭旨，八年協餉照舊撥解十成，是九年分餉項，部臣尚未籌及。即譚鍾麟本年四月奏請飭部酌定各省起解的數◆2，亦係爲本年遣勇需費起見。臣忝膺邊務，爲目前計，則望解大批以清舊欠；爲將來計，則求撥的餉以資支放。合無仰懇天恩，飭下各省關將歷年欠解西征協餉，迅速籌解大批西來，俾資急需。至光緒九年分，經臣節次簡省，年需銀止二百七十餘萬兩。除老湘一軍原有專餉應由江蘇照舊解濟不計外，各省關應協之餉果有銀三百八十萬兩解到甘肅省城糧臺，按照四六成核計，關外可得六成銀二百三十萬兩。雖不能將新舊應發各款悉數發清，尚可視其緩急，勉爲挹注。應併懇恩飭部核議，預籌的餉，以免臨渴掘井之虞，邊事幸甚，大局幸甚。其所有各省關歷年協餉解不足數並九年餉項急需預籌各緣由，理合會同陝甘督臣譚鍾麟恭摺具陳。伏乞皇太后、皇上聖鑒訓示施行。謹奏。光緒八年九月二十二日◆3。

　　光緒八年十月十四日◆4，軍機大臣奉旨：戶部速議具奏。欽此。

　　【案】此摺原件（一檔館誤爲録副，據文字及硃批判斷應爲原件）①、録副②現藏於中國第一歷史檔案館，兹據校補。

　　1.【欽差大臣督辦新疆軍務通政使司通政使二等男臣劉錦棠跪】此前銜據原件補。

　　2.【案】光緒八年四月陝甘總督譚鍾麟以關內外防營欠餉甚巨，具摺

　　①　中國第一歷史檔案館藏：《録副奏摺》，檔號：03—6017—060。
　　②　中國第一歷史檔案館藏：《録副奏摺》，檔號：03—6017—080。

奏請飭部酌定各省起解的數:

　　頭品頂戴陝甘總督臣譚鍾麟跪奏,爲關內外防營欠餉甚巨,各省關七年解不足數,不敷月餉,無從籌發欠款,請敕部酌議,俾餉歸有著,以資遣撤,恭摺仰祈聖鑒事。竊臣准軍機大臣字寄:十二月十五日奉上諭:户部奏新疆局勢大定亟應裁減勇營一摺。頻年以來,各省關協解西征軍餉,實已不遺餘力,甚至疊次籌借洋款,銷耗息銀。國家經費有常,似此年復一年,斷非經久之道。現在新疆平定,防務漸鬆,劉錦棠曾有隨時裁撤各營之請,即著該大臣與譚鍾麟、楊昌濬悉心會商,將關內外現存馬步若干營如何漸次裁減之處,迅速酌核,奏咨辦理。至光緒五、六兩年欠解餉銀尚多,加以裁減營勇,均須發給欠款。其光緒八年西征月餉,自應照舊撥解十成,著户部咨行各督撫、將軍、監督等,一體遵照。將此諭知户部,並由五百里諭令劉錦棠、譚鍾麟,並傳諭楊昌濬知之。欽此。遵旨寄信前來。仰見聖謨廣運,爲西陲籌經久之至意,無任欽感。酌裁防營一節,臣已於關內裁去四千人,開支欠餉十餘萬,另摺陳明在案。劉錦棠擬裁十二營,每營欠餉至四萬餘,共須五十餘萬兩。現與楊昌濬商酌,餉到先解關外,俾早撤一月可省一月之餉。綜計關內外欠餉三百數十萬。誠使各省關悉照十成協解,則一二年內陸續遣撤,然後酌定新疆留營若干,必與承平時原額餉數不甚懸殊,庶可經久。而各省情形不一,協款多寡亦異,以致解款未能如數。就七年計之,解足十成者,惟江蘇、江西、閩海關、河南、山東、安徽、湖南七處。如福建、四川解至九成以上,浙江七成以上,廣東六成以上,湖北五成以上。而山西則不及二成。統計七年欠解共二百三十餘萬。所以能勉强支持者,恃有新借洋款耳。本年入春以來,報解協餉不過二十餘萬。若各省仍照七年之數起解,則支發月餉尚且不敷,更何從籌發欠餉! 相應請旨敕部籌議,酌定各省起解的數,俾得酌量餉力,陸續裁遣。與其坐食而愈敝,不如暫費而久安,當亦各疆臣所共諒者也。所有七年分各省協餉解不足數情形,謹會同督辦新疆軍務大臣通政使臣劉錦棠、幫辦新疆善後事宜甘肅布政使臣楊昌濬恭摺具奏。伏乞皇太后、皇上聖鑒訓示。

謹奏。①

3.【光緒八年九月二十二日】此具奏日期,據原件補。

4.【光緒八年十月十四日】此奉旨日期,據錄副補。

【案】光緒八年十月十四日,劉錦棠之奏得清廷批復,飭令山西巡撫張之洞按月如數批解,並將欠餉陸續歸還,彌補從前墊款,俾資接濟:

> 又諭:劉錦棠奏山西應協卓勝軍半餉積欠過多,現在該軍裁剩各營月需餉項,勢難再行籌墊,請飭山西趕籌協濟等語。近年關內外遣撤營勇,清發欠餉,並防營月需餉銀,需款甚鉅,若再兼籌卓勝軍餉,恐有顧此失彼之虞,亟應趕緊籌解,以應要需。此後該軍月需餉銀一萬六千兩,著張之洞按月如數批解,毋得延欠。其山西積欠該軍餉項,仍應陸續歸還,彌補從前墊款,並著該撫按月酌量籌解,俾資接濟。原片著鈔給閱看。將此由四百里諭令知之。②

072. 請飭山西彌補卓勝軍墊款片
光緒八年九月二十二日

再,烏魯木齊提督金運昌所部卓勝軍餉章,原係山西、安徽兩省分解接濟。光緒二年,經大學士前督辦新疆軍務臣左宗棠奏調移防西來◆¹,以該軍去皖愈遠,餉項難再由皖省解濟,請由山西暨西征餉內分任其半,蒙恩允准。嗣因晉省亢旱成災,經前山西撫臣曾國荃於光緒三年奏請緩解◆²。當經部議,俟來年該省上忙錢糧徵收有款,各路軍餉即當趕緊陸續補解,毋再久懸等因。查山西應解卓勝軍半餉,每月一萬八千兩,除光緒二年十二月及三年正月分餉銀三萬六千兩由金運昌收到外,其自光緒三年二月起,截至

---

① 《譚文勤公(鍾麟)奏稿》,沈雲龍主編:《近代中國史料叢刊》第三十三輯,第511—514頁,文海出版社,1966。

② 《清實錄·德宗景皇帝實錄(三)》,卷一百五十三,光緒八年十月,第160—161頁,中華書局,1987。

八年六月底止,共欠解銀一百二十餘萬兩◆³。該軍歷年月餉均係於西征餉內勉爲挹注,以固軍心。近聞山西年歲尚好,民困日蘇,前奉上諭:光緒八年西征月餉,飭各省關照舊解足十成等因。欽此。是山西應協卓勝軍半餉,自應欽遵,一律解足。乃本年卓勝軍餉項,晉省迄未起解一批。臣此次裁撤該軍馬步六營,應發欠餉三十四萬餘兩,現由西征餉內勉强騰挪,尚難悉數發清。以後該軍止存馬步五營,綜核每月餉銀共需一萬六千餘兩。比歲關內外遣撤營勇清發欠餉,並防營月需之現餉,需銀甚鉅,拮据情形,久邀聖明洞鑒。數年來,籌墊卓勝軍各款,事虞顧此失彼,實屬萬份窘迫。合無仰懇天恩,飭下山西撫臣以後按足卓勝軍餉銀一萬六千兩,無庸由西征餉內分任其半,庶可稍免支絀之憂。其晉省積欠該軍餉項,仍應陸續歸還,按月籌解銀二萬兩,俾得彌補從前墊款。山西撫臣張之洞深諳邊事,素顧大局,當能勉籌接濟,不至推諉。謹附片具陳。是否有當,伏乞聖鑒訓示施行。謹奏。

光緒八年十月十四日◆⁴,軍機大臣奉旨:另有旨。欽此。同日承准知會,已奉有寄信諭旨,令山西巡撫按月籌解矣◆⁵。

【案】此奏片缺原件,録副①現藏於中國第一歷史檔案館,兹據校補。

1.【案】光緒二年九月十七日,左宗棠以進規南疆兵力不敷,奏請籌調客軍,以資厚集:

欽差大臣大學士督辦新疆軍務陝甘總督一等恪靖伯加一等輕車都尉臣左宗棠跪奏,爲官軍南下,籌調客軍,以資厚集而速戎機,恭摺馳陳,仰祈聖鑒事。竊臣與金順會師西征,幸仗皇威,速戡北路,應即下兵南路,規復舊疆。南路自乾隆二十四年平定後,建城凡八,曰喀什噶爾,曰英吉沙爾,曰葉爾羌,曰和闐,曰阿克蘇,曰烏什,曰庫車,曰喀喇沙爾,世呼爲南八城。而吐魯番別爲一部,不在八城之列,以

① 中國第一歷史檔案館藏:《録副奏片》,檔號:03—6087—011。

其地在天山之南，爲南八城門户，官吏、兵民、商賈赴回疆者必取道於此，故志西域者附列之。由吐魯番而西，歷喀喇沙爾、庫車、阿克蘇、葉爾羌、英吉沙爾以抵喀什噶爾，計四十九臺，爲程四千一百餘里，較之烏魯木齊至伊犁一千三百餘里，程途遠逾三倍。兹擬以劉錦棠全軍自北而南，張曜、徐占彪自東而西，以規南路。馬步合共四十餘營，兵力不爲不厚。然大軍前進，不特後路根本之地兵力宜增，即餉糧、軍火均宜層迭設局，以便取用，是監護不可無軍也。前敵攻克城堡，必須留營駐守，以資撫輯，是留後不可無軍也。師行日遠，留防之兵日增，進戰之兵日減，勢有固然。況轉戰數千里，士卒之傷亡疾病又在所不免。額數有缺，則士氣易墮，歷觀軍興以來始稱精軍者，末路或難復振，半由乎此。又查南路地勢，東西長而南北狹，由吐魯番、達坂城西至阿克蘇，尚可一路隨行，無取分道并進。一至阿克蘇，則局勢寬闊，中路一千四百里抵葉爾羌，又三百六十里抵英吉沙爾，又二百里抵喀什噶爾，而阿克蘇之北切近伊犁，葉爾羌之東南又遥與和闐相接，均須分派大支，扼其總要，然後直搗中堅，可以迅圖蕆役。溯查道光年間張格爾之變，僅踞南路西四城，故長齡、楊遇春兵由烏魯木齊、托克遜以進。其時長清先扼阿克蘇，憑河擊退逆衆，扼守阿克蘇，然後東四城無敢蠢動，而長齡、楊遇春乃得據無賊之地以擊賊，餉豐運速，卒成底定之功。此次兵由烏魯木齊進，局勢依然。而吐魯番、達坂城、托克遜皆爲賊踞，前途二千餘里皆爲賊守。其致力難易，固已判然。而餉之絀、兵之少，又不如當時遠甚。與其徘徊中道，始請濟師，正恐曠日需時，事有不可測者。臣因此躊躇再四，實不得不預擬增兵。

伏查現駐包頭之統領卓勝全軍頭品頂帶記名提督鏗僧額巴圖魯金運昌，前在甘肅寧、靈一帶會剿，所部淮北勇丁，好勇尚氣，甚耐勞苦，金運昌整理數年，愈就馴順。近自黄甫川移扎包頭，軍民相安，頗得時譽。臣自移駐肅州，金運昌屢以在防無事，堅請隨征。臣時正以采運維艱、難議增灶置之，而金運昌西征之志益决，所部各營官共相慫恿，衆志相同。聞其軍馬步五千有奇，尚稱精實，餉事每月三萬數千兩,皖、晋各任其半,已有成説。竊維現在北路解嚴,山西、包頭防軍本可議撤,而金運昌全軍西上,尤與遠防不如近剿之説相符。金運昌前在金積堡與金順、劉錦棠共事一方,彼此尚稱孚洽。今調其西征,既期與劉錦棠同心,又適符金運昌本願,合之兩美,於時局實屬相宜。臣已函商山西撫臣鮑源深,請其酌度資遣。合無仰懇天恩,敕下該撫臣迅即轉飭金運昌,乘秋末冬初迅速開拔西來,歸劉錦棠調遣,庶劉錦棠中路之軍得此後勁,可以一意馳驅,而將來克復各城,有移駐之軍更番迭進,前敵兵力常足,免滯戎機,遇有必須分支防剿之時,亦可不虞竭蹶矣。至金運昌西來,距皖愈遠,每月半餉似難再由皖省解濟,應由鮑源深與臣分任其半,俾該軍餉事得歸有著。其軍糧另由臣津貼,以昭公允。應否如斯,伏祈皇太后、皇上聖鑒訓示施行。謹奏。九月十七日。

光緒二年九月二十日,軍機大臣奉旨。欽此。①

光緒二年九月三十日,左宗棠之奏得清廷允行,令善慶等遵照辦理。
《清實録》:

丁亥,諭軍機大臣等:左宗棠奏布置南路情形,請調金運昌一軍出關及籌畫俄人交涉事務各摺片。據稱瑪納斯逆首余小虎、黑寶財,先後率黨南竄,餘匪仍堅守南城。劉錦棠現已派隊前往助剿。著金順督飭各軍迅速攻拔,將此股賊匪就地殲除,毋任他竄。南路賊酋帕夏等分踞達坂城及吐魯番城,而以托克遜爲巢穴,且欲俟官軍前進,乘間繞竄後路,逆謀頗狡。左宗棠擬令張曜一軍向闢展進發,徐占彪一軍由木壘河入山節節雕剿,劉錦棠一軍由烏魯木齊南下,分道並進,規取各城,布置尚爲周密。現在瑪納斯城諒不日可克,即著左宗棠飭令劉錦棠等約定師期,併力進取南路,迅歸逆氛。古城以西時有零匪剽掠,並著檄令錫綸嚴密防剿,毋稍疏懈。左宗棠以各軍前進,兵力尚恐不敷,擬調金運昌一軍出關,歸劉錦棠調遣,仍由山西協濟半餉,即著照所請行,本日已諭知善慶等遵照辦理矣。新疆與俄境毗

① 中國第一歷史檔案館藏:《録副奏摺》,檔號:03—6009—049;《左宗棠全集·奏稿六》,第508—511頁,岳麓書社,2009。

連，時有交涉事件，輕重緩急，自宜審慎以圖，方免後患。嗣後遇有與俄人交涉之事，著榮全先行知照左宗棠，酌度情形，由該大臣主持辦理。將此由六百里各諭令知之。①

光緒三年四月，清廷因金運昌所統卓勝軍之餉項匱乏，無款可墊，飭令安徽、山西兩省迅速起解欠餉，以應急需：

> 又諭：前據左宗棠奏籌調卓勝軍，以金運昌西來，距皖愈遠，每月半餉難再由皖省解濟，由鮑源深與該督分任其半，當照左宗棠所請，諭令晉省籌解半餉，皖省毋庸撥解。茲據該督奏稱，金運昌全軍現抵烏魯木齊，分布古城各處，餉項缺乏，無款可墊，請飭催晉、皖兩省迅解該軍欠餉，並依時起解月餉等語。昨據鮑源深奏請停解卓勝軍半餉，業交戶部議奏。現在金運昌移軍西進，需餉孔亟，該督所認一半月餉，自應遵奉前旨，竭力籌給。晉省應解該軍一半月餉，在戶部未經議覆以前，亦應設法撥解。至安徽、山西前欠該軍餉銀，並著裕祿、鮑源深迅籌解清，毋稍延緩。將此由四百里各諭令知之。②

2.【案】光緒三年十月十七日，山西巡撫曾國荃以山西荒旱異常，具摺奏請將欠解西征等餉一律緩解：

> 太子少保頭品頂戴山西巡撫一等威毅伯臣曾國荃跪奏，爲晉省欠解應協西征及各路餉項，現值荒旱異常，下忙錢糧蠲免，無款可籌，懇請一律緩解，恭摺仰祈聖鑒事。竊於光緒三年九月十六日奉上諭：左宗棠奏，山西協甘定餉，值此時艱，若遵部章，必解至八成以上，誠恐力有未逮，著曾國荃體察情形等因。欽此。即經轉行查明辦理去後，茲據署藩司江人鏡詳稱：伏思西陲軍務，指顧蕩平，需餉正當孔亟，晉省應協本年西征軍餉，除解過銀二十二萬兩外，尚欠八成以上銀二十六萬兩，即不能如數清解，亦應從減籌撥。此外，如金營、嵩武軍，均在前敵，卓勝營計將開拔，烏魯木齊、哈密、巴里坤、伊犁、科布多等處餉項均關緊要，但使有款可籌，何敢遽求展緩！無如司庫如

---

① 《清實錄·德宗景皇帝實錄（一）》，卷四十，光緒二年九月，第580頁。
② 《清實錄·德宗景皇帝實錄（一）》，卷五十，光緒三年四月，第696—697頁。

洗，勢處萬難，若不一律暫從緩解，必致貽誤。實緣本年通省亢旱，二麥歉收，上忙錢糧僅據各州縣征解銀九十餘萬兩零，除撥解京協各餉外，餘則支給本省防兵、練軍餉乾，並緊要軍火、鐵價，隨收隨放，早已罄盡無存。現據各屬稟報，被旱、被雹、被霜、被風成災者，計八十餘州縣，本年錢糧均應照例分別蠲緩；其未報被災者，止二十處，皆係北路州縣。下忙應完錢糧或數百兩或數千兩不等，約計解司銀數僅止十餘萬兩，尚須來年二三月方能掃數，年內至速亦不過解至十萬兩，此本年下忙司庫入款之實在情形也。而每月應放樹軍、練軍及調赴包頭駐扎防剿之大同鎮馬隊餉乾，並欠發樹軍四個月防餉、本省春餉尚未全發，且錢糧蠲緩，官兵應支米豆亦復無出，兵丁困苦不堪，設有嘩潰，咎將誰歸！必須設法采買籌發。其各官廉俸、役食並緊要雜支，以及驛站、夫馬、工料，亦不能不酌量核給，略爲維持。年內統計必需銀六七十萬兩之出款，僅有下忙約收十萬兩之入款，不敷甚鉅，艱苦情形未有甚於此時者。況節候已過立冬，尚無雨澤，宿麥、米折、購種，來春光景更屬不堪設想。每念及此，寢饋難安。惟有將欠解西征金營、嵩武、卓勝營及烏魯木齊、伊犁、新疆巴里坤、烏城、科布多、寧夏、塔阿巴、哈密、西寧、蒙古王公俸餉，河南歸德鎮兵餉並察哈爾、烏科二城經費，共銀一百七十餘萬兩，籲懇一律緩解，以紓眉急等情。詳請具奏前來。臣覆加查核，委係實在情形。合無仰懇天恩，俯念司庫窘迫萬分，准將欠解西征各路協餉一律暫爲緩解，免致貽誤。來年上忙錢糧如果可以徵收，即當趕緊陸續補解，斷不敢藉詞宕延，致誤要需。是否有當，理合恭摺具奏。伏乞皇太后、皇上聖鑒訓示。謹奏。十月十七日。

　　光緒三年十月二十三日，軍機大臣奉旨：戶部議奏。欽此。①

3.【一百二十餘萬兩】録副作"一百二十萬餘兩"。

4.【光緒八年十月十四日】此奉旨日期，據録副補。

5.【案】此"廷寄"見《光緒朝上諭檔》：

---

①　中國第一歷史檔案館藏：《録副奏摺》，檔號：03—9355—029。

　　軍機大臣字寄：山西巡撫張：光緒八年十月十四日奉上諭：劉錦
棠奏山西應協卓勝軍半餉積欠過多，現在該軍裁剩各營月需餉項，勢
難再行籌墊，請飭山西趕籌協濟等語。近年關內外遣撤營勇，清發欠
餉，並防營月需餉銀，需款甚鉅，若再兼籌卓勝軍餉，恐有顧此失彼之
虞，亟應趕緊籌解，以應要需。此後該軍月需餉銀一萬六千兩，著張
之洞按月如數批解，毋得延欠。其山西積欠該軍餉項，仍應陸續歸
還，彌補從前墊款，並著該撫按月酌量籌解，俾資接濟。原片著鈔給
閱看。將此由四百里諭令知之。欽此。遵旨寄信前來。①

　　【案】光緒八年七月二十九日，山西巡撫臣張之洞以晉省財賦奇絀，奏
請將協撥各款分別展緩，以紓晉力：

　　　　山西巡撫臣張之洞跪奏，爲晉省財賦太絀，本務尤多，協撥各餉
懇恩稍予展緩，以紓民力而顧巖疆，仰祈聖鑒事。竊惟晉省磽确之
地，荒歉之餘，財用所資，惟在丁耗，歲入今止二百五六十萬。本省旗
綠額餉，湘、樹、練軍、綏遠馬隊防餉，俸工、驛站、解部物料，一切雜
支，極省亦須一百六十餘萬，協撥之餉至二百五十餘萬，積欠之餉至
一千餘萬，計不敷銀約一百六十萬。而河東鹽課歲撥五十二萬，積欠
二百餘萬不與焉。其羸絀之大較，固已久爲聖明之所鑒照，計臣之所
周知。前撫臣之縷陳而呼籲，無待於微臣之瀆告者也。惟是目前情
形則更有艱難於前數年者。蓋光緒三、四、五等年，通省賦稅雖多停
徵，京協各餉亦不催解，復合天下之全力，以相伙助，恃有賑捐之鉅
款，猶得挹彼而注茲。六七年之間，餘波未竭。今則捐協都止，挪墊
已空，而滿目荒蕪，閭閻彫敝，正賦既已蠲緩，拖欠而不足額。兼以人
物不蕃，工商不至，榷務奪於海票，鹽策蹙於鄰私，零稅殘釐，僅同拾
瀋。故歲入之數不能大加於光緒六、七兩年。然而自六年以來，歲加
東北邊防經費十萬。七、八兩年，加撥伊犁償款各八萬。七年，始撥
京餉四十萬。八年，加撥京餉十萬。七年、八年，加籌還部墊烏、科二

<hr>

　　①　中國第一歷史檔案館編：《光緒朝上諭檔》，第八册，第314頁，廣西師範大學出版社，
1996。

城經費五萬五千。八年,加撥烏、科四萬八千。七年、八年,加金營提前各五萬。是派撥之數,較之六年,極相懸殊,固不敢引爲常例。然較之七年,已增多十四萬有奇。在部臣自爲湘軍漸撤,晉力漸紓,而不知湘軍僅撤七營,尚有曾國荃所部留晉湘軍馬步三營。上年,衛榮光以沿邊不靖,新增大同練軍馬隊五旗,其費當步隊練軍三營。且自近兩年來,西征金營之餉,亦已逐年添解,雖不及額,除鹽庫不計,藩庫已在三十萬之外。是本省內支之數,較之六年則略減,較之七年則頓增。外協之數,本已不遺餘力,有加無已。論省嗇則無術,論派撥則屢增,論歲入則仍缺,論通挪則已竭。而各路邊臣、將帥方謂晉事已有起色,火急追逋急奏,督趣差員沓至。夫以極貧之晉,枕漠環山,既不比江、湖、嶺、蜀諸省地大物博,百川匯流,華番走集,可以別畫生財之策,呼應於倉卒之間,又不能向煙火寥落之墟、鳩形鵠面之衆,悍然追呼而取盈。僅恃此二百餘萬之歲常,欲爲四百餘萬之供億,雖有研桑,亦難爲計,矧如臣之迂疏無術者哉? 且晉省所以困敝至此極者,議者亦知其故乎? 案北方五省,惟晉號爲殷實,非其物産盛蓄積多也,皆末富也。自咸豐軍興以來,各省被擾,而晉省驟貧。然而三十年來,徵兵轉餉,率以晉爲大宗。官斯土者,從井救人,悉索敝賦,以應四方之求,甚至減成兵糈,又停兩季。藩司印券,借貸票商,以供協餉。加以客兵來往,入塞防河,民間供頓,所糜又無慮萬數。河東自免商以後,領運但出於販夫,腹引責銷於州縣,課稅所出,罔非晉民。以晉民筋力口食之所餘百方辜榷,盡濟鄰疆,而本省曾不得其一錙一銖之用。由是蓋藏盡空,公私俱竭,屢逢歉歲,追比如前,至丁戊之際,遂成奇災。以國家之福、聖上之仁、四海之力、晉民之良,僅乃得免於亂。設有不靖,誰爲歷階? 蓋嘗綜計晉省一隅所出以給天下之饋餉者,不下五六千萬。今幸四方已定矣。譬如農田,地力乏者必一休之;譬如乘馬,勞憊過者必少息之。況晉省善後事理,待用尤繁。查善後之款,除兩次報銷開支湘、樹兩軍防餉一百二十餘萬兩毋庸歸還外,其奏明墊欠應還者,爲數尚鉅。夫此款所自來,乃堯舜博施濟衆之殊恩,薄海內外匹夫匹婦銖積寸累之義舉,爲司牧者豈忍坐視民困，久假不歸？臣愚以爲此時宜爲晉省稍留有餘，俾司庫借欠善後之款，陸續抽還，以備利民之用。開源固圉，以次經營，待其內實外充以後，仍可爲國家不涸不竭之區。其爲度支計者，不已多乎？臣督同藩司，綜核盈虛，熟權利害，與其枝梧於追呼之際，莫若披瀝於聖主之前。惟有將應解各餉，分別輕重緩急，上懇宸裁。

除本年京餉五十萬自當督催解足，本年應交伊犁償款八萬、金營提前藩庫五萬、鹽庫五萬業已如數完解外，其東北邊防、西征協餉，原應竭力併解。惟京餉加撥十萬，爲數已多，去年因京餉東防驟增，遂致西征額款頗少。一勺之水，此盈彼絀，勢有固然。竊謂西征爲戎索藩籬，東防爲陪都後路，西征爲善後之計，東防爲開辦之功。此時邊情，自是東爲急而西變緩。合無仰懇天恩准予量力酌劑。其西征一款，即使百事俱廢，亦斷難解足十成。惟現當裁兵定制之際，所需孔急，現已恪遵諭旨，籌撥大批解往，必較去年所解之數力求增多。至於東防所需，必不敢稍有蒂欠。其喀城張曜一軍、塔城錫綸一軍，皆係前敵重兵、烏、科兩城舊章經費、西寧王公常年俸餉，皆係窮邊口食，亦必如數應付若固本餉六萬兩，先經前撫臣衛榮光奏准，緩至今年起解。現已屆期，實難設措。且本省營伍，半菽不飽，衣甲不完，乃代爲直隸謀練軍之具，實無解於舍己芸人之譏。擬懇聖明垂諒，再行展緩三年，以光緒十一年起解。又若部墊烏、科之款，擬請每年勻解五千，陸續繳部。其餘各項協餉，以及本年新撥各路舊欠，惟有盡其力之所能，視其事之緩急，酌量籌解。至於河東鹽課，自光緒六年來又已隨時掃括，輸之於劉錦棠、金順兩大營，每年三十七八萬，今年已二十六萬。晉省之協力與否，公論難誣，各路統兵大臣固知，必有恕施節用，不肯苛求者矣。臣以陋儒薄植，仰荷高厚，授任封圻，分應力維全局，動分畛域，決非素心。若謂自安貧弱，不求綜核開節之方，漫無區分，專以訴貧搰債爲計，臣實恥之。然而奔命不遑，耗竭元氣，將使疆事敗壞於無形，不爲國家之遠謀，苟免目前之吏議，則臣亦所不爲。既守晉疆，臣責攸在，時勢所限，不敢不據實披露，仰籲恩慈。所有晉省財賦較前益絀，擬請將協撥各餉分別展緩緣由，理合繕摺具陳。伏祈皇太后、皇上聖鑒,敕部核議施行。謹奏。七月二十九日。

　　光緒八年八月初八日,軍機大臣奉旨:戶部議奏。欽此。①

073. 請飭籌解金順張曜軍協餉片

光緒八年九月二十二日

　　再,金順、張曜兩軍,每遇餉需缺乏,輒馳書臣營告貸。從前尚有新借洋款,可以勉爲挹注。除由前護陝甘督臣楊昌濬在甘肅新疆總糧臺借撥不計外,臣自接縮欽符以來,先後由哈密行營糧臺墊發過金順軍餉湘平銀一十八萬四千兩,墊發過張曜軍餉湘平銀三十六萬餘兩。現在洋款蚤罄,各省協解日少,臣與譚鍾麟均屬異常拮据,實在無力兼顧,應懇天恩飭下各省,將應協金順、張曜軍餉趕緊籌解,俾資接濟,出自鴻慈。謹附片具陳。伏乞聖鑒。謹奏。

　　光緒八年十月十四日◆1,軍機大臣奉旨:著戶部查明應協金順、張曜軍餉省分,催令趕緊籌解,毋稍延誤。欽此。

　　【案】此奏片原件、録副②現藏於中國第一歷史檔案館,茲據校補。

1.【光緒八年十月十四日】此奉旨日期,據録副補。

074. 審訊甘泰澍捏造逆書奏請定奪摺

光緒八年九月二十二日

　　欽差大臣督辦新疆軍務通政使司通政使二等男臣劉錦棠跪◆1奏,爲審訊已革知縣捏造逆書,堅不承招,臚具衆證情狀,遵例奏請定奪事。

①　中國第一歷史檔案館藏:《録副奏摺》,檔號:03—6607—005。

②　中國第一歷史檔案館藏:《録副奏片》,檔號:03—6017—081。

　　竊臣於光緒七年二月奏參查辦重案不實署綏來縣知縣甘泰澍等一併革職歸案審辦一摺◆2，三月十六日奉上諭：此案情節支離，亟應徹底根究等因。欽此。查此案前准烏魯木齊都統臣恭鏜咨：據署瑪納斯協副將余蘭桂、署綏來縣知縣甘泰澍申報：拿獲私招營勇之李福貴等，復又搜通逆信件等情。當因傳聞歧異，恐有別情，即經委員赴綏來會訊，一切供情與原報大不相符，其中疑竇尤多。既有所聞，據實咨會辦理等因。臣比調余蘭桂、甘泰澍來營查訊，甘泰澍因任內交代未清，並有折收科斂一案，經恭鏜調往烏魯木齊審辦。嗣准恭鏜咨：據鎮迪道福裕詳：據迪化州知州陶模訊明甘泰澍科斂銀六十六兩、折征長餘銀四十七兩，供認不諱，自應計贓科罪。惟該革員另有通詳李福貴等通逆一案，鈔錄原供，咨臣併案審辦。十月二十日，准臣恭鏜委員將甘泰澍解回臣營，一面咨查塔爾巴哈臺參贊大臣臣錫綸所部提督劉文和有無札飭李福貴等招勇情事及札內因何銜名不符。旋准錫綸咨覆：據劉文和呈稱，該營正在刪汰募補，適衛隊哨長都司梁炳炎稱，有舊識參將李福貴兄弟，願自募馬勇數十名投效，比經應允。下札時，梁炳炎請署其弟守備李福德銜名，以致與參將李福貴銜名不符。嗣因日久未到，復經札飭停招，並函屬李福貴，儘所招人數帶赴塔城，聽候挑選。鈔粘開招、停招札稿咨覆前來。

　　臣查此案原問官留甘補用知府楊傑，於上年閏七月內在營病故。臣督同營務處浙江題奏道袁垚齡、分省補用知縣鄭錫澤、許茂光，提集人證，隔別研訊。緣甘泰澍係湖南長沙縣人，由文童投效，歷保同知銜留甘補用知縣。六年，委署綏來縣事。李福貴、李福德，同胞兄弟，安徽亳州人。李福貴係副將銜河南即補參將，李福德係守備銜拔補千總。光緒四年，由嵩武軍請假離營，流寓昌吉縣，務農爲業。及李福德奉劉文和札委招募，遂由昌吉招得曾國勝、鄒祖玉、董永和等十二名，交李福貴照管，自攜札赴吐魯番添募。及奉文停招，李福貴時在昌吉，比即函知李福德停招，自帶馬勇曾國勝等赴綏來，擬俟李福德續招隊到，同往塔城。十月初一日，行抵綏來。李福貴失去洋炮一杆，疑爲鄒祖玉所竊，遂將鄒祖玉訓責追問。曾國勝亦因告假不准，反被詈罵。二人挾忿，同於初三日赴縣，喊控李福貴私刑吊拷、假冒招勇各情。先是劉文和令李福德停招之後，恐有不肖閒員假招募名色，別生枝節，因將前情移請迪化州，飭屬查拿。甘泰澍正奉查拿冒招之文，適有曾國勝等喊控假冒招勇之事，遂疑劉文和來文必陰指李福貴而言，隨會同署瑪納斯協副將余蘭桂，將李福貴並所招馬勇全行拿案，追問文憑。其時，開招札文經李福德帶去，而停招札文倉卒未能尋獲◆3。甘泰澍更疑假冒屬實，隨將李福貴等悉數收押，通詳請示。迨初六日，搜出停招札文，而李福貴原稱參將，札內填寫守備，銜名均不相符，益滋疑議。至初八日，甘泰澍因公赴州，適李福德由吐魯番率隊抵綏來，詢知李福貴被押，當遣馬勇六名追甘泰澍，勢甚兇悍。甘泰澍只得半途折回。綏來居民曾受叛回之害，見在押隊勇多係回民，李福德又帶馬勇多名入城，追逼官長，遂起驚疑，訛傳吐魯番尚有馬隊數百，人心惶惑。初九日早，據甘泰澍稱，在李福貴得勝袋內搜出通逆回白彥虎信二封，比會同余蘭桂派所部營勇，並拿獲李福德及馬夫王清近◆4，餘皆逃逸。詎去勇往取李福德等行裝、馬匹，因而溷取同店客物，致米賢焴赴臣恭鎧衙門呈控余桂蘭縱勇搶奪，咨臣併案究追。甘泰澍初稱，該營勇往取李福德行裝時，誤取客民米賢焴各物，旋經清查給領等語。臣恐不實不盡，委員行查，並飭鎮迪道福裕查覆，給領屬實，並取具米賢焴銷案領狀甘結到營。臣覆查無異。此查訊此案實在原委也。

臣維此案，甘泰澍等草率詳報，李福貴兄弟舉動離奇，臣併案奏請革職在案。即甘泰澍科收折征另案，亦已根查確實，無難援案,據實奏結。無如案情支離,尤在逆信虛實,亟應澈底根究,俾成信讞。據李福貴供:得勝袋是勇丁董永和之物,其中有無信件,不得而知。迨至鎮迪道委員會審,始問到通白彥虎信件來歷,革員實在不知頭緒。信上馬如虎三人名字都不知道等語。據董永和供,得勝袋是自己在旌善營做的,内裝洋火、炮子各數十顆,並未放過書信。李福德先在吐魯番未回,據供不知此信原委,尤屬可信。又據病故原告之已革守備曾國勝供,當初喊控李福貴假冒招勇,實因抱病告假不准,心中疑惑,因此説出李福貴改從回教並娶回婦的話。今蒙審問,李福貴並未改教,亦無娶回婦的事,不敢誣執。得勝袋是董永和的,書信事實不知道。又據鄒祖玉供,小的喊控李福貴,實因他失去六響洋炮,大衆都賴小的,責打追問。小的害怕,因此告他私刑吊拷。至假冒招勇,是曾國勝喊控的。餘與曾國勝供詞略同。

　　臣謹案,案情虛實,全在聽斷詳審。此案原告革弁曾國勝雖已在監病故,經臣委驗填格,取結存卷,而其生前口供確鑿可據。鄒祖玉亦係首告李福貴之人,均稱不知逆書來歷。李福貴始終堅供不知。察其情節,似屬虛誣。自非反復推求,難期水落石出。細核附卷逆書兩函筆迹,係出一手,後注三字回文,不成字體,顯係僞造。信尾署八月十六日。内有劉大人來文又◆5不要一語,意指劉文和而言。及調查劉文和停招札文,係九月初六日籤發,寄信在二十日以前,何以逆知停招之事,顯係臨時意造。其詐書◆6之馬如虎、趙成龍、信内馬金子,經臣通飭查覆,均無其人。據甘泰澍等續詳:搜獲李福貴得勝袋,檢出通逆回白彥虎信二件,初未敘明何人、何時在於何地搜獲,有無見證,曾否質訊取供,率爾通詳,本涉荒謬。卷查曾國勝、鄒祖玉喊控李福貴假冒招勇,事在六年十月初三日。取出得勝袋,事在初六日。而甘泰澍仍稱初九日早晨因取袋中洋火試槍,見有白綫痕迹,檢出逆信,其時有道署幕友劉良星、阜康縣幕友劉春園因公到署，眼同拆視等語。嗣臣飭迪化州知州陶模，委員知縣張熙載先後查覆，詢據劉良星面稱：十月初八日路遇甘泰澍，邀宿署中，次早與劉春園同至甘泰澍臥室，瞥見案上有封完書信二件，旁擱得勝袋；適余蘭桂至，甘泰澍遂與余蘭桂一同拆看，伊等比即迴避外出，並未從旁與聞。復詢劉春園，所稱無異。質諸余蘭桂稱：十月初九日早飯後，甘泰澍邀去商量公事，案上先擱有信兩封，當面拆閱，説是投白彥虎的話。革員甚是詫異，因是甘泰澍親自搜出來的，故未想到假的一邊去等語。查甘泰澍原申，亦稱親手搜出，比與余蘭桂公同拆看。迨七年十月，提集臣營覆訊，詰以兩信初未拆閱，何以預知其有通逆情事。而甘泰澍則又忽稱，兩信初祇私拆其一，又同衆拆看一封。先後情詞自相矛盾。此信虛誣情狀，已不啻自發其伏。又據該家丁徐喜即小喜子供，六年十月初六日家長叫魏升到李福貴住處取回馬刀一把、得勝袋一個，交小的點收。只見洋火、洋炮子各一匣，袋上白綫縫的，比時並未看著。提訊魏升及其門丁余升，均供得勝袋上初時並無白綫痕迹。餘供相同。而徐喜且有十月初八日夜四更後瞥見甘泰澍獨自披衣然燈，在於臥房案上鋪紙執筆作信，魏升並有七年二月二十一日早晨甘泰澍兩次説到逆信是曾國勝害我，令將這宗事推到曾國勝身上，該丁不允各等供。

　　此案提營以後，凡案內有名人證，業經臣督飭先後承審各員，隔別研訊數十次。核對大衆供單，均各符合無異。惟甘泰澍申詳情節與後此親供反覆不定。如果通逆信件屬實，則當取獲得勝袋時上有白綫綻痕，自應當堂憑衆取驗，以昭明信，何至案內物件携入私室，且延擱三日之久，經手家丁人等均不知覺，忽稱查出逆信，當時並不窮究，後復設套串供，均出情理之外。及至理屈詞窮，又稱信尾日期與劉文和停招札文日期先後相懸，此信明是假造，但不知出在誰手。是其因案負氣，揑故求勝，既知情不可掩，遁辭致飾，已可概見。又該縣幕友廖小峰供稱，十月初九日甘泰澍向稱搜出李福貴等通白逆信函，屬辦詳稿。伊比勸令取供出詳，甘泰澍堅執不從。後聞外間物議，追憶信上字畫仿佛甘泰澍筆迹，當堂給看，益覺逼真。比令甘泰澍作書比對，雖臨時故變其體，而細核筆法，實出一手。臣復親提，逐細鞫訊，並令其家丁魏升等三面環質。甘泰澍口塞氣屏，不能登對一語。反復推究，衆供確鑿，遂令隨營刑書彙録成招披單，按名當堂朗誦一過，各令静聽明晰。自稱無屈，始令親手畫押。臣復再四研訊，各許自行陳辯，衆情咸服，矢口不移。獨甘泰澍異常刁健，狡展如故。臣旋據其續呈，逐層駁詰。甘泰澍似知悔悟，俯首流涕，然捏造逆信，始終不肯招認。臣維此案肇釁，由於李福貴兄弟之招勇投效，恃符驕肆，蔑視印官。適鄒祖玉等銜憾喊控，街市謡風肆起，環相湊合，遂成疑團。甘泰澍以地方印官因案查拿申報，本無不合，惟虛實未明，草率詳報。雖屬事出有因，究非尋常顢頇可比。今既衆供確鑿，逆書筆迹與甘泰澍相符，其爲甘泰澍所造，已無疑義，自未便因一人堅不承招，懸案莫結，致滋拖累。

　　查例載，問刑衙門審辦案件，遇有實在刁健堅不承招者，即具衆證情狀，奏請定奪。誣告叛逆，被誣之人已決者，斬立決。未決者，擬斬監候。又，斷罪無正條，引律比附，應加應減，定擬罪名。又，二罪俱發以重論，錢糧不收本色、折收財物，亦以監守自盜論，四十兩斬，雜犯徒五年。又，因公科斂坐贓論，六十兩杖八十。又，同僚犯公罪，其餘不知私情者，只依失出入人罪問擬。其申訴不實者，杖一百。又，不應重律杖八十各等語。此案甘泰澍因公科斂，改收折色，又復捏造書信，誣李福貴等投逆，罪名按二罪俱發以重論，除科斂銀兩、改收折色均在輕罪不擬外，自應照依誣告叛逆未決擬斬監候例，甘泰澍應斬監候。惟原情定擬，究屬事出有因，與平空誣告人從逆者有間，應於誣告叛逆未決擬斬監候上量減一等,擬以滿流係職官,從重改發黑龍江,充當苦差。犯事雖在光緒七年五月十四日恩詔以前,係誣逆減流改發,應不准援免係職官,仍恭候欽定。甘泰澍堅不承招,謹遵例臚列衆證情狀,奏請定奪。已革署瑪納斯副將記名簡放提督納清額巴圖魯余蘭桂,查明尚無縱勇搶奪情事,該勇丁等混取客物,業經如數給領完結。既非有心,亦未入己,例得免議。即以不知逆信虛實附和會詳而論,祇應按同僚犯公罪,其餘不知私情,應依失出入人罪問擬,僅止降級。特事關通逆,情節較重,余蘭桂冒昧會詳,已由另案革職,應毋庸議◆7。已革副將銜河南即補參將李福貴、已革守備銜拔補千總李福德,雖訊無通逆情弊,然劉文和開招札文係李福德銜名,李福貴即不應事外干預。李福德擅派馬勇,威逼印官,舉動均屬乖謬。既經革職,均請無庸開復。鄒祖玉因李福貴失去洋炮,將其訓責,妄以私刑吊拷喊控,應照申訴不實杖一百律,鄒祖玉擬杖一百。恭逢恩詔以前,請予援免。曾國勝挾告假不准微嫌,率以私招喊控,實肇釁端,罪有應得,業已身死,應與訊無凌虐之看役、並不知信係偽造代擬詳稿之廖小峰,均免置議。兩次所取李福貴等行李、軍械、馬匹,除行李等項已經甘泰澍點交外,其餘軍器收存綏來縣庫。馬匹給領,無干省釋。前此遞回原籍取保之蔣吉昌等,行文一併開釋。除全案供招咨部外,是否有當,謹會同陝甘總督臣譚鍾麟、烏魯木齊都統臣恭鏜、烏魯木齊提督臣金運昌,合詞恭摺具奏。伏乞皇太后、皇上聖鑒,飭部核議施行。謹奏。光緒八年九月二十二日◆8。

光緒八年十月十四日◆9,軍機大臣奉旨:刑部議奏。欽此。

【案】此摺缺錄副,原件①現藏於中國第一歷史檔案館,茲據校補。

────────────

①　中國第一歷史檔案館藏:《硃批奏摺》,檔號:04—01—01—0948—043。

1.【欽差大臣督辦新疆軍務通政使司通政使二等男臣劉錦棠跪】此前銜據原件補。

2.【案】光緒七年二月二十五日，劉錦棠以綏來縣知縣甘泰澍查辦重案不實，率行會詳，具摺奏參：

署理欽差大臣督辦新疆軍務通政使司通政使二等男臣劉錦棠跪奏，爲特參查辦重案不實率行會詳之營縣並原詳案內參將、千總，請旨先行革職，歸案訊辦，恭摺仰祈聖鑒事。竊臣於光緒六年十月十九日，據署瑪納斯協副將余蘭桂、署綏來縣知縣甘泰澍會詳：十月初三日，據曾國勝、鄒祖玉喊稟：參將李福貴由昌吉地方假招營勇，行抵綏來，非刑吊拷等情，隨往該參將寓所，察看情形，殊覺可疑，即將李福貴並所招勇丁十餘名拏獲，起出馬匹、軍器等件，録取犯證口供，詳情核辦。經臣批飭，揀派弁勇，將李福貴等一干人證押解行營查訊。十月二十五日，復據該營縣申稱：兹又搜獲李福貴紅呢得勝袋，細視其裏一層，外用白綫密縫，內似有物，拆看有通逆首白彥虎信二件，一係馬如虎，一係趙成龍，均云李福貴兄弟辦事能幹，招有數百餘人，求其收用，並有馬金子前來，一切之事問他知道云云。十月初八日，李福貴之弟李福德由吐魯番招募馬勇數十名至綏來。該縣是日因公往州，李福德使馬勇多人，各帶洋炮、馬刀，追至樂土驛，勢甚兇悍。幸卓勝軍及余蘭桂派人踵至，始得隨隊回綏。初九日，會商前往搜捕，將李福德獲案，各馬勇均已逃散。探聞李福德在吐魯番，招有馬隊數百，亦即陸續可到，究竟多少，尚不知其虛實。李福貴違令冒招，不軌之心，已屬顯然。況有通白彥虎之信，謀叛情節更爲確鑿。現將李福貴等分別禁押，申請批示辦理等情前來。

臣細閱文內所稱搜獲馬如虎、趙成龍信件，究係何人何日於何處搜出，是否當堂拆閱，獲信後如何訊供。兩次所起行李、軍器、馬匹，現在何處，未據明晰聲叙。因飭仍遵前批，解哈密審訊。旋於十二月初二日，將案內犯證、卷宗並得勝袋、逆書等件，派弁押解到營。經臣派員覆訊，與原詳情節迥不相符，因飛調余蘭桂、甘泰澍兼程來哈，札委營務委員留甘補用知府楊傑、已革浙江補用知縣鄭錫澡、署哈密廳通判甘肅補用知縣李壽芝,會同研訊。茲據楊傑等稟稱:訊據李福貴供:向在軍營效力,歷保副將銜河南儘先補用參將、固勇巴圖魯。四年五月,在嵩武軍告假出來,到昌吉縣種地營生。招募馬勇係奉塔爾巴哈臺參贊大臣部下提督劉文和札委。九月間,復奉停招札飭即行停止,先率招到之馬勇十四名,由昌吉啓行,一面函飭胞弟停招,趕赴塔爾巴哈臺投效,所以不肯將勇遣散者,實因發過糧料、柴草無從報銷。十月初一日,抵綏來。初三日,曾國勝告假不准,鄒祖玉因不肯認竊洋槍,被我訓責,纔相約往綏來縣衙門喊控。甘泰澍遂於是日將我並各勇拿獲收押。紅呢得勝袋是勇丁董永和之物,何時入署,究竟有信無信,我不曉得。甘泰澍並非當面拆閲,亦未當堂問過。直至十月二十二日,鎮迪道委員彭椿年到縣會審,始知有通信白彥虎的話。信内所説馬如虎、趙成龍並馬金子三人,不但不認識,亦未聽見此名。又據李福德供:向在軍營,歷保守備銜千總。本年七月間,提督劉文和委我招勇,並托我胞兄幫招,我就到吐魯番去了。後接胞兄來信云,已奉到劉文和停招文書,囑我同往塔爾巴哈臺投效,我就帶了吐魯番所招馬勇十八名起程。十月初八日,到綏來,住城中義興店,聞胞兄管押,又聞甘泰澍於是日往州,因派馬勇六名趕請甘泰澍回縣,驗明文札,並無別意。次日早晨,本城副將余蘭桂帶領兵勇圍住客店,將我拿住。所招馬勇均各逃散。所有行李、軍裝馬匹並同寓官弁商民之物,均被搶奪。馬如虎、趙成龍、馬金子,我不認得。得勝袋不知是誰的。又據董永和供:紅呢得勝袋實是我前在南路當馬勇時製辦,用了多年,從未裝過信件,此次亦無人托我帶信。這袋内逆書不知從哪里來的。質之馬勇蔣吉昌、馬雙元、馬洪英、馬晏禄、馬吉祥、馬有福、馬天喜、金同福、王清近、金全石等十名並原告曾國勝、鄒祖玉,僉稱並未聞李福貴兄弟有通逆情事,亦不知袋内有無逆書。至喊稟一節,曾國勝供:係因告假不准,反被辱罳。鄒祖玉供:因李福貴失去洋槍一杆,疑我偷賣,嚴刑拷打。二人情憤,赴縣呼冤,此外並無別情。又據甘泰澍家丁魏升供稱:十月初六日,家主命我往客店内,起取李福貴洋炮、護書。我找不著洋炮,但見護書、得勝袋,因將此二件取到家。家主在堂上查看護書，內有信，又有停招札子，當時並未看得勝袋內有無物件。訊畢，我即將得勝袋送到家主臥室，交與伺候小僮手收。如何拆出袋中逆書，我未在場，實不知道各等供。連日設法隔別熬審，加以刑嚇，各犯證等堅執前供，迄無異詞。理合會同稟復等情。臣查此案，前經行營隨員涼莊理事通判承蔭、鎮迪道委員候補同知彭椿年、迪化州委員候選知縣張熙載先後前往查訪，據稟情形與現審各供詞大略相同。起出逆書詞意、筆迹似出一人之手。白彥虎通逃外國，困苦異常，據信內所云，李福貴兄弟與白逆並非舊交，何以起義往從？且引誘各勇闖出邊卡，事極繁難。信內何僅係寒暄爛套，並無切實緊要之語？兩信均屬漢文，馬如虎信尾另有三字，據余蘭桂、甘泰澍申稱，係屬回字。臣與僚屬傳觀，實非回字式樣。即傳隨營毛拉通事等人識認，亦均不識。趙成龍信尾填八月六日等字，月字下半節六字上一字，紙破無存。經楊傑等面詢甘泰澍，據云係八月十六日查劉文和停招文札，明填九月初六日，何以八月十六日。趙成龍信內即有劉大人來文又不要了之語。馬如虎、趙成龍及馬金子既與白逆往來，自係著名回目，何以北路官民僉稱不知其人？且得勝袋攔在店內數日始起入署，存署數日始拆出逆書？逐細推敲，殊多疑竇。案關謀反重情，虛實均應澈究。所有草率詳報之署綏來縣知縣同知銜留甘補用知縣甘泰澍、附和會詳並任令勇丁搶奪之署瑪納斯協副將記名簡放提督納清額巴圖魯余蘭桂，及副將銜河南儘先補用參將固勇巴圖魯李福貴、五品頂戴千總曾國勝、守備銜儘先拔補千總李福德，應請旨一併先行革職，歸案嚴行審辦，務期水落石出，以成信讞。至蔣吉昌等十名，訊係無辜，業飭遞回各原籍，取保釋放，聽候傳質，藉免拖累。其瑪納斯協副將一缺，前經大學士前任陝甘督臣左宗棠牌委提督王化成署理。綏來縣知縣一缺，查有留甘補用同知歐陽振先，謹慎穩練，堪以署理。除給委飭遵外，理合會同護理陝甘督臣楊昌濬、烏魯木齊都統臣恭鏜、烏魯木齊提臣金運昌，合詞恭摺具奏。伏乞皇太后、皇上聖鑒訓示施行。謹奏。光緒七年二月二十五日。

　　光緒七年三月十六日，軍機大臣奉旨：此案情節支離，亟應澈底根究。甘泰澍、余蘭桂、李福貴、曾國勝、李福德,均著先行革職,歸安審辦。欽此。①

3.【未能尋獲】原件作"未及尋獲"。

4.【王清近】原件作"王青近",而光緒七年二月二十五日之摺作"王清近",存疑。

5.【又】原件無"又",疑衍。

6.【詐書】原件作"作書",是。

7.【案】光緒八年九月二十二日,劉錦棠以瑪納斯協副將余蘭桂謬妄廢弛,意存侵欺,附片奏請毋庸開復原官:

> 再,前准大學士陝甘督臣左宗棠咨:署瑪納斯副將余蘭桂奉檄選募土勇,原備復設制兵之用。茲聞委員按名點驗,始招納新勇補數,是所招土勇有名無實,情弊顯然,誠不料若輩膽妄一至此極。現因北行在即,未及懲辦,移交臣辦理等因。臣查此起振武定西四旗,原係古城一帶土著團丁,經前陝甘督臣左宗棠疊檄署瑪納斯副將余蘭桂汰除老弱,加意簡練,改爲綏勇。中、右兩營,從優改照征軍糧餉,聽候揀員管帶,撥交塔爾巴哈臺參贊大臣臣錫綸調遣。原爲通籌邊備,恐該處兵力單薄,添撥營伍,俾資捍衛,以重邊防,奏明在案。乃該署副將余蘭桂並不切實簡練,一聞委員點驗,臨時招納湊補。本應隨即奏參,時因余蘭桂另有附和已革署綏來縣知縣甘泰澍會詳李福貴等通逆一案,奏參革職,歸案審辦,擬俟審結,併案嚴參。茲復准臣錫綸函稱:綏勇中、右兩營,撥來塔城人數既不足額,軍器又不精利。細查兩營之弊,多由余蘭桂所致等語。是該革署副將記名簡放提督納清額巴圖魯余蘭桂謬妄廢弛,意存侵欺。現值籌備邊防,整飭營務,未便稍事姑容。前因另案革職審辦,應請毋庸開復,以昭懲戒。是否有當,謹附片陳明,伏乞聖鑒訓示施行。謹奏。

---

① 中國第一歷史檔案館藏:《硃批奏摺》,檔號:04—01—01—0945—033;《錄副奏摺》,檔號:03—7245—019。

光緒八年十月十四日,軍機大臣奉旨:著照所請,兵部知道。欽此。①

8.【光緒八年九月二十二日】此日期刻本作"九月二十四日",誤。兹據原件校正。

9.【光緒八年十月十四日】此奉旨日期,據《軍機處隨手登記檔》②校補。

075. 請恤道員張宗翰並事迹宣付史館摺

光緒八年十月二十七日

欽差大臣督辦新疆軍務通政使司通政使二等男臣劉錦棠跪◆1奏,爲道員立功後積勞病故,志節可傳,籲懇天恩俯准賜恤附祀,並將事迹宣付史館,恭摺仰祈聖鑒事。

竊二品頂戴按察使銜前署西寧兵備道甘肅題奏道張宗翰,經臣於光緒六年咨商前陝甘督臣左宗棠,調辦喀什噶爾、英吉沙爾等處善後總局,本年春間因臣營總理營務道員袁垚齡請假回籍,接替需人,將該員調回哈密,派委總理營務,曾經附片陳明在案◆2。該員上年出關,膂力方剛,本無宿恙,自委辦善後總局,身當繁劇之任,拮据卒瘏,經營締構,往往寢饋不遑,慮竭精殫,漸致眩瞀怔忡之疾。本年奉調前來哈密,跋涉長途,醫藥並缺,疾復疊作,聞臣左右乏人贊襄,冒寒暑,忍饑渴,輿疾趲程而至。抵營後,臣與晤接,見其面目清癯,詢悉疾雖小愈,精神猶未復元,比屬令從容調攝,勿以孱體過勞。乃仍鉅細必親,不肯晷刻自逸。九月十六日晨起披覽軍書數寸許,忽痰湧氣結,眩瞀仆地。據醫者云,

①　中國第一歷史檔案館藏:《硃批奏片》,檔號:04—01—16—0214—058;《錄副奏片》,檔號:03—6017—083。

②　中國第一歷史檔案館藏:《軍機處隨手登記檔》,檔號:03—0235—4—1208—273。

心血過虧，勢極危險。連進溫補之劑，神氣稍清，迄無大效，延至二十一日午刻身故。臨歿前數日，與臣論及時事多艱，皇太后、皇上宵旰憂勤，爲欷歔涕下者久之。握臣手，殷殷舉往哲嘉言善行相勗。軍中僚佐省視者，各以大義訓勵之。彌留之際，喃喃吶吶，語不成聲。臣與僚佐側耳細聆，猶莫非練兵、籌餉、畫界、通商之事，綮可哀已！

　　該員籍隸湖南湘陰縣，距臣原籍湘鄉不過三百餘里。臣自弱冠從軍，蚤於梓桑袍澤間，飫聞其居心行事之梗槪。嗣臣帶兵關隴，該員經左宗棠檄赴平涼行營，委辦文案，支應諸事。旋派總司營務，與臣共事一方者十年。當是時，雖彼此未嘗朝夕相依，或緘牘往還，或於謁見左宗棠之便，把晤旬日，相與籌商兵事、餉事、運事，獲其贊畫之力居多。默窺左宗棠幕僚賢才薈萃，其忠淸勤愼、始終如一者，實推該員爲尤。左宗棠倚重之隆，亦推該員爲最。臣既佩左宗棠知人善任，益信該員夙望匪虛焉。迨經臣咨調出關，委辦哈、英兩城善後事宜，維時荆榛甫闢，凡夫淸查田賦，勸課蠶桑，創設義塾，修理城池、廨宇、倉廠、臺站、渠堰、橋梁、道路，巡閱邊卡，捕拿游匪，聽斷回漢詞訟，抽收稅釐，萬緒千端，應接不暇。該員前後兩載，辦理悉臻妥善，成效較然可觀。方擬薦達朝廷，共肩艱鉅，乃以積勞致疾，年甫五十而没，實堪惋惜。在微臣才庸識陋，全賴二三賢傑輔立翼行，一旦人鑒云亡，慟悼原所應爾！而全疆僚屬下至部曲走卒，見者聞者無不酸心隕涕，感嘆悲思，則其平昔德澤感孚，端可知已。

　　查該員自少讀書，即勵志聖賢之學。咸豐十年，前湖北撫臣胡林翼聞而器之，手書敦促◆³，爰始出山。是書刊載胡林翼遺稿中，班班可考。該員到鄂後，適值皖、吳戰攻孔棘，髮逆屢竄上游，群捻眈眈環伺。胡林翼扶病理事，該員依依左右，多所裨益。胡林翼没後，前任陝甘督臣楊岳斌羅而致之，相隨度隴，正值回氛猖獗，標兵叛變，餉竭運艱，戰事失利。該員相從患難，臥薪嘗膽，矢死不離，其苦心調護於其間者多矣◆4。屢在華亭縣張家川暨洮州廳等處剿辦賊匪，戰功卓著，歷經楊岳斌奏明有案。楊岳斌卸篆回籍，該員相從歸養者年餘。旋經左宗棠檄調再出，復值寧靈戰事，臣叔父劉松山陣亡，逆回擾近平、慶、涇、固之間，勢且岌岌。幸左宗棠屹立不搖，從容布置，機局漸轉，卒克削平。厥後勘定西寧、河州、肅州，復經三戰，該員無役不從。雖由左宗棠總攬綱維，發縱指示，而該員獻可替否，與夫汲引人才，調和將士，宣上意而達下情，所以佐成左宗棠事業，尤非淺鮮。迹其長才卓識，實堪任重致遠，遺大投艱，徒以久羈幕僚，未獲獨當一面。中間雖權西寧道篆一次◆5，又以爲時未久，不及盡展所長。而要其先後馳驅二十二年，備嘗險阻艱難，堅忍卓絕，丹衷耿耿，至死不忍忘君，幾於昔賢馬革裹屍，三呼渡河風烈。其忠義之氣，實有可廉頑而立懦者。歷佐胡林翼、楊岳斌、左宗棠，皆一時人望，始終勤慎，上下遠邇，胥無間言，亦屬未易◆6。至其清操，自矢一塵不染，家無百畝之田，敝盧不蔽風雨，妻子固不免饑寒，即老母高堂，菽水且虞不足。而臣間一詢及，該員從不言貧。没後檢其遺囊，則圖書、衣履而外，絕無私蓄，是尤難能而可貴者。使天假以年，其成就固未可限量。既不幸數奇不偶，賫志早終，惟有籲懇天恩，優給恤典，俾凡爲臣子者聞風興起，相勉於忠清勤慎，以報國家養士之恩，於世教不無小補。除派員接辦營務並委員護送該員遺櫬回籍外，合無仰懇天恩俯准，飭部將二品頂戴按察使銜署甘肅西寧道甘肅題奏道張宗翰，照軍營立功後積勞病故例，從優議恤，附祀前通政使司通政使臣劉典①甘肅省城專祠，並擬援照光緒五年閏三月二十三

---

① 劉典（1820—1879），字伯敬，一字克庵，湖南寧鄉人。歷任直隸州知州、知府、浙江按察使、甘肅按察使。同治七年（1868），擢陝西巡撫。有《劉果敏公遺書》十七卷存世。

日諭准左宗棠奏請，將夏炘、王柏心等四員事迹宣付史館成案，懇恩准將張宗翰事迹宣付史館，以彰忠藎而資觀感，出自逾格鴻慈。謹繕摺具奏，伏乞皇太后、皇上聖鑒訓示施行。謹奏。十月二十七日◆7。

光緒八年十一月二十一日◆8，軍機大臣奉旨：著照所請，該部知道。欽此。

【案】此摺缺原件，錄副①現藏於中國第一歷史檔案館，兹據校補。

1.【欽差大臣督辦新疆軍務通政使司通政使二等男臣劉錦棠跪】此前銜據錄副補。

2.【案】光緒八年七月初三日，劉錦棠附片奏調候補道員張宗翰回哈密，派委總理營務，並請飭部備案：

　　再，二品頂戴按察使銜前署西寧兵備道甘肅候補道張宗翰，經臣於光緒六年咨商大學士前任陝甘督臣左宗棠調赴新疆，委辦喀什噶爾、英吉沙爾等處善後總局。該員老成諳練，才品兼優，督辦喀、英兩城地方事宜，諸臻妥善。現因臣營總理營務處委員袁垚齡請假回籍，接替需人，因將張宗翰調回哈密，派委總理營務。惟查張宗翰前於光緒六年四月內離省，左宗棠未及奏聞報部，仰懇天恩飭部備案，出自鴻慈。謹附片陳明，伏乞聖鑒。謹奏。

　　光緒八年七月二十二日，軍機大臣奉旨：吏部知道。欽此。②

3.【手書敦促】錄副作“手書敦聘”，是。

4.【其苦心調護於其間者多矣】錄副作“其苦心孤詣、維持調護於其間者多矣”，是。

5.【案】光緒二年七月，陝甘總督左宗棠以邊陲要地需員，張宗翰勤慎安詳，廉明篤實，附片奏委署理甘肅西寧道員缺，得允行：

　　再，甘肅西寧道一缺，上年經臣奏委西寧府知府鄧承偉護理。惟

---

①　中國第一歷史檔案館藏：《錄副奏摺》，檔號：03—5821—059。
②　臺北故宮博物院藏：《軍機及宫中檔》，文獻編號：124520。

查西寧邊陲要地，政務殷繁，應即遴員接署，以重邊徼。查有按察使銜陝西遇缺儘先題奏道張宗翰，勤慎安詳，廉明篤實，堪以委署。除飭委外，謹附片陳明。伏乞聖鑒。謹奏。

　　　　光緒八年八月二十七日，軍機大臣奉旨：知道了。欽此。①

6.【亦屬未易】刻本無此句，茲據錄副補。

7.【十月二十七日】此具奏日期，據錄副補。

8.【光緒八年十一月二十一日】此奉旨日期，據錄副補。

076. 遵旨覆陳哈密大營未便移扎烏魯木齊及南北兩路布置情形摺

光緒八年十一月二十一日

　　欽差大臣督辦新疆軍務通政使司通政使二等男臣劉錦棠跪◆¹奏，爲遵旨覆陳，仰祈聖鑒事。

　　竊臣於光緒八年九月初九日承准軍機大臣字寄：八月十九日奉上諭：恭鏜奏請飭移哈密大營進扎烏魯木齊一摺◆²。據稱烏魯木齊爲新疆扼要之地，近因金順一軍開拔伊犁，其駐烏之卓勝軍及該都統前募馬步各營，均已分別裁撤，所留營勇不敷分布。劉錦棠大營駐守哈密，節制南北，微嫌隔閡。若移扎烏魯木齊，易資鎮攝，且於辦理通商事務尤爲便宜等語。著劉錦棠體察情形，妥籌具奏。原摺著鈔給閱看。將此由四百里諭令知之。欽此。等因◆³。跪聆之下，伏見皇上繫念邊陲，宸謨周運，欽感莫名。竊維軍府之於行省，雖均取地方扼要，據其形勝，便於策應，然比諸營室，行省如堂奧，故多在腹地，軍府如門户，故多在口隘。新疆大勢，南北分歧，總以烏魯木齊爲堂奧，北以伊犁爲邊要、綏來爲門閂；南以喀什噶爾爲邊要，吐魯番爲門閂。而哈密則關内外咽喉

_____

①　中國第一歷史檔案館藏：《錄副奏摺》，檔號：03—5112—105。

筦轂、南北要津也。如將來行省議定，扼要建置，當以烏魯木齊爲最，臣與左宗棠固已先爲籌及，奏明在案。此時使臣駐軍哈密，兼管地方善後諸務，係屬一時權宜，原非建置之比。南疆八城遼遠，數倍於鎮迪轄境，故臣與張曜所部軍營多駐南路。關內軍裝、餉鞘解抵哈密，約計分撥成數，解南路者需十之七，解北路者不過十之三而已。南北分途，按程計算，由哈密西南行，經吐魯番徑達八城，道平而又直捷。由哈密北行，繞烏魯木齊迂折而南，路遠九站，又須重越南山口、天山盤道與齊克達巴罕之險。臣忝握欽符，脫令大營進扎◆4 烏魯木齊，則行營、糧臺、軍裝、轉運等局，勢必隨同移駐◆5，勞費已屬不貲。將來後路餉饋，均須解烏，匯總轉解，而南路既迂折，暗中消耗腳價，積累滋多。際兹餉需艱窘萬狀，雖實在應用正款，猶須於無可省之中求省，斷無舍近求遠、避易就難、可省而不省之理也。以局勢論，臣軍自遵旨裁撤，雖存馬步四十餘營，分防地段萬里而遙，兵力本無一處厚積。而由喀喇沙爾東至哈密二十餘站，中間僅吐魯番、托克遜兩城駐馬步兩營，猶屬空虛。哈密辦事大臣明春所部業經全撤，後路直抵嘉峪關，僅安西州有譚鍾麟派扎步隊一營。若臣大營進扎烏垣，則哈密津要之區關鍵盡撤，前突而後竭矣。恭鐀所請，其義果何取哉？臣愚不得而知之矣。

　　至北路防務，臣原議裁撤卓勝軍馬步六營，由金運昌挑選不願回籍勇丁及土著精壯，先復標兵舊額之半，奉旨飭臣會商譚鍾麟悉心妥籌，奏明辦理等因。比經臣欽遵咨行。嗣准譚鍾麟函，會改勇爲兵，仍當束以防營之制，團扎一處，以便徵調訓練。金運昌亦以爲關內現行制兵額餉太薄，招募維艱，請照土勇口糧辦理。遂商由金運昌改併土勇一旗，招募土勇六旗，權作標兵，責成提屬各將領管帶。合現留卓勝軍步隊三營、馬隊兩營，分防奎屯臺至古牧地一帶。以馬步四千餘人分防數百里地段，而南山各隘口又有恭鎧馬隊扼扎。古牧地東行，嚮係臣軍，由奎屯而西，又屬伊犁將軍金順所部接防。烏垣兵力已不單薄。前因綏來迤西劫掠之案層見疊出，行旅戒嚴，經臣咨詢金運昌，旋以裁留添募尚未集事，咨覆到營。臣懼有疏漏，比檄委陝西漢中鎮總兵譚上連率臣軍親軍步隊三營、馬隊一旗，開赴綏來，扼要駐扎，西接金順防地，東接金運昌防地，換出原駐綏來之卓勝軍隊伍，回扎阜康、濟木薩等處，以專責成。其南路西四城防務，臣原奏擬責成張曜嵩武一軍，由駐防葉爾羌、和闐之提督董福祥所統馬步八營內，抽調步隊六營移防，阿克蘇、烏什各城仍歸張曜節制調遣。換出總理行營營務道員羅長祐所統駐阿克蘇之湘軍馬步各營，移防吐魯番、托克遜一帶，以便居中策應。南北酌留楚軍馬隊四營、布魯特馬隊一旗、土勇步隊一旗，交張曜合嵩武一軍，分防西四城，擇要扼扎，以厚兵力。似此酌盈補虛，南北局勢較前更爲摶緊，周轉一氣。此臣布置北路兼籌南路邊防之實在情形也。

嗣因張曜有乞假裁營之請，事機稍異，議遂中輟。幸賴聖恩高厚，溫旨慰留。經臣復申前議，張曜均允照辦無異。擬俟沿邊劃界事竣，即行分別移調，以符前議而昭周密。即以通商論，此時安設領事，偏在南路喀什噶爾、吐魯番等處，臣駐軍哈密，通籌全局，呼應靈通，隔閡似非所慮。爰蒙聖慈垂詢，用敢據實覆陳，藉紓宸廑。所有臣大營駐守哈密未便移扎烏魯木齊遵旨體察情形籌辦各緣由，謹據實縷陳。愚昧之見，是否有當，伏祈◆6皇太后、皇上聖鑒訓示施行。謹奏。光緒八年十一月二十一日◆7。

（硃批）：覽奏，已悉。移駐烏魯木齊，軍裝、糧餉轉運維艱，著仍駐哈密，毋庸輕動。至該處地方遼闊，劫掠易滋，其相機防範，毋少疏懈◆8。

　　光緒八年十二月十四日◆⁹，軍機大臣奉旨：據奏哈密大營未便移扎及南北兩路布置各情，均屬周妥。仍著該大臣隨時體察情形，將邊防事宜妥爲調度，以安疆圉。欽此。

　　【案】此摺原件①、録副②現藏於中國第一歷史檔案館，兹據校補。

　　1.【欽差大臣督辦新疆軍務通政使司通政使二等男臣劉錦棠跪】此前銜據原件補。

　　2.【案】光緒八年七月十六日，烏魯木齊都統恭鏜以控制南北兩路，具摺奏請飭令劉錦棠移哈密大營進扎烏魯木齊：

　　　　烏魯木齊都統奴才恭鏜跪奏，爲擬請飭移哈密大營進扎烏魯木齊，以資控制南北而維持全局，恭摺仰祈聖鑒事。竊奴才查烏魯木齊爲新疆扼要之地，實南北兩路之樞紐也。前陝甘督臣左宗棠奏請設立行省於此，取其南北兼顧，策應得靈。溯伊犁未經歸還以前，提督金運昌卓勝一軍駐扎烏魯木齊西至精河、東至古牧地等處，伊犁將軍金順一軍駐扎庫爾喀喇烏蘇西至大河沿、東至安集海等處。奴才曾經奏准就近募練馬步數營，保衛烏垣要地，隨將營勇分扼南山，關道可通果子溝一帶，是以星羅棋佈，非惟北路可固封守，且與南疆各營呼吸相通。近因伊犁收還，金順開拔伊犁，卓勝一軍經督辦新疆軍務通政使臣劉錦棠奏請裁撤馬步六營，又屬不敷分布。奴才募練馬步各營，上年五月以餉項支絀，奏請裁撤。所留營勇僅足防堵南山一面，此外，自綏來縣以西千餘里，路長營少，兵力未免太單。回民向化未久，加以陝回哈薩克種類繁多，居心煽惑。若烏垣要地無兵威鎮壓，不足以安反側。奴才竊惟馭邊之道，固在練兵籌防，而馭兵之方，尤貴居中調度。查哈密僅後路一隅之地，劉錦棠以大營駐守，若云節制南北，微嫌隔閡。即以程途而論，由哈密南至吐魯番計十五站，北路尤形窵遠。若移駐烏魯木齊，南至吐魯番僅止四站，最便聲援北

────────────

① 中國第一歷史檔案館藏：《硃批奏摺》，檔號：04—01—30—0278—024。

② 中國第一歷史檔案館藏：《録副奏摺》，檔號：03—6017—124。

路,亦足以資震懾。且吐魯番新設領事官,日後交涉事件甚多,大營移駐烏垣,則辦理通商事務尤爲便宜。至哈密經後路轉運之所,自應顧全。然有辦事大臣明春所統各營,或再留練勇一營,盡足以護餉糈而資防範。合無仰懇聖裁,飭移哈密大營進扎烏魯木齊,以控制南北兩路,實於新疆全局大有裨益。如蒙俞允,一俟劉錦棠移營到日,奴才所留馬步各勇並可隨時酌量裁撤,以節糜餉。奴才爲保衛烏垣要地、以維新疆全局起見,愚昧之言,謹據實繕摺具陳。是否有當,伏乞皇太后、皇上聖鑒訓示遵行。謹奏。七月十六日。①

光緒八年八月十九日,恭鐙該摺得復。清廷飭令劉錦棠體察情形,妥籌具奏:

> 諭軍機大臣等:恭鐙奏請飭移哈密大營進扎烏魯木齊一摺。據稱烏魯木齊爲新疆扼要之地,近因金順一軍開拔伊犁,其駐烏之卓勝軍及該都統前募馬步各營,均已分別裁撤,所留營勇不敷分布。劉錦棠大營駐守哈密,節制南北,微嫌隔閡。若移扎烏魯木齊,易資鎮攝,且於辦理通商事務尤爲便宜等語。著劉錦棠體察情形,妥籌具奏。將此由四百里諭令知之。②

3.【據稱烏魯木齊爲新疆扼要之地……等因】此段文字,原件、録副僅作“等因,欽此”。

4.【進扎】原件、録副均作“進駐”。

5.【移駐】録副亦作“移駐”,原件作“移扎”。

6.【伏祈】原件、録副均作“伏乞”,是。

7.【光緒八年十一月二十一日】此具奏日期,據原件補。

8.【(硃批):覽奏,已悉。……毋少疏懈】此爲原件硃筆御批,刻本缺,兹據補。

9.【光緒八年十二月十四日】此奉旨日期,據録副補。

【案】劉錦棠奏哈密大營未便移扎烏魯木齊一摺,於十二月十四日經軍機大臣公同商閱,奏請擬發諭旨允行:

---

①　中國第一歷史檔案館藏:《録副奏摺》,檔號:03—6017—014。

②　《清實録·德宗景皇帝實録(三)》,卷一百五十,光緒八年八月,第127頁。

蒙發下摺報。臣等公同商閱,劉錦棠奏哈密大營未便移扎及南北兩路布置各情摺,擬繕批旨,令該大臣隨時體察情形,將邊防事宜妥爲調度,以安疆圉。又奏請假兩月片,擬繕批旨,賞假兩月……是否有當,伏候聖裁。謹奏。

光緒八年十二月十四日,奉旨:依議。欽此。①

077. 俄國駐喀領事權飭局員兼顧片

光緒八年十一月二十一日

再,臣接准幫辦軍務廣東陸路提臣張曜咨開:俄國新設喀什噶爾領事官,已於本年十月十九日抵喀;所有中俄交涉公事,應飭喀英善後局員兼辦;遇有重大事件,仍由局員稟商辦理等因,咨會前來。臣查新約條載,俄國領事官駐中國遇有公事,與本城地方官往來,均用公文;兩國人民在中國貿易等事致生事端,應由該領事官與地方官公同查辦等語。惟南疆各城尚未設官,中外互市交涉伊始,經理需人。該善後局員原管地方事務,所有與俄國駐喀領事官一切交涉公事,應權飭喀英善後局員,就近兼顧,以專責成。遇有重大事件,仍報由臣張曜督同辦理,以昭妥慎。俟將來官職設定,另案奏明辦理。除咨覆外,謹會同陝甘督臣譚鍾麟、幫辦軍務臣張曜,合詞附片具陳。伏乞聖鑒訓示。謹奏。

光緒八年十二月十四日◆¹,軍機大臣奉旨:該衙門知道。欽此。

---

① 中國第一歷史檔案館藏:《錄副奏片》,檔號:03—5671—088;中國第一歷史檔案館編:《光緒朝上諭檔》,第八冊,第407頁。《清實錄》:"丙寅,督辦新疆軍務通政使劉錦棠奏,哈密大營未便移扎烏魯木齊。得旨:據奏哈密大營未便移扎,及南北兩路布置各情,均屬周妥。仍著該大臣隨時體察情形,將邊防事宜妥爲調度,以安疆圉。"(《清實錄·德宗景皇帝實錄(三)》,卷一百五十六,光緒八年十二月上,第201—202頁)

【案】此奏片原件、録副俱缺，茲據前後摺件校正。

1.【光緒八年十二月十四日】此奉旨日期，據《軍機處隨手登記檔》①
校補。

078. 請假兩月在營調理片

光緒八年十一月二十一日

　　再，臣於本年四月間，因舉發兩足疼痛之病日漸增劇，奏蒙聖
恩，賞假一月調理。連服辛溫發散之劑，略就痊可，即行强起，照
常視事，均經附片陳明在案。數月以來，宿恙時發時止，尚能勉强
支持，不甚措意。迨及十月下旬，天氣寒冽，偶爾感冒，而骹膝酸
痛之證，遂一發而不可遏。冬至前後數日，更形困憊。現在筋掣
心悸，飲食鋭減，起坐爲之不安。非但不能接見賓僚，即批閲文
牘，甫及數行，動覺目眩神昏，不能終事。據醫者云，積寒未袪，元
氣虧損，每遇嚴寒酷熱、陰陽剥復之際，尤易觸發。必須屏除酬
應，安心調理，方能漸次就痊。伏念臣以樗昧庸材，膺茲重寄，夜
寐夙興，尤虞曠職，尋常痛癢之疾，何敢輒而上陳，致煩慈廑！無
如臣自同治八九年間，圍攻甘肅金積堡賊巢，寢饋沮洳之場，兩足
受病，深而且久。近年轉戰新疆天山南北兩路，軍事倥傯，不暇講
求醫藥。而冰天雪磧，陰寒中人，羸病之軀，更難禁受。若不及時
調治，恐遂痿痺不仁，無以久供驅策。合無仰懇天恩俯准，賞假兩
月◆1，在營安心調理，俾沉疴蚤愈，仍得奮勉從公，實感高厚生成
之德。其營中日行公事，飭由營務處道員周漢◆2等隨時請示辦
理。如遇緊要事件，自當力疾躬親，以昭慎重。謹附片陳懇。伏
乞聖鑒訓示。謹奏。

---

① 　中國第一歷史檔案館藏：《軍機處隨手登記檔》，檔號：03—0235—4—1208—331。

光緒八年十二月十四日◆3，軍機大臣奉旨：著賞假兩月。欽此。

【案】此奏片缺原件，録副①現藏於中國第一歷史檔案館，兹據校補。

1.【賞假兩月】録副作"賞假兩個月"。

2.【案】原營務處道員張宗翰病逝以後，劉錦棠以邊域需人，軍營贊襄乏員，附片奏請飭令丁憂在籍候補道員周漢迅赴新疆軍營差委，得允行：

再，丁憂陝西候補道周漢，前經臣附片奏請，調營差委。本年三月初六日奉上諭：劉錦棠奏請調員差遣等語。丁憂在籍陝西候補道周漢，著涂宗瀛飭令迅赴新疆軍營，交劉錦棠差遣。該部知道。欽此。欽遵恭録咨行去後，嗣該員於五月初二日自湖南原籍起程，九月初九日行抵哈密軍次，現因臣營總理營務道員張宗翰積勞病故，接替需人，而新疆善後諸務條緒繁多，尤須才長心細之員，方足以匡臣所不逮。查該道員周漢，器識閎達，志慮忠純，堪以派委總理營務。除檄委外，謹附片陳明。伏乞聖鑒。謹奏。

光緒八年十二月初一日，軍機大臣奉旨：知道了。欽此。②

3.【光緒八年十二月十四日】此奉旨日期，據録副補。

079. 請按約索還烏什之貢古魯克地方摺
光緒八年十二月十八日

欽差大臣督辦新疆軍務通政使司通政使二等男臣劉錦棠跪◆1奏，爲新疆南界烏什之貢古魯克地方關繫緊要，擬趁劃分未定，據理按約索還津要，以通南北而利邊防，恭摺馳陳，仰祈聖鑒事。

---

① 中國第一歷史檔案館藏：《録副奏片》，檔號：03—5172—074。
② 中國第一歷史檔案館藏：《録副奏片》，檔號：03—5822—001。

竊新疆局勢，自準部戡定，回疆全入版圖。關山通道，擇要安設卡倫、臺站，南北一氣貫注。無事則換防徵調，遵率自由；有事則振旅餉軍，進退如志。廟謨宏遠，睿慮精詳，百世莫之或易也。臣查伊犁通南捷徑有四：一自那喇特卡倫，經朱勒都斯、察罕通格兩山，以達喀喇沙爾；一由穆素爾達巴罕渡特克斯河，逾冰嶺以達阿克蘇之札木臺；一出伊克哈布哈克卡，越貢古魯克達巴罕以達烏什；一出鄂爾果珠勒卡倫，逾善塔斯、巴爾琿兩山，渡納林河以達喀什噶爾。然阿克蘇冰嶺臺路艱阻萬狀，夏月冰渙，四山坼裂溢流◆2，峭壁森立，莫能飛渡。亂後臺站盡替，現僅阿屬七臺，經臣照舊安設，餘已咨商伊犁將軍臣金順辦理，尚未接准覆文。其喀喇沙爾一路，曠廢已屆百年，其中陵谷變遷，道路通塞，水草有無，均難懸揣，疊經行查鮮據。昨已函致金順，請將山北情形確實查覆，再議疏通。其納林達道，夐非我有，自可毋庸議及。獨烏什之貢古魯克一路，地界八城之中，爲南北相通第一津要◆3，遠在界綫東南。新舊條約、皇朝地輿圖志，班班可考也。臣查中俄界約，大率按山水分宗。誠以山峙水流，古今莫易，故界綫所至，輒指定某山之頂或水流去向，以定經界。山陰屬俄，山陽屬中；水西流之處屬俄，東流之處屬中。天然界限，朗若列眉。而經緯方隅，判然兩截。雖地名沿革、語言文字、稱謂各殊，百變不能離其宗矣。

謹按塔城舊約所載伊犁南界過那林哈勒噶，由特穆爾圖淖爾南邊之罕騰格爾、薩瓦巴齊、貢古魯克、喀克善等山◆4，統曰天山之頂。行至葱嶺靠浩罕爲界◆5，是那林迤南約載之貢古魯克，明明與罕騰格爾諸山連類而及，且申言天山之頂，其確指貢古魯克山頂而言◆6，非指烏什之貢古魯克山麓爲言，義至明也。臣前慮南路沿邊地界情形，在事諸臣或者難於洞悉，特飭駐軍阿克蘇道員羅長祜將圖約所載地名歧異闕略之處，遵照指示，詳查細繹，責由臣覆加考核，函達金順與伊犁參贊臣升泰。所有查勘烏什西北之格根特克斯、喀喇庫勒等處，由俄境通伊大小路徑、遠近險易，條分縷晰，悉以相告。本年夏間，巴里坤領隊臣沙克都林札布奉旨勘分南界，臣復飭羅長祜將原查情形就近詳告沙克都林札布，用備采摭◆7。嗣據烏什善後局員知縣周應菜申報：本年八月十三日，沙克都林札布帶同俄使，自阿克蘇行抵烏什，由貢古魯克、雅滿素◆8各卡倫繞貢古魯克山麓，至別疊里達坂，共立界牌二處，俄使各埋銅牌一面。所過山峽、卡隘、城堡，逐一繪圖，並將烏什城垣丈量規計。繞出布魯特牧場，周迴游歷，延展四十餘日，至九月二十六日，始出烏境。時幫辦軍務臣張曜已先期出卡，守候日久，咨報前因，請由臣理論行催。比經咨行查照，旋准張曜咨：初接沙克都林札布函會：從那林哈勒噶起程，度冰嶺，由阿克蘇、烏什先勘北界。十月初六日，沙克都林札布同俄使密登斯開行抵喀什噶爾，詢知阿烏邊界從罕騰格里至別疊里山已立界牌。其奇恰爾達坂迤西現已積雪難行，擬俟來年五月，再行勘辦，並准鈔錄喀什噶爾互換界約，函寄到臣。逐細核閱，如第一條，由那林哈勒噶河◆9起過穆匝爾特、達坂，向西天山中梁罕騰格爾頂，上接薩瓦巴齊，又從薩瓦巴齊山口卡子以至貢古魯克山口，繞至天山，均因達坂高險，人難越過，通指天山中梁爲界，天山東南屬中，西北屬俄，凡天山斷處向西北流河水不許改截源流等語，尚與塔城舊約相符。該俄使似亦知約不可背者，何以貢古魯克山口至別疊里之達坂路兩邊相距二十丈半又復埋立中俄兩國界牌？鄂博耶所稱別疊里，即畢底爾向西北流河水，當即阿克蘇上流之畢底爾河山口，達坂路當即烏什出貢古魯克卡以達伊犁之路也。

　　臣維天山南北分支，千條萬派◆10，嵯崇綿亘。每由中峰以至山麓，蟠屈引伸，百里一小曲，千里一曲一直矣◆11。故◆12按北山言之，由東而西，起巴里坤之松山以至那林河源，凡數千里，統以騰格里指名中峰；由南而北，自阿克蘇以至伊犁千二百餘里[13]，總以冰嶺達坂爲中峰。中峰既定，然後分疆畫界，可得而言也。以故塔城舊約雖詳於北而略於南，然其第三條結束特指明罕騰格里、薩瓦巴齊、貢古魯克、喀克善等山，統曰天山之頂一語。由辭譯義，匪特罕騰格里確指天山中幹之頂爲界，即貢古魯克、喀克善各支山岡，非各指天山頂爲界也。騎嶺分界，則烏什邊外俄界應在貢古魯克諸山之陰，不得侵入山陽中國境地也[14]。今其所換界約，凡貢古魯克以上各山，通指天山中梁爲界，乃復於貢古魯克山口及別疊里之達坂路兩邊相離二十二丈半埋立中俄兩國界牌，鄂博侵占至畢底爾河源，且將烏什城垣丈量，就其約章，按其舉動，實屬支離刺謬，自相矛盾，居心叵測，已可概見。失今不言，後將指此次會勘新界爲定界，甚且於俄界之外中界以內駐兵設卡，任意作難。忍之則有積薪厝火之憂，發之又有投鼠忌器之慮，如北路哈巴河故事，有明徵也。迄今科界黃綫迤西蒙民暨哈薩克三萬餘衆撫綏安插，重煩宸廑，將來作何了局，尚難懸擬。若貢古魯克至別疊里山南達坂路所立俄界兩處，不趁畫分未定，按約索還，則現隸烏什之奇里克、胡什齊兩布魯特部落，勢必自撤藩籬，終歸俄有。而貢古魯克通伊犁捷徑，非我所能問津[15]，南北隔絕，即八城東西中間亦多梗阻，伊犁勢成孤注。特斯克川雖得，亦猶之未得矣。微論有事[16]，徵兵饋餉，窒礙不行[17]，即平時之文報往來，必須繞越隔閡，孰甚焉！夫以中國固有之地，照約載地界畫界俄人，我爲主而彼爲客，如其違約越占，曲在彼而直在我，我自得以有辭[18]。如哈密幫辦臣長順深明此意，以故勘分中界有得無失，且將紅綫迤西之格登別珍島諸山爭爲我有，抑其詭謀驕氣，彼終讋服無詞，辦理洵爲得手。嚮使勘分伊犁南界，守轍循途，亦即免此周折矣。

臣伏讀本年八月初三日諭旨：西北邊界條約所指地名，必須查考確實，方免混淆，稍有遷就，出入甚大，務當詳愼妥辦，不得稍涉大意。又讀九月二十四日上諭：新約旣定，惟有就原圖應行勘分之處力與指辯，酌定新界，勿稍遷就各等諭。聖訓煌煌，無微弗燭◆19。南路事同一律，自應恪遵辦理。擬請飭下總理各國事務衙門◆20，向俄國駐京公使據理按約與之辯論。所有伊犁南界，應照此次中界所定格登山紅綫，循格根河，順喀什噶爾西邊行至葱嶺靠浩罕界爲界，中間應行勘分之處，支節繁多，務須責成分界大臣，恪遵諭旨，力與指辯，酌定新界，勿稍遷就。然後由烏什、貢古魯克出卡以達伊犁之路，足可索還◆21，事後不至別生梗阻。所立貢古魯克及別疊里達坂路兩處界牌，應一律拔除。凡新約越占之處，悉予更正，庶足清淆混而杜覬覦。並懇天恩諭令曾紀澤與俄國原派全權大臣原始要終，以重邦交而清邊界，必期兩昭明信而後已。

　　臣明知新疆界務各有專責，何敢故越尊俎◆22！然烏什貢古魯克地方被俄人影射越占，奪我南北要津，關繫重大。臣忝膺重寄，未報涓埃，儻事關全疆利害，知而不言，縱邀寬大殊施，捫心何以自問！區區之愚，實匪有他。所有烏什之貢古魯克地方關繫緊要，擬趁畫分未定請旨索還，以通南北而利邊防各緣由◆23，謹會同幫辦軍務臣張曜，據實具奏。愚昧之見，是否有當，伏乞皇太后、皇上聖鑒訓示施行。謹奏。光緒八年十二月十八日◆24。

　　光緒九年正月十四日◆25，軍機大臣奉旨：另有旨◆26。欽此。

　　【案】此摺原件、録副俱缺，《清季外交史料》①收録之，兹據校補。

　　1.【欽差大臣督辦新疆軍務通政使司通政使二等男臣劉錦棠跪】此前衘係推補。

───────

　　①　王彥威纂輯、王亮編、王敬立校：《清季外交史料》，第568—570頁，書目文獻出版社，1987。

2.【夏月冰涣,四山坼裂溢流】《清季外交史料》作"夏月冰涣,四山坼裂,波濤流漸"。

3.【津要】《清季外交史料》作"要津"。

4.【喀克善等山】《清季外交史料》作"喀克北山"。

5.【靠浩罕爲界】《清季外交史料》作"靠浩罕界"。

6.【而言】《清季外交史料》作"爲言"。

7.【采摭】《清季外交史料》作"采擇"。

8.【雅滿素】《清季外交史料》作"雅滿索"。

9.【河】《清季外交史料》誤爲"阿"。

10.【千條萬派】《清季外交史料》作"千條萬脈"。

11.【千里一曲一直矣】《清季外交史料》"千里一大曲",是。

12.【故】《清季外交史料》作"姑"。

13.【千二百餘里】《清季外交史料》作"二百餘里"。

14.【不得侵入山陽中國境地也】《清季外交史料》作"不得侵入山陽中國境地明矣"。

15.【非我所能問津】《清季外交史料》作"非我所得問津"。

16.【微論有事】《清季外交史料》作"微論有外患時"。

17.【窒礙不行】《清季外交史料》作"窒礙難行"。

18.【我自得以有辭】《清季外交史料》作"我自有辭詰責"。

19.【無微弗燭】《清季外交史料》作"無遠弗燭"。

20.【總理各國事務衙門】《清季外交史料》略爲"總理衙門"。

21.【足可索還】《清季外交史料》作"方可索還"。

22.【尊俎】《清季外交史料》作"樽俎"。

23.【各緣由】《清季外交史料》作"緣由"。

24.【光緒八年十二月十八日】此具奏日期,據刻本及《軍機處隨手登記檔》[①]補。

25.【光緒九年正月十四日】此奉旨日期,據《清實録》及《軍機處隨手

---

① 中國第一歷史檔案館藏:《軍機處隨手登記檔》,檔號:03—0238—1—1209—012。

登記檔》校補。

26.【案】光緒九年正月十四日，劉錦棠之奏得允行。清廷飭派長順會同沙克都林札布，查照劉錦棠所奏，向俄使按約力爭，妥籌辦理：

　　丙申，諭軍機大臣等：劉錦棠奏新疆南界貢古魯克地方關繫緊要，請飭按約索還一摺。據稱烏什之貢古魯克爲南北津要，舊約所載伊犁南界，係確指貢古魯克山頂爲言。上年沙克都林札布勘分南界，帶同俄使由貢古魯克等處卡倫繞貢古魯克山麓，至別疊里達坂，設立界牌，侵占至畢底爾河源，若不趁畫分未定，按約索還，南北隔絕，路多梗阻等語。前派沙克都林札布分勘西南邊界，事體重大，宜如何詳慎辦理，乃不將地勢考定明確，草率從事，於南北要路致有隔閡，關繫甚大。著添派長順會同沙克都林札布，查照劉錦棠所奏，向俄官立與指辯，應照此次中界所定格登山紅綫，循格根河，順喀什噶爾西邊至蔥嶺靠浩罕界爲界。現在雖已勘立界牌，而畫分未定，正可趁此據理辯論，設法挽回。長順前辦中段界務甚屬妥協，著金順等飭令沙克都林札布與長順和衷商榷，妥籌辦理。總之，新約既定，務當懍遵前旨，就曾紀澤原圖應行勘分之處詳定。如果關繫全疆利害，務須妥慎勘分，免滋貽誤……將此由六百里各諭令知之。①

【案】光緒九年三月初七日，總理各國事務衙門接准長順奏，遵旨會勘新疆南界，請派員公同商辦，並飭總理衙門按約辦理：

　　三月初七日，軍機處交出長順抄摺稱：奏爲遵旨會勘南界，擬請諭令熟悉形勢大員會同商辦，並懇飭下總理衙門及曾紀澤按約辨明，令其轉飭俄使聽從理論，以免爭競而便挽回，恭摺馳陳，仰祈聖鑒事。竊奴才於本年二月初二日承准軍機大臣字寄：正月十四日奉上諭：劉錦棠奏新疆南界貢古魯克地方關繫緊要，請飭按約索還一摺等因。欽此。仰見朝廷慎重邊圉無微不至，體恤臣僕既渥且優，聞命自天，感悚無地。伏思奴才受恩深重，莫報涓埃。當此事關全疆緊要，雖母喪未久，扶柩念切，揆以緩急輕重之議，不得不先公後私，馳往烏什地

---

① 《清實錄‧德宗景皇帝實錄（三）》，卷一百五十八，光緒九年正月，第 222—223 頁。

方，審形度勢，會同復勘，以冀無失要區，稍紓宸廑。惟南路山川固有圖約可考，而幅員遼闊，支派紛繁，奴才初到該處，刻難盡知。查幫辦軍務張曜駐軍南路多年，又最留心邊事，沉毅有謀，彼處一切形勢，實早洞悉無遺。若蒙敕令就近會勘，與奴才等詳慎討論，庶免疏虞。其烏什局員知縣周應棻亦通曉地勢，擬調備差遣，以資臂助。

至劉錦棠奏稱沙克都林札布帶同俄使在貢古魯克山口及別疊里達坂埋立界牌，侵占至畢底爾河原，致南北隔絕，路多梗阻等語，自是爲顧全大局起見。如果違約越占，仰仗聖主威福，就額定圖約，力與指辯，應可據理索還，但界博已立，界約已換，且俄人素性狡黠，若未奉該國重勘明文，勢必藉詞推諉。雖畫分未定，恐非奴才等之口舌無能爭回。私心竊計，惟有籲懇飭下總理各國事務衙門，先向俄國駐京公使辯論明晰，並請諭令曾紀澤與俄國外部大臣反覆詳說，切指此處界牌所以誤立之故，使彼折服，轉飭分界俄官照約更正。奴才等復從而明白開導，如此籌畫似覺較易。此外應行勘分之地，俟到該處，會同察看明確，妥爲籌商。竊惟邊陲土地尺寸爲重，而新約既定，不能於界綫外求有所得，斷不敢於界綫內稍有所失。奴才知識凡庸，深懼不克勝任。刻因南疆山路積雪難通，必須夏季血消纔可行走。奴才擬俟三月初九日百日孝滿，即於是月中旬由哈起程，星夜馳赴烏什，與沙克都林札布等和衷商榷，同力挽回，以期永固邊圉，仰答高厚鴻慈於萬一。所有遵旨會勘南界擬請大員商辦，並懇飭下總理衙門及曾紀澤先行按約辨明各緣由，謹恭折馳陳。伏乞皇太后、皇上聖鑒訓示。再，此摺係奴才專辦界務，未會辦事大臣明春銜名，合併聲明。謹奏。

光緒九年三月初七日，軍機大臣奉旨。欽此。①

① 臺北"中研院"近代史所檔案館藏：《總理各國事務衙門檔案》，館藏號：01—17—057—02—007。

080. 請開缺回籍治病並懇簡員接辦邊事摺

光緒九年正月二十八日

欽差大臣督辦新疆軍務通政使司通政使二等男臣劉錦棠跪◆1奏，爲微臣病難速痊，籲懇天恩，俯准開缺交卸差使，回籍調治，並懇另簡賢能大員接辦邊事，以免貽誤，恭摺瀝陳，仰祈聖鑒事。

竊臣於同治八、九年間，隨同臣叔父已故廣東陸路提臣劉松山，圍攻甘肅寧夏金積堡賊巢。時逆回決渠水灌營，臣與諸將士晝夜竭力堵禦，往來泥淖之中、寢饋沮洳之場者數月，自此遂得兩足疼痛之病。從前雖不時舉發，然速則二三日，遲亦不過五六日，即就平復。比歲于役天山南北兩路，轉戰冰天雪磧中，陰寒襲人，病勢遂日甚一日。上年三四月間，爲風寒觸發，日久不愈，奏奉諭旨，賞假一月，在營調理。後外感全袪，雖舊恙時止時發，尚可勉力支持，於五月中旬强起照常視事，曾經附片陳明在案。迨至冬初，感冒嚴寒，疾復大作，於光緒八年十一月二十一日奏乞賞假在營調理。兹於光緒九年正月初十日，准兵部火票遞回原片，後開軍機大臣奉旨：著賞假兩月。欽此。跪聆之下，銜感莫名。臣自去冬以來，延訪良醫，多方調治。現在外感實已盡除，而宿疾漸覺增劇。前次所患骹膝酸痛、飲食減少、心悸神昏及目眩筋掣汗出諸證，迄未少愈，近更添出腹泄頭暈等證。臣肢體素肥，邇來兩足膚肉忽形消瘦，終日閉門偃卧，呻吟之聲，不絕於口。遇有重要事件，不能不親自裁決，忍痛起步，必須人扶掖，乃能舉足。坐閱文牘稍久，輒暈倒於地。困憊情形，難以言狀。據醫者云：“積寒中於下焦，歷年太久，根株太深，已成沉痼之疾。又曩服發表去濕等藥過多，以致元氣◆2大虧，諸證叢生。現舍溫寒補虛，別無治法。惟身處極邊奇冷之區,日飲積雪融成之水,藥餌之温補不敵水土之寒凉,故服附子至三十餘斤,卒無效驗。是非速回南方,從容醫治,難期痊可。如再久羈寒上,寒邪日盛,兩足日益瘦削,恐遂成癱痪"等語。

伏念臣猥以凡庸,受恩深重,捐軀糜頂,未足云酬。苟係尋常痛癢之疾,何敢自耽安逸,圖釋仔肩? 無如福薄災生,沉痾日劇,若復貪榮戀棧,勢將貽誤邊疆。關外軍務善後暨中外交涉各事宜,本屬異常艱鉅,現復奉旨飭設南路郡縣,事體最爲繁重。不才如臣即使夙興夜寐,奮勉從公,猶虞疏失。今委頓至於此極,事無大小,均難躬親,雖欲不曠職僨事,何可得也! 況臣本軍旅粗材,惟戰陣勞苦之役,尚可藉答涓埃。倘以孱軀仍留西域,馴致痿痹不仁,竟成廢器。異時國家苟有緩急,不能復效馳驅,上負鴻恩,永無報稱之日,此尤臣所大懼也。再四思維,惟有籲懇矜全俯准,開去通政使司通政使員缺,並交卸欽差大臣篆務,俾得回籍養疴。湖南地氣和暖,於病體較爲相宜。臣年甫四十,但得南歸調理,宿恙全瘳,即當倐裝北上,泥首宮門,求賞差使,致身報國,爲日方長。至新疆邊務,實非勛名夙偉、文武兼資之選,不足以孚衆望而策久安,並懇迅簡重臣前來交代,庶西事可免疏虞,而臣得善保此身,以爲將來圖報地步。如蒙聖慈俞允,大局幸甚,微臣幸甚。所有病難速痊懇恩俯准開缺,交卸差使,回籍調治並懇簡員接辦邊事各緣由,謹繕摺具奏,不勝迫切待命之至。伏乞皇太后、皇上聖鑒訓示施行。謹奏。光緒九年正月二十八日◆3。

軍機大臣奉旨:另有旨。欽此◆4。

光緒九年三月初三日,軍機大臣奉旨。欽此◆5。

●軍機大臣字寄:欽差大臣督辦新疆軍務通政使司通政使劉◆6:光緒九年三月初三日奉上諭:劉錦棠奏病難速痊、懇請開缺一摺。覽奏,情詞懇切,實深廑系。第念劉錦棠自督辦新疆軍務以來，經理一切事宜，諸臻妥協，威望允孚，深資倚任。現在伊犁交涉之事尚多枝節，俄境匪類時出滋擾，外患未靖，大兵勢難遽撤，邊疆緊要，正賴重臣鎮懾，未便遽易生手。劉錦棠著再賞假三月，在營安心調理，毋庸開缺，並發去人參六兩，以資調攝。該大臣受恩深重，務當體念時艱，勉圖報稱，以紓朝廷西顧之憂，有厚望焉。前經諭令各直省將軍、督撫暨統兵大臣等訪求才略過人足任將帥者，秉公保薦。際此需才孔亟，該大臣平時見聞所及，必有所知。即著切實保奏，以備任使。將此由五百里諭令知之。欽此。遵旨寄信前來◆7。

【案】此摺原件①、録副②現藏於中國第一歷史檔案館，"廷寄"③見於《光緒朝上諭檔》及《清實録》，兹據校補。

1.【欽差大臣督辦新疆軍務通政使司通政使二等男臣劉錦棠跪】此前銜據原件補。

2.【元氣】原件、録副均作"元陽"。

3.【光緒九年正月二十八日】此具奏日期，據原件補。

4.【軍機大臣奉旨：另有旨。欽此】刻本無此句，據原件補。

5.【光緒九年三月初三日，軍機大臣奉旨。欽此】此據録副校補。

6.【欽差大臣督辦新疆軍務通政使司通政使劉】此前稱據《光緒朝上諭檔》校補。

7.【遵旨寄信前來】此據《光緒朝上諭檔》校補。

●軍機大臣字寄：欽差大臣督辦新疆軍務通政使司通政使劉、伊犁將軍金、幫辦軍務張、巴里坤領隊大臣沙◆1：光緒九年正

---

① 中國第一歷史檔案館藏：《硃批奏摺》，檔號：04—01—16—0213—037。

② 中國第一歷史檔案館藏：《録副奏摺》，檔號：03—5177—016。

③ 中國第一歷史檔案館編：《光緒朝上諭檔》，第九册，第84頁；《清實録·德宗景皇帝實録（三）》，卷一百六十一，光緒九年三月，第255頁。

月二十八日奉上諭：金順奏勘分南段界務、繪圖貼説呈覽一摺。據稱沙克都林札布勘分南段界務，會同俄官在於別疊里達坂埋立界碑，其餘應勘地方，議定於本年五月再行舉辦等語。勘分南段界務，事體重大，前據劉錦棠奏貢古魯克地方關係緊要，現繞由貢古魯克山麓至別疊里達坂，設立界牌，侵占至畢底爾河源。若不趁畫分未定按約索還，南北隔絶，路多梗阻。當經添派長順會同沙克都林札布，查照劉錦棠所奏，妥慎辦理。現在界牌雖已勘立，畫分尚未定局，著金順等懍遵本年正月十四日諭旨，飭令沙克都林札布與長順和衷商榷，將貢古魯克山麓至別疊里達坂所立界牌向俄官力與指辯，設法挽回，並著劉錦棠、張曜隨時會商金順等熟籌妥辦，以期有裨大局。將此由六百里各諭令知之。欽此。遵旨寄信前來◆2。

【案】此"廷寄"《光緒朝上諭檔》未收録，兹據《清實録》①校勘。

1.【欽差大臣督辦新疆軍務通政使司通政使劉、伊犁將軍金、幫辦軍務張、巴里坤領隊大臣沙】此前稱係推補。

2.【遵旨寄信前來】此句係推補。

081. 請止安集延商人領俄路票赴新疆貿易並附俄漢纏各回及哈薩克人衆越界滋事摺

光緒九年二月初十日

欽差大臣督辦新疆軍務通政使司通政使二等男臣劉錦棠跪◆1奏，爲安集延商人持領俄官路票，赴新疆各城貿易，恐開釁端，並附俄之漢纏各回及哈薩克人衆越界滋事，亟應論辦阻止，以

---

① 《清實録·德宗景皇帝實録（三）》，卷一百五十八，光緒九年正月，第231頁。

杜後患而重邦交,恭摺仰祈聖鑒事。

竊臣准幫辦軍務廣東陸路提督臣張曜咨開:安集延部落與喀什噶爾境地相連,風氣最爲狡悍,從前擾亂南疆,大爲民害。南八城掃蕩後,流寓之安集延悉數驅逐出境,本不准其再來。惟該夷現歸俄屬,許俄通商,該夷即在其內。如查非向時驅逐之人,應准放卡,與商民一律看待。其安集延貨物,天山之南祇准在喀什噶爾一處銷售,不得分赴各城,漫無禁止等因,比經分別咨行照辦。嗣准張曜咨稱:據安集延商人禀稱:俄國駐喀領事官發俄票十二張,凡安集延商人無論何城,都能去得,具禀請示等因。上年秋間,疊接喀喇沙爾游牧之吐爾扈特南部福晉文報:伊犁西北哈薩克部落越境搶掠牲畜,並將牧夫縛去。比經追捕,則翻珠勒都斯逸逃。該福晉由伊犁招回逃亡三百餘丁,行至控吉斯河腦,被哈薩克搶去群馬一百八十五匹。報由善後局轉禀到營,經臣行文咨查究辦。旋准伊犁將軍臣金順覆稱:俄屬之哈薩克及漢纏各回時出搶劫駐卡官兵,種種受害,咨會俄官嚴禁,置若罔聞。拿獲到案,俄官必索回不辦等語。先後咨會到臣行營。准此,臣維交鄰之道,莫如通德類情;馭邊之謀,尤貴防微杜漸。非熟審交涉利害情形,預爲申約,一旦因事齟齬,重煩口舌,小者尚可遷就了結,大者甚至支節環生,牽掣大局。履霜之漸,馴至堅冰,不可以不慎也。

中俄改定新約第十二條內載,准俄國人民在伊犁、塔爾巴哈臺、喀什噶爾、烏魯木齊暨關外之天山南北兩路各城貿易,標出俄國人民四字,本非他部落所可影射。安集延雖歸俄屬,究非真正俄人◆2。如果該夷素號馴良,與中國邊民夙無嫌怨,則聽赴各城貿易,與俄國人民一視同仁,有何不可? 無如安集延羊(很)〔狼〕狼貪,累世稔惡。道光五年之張格爾、十一年之玉素普、同治三年之布籽罕牙和普,擾亂新疆,頻煩申討。此次帕夏阿古柏乘中國關隴有事，不暇及遠，遂盜踞南疆各城。犯順以來，殺人不以梃刃，有所讐惡，輒餌以毒藥，登時斃命。纏回幼女自八歲以上，悉被姦淫，死者十常七八；又誅求無厭，終歲取盈。其最慘者，纏回亡一家長，安夷酋長恫喝之曰："爾家財産係爾家長所積，家長既亡，應將財産悉數充公。"有不繳者，則非刑吊拷，一旦夕間而纏回人亡家破，流離失所矣。似此殘忍暴虐，迥出情理之外。纏回人衆，莫不痛心疾首，飲憾◆3至今。光緒三年，臣率師規復南疆，查明安集延人流寓各城者尚二千有餘。查其樹怨於纏回甚深，必至耦俱相猜，終起邊釁。疊經咨商前陝甘督臣左宗棠，札飭各營局稽查明確，設法放歸安置，免貽養癰之患。乃四年冬間，即有安集延逆目阿里達什潛入布魯特糾衆犯邊之舉。五年春，安集延又與布魯特合謀入寇，漏逸逆酋阿布都勒哈瑪與愛克木汗條勒兩次糾衆大舉犯邊。臣疊次親督各營出卡兜剿，痛加斬馘，逆焰始熄。搜出賊目金山身藏俄官路票兩紙，咨呈總理各國事務衙門存案備查。並先後訊據賊供：逆目阿里達什初出犯邊，係由俄官處告假潛出。其阿布都勒哈瑪與愛克木汗條勒由俄糾衆內犯時，俄官姜達郎屬以此行務取喀什噶爾城池，否則不准再入俄境。故該賊酋在烏魯克恰提卡外聲言奉俄國號令攻取喀、英各城。以上情節，均經左宗棠專案奏報。其賊中搜獲俄票，數見不鮮，尚有未及陳奏者。綜觀往事，安集延狡獪凶頑，甘爲俄國鷹犬，纏回遭其荼毒，幾於不共戴天。近年張曜駐軍喀什噶爾，各城頭目紛紛具稟，請嚴禁安集延人往來回疆，免滋擾害等情，言之痛切。《易》大傳曰："凡物之情，近而不相得則凶。"際此互市初開，若安夷與俄商漫無分別，彼將恃俄爲護符，遇事猖獗生風，勢所必至。纏回積怨生忿，兩不相下，尋讐報釁，將由此起。中國官吏約束，固慮其難周，即俄國領事徇庇，恐亦有所不及也。

　　臣又查關內外積年逆匪竄入俄境者甚多，俄人堅不交還。北路自綏來縣以西，時有游匪肆行搶掠，一遇巡防嚴密之處，則僞爲商民販貨貿易，稱係已歸俄籍之人，莫可究詰。金順來咨，有"叵測情形難以枚舉"之語。難保無白彥虎餘黨乘間攔入，以作不靖。今安集延之可慮如此，而若輩之滋事又如此。若准其持執俄票運貨赴各城貿易，姑無論爐餘迿寇，死灰尚慮其復然，萬一各城纏回追念夙憾◆4，出其不意，攘其貨而戕其軀，甚至鬥毆拒殺，緣引無窮。曲在彼則故爲延宕◆5，曲在我則徒貽口實。彼時辦理棘手，更不待言。故中國於安集延，欲求始終弭釁，自以不准通商爲上策。然彼既附俄，俄終得以有詞。再四思維，惟有指定銷貨地方，俾有所限制，而不至於蔓延，則兩得之道也。臣謹按歐洲各種公法，有通商不可强逼之條，就中俄盟好而論，陸路通商不便，原許酌商辦理，有咸豐十年之續約第十四條，在即新約改定通商章程，亦並無安集延民人字樣。現在新疆稅釐既免，一切包庇營私之術，無所用之。遇有真正俄商出入往來，尚當隨時保護，以敦和好。即布噶爾、愛烏罕、克什米耳、巴達克山各部落，在我有羈縻弗絶之誼，亦應廣示懷柔。獨安集延爲南疆百姓所深憾，通商實多不便，而積年竄俄逆匪及附俄之哈薩克人衆，假稱俄商越界生事。俄國既不申禁，而發覺又不肯懲辦，踵事效尤，後患伊於胡底。邊疆遼闊，防不勝防，小有疏虞，動搖全局。臣鰓鰓過慮，實不能已於言。相應請旨飭下總理各國事務衙門照會駐京俄使，熟權利害，轉行俄國駐扎新疆各領事官遵照，此後安集延商人貨物，南路准在喀什噶爾一處銷售，北路准在伊犂一處銷售，毋須發給路票分赴各城，以保商務而消隱患。彼如謂安集延即係俄人，應准援例貿易，要必與俄使約法，凡安集延前此從逆之衆，如被纏回讎殺，不得向中國官吏求爲申理。其附俄之哈薩克與伊犂新歸俄籍之人，亦祇准在伊、喀兩城貿易，以便中俄官吏會同稽察，俄國領事尤當隨時嚴加管束，毋任滋事。

至中國竄俄之漢纏各回，均係百戰死黨，瞽不畏法，應行文俄國，與白逆一同禁錮，不得縱令爲害，致傷和誼。言前定則不跆，或亦籌邊之一道也。臣爲杜後患而重邦交起見，是否有當，謹會同幫辦軍務伊犁將軍臣金順、幫辦軍務廣東陸路提臣張曜，專摺具奏。伏乞皇太后、皇上聖鑒訓示施行。謹奏。光緒九年二月初十日◆6。

光緒九年三月初二日◆7，軍機大臣奉旨：該衙門知道。欽此。

【案】此摺缺原件，臺北"中研院"近代史所藏有抄件①一份，《清季外交史料》②亦節略收録之，兹據校補。

1.【欽差大臣督辦新疆軍務通政使司通政使二等男臣劉錦棠跪】此前銜係推補。

2.【俄人】《總理各國事務衙門檔案》《清季外交史料》均作"俄民"。

3.【飲憾】《總理各國事務衙門檔案》作"飲恨"。《清季外交史料》同刻本。

4.【夙憾】《總理各國事務衙門檔案》作"夙恨"。《清季外交史料》同刻本。

5.【延宕】《總理各國事務衙門檔案》《清季外交史料》均作"宕延"。

6.【光緒九年二月初十日】此具奏日期，據刻本補。

7.【光緒九年三月初二日】此奉旨日期，據《總理各國事務衙門檔案》及《軍機處隨手登記檔》③校補。

【案】三月初七日，總理各國事務衙門接准劉錦棠"咨據俄國圖爾齊斯坦總督咨俄商前往喀什貿易路票舛錯已飭屬嚴禁由"：

三月初七日，督辦新疆軍務劉錦棠文稱：案准俄國總管圖爾齊斯

① 臺北"中研院"近代史所檔案館藏：《總理各國事務衙門檔案》，館藏號：01—20—006—02—004。

② 王彥威纂輯、王亮編、王敬立校：《清季外交史料》，第586—588頁。

③ 中國第一歷史檔案館藏：《軍機處隨手登記檔》，檔號：03—0238—1—1209—057。

坦總督吉尼拉爾林特那忒車拉尼雅也福咨開：接准貴大臣於光緒九年五月二十九日由哈密大營發來公文，内開喀什噶爾明約路卡，有愛烏罕人買賣提熱素魯特執俄票，堅求進卡。查驗其票，係貴巡撫印押，發給俄商瑪果米得前往喀什貿易，並無貨物件數。訊據買賣提熱素魯供稱：在俄國頭目前取路票一紙，希圖進卡，搬取妻子等語。此事人且與中俄新訂條約，全不相符等因。惟此本大臣即時行文與本國費爾干省巡撫，令其查明詳覆。該巡撫來文内云：查得滿古浪地方之阿奇木，前次與愛烏罕人名買邁提熱素魯，給發路票一紙，内注前往喀什，搬取其妻，因此未寫貨物件數。其瑪果米得名字，或者被寫票人寫錯，亦是有之等情。據此，本大臣即時飭行闔署官員，嗣後倘有赴喀商民，務要備細查明，照中俄所定新章給票，不得稍有舛錯，嚴禁在案外，相應咨覆，請煩查照等因。准此，除分別咨行外，相應咨呈。爲此咨呈貴衙門，請煩查照施行。①

三月初七日，總理各國事務衙門接准劉錦棠爲"俄人布大提等入境並未先行照會咨查俄總督復文各情由"：

三月初七日，督辦新疆軍務劉錦棠文稱：案准俄國總管圖爾齊斯坦總督吉尼拉爾林特那忒車拉尼雅也福咨開：接准貴大臣來文，内開據喀什噶爾阿奇木稟稱：木吉地方來有俄羅斯頭目名布大提，連跟隨共計二十人，又無文票呈驗，並不先期照會等因。前次本大臣曾令布大提等二十人，以到貴境采辦藥材並游覽山景各情，業經當時飭令駐扎喀什噶爾空索爾領撤，照會幫辦軍務張轉飭該屬邊界官員知道在案。此件照會與布大提等由塔什干地方同日起程，不意此文中途耽延日久，故此布大提等行走急速，先抵貴國邊界，致幫辦軍務張不知此信，未及飭知守外卡之人，嗣後若有俄人來者，務必先行照會可也。相應咨覆，爲此咨呈貴大臣，煩請查照等因。准此，除分別咨行外，相

① 臺北"中研院"近代史所檔案館藏：《總理各國事務衙門檔案》，館藏號：01—20—006—02—017。

應咨呈，爲此咨呈貴衙門，煩請查照施行。①

五月初六日，督辦新疆軍務劉錦棠咨呈總理各國事務衙門“咨據幫辦軍務張咨開安集延到喀漫無限制請照會公使申禁由”：

> 五月初六日，督辦新疆軍務劉錦棠文稱：案准幫辦軍務張咨開：案照咸豐十年中俄約章第五條，内開俄國商人不拘年限，往中國通商之區一處往來人數，通共不過二百人；第六條内開試行貿易喀什噶爾與伊犁、塔爾巴哈臺，一律辦理各等語。今自俄國領事官撒托勒福斯克到喀什噶爾以來，安集延無論有貨無貨，有帳無帳，有票無票，日來日多。前據百姓查稟：安集延壞人、閑人開單知照領事官，飭令回去，迄未見覆。現查出卡回去之人，仍然寥寥，不知是何意見。查原定章程，係指真正俄商而言，尚有限制不得過二百人。今安集延係屢次滋事之人，本地百姓疊被擾害，又有團結不解之仇。若在漫無限制，任其去來，萬一滋生事端，所關匪細。除再知照領事官外，相應咨明等情。准此，相應咨呈謹請據實照會俄國駐京大臣，知照該國領事各官嚴行申禁，以示限制。爲此咨呈貴衙門，謹請查照施行。②

五月初六日，總理各國事務衙門接准劉錦棠“咨據幫辦軍務張咨開安集延從前助逆之人開列名單請照會公使轉飭回籍由”：

> 五月初六日，督辦新疆軍務劉錦棠文稱：案准幫辦軍務張咨開：案照安集延人曾在南八城滋事者，一概不准入境。曾經貴爵大臣奏明、知照俄國大臣在案。現經俄國領事官面言：凡從前滋事之安集延人，查出均令回去等語。即據喀屬百姓公稟：安集延尼札等二十一人，實係從前滋事助逆之人。又買邁伊敏科等五十餘人，游手好閑，並無貨物，均求飭令回去等情。開具名單呈報前來。除照會領事官飭即回籍並行黄道知照外，相應鈔單、咨會查照。並准函開：自俄國領事官到喀以來，安集延人絡繹而至，竟有數百之多。現據百姓稟

① 臺北“中研院”近代史所檔案館藏：《總理各國事務衙門檔案》，館藏號：01—20—006—02—018。

② 臺北“中研院”近代史所檔案館藏：《總理各國事務衙門檔案》，館藏號：01—20—006—02—022。

報：前項安夷業經照會俄領事飭令回籍，如該領事不能認真辦理，再行咨酌等因。准此，查安夷竄擾南疆，兇殘暴虐，纏民飲恨極深。光緒三年規復各城後，其安夷流寓者尚有數千人，均從寬放回原籍，自不准其再來。又附俄之布魯特、哈薩克種人，屢次越卡搶劫，深爲地方之害。上年本大臣爵部堂奏明，嗣後安集延商民貨物，南路准在喀什噶爾一處銷售，北路准在伊犁一處銷售，毋得發給路票分赴各城。如謂安集延即係俄人，强准貿易，要必與俄使約法，凡安集延前此助逆之衆，如被纏回仇殺，不得向中國官員求爲申理。其附俄之哈薩克、布魯特與伊犁新歸俄籍之人，亦衹准在伊、喀兩處貿易，以便中俄官吏會同稽查，俄領事尤當嚴加管束，以杜後患而重邦交等因一摺，奉旨：該衙門知道。欽此。欽遵咨行各在案。

　　本大臣爵部堂初意，誠恐安集延人動假俄國商民，重來從前犯事地方，肆行無忌。禁之則與俄約有礙，不禁則各城被害，纏回勢必逞力尋釁，爭相報復，反傷兩國和好。故設爲限制，以便兩國官員就近約束，無非推誠相與、敦睦鄰邦之道。此次既據喀什噶爾百姓公稟，安集延尼札特二十一人實係從前助逆滋事之人，又買邁伊敏科等五十四人游手好閑，並無貨物，均求飭令回去等情。開具名單呈報。應即如咨辦理，以防滋事而消隱患。其餘在喀貿易之安夷，應請幫辦軍務張派員會同俄領事稽查，並照會該俄領事照章嚴加約束，貨物銷完後，仍令迅速回籍，倘或擅出喀境，遇有飲恨纏回傷害，中國官員實在不能照料。其附俄之庫薩克、布魯特以及伊犁新附俄籍之人，均須查照辦理。如有越城貿易者，查出立即稟明，飭令回籍。除咨覆並分行各城遵照外，相應咨呈。爲此合咨貴署，謹請查照，轉行照會駐京俄大臣一體施行。

　　照錄粘單，在喀閑住及充過安夷頭目安集延人：尼札，充過于什巴什。巴圖，係尼札之子。二人在阿都格伊提處。沙伊普尼札，充過潘甲巴什，住阿不都格伊提處。呼達雅，充過于什巴什，新巴雜開茶館。沙五，充過腰掃，住英于斯塘。蘇拉滿胡里，充過潘甲巴什。阿爾圖格，充過潘甲巴什。和甲買提，充過潘甲巴什。他什買提，充過于什巴什。阿伊普，充過達爾巴什。納爾科則，充過達爾巴什。買邁提明,旁色提買賣則雅之子。哎素蘭,充過于什巴什。阿爾圖買提,充過于什巴什。伊不拉引姜,其父米爾克立本充過英城阿奇木。伊滿阿吉,充過達爾巴什。于素伏姜,充過達爾巴什。買邁尼牙斯,旁色提買賣則雅之子。庫魯買提,充過潘甲巴什。毛拉他什伯克,充過烏帕頭目,現住烏帕。尼的和甲,充過兵。以上二十一名,前在安夷跟前充過頭目。

　　買邁伊敏科、哈的買哈圖木、納斯姜、買邁提于素伏、吉立引商及其弟、鐵拉罕、愛買提、祖奴、約路達什、木明、轄格、他什買提、阿達阿里、阿伊和甲引商、希林雅、蘇拉滿及兩弟、色格立克卡拉、尼札和甲、哎買提、米爾希立布科、哈拉買提、甲帕爾、米爾姜、蘇皮、買邁哎則木姜、買邁提木沙、買邁伊不拉引姜、巴海、于素普阿吉、伊沙克姜、尼格巴伊、阿拉伊提姜、阿吉斯罕及其子、買邁提胡里、他什買提、米達雅提和甲、哎買提和甲、買木圖、買邁于素伏、轄格、哎里阿渾、沙比、買斯唐奇、尼的和甲、買邁提哎則木,住罕爾罕。引商鐵拉、哈生木,二人住阿不都格伊提處。色立木、賣買哈生、買邁伊不拉引,以上五十四名在喀閑住。①

五月二十七日,總理各國事務衙門接准劉錦棠"咨報具奏安集延商人赴新疆貿易及哈薩克人衆越界滋事等因一摺恭錄諭旨知照由":

　　五月二十七日,督辦新疆事務大臣劉錦棠文稱:光緒九年二月初十日在新疆哈密行營,會列伊犁將軍金、幫辦軍務張臺衡,由驛具奏安集延人持領俄官路票赴新疆各城貿易,恐開釁端,並附俄之漢纏各回及哈薩克人衆越界滋事,亟應論辯阻止,以杜後患而重邦交一摺。前已鈔稿咨呈在案。茲於光緒九年三月二十一日准兵部火票遞回原摺,後開軍機大臣奉旨:該衙門知道。欽此。除欽遵咨行外,相應恭錄咨呈。爲此,咨呈貴衙門,謹請欽遵查照施行。②

①　臺北"中研院"近代史所檔案館藏:《總理各國事務衙門檔案》,館藏號:01—20—006—02—023。

②　臺北"中研院"近代史所檔案館藏:《總理各國事務衙門檔案》,館藏號:01—20—006—02—008。

九月初一日,總理衙門接准欽差大臣劉錦棠"咨呈安集延人等在天山南北通商等萬難照准請照會俄國駐京使臣由":

　　　　九月初一日,督辦新疆軍務劉錦棠文稱:案准俄國駐伊領事官空索爾寶照會:案照本空索爾近因安集延等商人前赴新疆各城貿易各事,業經照會貴大臣查照在案。茲接准管理外事部院衙門由鐵綫寄到札飭,內開若條約之語。是俄國所屬何項人等,無所區別,按照新約第十二條內載俄國所屬之人,准其在伊犁、塔爾巴哈臺、天山南北兩路各城莊村地方貿易。今由中國官飭令不准安集延人等貿〔易〕,殊與條約不符。除咨行中國曾大臣暨俄國駐京大臣外,相應札飭伊犁空索爾即便遵照等因。准此,查閱貴大臣來咨,不准俄國安集延人等前往天山南北兩路各城貿易一節,似與條約不符,相應照會。爲此照會貴大臣,煩請查照,希即轉飭所屬地方遵照。有因本國商務從前駐扎及新來貿易並原係俄屬安集延,又由伊犁歸附俄國人等,即請一概勿論,均爲優待,方與條約相符。如由貴大臣所屬地方不令安集延等商人援引條約,且恐貴國於此地方似有干涉,請將本空索爾所求文件接到後見覆施行等因。准此,查安集延盤踞南疆,十有餘載,燒民房屋,奪民家産,姦民婦女,屠戮生靈,難以數計。回民飲恨,思啖其肉,直非一時一刻所能忘懷。此外,漢纏各回謀逆倡亂,本爲中國叛賊,大軍進剿,逃往貴國,未及伏誅,已屬漏網。而當日之姦淫擄掠,殺人放火,其結怨於漢纏諸民者,與安集延無異。若均任其通商,而諸民之受其害者,積怨生忿,積忿生怒,勢必聚衆尋釁。或向索其兄弟妻子,或向索其財産牲畜,甚至逞刃持刀,以洩其恨。兩國官吏事前既無從防範,事後亦難於處治。蓋其冤仇相報,公忿使然也。

　　本大臣爵司堂相時度勢,惟有防於未然,止其不來,可以杜愚民之忿,即可以免意外之虞。檢查新約第十二條內載,准其在中國蒙古地方並塔爾巴哈臺、喀什噶爾、烏魯木齊及關外之天山南北兩路各城貿易,首標俄國民人四字,並非貴國所附安集延及收納中國叛逆所能影射,何得援以爲例。然使勉强援例,而非平日結怨於民,則彼此交易有何不可？況新約雖云暫免税釐，一俟商旺，即應議抽。彼時衆商雲集，於中國税釐自有裨益，又何不樂爲？惟以安集延等從前肆惡逞兇，積鬱已久，一旦觸目心，誠有衆怒難犯之勢。與其激民生變，而貽中俄之憂，何如審慎當幾，特設變通之法。所有安集延及新附貴國諸人之貨物，應請毋庸發給路票分赴各城，祇准在伊犂、喀什兩城售賣，以便兩國官吏會同稽查，毋任滋事。如各城或需此貨，當必有客商前來，轉爲販運，何必身歷其境始暢銷售？更何必以圖利之身嘗試於嫌怨之地而禍福轉難預分？安夷等雖愚，當亦翻然自悟也。如此通融辦理，實皆曲諒貴國恤屬之意。業經本大臣爵司堂專案奏請飭下總理衙門照會貴國駐京使臣在案。

茲譯來文，内稱一概勿論、均爲優待等語，是於彼此情形孰利孰害尚未熟權，並於前項公文未加詳審也。又查歐洲各種公法，有通商不可强逼之條。貴領事來文，意欲令安集延及新附俄國諸人强援貴國民人之例，一律通商，既與條約不符，復與公法有悖，本大臣爵司堂再四籌維，萬難照准，用特照復相商。如貴領事意在必行，應請呈明貴國大臣明白照覆本大臣爵司堂。以後如安集延及新附俄國之人往來新疆各城，或被漢民、纏回仇殺，不得向中國官吏求爲申理，以免臨時齟齬，庶足弭釁端而敦和誼。除咨覆外，相應咨呈。爲此咨呈貴衙門，謹請查照，轉行俄國駐京使臣查照辦理。①

九月十二日，總理各國事務衙門爲"限制俄國安集延等貿易一事抄録來往照會等件寄閱由"，咨行通政使劉錦棠：

九月十二日，行督辦新疆軍務通政使劉錦棠文稱：光緒九年九月初一日，接准來咨，以限制安集延及新附俄之各回民在伊犂等處貿易一事，抄録與俄國領事來往照會前來，均已閱悉。查此事迭經本衙門與俄國韋署使往復辯論，於三月十九日、三十日兩次照會各在案。近復准韋署使照會，其意以俄屬安集延、哈薩克及各回均爲俄人，並無

① 臺北"中研院"近代史所檔案館藏：《總理各國事務衙門檔案》，館藏號：01—20—006—02—010。

分別,執新約十二條爲詞,願請中國將此辦法收回等因。本衙門查照前議,並將來文所叙重爲申明照覆去訖,此事現由曾大臣與俄國外部商辦。曾接曾大臣電報,擬復俄文意,爲預防滋事起見,商請俄官勿給路票,與貴處所議辦法及本衙門照會語意相合,已電復照辦,並囑其隨時辯論。除俟曾大臣報到俄外部如何照復再行知照外,相應將本衙門與俄署使來往照會二件、與曾大臣來往電信二件、曾大臣與俄國來往照會二件,一併咨行貴大臣查照可也。①

082. 借撥吐爾扈特福晉銀兩片

光緒九年二月初十日

再,吐爾扈特南部落人民自遭兵燹,喪亡大半。光緒四、五兩年,由伊犁西湖仍歸喀喇沙爾珠爾都斯地方游牧,仰荷天恩賞給銀四萬兩,經臣奏銷在案。數年以來,該部落共戴皇仁,以生以殖,間有缺乏,均經臣隨時查明,酌量補助,漸就還定。惟流亡甫集,如大病之軀,刻難復元。去年秋間,由伊犁續歸難民三百三十三丁口,行至控吉斯河腦,被俄屬哈薩克搶去駄馬一百八十五匹,經臣行查無著。冬間又遭牛疫,倒斃過多。其汗舊有府第,兵燹之後,尚未修復。大小水渠,年久失修,需費甚鉅。疊據該福晉恩克巴圖呈懇奏請賑恤,並請籌借銀二萬兩,分作五年歸還各等情,由喀喇沙爾善後局委員黃丙焜轉稟前來。臣逐細查核,委屬實在情形。惟臣軍餉項支絀異常,一時騰挪費手,且分年歸還,期限迂緩,殊礙報銷。臣謹仰體聖慈,權爲籌撥銀一萬兩,分批解交該福晉祗領,作爲渠工、宅第經費,令其撙節支銷。其新歸待賑丁口,自去年十月中旬起至本年見新止,飭由該局員照章給賑,開報所

① 臺北"中研院"近代史所檔案館藏:《總理各國事務衙門檔案》,館藏號:01—20—006—02—014。

需牛種，並飭通融接濟，俾資耕作，毋令坐失農時。所有借撥前項銀一萬兩，可否仰懇天恩俯准，由臣援照前案，取具該福晉印領，咨送理藩院核銷，續發牛種、賑糧，並准由臣作正開銷之處，出自逾格鴻慈。謹附片具陳，是否有當，伏乞聖鑒訓示施行。謹奏。

　　光緒九年三月初二日◆1，軍機大臣奉旨：著照所請，該衙門知道。欽此。

　　【案】此奏片原件、録副俱缺，茲據理校。

　　1.【光緒九年三月初二日】此奉旨日期，據《軍機處隨手登記檔》①校補。

083. 請將遣犯釋回片
光緒九年二月初十日

　　再，據遣犯蘇阿樣呈稱：遣犯現年七十五歲，廣東湖州府海陽縣人。道光十五年三月十六日，因行劫謝加修財物一案擬遣。十九年六月，充發新疆濟木薩，在配守法。同治三年，新疆回亂，各城失守，曾隨民團拒賊不支，乘間逃命肅州。後投入官軍開花炮隊提督鄧增營內，充當火勇，隨同打仗數年之久，冀可自贖前罪，且家有老母，年屆百歲，呈請開釋回籍等情。據此，臣維該遣犯蘇阿樣犯事案冊及到配年月，臣營無案可稽，比經行查烏魯木齊都統、提督及濟木薩參將、縣丞，各衙門兵燹之後，均無檔案。發局讞供，核與該犯呈詞大略相同。查例載，遣軍流犯，如有因變逸出自行投歸者，俱照原犯罪名各減一等發落。又歷次不准援減之犯在配因賊劫獄戕官，該犯等不甘從賊，乘間逸出，各自行投首，尚

　　①　中國第一歷史檔案館藏：《軍機處隨手登記檔》，檔號：03—0238—1—1209—057。

知畏法，量予末減，歷經遵辦在案。新疆自逆回肇亂，各城淪陷，比時在配遣犯乘間逃逸者，不下千百名，事後悉邀寬典，免予窮治究追。高厚恩施，覆冒無際。茲該遣犯蘇阿樣在配四十餘年，且知大義，不甘從賊，投效官軍，隨同打仗出力，經臣查明屬實。現在年逾七十，精力衰朽，言及家有百歲老母，不知存亡，極爲哀痛。較之因變逸出自行投首，情節尤爲可矜。可否將該遣犯蘇阿樣釋回交保管束之處，出自皇恩。是否有當，謹會同烏魯木齊都統臣恭鏜、提臣金運昌，合詞附片陳明。伏乞聖鑒訓示施行。謹奏。

光緒九年三月初二日◆1，軍機大臣奉旨：著照所請，該部知道。欽此。

【案】此奏片缺原件，録副①現藏於中國第一歷史檔案館，茲據校補。

1.【光緒九年三月初二日】此奉旨日期，據録副補。

【案】此片具奏日期，録副定爲"正月二十八日"，與刻本相差十二日。查考《軍機處隨手登記檔》，光緒九年三月初二日之批旨即有此片，並附"報四百里，二月初十日哈密發"字樣。由此可斷，刻本之具奏日期無誤。

•軍機大臣字寄：欽差大臣督辦新疆軍務通政使司通政使臣劉、伊犁將軍金、幫辦軍務張、哈密幫辦大臣長、巴里坤領隊大臣沙◆1：光緒九年三月初七日奉上諭：長順奏勘分南段界務，請派張曜就近會勘等情一摺。分界一事，自應隨時隨地，相機因應。長順前勘中段界務，頗合機宜。現在南段界牌雖立，尚未定局。張曜於該處地勢較爲熟悉，惟帶兵駐扎防所，未便遠離，毋庸添派會勘，仍著將一切情形，與長順、沙克都林札布詳細籌商，妥爲辦理。

① 中國第一歷史檔案館藏：《録副奏片》，檔號：03—7348—021。

至曾紀澤所定界綫,本自分明,全在分界大臣於履勘時據約力爭,以期設法挽回,毋得意存諉卸。烏什局員周應棻,准其調往差委。劉錦棠、金順如有所見,亦著隨時知照長順等斟酌妥辦,總期於南北要路不至梗阻,方爲無負委任。將此由五百里各諭令知之。欽此。遵旨寄信前來◆2。

【案】此"廷寄"《光緒朝上諭檔》未載,茲據《清實錄》①校勘。

1.【欽差大臣督辦新疆軍務通政使司通政使臣劉、伊犁將軍金、幫辦軍務張、哈密幫辦大臣長、巴里坤領隊大臣沙】此前稱係推補。

2.【遵旨寄信前來】此句係推補。

084. 覆陳裁勇補兵暨未裁之營仍舊支給行餉摺

光緒九年三月十六日

欽差大臣督辦新疆軍務通政使司通政使二等男臣劉錦棠、頭品頂戴陝甘總督臣譚鍾麟跪◆1奏,爲覆陳關外現就已裁願留之勇並募鎮迪各屬漢民,按照土勇口糧編成旗哨,權抵制兵之額,遵照部議作爲練軍;其未裁之營,仍請照舊支給行餉,以重防務,合詞恭摺,仰祈聖鑒事。

竊臣錦棠於上年三月間具陳裁減營勇摺內,聲明新疆各軍久役於外,強悍性成,一旦遣撤,恐其逗留滋事,請就現裁營勇中選其精壯耐勞、不願回籍者,編成額兵。烏魯木齊提標兵額應由金運昌就所裁卓勝軍認真挑選,俾復步兵舊額之半,並改行餉爲坐糧,以省餽運。奉旨飭令會商臣鍾麟等悉心妥籌,奏明辦理等因。欽此。在臣錦棠之初意,實見關外制兵久缺,嗣後防營逐漸裁散,

---

① 《清實錄·德宗景皇帝實錄(三)》,卷一百六十一,光緒九年三月,第255—256頁。

深虞戍守無兵，而各遣勇如或願留，乘此揀挑入伍，即可撙節餉需，復藉歸還兵制，其於新疆全局不無裨補。臣鍾麟自奉會商之旨，即函商臣錦棠改勇爲兵，仍當束以防營之制，令其團扎一處，以便訓練徵調。適臣錦棠近准兵部咨會：請旨飭裁各省防勇，擇精壯者挑補兵額，仿照直隸章程作爲練軍，與臣鍾麟改勇爲兵、團扎訓練之意吻合。金運昌前以關內現行制兵額餉太薄，召募爲艱，請照土勇口糧章程辦理。緣土勇之餉章雖較優於制兵之額餉，而稍省於勇營之坐糧，遂由臣錦棠咨商金運昌，於裁撤卓勝軍馬步各營後，就地召募鎮迪各屬漢民與遣勇之不願回籍者，編成旗哨，權抵標兵，責成提屬各將弁管帶。臣錦棠查烏魯木齊提標步兵原額四千三百九十五名，而金運昌已報成軍之土勇六旗，改併土勇一旗，共計二千五百九十餘名，已符步兵半額之數，令其團扎訓練，尤較標營得力。其已遣之勇不願回籍者，雖屬無多，亦即歸伍就範，免致逗留。臣錦棠前就裁撤湘楚各營內之不願回籍者，曾照坐糧章程編成馬隊一旗、步隊兩旗，將來亦可改作額兵。是提標之舊額，尚可徐圖規復。惟新疆幅員遼闊，臣錦棠謹案乾隆年間勘定全疆，移滿洲、蒙古、東三省、索倫、錫伯等兵暨陝甘兩省綠營兵，或携眷移駐，或按期換防，其見諸載籍者數逾四萬。總計◆2 關外現存防營數僅相抵，而應防之邊界較昔尤須嚴密。滿蒙等兵在今日未便輕議，西來陝甘之兵楊昌濬曾請毋庸撥換，欲爲另立營制，則必就募土著方可節餉。而全疆之漢民嚮隸北路，久經兵燹，生齒未繁，就使營制議更，驟苦無人可募。凡扼守之地段，均賴營勇彈壓，微論現值餉項支絀，猝無巨款可以裁遣多營，縱或勉籌酌遣，亦止就願留者復爲改作土勇，減章支放。其未裁者，苦征絕塞，相距原籍遠或萬餘里，近亦數千里，各有室家，不獨事畜◆3 取給於此，即盤川之所費亦復不貲，行餉雖較從豐而計，每勇一名月餉僅四兩餘。塞外百物騰昂，一身衣食而外，所餘無幾,已覺異常苦累,不免久役思歸,非若關內各直省之應募往返川資既省,食用之價亦廉,雖照坐糧給發,尚比關外行餉爲優。

臣錦棠原請就已遣之勇不願回籍者,編成額兵,並由金運昌於前裁卓勝軍各營內認真挑選,漸復步兵之數,改行餉爲坐糧,業經次第舉辦。特只能就遣勇之不願回籍與籍隸關外者爲之編伍減餉。其裁而不願留及現尚未裁者,情形既殊內地,斷難強留,勒改坐糧,蓋以巡守未可稍鬆,戍兵不能速復,必藉防營分駐,則其從征過遠,僅恃餉章,少裕始足鼓勵軍心。臣錦棠權轄邊疆,極思節省冗費。無如迫於此時、限於此地,防營之設,既未能同內地驟議多裁行餉之章,又未能與內地一律核減,計已久在聖明洞鑒之中。但使此後餉源稍旺,先儘積欠較多之營裁遣,如有不願回籍者,即照坐糧挑編旗哨,用備將來另立營制之選。至未裁之營,應懇天恩仍舊支給行餉,以重防務,庶於新疆時局有益,而於部臣裁勇補兵之議,日後亦適相符。除裁募人數隨時由臣錦棠奏報分咨外,謹會同烏魯木齊提督臣金運昌,恭摺具陳。伏乞皇太后、皇上聖鑒訓示施行。再,此摺係臣錦棠主稿,合併陳明。謹奏。光緒九年三月十六日◆4。

光緒九年四月初七日◆5,軍機大臣奉旨:著照所請,該部知道。欽此。

【案】此摺原件①、錄副②現藏於中國第一歷史檔案館,茲據校補。

1.【欽差大臣督辦新疆軍務通政使司通政使二等男臣劉錦棠、頭品頂戴陝甘總督臣譚鍾麟跪】此前銜據原件補。

2.【總計】原件、錄副均作“綜計”,是。

3.【畜】原件、錄副均作“蓄”,是。

①　中國第一歷史檔案館藏:《硃批奏摺》,檔號:04—01—01—0950—004。

②　中國第一歷史檔案館藏:《錄副奏摺》,檔號:03—6089—004。

4.【光緒九年三月十六日】此具奏日期，據原件補。

5.【光緒九年四月初七日】此奉旨日期，據録副補。

【案】此摺於四月初七日得允行，《清實録》："督辦新疆軍務通政使劉錦棠等奏關外截留勇營權抵兵額，未裁各營仍請支給行餉。允之。"①

085. 覆陳前墊卓勝軍餉銀應由晉補解現裁該營須銀散給摺

光緒九年三月十六日

欽差大臣督辦新疆軍務通政使司通政使二等男臣劉錦棠跪◆¹奏，爲覆陳前墊卓勝軍餉銀仍應由晉按月補解，並擬遵照部議，續裁該軍現存馬步五營，亟須由晉先行湊解大批銀兩，以資散給，恭摺仰祈聖鑒事。

竊臣接准户部咨會：遵旨議奏山西巡撫張之洞覆奏，晉省財賦支絀，萬無餘力顧及該軍，請旨飭下劉錦棠，將卓勝軍月餉銀一萬六千兩仍由西征餉内按月撥給，俾免貽誤，並令斟酌緩急情形，如關外現在或無需此軍，可否即將現存馬步五營隨時裁撤，以節糜費◆²。奉旨：依議。欽此。等因。並准山西撫臣張之洞鈔録摺稿，咨送前來。臣奉准之下，極思撙節騰撥，聊寬晉力。無如再四思維，臣營實難懸墊，必須由晉籌解，方足以資挹注而濟眉急。蓋臣自接縮欽符，刻以裁軍節餉引爲當務之先，一祈紓朝廷經畫之勞，一免各省關悉索之苦，業經先後裁減多營。衹以積欠過鉅，湊發維艱。上年裁撤卓勝軍馬步六營，應發欠餉三十四萬餘兩，係由西征餉内勉挪酌發。當時原以該軍本係晉省協半之餉，現值該省民困漸蘇，請旨由晉省每月按解該軍存營月餉銀一萬六千兩，

---

① 《清實録·德宗景皇帝實録(三)》，卷一百六十二，光緒九年四月，第273頁。

並每月補解舊墊銀二萬兩，仰荷聖慈，飭令照解。茲撫臣請飭由臣照舊撥濟，抑或飭部改撥。部臣以各省關均有應協要款，亦難別議改撥各等語。皆以該軍現既裁撤大半，所須月餉較少，臣營或可免支，初非有所推諉厚薄於其間也。然於刻下西征餉絀情形，則猶有未盡悉者。查關外各營弁勇，積存薪糧銀兩多至數百，少亦百餘、八九十兩不等，久役辛勤，待此以爲川資養命之源。一經點名截算月餉，即須如數找發欠項。而發一營之欠，足敷數營月餉之資。雖統籌原屬節省，而併發轉似驟增，各省協餉多未解足，除劃還洋款大宗外，又與關內分成提用。而善後經費、各軍月餉，均須按月有著，是以每裁一營，預爲多方牽算，或度可集已裁之月餉，勻發下存之營，或賴別有指撥之的銀，彌補現挪之數。欲爲清源節流之遠計，致蹈剜肉醫瘡之拙謀。似此苦窘羅掘，不獨撫臣未能深悉，即部臣亦或未及周知也。

前裁卓勝各營一舉而需銀三十餘萬，臣始以爲山西欠解光緒三年二月起截至八年六月底止，以每月一萬八千兩計之，欠至一百二十餘萬兩[3]。彼時該省請緩，部議仍令來年上忙錢糧徵收有款，即當趕緊陸續補解，毋再久懸。比聞三晉歲豐，張之洞履任後，凡於理財用人力加整頓，其見諸邸鈔者，已深服其精核無遺，而每自東來者，僉言山西得賢大吏，救敝起衰，元氣可以頓復。既慶災後小民之得所，兼幸臣營墊款之不虛。又以該省曾遘奇祲，鉅款猝難籌措，僅擬每月補解欠餉銀二萬兩，現存馬步五營月餉銀一萬六千兩，計舊欠則分作五年攤補，月餉則每月減去二千，於奉旨後，滿擬必係可靠，而張之洞力陳晉中之艱難，深慮臣處之窘迫，故有飭部改撥之請。部臣稔知各處協餉欠解尚多，與其另行改撥，徒付空談，不若令臣通融，較省煩瀆[4]。復恐此後月餉難繼，議裁該軍現存之馬步五營，籌畫本極周妥。特臣邊寄忝膺，轄疆遼闊，出款有常而不能稍緩，入款有限而未可克期。左宗棠前因晉饑暫請緩解，其時餉裕於今，挪濟尚易，且爲不久遂可補歸，而臣前裁該軍各營，直恃晉省休養有年，索欠必能立償，始敢爲之清欠，以減月餉之需。若此軍之墊餉竟虛，懸而無著，則是竭蹶立形。

諸凡難於措手，萬不獲已，擬請嗣後由晉每月補解前欠卓勝軍半餉銀一萬兩。其現存之馬步五營，論邊庭之緊要，本宜留以戍防，論饋餉之遞加，自宜及時清理。如不趁此裁撤，勢須按月解濟，舊欠依然，新餉不減，應即遵照部議裁撤清算。惟綜計須得現銀二十七八萬兩，乃能令其算遣。擬請從八年七月起至本年六月底止，計十二個月，應由晉省每月協解之一萬六千兩，合計十九萬二千兩，先由該省趕緊措解西來，以便扣放。下餘不敷之項，再由臣營設法挪找，從此月餉可停，每月僅籌欠餉一萬，是於減解積欠之中，藉收裁營節餉之效。在晉省稍予騰挪，庶將來不至續累，而臣營得此周轉，於全局實大有裨。張之洞向來留心西事，必能畛域不分。合無仰懇天恩飭令山西照臣此次所定減解數目，無論如何爲難，提前籌解，以顧目前，則邊陲幸甚。除分咨外，理合恭摺具奏。伏乞皇太后、皇上聖鑒訓示施行。謹奏。光緒九年三月十六日◆5。

光緒九年四月初七日◆6，軍機大臣奉旨：另有旨。欽此。同日承准知會，奉有寄信諭旨◆7，令張之洞竭力籌措，提前撥解矣。

【案】此摺原件①、録副②現藏於中國第一歷史檔案館，茲據校補。

1.【欽差大臣督辦新疆軍務通政使司通政使二等男臣劉錦棠跪】此前銜據原件補。

2.【案】光緒八年十一月初三日，山西巡撫張之洞以晉省財殫民困，悉

① 中國第一歷史檔案館藏：《硃批奏摺》，檔號：04—01—01—0950—001。
② 中國第一歷史檔案館藏：《録副奏摺》，檔號：03—6089—005。

索無方，具奏請飭令劉錦棠照舊解濟，抑或飭部改撥：

　　山西巡撫臣張之洞跪奏，爲卓勝軍餉銀，晉省力難籌解，請旨敕下劉錦棠照舊解濟，抑或敕部改撥，仰祈聖鑒事。竊臣承准軍機大臣字寄：光緒八年十月十四日奉上諭：劉錦棠奏山西應協卓勝軍半餉積欠過多，現在該軍裁勝各營月需餉項，勢難再行籌墊，請飭山西趕籌協濟等語等因。欽此。查卓勝軍駐晉時，安徽撫臣裕禄因裁兵節餉，請將該軍酌量裁減。前撫臣鮑源深以邊防緊要，擬留全軍，仍請將月需全餉銀三萬六千兩由皖籌給。皖省復以勢難兼顧，堅持前說。維時西事未定，晉防未解，不得已撤本省精銳四營，楚軍兩旗，騰出餉力移給該軍。自光緒二年七月爲始，皖、晉各半分籌，原期長爲晉用。迨左宗棠奏調該軍出關，自認皖省一半餉銀，仍以半餉責之於晉。鮑源深勉籌數月半餉，截至二年十二月底一律發清，遣令該軍出關，仍以餉紬時艱，懇請停解，兩次格於部議，未敢再陳。然自該軍出關後，止解過三年正月分半餉銀一萬八千，以後遂未續解。茲奉諭旨，飭臣趕解該軍月餉，籌還該軍舊欠。但有一線可籌，敢不竭力應付！惟晉省財賦之絀日甚，加撥之款日多，各路將帥之追逼日急，苟且抵搪，實非長策，是以於八月十三日有請紓餉力之奏，諒蒙聖明鑒察。今若驟增鉅款，實非彫敝之晉之力所能支。且當日該軍半餉初無可籌，前撫臣之所以勉允者，因大枝勁旅防晉有年，以爲藉半餉之資，可得全軍之用，議裁晉勇，以濟客軍。此乃貧窶之拙謀，非有協鄰之餘力。自該軍西去，晉防空虛。四年春間，朔州熊六滋事，曾國荃遂有招募湘軍之舉。迨湘軍分別留撤，兵力遂單。上年衛榮光乃增大同鎮練軍馬隊五旗，以顧邊境。問其餉項所出，則所恃以輾轉騰挪者，仍即此一款而已。臣督同藩司殫竭籌畫，萬無餘力顧及該軍。目前地荒民窮，正賦短缺，內慚撫字，外困轉輸，主兵不充，武備不足，蒿目疚心，正苦無策。在微臣絕無稍分畛域之心，當亦劉錦棠等所能相諒者也。伏思卓勝軍自出關後，即爲西征之軍，劉錦棠統籌全局，深知晉事艱難，數年以來，力任全餉。今該軍已撤大半，月需銀一萬六千兩，即以左宗棠原認皖省半餉撥給該軍，已屬有盈無絀。合無仰懇天恩，俯念晉省財殫民困,自謀不暇,悉索無方,可否飭下劉錦棠照舊解濟,抑或救部改撥之處,伏候聖裁。理合恭摺具陳,伏祈皇太后、皇上聖鑒,不勝屏營惶悚之至。謹奏。十一月初三日。

　　光緒八年十一月十一日,軍機大臣奉旨:戶部議奏。欽此。①

3.【餘萬兩】原件、錄副均作"萬餘兩"。

4.【煩瀆】原件、錄副均作"煩牘"。

5.【光緒九年三月十六日】此具奏日期,據原件補。

6.【光緒九年四月初七日】此奉旨日期,據錄副補。

7.【案】即光緒九年四月初七日之廷寄:

　　軍機大臣字寄:山西巡撫張:光緒九年三月初七日奉上諭:劉錦棠奏前墊卓勝軍餉銀請仍由晉省補解,並擬續裁該軍各營亟需大批銀兩一摺。據稱卓勝軍餉銀,山西欠解甚多,前請由晉省每月補解舊墊銀二萬兩,並月協該軍餉銀一萬六千兩。旋經戶部奏明,令將此項月餉仍由西征餉內撥給,並將該軍各營酌量裁撤。現因協餉難繼,擬照部議將卓勝軍馬步五營裁撤,以節餉需。晉省自八年七月起至本年六月止,按月應解銀一萬六千兩,共銀十九萬二千兩,請飭先行趕緊措解,以便資遣,並請嗣後每月由晉補解前欠卓勝軍半餉銀一萬兩等語。卓勝軍裁撤馬步五營,需餉甚殷,即著張之洞竭力籌措,提前撥解,以應要需。將此由四百里諭令知之。欽此。遵旨寄信前來。②

086. 爲湘楚嵩武卓勝各軍病故文武員弁請恤摺
光緒九年三月十六日

　　欽差大臣督辦新疆軍務通政使司通政使二等男臣劉錦棠跪◆¹奏,爲續查湘楚嵩武、卓勝各軍營立功後積勞病故文武員

　　①　中國第一歷史檔案館藏:《錄副奏摺》,檔號:03—6087—033。
　　②　中國第一歷史檔案館編:《光緒朝上諭檔》,第九冊,第113頁;《清實錄·德宗景皇帝實錄(三)》,卷一百六十二,光緒九年四月,第272—273頁。

弁,請旨飭部議恤,謹繕清單,恭摺仰祈聖鑒事。

竊臣於光緒七年七月二十七日由行營具奏,請將新疆軍營立功後積勞病故員弁胡焜等從優議恤一摺。奉旨:胡焜等著照所請,交部議恤。單併發。欽此。仰見皇仁廣被,槁壤幽泉,靡不沾洽。茲復據湘楚嵩武、卓勝各軍陸續查報積勞病故文武員弁藍翎留陝即補同知直隸州知州蕭傳薪等四十四員名,呈懇奏請恤典前來。臣查該故員等半生勵志,萬里隨征,或傷殘而沒於事後,或戍役而卒於窮邊,或轉餉長途冒苦暑嚴寒而病◆2 不起,或參謀戎幕歷冰天雪磧而隕厥生。凡此奮不顧身,罔非情殷報國。茲際皇威遐暢,全疆敉平,自應一律籲懇恩施矜恤,庶足以彰藎績而慰幽魂。所有藍翎留陝即補同知直隸州知州蕭傳薪等四十四員弁,均係立功後積勞病故,謹將該各故員銜名、籍貫另繕清單,恭呈御覽。合無仰懇天恩俯准,飭部一併照軍營立功後積勞病故例議恤,內已革四品銜陝西補用知縣田奎一員,前隨卓勝軍防晉時,因赴皖省領餉,有失察家丁騷擾驛站情事,被參革職,後隨隊出關,效力前敵,積勞病故。該故員田奎擬懇恩施逾格,開復原官原銜,飭部一律議恤。此外如尚有遺漏未報員弁,容俟各軍陸續查報到臣,另案辦理。除咨部外,理合恭摺具奏。伏乞皇太后、皇上聖鑒訓示施行。謹奏。光緒九年三月十六日◆3。

光緒九年四月初七日◆4,軍機大臣奉旨:著照所請,該部知道。單併發◆5。欽此。

【案】此摺原件①、錄副②現藏於中國第一歷史檔案館,茲據校補。

1.【欽差大臣督辦新疆軍務通政使司通政使二等男臣劉錦棠跪】此前銜據原件補。

① 中國第一歷史檔案館藏:《硃批奏摺》,檔號:04—01—16—0213—076。
② 中國第一歷史檔案館藏:《錄副奏摺》,檔號:03—5824—052。

2.【病】原件、録副均作“疾”。

3.【光緒九年三月十六日】此具奏日期,據原件補。

4.【光緒九年四月初七日】此奉旨日期,據録副補。

5.【案】隨摺附蕭傳薪等四十四故員銜名、籍貫清單一份,兹補録如下:

　　謹將湘楚嵩武、卓勝各軍營立功後積勞病故文武員弁銜名、籍貫,繕具清單,恭呈御覽。藍翎留陝即補同知直隸州知州蕭傳薪,湖南善化縣人。同知銜布理問龔兆克,湖南湘鄉縣人。花翎同知銜留甘補用知縣李作霖,湖南長沙縣人。花翎同知銜分省補用知縣曾廣壇,湖南衡陽縣人。同知銜甘肅補用知縣崔相清,湖南常寧縣人。同知銜甘肅候補知縣柳增佳,安徽鳳陽縣人。已革四品銜分發陝西補用知縣田奎,安徽懷遠縣人。藍翎留甘補用州判譚楚蒲,湖南衡陽縣人。州判梁鼎鋭,湖南安化縣人。五品銜分省補用縣丞唐廣堯,安徽滁州人。知縣用補用縣丞魏光黼,湖南邵陽縣人。候選縣丞魏兆麟,湖南邵陽縣人。五品銜候選訓導孫家霈,安徽壽州人。留甘補用主簿胡謙光,湖南長沙縣人。主簿蔣孝頤,湖南湘陰縣人。藍翎留甘補用從九余兆蘭,湖南平江縣人。從九吳天錫,湖南安仁縣人。候選從九李鼎,湖南善化縣人。候選從九趙常銘,山西代州崞縣人。甘肅試用典史朱映南,山西沔縣人。附生顧登俊,浙江仁和縣人。

　　頭品頂戴記名提督札普東阿巴圖魯頭等軍功加三級段伯溪,湖南安化縣人。提督銜留川補用總兵鄒三元,湖南湘鄉縣人。花翎升用提督補用總兵聶榮華,湖南湘陰縣人。花翎留甘補用副將宋南山,湖南善化縣人。花翎儘先補用副將甘富星,湖南湘陰縣人。花翎儘先補用副將聶克俊,湖南湘陰縣人。花翎補用副將翁經魁,江蘇六合縣人。藍翎補用副將歐陽藩,湖南邵陽縣人。花翎留甘儘先補用副將張光春,湖南長沙縣人。儘先補用副將馮心玉,安徽鳳陽府宿州人。總兵銜儘先參將紀勇巴圖魯張旺,江蘇徐州府邳州人。儘先參將詒勇巴圖魯何全忠,安徽渦陽縣人。花翎儘先補用參將楊榮華,湖南衡山縣人。儘先游擊李占元,安徽鳳陽府壽州人。花翎儘先補用都司范朝海,江蘇武進縣人。補用都司王世鍾,湖南湘潭縣人。補用守備方登庸,安徽鳳陽府壽州人。補用守備呂東升,湖南邵陽縣人。藍翎儘先拔補千總余秋農,湖南長沙縣人。守備銜安徽壽春鎮標儘先千總夏鴻昇,安徽壽州人。藍翎把總喻上谷,湖南寧鄉縣人。

軍機大臣奉旨:覽。欽此。①

087. 刊送新疆南路分界大臣關防片
光緒九年三月十六日

再,臣准署理哈密辦事大臣長順咨稱:光緒八年四月遵旨勘分伊犁中段界務◆¹,曾經伊犁將軍臣金順刊就木質關防◆²,咨送啓用奏咨在案。現復奉命添派會辦南路界務,擬即遵旨趕於三月內由哈密起程◆³,前赴烏什一帶,與沙克都林札布、張曜等會同勘辦南界。請援照舊章,由臣就近刊送關防等因前來。臣覆查該大臣會勘南路邊界,遇有換約行文事件,均須鈐用印信,以昭信守。業由臣刊就滿漢文字木質關防一顆,文曰"新疆南路分界大臣關防"。除咨送該大臣長順查照啓用外,理合附片陳明。伏乞皇太后、皇上聖鑒訓示。謹奏。

光緒九年四月初七日◆⁴,軍機大臣奉旨:知道了。欽此。

【案】此奏片原件、錄副俱缺,兹據前後摺件校勘。

1.【案】光緒八年十一月十四日,署哈密辦事大臣分界大臣長順等具摺奏報勘分伊犁中段邊界完竣情形:

欽差勘分伊塔所屬邊界頭品頂戴哈密辦事大臣恩特赫恩巴圖魯

① 中國第一歷史檔案館藏:《錄副奏摺》,檔號:03—5824—053。

長順、伊犁將軍奴才金順跪①奏，爲遵旨會同俄官遵照圖約，勘分伊境中段邊界，逐次建立牌博，一律完竣，謹恭摺馳陳，仰祈聖鑒事。竊奴才金順於本年六月二十六日將勘分中南兩(股)〔段〕界務哈密幫辦大臣長順、巴里坤領隊大臣沙克都林札布由伊犁、綏定起程前往那林哈勒噶地方，會同俄官舉辦界務日期，由驛馳奏在案。長順、沙克都林札布均照約定之期，於七月初三日馳抵該處。奴才長順會同分界之俄官佛哩德，自伊犁西南天山北麓那林哈勒噶山口，分起沿邊履勘，逐段會同建立牌博，迤邐伊犁之東北喀拉達板止，已於九月中旬一律完竣。惟查距那林東北百餘里之格登山山巓，有碑一座，往查，乃乾隆二十年剿平準夷高宗純皇帝御製銘勛碑記。恭讀一過，聖訓煌煌，炳如日月。奴才長順勘分至此，深懼淪胥，考核新圖，未載其名。遂檢查同治三年俄人輿圖，此山已畫歸俄壤矣。遂結營山下，與分界俄官佛哩德再四相商，始允自特克斯河劃格登山一隅仍歸中土，從此永垂宸翰。劃回之地長約五六十里，寬約四五十里。當即會同樹立界博，再無異議。復查新約第七條所載之烏宗島山距廓里札特村五十餘里，烏宗島之東北皆錫伯營屯田，水源俱在上游。西南多係纏回，□子多有關係。其始，俄官欲由烏宗島劃分，未便曲就。復與俄官反覆辯論，即由廓里札特村之東、杜拉圖村之西，中間小山分界，會立鄂博，以昭公允。並由奴才金順逐段安設卡倫，派撥弁兵護守。此即索回格登山並烏宗島山並屬中國之情形也。從此往西北行，過伊犁河，入霍爾果斯河，悉遵總理衙門頒行約圖，一一會同俄官，詳細履勘，劃分定界，尚無競論。自那林至喀拉達板山，共立界牌、鄂博三十三處，綿長約計一千三百餘里，即奴才金順、升泰上年所奏之哈布塔蓋沁達蘭起至那林哈勒噶止中段之界刻，已一律勘分完竣。奴才長順會同俄國分界官佛哩德，遵照條約，將已分之地設立界牌、鄂博、地名數目以及山川起至界綫、形勢，書立約記各八分，中國用滿文，俄國用俄文，互相鈐印畫押，更換四分。奴才長順各留其一。其餘三

___

分，咨送奴才金順以憑分咨備考。此中段界務辦理完竣之情形也。

所有中段界址會同俄官，應互換輿圖。該俄官分畢，因事回阿拉瑪圖，尚需時日。一俟俄官送到，斟酌妥協，畫押鈐印，由奴才長順再行補送，轉存總理衙門存查，用昭信守。其山川形勢、設立界碑處所，先行繪圖貼說，恭呈御覽。奴才長順拜摺後，即率隨帶文武各員馳回哈密本任，以重職守。奴才金順即將已分地段應設卡倫，逐一安設，責成該管官兵守護，另造卡倫清冊分咨查核外，至格登山御碑，俟明年夏間天暖雪消，鳩工建修亭障，俾廟謨常存，與河山並峙。除將會議約記、輿圖另存總理衙門外，所有中段界務勘分竣事並奴才長順馳回哈密本任緣由，謹合詞恭摺具陳。伏乞皇太后、皇上聖鑒訓示。再，伊犁參贊大臣升泰尚未回任，未經列銜，合併聲明。謹奏。

奉上諭：金順等奏伊犁中段勘分完竣，繪圖呈覽，並分咨升泰等會勘科塔分界暨科布多界務，請飭按圖指辦各摺片。伊犁邊界，經長順會同俄官逐段履勘，將格登山地方詳查碑迹劃回立界，辦理甚屬認真。現在中段分界業已一律完竣，尚為妥速。著金順將設立卡倫等事妥為布置。至科境界務，著升泰、清安、額爾慶額懍遵疊次諭旨，就原圖應行勘分之處，力與指辦，酌定新界，毋得稍涉遷就。將此由五百里諭令知之。欽此。①

2.【案】此關防之刊刻日期無從查照，而其銷毀之日期，則有伊犁將軍金順於光緒九年五月二十二日之奏②：

再，奴才於光緒九年五月初五日准會勘新疆南路界務署哈密幫辦大臣長順咨稱：前將伊犁中段界務勘分完竣，所有前刊分界大臣木質關防即應銷毀等因前來。奴才當將前刊伊塔分界大臣木質關防一顆，即行銷毀訖。理合附片陳明，伏乞聖鑒。謹奏。

光緒九年七月初三日，軍機大臣奉旨：知道了。欽此。③

① 臺北“中研院”近代史所檔案館藏：《總理各國事務衙門檔案·中俄伊犁界約》，第1—4頁，館藏號：01—21—064—03—003；“上諭”又見《清實錄·德宗景皇帝實錄（三）》，卷一百五十五，光緒八年十一月下，第186頁。
② 此日期錄副著錄未確，茲據《軍機處隨手登記檔》（檔號：03—0239—1—1209—171）校補。
③ 中國第一歷史檔案館藏：《錄副奏片》，檔號：03—5181—001。

3.【案】光緒九年四月初九日，劉錦棠代奏哈密辦事大臣長順會勘南界起程日期：

　　再，臣准署哈密辦事大臣長順咨開：遵旨會勘南界，並擬於三月中旬起程緣由，前經自行奏明在案。茲定於本年三月二十二日隨帶文武員弁，由哈密起程，趕赴烏什地方，會同沙克都林札布等妥商協辦。所有起程日期咨請代奏前來。臣覆查無異，理合附片陳明，伏乞聖鑒訓示。謹奏。

　　光緒九年五月初三日，軍機大臣奉旨：知道了。欽此。①

4.【光緒九年四月初七日】此奉旨日期，據《軍機處隨手登記檔》②校補。

【案】光緒九年六月十五日，哈密幫辦大臣長順具摺奏報中俄勘分貢古魯克界務情形：

　　哈密辦事大臣長順〔跪〕③奏，爲恭報行抵烏什籌商勘界緣由事。竊奴才於本年二月十五日奏遵旨勘分南界一摺，隨於三月二十二日由哈密起程，當咨督辦新疆軍務劉錦棠代爲奏報在案。奴才於三月二十七日西鹽池途次恭奉批摺，遵即起程。前於五月初九日行抵烏什，准巴里坤領隊大臣沙克都林札布咨送去秋勘分界圖，核與總理衙門原頒圖約及現據烏什善後局員周應棻所呈圖説，均係按照紅綫相符。其烏什之貢古魯克果否勘分錯誤，應由奴才親勘明確，再行核辦。第俄使來文，約期五月初仍在阿克賽河會晤等語。沙克都林札布由喀什噶爾往會俄使，行至蘇木塔什，俄使尚無信息。聞奴才抵烏，隨即繞道前來，欲與奴才一同勘辦。因思貢古魯克照圖雖按紅綫，究應目睹形勢，以昭慎重。而俄使既有成約，若待勘明貢古魯克再行會同履分，有需時日，恐以失信藉口。且所勘均係天山，僅能夏日舉行，一交秋深，雪即封山，難期蕆事。再四思維，顧此不致失彼，惟有奴才長順先往勘貢古魯克，奴才沙克都林札布分道往晤俄使，商

───────────────

① 中國第一歷史檔案館藏：《録副奏片》，檔號：03—5179—006。

② 中國第一歷史檔案館藏：《軍機處隨手登記檔》，檔號：03—2338—2—1209—092。

③ 該摺六角括號内之文字，均係推補。

辦勘分事宜，奴才亦隨後兼程趕至，並隨時會商幫辦新疆軍務張曜公同籌度，斷不敢稍形草率，亦不敢妄啓爭端，務期按圖照約，謹慎將事，仰副朝廷垂念邊疆之至意。〔所有恭報行抵烏什籌商勘界緣由，謹恭摺具陳。伏乞皇太后、皇上聖鑒訓示。謹奏。〕

　　光緒九年六月十五日，奉旨：知道了。〔欽此。〕①

　　光緒十年四月初三日，劉錦棠以原任哈密辦事大臣現任烏魯木齊都統長順會同勘辦新疆南路界務竣事，附片奏請將光緒九年三月刊刻之新疆南路分界大臣關防銷毀：

　　　再，新疆烏魯木齊都統臣長順於光緒九年三月內，遵旨會勘新疆南界，由哈密啓行，經臣奏明刊就滿漢文字木質關防一顆，咨送啓用，以昭信守在案。兹於本年三月二十二日，准長順咨開：現在界務完竣，所有互換輿圖、節約事宜，已由沙克都林札布委員妥慎回營鈐印畫押，逕寄伊犁將軍臣金順辦理。所有原領木質關防相應封固，咨送銷毀等因前來。除將關防銷毀外，理合附片陳明。伏乞聖鑒。謹奏。

　　光緒十年四月二十五日，軍機大臣奉旨：知道了。欽此。②

①　王彥威纂輯、王亮編、王敬立校：《清季外交史料》，第 586—588 頁。
②　臺北故宮博物院藏：《軍機及宮中檔》，文獻編號：126607。

劉錦棠奏稿卷五

起光緒九年四月,訖八月

088. 請旌楊溢中祖母陳氏五世同堂摺

光緒九年四月初九日

欽差大臣督辦新疆軍務通政使司通政使二等男臣劉錦棠跪◆1奏,爲壽婦年逾八袠,五世同堂,慈孝相承,足式閭里,謹援照成例,據情籲懇旌表,以彰世瑞而勵家修,恭摺仰祈聖鑒事。

竊臣據二品頂戴鹽運使銜陝西題奏道王久銘、陝西補用道兼襲雲騎尉周漢、三品銜升用道甘肅候補知府王鎮墉、甘肅題奏知府◆2蔣本艾、題奏知府◆3甘肅固原直隸州知州羅鎮嵩、前署甘肅鎮西撫民直隸廳同知升用知府陳晉蕃、署哈密通判分省補用知縣左兆鳳等聯銜呈稱:壽婦楊陳氏,籍隸湖南湘鄉縣,係五品封典例貢生楊榮燭之母、分省補用知縣楊溢中之祖母也。秉性淑良,事夫勤儉,甫及卅三之歲,寡鵠長嗟,藐然十二之孤遺雛是撫。該氏孝事慈姑,責兼嚴父,心盟古井,手畫寒灰,能使繼業青箱,有聲黌序,固已婦道同稱,義方有訓矣。迨咸豐之間,東南未靖,楊陳氏慨令楊溢中從事戎行,勉圖報稱。其深明大義,克振家聲,尤非尋常巾幗所能及者。職等居同梓里，夙稔蘭猷，觀其媲美郝鍾，宜足高標楔綽。而況年逾中壽，仍寒素之如恒，慶洽一堂，顧曾元而益豫。洵屬熙朝之人瑞，宜膺懋典於天章。楊陳氏生於嘉慶四年，届今光緒九年，八十五歲，有子一人、孫二人、曾孫六人、元孫四人，五代同堂，孝慈素著。職等所聞既確，所見最真，楊溢中現在甘肅新疆軍營效力，造具系圖事實册結，由職等聯銜呈請核奏等情前來。臣查例載，壽民、壽婦年届百歲及未届百歲五世同堂，由各省具題及各部院據呈奏請旌表者，均准造具事實册結送部，由部核覆彙題，歷經遵辦在案。兹該壽婦楊陳氏福自德基，祥由和召，甲週又半，符八十曰耋、九十曰耄之文，丁慶重添，萃子又生子、孫又生孫之盛。是皆聖世重熙累洽，蘊爲休徵；皇朝雅化作人，蒸成瑞應。凡此坤元之貞吉，實符泰運之光亨。道員王久銘等誼關桑梓，公請咨奏，臣未敢壅於上聞。合無仰懇天恩俯順輿情，將壽婦楊陳氏恩予旌表，出自逾格鴻施。除系圖、事實册結咨部查照外，謹循例恭摺具陳。是否有當，伏乞皇太后、皇上聖鑒訓示施行。謹奏。光緒九年四月初九日◆4。

　　光緒九年五月十一日◆5，軍機大臣奉旨：著准其旌表，禮部知道。欽此。

　　【案】此摺原件①、録副②現藏於中國第一歷史檔案館，兹據校補。

　　1.【欽差大臣督辦新疆軍務通政使司通政使二等男臣劉錦棠跪】此前銜據原件補。

　　2.【題奏知府】原件、録副均作“遇缺題奏知府”，是。

　　3.【題奏知府】原件、録副均作“遇缺題奏知府”，是。

　　4.【光緒九年四月初九日】此具奏日期，據原件補。

　　①　中國第一歷史檔案館藏：《硃批奏摺》，檔號：04—01—30—0213—005。

　　②　中國第一歷史檔案館藏：《録副奏摺》，檔號：03—5538—067。

5.【光緒九年五月十一日】此奉旨日期，據錄副補。

089. 特參庸劣不職知縣分別降革摺

光緒九年四月初十日

　　欽差大臣督辦新疆軍務通政使司通政使二等男臣劉錦棠跪◆1 奏，爲特參庸劣不職之前署知縣，分別降革，以肅官方而示懲儆，恭摺仰祈聖鑒事。

　　竊維州縣爲親民之官，凡地方利病，民生休戚，罔非視牧令之賢否爲轉移。新疆殘破之區，鎮迪一道，轄境歷經散給牛種，招徠興屯，蠲繇薄賦，與民休息。數年以來，流亡始漸復業，斗價以次平減，旋定安集。雖已略著成效，而元氣究猶未復也。臣自奉命權轄全疆，用人行政，責無旁貸，故於屬吏之賢否，隨時隨事留心察看，仍慮耳目不及，聞見難周，特飭該管道州認真舉劾詳辦，庶賢能者益加勸勵，而庸劣者不致◆2 淆厠，以期仰副皇上整飭官常之至意。臣前訪聞署奇臺縣知縣朱開懋，浮徵苛派；署綏來縣知縣歐陽振先，縱丁匿命。正查辦間，據該管道州稟揭，並准烏魯木齊都統臣恭鏜咨會前因，臣比將朱開懋、歐陽振先一併撤任查辦去後，茲據委員升用同知分省補用知縣鄭錫澤、署迪化直隸州知州劉兆梅稟覆前來。臣查卸署奇臺縣知縣朱開懋任內徵收額糧，雖據查明尚無浮勒情事，惟未能恪遵倉斗，殊屬不合。其因公借用商民器具，折價賠償未及如數。雇用民車發腳，短於民價。並查有擅罰民户銀六百兩買補社穀之事，雖其事均屬因公罰款，亦未入己，究竟辦理乖方，顯干朝廷例禁。卸署綏來縣知縣歐陽振先縱容家丁，查明尚無實據，其未報命案，雖非有心諱匿，究因性情迂緩，稟報遲延，才具平庸，已可概見。似此庸劣不職，未便稍事姑容。相應請旨將留甘補用知州卸署奇臺縣知縣朱開懋即行革職,補用知府卸署綏來縣知縣歐陽振先以通判降補,以示懲儆而肅官方,實於地方吏治大有裨益。所有特參庸劣不職之前署知縣分別降革各緣由,謹會同陝甘總督臣譚鍾麟、烏魯木齊都統臣恭鏜,合詞恭摺具奏。伏乞皇太后、皇上聖鑒訓示施行。謹奏。光緒九年四月初十日◆3。

　　光緒九年五月初三日◆4,軍機大臣奉旨:著照所請,吏部知道。欽此。

　　【案】此摺原件①、録副②現藏於中國第一歷史檔案館,兹據校補。

　　1.【欽差大臣督辦新疆軍務通政使司通政使二等男臣劉錦棠跪】此前銜據原件補。

　　2.【不致】原件、録副均作"不至"。

　　3.【光緒九年四月初十日】此具奏日期,據原件補。

　　4.【光緒九年五月初三日】此奉旨日期,據録副補。

090. 委員試署准設新疆南路道廳
州縣各官並籌現辦情形摺

光緒九年四月二十日

　　欽差大臣督辦新疆軍務通政使司通政使二等男臣劉錦棠、頭品頂戴陝甘總督臣譚鍾麟跪◆1奏,爲承准部覆准設新疆南路道廳州縣各官,現擬委員前往試署,以便詳察地勢民情,續陳未盡事宜,並籌現辦情形,恭摺仰祈聖鑒事。

　　竊臣錦棠承准吏部咨會:遵旨會議臣等前請變通新疆官制營制具陳一摺,奉旨:依議。欽此。黏連原奏,知照到營。當即欽

---

① 中國第一歷史檔案館藏:《硃批奏摺》,檔號:04—01—12—0530—005。
② 中國第一歷史檔案館藏:《録副奏摺》,檔號:03—5179—004。

遵,分咨關外在事諸臣,並飭現辦善後局員,各將所管地段界址暨一切情形,詳悉察奪具報去後。伏維體國經野,通籌局勢,須原始以要終,庶可大而可久。特當創辦之初,有因一處之妨而致疑全局之多礙,有因一端之阻而動謂衆務之未宜。風氣之所侵漬,成例之所拘迫,欲變之於一旦,微論法制尚未詳訂,急切靡所適從,即使綱舉目張,自謂燦然大備,且有箕風畢雨之好,足以淆我視聽,擾我神明。種落之殊,教令之別,非獨其地有以限之,抑由其俗積漸使然也。關隴爲天下之屏蔽,而塞外又踞關隴之上游,山水之所從出。其地則高寒而多沙鹵,其人雖渾樸而不聯屬,不問向之居國行國,究其居處、服食、文字、語言,迥異中土。漢唐以來,殷憂西事,罔不經營捍禦,聊固吾圉。蓋既爲形勢所必争,則即爲聲教所必及,乃以一其習尚,無復他虞。夫因創之所乘,實由天時、人事之所凑拍。曩者漢置河西四郡,當時雖不免耗中事西之苦,而至今賴之。西域自古羈縻之地,往往一隅蠢動,腹地爲震。自祖宗朝櫛風沐雨,先後勘定南北兩路,或分置屯防,或間設郡縣,星羅棋布,遠近相維。南疆地雖饒沃,而因俗類榛狉,難驟繩以禮法,於是分命大臣督率文武員弁兵丁,鎮駐扼要之區,彈壓巡緝,差徭賦稅,量爲徵收。舉凡疏節闊目,用壯厥聲靈,堅其趨向,以待我皇太后、皇上今日因事制宜,變通盡利。

　　臣錦棠適躬逢其盛,前陳應設、應裁、應改、應移諸端,仰荷睿衡,飭部會議。兹各部院議覆摺内於議設者,如置巡撫、布政使,及鎮迪道加按察使銜,管理刑名,改迪化州爲縣,設迪化府各節,暫從緩議。而議裁、議改、議移者,如裁各城都統、參贊、辦事、領隊各大臣,應俟南八城建置事宜辦有成效,奉旨准設巡撫,再行會奏請旨。又裁去回官阿奇木伯克等,另行酌設頭目,則以均有職掌責任,應更體察,妥議章程核辦。改設額兵,將烏魯木齊提督移駐喀什噶爾,亦令俟後請旨。回童現入義塾讀書,有能誦習一經、熟悉華語者,咨部給予生監頂戴,議以向無成案,擬請俟回童粗通文藝時,酌設學額,憑文取進。如以該回童等但須讀書認字,不必責其文理,應另酌給獎勵,請旨遵行。至請南路改設道廳州縣各官,均經先行議准,令將應辦事宜會商妥協,次第奏明辦理各等因。詳繹部院諸臣議覆各條,其餘應准、應緩之事體,無不斟酌至當,上慰宸衷。誠以損益之舉,動關久遠之規,縱使疑無可疑,猶當慎之又慎。然創制早開乎其先,則變通宜善乎其後。從前滇黔之改流官,近如臺灣、奉天、吉林之添郡縣,皆時會之所趨,聖化翔洽,幾若行乎其所不得不行。回童如能熟誦儒書,諳習華語,日久漸摩,帖然就範。既已革其舊習,自當被以政教,故應裁、應改、應移者,刻下既須籌擬,一則一氣相承,因勢利導,可收及時整飭之功,一則經費宜定,合計從長,可免異日虛糜之弊。部臣深知其然,而現未即請旨飭辦者,應俟准設之官具有規模,然後分別舉行,蓋即臣鍾麟所擬設立行省當從州縣辦起之意。自准部覆,即經往返函商,熟籌辦法,擬◆[2]即由臣錦棠就近先行委員往署,詳察東西兩道應分之界限,並各直隸州與其轄縣應分之村境。各處城垣多未完固,尚有應行改建增修之城。各官衙署能否各就善後辦公局屋改作,或應別籌營造。壇廟、倉廒、監獄,亦應擇要修建。驛傳塘站,視其衝僻,安設文員雜職,置輔分司。現除教職緩議外,其各廳州縣之照磨、吏目、典史,應與印官同城佐理。此外,各屬轄境遼闊,應添州同、州判、縣丞、巡檢分防,各按所屬繁簡酌添,以便控制。凡此要圖,務爲先正其名而後能責其事,否則委員以空名理實政,既無職守,亦無考成,難期與斯民相維繫,誠有如臣鍾麟所云者。臣錦棠擬遵部議,就差遣各員內分委道員、同知直隸州知州、通判、知縣各官,前往署理,暫刊木質關防、鈐記,給令啓用,俾昭信守。

惟是設官之後,文移、徵收、詞訟,宜照官署之式。南路向無漢民,鎮迪所屬自經兵燹,書吏更少於前,無可調派。前經分飭甘肅各府州,於所屬書吏中揀公事諳練者,各派數名,優給川貲,令其携眷西來,備日後之分撥。回官三四品阿奇木、伊什罕伯克階職較崇,臣前慮其權重擾累,曾請裁去銜額,實欲杜漸防微,而相沿已久,未可驟加屈抑,請仍留頂戴,略如各省州縣之待所轄紳士,假以禮貌,使有別於齊民。昔之衆伯克等分理糧役、訟獄諸務,將來擬分擬爲吏、户、禮、兵、刑、工各書,與漢書胥雜處,互授漢回文言,期於相觀而善,既可收其把持之權,又可藉爲公家之用,似屬兩有裨益。俟印官履任後,徐爲圖之,如能行之有濟,屆時另行奏報。各官每年應支廉俸、公費銀兩,已經部議,照鎮迪道所屬數目支領。所有應設書辦及各項人役名數、月支工食、銀兩、麵勸數目,亦應請照鎮迪道所屬定章,招設支發,以歸一律。兩道綜司各屬政務,須有通曉各項文字之人,以備翻譯,應請各添清字、回文書辦各數名,各屬傳訊訟案、勘劃經界,必先通其語言,乃能從而剖斷,應請各添回書通事數名。以上月支工食、銀兩、麵勸數目,均請照鎮迪道所屬書吏章程開支。道員以下各官印信,應懇飭部按照擬就各項缺銜,鑄造頒行。查吐魯番同知之印文,係兼用清、漢、回字。此項印信似應一體兼鑄回文,並懇飭下妥議定鑄。南疆此次設官,事屬創始,當就練習邊情之員,先將應辦壹是趕緊興辦,方足以資治理。現准先設各官,籲懇天恩,准照吉林新設民官各缺成案,統歸因地擇人,由外揀補一次,則相從邊塞者,知所奮勉,吏治可期起色。

　　至於城垣、衙署、倉廠、監禁應修各工,舉不容緩。南路土性鬆浮多鹻,即燒成之磚塊,曾不數年,多被潮鹻剥蝕。墙垣基身,務較寬厚,始可耐久。已飭湘楚各軍選派勇丁,趕將城工挑築,並商幫辦軍務臣張曜,飭令嵩武軍營勇,擇要興修,許以事竣,懇恩擇尤獎勵,均極踴躍用命。第計工程浩大,仍須兼僱纏回,乃能期其成功。其須用之鐵木器及各項工匠器物，防營之不能辦者，令各委員核實動用，再懇飭撥的款，以濟要工。值此經費支絀之際，臣等受恩深重，尤當格外撙節，無如地處邊荒，工係創建，但期力杜浮冒，未能牽合成規。合無仰懇聖慈，俯准俟後藏役，除繪圖貼說咨部外，即照實用實銷，開單具報，藉省一再造冊之煩。

　　徭賦上關國計，下係民生。綜計南路征糧，每年二十餘萬石。將來兵制酌改，需糧較少，日久積儲，勢難多備倉廠。變價又苦無從銷售，潮腐堪虞。臣錦棠擬飭各屬，於此後科定賦役時，權其輕重，或有前章稍重者，仰體皇仁，即予酌減。征糧較多之處，核計兵食之外，所餘猶多，即行折征銀兩，湊充度支，以爲涓滴之助，庶倉糧不至霉朽，而邊儲得以常充矣。除屯田、兵制及未盡事宜容俟會商妥籌隨時具奏外，所有承准部覆准設新疆南路道廳州縣各官，現擬委員前往試署，以便詳察地勢、民情，續陳未盡事宜，並籌現擬情形各緣由，是否有當，謹會同幫辦軍務廣東陸路提督臣張曜，恭摺具陳。伏乞皇太后、皇上聖鑒訓示施行。再，此摺係臣錦棠主稿，合併陳明。謹奏。光緒九年四月二十日◆3。

　　光緒九年五月十三日◆4，軍機大臣奉旨：該部議奏。欽此。

【案】此摺原件①、録副②現藏於中國第一歷史檔案館，兹據校補。

　1.【欽差大臣督辦新疆軍務通政使司通政使二等男臣劉錦棠、頭品頂戴陝甘總督臣譚鍾麟跪】此前銜據原件補。

　2.【擬】原件、録副均作“定”，是。

　3.【光緒九年四月二十日】此具奏日期，據原件補。

　4.【光緒九年五月十三日】此奉旨日期，據録副補。

【案】光緒九年九月十九日，保寧府知府正堂爲抄吏部奏請變通新疆

---

① 中國第一歷史檔案館藏：《硃批奏摺》，檔號：04—01—01—0949—009。
② 中國第一歷史檔案館藏：《録副奏摺》，檔號：03—5179—040。

官制營制事飭南部縣札文,內附吏部等部之奏稿①:

吏部等部謹奏,爲遵旨速議具奏事。光緒八年六月二十三日內閣奉上諭:劉錦棠、譚鍾麟、張曜奏請變通新疆官制、營制各摺片,著各該衙門速議具奏。欽此。又八月初三日,准軍機處交出本日軍機大臣面奉諭旨:譚鍾麟前奏新疆南路擬分設職官摺,著各該衙門爲入劉錦棠等摺片,一併議奏。欽此。又八月初五日內閣奉上諭:翰林院編修劉海鰲奏新疆善後事宜請權緩急一摺,著各該衙門歸入劉錦棠等摺片,一併議奏。欽此。欽遵先後抄出,此部臣等查劉錦棠、譚鍾麟會同張曜等原奏內稱:承准軍機大臣字寄:光緒八年三月十七日奉上諭:譚鍾麟奏籌度新疆南路情形一摺。所請酌度七城廣狹繁簡,設立丞倅牧令一員,更於喀什噶爾、阿克蘇兩處各設巡道一員,如鎮迪道之例。著劉錦棠體察情形,會商該督妥議具奏等因。欽此。遵旨寄信前來。

伏念新疆當久亂積疲之後,今昔情形判若霄壤,所有邊疆一切事宜,無論拘泥成法於時勢多不相宜,且承平年間舊制,亂後蕩然無存,欲爲一勞永逸之計,固舍增設郡縣,別無良策,經大學士前任陝甘督臣左宗棠疊次奏明有案。現在地利日闢,戶口日增,各族向化,諸事均有成效,郡縣之設,時不可失。謹按經野建官之道,必量其地之民力物產,足以完納國課,又可供給官吏胥役而有餘,然後視其形勢之衝僻繁簡,置官治之。非從寬預爲計畫,則官困而民必受其害。故新疆添置郡縣,設官未可過多。惟南路各城民人較多,胦區較廣,其轄境之最遼闊者,縱橫至數千里,少亦數百里,若設官太少,又慮鞭長莫及,難資治理。自吐城以西喀喇沙爾、庫車、阿克蘇、烏什,是爲南路東四城;葉爾羌、喀什噶爾、英吉沙爾、和闐,是爲南路西四城。應統八城,通盤籌畫,一律改設郡縣。除自哈密南至吐魯番北至精河應暫照臣鍾麟原奏無須另設多員外,回疆東四城擬設巡道一員,駐扎阿克

---

① 該摺訛、奪、衍、誤甚多,茲據各該原奏對校及理校之,修正之處一律不予出校。若需考核,請參照各該原件或錄副。

蘇。該道以守兼巡，爲兵備道，督飭所屬水利、屯墾、錢糧、刑名事件，撫馭蒙部，彈壓布魯特，稽查卡倫，作爲衝繁疲三項要缺。喀喇沙爾與吐爾扈特和碩特游牧地方，犬牙相錯，每有交涉事件，擬設直隸廳撫民同知一員，治喀喇沙爾城。庫車擬設直隸廳撫民同知一員，治庫車城。阿克蘇爲古溫宿國，擬設溫宿直隸州知州一員，治阿克蘇城。拜城縣知縣一員，治拜城，歸溫宿直隸州管轄。烏什緊鄰布魯特部落，爲極邊衝要，擬設直隸廳撫彝同知一員，治烏什城。以上各廳州縣，應統歸東四城巡道管轄。回疆西四城擬設巡道一員，駐扎喀什噶爾回城。該道以守兼巡，爲兵備道，管理通商事宜，督飭所屬水利、屯墾、錢糧、刑名諸務，彈壓布魯特，控馭外夷，稽查卡倫，作爲衝繁疲難請旨最要缺。喀什噶爾爲古疏勒國，擬設疏勒直隸州知州一員，治漢城，疏附縣知縣一員，治回城，歸疏勒直隸州管轄。英吉沙爾緊鄰布魯特，爲極邊衝要，情形與烏什略同，擬設直隸廳撫彝同知一員，治英吉沙爾城。葉爾羌爲古莎車國，擬設莎車直隸州知州一員，治漢城。葉城縣知縣一員，治回城，歸莎車直隸州管轄。葉爾羌所屬瑪喇巴什一城，爲回疆東西咽喉要地，積年河水爲患，必須置員撫治，擬設直隸廳水利撫民通判一員，治瑪喇巴什城。和闐爲古于闐國，擬設和闐直隸州知州一員，治和闐城，于闐縣知縣一員，治哈拉哈什地方，歸和闐直隸州管轄。以上各廳州縣，統歸西四城巡道管轄。凡建置大略，較之光緒六年四月十八日左宗棠奏擬設立各員稍爲簡省，較之臣鍾麟原奏七城各設一官之議略有加增，斟酌損益，務適於中。至於佐雜人員，應俟郡縣設定，由道員暨各丞倅牧令就近察酌地方情形，將其必不可少者，詳請奏設。各處地方暫時責成諸軍統領、營官督率營勇駐防，俟兵制議定，再行奏請設立總兵、副將、參、游、都、守、千、把等官。未盡事宜，統俟陸續籌議等語。

又該大臣劉錦棠原奏内稱：光緒六年，左宗棠奏將來議設行省，必以哈密劃隸新疆形勢，飭令哈密及鎮迪一道所屬各文武地方官均著暫歸劉錦棠統轄。所有升調、補署、考核及一切興革事宜，均可就近辦理，陝甘總督無庸兼管。十一月初四日奉上諭：左宗棠奏請將哈密、鎮迪道歸劉錦棠統轄等因。欽此。伏念新疆改設行省之議，左宗棠實始發之。查本年三月十六日陝甘督臣譚鍾麟奏籌度新疆南路情形摺內，亦有設立行省當從州縣辦起，然後遞設督撫以統轄之等語。蓋新疆本秦隴之屏障、燕晉之藩籬，亟宜經營盡善，以固吾圉。然舊制既不可復，自不得不另籌善策。左宗棠、譚鍾麟所議改設行省，固無非維持永久之謀。惟將新疆另為一省，則臣頗以為不然。現在臣等擬設南路各廳州縣，合之哈密及鎮迪道等處原有各廳州縣，總共不過二十餘。即將來地方日益富庶，所增亦必無多。卷查左宗棠覆陳新疆宜建省開設郡縣摺內所擬設及原有各廳州縣，亦不過二三十處，難自成一省也，亦已明矣。且新疆之與甘肅形同唇齒，從前左宗棠以陝甘總督督辦新疆軍務，凡籌兵籌餉以及製辦、轉運諸務，皆以關內為根本。其勢順，故其事易舉。若將關內外劃為兩省，以二十餘州縣孤懸絕域，其勢難以自存，且後路轉餉、製械諸務，必將與甘肅分門別戶，所需經費，較目前必更浩煩，故新疆、甘肅勢難分為兩省。臣閱譚鍾麟原奏，議將北路鎮迪等處暨擬設南路郡縣，皆歸欽差大臣統轄。謹按，欽差大臣本非國家常設之官，且哈密及鎮迪一道原係奉旨暫歸微臣統轄。現既議設南路郡縣，必須熟籌可久之道，況郡縣設定後，諸事須照各省辦法，而言例章，則臣營無舊案可稽，言用人，則軍中無合例堪以補署之員。至於錢糧、刑名、升遷、調補諸事，又無藩臬兩司可專責成。似茲窒礙難行之處，未可枚舉。臣愚擬請將哈密、鎮迪道等處，暨議設南路各廳州縣，併為甘肅為一省。惟歸甘督遙制，竊恐鞭長莫及，擬仿照江蘇建置大略，添設甘肅巡撫一員，駐扎烏魯木齊，管轄哈密以西南北兩路各道廳州縣，並請賞加兵部尚書銜，俾得統轄全疆官兵，督辦邊防。並設甘肅關外等處地方布政使一員，隨巡撫駐扎。舊有鎮迪道員擬請援福建、臺灣之例，賞加按察使銜，令其兼管全疆刑名、驛傳事務；改迪化直隸州為迪化縣，添設迪化府知府一員，治迪化城，管轄迪化、昌吉、綏來、阜康、奇臺五縣。似此辦理，實較另為一省稍免煩費，而於新疆時勢亦甚相宜。現在伊犁既經收還，分界亦不久可以蕆事。如設巡撫，則欽差大臣儘可裁撤。臣於吏治嚮少閱歷，關外郡縣諸事宜多係創始，斷非軍旅粗材所能了局。

又該大臣片奏內稱：哈密以西各滿營旗丁，亂後孑遺僅存。臣於光緒二年夏秋之交，率師克復烏魯木齊。其時滿城傾圮，瓦礫荒凉，未見旗丁一人。嗣臣進克南路各城，始將旗丁之被賊裹脅者陸續拔出，送送烏魯木齊安插，爲數亦屬無多。他如哈密辦事大臣所轄回務，亦經左宗棠奏准，歸哈密通判辦理。新疆時勢變遷，都統及辦事、領隊各大臣兵少事簡，幾無異投閑置散。如蒙聖明俯察臣言，准照擬設甘肅巡撫之議，則烏魯木齊自須設立撫標官兵，南北兩路均宜另設額兵，添置總兵、副將、參、游、都、守、千、把等官，以爲永遠防邊之計。烏魯木齊提督應移駐喀什噶爾，以扼要害。吐魯番暨南路舊有參贊、辦事、領隊各大臣員缺，固可一律裁去，即自哈密北至伊犂，所有都統暨辦事、領隊各大臣員缺，亦宜酌量裁撤。巴里坤、古城、烏魯木齊、庫爾喀喇烏蘇等處所餘旗丁零星分布，無濟實用，不如併歸伊犂滿營，生聚教訓，以期漸成勁旅。查承平時，新疆南北兩路係歸伊犂將軍總統，烏魯木齊都統亦兼轄鎮迪一道。如設巡撫，則不但鎮迪道無須都統兼轄，即將軍亦無庸總統全疆，免致政出多門，巡撫事權不宜。其伊犂滿營似應改照各省駐防將軍營制，從新整頓，務求精實可用，庶於邊防有所裨益等語。又該大臣劉錦棠等片奏內稱：新疆各城向設阿奇木伯克等員，其職銜有三、四品者，現擬建置郡縣，擬設丞倅牧令各員，若回官仍循舊章，殊有枝大於本之嫌，似宜量爲變通。郡縣設定後，擬將回官各缺暨阿奇木伯克等名目概行裁去，各廳州縣另行酌設頭目額數，略如各省辦公紳士，不可以官目之。遇有缺額，即行就地選舉，由該管道轉請邊疆大員發給委牌，照回官向例，撥給地畝，作爲辦公薪資。又南路纏回愚懦者居其大半，彼教中所謂條勒阿渾，往往捏造邪説，肆其誘脅之術，人心易爲搖惑，禍亂每由此起。纏回語言文字本與滿漢不同，遇有訟獄、徵收各事件，官民隔閡不通，阿奇木伯克通事人等得以從中舞弊。是非被以文教，無由除彼錮習。自全疆勘定以來，各城分設義塾，令回童讀書識字，學習華語，其中儘多聰穎可造之資。此時建置南路郡縣，教職等官暫可不設，惟宜設法鼓勵，使回族爭奮於學，庶教化可期漸興。所有原設各塾，應由各廳州縣延師訓課，擬每歲令各廳州縣考試一次，有能誦習一經熟諳華語者，不拘人數多寡，即送該管道衙門覆試，詳由邊疆大員援照保舉武弁之例，咨部給予生監頂戴，待其年已長大，即准充當頭目。如有勤學不倦能多習一經或數經者，無論已未充當頭目，均准各廳州縣考送，由道覆試請獎，再行遞換五品以下各項頂戴，仍不得逾六品，以示限制。惟曾任三、四、五品阿奇木伯克者，裁缺後仍應准其照舊戴用翎頂，充當頭目。其各項頂戴頭目人等，如果承辦差使異常出力，仍隨時酌量保奏，懇恩賞給三、四、五品頂戴等語。

　　又，幫辦軍務廣東陸路提督張曜原奏内稱：論者謂新疆局勢大定，今日之先務在於裁汰勇丁，以節餉項。奴才則謂裁汰勇丁即可爲復額兵，變通營制方能永固邊防。事有相因而成，兵有惟利是親。愚見以爲營制之宜變通者有三：曰增騎兵，曰重火器，曰設游擊之師。各省綠營定制步多騎少。扼要防險，戰於山谷，步兵之利也；出騎雕剿，平原蕩次，騎兵之利也。新疆各城，廣川大原，間以戈壁，減步增騎，亟宜變通者一也。軍興以來，愈講愈精，故外國水師非恃兵衆，惟恃器精而又勤於習練，減養兵之資爲購器之資，宜亟變通者二也。至各城營擬設立制兵，爲數不能過多。此城有警，彼城設防，各顧轄境，力難分救。故南北兩疆宜各設游擊之師，居中駐扎，統以知兵大員。此項兵丁不供他役，規模嚴整，以期士氣常新。設遇各城有事，風馳電掣而赴之；無事之歲，南北兩疆，各於邊界定期會哨，振武揚威，隱戰奸宄，宜亟變通者三也。至於各城兵額，督辦新疆軍務劉錦棠陳明，就關外現裁營勇中選其精壯耐勞者編成。其改行餉爲坐糧，實爲良策。蓋關外營勇有籍隸陝甘去新疆較近風土相似者，有籍隸東南各省幼被賊掠輾轉投營里居氏族不能自知者，有籍遭兵田房已空親屬已盡不可復歸者，有寇亂之日樹怒於鄉以異地爲親土、以故里爲畏途者，此若選爲制兵，久經戰陣，一利也。參用屯田之法，兵食兩足，二利也。關外多一精兵，關內少一游勇，隱弭無數事端，三利也。邊城要地，治兵爲先。兵强則邊固，邊固則民安等語。

　　又陝甘總督譚鍾麟原奏内稱：新疆底定，左宗棠請設行省，蓋以難得久遠之策。臣閱左宗棠原奏，自督撫司道府廳州縣以及佐雜等官甚多，不但目前建置城池、衙署一切需用浩繁，費資所出，即以後文武廉俸、役食等項經久之費，亦未易籌。臣愚竊維目前辦理善後，因革損益，百廢待興，而要以固結民心爲主。即設立行省，亦當從州縣官辦起。如果地方日增富庶，然後遞設督撫以統轄之，其勢亦順而易。查新疆北路自哈密以至精河，中間鎮迪道所屬州縣各官均已復舊。伊犁同知，收復後即可委員往署。地曠人稀，現有之官足資控制，似毋須另設多員。惟南路八城僅吐魯番一同知、闢展一巡檢。其餘七城克復以後，一切善後事宜，如清丈地畝及徵收税釐，皆委員辦理，已經數年，委員非盡力不善，第以空名辦實事，時復更易，既無職守，亦無考查，安得有與斯民相維繫之念！夫纏頭回亦人也，族類雖殊，要各自有田園、室家之戀。其所以屢作不靖者，勢迫之也。聞未亂以前，誅求無厭，正賦之外，需索繁多，大約官取其一，阿奇木伯克等取其二。官與民文字不同，言語不通，阿奇木等從中撥弄，傳語恐嚇，故往回視官如寇讎。比來回民頗有能通漢語者，誠得愷惻慈祥之吏安輯撫綏，均其賦役正額外，絲毫不以擾累，民知官之愛己也，自能上下相孚，相安無事。臣身受重恩，忝膺邊寄，凡有關民生利弊，曷敢緘默不言！請特旨飭令劉錦棠體察南路七城情形，分別地方廣狹繁簡，設立丞倅牧令等官。一城不過數十莊，不及東南一小縣，七城各設一官足矣。更於喀什噶爾、阿克蘇兩處各設巡道一員，如北路鎮迪之例，皆歸欽差大臣管轄，庶地方有所責成，民心有所繫屬。其餘未盡事宜，臣當隨時與劉錦棠互商辦理，斷不敢稍分畛域等語。

　　又編修劉海鼇原奏内稱：臣伏讀七月二十三日奉上諭：劉錦棠、譚鍾麟、張曜奏請變通新疆官制各摺片，著各該衙門速議具奏。欽此。臣通籌西域情形，則郡縣未可遽設，屯田可以專辦。新疆地勢遼闊，以戈壁周迴二萬餘里，版圖初入，涉險建城不過二十餘處，每城不過數十莊，離亂之後，戶口益稀。今欲舉一城百十莊而養一州縣，合二十餘城而成一省，臣知其不能也。地廣人稀，併歸甘肅既難遙制，改設官制亦屬虛名。且庫儲支絀，西餉歲近千萬，力已難支，又何能籌此鉅款，以供經野設官之用？此郡縣未可遽設也。至原奏屯田一法，實因地制宜之上策。新疆蕩平六年，今收復伊犁，局勢大定，惟營勇未可盡撤，營勇不撤，餉亦難繼，欲收兵食兩足之效，則屯田尚焉。天山南北不少膏腴，近聞西征士卒多有娶妻成家者，授之以田，其情甚願，導之爲農，其利自倍，請飭通籌專辦。其營勇之精壯者酌留以備邊防，餘皆計口分田，各給籽種，使之自食其力，成熟之後緩數年以升科，廣收租糧，以供軍需，每年可節餉銀數百萬兩。又和闐、古城、火道溝、塔爾巴哈臺等處產金產玉，物力豐饒，使經理得人，通商惠工，其財不可勝用。兵化爲農，戍卒感生成之德；養繼以教，荒服消獷悍之風。長治久安之道，無逾於此，此屯田之可專辦也。諭旨：交各該衙門速議具奏。

　　吏部查乾隆年間削平準部，勘定新疆，各城議立將軍、都統、參贊、領隊、辦事各大臣，統轄駐防旗營，以資鎮守，並於伊犁、烏魯木齊、哈密、吐魯番等處設立道廳州縣等官，歸陝甘總督統轄，以資治理。百餘年來，軍務立而吏事修，速置規模，本無可議。迨同治初年，中原未靖，東南財力未能兼贍，西陲回漢各匪乘機肆擾，遂致新疆各處相繼淪陷。自左宗棠調署陝甘，以欽差大臣督辦新疆軍務，竭十年之力，關內外一律肅清。本年伊犁地方方經歸復，一切善後事宜自應次第舉辦，以固嚴疆。惟久亂之後今昔情形判若霄壤，拘泥成法，時勢不相宜，誠有各該大臣等所云者，左宗棠首是例立行省、開設郡縣之議，自係因時制宜、長治久安之計。且承平年間舊制，亂後蕩然無存，萬難再圖規復，欲爲一勞永逸之計。茲據劉錦棠、譚鍾麟等先後奏陳，所論與左宗棠原議大略相同。惟譚鍾麟以爲設立行省當從州縣辦起，改置州縣，但期足資治理。而劉錦棠則親歷回疆，量地設官，較之譚鍾麟所擬稍有加增，而請添甘肅巡撫、布政使各一員，以資控制。該大臣等苦心經畫，一則期於循序漸進，一則意在一氣相承，均無非爲統籌全局、綏邊輯民起見。臣等公同悉心商酌，回部幅員遼闊，從前舊制既難規復，自不得不隨宜建置，與時變通。擬請各該大臣等所奏，准於南路兩疆、東西兩城設巡道一員，扎阿克蘇，以守兼巡，名爲分巡甘肅阿克蘇等處地方兵備道，督飭所屬水利、屯墾、錢糧、刑名事件，拊馭蒙部，彈壓布魯特，稽查卡倫，作爲衝繁疲三項要缺。喀喇沙爾與吐爾扈特和碩時游牧地方，犬牙相錯，每遇交涉事件，該大臣等請設直隸廳理事撫民同知一員。查各直省道缺，並無理事撫民同知一官，惟奉天、吉林理事同知通判一缺，現令改爲撫民同知通判，均加理事銜在案。應將喀喇沙爾准設直隸廳撫民同知一員並加理事同知銜，治喀喇沙爾城。庫車設直隸廳撫民同知一員，治庫車城。阿克蘇設溫宿直隸州知州一員，治阿克蘇城。拜城縣知縣一員，治拜城，歸溫宿直隸州管轄。烏什緊鄰布魯特部落，爲極邊衝要，擬設直隸廳撫彝同知一員，治烏什城。以上各廳州縣，應統歸東四城巡道管轄。回疆西四城擬設巡道一員，駐扎喀什噶爾回城，該道以守兼巡，名爲分巡甘肅喀什噶爾等處地方兵備道，管轄通商事宜，督飭所屬水利、屯墾、錢糧、刑名諸務，彈壓布魯特，稽查卡倫，作爲衝繁疲難請旨最要缺。喀什噶爾改設疏勒直隸州知州一員，治漢城。疏附縣知縣一員，治回城，歸疏勒直隸州管轄。英吉沙爾緊鄰布魯特，爲極邊衝要，情形與烏什略同，設直隸廳撫彝同知一員，治英吉沙爾城。葉爾羌設莎車直隸州知州一員，治漢城。葉城縣知縣一員，治回城，歸莎車直隸州管轄。葉爾羌所屬瑪喇巴什一城，爲回疆東西咽喉要地，積年河水爲患，設直隸廳撫民水利通判一員，治瑪喇巴什城。和闐設和闐直隸州知州一員，治和闐城。于闐縣知縣一員，治哈拉哈什地方，歸和闐直隸州管轄。以上各廳州縣，統歸西四城巡道管轄，以資治理。至劉錦棠另摺請添巡撫、布政使各一員駐扎烏魯木齊，作爲甘肅分省，並請將鎮迪道照福建臺灣之例加按察使銜，改迪化州爲縣，設迪化府各節，應俟南八城建置事宜辦有就緒，再行酌量情形，據實奏明請旨，目前應暫從緩議，庶布置其有次第，而物力亦可少紓。其譚鍾麟奏稱請將添設道員等官皆歸欽差大臣統轄，劉錦棠奏稱欽差大臣本非常設之官，窒礙難行，未可枚舉各等語。臣等查新疆除旗營外，其舊有文武各官均歸陝甘統轄。是此次議准回疆添設各缺，譚鍾麟固屬分無可諉。惟該督進駐蘭州，一切創設之初，亦恐未能遥度。劉錦棠身親其地，經營措置，具悉情形。雖欽差大臣本非常設之官，而善後規模定局，亦尚未能遽卸軍符。所有此次開設郡縣及鎮迪道等處應辦事務，應仍由該大臣妥籌經理，隨時會商陝甘總督，和衷商榷，以期相與有成。應請旨飭下該大臣等將准設南路置廳州縣等官一切應辦事宜，會商妥協，次第奏明辦理。俟建置其有規模，再由該大臣等查照准設各缺分别奏明，請旨施行。

至現在議設各員應支廉俸，户部查新疆南路從前惟准於烏魯木齊等處額設鎮迪糧務道員一員，歲支俸銀一百五兩、養廉銀三千兩、公費銀七百兩。迪化州知州一員，歲支俸銀六十兩、養廉銀八百兩、公費銀七百兩。奇臺等縣知縣三員，每員歲支俸銀四十五兩、養廉銀六百兩、公費銀七百兩。理事通判一員，歲支俸銀六十兩、養廉銀六百兩、公費銀七百兩。伊犁額設同知二員，每員歲支俸銀八十兩、養廉銀八百兩、公費銀七百兩。其南路除吐魯番額設同知一員，此外各城别無人員支領廉費。此次劉錦棠等奏請於南路東四城設巡道一員、直隸廳撫民同知二員、直隸州知州一員、知州一員、直隸廳撫民同知一員，西四城設巡道一員、直隸州知州三員、知州一員、直隸廳撫彝同知一員、知縣一員、直隸廳撫民通判一員，即經吏部議准，所有該員等廉俸擬請照從前新疆北路額設各員應支廉俸銀數，以歸一律。其南路東西各四城分巡甘肅阿克蘇等處兵備道、分巡甘肅喀什噶爾等處兵備道二員，應照鎮迪道之例，各歲支俸銀一百五兩、養廉銀三千兩、公費銀七百兩。喀喇沙爾直隸廳理事撫民同知、庫車直隸廳撫民同知、烏什直隸廳撫彝同知、英吉沙爾直隸廳撫彝同知等四員，照伊犁同知，各歲俸銀八十兩、養廉銀八百兩、公費銀七百兩。阿克蘇温宿直隸州知州、喀什噶爾疏勒直隸州知州、葉爾羌莎車直隸州知州、和闐直隸州知州等四員，照迪化縣，各歲支俸銀六十兩、養廉銀八百兩、公費銀七百兩。拜城縣知縣、疏附縣知縣、葉城縣知縣、于闐縣知縣等四員，照奇臺等縣，各員支俸銀四十五兩、養廉銀六百兩、公費銀七百兩。葉爾羌瑪喇巴什直隸廳水利撫民通判，照烏魯木齊理事通判，歲支俸銀六十兩、養廉銀六百兩、公費銀七百兩。以上各員，計每歲應支俸銀一千零一十兩、養廉銀一萬五千四百兩、公費銀一萬零五百兩，共總合銀二萬六千九百一十兩，應由欽差大臣劉錦棠等查照現在放給章程，每年仍照案暫歸西征糧臺軍需之款項下彙總報銷。俟新疆善後事宜一律就緒，即行概歸甘肅藩庫支領，以符舊制。至設官以後所有經征銀兩一應出入款項，應令隨時報部立案，以憑查核。

又劉錦棠片奏議裁各城都統、參贊、辦事、領隊各大臣，並伊犁滿營改照各省駐防營制、烏魯木齊提督移駐喀什噶爾城等語。兵部查新疆設立將軍、都統、參贊、辦事、領隊各大臣，統轄旗營，其爲久遠計者，法至善也。今劉錦棠所陳各節，自係因今昔情形不同，現擬設立巡撫，須將原設之官制、營制及駐扎地方大爲變通，方足以資統率而一事權。惟現經吏部核議，設立巡撫一節，姑從緩辦。是擬設者方待議於將來，則原設者自難更於一旦。所請裁撤各大臣並伊犁改照各省駐防營制、提督移駐喀什噶爾之處，均應俟南路八城建置事宜辦有成效，奉旨准立巡撫，再令該大臣會同陝甘總督，酌量情形，奏請旨辦理。至新設巡道二員，均係兵備道，應否設立道標員缺並及各項兵丁，須令該大臣等妥籌具奏。

又劉錦棠等請裁回官阿奇木伯克等名目，另行酌設頭目並被以教，考試回童，量與叙勵等語。理藩院查回疆則例，內開凡回疆所屬各缺，以及各莊均設有阿奇木伯克等官。以上各缺，爲有因時制宜隨時於則外添設議設者，每年終，該大臣報院源流冊籍參考。又查則例，內載回疆伯克等官均有職掌等語。茲則劉錦棠奏稱，現擬建置郡縣，擬設臣倅牧令，郡縣設定後，將回官各缺暨阿奇木伯克等名目概行裁去，另行酌設頭目額數，曾任三、四、五品伯克裁缺後，設准戴用翎頂，充當頭目各等語。詳查各城向設有大小伯克，責任尤重，有總轄該村事務之責。今擬全行裁去，另行酌設頭目，體制是否合宜，臣等不敢率行議准。相應請旨飭下各大臣，再行體察情形，悉心籌畫，務期事無窒礙，回民相安，妥議章程覆奏，臣院再行核辦。

禮部查學政會試內載各直省邊遠地方，如四川之羌民、廣西、湖南之□□，有能讀經應試，粗通文藝，均經部臣議准，均設學額。文理平常者,仍照到任缺革監,並無僅止誦習一經熟諳華語者即行給予生監頂戴之案。今該大臣以全疆敉定以來,各城皆設義塾,令回童讀書識字,教習華語,其中盡多聰穎可造之士,宜設法鼓勵,使回族爭奮於學等因,係為振興文教起見,自然量予嘉獎,以資鼓舞。惟所請將能誦習一經熟諳華語者咨部給予生監頂戴之處,核與臣部例案不符,擬請俟回童等粗通文藝時,再行酌設學額,憑文取進。如以該回衆等但須讀書認字,不必責其文理,應由該大臣另行酌設獎勵,請旨遵行。

又張曜奏請規復兵額、變通營制等語。兵部查前據劉錦棠奏遵旨覆陳一摺,光緒八年三月二十六日奉上諭:劉錦棠所擬於現裁營中選其精壯,仿屯田法,編成額兵,並由金運昌挑選標兵,復步兵之半,及改行餉為坐糧各節,著劉錦棠會商譚鍾麟,悉心妥籌,奏明辦理等因。欽此。今據張曜,裁汰勇丁即可趕復兵額,變通營制方能永固邊防,與劉錦棠前奏大略相同,所請增騎兵、重火器、設游擊之師,係為因時制宜、變通盡利起見,應請旨飭令劉錦棠妥籌具奏。

又編修劉海鼇奏請開辦屯田一節。戶部查臣部則例,內載伊犂滿營屯田,種植雜糧,分田四萬四千餘畝,授八旗閒散餘丁自行耕種。又伊犂商民墾種地三萬九千六百十餘畝,每年額徵銀一千九百八十兩零。戶民共種地三千零三十畝,額徵銀一百五十一兩。又綠營春共分□□耕種三千四百三十畝,兵額徵小麥三百零四石。塔爾巴哈臺兵共種地五萬四千畝,每年徵收糧一萬五千餘石。阿克蘇兵丁屯種地一百五十畝,每年共收稻穀五百卅餘石。烏什屯兵屯種地五千畝,收糧五千七十餘石零。烏魯木齊商民分屯種地九千五百二十六頃八畝,每年共征糧七萬四千九十四石零。吐魯番屯兵種地□萬四千一百畝,每年共征糧一萬一千六百餘石各等語。蓋新疆屯田有舊制,有回屯、兵屯、民屯、戶屯之殊,所獲糧石有雜糧、小麥、稻穀之別,大約承平時南北兩路可收穫糧數十萬石。自新疆變亂以來,成法蕩然,兵民交困。迨官軍次第收復,隨時興辦,屯田不過千百之十一,不足以濟兵食。迨光緒三年左宗棠督兵將新疆一律肅清,始行招集戶民人等,興辦屯種開墾。前據左宗棠奏報,光緒四、五兩年共正各色京斗糧五十一萬五千餘石,劉錦棠奏報六年分徵收各色京斗糧三十四萬七千二百餘石。且現在收穫糧石按照采買價值,每年已可節省餉銀百數十萬兩,將來清丈完竣,徵收尚不止此。茲據劉海鼇奏稱,新疆專辦屯田,擇營勇之精壯者酌留,以備邊防,餘皆計口分田,使之自食其力,每年可節餉銀百萬兩等語。查該編修所陳,自係新疆現時應辦要務,一切事宜尚須斟酌情形,變通辦理。從前各路屯田,添設伍都游官分頒之,而總轄於將軍、參贊。現在南設八城,議設道廳州縣,自應歸地方官一手經理,以免分更章□之弊。而錢糧、考成應暫歸欽差大臣,就近督飭稽核,明定章程,咨部立案,以專責成。大抵從前南路多回屯,現特各該處駐防,多不規復舊制,能否與民屯一律仿辦,應由該大臣查酌辦理。現在南路屯田,皆由大臣等分建各路善後局員辦理。將來清丈告竣,生聚漸蕃,水利自開,□□□一應徵收賦稅,尤當隨時立定經制,以免漫無稽核。相應請旨飭下該大臣等將屯田事宜因時度勢,趕為開辦,仍將為何辦理情形詳細奏報。其回民客戶自種地畝及承種官地,按年升科,完納丁糧,應如何比照舊制,約定數目,亦應並奏。該大臣等督飭承辦各員,將各城開墾、征糧、本色折徵各細數及留抵軍需、廉俸若干,造具清冊,咨部覆核,以重賦稅而節餉需。

其各路屯田置備農器等項,工部查新疆開辦屯田置備農器等項,應令該大臣等即將應用農器先行咨部,立案備查。兵部查全疆底定,現議變通兵制,鎮撫邊陲,而足兵以足食為先,屯田之法誠為今時要務、經久良圖。疊據劉錦棠、張曜先後奏請擬辦屯田,應請旨飭下該大臣等妥速會商,奏明辦理,並將易勇為兵、計口分田清冊,咨送兵部,以備查核。工部查如有建設衙署、分立營汛及屯田兵丁建益房屋工程,均應由欽差大臣會同陝甘總督,飭令承辦官按照部例核由,且開具工段、物料、丈尺、做匠清冊,分別奏咨,送部核飭。謹將臣等遵旨速議緣由繕摺具奏,伏乞聖鑒訓示遵行。再,此摺係吏部主稿,會同各衙門具擬,合併聲明。謹奏。①

---

① 中國第一歷史檔案館藏:《南部縣檔》,案卷號:00729。

091. 請換鑄巴里坤總兵官印信並補發哈密協副將敕書片

光緒九年四月二十日

再，臣錦棠接據甘肅巴里坤鎮總兵徐占彪呈稱：該鎮現用印信前於乾隆年間頒發，迄今年久，清漢文篆模糊，遵照向例，造具印模清册並印花各三分。又鎮屬哈密協副將、哈密協標中軍都司、塔爾納沁營屯田都司、古城營游擊、木壘營守備、鎮標左營游擊、右營屯田游擊、巴里坤城守營都司、中營守備、左營守備、右營守備等十一員，各原頒敕書或因兵燹遺失，或因年久破爛，懇請一併附奏換鑄補頒前來。臣錦棠覆核無異。除將賫到印模清册並印花咨送禮部、工部查核外，相應請旨飭部分別換鑄，以昭信守而重官方。謹會同烏魯木齊都統臣恭鏜、烏魯木齊提督臣金運昌，合詞附片具陳。伏乞聖鑒訓示施行。再此片係臣錦棠主稿，合併聲明。謹奏。

光緒九年五月十三日◆1，軍機大臣奉旨：該部知道。欽此。

【案】此奏片缺原件，錄副①現藏於中國第一歷史檔案館，茲據校補。

1.【光緒九年五月十三日】此奉旨日期，據錄副補。

092. 請彙獎防戍人員摺

光緒九年五月初七日

欽差大臣督辦新疆軍務通政使司通政使二等男臣劉錦棠

---

① 中國第一歷史檔案館藏：《錄副奏片》，檔號：03—5825—011。

跪◆¹奏,爲新疆大定,伊犁收還,綜計諸軍防戍六年,歷著勞績,無異戰功,擬懇天恩俯准,從優擇尤彙獎;其辦理各項差使出力人員,久役邊塞,備歷艱辛,并請彙獎列保,以示鼓勵,恭摺仰祈聖鑒事。

竊新疆地方雖遠西極◆²,而爲形勢所必争。前因秦隴逆回揭竿犯順,關外回酋安德璘、金相印等乘時作亂,遂致淪爲異域。伊犁一隅,則俄羅斯竊占,名曰代守。厥後大學士前陝甘總督臣左宗棠肅清關内,奉命督辦新疆軍務。檄臣於光緒二年率師出塞,迨至三年,幸賴皇威遐暢,南北各城次第克復,由左宗棠報捷。臣愧無功,渥叨錫爵,諸軍將士隨亦同膺懋賞。其時外部尚懷觀望,先後五次寇邊,均由所在分防之營抽隊捕剿,經左宗棠據實奏陳,奉旨准給獎勵。臣受代後,承准移交,擇其在事尤爲出力接戰之員弁,保奏在案。至於諸軍分守全疆,正值大難初平,人心未一,游匪零星出没無常,各營聞警馳往搜捕,不論昕宵,無分遠邇,奔走於沙漠之中。風雪有時驟至,寒燠瞬息不同。戈壁荒涼,每須株守,幕竈遥隔,枵腹以從。既常著有擒斬之助,實有◆³苦於當場之戰,艱險罔避,得以浄掃殘氛。適俄羅斯未將伊犁交出,挾其所欲,重煩朝廷西顧之憂。左宗棠因之移駐哈密,咨會臣等枕戈以待。在皇上懷柔爲重,特不弛兵;在臣等軍旅專司,祇知有戰。於是諸軍文武員弁兵丁勇氣倍增,各於巡緝之餘,講求殲夷之技,操練之勤,夜以繼日,敵愾之念,矢志不渝。推其踴躍用命,直視取之如拾芥,擊之如◆⁴摧枯。睿謀深遠,俯念鄰藩,慎勞天下臣民,不惜曲從款議。上年春間,俄人即經交還伊犁。本年二月,俄兵懾于天威,如期悉數撤退。現在幫辦軍務伊犁將軍臣金順與臣往返函商,趕緊籌辦善後事宜。計自軍興以來,髮、捻、苗、回各逆,以次削平。洎伊犁收還而後,中外乂安,與民休息。六合之内,罔弗臣僕。此固由我皇太后、皇上宸謨廣運,樞署王大臣同心翊贊,用能銷邊患而竟全功。而戍防諸軍會逢其盛,戒備整嚴,忠義憤發,尤仰見朝廷信賞之恩入人之深且固也。

伏惟◆5皇上歲糜帑項,以養邊軍。舉凡固圉靖鄰,力之所能爲者,皆應盡之職司。臣久歷行間,深知塞外從征之苦寒倍蓰内地,而仰體聖主慎重名器之意,從未敢以尋常勞勩爲諸將士瀆懇恩施。兹值全疆底定,諸軍遠征絶徼,就鎮鄰邦◆6,歷時已久,于役極勞。前准統領卓勝軍烏魯木齊提督臣金運昌咨稱:從前山西防軍三年期滿,例准請獎一次。此次諸軍自剿辦逆回藏役,辛勤戍守,復奮全力以鬐强鄰,時歷六年,到底不懈,較之臨時接仗勝負立分者,其堅忍艱難,殆尤過之。若照晋防三年請獎成案,已在兩次保叙之列。合無籲懇天恩,准將在事出力文武員弁兵勇,從優照依戰功,由臣擇尤彙案請獎,以勵前勞而策後效。此外辦理軍糧、軍械、柴草、轉輸、善後各項差使出力人員,前當各城初克,寇氛尚未悉除,該員弁等不憚險遠,於防範難疏之際,任經營庶務之艱,凑赴事機,鉅細無遺,迄今成效已著。迹其久役邊庭,未便没其勞苦,理合併懇鴻慈俯准,由臣擇尤彙保,以昭激勵。

如蒙俞允,俟奉到諭旨,即將諸軍出力文武員弁兵勇及各項差使出力人員,分別擬保,併案具奏。其伊犁、塔爾巴哈臺現駐各軍應獎人員,應由金順、錫綸自行彙奏,合併聲明。所有新疆大定、伊犁收遷,綜計諸軍戍邊六年異常出力,擬懇恩准從優比照戰功獎叙緣由,謹會同幫辦軍務伊犁將軍臣金順、幫辦軍務廣東陸路提督臣張曜,恭摺具陳。伏乞皇太后、皇上聖鑒訓示施行。謹奏。光緒九年五月初七日◆7。

光緒九年五月二十九日◆8,軍機大臣奉旨:准其擇尤酌保,毋許冒濫。欽此。

【案】此摺原件①、録副②現藏於中國第一歷史檔案館,茲據校補。

1.【欽差大臣督辦新疆軍務通政使司通政使二等男臣劉錦棠跪】此前銜據原件補。

2.【雖遠西極】原件、録副均作“雖遠屆西極”。

3.【實有】原件、録副均作“實尤”。

4.【如】原件、録副均作“若”。

5.【伏惟】原件、録副均作“伏維”。

6.【鄰邦】原件、録副均作“鄰封”。

7.【光緒九年五月初七日】此具奏日期,據原件補。

8.【光緒九年五月二十九日】此奉旨日期,據録副補。

093. 核辦蒙部案件請照變通章程摺

光緒九年五月初十日

欽差大臣督辦新疆軍務通政使司通政使二等男臣劉錦棠跪◆1奏,爲新疆邊境毗連蒙部,遇有蒙古糾夥劫奪傷人案件,例無專條,擬請仍照變通章程隨時核實辦結,按季彙報,以歸簡易而靖邊隅,請旨定奪,恭摺仰祈聖鑒事。

竊新疆邊遠,與内地情形迥異,經臣奏請將命盜案件暫行變通辦理,由臣按季彙報,奉旨允准欽遵在案。前因綏來以西劫殺之案層見疊出,檄派記名提督陝西漢中鎮總兵譚上連統帶馬隊四營旗前往填扎,令其認真操防緝捕,以靖地方。茲據譚上連稟報:所部營官提督戴宏勝、幫辦軍務伊犁將軍臣金順所部黑龍江馬隊統領烏克都喜等,派隊擒獲塔爾巴哈臺所轄霍柯柏賽里蒙古巴依爾等四名,搶奪民人針致和等,並用洋炮轟傷吳得樓頭顱,棒傷李

---

① 中國第一歷史檔案館藏:《硃批奏摺》,檔號:04—01—16—0213—091。

② 中國第一歷史檔案館藏:《録副奏摺》,檔號:03—5825—039。

老九唇鼻。同時取獲贓物，帶同該事主，查明黈夜糾夥騎馬持械行劫，得贓傷人屬實，擒獲盜犯四名，一併交縣管押。其在逃之們都伯勒克一犯，懇請通緝等情到臣行營。比經批餉綏來縣研訊確供詳奪，一面移行通緝去後，嗣據該縣訊詳聲明，新疆、蒙古搶奪，例無治罪專條，請示前來。臣查例載，民人蒙古番子偷竊四項牲畜，以蒙古內地界址爲斷，如在內地犯竊，即照刑律科斷。又熱河承德府所屬地方遇有劫奪之案，如事主係民人，無論賊犯是蒙古、是民人，專用刑律等語。惟新疆境內蒙古搶奪，例無專條，亦無辦過成案。際此皇威遐暢，邊徼敉平。綏來爲北道門户，接連西湖、精河，倚山濱湖，中間伏莽堪虞，行李時憂戒備。昔鄭卿公孫僑治鄭，先之以猛；漢臣諸葛亮治蜀，行之以嚴。方隅事勢所限，不能不從權補救，力挽時局之窮。古今不甚相遠，臣愚擬新疆沿邊、蒙古、內地交界地方，舉凡界屬內地之處，遇有拿獲騎馬持械糾夥行劫賊犯，或蒙古，或民人，無論白晝黈夜、曾否傷人，但令贓證明確，訊供屬實，擬請仿照奏准新疆命盜重案變通新章，由臣等隨時分別核辦完結，歸入季報彙奏，似於成例不背，而於地方善後裨益實非淺鮮。抑或飭部妥議，酌定專條，以重刑律而昭法守之處，臣等未敢擅便，現獲賊犯，擬俟奉到批旨，欽遵分別辦理。們都伯勒克一犯，獲案另結。所有新疆邊境毗連蒙部遇有蒙古糾夥劫奪傷人案件例無專條，請仍照變通章程隨時核實辦結，按季彙報，以歸簡易而靖邊隅，請旨定奪各緣由，是否有當，謹會同幫辦軍務伊犁將軍臣金順、烏魯木齊都統臣恭鏜，恭摺由驛具陳。伏乞皇太后、皇上聖鑒訓示施行。謹奏。光緒九年五月初十日◆2。

軍機大臣奉旨：刑部議奏。欽此。

【案】此摺原件、録副俱缺。茲據前後摺件理校、推補。

1.【欽差大臣督辦新疆軍務通政使司通政使二等男臣劉錦棠跪】此前

銜據前後摺件推補。

2.【光緒九年五月初十日】此具奏日期，據刻本補。

094. 力疾銷假仍懇開缺簡員接替摺

光緒九年六月十七日

欽差大臣督辦新疆軍務通政使司通政使二等男臣劉錦棠跪◆1奏，爲微臣假期屆滿，病勢較前稍減，謹體聖慈，權爲銷假，力疾趨公，藉以維繫事局，勉支時月，仍懇天恩俯允，如臣原奏開缺，交卸差使，迅簡賢員接替，以重邊務，臣得趕爲調治，圖報將來，恭摺瀝陳，仰祈聖鑒事。

竊臣前因病難速痊，於本年正月二十八日奏請開缺交卸，回籍調治，旋於三月十一日◆2承准軍機大臣字寄：光緒九年三月初三日奉上諭：劉錦棠奏病難速痊、懇請開缺一摺。覽奏，情詞懇切，實深廑系。第念劉錦棠自督辦新疆軍務以來，經理一切事宜，諸臻妥協，威望允孚，深資倚任。現在伊犁交涉之事尚多枝節，俄境匪類時出滋擾，外患未靖，大兵勢難遽撤，邊疆緊要，正賴重臣鎮攝◆3，未便遽易生手。劉錦棠著再賞假三月，在營安心調理，毋庸開缺，並發去人參六兩，以資調攝。該大臣受恩深重，務當體念時艱，勉圖報稱，以紓朝廷西顧之憂，有厚望焉等因。欽此。跪聆之下，感激涕零。當即恭設香案，望闕叩頭祇領，恭摺叩謝天恩。感切再生，懼圖報之無地；寵邀非分，矢盡瘁以何辭。數月以來，專壹服調，倍加珍攝，日期速奏神效，立起沉痾。督臣譚鍾麟憐臣困憊，函寄外治驗方。臣比依方合藥煮布，縫製襦袴，薄肉熨貼，寢息與俱，更番製換，總期内外夾攻，藥力充足無息，或能積瘵漸除。前者自汗、驚悸、暈眩諸證與骹痛同時交作，而汗出尤甚，時自危懼。說者以爲臣素體肥氣壯，不能鞍馬◆4，近因脚氣，連服附桂峻劑過多，以至陽浮於上，自汗不止，勸令停藥静攝，言之懇切。臣察其所言近理，停止湯藥，已歷數月，而病勢如故，特自汗少戢而已。入夏以後，恪遵聖訓，安心調理，加以外治。適值純陽陰伏之時，寒退暑生，荷蒙再造鴻施，腳氣較前輕減，漸能緩步幕庭。然陰寒濕漬，沉痼已深，元氣大索。當兹盛暑，炎烈襲人，上體汗出如注，而由骹膝以達足拇，膚冷如冰，雖内著重棉，外附絨皮，當午並不發熱，汗澤枯竭，左足消瘦更甚於前。每值天氣陰凉，或早夜偶爾失檢，腳氣輒作，痛楚仍前，流注反覆無定時，或麻木不支。坐治官書，批閱過多，思慮過度，輒發暈眩，夜不成寐，驚悸不寧。似此未秋先零，勢必重辜高厚。伏讀諭旨，殷憂西事，厚望微臣，感激五中，惶悚彌至。際兹邊事未集，邊防難弛，所有操防、善後、撫輯諸務稍有疏虞，動關大局。如臣駑鈍，縱令夙夜經營，殫精竭慮，奮迅以圖，猶懼疏脱，貽誤事機。矧自去冬病劇乞假至今，歷時已逾七月之久，舉步維艱，迄未能冠帶接見僚屬。或遇稟白機要，事情重大，必需躬親，均就卧内裁決。委頓至此，泄沓之慮可勝言哉！

　　兹幸渥荷生成，骹痛稍減，謹恪遵慈訓，敬於假滿之日，力疾強起視事，藉以上紓朝廷西顧之憂，下繫軍民耳目之屬。約計秋盡冬來，中俄畫分界務，諒能次第就緒。南疆建置郡縣諸事，委員試署，亦可粗具規模。各路防軍經臣隨時督飭，工役之暇照常操演，加意巡防，罔敢疏忽。伊犁自俄兵撤退後，規復旗營，修治城垣，清查善後，金順業經次第舉辦。原設卡倫，亦均照舊安設，分隸各旗。綏來迤西，道途近尚安謐。其南路沿邊内外卡倫，臣前駐軍疏勒時，宣布天威，並飭◆⁵内附之布魯特各部頭目按段駐扎，分守卡隘，譏禁出入。臣每因事察情，該布夷人衆均各感戴皇仁，懷德畏威，甘心臣僕。張曜接管西疆，恩信交孚，夷情帖服，部署經營，諸臻妥協，足紓宸廑。伏念臣起自田里，待罪行間今二十年,體素强壯。曩時效力前驅,冰天雪夜中,嘗與諸將領卒乘出入鋒鏑,枕戈露宿,習以爲常。每逢大敵,指揮鏖戰,疾進逐北,梟水登壁,馳騁淤淖,不離鞍馬,未嘗有病。而性偏忌藥,金積受病之源,半由自恃血氣,昧於調攝,以致漬漸成痼。數年以前,每逢節序作痛,不過數日,旋即平復如常,或當甚痛時遇有戰事,據鞍上馬,病遂若失,初不料日甚月益而歲不同,有如今日之困窘者也。近今兩年,感時輒復發痛,入冬增劇,轉屆隆冬,又將如舊爲災,計將安出? 據醫者云:致病之由,初因寒濕中於下焦,由表侵裏,積年太久,寖成沉疴。趁此年力尚强,患處疼痛麻木,尚能自覺,猶可施劑療治。若再遷延歲月,根株日深,將馴至不可救藥。聞之心怦。夫邊防如此其緊要,寵任如此其專◆6,恩眷如此其隆崇,而微臣獨如此其偃蹇。臣受恩深重,淪浹肌髓,倘令貪榮戀棧,不直陳於君父之前,萬一因病廢事,縱蒙聖慈寬宥,而臣心何以自安! 再四圖維,擬懇天恩如臣前奏所請,藉得回籍專心調治,勉圖報稱,不勝惶悚激切待命之至。所有假期屆滿,病勢較前稍減,謹體聖慈,權爲銷假,力疾趨公,藉以維繫事局,勉支時月,仍懇天恩俯允,如臣原奏,開缺交卸差使,迅簡賢員接替,以重邊務,臣得趨爲調治,圖報將來各緣由,是否有當,謹恭摺具陳。伏乞皇太后、皇上聖鑒訓示。謹奏。光緒九年六月十七日◆7。

　　光緒九年七月初八日◆8,軍機大臣奉旨:覽奏,已悉。該大臣年力正强,際此時艱孔棘,惟當勉圖報稱,以副委任。欽此。

　　【案】此摺原件①、録副②現藏於中國第一歷史檔案館,兹據校補。
　　1.【欽差大臣督辦新疆軍務通政使司通政使二等男臣劉錦棠跪】此前銜據原件補。

---

①　中國第一歷史檔案館藏:《硃批奏摺》,檔號:04—01—16—0213—106。
②　中國第一歷史檔案館藏:《録副奏摺》,檔號:03—5181—039。

2.【旋於三月十一日】原件、録副均作"旋於三月二十一日"，當是。

3.【鎮攝】原件、録副均作"震懾"。

4.【不能鞍馬】原件、録副均作"不離鞍馬"，是。

5.【並飭】原件、録副均作"比飭"，是。

6.【寵任如此其專】原件、録副皆爲"寵任如此其專一"。

7.【光緒九年六月十七日】此具奏日期，據原件補。

8.【光緒九年七月初八日】此奉旨日期，據録副補。

095. 遵旨保薦人才摺

光緒九年六月十七日

欽差大臣督辦新疆軍務通政使司通政使二等男臣劉錦棠跪◆¹奏，爲遵旨切實覆陳，仰祈聖鑒事。

竊臣欽奉本年三月初三日上諭：前經諭令各直省將軍、督撫暨統兵大臣等訪求才略過人足任將帥者，秉公保薦。際此需才孔亟，該大臣平時見聞所及，必有所知。即著切實保奏，以備任使。將此由五百里諭令知之。欽此。等因。伏見皇太后、皇上明目達聰、博采旁諮、儲才待用之至意，跪聆之下，欽感莫名。臣竊維發慮治事本乎才，燭幾決策視乎略，天姿學力之攸殊，事權時勢之不一。歷觀往古，證之當今，大率將帥之選，其凡有四：文武備足，智勇兼優，遭大投艱而能不動聲色、措理裕如者，上也。大略雄材，不拘末節，獨當一面，輒能所嚮有功者，次也。沉毅有謀，善察地勢、敵情，戰勝攻取者，又其次也。至於忠勇樸練，戰守兩資，雖才智不過中人，而臨危陷陣，獨能奮不顧身、克成厥志者，則一將之良而已。盱衡時局，求其才略邁衆而志節堅貞不可搖奪，允叶師中之吉，真堪推轂之選者，蓋亦難其人矣。夫人臣之義莫大乎以人事君，而人不易知，尤貴有知人之哲。近如前大學士臣曾國藩、前湖北撫臣胡林翼,遭際聖明,因時刻薦,其所甄拔,或由諸生致位封圻,或由隸卒洊至專閫,文經武緯,垂光史册。中興人才之盛,於斯爲極,蓋千載而一時矣。然曾國藩等類皆學有根柢,望重當時。方其抱膝長吟,已具攬轡澄清之慨,知人論世,寸心自足千古。其所蘊蓄者閎,故其所表見者大而遠;其所賞鑒者真,故其所裁成者曲而當也。微臣效力行間,才識庸闇,山林奇偉之士,既少結納於平時,而老成先達之流,又未敢謬登諸薦刻。伏讀諭旨,該大臣平時見聞所及,必有所知,著即切實保奏,以備任使等諭。聖訓煌煌,顯示以舉爾所知之意,用敢恪遵諭旨,就臣平時同役最久、相知最真之文武大員足備將帥之選者,爲皇太后、皇上切實陳之。

太常寺卿吳大澂,學識閎遠,文武兼資。曩時視學隴中,與臣縱談邊事、兵事,援古證今,不泥不悖,油然經術之腴,心爲傾折者久之。洎觀其欽奉簡命,督辦寧古塔事宜,治軍察吏,具睹成效,固已早契乎宸衷,毋俟臣言瑣瑣矣。廣東陸路提督張曜,忠勳卓著,智略過人,近尤敦尚儒術,深達政體。西四城善後諸事,經臣奏歸綜核,悉臻妥洽。其餘◆[2]南疆地勢邊情,瞭如指掌,尤善得外部夷商之心,其才略過人遠矣。記名提督甘肅寧夏鎮總兵譚拔萃,勇略冠群,才堪應變,經歷行陣二十餘年,先後剿辦髮、捻、回、土各逆,肅清全疆,由勇目累功歷保今職,實授總兵,分領偏師,無役不從,所嚮克捷,實一時將臣中出色當行、堪勝專閫之任者。題奏提督董福祥,樸訥勇敢,堅忍善戰,自金積堡立功後,隨臣轉戰隴邊,蕩平新疆南北兩路,陷陣衝鋒,赴機迅速。凡遇大股巨寇,攻拔險要,罔不身先士卒,親冒矢石,故能戰勝攻取,衝突無前。該提督生長西陲,於邊徼地勢賊情,灼見真知。所部將卒大都關隴土著,習水土而知其心,置諸邊要,實堪一面之寄。前經臣籲懇天恩擢用在案。察其忠勇,綽有原任陝西提督臣潘育龍、原任太原鎮總兵臣王進寶之風,至足尚矣。其部將現統定遠軍題奏提督張俊，勇敢善戰，不避艱險，且有機略，與董福祥同里相友善，自從征戰，戮力一心，歷久不渝，蓋亦一時隴產中將才之傑也。如蒙聖慈，量予簡用，必能忠義奮發，足備緩急。

浙江題奏道袁垚齡，曉暢戎機，深達治體，嚮在臣軍辦理營務，身臨前敵，忠信明決，宣力邊疆十有二年，始終如一，每有獻替，悉合機宜，允孚衆望，現回安徽原籍，擬懇天恩破格録用，必能有裨時局，不負任使。陝西題奏道羅長祐，識略過人，練習邊務，隨臣督師出塞已逾十年，運籌決策，所嚮有功，兩經奏懇鴻施，破格録用。該員現總理臣軍營務，統領湘軍，駐防阿克蘇，和輯將卒，撫馭邊民，悉能得其歡心，辦理從無貽誤，誠一時邊才特出之選。統領禮字軍記名提督伊犁鎮總兵劉宏發①，膽識俱優，勇略出衆。分統嵩武親軍補用總兵劉世俊，英毅勇敢，卓犖不群。兹二員者，隨同金順、張曜轉戰數省，效命邊疆，勞績懋著，要皆邊將之卓卓者。記名副都統恩澤，廉公不阿，學識淹貫，前在金順軍營襄贊戎幄，素以正派著名，臣所稔知。歷署巴里坤、烏魯木齊領隊，整頓營伍，興屯勸學，具有成效，蓋一時儒將之傑也。

臣維將帥之選，資稟固不繫於人爲，而才智之生，韜鈐實半成於歷練。軍興之始，夙將儒臣持節討逆，而或不稱厥職者，非其才略之必不如人，蓋時異事殊，知經而不達權，安常而未能應變故也。幸賴神聖相承，虛衷延攬，破格用人，於是奇傑之士、樸勇之夫，各得展其所學而獻其所長，報累朝養士之恩，抒臣子效忠之義，一倡百和，崛起不窮。雖方隅攸分，時勢判隔，而臨機應變，矩方規圓◆3，或師其所長，則以敵資我，或攻其所短，則以我制人。備極艱險而才智生，出入生死而膽略生。勇敢則進之於智謀，深

沉則益之以果毅。束以步伐之律，發其忠義之良。曉然兵屯相發
之宜，則軍無乏食；明於軍民相保之義，則兵不擾民。可戰可守，
能發能收，知經達權，應變莫測，具體偏長，均歸有濟。卅年以來，
廓清寰宇，重熙累洽，得人之效，比隆前古，夫豈偶然？臣以凡庸，
遭逢殊遇，忝邊疆之重寄，更喉舌之攸司。恩眷特隆，獲與保薦，
敢不據實敷陳，對揚休命也哉！

　　至於金順之老成重望，謀勇俱優，歷著忠勛，久已聖心簡在，
臣何庸贅贊一辭！抑臣更有説者，全疆遼遠，接壤强鄰，西疆極
邊，去京師萬里而遙，距蘭垣亦七八千里，遇有警報，鞭長莫及。
祖宗朝勘定回疆，歷次進兵，均由伊犂北路取徑而南。其時將軍、
大臣類皆勛舊老宿◆4，生長北方，挑練索倫各旗營官兵暨陝甘緑
營，大率一時精鋭，將帥卒伍，指臂相使，水土相習，故能一氣旋
轉，呼應靈通，掃穴犂庭，易於反掌◆5。將臣南産，惟楊遇春而已。
今◆6邊防緊要，迥非昔比。郡縣設定後，局勢一變。各路防軍，
如臣所部大率東南爲多，久役邊城，終非長策。將來提臣是否南
移，届時應聽聖裁。其應設武職營兵，臣愚以爲宜慎選關隴土著、
久經戰陣之將領充選，從長計議，實於邊戍、屯防、糧餉諸事深爲
合宜，較之多留客軍徵調換防，其利病相去遠矣。芻蕘之見，是否
有當，伏候聖明采摭。除仍隨時訪求邊才另案保奏外，所有遵旨
切實覆陳各緣由，謹恭摺具陳。伏乞皇太后、皇上聖鑒訓示。謹
奏。光緒九年六月十七日◆7。

　　光緒九年七月初八日◆8，軍機大臣奉旨：留中。欽此。

　　【案】此摺缺録副，原件①現藏於中國第一歷史檔案館，兹據校補。

　　1.【欽差大臣督辦新疆軍務通政使司通政使二等男臣劉錦棠跪】此前

---

　　①　中國第一歷史檔案館藏：《録副奏摺》，檔號：03—5825—100。據文字及御批可斷，此摺即
爲原件無疑。

銜據原件補。

2.【其餘】原件作“其於”,是。

3.【矩方規圓】原件作“矩方規員”。

4.【老宿】原件作“老夙”。

5.【易於反掌】原件作“易如反掌”。

6.【今】原件作“今兹”。

7.【光緒九年六月十七日】此具奏日期,據原件補。

8.【光緒九年七月初八日】此奉旨日期,據《軍機處隨手登記檔》①
校補。

096. 關外馬步營旗弁勇數目
駐防處所繕請立案摺

光緒九年七月初一日

　　欽差大臣督辦新疆軍務通政使司通政使二等男臣劉錦棠
跪◆¹ 奏,爲甘肅關外湘楚皖蜀諸軍馬步各營旗弁勇數目、駐防處
所,謹分晰繕具清單,奏明立案,恭摺仰祈聖鑒事。

　　竊臣接准户、兵兩部咨開:凡兵勇數目、設防某處,從前未經
奏明者,限即奏明報部等因。查前督臣左宗棠原部關外諸軍,自
臣受代以來,陸續裁遣多營,藉省餉需,現並權抵烏魯木齊提標額
兵之土勇,僅存五十餘營旗。計自哈密南至和闐北至精河,縱橫
萬里,均須節節布置。伏讀諭旨,大兵未可遽裁。仰見聖謨廣運、
廑念西陲之至意,就全疆之形勢,哈密爲關內外之咽喉、南北路之
總匯,臣營駐此,策應各路,期於呼吸相通。隨駐親軍,朝夕訓練,
以備不時之徵調,兼顧轉輸之根本。其南路之吐魯番、托克遜、喀
喇沙爾、庫爾勒、布告爾、庫車、拜城、阿克蘇、烏什、瑪拉巴什、喀

---

①　中國第一歷史檔案館藏:《軍機處隨手登記檔》,檔號:03—0239—1—1209—176。

什噶爾、葉爾羌、和闐等處，北路之巴里坤、古城、阜康、古牧地、烏魯木齊、瑪納斯、奎屯、安集海、精河等處，兩路各城所屬，南則纏回新撫所在，毗連外部，以喀什噶爾爲邊要之區，張曜之行營駐之；北則山嶺紛歧，多接蒙壤，以伊犁爲邊要之區，金順之軍府在焉。臣部統籌設防，視其衝僻，度其險夷，以定營數之多寡，遠近相維，脈絡貫注，須中堅而後勁，免百密之一疏。

俄人新就款約，通商伊始，務在勤修邊政，乃可固圉靖鄰。臣前請改兵制，部議須俟緩圖，則現存之營旗，論地方之遼遠，兵力尚形其單；論協餉之艱難，供支恒虞不繼。頃以咨商金運昌，將所存卓勝軍之馬步五營分作七八九三個月，概行裁撤。頭起由臣設法騰挪，墊餉清欠，其二三起專恃山西迅籌大批西來，始爲有著。而奉旨飭催該省提前趕解之款，尚未接准撫臣來咨指撥，實苦難於羅掘。除再咨催外，該五營既已盡遣，當另抽營填扎舊防，此外更難裁併。蓋邊疆要地必得重兵鎮駐，方足以資防範而壯聲威也。所有關外湘楚皖蜀諸軍馬步各營旗弁勇數目及駐扎處所，謹分晰繕具清單，恭呈御覽。伏乞皇太后、皇上聖鑒，敕部立案施行。謹奏。光緒九年七月初一日◆²。

軍機大臣奉旨：該部知道，單二件併發。欽此◆³。

謹將甘肅關外湘楚皖蜀諸軍馬步各營旗自光緒七年正月起陸續裁併、酌留遣勇改支坐糧並新募土勇權抵烏魯木齊提標額兵截至光緒九年三月止實存官弁、勇丁、馬夫、馬匹數目，開具四柱清單，恭呈御覽。計開

舊管：光緒六年十二月底止，關外實存駐防步隊四十七營一旗、馬隊二十三營六旗、開花炮隊三哨、小馬隊五哨，共計實存舊額弁勇三萬九百三十七員名，額外營哨官二百三十五員，額外火夫七百五名，額外長夫、馬夫一萬七千六百一十五名，額馬六千五

百五十八匹,炮車十八輛,車騾四十八頭。

新收:光緒八年七月起,挑募工勇步隊七旗,權抵烏魯木齊提標額兵,並酌挑遣勇步隊二旗、馬隊一旗,共計照額新添弁勇三千四百五十五員名,額外火夫十四名,額外長夫、馬夫三百五十六名,額馬一百二十七匹。

開除:光緒七年八月底止,裁併步隊七營、馬隊一營三旗,又馬隊一旗,內裁汰弁勇六十九員名,其餘併作一哨。共計裁撤舊額步馬弁勇四千一百九十四員名,撤去額外營哨官三十五員,裁去額外火夫七十七名,裁去額外長夫、馬夫二千二百八名,裁減額馬七百四匹。

光緒七年十月底止,裁撤步隊四營、馬隊一旗一哨,共計裁撤額舊步馬弁勇二千一百八十一員名,撤去額外營哨官二十員,裁去額外火夫二十名,裁去額外長夫,馬夫九百八十名,裁減額馬一百八十三匹。

光緒八年五月底止,裁撤步隊四營、馬隊二營,共計裁撤舊額弁勇二千五百員名,撤去額外營哨官二十員,裁去額外火夫五十四名,裁去額外長夫、馬夫一千三百九十名,裁減額馬五百四匹。

光緒八年九月底止,裁撤步隊二營、馬隊四營,共計裁撤額舊弁勇二千員名,撤去額外營哨官十員,裁去額外火夫一百八名,裁去額外長夫、馬夫一千六百二十八名,裁去額馬一千八匹。

實在:光緒九年四月起,實存行糧步隊三十營一旗、坐糧步隊二旗、土勇步隊七旗、行糧馬隊十六營一旗、坐糧馬隊一旗,總計五十八營旗、開花炮隊三哨、小馬隊五哨。共計實存額設弁勇二萬三千五百一十七員名,實存額外營哨官一百五十員,額外火夫四百六十名,額外長夫、馬夫一萬一千七百六十五名,額馬四千二百八十六匹,炮車十八輛,車騾四十八頭。

軍機大臣奉旨：覽。欽此◆4。

謹將甘肅關外湘楚皖蜀諸軍馬步各營旗駐扎處所並統領營官銜名自光緒九年四月起實存數目，開具清單，恭呈御覽。計開

一、大營親軍步隊四營、官馬隊二營、開花炮隊一哨。内副將譚用賓管帶親軍前營步隊一營，提督張仕林管帶親軍左營步隊一營，提督鄧政升管帶親軍右營步隊一營，提督張復良管帶親軍後隊步隊一營，提督蘇貴興管帶官馬隊左營一營，副將焦大聚管帶官馬隊右營一營，游擊廖克明管帶開花炮隊一哨。以上親軍步隊四營、官馬隊二營、開花炮隊一哨，駐扎哈密附城。

一、哈密東西兩路步隊二營一旗、馬隊二營。内營務處記名提督蕭章開管帶綏定營步隊一營，駐南山口。提督喻先達管帶靖遠營步隊一營，駐瞭墩。提督丁連科管帶安邊步隊一旗，駐黃蘆岡，副將齊彩輝管帶綏定營馬隊一營，駐闢展。提督陳美儔管帶定遠營馬隊一營，駐七克騰木。以上步隊二營一旗、馬隊二營，歸提督蕭章開統領。

一、南路吐魯番駐防步隊一營、馬隊一營。内總兵徐萬福管帶建威營步隊一營，駐防吐魯番城。提督黃萬鵬管帶揚威馬隊一營，駐托克遜。以上馬隊一營、步隊一營，均歸提督蕭章開統領。

一、喀喇沙爾、庫車兩城駐防步隊三營一旗、馬隊一營。内記名提督甘肅寧夏鎮總兵譚拔萃率小馬隊一哨、安遠軍中營步隊一營，駐防庫車城。總兵王文安管帶安遠軍左營步隊一營，駐防布告爾。補用知縣劉兆松管帶安遠軍右營步隊一營，駐防庫爾勒。總兵王玉林管帶精騎後營馬隊一營，駐防喀喇沙爾城。提督萬勝常管帶安邊步隊一旗，駐扎喀喇沙爾。以上步隊三營一旗、馬隊一營均歸提督譚拔萃統領。

一、阿克蘇、烏什兩城駐防步隊六營、馬隊二營、開花炮隊一

哨。內總理營務處道員羅長祜率小馬隊一哨、老湘右軍中營步隊一營,駐防阿克蘇城。副將莊偉管帶開花炮隊一哨,駐防阿克蘇城。提督湯彥和管帶老湘右軍前營步隊一營,駐防拜城。提督曾楚勝管帶老湘右軍右營步隊一營,駐防札木臺。提督胡義和管帶老湘右軍左營步隊一營,駐扎阿克蘇附城。總兵劉必勝管帶老湘軍壽字馬隊一營,駐扎渾巴什。提督潘長清管帶老湘左軍左營步隊一營,駐扎烏什附城。提督蕭拱照管帶老湘左軍右營步隊一營,駐扎烏什附城。提督楊德俊管帶恪靖中營馬隊一營,駐防駱駝巴什。以上步隊六營、馬隊二營、開花炮隊一哨,歸道員羅長祜統領。

一、葉爾羌、和闐兩城及葉爾羌屬之瑪納巴什城駐防步隊三營、馬隊二營。內提督董福祥率小馬隊一哨、董字中營步隊一營,駐扎葉爾羌漢城。提督杜錫斌管帶董字左營步隊一營,駐防瑪納巴什。提督田九福管帶董字右營步隊一營,駐扎葉爾羌附城。提督夏辛西管帶恪靖右營馬隊一營駐扎葉爾羌附城。提督張宗本管帶恪靖後營馬隊一營,駐扎葉爾羌附城。以上步隊三營、馬隊二營,歸提督董福祥統領。提督張俊率小馬隊一哨、定遠中營步隊一營,駐扎和闐城。提督胡登花管帶定遠左營步隊一營,駐扎和闐附城。總兵周天才管帶定遠右營步隊一營,駐扎雜瓦臺。以上步隊三營,歸提督張俊統領。

一、喀什噶爾駐防馬隊二營一旗、步隊一旗、開花炮隊一哨。內提督武朝聘管帶西征左營馬隊一營,駐扎喀什噶爾城南。游擊陳文英管帶開花炮隊一哨,駐扎喀什噶爾漢城。副將谷振傑管帶西征右營馬隊一營,駐扎牌素巴特。都司張洪疇管帶布魯特馬隊一旗,駐扎喀什噶爾回城。提督董天海管帶喀什防營步隊一旗,駐扎喀什噶爾回城。以上馬隊二營一旗、步隊一旗、開花炮隊一哨,歸提督武朝聘統領。

一、北路巴里坤，古城駐防步隊二營，馬隊二營。內提督李洪超管帶呼敦左營馬隊一營，駐扎巴里坤。提督李玉春管帶呼敦右營馬隊一營，駐防木壘河。總兵羅平安管帶蜀軍正營步隊一營，駐扎巴里坤附城。提督宋賢聲管帶蜀軍副營步隊一營，駐扎古城。以上馬隊二營、步隊二營，歸巴里坤鎮總兵徐占彪統領。

一、烏魯木齊駐防步隊三營，馬隊二營。內卓勝軍營務處記名提督王鳳鳴管帶卓勝軍親兵步隊一營，駐扎烏魯木齊。游擊王法貞管帶卓勝軍左營步隊一營，駐扎阜康縣。參將殷樹洪管帶卓勝軍右營步隊一營，駐扎古牧地。提督周雲田管帶卓勝軍前營馬隊一營，駐扎柴窩鋪。總兵牛允誠管帶卓勝軍後營馬隊一營，駐扎滋泥泉。以上步隊三營，歸提督王鳳鳴統領；馬隊二營，歸提督周雲田統領。均歸烏魯木齊提督金運昌節制。

一、綏來、奎屯駐防步隊三營、馬隊一旗，內記名提督調補甘肅西寧鎮總兵譚上連率小馬隊一哨、老湘親軍中營步隊一營，駐扎綏來城。提督新授陝西漢中鎮總兵戴宏勝管帶老湘親軍左營步隊一營，駐扎奎屯臺。總兵張清和管帶老湘親軍右營步隊一營，駐扎安集海。提督李其森管帶定遠馬隊一旗，駐扎綏來附近。以上步隊三營、馬隊一旗，歸記名提督譚上連統領。

一、烏魯木齊提標新募土勇，權抵制兵步隊七旗，內烏魯木齊提標中軍參將武魁管帶中軍土勇步隊一旗，烏魯木齊城守營都司張積功管帶城守營土勇步隊一旗，濟木薩參將郝忠裔管帶濟木薩營土勇步隊一旗，烏魯木齊提標左營游擊鄧得貴管帶左營土勇步隊一旗，烏魯木齊提標右營都司趙文斌管帶右營土勇步隊一旗，瑪納斯協副將張懷玉管帶瑪納斯營土勇步隊一旗，庫爾喀喇烏蘇營游擊劉春元管帶烏蘇營土勇步隊一旗。以上土勇步隊七旗，各按汛地駐扎，均歸烏魯木齊提督金運昌統轄。

以上駐防甘肅新疆南北兩路，共計步隊三十營十旗，馬隊十六營二旗,開花炮隊三哨,小馬隊五哨,係光緒九年四月起實數,與七八兩年之數不同。其管帶營官時有更易,駐扎處所間或抽調。現開營官銜名、駐防地方,核與七八兩年册內互異。理合聲明。

軍機大臣奉旨:覽。欽此◆5。

光緒九年七月二十三日◆6,軍機大臣奉旨:該部知道。單二件併發。欽此。

【案】此摺原件①、錄副②及清單二件③現藏於中國第一歷史檔案館,茲據校補。

1.【欽差大臣督辦新疆軍務通政使司通政使二等男臣劉錦棠跪】此前銜據原件補。

2.【光緒九年七月初一日】此具奏日期,據原件補。

3.【軍機大臣奉旨:該部知道,單二件併發。欽此】此據原件補入。

4.【軍機大臣奉旨:覽。欽此】此據清單補。

5.【軍機大臣奉旨:覽。欽此】此據清單補。

6.【光緒九年七月二十三日】此奉旨日期,據錄副補。

097.關外各軍行糧坐糧章程善後臺局
一切應發款目繕請立案摺

光緒九年七月初一日

欽差大臣督辦新疆軍務通政使司通政使二等男臣劉錦棠跪◆1奏,為甘肅關外各軍按照楚軍行糧章程供支月餉,及新募土勇權抵烏魯木齊提標額兵酌留遣勇支給坐糧,並善後臺局文武員

---

① 中國第一歷史檔案館藏:《硃批奏摺》,檔號:04—01—01—0949—005。

② 中國第一歷史檔案館藏:《錄副奏摺》,檔號:03—6018—046。

③ 中國第一歷史檔案館藏:《清單》,檔號:03—6092—054;03—6092—055。

弁、勇夫、工匠、書役人等薪糧、工食、運脚、製辦、采買一切雜用應
發款目,謹照部議繕呈清單,奏明立案,恭摺仰祈聖鑒事。

　　竊臣准户部咨內開:凡兵勇數目、營制、員弁薪水、口糧及軍
火、雜用等項,限即奏咨立案等因。當經鈔録飭知行營糧臺,遵照
確查具報去後。臣查新疆軍務,自光緒元年前陝甘督臣左宗棠奉
命督辦,檄調諸軍,料量出塞。其時道路梗阻,往往數百里內寂無
人煙。員弁、軍士以及各色人等,無不視爲畏途。動色相戒,地處
極邊,物産凋敝,凡百多仰給於關内,而長途轉輸,必得食息之所。
於是分設糧料、柴草各局站,以資供應。至需用、軍裝等項,按程
站之遠近,設局儲辦,並設軍塘、夫馬,馳遞文報,招致文武各員,
分別差委。寒苦之區,從征諸人相距原籍遠或萬里,百物騰昂,薪
糧較之關內必須格外優給,方敷食用。左宗棠正慮餉艱費鉅,而
各軍猶以爲地方遼遠,戈壁荒凉,恒苦供億之未周也。迨光緒三
年南北兩路肅清,善後諸務刻不容緩,乃於各路額設◆2 總分各
局,清丈田畝,稽查保甲,徵收糧税,又以南疆土沃宜桑,招匠教習
纏回飼蠶繅絲之法,以盡地利。全疆久淪異域,禮義不興,務在正
經善誘,廣設義塾,急選儒生教授,漢回各童,俾沾聖化,漸使風
俗、文字軌於大同,以牖其秉彝之良,而格其嚚陵之氣。因軍興而
籌善後,因善後而廣教澤,連類而及,義不獲已。以上應行支用各
款,截至光緒六年底止,業由左宗棠開單會銜奏銷在案。

　　臣於六年冬間接縮欽符,亟思裁省餉需。體察各項用款,於
率由舊章之中權其緩急,設法撙節,並將防軍遣撤多營,裁減月餉
之資,以補協解之不足。其各省關協餉,左宗棠交卸之際,即經奏
明,關内分用四成,關外分用六成。甘肅省城設總糧臺,統司收
發。哈密設行營糧臺,總司關外之供支。自七年起,各專責成。
兹據行營糧臺將七八兩年實支款目,開列二十四條,詳請具奏立
案前來。臣覆核無異。其自九年起如有應行減併之項,即當隨時

報部,以節糜費。除七八兩年實在收支已飭行營糧臺造咨甘肅總臺,彙齊呈由督臣譚鍾麟核明會奏、開單報銷外,所有關外支發各項章程,謹繕清單,恭呈御覽。伏乞皇太后、皇上聖鑒,飭部立案施行。謹奏。光緒九年七月初一日◆3。

光緒九年七月二十三日◆4,軍機大臣奉旨:該部知道,單併發。欽此。

謹照部議條款,將甘肅關外馬步各營旗應支月餉,隨營文武暨各臺局塘站員弁、護勇薪糧,書役、工匠人等口食,轉運、采買、製造價值及一切雜支等項,均照前督辦軍務陝甘總督臣左宗棠原定章程支發。茲將款目繕具清單,恭呈御覽。計開

一、甘肅關外楚湘皖蜀馬步各營旗及新挑各旗弁勇夫薪糧,均照楚軍營制行糧、坐糧章程分別支給款。查楚軍行糧章程,步隊每營以五百人爲定額,營官、副哨官、長夫在外,每營營官一員,月支薪水銀五十兩、公費銀一百五十兩,幫辦、書記、公用、公費在內,均不扣建。正哨官四員,每員日支薪糧銀三錢。什長三十八名,每名日支口糧銀一錢六分。親兵六十名、護勇二十名,每名日支口糧銀一錢五分。正勇三百三十六名,每名日支口糧銀一錢四分。火勇四十二名,每名日支口糧銀一錢一分。外設副哨官四員,每員日支薪糧銀二錢六分六釐六毫六絲六忽,每員給夫一名,日支口糧銀一錢。外加長夫一百八十八名,每名日支口糧銀一錢。以上共計步隊一營,每大建月支銀二千九百三十六兩二錢,每小建月支銀二千八百四十五兩。

又,步隊每旗以三百七十人爲定額,副哨官、長夫在外。內旗官一員,月支薪水銀三十六兩、公費銀一百一十兩,幫辦、書記、公用、公費在內,均不扣建。正哨官三員,每員日支薪糧銀三錢。什長二十八名,每名日支口糧銀一錢六分。親兵四十名,護勇十五

名,每名日支口糧銀一錢五分。正勇二百五十二名,每名日支口糧銀一錢四分。火勇三十一名,每名日支口糧銀一錢一分。外設副哨官三員,每員日支薪糧銀二錢六分六釐六毫六絲六忽,每員給夫一名,日支口糧銀一錢。外加長夫一百二十三名,每名日支口糧銀一錢。以上共計步隊一旗,每大建月支銀二千一百四十七兩六錢,每小建月支銀二千八十兩八錢八分。

又,馬隊每營以二百五十人爲定額,火夫、長夫、馬夫在外。內營官一員,月支薪水銀五十兩,公費銀八十兩,幫辦、書記、公用、公費、馬藥在內,均不扣建。正哨官四員,每員日支薪糧銀三錢二分,月支雜費銀一兩二錢,每員給夫三名,每名日支口糧銀一錢。副哨官四員,每員日支薪糧銀二錢六分六釐六毫六絲六忽,月支雜費銀一兩二錢,每員給夫二名,每名日支口糧銀一錢。先鋒五名,每名日支口糧銀二錢,月支雜費銀六錢,每名給馬夫一名,每名日支口糧銀一錢。領旗二十名,每名日支口糧銀一錢六分,月支雜費銀六錢,每名給馬夫一名,每名日支口糧銀一錢。親兵二十名、護勇十六名,每名日支口糧銀一錢五分,月支雜費銀六錢,每名給馬夫一名,每名日支口糧銀一錢。馬勇一百八十名,每名日支口糧銀一錢四分,月支雜費銀六錢,每名給馬夫一名,每名日支口糧銀一錢。以上雜費均不扣建。火夫二十七名,每名日支口糧銀一錢一分。公長夫五十名,每名日支口糧銀一錢。額馬二百五十二匹,內營官三匹,其餘均各一匹。每匹日支草乾銀一錢。以上共計馬隊一營,每大建月支銀三千一百七十六兩七錢,每小建月支銀三千八十兩二錢八分。

又,馬隊每旗以一百二十五人爲定額,火夫、長夫、馬夫在外。內旗總一員,月支薪水銀四十兩、公費銀五十兩,幫辦、書記、公用、公費、馬藥在內,均不扣建。哨官二員,先鋒四名,領旗十一名,親兵二十七名,護勇八名,馬勇七十二名,火夫十四名,公長夫二十五名，額馬一百二十七匹，馬夫、雜費、口糧、草乾各項，均同前章。共計馬隊一旗，每大建月支銀一千六百七兩七錢，每小建月支銀一千五百五十九兩六錢三分。

又，楚軍坐糧章程，步隊每營以五百人爲定額，營官、長夫在外。每營營官一員，月支薪水銀五十兩、公費銀四十兩，幫辦、書記、公用、公費在內，均不扣建。哨官四員，每員日支薪糧銀二錢四分。什長三十八名，每名日支口糧銀一錢三分。親兵六十名、護勇三十名，每名日支口糧銀一錢二分。正勇三百三十六名，每名日支口糧銀一錢一分。火勇四十二名，每名日支口糧銀九分。外加長夫一百八十八名，每名日支口糧銀八分。以上共計步隊一營，每大建月支銀二千二百二十八兩四錢，每小建月支銀二千一百五十七兩一錢二分。

又，步隊每旗以三百七十人爲定額，長夫在外。內旗官一員，月支薪水銀三十六兩，公費銀三十兩，幫辦、書記、公用、公費在內，均不扣建。哨官三員，什長二十八名，親兵四十名，護勇十五名，正勇二百五十二名，火勇三十一名，口糧均同前章。共計步隊一旗，每大建月支銀一千六百二十九兩三錢，每小建月支銀一千五百七十七兩一錢九分。

又，馬隊每營以二百五十人爲定額，火夫、長夫、馬夫在外。內營官一員，月支薪水銀五十兩、公費銀八十兩，幫辦、書記、公用、公費、馬藥在內，均不扣建。正哨官四員，每員日支薪糧銀二錢四分，每員給夫二名，每名日支口糧銀八分。副哨官四員，每員月支薪糧銀一錢六分，每員給馬夫二名，每名日支口糧銀八分。先鋒五名，每名日支口糧銀一錢四分、雜費銀一分，每名給馬夫半名，每名日支口糧銀四分。領旗二十名，每名日支口糧銀一錢三分、雜費銀一分，每名給馬夫半名，日支口糧銀四分。親兵二十名、護勇十六名，每名日支口糧銀一錢二分、雜費銀一分，每名給

馬夫半名,日支口糧銀四分。馬勇一百八十名,每名日支口糧銀
一錢一分,雜費銀一分,每名給馬夫半名,日支口糧銀四分。外火
夫二十七名,每名日支口糧銀九分。公長夫五十名,每名日支口
糧銀八分。額馬二百五十二匹,内營官三匹,其餘均各一匹。每
匹日支草乾銀八分。以上共計馬隊一營,每大建月支銀二千一百
九十八兩二錢,每小建月支銀二千一百二十九兩二錢六分。

又,馬隊每旗以一百二十五人爲定額,火夫、長夫、馬夫在外。
内旗官一員,月支薪水銀四十兩、公費銀五十兩,幫辦、書記、公
用、公費、馬藥在内,均不扣建。哨官二員,先鋒四名,領旗十一
名,親兵二十七名,護勇八名,馬勇七十二名,火夫十四名,公長夫
二十五名,額馬一百二十七匹,馬夫、雜費、口糧、草乾各項,均同
前章。共計馬隊一旗,每大建月支銀一千一百二十二兩九錢,每
小建月支銀一千八十八兩四錢七分。均按湘平支給。茲關外自
光緒七年起均按定章支發,據實開報。弁勇數目、駐扎地方,另單
開載。

一、甘肅關外喀什噶爾、阿克蘇、哈密分設開花炮隊員弁勇
夫,照章支給薪糧款。查楚軍兼用開花炮以利攻剿,定章每十七
磅、十六磅平字號各樣後膛開花大炮一座,需什長一名、炮勇十四
名、火夫一名、車夫二名、車騾四頭。每車輪後膛開花小炮、兩截
田雞銅炮、月字號後膛車炮各一座,需什長一名、炮勇十一名、火
夫一名、車夫一名、車騾二頭。喀什噶爾、阿克蘇、哈密三處,因係
邊防要地,各設大小開花炮、後膛車炮,以重防守。計喀什噶爾安
設十六磅後膛開花大炮二座、車輪後膛開花小炮四座。阿克蘇安
設平字號後膛開花大炮二座、月字號後膛車炮四座。哈密安設十
七磅後膛開花大炮一座、十六磅後膛開花大炮一座、兩截田雞銅
炮二座、車輪後膛小炮二座。每處打炮弁勇均以九十九人爲定
額,内炮長一員,月支薪水銀三十兩、公費銀二十兩,均不扣建。

什長六名,每名日支口糧銀五錢。護勇五名、炮勇七十二名,每名日支口糧銀二錢六分六釐六毫六絲六忽。車夫八名、火夫七名,每名日支口糧銀一錢一分。以上每處炮隊大建月支銀八百五兩五錢,小建月支銀七百八十兩三錢一分七釐。兹自光緒七年起,均照前章按湘平支發,據實開報。弁勇數目另單開載。

一、甘肅關外楚皖蜀馬步各營旗統領,照章支給公費款。查楚軍營制章程,除每營設立營官管帶外,仍按營旗多寡,另設統領一員,俾資統率,酌給統領公費。凡統領一二營者,每月支給統領公費銀一百兩,加給公長夫十名,每名日支口糧銀一錢。統領三營以上者,每月支給統領公費銀一百五十兩,加給公長夫十五名,每名日支口糧銀一錢。統領五營以上者,每月支給統領公費銀二百兩,加給公長夫二十名,每名日支口糧銀一錢。統領八營至十營者,每月支給統領公費銀三百兩,加給公長夫三十名,每名日支口糧銀一錢。兹從光緒七年起,均照舊章支發,據實開報。

一、甘肅關外湘楚軍馬步各營旗統領、營務處,照章支給公費,並各員弁勇夫加給米折銀兩款。查湘軍於光緒元年經左宗棠調派料理出關,所有原部湘軍及撥歸統率之楚軍馬步各營旗擬定新章,另設總統一員、營務處二員、分統五員。除總統並營務處、幫辦、哨官公費、薪糧截至六年底酌裁由左宗棠具報外,現留總理營務處一員,月支薪、公銀二百兩。分統五員,每分統一員,月支薪、公銀二百兩,文案、支應、書識薪水、辦公銀一百二十兩,均不扣建。各率小馬隊一哨,內哨官一員,日支薪糧銀六錢。給夫二名,日支口糧銀一錢。護勇四名、什長四名,每名日支口糧銀四錢。每名給馬夫一名,日支口糧銀一錢。馬勇四十名,每名日支糧銀三錢,每名給馬夫一名,日支口糧一錢。火夫五名,每名日支口糧銀一錢一分。公長夫四十名,每名日支口糧銀一錢。以上弁勇騎馬均係自行購買,雜費、馬乾、倒馬概不另給。

　　又，湘軍營制自同治年間剿捻後，凡馬步各營員弁勇夫月支薪糧外，按名加給米折、柴草、津貼銀兩，歷經照支。所有新歸湘軍統率出關之楚軍馬步各營旗，念其苦征絕徼，僅支行糧不敷食用，准照湘軍舊章，一律加給米折、柴草、津貼銀兩，無論員弁勇夫，每員每名另給津貼、米折銀四錢五分。每步隊一營，每月給津貼、柴草價銀一百六十兩。每馬隊一營，給津貼、柴草價銀八十兩。均不扣建，以示體恤。現在各營駐防事務較簡，所有前項津貼、柴草價銀，自光緒七年正月起，飭令一律裁止，以節糜費。其津貼、米折銀兩一項，因關外食物昂貴，未便遽裁，仍飭令照支。茲從光緒七年起，均各按照前章支發，據實開報。

　　一、甘肅關外馬隊照章支給倒馬價值款。查楚軍營制馬隊章程，各營額馬按每百匹扣足一年，准報倒斃三十匹，每匹准給價銀十六兩買補。茲從光緒七年起，接供關外馬隊各營旗騎馬，均照十分倒三章程，按年核算，支發價銀，據實開報。

　　一、甘肅關外軍營臺局派委辦差文武各員弁支給薪糧款。查甘肅關外軍餉、軍裝、軍火、糧料，多由關內轉運出關，設立臺局存儲，分解前敵應用，並由關外地方察看情形，酌量采買糧料，製辦軍裝、硝藥。沿途按站采備柴草，供應軍營差使過境，分別派委員弁駐辦。計哈密設立行營糧臺、行營軍裝製辦總局、督催糧運總局，古城設立屯采總局。安西、玉門、敦煌、巴里坤、奇臺、吉布庫、濟木薩、吐魯番、喀喇沙爾、庫爾勒、布告爾、庫車等處設立采運局。吐魯番、喀喇沙爾、庫車、阿克蘇、烏什等處，設立軍裝硝藥局。安西州、小宛、布隆吉、四家灘、白墩子、紅柳園、大泉驛、馬蓮井、庫車、托和鼐、阿克蘇、渾巴什、薩依里克、齊蘭臺、瑪納巴什、卡納克、沁屈爾、蓋察巴克、圖木舒克、雅哈庫圖克、英吉沙爾、雅滿雅爾、牌素巴特、英阿瓦特、龍口橋、玉代里克、黑孜堡等處，設立柴草局。又於玉門縣屬境設立柴草站五處，哈密屬境設立柴草站十六處,巴里坤屬境設立柴草站五處,吐魯番屬境設立柴草站七處,喀庫屬境設立柴草站九處,察爾齊、札木臺、玉爾滾、拜城、塞里木河色爾等處各設立柴草站一處。所有在事大小文武員弁及行營辦理營務、文案、支應委員,隨營供差,並派赴各臺局,備供押運差遣。文武各員弁應需薪水,均按官階支給。文職道員、武職提督月給銀八十兩,知府、總兵、副將月給銀六十兩,同、通、州、縣、參、游月給銀四十兩,佐雜、都司月給銀三十兩,守備月給銀二十四兩,千總月給銀二十兩,把總月給銀十六兩,經制、外委月給銀十二兩。從光緒七年起,仍照舊章支發,據實開報。

一、甘肅關外各臺局站設立經帖各書支給口食,並酌給紙張筆墨油燭款。查甘肅關外哈密行營糧臺,爲南北兩路總匯之所,一切事務紛繁,設經承十二名、帖寫二十四名,月支筆墨油燭紙張銀三十兩。其行營軍裝製辦總局、哈密督催糧運總局、古城屯采總局事務亦繁,每局設經承六名、帖寫十二名,月給筆墨紙張油燭銀二十四兩。安西、玉門、敦煌、巴里坤、奇臺、吉布庫、濟木薩、吐魯番、喀喇沙爾、庫爾勒、布告爾、庫車等處各采運局,暨吐魯番、喀喇沙爾、庫車、阿克蘇、烏什等處各軍裝硝藥局,每句設經承四名、帖寫八名,月給筆墨紙張油燭銀十二兩。又,各柴草局事務較簡,每局只設字識二三名不等,月給紙張筆墨油燭銀六兩。各柴草站每站設字識一名,月給紙張筆墨油燭銀四兩。經承每名月支工食銀八兩,帖寫、字識每名月支工食銀六兩。茲自光緒七年起,仍照舊章支發,據實開報。

一、甘肅關外各臺局招募防護勇夫,並設纏回字識、通事,照章支給口糧款。查甘肅關外各臺局,凡收儲軍餉、軍糧、軍火重地,向按局務大小,分別招募勇夫防護,期免疏虞。行營糧臺招募護勇一百名,行營軍裝製辦總局、哈密督催糧運總局、古城屯采總局各募護勇六十名。其各采運局、軍裝硝藥局,每局招募護勇四十名及二三十名不等。各柴草局每局招募護勇四名、夫八名，各柴草站每站募護勇二名、夫六名，以資差防，應需口糧均係按照楚軍營制行糧章程，什長日支口糧銀一錢六分，勇丁日支口糧銀一錢四分，長夫日支口糧銀一錢。有因回疆文字、言語迥不相同，凡遇獲匪讞案，訊取供招，察采地勢情形及軍民交易，必須有纏回字識、通事翻譯傳告。統領營官募用一二名不等，糧臺及各局站按事之繁簡，或募用三四名、二三名、一二名不等。每名日支口糧銀一錢。自光緒七年起，均各照章支給，據實開報。

一、甘肅關外各軍營需用糧料、柴草，分途采買，均照各處市估發價及應用倉夫、斗級工食款。查軍需糧料、柴草，例准查明地方情形，確訪時值采買。關外軍營需用糧料甚鉅，或由關內附近州縣采買運送，或就關外地方察看情形，派員分途設局采買，以濟軍食。所需糧價各處情形不同，年歲豐歉不一，價值難歸一致。計光緒七八兩年采買，大米每百觔需價銀三兩三四錢至五六兩不等，小麥每百觔需價銀一兩二三錢至一兩七八錢不等，包穀每百觔需價銀四錢三四分至五六錢不等，青稞雜糧每百觔需價銀六錢二三分至一兩四五分不等，柴草每百觔需價銀二錢一二分至三四錢不等，均係按照各處當時市估給價。其采買、轉運各局所需倉夫、斗級，各按局之大小，酌量傭用。計哈密督催糧運總局、古城屯采總局，各傭倉夫四名、斗級二名。其各采運分局每局雇倉夫二名、斗級一名，每名日支口糧銀一錢。茲自光緒七年起，仍照舊章支發，據實開報。

一、甘肅關外各臺局蓋造房屋，支給經費及租賃民房支給租價款。查關外各臺局辦公並存儲餉裝、糧料、柴草等項，凡無官舍民房之處，係由各臺局自行隨時蓋造。其有民房處所，即按房間多寡、大小，酌量給價租住，每月支給房租銀二十兩至十兩、六兩不等。其自行修造房廠者，工料、經費均照各處時估核給，不另支給租價。茲自光緒七年起，仍按照舊章支發，核實開報。

一、甘肅關外解運軍餉軍裝軍火器械員弁勇丁盤費款。查關外餉項、軍裝，由關內解至肅州轉運局，再由肅局員弁轉解哈密，由哈另派員弁分解各路軍營應用。所有管解員弁，每批餉裝派委二員，各帶護勇四名，按程途之遠近，酌給盤費。由肅州至哈密，又由哈密南路至和闐、北路至瑪納斯，每員每站支給往返盤費銀三兩。茲自光緒七年起，仍照前章支發，據實開報。

一、甘肅關外轉運軍餉、軍裝、糧料需用駝騾、車輛支給腳價款。查關外需用軍餉、軍糧、軍裝，由內地運至肅州，再由肅州遞運出關，先儘舊設官車、駝騾載運，餘係由各臺局就近覓僱民車、駝騾，輪番運送，由肅州運至哈密，又由哈密接運前進，途程遠近不一，南路多涉戈壁，北路間有山嶺。每百觔百里車運，給腳價銀四錢，駝騾給腳價銀三錢。現存官車、駝騾無幾，多係覓僱民車、駝騾，節次遞運。茲自光緒七年起，照依舊章支給，據實開報。

一、甘肅關外官車、官駝騾馬派員經管，應用牽夫、車夫支給工食及草料雜費，並照章准報倒斃款。查關外舊設官車、官駝騾馬，各按駐扎處所、運事繁簡，分幫派員經管。官車自二十輛爲一起，或三十、四十輛不等。駝騾自六十隻頭爲一起，或八十至一百隻頭不等。其經管委員各照官階支給薪水，每員給夫二名，外用車夫、牽夫，按每車一輛用車夫一名，每駝六隻用牽夫一名，每騾馬二頭匹用牽夫一名，每名日支工食銀一錢。又，駝每隻日支料四觔、草二十觔。騾馬每頭匹日支料六觔、草十五觔。又，車每輛月支膏油銀三錢，駝每隻月支油鹽銀二錢，騾馬每頭匹月支飲水、歇店、燈油銀四錢。此外，灌藥及添補什物、修蓋棚廠槽口，即照各處時估核給。又，此項車騾駝馬騾頭向照楚軍馬隊章程，按每百隻頭匹扣足一年，准照十分倒三之例，開報請銷。如一年倒斃數在三分以下，應按實數具報。若逾三分之數，責令經管委員補賠。其報倒成數不再發價買補，以期漸次減裁。茲自光緒七年起，均照舊章支發，據實開報。

一、甘肅關外軍營遣撤官弁勇丁及假汰老弱傷殘病勇並陣亡病故員弁勇夫靈柩回籍，酌給車腳價款。查關外各軍營遣撤，外省員弁勇丁回籍，長途戈壁，跋涉維艱。酌定於防所起程行至肅州止，每官一員，給車一輛，作重八百觔。勇丁令其步行，隨帶行李，按八百觔合給車一輛。每勇一名隨帶行李不得過五十觔，以示限制。其假汰老弱傷殘患病勇夫難以行走者，每六名合給坐車一輛。又，從前陣亡病故官弁勇夫陸續搬運靈柩回籍，均於起程地方起至肅州止，每具給車一輛。茲自光緒七年起支過前項車腳銀兩，據實開報。

一、甘肅關外馬步各軍營打仗陣亡、受傷弁勇，支給恤賞、養傷款。查楚軍恤養章程，凡打仗陣亡弁勇，每名給恤賞銀三十兩。受頭等傷每名給養傷銀十五兩，二等傷每名給養傷銀十兩，三等傷每名給養傷銀五兩，歷經照章辦理。茲自光緒七年起，據實開報。

一、甘肅關外安設塘站、夫馬，馳遞文報，並派撥武弁、字識、獸醫、鐵匠，支給草料、薪工款。查關外地方，久為回逆竊踞。光緒二年大軍進剿，挨此設立軍塘馳遞文報，按程途之遠近，安設正、腰各站，每站派一武弁經管。設號書一名，安馬十餘匹，或二十餘匹至三十匹不等，均係兩馬一夫。每三站設獸醫、鐵匠各一名，令居適中之地，往來醫馬、釘掌。號書、獸醫、鐵匠每名日支工食銀一錢四分，馬夫每名日支工食銀一錢。每馬一匹，日支料六觔、草十五觔。倒斃馬匹，均照楚軍馬隊倒斃章程按支。茲自光緒七年起，仍照章分別支給，據實開報。

一、甘肅關外各軍裝製造局原募浙、粵及本地匠工並各軍營隨帶醫生，分別支給薪工款。查關外軍營習用洋炮、洋槍，悉由外洋采運，日久損壞，均需隨時修整。向於哈密、喀喇沙爾、阿克蘇等處設立軍裝製造各局,由上海招募浙、粤各工匠,分別等第,匠首每工給銀一兩四錢四分,一等匠每工給銀一兩八分,二等匠每工給銀七錢二分,三等匠每工給銀四錢三分二釐,四等匠每工給銀二錢一分六釐。本地工匠分別等第,每工給銀二錢及二千五分至三錢三分不等。各按實在工數核給,曠日不支。其軍裝製造局製造零星軍物,僱用長匠,每名日給工價銀一錢七八分至二錢一二分不等,各按工作優劣。每工匠八名合給火夫一名,日支銀一錢一分。又,關外地處極邊,員弁勇夫不合水土,多患疾病,由内地招募醫生,每營局一二名不等,每名月支銀八兩,每名准帶跟丁一名,日給口糧銀一錢。兹自光緒七年起,均照舊章支發,據實開報。

一、甘肅關外配製火藥,照時價采辦物料款。查關外零用洋土、火藥,向由内地製辦,解運各軍應用。南疆平定,經左宗棠於喀喇沙爾、庫車、阿克蘇、烏什等處就地設局,采辦硝磺,招募工匠,製造火藥,搭發各營,以備閑時操演,所需物料以硝磺爲大宗。兹自光緒七年起,照舊於本地采買。硝磺提煉,每觔藥需價銀一錢。其配用酒炭、零星藥料,均照時價采買。通計造成加工土火藥每百觔需工料銀一十六兩零,土洋藥每百觔需工料銀二十九兩零,據實開報。

一、甘肅關外添購各項軍裝及一切零星應用什物,按照時價采辦款。查關外軍裝,以帳房、號衣、旗幟、單夾棉衣褲、包巾、帽兜、鞋襪爲大宗。其餘鋤鍬鍋碗車駝騾馬什物、紙劄筆墨藥料箱匣口袋簍包蘆席繩索等項,多由後路各臺局采備提用。間值後路未經解到,勢難懸待,不得不就地采辦,以應急需,抑或遇有本地物價相宜、藉省運腳及應隨時修整,並一切應用零星什物必須就地采買者,均飭由各局臨時按照市價采製。物料名目不一,時價貴賤不等,難於畫一。兹自光緒七年起,仍係照舊辦理,據實開報。

一、甘肅關外流寓閑員客民，分別資遣回籍，酌給川資口食車腳款。查關外平定以後，南北兩路各城流寓閑員，多係歷年隨營效力，著有微勞，或因陸續裁營給假，無資回籍；或從前已經假歸，復來投效，無可安置；甚或因病淹滯，資罄難歸。該員等萬里從征，行囊匱竭，欲歸不得，情極可憫。若不分別資遣，恐流離失所，別滋事端。茲自光緒七年起，隨時由保甲局確查，有職之員驗明保札，酌給川資銀或二十兩、十六兩、十二兩、八兩不等。其投效勇丁人等，均按程途遠近，每名每日給口糧銀一錢。又，關外道多戈壁，跋涉維艱，凡資遣有職人員，每二員或三員合給坐車一輛，勇丁人等每六名合給行李車一輛，均按八百觔扣算，於起程地方起至肅州止，分別支給，據實開報。

一、甘肅關外新設烏魯木齊提標各營汛步隊七旗，照土勇餉章支給薪糧款。查烏魯木齊提標，兵燹以後，營制廢弛。上年酌撤卓勝軍六營，招募土勇，權抵制兵，應需月餉，照楚軍坐糧章程酌減，不募公長夫。每旗以三百七十人爲定額，內旗官一員，月支薪水銀三十六兩、公費銀二十四兩，書識、公用公費在內，均不扣建。哨官三員，每員日支薪糧銀二錢四分。什長二十八名，每名日支口糧銀一錢二分。親兵四十名、護勇十五名，每名日支口糧銀一錢一分。正勇二百五十二名，每名日支口糧銀一錢。火勇三十一名，每名日支口糧銀八分。以上共計每旗大建月支銀一千一百九十四兩二錢，小建月支銀一千一百五十六兩四錢九分，均按湘平支給。至該土勇各旗官弁，內有由提標揀派員弁兼充，已由甘肅藩司掛發廉俸者，均隨時按名扣除，不另支給薪工。計從光緒八年七月初一日挑選成旗起，係照前章支發，據實開報。弁勇數目，另單開載。

一、甘肅關外設立總分善後、征糧、保甲、蠶桑各局，調派文武員弁,募用經帖、護勇、倉夫、斗級、纏回字識、通事,支給薪糧,並酌給紙張筆墨油燭款。查新疆兵燹以后,地畝荒蕪,人民離散。底定之初,經左宗棠揀派隨營文武各員分赴各城,次第設立總分各局,開辦善後、保甲、清丈、征糧各事宜,招徠安集,散發農器、牛籽。各按局之大小、事務繁簡,酌准募用經帖、護勇、倉夫、斗級,支給紙張筆墨油燭銀兩。計南路東四城善後總局兼辦阿克蘇善後,西四城善後總局兼辦喀什噶爾善後,各募經承十名,帖寫十六名,護勇六十名,纏回字識、通事各四名,月支筆墨紙張油燭銀四十兩。喀喇沙爾、庫車、烏什、英吉沙爾、葉爾羌、和闐六城善後局,各募經承四名,帖寫八名,護勇三十名,纏回字識、通事各三名,月支筆墨紙張油燭銀二十四兩。嗣因各局清丈地畝,推糧過戶,編造冊籍,事務紛繁,從七年正月起,各加募經承四名、帖寫八名。喀什噶爾、葉爾羌、和闐、英吉沙爾、瑪納巴什、阿克蘇、烏什七處征糧局,各設經承四名,帖寫八名,護勇二十名,纏回字識、通事各三名,斗級二名,倉夫四名,月支紙張筆墨油燭銀十六兩。吐魯番、迪化州兩善後局及沙雅爾、拜城、瑪納巴什三處善後分局、阿克蘇蠶織總局,各設經承二名,帖寫四名,護勇二十名,纏回字識、通事各二名,月支紙張筆墨油燭銀十二兩。阿克蘇、阿依克、葉爾羌、和闐、喀什噶爾、英吉沙爾、庫車、庫爾勒、吐魯番、哈密、敦煌十一處蠶桑分局,哈密新城老城、吐魯番新城老城、喀喇沙爾、庫車、阿克蘇、烏什、英吉沙爾、喀什回城漢城、葉爾羌、和闐、古城、迪化、奇臺、昌吉、綏來、濟木薩、阜康、巴里坤二十一處保甲局,每局設經承一名,帖寫二名,護勇十名,纏回字識、通事各一名,月支紙張筆墨油燭銀八兩。其辦事文武員弁以及經、帖、護勇、倉夫、斗級、纏回字識、通事應需薪糧、工食,均照各臺局原定章程支給。茲自光緒七年起,仍照舊章辦理,據實開報。

一、甘肅關外設立蠶桑總分各局,招募司事、工匠充當教習,分別支給工食款。查關外軍務甫定,左宗棠以南疆各城土沃宜桑,非廣興飼蠶繅絲諸法,不足以盡地利,因於光緒六年,由浙招募司事、工匠,派員帶赴阿克蘇設立蠶織總局。又於阿克蘇、阿依克、葉爾羌、和闐、英吉沙爾、喀什噶爾、庫車、庫爾勒、吐魯番、哈密、敦煌等處,設立蠶桑分局,各設司事,酌派工匠,分途教習。應需工食,按照各省原定工價支給。計司事每名日給薪糧銀八錢。教習絡絲、織機諸法首匠,每工日支銀六錢。教習種桑、接桑、飼蠶、收繭諸法各匠,每工日支銀四錢、三錢不等。又,學成纏徒每名日支工食銀五分、八分至一錢不等。茲自光緒七年正月起,仍照原定章程,按支據實開報。

一、甘肅關外分設義塾,延師教習,支給薪水、津貼及塾童書籍、紙筆、墨硯款。查關外初復,左宗棠前以各城地居邊徼,文教久湮,亟應廣選儒師,分設義學,因時訓導,胥沾教澤,於哈密所屬設立義學五堂,吐魯番所屬設立義學六堂,喀、庫所屬設立義學四堂,庫車所屬設立義學五堂,阿克蘇所屬設立義學五堂,烏什所屬設立義學三堂,喀什噶爾所屬設立義學五堂,瑪納巴什所屬設立義學三堂,英吉沙爾所屬設立義學三堂,葉爾羌所屬設立義學七堂,和闐所屬設立義學四堂,巴里坤所屬設立義學四堂,奇臺縣所屬設立義學四堂,濟木薩所屬設立義學三堂,阜康所屬設立義學二堂,迪化州所屬設立義學六堂,昌吉所屬設立義學二堂,綏來所屬設立義學四堂,呼圖壁設立義學二堂。以上共計義學七十七堂,每堂塾師一員,月支薪水銀二十兩,加給津貼硃墨油燭銀四兩。又,每塾師准給跟丁一名,日支口食銀一錢。每塾塾童十五六名至二十名不等,所有各塾童應需書籍,均由後路各臺局購運散發。所需紙筆墨硯,均由各城局就地按照時價購發應用。茲從光緒七年起,均照原定章程支給,據實開報。

以上軍需善後款項二十四條,均係循照左宗棠酌定舊章,據實開報,核與軍需則例未能逐一吻合,實因關外久經兵燹,道途荒遠,物産凋零,情形迥殊内地,一切均極騰昂,必須因地因時變通辦理。善後諸政尤爲當務之急,勢難省費。然總計七、八兩年用過銀兩,通盤核算,與定章應用之數不甚懸殊,故未敢强爲牽合例章。其自光緒九年起各款内如有應行裁减者,當隨時報部,以節糜費外,所有應發各款,悉照前項款目章程支發開報,俾昭核實。再,查新疆款目繁雜,如有漏未列款者,容再確查,隨時補報,合併聲明。

軍機大臣奉旨:覽。欽此◆5。

軍機大臣奉旨:該部知道。單併發。欽此。

【案】此摺原件①、録副②及所附清單③現藏於中國第一歷史檔案館,兹據校補。

1.【欽差大臣督辦新疆軍務通政使司通政使二等男臣劉錦棠跪】此前銜據原件補。

2.【額設】原件、録副均作"扼設",當是。

3.【光緒九年七月初一日】此具奏日期,據原件補。

4.【光緒九年七月二十三日】此奉旨日期,據録副補。

5.【軍機大臣奉旨:覽。欽此】此奉旨内容,據清單原件補。

098. 委署南路道廳州縣員缺片

光緒九年八月二十二日

再,新疆南路准設道廳州縣員缺,應即委員往署,暫刊木質關

---

① 中國第一歷史檔案館藏:《硃批奏摺》,檔號:04—01—01—0947—066。

② 中國第一歷史檔案館藏:《録副奏摺》,檔號:03—6090—035。

③ 中國第一歷史檔案館藏:《清單》,檔號:03—6090—036。

防、鈐記，給令啓用，以重職守，前經臣會同督臣譚鍾麟奏明在案。臣維兩道綜理庶政，同城之直隸州秉承一切，創立規模，其責較重。既奉准設之旨，勢未可以稽延。所有阿克蘇兵備道員缺，查有二品頂戴按察司銜◆1陝西題奏道羅長祜，才識宏通，勤求治理，堪以委署，隨刊木質關防一顆，文曰"分巡甘肅阿克蘇等處地方兵備道關防"。温宿直隸州知州員缺，查有三品銜升用道甘肅候補知府陳名鈺，老成練達，志趣不苟，堪以委署，隨刊木質鈐記一顆，文曰"温宿直隸州知州之鈐記"。喀什噶爾兵備道員缺，查有三品銜甘肅遇缺題奏道補用知府委署鎮迪道陳寶善，才長識卓，爲守兼優，堪以調署，隨刊木質關防一顆，文曰"分巡甘肅喀什噶爾等處地方兵備道兼管通商事宜之關防"。疏勒直隸州知州員缺，查有道銜分省補用知府蔣誥，才具開展，勤奮有爲，堪以委署；疏附縣知縣員缺，查有分省補用知縣許鼎九，年力富强，才具明晰，堪以委署。隨刊木質鈐記二顆，一文曰"疏勒直隸州知州之鈐記"，一文曰"疏附縣知縣之鈐記"。除由臣分飭遵照並將刊就木質關防、鈐記給領，前往任事，以資治理，其餘各廳州縣容臣續行遴員委署屆時奏報外，所有現在委員署理准設南路道廳州縣各缺◆2緣由，謹會同陝甘總督臣譚鍾麟、幫辦軍務廣東陸路提督臣張曜，附片具陳。伏乞聖鑒。謹奏。

光緒九年九月十四日◆3，軍機大臣奉旨：該部知道。欽此。

【案】此奏片缺原件，録副現藏於中國第一歷史檔案館，茲據校補。

1.【按察司銜】録副作"按察使銜"。

2.【道廳州縣各缺】録副作"道員、州縣各缺"。

3.【光緒九年九月十四日】此奉旨日期，據録副補。

劉錦棠奏稿卷六

起光緒九年九月，訖光緒十年二月

099. 懇獎叙江寧藩司摺

光緒九年九月初八日

欽差大臣督辦新疆軍務通政使司通政使二等男臣劉錦棠、頭品頂戴陝甘總督臣譚鍾麟跪◆¹奏，爲援照部議，先將籌解西餉歷年均足十成之江寧藩司懇恩獎叙，其餘協解足成之省關，籌餉人員容再咨取職名，併案請獎，以昭激勸，恭摺仰祈聖鑒事。

竊查西征協餉，自前督臣左宗棠率師度隴，其時寇氣正熾，動用浩繁，部臣奉命通籌，指各省關竭力解濟，嚴賠誤之處分，供諸軍之要需。全隴蕩平，新疆繼復。經左宗棠先後查明報解較多之省關籌餉大小各員，籲懇恩施，其各督撫、監督協濟公忠，亦經據實陳明、同膺懋賞在案◆²。臣等受代以來，極思裁營節餉，清以前之積欠，減日後之指撥，稍免各省悉索之苦。而左宗棠所借洋款，須爲陸續扣還，實解到甘之銀，遂頓覺其減色。其短解者，文牘頻催，拖欠恒十之五六。除設法騰挪酌裁營勇外，統計幅員遼闊，外部俄鄰比多接壤，現在所存之營，必須留之分防，始有備而無患。

關內漢回雜處，撫綏彈壓，不容稍疏。值此度支艱窘，無不力求撙節。關外雖定分用六成，而籌辦善後要政，需費不貲，重以地當極塞，百物騰昂，情形又迥殊於關內。屢經往返函商，通盤合算，恒虞不支。頻年辦理一切，幸賴有解足十成之處爲之牽補，並荷聖慈飭撥部款，得以勉力撐持，否則杯水車薪，立形竭蹶。前准户部咨會：屢年解足十成之江蘇等省，仍聲明請獎等因。臣等查江南自光緒五、六、七、八四年之內籌解西餉，均於釐捐項下，照依十成報解。江寧布政使梁肇煌綜司出納，備極經營，深藉轉饋之功。查照部議，已在應行請獎之列。其隨同董辦釐捐各員，勤慎趨公，始終不懈。臣錦棠前以邊軍防戍將士久歷艱辛，奏奉諭旨，准其擇尤酌保。則是籌餉之勞，尤未可以掩抑。左宗棠繫念西陲，屢次寓言◆3，慮餉源之告匱，既將轄疆協款提解足成，兼爲多方籌畫。兹准咨送應保◆4籌餉人員前來，可否仰懇天恩，先將江寧布政使梁肇煌賞加頭品頂戴，以勵其餘而示優異，出自逾格鴻施。此外籌解足成之省關，再當核明數目，比較歲時，仍由臣等咨取各員職名並兩江咨送之員，聲請恩獎，以昭激勸。

至各督撫、監督諸臣，受恩深重，誼應共體時艱。即左宗棠從前之請殊施，詎可屢邀，臣等衡量事機，亦何敢妄有援引。第當撥協紛乘，督飭寮屬，酌其緩急，權其輕重◆5，於西事足濟其窮，於他事一無所誤，具見挹注精心，俾關內外藉資周轉，紓朝廷西顧之憂，收整頓及時之效。臣等差免僨事，洵於大局有裨，積年既久，將來自應確查附陳。在諸臣膺疆寄之隆，邊籌原所不忽；在臣等處受協之地，公道不可不明也。所有援照部議先將籌解西餉歷年均足十成之江寧藩司懇恩獎叙，其餘協解足成之省關籌餉人員容再咨取職名併案請獎，以昭激勸緣由，是否有當，謹合詞恭摺具陳。伏乞皇太后、皇上聖鑒訓示施行。再，此摺係臣錦棠主稿，合併陳明。謹奏。光緒九年九月初八日◆6。

光緒九年九月三十日◆7，軍機大臣奉旨：另有旨。欽此。

光緒九年九月三十日，內閣奉上諭：劉錦棠等奏請將籌解西餉足數之布政使懇恩獎叙一摺。西征餉需，關係緊要，所有協力接濟◆8之員，自應量加獎叙。江寧布政使梁肇煌，歷年籌解，均足十成，著賞加頭品頂戴，以示鼓勵。餘依議。該部知道。欽此。

【案】此摺原件①、録副②現藏於中國第一歷史檔案館，摺後上諭現藏於《光緒朝上諭檔》③，兹據校補。

1.【欽差大臣督辦新疆軍務通政使司通政使二等男臣劉錦棠、頭品頂戴陝甘總督臣譚鍾麟跪】此前銜據原件補。

2.【案】光緒二年正月初六日，陝甘總督左宗棠以各省關籌解協餉及各項差使人員籌解西餉異常出力，具摺奏請彙案請獎：

> 欽差大臣大學士督辦新疆軍務陝甘總督一等恪靖伯加一等輕車都尉臣左宗棠跪奏，爲關隴肅清，所有各省關籌解協餉及各項差使出力文武員弁，彙爲一案請獎，恭摺仰祈聖鑒事。竊維甘肅軍事以籌糧、籌運爲最難，而采糧、轉運又均非巨餉不辦。轄境苦瘠，甲於天下，地廣人稀，回亂以來，僅存孑遺不及承平時十分之一。非賴各省關協濟，無所措手。仰仗皇威遐暢，東自潼關、武關，西訖嘉峪，南自巴蜀，北至蒙古，周數萬里一律澄清，是則疆圻諸臣之大有造於西土也。總核西征糧臺開送各省關連年籌解協餉銀數清單，如福州將軍督理閩海關文煜、前兩江總督李宗羲、湖廣總督李瀚章、前任江西巡撫升任兩廣總督劉坤一、四川總督吳棠、前署兩江總督江蘇巡撫何璟、浙江巡撫楊昌濬、廣東巡撫張兆棟、山東巡撫丁寶楨、前署山東巡撫漕運總督文彬、安徽巡撫裕祿、前任湖北巡撫郭柏蔭、前任江蘇巡

① 中國第一歷史檔案館藏：《硃批奏摺》，檔號：04—01—12—0530—045。
② 中國第一歷史檔案館藏：《録副奏摺》，檔號：03—6609—063。
③ 中國第一歷史檔案館編：《光緒朝上諭檔》，第九冊，第327—328頁，廣西師範大學出版社，1996。

撫張樹聲、前任山西藩司升任河南巡撫李慶翱、前任江西藩司升任江西巡撫劉秉璋、署漕運總督江蘇布政使恩錫，於西征餉事，均極盡心，凡可設措之處，無不力爲經營，以求有濟。惟彼此均膺疆圻重任，誼在奉公，臣不敢代爲妄請獎叙，其協解成數多寡，款目分明，臣亦無庸掩飾也。其各省關司道、監督，籌解協餉實數有五分以上者，有至十分者，皆能顧全大局，力濟時艱。解餉各員，歷奉委解，勞瘁不辭，亦無貽誤，自應併案獎叙。茲核明勞績，分別繕單具陳，籲懇恩施。

又，隴中用兵，芻糧轉饋，非數路并籌，難資接濟，勞費未可殫述。軍裝、子藥及軍需一切應用之物，多取資他省，水路迢遞，轉挽繁難。除糧臺及采運局外，非沿途設局督催接運、地方州縣悉心照料，不能妥速。局員非實心奉公、廉能耐苦，又無以勝繁劇而任險艱。然有志之士，每謂軍前差使著績不同，輒思赴前敵圖功，致後路委員發有乏才之歎。臣因擇年勞最久、才具素優者，多方激勵，許以辦理周妥，一體叙功。故數年來，在事員弁各知奮興，軍用得無缺乏。至本省各屬印委辦理善後，百廢具興，雖屬分所應爲，然當此三空四盡之時，拮据不遑，猶能黽勉趨公，經營就緒，勞績亦異尋常。據各路臺局及本省司道開單請保前來，臣詳加覆核，其在事出力未久者均一律核删，俟續有勞績，另行彙案辦理，俾昭核實。所有此次列保文武員弁，均盡心職守，出力有年，保獎階級雖略有與部章所謂尋常勞績不符者，究與各軍營已有區別。謹一併繕列清單，恭呈御覽。伏懇聖慈，免其分別注考，准予獎叙，以示鼓勵。庶群才競奮，臣得收爲指臂之助，稍展尺寸之效矣。其藍翎千總以下員弁，均彙單咨部。合并陳明。伏乞皇太后、皇上聖鑒訓示施行。謹奏。光緒二年正月初六日。

光緒二年正月二十四日，軍機大臣奉旨：該部議奏。單一件、片三件并發。①

光緒五年十二月十七日，陝甘總督左宗棠又以各省關籌解協餉各員公

---

① 臺北故宮博物院藏：《軍機及宮中檔》，文獻編號：408006001；《左宗棠全集》，第九册，第7429—7433頁，上海書店出版社，1986；《左宗棠全集·奏稿六》，第353—355頁，岳麓書社，2009。

忠體國，籌措西餉不遺餘力，具摺奏請併案彙獎：

　　欽差大臣督辦新疆軍務陝甘總督二等恪靖侯加一等輕車都尉臣左宗棠跪奏，爲各省關籌解協餉爲數較多，各項差使人員出力已久，謹併案請獎，恭繕清單，仰祈聖鑒事。竊甘肅新疆軍餉全資各省關協濟，承平無事時，户部預撥、指撥之款通計四百數十萬兩。臣入關度隴，復督辦新疆軍務，所有餉需一切，靡不仰給外省。户部承旨籌撥，各省關隨時批解，危局賴以支持。臣於光緒二年正月，因關隴肅清，彙案開單具奏，爲時又已四載。兹值新疆南北兩路一舉蕩平，疆圻、海關諸臣督同司道局員籌解接濟，以顧急需，於時局實有裨益。其公忠體國，不存纖細計較之私、尋常畛域之見，於古義實有符合。竊維東南芻粟，西北甲兵，本皆國計所關。以公家之財，濟公家之用，雖挹注因其時，緩急權其可，而究無彼此之可言。惟人情各顧其私，無論舍己芸人，本爲不情之舉；即先人後己，亦未免强以所難，未可爲例。惟在當局者斟酌損益出之，在本省無憂竭蹶，在西陲得濟要需。是以飽行者壺飧之惠，拯貧者枵腹之危，其於天理、人情乃爲無歉。矧諭旨森嚴，部文諄切，顧可深閉固拒，巧詞諉卸，自蹈愆尤乎！就各省關言之，如前江西撫臣劉秉璋、現任江西撫臣李文敏，均由藩司升任巡撫，其於西征軍餉協解最多。前浙江藩司升任湖南巡臣衛榮光，到浙後即毅然以西餉爲重，迅籌起解。前浙江撫臣梅啓照、安徽撫臣裕禄，任内協解西征軍餉不待咨催。前湖南撫臣邵亨豫，協解新餉外，更解還舊欠，且省陝甘應分還廣西之款一萬兩解濟西征，雖爲數無幾，足彰公道。現署甘肅藩司前浙江撫臣楊昌濬，自同治六年浙藩任内至光緒三年交卸撫篆止，共解西征實餉數逾千萬兩，較各省尤多。督理閩海關稅務福州將軍臣慶春、督理粤海關稅務記名副都統俊啓，解濟西餉，不遺餘力。在該臣等同值時艱，盡心籌措，無非體國之誠，微臣得所藉手，亦何敢以感幸私情，上瀆天聽！傾耿耿寸衷，實有未能暫釋者。應否仰懇恩施，將劉秉璋、李文敏、衛榮光、梅啓照、裕禄、邵亨豫、楊昌濬、慶春、俊啓諸臣，均賞加頭品頂帶，李文敏、俊啓并賞給正一品封典，以示優異，伏候聖裁。至閩浙督臣何璟、調任兩江督臣劉坤一、四川督臣丁寶楨,於西陲兵事、餉事極肯留心,應懇天恩交部從優議叙。其籌餉最爲出力各員及差使出力各員,謹另繕清單,恭呈御覽,伏懇聖慈,免其分別注考,恩准獎叙,以示鼓勵。伏乞皇太后、皇上聖鑒訓示施行。謹奏。光緒五年十二月十七日。

　　光緒六年正月二十六日,内閣奉上諭:左宗棠奏各省關籌解協餉各員併案請獎,開單呈覽一摺。新疆南北兩路軍務敉平,各省關歷年以來籌濟協餉,不遺餘力,自應量加甄叙。前江西巡撫劉秉璋、江西巡撫李文敏、前湖南巡撫衛榮光、前浙江巡撫梅啓照、安徽巡撫裕禄、禮部左侍郎前湖南巡撫邵亨豫、署甘肅布政使楊昌濬、前福州將軍慶春、粤海關監督俊啓,均著賞加頭品頂帶,李文敏、俊啓并賞給正一品封典。閩浙總督何璟、兩江總督劉坤一、署四川總督丁寶楨,均著交部從優議叙。其餘單開出力各員弁等所請獎叙,著該部議奏。單併發。欽此。①

3.【屢次寓言】原件、録副均作"每次寓書",是。

4.【應保】原件、録副均作"應獎",是。

5.【權其輕重】原件、録副均作"權其重輕"。

6.【光緒九年九月初八日】此具奏日期,據原件補。

7.【光緒九年九月三十日】此奉旨日期,據録副補。

8.【協力接濟】《光緒朝上諭檔》作"竭力解濟",是。

100. 請飭各省關趕解協餉片

光緒九年九月初八日

　　再,各省關欠解西餉極多,久荷聖慈廑念。恭讀光緒四年十二月十五日上諭:儻解不足數,即將該藩司、監督照貽誤軍餉例,

---

　　①　中國第一歷史檔案館藏:《硃批奏摺》,檔號:04—01—16—0209—002;《左宗棠全集》,第十册,第8749—8754頁,上海書店出版社,1986;《左宗棠全集·奏稿七》,第418—420頁,岳麓書社,2009。

指名嚴參等因。欽此。上年十月、本年五月，户部議覆臣等請撥部款、預籌的餉各摺內，亦經聲明，如再延不報解，或解不足數，定將各該藩司指名奏參。是要需之不容少緩，各省關早已稔知。茲查本年應得八成以上的餉，自正月至六月，湖南已及五成，河南及閩海、江漢二關已及四成，江蘇、江西、安徽、四川已及三成有奇。其餘浙江、山東、山西、廣東、湖北、福建等省，或甫及一二成，又或一成未及，並全未起解不等。綜計共報解銀二百四萬九千餘兩。除劃還息借華洋各款及江南另解老湘一軍專餉銀二十二萬五千兩不計外，實解甘肅糧臺者八十二萬五千餘兩。其上年户部酌提各省積欠銀五十萬兩，亦惟河南、湖北、山東共解十萬。時已半年，入款衹有此數。即使此後踴躍解足，猶恐不敷周轉，又況拖延既久，行且援爲故事。推其欠解之由，非盡意存漠視，亦或苦於籌措。無如甘肅、新疆統算年需實銀四百萬兩，係屬必不可少。現在奉撥部款業已湊放無存，艱窘殆不可支。論誤餉之處分，至京餉而已極。臣等謹查成案，雖曾奉有比例嚴參之旨，部議亦極森嚴，若非勢當奇窘，何敢上瀆宸聰！際此待用縈迫，瞬屆年關，籌商再四，惟有籲懇天恩，飭下各省關督撫、將軍嚴飭藩司、監督，將九年分的餉並户部限提積欠之五十萬如數提前趕解，俾資接濟。至八年以前之欠數，部議雖令補解，今又數月未准報解一批。但能早補一分，則關內外早清一分之欠，免致逐年遞增，無所底止。併懇飭各省關分年解補，以便及時清釐。凡事周急◆¹，則◆² 雖當拮据之時，務求騰挪之術，爲之多方湊集，期於有裨。計各省關必能共念邊籌，設法挹注儘解，以濟急需。如仍似前延欠，責有攸歸。深懼容隱貽誤，應由臣等查明，隨時指名嚴參，以維事局。理合附片具陳。伏乞聖鑒訓示施行。再，此片係臣錦棠主稿，合併陳明。謹奏。

光緒九年九月三十日◆3,軍機大臣奉旨:著户部嚴催各省迅速提解,毋稍延誤。欽此。

【案】此奏片原件①、錄副②現藏於中國第一歷史檔案館,茲據校補。原件與錄副所署具奏日期不確,茲據刻本校正。

1.【凡事周急】此句刻本缺,茲據原件、錄副補。

2.【則】刻本缺此字,茲據原件、錄副補。

3.【光緒九年九月三十日】此奉旨日期,據錄副補。

101. 請補鎮迪道所屬廳縣員缺摺

光緒九年九月二十六日

欽差大臣督辦新疆軍務通政使司通政使二等男臣劉錦棠跪◆1 奏,爲微臣暫轄新疆鎮迪道所屬廳縣員缺,謹遵照變通章程,遴員彙補,以重地方而資治理,恭摺仰祈聖鑒事。

竊臣前准吏部咨會:大學士陝甘總督左宗棠片奏,哈密及鎮迪道所屬文武地方官,均應歸劉錦棠統轄,所有升調補署考核及一切興革事宜,均可就近辦理,分別奏咨,以專責成。陝甘總督相距過遠,毋庸兼管。光緒六年十一月初四日,奉上諭:左宗棠奏請將哈密、鎮迪道歸劉錦棠統轄等語。哈密及鎮迪道所屬文武地方官,均著暫歸劉錦棠統轄。欽此。仰見朝廷廑念西陲,委任專壹,欽奉之餘,莫名感悚。頻年遇鎮迪道屬及哈密各官需員,均係由臣委員署理。留心察訪,或有始終異轍及才不稱職者,隨時分別撤參在案。惟查官貴真除,事宜久任,古今以循良稱者,由其與民相信已深,然後惠政斯成,仁聲四溢。如因

---

① 中國第一歷史檔案館藏:《硃批奏片》,檔號:04—01—30—0478—011。

② 中國第一歷史檔案館藏:《錄副奏片》,檔號:03—6609—064。

遷調頻仍，未竟厥施，則莫不歎其爲日之太促也。臣於吏事素
少講求，自承恩命，邊寄權膺，責有攸歸，悚惶彌切。前因關外
無兩司之考察，核與除官之制諸多未符，屢商督臣譚鍾麟揀補，
以免虛懸。嗣接覆緘，補署州縣，應照變通章程，悉由行營揀員
奏補，教職則咨部請選，不必由甘藩司具詳，多一番周折，徒曠
時日等語。誠以新疆異常瘠苦，早寒凛冽，人率視爲畏途。而
地處極邊，從前各城設有旗營駐防，兼事屯墾，旗民交涉多用滿
員，亦或滿漢並用，每揀實缺人員升調。刻下迥非昔比，分駐多
係營勇，兼之水土驟難服習，又無內地堪調之員。光緒四年，左
宗棠請將綏來縣知縣恩禄、昌吉縣知縣色普正頵等開缺，留於
關內另補，是其明徵。

　　臣維吏治關係民生國計，塞外新定，首重招徠撫綏，擇吏固
必廉明，尤貴能耐勞苦，所以各缺未即及時揀補者，實緣行營既
無分任考察之員，臣於各員之操守、才識必須詳細察看，始足徵
信無疑。值此南路設官分職，業已揀員往署，則北路舊設之官
員缺，未便久懸。就各差遣人員留甘者多，且有前隨左宗棠入
隴，曾經署缺，復隨行營供差，情形較爲熟習，自應因地擇人，庶
足以重職守。臣謹援照變通章程，逐加遴選，彙案請補各缺，以
資治理。所有鎮西廳直隸撫民同知係衝繁難三項要缺，查有甘
肅候補班遇缺前先補用直隸州知州甘承謨，心地明白，辦事穩
練，堪以請補。吐魯番同知係衝繁難三項要缺，查有甘肅候補
直隸州知州黃丙焜，才具開展，有守有爲，堪以請補。昌吉縣知
縣係繁難二項邊遠要缺，查有補用知府直隸州知州甘肅候補知
縣方希林，勤慎廉明，任事實心，堪以請補。綏來縣知縣係衝繁
難三項邊遠要缺，查有同知銜甘肅候補知縣李原琳，年力正強，才
具開展，堪以請補。除截缺各日期先後不一，前值軍興，難悉查
考，應請免叙外，以上四員詳細履歷，謹另繕清單，恭呈御覽。

合無仰懇天恩,俯念邊缺緊要,准以甘承謨等分補鎮西廳等四廳縣員缺,均堪勝任,尤於地方有裨。如蒙俞允,俟奉准部覆後,除甘承謨一員業經赴部投供欽派王大臣驗放,奏請發往甘肅補用,毋庸送部引見外,其黃丙焜等三員,即行給咨送部引見,以符定例。臣爲人地相宜、各專責成起見,是否有當,謹會同陝甘總督臣譚鍾麟、烏魯木齊都統臣恭鏜,恭摺具陳。伏乞皇太后、皇上聖鑒訓示施行。再,新疆官制現正籌議整頓,一俟奉准定章,再行循照辦理,合併陳明。謹奏。光緒九年九月二十六日◆2。

　光緒九年十一月初三日,軍機大臣奉旨:吏部議奏。單併發◆3。欽此◆4。

【案】此摺原件①、録副②現藏於中國第一歷史檔案館,兹據校補。此摺具奏日期,刻本署"九月闕日",兹據原件、録副改爲"九月二十六日"。

1.【欽差大臣督辦新疆軍務通政使司通政使二等男臣劉錦棠跪】此前銜據原件補。

2.【光緒九年九月二十六日】此具奏日期,據原件補。

3.【光緒九年十一月初三日,軍機大臣奉旨:吏部議奏。單併發。欽此】此奉旨日期與内容,據原件、録副補。

4.【案】請補鎮西廳等四廳縣甘承謨等四員年歲、籍貫、出身詳細履歷單:

謹將請補鎮西廳等四廳縣各員年歲、籍貫、出身詳細履歷,繕具清單,恭呈御覽。

一、請補鎮西廳撫民直隸同知甘肅候補班遇缺前先補用直隸州知州甘承謨,現年四十九歲,湖南長沙府湘陰縣人,由附生於同治七年投效前陝甘總督臣左宗棠軍營,於陝省全境肅清案内彙保,同治九

---

① 中國第一歷史檔案館藏:《硃批奏摺》,檔號:04—01—12—0530—041。

② 中國第一歷史檔案館藏:《録副奏摺》,檔號:03—5185—015。

年十二月二十六日內閣奉上諭:附生甘承謨著以府經歷不論雙單月即選。欽此。於蕩平金積堡賊巢、寧靈肅清暨中路剿辦回、土各匪疊次獲勝案內彙保,同治十年十月初三日內閣奉上諭:即選府經歷甘承謨,著免選本班,以州同分省補用。欽此。於克復巴燕戎格及剿滅河州竄賊、地方一律肅清在事出力案內彙保,十三年八月初三日內閣奉上諭:分省補用州同甘承謨,著免補本班,以知州分省儘先補用。欽此。旋即請假離營,請咨赴部投供驗看分發,籤掣甘肅。光緒元年十一月初三日,在部繕寫履歷。初十日,經欽派王大臣驗放,奏請發往。十一月十一日,奉旨:依議。欽此。由部發給執照,遵即承領,起程赴甘,二年正月三十日到省繳照,咨部准予留省補用。經前督臣左宗棠於光緒三年十二月札委,署理綏來縣知縣員缺。四年三月初七日,接印視事。五年十月初九日,調署阜康縣知縣,於新疆北路克復瑪納斯等城後反側匪黨疊次竄擾,經官軍嚴防截剿,西北兩路肅清,經伊犁將軍臣金順彙保,光緒六年六月十一日內閣奉上諭:甘肅補用知州甘承謨,著免補本班,以直隸州知州仍留原省,歸候補班遇缺前先補用,並賞戴花翎。欽此。光緒八年三月,經臣札飭,調署奇臺縣知縣。臣查該員甘承謨,心地明白,辦事穩練。茲擬請借補鎮西廳撫民直隸同知員缺,雖衡缺稍有未符,而該員久官北路,盡心撫字,甚著循聲,以之借補斯缺,實屬人地相需。再,查該員歷署各缺,任內並無參罰案件,合併陳明。

一、請補吐魯番同知甘肅候補直隸州知州黃丙焜,現年三十三歲,湖南長沙府長沙縣人,由附生於光緒二年在湖南援防捐局報捐貢生,并加捐布理問雙月選用,投效前陝甘總督臣左宗棠軍營,於克復吐魯番等城案內彙保,四年二月初四日內閣奉上諭:候選布理問黃丙焜,著免選本班,以知州分省歸候補班前先補用。欽此。於新疆南北兩路蕩平案內彙保,六年正月三十日內閣奉上諭:分省歸候補班前先補用知州黃丙焜,著免補本班,以直隸州知州留甘肅、新疆,歸候補班前補用。欽此。旋准吏部咨開:六年六月初八日,具奏關外沿邊地方各缺,均隸甘肅,應將留甘肅、新疆歸候補班前補用直隸州知州黃丙焜留於甘肅補用。奉旨：依議。欽此。於新疆五次剿平邊寇案內經臣彙保，七年五月二十日內閣奉上諭：留甘補用直隸州知州黃丙焜，著俟補缺後，再行送部引見，並賞戴花翎。欽此。以奉旨後第五日由部行文之日起，由京至甘肅省程限五十五日，減半扣算，應於光緒七年六月二十二日，作為到省候補日期注冊，扣至光緒八年六月二十二日，試看一年期滿，經陝甘總督臣譚鍾麟察看，以心地明白甄別具奏，堪以本班留省，照例補用等因。光緒九年四月初五日，差弁賫回原摺，後開軍機大臣奉旨：禮部知道。欽此。臣查該員黃丙焜，才具開展，有守有為。茲擬請借補吐魯番同知員缺，雖衡缺稍有未符，而該員歷在該處一帶承辦差務，情形最為熟悉，以之借補斯缺，實屬人地相需，理合陳明。

一、請補昌吉縣知縣補用知府直隸州知州甘肅候選知府方希林，現年五十二歲，安徽安慶府桐城縣人，由監生遵籌餉事例報捐縣丞，指省陝西。咸豐八年九月，赴部驗看、領照，九年二月到省。十年十月，奉委管解京餉無誤，經戶部題請，歸本班儘先補用。同治二年，經前西安將軍臣多隆阿調營差遣，奉派隨軍赴甘追剿回逆，於克復平涼府城案內彙保，同治三年十月十七日內閣奉上諭：方希林著免補本班，以知縣仍留陝西，遇缺儘先即補。欽此。十年十月初十日，在秦州蓮花城營次聞訃丁親父憂，比即由營呈報轉咨。四年，稟請離營，回籍終制。因軍務緊急，未得即時就道。於攻克張家川、龍山鎮、蓮花城著名逆巢並四年力解靖遠、安定二縣城圍及平毀中灘等處賊巢在事出力案內彙保，同治五年四月十三日內閣奉上諭：方希林著俟補缺後，以直隸州知州歸候補班補用，先換頂戴，並賞戴藍翎。欽此。是年六月到籍。六年正月初十日，服闋，呈報起復，投效前陝甘督臣左宗棠軍營，於蕩平金積堡賊巢、寧靈肅清案內彙保，請俟補缺後，以應升之缺升用。經部議另核請獎。河湟肅清案內，經左宗棠附片奏請，以知縣改留甘肅，儘先即補，並請俟補缺後，以直隸州知州補用，再行送部引見。欽奉硃批：吏部議奏。欽此。部議核准。於同治十三年十二月初五日覆奏，本日奉旨：依議。欽此。遵照例章，以奉旨後第五日由部行文之日起，按甘肅程限減半扣算二十八日，應於光緒元年正月初七日作爲到省候補日期。扣至二年正月初七日，試看一年期滿，有司詳請驗看甄別，由前督臣左宗棠加具考語：查該員方希林，勤慎穩練，年壯才明，奏請堪以原官留甘補用等因。奉旨：吏部知道。欽此。於關內肅清案內彙保，光緒二年二月初四日內閣奉上諭：方希林著俟補直隸州知州後，以知府補用。欽此。是年閏五月，委署成縣知縣，光緒三年十二月十二日交卸清楚，進省，奉委管解新疆軍餉，留營差遣。於新疆南北兩路一律肅清案內彙保，光緒六年正月三十日內閣奉上諭：方希林著賞給隨帶加三級。欽此。於新疆南路諸軍五次剿平邊寇案內彙保，光緒七年五月二十日內閣奉上諭：方希林著賞換花翎。欽此。臣查該員方希林，勤慎廉明，任事實心。茲擬請借補昌吉縣知縣員缺，銜缺相當，人地亦極相宜。再，查該員前署成縣，任內並無參罰案件，合併陳明。

一、請補綏來縣知縣同知銜甘肅候補知縣李原琳，現年三十六歲，湖南岳州府平江縣人，由從九職銜投效老湘軍，於蕩平西寧府屬回逆、力解府城重圍、克復大通縣城、肅清邊境在事出力案內彙保，同治十三年七月二十八日內閣奉上諭：從九職銜李原琳，著以從九品留於甘肅補用。欽此。光緒三年九月，由湖南協黔捐局報捐縣丞，指分甘肅試用，克復新疆托克遜、吐魯番案內彙保，光緒四年十二月初四日內閣奉上諭：甘肅試用縣丞李原琳，著免補本班，以知縣仍留原省補用。欽此。於新疆肅清案內彙保，光緒六年正月三十日內閣奉上諭：甘肅補用知縣李原琳，著俟補缺後，再行送部引見，並賞給五品頂翎。欽此。嗣准吏部議覆：甘肅補用知縣李原琳，著俟補缺後送部引見，並加五品頂戴注冊，光緒六年六月初八日具奏。奉旨：依議。欽此。經臣咨會陝甘總督，以奉旨後第五日由部行文之日起，由京至甘肅省程限五十五日，減半扣算，應於光緒六年三月初三日作爲到省候補日期。扣至光緒七年三月初三日，試看一年期滿，由前護理陝甘總督臣楊昌濬據兩司會詳察看，以才具明練，辦事勤能，照例甄別具奏，堪以煩缺知縣補用等因。光緒七年七月二十日，軍機大臣奉旨：吏部知道。欽此。於新疆五次剿平邊寇在事出力案內彙保，光緒七年五月二十日內閣奉上諭：五品頂戴甘肅補用知縣李原琳，著賞戴花翎，並賞加同知銜。欽此。臣查該員李原琳，年力正強，才具開展。茲擬請補綏來縣知縣員缺，銜缺相當，人地亦極相宜，理合陳明。

軍機大臣奉旨：覽。欽此。①

102. 請獎叙興築烏垣城工片

光緒九年九月二十六日

再，臣接准烏魯木齊提臣金運昌咨開：烏垣自經兵燹，城垣並門樓、門洞以及四隅角樓概已坍塌。光緒七年春間，調集在防馬步各營，分段興築。現將垣墻四圍加高培厚，一律完固。至四門城樓、四隅角樓、四城門洞、南北月城門洞，於光緒七年六月動工，至八年九月止，由升任迪化直隸州知州陶模及現署知州劉兆梅先後監修完竣。所有置買瓦磚、鐵木各項並員弁、匠工、兵勇人等津貼、犒賞，共用銀一萬一百一十二兩五錢八分。又續建堆房抱舍十二間、火藥局九間、義學十一間並濠溝、橋梁，共用銀一千三百四十一兩五錢六分二釐。綜計共用銀一萬一千四百五十四兩一錢四分二釐。除由陶模稟請在於迪化善後房租及古城釐金項下撥用銀三千九百一十一兩五錢外，實不敷銀七千五百四十二兩六錢四分二釐。因自念身受國恩，毫無報稱，不敷銀兩已於歷年所餘薪公項下動支，作爲捐修之款，相應開單咨請奏咨立案等因。臣維新疆自勘定後，各處城垣半多殘毀，亟須次第修理，以資捍衛，祇苦功程浩大，籌款維艱。金運昌承修之迪化州城，殘塌已久，工鉅費繁，共用銀一萬一千四百餘兩，雖與例估不無軒輊，然

①　中國第一歷史檔案館藏：《清單》，檔號：03—5185—016。

以塞外物價騰昂核較，尚屬節省，業經飭署鎮迪道陳寶善逐一勘驗，加結具報。兹據陳寶善詳覆履勘，委係工堅料實，並無浮冒，加具印結，懇請具奏前來。臣查前項城工經費，僅於善後房租及古城釐金項下撥支銀三千九百一十一兩五錢，自應准其動用，已據署迪化直隸州知州劉兆梅造册加結，呈由行營糧臺核轉，彙案報部核銷。其由該提督捐修之款，應請免其造報，並懇天恩俯准，飭部立案。至該提督捐修鉅款，克竣要工，應否仰懇恩施准予議叙，伏候聖裁。其在事出力員弁人等，督任畚挶，始終罔懈，不無微勞，可否由臣彙案擇尤酌保之處，出自逾格鴻慈。除咨户、工二部外，是否有當，謹會同烏魯木齊都統臣恭鏜，合詞附片具陳。伏乞聖鑒訓示。謹奏。

　　光緒九年十一月初三日◆1，軍機大臣奉旨：金運昌著該部核給獎叙。其餘在事出力人員，著該大臣擇尤保獎，毋許冒濫。餘依議。欽此。

　　【案】此奏片原件①、録副②現藏於中國第一歷史檔案館，兹據校補。原件具奏日期爲“光緒八年”，顯誤，而録副以奉旨日期即“光緒九年十一月初三日”爲具奏日期，亦未確，兹據刻本及《軍機處隨手登記檔》③校正。

　　1.【光緒九年十一月初三日】此奉旨日期，據録副補。

103. 已革縣丞酒醉戮斃武職大員審明定擬摺

光緒九年十月初二日

欽差大臣督辦新疆軍務通政使司通政使二等男臣劉錦棠

① 中國第一歷史檔案館藏：《硃批奏片》，檔號：04—01—37—0128—010。
② 中國第一歷史檔案館藏：《録副奏片》，檔號：03—6184—070。
③ 中國第一歷史檔案館藏：《軍機處隨手登記檔》，檔號：03—0239—2—1209—289。

跪◆1奏,爲已革縣丞酒醉昏迷,戮斃武職大員,審明定擬,恭摺具陳,仰祈聖鑒事。

　　竊查指分貴州試用縣丞周鏡堂即周家鑑,因酒醉昏迷,戮傷安遠營左哨副百長江西補用總兵楊秀元身死一案,前據統領安遠軍甘肅寧夏鎮總兵譚拔萃查驗,取具生供,嗣據報,因傷殞命。覆移由庫車善後局員驗傷,解營審辦。當經臣發委前署哈密通判朱冕榮審訊,並將周家鑑縣丞咨部斥革◆2。旋以案關營員,復經臣行提一干人證來營,發委行營發審委員分省補用知縣陶炳南、前湖北應城縣知縣黃維哲確審詳辦去後,兹據委員陶炳南等覆審明確,錄供詳解前來。臣親提研鞫,緣周鏡堂即周家鑑,籍隷湖南寧鄉縣。同治十年,投效貴州武字營,於克復清平、黃平案内,得保分省補用從九品。十三年,在黔捐局加捐縣丞,指省貴州,尚未驗看。與安遠營左哨副百長江西補用總兵看守庫車北門之同縣人已死楊秀元,先不認識。光緒六年,周家鑑出關,赴庫謀事,會遇楊秀元,彼此問之姓名,從此交好,並無嫌隙。八年三月十五日,周家鑑接到家信,憶及家貧母老,伊又賦閑,不覺憂愁。是日下午,至市飲酒解悶。傍晚時,飲入醉鄉,至譚楚光屠鋪,索茶解渴。譚楚光遂至厨房燒茶。詎周家鑑酒氣上湧,一時昏迷,不識如何,即取譚楚光肉架上屠刀走出,道經楊秀元卡房,入内啼哭。維時楊秀元正在棹上寫字,當以時當十五不應啼哭、犯伊禁忌之言,向其理斥。周家鑑酒後糊塗,不服混罵。楊秀元分辯回詈,不期周家鑑順用屠刀,向楊秀元冒戮兩下,适傷其右胳膊、心坎,撲跌倒地,致刀尖劃傷其左胲肘。經楊秀元之親兵董瑞庭、羅福勝聞聲趨至,喝阻奪刀,並將周家鑑捆縛,投知該營左哨正百長許明耀,報經譚拔萃前往查驗,詢悉情由,飭醫調治。比時,周家鑑昏迷無知。迨後酒醒,心始明白,悔恨莫及。楊秀元傷重,調治罔效,延至十六日早因傷殞命。復報經譚拔萃移局驗傷,解營委審,據供前情不諱,嚴詰委因酒醉昏迷,冒戮適傷,並無捏飾情弊,亦無起釁別故。供證確鑿,案無遁飾。

查律載,鬥毆殺人者,不問手足、他物、金刃,並絞監候等語。此案已革縣丞周鏡堂即周家鑑,因酒醉昏迷,順用屠刀戮傷楊秀元心坎等處身死,自應按律問擬。周鏡堂即周家鑑合依鬥毆殺人者不問手足、他物、金刃絞律,擬絞監候。察核戮由酒醉昏迷,訊無別故,情罪尚輕,本應仍照變通章程禁錮三年,惟周家鑑係文職人員,楊秀元亦係武職大員,若僅照變通章程,鬥殺情輕人犯一律禁錮,未免無所區別。應請從重發往黑龍江,充當苦差,以示懲儆。據供母老丁單,但查死者亦係母老子幼,不准查辦留養。譚楚光不知周家鑑取刀情事,應與奪刀捆縛周家鑑救阻不及,並無不合之親兵董瑞庭、羅福勝,均請免議無干省釋。屍棺飭令資送回籍,給屬領埋。兇器屠刀,案結銷毀。除全案供招咨送刑部外,所有審明定擬緣由,是否允協,謹恭摺具陳。伏乞皇太后、皇上聖鑒訓示施行。謹奏。光緒九年十月初二日◆3。

光緒九年十月二十五日◆4,軍機大臣奉旨:刑部議奏。欽此。

【案】此摺原件①、録副②現藏於中國第一歷史檔案館,兹據校補。

1.【欽差大臣督辦新疆軍務通政使司通政使二等男臣劉錦棠跪】此前銜據原件補。

2.【斥革】原件、録副均作"褫革",當是。

3.【光緒九年十月初二日】此具奏日期,據原件補。

4.【光緒九年十月二十五日】此奉旨日期,據録副補。

【案】光緒九年十月初二日,劉錦棠又以江西補用總兵楊秀元被傷身亡一事,附片奏請飭部比例議恤,以彰勞藎而慰幽魂:

---

①　中國第一歷史檔案館藏:《硃批奏摺》,檔號:04—01—01—0950—018。

②　中國第一歷史檔案館藏:《録副奏摺》,檔號:03—7306—051。

再,安遠營左哨副百長江西補用總兵楊秀元被已革縣丞周鏡堂即周家鑑酒醉昏迷、戮傷身死一案,業經臣將審擬緣由專摺具奏在案。惟查該總兵楊秀元,係湖南寧鄉縣人,由勇丁投效湘軍,轉戰數省,前後十餘年,歷著戰功。嗣駐防庫城,窮邊萬里,艱苦備嘗。今因周家鑑酒醉啼哭,理斥爭吵,致被戮傷殞命,實堪矜憫。該總兵雖非效命疆場,有格成例,第念前功,未便任其湮沒,可否仰懇天恩俯准,飭部比例議恤,以彰勞藎而慰幽魂之處,出自逾格鴻慈。除咨部外,謹附片具陳。伏乞聖鑒訓示施行。謹奏。

光緒九年十月二十五日,軍機大臣奉旨:該部議奏。欽此。①

光緒九年十月二十五日,劉錦棠之摺片均得批復:

壬申,督辦新疆軍務通政使劉錦棠奏已革縣丞周家鑑戮斃總兵楊秀元一案,審明定擬,並請飭將楊秀元比例議恤,均下部議。②

104. 發遣回城爲奴之犯請
變通改歸南路州縣官管束片

光緒九年十月二十七日

再,臣於上年春間准陝甘督臣譚鍾麟咨:准湖北撫臣彭祖賢咨查新疆道路是否一律疏通,擬將發往新疆回城爲奴之遣犯張菽培等照例起解等因。到營。臣查例載,軍流人犯應由所發省分◆1督撫大臣按所犯罪名,查照軍流道里表,酌量遠近,並在配軍流多寡均勻撥發,先期定地。又發遣回城爲奴之犯,先行酌給印房各章京、筆帖式役使。該章京等足敷役使◆2,再分給大小伯克爲奴,毋庸分給小回子,以免拖累各等語。所有前項湖北遣犯,比以伊犁正值交收,而南路各城參贊、辦事、領隊各大臣均未簡放,其印房章

---

① 中國第一歷史檔案館藏:《録副奏片》,檔號:03—7306—052。

② 《清實録·德宗景皇帝實録(三)》,卷一百七十二,光緒九年十月下,第406—407頁,中華書局,1987。

京、筆帖式等員以及駐防旗綠兵丁，概無存留人犯到配，無所歸束，
咨覆暫緩發往在案。現在南疆各城改設官治，業已奏明委員署理，
一切規制自應及時籌議。向例發遣回城爲奴之犯，所以分給各章
京、筆帖式以及大小伯克役使，係因別無衙門可以安插。今官署既
定，前項遣犯又轉准湖北咨催起解前來，事關刑律，未便拘例再延。
相應請旨飭部核議，將發遣回城爲奴之犯量爲變通，改歸南路各州
縣印官安置管束，以昭法守而專責成。是否有當，謹會同陝甘總督
臣譚鍾麟，合詞附片具陳。伏乞聖鑒訓示。謹奏。

　　光緒九年十一月二十日◆³，軍機大臣奉旨：刑部議奏。欽此。

　　【案】此奏片原件①、録副②現藏於中國第一歷史檔案館，兹據校補。
此片具奏日期原件誤爲“光緒二十六年”，録副以“光緒九年十一月二十
日”即奉旨日期作爲具奏日期，均未確，兹據刻本及《軍機處隨手登記檔》③
校正。

　　1.【應由所發省分】原件、録副均作“由應發省分”，當是。

　　2.【役使】原件、録副均作“使役”，是。

　　3.【光緒九年十一月二十日】此奉旨日期，據録副補。

105. 請給南北兩路官員辦公津貼摺

光緒九年十一月初四日

　　欽差大臣督辦新疆軍務通政使司通政使二等男臣劉錦棠
跪◆¹奏，爲新疆邊遠凋瘵，南北兩路經始善後事繁費艱，道員暨
正雜官吏擬按缺分優絀，分別酌給津貼，以資辦公而均苦樂，恭摺

─────────

① 中國第一歷史檔案館藏：《硃批奏片》，檔號：04—01—29—0028—017。
② 中國第一歷史檔案館藏：《録副奏片》，檔號：03—7400—033。
③ 中國第一歷史檔案館藏：《軍機處隨手登記檔》，檔號：03—0289—2—1209—306。

仰祈聖裁事。

竊維制禄馭富,道貴有以養其廉;而時異勢殊,事貴有以通其變。新疆土曠人稀,殘破之餘,流亡甫集,貧寡交乘。北路鎮迪轄境歷年招徠安集,至今大縣人民多者不過一二千户,少者數百户。回疆户口雖較繁殷,惟淪胥日久,疊遭安夷搜括席捲,杼柚罄空。其瑪納巴什、喀喇沙爾、拜城等處,蹂躪特甚,孑遺之民,翹戴皇仁,彌殷瞻就。際茲邊圉粗輯,百廢待興,慎選廉能,與民休息,久安長治之道,莫逾於此矣◆2。顧土敝水煩,各有所妨,莅官位事,宜慮其始。一官一邑,庇民必有以庇身;群策群力,稱事始期於先事。廉工應領之數與其日用必需之數,兩相較籌,當使賢者優爲。而中才以次舉能,勉安所遇,然後能責其盡職,興廉懲貪,可得而言矣。伏查南疆新設郡縣廉俸工食,部議准照鎮迪道屬賦役挂支,率由舊章,原屬大公至正。惟道員廉銀歲祇三千兩,同知、直隸州知州八百兩,通判知縣六百兩,俸工役食照章減折支給,爲數更屬無多。就地別無租課羨餘堪資墊補,而地介西表,今茲州縣所治去京師遠者萬有餘里,近亦八九千里,群吏奉檄之官、車馬驂從之費,亦已數倍尋常。而幕友丁胥薪工有費,迎送餼牽慶吊有費,俯仰事畜服食有費,荒徼殘區,百物艱貴,家常粗糲,動費不貲,入不償出,其大彰明較著者也。

曩者臣駐軍前敵,創舉善後,嚴禁攤派。八城局費、薪糧,各視其地之衝僻、事之繁簡,以爲差等,節省之中仍示以寬大。而事後熟察,且有因公負累者。迪屬卸署人員,入塞半無資斧,臣所稔知。方今全疆善後未能即了,南疆工役正殷,一旦易局而官,勞費如前,而廉項入款較前頓減,雖有廉吏,必不能支◆3,官病民窮,事何以舉? 迨至盤查交代,追取虧挪,甚且貪墨敗官,重干例議,應得之咎,夫復何辭? 而致此之由,究難免於納之阱而啓其竇者。臣忝邊寄,權轄全疆,謀慮之疏、壅蔽之尤,後將誰執其咎哉? 竊見乾隆間移徙陝甘滿營實邊駐防，其時官兵馬甲、餉糧、料草，均按雙分支給。綠營換防，官兵既支行糧，其家屬仍准全支坐糧。祖宗厚澤深仁◆4，雖下逮成卒征夫，罔不曲盡其情，各遂所欲。成憲昭垂，至足欽矣。臣愚擬懇天恩，允照黔省奏准津貼州縣新章，由臣分別酌擬，請旨遵行。

通計南北兩路合吐魯番兩廳，共道廳州縣、分防縣丞二十五員缺。又原設佐雜、教職十四員缺內，巡道三員缺分相等。擬請每員每月給津貼銀一百兩，歲各加銀一千二百兩。其北路之鎮西、迪化、昌吉、阜康，南路之喀喇沙爾、瑪納巴什、拜城同、通、州、縣七缺，與哈密通判均屬著名瘠苦，擬請每員各月給津貼銀六十兩，歲各加銀七百二十兩。又北路鎮西、迪化、阜、昌四廳州縣現任之學正、訓導、吏目、典史、巡檢、照磨，合哈密巡檢共八員缺，擬請每員月給津貼銀十六兩◆5，歲共加銀一千五百三十六兩。懸缺未設各雜職及南服新募書吏應加口分，均請由臣隨時察核，奏明辦理。其餘缺分稍優之處，北如奇臺、綏來、濟木薩、呼圖壁，共知縣、縣丞、巡檢、典史正雜七缺，南如葉、和、喀、英、阿、烏、庫車，合吐魯番、闢展，共同知、州縣、巡檢正雜十三缺，土沃民殷，均請毋庸津貼，以示區別。以上津貼，巡道正雜各官通共歲需實銀一萬八百九十兩◆6。如荷鴻慈允准，均請從此次奉旨之日起支，以清起訖。仍依前次部覆，各官廉俸、公費統歸西征糧臺軍需支銷項下彙總開報，一俟地方復元，即由督臣察核，奏請停止。無缺之員署無員之缺，均請全支廉銀，以示體恤。似此辦理，庶苦樂均適，官民稱便，於地方吏治、民生裨益匪淺。所有新疆邊遠凋瘵，南北兩路經始善後事繁費艱，道員暨正雜官吏擬按缺分優絀分別酌給津貼，以資辦公而均苦樂各緣由，謹會同陝甘總督臣譚鍾麟、烏魯木齊都統臣恭鏜、幫辦軍務廣東陸路提督臣張曜，合詞恭摺具奏。愚昧之見，是否有當，伏乞皇太后、皇上聖鑒訓示，裁奪施行。謹奏。光緒九年十一月初四日◆7。

　　光緒九年十一月二十七日◆8，軍機大臣奉旨：户部議奏。欽此。

　　【案】此摺原件①、録副②現藏於中國第一歷史檔案館，兹據校補。

　　1.【欽差大臣督辦新疆軍務通政使司通政使二等男臣劉錦棠跪】此前衔據原件補。

　　2.【矣】原件、録副皆有“矣”，兹據補。

　　3.【必不能支】原件、録副均作“莫能或支”。

　　4.【厚澤深仁】原件缺頁，無從校對。録副作“厚澤深恩”。

　　5.【十六兩】原件、録副均作“一十六兩”。

　　6.【一萬八百九十兩】原件、録副均作“一萬八百九十六兩”，當是。

　　7.【光緒九年十一月初四日】此具奏日期，據原件補。

　　8.【光緒九年十一月二十七日】此奉旨日期，據録副補。

106. 南疆新設郡縣工費懇撥實餉摺

光緒九年十一月初四日

　　欽差大臣督辦新疆軍務通政使司通政使二等男臣劉錦棠跪◆1奏，爲南疆新設郡縣，建置一切，工費浩繁，無可籌措，籲懇天恩飭撥實餉，以濟要工而維事局，恭摺仰祈聖鑒事。

　　竊新疆地處極邊，幅員遼闊，要荒之外，屏蔽爲先。南路增置郡縣，城垣、衙署等工，勢不容已。臣於本年四月間，業將籌辦大概並懇飭撥的款各情形奏明在案。惟邊荒燼餘，民窮財竭，補苴經始，事同締造。當兹時局至艱，餉需奇絀，皇太后、皇上憂勤惕

---

① 中國第一歷史檔案館藏：《硃批奏摺》，檔號：04—01—35—0985—059。

② 中國第一歷史檔案館藏：《録副奏摺》，檔號：03—6609—121。

屬,儉德日崇,雖司農歲進正供,且撥充國用[2]。微臣受恩深重,具有天良,苟事所得已,餉饋稍資挹注,局勢尚堪勉支,何敢以財用細微上煩慈系[3]！惟[4]前項工程,臣與張曜往復通籌,大率城垣爲重,土工爲多。回部孑遺殘喘,重隸聖化,極應[5]謹體皇仁,輕徭薄賦,與之休息。以故土工大凡專資勇丁之力,兼雇赤貧,以工代賑,躪力役,絶攤派,費省事集而民和,其便一也。臣等初議城垣因創隨宜,各城衙署通就官局補葺,藉省工費,其便二也。需材隨地購辦,工雇回匠,黜華崇實,其便三也。臣曩接准部覆,比將前事等因咨行遵辦,並檄飭各營局確估工費,分賫臣與張曜會核定奪,一面熟察緩急,次第興工去後,兹據各該營局陸續詳賫估册,具報興工前來。

臣逐加核閱,城工可因舊制改作者,東僅庫車、烏什,西僅喀、英、葉、瑪暨疏附縣城七處。其東路之喀喇沙爾、阿克蘇、拜城,西路之和闐、直隸州城、于、葉兩縣城,均待擇基另建。蓋滄桑更變,今昔迥殊,或遺址雖存,而近時市集居民距城窵遠,官民暌隔,於事非宜。度地因時,勢不容已。隴邊土性斥鹵,下流逾甚,土城年久剥落坍圮,鮮可因依。創制之初,工程允宜堅固,庶能一勞永逸,費不虛糜。以故新建之城六,城根、炮臺、雉堞、甕門一律通用燒磚雜石,城樓官廨鳩工庀材,均取堅樸。改修之城七,去其潮齲,輸土重築,添修城樓炮臺,間須推廣城基,工料所費亦復不少。官司所治、倉庫廄獄暨同城佐雜衙門、科房、傳舍,嚮與堂事相聯屬,例建壇廟,亦應從簡。隨署兼營善後等局原本草創,改局爲署,格於程式,而臨民蒞事,諸多未宜[6],礙難拘牽原議者,勢也。邊疆百物奇昂,工匠稀貴[7],入山取材,路長腳多,動費鉅款。通盤確估,八城東西兩道所轄新設道廳州縣十五員缺,計共城工十三起、衙署十五起。除嵩武、楚湘、董定諸軍幫修土工外,所需鐵木、磚石、陶瓦、物料、匠役薪工、犒賞諸款,節之又節,通共需實銀三十七萬四千兩有奇。工作適際環興，鉅款頓增，勢難停待，就地絕無絲毫進項可籌，協餉只有此數。如本年遵照部議，原盼解足八成，現屆十月，計算協解成數，除劃抵、撥還華洋商債外，實在解甘銀僅一百二十餘萬兩。征軍餉需暨臣權轄之南北兩路印委人役薪廉、正雜諸款，統恃◆8協餉通融。縱令暢解如常，出入祇足相抵。矧今入款既大遜於往常，而一耗於清還商債，坐占實餉三百萬兩之多，再耗於續裁卓勝五營，代晉省挪空現餉二十餘萬兩。而前項城工衙署專款積少成鉅，又需銀三十七萬四千兩，仍待由萬艱之軍餉點綴通挪。嚮使督臣固執前議，到甘之百餘萬兩必與臣軍分成提用，局勢早已難揩。幸譚鍾麟深維大局，餉饋必先塞外，遇有急需，設法掜湊飛輓，時懼不給，體國之忠、悉慮之公，舟誼至足紉矣。昨與臣書云，息借洋款，部議停止，自應恪遵。惟念來源日見枯竭，催索鮮應，羅掘成虛，稔知臣軍前竭後空，困窘萬狀，擬暫向陝、鄂華商籌借銀兩，湊解西來，權濟眉急。而議之成否、數之多寡，仍難逆計也。近迫歲闌，積年挪空之餉，填補無方，而及時應出之需，點金乏術。其城工衙署專款，爲數既鉅，需用正殷，尚屬虛懸無著。如臣檮昧，委實難支，再四籌維，惟有籲懇聖慈俯念郡縣建置關重邊荒，窮窘異常，恩准飭撥部儲實餉三十七萬四千兩，俾濟要需而維事局，邊事幸甚，微臣幸甚！

此項部撥銀兩，仍飭就各省關欠解協甘軍餉項下定限，照數解部歸還，以重庫款，臣不勝感悚屏營之至。除遵造城垣、衙署、工段、工料簡明切實估冊，分別另案咨部查核外，所有南疆新設郡縣建署一切工費浩繁，無可籌措，籲懇天恩飭撥實餉，以濟要工而維事局各緣由，是否有當，謹會同陝甘總督臣譚鍾麟、幫辦軍務廣東陸路提督臣張曜，合詞瀝陳◆9。伏乞皇太后、皇上聖鑒訓示。謹奏。光緒九年十一月初四日◆10。

光緒九年十一月二十七日◆11，軍機大臣奉旨：該部議奏。欽此。

【案】此摺原件①、録副②現藏於中國第一歷史檔案館，兹據校補。

1.【欽差大臣督辦新疆軍務通政使司通政使二等男臣劉錦棠跪】此前銜據原件補。

2.【且撥充國用】原件、録副均作“然且撥充國用”，是。

3.【何敢以財用細微上煩慈系】原件、録副均作“何敢以財用細微上煩慈系也哉”。

4.【惟】原件、録副均無“惟”。

5.【極應】原件、録副均作“惟有”，當是。

6.【諸多未宜】原件、録副均作“俱多未宜”。

7.【工匠稀貴】原件、録副均作“工匠希貴”。

8.【統恃】原件、録副均作“統指”。

9.【合詞瀝陳】原件、録副均作“合詞具奏”。

10.【光緒九年十一月初四日】此具奏日期，據原件補。

11.【光緒九年十一月二十七日】此奉旨日期，據録副補。

107. 請將奇臺縣治移建古城片
光緒九年十一月初四日

再，奇臺縣治屏營驛，逼近天山之陰，山原高亢，周迴數里，内無井泉、河渠之利。官民汲引，冬恃冰窖，春夏則恃天山雪水融化，引流作潴。偶值亢旱雪少，輒患枯竭。就地掘井，恒深至百餘仞，莫能及泉。該縣城關附郭嚮少居民，商旅不集，亦有由也。乾

① 中國第一歷史檔案館藏：《硃批奏摺》，檔號：04—01—37—0128—034。
② 中國第一歷史檔案館藏：《録副奏摺》，檔號：03—6609—122。

隆建城之初，蓋取建瓴臨下之意，且與木壘、古城兩營東西相距各九十里，縣治居中聯絡，防守兩資已耳。不若古城地當孔道，東接巴里坤，西接烏垣，南屏天山，北至科布多，東北通烏里雅蘇臺，西南爲出吐魯番間道，形勢允稱扼要。且其地適濱水磨河、格根河下瀉之衝，衆流所歸。故其土性沃衍，人煙稠密。縣境東西地頭二三屯，各腴區密爾環抱，樵汲芻糧，取購近便。駐師興屯，於事攸宜，建官出治，尤爲允協。前烏魯木齊都統臣景廉督師西征，特設軍府於此，就孚遠古城◆[1]之東築兩土城，蟬接鱗次，委官試署，商民市集，亦即附麗其間，意至善也。現查其倚南一堡，業經增修完固，作爲孚遠新城。古城領隊與其協、佐領官兵駐扎其中，仍景廉軍府之舊也。北城嚮爲市集，惟其城根北邊坐落水磨河，外無護堤、隙地，難議增改。垣中南北相距僅五十七丈，城身高祇丈餘、厚祇五六尺，規模太狹。查其西關即古城營，舊堡基址尚存，平廣爽塏，漸已由聚而邑。前據署知縣甘承謨稟陳前由，請將奇臺縣治改建古城前來。臣比檄委署鎮迪道陳寶善履勘詳奪去後，茲據陳寶善委勘，詳覆前情無異，並准陝甘督臣譚鍾麟、烏魯木齊都統臣恭鏜咨請會奏改建到臣行營。

臣維經費至艱，建置關重，事苟得已，自以仍舊爲宜。惟城治務擇形勝便民，茲按奇古兩相比較，利病相去，判若天淵，則奇臺縣治移建古城，洵屬正辦。譚鍾麟、恭鏜來咨，意見吻合。如蒙聖恩允准，再由臣調營幫工，藉資節省。古城營游擊、千把、經制、額外各官弁暨分防奇臺汛把總，均應照舊駐扎。其古城巡檢應請移置奇臺，兼管驛丞事務。奇臺典史應隨印官移駐，各專責成。俟奉旨後，臣當欽遵檄飭，確估照例造具工段冊，咨部查核。所需經費由臣附入南路城工彙案請銷，以昭核實。臣爲地方起見，是否有當，謹會同陝甘總督臣譚鍾麟、烏魯木齊都統臣恭鏜，合詞附片具陳。伏乞聖鑒訓示。謹奏。

光緒九年十一月二十七日◆²,軍機大臣奉旨:該部議奏。
欽此。

【案】此奏片原件①、録副②現藏於中國第一歷史檔案館,兹據校補。
原件具奏日期衹署"光緒朝",並無具奏者,兹據刻本、録副及《軍機處隨手
登記檔》③校正。

1.【孚遠古城】原件、録副均作"孚遠故城"。

2.【光緒九年十一月二十七日】此奉旨日期,據録副補。

【案】此奏片上達後,清廷旋於十一月二十七日批復。《清實録》:"甲
辰,督辦新疆軍務通政使劉錦棠奏請將奇臺縣改建古城。下所司議。"④光
緒十年三月初三日,劉錦棠請將奇臺縣改建古城之奏,經部議准,始得允
行。《清實録》:"戊寅,移建甘肅奇臺縣治於古城,從欽差大臣劉錦棠
請也。"⑤

108. 補授兵部右侍郎籲懇收回成命摺
光緒九年十一月十六日

欽差大臣督辦新疆軍務通政使司通政使二等男臣劉錦棠
跪◆¹奏,爲欽奉恩綸,瀝陳下悃,籲懇曲賜矜全,收回成命,俾微
臣得稍安愚拙,以保餘生,恭摺仰祈聖鑒事。

竊臣於十一月初八日承准吏部咨開:文選司案呈:光緒九年
十月初五日,内閣鈔出初四日奉上諭:劉錦棠著補授兵部右侍郎。
未到任以前,著徐用儀署理。欽此。恭録知照到臣行營。跪聆之

---

① 中國第一歷史檔案館藏:《硃批奏片》,檔號:04—01—02—0157—005。
② 中國第一歷史檔案館藏:《録副奏片》,檔號:03—6184—072。
③ 中國第一歷史檔案館藏:《軍機處隨手登記檔》,檔號:03—0239—2—1209—313。
④ 《清實録·德宗景皇帝實録(三)》,卷一百七十四,光緒九年十一月下,第434頁。
⑤ 《清實録·德宗景皇帝實録(三)》,卷一百七十九,光緒十年三月上,第493頁。

下,感高厚之隆施,實悚慚於無地。分宜恪遵諭旨,恭拜新除。特微臣萬不獲已之下,情勢有不得不爲我皇太后、皇上陳之者。臣前以舊疾增劇,屢疏乞退就醫,渥蒙賞頒珍藥,寬給假期。温詔優褒,迥出非分。遵即加意服調,會當暑盛寒消,仰賴造命之福,疼痛較前略减。謹已具摺,如期力疾銷假,仍懇另簡賢員接替,俯准開缺交卸,以免誤公在案。蓋深維聖慈曲被,即捐糜踵頂,猶未能酬其萬一。兼以南路改設官治,規制一切,必須及時舉行,裁營節餉,最爲當務之急。病苟勉可支撑,義應强起籌辦。竊計粗有端緒,遂當拜疏,堅申前請。懼以久病戀棧,無濟邊籌。乃自入冬以來,腿痛已發數次,並添手麻耳鳴之證,百計覓醫,正苦診治無驗,何期復叨殊遇,超擢上卿。在朝廷寵臣特甚,不惜破格之加,臣竊自恨福薄,災生日久,攖疾不愈。宋臣朱熹有言:"一日立乎其位,則一日業乎其官。一日不得乎其官,則一日不敢居乎其位。"此言當官不稱,斷難忍待須臾,非謂以病軀尸位也。矧以臣之庸陋以視侍郎之職,固共知其萬萬不逮。即昔年所恃膂力方剛,習勞戰守,以少報涓埃者,亦因久役寒侵,漸成沉痼。此臣内度之身疲苶無能而未敢居者也。尤難已於請者,臣自幼棄學從征,轉戰各省,馳驅戎馬,以迄於今,未嘗研究經史。伏思兵部佐平邦國,侍郎位隆陪貳,必其學行素著,資望允孚,始足上邀特簡。實緣科目爲取士之正途,不獨多識往行,尤貴熟諳朝典,敭歷有年,措施悉當,堪以示屬司之正軌,絶速化之倖思,法至善也。屬因軍興,推廣用人之格,士之困於仕進者,效力前驅,多登薦剡。於是收用既雜,濫竽不免,然或僅晉虛銜,鮮有若臣之屢躋顯秩。而臣前拜太常寺卿、通政使之命,時值軍事方殷,臣沐逾格之榮,待罪行間,正所以激勵將士。雖差足以自解,恒懼不衷爲災,極思陳情開缺,期得請以守愚。漢臣諸葛亮有言:"才須學,學須識。"臣既失學,則才識果何由生?故凡核治文牘,人之所一思了然者,臣必更番審察而始決，是其明徵。臣苟以不學之粗質，忝厠司馬之崇階。揆之國家慎重名器之道，顯有所妨，從來以他途進占清班貽譏史乘者，代不絶書。聖朝德戀戀官，一章一服，悉經權衡以與，靡不曰賢。今臣無端獨承眷畀，則倖獲高官之漸竟，若自臣而開，上累爵人之盛德。臣具有天良，捫心何以自安？此尤臣之所大懼而未敢居者也。臣賦性駑鈍，頻年戀賞疊膺。邊疆忝任，方愧叨榮已極，兹蒙恩擢，不禁寵極而驚，感深而泣，爲臣夢想所不到，誠恐大駭觀聽，致礙任賢使能之大經。用敢不揣冒昧，披瀝上陳。籲懇天恩矜全，收回成命，庶臣藉安愚拙，以保餘生。斯官常幸甚，微臣幸甚！臣年甫四十，報國之日方長，一俟邊局略定，並懇恩准收銷兵符，俾臣回籍養疴。但得醫治稍痊，即當泥首宮門，求賞差使，以伸犬馬戀主之忱。干瀆宸嚴，不勝感悚激切待命之至。謹繕摺具陳。伏乞皇太后、皇上聖鑒訓示施行。謹奏。光緒九年十一月十六日◆2。

　　光緒九年十二月初十日◆3，軍機大臣奉旨：覽奏，情詞懇摯，具見悃忱。該侍郎向來辦事認真，朝廷深資倚任，惟當勉圖報稱，將新疆應辦事宜妥爲經畫，一面加意調治，以慰厪系，毋許固辭。欽此。

【案】此摺原件①、録副②現藏於中國第一歷史檔案館，兹據校補。

1.【欽差大臣督辦新疆軍務通政使司通政使二等男臣劉錦棠跪】此前銜據原件補。

2.【光緒九年十一月十六日】此具奏日期，據原件補。

3.【光緒九年十二月初十日】此奉旨日期，據録副補。

① 中國第一歷史檔案館藏：《硃批奏摺》，檔號：04—01—12—0530—038。

② 中國第一歷史檔案館藏：《録副奏摺》，檔號：03—5186—039。

109. 請旌節婦李周氏摺

光緒十年正月二十二日

欽差大臣督辦新疆軍務通政使司通政使二等男臣劉錦棠跪◆¹奏，爲節婦年近七旬，孝慈素著，足式里閭，謹據情籲懇旌表，以闡貞潛，恭摺仰祈聖鑒事。

竊臣據統領董定軍遇缺題奏提督董福祥、記名提督田九福、署迪化州學正李思范等稟稱：已故民人李柏林之妻李周氏，現年六十九歲，籍隸甘肅寧夏府靈州，係總兵銜留陝西補用副將霍伽春巴圖魯李雙梁之母，質稱淑慎，德本幽閑。道光二十年，李柏林病故，遺子二人，長雙棟，年甫四齡；次雙梁，尚在襁褓。氏時年二十五歲，含悲守節，矢志撫孤。家況奇貧，翁姑垂老，氏度日維艱，饔飧時有不給，而甘旨之奉悉藉紡績經營，未嘗或缺。道光丁未、戊戌年間，翁姑相繼物故。周氏竭力營葬，備歷苦辛，其節其孝久已鄉閭嘖稱。同治元年，氏長子雙棟又復病故。迨雙梁成立，適值逆回擾亂，顛沛流離之際，周氏命雙梁從軍擊賊，勉以忠義。雙梁秉承母教，轉戰各處，得保今職。其深明大義，尤爲巾幗中所罕見。職等同居梓里，夙稔蘭猶。觀其比美郝鍾，洵足高標綽楔。現在李雙梁與職等均在新疆軍營效力，未克呈由地方官詳請咨奏，惟以誼關戚友，情切鄉鄰，見聞既真，不忍聽其湮沒，謹造具事實冊結，聯銜稟懇核奏前來。臣查節孝貞烈婦女，例准請旌，並准繕具事實冊結送部，由部核覆彙題，歷經各直省遵辦在案。茲節婦李周氏像比甘泉，心澄古井，勵綺年之苦志，祇憑紡績爲家，勵大義於藐孤，能執干戈衛國，況值雙親待哺，奉養無虧，斯爲一節可嘉，表彰宜亟，既符年例，應沐褒揚。提督董福祥等夙共里閭，熟知閫範，事允孚於眾論，臣難壅於上聞。合無仰懇天恩優旌苦節，庶並維持風化，悉荷皇仁。除册結咨部外，謹會同陝甘督臣譚鍾麟、甘肅學政臣陸廷黻，合詞恭摺具陳。伏乞皇太后、皇上聖鑒訓示。謹奏。光緒十年正月二十二日◆²。

　　光緒十年二月十四日◆³，軍機大臣奉旨：著准其旌表。禮部知道。欽此。

　　【案】此摺原件①藏於中國第一歷史檔案館，録副②現藏於臺北故宮博物院，兹據校補。

　　1.【欽差大臣督辦新疆軍務通政使司通政使二等男臣劉錦棠跪】此前銜據原件補。

　　2.【光緒十年正月二十二日】此具奏日期，據原件補。

　　3.【光緒十年二月十四日】此奉旨日期，據録副補。

110. 刊給委署南路道廳州縣木質關防鈐記片
光緒十年正月二十二日

　　再，新疆南路准設各官員缺，亟應一併委員署理，暫刊木質關防、鈐記，給令啓用，以重職守。所有理事同知銜喀喇沙爾撫民直隸同知員缺，查有分省補用直隸州知州龍魁，明幹有爲，勤能素著，堪以委署，隨刊木質關防一顆，文曰“理事同知銜喀喇沙爾撫民直隸廳同知關防”。庫車撫民直隸廳同知員缺，查有分省補用知府潘時策，舉止安詳，辦事誠實，堪以委署，隨刊木質關防一顆，文曰“庫車撫民直隸廳同知之關防”。拜城縣知縣員缺，查有留陝補用知縣銜蔣澤煦，明白樸實，辦事可靠，堪以委署，隨刊木質

① 中國第一歷史檔案館藏：《硃批奏摺》，檔號：04—01—14—0082—026。
② 臺北故宮博物院藏：《軍機及宮中檔》，文獻編號：125265。

鈐記一顆,文曰"拜城縣知縣之鈐記"。烏什撫彝直隸同知員缺,查有鹽提舉銜甘肅補用知縣羅正湘,年富才明,勤能穩慎,堪以委署,隨刊木質關防一顆,文曰"烏什撫彝直隸廳同知之關防"。英吉沙爾撫彝直隸同知員缺,查有留甘補用直隸州知州劉嘉德,性情質直,勤慎廉明,堪以委署,隨刊木質關防一顆,文曰"英吉沙爾撫彝直隸廳同知之關防"。莎車直隸州知州員缺,查有三品頂戴道銜分省補用知府忠曾,器局安詳,練達有爲,堪以委署,隨刊木質鈐記一顆,文曰"莎車直隸州知州之鈐記"。葉城縣知縣員缺,查有分省補用知縣周振嶽,年富力强,才具明晰,堪以委署,隨刊木質鈐記一顆,文曰"葉城縣知縣之鈐記"。瑪喇巴什水利撫民直隸通判員缺,查有分省補用知府楊溢中,樸實謹厚,能耐勞苦,堪以委署,隨刊木質關防一顆,文曰"瑪喇巴什撫民直隸廳通判兼管水利之關防"。和闐直隸州知州員缺,查有知府銜留甘補用直隸州知州劉式南,練達老成,留心民事,堪以委署,隨刊木質鈐記一顆,文曰"和闐直隸州知州之鈐記"。于闐縣知縣員缺,查有同知銜分省補用知縣許茂光,性情質直,通達治理,堪以委署,隨刊木質鈐記一顆,文曰"于闐縣知縣之鈐記"。又,喀什噶爾兵備道員缺,前經臣檄委三品銜甘肅升用道候補知府陳寶善前往署理,嗣據陳寶善禀稱,病勢難支,懇請改委前來,自應遴員接署,以專責成。查有二品頂戴甘肅遇缺題奏道黃光達,年壯才明,操守謹飭,現辦葉爾羌、和闐善後總局,堪以就近委署。除由臣分飭遵照並將刊就木質關防、鈐記分別給領前往任事,以資治理外,謹會同陝甘總督臣譚鍾麟、幫辦軍務廣東陸路提督臣張曜,附片具陳。伏乞聖鑒。謹奏。

　　光緒十年二月十四日◆[1],軍機大臣奉旨:該部知道。欽此。

【案】此奏片缺原件,録副①現藏於臺北故宮博物院,兹據校補。

1.【光緒十年二月十四日】此奉旨日期,據録副補。

111. 請頒回子郡王番篆摺

光緒十年正月二十二日

欽差大臣督辦新疆軍務通政使司通政使二等男臣劉錦棠跪◆1奏,爲據情代懇天恩,飭部補鑄回子郡王番篆,頒發祇領,俾昭信守,恭摺仰祈聖鑒事。

竊臣於光緒七年閏七月二十七日具奏,已故吐魯番魯克沁回子札薩克郡王阿克拉依都之子瑪木特年已及歲,請旨飭議承襲世爵一摺。嗣准理藩院來咨:於八年九月初一日議奏,本日奉旨允准等因。欽此。欽遵。當即恭録轉行遵照,並據情代謝天恩各在案。兹據署吐魯番同知劉嘉德詳:據新襲魯克沁回子札薩克郡王瑪木特呈稱:世職故父阿克拉依都於咸豐二年充當葉爾羌三品阿奇木伯克,比經呈明吐魯番領隊大臣,將番篆交二品臺吉穆胡談權宜護理。旋於同治三年因安集延逆酋竄擾吐境,搜括財物,番篆遺失,無從尋覓,現於該處找獲承平年間蓋用舊印公件一紙黏懇轉報具奏等情前來。

臣查該回子郡王番篆,前被安逆搜擄遺失,現在瑪木特既經承襲世爵,所有應需番篆理合據情請旨飭部照例補鑄,頒發臣營,以便轉給祇領,俾昭信守。除將賚到篆模分咨部院查照外,謹會同陝甘總督臣譚鍾麟、烏魯木齊都統臣恭鏜,合詞恭摺具陳。伏乞皇太后、皇上聖鑒訓示施行。謹奏。正月二十二日◆2。

光緒十年二月十四日◆3軍機大臣奉旨:該衙門知道。欽此。

① 臺北故宮博物院藏:《軍機及宮中檔》,文獻編號:125262。

【案】此摺缺原件,録副①現藏於臺北故宫博物院,兹據校補。

1.【欽差大臣督辦新疆軍務通政使司通政使二等男臣劉錦棠跪】此前銜據録副補。

2.【正月二十二日】此具奏日期,據録副補。

3.【光緒十年二月十四日】此奉旨日期,據録副補。

112. 請將道員魏炳蔚留營差遣片

光緒十年正月二十二日

再,道員魏炳蔚經前陝甘總督臣左宗棠奏赴行營效力◆1,歷辦營務善後,保留甘肅補用,旋即請咨赴部引見。因現任甘肅藩司魏光燾係屬同宗◆2叔姪,例應迴避,聲明改發陝西。上年五月到陝繳照,冬間請假回籍省親,比由陝西撫臣核准咨部有案。臣查該道員曾辦新疆南路善後局務,尚有經手事件,當經札調由籍前來清釐。值此整飭邊事之際,正資力於熟手,合無籲懇天恩,俯念邊徼需才,准將鹽運使銜陝西候補道員魏炳蔚留於臣營差遣,以資臂助,出自鴻慈。除分咨外,理合附片具陳。伏乞聖鑒訓示。謹奏。

光緒十年二月十四日◆3,軍機大臣奉旨:著照所請,吏部知道。欽此。

【案】此奏片缺原件,録副②現藏於臺北故宫博物院,兹據校補。

1.【案】光緒四年十二月初六日,陝甘總督左宗棠以時務方殷,需才尤切,附片奏請將陳寶善、魏炳蔚留營差委,以資臂助,得允行:

　　再,回疆底定,籌辦善後事宜,頭緒紛繁,全賴得人經理。非諳習

---

① 臺北故宫博物院藏:《軍機及宫中檔》,文獻編號:125261。
② 臺北故宫博物院藏:《軍機及宫中檔》,文獻編號:125267。

吏事，無以盡措注之宜；非通達治體，無以規久遠之效。時務方殷，需才尤切。查有浙江補用知府陳寶善，前在浙江歷任永嘉、西安、黃岩、臨海、錢塘、會稽、歸安等縣知縣，治匪安民，著有聲績。當戎務倥偬時，籌畫餉需，不遺餘力。所歷各縣，輿頌攸同，臣前於浙撫任內素知其能。藍翎知府銜廣東試用同知魏炳蔚，由湖南邵陽縣原籍從軍，積功洊保今職。於軍政、吏治隨在留心，務求實際。補江西臨江府樟樹鎮通判，丁憂服闋後，以同知改省廣東，經臣札調來營。該員樸幹有爲，志趣向上，現在臣軍學習軍務、吏事，冀可收指臂之助。合無仰懇天恩，敕下浙江撫臣，將浙江補用知府陳寶善調赴臣軍差遣，并准將藍翎知府銜廣東試用同知魏炳蔚留營差遣，以資歷練。謹附片具陳，伏乞聖鑒訓示施行。謹奏。

　　光緒四年十二月二十日內閣奉上諭：左宗棠奏請調員差委，并請將前調同知留營等語。浙江補用知府陳寶善，著梅啓照飭令該員前赴左宗棠軍營，聽候差遣。廣東試用同知魏炳蔚，著准其留於左宗棠軍營差遣。該部知道。欽此。①

2.【同宗】録副作“同族”。

3.【光緒十年二月十四日】此奉旨日期，據録副補。

113.喀什噶爾界務請由金順覆陳片
光緒十年二月初一日

　　再，南路喀什噶爾西邊界務，前因張曜、長順互陳，情形兩歧。總理衙門議覆，請飭由臣與金順確查具奏，奉旨：依議。欽此。恭録鈔摺，咨行到臣。伏查南段分界，時越二年，迄今尚未就緒，上瀆宸聰，微臣同深愧悚。惟刻下所執之界，若遂由臣主辦，則雖原悉大概形勢，亦必另派大員知會俄官，前往會勘執辦，始爲有據。

①　中國第一歷史檔案館藏：《録副奏片》，檔號：03—5132—156；《左宗棠全集》，第十册，第8107—8108頁，上海書店出版社，1986；《左宗棠全集·奏稿七》，第207—208頁，岳麓書社，2009。

程途過遠,未暇與論界土之應否索還,而即此往返已屆深秋,在彼將來轉得有詞。該處界段牧場,上年金順所派之沙克都林札布均經親歷,久已了然於胸,比回伊犁,金順計早詢悉其詳。且查俄領事官近駐伊城,即其外部大臣亦相距匪遥,尤易探其底藴,應由金順就近查奪,主稿覆陳,庶免延誤。除由臣函商金順籌辦外,理合附片陳明。伏乞聖鑒訓示。謹奏。

　　光緒十年二月二十三日◆1,軍機大臣奉旨:知道了。欽此。

【案】此奏片缺原件,錄副①現藏於臺北故宫博物院,兹據校補。

1.【光緒十年二月二十三日】此奉旨日期,據錄副補。

114. 請給庫車吐魯番兩處
回子郡王三年廉俸並恤銀片

光緒十年二月二十六日

　　再,臣於光緒四年在喀什噶爾行營采訪庫車回子郡王愛瑪特、吐魯番回子郡王阿克拉依都,均因漢回變亂,隨同官兵打仗被執遇害各情,咨由前陝甘督臣左宗棠具奏請恤,奉旨各賞給恤銀一千一百兩。嗣臣因阿克拉依都之子瑪木特、愛瑪特之子阿密特例應承襲郡王世爵,先後請旨飭議,復荷皇仁允准承襲,聖恩優渥,該各藩部業已感激無地。兹據新襲庫車回子郡王愛瑪特、新襲吐魯番回子郡王瑪木特稟稱:墳墓、衙署曾毁於賊,故父遺櫬尚未營葬,艱窘殆不可言。再四思維,惟有請領恤賞銀兩,並懇奏請借支廉俸,以濟急需等情前來。臣覆查該新襲回子郡王等墓署待修,遺櫬待葬,需費不資,委係實在情形。雖當餉項支絀,凡可從

---

①　臺北故宫博物院藏:《軍機及宫中檔》,文獻編號:125451。

緩之項，皆須暫行停發，以資騰挪。而此項恤銀久經奉旨照准，應懇天恩垂念回部窘迫，准其照數發給，並酌准預支三年廉俸，以濟其窮，將來即歸軍需項下開報。至各郡王廉銀每年應領若干，臣營無案可稽，相應請旨飭下理藩院查明咨照，以便遵行。是否有當，謹附片具陳。伏乞聖鑒訓示施行。謹奏。

　　光緒十年三月二十一日◆1，軍機大臣奉旨：該衙門議奏。欽此。

【案】此奏片缺原件，錄副①現藏於臺北故宮博物院，茲據校補。

1.【光緒十年三月二十一日】此奉旨日期，據錄副補。

【案】光緒十年閏五月初二日，劉錦棠之摺經理藩院議奏，請旨得允行：

　　　乙巳，諭內閣：理藩院奏遵議回子郡王請領恤賞銀兩，並懇借支廉俸一摺。新襲庫車回子郡王阿密特、吐魯番回子郡王馬木特，均因墓署待修，遺櫬待葬，各請領伊故父恤賞銀兩。著照所請，即由劉錦棠就近照數給發祇領，報部核銷，並准其借支三年俸銀，以示體恤。②

115.關外營旗局站實在數目暨
陸續裁併新收繕單立案摺

光緒十年二月二十八日

　　欽差大臣督辦新疆軍務通政使司通政使二等男臣劉錦棠跪◆1奏，為查明關外楚湘皖蜀諸軍馬步各營旗弁勇開除實在數目，暨陸續裁併、新收各局站，謹分晰繕具清單，奏明立案，恭摺仰祈聖鑒事。

---

① 　臺北故宮博物院藏：《軍機及宮中檔》，文獻編號：125889。
② 　《清實錄·德宗景皇帝實錄（三）》，卷一百八十五，光緒十年閏五月上，第579頁。

竊臣部關外馬步諸軍暨烏魯木齊提標土勇,截至九年三月底止,共存五十八營旗,併駐防處所業經遵照部議,分別奏明在案。其自九年四月起,先將卓勝軍馬步五營咨商金運昌,分起一律遣撤。又道員羅長祐所統湘軍馬步各營駐扎阿克蘇等處,地段本寬,臣再三籌度,分撥抽扎,酌裁步隊兩營,以節月餉。該兩軍遣勇口糧結算至九月、十一月底不等,由臣行營糧臺竭力騰挪,先後找放清楚。計共裁撤步隊五營、馬隊兩營,統共開除員弁勇夫四千六百六十一員名、額馬五百四匹。現除皖軍業經全撤不計外,查湘楚蜀各軍併烏魯木齊提標土勇,僅存馬步五十一營旗、開花炮隊三哨、小馬隊五哨,合計實在共額設弁勇二萬五百一十七名,額外營哨官併馬夫、火夫◆²、長夫一萬七百十四員名,額馬三千七百八十二匹。此臣部諸軍截至九年十二月底止現存實數也。至關外向設局站極多,臣自接綰欽符以來,體察情形,陸續裁減。上年曾將下存數目並設立處所、薪糧章程陳請飭部立案。刻下各臺局站以及義學均爲善後急務,特當度支艱窘,除萬難裁併之處仍照常安設外,其餘經臣權衡緩急,量爲裁併。計共裁撤保甲五局、采運六分局、軍裝硝藥五局,又開除、新收鹽桑各一局。此外柴草供支,飭由各站驛書兼辦,免支薪糧,計共裁撤柴草二十六局四十六站。此南北兩路截至九年十二月底止開除各局站實數也。

以上抽裁營局,原冀稍紓餉力,此外用款苟非萬不得已,何敢妄動絲毫!祇以邇年塞外痘疫流行日甚一日,軍民病此,恒多不治。臣目睹情形,自應仰體聖慈,設法拯救。適據各善後局委員呈請,仿照內地設局點種牛痘。臣查牛痘之法,本極妥善,凡早經種過者多不再發。即間有傳染,亦極輕微,並無險證,歷試不爽。此法東南盛行,近漸行於西北。關外民力拮据,臣因酌撥經費,派員先行試辦,訪察極有效驗,旋飭於哈密、巴里坤、昌吉、喀喇沙爾、庫車、阿克蘇、烏什、喀什噶爾、葉爾羌等處,招募痘醫,酌給薪工、夫役，扼要設局。一面分段點種，一面選擇◆3回童入局教授，以廣流傳。開局以來，全活甚衆。上年，烏訥恩蘇珠克圖舊吐爾扈特東部落盟長札薩克、畢西垿勒圖郡王巴雅爾，聞知喀喇沙爾吐爾扈特人衆子弟得種牛痘，均獲保全，呈由金順轉咨撥醫仿辦。據稟業著成效。伏查蒙回各部，素畏天花，但聞有患痘者，無論平順與否，餘皆相率避處，紛紛轉徙，盡室偕行，此風相沿日久，未便強禁。誠能以牛痘之法行之，漸推漸廣，利賴均沾，免使時相震動，不安其居，將來民間競傳其術，公局即可裁節。是目下所費無多，而可爲綏輯邊氓之一助也。兹據行營糧臺開單呈請奏咨前來。

臣覆核無異。其自十年起南疆設官已定，一俟諸務辦有頭緒，仍當隨時察看情形，力求裁省，以仰副朝廷安邊節用之至意。所有關外馬步各軍營旗弁勇除存實數暨陸續裁併、新收各局站，謹分晰繕具清單，恭呈御覽。伏乞皇太后、皇上聖鑒，飭部立案施行。謹奏。光緒十年二月二十八日◆4。

光緒十年三月二十一日◆5，軍機大臣奉旨：該部知道。單二件併發。欽此◆6。

謹將甘肅關外楚湘皖蜀諸軍馬步各營旗員弁、勇丁、夫馬數目，自光緒九年四月初一日起至十二月底止，繕具四柱清單，恭呈御覽。計開

舊管：光緒九年三月底止，關外實存駐防行糧步隊三十營、坐糧步隊三旗、提標土勇步隊七旗、行糧馬隊十六營、坐糧馬隊二旗、開花炮隊三哨、小馬隊五哨，共計舊存額設弁勇二萬三千五百一十七員名，額外哨官一百五十員，額外火夫四百六十名，額外長夫、馬夫一萬一千七百六十五名，額馬四千二百八十六匹，炮車十八輛，車騾四十八頭。

新收：無項。

開除：光緒九年七月底止，裁撤卓勝軍步隊二營，共計裁撤舊額弁勇一千員名、額外營哨官十員、額外長夫三百八十四名。光緒九年八月底止，裁撤卓勝軍馬隊二營、步隊一營，共計裁撤舊額弁勇一千員名，額外營哨官五員，額外火夫五十四名，額外長夫、馬夫八百一十四名，裁減額馬五百四匹。光緒九年九月底止，裁撤老湘左軍步隊一營，共計裁撤舊額弁勇五百員名、額外營哨官五員、額外長夫一百九十二名。光緒九年十一月底止，裁撤老湘右軍步隊一營，共計裁撤舊額弁勇五百員名、額外營哨官五員、額外長夫一百九十二名。

實在：光緒九年十二月底止，實存行糧步隊二十五營、坐糧步隊三旗。又提標土勇步隊七旗、行糧馬隊十四營、坐糧馬隊二旗。總計五十一營旗、開花炮隊三哨、小馬隊五哨，共計實存額設弁勇二萬五百一十七員名，額外營哨官一百二十五員，額外火夫四百六名，額外長夫、馬夫一萬一百八十三名，額馬三千七百八十二匹，炮車十八輛，車騾四十八頭。

查關外馬步各軍，內步隊三旗、馬隊二旗，均係開支坐糧。據行營糧臺呈稱：前案實在項下誤繕行糧步隊一旗、馬隊一旗字樣。此次舊管、實在兩柱，謹即更正備案，合併陳明。

軍機大臣奉旨：覽。欽此◆7。

謹將甘肅關外設立各臺局站、義學自光緒九年正月初一日起至十二月底止，繕具四柱清單，恭呈御覽。計開

舊管：光緒八年十二月底止，實存哈密行營糧臺、哈密行營軍裝製辦總局、哈密督催糧運總局、古城屯采總局，安西、玉門、敦煌、巴里坤、奇臺、吉布庫、濟木薩、吐魯番、喀喇沙爾、庫爾勒、布告爾、庫車等處十二采運分局，吐魯番、喀喇沙爾、庫車、阿克蘇、

烏什等處五軍裝硝藥局，安西、小宛、布隆吉、四家灘、白墩子、紅
柳園、大泉驛、馬蓮井、庫車、托和鼐、阿克蘇、渾巴什、薩依里克、
齊蘭臺、瑪納巴什、卡納克沁、屈爾蓋、察巴克、圖木舒克、雅哈庫
圖克、英吉沙爾、雅滿雅爾、牌素巴特、英阿瓦特、龍口橋、玉代里
克、黑孜堡等處二十七柴草局，玉門屬境五柴草站，哈密屬境十六
柴草站，巴里坤屬境五柴草站、吐魯番屬境七柴草站，喀庫屬境九
柴草站，察爾齊、札木臺、玉爾滾、拜城、寨里木◆8、河色爾等處共
計四十八柴草站，東四城善後總局兼辦阿克蘇善後局，西四城善
後總局兼辦喀什噶爾善後局，喀喇沙爾、庫車、烏什、英吉沙爾、葉
爾羌、和闐、吐魯番、迪化州等處八善後局，沙雅爾、拜城、瑪納巴
什等處三善後分局，喀什噶爾、葉爾羌、和闐、英吉沙爾、瑪納巴
什、阿克蘇、烏什等處七征糧局，阿克蘇氈織總局，阿克蘇、阿依
克、葉爾羌、和闐、喀什噶爾、英吉沙爾、庫車、庫爾勒、吐魯番、哈
密、敦煌等處十一鹽桑分局，哈密新城、老城、吐魯番新城、老城、
喀喇沙爾、庫車、阿克蘇、烏什、英吉沙爾、喀什噶爾回城、漢城、葉
爾羌、和闐、古城、迪化州、奇臺、昌吉、綏來、濟木薩、阜康、巴里坤
等處二十一保甲局，哈密義學五堂，吐魯番義學六堂，喀庫義學四
堂，庫車義學五堂，阿克蘇義學五堂，烏什義學三堂，喀什噶爾義
學五堂、瑪納巴什義學三堂，英吉沙爾義學三堂，葉爾羌義學七
堂，和闐義學四堂，巴里坤義學四堂，奇臺義學四堂，濟木薩義學
三堂，阜康義學二堂，迪化州義學六堂，昌吉義學二堂，綏來義學
四堂，呼圖壁義學二堂。共計義學七十七堂。

　　新收：光緒九年正月起，新設哈密、巴里坤、昌吉、喀喇沙爾、
庫車、阿克蘇、烏什、喀什噶爾、葉爾羌等處九牛痘局，查關外向無
傳種牛痘之法，近因痘疫流行，因在內地招募痘醫，安設各處醫
治。每處設痘醫二名，每名月給工食銀八兩。每名給跟役二名，
合給火夫一名、通事二名，月給油燭紙張銀四兩。跟役、火夫、通

事,每名日給口食銀一錢。其餘藥資等項,由各官局按月核給。新設布告爾鹽桑分局一處,司事、工匠、夫役薪糧、口食,照章支給。

開除:光緒九年八月底止,裁撤奇臺、吉布庫、濟木薩、庫爾勒、布告爾、庫車等處六采運分局。光緒九年九月底止,裁併吐魯番、喀喇沙爾、庫車、阿克蘇、烏什等處五軍裝硝藥局。光緒九年十一月底止,裁撤安西、小宛、布隆吉、四家灘、白墩子、紅柳園、大泉驛、馬蓮井、庫車、托和鼐、渾巴什、薩依里克、濟蘭臺、瑪納巴什、卡納克沁、屈爾蓋、察巴克、圖木舒克、雅哈庫圖克、英吉沙爾、雅滿雅爾、牌素巴特、英阿瓦特、龍口橋、玉代里克、黑孜堡等處二十六柴草局。又裁撤玉門屬境五柴草站,哈密屬境十五柴草站,巴里坤屬境五柴草站,吐魯番屬境六柴草站,喀庫屬境九柴草站,察爾齊、札木臺、玉爾滾、拜城、寨里木、河色爾等處六柴草站。共計四十六柴草站。光緒九年八月底止,裁撤敦煌鹽桑分局,又裁撤奇臺、昌吉、濟木薩、阜康、巴里坤等處五保甲局。

實在:光緒九年十二月底止,實存哈密行營糧臺、哈密督催糧運總局、哈密行營軍裝製辦總局、古城屯采總局,安西、玉門、敦煌、巴里坤、吐魯番、喀喇沙爾等處六采運分局,阿克蘇、哈密、吐魯番三柴草局,東四城善後總局兼辦阿克蘇善後局,西四城善後總局兼辦喀什噶爾善後局,喀喇沙爾、庫車、烏什、英吉沙爾、葉爾羌、和闐、吐魯番、迪化州等處八善後局,沙雅爾、拜城、瑪納巴什等處三善後分局,喀什噶爾、葉爾羌、和闐、英吉沙爾、瑪納巴什、阿克蘇、烏什等處七徵糧局,阿克蘇鹽織總局,阿克蘇、阿依克、葉爾羌、和闐、喀什噶爾、英吉沙爾、庫車、庫爾勒、布告爾、吐魯番、哈密等處十一鹽桑分局,哈密新城、老城、吐魯番新城、老城、喀喇沙爾、庫車、阿克蘇、烏什、英吉沙爾、喀什噶爾回城、漢城、葉爾羌、和闐、古城、迪化州、綏來等處十六保甲局,哈密、巴里坤、昌吉、喀喇沙爾、庫車、阿克蘇、烏什、喀什噶爾、葉爾羌等處九牛痘局,哈密義學五堂,吐魯番義學六堂,喀庫義學四堂,庫車義學五堂,阿克蘇義學五堂,烏什義學三堂,喀什噶爾義學五堂,瑪納巴什義學三堂,英吉沙爾義學三堂,葉爾羌義學七堂,和闐義學四堂,巴里坤義學四堂,奇臺義學四堂,濟木薩義學三堂,阜康義學二堂,迪化州義學六堂,昌吉義學二堂,綏來義學四堂,呼圖壁義學二堂,共計義學七十七堂。

軍機大臣奉旨:覽。欽此◆9。

【案】此摺原件①現藏於中國第一歷史檔案館,録副②及所附清單二件③均藏於臺北故宮博物院,兹據校補。

1.【欽差大臣督辦新疆軍務通政使司通政使二等男臣劉錦棠跪】此前銜據原件補。

2.【火夫】原件、録副均作"伙夫"。

3.【選擇】原件、録副均作"擇選"。

4.【光緒十年二月二十八日】此具奏日期,據原件補。

5.【光緒十年三月二十一日】此奉旨日期,據録副補。

6.【軍機大臣奉旨:該部知道。單二件併發。欽此】此奉旨内容刻本原署於清單尾處,兹據原件、録副校正,署於原件尾處。

7.【軍機大臣奉旨:覽。欽此】此奉旨内容,據原清單校補。

8.【寨里木】原件清單作"賽里木",是。

9.【軍機大臣奉旨:覽。欽此】此奉旨内容,據原清單補。

●軍機大臣字寄:欽差大臣督辦新疆軍務兵部右侍郎劉、幫辦軍務伊犁將軍金、幫辦軍務廣東陸路提督張、陝甘總督譚◆1:光

① 中國第一歷史檔案館藏:《硃批奏摺》,檔號:04—01—01—0951—008。
② 臺北故宮博物院藏:《軍機及宮中檔》,文獻編號:125887。
③ 臺北故宮博物院藏:《軍機及宮中檔》,文獻編號:125887—0—A,125887—0—B。

緒十年二月十七日奉上諭：戸部奏西路軍餉浩繁，急須統籌全局，並詳籌未盡事宜各摺片◆²。近年部庫及各省庫款倍形支絀，而供億浩繁，以西路餉需爲尤鉅。似此年復一年，殊非持久之道。部臣通盤計算，請飭統籌，係屬顧念時艱、力圖久遠起見。著劉錦棠、金順、張曜、譚鍾麟按照該部所奏各節，悉心區畫，切實籌商，將款項之應用應抵、兵勇之應留應汰，務就左宗棠原議三百數十萬之餉，量入爲出，撙節開支，以期經久而昭核實。議定後速行具奏。原摺片均著鈔給閱看。將此由五百里各諭令知之。欽此。遵旨寄信前來◆³。

【案】此"廷寄"現存於《光緒朝上諭檔》①，又見於《清實録》②，兹據校補。

1.【欽差大臣督辦新疆軍務兵部右侍郎劉、幫辦軍務伊犁將軍金、幫辦軍務廣東陸路提督張、陝甘總督譚】此前稱據《光緒朝上諭檔》補。

2.【案】光緒十年二月十七日，戸部尚書額勒和布等具摺奏陳西路軍餉浩繁，急須統籌全局情形：

　　戸部尚書臣額勒和布等跪奏，爲西路軍餉浩繁，中外交困，急須統籌全局，以規久遠而固國本，恭摺仰祈聖鑒事。竊維理財之要在量入以爲出，考之《禮》曰："財用足，故百志成。"又曰："國無九年之蓄，曰不足。"是知財用窘乏，則苟且之法繁興，即天下之大患潛伏，非小故也。我朝用兵之費，未有如今之多且久，財用窘乏，亦未有如今之甚者。軍興以來近三十年，用財何止萬萬，迄寰宇底定，惟甘肅新疆需餉孔多。除明春一軍業經裁撤不計外，以現在調撥而論，劉錦棠、譚鍾麟關内外之師，歲撥銀七百九十三萬兩，是爲西征軍餉。若西寧歲撥之一萬、寧夏歲撥之十萬、涼州歲撥之八萬四千兩不與焉。金順一軍並接統榮全、景廉舊部，歲撥銀二百二十八萬兩，部墊三十六萬

兩,是爲伊犁軍餉。若巴里坤專餉迭次提撥之四十萬兩不與焉。錫綸接統英廉所部並新募諸軍,歲撥銀三十三萬兩,是爲塔爾巴哈臺軍餉。長順接統恭鏜所部,歲撥銀九萬六千兩,是爲烏魯木齊軍餉。若張曜所帶豫軍歲需銀六十餘萬兩,向由河南供支,亦不與焉。以上西路各軍每歲共需銀一千一百八十餘萬兩,遇閏加銀九十餘萬兩。軍需而外,善後經費又每次動撥數萬、數十萬兩不等。事權本未畫一,故勇無定數,餉尤無定額。通盤計算,甘肅新疆歲餉耗近歲財賦所入六分之一,各省關或括庫儲,或向商借,剜肉補瘡,設法籌解,已屬不遺餘力。各路猶以餉不足用,屢請於朝。臣部不得已爲之提積欠,各省關解積欠則停月餉,解月餉則停積欠。雖疊奉諭旨,令統兵大臣將欠解之藩司、監督指名嚴參,各將帥深知艱窘情形,礙難參劾。公議既窮,不得已私函婉托委員守催提解,偶有不前,飛章告匱,咸謂嗷嗷待哺,奏請部儲。臣部無可指撥,不得已於封儲洋稅項下動撥數萬或數十萬兩,以救其窮。此處甫行領完,彼處告急又至,事同一律,本難歧視,不得已再撥庫儲。所有歷年部墊餉銀,各省關未能悉數清還,出款暗增,入款暗耗。臣等以部庫關係根本,儲積無多,實難輕予外撥。而各處領到部餉,甫清舊欠,又有新虧,不得已另向商借,或將勇數浮報,暗地賠償,或將應協餉銀明請抵補。一款未清,又借一款,重重計息,愈累愈多。近來所償息款將近千萬兩,上損國帑,下竭民膏,艱窘情形,日甚一日。

查光緒八年分各省關實解西路餉銀,尚有五百八十萬兩,劃還洋款銀二百一十六萬九千餘兩,部墊銀四十八萬兩,部庫另撥銀八十一萬兩,各軍共受協餉銀八百五十三萬餘兩。夫協餉必出於庫,今則庫款空虛矣。從前因軍餉不敷,務求節省,葬銀、紅事等賞,久已悉停。廉俸、兵餉、役食,莫不減折,一切支款又須減平。總計裁省之數,悉以供軍。既供本省各營,又顧各路協餉,豫挪來年錢糧,不足填補上年舊欠。疆吏則以羅掘一空,頻登奏牘;臣部亦以庫款支絀,屢瀆宸聰。上年籌辦海防,西路協餉頗難兼顧。各省奏請改撥,臣部幾無可改,各省奏請停解,臣部不敢遽從。各省聲稱萬分艱難,臣部猶謂務當籌解,不量其力,徒托空言。天下無大患難之時,猶且拮据如此,萬一海疆有警，歲入更減，各省自顧不暇，西路之事何堪設想！協餉究出於民，今則民益困窮矣。查咸豐初年，抽釐助餉，於關稅之外復設釐卡，迹近重徵。大吏諭民，以暫時抽收，事竣裁撤，小民均切同仇之義，勉强輸將。其後釐卡愈密，法網愈周，析及秋毫，販負俱不得免。因軍餉不足，迄今未能遽裁。計每年報部收釐數目千數百萬。至外銷之款，與夫官吏所侵蝕、書役所勒索，又無論已。層層剝削，竭澤而漁。商賈咸謂事竣不裁，久爲商累，貨物昂貴，終歸累民。至於田賦所出，具有常經，軍興既久，供億不恒，遂隳經制。如四川之按量津貼，捐輸已近加賦。各省遭賊蹂躪，城池甫復，遽事徵收，兵燹孑遺，靡得喘息。本年之錢糧既須完納，歷年之積欠又須帶徵。餉需緊要，不得不嚴其考成，考成驟嚴，不得不出於敲扑。至於州縣之勒派、胥吏之誅求，尚不在其中。而民間捐資以應差徭攤派，以辦團保，又無論已。雖官非增賦，私已倍輸。數十年來，海内罷弊，户鮮殷實，田多汙萊，率以此故。近年如山西、河南二省，迭遭大旱，死亡枕藉，里閭爲墟，竭全力以救之，殆僅有存者，至今元氣未復，生計蕭條。上年山東黃河潰堤，橫流千里，沿河之衆，半付波臣，輾轉流亡，以百萬計。雖蒙聖恩，截漕發帑，恤此災黎，猶有居無室盧、食無藜藿、鬻男賣女、聊圖苟活者。飢民既衆，隱患方深。至於順天、直隷、湖北、江蘇、浙江、安徽、河南、四川等省水旱偏災，又無論已。大亂甫靖，又罹奇災，一切苟且之法，皆未停罷，臣等竊危之。伏查我朝戡定準、回兩部，舉全疆二萬里隷之職方，其時府庫充溢當世，猶不免耗中事西之疑。今則府庫空虛如此，民力困窮又如彼，而西路軍餉數倍於國家全盛之時，悉索以供，靡所底止。若不豫爲籌畫，仰屋徒嗟。倘蒙聖明垂詢空虛之由，臣等毫無補救，實難辭咎。即聖慈不加譴責，天下萬事清議，其謂之何？臣等再四思維，耗中以奉邊，終非長策，但西陲要地，非内地爲之調撥，亦不能支。是用稽考舊章，旁參衆説，不揣冒昧，敬爲我皇太后、皇上陳之。

　　一曰定額餉。甘肅新疆歲需撥餉千數百萬，斷難供億，且斷無全解之理，徒使應協者任意挪移，盈虛難考，受協者藉口欠解，借墊頻仍，皆額餉未定之故。查道光年間，額兵尚未裁減，臣部估撥甘肅新疆歲餉等項四百四萬或四百十五萬兩有奇。除留抵外，實調銀三百餘萬兩。咸豐年間，陸續裁減裁扣，每年估撥銀三百二萬兩。除核減折放留抵外，僅調撥銀二百四十四萬五千餘兩。迨回逆構亂，攻剿之師另撥月餉，額餉久已停解。光緒四年，西路漸就肅清，前督臣左宗棠覆陳新疆情形摺內，請於三年之後部撥甘肅新疆的餉每年以三百數十萬兩爲度。臣部議覆，屆時再行奏明辦理。迄今久逾三年之期，所有甘肅新疆各軍餉應照左宗棠奏案，每年調撥的款三百數十萬兩，不准各省蒂欠。合之本處歲入留抵之款，已在四百萬兩上下。嗣後不准再向商借，亦不得率請部儲。經久之圖，莫要於此。

一曰定兵額。查關內減兵裁勇，已有規模。惟關外統兵大員太多，均得專摺奏請，招募兵勇，迄無定額。現查劉錦棠所部馬步二萬三千餘人，張曜所部六千餘人，烏魯木齊、古城兵勇八百餘人，巴里坤官兵九百人，金順、錫綸所部約有二萬餘人。綜計全疆兵勇數逾五萬，較承平額兵四萬之數，已多一萬有奇。力分於將多，財匱於兵眾。臣等竊以爲新疆既改設州縣，時勢變遷，烏魯木齊、巴里坤、古城、庫爾喀喇烏蘇等處自遭回亂，旗丁所存無多，宜歸併伊犁。即以伊犁將軍專轄旗兵，如內地駐防之例，應令劉錦棠等通盤籌畫，就額餉數目酌留兵勇，應併者速併，應裁者速裁。合南北兩路滿、蒙、漢兵勇，總不得逾舊額四萬之數。現在防營無事，口分尚給行糧。若有事之時，加餉則款愈難籌，不加則何以示勸！臣等擬仿成法，量爲變通，暫以二萬人爲勇，改行糧爲坐糧，出征外域，始照行糧支給，再於客勇願留關外者，選精壯萬數千人，規復制兵，照土勇章程支給。其駐防及臺站、卡倫各項官兵口分有較土勇少者，毋庸議增，以節餉項。惟各路兵勇餉章歧異，約有數十等，應令劉錦棠等查明各路章程，殫心經畫，力任其難，將兵數、勇數、餉數妥議定章，奏明辦理。

一曰一事權。查新疆南北兩路歲需兵餉等項，向由該將軍、都統、參贊大臣核明確數，豫先在甘省調撥，仍由陝甘總督將調撥各數歸入甘省兵餉，於年終造冊請估。臣部於冬撥案內彙總撥給。至今成法蕩然，募勇則各請專餉，善後則各立章程。餉則各自迎提，浮開盤費，局則各自添設，經費尤多。至無事之員，亦復張頤待哺。一官之費，耗十數勇之口糧，官階無可清查，虛冒更難考核。即如前烏魯木齊都統恭鏜所部一千餘人，開報差員至一百七十餘名之多，幾於數勇一官，紛紛濫支薪水，尤出情理之外。良由事權不一，無所考核，以至於此。雖有督辦軍務大臣，而各將帥位敵勢均，究不能如內地督撫可以節制全省。今議調撥額餉，彙總發給，必須得人總會其成，俾各營章程畫一，解到之款專歸一處，分撥各軍，各路差員儘可裁撤，以裕兵食。

臣等所議三事，旁參遠證，理在不疑，猶慮有沮臣等之議而撓臣等之説者。或曰西事孔棘，今昔情形不同，撥餉千萬，猶若不及，乃僅以三百數十萬兩爲額，西陲瘠區，歲入有限，爲邊計者不已疏乎！不知內地根本也，邊陲枝葉也。公私匱竭則根本傷，根本傷則枝葉將安所附？夫天下之患不在於外，常在於內，史册所載，具有明徵。今自通商以來，寰海之內皆有敵人，幾於無處不防，遇事虛聲恫喝，使我常爲之備師老財殫，以冀乘間一逞。方今要策在蓄財力以待時，斷無偏重一隅之理。新疆遠隔神京萬里，僻在西域，而耗竭中原予人以隙，非計之得也。溯查同治初年，各省辦剿辦防，未能兼顧額餉。每年調撥新疆經費僅四十萬兩，尚未解齊。此後若有闕乏，客勇剽悍，豈止嘩潰堪虞，欲求如旗丁之甘心窮餓，誠不可得，能不爲之寒心哉？即謂邊備不可不修，而籌畫必規久遠，故額餉宜復。復額餉則當裁勇，以復兵屯田以抵餉。所議額餉，原係左宗棠奏案，其時甘省尚未裁兵。查左宗棠奏甘省裁兵節餉案內，較咸豐年間調撥二百四十萬兩之數，已減去銀四十九萬二千兩有奇。是調撥應減爲一百九十餘萬兩。今照左宗棠原議，以三百數十萬兩爲額，實已多銀一百數十萬兩。此外尚有本地租賦、雜税釐金等款可資抵放，誠如左宗棠前奏新疆利源可開、流亦可節、就地取資之説。將來調撥，尚應照咸豐年間成案核減。若徒求目前調撥之多，而忘日久難繼之患，變出意外，恐非淺識所能窺耳。或又曰逆酋勾煽回衆，俄人潛蓄陰謀，縱使益兵，猶慮疏失，裁客勇則軍威不競，減勇餉則口分不敷。所慮得毋未周，不知自古有必勝之將，無必勝之兵，故謀略何如耳！若處處填扎兵勇，則備多力分，善用兵者，必不出此。方今養勇太多，浮冒居其半，老弱居其半，而西陲各軍日虞敵至，不敢遽裁，坐致罷敝，久皆無用，殊爲失策。夫用兵猶弈棋然，巧者熟審全局，置數子於要害，足以制人；拙者昧犄角之方，即布子滿局，不免於敗。現議汰弱留强，合全疆兵勇以四萬人爲額，一半列成防守之局，一半居中爲游擊之師，苟將得其人，軍無虛籍。平時屯田以勞勸之，農隙訓練而整齊之，必大可恃。縱俄人起釁，逆酋窺邊，悉衆征行不難，調關內之兵，防顧後路，固不在多養無事之勇，蠹耗國家有限之財。議者以爲兵多足恃，譬之千金之家常慮盜竊，日蓄數十人以防之，盜尚未至，不終歲而千金之家已爲窶人矣。勇餉不敷之説，當以關外糧價昂貴故。查關外糧價，與關內不殊，且有比關內稍賤之處，前據劉錦棠奏稱頗有谷賤傷農之患。況楚軍坐糧已較土勇爲優，土勇章程較之制兵額餉已加二三倍，亦不爲少。遠考之軍需則例，出征加給鹽菜，事竣即應住支。近考之劉錦棠、張曜所議，亦以改行糧爲坐糧、招募土勇、規復兵制爲請。但須嚴禁剋扣軍餉，口分必無不敷。

至各城回民雖衆，同是血氣之倫，綏之斯來，虐之則叛。疆臣仰體皇仁，奉揚風化，蚩蚩之氓，未有不帖然服者。間有頑梗之輩，不難誅鋤，又何勾煽之足慮哉？竊揣衆流所議，略盡於斯，臣等亦非故爲高論，漫相窮詰。至於用人者皇上之大柄，臣下所不敢言。而籌兵籌餉，疆吏與臣等當共體時艱，勉圖久安長治之規，以維國本。劉錦棠等身膺重寄，洞悉邊情，尤當蕆此一簣之功，恢宏遠略，相應請旨飭下督辦新疆軍務大臣劉錦棠等，會同陝甘總督譚鍾麟，統籌全局，就左宗棠議撥三百數十萬兩之數會計，所有甘肅及新疆南北兩路某處酌留若干兵勇，某處實需若干錢糧，賦稅留抵若干，一切經費若干，無論如何區畫，總應照原議餉數，量入爲出。一俟議覆後，臣部即於本年秋季，照新定額餉，將十一年分餉項豫爲奏撥。該大臣等務當力求撙節，慮始圖終，庶免牽動大局，臣等幸甚，天下幸甚。所有西路軍餉浩繁、中外交困、急須統籌全局緣由，謹合詞恭摺具陳。伏乞皇太后、皇上聖鑒訓示。謹奏。光緒十年二月十七日。户部尚書臣額勒和布，户部尚書臣閻敬銘，户部左侍郎臣宗室福錕，户部左侍郎臣孫詒經學差，署户部左侍郎順天府府尹臣周家楣，户部右侍郎臣崇申，户部右侍郎臣孫家鼐。①

3.【遵旨寄信前來】此據《光緒朝上諭檔》校補。

116. 南路城廨工作礙難中止仍懇飭撥銀兩片
光緒十年二月二十八日

再，臣於上年十一月將估計修理南路、新設各官城署一切共須實銀三十七萬四千兩奏懇飭撥部款。嗣准户部鈔咨會議摺稿，以部庫入不敷出，實難輕予外撥，擬由江西、湖北、湖南、江南、山西、四川及河東道各處，共提銀十八萬兩，限十年五月以前如數解交甘肅糧臺，即將應建城垣、炮臺等工趕緊興修，官廨從緩辦理。奉旨：依議。欽此。等因。承准之餘，伏見朝廷厪念西陲，正當賑務紛乘，海防吃緊，特准指撥款目，欽感曷言！此項工用所迫，計各省必能先其所急，如期趕解。除一面飛催外，其衙署各項，部臣議令暫緩，意在少紓餉力，自應恪遵。惟查南疆改設官治，原欲一新纏回之耳目，俾滌舊染之污，公廨須有定所，規制亦有定程，非爲官吏之安居，乃爲民望之所屬。軍興以來，腹地州縣衙署間尚未及修復，誠有如部議所云者。然其民情迥異，邊氓兼值互市通商立制之初，未宜過從簡易，蓋顯以示天朝之威儀，即隱以杜外夷之窺伺。臣自接准改設官治之部覆，遵籌興修城署、倉監、壇廟，用資保障而具規模，飭各營局酌估。初議需銀八十餘萬，經臣再三駁飭，凡舊有之寸木片石，均令湊集，歸於實用。土工則多屬之

---

①　臺北故宮博物院藏：《軍機及宮中檔》，文獻編號：125333。

防營，責以倍加奮勉，隨處撙節。通計至少需銀三十七萬四千兩，早飭一律動工，經費權於軍餉騰挪，本待請撥部銀，遂爲彌補。今城工准撥十八萬兩，衙署緩辦。工作已興，礙難中止。趁此營勇助勞，事半功倍，官制既經大備，吏治較易講求。已往之勞費不虛，將來之苛派可免，綏輯邊荒，此其尤大要也。際兹時事多艱，司農每形支絀，何敢更申前請！祇以工難停罷，萬不獲已，擬請將未撥之十九萬四千兩，仍懇天恩飭部在於欠解西餉各省關照數限解，以濟要需。臣忝膺重寄，苟稍可以裁省，無不力爲經畫。刻下事局所關併修衙署各工，綜計所費無多，日後所全實大。區區愚忱，不勝感悚待命之至。除咨部外，謹會同陝甘總督臣譚鍾麟、幫辦軍務廣東陸路提督臣張曜，附片具陳。伏乞聖鑒訓示施行。謹奏。

　　光緒十年三月二十一日◆¹，軍機大臣奉旨：户部議奏。欽此。

【案】此奏片原件、録副俱缺，兹僅理校。

1.【光緒十年三月二十一日】此奉旨日期，據《軍機處隨手登記檔》①校補。

【案】光緒十年四月初七日，户部尚書額勒和布、閻敬銘等具摺奏報議覆劉錦棠等奏請籌撥新疆工程銀兩事：

　　　　經筵講官户部尚書臣額勒和布等謹奏，爲遵旨議奏事。督辦新疆局務大臣劉錦棠等奏工難停罷，請將未撥銀兩在欠解西餉各省關照數限解，以濟要需一片。光緒十年三月二十一日，軍機大臣奉旨：户部議奏。欽此。欽遵於三月二十二日鈔出到部。據原奏内稱：上年十一月，估修南路新設各官城署一切，共須實銀三十七萬四千兩，奏撥部款。嗣准户部咨會摺稿，以部庫入不敷出，實難外撥，由江西、湖北、湖南、河南、山西、四川及河東道各處，共提銀十八萬兩，解交甘

①　中國第一歷史檔案館藏：《軍機處隨手登記檔》，檔號：03—0242—1—1210—073。

蕭糧臺，即將應建城垣、炮臺趕緊興修，官廳從緩辦理等因。惟查南疆改設官治，公衙須有定所，兼值互市通商，未宜過從簡易。自接准改設官治之部覆，早飭一律動工，擬於年餉騰挪，請撥彌補，趁此營勇助勞，工難停罷，擬請將未撥十九萬四千兩，仍懇天恩在於欠解西餉各省關照數限解，以濟要需等語。

臣部查該大臣奏請修建南路十三處城垣、炮臺、衙署、倉監各工，前次請撥銀三十七萬四千兩，臣部因各省水旱頻仍，海防緊要，礙難如數籌撥，當與江西等省提撥銀十八萬兩，以爲南路修理城垣、炮臺之用，衙署等工暫行從緩。奏准、行知、遵照在案。今據該大臣等奏稱，公衙須有定所，早已一律興工，請將未撥銀兩於欠解西餉各省提解等語。臣部查，現在滇粤邊防、沿海各防一律吃緊，而山東河工撥款甚鉅，各省關紛紛奏請停解改撥，籌款實屬萬分艱難。若在於欠解西餉各省關提撥，誠恐力有未逮，徒托空言。惟據該大臣聲稱，工作難停，且修建城工至十三起、衙署至十五起之多，請款僅三十餘萬兩，辦理尚屬撙節。臣部自不得不於無可設法之中，代爲籌畫。查胡光墉於西征借用商款内，侵取行用、補水等銀十萬六千七百八十四兩。據該大臣及陝甘總督咨稱，應行著追。臣部已行令浙省追繳。據浙江巡撫劉秉璋咨覆：所有公私各款，已將胡光墉各處典莊及藥店查封備抵，此款自係有著。擬令該撫迅速變價，措銀十萬六千七百八十四兩，勒限本年閏五月以前解赴甘肅糧臺，以應急需，毋得延宕。又，查烏魯木齊軍餉，四川、山東各月協銀二千兩，江海、江漢、粤海、閩海各月協銀一千兩。現在烏魯木齊營勇已裁，擬令自本年四月起，截至十二月底止，共應解銀八萬兩，改解甘肅糧臺，作爲修理南路工程之用。合之浙省變價銀款，共十八萬六千七百八十四兩，與該大臣此次所請提撥數目不甚懸殊，諒足敷用。如蒙俞允，即由臣部行知各該省督撫、將軍、各管監督，一體遵照，趕緊如數提前報解，俾資應用。所有遵旨議奏緣由，理合恭摺具陳。伏乞皇太后、皇上聖鑒。謹奏。光緒十年四月初七日。經筵講官戶部尚書臣額勒和布，戶部尚書臣閻敬銘，戶部左侍郎臣宗室福錕，戶部左侍郎臣孫詒經學差，署戶部左侍郎順天府府尹臣周家楣，户部右侍郎臣崧申，户部右侍郎臣孫家鼐。①
同日，此摺得清廷允行，飭令各省關迅速報解，以應急需：

軍機大臣字寄：福州將軍穆、署兩江總督一等威毅伯曾、兩廣總
督張、四川總督丁、署湖廣總督湖南巡撫卞、江蘇巡撫衛、浙江巡撫
劉、湖北巡撫彭、山東巡撫陳、廣東巡撫倪，傳諭前粤海關監督崇光、
粤海關監督海緒：光緒十年四月初七日奉上諭：户部奏籌撥新疆工程
銀兩一摺。據稱新疆南路應修衙署等工，需款孔亟，請飭浙江將胡光
墉侵取西征借款行用、補水等銀十萬六千七百八十四兩，於該革員備
抵産業内，迅速變價，照數措齊，限本年閏五月以前解交甘肅糧臺應
用，並請將四川、山東及江海、江漢、粤海、閩海等關月協烏魯木齊軍
餉，自本年四月起至十二月底止，共銀八萬兩，改解甘肅糧臺，作爲修
理南路工程之用等語。新疆應修衙署各工，勢難停緩，自應酌撥款
項，以濟要需。著該將軍、督撫、監督等，按照該部所撥各款，如數提
前報解，毋稍延欠。將此諭知穆圖善、曾國荃、張樹聲、丁寶楨、卞寶
第、衛榮光、劉秉璋、彭祖賢、陳士傑、倪文蔚，並傳諭崇光、海緒知之。
欽此。遵旨寄信前來。②

117. 覆陳呈控統兵大員並
駐京委員侵蝕軍餉各節摺

光緒十年二月二十八日

欽差大臣督辦新疆軍務兵部右侍郎二等男臣劉錦棠跪◆1
奏，爲查明軍營假退員弁呈控統兵大員並駐京委員侵蝕軍餉各
節，據實覆陳，請旨定奪，恭摺仰祈聖鑒事。

竊臣於光緒八年十二月初八日，承准軍機大臣字寄：光緒八
年十一月十一日奉上諭：刑部奏軍營員弁呈控統兵大員並駐京委

---

① 臺北故宮博物院藏：《軍機及宮中檔》，文獻編號：126250。
② 中國第一歷史檔案館編：《光緒朝上諭檔》，第十册，第90—91頁。

員侵蝕軍餉請飭查辦一摺。據稱從九吳正剛、守備張喜各供均投效哈密辦事大臣明春軍營，欠領薪水、口糧銀兩甚鉅。該員等先後來京，向催餉委員副護軍參領常恩請領不發，並健、威兩軍每年領到協餉十餘萬兩，未發過弁勇薪糧。前因遣散馬隊，奏請專餉八萬兩，由號商匯至凉州，經道員鐵珊查知，祇有四萬兩，亦未深究各等情。案關統兵大員侵蝕軍餉，是否屬實，亟應澈底根究。著劉錦棠按照所控各節，確切查明，據實參奏。吳正剛、張喜即著刑部解往，歸案質訊。原摺一件◆²、呈二件◆³，著鈔給閱看。將此諭令知之。欽此。欽奉之餘，復准刑部咨同前因。當即恭録，分別咨行，遴委臣營營務處分省題奏道員袁鴻祐、分省升用同知鄭錫濤，會同按照該員弁等呈控事理，逐層確查，據實稟覆，以憑核奪覆奏去後。嗣於光緒九年三月十六日，據報刑部遞解之官犯吳正剛、張喜到哈，隨飭袁鴻祐等查驗年籍，悉心推訊。兹據稟稱：此案牽涉人證多名，離營已久，程途窵遠，更有事外株連，無從著落。若必概待傳到，遷延不了，拖累滋甚，迭次稟請行催。除湯國俊、黎飛雄、周思敬、李朝儁未能到案，張廷舉、趙半個娃、馮麗成由地方官訊取供結，徐小田即徐常鎬具稟告假多年，呈內所指一概不知外，所有應訊之要證常恩、魏長林、馬定邦、師玉春、陶聯陞、李洪超、劉成圓、謝長清等，業經先後提案。隨時提該原告吳正剛、張喜，按款質訊，取具切實供結，稟請核辦前來。臣逐一查閱，其有關章程册據者，仍咨哈密辦事大臣明春查取校核。如吳正剛原控辦理健銳中營文案，照依楚章，每月薪水二十四兩，積算至一千四百餘兩。查楚軍文案，向由營官酌給薪水，從無限定二十四兩之規。咨查該健銳軍餉章，各營弁勇係照楚軍章程支給。其文武員弁、書役人等，係照前哈密辦事大臣文麟威儀軍章程支給，每書識一名，月支銀二兩四錢，概由營官自行招募。

又按[4]威儀軍於光緒二年九月内，由左大臣處籌款，遣散弁勇四百八十餘員名，其餘歸併步隊一營、馬隊兩旗等語。查左宗棠原撥此項，兼定資遣章程，均係照章將所借撥銀三萬兩，按名散放，有案可稽。

又控健威軍馬步六營、威儀軍馬步三營，總共弁勇一千七百餘員名，數年來並未發過大餉，祇於年節犒賞，每年不過萬兩，歷年領到之餉，究歸何處等語。咨查該軍營制，每馬隊一營，員弁勇夫共七百六員名[5]。計健鋭、威儀兩軍馬步共十一營外，隨營文武員弁、書役人等共三百九十一員名。營中用款以采買糧料爲大宗，年須市斗萬石有奇。當光緒五年以前，每石價銀十餘兩、十兩不等，每年收到各省之餉，間尚不敷糧價，勢不能不按成酌發，騰款製辦冬夏衣履，並發月餉，年復一年，積欠累累。所有歷年支用餉數，據鈔清册并送户部暨各省發餉公文，照核悉符。

又控山東欠餉，經常恩承領，未解回營，有前坐催委員師玉春等可證等語。據補用總兵師玉春投稱：光緒二年，奉委催領山西、山東協餉，先於山西領獲銀三萬三千兩，除兑還商款外，實解到營六千兩。三年，轉赴山東。四年，領獲銀一萬五千兩，回營銷差。至常恩經手之餉，實不知情，無可指證。據副都統銜補用參領常恩投稱：前奉委催領山東之餉，東省撥銀二萬，委員解赴察哈爾都統衙門，轉給承收，采辦軍裝，比經造報。四年十二月，領銀三萬兩，内除一萬五千兩交本軍委員志勝領解回哈外，下餘一萬五千兩，與原催委員候選知府景春經手領獲之五萬兩，俱會同撥還商款、糧價，旋即聞訃丁憂。咨查係因營中匯借商款，並積欠回部糧價極夥，索取甚迫，各隨委員守領，曾經奏明在於山東應解餉内，先爲撥還借款、糧價，共銀四萬兩，商款三萬五千兩，札飭該參領等照撥。嗣因山東欠發銀一萬兩，致將回部糧價祇撥三萬，另由川楚兩省撥歸一萬，有片稿、部文可查。

又控遣散中前兩營馬隊共弁勇二百八十名，又准後營假勇五十名，有魏長林、馬定邦、黎飛雄可證等語。據陝西候補游擊魏長林投稱：同治十三年，管帶健銳中營馬隊。補用都司馬定邦投稱：光緒三年，管帶健銳前營馬隊。均於光緒六年十一月奉札裁撤，每營員弁勇夫三百三十一員名，分別回漢，先後遣盡，祇發半年欠餉。計營官一員，銀一千二百兩。哨官五員，每員銀五十兩。什長二十五名，每名銀四十六兩八錢。馬勇二百二十五名，每名銀四十五兩。長夫七十五名，每名銀十八兩。兩營計共給銀二萬八千二百三十兩。當經造具冊領，悉數領訖，願具甘結互質。吳正剛供稱：該營原分回漢，分起遣散，但見頭起回勇之數，即已離營，未知續裁後起漢勇。咨查從前抽裁健銳馬步五營，共官弁勇夫二千七百八十員名，又裁隨營文武員弁、書役一百八十四員名，悉照奏定章程補放半年欠餉，共需銀八萬六千五百八十一兩八錢，請由戶部墊發，俾速資遣。至各處欠解協餉，截至光緒六年六月，川、鄂兩省欠至一百五十餘萬，斷難補解，開諭閩軍，悉行報效，概不找補。領到餉銀，照數分給，奏咨在案。均有冊領、文稿可查。

又控聞風鑽謀，視銀如泥，送蜀軍告假員弁李洪超川資一千兩，假稱製造軍裝等語。據提督李洪超投稱：前帶蜀軍右營請假回川，路過哈密，送明大臣車輛、騾馬并紙張等件。明大臣行知四川催餉委員給銀千兩，以償價值。毫無別項情弊。互質吳正剛供稱：當日所聞，說是送與川資，不知抵有車馬、紙張各物。

又控張廷舉◆6、謝長清等，皆充當營官，歷保二品，受傷成殘，今在高臺乞食等語。據安肅道就近傳訊，詳送供結：補用參將張廷舉曾投效明大臣部下，告假之際，給過川資銀◆7二百四十兩，現於高臺與人夥開小店糊口，並未乞食。補用副將謝長清投稱：十年前，在文大臣麾下充當營官，受傷成殘，請假出營，其時明大臣尚未接統，現在高臺開店爲業，尚未乞食。互質吳正剛供稱：曾見兩人旅寄高臺，幾與乞食相似，亦是極言其貧。

又控恣意嗜好，不懼物議，收戲旦趙半個娃爲干兒，留住署內。又爲花鼓戲旦馮麗成在署招賭，故軍中有兵勇不如戲旦之謠等語。據安肅道就近提訊趙半個娃，詳送供結，稱係唱戲爲生。光緒五年出關，曾在哈密營中演戲酬神，並未出入衙門，拜認干兒。隨又進關，在金塔班演唱度日。又據庫爾喀喇烏蘇糧員就近提訊馮麗成，詳送供結，稱於光緒八年來哈，即在茶鋪工作，並未在明大臣衙門邀賭抽頭。是年冬月離哈，現來精河貿易。質之吳正剛供稱：當時見有匿名揭帖，不能確指住署招賭之實據。

又控光緒八年二月來京禀陳苦衷，常恩匿不與面，囑托劉成圖相勸，同路旋陝，就陝餉局算給薪糧。詎意抵陝四月之久◆8，僅於劉成圖手給銀一百五十兩，欲歸不得，欲止不能，祇得轉京泣叩等語。據常恩稱：八年二月，晤劉成圖，談及有前充健銳軍營◆9營書吳正剛來京，欲向借用銀兩，托其吹噓。參領答以此人素未謀面，營友甚多，何能應付？以後劉成圖如何勸他、如何借銀，概不得知。據參將劉成圖投稱：前年進京投咨引見，適晤吳正剛，據說欲向常恩算加薪水，不得會面，即欲在部禀控。參將因念同營，婉言勸阻，約同出京，願代償銀一百五十兩。此係參將擔承，吳正剛並無異議。互質吳正剛供稱：原未晤過常恩，有劉成圖婉勸出京，共借銀一百五十兩，實係相愛。此案亦不與伊相干。

又控奏請專餉八萬兩，由協同慶號匯兌涼州，祇有四萬兩，被鐵道查知，有張喜可證等語。查核張喜呈內相同。據游擊陶聯陞投稱：光緒六年，奉明大臣委赴戶部，請領專餉八萬六千六百兩，適哈密回王呈請，在京餉內撥兌三萬兩，交赴京之差弁那斯胡里。明大臣面諭照撥。旋經如數領到，當撥交回弁那斯胡里三萬兩，協同慶號匯兌涼州四萬兩，本軍委員志勝由京回哈，帶解銀一萬兩。游擊隨自解銀六千六百兩。張喜祇知匯兌之四萬，不知尚有

撥兑回弁之三萬與志勝帶解之一萬。行據甘涼道鐵珊稟覆：傳訊
協同慶號供稱：明大臣所匯京餉，實係四萬兩。又據哈密回王沙
木胡索特結稱：光緒六年，職父邁哈默特差弁那斯胡里，赴京請領
福晉册封，並製買衣料等物。值明大臣差領京餉，呈請就撥糧價，
以便分完共挪商款，蒙准撥銀三萬兩交那斯胡里。即於是年在明
大臣應撥糧價內，照扣歸還。互質吳正剛、張喜供稱：當初不知另
有撥解各項，但指匯數言之。

　　至張喜原控同治四年投入健銳軍，充當馬夫一十四年，共領
過銀一百二十四兩，向算存儲口糧八百六十九兩，僅給盤費銀十
五兩，本欲轉懇恩施，奈營中不肯進言，再四籌維，惟有常恩與明
大臣有表兄弟之親，駐京坐催，可以轉請算給等語。據常恩稱：光
緒元年到營，並不知有張喜其人，祗丁憂在京時，不記日期，據家
人回説，有張姓投信一件，拆閲係前統健銳軍原任烏魯木齊提督
成禄所致，托幫張喜盤費數十金，資其回籍。參領細思，與成禄提
督素未謀面，若張喜更不認識，成在刑部，何能給信？疑其有詐，
遂令拒絕而去。咨查係同治十二年接統健銳軍出關，該弁請假，
即給馬匹、盤川遣出，口糧無存。至於舊欠，係前統該軍成提督任
內之事，無從查算。原訊該弁同治十二年以後，尚當馬勇，係在何
營何哨，無以爲對。有守備馬富侯、千總褚餘良與張喜面質，光緒
五年二月，張喜來哈，求差未收。伊等轉懇明大臣賞給盤費、路
票，不許在哈逗留。互質張喜供稱：同治十二年以前應找口糧，原
係成前統領缺餉欠發，因歸明大臣接統，是以向算。餘即詞窮。
吳正剛按算尚應找銀八錢，比已照補。據與張喜同供，營中歷欠
最鉅，明大臣發銀不敷使費，且聞匯餉數短，懷疑呈控，冀可多算
攙領。今蒙訊明，不敢誣執，各出具誤控悔結，懇免究辦。經臣親
提研鞫無異，應即擬結。

　　此案吳正剛所控，以遣勇不符爲冒支而求增薪水，係其切己

之圖。張喜所控，以匯餉不符爲侵盜而求領舊欠，係其切己之圖。例應隨同管隊頭目公同陳告。乃吳正剛但見頭起遣勇，又以僅放欠餉半年，疑有剋扣，張喜因聞匯餉止四萬兩，疑係侵冒，各向常恩索借不遂，赴部具呈，奉旨飭臣查參，兹已質訊明確。似此以卑控尊，誣砌虛款，本應按律問擬。姑念其向算短欠薪糧，非出無因，一經環質，自知情虛，即據首悔，核與始終誣執者有間。相應請旨將從九吳正剛由部斥革，守備張喜即行革職，均遞解回籍，交地方官嚴加管束，嗣後不准在外滋事，並不准投效各路軍營，希圖開復，以示懲儆。哈密辦事大臣明春接統健鋭各營，前因各省欠餉難恃，奏明抽裁營伍。其餘遣勇、匯餉各數目，歷有各營官及回王並經手各委員供結、册領可憑，實未從中侵蝕，餘款亦屬虛無。惟勇夫口糧既照楚軍章程開支，而營書乃照威儀軍之章，月僅給薪銀二兩四錢。塞外苦寒，百物昂貴，殊失體恤之道。且其平日隊伍疏於訓練，規制未能整肅，皆緣餉項艱窘，不免馭之過寬。幸賴天威，奠定全疆，業已陸續裁畢。明春久征邊塞，曾著戰功，可否寬其既往之處，出自鴻施。其常恩前此經手領餉，交卸清楚，丁憂回旗，與訊明案内人證均無不合，應請概免置議。未到免提，以省延累。所有查明軍營假退員弁呈控統兵大員並駐京委員侵蝕軍餉各節，理合據實恭摺覆奏，是否有當，伏乞皇太后、皇上聖鑒訓示施行。謹奏。光緒十年二月二十八日◆10。

　　光緒十年三月二十一日◆11，軍機大臣奉旨：明春著免其議處。餘依議。該部知道。欽此。

　　【案】此摺原件①藏於中國第一歷史檔案館，録副②現藏於臺北故宫博物院，兹據校補。

① 中國第一歷史檔案館藏：《硃批奏摺》，檔號：04—01—01—0952—029。
② 臺北故宫博物院藏：《軍機及宫中檔》，文獻編號：125890。

1.【欽差大臣督辦新疆軍務兵部右侍郎二等男臣劉錦棠跪】此前銜據
原件補。

2.【案】光緒八年十一月十一日，刑部尚書文煜、潘祖蔭、左侍郎松溎
具奏軍營員弁呈控統兵大員並駐京委員侵蝕軍餉請飭查辦：

協辦大學士刑部尚書臣文煜等謹奏，爲軍營員弁呈控統兵大員
並駐京委員侵蝕軍餉，請旨飭交就近查辦，由咨改奏，恭摺仰祈聖鑒
事。准步軍統領衙門咨送吳正剛、張喜呈控明春等不給應領薪水銀
兩一案，查閱原呈內稱：吳正剛係保舉候選從九品，張喜係保舉儘先
守備，均投效哈密軍營，領食薪水口糧。詎該辦事大臣明春及營務處
副護軍參領常恩侵蝕餉項，並不按數發給等情。臣等以案關軍餉，必
須詳切訊究，遂督飭司員逐款研訊。據吳正剛供稱，伊係四川華陽縣
人，光緒二年九月間接辦總理健銳全軍哈密辦事大臣明春文案，保有
藍翎候選從九品，每月薪水銀二十四兩，扣至七年七月，共欠薪水銀
一千四百八十八兩。八年二月來京，找向駐京坐催糧餉委員常恩，告
求發給，常恩匿不與面。健、威兩軍每年領到協餉十餘萬兩，並未發
過弁勇薪糧。其遣散先鋒中前兩營馬隊奏請專餉八萬兩，由協同慶
號匯至涼州，經道員鐵珊查詢，祇有四萬兩之數，有張喜可證等語。
質之張喜，據供伊係陝西寶雞縣人，於同治四年投效哈密總理健銳全
軍明春部下，充當馬勇，歷保儘先守備，每月應領餉銀六兩，扣至光緒
五年，共欠伊口糧銀八百六十九兩。六年，伊赴京向常恩懇求發給。
常恩令其回營補發。伊隨同管解專餉委員陶聯陞行至涼州，經道員
鐵珊查知，所解專餉八萬兩，祇有四萬兩，該道亦未深究等語。餘與
吳正剛所供並各原呈大略相同。檢查本年六月間，有補用縣丞阮兆
蘭呈控常恩等不給欠餉一案，當經片行正紅旗滿洲都統。嗣據覆稱：
常恩前赴哈密，經明春奏留軍營差委，並未來京，臣部無從傳訊，暫行
銷案。茲據吳正剛等以前情呈控，復經片查。據該都統咨覆，常恩實
係並未來京等因。臣等查吳正剛等所控，關係統兵大員侵蝕軍餉重
情，虛實均應澈底根究。惟常恩兩次被控，皆據該旗覆稱並未回京，
無從傳案，且案內牽涉人證，均遠在西省，臣部礙難紛紛提訊。相應

請旨飭交伊犁將軍金順、督辦新疆軍務大臣劉錦棠就近查辦，抑或飭交陝甘總督譚鍾麟親提人證，秉公訊辦之處，恭候欽定。並鈔錄原呈，恭呈御覽。一俟命下，即將該原告吳正剛、張喜照例解往備質。所有臣等審訊軍營員弁呈控大員侵蝕軍餉由咨改奏緣由，謹恭摺具奏請旨。光緒八年十一月十一日。協辦大學士尚書臣文煜，尚書臣潘祖蔭，左侍郎臣松溎。①

3.【案】協辦大學士刑部尚書文煜、潘祖蔭等鈔錄張喜原呈稟單：

　　儘先守備張喜謹稟大人閣下：敬稟者，爲剋扣軍餉懇查飭發事。竊守備籍隸陝西鳳翔府寶雞縣人，於同治四年五月內投入總理健銳鎮西全軍營務處明春親軍馬隊，充食馬勇糧，隨部西征，歷保今職。原守備從軍有年，未知家中老少音耗。幸值新疆軍務肅清，於光緒五年三月請假，回籍奉親，准給與護照在案。計守備在營一十四年，向以協餉不濟，祇於年節犒賞或二兩、或四兩不等，總共領過明大臣銀一百二十四兩。向算歷年存儲口糧八百六十九兩，據云健銳軍未有專餉，所領協餉祇足統領之費，無有大隊弁勇之資。僅給與盤費銀十五兩。本欲轉懇恩施資助，奈營中皆屬隱情，惜已隨聲附和之輩，不肯進言。再四籌思，惟有營務處常恩與明大臣有表兄弟之親，現今職任總理健銳全軍營務處駐京坐催，可以哀懇轉請算給存儲口糧。是以不辭萬里奔抵京城，稟謁常恩，蒙以婉言勸慰。適值奏請專餉八萬兩遣撤馬隊派回差陶聯陞匯解涼州協同慶號，囑守備幫同經理，旋哈伊函知明大臣找發口糧等語。於陶聯陞手，給與盤費銀十兩。守備信以爲實，隨同陶聯陞就道，沿途幫同經理。殊抵涼州，被鐵道查知奏請專餉八萬兩，匯票祇有四萬兩，向詢陶聯陞，據稱係營務處常恩經手所辦，彼亦不知如何祇匯到四萬兩，含糊支推。惟鐵道憲亦未深究其弊。詎抵哈密，不惟不算給儲存口糧銀兩，反云守備不該洩漏匯兌餉數，致被查詢，欲行重究。想守備從軍十餘年，存儲口糧不給，反

　　①　中國第一歷史檔案館藏：《錄副奏摺》，檔號：03—6087—035。據摺面文字及臺北所藏之件可斷，此摺應爲原件。

遭此不白之冤，有口莫辯，祇得復返京城，再謁常恩，數次乃竟匿不見面。伏思常恩職居二品，權任健威兩軍營務處，貽累往返數萬里，賦閑京城，典當一空，不惟枵腹難堪立見溝壑之虞，是以情迫無奈，只得泣叩臺前，俯憐微卒暴露邊疆十餘載之苦，賞准飭傳總理健威兩軍駐京請餉營務處常恩，訊究其故，祈飭發歷年贏得口糧銀兩，使不至窮餓異地，則感激鴻恩於生生世世矣。謹稟。①

協辦大學士刑部尚書文煜、尚書臣潘祖蔭等鈔錄吳正剛原稟清單：

藍翎候選從九品吳正剛謹稟大人閣下：敬稟者，爲剋扣軍餉，具陳積弊，懇奏飭發事。竊卑職籍隸蜀中，從戎塞外。同治八年，接辦總理健銳鎮西馬步全軍營務處明春文案。嗣以回籍不果，仍復西游。光緒二年九月，接辦健銳親兵中營文案，薪餉據照楚章每月二十四兩。至七年七月，請假回籍，經明大臣給與咨文護照在案。原卑職此次在營六十二月，計薪銀一千四百八十八兩，向以協餉不濟，祇於年節犒賞或三兩、六兩不等，五年餘共領過節賞銀一百零八兩。向算薪銀，據云健威兩軍未有專餉，所領協餉係屬統領之費，故無大隊弁勇之資，祇送給盤川銀四十兩。伏思朝廷設制，有軍必有餉，或專餉，或協餉，立有定章，斷不至有軍無餉，使士卒有凍餒溝壑之慘。查健銳軍之餉，係由四川、湖北兩省協濟；威儀軍之餉，係由河南、山東、山西三省協濟。兩軍之餉，每年雖未能全領，亦領到十餘萬。其餉曰健威軍之餉，未聞曰明大臣之廉俸，何以有軍餉之名而無軍餉之實？計健銳馬步六營、威儀馬步三營總共弁勇一千七百餘員名，數年來並未發過大餉，祇於年節犒賞，每年不過萬兩。歷年須到之餉究歸何處？若以采買爲辭，計健威兩軍屯田，係各自食其力，數年並未發過屯價、農器。若以藥鉛爲辭，向不操演隊伍。若以軍械爲辭，兩軍向無錫帳。若以經費支絀爲辭，尚有鉅款存儲。原前任文大臣奏請威儀全軍欠餉十八萬，文武委員欠餉十二萬，均沐天恩批准，於山東、山西省撥

---

① 中國第一歷史檔案館藏：《稟文》，檔號：03—5822—115。又見刑部尚書文煜等鈔《清單》，檔號：03—5805—058。

給。光緒二年，文大臣病故，明大臣蒞任，將坐催兩省欠餉委員之師玉春調回，派其表弟常恩駐京坐催兩省欠餉，供威儀軍，已於光緒二年九月內，於左大臣處籌款，遣散弁勇四百八十餘員名，其餘歸併步隊一營、馬隊兩旗。山西欠餉於三四兩年內，始行陸續催解，回營存儲。山東欠餉經常恩承領，未解回營，不知歸於何處，有前坐催委員師玉春、前總理威儀全軍糧臺徐小田、前戶部尚書周思敬可證。

再，去歲遣散先鋒中前兩營馬隊共弁勇二百八十員名，又准後營假勇五十員名，共用銀九千五百兩，有魏長林、馬定邦、黎飛雄可證。況係奏請遣散專餉，除支發外，尚餘銀七萬餘兩。以此二款接濟，並無不合。乃恣意鯨噬，致各告假弁勇流落莫歸，至有窮促爲丐者而不顧，如張廷舉、謝長清等，曾充營官，歷保二品、受傷成殘，今在高臺丐食。其流落甘、高、金、肅者約百人。伏思朝廷以至仁治天下，枯骨尚蒙澤被，豈能不惜生命，而較士卒微末之錙銖？然前任文大臣俯憐士卒，曾爲威儀軍奏請欠餉，而健銳軍不能爲之奏請欠餉。既不能爲之陳情，又復侵噬，貪殘無厭，一至於此。竊憶同治八年駐防高臺，職任總理營務處，卑職曾贊襄文案數年，視其辦公，亦尚廉潔自愛。何以身任總辦，乃聽貪徒之慫恿，內則湯國俊總理文案，取巧舞文，不懼功令，茲又欲印空冊來京，與常恩捏造遣散健銳軍，奏請專餉八萬兩之報銷。其朋比爲奸，視公事如兒戲，覬軍餉爲己物，若輩目中尚有法紀耶？且歷年所領各省之協餉暨京城專餉，並不委員提解，均由協同慶號匯兌至涼州，始派弁赴涼提解，伙軍中不知所解到者何省何款，侵噬之弊從此而生矣。如前奏請專餉八萬餘兩，匯兌至涼祇有四萬兩，被鐵道查知，有張喜可證。然明大臣職膺總辦，兼制兩軍，不思實心報效，仰體豢養殊恩，乃恣意嗜好，不懼物議，如收戲旦趙半個娃爲干兒，留住署內，又爲花鼓戲旦馮麗成在署招賭抽頭。故軍中有兵勇不如戲旦之謠，醜聲四播，暨無名帖遍揚，全不爲羞。夫餉本國家之大政，而餉出於民，由絲毫積湊而成鉅款。取民脂以養軍，殊士卒不能蒙其實惠，盡飽貪腹。如去歲三月，遣散馬隊前營弁勇，聚眾訾議紛紛，幸馬定邦知覺，飛報明大臣，婉言勸戒，始行藏事。不然，幾如同治十三年五月二十八日前營藍得全因餉糾衆滋變,梃械西投白逆,又蹈前車之貽禍矣。其聞風鑽謀,視銀如泥,送蜀軍告假營弁李洪超川資一千,捏稱製造軍裝,給咨自赴川藩承領,有坐催委員李朝儁可證。其他揮豪軍餉,難以枚舉。

卑職一介微員,何敢妄陳軍戎積弊!祇以在營數載,徒受執筆之勞,是以不憚萬里艱辛,於今二月來京,稟陳苦衷,適有劉參將成圖在京公幹,常恩匿不與面,托囑劉成圖勸卑職同路旋陝,伊函知明大臣就陝餉局算給薪糧。職因資斧困乏,祇得隨劉成圖赴陝。詎意抵陝,静候四月之久,僅於劉成圖手給銀一百五十兩,川資旅費尚且不敷,家鄉迢遠,何以得歸?想卑職年將六十,從戎二十年,家鄉無寸土之遺,旅囊乏絲毫之積,上無兄弟,下乏子侄,煢煢孑立,鰥獨無依,欲歸不得,欲止不能。遭此貽累難歸,眼見溝壑之虞,情迫莫何。祇得轉京,泣叩臺前,俯憐作主轉奏,提訊總理健威兩軍駐京請餉營務處常恩,查究歷年所領協、專餉銀,飭發卑職,俾得生歸故土,則頂戴鴻恩於無既矣。謹稟。①

4.【又按】原件、録副均作"又控",是。

5.【每馬隊一營,員弁勇夫共七百六員名】此處原件、録副均作"每馬隊一營,員弁勇夫共三百三十一員名。步隊一營,員弁勇夫共七百六員名"。刻本誤。

6.【張廷舉】原件作"章廷舉",前後不一,應誤。

7.【川資銀】原件、録副作"川資"。

8.【詎意抵陝四月之久】原件、録副均作"詎意抵陝静候四月之久",是。

9.【健鋭軍營】原件、録副均作"健鋭中營",是。

10.【光緒十年二月二十八日】此具奏日期,據原件補。

11.【光緒十年三月二十一日】此奉旨日期,據録副補。

---

① 中國第一歷史檔案館藏:《稟文》,檔號:03—5822—113。又見刑部尚書文煜等抄《清單》,檔號:03—5805—059。又,此稟單後尾附"内一件,附片一件。光緒八年正月初四日。欽差大臣督辦新疆軍務通政使司通政使二等男臣劉錦棠、頭品頂戴陝甘總督會辦新疆善後事宜臣楊昌濬跪封"字樣。

劉錦棠奏稿卷七

起光緒十年四月,訖八月

118.請恤道員羅長祐並戰績事實宣付史館摺

光緒十年四月初三日

欽差大臣督辦新疆軍務兵部右侍郎二等男臣劉錦棠跪◆1
奏,爲道員立功後積勞病故,志節可傳,籲懇天恩俯准優恤建祠,
將戰績事實宣付史館,以彰忠藎而資觀感,恭摺仰祈聖鑒事。

竊統領湘軍二品頂戴按察使銜署甘肅阿克蘇兵備道留陝題
奏道騎都尉世職訥齊欣巴圖魯羅長祐,上年患病累月,經臣給假,
在營調理,遣醫診視。入春後,潮熱自汗,驚悸喀血等證層見疊
出。正月杪,手書抵臣言狀,條陳減除差徭未盡數事◆2,並舉替
人,有云"死不足悲,惟國恩未報,時事多艱,伏枕飲泣,不能自
已",尤殷殷以忠藎相勗。臣見其字迹欹斜,語皆沉痛,不忍卒
讀。因地方緊要,一時乏人接替。該道員雖因積勞致疾,而年力
尚富,冀能將養復元,是以未即許其解任,詎於二月初二日因病歿
於阿克蘇行營。邊事需才正殷,以南疆極稱得力之員,竟爾遽奪
其算。臣接報之餘,不獨爲羅長祐悲,更爲邊氓惜也。

臣與羅長祐居同里閈，稔知其幼時即異凡童，讀書過目成誦，能得其大旨，師事原任陝西撫臣劉蓉，嘗深器之。年二十，仗劍游浙，繼度隴，襄辦今大學士左宗棠營務，肅清關隴，累功由通判保升花翎知府。光緒元年，臣奉檄由西寧整旅，進規新疆。其時全疆淪陷日久，冰天雪窖之地，險阻艱難，聞者生畏，幕客方紛紛求去，羅長祐獨毅然請行。左宗棠素愛其才、壯其氣，委綜臣軍營務，隨同出塞。所有臣軍糧事、餉事、運事、兵事，相機籌策，罔不殫心。二年六月，攻拔輯懷，既而迪化、鞏寧、昌吉以次克復，適臣染患時疾甚劇，暫駐◆3迪化醫治。遣羅長祐暨寧夏鎮總兵譚拔萃、提督董福祥等會攻瑪納斯城，鏖戰兼旬，繼而該逆哀詞求撫。羅長祐心知其詐，禀商今伊犁將軍臣金順，令其盡繳馬械，始允投誠，縱令歸巢自決。該逆旋率悍黨結隊出城，聲言赴營自投。迨與我軍薄近，仍復齊施槍炮，挺矛直前，拌死衝突◆4。幸官軍先繞長壕◆5埋伏，截賊歸路地道，齊轟賊衆，內外隔絕。官軍合力圍剿，賊目韓刑膿、馬有才等伏誅。臣初心許羅長祐能勝將領之任，於茲益信。三年三月，攻克達阪城，臣即取道小草湖，進攻托克遜，別遣羅長祐、譚拔萃等乘勝趨吐魯番。羅長祐謂安夷悩懼未定，疾乘之可迫走也，夷逆奔，則脅從之衆可不戰而勝。遂促隊星馳，未至，而該夷果棄城先遁，纏土回子效順就撫，悉免窮治，秋毫無犯。一面宣諭皇朝威德，歡聲振地◆6。嗣仍隨臣移師南指，且戰且前。數月之間，遂◆7將喀喇沙爾、庫爾勒、庫車、拜城、阿克蘇、烏什、葉爾羌、喀什噶爾各城池一律規復，厥功爲多。全疆肅清，以道員拜賞穿黃馬褂、雲騎尉世職恩命，旋蒙特恩，改爲騎都尉世職。羅長祐益加感奮，時以圖報不及爲懼。

四年十月，安酋阿里達什嗾其殘黨糾布魯特，謀襲喀什噶爾。臣時正值足痛大作，力疾出師。羅長祐自請前驅，陣斬阿里達什。逾年正月，其餘黨阿布都拉哈瑪復勾結愛克木汗，大舉寇邊。臣親

督馬步進駐烏帕爾，以扼賊吭。羅長祐由間道徑搗博斯塘特勒克
賊巢，直犁其庭，赴機神速，往往如此。嗣是籌辦善後，時與臣往復
討論，條舉累千萬言。其略云：回疆積病在於差徭無制，尤在頭目
太多，回性冥頑，逐末輕本，言語文字不通。非乘建置之始改弦更
張，無能爲治。請沙汰冗沓，慎選賢能，輕徭薄賦，與民休息，重農
桑以正其趨，興教化以植其本，修内乃可攘外，治法必賴治人。所
論均切時要，故善後多資其議。自臣奉命接縜兵符，駐師哈密，檄
羅長祐移扎阿克蘇，操防之外，凡中外交涉、邊險要害、種落性情習
尚，罔不運以精心，旁諮博采，洞燭底蕴，用能通方應變，操縱自如。
繼經臣奏委署理阿克蘇道，仍統湘軍，時已因勞致疾，强起從公。
去秋之季，輕騎周歷轄境，查察卡倫，問勞撫輯，殆無虚日。兹二月
朔，猶力疾巡防。次晨，由所部壽字馬隊肩輿回防所◆8，汗出如注，
救治罔應，臨終無一語及家私，但云所志未竟，負國負知，目不能
瞑，諭令官僚將佐照常治事，守法奉公。言畢而逝。

　臣維羅長祐才識閎通，志節堅定，與臣共役垂十年，不避艱
險，發縱指示，必竭肫誠。每臨巨寇，輒帕首爲諸將先，決策制勝，
靡有遺遁，故能戰勝攻取，所嚮有功。開誠布公，信賞必罰，廉而
有恩，故能和輯將卒，戰守兩資。尤能留心時務，通達治體，事無
鉅細，必以躬親，慘淡經營，苦心研究。每發一論，中邊俱透，容有
過當之處，從無不及之處。臣常勸其稍稍節勞，順時自衛。然終
習慣成性，漫不經意，立功之由基於此，致疾之由亦即根於此矣。
左宗棠稱其文武兼資，器識凝卓，兩次奏請天恩破格録用。臣前
遵特旨保薦將帥，謬附以人事君之義，將該道員登諸剡章，蓋惟知
之深，故敢言之切◆9。推其志節、才識，擴而充之，使天假之年，更
經歷練，則其功業所就，有未可以尋常限者。時事多艱，邊圉粗
定，臣以駑鈍忝膺重寄，正賴二三同志相與維持贊助，廣益集思。

今羅長祜三十有七,遽齎志以歿◆10,人才難得,似此慷慨激昂,敦尚志節,饒有古劉崐、祖逖風,實一時邊材特出之選也。其在新疆戰績,均經隨時奏明有案。茲因積勞盡瘁,志節可哀,並據提督湯彥和等連銜稟稱,羅長祜功在地方,軍民感戴,懇請具奏前來。擬懇天恩,俯允從優賜恤,准於新疆阿克蘇地方立專祠,並將其生前戰績事實宣付史館,以彰忠藎而資觀感,出自鴻施。除分別揀員接統湘軍、署理阿克蘇道以重地方另案奏明外,所有道員立功後積勞病故◆11,志節可傳,籲懇天恩俯准優恤建祠,將戰績事實宣付史館,以彰忠藎而資觀感各緣由,謹據實臚陳。伏乞皇太后、皇上聖鑒訓示。謹奏。光緒十年四月初三日◆12。

(硃批):據奏羅長祜有文武才,未盡其志,積勞病故,亦屬可惜。著准其從優議恤。觀其志節,雖祖逖擊楫、劉琨聞雞不是過也。聽鼓鼙之聲,思將帥之臣。朕閱此奏,不覺爲之歎惜也◆13。

光緒十年四月二十五日◆14,軍機大臣奉旨:另有旨。欽此。

【案】此摺原件①藏於中國第一歷史檔案館,録副②現藏於臺北故宮博物院。此摺原件有兩份,内容無異,然其一有硃筆御批,其一無,奉旨内容同刻本,茲據校補。

1.【欽差大臣督辦新疆軍務兵部右侍郎二等男臣劉錦棠跪】此前銜據原件補。

2.【未盡數事】原件一、録副均作"未盡事宜",原件二同刻本。

3.【暫駐】原件一、録副均無"暫"字,原件二同刻本。

4.【拌死衝突】原件、録副均作"拚死衝突",是。

5.【長壕】原件一、録副作"長濠",原件二同刻本。

6.【歡聲振地】原件、録副均作"歡聲震地",是。

① 中國第一歷史檔案館藏:《硃批奏摺》,(一)檔號:04—01—12—031—027;(二)檔號:04—01—16—0216—035。
② 臺北故宮博物院藏:《軍機及宮中檔》,文獻編號:126603。

7.【遂】原件一、録副作"隨",原件二同刻本。

8.【回防所】原件、録副均作"回其防所"。

9.【故敢言之切】原件、録副均作"故敢言之切耳"。

10.【遽賷志以殁】原件、録副均作"而遽賷志以殁",是。

11.【積勞病故】原件一作"績勞病故","績"經硃筆圈改爲"積"。原件二、録副無誤。

12.【光緒十年四月初三日】此具奏日期,據原件補。

13.【案】此處御筆硃批,據原件一校補。原件二同刻本。

14.【光緒十年四月二十五日】此奉旨日期,據録副補。

【案】此摺於光緒十年四月二十五日得清廷批復,所請將羅長祜優恤得允,而建祠之事,著不准行。《清實録》:

> 又諭:劉錦棠奏道員立功後積勞病故,懇恩優恤建祠,將戰績事實宣付史館一摺。署甘肅阿克蘇道羅長祜,隨同劉錦棠辦理新疆軍務,決策制勝,所向有功。籌辦善後事宜,亦能盡心區畫,深資得力。兹以積勞病故,著加恩交部從優議恤,並將該故員戰績事實宣付國史館,以彰勞勛。至建立專祠,前經降旨不准擅行奏請。劉錦棠所請於新疆阿克蘇地方建立羅長祜專祠之處,著不准行。①

119. 遵旨統籌新疆情形以規久遠摺

光緒十年四月二十八日

欽差大臣督辦新疆軍務兵部右侍郎二等男臣劉錦棠跪◆1奏,爲遵旨統籌新疆兵餉、官制、屯田情形,並陳欠餉不可折發,全疆宜聯一氣,以規久遠,恭摺仰祈聖鑒事。

竊臣承准軍機大臣字寄:光緒十年二月十七日奉上諭:户部奏西路軍餉浩繁,急須統籌全局,並詳籌未盡事宜各摺片。近年

---

① 《清實録·德宗景皇帝實録(三)》,卷一百八十二,光緒十年四月下,第548頁,中華書局,1987。

部庫及各省庫款倍形支絀，而供億浩繁，以西路餉需爲尤鉅。似此年復一年，殊非持久之道。部臣通盤計算，請飭統籌，係屬顧念時艱、力圖久遠起見。著劉錦棠、金順、張曜、譚鍾麟，按照該部所奏各節，悉心區畫，切實籌商，將款項之應用應抵、兵勇之應留應汰，務就左宗棠原議三百數十萬之餉，量入爲出，撙節開支，以期經久而昭核實。議定後速行具奏。原摺片均著鈔給閱看等因。欽此。跪讀之餘，仰見睿謨廣運，下逮芻蕘，莫名欽悚。伏查新疆兵備，向有旗綠之分。旗則酌撥滿洲、錫伯、索倫之兵，綠則酌撥陝西、甘肅標路之兵。或携眷駐守，或按期換防。當時廟算於各本營挂支額糧，可免驟增新餉。拓地周數萬里之遙，兵不更添，而防戍周匝，棋布星羅。北路郡縣而外，以伊犁爲重鎮，設將軍、領隊以下官，並設理事撫民同知。塔爾巴哈臺設參贊，烏魯木齊設都統、領隊，庫爾喀喇烏蘇、古城、巴里坤設領隊。又有烏魯木齊提督、巴里坤鎮總兵所轄官弁。南路則葉爾羌設參贊，和闐設協辦，喀什噶爾、英吉沙爾、阿克蘇、烏什、庫車、喀喇沙爾設辦事，吐魯番設領隊。哈密當南北之總匯，設辦事、協辦各一員。又喀什噶爾有換防總兵及各城副、參、游、都、守所轄官弁，更有章京、通判、糧員、筆帖式等專司徵收各務。大小員弁多至數千，兵屯並興，以資彈壓而闢荆榛。遠近相維，疏密相間，種民效順，部落畏威，百數十年，安之若素。惟回疆民事委之於阿奇木伯克，情僞無可防諜，上下恒多隔閡，民怨沸騰，官尚罔覺。馴至全疆淪陷，一切蕩然無存，耗宇内之金錢，始得削平大難。譬人久病之後，一息僅屬，專賴滋培。征軍之留戍者，除臣部諸軍外，明春、恭鏜所統各營近雖已散，而北有金順、錫綸之軍，南有張曜之軍。若伊犁、塔爾巴哈臺、烏魯木齊、古城、巴里坤所存之旗兵，亦已漸次收集。餉章歧出，頭緒紛紜，以云省費，誠有可省！左宗棠屢疏請設行省，實見時會所趨，舍此不足言治。勇糧則積欠愈深，協餉則報解日短，雖頻年多方騰挪，陸續裁遣，無如月餉善後所需出入，斷難彌縫。臣仰荷恩綸，謬負督辦之責，而自湘楚及提鎮各營外，如金順、張曜、錫綸所部，未能代爲籌畫◆2，窮年累月，限制毫無，竭各省之轉輸，煩朝廷之廑系，時覺寢饋不安。部臣責以考核，又復深諒其艱，故以定額餉、定兵額、一事權三者爲當務之亟，誠係◆3今日新疆之要圖。所貴先具規模，力求撙節，於大局則骨節靈通，於協濟則力堪供億。謹按部臣原奏，就臣管見所及，總舉四端◆4，敬爲我皇太后、皇上陳之。

一、擬留營兵勇以定餉數也。查承平時，新疆旗綠各營，數逾四萬，協餉係與甘肅併估，一歲之中，預撥正餉◆5四百一十五萬有奇，常例分半提用，曾經左宗棠查明奏報有案◆6。其換防之兵九千餘人來自關內，則關外歷來得餉較優，經出之名亦夥，就地抵征無幾，概仰支於撥餉。亂後情形迴殊於昔，安集延各部爲俄所併，哈薩克布魯特大半歸俄。於是南北兩路邊界多與毗連，所在防範宜周，不僅伊犂一隅扼要也。從前額兵職官北路獨多，今則兩路並重。南路形勝以喀什噶爾爲最，阿克蘇、烏什次之。現擬規復兵額，全疆旗綠定以三萬一千人爲準，應如部臣所議，將舊有之烏魯木齊、巴里坤、古城、庫爾喀喇烏蘇、吐魯番各處旗丁歸併伊犂，即以伊犂將軍與塔爾巴哈臺參贊爲駐防旗制，合馬步勇營共足萬人，餘以六千三百人歸喀什噶爾道屬，以四千五百人歸阿克蘇道屬，以六千四百人歸鎮迪道屬。其巴里坤鎮則定三千八百人。甘肅兵餉舊章，滿年四本八折，馬兵每名月支銀二兩、糧二石，應支銀十六兩、糧八石。步兵每名月支銀一兩五錢、糧一石五斗，應支銀十二兩、糧六石。守兵每名月支銀一兩、糧一石，應支銀八兩、糧四石。遇閏遞加。馬步之餉稍裕，守兵幾難自存。內地人稠，猶有疲弱充數，平時多不歸伍，偶值迎送差使，始行招集，餉數過少，不能嚴以相繩。新疆地曠人稀，求其虛應伍籍，亦不可得。精壯之丁遠來邊外，募之爲兵，必須優給餉銀方敷食用。勇營無款可裁◆7，勢宜仍照行糧支給。臣曾瀝陳苦況，仰蒙聖慈，准如所請。兵制未復，舊勇久役思歸，若改坐糧，大都籍隸東南，距家萬里，必非所願。即伊、塔兩處之錫伯、索倫、兀魯特、察哈爾等各項旗兵，經此亂離，異常寒苦，月餉暫宜寬給，以稍養其元氣。約計三年之内，當可設法將舊勇裁併，旗兵困亦少紓，再按坐糧起支。以馬步三萬一千人併算，馬三步七，每年照行糧需銀二百九十一萬餘兩，照坐糧每年需銀二百十萬餘兩。兹除金順、錫綸兩軍外，臣與張曜所部共計二萬七千五百餘員名。適譚鍾麟息借陝西商款之三十萬，分解哈密十八萬，臣即勉爲挪凑，已將董字、定遠、蜀軍改營爲旗，裁併二千。張曜之嵩武軍自光緒元年出關，時閱十年，不無疲廢，擬商抽裁千數百人。至臣前接部覆，議准修建南路城署，當即分飭遵辦，趁此防營相助，事半功倍，經費暫於軍餉挹注，共需三十七萬四千餘兩，滿擬照數請撥部儲，歸款即可權挪，再裁二千餘人。旋經户部議駁，艱窘概可想見。衹以勇存餉積，年須多耗二十餘萬。能暫騰挪的款，臣得資以周轉，將來並張曜所部於二萬一千之額，亦無所溢，實爲一舉兩得。部庫未充，臣更何敢堅申前請？伏讀諭旨，務就左宗棠原議三百數十萬之餉，量入爲出，揆時度勢，目前斷不能敷。無論如何，兵勇共留三萬一千人，萬難再減。除已改之坐糧標勇、土勇外，餘存之營尚須照支行餉，則臣部應分餉銀百五十萬，加善後經費銀十四萬，添製軍裝、器械銀十六萬。金順、錫綸共分餉銀九十四萬，加善後經費銀十六萬，添製軍裝、器械銀十萬。張曜共分兵餉、製辦銀四十萬。已需三百四十萬。頃接譚鍾麟緘商，關内須分餉銀百二十萬。是合甘肅新疆現尚須的餉四百六十萬，較之向額四百一十五萬，僅多費銀四十餘萬。若舊勇裁畢，統改坐糧，新疆每年可省兵餉八十餘萬。其善後之三十萬兩，於三年後均可停止，則每年合關内外止須協銀三百數十萬兩,適符左宗棠前奏所定之數。此通籌額兵以定餉數之大略也。

一、酌改營制以歸實用也。查向來駐防旗營,例分前鋒、領催、馬甲、步甲及養育兵,月餉季糧,各有等第。綠營分馬、步、守三項,今於伊、塔兩處共擬分兵萬人,必照旗例則概須以次安設。成規稍繁,邊防關緊,征剿極不可忽。臣愚妄擬伊犁分七千人,塔爾巴哈臺分三千人。伊犁即就該處現存之錫伯、索倫、察哈爾、兀魯特及現擬移烏魯木齊各城之旗丁內,挑選三千人以作旗兵,再於金順所部勇營挑留四千人,作馬步游擊之兵。應如何歸舊設之伊犁總兵等官統馭,即由將軍轄制酌定。伊犁各城旗丁素多,此後生齒繁衍,似應酌添旗兵之額,既便安插,且即資其捍衛,並由將軍詳察籌擬。塔城挑留旗兵一千人,再於錫綸所部勇營挑留二千人,作馬步游擊之兵。該處亦有綠營官弁,應由參贊酌奪,便於隨時調派。兵力實已不單,戰守自當確有把握。惟該兩軍並張曜之嵩武軍均議裁汰舊勇,必須鉅款解到乃能分遣,應請飭下原協各該軍之省關,迅籌大批起解,以便各得趕定汰留,藉免貽累。日後其三道所屬總二萬一千人,馬步分編,擇駐險要,馬為馬營,步為步營,不相攙雜。有事出征,一兵可得一兵之用。左宗棠、楊昌濬等前議減兵加餉,聲明酌提馬步數成,擇地團扎操練,技藝必須精強,槍炮務期有準,係為猝有戰事起見。關外防守較前尤須嚴密,正在復兵伊始,除酌撥各處分汛足敷彈壓匪類、查緝盜賊外,餘兵隨所隸之將軍、參贊、巡撫、提鎮駐扎常川練習,俾成勁旅。嚴除應差挂名離伍之陋習,即偶有蠢動,直可滅以朝食,不必悉藉客勇始足以殄寇氛。餉則由勇改兵,舊本行糧,今議俟後復兵,改支坐糧,業經節省。因其既已著籍,不須往返川資,且室人聚處,糧餉所入無顆粒分毫之浪擲。苟善用其經營之術,尚勉足以支撐。倘更減於坐糧,則將無以存活,何能養其鋒銳,緩急足恃?是則司農給餉當持之以堅，不可久而核減；邊將練兵當馭之有道，不可從而冒侵。庶幾防剿兼資，斥堠無驚，允堪靖鄰固圉。旗綠各兵常駐其地，從此不須換防，兼衛身家，其志益固。此酌改兵制以備征守之大略也。

一、酌定官制以一事權也。查關外向止有鎮迪一道，近則南路添設兩道，並劃哈密通判以隸新疆，計廳州縣二十餘屬。回疆始有治民之官，旗丁概歸伊塔駐防。前此之都統、參贊、辦事、協辦、領隊各官，若仍沿例簡放，則直無事可辦，無隊可領，坐使有用之材置諸閑散之地。諸臣世受國恩，豈肯徒縻祿糈？且各州縣撫此孑遺，疲癃不堪，每遇大僚過境，雖無不格外體恤，然如車馬所需，本係例所應供，況長途戈壁，使臣遄征，艱辛已極。有司守土，往往不待傳索，誼應稍盡東道之情。塞外百物騰昂，一差經過，恒致負累。茲欲從新整理，臣愚擬請除留伊犁將軍、塔爾巴哈臺參贊兩處旗營外，其餘兩路之都統、參贊、辦事、協辦、領隊各缺，概予裁撤。移烏魯木齊提督於喀什噶爾，移喀什噶爾舊有之換防總兵於阿克蘇。其所屬各營旗分防城隘，應更詳勘明確，再行定議。烏魯木齊地可兼扼南北，即裁都統，則臣原議請設甘肅新疆巡撫、藩司未可再緩，鎮迪道屬之兵即作撫標。倘緣節費不亟設省，別無鈐轄之方。至暫留都統，仿前節制鎮迪之例，係屬權宜敷衍，終亦務須更張。每歲協餉仍歸陝甘總督統估，按數分起撥解關外。各部不許各自派員坐催守提，免耗薪水旅費，且免不肖委員挪餉帶貨，多索車馬，而攤銷抵餉之累，亦將不禁自除。又，配造子藥所需物料，雖不必盡由內地置辦，而價昂工貴，甚不合算，應歸總督督飭甘肅新疆總糧臺，分別購製，撥解各處應用。共費若干，年終由應分協餉內劃抵歸款。本地歲入之項，除伊塔兩城不計外，三道所屬歲征銀六萬八千餘兩，額糧二十四萬餘石，撥發各營，扣收價銀，目前但勉敷各文員廉俸、書役工食及各軍臺、塘汛、驛站、卡倫、兵丁、夫馬、工料之需。日後墾荒益廣，額糧必增，入款可望起色。營旗各員參用營勇之章，便於訓練。如副將作營官，即以中軍都司爲總哨，千把、經制、外委爲正副哨長。參將、游擊作營旗官，即以中軍守備爲總哨，千把、經制、外委爲正副哨長。都司、守備作旗官，即以中軍千總爲總哨，把總、經制、外委爲正副哨長。兵署◆8即同行營壁壘，營官、總哨、哨長共居壘中。兵房隨哨蓋建，無故不准出外，逐日操演，俾其常存銳氣，以免日久疏懈，漸就頹唐。否則各居衙署，散漫無歸，驟難查察。其應如何安置眷屬，容再詳擬。從此官署兼仿行壘之式，則隊伍自然整齊；馬步分起編列成營，則聲息自然聯絡。治兵之官不似往者之冗，牧令勤求民瘼，誠意感孚，使之渥沾聖化。去其阿奇木伯克之權，薄賦輕徭，相與維繫。數年之間，語言文字或可漸軌大同，部臣所謂同是血氣之倫，綏之斯來，理有固然。此籌議官制以一事權之大略也。

一、屯田歸兵徐議抵餉也。前准户部咨鈔摺稿，以餉款艱難，新疆南北兩路急需大興屯政，以裕邊儲◆9。欽奉諭旨，飭臣等酌議辦理。方與諸臣熟商，此次户部又以屯田抵餉爲言。查屯田之說，自漢以後言兵農者，莫不引爲足食節餉之大經。其制不一，唐之營田，明之衛田，所在有屯後，率有名無實。新疆旗屯、兵屯、商屯、回屯，酌收租糧。其效惟伊犁爲最大，次則塔爾巴哈臺亦設屯營。南路各城較少，而伊拉里克之水利經故督臣林則徐議修，於是中外稱善。臣前率師經歷兩路，曾經訪及屯務。如伊拉里克隸吐魯番，舊有民耕坎井，其法係向天山之麓開井而下，更爲上下浚渠，循此間十數丈，以次接開渠道暗通，導引雪水伏流，以資灌溉。每修一坎，費錢約千餘緡，澆地二三百畝不等。其不修明渠者，一恐風沙吹壓，一則渠深數丈，搬土較難。惟吐魯番土質堅緻，乃能瀦流固岸，不虞浮壅，本是成法。林則徐復爲加意講求，其利益溥。故該處之地，民但有力，無不争墾。臣曾於南路哈密各處仿此試開，或無水可迎，或旋開旋塌，地勢所限，有非人力所能强争者。至若旗屯、兵屯，地率專爲片段，中無民地淆雜。抵餉之議，臣昔以費繁餉絀，興屯爲大利源，極思仿而行之。比年試辦，始知其效不可驟期。久遭兵燹，水道湮塞，興修各工咸資力於營勇，未克一律盡力於農。非如宋臣陳恕之所云軍卒驕惰也，各勇遠征絶徼，復迫之東作，心志既不專壹，人地本屬生疏，將領雖嚴加程督，而時而未耜，時而干戈，無非勉强以應，終難諳悉。駐營多在衝途，附近之可墾者早經土民承種。即以哈密言之，擇地撥歸營屯，求其與民無礙，除戈壁不任開墾外，偏在大泉灣、塔爾納沁等處，遠隔百餘或二百里◆10。上年總計◆11各處所獲糧石，扣還成本，略無贏餘。倘因屯墾之故移營以就，則應防之汛地又須添營填扎，不特甫闢之土成否尚未可必，即使豐收，已先專糜月餉，統算豈不極虧？此而欲抵實餉，必俟兵制定妥，寬予年限，乃有著落。蓋農夫之於耕務，先諳其土性，播種隨宜，然後秋成無誤。勇丁各懷故土之思，暫耕於此，雖任耰鋤之役，不期收穫之豐，又須購器、豢牛、籽種之需，耗費頗鉅。事屬大衆，衹圖塞責。如或界接民田，雖毫無騷擾，亦甚恐惶。澆水争先，漫無分誌，燥濕過度，日至鮮成。民田固隱受其困，而官本亦坐耗矣。南路纏回多以農務爲生，間有荒萊，則實苦於無水，張曜謂其有類石田。北路烏魯木齊一帶，恭鏜咨稱旗兵各屯折抵，均無所獲。伊犁境内，金順、升泰覆咨亦云通算迄無利益。伊地夙號膏腴，果能不相攘害，咸願耕於其野，委棄殊爲可惜。塔城亦多沃壤，錫綸當不忽視。現擬復兵，臣愚請於裁勇後，除伊塔兩處由金順等妥籌外，餘就各兵駐防之所，如有荒地可撥，爲之酌數分給，即同己業。兵雖不皆土著，既經入伍，自各願有室家。令其操防之暇，從事隴畝，人情各營其私，致力自倍尋常，甲年無息，取償乙歲，扣抵復從其輕，必且樂此不疲。公家既得略抵餉項，倉儲亦得藉以充盈，有恃不恐，其利可以操券。苟務期效旦夕，考成所迫，始長慮而却顧，卒致無功。此興屯抵餉難求速效之大略也。

以上四者，部臣籌之甚切。臣苦識慮短淺，有慚遠謨，而邊寄忝膺，用敢竭誠條上，籲懇飭部詳核覆奏，請旨頒行，以節財用而策治安。抑臣更有請者，部臣鑒於邇來勇籍之多虛冒，務求核實歸併，有云補半年欠餉，餘欠悉令報效。值此度支萬窘，幾於籌無可籌，乃援明春裁營補發半年欠餉之請，以爲舊章，意謂似此清釐，雖較積欠大減，究於實數無虧。然於臣部各軍，則其情事大相徑庭。查鄉勇越境剿賊，始自故大學士曾國藩，由湘而推行於江西、湖北。厥後帥臣各就其鄉招募，遂遍各省。臣曩隸老湘軍，稔知勇夫之於領餉，亦若農人之占天時，按候無差。每屆准假，算明找補，不爽絲毫，故咸踴躍用命。父兄死事，子弟繼之。上無剋冒之弊，下盡心力之能，規制森嚴，莫敢攖犯。以言乎剿則電掣風馳，無堅不破；以言乎防則修工護運，無役不從。感聖朝之信賞，爭先恐後，髮捻苗回，次第芟夷。湘楚各軍，從無折發舊欠之舉。勇夫遠戍窮邊，離其父母、兄弟、妻子，至有十餘年未獲一還家者。少壯從戎，今且垂暮。平時存銀，不能支取。家中或致凍餓，然猶有所待。上之所以慰勇者，曰俟後騰餉給假，分釐皆清；勇之所以慰家者，曰少遲領欠假旋，聊敷事畜。此實塞上征夫里閭老幼所賴以爲養命之源、歷年遵行不渝者也。古語有之，政莫大於信。我皇太后、皇上平定四方，賦不少加而偶災必賑，儉以自奉而養軍惟優，厚澤深仁，獨超往古，薄海臣民罔不淪浹肌髓。比者西陲敉靖，各勇方慶凱旋有日。前之歸者，役期若干，領欠若干，還而自按，若竟短扣，能無寒心？況其甘於遠役，原恃餉款聊可爲身家之計，豈料至於折發？勇數並無浮報，入營悉屬的期，彰彰在人耳目，儘堪稽考。部臣極慮年積一年,姑具此説。微臣受恩深重,倘可强爲試行,甚願因之清欠,而身任其職,洞悉其隱,不敢緘默。朝廷亦何吝此,致失大信於功成之後耶?伏懇天恩,矜念久征之勇,俟其裁撤,仍照原欠之數算找,則所全實大矣。

全疆既籌經久之策,要在通力合作。將來統留兵勇三萬一千人,三道所屬縱橫約二萬里,共擬分兵二萬一千,更難兼防外境。伊塔分駐萬人,轄境比之昔年,已形狹小,防戰亦應預籌。其與俄人交涉,守約立威,軍壘務須整飭,城防務須布置,必兵數無缺,餉數無侵。斯鎮守非虛,士氣常振,紀律嚴明,則商賈不至裹足,户民得以安居,强鄰亦當震懾。前者伊犁收還,臣即縷晰函商金順,速爲籌辦,洎今未接其覆書。金順成老碩望,戰績卓然,一經振刷精神,加之整頓,自足爲西域之長城。統計新疆近費已不下數千萬。俄壤緊接,嗣後但可進尺,不能退寸,盡在邊臣激發天良,廉以持躬,恩以孚衆,更精求武備,聯爲一氣,勿存旗緑之見,尚可互借聲援。積弊既除,鎧仗一新,軍容苟有可觀,成效乃有可睹。如荷鴻慈垂誠,臣雖駑鈍,惟罄人十己千之力,稍酬高天厚地之施。金順等渥承眷畀,必當迅圖振奮,力保巖疆。久遠之規,實基於此矣。除關内兵餉一切另由督臣譚鍾麟通籌具奏外,臣與金順、張曜等相距過遠,必待一一函商。須延數月,重以西餉萬分拮据,去冬息借之銀,訂於四月歸楚,不特無款可還,而本年報解寥寥,即每月應發之鹽菜銀兩,亦苦無以點綴。萬竈所托迫切,殆難言狀。惟有懇恩迅飭提解,以濟燃眉,邊局幸甚。不揣冒昧,謹先恭摺覆陳。是否有當,伏乞皇太后、皇上聖鑒訓示施行。謹奏。光緒十年四月二十八日◆12。

光緒十年五月十七日◆13,軍機大臣奉旨:該部議奏。欽此。

　　【案】此摺原件①藏於中國第一歷史檔案館，録副②現藏於臺北故宫博物院，兹據校補。

　　1.【欽差大臣督辦新疆軍務兵部右侍郎二等男臣劉錦棠跪】此前銜據原件補。

　　2.【籌畫】原件、録副均作“經畫”。

　　3.【係】原件、録副均作“極”。

　　4.【總舉四端】原件、録副均作“綜舉四端”，是。

　　5.【預撥正餉】原件、録副均作“預撥正撥”。

　　6.【案】光緒六年十二月初三日，時任陝甘總督左宗棠爲劃撥甘肅新疆軍餉具摺曰：

　　　　太子太保大學士陝甘總督二等恪靖侯加一等輕車都尉臣左宗棠跪奏，爲甘肅、新疆方域攸分，謹酌擬劃撥餉需，以充軍實，恭摺仰祈聖鑒事。

　　　　竊甘肅瘠苦之區，新疆邊遠之地，素恃外省協濟餉需，以資軍用。户部每歲預撥、估撥經費銀四百餘萬兩，分撥關内外應用，此承平時歲入之款。軍興以來，協款停解。臣入關度隴，各省關應協西征軍餉及老湘營并雷正綰等各專餉共計八百餘萬兩，因解不及八成，經臣於前歲奏奉諭旨：自光緒五年起，每年解足實餉五百萬兩。而光緒五年應協甘肅欠解一百八十餘萬兩。本年截至十月止，又復欠解二百四十餘萬兩之多。臣雖兩次具奏，奉有恩旨敕部嚴催，并令各省關統按十成報解，然解到寥寥，時虞不濟。隨飭滬、鄂、陝各臺局息借商款，以資接濟，先後息借各商號銀九十三萬兩，議於明歲陸續歸還清款。

　　　　劉錦棠晤臣哈密，通籌軍務情形，不慮兵機之遲鈍，而憂餉事之艱難，深懼仔肩難卸，掣肘堪虞，將來餉不應手，必致上負聖恩，悔已無及。臣答以各省關將軍、督撫臣公忠體國，使時事漸平，得所藉手，必能遵旨旺解，以紓朝廷西顧之憂。且洋款本息期次遞減，各省關解

---

①　中國第一歷史檔案館藏：《硃批奏摺》，檔號：04—01—30—0214—017。
②　臺北故宫博物院藏：《軍機及宫中檔》，文獻編號：127021。

款漸增,亦意中事。現在議借德國商款四百萬兩已有端緒,是目前點綴貼補,暫尚有資也。還蘭州後,連日與楊昌濬商議關外各營餉項暨應需各款,約略計之,歲需軍餉二百七十八萬餘兩,采運經費四十餘萬兩,軍裝、軍火二十餘萬兩,川資、犒賞、隨營員弁薪糧、書役口食約六萬餘兩。嵩武一軍本由豫省應餉,自遭旱災,豫餉不至,須甘肅墊解,每歲數十萬。統計關外歲需銀三百七十餘萬兩,此外借墊各軍餉項及難以預計之款不與焉。關內各營餉項,歲需一百二十餘萬兩,甘藩司支發俸餉三十二萬兩,各州縣津貼、軍塘、驛站、臺局經費銀十二萬兩,製辦軍裝、川資、犒賞等項十五萬餘兩,采運經費三十餘萬兩,實共需銀二百一十餘萬兩。合關內、關外綜而計之,歲需實餉五百八十餘萬兩,而歷年積欠各營餉項及恤賞之費不與焉。然使各省關每歲協解五百萬兩,按照前奏,三年之內如數解到,則隨時挪移濟用,相其緩急,節縮牽補,雖出款不敷至八十餘萬兩之多,尚可設法挪掩,以免貽誤。無如三年五百萬之奏甫近兩年,新欠即積至四百餘萬兩,而新疆邊備未能解嚴,關內岷、洮復須調發,入款絀而出款增,又不能不議借洋款,以顧目前之急。

臣以陝甘總督兼辦新疆軍務,合關內、關外餉事通籌,挹彼注茲,無所用其區別。茲劉錦棠、楊昌濬一護督篆,一督辦新疆軍務,方域攸分,事體各異,若不酌議劃撥,則款目混淆,且無限制,彼此無所據依,將來報銷,徒滋轇轕。謹擬嗣後各省關協餉解到時,由楊昌濬主持,以六成劃撥新疆,四成劃留甘肅。如有需通融勻撥之時,由楊昌濬、劉錦棠彼此函牘籌商,妥爲辦理。即軍裝、槍炮、子藥,亦飭作四、六成劃分,關外六成,關內四成。庶大局得以兼顧,可無此壅彼缺之虞。均則無貧,一定之理也。蘭州舊設支應局,應即改爲甘肅新疆總糧臺,由臣與楊昌濬會委司道經理。應行奏咨事件,由楊昌濬核辦。哈密應設行營糧臺,應由劉錦棠委員經理。所有臺局經費,均宜加意撙節,力戒浮靡。劉錦棠、楊昌濬素有同心,無庸代爲顧慮。其陝西之西征糧臺、湖北之後路糧臺、上海之采運局,仍飭原辦之陝西臬司沈應奎、道員王加敏、胡光墉照常辦理,以資熟手。惟王加敏聞臣北上,稟求交卸臺務回籍。該員以湖南道員經臣調赴浙、閩，又委駐湖北辦後路糧臺，與臣共事者二十餘載，廉幹勤慎，人所共知，惜爲臺務所羈，垂老無以自見。現以時局攸關，飭令暫留鄂臺，照常經理，亦因劉錦棠、楊昌濬再三商托之故。謹一并據實馳陳。是否如斯，伏乞皇太后、皇上聖鑒訓示施行。謹奏。十二月初三日。

　　　光緒六年十二月十三日，軍機大臣奉旨：另有旨。欽此。①

7.【可裁】原件、録副均作"悉裁"。

8.【兵署】原件、録副均作"官署"，是。

9.【案】光緒九年十一月十八日，户部尚書額勒和布等以餉款艱窘，具摺奏請飭令新疆南北兩路大興屯田，以裕邊儲：

　　户部尚書臣額勒和布等謹奏，爲餉款艱難，新疆南北兩路急需大興屯田，以裕邊儲，恭摺仰祈聖鑒事。

　　竊維天下之患，常苦於兵多而餉不足。兵愈多則國愈弱，餉愈多則國愈貧，史册具在，可考而知。自軍務平定以來，俸禄未復，官已困矣；釐金未裁，商已困矣。京協各餉，定有考成，追呼急則農亦困。各處欠餉累千百萬，積欠多則兵亦無不困。夫盡搜括裁省之術，而猶不足以養兵，此臣等所爲夙夜憂惶、靡知所措也。以現在兵餉論之，惟新疆一隅較各省養勇爲多，餉需亦較各省爲急，每年軍餉不下七百餘萬。各省關頻年協濟，竭蹶不遑，偶有不敷，動請部墊。部庫關係根本，且全倚外省解款，支用繁多，時虞不給，萬難將鉅款屢行墊出，致誤要需。以現存營勇論之，新疆尚有四萬餘人，不裁則終年並無戰事，遽裁則又恐疏虞，長此不已，坐耗資糧，其患何所底止？況目下各省水患頻仍，海防吃緊，假令協餉提解不前，軍心搖動。在臣部既無可支撥之區，各路統兵大臣又將何以爲善後之計乎？當此時事艱難，臣等彌深焦灼，勉圖補救，實乏良謀。惟有於新疆南北兩路急爲大興屯田，爲當今緊要切務，藉人以盡地利，即藉地利以養人，是有五利

①　中國第一歷史檔案館藏：《録副奏摺》，檔號：03—6082—110；《左宗棠全集·奏稿七》，第569—571頁，岳麓書社，2009；《左宗棠全集》，第9001—9006頁，上海書店出版社，1986。

焉。新疆軍糧向由內地運至哈密分運各城，或於各城設采運局分運各處，山谷阻深，道路遼遠，核計運腳，所費不貲。若興屯政，就地收耕獲之利，內地無轉餉之勞，其利一。各路請餉太多，勢難按期撥解，若興屯政，口糧無憂缺乏，且該處新收糧食即可劃抵該處餉需，每年當節省銀數十萬兩，足以紓餉力、固軍心，其利二。新疆現收民糧，每年約有三十餘萬石，皆以供支各營，扣抵兵餉。若興屯政，寓農於兵，所收民糧即可改徵折色，用備度支，其利三。兵燹之後，戶鮮蓋藏，若興屯政，數年之內必有餘資，糧價因之而平，邊儲亦因之而實，其利四。凡兵以勞而強，以逸而弱，各軍無事坐食，筋骨懈弛，竊恐師老財殫，緩急俱不足恃。若興屯政，勞其筋骨，將來驅赴戰場，必更勇健，其利五。

臣等反覆思維，雖富強之效不能期諸旦夕，而屯墾之事殊難緩於斯須。且修屯政以實邊陲，非自今始也，古人嘗行之矣。新疆開辦屯田，亦非自今始也，乾隆、嘉慶年間已行之矣。歷代屯政，難以縷述。我朝自開闢新疆以來，舊有旗屯、兵屯、戶屯、回屯，成效昭然。遺規具在，可仿而行，豈空言哉？查臣部於上年十月，會議新疆善後事宜摺內，曾請將屯田事宜由該大臣等明定章程，奏奉諭旨，行知遵照在案。迄今一年有餘，仍未據該大臣等聲覆。臣等懸揣其故必有三難，一則慮邊地苦寒，西成難必；一則慮軍卒驕惰，不習鋤犁；一則慮心力不齊，難歸一致。臣等以為無足慮也。新疆地廣，間有戈壁，然北路自木壘河起西抵伊犁，地皆肥潤，種一石可獲數十石。南路八城素稱饒沃，各營駐扎處所即不能一律，大抵可耕之地居多，不難擇地開墾。前聞俄國山諾爾地方產糧甚多，曾代楚軍采運。夫以山諾爾偏隅之地尚有餘糧售買，新疆地大物博，果能勤事耕作，儲積自必豐盈，是邊地苦寒不足慮。昔唐臣郭子儀封汾陽王，自耕百畝以勵軍士，於是穀麥充贍，軍有餘糧。該大臣等若嚴加督課，以身先之，該管弁勇何敢告勞？是軍卒驕惰亦無是慮。所可慮者，心力不齊耳。心力不齊，坐食者任意優游，力耕者轉扣底餉，人情既有所不甘，各營或困而觀望。相應請旨飭下新疆各路統兵大臣，速議章程，刻期一律興辦屯政，並須明定賞罰,以示勸懲,嗣後該管營官以本營收穫之多寡爲殿最,庶幾士皆用命,餉不虛糜。一俟開辦稍有端倪,臣部即爲籌撥款項,續行奏明辦理。所有屯田事宜,臣等謹繕清單,恭呈御覽。伏乞皇太后、皇上聖鑒訓示。謹奏。光緒九年十一月十八日。户部尚書臣額勒和布,户部尚書臣閻敬銘,户部左侍郎臣孫詒經學差,署户部左侍郎順天府尹臣周家楣,户部右侍郎臣宗室敬信,假署户部右侍郎吏部右侍郎臣宗室崑岡,户部右侍郎臣孫家鼐。①

户部尚書額勒和布、閻敬銘等隨摺附有清單一件,現藏於中國第一歷史檔案館。兹補録如下,以資參考。

謹將新建屯田事宜繕具清單,恭呈御覽。

一、各處屯田地方宜預行籌畫也。查新疆於三年冬收復,前督臣左宗棠即有就地取資之論,派委員分投清丈地畝。迄今六年之久,當已丈竣。此次開辦屯田,或因昔時舊屯,或逆回叛産,以及零星荒地皆可耕種。該大臣等應將某境内可墾田地若干畝,迅速查明,報部備核。

一、各營承種地畝宜分任責成也。查新疆從前開辦屯田之時,每兵一名,種地二十畝至二十餘畝不等。現在各營承種,必須分任責成。該大臣等應將某營認種某境内某處地畝若干,每勇一名承種地畝若干,分晰報部查核。

一、興修水利以資灌溉也。查南北兩路,河流甚多。百餘年來,水利疊興,尤以故督臣林則徐所修伊拉里克水利爲最著。前伊犁將軍曾奏請加新賦二十萬兩,今查其地在吐魯番、托克遜之間,水田甚廣,故屯田尤以得人爲要。應由該大臣等揀派熟諳水利之員,遍勘地勢,或引河水,或濬山泉。若著有成效,准其擇尤保獎,並令久於其任,以資熟手而竟全功。

一、農具等項宜分別購買修補也。查開辦屯田,所有農具以及籽種、牛隻皆需經費,或招工匠製造,或由他處購買,或就倉存籽糧撥給,

① 中國第一歷史檔案館藏:《録副奏摺》,檔號:03—6714—082。

由該大臣等查明某營種地若干,應用各項若干,報部查核。嗣後購買修補,或動餘存經費,或將收穫餘糧變價津貼,屆時酌度情形辦理。

一、收穫糧石宜分別扣抵存儲也。查光緒八年,烏魯木齊都統咨稱:巴里坤屯地,初年耕種,除口食糧及籽種外,尚餘各色糧數十石。三年,即餘二百餘石。巴里坤係著名瘠苦之區,必須歇年耕種,收穫尚能如此,況各處腴區甚多,若每營以一半應差操,一半事耕作,約計每一人種地,儘可供數人口糧。一俟收穫之時,該大臣等將某營某處實收某色糧若干,除籽種外,扣抵各營兵餉若干,餘存若干,按年造報查核。其餘剩糧石,擇揀高燥之地,建倉存儲,以免霉爛。

一、分別賞罰以示勸懲也。查光緒四、五等年,伊犁將軍派官兵在塔爾巴哈臺等處屯田,將出力官兵奏請獎勵。其實所種之地無多,且有賞無罰,何以示懲? 屯田各營耕作不無勤惰之分,勸懲宜有賞罰之別。嗣後各營中如有收穫最多者,准將該營官保獎升階,以示優異。收穫較少,查係耕作不力者,即將該營官嚴行參辦,以警效尤。該大臣等均視各營收穫多寡,分別議敘、議處。若總辦、督辦大臣果能盡心盡力,每年實能以糧放兵、抵省銀餉數十萬兩者,仰懇天恩特予格外優賞。其爲數實多者,由特恩錫以世職,以爲廣籌兵食者勸,非臣下所敢妄請。均俟該處開辦定章,再由臣部奏明,會同吏、兵二部遵照辦理。①

同日②,戶部尚書額勒和布、閻敬銘等又以新疆屯田必以得人總會其成,附片奏請欽定:

再,屯田一事必以得人爲要。得其人則餉需節省,不得其人則帑項虛糜。查乾隆二十五年,阿桂以參贊大臣專理屯田,開渠灌溉,利賴已百餘年。乾隆五十五年,疊奉諭旨,以伊犁地廣田肥,分給官兵地畝,用資生計。歷任將軍均以灌溉乏水未及籌辦,旋經將軍松筠親爲履勘地勢,始得導水要領,濬通惠渠,引丕里沁山泉灌田數萬頃,此

---

① 中國第一歷史檔案館藏:《清單》,檔號:03—6714—083。
② 此奏片原文無奏者及具奏日期,茲據《軍機處隨手登記檔》(檔號:03—0239—2—1209—304)確定。

皆得人之明驗。然亦由當時事權專一，故動則有成。現在統兵大員、將軍、都統、參贊，時有更調，即有才識，亦難盡展施爲。復有督辦、幫辦軍務大臣，衆口相傳，目爲五帥，位均勢敵，鈐轄殊難。所有各路情形，早在聖明洞鑒之中，臣等何敢輕爲置論。惟是開辦屯務以及善後一切事宜，必須得人，總會其成，庶免夾雜牽混之弊。至應如何區處，俾歸畫一之處，臣等未敢擅擬，伏候聖裁。謹奏。①

10.【遠隔百餘或二百里】原件、録副作"遠隔百餘二百里"。

11.【總計】原件、録副作"綜計"。

12.【光緒十年四月二十八日】此具奏日期，據原件補。

13.【光緒十年五月十七日】此奉旨日期，據録副補。

【案】劉錦棠此摺上達，至十年九月三十日始得清廷批復，並得允行。《光緒朝上諭檔》：

　　　　光緒十年九月三十日，內閣奉上諭：户部等部會奏議覆劉錦棠奏統籌新疆全局一摺。前據劉錦棠奏，遵議新疆兵數、餉數一切事宜，當經諭令該部議奏。茲據會議覆陳，新疆底定有年，綏邊輯民，事關重大，允宜統籌全局，釐定新章。户部前奏，以定額餉、定兵數、一事權三端爲要圖。劉錦棠所議留兵、改營、設官、屯田四條，與該部所奏用意相同，即著次第舉行，以垂久遠。前經左宗棠創議改立行省，分設郡縣，業據劉錦棠詳晰陳奏，由部奏准，先設道廳州縣等官。現在更定官制，將南北兩路辦事大臣等缺裁撤，自應另設地方大員，以資統轄。著照所議，添設甘肅新疆巡撫、布政使各一員。其應裁之辦事、幫辦、領隊、參贊各大臣及烏魯木齊都統等缺，除未經簡放有人外，所有實缺及署任各員，著俟新設巡撫、布政使到任後，再行交卸，候旨簡用。至伊犁參贊大臣一缺、塔爾巴哈臺領隊大臣二缺，應裁應留，著劉錦棠等酌定具奏。新疆旗綠各營兵數及關內外餉數，均照議核實經理。國家度支有常，不容稍涉耗費，劉錦棠務當與金順等挑留精鋭，簡練軍實，並隨時稽查餉項，如將領中有侵冒情事，即著據實奏

①　中國第一歷史檔案館藏：《録副奏片》，檔號：03—6714—084。

參,從重治罪。餘均照所議,分別辦理。如有未盡事宜,仍著劉錦棠妥爲籌畫,陸續陳奏,再由該部詳核定議。另片奏,會議金順、譚鍾麟所奏兵餉各節,著依議行。欽此。①

120.哈密辦事協辦衙門員役暫照向章支廉片

光緒十年四月二十八日

再,臣前准户部咨鈔覆陳哈密辦事大臣明春奏懇指撥酌留各項人員經費並估撥公費,請飭由臣體察情形,會同伊犁將軍、陝甘總督妥議具奏一摺◆1,奉旨:依議。欽此。欽遵鈔行到臣。伏查哈密地方爲新疆南北兩路之總匯,從前回户頗多,兼有換防兵丁及各處定發遣犯,均須於此停頓,必得大僚鎮守,方免意外之虞。此次亂平,所有哈密回務,經前督臣左宗棠奏歸哈密通判管理◆2,換防之兵,亦正議停,情形迥殊於昔。誠如部臣所云,且既請設撫、藩,除伊犁、塔爾巴哈臺兩處旗營外,其餘兩路之都統、參贊、辦事、協辦、領隊各缺,概擬請裁,不僅哈密一城也。惟目下大局未定,哈密協辦大臣已蒙簡放有人,則辦事、協辦衙門應用員役,似應暫照向來額設章程開支廉費,以免賠累。除咨部外,是否有當,謹會同伊犁將軍臣金順、陝甘總督臣譚鍾麟,附片覆奏。伏乞聖鑒訓示施行。謹奏。

光緒十年五月十七日◆3,軍機大臣奉旨:該部議奏。欽此。

【案】此奏片缺原件,録副②現藏於臺北故宫博物院,茲據校補。

1.【案】户部議覆哈密辦事大臣明春所請之奏查無下落,而明春之原

---

① 中國第一歷史檔案館編:《光緒朝上諭檔》,第十册,第 301 頁,廣西師範大學出版社,1996;《清實録·德宗景皇帝實録(三)》,卷一百九十四,光緒十年九月下,第 764—765 頁。

② 臺北故宫博物院藏:《軍機及宫中檔》,文獻編號:127022。

奏尚存,即光緒九年九月二十二日,明春奏請酌留各項人員經費並估撥公費一摺,兹補録之:

奴才明春跪奏,爲收到四川餉銀,補發文武員弁、書役欠餉,並擬酌留各項人員,以資差委,懇請飭部接撥經費,恭摺具陳,仰祈聖鑒事。竊查上年裁撤哈密防營,户部墊撥餉銀十萬兩,僅敷遣散健鋭、威儀兩營馬步六營弁勇、補發半年欠餉之需。奴才於本年二月奏報裁撤防營完竣摺内聲明,尚有文武委員、差官、書役二百零七員名應發半年欠餉,無款可放,俟湖北、四川兩省續解月餉到營,再爲發給等因。奉旨:該部知道。欽此。欽遵在案。本年四月,接四川省報解餉銀一萬兩,於七月二十六日匯解到哈。當即飭支應委員,將裁撤防營案内應發文武員弁、書役等半年欠餉共銀六千五百四十二兩四錢如數發給外,又欠發該員弁、書役等本年正月起至七月底止共該薪糧銀九千一百九十七兩七錢二分。查前項餘款不敷散放,僅接發正、二兩月薪糧銀二千六百二十七兩九錢二分,下餘銀八百二十九兩六錢八分。其三月以後薪糧,仍屬無款支發。奴才正派委員前往河南省,催提哈密欠餉,俟提解到營,再飭按月找發。至本年七月底止,應即一律裁撤。第防營既撤,奴才等衙門滿漢印房、糧餉、駝馬等處應辦一切事宜,並各項當差人等,自應規復舊制。

奴才揆度時勢,今昔情形大相懸殊,且無成案可循,實難一律復舊。籌思至再,不得不通權達變,期於公事有裨。除印房章京主事職銜一員、滿漢印房部缺筆帖式一員、委筆帖式六員仍舊安設外,共漢印房糧餉、駝馬等處以及各項當差人員,擬請將應行裁撤文武員弁、書役等酌量扣留,以資差委。查漢印房辦理摺奏文案,事務較繁,擬用總理委員一員、辦理委員三員、幫辦委員三員、書識六名、貼書八名。糧餉處擬用辦理委員一員、幫辦委員一員、書識一名、貼書二名。駝馬處擬用辦理委員一員、幫辦委員一員、書識一名、貼書二名。又聽差委員十二員、官醫一名、親兵四十名。以上各委員應支薪糧,擬請仍照哈密前案報銷章程支給。親兵仿照土勇,每名月支銀三兩。惟委筆帖式、書識、貼書、跟役等原領鹽菜、薪糧,爲數甚少。該委員、筆帖式、書役等寒苦異常，邊疆地方諸物昂貴，較之内地不啻倍蓰。若不令其衣食有賴，何以策其奮勉應差？擬請量爲加增，以示體恤。委筆帖式一員，酌擬月支銀十兩，書識一名月支銀四兩八錢，貼書一名月支銀三兩，跟役一名月支銀一兩五錢。所有奴才與幫辦大臣歲支養廉等項，印房章京暨正委筆帖式等俸銀、鹽菜，文武員弁、書役、親兵薪糧，並札薩克回子親王俸銀以及各項公費、紙札等款，均請作爲哈密經費。其應支口糧，按照市價官爲采買。均自本年八月初一日起支，按月散放。統共歲需銀兩數目，奴才另繕清單，咨部立案。查哈密經費銀兩，向例由甘肅藩庫撥解。自軍興以後，再未撥解。此次奴才所請經費款項，可否仍由甘肅藩庫按年撥解，抑或由部另指歸著之款，懇祈飭部迅速核議。奴才奉准部覆，即爲遵照辦理。謹將收到四川餉銀補發文武員弁、書役欠餉，並擬酌留人員差委，請撥經費銀兩，理合恭摺由驛具奏。伏乞皇太后、皇上聖鑒訓示。再，署理幫辦大臣奴才長順奉派出差，未經列銜，合併聲明。謹奏。九月二十二日。

光緒九年十月十六日，軍機大臣奉旨：户部議奏。片併發。欽此。①

2.【案】光緒九年九月十一日，時任陝甘總督左宗棠具摺奏請仍照向例，由哈密通判兼管吐魯番回務，得允行：

太子太保欽差大臣督辦新疆軍務陝甘總督二等恪靖侯加一等輕車都尉臣左宗棠跪奏②，爲哈密回務請照吐魯番例，飭由哈密通判兼管，俾事歸一律，以收實效，恭摺具陳，仰祈聖鑒事。竊查新疆南路各城纏回每年應納額糧，向由臺吉、伯克等催收交官。迨後各城淪陷，諸務廢弛。光緒三年克復各城後，即規復舊制，變通辦理，剔除一切弊端。所有纏回每年應徵額糧，暫准仍由各伯克等催督花户親赴善後局完納，填給券票備查，以杜中飽。其餘命盜、錢債、田土、户婚、事

---

① 中國第一歷史檔案館藏：《錄副奏摺》，檔號：03—6609—077。

② 此前銜係推補。

故各案件，概由局員察律辦理。當經通飭遵行。其吐魯番廳所屬回務，向歸該廳辦理，遵行日久，漢回稱便，固無庸別議更張。查哈密廳舊設通判一員，原兼理地方事務。其土著户民向本回族種類，所有詞訟案件一切，均係回目臺吉、伯克等辦理。所有回户滋生多寡、物産盈虚，通判不復過問。是名雖久隸版圖，實仍各分氣類，望其一道同風，而政教難施，漸摩無自，何以致之？現擬建義塾、廣屯墾、開水利、課蠶桑，所有一切興革事宜，均應責成哈密廳承辦。而該員一官匏繫，事權爲臺吉、伯克所分，纏回無所遵循，官民仍多扞格。若援照吐魯番例兼管回務，纏回仍歸地方官治理，一切詞訟案件概由官審斷申報，其回目臺吉、伯克向以催納貢糧爲事，姑仍其舊。如有横徵苛派病民情弊，許回民赴官申理，審問得實，通詳該管上司責革換替承充，庶幾政平訟理，同我華風，與吐魯番南北各城事歸一律，而回務積弊可除。應否如斯，伏祈皇太后、皇上聖鑒訓示施行。謹奏。九月十一日①。

　　軍機大臣奉旨：著照所請，該衙門知道。欽此。②

3.【光緒十年五月十七日】此奉旨日期，據録副補。

　　● 軍機大臣字寄：光緒十年四月二十八日奉上諭：近來寄信緊要事件往往漏洩，甚至外間傳播，刊入新聞紙中。總由該大臣等於接奉寄諭後，並不親自經理，諸事假手於人，縱令幕友、委員任意宣洩，幾事不密則害成。似此情形，殊堪痛恨。嗣後著該大臣、將軍、督撫等於此等事件加意慎密。除有必須咨行之處擇要恭録咨照外，概不准稍有宣露，儻仍漫不經心，致有漏洩，一經發覺，定惟該大臣、將軍、督撫等是問，不稍寬貸。將此由四百里各諭令知之。欽此。遵旨寄信前來◆1。

────────

① 此具奏日期，據録副推補
② 《左宗棠全集》，第十册，第8899—8901頁，上海書店出版社，1986；《左宗棠全集·奏稿七》，第523—524頁，岳麓書社，2009。

此"廷寄"原件查無下落,《光緒朝上諭檔》《清實錄》均未刊載,僅理校。

1.【遵旨寄信前來】此句係推補。

121. 新疆南路軍臺一律安設驛站酌擬經費章程摺

光緒十年五月二十八日

欽差大臣督辦新疆軍務兵部右侍郎二等男臣劉錦棠跪◆1奏,爲新疆南路郡縣暨哈密、巴里坤所設軍臺,均仿照北路一律安設驛站,酌擬經費章程,以紓民力而重郵傳,恭摺仰祈聖鑒事。

竊新疆極邊遼遠,郵遞文報,尤關緊要。向來北路於州縣驛站外,另於標綠各營安設營塘軍臺,專遞上下夾板要件及限行緊急公文。應需夫馬、工料,均准作正開報。南路安設臺站,即由各城大臣在於例估經費項下統支。光緒初元,進規新疆,經大學士前陝甘督臣左宗棠先飭安設玉門、安西塘站,歸肅州鎮總兵經管,哈密、鎮西廳轄境塘站,歸巴里坤鎮總兵經管。北路肅清,大軍由北而南,經臣隨時體察商酌,節節安設塘驛。其時軍事方殷,文報最爲繁重,未可刻延。地方初復,薪桂米珠,夫馬薪糧之類,不能不從寬優給,以免貽誤事機。雖歷年經臣次第核減,然北路各驛驛書,每名仍月給工資銀八兩。每馬一匹,用驛卒一名,月給工資銀六兩、草乾銀三兩六分;兩馬一夫,月給工資銀四兩,火夫每名月給銀四兩;每驛月支紙張油燭銀四兩,所需鞍屜、繩索、灌藥、釘掌一切雜費在外。南路每站驛書一名,月給薪水、紙張、油燭並津貼銀十兩至十五兩不等,麥麵各六十觔。其夫馬工料由公家支給經費者,驛夫、毛拉、通事每名月給工食銀三四兩不等,各給麥麵六十觔。每馬一匹,日支料六觔、草十觔至十五觔不等。巴里坤、哈密鎮協所管軍臺,銀糧料草與驛站經費約略相等,實因邊事孔棘,時地攸殊,是以章程未能畫一。現賴皇威丕暢，全疆廓清，南路增置郡縣，規模粗具。所有南北兩路塘驛軍臺，亟應從新釐剔，酌定畫一章程，均歸印官經管，文報通歸驛站接遞，以肅郵政而專責成。

臣恭讀雍正六年五月初六日上諭◆2：各省所設驛站、夫役，原以預備公事之用。國家歲費帑金，本欲使州縣無賠累之苦，民間無差派之擾，官民並受其福等因。伏見聖慈曲體，薄海臣民共沐鴻施。新疆長途戈壁，水草缺乏，官道設站處所，傳舍之外，絕少人煙。入冬冰雪嚴寒，常有裂膚墮指之慘。雖募外路夷夫，非厚其廩餼，無人應役。南路新設官治，事同一體。原設臺站，自應仰體皇仁，改爲驛站，援照北路一律開報經費，以免擾累。其北路向例兼設之營塘軍臺，現既歸併驛站，亦應酌加夫馬，以資周轉。惟國家經費有常，當用固不能過惜，而可省要在必省。此次釐定務使夫馬、芻料、役食相稱，不致誤公。官無墊賠，民無差擾，然後事可經久，餉不虛糜。

伏查哈密協營原管十三軍臺，應改歸哈密廳通判管轄。巴里坤鎮標原管十七軍臺，應分隸鎮西撫民直隸廳同知暨奇臺縣知縣，各按地界管轄。通計哈密廳通判管轄十三站，北路鎮迪道管轄六十一站，南路阿克蘇道屬三十九站，喀什噶爾道屬三十七站。共計一百五十站。其地方之衝僻，道里之遠近，均係按照現在情形，詳細查察，斟酌增損，逐一釐訂。擬每站設驛書一名，月支工食銀四兩八錢、白麵四十五觔。兩馬一夫，每名月支工食銀三兩、白麵四十五觔、每驛月支油燭紙張銀三兩。每馬一匹，日支京斗料四升、草十四斤。外備站價一項，擬馬一匹，月支銀四錢五分。從前所用臺員、驛卒、火夫、毛拉、通事諸名目，概行裁汰。除公費外，均扣建給領，遇閏照加。至每歲倒馬之數，擬照塘馬十分倒三之例，准其據實開報，照例給價買補，以資整頓。一俟局勢大定，元氣漸復，統歸甘肅布、按兩司隨時酌核減支，俾符定制。

以上所擬,均由臣熟籌局勢及物價人工,權宜核定。雖未能合於舊章,而比較現支款目,實已大加裁減,省之又省。約計南北兩路每歲共支銀五萬四千一百餘兩、麵五十四萬四千三百餘觔,折合京斗糧五千四十石、京斗料二萬四千七百餘石、草八百六十四萬八千餘觔。銀歸軍需項下報銷,麵料草束即歸地方撥給。缺草各站,照章每馬一匹,月支草價銀六錢。似此辦理,南北均歸一律,擾累得以永除,實於郵政、民生兩有裨益。除將安設驛站、馬匹、里數暨挂支銀糧、草料各數目開單分別咨送戶、兵二部查照外,所有新疆南路郡縣暨哈密、巴里坤所設軍臺均仿照北路一律安設驛站、酌擬經費章程緣由,是否有當,謹會同陝甘督臣譚鍾麟,合詞恭摺具陳。伏乞皇太后、皇上聖鑒訓示施行。謹奏。五月二十八日◆3。

光緒十年閏五月二十一日◆4,軍機大臣奉旨:該部議奏。欽此。

【案】此摺缺原件,録副①現藏於臺北故宮博物院,兹據校補。

1.【欽差大臣督辦新疆軍務兵部右侍郎二等男臣劉錦棠跪】此前銜據録副補。

2.【案】此上諭缺原件,見於《清實錄》:

丙辰,論內閣:各省驛站夫役,原以備公事之用,國家歲費帑金,本欲使州縣無賠累之苦,民間無差派之擾,官民並受其福也。但聞各省往來人員,有不應用驛夫而擅自動用者。該管之人,或畏其威勢而不敢不應,或迫於情面而不得不應,積習相沿,驟難禁止。地方夫役並受擾累,重負朕加惠官民之至意。嗣後惟兵部勘合欽差大臣及督撫入境,學差試差,或知府下縣盤查及他員奉督撫差委盤查者,准動用夫役,其餘並不准用。儻有違例妄索者,該管官即行揭報督撫題

----

① 臺北故宮博物院藏:《軍機及宮中檔》,文獻編號:127708。

參。若該管官違例濫應,發覺之日,照例治罪。著各省管理驛站之道員,不時查察,儻有徇隱,一併處分。①

3.【五月二十八日】此具奏日期,據録副補。

4.【光緒十年閏五月二十一日】此奉旨日期,據録副補。

122.哈密巴里坤軍臺擬改驛站分段管理片

光緒十年五月二十八日

再,前准兵部咨會:哈密協營軍臺十三處,月支銀數核與例案不符,應將臺弁照案通改爲月支銀三兩,字識、兵夫、獸醫、鐵匠改爲月支銀一兩五錢以至九錢及四錢五分不等,馬駝均改爲月支草價銀六錢,每日支料四升,公費概改爲每臺月支銀一兩二錢。其餘溢支銀數與夫麵觔一律不准開銷,以此次奉到部文之日起支。從前支款由臣奏明立案,照例造銷等因。伏查承平時,關外巴里坤、哈密等處軍臺充役官兵人等,係由緑營輪派當差,各有本營挂支糧餉,兼支臺差津貼。此時緑營兵額未復其半,各軍臺弁兵夫役均係從新雇募。關外沙磧,寒苦倍常,百物昂貴,挂支糧餉必須勉敷食用,始能責令趨公。左宗棠前此權宜酌定,不過足資衣食之需,委非優給。現在哈密十三軍臺並巴里坤鎮標所管十七軍臺,均經臣酌擬,一律改爲驛站,分隸鎮西、哈密二廳暨奇臺縣,各按所轄地段管理,以專責成。所有酌定人役薪糧章程,自應以此次欽奉諭旨之日爲始,俾清起訖而免輾轉。除咨部外,謹會同陝甘總督臣譚鍾麟,附片陳明。伏乞聖鑒訓示。謹奏。

光緒十年閏五月二十一日◆1,軍機大臣奉旨:該部議奏。欽此。

---

① 《清實録·世宗憲皇帝實録(一)》,卷六十九,雍正六年五月,第1041—1042頁,中華書局,1985。

　　【案】此奏片原件①藏於中國第一歷史檔案館，録副②現藏於臺北故宮博物院，兹據校補。原件之具奏日期，一檔館標擬錯誤。

　　1.【光緒十年閏五月二十一日】此奉旨日期，據録副補。

123. 請恤總兵何作霖並附祀忠壯專祠片

光緒十年閏五月十四日

　　再，頭品頂戴賞穿黃馬褂記名遇缺題奏提督已故甘肅西寧鎮總兵何作霖，上年秋間交卸，赴蘭州省途次病故，業經陝甘總督臣譚鍾麟奏報在案◆1。臣查該故員籍隸湖南湘潭縣。咸豐四年，投效原統老湘軍予諡壯武道員王鑫部下，隨剿髮逆，所向有功。嗣值捻逆竄擾直、東各省，官軍跟踪追剿。該故員無不冒險衝鋒，出奇制勝。剿捻蒇事，秦隴回氛正熾。大學士前陝甘總督臣左宗棠檄臣叔父劉松山率師西征，該故員即領老湘前軍，肅清陝北，厥功甚偉。旋進攻金積堡老巢，間道而來，兵單糧絶，臣叔父劉松山受傷殞命，統將新失，人心惶駭。臣於此時接統湘軍，軍機萬分吃緊，卒以血戰蕩平，多賴該故員之力。嗣是西寧之役，以小硤口爲險要，該故員督隊，身先士卒，鏖戰兩月，故能迅告成功，蒙恩簡放西寧鎮總兵員缺。其生平戰績，隨時奏報有案◆2。乃年齒未衰，竟至一病不起。蓋其屢受重傷，精力俱瘁，有由來也。兹據甘肅候補道楊銘瀋等備録該故員事實，禀請轉奏前來。合無仰懇天恩，飭部照軍營積勞病故例，從優議恤，並乞恩准附祀予諡忠壯前廣東陸路提督臣劉松山甘肅省城專祠，以勵勳勞而資觀感。謹會同陝甘總督臣譚鍾麟，附片具陳。伏乞聖鑒訓示施行。謹奏。

---

　　①　中國第一歷史檔案館藏:《硃批奏片》，檔號:04—01—01—0951—005。
　　②　臺北故宮博物院藏:《軍機及宮中檔》，文獻編號:127710。

光緒十年六月二十三日◆³，軍機大臣奉旨：著照所請，兵部知道。欽此。

【案】此奏片缺原件，録副①現藏於臺北故宫博物院，兹據校補。

1.【案】光緒九年十一月初六日②，陝甘總督譚鍾麟具奏查驗前任西寧鎮總兵何作霖途次病故日期：

　　再，前任西寧鎮總兵何作霖，前因病請假，俟病痊後赴部引見，經臣附奏，奉旨允准在案。兹據何作霖之胞弟儘先補用游擊何星光稟稱：該總兵因假期將滿，由西寧起程，沿途感冒，舊疾復發，醫藥罔效，於光緒九年九月十三日行抵平番縣，因病身故，稟報前來。臣當即委員查驗屬實。除賫到印甘各結咨送兵部外，理合附片具陳。伏乞聖鑒。謹奏。

　　光緒九年十一月二十五日，軍機大臣奉旨：知道了。欽此。③

2.【案】同治十一年十一月初九日，陝甘總督左宗棠以回官馬本源等脱逃，附片奏請以何作霖等分别署理各員缺，得允行：

　　再，代辦西寧鎮篆務署西寧鎮標中軍游擊馬本源、署西寧府知府馬桂源，均係本地回紳署本地職官，乃敢潛謀不軌，始請官軍驅逐陝回，比官軍前進，復糾陝回抗拒官軍，一面嗾衆攻撲西寧府城，罪大惡極。兹經官軍痛剿，該叛員窮蹙異常，挈眷逃竄。實任西寧鎮總兵官黄武賢，現在帶隊駐威遠堡防剿竄賊，采運軍糧，一時未可責其赴任。實任西寧府知府鄧承偉，經理省局及楚軍糧臺，亦難赴任。臣查有湘軍分統頭品頂戴記名提督達桑阿巴圖魯何作霖，謀勇兼資，聲威丕振，堪以委署西寧鎮總兵員缺。督帶綏定營留陝補用直隸州知州龍錫慶，曾在陝帶義勇多年，盡心撫輯，全活甚多，現帶所部綏定兩營，隨征西寧，堪以署理西寧府知府員缺。其總兵關防，經馬本源携帶潛

①　臺北故宫博物院藏：《軍機及宫中檔》，文獻編號：128369。

②　此具奏日期，據中國第一歷史檔案館藏《軍機處隨手登記檔》（檔號：03—0239—2—1209—311）之同日批件校補。

③　中國第一歷史檔案館藏：《録副奏片》，檔號：03—5827—097。

逃；西寧府印，雖經尋獲，亦未便再行啓用。除由臣刊給木質關防分飭先行接署外，相應請旨敕部先行補鑄西寧鎮總兵官印及西寧府，由驛頒發，俾昭信守，其餘應繳、應鑄各印信，容俟查明辦理。謹附片具陳。伏乞聖鑒。謹奏。

　　軍機大臣奉旨：該部知道。欽此。①

同治十二年十月初十日，陝甘總督左宗棠以西寧鎮總兵黄武賢開缺回籍，葬父侍母，具摺奏請西寧鎮總兵以何作霖簡授：

　　欽差大臣陝甘總督一等恪靖伯臣左宗棠跪奏，爲西寧鎮總兵籲懇開缺，請旨簡放，以重職守，恭摺仰祈聖鑒事。竊臣據西寧鎮總兵官黄武賢稟稱：自道光三十年奉派出師，迄今二十餘載，帶傷七次，左腿槍子入肉未出，時復創發，乘騎維艱。且親父没後，停柩未葬，親母年逾七旬，兩目失明，病在床褥。每欲陳情歸里，祇以同治二年蒙簡放是缺後，時事多艱，未敢冒瀆。兹西寧解圍，軍務已有底止，未便久戀厚禄，莫遂烏私。擬乞開缺回籍，葬父侍母，稍盡子職，兼攝治傷痕等情，稟請具奏前來。臣維黄武賢久歷行陣，諳練老成。前委統靖西三營駐威遠地方，防剿尚稱得力。第所稟情詞懇切，係屬實在情形。合無仰懇天恩，將西寧鎮總兵黄武賢准其開缺。一俟寧屬肅清，即由臣給咨回籍，以遂孝思。所遺員缺，當此逆踪未靖，百廢待興，必得威望大員，始資鎮攝。總理老湘軍營務處記名提督何作霖，經臣奏委署理是缺。該員奮發有爲，聲威素著，實堪勝任。可否簡授是缺，俾得次第整理，以重地方，出自聖裁，非臣下所敢擅擬也。謹專摺具奏，伏乞皇太后，皇上聖鑒訓示。謹奏。

　　軍機大臣奉旨：另有旨。欽此。②

同治十三年五月十一日，陝甘總督左宗棠以西寧鎮總兵何作霖帶兵打仗，屢受重傷，附片奏請免其騎射，得允：

　　再，頭品頂戴遇缺題奏提督西寧鎮總兵官達桑阿巴圖魯何作霖，

---

① 《左宗棠全集·奏稿五》，第370—371頁，岳麓書社，2009。

② 中國第一歷史檔案館藏：《硃批奏摺》，檔號：04—01—16—0196—047；《左宗棠全集·奏稿五》，第359—360頁，岳麓書社，2009。

於咸豐九年攻克江西浮梁縣城,小腹帶矛傷。是年十一月,進剿廣東連州三江城,左脚帶矛傷,斷中指。十一年,攻克安徽寧國府旌德縣城,左膝帶炮子傷。同治五年,在山東曹縣追剿捻匪,右肋帶矛傷。八年,攻克金積堡東關,右手帶炮子傷,斷食指、中指、無名指。茲據稟懇奏免騎射前來。臣覆核無異。可否仰懇天恩,准免騎射,出自聖裁。謹附片具陳,伏乞訓示施行。謹奏。

　　硃批:著照所請,兵部知道。①

3.【光緒十年六月二十三日】此奉旨日期,據録副補。

124. 請更正湯彦和陳美仙官階片
光緒十年閏五月十四日

　　再,提督湯彦和、陳美仙二員,自咸豐年間由武童投效湘軍,獲保今職,前據該提督等造齎出身履歷清册。同治六年,陝西同朝等處剿賊獲勝案内,經前任西安將軍臣庫克吉泰、前任陝西巡撫臣喬松年保奏,都司湯彦和、陳美仙請免補游擊,以參將儘先補用,並加副將銜。卷查此案經部核駁,都司湯彦和、陳美仙改爲免補都司,以游擊儘先補用。旋經前陝甘總督臣左宗棠覆奏部駁同朝剿賊出力各員内,湯彦和、陳美仙請仍照原保以參將儘先即補。同治七年,克復陝西綏德州城並河北、直隸地方剿平要逆案内,彙保底銜,援照同朝原保開列。經左宗棠保奏,湯彦和、陳美仙均得保儘先推補副將,並加總兵銜。嗣隨湘軍征剿,該二員均由總兵銜儘先副將逐層累保,歷經奉旨允准,欽遵行知在案。而同朝原保之儘先補用參將,又經兵部議駁,均屬虛懸。經臣飭查去後,茲據湯彦和、陳美仙呈稱:同治七年,隨軍肅清直、東,渡河而西,二次部駁同朝之案,行知未及領獲,是以克復綏德州保案底銜,仍照

　　① 中國第一歷史檔案館藏:《硃批奏片》,檔號:04—01—16—0199—036。

原保之儘先參將開列，以致嗣後保階遞誤，請將後此各案逐層遞減，填補儘先參將虛懸之階，呈懇奏咨更正前來。臣查湯彥和等束發從戎，隨同轉戰各省，宣力二十餘年，戰功懋著。老湘一軍，自肅清直、東後，渡河而西，由陝北直攻寧靈，昕夕靡暇。其時驛遞，繞道迂折，每多遲誤。該員等未得領獲續駁行知，遂由儘先補用參將累功保至提督。核其情節屬實。合無仰懇天恩，俯准將官軍克復綏德州城案內湯彥和、陳美仙獲保之總兵銜儘先推補副將移補該員等前案駁空之儘先參將一階，以後各案保獎，均照綏德州案逐層遞減爲記名總兵，飭部更正。其該員等於蕩平金積堡等案內得保封典、清字勇號、頭品頂戴，仍照原案一併注冊，以昭核實而免歧異之處，出自逾格鴻施。除將該員等造具出身履歷咨部查核外，謹附片具陳。伏乞聖鑒訓示。謹奏。

　　光緒十年六月二十三日◆1，軍機大臣奉旨：兵部議奏。欽此。

【案】此奏片缺原件，録副①現藏於臺北故宮博物院，茲據校補。

1.【光緒十年六月二十三日】此奉旨日期，據録副補。

【案】關於湯彥和之原保底銜官階之誤，同治十年十二月，陝甘總督左宗棠附片奏請飭部更正，並得允准：

　　　　再，據統帶老湘全軍記名提督蕭章開稟稱：該軍營官湯彥和原係提督銜記名總兵銜勇巴圖魯勇號，陝北肅清請獎案內誤開記名提督，克復靈州請獎案內開繕清單，又復遺漏，懇爲奏明更正補獎前來。臣查湯彥和，在老湘軍素稱驍勇，肅清陝北，克復靈州，該員均在事出力，卓著戰功，前經臣奏保，奉旨賞換扎福孔阿巴圖魯勇號。茲據稟稱：陝北肅清案內所開湯彥和官銜錯誤，克復靈州案內漏未列保，自應更正補獎，以示鼓勵。相應請旨飭部，將湯彥和陝北肅清案內所開記名提督更正，以提督銜記名總兵扎福孔阿巴圖魯注冊，克復靈州案

──────────

①　臺北故宮博物院藏：《軍機及宮中檔》，文獻編號：128367。

内,應懇天恩,將提督銜記名總兵扎福孔阿巴圖魯湯彥和交軍機處記名,以提督遇缺儘先題奏,出自鴻施。理合附片具陳。伏乞聖鑒訓示。謹奏。

同治十年十二月十九日,軍機大臣奉旨:著照所請,兵部知道。欽此。①

125.酌裁馬步各營改併成旗並實存數目繕單立案摺
光緒十年六月二十七日

欽差大臣督辦新疆軍務兵部右侍郎二等男臣劉錦棠跪奏◆1,爲酌裁楚湘蜀軍馬步各營改併成旗,並現在實存官弁勇夫數目,謹分晰繕具清單,奏明立案,恭摺仰祈聖鑒事。

竊臣部馬步諸軍暨烏魯木齊提標土勇截至九年十二月底止,共存五十一營旗、開花炮隊三哨、小馬隊五哨,業經遵照部議,奏明立案。其自十年正月起,經臣再三籌度,先於行糧馬隊內飭將蜀軍呼敦左右二營、楚軍定邊一營、湘軍定遠小馬隊一哨裁併,改爲定遠行糧馬隊一旗、呼敦行糧馬隊二旗、定邊坐糧馬隊二旗。又於行糧步隊內裁撤湘軍定遠中軍一營,並將董字左右二營、定遠左右二營、蜀軍正副二營、楚軍安遠左右二營、建威一營裁併,改爲董字左右二旗、定遠左右二旗、蜀軍正副二旗、安遠左右二旗,改建威營爲安遠前旗。以上馬步改營爲旗,照章共留員弁勇夫五千九百一十五員名、額馬六百三十五匹外,共開除二千九百六十三員名、額馬一百二十一匹。其各營遣勇口糧結算至二三月底不等,由臣極力騰挪,並將分收上年息借陝商之款湊放清楚。又,喀

① 中國第一歷史檔案館藏:《硃批奏片》,檔號:04—01—17—0105—076;《錄副奏片》,檔號:03—4746—062。

喇沙爾地方險要,因就所轄蒙部内挑選蒙古馬隊一旗,照依土勇馬隊章程開支,以資防衛。其阿克蘇道標土勇一旗,經部議准,現已挑募。合之楚湘蜀軍並烏魯木齊提標土勇,共五十四營旗、開花炮隊三哨、小馬隊四哨。統共額設弁勇一萬九千一百六十三員名,額外營哨官一百二員,額外火夫◆2、長夫、馬夫九千六百二名,額馬三千七百八十八匹。此臣部截至十年三月底止現存實數也。兹據行營糧臺開單,詳請奏咨前來。臣覆核無異。計馬隊改旗者共三營,步隊改旗者共九營,又併小馬隊一哨。較之上年營旗之數雖多三旗,而實在弁勇減併不少。論邊地之遼闊,防勇未敢議裁;論欠餉之遞增,必須及時清理。似此設法酌改,減一勇即節省一勇之糧,兼之汰弱留强,挑一勇真得一勇之用,於防守嚴密之中力求裁省,以期上副朝廷綏邊節用之至意。所有臣部諸軍改營爲旗挑募情形並現在實存數目,謹分晰繕具四柱清單,恭呈御覽。伏乞皇太后、皇上聖鑒,飭部立案施行。謹奏。光緒十年六月二十七日◆3。

　　光緒十年七月十八日◆4,軍機大臣奉旨:該部知道。單併發◆5。欽此。

　　【案】此摺原件①藏於中國第一歷史檔案館,録副②現藏於臺北故宫博物院,兹據校補。

　　1.【欽差大臣督辦新疆軍務兵部右侍郎二等男臣劉錦棠跪】此前銜據原件補。

　　2.【火夫】原件、録副均作"伙夫"。

　　3.【光緒十年六月二十七日】此具奏日期,據原件補。

　　4.【光緒十年七月十八日】此奉旨日期,據録副補。

　　5.【案】劉錦棠隨摺附有改營爲旗實存員弁勇丁數目之四柱清單:

---

① 中國第一歷史檔案館藏:《硃批奏摺》,檔號:04—01—01—0951—002。
② 臺北故宫博物院藏:《軍機及宫中檔》,文獻編號:128840。

謹將甘肅關外楚湘蜀軍馬步各營旗員弁、勇丁、夫馬數目,自光緒十年正月起至三月底止,繕具四柱清單,恭呈御覽。計開

舊管:光緒九年十二月底止,實存行糧步隊二十五營、坐糧步隊三旗、提標土勇步隊七旗、行糧馬隊十四營、坐糧馬隊二旗、行糧開花炮隊三哨、行糧小馬隊五哨。共計舊存額設弁勇二萬五百一十七員名,舊存額外營哨官一百二十五員,舊存額外伙夫四百六名,舊存額外長夫、馬夫一萬一百八十三名,舊存額馬三千七百八十二匹,舊存炮車十八輛。

新收:光緒十年正月起,挑募喀喇沙爾蒙古土勇馬隊一旗、阿克蘇土勇步隊一旗。共計照額新添弁勇四百九十五員名,新添額外伙夫十四名,新添額外長夫、馬夫九十名,新添額馬一百二十七匹。

開除:光緒十年二月底止,酌將呼敦左右行糧馬隊二營、定遠行糧馬隊一營、定遠軍小馬隊一哨裁併,改爲定遠行糧馬隊一旗、呼敦行糧馬隊二旗、定遠坐糧馬隊二旗。除額存弁勇六百二十五員名,額外伙夫七十名,額外長夫、馬夫六百三十九名,額馬六百三十五匹,均於三月初一日起分別給向外,共計裁減舊額弁勇一百七十九員名,裁減額外伙夫十一名,裁減額外長夫、馬夫三百八十四名,裁減額馬一百二十一匹。光緒十年三月底止,裁撤定遠中營步隊一營,並裁併董字左右行糧步隊二營、定遠左右行糧步隊二營、安遠左右行糧步隊二營、蜀軍正副行糧步隊二營、建威行糧步隊一營,改爲董字左右行糧步隊二旗、定遠左右行糧步隊二旗、安遠左右行糧步隊二旗、蜀軍正副行糧步隊二旗,並改建威營爲安遠前旗。除額存弁勇三千三百三十員名、額外哨官二十七員、額外長夫一千二百二十四名,均於四月初一日起支餉外,共計裁減舊額弁勇一千六百七十員名,裁減額外哨官二十三員,裁減額外長夫六百九十六名。

實在:光緒十年三月底止,實存行糧步隊二十五營九旗、坐糧步隊三旗、提標土勇步隊七旗、阿克蘇土勇步隊一旗、行糧馬隊十一營三旗、坐糧馬隊四旗、土勇馬隊一旗。總計五十四營旗、開花炮隊三哨、小馬隊四哨。共計實存額設弁勇一萬九千一百六十三員名,實存

額外營官一百二員,實存額外伙夫四百九名,實存額外長夫、馬夫九千一百九十三名,實存額馬三千七百八十八匹,實存炮車十八輛、車騾四十八頭。

軍機大臣奉旨:覽。欽此。①

126. 查明喀城底臺遞送摺件遲延片
光緒十年六月二十七日

再,臣奉旨飭查長順所奏喀城底臺遞送摺件遲延、有無折損情弊◆1。其喀什底臺驛書等,先經長順飭提發交阿克蘇善後局管束。臣即欽遵恭録行知阿克蘇道查訊去後,兹據前護阿克蘇道署溫宿直隸州知州陳名鈺詳稱:訊據喀什噶爾底臺驛書潘定貴供稱,去年九月十七日午時下刻,長大臣發來夾板摺件,伊適先赴回城,探看熟識友人,往返四十餘里。迨聞信趕回,挂號發遞業已遲逾。因此行查,心中惶恐,即以遲填時辰爲風雨阻滯攤算地步,回供極是糊塗。今蒙審訊,不敢捏飾,此外實無折損及別項情弊。再三究詰,矢口不移。二臺雅滿雅爾驛書郭鍾嶽,訊明未曾延誤等情前來。臣查限行奏報,必須隨到隨遞。此案喀什底臺驛書潘定貴,因探友稽延,雖訊無折損情弊,其前稱遲填攤算,亦未始終狡執,而因擅離公舍,致誤要件時刻,實屬咎有應得。惟例無似此誤時作何治罪之專條,自應變通定擬,將潘定貴酌照不應重律,擬杖八十,並加枷號一個月,滿日折責革役,以示懲儆。其雅滿雅爾臺之驛書郭鍾嶽,既未延誤,應毋庸議。現在南北兩路驛務,臣正設法酌改,以歸畫一。除新定章程嗣後不准稍涉疏忽外,所有遵旨查明擬辦緣由,是否有當,謹附片陳明。伏乞聖鑒訓示施行。

---

① 臺北故宮博物院藏:《軍機及宮中檔》,文獻編號:128840—A。

謹奏。

　　光緒十年七月十八日^{◆2},軍機大臣奉旨:知道了。欽此。

　　【案】此奏片原件①藏於中國第一歷史檔案館,録副②現藏於臺北故宮博物院,兹據校補。

　　1.【案】光緒九年十月初十日③,烏魯木齊都統長順以喀城底臺遞送摺件遲延,附片奏請查辦:

　　　　再,奴才於九月十九日起身,行至牌素巴特二臺,風聞喀城底臺將奴才十七日拜發五百里邊情奏摺有稽壓等弊,即派隨員參領文元、補用總兵程玉廷,調取雅滿雅爾頭臺號簿查看。據該驛書照簿開單呈閱,奴才十七日午時所發之摺暨總理衙門公文等件,十八日寅時始行接到。查底臺至頭臺七十里,何以行至九個時辰之久? 其中必有情弊。是日辰時,到牌素巴特二臺。是日巳時,到英阿瓦特三臺。午時,到龍口橋四臺。酉時,到雅素里克五臺。以下臺站諒無舛誤。當時奴才咨詢查究,詎該管官多方庇護,並謂向來臺站遇有緊要公文,各站交接預爲填遲三個時辰,以爲沿途風雨人病馬斃耽延地步。各站又無鐘表,收發時不易揣其大概。又謂請飭查何日出喀境,按程計算,遲速自見等語。查問驛站飛遞緊要摺件里例,兩人兩馬,並無阻滯風雨之條。況此項五百里邊務要件,於底臺初發即遲九個時辰,若每臺以遲三時算之,喀什噶爾至京一百數十臺站,必須百餘日方可到京。且喀屬各臺均相距數十里,何以臺站俱遲三時辰爲定章,實屬於理不合。奴才是以將該驛書飭調前來,自供遲誤不諱,並具甘結在案,未便飭回,暫交阿克蘇善後局管束,聽候辦理。想該驛書藐然一身,斷不敢如此怠玩。而□敢積壓者,其中恐有緣故。相應懇請飭下督辦軍務劉錦棠查明此摺有無折損,認真根究,以儆將來,並令嚴定

　　①　中國第一歷史檔案館藏:《硃批奏片》,檔號:04—01—02—0130—031。
　　②　臺北故宮博物院藏:《軍機及宮中檔》,文獻編號:128842。
　　③　此具奏日期,據中國第一歷史檔案館藏《軍機處隨手登記檔》(檔號:03—0239—2—1209—298)校補。

章程,庶肅郵政,免滋貽誤。理合附片具奏。伏乞聖鑒訓示遵行。
謹奏。

光緒九年十一月十二日,軍機大臣奉旨。欽此。①

烏魯木齊都統長順之奏上達清廷,旋於是年十一月十二日得允行。
《清實録》:

又諭:長順奏九月十七日所發摺件,喀城底臺遞送遲延,恐有情
弊,請飭查究此摺有無折損,並嚴定章程,以肅郵政等語。著劉錦棠
查明辦理。原片著鈔給閲看。將此由四百里諭令知之。②

2.【光緒十年七月十八日】此奉旨日期,據録副補。

【案】此案上奏,旋於七月十八日得清廷批復。《清實録》:

督辦新疆軍務兵部右侍郎劉錦棠奏,查明驛書潘定貴擅離公舍,
致誤要件,尚無折損及別項情弊,擬照不應重律革責。報聞。③

127. 請率師與法夷決戰摺

光緒十年七月初一日

欽差大臣督辦新疆軍務兵部右侍郎二等男臣劉錦棠跪◆1
奏,爲近聞法夷背約要挾,微臣謹擬布置西塞,請旨率師東下與之
決戰,以紓積憤,恭摺密陳,仰祈聖鑒事。

竊查法夷上年逞兵越南,越之劉永福督團屢與交鋒,時亦獲
捷。朝廷保護藩封,命將出關,以彰撻伐。宿勛如彭玉麟、岑毓英
銜詔分防,兼籌水陸。薄海臣民,罔不舉手加額,群相稱慶,待此
一戰,以威强虜,匪獨可全屬國,正以自固藩籬,恍然於前此之俯
從款議者,實聖朝體念民艱,免增勞費,非示弱也。迨後法夷漸次
北侵,越之山西、北寧先後不守,勢將逼近粵西滇南之界。防軍驚

① 中國第一歷史檔案館藏:《録副奏片》,檔號:03—7137—095。
② 《清實録·德宗景皇帝實録(三)》,卷一百七十三,光緒九年十一月上,第419頁。
③ 《清實録·德宗景皇帝實録(三)》,卷一百九十,光緒十年七月下,第672頁。

潰，嚴旨逮問撫提以下諸臣。法夷探知籌戰已決，乃於是時就款津門，未返越南侵地[*2]，且乞中界通商[*3]，第以不索兵貲，號爲恭順。朝廷愼於勞師襲遠，姑如其議[*4]，已屬曲示寬大，力顧邦交。彼既陽博修睦之名，陰遂吞併[*5]之志，犬羊之性，猶爲未足。比者紛紛傳播法夷故肇釁端，數以兵船駛赴津滬，虛聲恫喝。其説果信，是爲邇來彼族要挾僅見之事，微臣不禁積憤填胸，極願飛搗其巢，痛加剿洗，暢我皇威。

臣以菲庸忝膺邊寄，深慚奉職無狀，奚容更預外謀？矧現在[*6]將帥如雲，悉蒙簡用，駑鈍如臣，曾何足數？顧臣不能已於請者，稔聞泰西諸國恃其炮利船堅，稱雄海表，法夷則尤狡鷙異常，輕於發難。頻歲各夷安分，海宇秋平，津滬閩之局廠仿造船炮子藥，極圖自強，據傳已有明效。幬育無私，雖商旅咸萃市途，而條章務須遵守。今彼違約來犯，妄肆要求，則我之理直；各國圖保商務，斷不相助，則彼之勢孤。或謂戰不難於陸而難於水，不難於越境而難於海疆，固是持重之論。然就目前局勢，沿海戒嚴，彼或佯以兵艘分擾，而於河口停泊，我即立與轟擊，以逸待勞，以靜待動，權常操之在我。海口之最扼要者，莫若津沽，自李鴻章籌防籌戰，慘淡經營，屹然可恃，久爲中外所共信。彼即欲興傾國之師，我靜駐以攻之，曠日持久，彼登陸既勢苦不能，常泊又所費甚鉅，此理之顯然者。次則滬瀆香港皆駐重兵，閩浙各埠悉有準備，彼之力量幾何？商口爲大家所護持，豈容彼獨逞私而廢？槍炮之精銳[*7]，我與之同；兵勇之衆多，彼遠不逮。就以水戰而言，均恃利器，均駕鐵船，勝負亦恒相半，又況我僅防衛各口，不求涉洋遠征。炮臺扼扎，早已周密，彼既不得薄岸，縱擅精巧之技，苦無所施。此沿海決戰之確有把握也。

至於陸戰，則前此粵匪動聚數萬或十數萬，每以重價購用外洋槍炮，豕突狼衝，共稱難制。捻匪善騎剽疾，萬馬飛騰，瞬

息百里。官軍跟踪追擊，以步當馬。回匪素業獵性，槍法至以
條香爲的，命中百不失一。河、湟、寧、靈，其地山谷盤亘，湖渠
泥淖，猝蹈不測，即臨奇險。若俄屬安集延之酋長牙虎柏，竊踞
回疆各城，曾用後堂開花各種槍炮，以與我抗，卒以次第削平。
安夷旋屢入寇，名爲該部尋釁，實由俄國唆使。臣始駐軍喀什
噶爾，思必大加懲創，方免頻來擾邊。整隊間道而前，其中童山
突兀，峻坂懸崖◆8，數百里內無一村落，蓋向爲人迹所不到、狐
兔所不窟，陰瘴驟觸，弱者絕息。緣崖上下，日月蔽虧，人畜凑
乘，少不抖擻，遂遭蹂躪，時而層冰乍裂，忽焉殷雷土塊斗隕緊
躡其後，以視昔之陰平險巇，殆無不及。既得迎頭攔截，士氣百
倍，陣斬無遺，至今沿邊安枕。後值收回伊犂，軍士踴躍之情，
俄人隱有所憚。

　　法夷近敢據我藩邦，和而復背，非逆料中國不果於戰，即謬揣
中國不善於戰。用是公然鼓其螳臂，冀以飽其欲壑。斯正中國威
震四夷之會、群僚竭忠圖報之時，臣之骸疾雖迄未痊，而當國家有
急，奮不顧身，不揣冒昧，擬就關外諸軍挑選三千人，再於關內添
募三千，合足六千人，率之東下，暫住陝境以待。臣一面趨叩闕
廷，謹聆聖訓，指授機宜。敵情瞬變，屆時何處吃緊，臣當力任其
難，倘彼不復分擾，則請趕赴越南。凡法夷盤踞之區，往行◆9進
剿，兵壯器精，及鋒而試，務令歸越藩之侵地，絕中界之通商，不使
稍占便宜。法之兇焰既挫，各國懼干天怒，隱以化其桀黠，就我範
圍。待法夷之窮蹙，然後納款。越藩仍其舊籍，以屏蔽滇疆，樹海
上之金湯。此保越陸戰之確有把握也。

　　臣自弱冠從戎，攻剿踞賊流匪，屢殲強悍。有時地險糧盡，多
方經畫，從未失利。彼縱器勝於我，而海道接濟，立見其窮。一俟
對壘，必設法以困之，且彼通國人數不敵中國一省，遽犯不韙，焉
能爲役？臣於戰事苟無確見，何敢於君父之前妄自陳請？特以機

不可失,未可再涉遲疑,言實有徵,並非故爲矜詡。爵賞斷不敢邀,鋒鏑所不敢避。伏願我皇太后、皇上鑒臣報效之愚悃,斷自宸衷,俾臣得竭犬馬之勞,斯爲幸甚。如蒙俞允,新疆布置情形,以臣管見,刻下兵餉、官制尚未議妥,臣既東拔,則自肅州西邁,殊覺空虛,擬援光緒二年故事,督臣出駐肅州,庶玉關內外脈絡皆可貫通,再以張曜移駐阿克蘇,則南疆東西聲息不虞隔閡。北路伊犂、烏魯木齊等處防戍如故。臣所綰之欽符,亦請就交督臣,趕辦清欠、復兵諸務。全局既定,當即籲請收銷。似此一轉移間,實於西南事局有益無損,而從此交涉各夷,先之以威,守之以信,使之由畏而懷,不必侈言遠略,自足涵濡無外矣。區區蟻忱,不勝悚惶待命之至。謹繕摺密陳,伏乞皇太后、皇上聖鑒訓示施行。謹奏。七月初一日◆10。

　　光緒十年七月二十日◆11,軍機大臣奉旨:覽奏,忠勇之忱,深堪嘉尚。刻下新疆甫就蕩平,一切設官裁勇各事,均須妥籌布置,且該處密邇俄邊,尤須得人鎮撫。張曜一軍,前有旨諭令北來。所有新疆防守事宜,該大臣尤當統籌兼顧,毋庸率師東下,用副委任。欽此。

　　•軍機大臣字寄:光緒十年七月初六日奉上諭:越南爲我大清封貢之國,二百餘年,載在典册,中外咸知。法人狡然思逞,肆其鯨吞,先據南圻各省,旋又進據河內等處,戕其民人,利其土地,奪其賦稅。越南君臣,闇懦苟安,私與立約,並未奏聞。法固無理,越亦與有罪焉。是以姑與包涵,不加詰問。光緒九年冬間,法使寶海在天津與李鴻章議約三條,正飭總理各國事務衙門會商妥籌,法又撤使翻議。我存寬大,彼益驕貪。越之山西、北寧等省爲我軍駐扎之地,清查越匪,保護屬藩,與法國絕不相涉。本年二月間,法兵竟來撲犯防營,當經降旨宣示。正擬派兵進取,力爲鎮撫,忽據該國總兵福禄諾先向中國議和。其時該國因埃及之事岌岌可危,中國明知其勢處迫蹙,本可峻詞拒絶,而仍示以大度,許其行成,特命李鴻章與議簡明條約五款,互相畫押。諒山保勝等軍,應照議於定約三月後調回,迭經諭飭各該防軍扼扎原處,不准輕動生釁,帶兵各官奉令維謹。乃該國不遵定約,忽於閏五月初一、初二等日,以巡邊爲名,在諒山地方直撲防營,先行開炮轟擊,我軍始與接仗,互有殺傷。法人違背條約,無端開釁,傷我官兵,本應以干戈從事,因念定約和好二十餘年,亦不必因此盡棄前盟,仍准總理各國事務衙門與在京法使往返照會,情喻理曉,至再至三。閏五月二十四日,復明降諭旨,照約撤兵,昭示大信,所以保全和局者,實已仁至義盡。如果法人稍知禮義,自當翻然改悔,乃竟始終怙過,飾詞狡賴,橫索無名兵費,恣意要求,輒於六月十五日占踞基隆山炮臺,經劉銘傳迎剿獲勝,立即擊退。本月初三日,何璟等甫接法領事照會開戰,而法兵已在馬尾先期攻擊,傷壞兵商各船,轟毀船廠。雖經官軍焚毀法船二隻,擊壞雷船一隻,並陣斃法國官兵,尚未大加懲創。該國專行詭計,反覆無常,先啓兵端,若再曲予含容,何以伸公論而順人心!用特揭其無理情節,布告天下,俾曉然於法人有意廢約,釁自彼開。各路統兵大臣暨各該督撫整軍經武,備禦有年。沿海各口,如有法國兵輪駛入,著即督率防軍,合力攻擊,悉數驅除。其陸路各軍有應行進兵之處,亦即迅速前進。劉永福雖抱忠懷,而越南昧於知人,未加拔擢,該員本係中國之人,即可收爲我用。著以提督記名簡放,並賞戴花翎,統率所部,出奇制勝,將法人侵占越南各城迅圖恢復。凡我將士奮勇立功者,破格施恩,並特頒內帑獎賞;退縮貽誤者,立即軍前正法。朝廷於此事審慎權衡,總因動衆興師,難免震驚百姓,故不輕於一發。此次法人背約失信,衆怒難平,不得已而用兵。各省團練,衆志成城,定能同仇敵愾,並著各該督撫督率戰守,共建殊勛,同膺懋賞。此事係法人渝盟肇釁，至此外通商各國，與中國訂約已久，毫無嫌隙，斷不可因法人之事，有傷和好。著沿海各督撫嚴飭地方官及各營統領，將各國商民一律保護。即法國官商教民，有願留內地安分守業者，亦當一律保護。倘有干預軍事等情，一經察出，即照公例懲治。各該督撫即曉諭軍民人等知悉，倘有藉端滋擾情事，則是故違詔旨，妄生事端，我忠義兵民，必不出此。此等匪徒，即著嚴拿正法，毋稍寬貸，用示朝廷保全大局至意。將此通諭知之。欽此。遵旨寄信前來◆12。

【案】此摺缺原件，録副①現藏於臺北故宮博物院，兹據校補。摺後"廷寄"《光緒朝上諭檔》未載，而見之於《清實録》②，兹據校勘。

1.【欽差大臣督辦新疆軍務兵部右侍郎二等男臣劉錦棠跪】此前銜據録副補。

2.【未返越南侵地】録副作"未返越南之侵地"，當是。

3.【且乞中界通商】録副作"且乞中界之通商"，當是。

4.【姑如其議】録副作"遂如其議"。

5.【吞併】録副作"併吞"。

6.【現在】録副無"在"。

7.【槍炮之精鋭】録副作"其槍炮之精鋭"。

8.【懸崖】録副作"懸巖"。

9.【往行】録副作"徑行"。

10.【七月初一日】此具奏日期，據録副補。

11.【光緒十年七月二十日】此奉旨日期，據録副補。

12.【遵旨寄信前來】此句係推補。

① 臺北故宮博物院藏:《軍機及宮中檔》，文獻編號:128888。
② 《清實録·德宗景皇帝實録(三)》，卷一百八十九，光緒十年七月上，第649—651頁。

128. 遵旨酌度仍申前請摺

光緒十年七月二十四日

欽差大臣督辦新疆軍務兵部右侍郎二等男臣劉錦棠跪[1]
奏,爲遵旨詳加酌度,仍申微臣前疏之請,以期迅赴事機,恭摺密
陳,仰祈聖鑒事。

竊臣於本月二十日承准軍機大臣密寄:欽差大臣督辦新疆軍
務兵部右侍郎劉[2]:光緒十年七月初四日奉上諭:新疆防務,經劉
錦棠隨時布置。該大臣駐扎哈密,足資控馭。伊犁有金順防營,兵
力亦尚敷用。喀什噶爾防務較鬆,現在北路邊防緊要,張曜一軍如
可抽調,著劉錦棠詳加酌度,遴選熟悉邊情之員,帶營前往喀什噶
爾接替,即令張曜督率所部,迅即北來,聽候諭旨調派。該大臣酌
定後,一面奏聞,一面即將此旨知會張曜,遵照辦理。將此由六百
里密諭知之。欽此[3]。遵旨寄信前來[4]。跪讀之餘,值宵旰之憂
勤,恨馳驅之難驟。縮地無術,不禁寢饋難安[5]。恭繹諭旨,飭臣
詳加酌度,仰見眷懷西域,指示周詳,莫名欽服。連日以來,遵即審
度時勢,綜計道途之遠近,以協拔守之機宜。不揣冒昧,敬爲我皇
太后、皇上陳之。

臣與張曜共事一方,稔知其勛迹卓然,老成幹濟。此次苟能領
兵應詔,洵於事局有裨。無如喀什噶爾緊接俄鄰,爲南疆之重鎮。
當此通商之始,固在守之以信,尤先示之以威。今將張曜一軍抽
調,在中國因其防疆既靖,可以權移,在彼族將謂遠塞召援,轉生疑
訝。且須遴選資望素著之員前往換扎,方能鎮撫。其間就臣部之
在南路者,惟阿克蘇之湘軍較近。自道員羅長祜病故後,接統之提
督湯彥和勇略雖饒,而新膺統帶,其資尚淺。欲以上游各軍藉歸鈐

轄,勢邊未克相下。幫辦甫去,正宜力求和衷。似此爲時過促,窒礙頗多,此抽調張曜一軍之限於統將接替者也。如飛調現扎北路奇臺統領安遠軍寧夏之統兵[6]譚拔萃往駐,該員久統營伍,威望可孚。而自奇臺至喀什噶爾,安程五十餘站,譚拔萃如得替防,須於八月始可由奇拔隊而南,沿途縱無阻延,抵哈已須冬月。張曜所部之營,分防和闐、葉爾羌各處,倘不待集舊部,而單騎以就外軍,則兵與將不相習,將與帥不相習,何能如臂指之效用? 求速亦復不得。查由喀什噶爾以至哈密,計將六十站。臣恭録密諭,飛致張曜,不俟接防之軍,趕緊料量,亦須於九月始可由喀而東。邊陲風雪,凜冽異常,坦道迷離,斷難飛越。即使將士咸懷忠憤,渾忘手足皸瘃,願奮往於冰天,不少休於途次,抵哈亦在臘初,又況長途戈壁,隨行輜重,平時且須略憩。矧屆隆冬,屈計由哈入關,迄抵防所,須俟來年暮春。若以北路邊防緊要而言,誠懼緩莫能應。而喀什接替之際,急切或致疏虞,既無益於北防,轉有妨於西守,邊關所係,不得不慎重出之。睿謨早已鑒及,諄飭由臣酌定。若不熟權緩急,捫心何以自安? 此抽調張曜一軍之限於道遠天寒者也。

　臣前因聞外間傳播,法夷妄肆鴟張,背約要挾,遂覺積憤填胸,曾於月朔密疏,請旨率師東下,與之決戰。其於新疆布置情形,就臣管見,擬援光緒二年故事,督臣出駐肅州,以通玉關內外之脈[7],張曜移駐阿克蘇,以壯南路東西之聲援。騰出微臣於關外挑選三千人,再於關內添募三千,合足六千人,趲程拔往,以爲後勁。蓋已熟審事局,乃敢陳於君父之前。兹先奉旨垂詢,則是海防益形吃緊,津沽一帶,實爲京師門户,備禦尤須嚴密。臣緣待罪塞外,不獲立時奮起,稍分朝廷之憂,繞幕彷徨,莫知所措。但使沿海防軍邇來仰承廟算,大挫夷氛,斯固敷天之幸[8],或彼仍鼓螳臂,兇梗相持同一。飭撥西兵,就行軍才智言之,張曜自勝臣數倍;就現駐道里計之,張曜則遠臣數千。此時局勢必求可爲先聲之一助，庶國家之所以優待邊軍，與邊軍之所願竭力圖報者，藉收尺寸之效，亦即少酬高厚之施。計臣前摺業奉批旨在途，能荷俞允，則拔行較捷，略無遲濡。如必俟臣覆奏，再定簡派，應懇天恩俯准如臣原擬，以期迅赴事機。張曜暫祇移駐阿克蘇，去喀匪遥，所部無須紛更，耳目有所專屬，呼吸仍係一氣，不虞隔閡。其喀什噶爾地方衝要，即由張曜揀委該軍統領之資深者一人，責成彈壓。臣與督臣奉命就道，東西相遇，儘可熟商交替。哈密縚轂南北，委屬全疆行幕之咽喉。督臣既改駐肅州，則哈密之責已輕。特兩路之饋餉，務必於此停頓分賚。行營糧臺向設舊城，擬以一營保衛，更以一營填扎臣之行壘，堪資防範。此外，臣擇其可調者，並即將親兵營整隊候拔。關隴靖謐，擬商之譚鍾麟抽選勁旅，以備臨時之需。張曜比定東駐，所有各軍應悉歸其調遣，呼應既靈，然後責無旁貸。全疆官制兵制，會當定議，防務善後，及時振興，足慰宸廑。臣現擬計行程，稽之時日，非臣領隊北上，無能協於機宜，時事所迫，除飛文密商張曜、譚鍾麟外，兼將拔隊一切暗爲准備，奉旨即行，仗天威以◆⁹殺敵，勉竭犬馬之忱，抒義憤以致身，期靖鯨鯢之浪，曷任激切待命之至。謹繕摺密陳。是否有當，伏乞皇太后、皇上聖鑒訓示施行。謹奏。光緒十年七月二十四日◆¹⁰。

　　光緒十年八月十二日◆¹¹，軍機大臣奉旨：另有旨。欽此。

●軍機大臣字寄：光緒十年八月十二日奉上諭：劉錦棠奏仍申前請、迅赴事機一摺。據稱張曜駐兵喀什噶爾，拔營不易，擬請自行領隊北上等語。該大臣勇於任事，甚堪嘉尚。惟新疆防務及善後事宜，數年來劉錦棠綜理一切，具有條理，未便輕易生手。張曜駐扎喀什噶爾，雖途程較遠，或於所部將領中酌派一人，暫帶數營留防，一面再由該大臣派員前往扼扎，張曜即可先行起程，帶隊北上。著劉錦棠速即行知張曜，趕緊料理，應由何路行走較爲迅速，即著張曜自行酌度奏聞。張曜移營後，喀什噶爾防務，劉錦棠務當妥籌布置，期臻周密。將此由六百里諭令知之。欽此。遵旨寄信前來◆12。

【案】此摺原件①藏於中國第一歷史檔案館，錄副②現藏於臺北故宮博物院，茲據校補。摺後之“廷寄”既無原件，《光緒朝上諭檔》《清實錄》均未收錄，無從查照，茲僅理校、推補。

1.【欽差大臣督辦新疆軍務兵部右侍郎二等男臣劉錦棠跪】此前銜據原件補。

2.【欽差大臣督辦新疆軍務兵部右侍郎劉】此前稱據《光緒朝上諭檔》③補。

3.【案】此節文字，錄副略之爲“新疆軍務等因。欽此”。

4.【遵旨寄信前來】此據《光緒朝上諭檔》補。

5.【寢饋難安】錄副作“寢饋不安”，原件同刻本。

6.【寧夏鎮之統兵】原件、錄副作“寧夏鎮總兵”，是。

7.【脈】原件、錄副作“脈絡”，是。

8.【斯固敷天之幸】原件、錄副作“斯固敷天下之幸”，是。

9.【以】錄副作“一”，誤。

10.【光緒十年七月二十四日】此具奏日期，據原件補。

11.【光緒十年八月十二日】此奉旨日期，據錄副補。

12.【遵旨寄信前來】此句係推補。

129. 遵保各省籌餉人員並各督撫將軍關心協餉籲懇恩施摺

光緒十年八月二十二日

欽差大臣督辦新疆軍務兵部右侍郎二等男臣劉錦棠、頭品頂

---

①　中國第一歷史檔案館藏：《硃批奏摺》，檔號：04—01—01—0947—070。

②　臺北故宮博物院藏：《軍機及宮中檔》，文獻編號：129437。

③　中國第一歷史檔案館編：《光緒朝上諭檔》，第十冊，第 210 頁，廣西師範大學出版社，1996。

戴陝甘總督臣譚鍾麟跪◆1 奏，爲遵保各省關及後路各臺局籌餉差委出力人員，謹繕清單，並陳各督撫、將軍臣關心協餉，有裨事局，籲懇恩施，恭摺仰祈聖鑒事。

　　竊臣等於上年九月間，疏請先將籌解協餉歷年均足十成之江寧藩司懇恩獎叙，其餘協解足成之省關籌餉人員，容再咨取職名，一併請獎，以昭激勸，並聲明各督撫、監督諸臣督飭寮屬，力濟邊軍，積年既久，自應確查陳明，以彰公道等因。仰荷聖慈俞允，比即恭錄，分別咨行。兹准各省關將在事應獎人員咨送前來。臣等伏查，西餉向恃外協，此次戡定，兵勇未能遽減，撥協之數較多於前。旋值收還伊犁，舉行善後，固由皇威遐曁，涵濡無外，而將士用命，咸資飽騰，則省關不分畛域，實有裨於邊疆。就公誼言之，部文嚴限，詔旨頻催，本有協解之責，原無可推之理。就時勢言之，出款遞加，入款有定，求其免於延誤，要在妙於權衡。在彼盡周急之懷，初無關於損益；在此如倒懸之解，藉得爲之騰挪。遠征絕塞，一切仰給於人。頻年月餉之資、裁遣之費，差幸源源報解，譬如渴極之飲，涓滴皆甘。臣等就其所入，設法挹注，因以勉力支撐。各省關籌餉司道以下各員備極經營，始終不懈，有足多者。又，甘肅新疆總糧臺總司出納，司道董核其成，各員分任其役，時經數稔，勤慎趨公。此外，自鄂至肅，水陸交運，臺局各項差使員弁歷久辛勤，不無微勞足錄。兹謹核實酌保，分繕清單◆2，恭呈御覽。伏懇恩准獎叙，免其逐一注考，以昭激勸。

　　至各疆臣體國公忠，先其所急，如四川督臣丁寶楨、福州將軍穆圖善、署兩江督臣曾國荃、安徽撫臣裕祿、江西撫臣潘霨①◆3、浙

---

　　① 潘霨（？—1894），字偉如，江蘇吳縣人。歷任兩浙鹽運使、山東按察使、福建布政使、兵部右侍郎、都察院右副都察使、湖北、江西、貴州巡撫。精于醫術。咸豐五年（1855）應召入都，進壽康宮診治，名噪一時。

江撫臣劉秉璋、江蘇撫臣衛榮光、前江西撫臣李文敏①、山東撫臣陳士傑②◆4、署山西撫臣奎斌③，無不繫念西陲，盡心籌措，臣等得所藉手，未敢安於緘默，應如何優加獎叙之處，伏乞聖裁。其署湖廣督臣卞寶第，前撫閩時，措解甘餉甚鉅。河道總督臣覺羅成孚、湖北撫臣彭祖賢、河南撫臣鹿傳霖、陝西撫臣邊寶泉、署湖南撫臣龐際雲④、署安徽撫臣盧士傑⑤◆5，各在藩司任內按成解足，得濟要需。諸臣現任疆圻，原非臣下所敢妄擬，特稽其前勞，查照成案，有不得不爲之瀆懇者。可否均請賞加頭品頂戴以示優異之處，出自逾格鴻慈。是否有當，謹合詞恭摺具奏。伏乞皇太后、皇上聖鑒訓示。再，此摺係臣錦棠主稿，合併陳明。謹奏。光緒十年八月二十二日◆6。

　　光緒十年十月初二日，軍機大臣奉旨：另有旨。欽此◆7。

　　① 李文敏，生卒年不詳，陝西西鄉縣人。同治三年(1864)起，歷任祠祭司員外郎、天津府知府、直隸大順廣道。十年(1871)，擢廣東按察使，調江西按察使。光緒元年(1875)，遷江西布政使，護理江西巡撫。光緒四年(1878)，補授江西巡撫。
　　② 陳士傑(1825—1893)，字㒞丞，湖南桂陽州人。以拔貢取小京官。父死，歸籍治喪。九年，以軍功擢知府，晋道員。同治元年(1862)，授江蘇按察使。四年(1865)，加布政使銜。十三年(1874)，補山東按察使，升福建布政使，以巡撫文格牽連，褫職。旋署福建按察使。光緒二年(1876)，遷布政使。七年(1881)，擢浙江巡撫，調江西巡撫。八年(1882)，調補山東巡撫。十二年(1886)，病免。
　　③ 奎斌(？—1893)，字樂山，杭阿坦氏，蒙古鑲白旗人。光緒八年(1882)，擢山西按察使。次年，遷山西布政使。十一年(1885)，晋直隸布政使。十二年(1886)，擢湖北巡撫。十五年(1889)，改授察哈爾都統，旋調熱河都統。卒于任。
　　④ 龐際雲(？—1886)，字省三，直隸寧津人。咸豐二年(1852)，中式進士，選庶吉士，以員外郎即補。同治三年(1864)，署江南鹽巡道，旋實授。八年(1869)，署兩淮鹽運使，加按察使銜。光緒三年(1877)，補授淮揚海道。六年(1880)，升湖北按察使。次年，遷湖南布政使。十年(1884)，護理湖南巡撫。十一年(1885)，調補廣東布政使，再署雲南布政使。卒於任。
　　⑤ 盧士傑(1817—1888)，字子英，號艺圃，河南光州人。咸豐三年(1851)，中進士，授翰林院庶吉士、編修。同治元年(1862)，加翰林院侍講銜。三年(1864)，任實錄館纂修、教習庶吉士。四年(1865)，任會試同考官。五年(1866)，任浙江道監察御史，轉四川道監察御史。九年(1870)，補刑科給事中、巡城御史。十二年(1873)，授福建鹽法道。十三年(1874)，署按察使。次年，實授福建按察使。光緒五年(1879)，擢江寧布政使，旋調福建布政使。六年(1880)，調補安徽布政使。十年(1884)，護理安徽巡撫。次年，補江西布政使。十二年(1886)，擢授漕運總督。卒於任。

【案】此摺原件①、録副②現藏於中國第一歷史檔案館,兹據校補。

1.【欽差大臣督辦新疆軍務兵部右侍郎二等男臣劉錦棠、頭品頂戴陝甘總督臣譚鍾麟跪】此前銜據原件補。

2.【案】劉錦棠等之摺附有清單二件,現藏於中國第一歷史檔案館,兹據原單全文補録,以資參考。清單一:

謹將酌保後路各臺局尤爲出力之文武員弁,繕具清單,恭呈御覽。二品頂戴甘肅布政使魏光燾,請賞加頭品頂戴。二品衔甘肅按察使譚繼洵、前署甘肅按察使甘肅蘭州道曹秉哲、鹽運使銜甘肅蘭州道陶模,均請賞戴花翎。甘肅候補道向邦倬、甘肅補用道楊銘濬,均請賞加按察使銜。補用知府甘肅即補直隸州知州汪廷棟,請賞加鹽運使銜。甘肅題奏知府譚定垣、王翔,均請賞加鹽運使銜,並請俟補缺後,再行送部引見。同知衔補用直隸州知州甘肅鎮番縣知縣汪榘,請俟補直隸州知州後,以知府補用。甘肅補用同知王開斌、彭緒瞻,均請賞加知府銜。同知用甘肅補用知縣黃仁治、補用直隸州同知衔甘肅補用知縣周書,均請賞給隨帶軍功加一級。同知衔甘肅補用知縣陳書壽、易策謙、王樹槐、盧世塈、劉澄清,均請俟補缺後,以同知仍留原省,儘先補用。五品頂戴雙月選用通判劉鑑,請以通判歸部,不論雙單月遇缺儘先即選。甘肅試用巡檢王謨,請賞加六品衔。

布理問銜選用府經歷縣丞王克家,請以布理問儘先選用。甘肅補用典史戴光坫,請俟補缺後,以縣丞用。分省補用巡檢熊仕翰、分省補用主簿余承桂,均請俟補各本班後,以縣丞用。即選從九品蔣洪濤、候選從九品易漢鼎,均請俟選缺後,以主簿升用。選用典史米生榮,請以巡檢升用。文童盛世英、楊光傑、李熙瑞、倪文彬、胡海春、譚鉅源、余顯猷、趙光琳、趙啟沃、劉燦、張家光,均請賞給從九職衔。從九職衔譚開第,請以從九品歸部,不論雙單月選用。分省試用從九品郭世楨、候選從九品楊炳塗,均請以主簿升用。知府銜分省即補同知

---

①　中國第一歷史檔案館藏:《硃批奏摺》,檔號:04—01—16—0216—092。

②　中國第一歷史檔案館藏:《録副奏摺》,檔號:03—6610—031。

陳聯科,請俟補缺後,以知府補用。陝西補用知州談維鼎,請賞加四品銜。守備銜補用千總陝西西安城守協左哨把總劉琦、守備銜留陝甘補用千總王殿斌、陳鳳儀,均請以守備仍留陝甘補用。記名提督包榮道、王繼美、王名滔、武交清、李勝本、劉星勝、吳次漢,均請交部議叙。

升用提督留陝甘總兵捷勇巴圖魯譚忠福、提督銜陝甘記名總兵堅勇巴圖魯羅長春、提督銜陝甘補用總兵速勇巴圖魯李祥德,均請賞換清字勇號。提督銜陝甘補用總兵陳登桂、提督銜留甘補用總兵潘紹池,均請賞給勇號。留甘補用總兵龔得勝、葉東元,記名總兵勝國義,均請賞加提督銜。總兵銜副將劉保南,請以總兵儘先補用。降補副將賀三元,請以副將留甘儘先補用。補用副將張增慶、左宗燦、張得勝、龍德和、賀章彬、賈鴻增、補用副將甘肅涼州鎮標左營游擊姚發義,均請賞加總兵銜。副將銜留甘補用參將湛先德、副將銜陝甘補用參將李紹裔、補用參將黎錦春,均請以副將儘先補用。

涼州鎮標右營游擊章鳳先、補用游擊趙景奎、鄧仕高、賴望雲、賴守文,均請賞加參將銜。涼州鎮標後營都司范德元,請賞加游擊銜。留甘補用參將王梓材、盛如昇,補用參將李友勝、何迎發、李長富、賴榜,均請賞加副將銜。陝甘儘先游擊柳景德、留甘補用游擊謝仁撫,均請以參將升用。補用游擊楊政卿,請以參將留甘儘先補用。參將銜補用游擊葉玉春、副將銜游擊賴明佑,均請以參將儘先補用,葉玉春並請賞加副將銜。參將銜補用游擊胡得彪、毛熙隆,均請以參將補用。

湖南協標補用都司眭小春、儘先都司甘肅涼州鎮標中營守備陳舉,均請以游擊升用。留甘補用都司袁盈發、補用都司岳遵岱、高慶、曹高魁、陳念祖,均請以游擊儘先升用。藍翎游擊用補用都司王有德、藍翎補用守備陳繼祖、陳述祖,均請賞換花翎。都司銜儘先守備王秀蓮,補用守備杓延英、聶昭沛、王樹聲,都司銜升用守備涼州鎮標中營千總雷德忠,升用都司涼州鎮標右營把總吳忠得,均請以都司儘先補用。守備銜補用千總魏獻廷,請賞戴藍翎。補用千總李芳桂、黃登雲、梁朝元、朱錦春，守備銜千總劉延功、段應甲、王喜貴，均請以守備補用。都司銜鄭標、許禮華，均請賞給三品頂戴。

藍翎甘肅候補知府謝成鳳，請賞換花翎。運同銜留甘補用知州嚴先禮，請俟補缺後，以直隸州知州儘先補用。分省即補從九品余榮綬，請以縣主簿升用。即選從九品嚴逢壬，請賞戴藍翎。增貢生楊道南、監生謝傳霖，均請以巡檢歸部儘先即選。文童何廷楨、余鶴年、李西庚、丁蔚森、嚴澤崑、鄧秉忠、李鈞、武鎮南、鄧植璧，均請賞給七品頂戴。候選吏目晁尚榮，請賞加州同銜。

頭品頂戴記名提督譚洪發，記名提督李全高、周萬俊、丁全德、杜青雲，升用提督留陝補用總兵周貴清、提督用記名總兵李榮華，均請交部議叙。記名總兵向蘭桂，請賞給正二品封典。補用總兵柳育興、殷亮、記名總兵江進賢，均請賞加提督銜。藍翎留甘補用參將晏明高，請賞換花翎。游擊銜補用都司危光華、補用都司楊文蔚，均請以游擊儘先補用。守備銜拔補千總倪嘉才、徐笙洛、龍成章，千總歐陽森、黃光武，均請以守備補用。留陝甘推補副將肅州鎮標右營游擊周崑，請以總兵升用。即補守備李善本，請以都司補用。州同銜候選從九胡葉濬，請俟選缺後，以主簿用。文童葉復初、范培元、王騰驥，均請賞給從九職銜。

陝西布政使葉伯英，請賞加頭品頂戴。選用從九品魏炘、史載筆、范棠、魏中田、王德峻、監生胡元佐，均請以巡檢歸部儘先選用。指分山西補用按司獄唐景雲，請俟補缺後，以部庫大使升用。同知銜知縣用山西試用縣丞楊輝楷、知縣用陝西試用縣丞周顯焌，均請以知縣仍留原省儘先補用。東河候補通判李鍾，請俟補缺後，送部引見。布理問銜准補陝西興安府照磨徐廷鈺，請以布理問仍留原省補用。主簿用候選從九品楊潮瀚，請以主簿歸部儘先選用。候選典史韓倬、候選從九品陳斐章，均請俟選缺後，以主簿升用。文童楊儀隆、張承陞、蔡聲和、朱敬、史慎、何濤、雷啓英、郭治臣、吳慎修、史堃，均請賞給從九職銜。附生李攀桂、即選從九品陳廣進，均請以縣主簿選用。縣丞職銜魏鴻勗，請以縣丞選用。從九職銜倪恒源，請以按司獄選用。理問銜四川試用州判楊士瑗,請賞戴藍翎。六品銜甘肅補用知縣別瑩,請俟補缺後,以通判用。鹽提舉銜不論雙單月選用通判孫金鏡,請以本班不論雙單月儘先選用。同知銜補用直隸州陝西候補知縣陳爵之、陳則龍,均請賞給隨帶加二級。留甘補用縣丞魏寶仁,請賞加州同銜。升用主簿留陝補用從九品鄭乃賡,請賞加州同銜。附生藍元福,請以吏目歸部儘先選用。從九品陳繼本,請賞給六品頂戴。陝西候補同知譚士贊,請以本班歸候補班前補用。分省補用巡檢王尊賢,請以主簿升用。五品頂戴不論雙單月選用鹽知事譚典,請以本班遇缺儘先即選。知府銜河南候補直隸州知州前署淅川同知吳若烺,請俟補缺後,以知府補用。理問銜河南淅川廳荊紫關縣丞李慶霖,請以知縣在任候升。

　　都司銜陝西提標即補守備蘇金傳、彭耀林,都司銜陝西提標補用守備王志才、王玉貴,都司銜留陝補用守備鄭希成、都司銜留黔補用守備曾邦貴、陝西提標補用守備蘇長德、陝甘補用守備張振國,均請以都司仍留各原省補用。拔補千總杜廣萬,儘先千總丁德和、劉開福、徐國明、五品頂戴儘先千總蔣全德,均請以守備儘先補用。補用守備李占勝,請以都司留陝補用。都司銜陝西提標即補守備石鳳鳴、都司銜留陝即補守備鄒福山,補用守備胡德福、劉銘芳,都司用陝西蘆塘營千總靳魁、都司銜儘先守備羅朝芝,均請以都司遇缺即補。副將銜補用參將王佩玖,請賞給二品頂戴。補用都司閻士秀、蘇炳臣、龔自正、黃良田,補用都司陝西靖遠營千總徐立功、升用都司河南荊紫關協左營千總劉允恒,均請賞加游擊銜。留陝補用都司劉得勝,請以游擊仍留原省儘先補用。副將銜補缺後儘先游擊河南候補都司閻士俊,請賞給二品封典。副將銜補用參將楊宗賢,請以副將仍留湖廣儘先即補。補用守備恩騎尉世職固原提標右營千總黨玉春,請以都司仍留原標補用。留陝提標補用千總葉魁、升用守備陝西撫標儘先把總李啓雲,均請以守備仍歸原標補用。甘肅提標補用千總王進祿、藍翎千總李鳳魁,均請賞加守備銜。都司銜陝西撫標即補守備張玉成,請賞戴藍翎。都司銜陝西提標即補守備潘得勝,請俟補缺後,以都司仍留原標補用。湖南撫標補用游擊張宜仁，請賞加副將銜。儘先游擊饒正才，請以本班歸湖南撫標儘先補用。儘先游擊藍斯馨，請以參將補用。參將用儘先游擊沈永祐，請以參將歸陝甘督標儘先補用。河南儘先都司署荊紫關協左營都司世襲雲騎尉范國棟，請俟補缺後，以游擊升用。記名提督署河南荊紫關協副將藍斯明，請賞給勇號。

鹽運使銜甘肅遇缺題奏道易孔昭，請賞加二品頂戴。知府銜浙江補用運副唐福恒，請俟補缺後，以知府升用。留甘補用同知周瑞清、分省補用同知吳鶴鳴，均請賞加知府銜。分省補用知州王世燁、蔡棣榮、升用同知湖北襄陽縣知縣梅冠林，均請賞給隨帶加二級。發甘委用知縣匡翼之、分省補用知縣王諄、候選知縣黃學乾，均請賞加同知銜。五品銜候選州同胡乃麟、謝寶生，均請俟選缺後，以知州升用。鹽提舉銜浙江補用通判陳壽祺，請以本班仍留原省，歸候補班前補用。知縣用湖北補用縣丞張南瑾，請以知縣仍留原省補用。分省補用縣丞廖沛霖，請賞加州同銜。湖北分缺先用典史宋學莊，請賞加州判銜。江西試用縣丞彭鋆、理問銜江西試用府經歷李振清，均請俟補缺後，以知縣升用。指分河南試用巡檢龔學源，請以本班仍留原省，歸候補班前先補用。選用從九品蘇煥文，請俟選缺後，以縣丞用。候選從九品歐陽海門，請俟選缺後，以主簿用。文童周壽麟、李灼南、吳英鈞、王模齡，均請賞給從九職銜。監生李錫壬，請以巡檢選用。

候補參將田寶文，請賞加副將銜。游擊銜即補都司高長洪，請以游擊留湖廣補用。候補都司張文連，請賞加游擊銜。拔補千總黃有星、梁春和、彭茂林，均請賞加守備銜。記名總兵左有才，請賞給正二品封典。儘先副將宋雲友，請賞加總兵銜。副將銜盡先參將楊昌基，請俟補缺後，以副將儘先即補。即補參將左光元、儘先都司補缺後序補游擊文定湘，均請賞加副將銜。儘先游擊丁勝友，請以參將補用。都司銜儘先守備補缺後序補都司劉淇澳、儘先守備補缺後序補都司朱懷安，均請賞給三品頂戴。留湖廣即補銜守備鄧得勝，請賞加四品銜。儘先千總補缺後序補守備劉厚毓、黃靜臣、鄧岐山、劉萬秀、謝有勝、羅義發、童加照、蕭勝清、彭里仁,均請賞加都司銜。儘先千總劉芝宇、劉逢春、劉勝友、蕭昌喜、羅鳳池,均請賞加守備銜。文童周雨時、左玉振、易叶庚,均請賞給從九職銜。附生鄒希、孟俏生、張建勛,均請以巡檢歸部選用。

副將銜儘先游擊湖南永綏協中軍都司張理玉,請以副將儘先補用。補用都司吳明德,請以游擊升用。副將銜湖北補用參將余岳祥,請以副將升用。補用都司趙德開、胡材貴、史金鵬,均請賞加游擊銜。補用守備張理清、羅成龍、江南督標補用守備史飛鵬,均請賞加都司銜。儘先千總徐全炳、張雲來、劉明才、張鶴年,均請賞加守備銜。升用守備陳士恒,請賞加都司銜。補用都司沈步高,請賞加游擊銜。儘先把總祝洪陞、張得勝,均請賞加守備銜。留江南以千把用武舉史佐堯,請以守備儘先補用。鹽運使銜湖北候補知府魯欲仁,請賞給隨帶加一級。選用主簿楊文宣,請以縣丞升用。分省補用巡檢沈茂林,請賞加州判銜。文童張舜臣、張紫英,均請賞給從九職銜。

總兵銜長江補用副將黃榮華,請俟補缺後,以總兵補用。兩江補用副將詹定邦,請賞加總兵銜。儘先都司陶運亨、吳文瑞,均請賞加游擊銜。藍翎都司銜儘先守備王興仁、彭三泰,均請賞換花翎。儘先守備陳啓文、林萬勇、蕭全友,均請賞加都司銜。守備銜儘先千總趙世榮,請以守備補用。儘先千總王寶林、楊興發、王萬鍾、覃國祥、朱詩章,均請賞加守備銜。六品軍功張秉鈞,請賞給五品翎頂。

軍機大臣奉旨:覽。欽此。①

清單二:

謹將酌保各省關籌餉出力人員,繕具清單,恭呈御覽。金陵籌解協餉各員:二品頂戴江蘇候補道朱澂,請賞給隨帶加二級。二品銜江蘇候補道郭階,請賞給隨帶加一級。江蘇補用道王開炳,請賞加二品銜。三品銜道員用江蘇試用知府程儀洛、胡廷玉,均請俟歸道班後,賞加二品頂戴。知府用江蘇補用同知陳家熊、倪人涵、知府用江蘇補

---

① 中國第一歷史檔案館藏:《清單》,檔號:03—6610—033。

用同知世襲雲騎尉周澄清,均請俟歸知府班後,賞加三品銜。江蘇候補班前先即補知州陸銑、補用知州江蘇試用通判李孟康,均請賞加四品銜。知府銜江蘇試用同知曹榮黻、倪文英、轟徽琨、江蘇候補同知周肇文,均請俟補缺後,以知府用。升缺用江蘇候補同知慶錫壬,請賞加知府銜。同知銜同知用本班儘先江蘇試用知縣郝炳綸,請俟歸同知班後,賞加知府銜。同知銜直隸州用江蘇候補知縣桂正華,請俟歸直隸州後,賞加四品頂戴。四品銜江蘇儘先試用通判倪人塏,請俟補缺後,以同知補用。同知銜江蘇候補知縣敖春仁,請俟補缺後,以同知用。同知銜江蘇教習知縣邢毓馨、江蘇候補知縣馬光勛,均請以本班儘先補用。江蘇教習知縣吳受頤、江蘇優貢知縣左斌、江蘇候補知縣陳維新,均請賞加同知銜。同知銜泰興縣知縣陳謨、同知銜准補崇明縣知縣吳成周、知府用補用直隸州江蘇候補知縣張恩黻、運同銜直隸州用江蘇候補知縣黎功叙、同知銜直隸州用江蘇候補知縣周玉鴻、王恩培、同知銜江蘇候補知縣鄭興儀、尋世珍、梁得山、龔長恩、同知銜江蘇即用知縣舒朝冕、同知銜江蘇大挑知縣張廷良、六品銜江蘇試用知縣許肇基,均請賞給議叙加二級。大挑二等教職邢樹馨,請以本班儘先選用。江蘇儘先試用布庫大使張篤,請俟補缺後,以知縣補用。五品頂戴儘先補用縣丞江蘇候補班前儘先補用巡檢陳崑笙,請賞給議叙加一級。江蘇試用從九品葉煒,請俟補缺後,以主簿用。江蘇試用從九品陳熙、候選從九品毛炳華,均請賞加六品銜。廩生胡廷瑋、監生王詩藻,均請賞加六品頂戴。文童陳銑、季錫鸞、游建基、荆紹汾、胡廷翰、李世鈞、萬鴻勛、黃雲鶴、吳慶榮、龔嗣浩、朱松齡,均請賞給從九職銜。同知直隸州用江蘇試用知縣馮譽驥,請歸候補班不論繁簡,遇缺前先補用。廣西試用通判梁慶鎏,請俟補缺後,以知州補用。江蘇試用布政司理問吳鳳池,請俟補缺後,以知州用。江蘇候補道孫傳樾,請賞加二品頂戴。知府銜江蘇補用直隸州知州周紹斌,請賞給四品封典。從九品銜沈瑞麟,請以巡檢不論雙單月選用。候選正諭汪伯塤,請以本班儘先選用。雙單月選用訓導孫傳恩,請以本班不論雙單月歸部選用。鹽提舉銜江蘇補用通判易紹勛,請賞加四品頂戴。五品銜江蘇補用知縣程錦澄,請賞給隨帶加一級。文童洪汝沂、梁丕旭、洪文顯、楊啓昭,均請賞給從九職銜。江蘇候選訓導王澄,請以本班遇缺儘先選用。廩生汪文黼,請賞加六品頂戴。候選內閣中書梁肇修,請賞加五品銜。同知銜分省補用知縣吳兆張,請俟補缺後,以同知補用。州同銜補用府經歷縣丞分省補用主簿洪錫祺、補用府經歷縣丞江蘇補用縣主簿李鋆,均請俟補府經歷縣丞後,以知縣升用。六品銜候選縣丞周沛昌,請俟補本班後,以知縣升用。從九品職銜朱大銑、嚴用炳、胡慶元、朱從善、洪志新,均請以巡檢歸部選用。從九品職銜周懋琳、后珩書,均請以從九品歸部選用。五品領頂章勛,請賞換四品頂戴。五品銜藍翎候選州吏目江潤,請賞給五品封典。書吏郭啓泰、阮喬生,均請賞給從九職銜。文童王家振,請賞給七品頂戴。應得職銜文生易家璠、吳之英,請以巡檢歸部不論雙單月選用。藍翎兩江拔補千總操芳猷,請賞加守備銜。江蘇試用從九品洪吉瑛,請賞加縣丞職銜。兩江升用都司李家泰,請以游擊仍留兩江補用。補用都司孫紹鈞,請以游擊留兩江儘先補用。俊秀郭寶時、趙金彝、孫廷奎,均請賞給從九品職銜。

江蘇籌解協餉各員:江蘇布政使譚鈞培,請賞加頭品頂戴。二品銜江蘇按察使許應鑅,請賞給隨帶加一級。二品頂戴江蘇前先補用道汪福安、二品頂戴江蘇候補道錢寶傳,均請賞加一級記錄二次。二品頂戴按察使銜江蘇題奏道蘇元瑞,請賞給二品封典。二品銜江蘇候補道朱福清,請賞加二品頂戴。鹽運使銜補用道江蘇候補知府李寶森、三品銜遇缺題奏道候補知府楊靖、三品銜補用道江蘇候補知府方德驥,均請俟歸道班後,賞加二品頂戴。三品銜江蘇補用知府楊錫麒、道銜江蘇候補知府褚成績、道銜江蘇儘先補用知府吳道中、三品銜江蘇儘先補用知府張榆,均請俟補缺後,以道員升用。三品銜升用道江蘇候補知府方鴻,請俟補缺後,以道員仍留原省,歸候補班前補用。江蘇候補知府時乃風,請賞加三品銜。道員用江蘇儘先補用知府張炳生,請賞加鹽運使銜。四品銜前先補用知府江蘇候補同知陸家槑、知府用江蘇候補同知翁慶龍,均請賞加三品頂戴。補用知府江

蘇候補直隸州知州吳政祥，請以直隸州知州本班前先即補。知府銜
江蘇候補直隸州知州丁驤、江蘇儘先補用同知韋定楨，均請俟補缺
後，以知府用。補用知府江蘇候補同知郭元昌，請俟補缺後，以知府
前先補用。四品銜江蘇補用知州錢繩勛，請俟補缺後，以直隸州知州
用。江蘇候補同知邵景書，請俟補缺後，以知府用。知府用江蘇蘇州
府總捕同知徐致和、四品銜補用知府前先直隸州准補高郵州知州謝
國恩、知府銜補用同知直隸州江蘇候補知縣查以觀、四品銜前先補用
直隸州知州江蘇儘先候補知縣李玉方、補用同知直隸州江蘇候補知
縣周相輔、五品頂戴補用知縣江蘇候補縣丞翁廷槐，均請賞加一級記
錄二次。鹽提舉銜江蘇試用通判曾熙鈞、同知銜江蘇候補班前先補
用知縣姚錫爵、四品銜江蘇候補知縣錢麟圖、五品銜江蘇候補知縣周
濂，均請俟補缺後，以同知用。江蘇候補知縣楊嶽方、歸班截取江蘇
試用知縣喬駿、大挑江蘇候補知縣陳光湛，均請賞加同知銜。補用同
知直隸州知州江蘇候補知縣洪衍慶，請賞給議叙加二級。同知銜升
用同知江蘇儘先補用知縣呂明謙，請俟歸同知班後，賞加知府銜。補
用同知江蘇候補知縣楊昌榮，請賞給五品封典。補缺後知縣用江蘇
候補府經歷吳長吉、補缺後知縣用江蘇試用縣丞鄭光森，均請賞加六
品頂戴。六品銜指分江蘇試用府經歷沈振綵、江蘇遇缺即補縣丞朱
兆錡、州同銜江蘇儘先補用縣丞汪銘恩，均請俟補缺後，以知縣升用。
五品銜在任候補知縣江蘇長洲縣縣丞陳叔謙，請開缺離任，歸知縣本
班補用。鹽提舉銜江蘇即補府經歷縣丞張名世，請賞給五品封典。
同知銜升用知縣江蘇候補縣丞何霽光，請俟補缺後，以知縣仍留原省
前先補用。知縣用江蘇試用縣丞孫應昭，請以縣丞本班儘先前補用。
五品銜江蘇補用縣主簿程恩浩，請俟補缺後，以縣丞仍留原省前先補
用。運判銜補用府經歷分缺間用巡檢陳時夏，請以巡檢本班前先補
用。徐州府蕭縣典史李椿壽、不論雙單月儘先選用從九品周鑠基，均
請賞加六品銜。廩貢生段維桂，請賞加州同銜。主簿用江蘇試用從
九品江圖笙，請賞加布理問銜。五品頂戴藍翎儘先補用知縣候選縣
丞陸壽慈，請賞加隨帶加一級。軍功六品頂戴韓梓瀛，請賞加五品頂

戴。俊秀彭家楨，請賞給從九品職銜。

安徽籌解協餉各員：布政使銜安徽候補道劉傳楨，請交部從優議叙。三品銜安徽試用知府松崚，請俟補缺後，以道員用。知府銜安徽試用直隸州知州孫啓楫、運同銜安徽試用同知許以增，均請俟補缺後，以知府補用。安徽候補同知沈德潤、安徽試用同知吳乃斌、補缺後直隸州用安徽試用通判李汝霖，均請賞加知府銜。同知銜安徽試用通判周維新，請以通判歸候補班儘先補用。提舉銜安徽試用通判向懋楚，請俟補缺後，以知州用。同知銜安徽候補知縣譚廷獻、吳雲翔、柏其濬，均請俟補缺後，以同知用。安徽試用縣丞熊瑞生、黃錫琛、安徽試用府經歷彭名保，均請俟補缺後，以知縣用。安徽試用巡檢汪昌壽，請俟補缺後，以主簿用。俊秀張塏，請賞給從九職銜。補用都司魏本雲，請俟補缺後，以游擊用。

江西籌解協餉各員：前署江西布政使升任福建布政使沈保靖，請交部從優議叙。二品銜江西鹽法道王嵩齡、鹽運使銜江西候補道周溯賢、江西候補道范鳴龢、江西督糧道松崑，均請交部議叙。鹽提舉銜江西布政司經歷連級，請以知州在任補用。江蘇試用布理問吳繼祖、四品銜候選布經歷朱其昌，均請俟補缺後，以知州用。鹽運使銜道員用江西南昌府知府賀良楨、鹽運使銜道員用江西補用知府榮綬、鹽運使銜補用道江西臨江府知府王之藩，均請俟補道員後，賞加二品頂戴。前任江西南康府知府曹東濬、道員用江西候補知府劉錫鴻，均請賞加鹽運使銜。補用知府江西南昌縣知縣汪世澤，請俟歸知府班後，賞加道銜。鹽運使銜江西候補知府顏鍾驥、三品銜江西候補知府馮芳植，均請俟補缺後，以道員升用。江西試用知府何煥章、葉如圭，均請賞加道銜。同知銜江西即用知縣朱彭年、同知銜江西補用知縣汪恩灘、同知銜江西試用知縣楊青選，均請俟補缺後，以同知用。補用知府分省補用同知王向榮，請賞加道銜。同知銜直隸州用江西雩都縣知縣龐福祥，請俟補直隸州後，以知府仍留原省補用。運同銜江西南昌府同知崔國榜、在任候選知府儘先升用直隸州江西臨川縣知縣汪以誠，均請賞給隨帶加一級。同知銜江西貴溪縣知縣劉瑞璋、同知銜江西瑞金縣知縣文聚奎、同知銜江西鄱陽縣知縣賀宏勛、同知銜江西新建縣知縣冷鼎亨,均請以同知在任候補。六品銜江西候補縣丞許鍾秀,請俟補缺後,以知縣升用。江西試用縣丞張善鐸,請以縣丞歸候補班前補用。補用同知准補江西玉山縣知縣孟慶雲,請俟補同知後,賞加知府銜。道銜江西候補知府許善長、江西候補知府潘國祥、同知銜升用同知直隸州知州江西奉新縣知縣蔣誠、同知銜江西候補知縣王鵬海、楊際雲、陸垣、江西道庫大使顧瑞駿,均請賞給隨帶加一級。候選布理問吳壽康,請賞加五品銜。提舉銜留江試用通判湯濟川,請以通判仍留江西,歸候補班前遇缺補用。江西分缺先用縣丞兼襲雲騎尉趙天向,請俟補缺後,以知縣補用。補用知縣試用府經歷張竹孫,請以府經歷歸候補班前補用。升缺升用江西試用府照磨饒沛霖,請賞加六品頂戴。試用典史韓效宗,請俟補缺後,以州吏目用。五品頂戴不論雙單月選用從九品劉達璋,請俟補缺後,以縣主簿用。五品頂戴應升之缺升用分缺先選用巡檢裘雍禮,請以巡檢不論雙單月,遇缺儘先選用。五品頂戴不論雙單月選用從九蕭炳貞,請選缺後,以主簿升用。五品頂戴未入流方佐廷,請賞給五品封典。五品頂戴張鶴齡,請賞戴藍翎。知縣用江蘇試用縣丞劉忠壎,請以縣丞歸候補班前補用。不論雙單月選用從九品鍾世福、劉謙,均請賞加六品銜。未入流職銜鄭以誠,請賞加六品頂戴。五品頂戴不論雙單月選用布經歷袁駿,請俟選缺後,以同知補用。府經歷職銜伍式齡,請以府經歷選用。五品頂戴熊文治、六品頂戴程步瀛、七品頂戴宗昇傑、監生劉天禄、俊秀賴培英,均請以從九品選用。分缺先選用府照磨周修鑑,請賞加六品頂戴。五品頂戴監生吳增煒,請以巡檢用。五品頂戴雙月選用從九品吳慶聲、雙單月選用從九品邱觀錫、五品頂戴雙單月選用從九品葉澧,均請賞加縣丞職銜。五品頂戴李厚濤,請賞加四品銜。同知銜分省補用知縣劉靜宜,請以本班仍分省儘先前補用。五品頂戴劉蕚榮、葉恩溥、劉樹陞,均請以從九品選用。俊秀詹寶善、胡懋楠、楊維新、劉樹春、羅祖香、周志濂,均請賞給從九職銜。

　　閩海關籌解協餉各員:四品銜補用同知選用通判梁翼展,請以通判不論雙單月，遇缺儘先即選。道員用江蘇補用知府柯玉棟、浙江補用知府李彤恩，均請賞加三品銜。福州駐防鑲藍旗協領得泉，請賞加副都統銜。五品頂戴補用同知福建試用通判沈學海，請賞加四品銜。附生李淦，請以從九品歸部，不論雙單月選用。

浙江籌解協餉各員：浙江布政使德馨，請賞加頭品頂戴。前兩浙鹽運使王化堂、惠年、現任兩浙鹽運使覺羅成允、前任浙江督糧道胡毓筠、現任浙江督糧道廖壽豐，均請交部議叙。二品頂戴候補道蔣國楨，請以本班儘先前補用。二品頂戴按察使銜補用道李幅耀，請賞給正二品封典。布政使銜候補道盛康、鹽運使銜補用道候補知府陳汝濟，均請賞給議叙加一級。三品銜補用道候補知府林祖述，請俟歸道員後，賞加二品頂戴。補用同知候補知縣胡培元，請俟歸同知後，賞加四品銜。補用同知直隸州泰順縣知縣孫晉梓，請俟補同知直隸州後，以知府用。同知用教習知縣孫壽彭，請賞給議叙加一級。知州用布政使經歷張溥，請俟補缺後，以知州歸候補班前補用。補用知縣分缺間用府經歷楊光熙，請以府經歷本班分缺間前補用。補用縣丞吳喜孫，請俟補缺後，以知縣用。分缺先用巡檢張世泰，請以本班歸分缺先前補用。試用從九品顧志萊，請以州吏目儘先前補用。試用巡檢江樹勛、于儉，均請以本班儘先補用。試用同知候選知縣鄒壽祺，請賞給議叙加一級。三品銜題補道宋頤，請賞加二品頂戴。三品銜補用道候補知府舒大章，請俟歸道員後，賞加二品頂戴。三品銜補用道候補知府楊叔澤，請俟補缺後，以道員歸候補班儘先補用。三品銜補用道候補知府常黻，請交部從優議叙。同知銜升用知縣前浙江仁和場大使余慶麟，請以鹽大使本班仍留原省，歸候補班前補用。二品銜特用道梁恭辰，請交部議叙。二品頂戴按察使銜候補道唐樹森，請賞給正二品封典。二品頂戴候補道吳崇階，請以本班儘先前補用。候補道魏汝弼，請賞加鹽運使銜。三品銜杭州府知府吳世榮，請賞給議叙加一級。三品銜候補班前補用知府周李燮，請俟補缺後，以道員用。五品銜候補知縣江澄、李文藻，均請俟補缺後，以同知用。同知銜儘先議叙知縣莊殿華，請俟補缺後，以同知補用。主簿用試用典史楊益晉、分發江蘇試用府經歷沈乃楫,均請各以本班儘先前補用。五品銜補用縣丞候補主簿何聯芳,請賞給五品封典。五品銜試用主簿潘誠志,請以縣丞補用。同知銜藩庫大使程國嘉,請賞給議叙加一級。提舉銜在任前先補用知縣運庫大使于錫祉,請俟補知縣後,以鹽提舉補用。四品銜補用通判布理問兼糧庫大使杜承恕,請賞給議叙加一級。鹽課大使銜徐乾,請賞加州同銜。知縣用福建試用縣丞沈謙,請以縣丞本班儘先前補用。從九品銜朱學海,請以從九品選用。選用從九品周學本、選用未入流張慶桃,均請賞加六品頂戴。六品銜選用從九品王黼卿,請俟補缺後,以縣丞用。

　　四川籌解協餉出力各員:四川候補知府唐翼祖、熊紹璜,均請賞加鹽運使銜。四川布政使易佩坤,請賞給隨帶加二級。知府用四川候補同知蕭錦,補用直隸州知州四川候補知縣馬德澂、同知銜四川候補班前儘先補用知縣張楂、四川即用知縣傅維弼、同知銜四川候補知縣王德潤、候補知州汪贊元,均請賞給隨帶加一級。知州用四川分缺間補用通判李壽昌,請賞給四品頂戴。四川試用知縣莊蔭葵,請俟補缺後,以知州用。同知銜孝廉方正四川試用知縣王翔麟、四川即用知縣楊汝偕、韓鎮周、四川大挑知縣武憲章,均請以本班儘先補用。同知銜四川候補知縣周震、提舉銜四川試用通判馬廷培、同知銜候補知縣鳳全、同知銜補缺後直隸州用試用知縣繆廷祺、直隸州知州用五品銜候補知縣張祐,均請賞給議叙加二級。六品銜知縣用四川候補縣丞亢如堉,請賞加五品頂戴。四川議叙知縣何念慈、試用知縣吳開泰,均請賞加知州銜。同知銜四川教習知縣李如蓮,請俟補缺後,以同知補用。同知銜署庫大使大挑知縣借補涪州州同張璈,請以同知在任候升。試用同知趙承基,請賞加運同銜。候補知縣施蓉,請賞加同知銜。提舉銜候補通判錢寶珍,請俟補缺後,以鹽提舉儘先補用。候補知州陳溥,請以知州本班儘先補用。候補知縣孫潋,請以本班歸候補班儘先補用。候補知縣陸嘉謨,請俟補缺後,以知州升用。降補府經歷縣丞吳熙,請歸降補府經歷縣丞本班,不論雙單月儘先選用。即用知縣載錫麟,請以本班儘先前補用。同知銜候補知縣張毓松,請侯補缺後，以同知升用。候補班前先補用直隸州知州馬秉衡，請賞加知府銜。六品軍功萬理源、吴書澤、周其清、向金恩、楊澤葵、巫理璋、何德鳳、趙瑄、劉焚照、陳秉中、何安貞、胡雲漢、吴世楨、李鴻海，均請賞給五品翎頂。八品軍功劉清和、楊振聲、李時勛、馮培基、黄澤普、劉國才、劉祥瑞、黄克相、黎靖、李清忠、劉升懿、江濟安、張汝湘、尹紹伊、盧燦章、黄慶雲，均請賞給從九職銜。文童劉蔡照、李時芳、蕭崇德、羅宗坊、盧明啓、李紹陶、陳文焕、蕭勝芳、戴夔和、黎珣、高紹陽、楊茂溪、韓大魁、鄭開聰、余玉成、譚驤文、羅運禮、程大涵、張景豐、唐我辰、李榮臻、劉洪猷，均請賞給七品頂戴。四川試用巡檢王世明，請歸候補班儘先補用。縣丞職銜譚廷弼，請賞給六品頂戴。

湖南籌解協餉各員：布政使銜署湖南布政使按察使孫翹澤、二品銜湖南糧儲道夏獻雲、湖南鹽法長寶道郭從矩、按察使銜湖南候補道謝廷榮、二品銜湖南候補本班儘先補用道但湘良，均請交部從優議叙。二品銜湖南候補道吴錦章，請賞給二品封典。署理長沙府知府高萬鵬，請賞加鹽運使銜。鹽運使銜補用道湖南候補知府莊賡良，請俟補道員後，賞加二品頂戴。補用道湖南候補知府盛慶綬、道銜湖南候補知府趙環慶，均請賞加三品頂戴。湖南儘先補用知府范正聲、湖南候補知府李有荣，均請賞加道銜。鹽運使銜道員用湖南候補班前先補用知府周麟圖、同知銜湖南試用知縣何廷俊，均請交部從優議叙。三品銜知府用湖南儘先補用直隸州知州錢紹文、運同銜湖南試用同知謝尚琦、運同銜湖南候補直隸州知州董仲孚、補用直隸州知州湖南候補知縣任如昉，就請賞加隨帶加一級。儘先補用知府湖南候補直隸州知州陳國仲，請賞加鹽運使銜。提舉銜補用同知直隸州知州湖南試用通判江篔，請賞加四品頂戴。同知銜補用直隸州知州湖南候補本班儘先補用知縣顔玉成、同知銜補用同知湖南候補班前補用知縣胡學潮、同知銜湖南候補知縣孫兆桐，均請賞給隨帶加一級。同知銜湖南候補班補用知縣張爾恒，請俟補缺後，以同知直隸州知州補用。知府銜湖南試用同知孫家翊，請俟補缺後，以知府補用。同知銜補用直隸州知州湖南候補知縣吕懋賞，請俟歸直隸州知州班後，賞加四品銜。同知銜補用同知湖南候補知縣任鳳藻,請俟歸同知班後,賞加四品銜。湖南試用同知劉桐封,請歸試用班前補用。五品銜湖南候補班前補用州判浦文彬,請俟補缺後,以知縣補用。六品銜湖南儘先前補用巡檢汪衡,請俟補缺後,以府經歷縣丞補用。選用從九品车階平,請以巡檢不論雙單月,遇缺儘先選用。同知銜補用直隸州知州遇缺即選知縣朱輔廷,請俟歸直隸州知州班後,賞加四品銜。六品軍功從九職銜徐寅清,請以從九品歸部不論雙單月選用。文童羅詩璵、方繩武、彭耀焜、六品軍功朱含章,均請賞給從九職銜。選用未入流方發軔,請賞加六品頂戴。

廣東籌解協餉各員:廣東布政使剛毅、升用雲南布政使前署廣東布政使龔易圖,均請交部從優議叙。二品頂戴廣東鹽運使周星譽、二品頂戴鹽運使銜廣東督糧道李培祜,均請交部議叙。鹽運使銜廣東惠湖嘉道張聯佳、按察使銜廣東候補班前補用道周炳勛,均請賞加二品頂戴。廣東試用道彭懋謙,請賞加按察使銜。廣東候補班前補用知府常穆,請賞加道銜。廣東候補班前先補用直隸州知州吳宗焯,請賞加知府銜。廣東試用通判王存善、廣東候補通判劉宗琨、廣東大挑知縣黃楨,均請賞加同知銜。廣東試用布政司經歷程瑋、廣東試用縣丞烏爾興額、廣東試用巡檢邱世珍,均請以各本班儘先補用。五品銜廣東補用布政司經歷俞士標,請賞給五品封典。廣東試用按察司經歷周麗章,請賞加五品銜。廣東試用鹽運司經歷周繼林、廣東試用府經歷王錫林、廣東分缺先用府經歷潘志虞,均請俟補缺後,以知縣升用。廣東前先補用從九品胡德培,請俟補缺後,以縣主簿升用。

河南籌解協餉各員:藍翎候選縣丞王立本,請俟選縣丞缺後,以知縣升用。六品頂戴候選巡檢楊學士,請俟選缺後,以縣丞升用。分發湖北試用巡檢馮億,請以本班儘先補用。五品頂翎王純義、六品頂翎呂介臣、八品頂戴陳恭壽,均請賞給縣丞職銜。文童吳裕懷,請賞給從九職銜。外獎六品翎頂典史呂賢文,請以巡檢升用。知府用候補同知英惠,請賞加知府銜。提舉銜候補通判徐承熾、提舉銜同知用候補通判彭運鯨,就請賞加四品頂戴。同知銜候補知縣全德謙、于文泉、四品銜候補通判何桐青、候補縣丞劉豫立,均請賞給議敘加一級。候補府經歷熊遠光,請賞加州同銜。候補巡檢李伯鎰,請賞加六品銜。知縣用候補府經歷張祖蔭,請賞加六品銜。同知銜直隸州用題補澠池縣知縣傅標、鹽提舉銜前陝州州判銜雋康,均請賞給議敘加二級。文童田成德、常聯第、李嘉言、曹豫章、陳傳勛,均請賞給從九職銜。候補府經歷馬希周,請以本班委用。先補用候補府經歷屠兆鴻,請賞加州同銜。候選府經歷許永年,請賞加六品銜。候選州吏目李垣,請俟選缺後,以府經歷升用。候選典史呂寶三,請以本班仍歸部,不論雙單月遇缺儘先前選用。附生張鳳翔,請以典史歸部,不論雙單月盡先前選用。六品藍翎候選從九品王勛,請俟選缺後,以縣丞升用。七品頂戴典史張薰,請以巡檢歸部選用。八品頂戴梁棟材,請賞給六品頂戴。千總用儘先把總王雲梯,請賞加守備銜。

山東籌解協餉各員:頭品頂戴山東布政使榮保,請賞給隨帶加一級。同知銜候選知縣燕華慶,請俟選缺後,以同知直隸州知州用。候選府經歷曹潤田,請俟選缺後,以知縣補用。補用從九候選未入流曹萬清,請以縣丞選用。

山西籌解協餉各員:山西試用知縣張祖均、趙爾頤、祝汝霖、山西分缺間補用縣丞嚴汝鵬、山西試用府倉大使陳開榮、山西分缺間補用巡檢劉寶康、山西試用巡檢周熙雍,均請各以本班歸候補班前補用。同知銜山西試用知縣定榮,請俟補缺後,以同知直隸州知州用。升用知縣山西候補府經歷戈錫英,請俟補缺後,以知縣歸候補班前先補用。知縣用山西儘先補用府經歷齊福田,請俟府經歷補缺後,以知縣歸候補班前先補用。山西試用縣主簿張良標,請俟補缺後,以府經歷歸候補班前先補用。山西儘先補用按司獄王文玉、山西分缺先用巡檢劉德淦,均請俟各本班補缺後,以府經歷補用。山西部庫大使屠松本,請賞加五品頂戴。山西試用直隸州知州福增,山西試用通判李德鄰,山西試用知縣吳之桓、鄭書璣,山西試用府經歷盧濟恩、閻震甲,山西試用巡檢李炳麟,山西試用同知張承熊,均請以各本班歸候補班前先補用。山西候補直隸州知州瑛連,請賞加知府銜。陝西候補知

縣唐鈺、趙業南、山西大挑知縣馬汝良,均請賞加同知銜。山西候補
府經歷常冠嵩,請俟補缺後,以知縣升用。山西補用巡檢曾德重,請
俟補缺後,以縣丞用。山西分缺先用典史盧公元,請俟補缺後,以巡
檢補用。河東試用鹽經歷韓國昌、戈隨、孫文鋆、汪壽坤,河東試用鹽
巡檢王春熙、魯鈞、程恩塈、馮家斑、宋恒年、方皋、張沖霄、于百齡、溫
紹先、王承熙、原作霖,均請以各本班儘先前補用。河東中場鹽大使
吳傳綸、西場鹽大使曹槐,均請賞給議叙加二級。河東長樂司巡檢申
嗣元、聖惠司巡檢苑春和、鹽池司巡檢袁緒業,均請賞給議叙加一級。
山西河東候補鹽經歷曾繼榮、任植元、河東候補鹽大使特通額、試用
鹽大使季波、蔣式榕,均請賞加鹽運判銜。候補鹽巡檢繆紀書,請賞
加鹽大使銜。

軍機大臣奉旨:覽。欽此。①

3.【安徽撫臣裕禄、江西撫臣潘霨】刻本作"安徽撫臣潘霨",兹據原
件、録副校正。

4.【前江西撫臣李文敏、山東撫臣陳士傑】刻本作"前江西撫臣陳士
傑",兹據原件、録副校正。

5.【署湖南撫臣龐際雲、署安徽撫臣盧士傑】刻本作"署湖南撫臣盧士
傑",兹據原件、録副校正。

6.【光緒十年八月二十二日】此具奏日期,據原件補。

7.【光緒十年十月初二日,軍機大臣奉旨:另有旨。欽此】刻本無此
句,據原件、録副校補。

【案】此摺於十月初二日得允行。《清實録》:

又諭:劉錦棠、譚鍾麟奏遵保各省關及後路各臺局籌解協餉各
員,籲懇恩施,開單呈覽一摺。甘肅新疆戡定以來,舉行善後事宜,協
撥餉項較多,各省關歷年籌解,力濟邊軍,不分畛域,自應量予獎叙。
四川總督丁寶楨、福州將軍穆圖善、兩江總督曾國荃、前安徽巡撫裕
禄、前江西巡撫潘霨、浙江巡撫劉秉璋、江蘇巡撫衛榮光、前江西巡撫

---

① 中國第一歷史檔案館藏:《清單》,檔號:03—6610—032。

李文敏、山東巡撫陳士傑、署山西巡撫奎斌，均著交部從優議叙。署湖廣總督卞寶第、河東河道總督成孚、湖北巡撫彭祖賢、河南巡撫鹿傳霖、陝西巡撫邊寶泉、署湖南巡撫龐際雲、署安徽巡撫盧士傑，均著賞加頭品頂戴。其餘單開出力各員所請獎叙，著該部議奏。①

130. 懇恩賞加張曜錫綸等頭品頂戴片

光緒十年八月二十二日

再，新疆地方遼闊，毗連俄壤。仰賴朝廷威稜，邇來諸務粗有端緒。臣錦棠猥以孱庸膺兹邊寄，實有辜於職掌，時覺寢饋難安。其差免償事者，幸督臣譚鍾麟統籌兼顧，經畫一切，靡不殫心，深蒙其利。蓋其撫浙時，關心西餉，即渾忘畛域之見也。北路則幫辦軍務伊犁將軍臣金順，夙勛重望，鎮撫要邊。南路則幫辦軍務廣東陸路提督臣張曜，老成幹濟，遇事整頓，悉協機宜。前烏魯木齊都統臣恭鏜、塔爾巴哈臺參贊大臣錫綸，整軍邊塞，銳欲有爲。署烏魯木齊都統內閣學士伊犁參贊大臣升泰、烏魯木齊都統前哈密辦事大臣長順、科布多幫辦大臣額爾慶額、巴里坤領隊大臣沙克都林札布，勤於職司，迭次勘界，尤屬懋著勤勞。哈密辦事大臣明春、烏魯木齊提督臣金運昌，久征塞外，勞瘁不辭。至漕運總督臣楊昌濬，前曾護理督篆，幫辦善後，其於邊事慘淡經營，裨益實多。以上諸臣，悉蒙眷畀，或位重兼圻，或望隆專閫，誼應竭誠圖報，何敢爲之妄乞恩施！祇以全疆大定，伊犁統歸，善後要政，次第舉行，諸臣幸得躬逢其盛，可否仰懇天恩，將張曜、錫綸、升泰、額爾慶額賞加頭品頂戴，餘均優予褒叙之處，出自鴻慈。臣錦棠不揣冒昧，謹專詞附片具陳。伏乞聖鑒訓示施行。謹奏。

---

①　《清實錄·德宗景皇帝實錄（三）》，卷一百九十五，光緒十年十月上，第772頁。

光緒十年十月初三日◆1,軍機大臣奉旨:另有旨。欽此。

光緒十年十月初四日,內閣奉上諭:劉錦棠另片奏請將關內外各大臣獎勵等語。陝甘總督譚鍾麟、伊犁將軍金順、前烏魯木齊都統恭鏜、烏魯木齊都統長順、巴里坤領隊大臣沙克都林札布、哈密辦事大臣明春、烏魯木齊提督金運昌、閩浙總督前護陝甘總督楊昌濬,均著交部議叙。廣東陸路提督張曜、塔爾巴哈臺參贊大臣錫綸、科布多幫辦大臣額爾慶額,均著賞加頭品頂戴。伊犁參贊大臣升泰前經獲咎,所請一併獎叙之處,著毋庸議。欽此。

【案】此奏片原件、録副均查無下落,兹僅理校。

1.【光緒十年十月初三日】此奉旨日期,據《軍機處隨手登記檔》①補。

131. 酌保關外諸軍出力人員摺
光緒十年八月二十二日

欽差大臣督辦新疆軍務兵部右侍郎二等男臣劉錦棠跪◆1奏,爲遵旨酌保關外湘楚嵩武皖蜀諸軍異常出力之文武員弁,其各項差使出力人員一併酌保,謹分繕清單,恭摺仰祈聖鑒事。

竊臣於上年五月以新疆大定,伊犁收還,諸軍防戍六年,歷著勞績,無異戰功,奏懇天恩優獎,奉到諭旨:准其擇尤酌保,毋許冒濫。欽此。跪聆之餘,伏見聖朝廑念邊軍,有勞必録,綸音下逮,罔不浹髓淪肌。溯自全疆初復,游匪零星出没,各軍分防要隘,聞警馳往搜捕,不論昕宵,無分遠邇,炎熱薰蒸,風雪饕撲,每◆2株守以免疏虞。既常著有擒剿之勛,實尤苦於當場之戰。嗣是殘氛

---

① 中國第一歷史檔案館藏:《軍機處隨手登記檔》,檔號:03—0243—2—1210—288。

悉殄,伊犁未即交還,重煩睿慮。斯時臣等激勵軍士,整隊嚴備,防汛遼闊,巡緝既未可稍懈,而練習之勤,夜以繼日,寒燠無間,翕然振興。俄人洞悉其情,隱有所憚。在諸軍之奔命絶徼,氣早奮於戰之先;若强鄰之震懾天威,效儆收於戰之後。是其忠勇足嘉。正值收復名城,歸還甌脱,得以親其役而逢其盛,情勢固大異於平時者也。臣前聲請比照戰功獎叙,誠以西域從戎,寒苦固已倍蓰內地,又當大難甫平,防剿時有斬獲,俾歸乂安,伊城既復,靖鄰固圉,時閲六年,較之從前晉防三年請獎一次,不獨久暫攸殊,亦且勞逸迥判。更有進者,此次統歸疆宇,成熙代中興之全功,爲千載一時之良會。諸軍幸際昌期,其待澤之殷,固又異於平時者也。若不從優請獎,竟與尋常勞績靡所區分,則無以作其鋭氣,而邊臣激勸之術亦有所窮,轉非朝廷慎重名器之意。綜計諸軍文武員弁兵丁,忍受皸瘃於冰天,備嘗艱險於沙漠,歷年既久,勞績異常。兹謹遵旨擇尤酌保,按其勞資,釐定階職,雖係比照戰功,未敢稍涉冒濫。其各項差使人員,經營庶務,久役辛勤,因以湊赴事機,未便令其向隅,特一併遵保,謹分繕清單,恭呈御覽。伏懇聖慈免其分別注考,恩准獎勵,以示優異。前准部咨各軍人員,均先行咨部立案,又有省分人員不准在他省列保各等因。臣查此次所保人員,均係立功在前、部章在後,外省人員向在邊疆效力,自應一體列獎,方昭公允,合併聲明。其後路各臺局並各省關應獎人員,臣已會同陝甘督臣譚鍾麟,另摺開單◆3,籲懇恩施。除藍翎千總以下各弁照例咨部注册外,是否有當,謹會同幫辦軍務伊犁將軍臣金順、幫辦軍務廣東陸路提督臣張曜,恭摺具陳。伏乞皇太后、皇上聖鑒訓示施行。謹奏。光緒十年八月二十二日◆4。

　　光緒十年十月初三日◆5,軍機大臣奉旨:另有旨。欽此。

　　光緒十年十月初四日,内閣奉上諭:劉錦棠奏遵保關外各軍出力員弁開單請獎一摺。新疆底定以來,經劉錦棠督飭各軍,分防要隘，搜捕餘匪，馳驅於冰天沙漠之中，閱時六載，實屬懋著勤勞。劉錦棠著交部從優議叙。在事出力員弁，亦均不避艱險，異常出力，自應量予鼓勵，以昭激勸。欽此。

【案】此摺原件①、録副②現藏於中國第一歷史檔案館，兹據校補。

1.【欽差大臣督辦新疆軍務兵部右侍郎二等男臣劉錦棠跪】此前銜據原件補。

2.【每】原件、録副均作“每須”，是。

3.【案】此摺隨附清單二份，其一爲“酌保關外湘楚嵩武皖蜀諸軍異常出力之文武員弁”，然已殘缺，僅剩一頁③，其内容可參見《光緒朝上諭檔》所載之諭旨：

> 謹將酌保關外湘楚嵩武皖蜀諸軍異常出力之文武員弁，繕具清單，恭呈御覽。頭品頂戴記名提督西吉爾渾巴圖魯鄧政升，請交部照頭等軍功，從優議叙。頭品頂戴記名提督瑲武巴圖魯彭禎祥，請交部從優議叙。頭品頂戴記名提督龍春華、張任林、記名提督唐義海、題奏總兵陳秀華、記名總兵趙武和，均請交部議叙。記名提督沈寶堂、袁青雲、提督銜補用總兵沈崇德，均請賞給一品封典。記名提督勉勇巴圖魯李萬明、補用總兵立勇巴圖魯馬占鼇、總兵銜儘先推補副將鋭勇巴圖魯詹嵩山、留甘儘先推補副將信勇巴圖魯徐積誠、提督銜福建題奏總兵剛勇巴圖魯賴長，均請賞換清字勇號。提督銜補用總兵程玉廷，請以提督交軍機處記名，遇有提督、總兵缺出，請旨簡放。④

清單二爲酌保關外各局尤爲出力文武員弁，内容完整：

> 謹將酌保關外各局尤爲出力之文武員弁繕具清單，恭呈御覽。道銜甘肅安西直隸州知州廖溥明，請以知府在任候升。留甘補用知縣唐傳柄、唐受桐，均請賞加同知銜。增生張潤，請賞加州同銜。文

① 中國第一歷史檔案館藏：《硃批奏摺》，檔號04—01—16—0216—094。
② 中國第一歷史檔案館藏：《録副奏摺》，檔號：03—5751—117；03—6019—024。
③ 中國第一歷史檔案館編：《光緒朝上諭檔》，第十册，第309頁。
④ 中國第一歷史檔案館藏：《清單》，檔號：03—5830—090。

童周世堂、鄒仲英、向振鵬,均請賞給從九職銜。六品頂戴即選教諭李村榮,請賞給六品封典。儘先即補守備劉國瑞,請以都司留甘補用。留甘補用從九顏日新,請俟補缺後,以縣丞前先補用。留甘即補知府李慶棠、分省即補知府魏敬先,均請賞加鹽運使銜。留甘補用知縣陳日新,請賞加同知銜。五品銜陝西補用知縣楊洪吉,請賞給五品封典。候選同知倪忠賢,請賞加運同銜。分省補用縣丞袁彥薰,請賞加六品銜。俏生張應選、文童黃海嶠、陳其昌、袁彥範、陳文先、易正光、胡恩榮、葛紹奭、陳梓、曾訓吾、陳安策、蕭登奎、曾孝林、陳昞垚、余鼎焜、楊文耀、李微煮、羅炳麟、周宣哲、劉光前、王香畹、李成龍,均請賞加從九職銜。增生邱登籍、附生劉佩珩、監生龔桂芬、楊紀豫,均請以巡檢,歸部選用。留甘補用縣丞張芝雲、留甘補用從九品吳應元、即選從九品陳秦源,均請賞加六品銜。六品頂戴候選縣丞陳舉、選用府經歷縣丞周壽崑,均請俟選缺後,以知縣用。留甘補用縣丞陳國麟,甘肅試用巡檢龍驥,分省補用巡檢周楷,即選從九品涂廷尉、譚華元、張光琥,陝西試用從九品姜華齊,候選從九品楊家錦、王熙,選用從九品朱宏詔、沈啟浚,從九品銜陳源泰,均請賞戴藍翎。文童李璜、劉兆璜、陳常、夏文謨、謝澤湘、王溥光、黃冠英,均請賞給從九職銜。候選從九品李鳳林,選用從九品潘家熹、傅汝霖,即選從九品孔日文,均請俟選缺後,以縣主簿用。選用縣丞易盛濤,請俟選缺後,以知縣用。歲貢生陳種德,其以訓導歸部選用。留甘補用未入流何虖鹿,請俟補缺後,以巡檢用。雙月選用從九品盛文松,請以本班不論雙單月,遇缺儘先即選。七品頂戴湯兆蓉、八品頂戴陳國泰,均請以從九品,歸部選用。

留甘補用副將蘇陽福,請賞加總兵銜。記名總兵劉萬泰,請賞加提督銜。補用總兵彭運喜、補用副將劉開任、副將銜補用參將凌國賢,均請賞給二品封典。藍翎分省補用游擊韋廷苞、藍翎都司彭炳南、藍翎補用守備朱東輔、陸玉乾、王殿魁、王松四、胡蘭桂、張貴春,均請賞換花翎。都司銜補用衛守備楊生漢,請賞戴藍翎。補用都司王定雍,請以游擊補用。補用游擊聶炳寅,請賞給三品封典。頭品頂戴記名提督戴揚輝,請交部議叙。總兵銜留陝補用副將將雲龍,請以總兵仍留原省補用。補用游擊魏德發、曹得玉、劉玉泉,均請賞加參將銜。副將銜補用參將陶懋林,請以副將補用。補用守備張辛田、謝順德、都司銜留湖南補用守備周中吾,均請以都司補用。守備銜千總易連陞、楊一揆、翁國賓、潘運培,拔補千總王久岸、彭德才、朱玉昇、郝從矩、蕭傳科、楊達元、彭占魁、張住祥,均請以守備補用。補用守備楊福忠、戴冠冕、譚桂馥、即補守備尚訓,均請賞加都司銜。直隸州知州用留甘補用知縣李瑞禾,請賞戴藍翎。留甘補用知州黃率准,請交部議叙。揀選知縣任鍾彥,請以知縣歸候選班,遇缺儘先選用。

選用主簿鄭黻猷,請俟選缺後,以縣丞用。文童徐樹德、王鎰、李澤江、彭欽恩、彭英傑、劉樹聲、朱祥麟、曹盛虞、宋焕章、彭隆蔚、劉繼陶、袁黻章、熊藻,均請賞給從九職銜。分省補用從九品何書俊,分省補用縣丞何炳煥、候選訓導高廷選,均請賞加六品銜。雙月選用縣丞卜逢吉、留甘補用府經歷蕭焕章,均請賞加州同銜。理問銜留甘補用縣丞周芳煦,請俟補缺後,以理問升用。留甘即補典史張萬培,請俟補缺後,以巡檢用。分省補用從九品趙傑、附生蕭貽淦、孫崇益,均請以巡檢,歸部選用。四品銜指分兩淮補用運判張壽嵩,請賞給四品封典。五品銜浙江試用驛丞陳煌,請以本班歸候補班,儘先前遇缺即補。選用從九品周壽枚,請俟選缺後,以縣丞用。留甘試用從九品關宗漢,請以本班歸候補班前,儘先選用。布理問職銜張培楨,請以從九品,歸部選用。留甘補用主簿鄒道藩、應升之缺升用山西試用州吏目郭鵬舉,均請俟補缺後,以縣丞用。應升之缺升用甘肅試用從九品楊光咏,請俟補缺後,以縣主簿升用。附生周澂曜、增生王欽,均請以縣主簿用。選用從九品胡官俊,請俟選缺後,以主簿用。俊秀徐鐸、吳效智、吳啓墀、屈自伸、吳繼均、張俊鵬、陶峙衡、劉舒翼、劉安信、江澄清、劉錫齡、劉紹藩,均請賞給七品頂戴。文童劉炳焱、曹元升、劉宸、王漁舫、舒明焜,均請賞給九品頂戴。補用都司劉大貴,請賞加游擊銜。守備銜拔補千總張洪江,請以守備留甘補用。守備銜分省補用衛千總熊首華,請以守備補用。留甘補用直隸州知州周禮昌、分省

補用同知左振柄,均請賞加知府銜。留甘即補知縣雷天裕,請賞加州
同銜。分省補用縣丞喻晉康、即選縣丞陳伯信,均請俟補缺後,以知
縣用。候選從九品程錫齡,請賞加州判銜。分省補用從九品蕭德進、
姜灝、留甘補用典史劉錫浩,均請賞加縣丞職銜。文童左倚相、劉厚
灝、周希智、蕭榮曜、吳朝翼、彭國翼、吳朝翔、胡懷沛、楊甲英、曾毓
瑜,均請賞給從九職銜。儘先都司劉文祥,請賞加游擊銜。都司銜儘
先守備黃玉芳、選用衛守備康玉林,均請以都司補用。拔補千總張希
順,請以守備補用。分省補用直隸州知州龍魁,請俟補缺後,以知府
用。甘肅候補班前補用知州徐鼎藩,請俟補缺後,再行送部引見。五
品翎頂分省補用通判譚作賓,請俟補缺後,以知州用。四川補用知縣
龔長奎、留甘補用知縣朱燴、分省補用知縣夏繡春、留陝補用知縣薛
澤煦、分省補用知縣向貴鑣、留陝補用州同葛德蒸,均請賞加同知銜。
分省補用府經歷彭名膺,分省補用縣丞陳潀、盧潤林,均請俟補缺後,
以知縣升用。升用知縣儘先選用縣丞楊敬熙,請以知縣歸部選用。
候選府經歷縣丞劉宗漢,留甘補用縣丞周宗恒,分省補用縣丞王翰、
蔣元善、陶福基,均請賞加州同銜。訓導周鉅鎮,請以教諭升用。六
品銜雙月選用縣丞郭俊,雙月選用從九品許得勝、蔣卓威、夏瀚,均請
以各本班不論雙單月,儘先選用。留甘補用縣丞胡傳芝、李思樂、選
用從九品周受榮,均請賞加六品銜。即選從九品黃承蕚,請俟選缺
後,以縣丞升用。分省補用州吏目,請俟補缺後,以縣主簿升用。分
省補用主簿廖鵬,留甘即補巡檢姚文藻,分省補用從九品周東皋、陳
廷珍、彭如壽、胡傳枝,候選從九品殷邦傑,選用從九品鄧壽麟,均請
賞戴藍翎。附生李如海,請以縣主簿用。州同銜監生盧朝璽,請以州
吏目,歸部選用。附生陳顯治、李廷暫、李兆穰,監生聶承柱,均請以
巡檢,歸部選用。從九職銜劉傳作,請以從九品歸部,不論雙單月選
用。文童郭象離、劉杕、易松、周康庶、黃宗憲、黃承彝、曾澤霖、毛國
鈞、熊連校、殷邦甸、龍皁、彭吉、李翰昌、劉清賞、康俊、楊希時、王緇、李
希雲、陳家桂、黃琨、劉紹基、陳國賓、潘運芝、楊聲澍、周繼龍、蔣孝綸、
蔣丙輝、張榮斌、郭大鴻、劉甲鰲、周發揚、向炳勛、張祖畎、劉達鉖,均請

賞給從九職銜。六品頂翎楊兆熊,請以典史歸部選用。文童文命新、周培浩、危向樞、龍國珍、馬雲龍、盛興咏,均請賞給六品頂戴。

　　補用參將李世英,請以副將升用。留甘補用游擊龍玉堂,請賞加參將銜。留陝補用游擊張鼎元,請賞戴藍翎。補用都司李清泉,請以參將補用。湖廣督標即補都司唐宗濱,請賞加游擊銜。藍翎補用都司易九皋,藍翎補用守備楊紹成、鄒有傅、張義良、王鶴鳴,藍翎守備衛千總郭桂秋,均請賞換花翎。補用守備傅冠善,請以都司留甘補用。補用守備朱利仁,請以都司補用。補用守備賀彩雲、孫德輝,均請賞加都司銜。補用千總喻聯輝、拔補千總王正清,均請以守備補用。拔補千總謝世恩、陶魁祐、任允陞、高新山、歐光炳、李耀森、蔣鶴林、丁湘南,均請賞加守備銜。甘肅遇缺補用道丁鶚,請賞加二品頂戴。鹽運使銜留甘補用知府危兆麟、三品頂戴道銜分省補用知府忠曾,均請俟補缺後,以道員升用。知府用甘肅補用直隸州知州劉式南,請俟補缺後,以知府升用。同知銜同知用選用知縣馮瑞申、同知銜留甘補用知縣秦鼎,均請賞給五品封典。知縣用分省補用縣丞蕭貽蓼,請以知縣仍分省補用。試用知縣湖北試用縣丞龔鈞,請以知縣仍留原省補用。留甘補用縣丞何本恭、江蘇補用縣丞徐耀廣、分省補用縣丞甘瑞堅、喻藻鴻、分省即補縣丞左輝玠、譚師竹,均請俟補缺後,以知縣升用。六品銜雙月選用縣丞朱運丁,請仍以本班不論雙單月,儘先選用。分省補用縣丞沈作麟、楊燕寶、蔣瑜光,分省補用從九品彭俊裁,即選從九品鄭樂定、羅會楨,候選從九品唐福霖,分省補用典史陳運恒,留甘補用未入流羅淦、彭文藻,均請賞戴藍翎。補用縣丞分省補用從九品夏曰瑚,請以縣丞仍分省,儘先補用。遇缺後補用縣丞儘先即選從九品潘鶴泉,請賞加州同銜。六品頂翎即選從九品黃傑,請俟選缺後,以縣丞升用。分省補用從九品何應元,請以縣丞升用。優貢生虞鳳韶,請以訓導,歸部選用。留甘補用巡檢劉國楨、補用巡檢喻於義,均請俟補缺後,以縣主簿升用。浙江補用同知譚嗣同,請俟補缺後,以知府仍留原省,歸候補班前補用,先換頂戴。選用從九品楊毓芳、歐陽德華,均請賞加六品銜。遇缺即選未入流陳章漢,請以巡檢升用。附生周洪濤、代文雋、監生劉定宇,均請以巡檢,歸部選用。文童周應昌、崔祝榮、王國鑫、易瑞成、仲華、劉昌濤、龍翼舒、吳啓均、羅鴻運、蕭廷俊、譚安民、符佐卿、蔣先崑、伍秉烈、易潤湘、劉觀、王裔傑、杜佐興、史濟乾、朱錫爵、張鵬甲、秦馥陔、危振邦、張耀翔、羅正文、王光斗、周樹基、許祖鎔、郭際盛、王彥邦、崔家式、朱俊棠、馮恩樹、夏炳勛、胡鈞、何彰健、王琨、譚鍾毓、周寬、顏嶽松、潘炳垣、蕭貞松、譚策安、黃光墀、彭名甲、龔紹遂、胡國履、李鳳芝、易霖章、蔣蔭隆、夏維藩、夏肇成、黃欽明、王煥,均請賞給從九職銜。附生劉際昌、監生丁倬,均請以巡檢,歸部選用。文童周鎮昌、李樹勛、董毓昌、劉健鵬、傅煥、彭浚源、歐陽琨、蔣元慶、許蔭棠、郭匯祥、胡光斗,均請賞給七品頂戴。

　　記名總兵精勇巴圖魯黃蔚森、副將銜留陝甘補用參將張樹春,均請賞給二品封典。副將銜補用參將何超宇,請以副將補用。補用游擊秦上標、左桂華,均請賞加副將銜。藍翎補用游擊劉安炳、王懷芝、謝朝亮、藍翎游擊銜補用都司張濴滌、藍翎補用都司潘家德、藍翎都司銜補用守備左炳堂、藍翎留甘補用守備范玉春、藍翎守備銜拔補千總唐漢廷、張吉祥、王道俊,均請賞換花翎。游擊銜補用都司周文林,補用都司蕭榮勝、成玉洲、危作霖,游擊銜留甘補用都司魏先泰,均請以游擊補用。補用守備成光樾、蔣文英、劉登高、魏忠傑、董玉學、成玉和、李陞、留甘補用守備曾明亮,均請以都司儘先補用。守備銜拔補千總許鄧開、鄭麟勛、唐貴祥,拔補千總張楚賢、何朝相、章楚善、毛萱卿、周振興,均請以守備儘先補用。拔補千總丁長勝、留甘拔補千總曹玉全,均請賞加守備銜。安徽壽春鎮標補用參將陳鳳鳴,請以副將補用。安徽壽春鎮標補用都司徐成美,請以游擊補用。都司銜安徽壽春鎮標補用守備周濟才、安徽壽春鎮標補用守備張懷禮,均請以都司補用。守備銜安徽壽春鎮標拔補千總郭德永、郭福昌,五品銜安徽壽春鎮標拔補千總范金玉,守備用安徽壽春鎮標拔補千總魏金吾、李魁元、杜春林,安徽壽春鎮標拔補千總梁鴻昇、廖炳勛、喬占魁,均請以守備儘先補用。

　　分省補用同知吳鶴鳴，請賞加運同銜。三品銜知府用即選知州邵醴泉，請以知府歸部，不論雙單月，儘先即選。安徽補用同知周心培、候選同知熊承祖、五品翎頂分省補用知州雷天蔭，均請賞加四品銜。江蘇候補通判李銓，請以同知升用。直隸州知州用甘肅候補知縣蘇進寶、直隸州知州用候選知縣郭占鰲，均請俟補直隸州知州後，賞加知府銜。分省補用縣丞張振翩，請俟補缺後，以知縣升用。候選訓導孫傳惠、孫傳棟，均請俟選缺後，以教諭用。江蘇試用巡檢孫多齡、孫傅垣，均請俟補缺後，以縣丞用。俊秀楊啓進、張昌龢、許善勝、王良輔、陳廷瑞、周灝、方嘉善、昆源、王懋辰、陳廷楨、吳紹璘、劉人瑞、王鼎銘、方保、穆聯芳、金慎修，均請賞給從九職銜。六品藍翎文童魏象乾、附生劉道倬，均請以巡檢用。二品頂戴分省遇缺儘先題奏道英林，請賞給正二品封典。二品頂戴甘肅遇缺儘先題奏道雷聲達，請交部從優議叙。甘肅候補直隸州知州准補鎮西廳撫民同知甘承謨，請賞加知府銜。同知銜甘肅補用知縣江景耀，請賞給正五品封典。①

4.【光緒十年八月二十二日】此具奏日期，據原件補。

5.【光緒十年十月初三日】此奉旨日期，據録副補。

---

①　中國第一歷史檔案館藏：《清單》，檔號：03—5830—097

劉錦棠奏稿卷八

起光緒十年九月，訖光緒十一年三月

132. 覆陳新疆遣犯酌量變通摺

光緒十年九月二十四日

幫辦新疆軍務伊犁將軍臣金順、欽差大臣督辦新疆軍務兵部右侍郎二等男臣劉錦棠、頭品頂戴陝甘總督臣譚鍾麟、烏魯木齊都統臣升泰跪◆1奏，爲新疆遣犯宜酌量變通，謹按部臣前奏，並就地方情形悉心會議，恭摺覆陳，仰祈聖鑒事。

竊臣鍾麟准刑部咨，議覆臣錦棠前奏發遣回城爲奴人犯改歸南路各廳州縣印官安置管束一片，請旨飭下臣等通盤籌畫，會商議奏等因。伏查部臣前奏，新疆平靖已久，正在招募屯墾，似可將改發充軍人犯仍復舊例，發往種地、當差，係爲疏通內地起見。嗣奏新疆密邇外夷，此例一開，人數擁擠，設如紛紛逃入異域，難保不滋事端，係爲慎重邊圉起見，一貴隨時補救，一貴因地制宜，要在妥籌安插，方於時局有裨。當飭南北兩路各巡道籌議具詳，旋據各該道詳覆前來。或稱西四城緊接俄境，交涉事多，目前兵制未定，此等遣犯，誠恐羈管難周。或稱南路回民生聚日繁，荒地不及北路之多,郡縣初設,百廢具舉,於改交州縣役使爲宜。或稱北路地曠人稀,頻年招徠,户鮮加增,若以各省罪犯改發種地,用實邊徼,誠爲目前至計。臣等覆核,均與部議略同。但臣順查伊犁距俄僅隔霍爾果斯一河,沿途環居隨俄纏頭、哈薩克、漢回、陝回,俱非良善。各犯照舊發遣於伊犁,似不相宜。臣泰亦慮撫馭失宜,咨商嚴定管束章程,以免流弊。臣錦棠現在緘商臣鍾麟,通盤籌畫,應如部臣前奏所云,不必拘泥成法,但求於事有濟。

例載新疆遣犯,北路發烏魯木齊、伊犁等處,南路發回城爲奴。今請北路以鎮迪道轄境爲限,南路除阿克蘇道轄境應聽酌發外,其喀什噶爾道所屬,惟和闐直隸州尚有荒地,且距外夷甚遠,儘可安置。此外各屬及伊塔等處,均屬極邊衝要,毗連俄境,應請暫從緩議,俟數年後,酌量情形,再行奏復定地舊例。此因地制宜不能拘泥成法者一也。

溯查道光年間,因新疆遣犯擁擠,部議酌停二十六項。咸豐八年,因新疆遣犯日積日多,部議改發極邊足四千里充軍加等擬遣者三十八條,改發駐防爲奴者三條。至同治九年,續纂暫行監禁八條。俟新疆道路疏通,再行照例發往。又改發極邊煙瘴充軍,仍以足四千里爲限,到配後鎖帶鐵杆石墩二年者十一條。又照前改發到配鎖帶鐵杆石墩一年者十四條。是新疆人犯擁擠,承平時已屬不免。今定地較窄,勻撥愈難。設以數十年停遣,一旦起解,誠如部議,接踵而至,難以拘管。若待人數擁擠,復請停發,亦屬不成事體,應請將從前業經停遣者概行截止,或暫行監禁八條,人犯人數不多,暫將此項人犯先行起解。其餘已改歸內地發遣者,悉仍其舊。自此次奏定章程奉准部文之日起,以後各直省辦理此等案犯,照例發遣,仍將年逾五十不能耕作之人,毋庸擬發新疆。如此量爲變通,庶於內地無日益增加之患,而於新疆亦無壅滯之虞。此隨時補救不能拘泥成法者又其一也。

　　至遣犯到配，由臣等妥籌安插，先儘兵屯，察其年力精壯者，照章發給牛籽、口糧，按屯均匀撥派種地、當差，交屯官兵目自行管束◆2，即以屯官爲專管官。其不能種地者，由配所衙門於輿轎、傘扇、水火、巡更等夫，量爲役使，即給以額設夫役應得口分。其餘小貿技藝，各隨其長。後有年老力衰者，酌量應當差使，責令承充，俾資養贍。均責成巡典官，依限點驗，仍照例各設總散遣頭，取具連環保結，以資鈐束。然此等遣犯素性不馴，狡脱是其慣技。必使其心有所懾而不敢逃，情有所繫而不輕逃。查例載，民人發往伊犁、烏魯木齊等處爲奴遣犯，在配安分已逾十年，止令永遠種地，不准爲民。若發往當差遣犯，果能悔過悛改，定限五年，編入該處民户册内，給地耕種納糧，俱不准回籍。又例載，待罪應緣坐等項犯屬，仍照例簽發。其餘發烏魯木齊等處人犯家屬，均毋庸簽配。如有情願携帶妻室、子女者，聽其自便，不得官爲資送各等語。新疆邊界甫定，諸事草創。其撥派屯種之犯，應請破除成例。例如，原犯爲奴罪名定限五年，原犯當差罪名定限三年，果能安分出力，即編入本地民册，給地耕種納糧。如有能將該處脱逃遣犯拿獲者，無論當差、爲奴，仍照例不拘年限，准其爲民入籍。犯屬除照例簽配不計外，其有情願携帶妻室子女者，應請量爲資送，藉以羈縻。如此則各犯謀食有資，安身有所，又得室家相聚。更遇招徠屯墾之際，寬其期限，予以自新，復與專管官時常見面，不許遠離散處。雖在獷悍之徒，當亦奉法維謹。如再有瞽不畏法輙敢逃逸者，如係强盗免死發遣新疆給官兵爲奴人犯，仍照例拿獲後，即行正法。餘亦按例分別懲辦，專管官依例議處。倘有行兇爲匪及另有不法情事，各按罪名輕重，查照定例辦理，俾知儆懼而免效尤，庶犯徒就此安置，不致别滋事端，而墾荒實邊之道，即隱寓其中矣。

　　所有遵議安插遣犯，謹按部臣前奏並就地方情形，擬請酌量

變通緣由,是否有當,謹合詞恭摺具奏。伏乞皇太后、皇上聖鑒,
飭部酌議核覆施行。再,此摺係臣錦棠主稿,合併聲明。謹奏。
光緒十年九月二十四日◆³。

　　光緒十年十月十八日◆⁴,軍機大臣奉旨:刑部議奏。欽此。

　　【案】此摺原件①、録副②現藏於中國第一歷史檔案館,茲據校補。

　　1.【幫辦新疆軍務伊犁將軍臣金順、欽差大臣督辦新疆軍務兵部右侍
郎二等男臣劉錦棠、頭品頂戴陝甘總督臣譚鍾麟、烏魯木齊都統臣升泰跪】
此前銜據原件補。

　　2.【交屯官兵目自行管束】原件、録副均作"交屯官兵目管束"。

　　3.【光緒十年九月二十四日】此具奏日期,據原件補。

　　4.【光緒十年十月十八日】此奉旨日期,據録副補。

133. 已故道員羅長祜懇恩允照成案附祀片

光緒十年九月二十四日

　　再,道員羅長祜立功後積勞病故,經臣奏荷恩綸:署甘肅阿克
蘇道羅長祜,隨同劉錦棠辦理新疆軍務,決策戰勝◆¹,所嚮有功。
籌辦善後事宜,亦能盡心區畫,深資得力。茲已積勞病故,著加恩
交部從優議恤,並將該故員戰績事實宣付史館,以彰勞勩。欽此。
煌煌天語,竹帛比華袞而彌榮;藐藐孤臣,帶礪與山河而並壽。有
勞必録,無美勿彰。凡在同袍,孰不聞風感泣,勉圖效命於疆場!
至建祠曠典,非臣下所敢擅請,聖訓周詳,尤應欽遵辦理。惟念羅
長祜前驅效力,原隸湘軍,其戰績事實業經先後奏明,不幸賫志以
終,實能以死勤事。切同仇而思將帥,怯聽鼓鼙;感遺愛而念循

---

①　中國第一歷史檔案館藏:《硃批奏摺》,檔號:04—01—28—0023—009。

②　中國第一歷史檔案館藏:《録副奏摺》,檔號:03—7400—038。

良,悲悽棠杜。兹據署知州陳名鈺呈報:該故員靈櫬已於本年八月十二日就道東下,所屬纏民,扶老携幼,攀升伏道,欷歔泣涕。顒蒙之性,去後之思,愛戴不能自已。蓋其平日之綏輯拊循,實亦有足多者。除俟其靈櫬行抵哈密由臣派員護送回南外,合無仰懇天恩,允照道員張宗翰附祀成案,准將羅長祐附祀敕建原任廣東陸路提督臣劉松山蘭州省城專祠,以妥英靈而昭激勵,出自鴻施。是否有當,理合附片陳明。伏乞聖鑒訓示。謹奏。

　　光緒十年十月十八日◆2,軍機大臣奉旨:著照所請,該部知道。欽此。

【案】此奏片缺原件,録副①現藏於中國第一歷史檔案館,兹據校補。

1.【決策戰勝】録副作“決策制勝”。

2.【光緒十年十月十八日】此奉旨日期,據録副補。

　　●光緒十年十月初八日,内閣奉上諭:本年十月初十日恭遇慈禧端佑康頤昭豫莊誠皇太后五旬萬壽,前經降旨,令吏兵等部、八旗都統查明京外實任大員老親,候旨施恩。兹據查明,京外大員老親有年逾八十者,承歡禄養,愛日舒長,洵屬昇平人瑞,允宜優加賞賚。欽差大臣尚書銜甘肅新疆巡撫劉錦棠之祖母陳氏,著賞給御書匾額一面、紫檀三鑲玉如意一柄、大卷江綢袍料二匹、大卷八絲緞袍褂料二匹◆1,用示錫類推恩至意。欽此。

【案】此“上諭”載於《光緒朝上諭檔》,兹據校補。

1.【案】關於慈禧皇太后五旬萬壽,錫類推恩,《清實録》:

　　　　乙卯,以慈禧端佑康頤昭豫莊誠皇太后五旬萬壽,錫類推恩,賞

────────────

① 中國第一歷史檔案館藏:《録副奏片》,檔號:03—5829—074。

尚書銜甘肅新疆巡撫劉錦棠之祖母陳氏御書扁額曰慈竹平安，內閣學士兼禮部侍郎銜慶福之母徐佳氏御書扁額曰蕙庭積慶，西寧辦事大臣李慎之父李宗鏡御書扁額曰大椿茂蔭，廣州副都統尚昌懋之母舒穆嚕氏御書扁額曰絳幔延暉，前工部尚書麟書之母棟鄂氏御書扁額曰笙陔衍慶，降調副都統清凱之母馬佳氏御書扁額曰金萱春永。並賞文綺珍玩有差。①

光緒十年十一月二十四日，新授甘肅新疆巡撫劉錦棠以慈禧太后五旬慶典賞賜其祖母匾額等件，具摺謝恩：

欽差大臣督辦新疆事宜尚書銜甘肅新疆巡撫二等男臣劉錦棠跪奏，爲恭謝天恩，仰祈聖鑒事。竊臣於十一月十九日准兵部火票遞到光緒十年十月初八日內閣奉上諭：恭遇慈禧端佑康頤昭豫莊誠皇太后五旬萬壽，前經降旨，令吏兵等部、八旗都統查明京外實任大員老親，候旨施恩。茲據查明，京外大員老親有年逾八十者，承歡祿養，愛日舒長，洵屬昇平人瑞，允宜優加賞賚。欽差大臣尚書銜甘肅新疆巡撫劉錦棠之祖母陳氏，著賞給御書匾額一面、紫檀三鑲玉如意一柄、大卷江綢袍料二匹、大卷八絲緞袍褂料二匹，用是錫類推恩至意。欽此。由驛馳遞到臣行營。謹即恭設香案，望闕叩頭謝恩祗領訖。伏念臣祖母年逾八秩，誥捧五花，累沐殊施，實慚非分。茲者恭逢聖壽，復荷恩頒，璇題分奎璧之光，寶墨煥星雲之采。報平安於天語，葱竹長春；錫如意之嘉名，陔華集祜。榮增翟茀，宮衣而捧出上方；寵被鸞章，雲錦則輝生予舍。當西塞承恩之日，正北堂設帨之辰。惟帝錫齡瞻，天絪感臣，桐枝缺養，芝綍濫膺。惟有益勵葵誠，勉遵獲訓，慎戎疆之職守，遍八荒而風靜參旗；瞻虞陛之光華，拜十賚而心依斗極。所有微臣感激榮幸下忱，謹繕摺恭謝天恩。伏乞皇太后、皇上聖鑒。謹奏。光緒十年十一月二十四日。

光緒十年十二月三十日，軍機大臣奉旨：知道了。欽此。②

---

① 《清實錄·德宗景皇帝實錄（三）》，卷一百九十五，光緒十年十月上，第770—771頁。

② 中國第一歷史檔案館藏：《硃批奏摺》，檔號：04—01—14—0082—097；《錄副奏摺》，檔號：03—5540—088。

134. 請注銷革員永不叙用字樣
並賞六品頂戴片

光緒十年十月十六日

　　再，據提督董福祥稟稱：現在接防喀什噶爾要邊，汛地遼闊，事務殷繁。邊情所繫，首在剛柔得宜，必須熟悉情形之員，前往佐理。查有已革五品銜甘肅補用知縣龍壽昌，前在喀什噶爾承辦邊卡數年，稔知其歷練已深。近在哈密差遣，應請飭該革員赴喀什噶爾，襄理營務等情前來。臣查龍壽昌，前於安化縣任內因案參革◆1。旋於光緒六年投效嵩武軍，經幫辦軍務臣張曜委辦喀什噶爾卡倫，整理一切。該員昕宵從事，艱苦備嘗，嗣是承辦營務，均極得力。張曜書來，每稱其勤慎幹練，不可多得。上年差委到哈，臣即緘商張曜，將該革員暫留臣營，迭經委辦要件，實屬井然有條。前於新疆六年邊防請照戰功獎叙案內，籲懇天恩飭部注銷該革員永不叙用字樣在案。刻值董福祥接防之際，其間毗連外部，接壤俄鄰，交涉綦多，務在得人而理。已令該革員迅速馳往，期有裨於邊事。惟參革人員與外夷官商接見，恐啓其狃玩之心，可否仰懇恩施，賞給革員六品頂戴，俾得勉效馳驅，出自逾格鴻慈。臣為邊事擇人起見，是否有當，謹附片具陳。伏乞聖鑒訓示施行。謹奏。

　　光緒十年十一月初八日◆2，軍機大臣奉旨：著照所請，該部知道。欽此。

　　【案】此奏片缺原件，錄副①現藏於中國第一歷史檔案館，茲據校補。

---

　　①　中國第一歷史檔案館藏：《錄副奏片》，檔號：03—5829—094。

1.【案】光緒五年正月二十四日，陝甘總督左宗棠以署安化縣知縣龍壽昌被控貪劣，具摺奏請將其革職拿問：

　　欽差大臣大學士督辦新疆軍務陝甘總督二等恪靖侯加一等輕車都尉臣左宗棠跪奏，爲知縣被控貪劣各款，請旨先行革職，以便嚴訊懲辦，恭摺仰祈聖鑒事。竊臣前准幫辦軍務通政使司通政使臣劉典咨：據甘肅安化縣廩生吳景聖稟控代理安化縣知縣龍壽昌侵吞賑糧，冒領運脚，於錢糧額徵正款外增加耗羨，復縱令丁役詐索平民各情咨請核辦前來。臣比飭甘肅藩臬兩司，分別移行平慶涇固道、慶陽府知府逐款查明，並提該縣丁役，嚴訊確情，據實詳辦。茲據該管道魏光燾詳稱：委涇州直隸州知州陳臺，前赴慶陽查辦。據陳臺會同署慶陽府知府李守愚詳稱：光緒三年，慶陽府屬籌辦賑務，安化縣書吏於造開報銷時，因字數過多，希圖省事，刪除領賑人數花名，將糧數飛灑已列各名下填寫，復信手填注停賑日期，以致與散賑票據月日先後不符。雖散賑重在糧數，不重在人名，糧係委員所發，册由縣署彙造，調取各原册，細加核對，總數出入相符，尚無侵吞情弊。而代理安化縣知縣龍壽昌失察，書吏草率造報，並未檢舉更正，咎已難辭。該縣地丁向來每銀一兩，折收錢二千二百文，耗羨、鹽規在內。該員出示，但稱每地丁一兩，照例帶徵耗羨、鹽規各若干，並未將在內、在外分晰示知，致民間懷疑觀望，誤爲加徵。該代令又因民間完納向多玩延，致報銷不能如限，復有逾限一月加錢一百文之示。雖先經該府查知，出示曉諭，民間仍照舊章完納，該代令並未徵收入己。然於徵收重務擅敢違章出示，荒謬之咎，將安所逃？至其家丁邵成詐索民人李花嘉、任仲發等錢文，該府查明，確有其事。雖經該員查出追贓，詳辦有案，究未能先事覺察，事經敗露，又不嚴加看管，致該家丁乘間脱逃，實屬有意循縱。詳請參辦前來。

　　臣因此案前已札飭藩臬兩司，委妥員按款查取證據，並提該縣丁役嚴訊，確情詳辦，尚未據覆，應俟司詳到日，核明奏參。惟既據該管道府查明被控各款，互有虛實，而物議實非無因，飭司提龍壽昌到案，逐款訊明，難成信讞。應請旨將代理安化縣知縣五品銜留甘補用知縣龍壽昌先行革職，歸案嚴訊定擬，以肅官箴。至廩生吳景聖所控各款，詞多失實，本有應得之罪。且據該道府詳稱：吳景聖捏名混充里書，所造徵冊，蒙混飛灑，承領官發種羊侵吞入己各情事，皆有案據，實非善類。此次上控該管知縣，亦因龍壽昌稟列該生劣迹，妄思藉端抵制起見。應俟臬司親提案內一干訊明詳覆，一併核辦，合併聲明。謹恭摺具奏。伏乞皇太后、皇上聖鑒訓示施行。謹奏。光緒五年正月二十四日。

　　光緒五年二月二十三日，軍機大臣奉旨：龍壽昌著先行革職，歸案嚴訊。該部知道。餘依議。欽此。①

　　光緒五年五月十六日，陝甘總督左宗棠具摺奏報已革前代理安化縣知縣龍壽昌被控侵吞賑糧各款，訊明議結：

　　欽差大臣大學士督辦新疆軍務陝甘總督二等恪靖侯加一等輕車都尉臣左宗棠跪奏，爲已革前代理安化縣知縣龍壽昌被控各款，訊明議結，恭摺仰祈聖鑒事。竊臣前准前辦軍務通政使司通政使劉典咨：據甘肅安化縣廩生吳景聖稟控：代理安化縣知縣龍壽昌侵吞賑糧，冒領運脚，於錢糧額徵正款外增加耗羨，縱令丁役詐索平民各情。咨請核辦前來。經臣劄飭甘肅藩臬兩司，分別移行平慶涇固道、慶陽府知府，逐款查明，並將全案人證提省，嚴訊詳辦，一面奏明。奉旨：龍壽昌著先行革職，歸案嚴訊。該部知道。餘依議等因。欽此。遵即轉飭訊辦去後，茲據甘肅藩司崇保、臬司史念祖會詳稱：蘭州府知府恩麟督同委員候補知府朱銑、候補通判傅秉鈞審看得，此案已革知縣龍壽昌，籍隸湖南湘陰縣，由監生遵浙江塘工捐輸例，報捐巡檢，歷保至五品銜，留甘肅補用知縣。光緒三年十二月，委代安化縣事。其時，該縣賑務已由道府專派委員，四路散發賑糧，並未由縣經手。四年四月間，賑務將竣，散賑各員將各路賑冊送縣，彙總造銷。該革員當派戶書，晝夜趕造。詎戶書因銷冊字數過多，催造緊急，慮恐繕寫不及，

　　①　中國第一歷史檔案館藏：《硃批奏摺》，檔號：04—01—01—0941—029、04—01—01—0941—030；《錄副奏摺》，檔號：03—5135—101。

賑務重在糧數,不重在人名,遂將應造領賑人數花名隨意刪減,復將糧數飛灑已造人數名下,並信手填注停賑日期,致與賑票月日、丁口不符。是年六七月間,該革員曾代鎮固營雇用民車,由西峰鎮運糧二百石,腳價由營給發,該革員並未經手。安化縣地丁向係按時酌定,每兩折收大錢二串二百文,耗羨、鹽課在內。四年八月初三日,該革員出示曉諭:户民每地丁銀一兩,照例帶徵耗羨、鹽課各若干,仍以二串二百文合銀折收,漏未將耗課一併在內詳細出示。又因民間完納錢糧向多疲玩,示內復有逾限一月加錢一百文之語,以期踴躍輸納。廩生吳景聖因其名下應完地丁最多,心疑額外加征。衆户民等亦各心懷疑慮,催征不前。經該管署慶陽府知府李守愚查知,重行出示明白曉諭,該户民等悉各照常交納,並無額外徵收。是年五月間,縣民李花嘉同不識姓名數人,在縣屬西峰鎮地方彈錢賭博,該革員家丁邵成前往嚇拿。李花嘉等畏懼,共湊大錢一百一十串文,送交邵成,屬其隱匿。邵成受錢花用後,經該革員查知,將邵成訊供管押,追贓詳明有案。邵成在押,乘間脱逃。該革員二次派差緝獲在案。該革員因訪聞吳景聖有冒充里書、飛灑丁銀、侵吞官羊價銀各情事,正在詳請革究間,吳景聖聞知畏懼,憶及前見飢民領糧票內填三月止者,縣屬造銷册內係填四月底止,票內填四月底止者,册內係填五月底止,遂疑該革員侵吞。並因該革員前代鎮固營轉運之糧,疑係賑糧,冒領運腳。又因該革員出示徵收地丁未將耗羨、鹽課一併在內詳細叙明,且有逾限一月加錢一百文之語,遂疑額外加增。又因該革員家丁邵成得受李花嘉贓錢,亦疑係該革員縱容渴索。一併到款裏控。奉文提案來省,發府研訊。遵即核卷研訊,據各供認前情不諱。惟該革員訪聞吳景聖有冒充里書、飛灑丁銀、侵吞官羊價銀各情事,研訊吳景聖,堅不承認。若將該縣户民承領官羊各户一併添提來省,又虞拖累。應將此案先行議結,再將吳景聖發回安化縣,交本任知縣李德成,就近傳集人證,訊明另結。由藩臬兩司詳請具奏前來。

臣查此案,已革前代理安化縣知縣留甘補用知縣龍壽昌失察家丁詐贓,旋經訪聞,管押脱逃,復經拿獲,例從免議。該縣賑務係由本管道府委員散發，該革員並未經手，無從侵蝕。其代鎮固營轉運糧石，價由營發，該革員亦無冒領情事。惟錢糧係維正之供，催科乃牧令之責，欲民間踴躍完納，原可出示催徵，乃於地丁正耗及隨徵鹽課，既未分晰出示，俾共聞知，且示內並有逾限加錢一語滋疑，以致民懷觀望。是該革員雖無加徵入已重情，其辦事糊塗，有違定制，實屬咎無可辭。至其彙造賑糧總册，聽書吏任意删減花名，飛灑糧數，該革員雖未經手賑糧，造報不符無關弊竇，而未經核正任其填寫，亦屬不成事體，業經革職，應即勒令回籍，永不叙用，以示懲戒。家丁邵成因李花嘉等賭博，嚇詐得錢一百一十串文，迨本官查知，管押追贓，復敢乘間脱逃，被獲應按盡役坐贓十兩以上發近邊充軍例上加逃罪二等，擬發極邊四千里充軍例，照例刺字，到配折責安置。其餘未經到案之增減賑册戶書並看管邵成看役人等，業經慶陽府會同委員暨該革員先後照例責革，免其重科。原告廩生吴景聖稟詞失實，罪有應得。尚有冒充里書、飛灑丁銀、侵吞官發種羊銀兩重情，應飭發回安化縣，傳集人證，並將賭犯李花嘉飭緝，獲日分別訊明另結。邵成所得贓錢如數追繳充公。除將供單咨送刑部查照外，所有訊明已革前代理安化縣知縣龍壽昌被控各款先行議結緣由，謹恭摺具奏。伏乞皇太后、皇上聖鑒，敕部議覆施行。謹奏。光緒五月十六日。

　　光緒五年六月二十日，軍機大臣奉旨：刑部議奏。欽此。①

2.【光緒十年十一月初八日】此奉旨日期，據録副補。

135. 張曜一軍開拔遴員替防酌添營伍情形摺

光緒十年十月十六日

　　欽差大臣督辦新疆軍務兵部右侍郎二等男臣劉錦棠跪◆¹奏，爲幫辦軍務廣東陸路提督張曜一軍遵旨開拔，遴員統軍前往

---

　　①　中國第一歷史檔案館藏：《硃批奏摺》，檔號：04—01—08—0053—002；《録副奏摺》，檔號：03—7386—057。

替防,並酌添營伍、分布填扎情形,恭摺仰祈聖鑒事。

竊臣前奉七月初四日寄諭:飭令張曜一軍迅即北來,聽候調派。比經恭録知會。因思張曜駐軍喀什噶爾,程途過遠,換防甚需時日。即遵旨詳加酌度,仍申微臣前疏率師東下之請,以便迅赴事機。旋奉兩次批回,均以新疆甫就蕩平、密邇俄境爲念,諄飭毋庸率師東下。跪聆之下,仰見聖謨廣運、廑念邊防之至意。張曜自奉初次恭録密旨,即經量料諸務。臣於各統將中擇其替防迅速而資深者,惟現駐喀什噶爾之統領董字定遠軍頭品頂戴題奏提督雲騎尉世職阿爾杭阿巴圖魯董福祥,相距較近。該提督老成練達,謀勇兼資,從征塞上有年,深諳邊務。遂飛檄迅率所部七營旗,趕緊拔赴喀什噶爾接防,並令總統原駐喀什、葉爾羌之恪靖西征馬隊,分防各城。另由駐阿克蘇之湘軍内抽出步隊一營,前赴瑪喇巴什,以資防護。特喀什噶爾爲極邊要區,强鄰逼處,外部環伺,通商以來,俄人所在覷覦。現雖餉項艱絀萬分,而該處營伍則勢不宜過於單薄,已由哈密新募漢回馬隊二百五十人,編爲兩旗,起支坐糧,飭令趲程赴喀。又准張曜緘商,該軍近年陸續添補陝甘勇丁,欲其遠赴海疆,似非所願。擬酌留步隊二旗,亦照坐糧支給,俟編就後歸◆2董提督節制調遣。此填防喀什噶爾西四城之情形也。其董提督所遺庫車、喀喇沙爾防地,延袤千餘里,防範不容稍懈,祇得另募行糧步隊一旗,並將哈密協標步兵二百七十餘人添足一旗,改支土勇口糧,騰出哈密、烏魯木齊之靖遠、綏定馬步四營旗,前往填駐,均經先後拔行。董提督已於九月初十日率隊前進。張曜已定親率馬步九營,於九月十六日由喀先行開拔,暫留記名提督王連三照料後隊,一俟接替各營到防,再行陸續東下。至該軍啓程日期並如何分起取道,均由張曜自行具奏在案◆3。

臣維新疆防務,沿邊一帶比多與俄接壤,極關緊要。張曜前以幫辦軍務駐喀什噶爾，其地最要，其望甚隆，深資鎮攝。此次驟抽該軍六千人以行，雖於各處勻撥填扎，而添補馬步僅乃數旗，較臣前摺議覆兵制數目，猶覺減少。暫雖勉爲分布，究無團扎之師足備緩急。值此時局多艱，臣惟有飭各將領竭力整頓，嚴密防維，較之平時慎益加慎，省益求省，以稍紓朝廷之西顧耳。所有張曜一軍遵旨開拔、遴員統軍前往替防，並酌添營伍分布填扎各緣由，是否有當，謹恭摺具奏。伏乞皇太后、皇上聖鑒訓示。謹奏。光緒十年十月十六日◆4。

　　光緒十年十一月初八日◆5，軍機大臣奉旨：該部知道。欽此。

【案】此摺原件①、録副②現藏於中國第一歷史檔案館，兹據校補。

1.【欽差大臣督辦新疆軍務兵部右侍郎二等男臣劉錦棠跪】此前銜據原件補。

2.【歸】原件、録副均作"併歸"。

3.【案】光緒十年九月十九日，幫辦新疆軍務廣東陸路提督張曜以擬派步隊統領孫金彪等率隊分起北上等事，具摺曰：

　　幫辦軍務廣東陸路提督一等輕車都尉兼一雲騎尉奴才張曜跪奏，爲奴才遵旨酌度道路情形，擬分起北上，以期迅速，恭摺馳陳，仰祈聖鑒事。竊奴才於本年九月十六日遵旨率隊起程，並派員留隊、以待換防緣由，恭摺馳奏在案。兹於牌素巴特途次，接准劉錦棠咨：八月三十日承准軍機大臣字寄：奉上諭：劉錦棠奏仍申前請，迅速事機一摺等因。欽此。欽遵行知到營。奴才伏思自喀什噶爾北上之路，必須由哈密至涼州府方可分路，一由涼州北行，取道寧夏之靈州，從河套至托克托廳及宣大一帶入居庸關，計程一百二十六站；一由涼州南行向陝西大路至豫，渡河而北，計程一百三十八站。惟北路中間有蒙古草地，全軍行至需用糧料較多，裹帶不易，轉恐遲滯。奴才一再

①　中國第一歷史檔案館藏：《硃批奏摺》，檔號：04—01—01—0947—089。

②　中國第一歷史檔案館藏：《録副奏摺》，檔號：03—6044—036。

籌度,擬行至涼州,親率馬隊,即從北路向寧靈邊外蒙古行走,以期迅速。步隊則由涼州向陝豫大路行走,該勇丁等自豫西征十有七稔,此次徒行萬里,不遑休息,俟抵豫境,尚須略爲整頓,並可添配軍火,以資應用。擬派步隊統領頭品頂戴記名提督孫金彪、提督銜補用總兵劉世俊分帶前進,並飭頭品頂戴記名提督王連三俟防務交替,統帶留後各營,亦由陝豫一路行走,約計南北兩路合隊之期,相距雖不甚遠,而分路趕程,馬行較速。愚昧之見,是否有當,謹繕摺馳奏。伏乞皇太后、皇上聖鑒訓示。謹奏。九月十九日。

　　光緒十年十月二十四日,軍機大臣奉旨:知道了。欽此。①

同日,幫辦新疆軍務張曜爲迅速換防,接續前進,又附片曰:

　　再,奴才昨准劉錦棠咨:原扎葉爾羌之恪靖右營馬隊填防和闐,原扎阿克蘇之老湘軍分撥步隊一旗填防瑪喇巴什,以便嵩武各營早日調集北上等語。現據恪靖等營先後呈報,拔隊前往。所有嵩武軍原扎和闐、瑪喇巴什步隊各一營亦要迅速換防,接續前進,理合附片奏陳。伏乞聖鑒。謹奏。

　　光緒十年十月二十四日,軍機大臣奉旨:知道了。欽此。②

光緒十年十月十八日,幫辦新疆軍務提督張曜奏請輕騎簡從,先行北上陛見,並飭各將弁統帶馬步各營分起行走,以期妥速:

　　幫辦軍務廣東陸路提督一等輕車都尉兼一雲騎尉奴才張曜跪奏,爲奴才遵旨北上,力求迅速,擬飭令各將弁統帶馬步分起行走,奴才可否輕騎減從,先行兼程馳進,恭摺仰祈聖鑒事。竊奴才於本年九月十六日由喀什噶爾拔隊起程,並將酌度道路情形先後具奏在案。伏思恭奉諭旨,飭令奴才迅速北上,遂率隊伍趲程前進。兼旬以來,僅行三千里,私衷焦灼難名。查奴才所部馬步各營,本有將弁分統,擬即飭令管帶分起行走,各專責成。奴才爲力求迅速起見,可否輕騎減從,兼程馳進,先行北上,趨叩闕廷,恭聆聖訓,俾奴才稍遂犬馬依

①　中國第一歷史檔案館藏:《錄副奏摺》,檔號:03—6019—034。
②　中國第一歷史檔案館藏:《錄副奏片》,檔號:03—6019—036。

戀之忱。是否有當，理合恭摺具陳。伏乞皇太后、皇上聖鑒訓示。謹奏。十月十八日。

　　光緒十年十一月初八日，軍機大臣奉旨：著張曜飭令分統將弁管帶隊伍，嚴加約束，分起行走。該提督即行來京陛見。欽此。①

4.【光緒十年十月十六日】此具奏日期，據原件補。

5.【光緒十年十一月初八日】此奉旨日期，據錄副補。

136. 懇恩豁免關外鎮迪道屬
歷年民欠各項銀糧摺

光緒十年十月十六日

　　欽差大臣督辦新疆軍務兵部右侍郎二等男臣劉錦棠、頭品頂戴陝甘總督臣譚鍾麟跪◆¹奏，爲關外鎮迪道屬歷年民欠未完額籽牛價各項銀糧，籲懇天恩，概予豁免，以紓民力，恭摺仰祈聖鑒事。

　　竊查關外久經兵燹，民多流亡，田地鞠爲茂草。肅清後，前督臣左宗棠飭各地方官散給牛籽，招徠開墾。已墾熟地應納額糧，均照善後章程，限期分別徵收。無如地曠人稀，迄未一律認墾。即已墾者，收成亦甚歉薄。其間或被旱災，或被蝗災，或被凍萎，或報逃亡，據各廳州縣隨時具稟前來。自光緒三年起，經左宗棠暨臣錦棠先後委員查勘，均屬實在情形。各廳州縣積年代徵舊欠，日事追呼，終苦無力輸繳。擬請自光緒三年起至八年止，鎮迪道屬各廳州縣實在民欠未完市斗、額籽、牛價、借食各色糧一萬八千六百二十七石五斗六升六合五勺四秒五撮四圭、京斗額糧一萬七千一百一石八斗二升五合七秒九撮四圭三粟◆²、牛價地課銀三

①　中國第一歷史檔案館藏：《錄副奏摺》，檔號：03—6019—050。

千八百三十二兩三錢五分八釐五毫五絲四忽，又昌吉縣光緒九年麥收歉薄，減免極貧四十八户三成額徵京斗糧四十七石五斗五升三合二勺七秒三撮一圭五粟，一律豁免，以紓民力。其自光緒九年起以後應徵各項糧石，由臣錦棠通飭各廳州縣仍照已墾之數徵收，不准稍有蒂欠，並竭力招墾，以期速復舊額。據鎮迪道轉賫各廳州縣造具請免銀糧清册，詳請具奏前來。臣等覆核無異。合無仰懇天恩，俯念邊氓困苦，准將鎮迪道屬光緒八年以前民欠各項銀糧並昌吉縣減免九年三成額徵糧石，概行豁免。如蒙俞允，俟欽奉諭旨後，再由臣鍾麟飭司將該各廳州縣民欠各項銀糧數目，分別詳細開載，刊刻謄黃，遍行曉諭，以廣皇仁而恤民瘼。是否有當，除將清册咨部查照外，謹會同署烏魯木齊都統臣升泰，合詞恭摺具陳。伏乞皇太后、皇上聖鑒訓示施行。再，此摺係臣錦棠主稿，合併聲明。謹奏。光緒十年十月十六日◆³。

光緒十年十一月初八日◆⁴，軍機大臣奉旨：另有旨◆⁵。欽此。

【案】此摺原件①、録副②現藏於中國第一歷史檔案館，兹據校補。

【案】光緒十年八月初五日，清帝以慈禧皇太后五旬萬壽慶典，飭令各省督撫、將軍等將光緒五年以前實欠在民者詳細查明，聽候全行蠲免：

> 光緒十年八月初五日内閣奉上諭：朕敬奉慈禧端佑康頤昭豫莊誠皇太后垂簾訓政，仰見深宫旰食宵衣，廑念民艱，無時或釋，祇承懿訓，緩徵蠲賦，疊沛恩綸。所願薄海蒼黎咸登康樂，上慰慈懷。因念各省民欠錢糧，自光緒元年降旨蠲免，計期已逾十稔。本年恭逢皇太后五旬萬壽，仰惟福佑，普被寰區，率土臣民，同深歡忭。允宜推廣仁恩，覃敷閭澤。所有各省節年正耗、民欠錢糧及因災緩徵、帶徵銀穀，並借給籽種、口糧、牛具，及漕項、蘆課、學租、雜稅等項，著各該督撫、

---

① 中國第一歷史檔案館藏：《硃批奏摺》，檔號：04—01—35—0093—016。
② 中國第一歷史檔案館藏：《録副奏摺》，檔號：03—5593—013。

將軍、府尹等,將光緒五年以前實欠在民者詳細查明。該省所屬某州某縣銀穀若干,速行開單具奏,候朕降旨全行豁免,並著先將此旨刊刻謄黃,遍行曉諭,城鄉村鎮咸使聞知,毋任官吏胥役影射侵漁,以期膏澤下究,用副朕延釐錫羨子惠元元至意。該部即遵諭行。欽此。①

1.【欽差大臣督辦新疆軍務兵部右侍郎二等男臣劉錦棠、頭品頂戴陝甘總督臣譚鍾麟跪】此前銜據原件補。

2.【三粟】原件、錄副均作“三微”。

3.【光緒十年十月十六日】此具奏日期,據原件補。

4.【光緒十年十一月初八日】此奉旨日期,據錄副補。

5.【案】此摺於十一月初八日得清廷批復,飭令“豁免甘肅關外鎮迪道屬暨鎮西廳歉收地方歷年民欠各項錢糧”②。

137.請豁免鎮西廳應徵額糧片

光緒十年十月十六日

再,甘肅新疆鎮西廳逼近天山,地氣高寒,土磽産薄,立夏始能布種。亂後招墾,民多却顧。比歲歉收,經臣錦棠隨時撫恤。本年入夏以來,暘雨愆期,六月十五日前後,連日朔風,積雪數寸。春麥、稞豆全行凍萎,收成失望。間有薄收一二三分不等,入磨研麵,概成黑灰,不堪作食。據代理該廳同知聞端蘭禀報前來,當經臣錦棠委員查勘無異。兵燹遺黎,招徠粗集,歲需牛具、籽種,均仰給於官司。連欠之後,邁此大祲,杼柚罄空,匪獨官本錢糧無力繳完,即日食生計因之頓促,紛紛逃徙。經臣錦棠飭由奇臺縣撥發倉糧三千石,交該印官擇尤計口,散給賑食,捐給寒衣,俾資生活。其丁壯人等,各飭就牛駕車,負販營生,並以工代賑之類,不

① 中國第一歷史檔案館編:《光緒朝上諭檔》,第十冊,第240頁。

② 《清實錄‧德宗景皇帝實錄(三)》,卷一百九十七,光緒十年十一月上,第803頁。

令一夫失所。一面札飭該廳張示曉諭,明年仍籌發牛種,以安其心,俾免逃散。其巴里坤駐防滿營兵食,歲由鎮西廳倉糧撥濟,由該營自行造銷。茲准護領隊臣金貴牘稱:本歲倉糧無著,請飭籌撥前來。遂並由奇臺撥給倉糧二千石,以資接濟。再有不敷,應由該滿營領獲專餉內通挪買補,以期兵民兼濟。該廳本年應徵額糧並九年民欠,擬懇天恩,概予豁免,以廣皇仁。除撥給倉糧並懇免該廳本年錢糧、九年民欠各細數,應由甘藩司遵照彙案造銷,並由臣等咨部查照外,是否有當,謹會同署烏魯木齊都統臣升泰,合詞附陳。伏乞聖鑒訓示。再,此片係臣錦棠主稿,合併陳明。謹奏。

　　光緒十年十一月初八日◆[1],軍機大臣奉旨:另有旨。欽此◆[2]。

　　光緒十年十一月初八日內閣奉上諭:劉錦棠等奏關外鎮迪道屬歷年民欠各項銀糧,懇恩概予豁免一摺。甘肅關外久經兵燹,民多流亡,前經左宗棠飭屬散給牛籽,招徠開墾,迄今尚未一律墾種。即已墾者,收成亦甚歉薄,且間有被旱、被蝗、凍萎情形。若將各屬民欠未完銀糧照舊徵收,民力實有未逮。加恩著照所請,自光緒三年起至八年止,鎮迪道屬各廳州縣民欠未完市斗、額籽、牛價、借食各色糧一萬八千六百二十七石零,京斗額糧一萬七千一百一石零,牛價、地課銀三千八百三十二兩零,又昌吉縣光緒九年麥收歉薄,減免極貧四十八戶三成,額徵京斗糧四十七石零,一律豁免,以紓民力。另片奏請旨豁免鎮西廳應徵額糧等語。甘肅新疆鎮西廳本年入夏以來,暘雨愆期,收成歉薄。加恩著將本年應徵額糧並九年民欠,概予豁免。該督撫即刊刻謄黃,遍行曉諭,務使實惠均霑,毋任吏胥舞弊,用副軫念民艱至意。餘著照所議辦理。該部知道。欽此。

【案】此奏片原件①、録副②現藏於中國第一歷史檔案館。另，摺後"上諭"現存於《光緒朝上諭檔》③，兹據校補。

1.【光緒十年十一月初八日】此奉旨日期，據録副補。

2.【軍機大臣奉旨：另有旨。欽此】刻本無此句，據録副補。

138. 授新疆巡撫瀝陳下悃摺

光緒十年十一月十五日

欽差大臣督辦新疆事宜甘肅新疆巡撫二等男臣劉錦棠跪◆1奏，爲叩謝天恩，並瀝陳下悃，恭摺仰祈聖鑒事。

竊臣於十一月十一日承准吏部咨開：文選司案呈内閣鈔出光緒十年十月初二日奉上諭：劉錦棠著補授甘肅新疆巡撫，仍以欽差大臣督辦新疆事宜。欽此。恭録知照到臣行營。感寵賁之自天，倍惶悚於無地。比即恭設香案，望闕叩頭謝恩訖。伏念臣本至愚，幼而失學，遭時乘竊，馳驅戎馬，以至於今。其於文獻典籍、經遠之略、郅治之源，卒未得分心研究，是以智術短淺，鮮所貫通。而夙患脚氣、暈眩諸證，積年未痊，曾經疏請開缺調理，未邀俞允。祇以微臣受恩深重，身在行間，際此時事多艱，邊防緊要，靖鄰固圉，動爲全局所繫，不能不力疾趨公，勉圖報稱。每奉恩綸，輒累日寢食失次，踳跼難安。蓋惟質性凡庸，是以捫心而自愧，而天恩高厚，即令捐踵以難酬，此微臣所日夜兢兢者也。

新疆幅員周廣幾二萬里，高踞西北上游，屏蔽畿輔。祖宗朝累煩廟算，始隸版輿，疆比戎索，天下大勢所在舉可知矣。皇太后、皇上啓中興之景運，建萬世之鴻規，命將出師，整軍經武，廓清

---

① 中國第一歷史檔案館藏：《硃批奏片》，檔號：04—01—23—0210—016。

② 中國第一歷史檔案館藏：《録副奏片》，檔號：03—5593—014。

③ 中國第一歷史檔案館編：《光緒朝上諭檔》，第十册，第367—368頁。

全疆。而時異事殊，沿邊藩籬盡撤，因時制宜之道，計非設省建官，不足以策治安而規久遠。此新疆開設行省之議所由興也。嗣經臣遵旨議覆，請照前督臣左宗棠原議，量爲變通，新疆各道郡縣仍合甘肅爲一省，添設巡撫、布政使等官，以資控制。敬按時局，遵旨敷陳，業蒙聖明，飭部核准。

　　至於封疆大吏，任大責重。新設邊缺，諸凡創始，允非得文武兼資之員，難期勝任。臣以軍務粗材，不習吏事，業於光緒八年七月初三日奏請添設撫藩摺内，縷晰瀝陳，早邀聖慈洞鑒。乃殊恩下逮，實爲夢想所不期，而對揚天休，彌覺每懷之靡及。蓋新疆之必設撫臣者，時會之所趨也；而微臣之自度不堪者，才分之有限也。不敢居而又不敢辭者，事情之所迫也。惟有矢慎矢勤，己千己百，以期仰副鴻慈於萬一。仍乞天恩俯賜，察臣原奏，另簡賢能，以重疆寄。邊事幸甚，微臣幸甚。如蒙恩允，臣仍暫留行營，幫同新任撫臣商辦一切，斷不敢置身事外，致負逾格恩施，無任◆2感悚之至。除設省一切事宜由臣會商將軍、督臣隨時具奏辦理外，所有微臣感激榮幸並瀝陳下悃緣由，謹繕摺叩謝天恩。伏乞皇太后、皇上聖鑒訓示。謹奏。光緒十年十一月十五日◆3。

　　光緒十年十二月初九日◆4，軍機大臣奉旨：覽奏，具見悃忱。吏治與軍事相表裏，該大臣能存敬畏，籌辦一切，自無貽誤，著毋庸固辭。欽此。

　　【案】此摺原件①、録副②現藏於中國第一歷史檔案館，兹據校補。

　　1.【欽差大臣督辦新疆事宜甘肅新疆巡撫二等男臣劉錦棠跪】此前銜據原件補。

　　2.【無任】原件、録副均作“毋任”。

---

　　①　中國第一歷史檔案館藏：《硃批奏摺》，檔號：04—01—12—0531—123。
　　②　中國第一歷史檔案館藏：《録副奏摺》，檔號：03—5191—025。

3.【光緒十年十一月十五日】此具奏日期，據原件補。

4.【光緒十年十二月初九日】此奉旨日期，據録副補。

139. 軍餉涸竭請嚴催趕解摺

光緒十年十一月二十六日

欽差大臣督辦新疆事宜尚書銜甘肅新疆巡撫二等男臣劉錦棠跪[◆1]奏，爲軍餉源涸流竭，局勢難支，謹遵部議，請旨嚴催趕解，以應急需而全大局，恭摺仰祈聖鑒事。

竊本年西征新餉，疊經部臣奏准解足八成以上，統限十月以前掃數解清，毋得延欠，並准分別奬劾。前次截至九月，解款僅及三成，待餉孔亟，復經督臣奏經部議，奉旨：著該將軍、督撫等嚴飭藩運各司，將西征軍餉趕籌大批，迅速解往，俾資應用。如能解足八成以上者，照案奏請優奬。倘再任意延欠，即著指名奏參。欽此。欽遵在案。睿謨周運，軫念征夫，凡荷戈遠戍之儔，莫不同深感涕。雖各省時艱同際，海防供億浩繁，然新疆邊遠苦瘠甲於天下，軍餉一切要需，純恃協餉接濟，久在聖明洞鑒，亦各省疆臣所灼見而深知者也。臣軍勇有定額，餉有定數，解有常期。往年協解稍旺，儘發各軍七八九關不等。欠發之餉，假旋全數找給，歷經遵辦無異。本年八月以前，僅能湊解四關。嗣因餉源久涸，挪湊摒擋，每營每月酌發銀兩，點綴鹽菜，仍許餉到照章補發[◆2]。際此海氛未靖，微臣寢饋不安，但令勢可勉支，何敢動煩宸廑！無如十月之限早已過期，而截算本年新餉，實解到甘者僅一百六十一萬六千餘兩。臣與關內分別劃提，現銀祇有此數，出入兩抵，差短過半。頻年應出餉需，經臣核實確估，報部核准，委實無可刪減。而春間騰餉裁勇，近復挪款添募，出款愈增，入款愈短，先已騰挪罄空，以故每批解款到營，隨到隨盡。瞬屆歲闌，各軍年關滿餉，現尚無著,何以勉繫士心? 而年外月餉,亦難懸待明年新餉散發。臣軍與協餉各省相距萬里而遥,至轉解西路邊防,計程又遠五六千里。懸軍邊徼,萬竈待炊,而各省關協解近更寂寂無聞,源竭流枯,罔知所措。又值微臣欽奉恩命,巡撫新疆,張曜全軍業經拔行,局勢一變,西四城防吃重,應由臣部兼顧,添募填防。兵不能減,餉則有加,右絀左支,不堪言狀。

當開設行省之初,除舊更新,諸務創始。揆度事勢情形,臣當進駐烏垣,控制南北,且便與藩司魏光燾遇事熟計通籌,以免叢脞貽誤。然非俟解款稍裕,通融挹注,則設省與舉遷◆3一切要務,均屬措手無從。臣材輇任重,羅掘計窮,昨已緘商督臣,權就蘭垣商號籌借大批飛輓應急,仍就解到本年新餉劃還,以清界限。應懇天恩,俯念新疆一隅關係大局,邊軍遠戍,待餉孔殷,飭下協餉各省關將軍、督撫等恪遵前次諭旨,嚴飭藩運各司趕籌大批,迅速解濟,仍遵部議,務將本年應解西征八成新餉,隨後掃數措解赴甘,以濟饑軍,大局幸甚,微臣幸甚。其金順、錫綸兩軍同處窮鄉,餉軍裁勇,需用至急。錫綸以書抵臣,派員索借,臣無以應。伏懇恩施,嚴飭專協省分趕速籌撥,合併陳明。除十一年新餉應由督臣主持,行省應辦宜◆4由臣隨時會商奏明辦理外,所有餉需涸竭,請旨嚴催趕解各緣由,謹會同督臣譚鍾麟,恭摺馳陳。伏乞皇太后、皇上聖鑒訓示。謹奏。光緒十年十一月二十六日◆5。

光緒十年十二月十九日◆6,軍機大臣奉旨:另有旨◆7。欽此。

【案】此摺原件①、録副②現藏於中國第一歷史檔案館,兹據校補。

1.【欽差大臣督辦新疆事宜尚書銜甘肅新疆巡撫二等男臣劉錦棠跪】

---

① 中國第一歷史檔案館藏:《硃批奏摺》,檔號:04—01—0947—072。
② 中國第一歷史檔案館藏:《録副奏摺》,檔號:03—6094—031。

此前銜據原件補。

2.【補發】原件、録副均作“補足”。

3.【設省與舉遷】原件、録副均作“設省、興舉、遷徙”,是。

4.【應辦宜】原件、録副均作“應辦事宜”,是。

5.【光緒十年十一月二十六日】此具奏日期,據原件補。

6.【光緒十年十二月十九日】此奉旨日期,據録副補。

7.【案】甘肅新疆巡撫劉錦棠之奏,旋於十年十二月十九日得允行:

> 軍機大臣字寄:户部,福州將軍,兩江、閩浙、四川各總督,江蘇、安徽、江西、浙江、湖北、湖南、福建、山東、山西、河南各巡撫,傳諭粤海關監督:光緒十年十二月十九日奉上諭:劉錦棠奏餉需涸竭,請旨嚴催趕解一摺。前據户部奏,本年西征軍餉,各省關欠解甚鉅,當諭令該將軍督撫等迅解。刻下西征各軍待餉孔急,亟須迅籌撥解,以濟要需。現據户部查開各省關已解、未解餉數清單,即著該將軍、督撫等懍遵前旨,嚴飭藩運各司趕籌大批,迅速解往,務將本年應解西征八成新餉,按照户部單開,掃數措解赴甘,毋稍延欠,致干咎戻。原單著分別鈔給閲看。據劉錦棠奏稱,金順、錫綸兩軍需餉至急等語。金順軍餉,前據户部奏稱萬難墊發,請旨飭催。已諭各省關趕緊報解。錫綸軍餉,著户部查明專協省分,催令迅速籌撥,俾資應用。……將此諭知户部,並由五百里諭知福州將軍、兩江、閩浙、四川各總督、江蘇、安徽、江西、浙江、湖北、湖南、福建、山東、山西、河南各巡撫,並傳諭粤海關監督知之。欽此。遵旨寄信前來。①

140. 擬借款行用補水等銀片

光緒十年十一月二十六日

再,臣接准部咨:議覆南疆工程勢難停緩,請撥的款以應要

---

① 中國第一歷史檔案館編:《光緒朝上諭檔》,第十册,第 450—451 頁;《清實録·德宗景皇帝實録(三)》,卷二百,光緒十年十二月下,第 843 頁。

需,擬將胡光墉應繳西征借款行用、補水等銀十萬六千七百八十四兩,並四川、山東及江海、江漢、粵海、閩海等關月協烏魯木齊軍餉銀八萬兩,一併解交甘肅糧臺,作爲南路修理工程之用。連前次議撥南路城垣、炮臺工款於江西等省提解銀十八萬兩,合共銀三十六萬六千七百八十四兩,先後奏奉諭旨各在案。除胡光墉一款應俟浙江撫臣於該革員備抵産業内變價解交外,其餘各省關應解銀二十六萬兩,内惟山西省及河東道各提銀一萬兩業經報解清楚,山東省、閩海、江漢二關亦共先後報解銀二萬二千兩。此外江西、湖北、湖南、河南、四川等省,江海、粵海二關,迄今未據報解分釐。統計欠解銀二十一萬八千兩。仰屋興嗟,莫名焦灼。竊臣自檄飭各承修委員估計工費後,即據陸續具報興工。凡木石鐵炭一切物料及工匠口食,在在皆資現款。適值本年餉項支絀萬分,無從挹注,地方又無他款堪資設法通挪,以致屢作屢輟,未能限期告竣。若再遷延時日,誠恐倒塌潰裂,盡棄前功。合無仰懇天恩,飭下各省關迅將應解前款銀兩限明年春季内,掃數解清,不得藉詞延宕,俾臣得以分發經手工程各員,勒限蕆事,以竟全功,實於固圉綏邊大有裨益。謹附片陳明,並將各省關應解南路工程銀兩已解、未解各數目,繕具清單◆¹,恭呈御覽。伏乞聖鑒訓示。謹奏。

　　光緒十年十二月十九日◆²,軍機大臣奉旨:另有旨◆³。同日承准知會:奉諭旨令各將軍、督撫等迅解矣。

　　【案】此片原件①、録副②現藏於中國第一歷史檔案館,兹據校補。

　1.【案】即呈各省關應解新疆工程銀兩已解欠解各數目清單:

　　　　謹將各省關應解新疆工程銀兩已解欠解各數目,繕具清單,恭呈御覽。江西省應解銀三萬兩,全未報解。湖北省應解銀四萬兩,全未

　　①　中國第一歷史檔案館藏:《硃批奏片》,檔號:04—01—37—0156—031。
　　②　中國第一歷史檔案館藏:《録副奏片》,檔號:03—6610—089。

報解。湖南省應解銀四萬兩,全未報解。河南省應解銀二萬兩,全未報解。山西省應解銀一萬兩,全數報解。山西河東道應解銀一萬兩,業經全數報解。四川省應解銀五萬兩,全未報解。山東省應解銀二萬兩,已報解銀一萬兩,欠解銀一萬兩。江海關應解銀一萬兩,全未報解。粵海關應解銀一萬兩,全未報解。閩海關應解銀一萬兩,已報解銀五千兩,欠解銀五千兩。江漢關應解銀一萬兩,已報解銀七千兩,欠解銀三千兩。以上各省關共應解工程銀二十六萬兩,已報解銀四萬二千兩,欠解銀二十一萬八千兩。又部撥革員胡光墉一款銀十萬六千七百八十四兩,未據浙江撫臣措齊報解,合併聲明。

　　軍機大臣奉旨:覽。欽此①。

2.【光緒十年十二月十九日】此奉旨日期,據錄副補。

3.【案】此奏片旋於十年十二月十九日得允行:

　　軍機大臣字寄:户部,福州將軍,兩江、閩浙、四川各總督,江蘇、安徽、江西、浙江、湖北、湖南、福建、山東、山西、河南各巡撫,傳諭粵海關監督:光緒十年十二月十九日奉上諭:劉錦棠奏……另片奏,各省關應解新疆工程銀兩,開單請飭迅解等語。著該將軍、督撫等趕緊撥解,限明年春季內,掃數解清,不准藉詞延宕。原單並著分別抄給閱看。現在關外各項餉需關繫極要,該將軍、督撫等毋得稍存膜視,致誤事機。將此諭知户部,並由五百里諭知福州將軍,兩江、閩浙、四川各總督,江蘇、安徽、江西、浙江、湖北、湖南、福建、山東、山西、河南各巡撫,並傳諭粵海關監督知之。欽此。遵旨寄信前來。②

141.新疆南路擬設佐雜及分防巡檢各缺摺
光緒十年十一月二十六日

欽差大臣督辦新疆事宜尚書銜甘肅新疆巡撫二等男臣劉錦

---

①　中國第一歷史檔案館藏:《清單》,檔號:03—7154—063。
②　中國第一歷史檔案館編:《光緒朝上諭檔》,第十冊,第450—451頁;《清實錄·德宗景皇帝實錄(三)》,卷二百,光緒十年十二月下,第843頁。

棠跪◆1奏,爲新疆南路道廳州縣擬設佐雜及分防巡檢各缺,以資佐理,恭摺仰祈聖鑒事。

竊查南路各廳州縣應設照磨、吏目、典史,及各屬轄境遼闊,須添佐職分防,經臣等奏明,承准部覆,令由臣等隨時體察情形,會商妥議,奏請辦理在案。茲據署喀什噶爾道員黃光達、護理阿克蘇道員陳名鈺等先後詳稱:阿克蘇、喀什噶爾兩道所轄廳州縣額徵錢糧,通應報道,綜核估撥,彙總報銷,並有須量爲折變者,擬各設道庫大使一員,專管收支事件。該庫大使衙署應修於道署儀門之側,其庫房則於道署大堂側起造,以便主守。其溫宿、莎車、和闐、疏勒四直隸州,設立吏目各一員。拜城、于闐、葉城、疏勒四縣,設立典史各一員。喀喇沙爾、庫車、烏什、英吉沙爾、瑪喇巴什五直隸廳,各設立照磨一員,兼司監獄、緝捕。以上各廳州縣佐雜衙署,均緊接監獄,俾專責成。又,阿克蘇舊城地當衝衢,五方雜處,擬添設巡檢一員,稽查匪類,彈壓居民。其餘各屬轄境較廣,戶民隔居窵遠者,擬於喀喇沙爾所屬之布告爾適中地方,設立巡檢一員。葉城縣現擬移建哈哈里克。其莎車回城擬設巡檢一員,資其就近彈壓。詳請核辦前來。

臣伏查新疆土曠民稀,佐雜各員原未可以多設。惟邊遠遼闊,長途戈壁,誠有鞭長莫及之勢,自應酌量添設,藉資控制。該道員黃光達等察看情形,細心商酌,所擬尚屬妥協。應懇天恩俯准,設立南疆八城佐雜各員缺,俾有專司而資治理。至此項設立之分防巡檢各缺,擬均作爲要缺,由外揀補。其同城佐雜各員缺,照例概歸部選,仍懇照吉林新設民官各缺成案◆2,統歸因地擇人,由外先行揀補一次。又,臣原奏葉城縣治設立葉爾羌回城,于闐縣治設立哈拉哈什,現據黃光達詳稱:該兩縣治各應改設所轄適中之地,擬將葉城縣移建哈哈里克地方,于闐縣治移建克里雅地方,庶資兼顧,且免添設分防佐雜等情。臣覆查◆3無異,批令照辦。相應請旨飭部核覆,以便遵循。除未盡事宜容查明陸續具奏外,所有新疆南路道廳州縣擬設佐雜及分防巡檢員缺各緣由,謹會同督臣譚鍾麟,合詞恭摺具陳。伏乞皇太后、皇上聖鑒訓示施行。再,幫辦軍務臣張曜現已入關,故未列銜,合併聲明。謹奏。光緒十年十一月二十六日◆4。

光緒十年十二月十八日◆5,軍機大臣奉旨:該部議奏。欽此。

【案】此摺原件①、録副②現藏於中國第一歷史檔案館,茲據校補。

1.【欽差大臣督辦新疆事宜尚書銜甘肅新疆巡撫二等男臣劉錦棠跪】此前銜據原件補。

2.【案】光緒四年九月初九日,吉林將軍銘安呈報吉林改設府廳州縣佐雜等官章程:

謹將吉林改設府廳州縣佐雜等官章程,恭呈御覽。

一、吉林廳理事同知請陞爲府治,改設知府一員,仿照奉天昌圖府章程,境內錢糧、詞訟由該府自理,並管轄阿克敦城五常堡。伊通新設二州一縣,其原設吉林廳巡檢,請改爲府經歷,兼管司獄事。

一、省東五常堡地方距省五百里,地處衝要,民戶繁多,應請設立州治,歸吉林府管轄。但吉省各處初設文員,民情未順,必須官銜稍大,方足以資震攝,擬請仿照熱河州縣章程,以同知管知州事,巡檢管吏目事。

一、省東南阿克敦城地方距省五百里,爲南山門戶,地多私墾,應請設立縣治,歸吉林府管轄。以通判管知縣事,巡檢管典史事。

一、省西伊通地方距省四百餘里,西距威遠堡邊門三百餘里,舊設分防巡檢一員,應請設立州治,仍歸吉林府管轄,以同知管知州事。原設巡檢管吏目事。

---

① 中國第一歷史檔案館藏:《硃批奏摺》,檔號:04—01—01—0950—037。
② 中國第一歷史檔案館藏:《録副奏摺》,檔號:03—5092—030。

一、省東北阿勒楚喀地方距省五百里,東距三姓六百餘里,爲東北最要咽喉。所屬馬延河一帶,地多私墾,應請設立撫民同知一員、巡檢兼司獄一員。

一、省東北三姓地方距省一千二百里,地方遼闊,逼近金廠,請設立撫民通判一員、巡檢兼司獄一員。

一、伯都訥廳駐孤榆樹屯,在省東北二百七十里,所屬民户最多,詞訟極繁,原設理事同知一員,擬請改爲撫民同知。原設孤榆樹巡檢兼司獄事。

一、長春廳在省西二百四十里,地屬蒙古,佃皆民人,與奉天昌圖府接壤,地方遼闊,民風强悍,最稱難治。原設理事通判一員,擬請改爲撫民同知。原設巡檢兼管司獄事。廳東農安地方距廳一百二十里,擬請添設分防照磨一員。廳北靠山屯地方,距廳三百里,擬請添設分防經歷一員。

軍機大臣奉旨:覽。欽此。①

3.【覆查】原件、録副均作"復查"。

4.【光緒十年十一月二十六日】此具奏日期,據原件補。

5.【光緒十年十二月十八日】此奉旨日期,據録副補。

142. 哨弁戕斃營官脅衆嘩潰隨即撲滅摺
光緒十年十一月二十六日

欽差大臣督辦新疆事宜尚書銜新疆甘肅巡撫二等男臣劉錦棠、烏魯木齊都統臣升泰跪◆¹ 奏,爲哨弁戕斃營官,脅衆嘩潰,隨即追捕撲滅,首要就擒,地方如常靜謐,恭摺仰祈聖鑒事。

竊駐扎烏魯木齊精騎馬隊營官總兵王玉林,由阜康移防未久,忽據署鎮迪道英林、迪化州知州潘效蘇稟:本年十月十五日夜

---

① 中國第一歷史檔案館藏:《清單》,檔號:03—5091—031。

三更時,該馬隊後哨哨長趙良敬乘王玉林熟睡,率什長楊玉成等携帶鐗刀,悄入臥內,猛將王玉林用刀戕斃,嗾黨持刃迫脅馬勇一百數十人,向西嘩潰,躡追無及,餘人越壘奔散等情前來。臣錦棠竊計綏來西至奎屯,嚮係臣部統領親軍甘肅西寧鎮總兵譚上連汛地。該潰卒倉猝盜兵,驚愕無定,夙知大道防汛嚴密,勢必避而走險。惟彼時地已凍合,如其繞出安集海,則頭頭是道,且與伊塔兩城地界毗連,不無可慮。比飛飭譚上連迅率所部分道攔截,相機剿撫,查明首要之外,脅從免治。一面撥營策應,並知會金順、錫綸密為戒備。臣升泰聞報,比飭英林等親往勘驗,確查起釁根由,收輯在營弁勇,歸哨管束。會商提臣金運昌,專弁執持大令,探蹤招撫,宣示悔罪免死,並傳飭北路印官、營汛,嚴防截堵。殊該潰卒星夜亡命疾馳,頃越昌吉而西。十六日夜半,已繞過樂土驛,由綏來縣治東黑梁灣地方取徑西竄。時譚上連先已得報,詗知潰卒所嚮,隨督同所部署瑪納斯協副將張清和、頭起馬隊提督李其森,率隊分道攔截。次日黎明,李其森馬隊已先奪路迎堵,譚上連等步隊亦至。傳令軍士大呼:“下馬棄械自首者准撫。”眾心觀望未定。趙良敬情急計生,乘招諭之隙,暗執洋炮,向李其森測準竊發,洞中右顴,登時殞命。並嗾楊玉成等齊放槍炮,怒馬衝突。譚上連揮隊圍攻,陣斃潰卒十餘名,奪獲旗幟矛杆二十餘件、洋槍十一杆、戰馬三十餘匹,生擒四名。薄至河岸,斫斃二名。官軍亦有傷折。趙良敬等潰圍,向西南鄉牛圈子一帶狂竄,分合不定。官軍以步當馬,跟蹤躡剿。適十八至二十一等日,連需大雪,道路瀰漫莫辨,軍士耐寒窮追,墮指裂膚,苦難言狀。二十二日初更時,追至湖家海子,該潰卒全股臝聚民莊,拚死抗拒。譚上連率隊層層合圍,陰輓柴草。次日黎明,督隊環攻,槍炮齊發,一面縱火焚堡,且轟且燒,一鼓殲滅,生擒十餘名,奪獲戰馬一百餘匹,洋槍、矛杆一百三十餘件。突圍逸出者不過二十餘騎。訊據擒犯供稱:

趙良敬冒火遁走，楊玉成業已陣斃。官軍陣亡七員名，受傷二十四員名。其牛圈子等處逃逸零騎，經綏來縣知縣李原琳、已革都司趙興體所調民團馬隊沿途截殺，擒獲共四十餘名。據譚上連、李原琳先後稟報到臣錦棠行營。飭即錄供，詳報候奪。

惟趙良敬爲此案渠魁，罪不容誅，並在逃各犯亟應嚴拿按治。正懸賞緝拿間，旋據統領安遠軍寧夏鎮總兵譚拔萃呈報：趙良敬同餘犯劉正乾、喬禮和等三名，騎馬三匹，業據署濟木薩縣丞曠琦弋獲，同該營派去巡查押送古城。訊據趙良敬供，年四十七歲，安徽宿州人，嚮來在營吃糧。光緒八年，由精騎馬隊右旗撥歸後營。本年二月，陞充後哨哨長。王營官每次領到餉銀，當堂發散，並無剋扣。惟遇事督責，鞭打辱罵，令人難堪。該犯前次督隊修路，遭其怒罵，罰跪多時，懷憾在心。十月十三日合操，又被痛辱。中哨史金山、楊玉成首先倡率平日積憾諸人，共推該犯作主，議乘間殺害王營官，洩忿遠遁。連日集議不定，微露風聲。該犯懼事情敗露，禍生不測。十五日，乘正副哨長内有四人出差未回，定更後，暗邀史金山暨同謀之二十餘人，齊集後哨三棚定議。三更後，探聽王營官熟睡，該犯一干各執馬刀在外堵禦，斷其救援。楊玉成手持鍘刀，闖入臥内，將王營官猛刀砍斃◆2，迫脅各哨隊一百餘人，騎馬乘夜同逃，日夜兼程，將到瑪納斯，被官軍截住大路，混打一仗，多有傷亡。計議去嚮，各人意見不合，致馬彪帶十餘人爲一起，楊玉成帶數十人爲一起，該犯同史金山爲一起◆3，各投小路分竄。二十二日，楊玉成一股仍在湖家海子會合，不料官兵抄至，致被圍住。該犯由後門乘間率十七騎衝出，棄械向東逃命，昨到大龍口民家借宿，被拿送案。所供是實。劉正乾、喬禮和供詞略同。已交縣鎖解赴哈訊辦，並鈔具逸犯名單，賫呈前來。

臣錦棠查趙良敬供詞，核與英林等原報情節相符，其無起釁別故，似無疑義，應俟趙良敬解到臣營，覆訊定奪。至西征馬隊，原以二百五十騎爲定額。該馬隊嘩潰後，隨經英林赴營點驗，未潰人數實存弁勇六十一名，續後連日逃回收伍，通計存營哨長六員名，正勇八十八名，火勇十二名。核計潰卒實止一百四十餘名。據昌吉、綏來營縣原報，並裹脅人數約近二百名，經官軍兩次堵殺圍撲暨民團擒斬，核與原潰人數無甚參差。惟據犯供，馬彪另起十餘騎，又同逃之十七騎，尚有十四名在逃未獲。要犯史金山已否伏誅，仍由臣嚴飭確查，通緝務獲，歸案訊明，分別核辦，斷不敢稍涉枉縱。被戕之王玉林，已據報驗，右面受鍘刀砍傷一處，從耳際起，橫斷頭頸過半。屍具殯殮，淺厝存營。弁勇由臣錦棠委員管帶。其昌吉、綏來之西南各鄉被害民戶、被毀村堡，已飭該縣履勘，極力撫恤，毋任一夫失所。此精騎馬隊倉猝嘩潰業經追捕、撲滅、辦理之實在情形也。

臣查王玉林本皖軍舊將，前督辦臣左宗棠委帶精騎馬隊，治軍嚴整，遇事奮勉，臣等均所素知。惟馭下嚴峻，致罹斯禍。幸賴威棱遠懾，譚上連等赴機迅速，浹旬之間，全股撲滅，首要就擒，地方如常静謐，足紓宸慮。臣錦棠忝司邊寄，疏於防範，應請旨交部議處。所有陣亡記名提督李其森，應懇天恩飭部從優議恤，以彰勞勣而慰忠魂。至總兵王玉林戰績卓著，兹因治軍稍嚴，猝被戕害，可否一併賜恤之處，出自鴻施。其餘陣亡弁勇，容臣錦棠查明，照例辦理。除譚上連暨出力將士由臣分別記功獎勵外，所有哨弁戕斃營官，脅衆嘩潰，隨即追捕撲滅，首要就擒，地方如常静謐各緣由，謹會同督臣譚鍾麟、提臣金運昌，合詞恭摺具陳。伏乞皇太后、皇上聖鑒訓示。再，此摺由臣錦棠主稿，合併聲明。謹奏。光緒十年十一月二十六日◆4。

光緒十年十二月十八日◆5，軍機大臣奉旨：覽奏，已悉。所有要犯史金山並在逃未獲各犯，仍著飭屬嚴拿，務獲究辦。劉錦棠疏於防範，咎有應得，惟辦理尚爲迅速，所請交部議處，著加恩寬免。李其森著交部從優議恤。王玉林著交部議恤。餘依議。
欽此。

【案】此摺原件①、録副②現藏於中國第一歷史檔案館，茲據校補。

1.【欽差大臣督辦新疆事宜尚書銜新疆甘肅巡撫二等男臣劉錦棠、烏魯木齊都統臣升泰跪】此前銜據原件補。

2.【猛刀砍斃】原件、録副均作"猛力砍斃"，是。

3.【爲一起】原件、録副均作"一起"。

4.【光緒十年十一月二十六日】此具奏日期，據原件補。

5.【光緒十年十二月十八日】此奉旨日期，據録副補。

【案】光緒十年十一月十四日，陝甘總督譚鍾麟爲駐扎迪化城外精騎馬隊潰變等事致阿拉善親王多羅特色楞咨文曰：

　　頭品頂戴兵部尚書都察院右都御史總督陝甘等處地方軍務糧餉茶馬管巡撫事譚，爲密咨事。案准欽差大臣兵部右堂二等男劉咨開：案據鎮迪道英署道、迪化州潘牧等稟報：本月十五日亥刻，駐扎迪化城外精騎馬隊後哨哨長趙良敬起意戕害該營營官王鎮玉林，遂脅馬勇約二百人嘩潰，向西竄走，聲言徑往伊犁。該署道等聞報，即知會提標中營、城守營及鞏寧城守營，嚴守滿漢兩城，並派隊出城追擊。一面知會昌吉、呼圖壁、綏來等處防營剿辦。其未潰弁勇，查點計六十一名等情。比飭該署道等查知起釁根由具報。一面飛飭統領安遠軍譚鎮拔萃所部一營一旗，並調黃提督萬鵬、張提督從良、查鎮春華等，各率馬隊，馳赴烏垣，相機辦理。其綏來至奎屯一帶係親軍各營防地，即飭統領親軍譚上連督飭各營，迎頭截擊。嗣據提標左營方游擊慶中、昌吉縣陳署令純治會報：本日十五日夜，城外南關被精騎馬隊潰勇搶劫鋪户，砍傷三人，洋炮打死一人，搶去馬匹、貨物。該游擊率隊跟追五十里，因步遲馬速，追趕不及。該潰勇沿途搶去商民及驛

---

① 中國第一歷史檔案館藏：《硃批奏摺》，檔號：04—01—26—0076—028。

② 中國第一歷史檔案館藏：《録副奏摺》，檔號：03—6019—076。

站馬約百餘匹。又據綏來李令原琳稟報:本月十六日夜,該潰勇竄至綏來,加以沿途裹脅,人數稍增。當經譚統領等整隊攔剿,十七日黎明接仗,該潰勇左衝右突,只圖竄逸,不與交鋒。定邊一旗馬隊旗官李提督其森,攔頭截擊,受傷陣亡。該潰勇突圍西竄。現經譚統領、張署副將率隊跟追,至城西四十里石河子地方,尚未據有續報各等情。據此,除飛飭北路各軍營跟踪追剿、迅圖撲滅並分咨外,相應咨請查照等因到本督部堂。准此,除分行外,相應密咨。爲此合咨貴親王,請煩查照,飭緝施行。須至咨者。右咨阿拉善親王。光緒十年十一月十四日。①

光緒十年十月十七日,陝甘總督譚鍾麟以首犯趙良敬率騎馬人入山竄逸,通飭地方文武衙門及各路軍營密緝究辦事,致阿拉善親王多羅特色楞之咨文曰:

頭品頂戴兵部尚書都察院右都御史總督陝甘等處地方軍務糧餉茶馬管巡撫事譚,爲咨會事。案准欽差大臣兵部右堂二等男劉咨開:案據迪化州潘牧效蘇申稱:精騎營馬隊潰勇在綏來所屬之胡家海子,經官軍圍剿,燒殺殆盡。惟首犯趙良敬率二十餘騎,入山奔竄,難保其不改裝易服,混迹潛逃,希圖免覥。查趙良敬,年三十六歲,安徽南宿州人,九算一斗,身中,面麻,眼斜,無鬚,滿腮連齶未留。自應嚴拿懲辦。理合具文,申請鑒核,通飭地方文武嚴密盤緝,並可否懸給重賞,以示鼓勵而免疏漏,並候衡奪示遵等情。據此,除批示據申已悉首犯趙良敬率其餘黨二十餘騎,入山竄逸,候即通飭地方文武衙門及各路軍營,懸賞密緝,務獲究辦,毋任漏網。仍候署都統升批示。此批即發並咨行外,相應咨會,爲此合咨請煩轉飭所屬一體密緝,務獲究辦等因,到本督部堂。准此,除分咨外,相應照會。爲此合咨貴親王,請煩轉飭嚴密查拿,務獲究辦,仍希見覆施行。須至咨者。右咨阿克蘇親王。光緒十年十一月十七日。②

---

①　中國第一歷史檔案館藏:《咨文》,檔號:101—08—0523—006。
②　中國第一歷史檔案館藏:《咨文》,檔號:101—08—0523—007。

光緒十年十一月二十九日,伊犁將軍金順以烏魯木齊防軍精騎馬隊嘩變現已剿辦完竣,首犯趙良敬等就擒等事,具摺曰:

幫辦軍務大臣革職留任伊犁將軍奴才金順謹跪奏,爲烏魯木齊防軍精騎馬隊嘩變,現已剿辦完竣,首犯就獲,恭摺馳陳,仰祈聖鑒事。竊奴才接據綏來縣知縣李原琳暨後路各防營先後飛報:駐扎烏魯木齊防軍精騎馬隊突於十月十五日亥刻嘩變,將該管營官王玉林殺害,劫其財物,糾衆西竄,約計二百餘人,竄至昌吉、綏來一帶。經總兵譚上連、署瑪納斯副將張清和會合夾擊,圍攻馬隊,旗官李其森攔頭截剿,受傷陣亡,致該潰勇突圍西逸,即由瑪納斯城南大佛寺奔竄至二工頭埠,盤踞一日,徑赴二道河、三道河一帶,分爲兩股,一竄沙灣,一竄南五工。雖經譚上連等率隊追繳,該潰勇毫無忌憚,肆行搶掠,居民逃避,甚屬驚恐。現已裹挾四五百人,又竄至石河子、安集海、大小拐、甘家湖等處。爲首者聞係趙良敬、楊老八、王四田等,到處焚殺,勢甚猖獗。現經追剿,其裹挾之人逃散不少。趙良敬帶領百數十騎,竄往北山,有竄往阿拉泰山之說等情。據此,奴才查此起潰勇到處焚殺,未能立時撲滅,其強悍可想而知。當此餉項匱乏,軍心最易動搖,又兼逼處強鄰,環居醜類,一經奔竄西來,煽惑結勾,貽害非淺。自應嚴加防備,以免滋蔓。當即調集馬步各營,於庫爾喀喇烏蘇一帶會合堵剿,勿令西竄去後,茲據探報,此起潰勇已經總兵譚上連等擊散,並將首犯趙良敬、楊老八等拿獲,解案訊辦。突圍逃逸者不過二三十人等情前來。奴才仍飛飭各營協同搜捕,毋任一名漏網,以期盡絕根株而固邊圉。所有精騎馬隊嘩變現已剿辦完竣,首犯就獲緣由,理合恭摺馳陳。伏乞皇太后、皇上聖鑒訓示。謹奏。光緒十年十一月二十九日。

軍機大臣奉旨:覽奏,已悉。著該將軍督飭各營,協同搜捕逸犯,毋任一名漏網,以安邊圉。欽此。

143.試署直隸州知州員缺請實授摺

光緒十年十二月二十日

　　欽差大臣督辦新疆事宜尚書銜新疆甘肅巡撫二等男臣劉錦棠跪◆¹奏，爲新設邊要直隸州知州員缺揀員試署，著有成效，懇請實授，以資治理，恭摺仰祈聖鑒事。

　　竊全疆甫就蕩平，遺黎初集，南路新設郡縣，諸凡創始，纏民語言文字隔閡不通，與內地情形迥別。州縣爲親民之官，非得明幹耐苦、邊情熟習之員，久於其任，安輯撫綏，難資治理。臣前奏設南路各缺，請照吉林新章由外揀補一次，當經部臣覆准由臣先後委員試署在案。又前奉部章，甘肅升調補缺變通辦理，無論何項缺出，擇人地相宜之員請補，俟軍務告竣，另起序補班次各等語。

　　茲查溫宿直隸州知州，地當冰嶺衝要，轄境遼闊，撫馭率屬，政務殷繁，應作爲衝煩疲三項要缺。疏勒直隸州知州，撫輯回氓，兼需彈壓外部。現值辦理商務，中俄交涉事繁，應作爲衝煩疲難四項要缺。以上二缺，臣營無合例堪以請補之員。該署溫宿直隸州知州甘肅候補知府陳名鈺，老成穩練，爲守兼優。署疏勒直隸州知州分省補用知府蔣詒，性情質直，通達治理。該二員均在甘肅新疆軍營歷練有年，其於邊徼形勢、土俗民情，最爲熟習。上年八月間，委署斯缺。設官之初，經營部署，講求吏治，遇事躬親，地方日見起色。屆試署期滿，輿情愛戴，未變遽易生手，應請補授各該員實缺，俾得從容展布，期收成效。雖以知府借補直隸州知州員缺，銜缺稍有未符，但人地相需，例得專摺奏請。除將該二員詳細履歷謹另繕清單、恭呈御覽外，合無仰懇天恩，俯念邊陲員缺緊要，難拘成例，准以三品銜升用道甘肅候補知府陳名鈺借補溫宿直隸州知州員缺，以道銜分省補用知府蔣譜借補疏勒直隸州知州員缺，實於邊疆吏治民生大有裨益。如蒙俞允，容俟接准部覆，即行給咨，送部引見，以符定例。臣爲邊才難得、因地擇人起見，是否有當，謹會同陝甘督臣譚鍾麟，恭摺具陳。伏乞皇太后、皇上聖鑒訓示施行。謹奏。光緒十年十二月二十日◆²。

　　光緒十一年正月十四日◆³，軍機大臣奉旨：吏部議奏。單併發◆⁴。欽此。

【案】此摺原件①、録副②現藏於中國第一歷史檔案館，兹據校補。

1.【欽差大臣督辦新疆事宜尚書銜新疆甘肅巡撫二等男臣劉錦棠跪】此前銜據原件補。

2.【光緒十年十二月二十日】此具奏日期，據原件補。

3.【光緒十一年正月十四日】此奉旨日期，據録副補。

4.【案】呈請補温宿直隸州知州等二缺各員履歷單：

　　謹將請補温宿直隸州知州等二缺各員年歲、籍貫、出身詳細履歷，繕具清單，恭呈御覽。

　　一、請補温宿直隸州知州三品銜升用道甘肅候補知府陳名鈺，現年五十五歲，係湖南永川府寧遠縣人，由廩生投效老湘營，於咸豐五年克復湖南東安等處案內彙保，六年五月十九日奉上諭：廩生陳名鈺，著以訓導儘先選用。欽此。七年，江西臨江、吉安一帶剿賊案內彙保，八年三月初十日奉上諭：訓導陳名鈺，著以本班不論雙單月，遇缺即選，並賞加五品銜。欽此。八年，克復江西撫州、建昌兩府城，崇仁、宜黄、樂安、南豐四縣城案內彙保，八年十二月十一日奉上諭：五品銜訓導陳名鈺，著賞戴藍翎。欽此。十年，克復安徽黟、建、德等縣城暨迭次攻剿水陸各隘案內彙保，十一年七月初四日奉上諭：五品銜訓導陳名鈺，著免選本班，以知縣遇缺即選，並賞加知州銜。欽此。

是年,克復安徽休寧、黟等縣及徽州府暨迭次攻剿各嶺隘案內彙保,是年十二月初九日奉上諭:知州銜知縣陳名鈺,著免選本班,以知州不論雙單月儘先即選。欽此。是年,安徽徽州解圍案內彙保,同治元年十一月初八日奉上諭:知州陳名鈺,著以知州留於安徽,遇缺即補。欽此。六年,陝西同朝剿賊獲勝保固河防案內彙保,是年九月十六日奉上諭:安徽候補直隸州知州陳名鈺,著免補本班,以知府仍留原省,遇缺即補,並賞加道銜。欽此。是年,克復陝西綏德州。七年正、二月間,在直隸境內迭次剿賊案內彙保,請將道銜安徽遇缺即補知府陳名鈺俟補缺後,以道員儘先升用,並請先賞三品銜。七年五月初四日,准兵部火票遞回原片,後開軍機大臣奉旨:著照所請,該部知道。欽此。是年七月,肅清直隸、山東案內彙保,八月初六日奉上諭:三品銜儘先升用道安徽遇缺即補知府陳名鈺,著賞給三品封典。欽此。遵即請咨赴京,於八年二月十四日引見,十五日奉上諭:陳名鈺著准其免補本班,以知府仍留安徽,遇缺即補,俟補缺後以道員升用,並賞給三品銜。欽此。遵即領憑到省。十年,委署池州府知府事,五月初十日到任。十一年四月初十日,卸事回省。光緒元年十二月十八日,在省寓聞訃,丁父憂,當經稟請詳咨,回籍守制。三年五月十八日,服滿,遵例起復,回省候補。六年二月二十二日,稟請回籍措資,旋經臣檄調來甘,於七年正月十九日附片奏請,將三品銜升用道安徽候補知府陳名鈺留營差遣,並改歸甘肅補用。以原在安徽到省日期作為到甘日期,安班序補。是年三月初七日,准兵部火票遞回原片,後開軍機大臣奉旨:著照所請,該部知道。欽此。欽遵行知在案。九年八月,經臣委署溫宿直隸州知州事,於是月二十七日到任視事。臣查該員陳名鈺,老成穩練,為守兼優。茲擬請借補溫宿直隸州知州員缺,雖銜缺稍有未符,而該員現署斯缺,盡心撫字,表率有方,以之借補斯缺,實屬人地相需。再,查該員署缺任內,並無參罰案件,合併聲明。

一、請補疏勒直隸州知州道銜分省補用知府蔣誥,現年四十八歲,係福建福州府閩縣人,由附生投入楚軍辦事,於克復廣東嘉應、鎮平各州縣城池案內彙保,同治五年十二月初五日奉上諭:附生蔣誥,著以訓導遇缺儘先選用。欽此。克服甘肅渭源狄道各州縣城池甘南肅清案內彙保,十年十一月初十日奉上諭:遇缺儘先選用訓導蔣誥,著免選本班,以教諭不論雙單月,遇缺儘先前即選。欽此。十二年二月,在甘肅捐輸總局遵籌餉例,由教諭報捐不論雙單月選用同知,並加捐知府銜,奉旨允准。旋於克復巴燕戎格城擒斬各要逆案內彙保,十三年八月初三日奉上諭:知府銜不論雙單月選用同知蔣誥,著以知府分省補用。欽此。光緒二年五月,在甘肅捐輸總局遵籌餉例,由知府加捐道員升銜,奉旨允准。十年九月,隨同官軍進剿新疆,於新疆南北兩路蕩平案內彙保,六年正月三十日奉上諭:道銜分省補用知府蔣誥,著賞戴花翎。欽此。欽遵各在案。九年八月,經臣委署疏勒直隸州知州事,於是年十月十二日到任視事。臣查該員蔣誥,性情質直,通達治理。茲擬請借補疏勒直隸州知州員缺,雖銜缺稍有未符,而該原委署斯缺,理民率屬,爲守兼優,以之借補斯缺,實屬人地相需。再,查該員署缺任內,並無參罰案件。理合陳明。

軍機大臣奉旨:覽。欽此。①

144. 新疆命盜重案難照內地舊制遵部議擬辦摺

光緒十二年二月十二日

欽差大臣督辦新疆事宜尚書銜降一級留任甘肅新疆巡撫二等男臣劉錦棠跪◆¹奏,爲新疆命盜重案礙難照內地舊制,並遵部議擬辦緣由,恭摺具陳,仰祈聖鑒事。

竊臣准刑部咨開:議奏嗣後新疆命盜等案應照例定擬罪名,專摺奏明請旨,俟奉准部覆:將應行立決人犯,再行處決,應入情實緩決各犯,歸入秋審辦理。其遣軍流徒各犯,即於南北互相調發等因。奉旨:依議。欽此。仰見朝廷明慎用刑、矜恤庶獄之至

① 中國第一歷史檔案館藏:《清單》,檔號:03—5192—038。

意,臣自應恪遵辦理。惟新疆情形與内地迥别,蒙回雜處,種類繁多,泯泯棼棼,罔知畏法。加之地方遼廓,稽察難周,游勇潛踪,動輒滋事,若輩視搶劫殺人以爲故常。臣前於命盜案件奏請變通辦理,原期辟以止辟。而數年來,劫殺之風猶未盡息,蓋習染既深,非旦夕所能丕變也。

查例載,新疆地方兵丁、跟役如有白晝搶奪殺人及爲强盜等事,該辦事大臣審實,一面奏聞,一面就地正法等語。是新疆命盜案件承平之時已與内地立法不同。又查關内各直省近年游勇搶劫殺人等案,皆係就地正法,尚未規復舊制。況關外諸凡草創,新設州縣,監獄未備,若以亡命死囚久拘縲絏,設有疏失,逃入鄰境,爲患滋深。揆諸現在情形,礙難遽照内地舊制。合無仰懇聖明垂察,准將凌遲、斬絞立決及秋審例實入勾各犯,仍照變通章程辦理,按季摘由奏報,咨部立案。俟數年後,再行體察情形,奏請辦理。此外斬、絞監候入緩人犯,照例應歸秋審。惟新疆所屬州縣距省遠者五六千里,長途解犯,匪特易滋疏失,且恐屍親、人證拖累難堪。若僅憑州縣爰書,又慮近於簡率。再四思維,惟有責成該管州道,層遞加看,如案情未確,擬罪未協,均就近提審。統咨兼按察使銜鎮迪道覆核轉詳,再由臣按例定擬,庶於變通之中仍寓慎重之意。刻下案犯既未便照例解勘,則秋審自難舉行,擬請照内地舊事秋審之例,屆時造具罪犯清册,咨送刑部核議,内有改流及仍應監候者,均候部覆祗遵。至此項斬絞監候、秋審入緩各犯,原擬監禁五年、四年,折責省釋,誠如部議,未免過輕。擬將此項人犯及遣軍流徒各犯,嗣後均按例定擬,隨時分别奏咨,聽候部覆辦理。其遣軍流徒等犯,亦遵照部議,南北互相調發,仍按罪名之重輕,定地方之遠近,以昭平允而示區别。據藩司魏光燾、署鎮迪道兼按察使銜英林議擬,詳請具奏前來。臣覆核無異。所有新疆命盜重案礙難遽復内地舊制並遵部議擬辦緣由,謹會同陝甘總督臣譚鍾麟、署伊犁將軍臣錫綸,恭摺具陳。伏乞皇太后、皇上聖鑒訓示施行。再,烏魯木齊都統臣升泰現在丁憂◆²,故未列銜,合併陳明。謹奏。光緒十二年二月十二日◆³。

　　光緒十二年三月十九日◆⁴,軍機大臣奉旨:著照所請,刑部知道。欽此。

　　【案】此摺缺録副,原件①現藏於中國第一歷史檔案館,兹據校補。又,刻本具奏日期作"十二年二月二十日",原件及《軍機處隨手登記檔》②作"光緒十二年二月十二日",兹據校正。

　　1.【欽差大臣督辦新疆事宜尚書銜降一級留任甘肅新疆巡撫二等男臣劉錦棠跪】此前銜據原件補。

　　2.【案】光緒十一年十二月十四日,新疆巡撫劉錦棠會同署伊犁將軍塔爾巴哈臺辦事大臣錫綸,具摺奏報署烏魯木齊都統升泰奉文丁憂日期:

　　　　欽差大臣督辦新疆事宜尚書銜降一級留任甘肅新疆巡撫二等男臣劉錦棠、頭品頂戴署伊犁將軍塔爾巴哈臺辦事大臣臣錫綸跪奏,爲具報署都統臣奉文丁憂日期,恭摺仰祈聖鑒事。竊據藩司魏光燾詳稱:署烏魯木齊都統升泰遣家丁報稱:光緒十一年十一月初八日,准兵部咨開:准正黄蒙古旗分咨稱:本旗恩傑佐領下革職留任副都統銜內閣學士兼禮部侍郎銜伊犁參贊大臣署烏魯木齊都統升泰之親母愛新覺羅氏,於本年九月初十日在京病故等因。升泰係屬親子,例應丁憂,交卸回籍守制。當將都統印信封存。其應行事件,暫委領隊衙門代拆代行,報由迪化州申轉,詳請具奏,並據署烏魯木齊領隊大臣富勒銘額報同前情。臣等覆核無異。所有署烏魯木齊都統臣升泰奉文丁憂日期,除分咨旗、部存查外,謹會同陝甘總督臣譚鍾麟,合詞具奏。再,此摺係臣錦棠主稿,合併陳明。伏乞皇太后、皇上聖鑒。謹奏。光緒十一年十二月十四日。

①　中國第一歷史檔案館藏:《硃批奏摺》,檔號:04—01—01—0956—040。
②　中國第一歷史檔案館藏:《軍機處隨手登記檔》,檔號:03—0250—1—1213—075。

光緒十二年正月二十一日,軍機大臣奉旨:知道了。欽此。①

3.【光緒十二年二月十二日】此具奏日期,據原件校正。

4.【光緒十二年三月十九日】此奉旨日期,據《軍機處隨手登記檔》校補。

【案】此摺於三月十九日得允行。《清實錄》:"壬子,諭軍機大臣等:又奏,新疆命盜重案,暫難遵照部章,請於變通之中,仍寓慎重之意,分別情形辦理。從之。"②

145. 請恤文藝等片

光緒十一年二月二十六日

再,新疆南路各城,自同治初年漢回妥明等肇亂,相繼淪陷。所有西四城歷年陣亡殉難滿蒙文武員弁及各伯克等,經臣飭據各善後局員采訪,開具銜名清單,咨送前督臣左宗棠奏請飭下吏、兵二部及八旗都統,核明有無訛錯,隨時更正,分別從優議恤在案◆¹。臣接縉兵符,復飭逐加采訪,據庫車善後局道員黃光達稟稱:同治三年四月,逆回田滿拉、蘇滿拉同到庫車,勾通漢回馬三保、馬瀧二等圍城。時英吉沙爾領隊大臣文藝告病回籍,道經庫車,與該處辦事大臣薩臨阿會同守城。因賊眾兵單,至五月初三日城陷,文藝、薩臨阿及其家屬同時殉難。並據聲明該大臣等有無升銜,籍隸何旗,無從查考。上年,准哈密幫辦臣祥麟③交出正黃旗滿洲二甲松全佐領下三品頂戴三等侍衛銜兼騎都尉圖晟呈稱:故父文藝由藍翎二等侍衛補頭等侍衛班長,於道光二十七年

---

①　中國第一歷史檔案館藏:《硃批奏摺》,檔號:04—01—12—0533—098;《錄副奏摺》,檔號:03—5839—020。

②　《清實錄·德宗景皇帝實錄(四)》,卷之二百二十五,光緒十二年三月,第42頁。

③　祥麟,生卒年不詳,滿洲正黃旗人。同治十三年(1874),中式進士,選翻譯庶吉士。光緒二年(1876),授檢討,旋補少詹事。九年(1883),升內閣學士兼禮部侍郎銜,加副都統銜。同年,調任哈密幫辦大臣。十一年(1885),調補烏里雅蘇臺參贊大臣,兼署烏里雅蘇臺將軍。二十二年(1896),遷總統察哈爾八旗都統。

補德州城守尉。三十年，調補京口副都統，後補烏什辦事大臣。同治二年，調署英吉沙爾領隊大臣。旋告病回旗，於同治三年◆2四月行抵庫車，適值逆回之變，與薩臨阿協力守城，賊衆兵單，城被攻陷。圖晟故父及庶母秋氏、王氏，弟圖昌、圖昇，妹大姑，家人徐忠、蘇昇、李福、李順，僕婦李氏等三口、使女二口，共親丁人等十五名口，同時殉難，呈懇轉查各等情，請奏前來。

　　臣覆查該故員文藝及其家屬一門殉難，遺骸委諸沙磧，死事情形殊爲慘烈。合無仰懇天恩，飭部從優議恤，並分別旌表，以彰忠節而慰幽魂。其庫車辦事大臣薩臨阿同時殉難，並懇飭部從優議恤。惟薩臨阿籍隸何旗，由何項官階，何年補授，名字有無訛錯，臣行營無案可稽。伏懇飭下吏、兵二部及八旗都統，通查往年冊籍，互相稽考。如有訛錯，隨加更正，以期核實。理合會同陝甘督臣譚鍾麟、伊犁將軍臣金順，謹附片陳明。伏乞聖鑒訓示。謹奏。

　　光緒十一年三月十七日◆3，軍機大臣奉旨：文藝、薩臨阿均著交部，從優議恤。餘依議。欽此。

【案】此片缺録副，原件①現藏於中國第一歷史檔案館，茲據校補。

1.【案】光緒五年二月十五日，陝甘總督左宗棠具報新疆西四城歷年殉難員弁，並繕具清單，籲懇從優議恤：

　　欽差大臣督辦新疆軍務陝甘總督二等恪靖侯加一等輕車都尉臣左宗棠跪奏，爲遵旨查明新疆南路西四城歷年陣亡殉難滿蒙文武員弁及各伯克銜名，先行開單，奏請敕下吏、兵二部及八旗都統核明有無訛錯，隨時更正，分別從優議恤，以慰忠魂，恭摺仰祈聖鑒事。竊前准吏部咨開：光緒四年二月十四日奉上諭：前據左宗棠等奏，克復南路各城，回疆一律肅清，業將領兵大臣分別加恩，用酬勞勤。因思新

_____

① 中國第一歷史檔案館藏：《硃批奏片》，檔號：04—01—17—0136—014。

疆自逆回叛亂以來，於今十有餘載。從前辦理軍務各員，或剿賊出力，臨陣捐軀;或效死守城，見危授命。茲當回疆底定，大功告成，追念前勞，殊深矜憫。著左宗棠將關外歷年各城陣亡殉難各員詳細查明具奏，候旨施恩。欽此。欽遵咨行到臣。當經轉行查辦去後。茲准通政使司通政使二等男臣劉錦棠咨稱:據葉爾羌、喀什噶爾、和闐、英吉沙爾四城善後局員呈稱:遵查新疆南路各城，自同治初年漢回妥明等肇亂，先陷烏魯木齊、吐魯番，繼陷庫車、阿克蘇，西路四城孤懸絕徼，關內聲息不通，遂有漢回金相印、叛員馬振威、布魯特野回思的克及安集延逆酋阿古柏勾煽作亂，賊勢披猖。原任葉爾羌參贊大臣覺羅奎棟及各城大小文武員弁等援絕勢窮，計無復之。惟以忠義之氣激勵士卒，多則年餘，少則數月，死守邊城，力禦凶焰，直至易子析骸，城池不守，始以身殉，半皆全家盡節，遺骸亦皆委諸草莽，無從尋覓。死事慘烈，較尋常之歿於王事者尤為過之。呈請奏懇天恩優恤等因前來。

　　臣查和闐於同治三年六月失守，葉爾羌於同治三年十月失守，英吉沙爾於同治四年三月失守，喀什噶爾回城於同治三年九月失守，喀什噶爾漢城於同治四年七月失守，迄今十有餘年。幸賴皇威遠播，次第肅清。而各城招集流亡，非盡當時土著，間以從前員弁勇丁及百姓，死難各情，多不能舉。纏回布魯特種人文字不通，語言不曉，尤屬無從詢問。雖該局員等博采旁諮，備極周至，亦難保官銜、名氏無有訛誤。至於籍貫、年歲，尤不能詳。除陝甘各標營換防武職應由臣再行飭查明確另為奏請議恤外，其陣亡殉難滿蒙員弁，謹繕清單，恭呈御覽，伏懇敕下吏、兵二部及八旗都統，通查往年冊籍，互相稽考，如有訛錯，隨加更正，分別從優議恤，以慰忠魂。再，查回疆各城額設滿漢文武員缺不止此數。其官銜、姓名遽難遍查，容俟逐細察訪明確，續行彙辦。所有查明新疆南路西四城歷年死事文武員弁各緣由，理合繕具清單，恭摺具奏。伏乞皇太后、皇上聖鑒訓示施行。謹奏。光緒五年二月十五日。

　　謹將查明新疆南路西四城歷年陣亡殉難滿蒙文武員弁及各伯克

銜名,繕具清單,恭呈御覽。

葉爾羌陣亡殉難文武各員弁:署葉爾羌參贊大臣本任塔爾巴哈臺參贊大臣覺羅奎棟,城破全家殉難。葉爾羌中營參將西寧鎮標中營游擊德祥,力戰陣亡。署葉爾羌左營游擊嘉峪關營游擊常順,全家殉難。部缺筆帖式沙碧春,殉難。部缺筆帖式三音,殉難。葉爾羌印房章京長庚,全家殉難。糧餉章京哲成額,殉難。已革花翎回務章京隆書,陣亡。回務委筆帖式伊勒清阿,陣亡。糧餉部缺筆帖式春昇,陣亡。印房部缺筆帖式穆特恩,殉難。部缺印房委筆帖式伊敏阿,殉難。巴爾楚克糧員烏勒錫蘇,殉難。葉爾羌幫辦大臣升署塔爾巴哈臺參贊大臣武仁布,起程赴署任,行至庫車,遇回變殉難,妻、妾均盡節,子桂生,現年十九歲,交知府英林撫養。以上十四員名,均於同治三年六月、九月先後陣亡殉難。

葉爾羌陣亡殉難各回官:吐魯番花翎五品伯克那斯爾,殉難。吐魯番藍翎六品伯克依普塔里皮,力戰陣亡。吐魯番藍翎六品伯克和哲拜的,陣亡。葉爾羌五品帕霞布伯克四品頂帶阿哈買特,殉難。葉爾羌六品伯阿瓦普伯克伊布拉尹,陣亡。葉爾羌六品伯克都完買買特,陣亡。葉爾羌六品都管伯克斯的克,殉難。拜城四品世襲伯克素皮呢雅孜,殉難。五品頂帶伯克托古呢雅孜,殉難。六品明伯克雅合布,殉難。哈哈裏克六品伯克哎散,殉難。葉爾羌世襲掌教哎里木阿渾哎買提沙,城破殉難。六品頂帶回子斯拉木,殉難。六品頂帶回子胡完呢雅孜,殉難。六品頂帶回子阿渾,殉難。六品頂帶回子哎則孜,殉難。以上十六員名,均於同治三年六月、九月先後陣亡殉難。

喀什噶爾陣亡殉難文武各員弁:辦事大臣奎英,城破殉難,妾王氏、子育俊、孫靈景,均同殉,次孫桂格,年十四歲,現交知府英林撫養。幫辦大臣西寧鎮總兵世管佐領兼襲雲騎尉福珠凌阿,城破自焚,妻鈕氏、次子英俊、三子英敏、四子英志、長女、次女并長子之婦石氏、孫鍾祥,均同時赴火以殉。駐防印房糧餉回務章京舒津泰,力戰陣亡,妻臺氏并二女,均城破自盡。駐防署印房幫辦章京部缺筆帖式柯興額,殉難,子德克吉,本防禦衛候補驍騎校,現在營當差。駐防滿印房筆帖式海洪阿,殉難。駐防滿印房筆帖式哈新布,殉難。駐防滿印房筆帖式哲成布,殉難。駐防滿印房筆帖式伊吉斯渾,殉難。駐防滿印房筆帖式德音額,殉難。署喀什噶爾鎮標中營游擊西寧鎮標貴德營游擊富隆阿,陣亡,子裕興、裕志現在蘭州省城。駐防伊犁滿洲營佐領圖操阿,陣亡。駐防錫伯營防禦札綳阿,殉難。駐防錫伯營驍騎校莫爾格春,陣亡。駐防錫伯營領催穆精阿,陣亡。駐防錫伯營領催舒精阿,陣亡。駐防索倫營佐領薩炳阿,陣亡。駐防索倫營驍騎校札爾札胡,陣亡。駐防索倫營驍騎校訥爾精阿,陣亡。駐防索倫營領催羅秦太,殉難。以上十九員名,均自同治三年六月起至四年七月十二日城破,先後陣亡殉難。

　　喀什噶爾陣亡殉難各回官:花翎世襲五品頂帶署伊什罕伯克瑪木頭,城破殉難,子自未拉,現充斜海斯拉木阿渾。花翎三品頂帶四品商伯克捏雜爾,殉難,子巴海,現署伯什克勒木莊六品密喇布伯克員缺。花翎四品頂帶牌素巴特莊四品阿奇木伯克愛買爾,殉難。子兒力木,現署喀什回城六品扈什爾伯克員缺。花翎四品頂帶六品都管伯克毛拉依,殉難,子阿悟的,現署阿爾瑚六品阿奇木伯克員缺。花翎四品頂帶和色爾布依莊六品哈資伯克塔依爾,巷戰陣亡。藍翎帕提沙布伯克買賣提,陣亡,子庫圖魯克,現暫充回城四品喀雜納齊伯克。藍翎五品頂帶罕愛里克莊六品哈資伯克和伽拉克,陣亡,子拔陀,現署罕愛里克七品明伯克員缺。藍翎五品頂帶阿斯圖阿爾圖什莊七品明伯克阿布都開里木,陣亡。藍翎五品頂帶阿斯圖阿爾圖什莊七品明伯克調連提,殉難,子愛散,現存。花翎三品頂帶回子塔依爾,陣亡,子三雜依爾、買賣提、呢牙子均存。花翎五品頂帶回子巴海,殉難,子米滿,現存。藍翎六品頂帶回子以斯拉木,殉難,子賽依拉,現署回城七品明伯克員缺。阿渾回子素奴拉,殉難,子再畢布拉,現充大瑪雜爾斜海阿渾。以上十三員名。

　　和闐殉難文武各員弁:領隊大臣慶英,城破全家殉難。回務主事都林布,殉難。印房部缺筆帖式郭勒敏,殉難。清印房委筆帖式伊立東,殉難。清印房軍臺筆帖式更庚吐,殉難。清印房軍臺筆帖式蘇克清布,殉難。清印房軍臺筆帖式胡通布,殉難。以上七員名,均於同治三年夏間先後殉難。

　　和闐陣亡殉難各回官:和闐三品阿奇木伯克尼雅之,城破殉難。和闐七品木提沙布伯克哈士木,殉難。和闐四品伊什罕伯克哎則木夏,殉難。和闐五品商伯克買買夏,殉難。和闐七品什扈伯克阿木東拉,殉難。和闐七品圖薩拉明伯克依布拉印,殉難。和闐七品明伯克哎海買提,殉難。和闐七品明伯克巴海,殉難。和闐七品納可布伯克胡達伯的,殉難。哈拉哈什四品阿奇木伯克塔一爾,殉難。哈拉哈什七品圖拜伯克吐的,殉難。哈拉哈什七品明伯克沙木沙,力戰陣亡。哈拉哈什七品頂帶藥和卜,殉難。克里雅四品阿奇木伯克阿立馬士,殉難。玉隴哈什四品阿奇木伯克那士爾,殉難。玉隴哈什七品密喇布伯克買買提哎沙,殉難。玉隴哈什山堡莊七品密喇布伯克司馬引,殉難。玉隴哈什七品明伯克賽達哇,殉難。塔瓦克四品阿奇木伯克達五提,殉難。塔瓦克七品密喇布伯克哇哈布,殉難。塔瓦克七品密喇布伯克希立皮,殉難。以上二十一員名,均於同治三年夏間先後陣亡殉難。

　　英吉沙爾殉難文武各員弁:領隊大臣托克托布,城破全家殉難。署回務章京穆圖善,殉難。候補回務章京伊明阿,殉難。署中營游擊城守營都司常順,殉難。部缺筆帖式文秀,殉難。以上五員名,均自同治三年六月起至四年三月十六日,城破先後殉難。

　　軍機大臣奉旨:奎棟等各員弁,著該衙門查考明確,分別從優議恤。餘著照所議辦理。單并發。欽此。①

2.【同治三年】原件作"同治四年"。

3.【光緒十一年三月十七日】此奉旨日期,據《軍機處隨手登記檔》②校補。

──────────

①　中國第一歷史檔案館藏:《硃批奏摺》,檔號:04—01—16—0209—052;《左宗棠全集》,第十册,第8465—8482頁,上海書店出版社,1986;《左宗棠全集·奏稿七》,第242—246頁,岳麓書社,2009。

②　中國第一歷史檔案館藏:《軍機處隨手登記檔》,檔號:03—0246—1—1211—075。

146. 新疆驛站經費請參酌部議量爲變通摺

光緒十一年二月二十六日

欽差大臣督辦新疆事宜尚書銜甘肅新疆巡撫二等男臣劉錦棠跪[◆1]奏，爲新疆歲支驛站經費刻難一律照例，仍就現在情形參酌部議，量爲變通，恭摺覆陳，仰祈聖鑒事。

竊臣前奏新疆南路郡縣暨哈密、巴里坤軍臺一律仿照北路改爲驛站一摺。現准部臣議覆：哈密並南北兩路同、通、州、縣共設一百五十驛、馬一千七百十六匹，核與例額數目有減無浮，應請照准。至驛書一名，照例月支工食銀一兩五錢。兩馬一夫，每名照例支半年本色糧六石、半年折色銀六兩。每馬一匹，照例日給草料銀八分，歲支站價銀三兩四錢二分五釐，倒馬照例二分報倒買補。馬價應照甘肅定例，每匹准銷銀八兩。其餘浮多銀兩、麵觔、油燭、紙張、草料，概應刪除等因。奏奉諭旨允准，欽遵咨行到臣。查甘肅驛站、軍塘原額續增，合計關內外共設馬六千三百五十餘匹，夫三千六百餘名，並所牛拉車馬夫歲共需銀二十五萬七千餘兩。新疆既設行省，驛站即應分撥。計東自哈密猩猩狹起，西至喀什噶爾以達和闐州本城驛止，共六千九百餘里，北路亦二千八百餘里，較他省站口道里悠阻過半。甘省驛站，前經督臣譚鍾麟認真裁減，僅酌留東西大道寧夏、西寧兩府，驛馬一千六百八十餘匹，夫一千三百四十餘名。此外，如[◆2]安西玉門軍塘暨鞏秦階等處偏僻各驛，夫馬無多，歲共需銀十萬六千餘兩，節省經費爲數甚鉅。新疆久經兵燹，長途戈壁，或十餘站，或六七站，全無耕種。中間各驛食糧、草料，均由遠道搬運而來，需用一切勞費倍蓰。且民間傭作每日率取值二三錢，較關內輒昂數倍。若使在官人役，終年所入尚不及傭值之十一，亦誰肯舍其藝事，枵腹從公！臣前奏設新疆各驛,共設馬一千七百餘匹,較甘肅微有所增。夫僅八百餘名,較甘肅實已大減。蓋以餉項支絀,不得不格外撙節,然非厚其工食,使之足敷養贍,則在役者勢必紛紛求去,竊慮有誤郵傳。以故少設夫馬,優給餉糈,挹彼注兹,爲一時權宜之計,並聲明局勢大定,元氣漸復,再隨時酌核減支,非遂以此爲定例也。

然合新疆南北兩路,歲共支銀五萬餘兩,較之從前,支款裁減已多。以關内外原額續增二十五萬七千餘兩之數,計之節省將及十萬。在部臣體念時艱,自應律以成例。然事經創始,又必因地制宜,兩得其平,始無窒礙。兹謹就部臣原議詳加斟酌,所有馬料、草價、歲支站價、買馬價銀、倒馬分數及◆3 扣建、減平、截曠等項,均應如部臣所議。其每驛月支油燭紙張銀三兩。每驛書一名,月支工食銀四兩八錢。每夫一名,月支工食銀三兩。仰懇天恩俯念邊荒寒苦,人役艱辛,准照臣前議支給,並准月支白麵四十五觔。各於應得工食銀兩項下酌扣價銀六錢,按月報繳,以示限制,於撙節之中仍寓體恤之意,庶幾州縣可免賠累,民間永無差派,驛遞可期迅速矣。一俟招徠漸廣,隨時察酌情形,奏請核減,實於郵政大有裨益。是否有當,謹會同陝甘督臣譚鍾麟,合詞恭摺覆陳。伏乞皇太后、皇上聖鑒訓示施行。謹奏。光緒十一年二月二十六日◆4。

光緒十一年三月十七日◆5,軍機大臣奉旨:著照所請,該部知道。欽此。

【案】此摺原件①、録副②現藏於中國第一歷史檔案館,兹據校補。

1.【欽差大臣督辦新疆事宜尚書銜甘肅新疆巡撫二等男臣劉錦棠跪】此前銜據原件補。

---

① 中國第一歷史檔案館藏:《硃批奏摺》,檔號:04—01—01—0954—032。

② 中國第一歷史檔案館藏:《録副奏摺》,檔號:03—7138—003。

2.【如】原件、録副均作"加"。

3.【及】原件、録副均作"以及"。

4.【光緒十一年二月二十六日】此具奏日期,據原件補。

5.【光緒十一年三月十七日】此奉旨日期,據録副補。

147.歷年欠發軍餉懇飭提款清釐摺

光緒十一年二月二十六日

欽差大臣督辦新疆事宜尚書銜甘肅新疆巡撫二等男臣劉錦棠跪◆[1]奏,爲遵旨查明臣軍歷年欠發軍餉實數,照依部議截算至光緒十年止,以清界限,並懇天恩飭部指提的款,解甘清釐,以昭大信,恭摺仰祈聖鑒事。

竊臣前准部咨,遵旨會議具奏臣錦棠原奏統籌新疆兵餉、官制、屯田情形,以規久遠一摺。恭録諭旨,咨行到臣行營。除欽遵辦理外,查部咨後開:現議汰留兵勇,各軍欠餉實數,臣部尚難核計,應截至光緒十年止,令該大臣等將現存兵勇實數若干,歷年欠發某營某年餉項實數若干,於光緒十一年正月間一面具奏,一面分晰造册,送部酌量,奏明辦理等因。臣惟西征軍餉,嚮由前督臣左宗棠按照所轄馬步實在人數、需餉實數,通盤確估,奏明請旨飭經部臣核准,指撥協濟。果令報解之數各如指撥之數,則以入償出,年清年款,軍需各就清釐,營餉安有積欠? 無如每年牽算協餉,實解之數至旺不過六七成,少則四五成不等。左宗棠前因軍餉匱乏,酌量變通,每年每營照章發給滿餉三關,餘月酌發銀兩點綴鹽菜。其餘欠發之餉,按名存記,凱撤假旋之日,由該管將領截算清楚,申送行營,照册點驗,如數滿發,不折不扣,在公中稍資周轉,在兵勇藉免花銷,相示以誠,相要以久,以故時閱十餘年,師行萬餘里,仰賴朝廷威福,繹如秩如。臣於光緒六年十月間接縮兵

符,准左宗棠移交關外馬步,餉需一切出項歲需銀三百七十餘萬
兩,欠發各營餉銀二百五十餘萬兩。經臣與督臣等極力裁減,每
年尚需實餉二百七十餘萬兩。各省如能將協餉按年解足,則騰挪
節縮,酌盈劑虛,所有歷年舊欠自可勉圖補苴,不致重煩宸廑。伏
查西征協餉,除光緒四年以前各省關欠解銀三千一百六十餘萬兩
遵照部議停撥外,其五年以後應解足十成,九、十等年應解足八成
以上,疊經欽奉諭旨飭遵在案。現計此六年之間,續欠甘餉又增至
一千一百數十萬兩,各省之款解日短,此臣軍之欠餉所由日增也。
從前奏銷,截至光緒八年止,臣軍共欠發馬步各營旗存餉湘平銀二
百一十五萬三百四十一兩二錢一分七釐九毫九絲七忽六微。茲截
至光緒十年止除支發外,實欠發各營存餉湘平銀二百八十五萬五
百九十兩八錢四分七釐七毫五絲七忽八微。此各軍欠餉截算至光
緒十年止之實在銀數也。據行營糧臺道員王久銘呈報前來,臣覆
查無異。

　　竊維臣軍遠戍邊陲,如楚軍西征恪靖各營,均由左宗棠舊部
撥歸統轄。老湘各軍係隨臣轉戰關內,嗣復率同出塞,閱年既久,
時異事殊。從前裁併凱撤,輒因餉項有限,先儘疲弱假歸。現查
欠餉最鉅勇丁,均係多年老卒,鋒鏑餘生,錙銖積累,始能具有成
數。萬山萬水旅費恃茲,父母妻子事畜恃茲。或遣或留,已多觖
望。乃前之歸者,欠餉均已全發,而後之歸者,欠餉忽將折發,撫
今追昔,能無寒心? 聖朝厚澤深仁,超邁往代,賦不議加,餉無折
扣,薄海軍民,翊戴皇仁,與天無極,其所由來者久矣。臣原奏陳
明欠餉不宜折發者此也。本年甘肅新餉業經部臣通籌指撥,嚴定
考成,當無不給之慮。惟欠餉鉅款,尚屬虛懸,息息如堆重負◆²。
上年冬間,指望八成新餉旺解,藉得稍資清釐,經臣據實奏明,欽
奉諭旨,嚴催趕解,祇候日久,而報解之餉仍屬寥寥。查上年西征
協餉入款,江蘇、安徽解足八成,河南、山西約解七成,湖南約解六

成,四川、湖北僅解四成數分,其餘江西、山東、浙江、閩海等處解款僅及二三成不等。蓋海防吃緊,且有代還洋款出項,閩浙諸省先其所急,力難兼顧西餉,勢所必然。至若四川、河南等省,現有本年應解協甘新餉,湖北亦有川省抵撥之餉。各省才力能否兼籌上年欠餉,微臣無由懸揣。縱令各省關恪遵諭旨,關懷大局,竭力措解,未必悉能如數。且舊餉嚮與關內四六成劃分,杯水車薪,於臣軍欠發鉅款終鮮實濟,勢必致如部臣所慮,率將新餉填補舊欠,又啓新虧,愈累愈深,伊于胡底?臣原奏舊勇裁畢,統改坐糧,新疆每年節省兵餉不少。然欠餉最多各營均係行糧,必待專籌的餉解營,陸續撤舊換新,遞將行糧漸改坐糧,俾微臣得釋重負,而餉需從此節省,於國計邊防實多裨益。再四思維,惟有籲懇天恩俯允,飭部專指光緒六年以後協濟西征省分欠解項下,如數支提的餉二百八十五萬兩,分年分批,掃數撥解,再無延欠,臣得有所藉手,及早清償舊欠,改定坐糧,邊事幸甚。臣愚竊謂提各省欠解西征之餉補西征欠餉之軍,在部臣免從新籌措之煩,在各省關爲協濟應解之款,爲期不迫,爲數有限,當必力籌解濟,不致頻煩聖慮。

　　臣忝膺邊寄,時懼隕越,愚慮所及,是否有當,敬聽宸斷。其臣軍馬步弁勇名額並駐扎地段,業經照章按季造冊送部。光緒八年以前欠發營餉實數,亦經照章造銷各在案。其九、十兩年欠餉實數,茲已分年趕造細冊,容俟咨由督臣會核具奏。此次邀免另造細數,以省煩瀆。關內欠餉,應另由督臣譚鍾麟奏明辦理,合併聲明。所有遵旨查明臣軍歷年欠發軍餉實數,照依部議截算至光緒十年止,以清界限,並懇天恩飭部指提的款,解甘清釐,以昭大信各緣由,謹會同督臣譚鍾麟,恭摺馳陳。伏乞皇太后、皇上聖鑒訓示施行。謹奏。光緒十一年二月二十六日◆3。

　　光緒十一年三月十七日◆4,軍機大臣奉旨:户部議奏。欽此。

【案】此摺原件①、録副②現藏於中國第一歷史檔案館，兹據校補。

1.【欽差大臣督辦新疆事宜尚書銜甘肅新疆巡撫二等男臣劉錦棠跪】此前銜據原件補。

2.【如堆重負】原件、録副均作“如擔重負”，是。

3.【光緒十一年二月二十六日】此具奏日期，據原件補。

4.【光緒十一年三月十七日】此奉旨日期，據録副補。

•軍機大臣字寄：光緒十一年三月初五日奉上諭：希元奏中俄疆域毗連，東西橫亘萬里，防務莫重於吉林。至伊犁、塔爾巴哈臺、庫倫、黑龍江各城，無事自宜慎固封守，有事即須合力圖維等語◆1。所見甚是。思患豫防，必須未雨綢繆之計。該將軍、大臣等務當督率所屬，於中俄交涉事件持平妥辦，毋啓釁端。平時整頓營伍，並於邊情地勢留心偵察，隨時密陳。一面互相知照，設遇有警，候旨擇宜進取。在我則聲勢聯絡，在彼則應接不遑，庶足壯軍威而弭外患。希元原片著鈔給文緒等閱看。將此各密諭知之。欽此。遵旨寄信前來◆2。

【案】此“廷寄”缺原件，《光緒朝上諭檔》亦未刊載，僅見於《清實録》③，兹據校勘。

1.【案】光緒十一年三月初一日，吉林將軍希元以俄人於伯利、海參崴等處設卡添兵，悉力經營，已成重鎮，附片具奏：

　　　　再，俄人於伯利、海參崴等處設卡添兵，悉力經營，已成重鎮，黑頂子地方無故被其竊據。微論其心，但觀其迹，知實逼處。此非特扼高麗之吭，竊欲拊我之背，是今日防務莫重於吉林，亦莫切於吉林。上年冬間，添補防兵原額，曾將各軍駐扎處所陳明在案。第東邊地勢

①　中國第一歷史檔案館藏：《硃批奏摺》，檔號：04—01—01—0953—027。

②　中國第一歷史檔案館藏：《録副奏摺》，檔號：03—6096—016。

③　《清實録·德宗景皇帝實録（三）》，卷二百五，光緒十一年三月，第904頁。

遼闊，寧、姓、琿一帶袤延千百餘里，有路皆通，無險可守，必謂有此防軍，即可以杜其狡謀。奴才誠不敢言。然統觀全局，雖强大如俄，亦有不足慮者。中俄疆域毗連，東西橫亘萬里，唇齒相依，利害相共，我防彼，彼亦防我，彼能來，我亦能往，非若泰西諸邦重洋險阻，不能越國鄙遠也。竊計伊犁、塔爾巴哈臺、庫倫、黑龍江各城，皆有重兵屯扎，無事自宜慎固封守，有事則緒合力圖維。如敵欲逞志於東，則西北各軍分道並進，或攻其要害，或略其屬部。若西域有驚，東北各省亦如之。如此牽制，使彼應接不遑，則勝算操之。自我是以戰爲守，即可制敵。設各省自顧藩籬，聲氣不相聯絡，恐勢成坐困，殊非善策。謹奏。

　　光緒十一年三月初一日，奉旨：知道了。所見甚是，留備采擇。①

2.【遵旨寄信前來】此句係推補。

148. 移營烏魯木齊日期摺

光緒十一年三月初六日

　　欽差大臣督辦新疆事宜尚書銜甘肅新疆巡撫二等男臣劉錦棠跪◆[1] 奏，爲微臣移營烏魯木齊行省日期，恭摺仰祈聖鑒事。

　　竊臣前欽奉恩命，補授甘肅新疆巡撫，比經恭摺叩謝天恩，並瀝陳下情，未邀俞允。當時事孔棘之秋，正犬馬圖報之日，自應勉膺艱鉅，何敢有外生成？竊維全疆地處極邊，幅員遼廓，行省諸務創始，舉凡兵餉、吏治、屯墾，起廢振興，在在均關緊要。而强鄰逼處，整軍經武，尤爲今日要圖。臣以愚昧，膺兹重任，竊慮弗勝，惟有恪遵聖訓，敬畏時存，庶幾勉竭駑駘，少酬高厚。哈密爲南北樞紐，論行軍轉餉，呼吸相通，本屬新疆要地。然此時既設行省，局勢迥別。臣當及時晉駐烏魯木齊，暫居行營，規畫一切，業於前奏

　　① 王彦威纂輯、王亮編、王敬立校：《清季外交史料》，第 1014 頁，書目文獻出版社，1987。

陳明。適據藩司魏光燾稟報:已於本年二月二十二日由蘭州啓行西來。臣準期三月初六日率親兵隊伍,由哈密晉駐烏垣。後路權留行營營務處辦理哈密糧臺道員王久銘,兼帶湘軍步隊中旗官馬隊一起,合哈密協營土勇一旗,分扎操防,兼護饋運。至行省應辦各事宜,頭緒繁多,擬俟微臣抵省後,悉心體察,隨時隨事與金順、譚鍾麟等和衷商酌,督同魏光燾熟計兼籌,次第奏明辦理。再,甘肅新疆巡撫、布政使兩缺,係屬新設,應懇天恩飭部擬篆巡撫關防模式一顆、布政使印模一顆,恭候欽定鑄造,頒發啓用,以昭信守,合併陳明。所有微臣移營晉駐烏魯木齊行省日期各緣由,謹具摺馳報。伏乞皇太后、皇上聖鑒訓示施行。謹奏。光緒十一年三月初六日◆2。

　　光緒十一年三月二十六日◆3,軍機大臣奉旨:該部知道。欽此。

　　【案】此摺原件①、錄副②現藏於中國第一歷史檔案館,茲據校補。

　　1.【欽差大臣督辦新疆事宜尚書銜甘肅新疆巡撫二等男臣劉錦棠跪】此前銜據原件補。

　　2.【光緒十一年三月初六日】此具奏日期,據原件補。

　　3.【光緒十一年三月二十六日】此奉旨日期,據錄副補。

　　【案】光緒十一年五月十三日,片奏暫行刊給甘肅新疆布政使關防啓用,以昭信守:

　　　　再,調補甘肅新疆布政使魏光燾,於本年四月二十六日抵省,經臣飭赴新任。惟該藩司印信尚未准部頒到省,應暫行刊給關防,以昭信守。茲刊就木質關防一顆,文曰"甘肅新疆等處承宣布政使司關防",由臣飭發祇領啓用。謹會同陝甘督臣譚鍾麟,附片陳明。伏乞

①　中國第一歷史檔案館藏:《硃批奏摺》,檔號:04—01—12—0532—055。
②　中國第一歷史檔案館藏:《錄副奏摺》,檔號:03—5194—097。

聖鑒。謹奏。

　　光緒十一年六月十三日,軍機大臣奉旨:知道了。欽此。①

同日,新疆巡撫劉錦棠又奏委魏光燾綜理營務:

　　再,藩司魏光燾以道員統兵,轉戰關隴,懋著戰功,尤能盡心屯墾。嗣在甘肅藩司任内,經督臣委綜關内防軍營務,治軍轉餉,悉協機宜,於邊地情形亦極熟悉。該藩司現抵新任,應即檄委綜理臣軍營務,以資臂助。除檄飭遵照外,謹附片具陳。伏乞聖鑒。謹奏。

　　光緒十一年六月十三日,軍機大臣奉旨:知道了。欽此。②

149.登覆各營應支雜支章程摺

光緒十一年三月初六日

　　欽差大臣督辦新疆事宜尚書銜甘肅新疆巡撫二等男臣劉錦棠跪◆1奏,爲關外各營旗應支月餉及一切雜支章程,開單立案,經部臣分別准駁,謹逐款登覆,籲懇天恩飭部查核准銷,以昭核實,恭摺仰祈聖鑒事。

　　竊臣前將關外應支月餉及一切雜支等項開單,奏明立案,欽奉諭旨:該部知道。單併發。欽此。嗣准户部咨開:核覆前項各款,分別准駁,鈔單知照到臣。當經轉飭行營糧臺,查核議覆去後。兹據督辦行營糧臺陝西候補道王久銘詳稱:遵查准駁各條,檢對歷年支發各款成案,參酌現在情形,逐一細心妥議。如營餉則分別行糧坐糧,勇數陸續裁併,有減無增。南路設官分職,前設善後總分各局,已從十年正月以後次第裁撤,改歸地方官辦理。未裁以前已支款項,應請核銷。其九年底止酌留之保甲十六局,

　　①　中國第一歷史檔案館藏:《硃批奏片》,檔號:04—01—16—0217—061;《録副奏片》,檔號:03—5197—080。

　　②　中國第一歷史檔案館藏:《録副奏片》,檔號:03—5197—031。

暫難裁撤。蠶桑總分各局,已擬裁撤五分局。其蠶織總局、蠶桑六分局,未便全行裁撤,均已於清摺內聲敘明晰。至庫車、喀喇沙爾、吐魯番各處原設軍裝硝藥各局及沿途柴草局站,曾經陸續分別撤留,隨時詳明在案。新疆南北兩路情形不同,豐歉亦異。光緒六年分,報收各色京斗糧三十四萬七千餘石,内惟南路爲最多。北路自兵燹之後,人民稀少,由官設法招徠,籌給牛籽、農具。八年,徵獲各色糧石無多。分防各營自喀喇沙爾以東至哈密,自哈密以北至精河,各軍馬步營旗需用糧料,皆須采運。是督催糧運、屯采、采運各局,應請暫緩議撤。湘楚各軍員弁勇夫津貼、米折銀兩,已於九年秋季概行停支。義學、牛痘經費,本屬地方官應辦之事,除由軍需項下已支款項應請核銷外,嗣後應如何就地方籌款支給,及房租、雜稅能否足數,義學經費之用,應由各管道妥議辦理。謹遵照將關外營餉局費及一切雜支等項核明,逐款登覆,繕呈清摺,詳請鑒核,奏咨立案,以便報銷等情前來。

　　臣查餉項出入,國帑攸關,不容絲毫浮濫。部臣綜理度支,先於奏報立案章程詳加考核,以杜濫支冒銷,自屬實事求是之道。惟新疆僻處窮邊,幅員遼闊,即南北兩路同屬新疆,亦有相距之五六千里者。浮沙鹹灘戈壁,觸目皆是,可耕地土不過十分之二。所需食用各物,全賴内地各省以車駝運載而來,價值本異常昂貴。兵燹後,南路漢民及北路孑遺寥寥無幾,因之商賈罕到,物價較承平時更增數倍。臣軍員弁、勇夫、匠役,多係東南各省之人,邊荒遠役,時切歸思,亦人情所不免。若不厚給薪糧,稍加體恤,斷難踴躍從事。現值時事多艱,餉項奇絀,宵衣旰食,昕夕不遑。微臣具有天良,自應力求撙節,以期餉不虛糜。數年以來,與營務、糧臺各員逐一講求,將左宗棠所定章程酌量變通,於可裁節者,即行裁節。諸凡歸併馬步營旗、汰裁◆2臺局員弁、擬定兵數餉數,實已省之又省。其礙難議裁議減之款,不得不仍照舊章支發。查核道員王久銘詳賚逐款聲覆清單,均係新疆實在情形。合無仰懇天恩飭部,照單悉予核銷。自九年起有應遵照裁減者、有應歸併者、有因地制宜暫難循例者、有按照成案辦理仍須略爲變通者,仰乞恩施,飭部分別立案,免予核駁,邊事幸甚。所有關外支發各款章程現准户部核駁各條,謹已逐一登覆。除咨户部查照外,謹繕清單,恭呈御覽。伏乞皇太后、皇上聖鑒訓示施行。謹奏。光緒十一年三月初六日◆3。

　　光緒十一年三月二十六日◆4,軍機大臣奉旨:户部知道。單併發◆5。欽此。

【案】此摺原件①、録副②現藏於中國第一歷史檔案館,兹據校補。

1.【欽差大臣督辦新疆事宜尚書銜甘肅新疆巡撫二等男臣劉錦棠跪】此前銜據原件補。

2.【汰裁】原件、録副均作"汰減",是。

3.【光緒十一年三月初六日】此具奏日期,據原件補。

4.【光緒十一年三月二十六日】此奉旨日期,據録副補。

5.【案】呈甘肅關外支發各軍餉項及一切雜款章程部駁原單逐款登覆清單,現藏於中國第一歷史檔案館,内容如下:

　　　　謹將甘肅關外支發各軍餉項及一切雜款章程,遵照部駁原單,逐款分晰,繕具清單,恭呈御覽。

　　　　一、户部原奏清單内開:甘肅關外楚湘皖蜀馬步各營旗暨新挑各旗員弁勇夫薪糧,均照楚軍營制行糧坐糧章程分別支給款。查楚軍舊制,有哨長,無副哨官,應將副哨官仍改爲哨長。舊制哨長日給銀二錢,今日支銀二錢六分六釐六毫六絲六忽,計多銀六分有奇,應令刪除。舊制每營用長夫一百八十名,祗許減少,不准增多。今用長夫一百九十二名,計多夫一十二名,應令刪除。嗣後除搬運夫三十六名

①　中國第一歷史檔案館藏:《硃批奏摺》,檔號:04—01—35—0986—039。

②　中國第一歷史檔案館藏:《録副奏摺》,檔號:03—6096—020。

由兵部核銷外，其餘一百四十四名，應歸臣部核銷。至勇數、餉數，尚與舊制符合，擬請照准。再，舊制營官公費，凡幫辦及管帳目、軍裝書記、醫生、工匠薪糧並製辦旗幟、號補各費在內，應行添注，以杜另支浮銷等因。遵查楚軍行糧章程，前經左宗棠核定勇數、餉數，酌量變通。步隊每營大建月支銀二千九百三十六兩二錢，小建月支銀二千八百四十五兩。每營以五百人爲定額，營官、副哨長、長夫在外。每營分前、左、右、後四哨，親兵隊歸營官自帶。前、左、右、後四哨，每哨正哨長一員，除應支薪糧外，每員給私夫二名。外加副哨長四員，本無哨官名目，應遵照改爲哨長，每員日支薪糧銀二錢六分六釐六毫六絲六忽，每員給私夫一名，計每營共用私夫一十二名。部議所謂多夫十二名者，即指此項私夫而言。查正副哨長必擇久經戰陣之員充當，冀其勤加訓練，俾勇丁悉成勁旅。有事則以一員帶隊、一員守營，責任均屬綦重，故哨長薪糧量爲從優，並分等加給私夫，係爲激勵戎行起見。其私夫口糧，即於定章月餉內支給，並非於月餉外另有增加。已咨戶部，請仍照向章准銷。至營官公費，凡幫辦及管帳目書記薪糧並官銜、姓旗、號補公用公費在內，遵照部議添注。惟醫生向係另支，不在公費之內。查新疆與內地情形不同，營中不帶醫生，則員弁勇夫遇有疾病，無人診治，礙難裁減。

又部單內開：查舊制並不分旗。今新章以三百七十人爲一旗，親兵四隊、中左右三哨，核計弁勇數目，與舊制符合。惟長夫一項，舊制親兵每劈山炮隊用長夫三名，每刀矛小槍隊用長夫二名。今親兵隊概用長夫三名，計多夫三名。哨官每員多私夫二名，共多六名。副哨官即哨長每名多夫一名，共多夫三名。統共多夫十二名，應令刪除。嗣後除搬運夫二十四名由兵部核銷外，其餘一百名均歸臣部核銷等因。遵查楚軍步隊一旗行糧章程，每旗員弁勇夫按照營制遞減，每大建月支銀二千一百四十七兩六錢，小建月支銀二千八十兩八錢八分。每旗以三百七十人爲定額，副哨長、長夫在外。親兵四隊歸旗官自帶，按照營章，每隊用長夫三名，內劈山炮隊除照章三名外，依營制應加長夫一名，向由旗官公夫內變通勻給，不另開支。是旗制親兵隊長夫較營制祇有減少，並無增加。至中左右三哨設正哨長三員，每員給私夫二名，外加副哨長三員，每員給私夫一名，均照營章即在月餉內支給，並無浮多。前條業經聲敘。所有正副哨長私夫及親兵隊長夫名數定額，已咨戶部，請仍照原單立案。

又部單內開：查楚軍舊制，馬隊每營營官一員、字識一名，分前後左右中五哨。其前後左右四哨，各立正哨官一員、副哨官一員。中哨即以營官為正哨外，立副哨官二員。每哨馬勇五十名。每棚什長一名，一營共什長二十五名，散勇二百二十五名。營官及兩副哨、幫辦、書識等，共用火夫二名。四哨之正副哨官，共用火夫四名。二十五棚每棚用火夫一名，通營共火夫三十一名。其薪米口糧之制，營官月給薪米並馬乾銀五十兩、公費銀一百兩、馬四匹。幫辦月給銀十六兩、馬一匹。字識月給銀九兩、馬一匹。正哨官每員月給銀十八兩，副哨官每員月給銀十五兩，各給馬二匹。什長每名日給銀二錢六分，馬勇每名日給銀二錢四分，均各給馬一匹。火夫日支銀一錢一分等語。今單開馬夫一項、公長夫一項，均舊制所無。領旗、先鋒，舊制亦無此名目。至於雜費、馬乾，舊制亦不另行開支。通盤計算，舊制每大建月支銀二千二百餘兩，今單開月支銀三千一百餘兩，未免浮多。所有馬隊營制、餉項，應令仍照舊制辦理，以歸劃一。再，查舊章，獸醫、鐵匠、旗幟、大小掃把、鐵刮、竹槽，出自營官公費，應行添注，以杜另支浮銷等因。遵查馬隊一營行糧章程，前經左宗棠核定，按照舊制，酌量變通增減。每營以二百五十人為定額，火夫、長夫、馬夫在外。改什長為領旗名目，並未加增口糧。裁中哨副哨官二員，改設先鋒五名，以資差遣哨探，日夜巡查。定額馬為二百五十二匹，內營官三匹，餘均各給一匹，每匹定給馬乾外，不另支草料。營官馬夫由長夫內提用，其餘每馬一匹，給夫一名，專司牧養，為各弁勇蓄銳分勞，平時不廢操防，臨陣亦皆驍勇。故將各弁勇薪糧酌定，分別加給夫乾雜費，認真整頓，以成勁旅。定給雜費，為修整皮鞍、籠頭、皮條、韁繩、釘掌各項之用，庶各知愛惜，俾一切鮮明精緻，足以壯我軍威。公用長夫五十名，搬運軍裝、子藥及一切差使，全賴其力。通盤計算，尚無浮多。雖新章舊制稍有參差，而勇數、餉數惟求核實。計自光緒六年以前，均照核定章程支發核銷在案。所有馬隊一營應支雜費、馬乾、馬夫、公長夫等項，現均查照向章辦理，實屬難於議減。已咨戶部，請仍照原單立案。其獸醫、鐵匠、旗幟、大小掃把、鐵刮、竹槽，出自營官公費，遵照部議添注。

又部單內開：查馬隊每旗人數，以全營折算，殊多不合。先鋒、領旗較什長多三名，親兵多十七名，馬勇少十八名。如難以強分，應令按照舊制，併旗爲營，以歸劃一等因。遵查楚軍馬隊一旗章程，係按照全營遞減，每旗以一百二十五人爲定額，火夫、馬夫、長夫在外。內旗官一員，分中左右三哨，左右兩哨各設哨官一員，中哨歸旗官自帶。設立先鋒四名，親兵三隊。改什長爲領旗，每隊領旗一名，親兵九名。左右兩哨每哨哨官一員、護勇四名。每哨四隊，每隊領旗即什長一名，馬勇九名。外火夫十四名，公用長夫二十五名，額馬一百二十七匹，內旗官三匹。馬夫由長夫內提用。餘均各給一匹。每馬給夫一名。所有薪糧、雜費、草乾，均同營章，每大建月支銀一千六百七兩七錢，小建月支銀一千五百十九兩六錢三分。蓋以局勢維艱，餉源支絀，裁勇仍可節餉，併營仍舊駐防。新疆地處極邊，幅員遼闊，必每處駐營，則兵力、餉力均有不敷。若分扎哨隊，於操防一切，既多不便，且恐該管官難於照察，或致別生事端。節餉籌防，勢須兼顧，方爲妥協。是以酌量併營爲旗，編伍微有變通，操防仍歸一致，於分防地段既屬相宜，而聲威亦無稍損，蟬聯一路，氣息相通。故餉數雖減於全軍一半，而獲益與全軍無異，向係循章辦理，已咨戶部，請仍照原單立案。

又部單內開：查楚軍舊制，每營五百人，營官、哨官在外。新章將哨長裁去，合哨官共五百人爲一營，按名核計，均與舊章符合。惟長夫一項，較舊制互有增減。通盤計算，多夫十二名，應令刪除。嗣後除搬運夫三十六名由部核銷外，其餘一百四十名，應歸臣部核銷。至坐糧餉章較舊制核減，每月約可節省銀六百餘兩，擬請照准。再，查公費銀一項，舊制有幫辦、管帳目、軍裝、書記，醫生、工匠薪糧並製辦旗幟、號補各費在內字樣，應行添注，以杜另支浮銷等因。遵查楚軍步隊一營坐糧餉數，較行糧核減，勇數按照行糧定額。除裁減副哨長四員、私夫四名外，其餘員弁勇夫數目，均與行糧營章符合。通盤計算，並無浮多。已於行糧款內聲明。至營官公費，凡幫辦及管帳目書記薪糧並官銜、姓旗、號補、公用公費在內，遵照部議添注。惟醫生在外，已於前款內聲明。已咨戶部，請仍照原單立案。

又部單內開：每旗人數以全營折算，尚與舊章符合。惟長夫一項，舊制每劈山炮隊用長夫三名，每刀矛小槍隊用長夫二名。今親兵概用長夫三名，計多夫三名。又舊制並無私夫，今哨長各有私夫二名，統計多夫九名，應令刪除。嗣後除搬運夫二十四名由兵部核銷外，其餘一百名均歸臣部核銷等因。遵查楚軍步隊一旗坐糧餉數，較行糧旗章核減。步隊一旗每大建月支銀一千六百二十九兩三錢，小建月支銀一千五百七十七兩一錢九分。勇數每旗以三百七十人爲定額，外長夫一百三十三名，按照行糧核減。副哨長三員，私夫三名，所有親兵隊長夫、哨長、私夫額數，均同行糧章程，已於行糧款內聲明，尚係循章辦理，並無浮多，已咨戶部，請仍照原單立案。

又部單內開：查舊制並無雜費、公長夫，應照章刪除。舊制亦無先鋒、領旗名目。惟舊制什長係二十五名，今先鋒、領旗亦二十五名，口糧均較什長有減無增。又舊制餉項較厚，不另支馬乾，亦無馬夫。今餉項較少，所有馬乾、馬夫口糧，均請照准。其餘各項人數、餉數，核與舊制均無浮多。再，查舊制，獸醫、鐵匠、旗幟、大小掃把、鐵刮、竹槽，出自營官公費，應行添注，以杜另支浮銷等因。遵查楚軍馬隊一營坐糧，其員弁勇夫、馬乾、雜費，均按照行糧定章，惟餉數則較行糧核減。所有雜費、公長夫、先鋒、領旗名目，均於行糧款內聲明，向係循章辦理。其獸醫、鐵匠、旗幟、大小掃把、鐵刮、竹槽，出自營官公費，自應遵照添注。

又部單內開：查馬隊每旗人數，較全營已減一半，薪公亦應照數核減。營官薪水應改爲月支二十五兩，公費改爲月支四十兩。再，查每旗人數，以全營折算，殊多不合。先鋒、領旗共多三名，親兵多十七名，馬勇少十八名。如難以强分，應令併旗爲營，以歸劃一。至餉項准駁，概同前款等因。遵查楚軍馬隊一旗坐糧，其員弁勇夫馬乾、雜費，均按照行糧定章，餉數則較行糧核減。惟旗官一員，月支薪水銀四十兩、公費銀五十兩，以原定幫辦、書記薪糧及公用公費、馬藥等項在內。營官、旗官所管勇數雖有不同，而用款所差無幾，薪公減去三分之一，已屬格外撙節，似難再爲核減。計馬隊一旗坐糧，較行糧每月約可節省銀四百八十餘兩，向係循章辦理，已於行糧款內聲明。已咨戶部，請仍照原單立案。

又部單內開：關外喀什噶爾、阿克蘇、哈密分設開花炮隊，員弁勇夫照章支給薪糧款。查開花炮隊向無定章，今擬比照楚軍行糧章程，酌量加增。炮長擬比照正哨官，加倍支給，日支銀六錢，計月支薪水銀十八兩，公費即照原議月支銀二十兩，不扣建。什長擬比照步隊什長，加倍支給，每名日支銀三錢。護勇、炮勇擬比照步隊正勇，加半支給，每名日支銀二錢一分。車夫、火夫仍照原議，每名日支銀一錢一分。至內地各省炮隊，不得援以爲例等因。遵查行軍以火器爲先，開花、後堂、田雞各炮，采自外洋，穿以鐵杆、走輪，駕以騾馬，名曰炮車，洵爲軍中利器。洋藥、彈子均按堂口采購，價值固屬不貲。況由滬上轉運西來，運脚亦復不少。必須熟諳機器之人，用法精詳，方能命中。前經左宗棠再三籌畫，招募上海、廣東、浙江熟習炮手，勤加訓練，著有成效。因關外地方險遠，酌照洋匠，分別定章，原較步隊哨官、什長、正勇行糧，特加優厚，擇要安設。每處員弁勇夫以九十九人爲定額，內炮長一員，月支薪水銀三十兩、公費銀二十兩，均不扣建。什長六名，每名日支銀五錢。護勇五名，炮勇七十二名，每名日支銀二錢六分六釐六毫六絲六忽。車夫八名，火夫其七名，每名日支銀一錢一分。以上每處炮隊，大建月支銀八百五兩五錢，小建月支銀七百八十兩三錢一分七釐。誠以關外地方寒苦，遠至萬里，非厚給薪糧，不足贍其身家，難期得力。故向依舊章，核實支給。再四思維，實屬難以議減，已咨戶部，請仍照原單立案。

一、部單內開：甘肅關外楚皖蜀馬步各軍營旗統領，照章分別支給公費款。查楚軍舊制，凡統領自帶一營，本營之薪水、公費已足敷用，此外從優酌加。凡統至三千人以上者，每月加銀一百兩，加夫十名。統至五千人以上者,每月加銀二百兩,加夫二十名。統至萬人以上者,每月加銀三百兩,加夫三十名。今單開統領公費一款,與舊制不合,應令仍照舊制辦理,以節冗費。現在各處防營並無出征之事,祗准照章給銀,毋庸加夫等因。遵查統費一項,前經左宗棠核定,按所統營數,酌給統費、長夫,以資應用。因統領所部營旗,隨時訓練,整頓營規,事務浩繁。其弁勇中之差操勤慎者,分別酌賞。如臨陣打仗,奮勇爭先,或偵探確切,俾運籌分布,悉合機宜,犒賞尤須從厚,以示鼓勵。故於統費量爲從優,藉資津貼。楚軍營制,凡營中員弁勇夫各有專司,晝則梭探操防,夜間支更放哨,輪流互換,勞逸均勻。其餘雜差,不准支使。故又於統費外分等另給長夫,輪班差使,用示區別。現在雖無出征之事,而地連夷壤,防務仍未敢鬆勁。凡各統領統費、長夫,均循照舊章,仍按所統營旗多寡,分等支給,以示體恤。揣度情形,礙難議減,已咨戶部,請仍照原單立案。

一、部單內開:甘肅關外湘楚軍馬步各營旗統領營務處,照章支給公費並各員弁勇夫加給米折銀兩款。查總理營務處及分統各員,據該大臣各營旗駐扎清單內開,均管帶爲步營勇,自應按照舊制,計所統勇數多寡,從優酌加公費,不得另按營務處分統名目,重複支給。至文案、支應、書識薪水,辦公究係支給何營之項,未據聲叙明晰,令查覆再行核辦。小馬隊一哨,舊章無此營制,應令歸併成營,以歸劃一。柴草價銀既經該大臣裁止,應毋庸議。至楚軍馬步各營旗無論員弁勇夫,每員名月給津貼、米折銀四錢五分,據稱關外食物昂貴,未便遽裁一節。查光緒六年,據該大臣奏稱,關外糧價較賤,頗有谷賤傷農之患。是該處食物並非昂貴,已有可據。所有米折一款應悉刪除,以節糜費等因。遵查營務處二員、分統五員,前經左宗棠核定薪米公費。各營旗員弁勇夫並小馬隊一哨,按名加給米折、柴草、津貼銀兩。截至六年底止,均經奏明在案。自光緒七年正月起,將柴草津貼裁撤。酌留總理營務處一員,月支薪公銀二百兩,分統五員,每員月支薪公銀二百兩、公費銀一百二十兩。因各分統軍書旁午,不能無文案、支應、書識各員幫同案牘、冊籍。各員薪水即於公費一百二十兩内支給,並未另給。何營其分統薪水量予從優、藉資津貼緣由,前條業已縷晰聲明。至總理營務處一員,凡行營所部各軍關涉營務之事,無論鉅細,均歸該員核辦,最爲繁劇。隨同辦事員弁薪糧爲數不少,故不得不優給薪工,免致賠墊。分統專司所屬一軍之事,情形不同,是以自出關後,凡營務處分統薪水、公費,均係分別另行支給,以資應用,應請准銷。至小馬隊一項,各分統臨陣打仗,開差守營,全賴其護衛。平日凡有調遣指揮,亦藉資驅使。無此則號令全不靈動,每至貽誤事機,故令挑選久經戰陣、奮勇得力者,准其自蓄私馬,編成一哨,以資護衛衝鋒。除照章支給馬夫、火夫、公長夫外,其馬乾、雜費、倒馬價銀,概不另支,以示撙節。因地變通,雖爲舊制所無,實爲行軍切要。至米折一項,查湘軍營制,自同治年間剿捻時,即有米折及津貼、柴草銀兩。出關時,酌撥楚軍馬步營旗,同役退隊,員弁勇夫行糧不敷食用,與湘軍事同一律,未便歧視,致生觖望。故循照湘軍舊章,楚軍員弁勇夫亦按名月給津貼、米折銀四錢五分,並分別津貼、柴草價值,以示體恤而資飽騰。食物昂貴,原不專指米糧。關外各項用物,無不異常昂貴。地方甫經兵燹,商賈尚未流通,不得不量予從優。除柴草價銀業於七年正月起一律裁止外,米折一項亦於九年九月底裁止。以上各項,已咨户部,請仍照原單立案。

一、部單内開:甘肅關外軍營臺局派委辦差文武各弁支給薪糧款。查光緒六年,據該大臣奏稱,關外每年收糧三十餘萬石,以充軍食,劃抵兵餉。核計該軍勇數、該處糧數,每年軍食之外,儘有餘糧,何須采運?關外改設州縣,軍營差使過境,自有地方官供應,毋須另行派員。所有督催糧運總局、屯采總局及柴草局、柴草站文武員弁,應令全行裁撤。行營軍裝製辦總局以及行營辦理文案、押運差遣文武各員弁,應令大加裁減,酌定額數,分晰報部查核。至應支薪水,未免繁費,擬照關内章程,量爲加增文職道員、武職提督月給銀六十兩,知府、總兵、副將月給銀五十兩,同、通、州、縣、參將月給銀三十五兩,佐雜、都司月給銀二十五兩,守備月給銀二十兩,千總月給銀十六兩,把總月給銀十二兩,經制、外委月給銀十兩,以示體恤等因。遵查六年報收各色京斗糧食三十四萬餘石，南路西四城居其大半。其餘自喀什噶爾東至哈密，北至鎮迪道，各屬兵燹之後，戶口甚少，所獲糧石無多。所有駐防營勇距西四城遠至三四十站，少亦二十站不等，不能不設局派員，另籌采運，以備供支。所有督催糧運、屯采、柴草各局站，雖漸次裁併，究難全行裁撤。至行營軍裝製辦總局以及行營辦理文案、押運、差遣文武員弁，自新疆肅清以來，已屬減而又減。關外物價昂貴，較之內地奚啻倍蓰，各員弁久役邊關，盡心供職，與內地當差勞逸迥殊。若僅照關內章程少爲加增，尚無以示體恤。所有關外軍營臺局辦差文武員弁支給薪糧章程，已咨戶部，請仍照原單立案。

一、部單內開：甘肅關外各臺局站設立經帖各書，支給口食，並酌給紙張筆墨油燭款。查督催糧運總局、屯采總局、采運局及柴草局、柴草站，均已議裁，所有經承、帖寫、字識均應裁撤。紙張、筆墨、油燭銀兩亦毋庸開支。至糧臺及軍裝硝藥局經承、帖寫額數，月給紙張、筆墨、油燭銀兩，軍需例則內載酌量事務繁簡，查明奏辦。應如該大臣所議辦理，核實報銷。至經承、帖寫應比照臣部則例，書吏日支京升票米八合三勺，月支銀四兩八錢，扣建支給。又紙張、筆墨關外既開支銀兩，甘肅、鄂、陝各臺即毋庸代爲購辦。如必須由後路購買，即於該臺局應支銀兩扣出，不得另支。應知照工部暨陝甘總督，查照辦理等因。遵查督催糧運總局、屯采、采運總分各局及柴草局、柴草站、硝藥局暫難全裁情形，業於前條縷晰陳明。其應行裁撤者，遵照截至九年底酌量裁撤，歸地方官采備供支，均經奏咨在案。其經承、帖寫、字識月支工食及月支紙張、筆墨、油燭各項銀兩，均截至九年底裁撤止。從前已支之款，應請仍照原單一併核銷。至於未撤之糧臺、軍裝製辦、督催、糧運及屯采、采運總分各局並酌留之柴草局經承、帖寫、字識，原應比照則例，書吏口分支給銀糧。惟回疆自兵燹之後，人民稀少，物用昂貴，經帖、字識由內地應募而來，均屬赤貧，離家皆數千里或萬里不等。若按照軍需則章支給，一身衣食尚屬難敷，家口更無可養贍，已咨戶部，請仍照原單立案。紙張、筆墨既支銀兩，如由後路購辦，應遵照部章，在於應支銀內劃扣，不再另支。

一、部單內開：甘肅關外各臺局招募防護勇夫，並設纏回字識、通事，照章支給口糧款。查督催糧運總局、屯采總局及柴草局、柴草站，均已議撤。所有防護勇夫及雜色人等應令裁撤。至糧臺及軍裝局招募護勇，係爲慎重起見，應准招募，並酌定額數，報部查核。所需口糧應照楚軍坐糧章程，什長日支口糧銀一錢三分，勇丁日支口糧銀一錢一分。毋庸招募長夫，以歸節省。至纏回通事、字識、翻譯，據稱統領營官募用一二名不等。查張曜一軍，係在回疆。該軍報銷並無此項名目，應令刪除。糧臺及軍裝局需用纏回字識、通事、翻譯若干名，應令該大臣酌定額數，報部查核。所有口糧應如原議辦理等因。遵查督催糧運總局、屯采總局，暫難裁撤。惟采運分局、軍裝硝藥局及柴草局、柴草站截至九年底止陸續酌量裁撤，業經分別撤留，開單奏咨在案。其各局站護勇、長夫、纏回字識、翻譯口糧銀兩，截至九年底止，及糧臺督催總局、屯采、采運總分各局、軍裝局、柴草局從前已支之款，應請仍照原單，一律准銷。至護勇口糧，分別什長、勇夫，按照坐糧支給，原是正辦。惟念該勇夫等均由內地招募而來，離家皆數千里或萬餘里不等，雖專護臺局，平時差操防護，放哨支更，晝夜輪派，無間寒暑，其勤勞辛苦，究與行營無殊，故向來均照行糧支給，並准招募長夫，分任其勞。茲准部核議，自應遵辦。擬自光緒十年六月底止，已發各臺局站勇夫薪糧，請仍照楚軍營制行糧章程准銷。十年七月初一日起，遵照部文，改爲坐糧，並停止募夫，以資撙節。至纏回字識、翻譯，該統領營官原募者，應遵照刪除，由各統領營官自行支給，不另開支。其各臺局站需用纏回字識、通事、翻譯若干名，遵照分別事之繁簡，據實支給口糧造報，已咨戶部，請仍照原單立案。

一、部單內開：甘肅關外軍營需用糧料、柴草，分途采買，均照各處市估發價，及應用倉夫、斗級工食款。查光緒六年，據前督臣左宗棠奏稱，光緒四年分，鎮迪一道暨南路各城收糧二十六萬一千餘石。光緒八年，復據該大臣奏稱，三年冬克復南路，前敵各營均能就地采糧，價值與關內相等。刻下糧料充積，頗有谷賤傷農之患。六年分共收各色京斗糧三十四萬七千餘石，每京斗小麥一石，值銀九錢至一兩不等。各處徵糧,均照時價,就近撥發防營濟食,其價即於應領項內劃扣清訖等語。該大臣既稱糧料充積,頗有穀賤傷農之患,何須由關內采運?每年收糧三十餘萬石,均就近撥發各防營。核計該軍人數,支食之外,尚剩二十餘萬石,何須官爲采買?及應須倉夫、斗級口食,應毋庸議。至柴草局站均議裁撤,亦毋庸采買,應令地方官照例供支差使,以節經費等因。遵查光緒六年,據各衙門善後局冊報,徵收各色京斗糧三十四萬七千餘石,內惟南路西四城徵收爲最多。糧料充積,頗有穀賤傷農之患,係專指南路西四城而言。鎮迪道屬及哈密、吐魯番各城,兵燹之後,人民稀少,由官設法招徠,籌給牛籽、農具,徵獲究屬無多。其餘各城相距數千餘里,各營旗擇要駐防,需用糧料甚鉅,而行營屯扎,哈密所用更屬浩繁,不得不由關內州縣及附近糧石稍多之處設局分采,接濟軍食。各局雇用倉夫、斗級需用工食銀兩,已咨戶部,請仍照原單立案。其已裁撤之柴草局站處所,自十年正月起,由地方官采辦供支,以節經費。

一、部單內開:甘肅關外新設烏魯木齊提標各營汛步隊七旗,照土勇餉章支給薪糧款。查左宗棠原定楚勇餉章,以五百零二員名爲一營,今以三百七十人爲一旗,人數既減,薪工亦應核減。所有營官薪水應改爲月支銀二十八兩,公費應改爲月支銀十八兩。又向章馬乾在薪水之內,書識、紙張、馬藥、油燭,均在公費之內,應行添注,以杜另支。其餘弁勇餉數,均與土勇章程符合,擬請照准。至各旗官弁內有由藩司挂發廉俸者,應按名扣除薪公等項,分晰開報備核等因。遵查楚軍坐糧旗章,旗官月支薪水銀三十六兩、公費銀三十兩、幫辦、書記薪糧、公用公費在內,長夫另支。現按章酌量核減公費、長夫,已屬格外撙節,況旗官薪公內應行支放之款頗多,關外地方瘠苦,百物昂貴,與內地情形大相懸殊,勢難再爲核減,已咨戶部,請仍照原單立案。至各旗官弁內有由藩司挂發廉俸者,遵照按名扣除薪公、口糧,分晰開報備案。

一、部單內開:甘肅關外設立總分善後、徵糧、保甲、蠶桑各局,調派文武員弁,募用經帖、護勇、長夫、斗級、纏回字識、通事,支給薪糧,並酌給紙張、筆墨、油燭款。查關外南路,現已改設州縣。所有善後、徵糧、保甲、蠶桑各局文武員弁、經帖、護勇、雜色人等,應令全行裁撤,改歸地方官辦理,無庸另支薪糧並紙張、筆墨、油燭銀兩等因。遵查關外南路各城總分善後、徵糧各局應支經費,已於十年正月起陸續裁撤,改歸地方官辦理,不再另支薪糧並紙張、筆墨、油燭銀兩。惟南路設官分職,事屬創始,政務極繁,兼之地方遼闊,華夷雜處,必須編查保甲,認真稽察,方免奸宄混迹。若僅責令地方官辦理,竊恐顧慮難周,是保甲各局未便遽裁。蠶桑爲地方興利,創辦之初,必須嫻熟蠶務之員經理,以資開導引誘,現著有成效。而利源未廣,練習間有未精。除將各局酌量裁併五處歸地方官辦理外,其餘蠶桑各局,未便全行裁撤。所有南路總分善後、徵糧、蠶桑各局,業經陸續裁撤之文武員弁、經帖、護勇、雜色人等薪糧並紙張、筆墨、油燭等項經費,截至十年底止從前已支之款,應請一律准銷。其保甲及蠶桑總分局,仍須暫行酌留。其文武員弁、經帖、護勇、雜色人等紙張、筆墨、油燭、薪水等項經費銀兩,按月支給。已咨戶部,請仍照原單立案。

一、部單內開:甘肅關外分設義塾,延師教習,支給薪水津貼及塾童書籍、紙筆墨硯款。查烏魯木齊銷案內開:設立滿漢義學兩處,每學每月束脩等銀十二兩。今哈密等處設立義塾七十七堂,應比照烏魯木齊成案,每學每月給束脩等項銀十二兩,一切雜款均在其內,以歸劃一,毋庸另給津貼。跟丁口食銀兩、塾童書籍、紙筆墨硯等項,毋庸官爲購發。七十七堂之外,亦毋庸再議加增。嗣後義學經費即在房租稅內動支,所有用過銀兩,按年專案報部查核,不得隨同兵餉報銷,以免牽混等因。遵查分設義學,教習纏童,原冀文教誕敷,化其囂凌之氣,移風易俗,莫善於此。關外兵燹之後,人物凋殘,欲求文理清順者,必於內地各省擇取。新疆多係纏回,言語不通。各塾師舌耕異域,若不優給脩金,即無以慰其心志,招之使來。查閱各路課本,現已漸有成效,雖覆一簣未始非九仞之基。至塾童應須書籍、紙筆墨硯,關外闕如。創始之初,設非官爲購發,其勢固有所不能。應均請照原單立案。至義學現設七十七堂,自應遵照,外不加增。惟房租雜稅關外無多,不敷各義塾經費之用。除七、八、九等年已支之數及徵獲房租、雜稅,概由軍需報銷單內分別收支已咨戶部,請仍照原單立案,以便造銷外,其自十年正月起雖已飭各州縣就地通籌,竊恐房租、雜稅仍屬開支不敷,勢不能不由軍需款內添給造報,屆時隨案聲明,請免其專案報銷,以歸劃一。

一、部單內開:甘肅關外流寓閑員客民,分別資遣回籍,酌給川資口食車腳款。查資遣閑員客民川資等項,應由兵部核辦。惟現在餉項支絀,自當力求撙節,以期無誤要需,不得以有限之度支供此無名之冗費。所有關外流寓閑員客民,儘可聽其去留,或撥給荒地耕種,俾資謀生,毋庸官爲資遣等因。遵查資遣員弁,支給車腳口食,七、八、九三年,循章支給,前經咨部核銷。十年正月以後,自應遵照兵部核議,查照伊犂奏准成案辦理。

一、部單內開:甘肅關外轉運軍餉、軍裝、糧料,需用駝騾車輛支給腳價款。查解運餉裝,應由兵部核辦。至糧料無須轉運,臣部已於前款聲明,毋得另支腳價等因。遵查轉運餉裝、糧料需用駝騾車輛,支給腳價,向係循章辦理,前經咨部核銷。至采運糧料情形,已於第八條內聲明,咨明戶部,請仍照原單立案。

一、部單內開:甘肅關外各軍裝製造局原募浙、粵及本地匠工並各軍營隨帶醫生,支給薪公款。查製造軍裝工匠,應由工部核辦,內醫生工食應由臣部核辦。查各營均有公費,所有醫生薪工應由公費內發給,不得另支。再,查軍需則例,醫生每名月支工食銀三兩。跟役一名,月支鹽菜銀五錢。醫生、跟役每名日支口糧米八合三勺。所有各臺局醫生應照例支給,並酌定額數,報部查核。又續據該大臣奏稱,因痘疫流行,於哈密、巴里坤、昌吉、喀喇沙爾、庫車、阿克蘇、烏什、喀什噶爾、葉爾羌等處設立牛痘局九處,每處設痘醫二名,每名月給工食銀八兩。每名給跟役二名,合給火夫一名、通事二名,月給油燭紙張銀四兩,跟役、火夫、通事每名日給銀一錢。藥資由各官局按月核給等語。臣部查關外傳種牛痘,係屬創始,所有痘醫工食,應如該大臣原奏辦理。別項醫生及內地各處不得援以爲例。醫生跟役仍舊照例准給一名,月支鹽菜銀五錢,日支口糧米八合三勺。至火夫、通事工食及油燭、紙張銀兩,應如該大臣原奏辦理。藥資一項,每月每局需銀若干,應令該大臣酌定數額,報部核查。一俟種痘之法流傳既廣,當於一二年內即行撤局,以節經費。所有痘局用款,應就地籌款發給,另案報銷,不得隨同兵餉請銷等因。遵查關外地處邊徼,迥殊內地,一遇疾疫,醫藥俱無。官軍出關之時,多慮不服水土,或感觸山嵐瘴氣,染成疾病。因於內地招募醫生,每營每局隨帶一二名不等,每名月給工食銀八兩,跟役一名,日支口食銀一錢。關外食用價昂,此項薪工銀兩,若照軍需則例支給,實屬不敷。且查楚軍營制、餉章,此項薪工本不在營官公費之內。已咨戶部,請仍照原單核銷。其牛痘局九處,痘醫工食、火夫、通事口糧油燭紙張銀兩,雖已奉准照辦,惟查跟役隨同痘醫,朝夕奔走,其勞苦與通事、火夫無異,口糧應請照通事、火夫一體支給。各牛痘局醫生傳種痘苗,診視痘症,應隨時馳赴各鄉莊,距局道里遠近不一,祇給跟役一名,勢多掣肘,應請仍照原議,每痘醫一名,准給跟役二名,以資使用。至藥料爲種痘而設,每月種生若干、需藥若干,原無定數。每局每月需藥資銀多寡,均按行苗痘症多少、輕重支給,勢難預定。至種痘之法能否於一二年內撤局之處,屆時再行酌量辦理。其痘局用費,除由軍需項下已支之款應奏咨核銷外,十年以後各廳州縣能否就地籌款支給、另行報銷之處,業已通飭妥議辦理。

　　一、部單內開:甘肅關外添購各項軍裝及一切零星應用什物,按照時價采買款。查采買軍裝及零星什物,應由工部核辦,內旗幟、號衣照章出自營官公費,不得另行開支等因。遵查楚軍營制,各營旗旗幟、號衣成營以後接連添換,均由各該營旗公費內動員,不另支銷。惟成營之初,一應創始,營官公費無多,不敷應用。所需旗幟、號衣概由官局製備領用,免扣價值,以示體恤,歷經辦理請領在案。已咨戶部,請照原單立案。

　　軍機大臣奉旨:覽。欽此。①

---

① 中國第一歷史檔案館藏:《清單》,檔號:03—6096—021。

150. 辦結精騎馬隊潰勇片

光緒十一年三月初六日

再，精騎後營哨弁趙良敬戕斃營官，脅衆嘩潰，隨經追捕撲滅，首要就擒各緣由，前於上年十一月二十六日經臣等奏明，欽奉諭旨：覽奏，已悉。所有要犯史金山並在逃未獲各犯，仍著飭屬嚴拿，務獲究辦。劉錦棠疏於防範，咎有應得，惟辦理尚爲迅速，所請交部議處，著加恩寬免。李其森著交部從優議恤。王玉林著交部議恤。餘依議。欽此。跪聆之下，感悚莫名。當即欽遵咨行辦理。嗣據各屬陸續弋獲並先時陣擒緝拿送案之首要各犯趙良敬等，共計七十四名。其已解烏魯木齊各犯，派委署理鎮迪道英林，督同迪化州知州潘效蘇，研訊確供，詳由臣升泰提訊，咨照定案。起解哈密各犯，派委總理營務處道員袁垚齡，督同署理哈密通判婁紹豫，研訊確供，詳由臣錦棠提訊定案，以期情罪相當，無枉無縱。竊惟趙良敬身充哨長，竟敢逞忿造謀，戕害營官，脅衆拒捕，致釀巨案，實屬情浮於法，罪不容誅。要犯史金山、王世田等十一名，起意同謀，怙惡不悛。從犯劉正乾等二十名，同惡相濟，目無法紀，均屬罪無可逭。各據供認前情不諱，自未便久稽顯戮。當於哈密行營將該犯趙良敬凌遲處死，並梟首傳示。王世田一併斬梟。史金山等十名，均飭就地斬決、梟示。劉正乾等二十名，均各就地正法，以肅紀綱而昭炯戒。餘犯內除在監病故一名外，其餘四十一名，均經確切訊明，實係臨時被脅，並未抗拒官軍，情有可原。仍由臣等分別杖責，鎖項遞解各該原籍，交地方官管束，以免滋生事端。除在逃之馬彪一犯仍勒限嚴飭通緝外，所有獲犯辦結緣由，謹合詞附片馳陳。伏乞聖鑒訓示。再，此片由臣錦棠主稿，合併聲明。謹奏。

光緒十一年三月二十六日◆¹，軍機大臣奉旨：知道了。逃犯馬彪仍著嚴拿，務獲懲辦。欽此。

【案】此奏片原件①、録副②現藏於中國第一歷史檔案館，兹據校補。原件、録副具奏日期均不確，兹據《軍機處隨手登記檔》③及刻本校正。

1.【光緒十一年三月二十六日】此奉旨日期，據録副及《軍機處隨手登記檔》補。

151. 伊犁匪徒勾勇劫殺經防軍撲滅摺

光緒十一年三月初六日

欽差大臣督辦新疆事宜尚書銜甘肅新疆巡撫二等男臣劉錦棠、署烏魯木齊都統奴才升泰跪◆¹奏，爲伊犁匪徒勾結營勇，戕官劫殺，向東潰竄，經防軍攔截撲滅，現在趕緊緝拿餘匪，籌辦大概情形，恭摺仰祈聖鑒事。

竊臣錦棠於本年二月二十二日據駐防綏來統領親軍西寧鎮總兵譚上連稟稱：據分防奎屯左營管帶官陝西漢中鎮總兵戴宏勝文稱：據探報，二月十三日夜間，伊犁綏定城突有匪徒勾結營勇，詭稱吉江馬隊官兵，乘夜搶劫南關漢民鋪户，向東潰竄◆²，經伊犁將軍金順派隊追捕，微有擒斬。連日馳過三臺、四臺，合沿途裹脅共有五百餘騎。十五日亥刻，已抵大河沿。旋據續報，此起叛卒查係强勇馬隊暨親兵營步隊，夥結匪徒，藉鬧餉爲名，倉卒肇變。伊犁南山游匪乘風烏合，以致人數衆多等情。疊據北路營縣稟報，情形約略相符。臣比飛飭譚上連迅率中右兩營行隊、定邊一

① 中國第一歷史檔案館藏：《硃批奏片》，檔號：04—01—16—0215—027。
② 中國第一歷史檔案館藏：《録副奏片》，檔號：03—7412—036。
③ 中國第一歷史檔案館藏：《軍機處隨手登記檔》，檔號：03—0246—1—1211—084。

起馬隊，星夜馳赴奎屯臺，與戴宏勝合隊，會同西路防營，相機攔截。一面檄調駐扎烏魯木齊等處之安遠左旗總兵王文安、定邊四起馬隊總兵查春華、精騎後旗提督湯咏山，並定邊二起馬隊提督張復良，各率行隊向奎屯疾進，統歸譚上連調遣。又調駐扎闢展之定邊三起馬隊提督張懷玉、古城之安遠中右兩營旗副將譚用賓、知縣劉兆松，移扎烏魯木齊，統領蜀軍巴里坤鎮總兵徐占彪移扎古城，以期聯絡而便策應。臣升泰先於二月十八日據署鎮迪道英林並各處稟報前情，比經飛飭前途地方文武各官，嚴密防範，檄派查春華率帶該起馬隊，馳往會剿，咨會臣錦棠查照。嗣二十八日，據譚上連報稱：現經率隊，倍道馳抵三道河，探得十八日該叛卒竄至精河口，被官軍截住，聲言乞降，旋復闖越東奔，經統領卓勝營提督馬玉崑、統領英字營提督徐得標揮隊堵剿，生擒匪首何偏頸等三名，陣斃叛卒不少。其脅從人衆長跪乞撫，馬玉崑等悉行收留，請示辦理。殘黨二百餘騎向西湖一路竄走，馬玉崑、徐得標各率騎隊尾追，二十五日五更及賊於東井子，一鼓撲滅，僅剩數十騎，向塔爾巴哈臺之臺路地方逐突◆3遁去。馬玉崑等跟踪躡剿。譚上連得報，即將步隊留駐安集海，隨派馬隊分向頭臺、沙灣、九架樓等處及南山各隘口，節節搜捕等情呈報前來。當經批令照辦，並飭調派各營旗，權就所扎地段設卡，分隊搜捕餘匪，沿途營汛印官一體加意嚴密緝拿，務期盡絕根株，不留餘孽。此臣等會辦防剿伊犁叛卒並防軍截剿撲滅之大概情形也。

　　嗣於二十九日接准金順咨開：本年二月十三日晚間，營務處親兵小隊向該營官萬陞索餉，勢甚兇悍，彈壓不止，突有外來漢回百數十人，勾結入營，遂然嘩潰，殺傷官勇數人，萬陞亦被戕害，蜂擁出營，約有三百餘人。當派伊犁鎮總兵劉宏發帶所部禮字各營並親兵衛隊馬步追剿，至三工地方，陣斬百餘名，奪獲馬械各百餘件，生擒二十餘名。劉宏發尚未收隊，訊供咨照通緝。臣伏查來咨係二月十七日由伊犁發驛,後路傳聞異詞,事情瞬變,是以情節稍殊。除一切詳晰情形應由金順自行陳奏外,所有伊犁匪徒勾結營勇、戕官劫殺、向東潰竄、業經防軍截剿捕滅◆4、現在趕緊緝拿餘匪、籌辦大概情形各緣由,謹會同烏魯木齊提督臣金運昌,恭摺馳陳。伏乞皇太后、皇上聖鑒訓示。再,此摺係臣錦棠主稿,合併陳明。謹奏。三月初六日◆5。

　　光緒十一年三月二十六日◆6,軍機大臣奉旨:覽奏,已悉。著該大臣等會同金順,督飭各軍及地方文武,趕緊緝拿餘匪,務盡根株,並隨時認真彈壓,勿稍疏懈。各營餉項,嚴飭帶兵員弁不得稍有剋扣,致釀事端。欽此。

　　【案】此摺缺原件,録副①現藏於中國第一歷史檔案館,茲據校補。

　　1.【欽差大臣督辦新疆事宜尚書銜甘肅新疆巡撫二等男臣劉錦棠、署烏魯木齊都統奴才升泰跪】此前銜據録副補。

　　2.【潰竄】録副作"狂竄"。

　　3.【逐突】録副作"豕突",是。

　　4.【捕滅】録副作"撲滅",是。

　　5.【三月初六日】此具奏日期,據録副補。

　　6.【光緒十一年三月二十六日】此奉旨日期,據録副補。

　　【案】十一年三月二十二日,塔爾巴哈臺參贊大臣錫綸奏報伊犁兵勇索餉滋事情形:

　　　　奴才錫綸跪奏,爲伊犁兵勇索餉滋事,被擊潰竄,現經撥隊扼防,並拿獲潰勇訊辦情形,恭摺仰祈聖鑒事。竊奴才前因烏魯木齊精騎馬隊防勇嘩潰西竄,當經一面派隊探剿,一面奏報。旋准甘肅新疆巡撫劉錦棠、署烏魯木齊都統升泰等咨,以前股潰勇經總兵譚上連等督隊,在沙灣、胡家海子等處一鼓殲除,並經該巡撫、都統等會同具奏在

────────

　①　中國第一歷史檔案館藏:《録副奏摺》,檔號:03—7412—035。

案。雖大股潰勇已平，奴才仍欽遵諭旨，派隊分路巡防搜捕，未敢疏懈。忽於本年二月二十四日據西南路探弁報稱：伊犁綏定城所駐防營，因吉林、黑龍江馬隊官兵索餉，以致伊犁將軍之武營務處親兵步小隊勇丁乘機於二月十三日夜內，將該營管帶官萬陞戕害，結隊煽惑各營勇丁，搶劫街市，劫奪馬匹，向塔爾奇東竄。經總兵劉宏發等帶隊追剿，該潰勇被擊東趨，人數頗眾等語。奴才即添派馬步各軍，分巡要隘，密探嚴防。旋准伊犁將軍金順飛咨，情形略有異同。復據南路探弁報稱：伊犁潰勇沿途撲犯各營卡、軍臺，裹脅甚眾，至精河時，經提督馬玉崑督隊截剿，該潰勇突圍東竄。又經副都統馬亮帶隊追至西湖、乾河子地方接仗，殲斃不少，餘匪業經解散逃竄，警報漸鬆等情。奴才即飛飭各軍認真搜捕，勿任漏網。嗣據巡防弁兵拿獲潰勇李玉瀅等七名，解送到營。當經訊據李玉瀅供稱：在伊犁將軍武營務處親兵隊內當勇，因上年冬間三個月未領餉銀，過年時僅得銀一兩五錢，每日食麵只領一斤四兩，且多霉變，不堪食用。有將軍九十棚衛隊勇丁沙洛五，係漢回，串通本營不知名張哨官、藍旗呂占奎、親兵左營大旗王姓、李洛二等，定於二月十五日聚眾起手，先各將本營官長殺害，搶掠東竄入關。不料十三日被將軍查知，將大營營門關閉。沙洛五由水洞躦出，到張哨官處。是日二更時，沙洛五帶人前來，張哨官即同眾人開營門。他們將營官萬陞殺死，結隊出營，勾引親兵左營、正前營勁勇、強勇各馬隊營後，到吉江馬隊，不知何人開了營門，有芮長海搶馬二匹，給小的一匹乘騎，都到塔爾奇、吉江馬隊並強勇馬隊各處，得了些馬，又走街市搶得青布做頭上包巾爲記，後復到塔爾奇。次日，在蘆草溝遇見劉鎮臺出隊接仗，截回有三四百人，下餘馬步千餘人，隨打隨走，到松樹頭，將壯勇營卡子撲開，又到三臺撲開威勇營營盤，又衝開四臺上的馬隊。各處勇丁多有跟隨來的，到精河被馬統領接仗，小的纔不顧跟他們去鬧事，遂逃出來，由車排子北來，到塔城南路，被官兵拿獲送案等語。其餘所供情形，大略相同。據此查該潰勇等雖非首要各犯，然隨黨到處煽動，形同叛逆，實屬罪不容誅。奴才訊明取供後，即將該潰勇李玉瀅等三名正法示眾。其劉長青等四名皆係在途被裹,旋即逃出,與伊犁首先起意滋事者不同,自應分別從寬,脅從罔治,以仰體朝廷法外施仁之意。刻下變勇已散,西南之警報雖鬆,巡防未可遽懈。而塔城天寒,現在節過穀雨,冰雪始消,東作正不容緩。奴才督飭各軍,一半扼防,一半力耕,地方如常靖謐。所有伊犁兵勇索餉滋事已經被擊解散,現經撥隊扼防,並拿獲潰勇訊明懲辦緣由,理合恭摺具奏。伏乞皇太后、皇上聖鑒。謹奏。光緒十一年三月二十二日。

光緒十一年五月十三日,軍機大臣奉旨:知道了。仍著隨時加意巡防,毋稍疏懈。欽此。①

光緒十一年三月初五日②,伊犁將軍金順以剿匪不力,奏請將統領英字營記名提督徐得標即行革職,得允行:

再,奴才所部統領英字營記名提督徐得標,於此起回匪潰勇逃至精河,該提督驚惶失措,畏縮不前,設若貽誤事機,關係實非淺鮮。若不從嚴參辦,不足以儆效尤。除撤去統領差使另委妥員接統外,相應請旨將黃馬褂頭品頂戴記名提督剛安巴圖魯徐得標褫去黃馬褂,即行革職,以示懲儆而肅軍紀。謹附片具陳。伏乞聖鑒。謹奏。

光緒十一年四月十六日,軍機大臣奉旨:徐得標著褫去黃馬褂,即行革職。該部知道。欽此。③

同日,伊犁將軍金順又特參管帶親兵左營儘先即補副將李得林剿匪不力,請旨將其革職,亦得允行:

再,奴才所部管帶親兵左營儘先即補副將李得林,於此次回匪潰勇攻撲營壘,該營官臨事倉皇,毫無布置,以致接仗不力。此等庸劣之員,似未便稍涉遷就。除撤去差使並派令妥員接管外,相應請旨將總兵銜儘先即補副將法克精阿巴圖魯李得林即行革職,以肅軍紀而儆效尤。謹附片具陳。伏乞聖鑒。謹奏。

---

①　中國第一歷史檔案館藏:《硃批奏摺》,檔號:04—01—01—0954—026;《錄副奏摺》,檔號:03—7412—040。

②　中國第一歷史檔案館藏:《軍機處隨手登記檔》,檔號:03—0246—2—1211—103。

③　中國第一歷史檔案館藏:《錄副奏片》,檔號:03—5832—099。

光緒十一年四月十六日，軍機大臣奉旨：李得林著即行革職。該部知道。欽此。①

152.譚拔萃在營病故請恤摺

光緒十一年三月十四日

欽差大臣督辦新疆事宜尚書銜甘肅新疆巡撫二等男臣劉錦棠跪◆1奏，爲實缺總兵在營積勞病故，懇恩飭部從優議恤，恭摺仰祈聖鑒事。

竊頭品頂戴記名提督賞穿黃馬褂甘肅寧夏鎮總兵一等輕車都尉世職嘎什普祥巴圖魯譚拔萃，上年經臣檄飭統領所部安遠軍，移防烏魯木齊、古城暨吐魯番一帶。嗣因積勞成疾，牽動舊傷，屢請交卸軍事，臣曾批准給假醫調，尚未離營。茲據營官王文安等稟稱：該統領病勢日增，醫治罔效，於本年正月二十三日在營因病出缺等情前來。

查該故提督譚拔萃，初以武童投效湘軍，隨臣胞叔原任廣東陸路提督劉松山剿辦髮、捻等逆，轉戰湖南、江西、安徽、河南、山東、山西、直隸、陝西各省，無役不從，戰功卓著。自逆回擾亂，關隴震驚，官軍自陝西北山節節掃蕩入甘，直抵金積堡老巢，攻剿不克，臣叔陣亡，軍中恟懼。該故提督誓爲主將雪恥，激勵士卒，奮勇搏戰，渠魁授首，臣得藉手以竟前功。至今思之，猶爲泣下。光緒元年，該故提督在甘肅寧夏鎮總兵任內，經前督辦軍務大學士左宗棠奏調，統領老湘左軍，當即隨臣出關◆2。二年六月，該故提督在營聞訃丁親母憂。其時，官軍會剿烏魯木齊、古牧地各城踞賊，正在得手，經左宗棠奏請改爲署任，留營帶隊◆3。該故提督凜

①　中國第一歷史檔案館藏：《錄副奏片》，檔號：03—5832—098。

移孝作忠之義，墨絰將事，每戰先登，遂定北路各郡縣，積年回匪一律蕩平。三年，移兵南路，猛攻達阪城，克之，進復吐魯番滿漢兩城，戰功爲一軍最。是秋，連復喀喇沙爾、庫車、阿克蘇、烏什。十一月，西四城亦全行恢復。計自九月初一日進師喀喇沙爾，至十一月晦收復和闐、南疆各城，延袤五六千里，僅及三月，悉復版圖。仰賴朝廷威福，遠震遐荒。而該故提督協和袍澤，倡率諸軍，轉戰而前，無堅不破，其功不可泯也。四年，軍務稍松，始飭率帶假勇入關，就便回籍，補行穿孝◆4。該故提督以身許國，竭力疆場，南北馳驅◆5，未掃墳墓者至是蓋十有八年矣。次年，復由原籍檄調西來。六年，委統安遠軍，駐防庫車。旋復調防喀喇沙爾。十年春，又復移駐古城。九月，據稟染患噎膈疾證，牽引舊傷◆6，致面浮喉腫，頭暈耳鳴，精力不支，懇請交卸軍事，回籍就醫。臣以防務緊要，一時實難其選，且塞外天氣早寒，病軀亦難就道，屬其在營加意醫調，並遴派醫生前往診治。十二月間，續據稟稱，所患各證有加無瘳，仍請准假。臣察其情詞肫切，始准給假一年，俾得安心調理。詎意該故提督自交春後，病勢日甚一日，竟以不起。垂没盥沐具衣冠，恭設香案，令人扶起，望闕叩頭，深以未報涓埃爲憾，神識堅定，語不及私。臣聞信之餘，不禁雪涕。

伏念該故提督譚拔萃，忠勇廉明，器識宏遠，有古名將風。治軍紀律甚嚴，待卒伍如子弟，教誨撫循，一出以誠，臨財毫髮不苟。其前在寧夏總兵任内及葉爾羌、庫車、喀喇沙爾、古城駐防，尤能深得民心。聞其病没，無論軍民，莫不悲戀。溯該故提督自咸豐九年投效湘軍以後，身經百戰，勳績爛然，洊保提督，實任寧夏鎮總兵，疊蒙賞穿黃馬褂，賞給勇號、正一品封典、花翎頭品頂戴、一等輕車都尉從優議叙一次、一等軍功從優議叙二次。該故提督感荷聖恩優渥，懼無報稱，益以奮力疆場自勵。臣於九年曾經據實保薦，奉旨留中，欽遵在案。意謂該故提督年力尚壯，將來歷練愈深，資望彌重，可當朝廷一面之寄，不期竟以積歲勞傷，遽爾病没，殊堪憫惜。合無仰懇天恩俯准，飭部照提督軍營立功後在營病故例，從優議卹，並將其生平戰績宣付史館立傳，以彰忠藎。該故提督無子，有胞侄三人。遺囑◆7以幼侄代嶽爲嗣，年甫三歲。業飭該軍營官王文安等，將該故提督身後一切妥爲料理。其遺櫬暫厝古城，交秋後，由臣委員護送回湖南原籍，並請飭行沿途地方官妥爲照料。至應否建祠予諡，出自逾格鴻施，非微臣所敢擅請。所有記名提督甘肅寧夏鎮總兵員缺，應即請旨簡放，以重職守。除將該故提督履歷咨部查照外，謹會同陝甘督臣譚鍾麟，恭摺具陳。伏乞皇太后、皇上聖鑒訓示施行。謹奏。光緒十一年三月十四日◆8。

光緒十一年四月初九日◆9，軍機大臣奉旨：另有旨。欽此。

光緒十一年四月初九日，内閣奉上諭：劉錦棠奏總兵積勞病故，請飭從優議卹一摺。記名提督甘肅寧夏鎮總兵譚拔萃，於咸豐、同治年間隨同已故提督劉松山帶兵剿賊，轉戰湖南、江西、安徽、河南、山東、山西、直隸、陝西、甘肅等省，嗣經隨同劉錦棠出關，疊克各城，戰功卓著。兹以積勞病故◆10，殊堪軫惜。加恩著交部照提督軍營立功後在營病故例，從優議卹，並將生平戰績宣付國史館立傳，以彰勞勩。欽此。

【案】此摺原件①、録副②現藏於中國第一歷史檔案館，摺後“上諭”見於《光緒朝上諭檔》③，兹據校補。

---

① 中國第一歷史檔案館藏：《硃批奏摺》，檔號：04—01—16—0217—047。
② 中國第一歷史檔案館藏：《録副奏摺》，檔號：03—5812—085。
③ 中國第一歷史檔案館編：《光緒朝上諭檔》，第十册，第88頁。

1.【欽差大臣督辦新疆事宜尚書銜甘肅新疆巡撫二等男臣劉錦棠跪】此前銜據原件補。

2.【案】同治十二年五月二十一日,陝甘總督左宗棠以譚拔萃謀勇兼優,附片奏請以之署理甘肅寧夏鎮總兵員缺:

> 再,署寧夏鎮總兵官龔良臣署事已逾四年,應即撤任。所遺員缺,查有總理老湘全軍營務處兼統正定各營記名提督嘎什普祥巴圖魯譚拔萃,曉暢軍事,謀勇兼優,堪以委署。除飭令先行接署外,理合附片具陳。伏乞聖鑒。謹奏。
>
> 硃批:知道了。①

同治十三年五月十一日,陝甘總督左宗棠會同甘肅提督曹克忠,以寧夏鎮總兵譚拔萃整頓營伍,一切俱臻妥協,軍民相安,勢難驟易生手,奏請留任,得允行:

> 再,甘肅關內肅清,現觀關外所有沿邊安插甘境回衆,彈壓撫綏,均關緊要,而寧夏地處邊隅,界連蒙部各旗,邊務殷繁,亟須得人而理。現署甘肅寧夏鎮總兵記名提督譚拔萃,於該處情形最爲熟悉,自署任以來,經畫邊防,整頓營伍,一切俱臻妥協,軍民相安,勢難遽易生手。簡放寧夏鎮總兵伍維壽現已來省,臣因其初到甘肅,人地生疏,暫留省察看,緩赴新任。謹會同署甘肅提督臣曹克忠,合詞附片具奏。伏乞聖鑒。謹奏。
>
> 同治十三年六月十二日,奉硃批:知道了。欽此。②

光緒元年六月二十八日,陝甘總督左宗棠奏請以譚拔萃簡補寧夏鎮總兵:

> 再,寧夏鎮總兵伍維壽在署陝西陝安鎮總兵任內因病身故,所遺員缺已陳明請旨簡放。臣維寧夏地處極邊,鎮撫一切最關緊要,非得威望素著、諳練營務、熟習地方之員,難資鎮攝。現署寧夏鎮總兵記名提督嘎什普祥巴圖魯譚拔萃,轉戰數省,卓著戰功,饒有才略,前値

---

① 中國第一歷史檔案館藏:《硃批奏片》,檔號:04—01—16—0197—008。
② 臺北故宮博物院藏:《軍機及宮中檔》,文獻編號:115479。

寧、靈新復，經臣奏委該員署理斯缺。數年以來，整頓營伍，撫綏地方，著有成效。若蒙天恩，即以譚拔萃簡補是缺，必能獨當一路，綏靖邊疆，於時局不無裨益。臣因地方軍務需才起見，謹附片陳明。伏乞聖鑒訓示施行。謹奏。

　　光緒元年七月初九日，軍機大臣奉旨：另有旨。欽此。①

　光緒元年九月初四日，陝甘總督左宗棠代奏譚拔萃補授寧夏鎮總兵謝恩：

　　欽差大臣大學士督辦新疆軍務陝甘總督一等恪靖伯一等輕車都尉臣左宗棠跪奏，爲據情代奏，恭謝天恩事。竊據記名提督新授寧夏鎮總兵官嘎什普祥巴圖魯譚拔萃呈稱，接臣照會，光緒元年七月十九日，准兵部火票遞到本年七月初九日内閣奉上諭：甘肅寧夏鎮總兵員缺，著譚拔萃補授。欽此。遵即恭設香案，望闕叩頭謝恩。伏念總兵湘上菲材，河西偏將。邊陲偶寄，方衡承乏之能；綸綍遥頒，竟荷即真之寵。恭逢簡命，益切葵傾。惟期飛騎蘭山，列戍肅防秋之令，更願洗兵蒲海，九重抒瞻日之誠。所有感激忭幸下忱，伏乞據情代奏，恭謝天恩等情前來。理合恭摺代奏。伏乞皇太后、皇上聖鑒。謹奏。九月初四日。

　　光緒元年十月初二日，軍機大臣奉旨：知道了。欽此。②

　3.【案】光緒二年八月十八日，陝甘總督左宗棠以軍務緊要，奏請將丁憂總兵譚拔萃改爲署任仍留營帶隊，得允行：

　　欽差大臣大學士督辦新疆軍務陝甘總督二等恪靖侯加一等輕車都尉臣左宗棠跪奏，爲籲懇天恩，准將丁憂總兵改爲署任，仍留營帶隊，以資得力，恭摺仰祈聖鑒事。竊據總理行營營務三品卿銜布政使銜西寧道劉錦棠稟報：分統湘左軍記名提督寧夏鎮總兵譚拔萃，於本年六月二十七日在營聞訃丁母憂，例應奔喪回籍。惟譚拔萃充湘軍

　　①　中國第一歷史檔案館藏：《硃批奏片》，檔號：04—01—16—0202—002；《録副奏片》，檔號：03—5769—077；《左宗棠全集·奏稿六》，第298頁，岳麓書社，2009。
　　②　中國第一歷史檔案館藏：《録副奏摺》，檔號：03—5771—001；《左宗棠全集·奏稿六》，第310—311頁，岳麓書社，2009。

分統歷有年所，能謀善戰，深得士心。現時烏垣各城克復，正籌進規南路，師期伊邇，未便遽易統將。稟請奏留前來。臣查譚拔萃分統湘軍最久，朴勇沈毅，卓著勛勤。現正進兵之際，未便遽易生手。合無仰懇天恩，俯准將頭品頂戴記名提督寧夏鎮總兵嘎什普祥巴圖魯譚拔萃改爲署任，仍留營帶隊，俾資得力。俟軍務平定，再令回籍補行終制，以遂孝思。謹專摺具陳。伏乞皇太后、皇上聖鑒訓示。謹奏。光緒二年八月十八日。

　　光緒二年九月二十二日，軍機大臣奉旨：著照所請，兵部知道。欽此。①

4.【案】光緒四年九月二十四日，陝甘總督左宗棠以回疆勘定，軍務稍鬆，奏報總兵譚拔萃請給假回籍，補行穿孝，得允：

　　欽差大臣大學士督辦新疆軍務陝甘總督二等恪靖侯加一等輕車都尉臣左宗棠跪奏，爲總兵請假回籍，補行穿孝，恭摺具陳，仰祈聖鑒事。竊臣據署任寧夏鎮總兵官譚拔萃稟稱：前在寧夏鎮總兵任內，於光緒元年九月初四日奉調出關，帶隊剿辦逆回。二年六月二十七日，在營次聞訃丁親母憂，當即稟懇總統馬步全軍劉錦棠，轉稟給假回籍，奔喪守制。旋奉奏請改爲署任，仍留營帶隊，奉旨：著照所請。欽此。現在回疆戡定，蒙總統馬步全軍劉錦棠准假，隨將經手事件交卸清楚入關，懇請給假回籍，補行穿孝等情前來。臣查吏部則例內開：嘉慶九年，陝西撫臣方維甸奏陝省節次奏留辦理軍務丁憂人員，其服闋已久現補實缺者，應准其給假百日，回籍補行穿孝，毋庸開缺，假滿後即回本任等因。奉旨允准，歷經遵照辦理在案。茲署任寧夏鎮總兵官譚拔萃既已交卸營務，隨帶凱撤弁勇入關，自應循例准假回籍，以慰孝思，仍俟假滿，即回本任，以符定制。除咨明湖南撫臣暨兵部查照外，理合恭摺具奏。伏乞皇太后、皇上聖鑒訓示。謹奏。光緒四年九月二十四日。

　　① 臺北故宮博物院藏：《軍機及宮中檔》，文獻編號：408006048；《左宗棠全集·奏稿六》，第501頁，岳麓書社，2009；中國第一歷史檔案館藏：《錄副奏摺》，檔號：03—5779—041。

　　光緒四年十月二十三日,軍機大臣奉旨:知道了。欽此。①

　　光緒六年九月十二日②,陝甘總督左宗棠奏請將署任總兵譚拔萃改爲實任:

　　　　再,頭品頂戴記名提督甘肅寧夏鎮總兵一等輕車都尉世職嘎什普祥巴圖魯譚拔萃,前於光緒二年六月二十七日在新疆軍營聞訃丁親母憂,改爲署任,仍留營帶隊。嗣於四年回疆戡定後,該鎮隨帶凱撤弁勇入關,懇請給假回籍,補行穿孝各緣由,均經臣先後奏明,奉旨允准在案。茲該鎮在籍穿孝葬親事畢,奉調招募舊部西來,業經點驗,飭赴喀什噶爾換防。應否將署寧夏鎮總兵譚拔萃銷去署字,仍作爲實任,伏候聖裁。除咨明兵部查照外,謹附片具陳。伏乞聖鑒訓示。謹奏。

　　　　光緒六年十月十五日,軍機大臣奉旨:著照所請,兵部知道。欽此。③

　　5.【馳驅】原件、録副均作“驅馳”。

　　6.【案】總兵譚拔萃每戰先登,身多受傷,光緒四年四月初二日,陝甘總督左宗棠以總兵譚拔萃身受重傷,不能挽强運重,奏請免其騎射:

　　　　再,臣接准遇缺前補三品京堂二等男劉錦棠呈稱:分統湘軍頭品頂戴記名提督署甘肅寧夏鎮總兵官一等輕車都尉世職嘎什普祥巴圖魯譚拔萃,自咸豐九年在湖南江華縣白馬營牛角灣等處打仗,被槍子穿斷足臁骨,雖經隨時醫愈,然流血過多,元氣虧損,每遇陰雨,輒作痛楚,運動不能自如,懇奏免騎射前來。臣復查無異。合無仰懇天恩,俯准署寧夏鎮總兵譚拔萃免其騎射,以示體恤。

　　　　光緒四年五月初二日,軍機大臣奉旨:著照所請,兵部知道。欽此。④

————————

　　①　臺北故宮博物院藏:《軍機及宮中檔》,文獻編號:408006185;中國第一歷史檔案館藏:《録副奏摺》,檔號:03—5796—110;《左宗棠全集·奏稿七》,第161頁,岳麓書社,2009。

　　②　此具奏日期,據《軍機處隨手登記檔》(檔號:03—0229—4—1206—280)校正。

　　③　中國第一歷史檔案館藏:《録副奏片》,檔號:03—5811—108;《左宗棠全集·奏稿七》,第552頁,岳麓書社,2009。

　　④　中國第一歷史檔案館藏:《録副奏片》,檔號:03—5794—009;《左宗棠全集·奏稿七》,第120—121頁,岳麓書社,2009。

7.【遺囑】原件、録副均作"遺屬"。

8.【光緒十一年三月十四日】此具奏日期，據原件補。

9.【光緒十一年四月初九日】此奉旨日期，據録副補。

10.【積勞病故】《光緒朝上諭檔》作"積勞身故"。

杜宏春 —— 校證

劉錦棠奏稿校證

下册

中華書局

劉錦棠奏稿卷九

起光緒十一年四月,訖九月

153.請實授黃光達喀什噶爾道員缺摺

光緒十一年四月十二日

欽差大臣督辦新疆事宜尚書銜甘肅新疆巡撫二等男臣劉錦
棠跪◆1 奏,爲新設邊疆道員要缺揀員試署,著有成效,懇請實授
以資治理,恭摺仰祈聖鑒事。

竊臣前奏設新疆南路道廳州縣各缺,請照吉林新章,由外揀
補一次,當經部臣覆准由臣先後委員試署在案。兹查喀什噶爾兵
備道員缺,轄境遼遠,緊接俄疆,所屬水利、屯墾、錢糧、刑名暨通
商事件,政務殷繁,應作爲衝繁疲難最要缺。南疆設官伊始,百廢
待興。道員率屬綏民,尤關緊要,非得廉明幹濟之員久於其任,不
足以資治理。查現署喀什噶爾道二品頂戴鹽運使銜甘肅遇缺儘
先題奏道黃光達,現年四十二歲,湖南湘鄉縣人,由文童投效軍
營,於收復江西崇仁、東鄉、宜黃、南豐、雩都各縣城案內保奏,同
治四年閏五月初四日奉上諭:著以從九品遇缺即選。欽此。是
年,截剿江閩一帶竄匪並克復嘉應州城案內保獎,經吏部議奏,應

俟選缺後，以應升之缺升用，准戴藍翎。六年三月十七日，奉旨：依議。欽此。是年，陝西同朝剿捻獲勝案內保奏，九月十六日奉上諭：著免選本班，以縣丞不論雙單月，遇缺儘先即選。欽此。克復陝西綏德州城暨直隸剿賊案內保奏，七年六月初六日奉上諭：著免選本班，以知縣不論雙單月，儘先即選。欽此。是年，肅清直東捻逆案內保奏，八月初六日奉上諭：著賞加同知銜，賞換花翎。欽此。肅清陝北並克復甘肅靈州城池兩案併保，九年閏十月二十五日奉上諭：著以本班留於陝西，歸軍功候補班前先補用。補缺後，以同知直隸州知州歸候補班前先補用，並賞五品封典。欽此。經吏部議奏，該員所敘在後之請給五品封典已逾准獎層數，應毋庸議。十二月初十日，奉旨：依議。欽此。蕩平金積堡賊巢寧靈肅清案內保奏，十年十月初三日奉上諭：著俟補同知直隸州後，以知府用，先換頂戴，並賞給四品封典。欽此。經吏部議奏，該員所請先換頂戴，係本管上司銜，應毋庸議。所請四品封典亦與定章不符。十二月初一日，奉旨：依議。欽此。解西寧府城重圍並克復大通縣城案內保奏，十三年七月二十八日奉上諭：著以同知直隸州知州，仍留原省補用。欽此。克復肅州關內一律肅清案內保奏，光緒二年二月初四日奉上諭：著免補同知直隸州知州，以知府仍留原省，歸候補班前補用。欽此。是年，攻拔新疆古牧地堅巢並克復迪化州城案內保奏，八月十六日奉上諭：著免補本班，以道員仍留原省，儘先補用。欽此。攻克達阪城、托克遜、吐魯番案內保奏，四年正月二十五日奉上諭：著賞加鹽運使銜。欽此。新疆南北兩路一舉蕩平案內保奏，六年正月三十日奉上諭：著仍以道員改留甘肅，遇缺儘先題奏，並加二品頂戴。欽此。

該員才識練達，操守謹嚴，從事戎行二十餘年，懋著勤勞。光緒二年，隨臣出關，深資臂助，歷辦庫車、葉爾羌、和闐善後各局，於邊地情形極為熟悉。上年委署斯缺，措置裕如，均無貽誤。該員試署已久，銜缺相當，擬請補授實缺，俾得從容展布，以收駕輕就熟之效。合無仰懇天恩，俯念邊缺緊要，准以二品頂戴鹽運使銜甘肅遇缺儘先題奏道黃光達補授喀什噶爾兵備道員缺，實於邊遠地方有裨。如蒙俞允，俟接准部覆，即行給咨送部引見，以符定制。是否有當，謹會同陝甘督臣譚鍾麟，恭摺具陳。伏乞皇太后、皇上聖鑒訓示施行。謹奏。光緒十一年四月十二日◆2。

　　光緒十一年五月十三日◆3，軍機大臣奉旨：吏部議奏。欽此。

　　【案】此摺原件①、錄副②現藏於中國第一歷史檔案館，茲據校補。

　　1.【欽差大臣督辦新疆軍務尚書銜甘肅新疆巡撫二等男臣劉錦棠跪】此前銜據原件補。

　　2.【光緒十一年四月十二日】此具奏日期，據原件補。

　　3.【光緒十一年五月十三日】此奉旨日期，據錄副補。

　　【案】關於黃光達之生平事迹，一檔館藏甘肅新疆巡撫潘效蘇於光緒二十九年五月十七日奏請敕部優恤已故新疆喀什噶爾道黃光達一摺較爲詳盡，茲補錄之：

　　　　甘肅新疆巡撫西林巴圖魯臣潘效蘇跪奏，爲臚陳已故道員事迹，籲懇天恩從優賜恤，恭摺仰祈聖鑒事。竊花翎二品頂戴鹽運使銜喀什噶爾道奇成額巴圖魯黃光達，於光緒二十七年八月二十四日在任病故，經前撫臣饒應祺奏報在案。正在查叙事迹具奏請恤間，適值交卸，未及核辦，移交到臣。

　　　　竊維黃光達，籍隸湖南湘鄉縣。同治初，爲統領老湘營前江西吉南贛寧兵備道王文瑞召赴戎幕，委司軍儲。湘軍舊制，司文牘、糧餉者，稱爲幫辦，職守悉與營官分其任。江西時值糜爛，黃光達隨營轉戰贛州、吉安、玉山、常山、樟樹各城鎮，克復崇仁、東鄉、宜黃、南豐、雩都諸縣城，截剿江閩一帶粵匪，並赴粵，克復嘉應州城，贊襄籌畫，

①　中國第一歷史檔案館藏：《硃批奏摺》，檔號：04—01—12—0532—063。
②　中國第一歷史檔案館藏：《錄副奏摺》，檔號：03—5196—040。

無役不從。六年，前廣東陸路提督劉松山率老湘軍剿捻陝西，以提督黃萬友爲幫統兼營務處，委黃光達辦理軍儲。數月中，破秦渡鎮，解西安城圍，克復綏德州。捻賊渡黃，尾追數千里，戰於畿輔，兵不頓舍，黃光達與有勞焉。七年，捻匪平。老湘軍回軍剿回寇，破延、榆、綏各賊巢，克復靈川，直趨金積堡。賊目馬化漋負隅堅守，劉松山率孤軍進搗後路半角城、黑城子、李旺堡一帶，轉運實以黃光達司之。賊兵以我兵深入燱韋州，惠安堡、王家莊、下馬關各堡，回匪時出劫掠，燒我糧道。黃光達露宿野處，聯絡護運。各軍戰守兼施，布置周詳，無隙可乘。又於寧靈各處勸諭士紳照市平采，故囤儲豐贍，軍無乏食，劉松山深資倚賴。九年正月，劉松山陣亡，前新疆撫臣劉錦棠接統其軍。主將新歿，賊勢益張，軍心不免惶惑。黃光達催趲後路，節節轉餉，日夜繼進，示無退志。劉錦棠乃與黃萬友、譚拔萃等勒兵出陣，一戰而破馬五寨，擒斬其渠，人心遂安。春夏流漸盛漲，賊堰渠水衝齧我軍，浸淹運道，或中途掩劫，泥淖相乘。黃光達親率軍士，囊土負椿，筑堤修壘，沿途聲勢益固。賊至，互相攻擊，志不得逞。劉錦棠遂得壹意督戰，無後顧憂。八月，黃萬友在營病故，黃光達接帶老湘六旗，益得激勵將士，奮勇攻剿。楊明堡之戰，身受炮傷，猶督戰不少懈。王洪堡之役，單騎出偵，道遇賊眾數百，幾瀕於危，以善騎得脫，其沉毅迅捷有如此者。金積堡賊平，隨劉錦棠規復西寧，兵阻大小峽口。黃光達建前後夾擊之策，自率奮勇從間道跨賊後，攻其不意。賊首尾不能相顧，乃大潰。劉錦棠遂率大軍長驅直進，克復西寧、大通，以至肅州。光緒二年，大兵出關，黃光達綜軍糈營務。凡有所商，竭慮效忠，纖悉靡遺，擘畫咸中窾要。新疆底定，委辦庫車善後，旋調辦葉、和善後。至則招流亡，教播植，興水利，編保甲，設義學，凡有裨於民者，犖然畢舉。十年，初設喀什噶爾道員缺，正議通商交涉，萬端諸凡草創。劉錦棠以該道才大心細，諳練老成，特委署理。旋以才識練達，操守謹嚴，奏補斯缺。十三年，調補阿克蘇道，丁憂回籍。十六年，前護撫臣魏光燾奏調來新，會辦稅務，旋署鎮迪道，兼按察使銜。十九年正月二十七日，奉旨補授喀什噶爾道，二十年二月到任，益加淬厲，以廉平端，謹率所屬，講求吏治，昕夕不遑。通商持大體，相感以誠。前後在喀十餘年，鄰邦輯睦，邊庭乂安。歿之日，環堵蕭然，除書籍外，別無餘蓄。此黃光達在營在官之實在情形也。

該道性情敦摯，志趣端方，閑居屋漏之間如臨師保，省身克己，常若不及。在庫、在喀，平反疑案兩件，論者咸服其神，而不知其居心平恕誠明之足以感通。遇事尤精細，不輕假手於人。當臥病時，猶日批公牘不少閑，以故積勞之後，病益增劇，年未六十，賫志以終，未克竟其大用，良可惜也。合無仰懇天恩俯准，飭部照例從優議恤，並將生平事迹宣付國史館立傳，並准附祀新疆省城及喀什噶爾劉錦棠專祠，以彰勞勤。除履歷清冊咨送軍機處外，所有臚陳已故道員事迹、懇恩優恤緣由，是否有當，謹會同陝甘總督臣崧蕃，恭摺具奏。伏乞皇太后、皇上聖鑒訓示。謹奏。光緒二十九年五月十七日。

光緒二十九年閏五月二十六日，軍機大臣奉旨：著照所請，該衙門知道。欽此。[1]

154. 行抵烏魯木齊行省片

光緒十一年四月十二日

再，臣前由哈密移營晉駐烏魯木齊行省，業將起程日期具摺奏報在案。旋即率帶親軍隊伍，按期前進。比因天山雪深數尺，車輛動爲所限，遲滯四日，始克逾山而北。四月初二日，行抵烏魯木齊。沿途經過巴里坤、奇臺、阜康等處，隨加察看，地方尚稱安靜，居民亦皆及時耕作。查北路村莊，水地係山頭積雪消融引導灌溉，旱地則專賴雨澤滋潤。現在冬麥將及含穗，春麥亦嫩綠平鋪，惟旱地待澤孔殷，正擬設壇祈禱，幸迪化州屬已於初六日得

---

① 中國第一歷史檔案館藏：《硃批奏摺》，檔號：04—01—14—0098—083；臺北故宮博物院藏：《軍機及宮中檔》，文獻編號：157622。

雨,透土三寸有餘。其餘各屬已否得雨,刻未據稟報前來,尚望普沛甘霖,庶克均占豐稔。至沿途分防各營,除酌留操防外,或派役城工,或整理渠道。土勇標營,或就近興屯,因地試辦,尚能認真操作。雖地方甫經兵燹,蕃庶難以驟期,而耕種相安,實亦漸有起色,足以上慰宸廑。臣抵省後,即飭於新建滿城之東,擇地築造行營,暫行駐扎,以便規畫一切,次第舉行。其滿兵移駐事宜,容俟與署烏魯木齊都統臣升泰妥慎籌商,再行陳明辦理。所有微臣行抵烏魯木齊行省及察看沿途地方情形各緣由,理合附片具陳。伏乞聖鑒。謹奏。

　　光緒十一年五月十三日◆¹,軍機大臣奉旨:知道了。欽此。

　　【案】此奏片原件①、録副②現藏於中國第一歷史檔案館,兹據校補。原件、録副所屬具奏日期均未確,兹據刻本與《軍機處隨手登記檔》③校正。

　　1.【光緒十一年五月十三日】此奉旨日期,據録副補。

　　【案】關於新授甘肅新疆巡撫劉錦棠前赴烏垣起程日期,一檔館藏有哈密辦事大臣明春、祥麟會銜於光緒十一年三月初八日之奏報:

　　　　奴才明春、奴才祥麟跪奏,爲恭報甘肅新疆巡撫臣劉錦棠由哈密起程,前赴烏魯木齊新任日期,恭摺具奏,仰祈聖鑒事。竊奴才等前准欽差大臣督辦新疆軍務兵部右侍郎臣劉錦棠咨開:光緒十年十月初二日奉上諭:劉錦棠著補授甘肅新疆巡撫,仍以欽差大臣督辦新疆事宜。欽此。等因欽遵在案。今該撫臣督率所部,馳赴烏魯木齊新任,業於本年三月初六日由哈密起程西進,謹將該撫臣起程赴任日期,恭摺由驛馳奏。伏乞皇太后、皇上聖鑒。謹奏。三月初八日。

　　　　光緒十一年四月初八日,軍機大臣奉旨:知道了。欽此。④

---

①　中國第一歷史檔案館藏:《硃批奏片》,檔號:04—01—30—0219—003。
②　中國第一歷史檔案館藏:《録副奏片》,檔號:03—6020—030。
③　中國第一歷史檔案館藏:《軍機處隨手登記檔》,檔號:03—0246—2—1211—130。
④　中國第一歷史檔案館藏:《録副奏摺》,檔號:03—5195—023。

● 軍機大臣字寄：欽差大臣督辦新疆事宜甘肅新疆巡撫劉、幫辦軍務伊犁將軍金◆1：光緒十一年四月二十八日奉上諭：前據都察院代遞從九品李昌振奏大臣漠視邊疆，請派員查究一摺◆2，當諭令譚鍾麟查明具奏。茲據奏稱：原參各營虛額蝕餉各節，查無實據。惟營官優劣不齊，曠缺侵欺之弊難保必無，宜稽查整頓等語◆3。邊防各軍，關繫緊要，亟應整飭營規，力除積習，著劉錦棠、金順悉心籌商，認真整頓，隨時嚴密稽查，毋任滋生事端，以重營務。原摺均著鈔給閱看。將此由四百里各諭令知之。欽此。遵旨寄信前來◆4。

【案】此"廷寄"見於《光緒朝上諭檔》①，茲據校補。

1.【欽差大臣督辦新疆事宜甘肅新疆巡撫劉、幫辦軍務伊犁將軍金】此前稱據《光緒朝上諭檔》補。

2.【案】光緒十年十二月初七日，都察院左都御史奎潤等會銜具奏山西試用從九品李昌振呈懇代奏目擊新疆情形，並特參巡撫劉錦棠等漠視邊疆，侵蝕軍餉，請旨派員查究：

> 都察院左都御史臣宗室奎潤等跪奏，爲奏聞事。據山西試用從九品李昌振以呈懇代奏等詞，赴臣衙門呈遞。臣等公同查閱原呈內稱：竊職係湖南長沙府醴陵縣人，幸值廣開言路之時，敬謹繕摺，並取具同鄉京官印結，懇爲代奏等語。臣等查該員所陳摺內尚無違悖字樣，既據呈懇代奏前來。臣等不敢壅於上聞，謹鈔錄原呈並原摺一件，恭呈御覽。伏乞聖鑒訓示。謹奏。光緒十年十二月初七日。都察院左都御史臣宗室奎潤，左都御史臣祁世長，左副都御史臣英煦，左副都御史臣宗室志元，左副都御史臣吳大澂（差），署左副都御史臣沈源深，左副都御史臣白桓（假）。②

---

① 中國第一歷史檔案館編：《光緒朝上諭檔》，第十一冊，第104—105頁，廣西師範大學出版社，1996。

② 中國第一歷史檔案館藏：《錄副奏摺》，檔號：03—6094—014。

　　同日,都察院左都御史奎潤等呈遞鈔録山西試用從九品李昌振呈文
一件:

　　　　具呈:山西試用從九品李昌振爲事關國計、有困軍民,目擊實在
情形,呈懇代奏事。竊卑職於光緒八年,由山西請假回籍湖南。九年
二月,由籍馳赴新疆,投效軍營,歷抵伊犁、喀什噶爾等處,親見各營
局虛糜國帑、苛虐軍民種種情弊,目睹心驚。況新疆初設行省,立法
之始,萬不容有此無窮之患。幸值朝廷廣開言路之時,是以不揣冒
昧,將實在目擊情形敬謹恭摺繕懇俯准代奏,實爲公便。至摺内並無
違犯不合字樣,除敬謹恭摺外,並取具同鄉官印結,繕寫履歷,叩懇裁
奪施行。須至呈者。①

　　同日,都察院左都御史奎潤等代遞山西試用從九品李昌振特參新疆巡
撫劉錦棠等漠視邊疆,侵蝕軍餉,請旨派員查究一摺:

　　　　山西試用從九品臣李昌振跪奏,爲大臣漠視邊疆,侵蝕軍餉,習
氣驕奢,懇請欽派大臣馳往查究,以固邊疆而節糜餉,恭摺仰祈聖鑒
事。竊維新疆一隅,自回民滋擾,經大學士左宗棠督戰數年,糜餉數
千萬,始克一律肅清。嗣後駐邊大臣宜如何妥籌善後事宜,洗心滌
慮,公忠體國,豈可肆行欺罔,苛虐軍民,虛糜國帑!臣自山西請假回
籍,於去春由籍馳赴新疆,投效軍營,往返年餘,覺諸軍種種弊端,有
不待細訪周諮而自駭聞驚見者。竊以爲新疆目前雖稱安靖,而將來
可慮之端、隱形之患,日積日深。若不亟爲整頓,弊端何所底止? 謹
將目擊實在情形,敬爲皇太后、皇上縷晰陳之。

　　　　夫營伍之額不虛,則戰守可恃;餉資所發不扣,則士爲騰歡。未
有利歸將帥、怨遍軍民而可爲安邊長策者。計督辦軍務新疆巡撫劉
錦棠除圍隊十大哨外,所部楚湘軍自哈密南至阿克蘇、北至烏魯木齊
等處,沿途駐扎所部營官,均以目前無戰攻之事,輒敢虛額侵餉,或五
六人一隊,六七隊一哨,百餘人一旗。劉錦棠查實情形,委員查閱,各
營官則聯爲一氣,東移西換,互相瞞騙搪抵,百計彌縫。又或賄贈多

①　中國第一歷史檔案館藏:《呈文》,檔號:03—6094—015。

金，以塞委員之口，劉錦棠爲其蒙蔽。各營官恃此巧術，私橐充盈。向例勇丁告假回籍者，歷年所存應得之餉須一時全給。營官私圖吞蝕，輒不准假。勇丁無計自全，欲仍舊當差，則苛虐難勝，欲逃脫還鄉，則旅資莫措，因此逸出營門，結群攘奪，各城游勇紛集，擾害商民。此楚湘軍之大病一端也。

　　幫辦軍務伊犁將軍金順所部勇丁虛額過半，每月每勇僅發餉銀一兩、冬夏棉單衣各一套，其餘扣剋不發，均歸侵蝕。勇丁食用不敷，就營外開設廳子，聚賭抽頭，名曰官賭。輸贏不均時，或爭攘毆鬥，釀成人命巨案，而統帥置若罔聞。勇丁口糧既被營官吞蝕，雖有潛行攘奪商旅之事，亦輒從寬不究。懦弱之勇不過私積怨怒而已，强悍之勇則反幸主帥之不以軍法相繩，而一切得以爲非縱欲。蓋賭搶之所獲，或轉多於每年應得口糧。然而往來行旅何以安全，附近居民豈無苦恨，是防堵外夷之兵，轉爲該境蹂躪之盜，皆統帥、營官嗜利侵餉有以縱之也。統帥侵蝕，何能禁止營官？營官侵蝕，何能禁止勇丁不法？患之所集，勢有相因。私索所充，何止鉅萬？豐大之願既償，驕奢之氣益熾。伊犁起公文不由驛遞，另置金軍馬撥，歲縻餉數萬金，沿途均設糧臺，轉運局車馬絡繹，往來不絕，假號軍裝，其實非海錯山珍，即吳綾粵繡。每一宴客，盛演新劇，塞外黃沙慘淡，偏來蠻部笙歌，戰場白骨飄零，却惜梨園子弟，雖效古名將有不矜小節者，而以民間膏血充入私囊。現值國帑支絀之時，縱淫佚驕奢之用，捫心自問，何以克安？又有寵僕周當家者，怙勢攬權，助其氣焰，肆行無忌，臣聞劉錦棠曾函斥之，伊甚不懌。幫辦軍務廣東陸路提督張曜，性情狡詐，籠絡多謀，於劉錦棠所部營務處營員及辦善後之員，均羅爲門下士，賄贈多金，意在邀結衆譽，乂取賢聲，以侵餉所餘之財，蓋目不識丁之誚。所部嵩武軍亦虛額過半，每月每勇發天罡貳拾元，計銀一兩，冬夏發棉單衣各一套。其餘概不發給，均歸侵蝕。既以畜額爲斂財之計，復以扣餉爲苛虐之謀。劉錦棠於各軍積弊，豈絕無聞？特以同事有年，顧瞻情面，即間有飛函戒飭之舉，愈以形寬容不究之衷。此皆二三駐邊大臣一時聯絡不顧後患之情形也。

如光緒六年八月十五日，嵩武軍變。幸保舉提督孫金彪勇力過人，手刃數勇，兼前後楚湘軍彈壓，幸免成禍，二三大臣密不以聞。事雖已過，猶可確究。前哈密辦事大臣明春，扣剋軍餉，勇散時闖入劉錦棠營，紛紛告索。幸勇皆殘弱，不獲爲兇。劉錦棠以全隊彈之，分遣回籍。此皆計出僥倖，勉强彌縫。今新疆改設行省，新添道廳州縣，駐邊將吏尤宜撫恤居民，乃多方肆虐，利盡纖毫。即如攤派柴草一端，本有官錢發價，各局委員從中取利。如派萬觔之數，民間實已照數供給，不與稱量，估作叁肆千觔，必索多錢折交，方爲滿數。是民間名雖得價，其實數倍賠償。柴草雖云細事，各局資之，各營資之。凡往來貿易商賈，或係某帥官親，或係某官朋友。司局務者，亦悉資之。在局不費之惠，在民實膏血之供。攤派既多，折錢愈廣，怨府所斂，民命何堪？各局委員不以民事爲心，但講求局缺肥瘠。聞葉爾羌、和闐、喀什噶爾等處，局員指爲上缺，阿克蘇等處次之。請以喀什噶爾而言，所徵糧課，多方報銷。所徵牲畜税，月得二千餘兩，報解不過五百兩。每局周年應酬酒席，需銀萬餘金。若非刻薄民財，何以如斯豐厚？候補道丁鶚，前辦西四城釐金局，接辦喀什噶爾善後局，甫及三年，家資已逾十萬。金軍駐哈糧臺候補道李滋森，於哈密新城開設乾復泰京貨局，官車轉運，人莫敢言。

臣竊以爲大臣侵餉，則軍心之斂怨必深，逃亡日多，攘奪日熾。設苦兵游勇互相勾結，遇激生變，誰職其咎？臣所謂可慮之端、隱形之患者一也。回民新服，不加存恤，柴草猶苛，矧更他事？逼迫逾甚，何以聊生？不獲安全，必出危侮。臣所謂可慮之端、隱形之患者二也。將帥驕奢，軍民苦瘠。大臣遇事不以直聞，淫佚日增，風氣日壞，人心貪競，吏治荒蕪。臣所謂可慮之端、隱形之患者三也。臣觀新疆雖多戈壁，而各城附郭地美，民多殷富，廢客以因有戈壁而皆稱不毛也。南北各城所產糧食，裕綽有餘。南八城所產牛羊、馬畜、絲棉、布帛、金玉、百果，即內地亦不多覯之區。二三大臣實心實政，講求地利，仿古屯田之法，認真督戍守之軍開墾力作，必可覩耕九餘三之慶。前逆夷安集延之竊據，實飽地土之利藪。臣謂以逐年內地數百萬之正課，供邊臣無厭之侵吞，年復一年，無所底止，以有用之財爲二三大臣奢華之需，多事之秋、籌餉甚殷之際，臣甚惜之。且新疆原可有爲之地，果能盡力籌畫，俱事核實，以新疆之財濟新疆之用，未爲不足。總之，理財之道，要在得人也。況安集延已屬强夷，西陲之國俄羅斯蠶食新疆，民病勇苦。各大臣若不早蘇民困，整頓營伍，其弊可勝言哉？臣本草野末吏，智識庸愚，何敢越職言事？顧以親歷目睹之情形，軍民共冤之疾苦，有不知何以迫結於癃痹而不能自已者。今幸值朝廷廣開言路之時，不棄土壤細流之效，是以不避愚庸之誚、冒昧之愆，謹懇請遴派辦事認真、忠直素著之大臣，馳赴新疆，破除情面，清查勇丁虛額，整頓奢風習氣，發邊臣欺飾之私，蘇民勇艱辛之氣，節虛糜侵蝕之餉，杜外夷覬覦之漸，釐剔弊端，規模吏治，庶消隱患於無形，而邊疆從此永固也。臣越職瀆陳，不勝悚惶待罪之至。所有懇請派員查究緣由，是否可采，伏乞皇太后、皇上聖鑒。謹奏。光緒十年十二月初七日。①

光緒十年十二月初八日，都察院代奏代遞上摺後，清廷震怒，飭令將李昌振即行革職，並著嗣後不應具摺人員有懷欲白，須由該員具呈各該堂官酌定，再行代奏。《光緒朝上諭檔》：

光緒十年十二月初八日，內閣奉上諭：都察院代遞山西試用從九品李昌振陳奏劉錦棠、金順、張曜、明春等膜視邊疆、侵蝕軍餉、習氣驕奢一摺。覽奏，殊堪詫異。劉錦棠等如果似此辜恩溺職，自難逃朝廷洞鑒。李昌振以山西試用人員，潛赴新疆投效，又復臚列各款，呈由都察院代遞，顯有所欲不遂、挾嫌攻訐情事。恭讀仁宗睿皇帝聖訓：國家求言之意，原冀各抒讜論，然必定以官階，予以限制。嗣後不應言事之人，不得妄行封奏，違者按律治罪等因。於廣開言路之中，嚴防淆亂觀聽之弊，訓諭煌煌，至爲嚴切。乃李昌振以微末人員，輒敢將疆臣優劣，封章入奏，實屬膽大妄爲，著即行革職，遞回原籍，交該地方官嚴加管束，不准出外滋事。嗣後不應具摺人員有懷欲白，著

---

① 中國第一歷史檔案館藏：《録副奏摺》，檔號：03—6094—010。

懍遵咸豐三年二月十一日論旨，由該員具呈各該堂官酌定，再行代奏，不准自行具摺，以符體制。欽此。①

同日，清廷寄信諭旨：

軍機大臣字寄：陝甘總督譚：光緒十年十二月初八日奉上諭：都察院代遞山西試用從九品李昌振奏大臣膜視邊疆，請派員查究一摺。據稱劉錦棠、金順、張曜、明春等所部各營勇丁，半皆虛額，餉項侵蝕甚多，競尚驕奢，積弊難返，請飭查辦等語。所奏是否屬實，著譚鍾麟查明具奏。原摺著鈔給閲看。將此諭令知之。欽此。遵旨寄信前來。②

3.【案】光緒十一年四月十六日，陝甘總督譚鍾麟爲遵旨查明劉錦棠、金順等所部各營勇丁虛額餉項、侵蝕奢侈等情，具摺覆陳：

頭品頂戴陝甘總督臣譚鍾麟跪奏，爲遵旨查明覆奏，恭摺仰祈聖鑒事。竊臣准軍機大臣字寄：光緒十年十二月初八日奉上諭：都察院代遞山西試用從九品李昌振奏大臣膜視邊疆，請派員查究一摺。據稱劉錦棠、金順、張曜、明春等所部各營勇丁，半皆虛額，餉項侵蝕甚多，競尚驕奢，積弊難返，請飭查辦等語。所奏是否屬實，著譚鍾麟查明具奏。原摺著鈔給閲看。將此諭令知之。欽此。遵旨寄信前來。

臣查原摺所稱競尚奢侈一節。方行軍之際，用財欲泰，優賞將士，蓋欲得其死力。而游客抽豐之輩，名爲投效，實則張羅，營中無可位置，不能不資之以去，彼此投贈，在所不免。近年協餉弗繼，各營支絀萬分，此風寢息。如李昌振，殆亦張羅而不得意者，故撫拾從前積習，以洩私忿耳。自戰爭息，而防營無所事事，彈絲擊築，勇丁類能爲之。聞新年扮演，營官亦不能禁。此輩原不可以禮法繩，且亦無關大局也。至勇丁逃革假歸，營官懸缺不補，誠不能無，大約統帥嚴密稽

① 中國第一歷史檔案館編：《光緒朝上諭檔》，第十冊，第407頁；《清實録·德宗景皇帝實録（三）》，卷一百九十九，光緒十年十二月上，第829頁，中華書局，1987。

② 中國第一歷史檔案館編：《光緒朝上諭檔》，第十冊，第406頁；《清實録·德宗景皇帝實録（三）》，卷一百九十九，光緒十年十二月上，第829—830頁。

查，則弊較少，此各路防營皆然，不獨新疆，即關外各軍情形，亦自互異。如劉錦棠所部湘勇，起初皆比閭子弟，充營哨官者亦平時素相爾汝之儔，未敢以勢位相欺壓。棚內短一人，則九人嘩然。故湘軍營制極爲整肅。其後併楚軍兼收降衆，雖不必盡湘人，而營官守湘軍規制，無甚更易。行營長夫本多，數目或有出入，若勇丁則決不致曠缺也。

張曜一軍餉額，本較湘楚各軍爲薄。光緒三、四年，河南大祲，餉不時至，營中減成放給，理固有之。亦何至如李昌振所云，每年每勇發天罡貳十元、計銀一兩之數。今春正月，嵩武營提督孫金彪過蘭，臣面詢光緒六年八月十五日之事。孫金彪謂，彼時提督尚在阿克蘇，並未聞營中有鬧餉之語。勇丁遠戍絕域，終歲發銀一兩，誰甘隱忍？比其嘩潰，亦豈提督一人所能彈壓？嵩武軍現調近畿，其有無虛額，不能掩人耳目也。金順駐軍綏遠城，年來協餉甚稀，積欠累累，不能滿發月餉，自是實在情形，非關侵蝕剋扣。自綏來以西千四百里皆金營，分扎地段綿長，一營散布百餘里，照料有所難周。道路傳聞，固不足信，而人言藉藉，似非無因。然欲確指某營缺額幾名，不但遠隔四千里，臣無由知，恐金順亦未必盡知之。游勇路劫之案，亦所時有，責營官以疏防之咎，固無可辭。謂係營勇肆掠，則未必然。其沿途分設馬撥，在軍務緊急時，祇取文報餉糈之迅速，不遑計經費之繁鉅。近因餉絀，亦漸撤矣。所謂周當家者，遍詢不知其名字，或謂營中並無當家名目。即有其人，殆亦無足輕重者耳。明春一軍，早經遣撤，其虛實無從查考。南路柴草局往時由阿奇木伯克采辦，不能無弊。上年，劉錦棠悉行裁撤營勇，發價歸官經理，地方相安。候補道丁鶚在營日久，並無劣迹。九年，辦西四城釐局，不數月即奉文免收釐金，各局全撤。查新疆釐銀，歲不過二十萬，安有委員管局數月可得十萬之理？候補道李滋森係金營轉運委員，本住哈密。哈城北關有乾福泰貨店，湖北黃岡萬姓所開，李滋森與之同鄉鄰近，往來時或有之，並無用官車轉運貨物之事。李昌振所知不合，任意詆毀，其人本不足道，而所言邊疆之患，亦有可動人猛省者。

臣竊謂劉錦棠、金順、張曜，皆朝廷倚畀重臣，戎馬馳驅，備嘗辛苦。當茲度支告匱，轉饟爲難，尚何忍以至艱且窘之餉恣情揮霍。惟營官性情各異，優劣不齊，缺曠侵欺之弊，安能保其必無？今張曜一軍已入關矣，劉錦棠移駐烏魯木齊，與金順各營較近，誠宜不分畛域，互相稽查，庶營官有顧忌不至沿襲舊習。此後若不從新整頓，萬一强鄰決裂，以不精不實之軍當之，其復何恃？相應請旨飭下金順、劉錦棠，彼此推誠相與，遇事和衷商榷，勿因局外浮言墮其志氣，亦不得以目前無事姑息彌縫，則西事幸甚，大局幸甚。所有遵旨查明覆奏緣由，謹繕摺縷陳。伏乞皇太后、皇上聖鑒訓示。謹奏。四月十六日。

　　光緒十一年四月二十八日，軍機大臣奉旨。欽此。①

4.【遵旨寄信前來】此據《光緒朝上諭檔》補。

155. 請加鎮迪道按察使銜摺

光緒十一年五月十三日

　　欽差大臣督辦新疆事宜尚書銜甘肅新疆巡撫二等男臣劉錦棠跪◆[1]奏，爲鎮迪巡道擬懇天恩允照微臣原奏兼按察使銜，兼管全疆刑名、驛傳，以專責成而資治理，恭摺仰祈聖鑒事。

　　竊新疆刑名，前經臣奏奉諭旨，准其變通辦理，按季摘由彙報，以歸簡易。南路設官以後，所有各屬命盜重案，經臣飭由該管道州層遞核轉，再由臣悉心察核定讞，歷經辦理在案。然獄者民之大命，法者國之大經。如情罪或失其平，其間出入等差，關係匪淺，必賴有專管之官，始能殫精研究，胥歸允當。臣於光緒八年七月初三日奏請添設甘肅新疆巡撫、布政使摺內，聲明鎮迪道員請

---

① 《譚文勤公（鍾麟）奏稿》，沈雲龍主編《近代中國史料叢刊》第三十二輯，第 673—679 頁，文海出版社，1966；中國第一歷史檔案館藏：《錄副奏摺》，檔號：03—5832—127。

仍照福建臺灣道成例,准加按察使銜,兼管全疆刑名、驛傳事務。嗣經部議,須俟南路八城建置事宜辦有頭緒,再行酌量具奏,奉旨:依議。欽此。欽遵在案。

伏查南路建置諸務,隨時舉辦,漸有規模。臣與藩司魏光燾業於本年四月初二、二十六等日,先後晉駐烏魯木齊省垣,籌商部署,頭緒繁多,而刑名尤在所重。若仍漫無總匯,辦理恐涉紛歧。合無仰懇天恩俯准,將鎮迪巡道加按察使銜,所有全疆刑名統歸該道員總核詳轉,仍兼管驛傳事務,俾整綱飭紀,得專責成,實於邊徼刑政深有裨益。

再例載,距省城窵遠之府州所屬各州縣承審案件,罪應斬絞及命案內量減軍流人犯,解省勘轉,其尋常遣軍流徒各犯,均歸該管巡道就近審轉等語。新疆情形核與內地迥別,南路極邊州縣距省五六千里之遙。若斬絞及命案內量減軍流人犯照例解省勘轉,匪特罪犯、人證拖累難堪,且恐長途戈壁,易滋疏脫。然刑貴詳慎,全不層遞勘轉,又不足以示慎重。臣謹體皇上矜恤庶獄之意,擬再量為變通,距省窵遠所屬一切案件,均由該管巡道核轉。設案情不確,即由該管巡道提審問擬,統咨鎮迪道兼按察使銜衙門,詳加核定,以期周妥。如蒙俞允,應懇聖恩,飭部換頒關防,俾昭信守。其餘未盡事宜,容臣與將軍、督臣等隨時商酌,奏明請旨施行。所有鎮迪巡道擬懇准加按察使銜緣由,是否有當,謹會同伊犁將軍臣金順、陝甘總督臣譚鍾麟、署烏魯木齊都統臣升泰,恭摺具陳。伏乞皇太后、皇上聖鑒訓示。謹奏。光緒十一年五月十三日◆2。

光緒十一年六月十三日◆3,軍機大臣奉旨:著照所請,該部知道。欽此。

【案】此摺原件①、錄副②現藏於中國第一歷史檔案館,兹據校補。

1.【欽差大臣督辦新疆軍務尚書銜甘肅新疆巡撫二等男臣劉錦棠跪】此前銜據原件補。

2.【光緒十一年五月十三日】此具奏日期,據原件補。

3.【光緒十一年六月十三日】此奉旨日期,據錄副補。

156. 檄委藩司總理營務片

光緒十一年五月十三日

再,藩司魏光燾以道員統兵,轉戰關隴,懋著戰功,尤能盡心屯墾。嗣在甘肅藩司任内,經督臣委綜關内防軍營務,治軍轉餉,悉協機宜,於邊地情形亦極熟悉。該藩司現抵新任,應即檄委綜理臣軍營務,以資臂助。除檄飭遵照外,謹附片具陳。伏乞聖鑒。謹奏。

光緒十一年六月十三日◆4,軍機大臣奉旨:知道了。欽此。

【案】此奏片原件③、錄副④現藏於中國第一歷史檔案館,兹據校補。

1.【光緒十一年六月十三日】此奉旨日期,據錄副補。

157. 遣犯到配安插詳細章程摺

光緒十一年五月二十五日

欽差大臣督辦新疆事宜尚書銜降一級留任甘肅新疆巡撫二等男臣劉錦棠跪◆1奏,爲遵議改發秋審免死人犯到配安插詳細

---

① 中國第一歷史檔案館藏:《硃批奏摺》,檔號:04—01—12—0533—008。
② 中國第一歷史檔案館藏:《錄副奏摺》,檔號:03—5197—029。
③ 中國第一歷史檔案館藏:《硃批奏片》,檔號:04—01—16—0217—065。
④ 中國第一歷史檔案館藏:《錄副奏片》,檔號:03—5197—031。

章程，恭摺仰祈聖鑒事。

前准刑部咨議覆新疆遣犯奏請酌量變通一摺，內稱嗣後遇有秋審減等之犯，即簽同◆2妻室子女發配，車輛、口糧一併由沿途地方官撥護資送，並請飭下撫臣飭屬妥議章程，同戶部前議各條，奏明辦理等因。嗣准欽奉恩旨查辦減等條款到營，復慮人犯太多，沿途支應不易，新疆急難安插，議將陝甘、山西、四川、直隸、山東、河南七省人犯，先行起解。餘仍照例，定地發配，俾得從容就理。尤見思深慮遠，體貼入微。當經先後飭議去後。查南路各屬相距較遠，若待展轉議覆，尚需時日，且荒地無多，部臣亦謂無須在此數處安置罪犯。北路鎮迪道屬，疊據查報，遺荒甚多。臣昨開拔赴省，沿途察勘，情形屬實。應請將七省人犯陸續飭令起解，先儘迪化州境安置，次及阜康、奇臺、昌吉、綏來、鎮西、哈密等廳縣。前奏請交屯官兵目管束，係指種地當差遣犯而言。此項秋審減等非軍遣以上罪名可比，投之遠徼，無非爲興屯起見。現值諸務創始，提臣移防未定，撫標兵制未設，兵屯考察，刻難就緒，且地段大小、畝數多寡、渠水衰旺，均難一律，應請俟各犯到配，擇其年力精壯有室家者，由地方官酌量多少，隨處安插，交鄉約領保，分撥荒地，與平民櫛戶錯壤，犬牙相接，出入守望，同茲作息，使其有所糾察。仍飭地方官按季查驗，以昭慎密。其隻身人犯及不能種地之人，即交配所衙門役使，或酌令小貿，屆時察看辦理，俾資鈐束。農具、牛籽、房屋、食糧等項，應請照新疆墾地戶民例，從優借給，分年繳還，並酌量年限，准其入籍爲民，仍按甘肅屯墾啟征章程，量爲展緩年限，俾知格外從寬。官犯有能督辦開墾，地多穫廣，應即遵照部議，隨時奏請減釋。惟本年恭逢恩詔，減等之犯較多。查甘肅一省，已不下八九十名，若直隸、山東、四川更不止此，合計七省當在千名內外。無論由何省起解出關，甘肅係總匯之路。此項人犯隨帶家室，口糧、車輛等費需款尤鉅。甘肅及關外州縣均屬瘠苦,不但難以賠累,即籌墊車糧銀兩,亦不易易,應請准照實在墊發數目,作正開報,以示體恤。又,查烏魯木齊、伊犁遣犯,向有鐵廠捐銀及鉛廠幫捐衣物例,酌定年限,准其分別爲民回籍。此等官犯可否仿照辦理,令其幫捐屯田經費,或援照軍臺廢員贖罪章程,按日月之淺深,定捐輸之成數,准予回籍免遣,統將銀兩解交藩庫存儲,以備屯墾撥用之處,非臣下所敢擅請。

再,部臣謂宜時加安輯,無苛剝欺凌,俾人盡力樂生,洵屬確論。臣自應嚴飭各屬,諭令各該鄉約户民一體遵照。第各省差役護解人犯,需索誅求,在所不免,哀此羈縲,何敢申訴?今許簽配妻子、携帶財物之犯必多,應請旨飭下各省督撫,嚴飭所屬先行出示曉諭,准於點驗起解時,當堂呈明財物,填注解牌,以杜搜索。儻有前項情弊,許各該犯臨時喊稟,一經審實,立予痛懲。其餘未盡事宜,容再隨時奏咨辦理。至户部前議各條,應俟兵制一律設妥,撥地懇種已有頭緒,再行另案詳細奏報。所有遵議安插七省秋審免死人犯緣由,是否有當,謹會同陝甘總督臣譚鍾麟、伊犁將軍臣金順、署烏魯木齊都統臣升泰,恭摺具奏。伏乞皇太后、皇上聖鑒訓示。謹奏。光緒十一年五月二十五日◆3。

光緒十一年六月二十二日◆4,軍機大臣奉旨:該部議奏。欽此。

【案】此摺原件①、録副②現藏於中國第一歷史檔案館,兹據校補。

1.【欽差大臣督辦新疆軍務尚書銜降一級留任甘肅新疆巡撫二等男臣劉錦棠跪】此前銜據原件補。

2.【簽同】原件、録副均作"僉同"。

3.【光緒十一年五月二十五日】此具奏日期,據原件補。

① 中國第一歷史檔案館藏:《硃批奏摺》,檔號:04—01—12—0954—069。
② 中國第一歷史檔案館藏:《録副奏摺》,檔號:03—7250—028。

4.【光緒十一年六月二十二日】此奉旨日期，據錄副補。

158. 巴烏滿營移併古城並請改設城守尉摺

光緒十一年五月二十五日

欽差大臣督辦新疆事宜尚書銜降一級留任甘肅新疆巡撫二等男臣劉錦棠、署烏魯木齊都統內閣學士兼禮部侍郎銜革職留任伊犁參贊大臣臣升泰跪◆¹奏，爲改議巴里坤、烏魯木齊滿營移併古城，並請改設城守尉一員，以專責成而規久遠，恭摺具陳，仰祈聖鑒事。

竊臣錦棠前遵部議，請將舊有之烏魯木齊、巴里坤、古城等處旗丁歸併伊犁旗營，於光緒十年四月二十八日具奏，奉旨允准欽遵在案。旋准伊犁將軍臣金順咨到奏稿，內稱伊犁各營現存官兵及丁口共六萬七千八百餘員名，擬就各營原有官兵，挑補五千人訓練，下餘兵丁足敷額數。若再將烏魯木齊各城旗營官兵歸併伊犁，更屬無可位置。塔爾巴哈臺爲北路邊要，向無駐防之兵，承平時係各處撥兵換防，現擬將換防之例停止。該城僅恃客兵，終非久計，請將烏魯木齊各城旗營官兵遷歸塔城，作爲塔城永遠駐防等因。亦經部議允准。茲准護巴里坤領隊大臣金貴咨：據各旗馬步兵丁等稟稱：兵丁等邊城駐守，世受國恩，憶自逆回蠢動，疊被圍攻，力守危城，外援俱絕，壯丁迎敵，婦女登埤，幸獲無恙。旋遇古城、阜康之變，千里赴援，繼復東剿哈密叛回，冒雪衝鋒，傷亡尤衆，其存者又頻遭荒歉，餬口維艱。全疆底定以來，賴歷任各領隊加意拊循，少能蘇息，而積困之後，生計仍屬拮据。現聞議令遷駐塔城，該處毗連俄界，竊恐凋敝之餘，難資禦侮。且地隔巴城近三千里，先人墳墓祭掃尤難，稟請咨轉核辦前來。

臣等伏查新疆自乾隆年間，設立巴里坤、古城、吐魯番、庫爾

喀喇烏蘇、烏魯木齊五處領隊，以都統轄之，而悉歸伊犂將軍總統
節制，提綱挈領，成法昭然。及同治初年，逆回不靖，除庫爾喀喇
烏蘇專管蒙古游牧向無滿營不計外，其吐魯番、烏魯木齊、古城各
處滿營額設兵丁，散失殆盡。惟巴里坤防營歷更艱險，僅僅得存。
平定以來，吐魯番滿營未經復設，其餘各營招集散亡，人數終屬無
幾。此次新疆設立行省，裁併營旗，所有巴里坤等處滿營，自應歸
併伊犂，庶符體例。惟既經金順奏明，伊犂兵數過多，無從安插，
則遷徙伊犂之議，自難強以必行。至欲移駐塔城，實多未便。該
處既非沃壤，又處極邊，向來俱係換防，不使邊兵久戍。今則與俄
逼處，防兵尤貴於精，雖議停止換防，變通營制，自應由錫綸量爲
部署。若巴里坤各處之喘息僅存，貧不中徙，亦係實情。若欲強
以必行，又非朝廷所以軫恤邊兵之意。臣等思維再四，亟宜改圖，
未便以成議在先，少事遷就。案查臣升泰接管卷内，光緒九年五
月，前都統臣恭鏜具奏，巴里坤著名寒瘠，餉運艱難，請將該處滿
營移駐烏魯木齊。其所遺户地官屯，可悉數留給鎮標綠營管理。
又古城爲北路咽喉重地，該旗人數過少，不敷分布，請由歸化城滿
營閒散挑選若干，准其携眷移駐古城，以資扼要，奏奉諭旨准行欽
遵在案◆2。

　　竊維恭鏜所奏，其時新疆行省議尚未定，烏魯木齊新築鞏寧
城，廓其有容，移駐旗營，自無不可。今烏魯木齊定爲省治，設官
分職，情事頓殊。舊有旗營尚須遷徙，自未便更從增置。至古城
地當衝要，東接巴里坤，西達烏魯木齊，南並天山，北至科布多，東
北通烏里雅蘇臺，西南爲出吐魯番間道，形勢便利，亟應增設重
兵，以資控馭，誠有如恭鏜所奏者。臣錦棠前請將奇臺縣治移建
古城，亦誠以地利所存，不容坐廢也。今巴里坤等處滿營遷塔遷
伊，既無成見，而古城一處尚待增防，以應遷之兵置應防之地，其
便一。毋庸更向歸化城滿營挑選閒散，節勞省費，其便二。相距

不遠,遷徙不難。既遷之後,即遇有請假省墓之事,往返不過旬日,其便三。上年奏准於古城度地修造新城,以便奇臺移治,現在城工告竣,既議移駐滿營,則奇臺可暫仍舊治,異日滿營居止,即可因其已成,祇須添蓋營房,毋庸更議城工經費,其便四。巴里坤現有鎮標綠營足資鎮守,可無須滿營駐防。古城土膏沃衍,素係產糧之區,非若巴里坤地氣苦寒,歲多不熟。生養休息,精足易期,其便五。謹案,乾隆三十九年,因巴里坤糧運不給,始定分駐古城,是該處移防本有成案◆3。各營旗遷併於此,需用糧石,就地取給,無煩由他處采運,所省實多。此時既未便遷併伊犁,則舍此實無善策也。臣錦棠始謀未豫,殊切悚惶。現經反復熟商,意見相合,伏乞聖明采擇。其一切遷徙應辦事宜,容再妥籌具奏。

現在該旗既議歸併,領隊、協領各員缺並經奉旨裁撤。查烏魯木齊、古城現存員弁兵丁共二百九十五員名,巴里坤現存員弁勇丁七百七十九員名,擬仿照河南、山西及甘肅莊浪滿營之例,改設城守尉一員。如蒙俞允,應請旨迅賜簡放,以重職守。其佐領、防禦以下官應否各仍其舊,容俟城守尉簡放有員,再行會商核辦。又查城守尉,山西二員,一歸巡撫兼轄,一歸綏遠城將軍管轄;河南一員,歸巡撫兼轄;莊浪城守尉歸涼州副都統管轄。此次議設古城城守尉應否由新疆巡撫兼轄,或由伊犁將軍管轄之處,恭候欽定,臣等未敢擅擬。所有改議巴里坤、烏魯木齊滿營歸併古城,並請改設城守尉一員以資統率各緣由,謹會同伊犁將軍臣金順、陝甘總督臣譚鍾麟,合詞具奏。愚昧之見,是否有當,伏祈◆4皇太后、皇上聖鑒訓示施行。再,此摺係臣錦棠主稿,合併聲明。謹奏。光緒十一年五月二十五日◆5。

硃批:巴里坤旗兵遷伊、遷塔,迄無定議。今議設古城城守尉,實爲居中扼要,著照所請行◆6。

　　光緒十一年六月二十二日◆7，軍機大臣奉旨：該部議奏。片併發。欽此。

　　【案】此摺原件一①、原件二②、録副③現藏於中國第一歷史檔案館，兹據校補。此摺兩份原件，其一無硃批，而所署奉旨内容與録副、刻本同；其一署有硃批，但無刻本之奉旨内容。

　　1.【欽差大臣督辦新疆軍務尚書銜降一級留任甘肅新疆巡撫二等男臣劉錦棠、署烏魯木齊都統内閣學士兼禮部侍郎銜革職留任伊犁參贊大臣臣升泰跪】此前銜據原件補。

　　2.【案】光緒九年五月二十八日，烏魯木齊都統恭鏜奏請將巴里坤滿營移扎烏魯木齊，歸并一城：

　　　　烏魯木齊都統奴才恭鏜跪奏，爲參酌時勢，擬請將巴里坤滿營移扎烏魯木齊，歸併一城，以重防務，恭摺請旨，仰祈聖鑒事。竊奴才於光緒六年奏准移建鞏寧滿城，原以烏垣旗衆兵燹後流離失所，前分派員携資，遍由南疆八城招集來烏，使之同城共處，聚族而居。又爲籌給薪糧，勤加訓練，終覺人數單少，幾難成營，是以前將布置情形議擬，統古城、巴里坤、吐魯番等處駐防歸併烏垣，以資重鎮，均經奏明在案。

　　　　查巴里坤爲著名瘠寒之區，亂後旗營官兵人等，陣歿傷亡不計其數，兼之連年荒旱，屯收歉薄，籲請奴才代請專餉，而各省報解仍屬無幾。現時坤城糧價昂貴，民鮮蓋藏，采買不出。且本年春間，牛染瘟疫，倒斃殆盡，東作稍誤，秋後勢必無望。奴才屢與巴里坤領隊大臣往返籌商，無計可施。即以該處城池而論，墙身半爲圮頹，雉堞缺陷，大多官署兵房當圍城時充作柴薪，連年餉項不充，未能隨時補修，故三五家共一栖止，街市蕭條，不堪寓目，時勢至此，何以支持？奴才再四思維，刻下鞏寧城内各工，擇要修葺，業已告竣。不惟兵少房密，空

----

①　中國第一歷史檔案館藏：《硃批奏摺》，檔號：04—01—0953—019。
②　中國第一歷史檔案館藏：《硃批奏摺》，檔號：04—01—0953—021。
③　中國第一歷史檔案館藏：《録副奏摺》，檔號：03—6020—039。

間尚多，即官衙隙地，將來再有修添，展布裕如。況迪化一屬向係產糧之藪，奴才苪任以來，開墾濬渠，勤求農桑。近年天晴地利，尚屬勻和，迪化倉儲糧石，昇平時向歸滿營支用，今如仰荷天恩，准將巴里坤滿營移遷烏魯木齊，每年應需糧料，仍按舊章在迪化各屬倉收項下支領，抑或由各處備價采買。所由巴里坤滿營遺出戶地官屯，儘可悉數留給鎮標綠營管理，兵食既裕，全鎮亦易資整頓。是移坤一營而綠營爲之寬綽，將併烏坤兩城而地方庶資重鎮。至於餉銀，各省原有協坤之款，仍請源源撥解，以應急需。奴才更當盡心教養，極力訓操，務期悉成勁旅，漸復舊規，似於地方、營制兩有裨益。如蒙俞允，其應如何籌款移置之處，懇請一併飭部核議遵辦。至古城滿營，已簡放有領隊大臣，似可無庸議遷。該城商賈輻輳，爲北路咽喉重地，向通烏什，聲援①。該旗弁兵爲數過少，不敷分防，可否仰懇天恩飭部議，將歸化城滿營閑散准其挑選若干名，携眷移扎古城，扼其重要，以爲犄角之勢。恭候命下之日，應由綏遠城將軍就近照例，分別辦理，以便遷移而資利往。現在烏魯木齊滿營規模粗具，各該城官兵人等無不願樂土之適從、輔平之相守，固非奴才所放強托也。但安土重遷，明知安非易事，惟以今昔情形不同，若不從權歸併，將來各城分羅散布，勢成孤立，深堪厚慮。奴才爲整飭邊防起見，是否有當，理合恭摺具陳。伏乞皇太后、皇上聖鑒訓示遵行。謹奏。五月二十八日。

　　光緒九年六月三十日，軍機大臣奉旨：該部議奏。欽此。②

　3.【案】乾隆三十九年三月十三日，陝甘總督勒爾謹以裕兵糧而節國帑，奏請移駐滿兵一千名駐扎古城：

　　　　陝甘總督臣勒爾謹跪奏，爲酌請移駐滿兵，以裕兵糧，以節國帑事。竊查西安、寧夏移駐巴里坤滿兵二千名歲需糧料，前督臣文綬因現存糧石不敷支用，檄飭該鎮道在於巴里坤地方遍加踏勘，雖有可墾地畝，而水澤缺乏，不能加種，當經奏明將古城、吉布庫、奇臺

---

① 此處脫落十二字。
② 中國第一歷史檔案館藏：《録副奏摺》，檔號：03—6018—035。

等處歲收及倉存糧石,於甘州、涼州、西寧三提鎮營挑選孳生駝隻,解往運送,以資兵食,並聲明如試運不敷,或添撥駝隻,或挑巴里坤孳生馬匹,用車拽運等因在案。嗣據該鎮道查明,解到駝隻不敷,而內地各營又無可撥。其巴里坤牧廠馬匹,除兒騾留備孳生外,其出群騸馬齒嫩力弱,難以駕車,且每歲撥補軍臺屯田以及營馬倒缺,尚有不敷,無可撥用。臣復行據該鎮巴格、該道永慶另行籌議,嗣據詳稱:若雇覓民車,每年約需費銀四萬五千餘兩,莫若制車二百三十五輛,雇夫運糧。計初辦之年,各項約需費銀二萬六千一百餘兩,以後每年修補車輛及雜費等項約需銀二萬一千一百餘兩,較之雇覓民車,尚可節省等情。臣查該鎮道所議,雖較之雇覓民車有省,而每年尚需銀二萬餘兩,且常川運糧終非良策,復行令再加妥議。兹據該鎮道稟請移兵就糧,以期永久前來。臣於新疆經費局司道等細心商酌,查古城、吉布庫、奇臺等處官屯民田,歲收糧二萬餘石。惟古城地方水泉頗旺,現駐眷兵三百餘名,戶民報墾者甚衆,若將巴里坤滿兵分撥一千名,駐扎古城,不特就近支糧可免輓運之費,而該處爲烏魯木齊、巴里坤適中之地,更可以聯聲勢而壯軍威,在此時修城建房,固不能不動用帑項,而從此一勞永逸,實不致再有糜費。但事關移兵要務,期於永久妥善,非臣親身相度,灼見真知,不敢冒昧舉行。臣擬俟辦理奏銷及秋審完竣後,即前赴巴里坤、古城,細加履勘,並會同該處大臣詳晰妥議,另行具奏。合先恭摺奏聞。伏祈皇上睿鑒。謹奏。乾隆三十九年三月十三日。

　　硃批:軍機大臣速議具奏。①

同年七月初九日,陝甘總督勒爾謹、烏魯木齊都統索諾穆策凌奏報會勘古城,移駐滿兵及糧料支用等事:

　　　陝甘總督臣勒爾謹、烏魯木齊都統臣索諾穆策凌跪奏,爲查勘古城地方堪以移駐防兵,恭摺奏聞事。竊查巴里坤駐扎滿兵二千名,因歲需糧料不敷,經臣勒爾謹奏請移兵一千駐扎古城,並聲明就赴該

①　臺北故宮博物院藏:《軍機及宮中檔》,文獻編號:403028392。

處，會同臣索諾穆策凌履勘詳議等因在案。茲臣索諾穆策凌於七月初四日抵古城，臣勒爾謹於初五日抵古城，當即細加查勘，該處因舊有城基，是以有古城之名，而建自何時，無從稽考。歷年久遠，倒蠹坍塌，不能修築，故從前移駐屯兵時，即係另建土堡，其規模亦甚窄小，難以展修。而現有之兵房，僅敷屯兵居住。今臣等公同酌議，移駐滿兵一千名，一切房屋城垣必須另行修建，始足以昭體制而壯觀瞻。臣等於新堡之西南里許地方勘得地勢平衍，掘井一丈六七尺即已及泉，附近柴薪亦足供用，實堪建城駐兵。至於工作之需，從前烏魯木齊等處修城建房，多係搭用綠營兵丁，較之全催民夫，大有節省。自應仍照向例支給鹽菜、口糧，以免糜費。臣等酌派奇臺通判納福、古城游擊曹茂官，督令巴里坤鎮屬原建滿城兵丁，於今歲秋間砍伐木料，拖打土坯，明春以次興工，並令巴里坤鎮巴格、巴里坤糧務道永慶，總統稽查，不必俟兵房全行蓋竣始令搬移。一面趕緊興修，一面陸續移駐，務於來歲秋間全抵古城。即城垣尚需時日，亦總在後年一律告成。再，查滿兵一千名，歲需糧料一萬八千七百八十餘石，按古城向年收成分數，約計每年收糧一萬六千八百七十餘石，自屬稍有不敷。但查古城現在倉貯餘糧一萬八千一百餘石，計滿兵於明秋移駐，則未移之前今年、明年又可收糧三萬三千六百餘石。即以此一處之存糧，加以每年之收穫，已敷二十餘年搭放之用。而附近之吉布庫、奇臺、吉爾瑪泰，尚有現在存倉及例應陸續升科之糧，足可源源接濟，無虞匱乏。惟查古城地方，爲烏魯木齊、巴里坤適中之地，北通烏里雅蘇臺，實諸路之總匯、新疆之要區。現今既議駐扎滿兵，似應添設領隊大臣，以資彈壓。臣等再四熟商，若將烏魯木齊領隊大臣移駐，固屬簡便，但臣索諾穆策凌每遇訓練官兵、畋獵以及巡閱公出，烏魯木齊事務亦不可無人經理。合無仰懇聖恩，特簡領隊大臣一員，令於明歲春間即至古城，庶一切駐兵事宜可以就近商辦，於公務實有裨益。除官兵所需車輛並賞項等事容臣等參酌成例另行具奏外，所有臣等會勘古城地方堪以移駐滿兵及糧料足敷支用緣由，謹合詞繕摺恭奏。臣等於七月初九日拜摺後，俱各起程回署，合併陳明。伏祈皇上睿鑒訓示。謹奏。乾隆三十九年七月初九日。①

　　乾隆三十九年七月二十七日,奉硃批:軍機大臣議奏。欽此②。

陝甘總督勒爾謹與索諾穆策凌會銜之奏於是年八月得清廷允行。《清實錄》:

　　　　軍機大臣議覆陝甘總督勒爾謹等奏稱,巴里坤原駐滿兵二千名,因糧料不敷,經臣奏准,分撥一千名,移駐古城,但一切房屋城垣,必須另行修建。臣等酌勘,於新堡之西南里許地勢平衍,井泉柴薪足供取用,堪以建城駐扎。至工作之需,應照烏魯木齊等處從前修建城房,酌用綠營兵丁例,支給鹽菜口糧,以省糜費,擬派員督令巴里坤鎮屬原建滿城兵丁,於明春興工,趕緊修建,來秋全行移駐。再,查滿兵一千名,歲需糧料一萬八千七百八十餘石,按古城現貯餘糧及每年收成核計,足敷搭放。惟查古城爲烏魯木齊、巴里坤適中之地,北通烏里雅蘇臺,爲諸路總匯。若駐扎滿兵一千,應添設領隊大臣一員,就近彈壓。均應如所請,從之。③

4.【伏祈】原件、錄副均作"伏乞",是。

5.【光緒十一年五月二十五日】此具奏日期,據原件補。

6.【案】此硃批內容,據原件二補。

7.【光緒十一年六月二十二日】此奉旨日期,據錄副補。

159.擬設城守尉請於領隊協領內簡放片

光緒十一年五月二十五日

　　再,頭品頂戴副都統銜古城領隊大臣訥恩登額巴圖魯魁福④、

① 臺北故宮博物院藏:《軍機及宮中檔》,文獻編號:403029261。
② 中國第一歷史檔案館藏:《錄副奏摺》,檔號:03—0518—032。
③ 《清實錄·高宗純皇帝實錄(十二)》,卷九百六十四,乾隆三十九年八月上,第1087—1088頁,中華書局,1985。
④ 魁福(?—1910),原籍吉林,滿洲鑲白旗人,封訥恩登額巴圖魯勇號。同治四年(1865),任驍騎校。七年(1868),調任三姓防禦。九年(1870),補吉林佐領。十一年(1872),任副都統銜。光緒七年(1881),署古城領隊大臣。十二年(1886),擢科布多幫辦大臣。十七年(1891),調補科布多參贊大臣。二十六年(1900),遷察哈爾副都統。

頭品頂戴副都統銜古城協領署烏魯木齊領隊大臣堅勇巴圖魯富勒銘額①、護理巴里坤領隊大臣副都統銜右翼協領金貴②、副都統銜巴里坤左翼協領英魁③等，久經戰陣，洞曉戎機，履任以來，於各該處駐防事宜，措理裕如，悉臻妥善。現經裁撤領隊、協領各員缺，擬請設古城城守尉一員，如蒙俞允，將來旗營歸併，遷徙安置，事極繁難，必得熟習之員爲之經理，庶期周密。可否即於各該員内准予簡放，以資熟手而專責成。其餘各員均屬著有成勞，應如何擢用，俾人人得以自效，出自鴻慈，臣等未敢擅便，謹合詞附奏。伏乞聖鑒訓示。再，此片係臣錦棠主稿，合併聲明。謹奏。

　　光緒十一年六月二十二日◆¹，軍機大臣知會奉旨：留中。欽此。

　　【案】此奏片因奉旨留中，故無録副。其原件④現藏於中國第一歷史檔

---

　　①　富勒銘額（？—1903），佚其氏，甘肅新疆古城人，隸滿洲鑲白旗。道光年間，任前鋒校。光緒九年（1883），署烏魯木齊滿營協領，兼署烏魯木齊領隊大臣。十二年（1886），署理烏魯木齊都統。十四年（1888），遷伊犁副都統。十六年（1890），以伊犁副都統兼署伊犁將軍。十九年（1893），調補塔爾巴哈臺參贊大臣。二十三年（1897），乞歸。

　　②　金貴，清代將領，生平未詳。但宣統二年二月二十八日副都統連魁等奏請金貴原品休致可供參照：“左翼副都統臣連魁、荆州將軍臣恩存、左翼副都統臣松鶴跪奏，爲佐領因病呈請休致，恭摺具陳，仰祈聖鑒事。竊據鑲白旗滿洲佐領金貴呈稱：竊職現年七十三歲，共食俸餉五十七年，於咸豐八年跟隨協領安貴出征湖北武昌府所屬通山等處，共打仗四十三次，殺賊六名，捉生六名，奪獲刀矛十六件。於十一年蒙前任湖廣總督官文保奏，是年十一月奉旨：金貴著賞戴花翎、五品頂戴。欽此。前在軍營染受濕潮，手足麻木，延醫調治，尚能就痊。不意去歲入冬以來，舊疾復發，醫治罔效，竟成殘疾。伏思去佐領任重，曷敢戀棧！懇請原品休致等情。據此，當經飭交左司掌關防協領多壽驗看。旋據多壽呈稱：驗看得佐領金貴，因病殘廢屬實。出具保結呈請前來。臣等覆核無異，懇請俯准該員原品休致，可否援例賞食全俸之處，出自天恩逾格。除造具該員履歷勞績清册咨送陸軍部查核外，所有佐領因病呈請休致緣由，理合恭摺具陳。伏乞皇上聖鑒訓示。謹奏。宣統二年二月二十八日。宣統二年三月十六日，奉硃批：著照所請，並賞食全俸，該部知道。欽此。”（中國第一歷史檔案館藏：《硃批奏摺》，檔號：04—01—16—0304—057；《録副奏摺》，檔號：03—7482—011）

　　③　英魁，滿洲鑲黄旗人，生卒年不詳。光緒二年（1876），經烏魯木齊都統金順奏保，任副都統銜巴里坤左翼協領。

　　④　中國第一歷史檔案館藏：《録副奏片》，檔號：03—5865—134。

案館,兹據校勘。原件之具奏日期錯誤,兹據刻本及《軍機處隨手登記檔》①校正。

1.【光緒十一年六月二十二日】此奉旨日期,據《軍機處隨手登記檔》補。

160. 請將折平銀兩撥歸古城片
光緒十一年五月二十五日

再,前准户部咨:光緒十年九月二十九日,附奏烏魯木齊、巴里坤等處旗丁已經議准歸併伊犁,在在需款。除金順、錫綸共應分用兵餉等項銀一百二十萬兩外,查臣部此次撥定西餉,共銀四百八十萬兩。各省應按庫平庫色起解,而甘省近年支放勇餉均係以湘平動支,以每兩扣銀四分升平核算◆1,此項扣平約近二十萬兩,應令每年由譚鍾麟將此項扣出銀二十萬兩,以十萬兩解交金順,專作爲伊犁滿營經費,三年後即行停止等因。奏奉諭旨允准欽遵在案。伏查烏魯木齊等處旗丁,原議歸併伊犁,此項銀兩自應撥歸伊犁動用。現因金順奏稱,伊犁兵數過多,不便安插,改議歸併古城駐扎◆2。如蒙允准,即應遷移,地雖不同,而需用則一。前遵部議,本年正、二兩月,各該旗未到伊犁之先,所有俸餉每月約需銀萬兩,由臣錦棠及譚鍾麟就近墊發。現因移防之地尚須更議,未即遷赴伊犁。其二月以後俸餉應由何處支放,亦不便久懸,合無仰懇天恩俯准,將此項扣平銀十萬兩撥歸古城,作爲各該旗俸餉及遷徙一切經費。至三年停止後,各該旗若仍由伊犁將軍管轄,則所需俸餉自應由伊犁將軍於分用兵餉等項銀一百二十萬兩內,照章供支。若不由伊犁將軍管轄,則各該旗所需俸餉應如何

---

① 中國第一歷史檔案館藏:《軍機處隨手登記檔》,檔號:03—02—2—1211—168。

劃款支放之處,並乞飭部核覆遵行。謹合詞附片具陳。伏乞聖鑒訓示。再,此片係由臣錦棠主稿,合併聲明。謹奏。

光緒十一年六月二十二日◆3,軍機大臣奉旨:覽。欽此。

【案】此奏片缺錄副,原件①現藏於中國第一歷史檔案館,茲據校補。

1.【核算】原件作"扣算"。

2.【案】光緒十年閏五月二十四日,幫辦軍務大臣伊犁將軍金順奏報遵旨籌辦裁留伊犁地方之兵額:

> 幫辦軍務大臣革職留任伊犁將軍奴才金順謹跪奏,爲遵旨詳籌餉額、兵制,謹就伊犁現在情形分別酌擬裁留,並請飭提各省關欠餉,以便遣撤兵勇,恭摺覆陳,仰祈聖鑒事。竊奴才承准軍機大臣字寄:光緒十年二月十七日,奉上諭:戶部奏,西路軍餉浩繁,急須統籌全局,並詳籌未盡事宜各摺片。欽此。跪讀之下,仰見睿謨深遠,策及萬全,俯采芻蕘,莫名欽悚。部臣原奏各條,誠爲當務之急,自應謹遵諭旨,悉心區畫,切實籌商,以期仰副宸廑。當就管見所及,函商劉錦棠,統籌辦理,冀臻妥善。茲准劉錦棠咨行疏稿,始知以相距過遠不及函商,已經統籌,先行具奏。奴才忝任伊犁,謹就伊犁現在情形悉心區畫,有難盡行更張者,有宜酌量裁撤者,不揣冒昧,敬爲我皇上縷陳之。

> 謹按,伊犁開拓,肇自高宗,因地制宜,建制重鎮。當時調熱河、陳州、莊浪、西安、盛京、黑龍江、察哈爾等處滿蒙官兵,携眷移駐。又調甘州、涼州、固原、寧夏等處綠營官兵,携眷移駐,統計伊犁惠遠、惠寧兩城滿蒙綠營及錫伯、索倫、察哈爾、額魯特四營,凡額設官兵一萬七千三百九十七員名,每年俸餉錢糧等項銀六十七萬八千九百餘兩,遇閏加增糧料在外。百餘年來,生齒日繁,新疆未亂以前,計各營戶口已十餘萬衆。自中原軍興,各省未能兼顧,於是逆回構亂,全境淪陷,伊犁滿綠各營被禍尤甚,戶口傷亡尤多,營制蕩然,難以覆按。茲

---

① 中國第一歷史檔案館藏:《硃批奏片》,檔號:04—01—01—0953—047。

幸皇威遠振，伊犁還隸版圖，氣象重新，百廢待舉。所有伊犁各營官兵之流寓於塔爾巴哈臺者，經前署將軍榮全隨時收緝，編爲營伍，歷年隨營攻剿，均極出力。及奴才接收伊犁後，即加意撫綏，設法招徠。現在，孑遺旗丁陸續來歸，户口亦漸加增。計惠遠城滿營現存官兵六百二十餘員名，計丁口一千二百九十餘名。至寧城滿營現存官兵四十餘員名，計丁口九十餘名。錫伯營除挑補滿營兵額三千二百名，計丁口一萬一百餘名外，現存官兵足數一千三百之原額，計丁口九千數百名。索倫營現存官兵一千一百餘員名，計丁口四千餘名。察哈爾營現存官兵足數一千八百之原額，計丁口九千九百數十名。額魯特營現存官兵足數三千三百八十之原額，計丁口二萬九千數百名。綠營現存官兵七百二十餘員名，計丁口三千數百名。統計先後收緝各營官兵、丁口，計六萬七千八百餘員名。此皆轉徙流離，或久淪異域，新出水火塗炭之内，重歸生成覆幬之中，然多貧乏無以自存，其性情亦難遽定，此正孑遺殘喘引頸而望聖恩之時也。必先資以生計，方能團結其心，加以撫輯訓練，即可仍成勁旅。若如劉錦棠所奏，就伊犁現存之滿營、錫伯、索倫、察哈爾、額魯特及現擬移烏魯木齊、巴里坤、古城、庫爾喀喇烏蘇、吐魯番等處旗丁内，僅挑選三千人作爲旗營兵額，則所餘各項官兵爲數甚衆，作何安置？該官兵等舊爲國家駐防旗僕，從前伊犁變亂，餉饋斷絕，各城旗兵甘心窮餓，效死勿去。仰見聖朝德澤，涵濡至深，而該官兵力戰固守，其志甚堅，其情亦可憫。今擬僅挑三千，其餘概從屏棄，則舊補官兵將有失糧之怨，新恤丁壯無望補伍之時。虎口餘生，方慶生聚，仍復窮而無歸，揆之朝廷優恤旗兵之恩，亦必有所不忍。倘因裁撤失所，流而爲匪，或被人煽惑，誘入異域，此又不可不深慮也。且本處現存旗兵若一裁額，尚自難求生計，再將烏魯木齊各城官兵、丁口歸併來伊，實屬無法安插。各營官兵原調自各省，語言、性情各有不同，故分設領隊大臣，專司教練，職任綦重。現在各領隊大臣所屬尚有六萬餘衆，操防屯牧，正在講求，與他處之無隊可領者不同。若將伊犁領隊員缺一時全行議撤，則各營旗兵無專管大臣，恐難鈐束。故奴才愚見過慮，以爲舊制未可盡行更張也。

　　竊維餉額、兵制必規久遠,利鈍所擊,非僅一時。以新疆大勢而論,伊犁爲極邊第一扼要之區,於此處必須重兵布置,方能周密。門户有備,則堂奥自安。伊犁此番定界雖邊境稍損,而縱橫尚四千餘里。從前有哈薩克、布魯特種人爲我屏藩,本不與俄境相連,今則各種部落悉歸俄屬,凡伊犁邊境自北而西,自西而南,周一千數百里,山川道路處處與俄國壤地相接,鈴柝相聞,舉步即可越界,毫無險要可守,防務緊要,情形迥非昔比,則一切邊備更應周密。若將駐防各營旗兵僅留三千定額,不獨目前生計難籌,且將來防勇撤後,則所有操防、屯務以及巡邊座卡實不敷分布。現在統籌餉數,自應先定兵額,僅就邊防情形,照舊制再行核減。伊犁駐防旗綠各營應以一萬五千人爲定額,所有歷次揀補委署各營員缺及挑錫伯營閑散壯丁移補滿營兵額,均經先後奏明,奉旨允准欽遵在案。現在南北各城既已另籌辦法,則換防之制自應停止。惠寧城滿營即巴彦岱現存人數尚少,應即歸入惠遠城旗檔以内。所有額設官兵二千二百一十員名並巴彦岱領隊大臣一缺,均請裁撤。其惠遠城滿營、綠營、錫伯、索倫、察哈爾、額魯特等六營,現存人數尚多,所有額設官兵一萬五千有奇,仍應遵照舊制辦理。以上六營計俸餉錢糧等項,每年需銀五十五萬餘兩,遇閏加增,較舊制每年節省銀一十二萬八千餘兩。現在各營原有官兵多寡不一,若全行挑補足額,則所費甚鉅。兹擬先行挑足五千人,以便訓練。内滿營官兵六百二十五員名,錫伯營官兵一千員名,索倫營官兵五百員名,察哈爾營官兵一千三百七十五員名,額魯特官兵一千員名,綠營官兵五百員名。以上五千員名,分派各處坐臺守卡外,其餘分歸各領隊大臣,認真操練。其餉數仍照舊制,暫以五千人計算,加以地方各官俸餉、錢糧等項,每年需銀一十八萬三千餘兩。此酌量裁留旗綠各營之實在兵數、餉數也。惟此項官兵新挑入伍,未經訓練,目前尚難遽資戰守,而邊防緊要,不得不暫留客兵,以資震攝。奴才於光緒九年五月奏陳邊防緊要、暫緩裁撤客兵摺内,聲請俟將駐防各營整頓足額,操練足資戰守,再將客兵陸續裁撤等情,仰蒙聖明洞鑒，俯賜允准欽遵在案。當茲時局艱難，餉力弗繼，惟有仰體朝廷憂勤惕厲之懷，稍紓各省頻年悉索之累，酌量裁撤，以節餉需。

伏查奴才所部馬步兵勇、吉江官兵並接統景廉、榮全舊部及光緒七年奏添馬步五營，統計一萬五千餘人。所有分扎處所，前已奏明在案。每年由各省關協撥月餉銀二百二十八萬兩，由部墊撥銀三十六萬兩。現擬將前項兵勇選留精練馬步共一萬人，暫資分布防守，其餘概行裁撤。現留之勇已經劉錦棠陳明，仍照行糧支給，以馬步萬人並算，馬隊二千五百名，步隊七千五百名，每月需銀七萬五千八百餘兩，每年需銀九十餘萬兩，加善後經費銀十六萬兩，添制軍裝、器械銀十五萬兩，每年實需銀一百二十餘萬兩。此酌量裁留行營兵勇之實在兵數、餉數也。統計制兵、客兵一萬五千人，較之承平時駐防官兵一萬七千餘人，額數有減無增。合之劉錦棠奏留之二萬一千人，塔爾巴哈臺之三千人，共三萬九千人，與户部原奏不得過舊額四萬之數，尚無不符。統計挑補制兵、暫留客兵兩項，每年需銀一百四十萬兩，與劉錦棠奏畫伊犁餉數固屬稍增，較之奏定各省及部墊原撥餉數，已節省一百二十餘萬兩。如此變通辦理，於餉項即可節省，於邊防庶免貽誤，俟將挑補之五千額兵訓練熟習，可資戰守，然後再將額兵挑補一千，即將客兵裁撤一千。似此制兵陸續補額，客兵陸續裁撤，計三四年後，額兵可以補足，客兵可以裁盡，所有此項客兵之餉全可節省，即歸所擬五十五萬餘兩之額數。伊犁既較舊制核減銀十二萬八千餘兩，通盤計算，三年以後，新疆各城逐加核減，與左宗棠原議三百數十萬之數，可以相符。但目前餉項、邊防不能不兼顧妥籌，奴才受恩深重，極思節省冗費，無如伊犁收復，□□反側未安。內而纏回、漢、哈薩克等不下三萬衆，素非安分之徒，必須兵威震懾；外而俄人鷹眼未化，伊犁尤所垂涎，況收我十數萬叛亡以爲黨羽，復遇事要脅恫喝，以尋釁端，厝火積薪，隱憂滋大。且當越南有事，更恐彼族從而生心。西北邊防尤宜嚴密，若如劉錦棠所奏，伊犁僅留營勇四千人，附以新挑各旗未經訓練之兵三千人，遂謂戰守足資確有把握，奴才庸愚，實難勝任，若有意外之虞，奴才一身固不足惜，而於大局甚有關係。奴才與劉錦棠同辦一事,所用同是朝廷至艱之餉,但論於邊情國計有裨,從不敢妄存意見,而目擊情形又不敢模棱緘默,貽誤邊防,謹就管見所及,據實直陳。仰懇天恩飭下部臣妥爲籌議,□諸至當,以期萬全。

至遣撤兵勇,欠餉勢難折發情形,已經劉錦棠陳明,奴才所部兵勇事同一律,且道路更遠,旅費更多。所有兵勇積年困苦情形,就在聖明洞鑒之中,現擬裁汰,自應妥籌,遣回原籍。若僅補發半年欠餉,實屬不敷歸途盤費。合無仰懇天恩,垂念兵勇轉戰數省,久征困苦,可否俯准照原欠之餉補發之處,出自逾格鴻慈,並請飭下應按奴才軍營餉項,各省關由積欠軍餉內迅即籌撥大批鉅款,以便趕緊分別遣撤,以清累限。所有遵旨詳籌伊犁餉額、兵制分別裁留並請飭提欠餉,以便遣撤兵勇各緣由,理合恭摺據實覆陳。是否有當,伏乞皇太后、皇上聖鑒訓示。謹奏。閏五月二十四日。

光緒十年七月初七日,軍機大臣奉旨:該部議奏。欽此。①

3.【光緒十一年六月二十二日】此奉旨日期,據《軍機處隨手登記檔》②校補。

161.請恤王鎮墉方希林片

光緒十一年六月十九日

再,花翎三品銜留甘肅遇缺儘先題奏道王鎮墉,於同治初年投效前大學士臣曾國藩軍營,疊著勞績。嗣臣在甘肅接統湘軍,稔知該員才識過人,稟商曾國藩檄飭西來,委辦營務,隨攻西寧等處,遇事贊畫,悉中機宜。旋經陝甘督臣左宗棠委署靈州、狄道州、秦州直隸州知州各員缺,允恰與情,士民愛戴◆¹。嗣交卸到省,適值臣營需員,復咨商督臣譚鍾麟札調出關,仍飭辦理營務。

---

①　臺北故宫博物院藏:《軍機及宫中檔》,文獻編號:128651。

②　中國第一歷史檔案館藏:《軍機處隨手登記檔》,檔號:03—02—2—1211—168。

該員竭慮殫精，昕宵無間，泃營中最爲得力之員。惟在營積勞日久，致心脾兩虧，染患痰喘之證，時發時止，猶復力疾趨公，不肯稍自暇逸。上年入冬以後，病勢增劇，醫藥罔效，於十一月初九日在營病故。

又，臣行營支應委員補用知府直隸州知州准補昌吉縣知縣方希林，由陝西候補縣丞於同治二年經前西安將軍多隆阿調營差遣，嗣投效前陝甘督臣左宗棠軍營，卓著勞績，以知縣留甘補用，洊保俟補缺後，以知府直隸州知州遞補◆²。光緒二年，經陝甘督臣左宗棠委署成縣知縣，勤政愛民，廉潔自矢。嗣交卸進省，奉委管解新疆軍餉。臣以方希林爲守俱優，留營總理支應事務。該員會計精詳，深資臂助。光緒九年九月，請補昌吉縣知縣，因經手事件驟難交替，未及檄飭赴任。該員綜核一切，用心過度，致有自汗不寐等證。上年冬，感冒風寒，觸發舊疾，病勢遽增，於十二月二十一日在營病故◆³。

查王鎮墉從事行間，勛勤卓著；方希林馳驅戎馬，備歷艱辛。茲因積勞先後病故，悼惜殊深。合無仰懇天恩俯准，飭部將已故花翎三品銜甘肅遇缺儘先題奏道王鎮墉、補用知府直隸州知州准補昌吉縣知縣方希林，均照軍營積勞病故例，從優議恤，以彰勞績，出自逾格鴻慈。是否有當，謹附片陳明。伏乞聖鑒訓示施行。謹奏。

光緒十一年七月二十日◆⁴，軍機大臣奉旨：王鎮墉、方希林均著交部，照軍營積勞病故例，從優議恤。欽此。

【案】此奏片原件①、録副②現藏於中國第一歷史檔案館，茲據校補。

1.【案】候補知府王鎮墉係前大學士兩江總督曾國藩之外甥。同治十

---

① 中國第一歷史檔案館藏：《硃批奏片》，檔號：04—01—13—0357—031。

② 中國第一歷史檔案館藏：《録副奏片》，檔號：03—5198—075。

二年四月十六日，陝甘總督左宗棠奏報留甘補用知府王鎮墉等署理靈州知州等員缺：

> 再，署靈州知州王翔告病，應准其卸事調養。其遺缺查有留甘補用知府王鎮墉，年富才明，居心樸厚，堪以委署……等情。由藩、臬二司會詳請奏前來。臣覆核無異。除批飭迅速分別給委各專責成外，理合附片具奏。伏乞聖鑒。謹奏。
>
> 硃批：知道了。①

光緒三年，陝甘總督左宗棠奏報委任王鎮墉署理狄道州知州：

> 再，署狄道州知州喻光容新補寧靈同知，應急飭赴本任。遺缺查有卸署靈州知州王鎮墉，穩練勤明，堪以委署。所遺靈州一缺，應飭升補靈州知州署平涼縣事孫承弼，即赴本任。所遺平涼縣缺，查有儘先補用知縣余澤春，志趣不苟，堪以委署……據藩、臬兩司會詳前來。除檄飭遵照外，謹附片陳明。伏乞聖鑒。謹奏。
>
> 軍機大臣奉旨：知道了。欽此。②

光緒五年四月十一日，陝甘總督左宗棠奏請以王鎮墉借補泰州直隸州知州：

> 欽差大臣大學士督辦新疆軍務陝甘總督二等恪靖侯加一等輕車都尉臣左宗棠跪奏，為借補要缺直隸州知州，以重地方，恭摺具陳，仰祈聖鑒事。竊據甘肅布政使崇保、按察使史念祖會詳稱：竊照甘肅秦州直隸州知州陶模，調補甘南迪化直隸州知州，奉准部覆，坐光緒五年正月初一日行文，按照限減半扣算二十八日，應於正月二十八日到甘作為開缺日期，業已截缺報部在案。所遺之秦州直隸州知州係衝繁難三項要缺，例應在外揀選調補。查定例，州縣應調缺出，俱令於現任人員內揀選調補。如無合例堪調之員，始准以候補人員題補。如候補無人，亦准於應升人員內揀選題升。又前奉吏部銓選變通章程內開：雲貴、甘肅升調、補缺、初任、候補並揀發委用各員，均准通融

①　中國第一歷史檔案館藏：《硃批奏片》，檔號：04—01—12—0516—041。
②　中國第一歷史檔案館藏：《硃批奏片》，檔號：04—01—13—0435—071。

揀選題補。其試用人員，無論正佐各官，如遇要缺一併准其請補各等語。查秦州直隸州缺居衝要，政務殷繁，且界連川陝，所有撫綏彈壓並督飭所屬籌辦善後事宜，均關緊要，非慎選幹練、熟悉情形之員，不足以資治理。該司等詳加遴選，甘省簡缺直隸州知州祇有階州直隸州知州文治一員，甫經來甘，未便請調，亦無堪調之同知及堪升之通判、知州、知縣各員，隨於各項應補人員內逐加遴選，人地多不相宜。惟查有辦理軍務勞績保舉改留甘肅候補班前補用知府王鎮墉，年三十四歲，係湖南湘鄉縣人，由監生遵例報捐府經歷選用，投效前任兩江督臣曾國藩行營，於雄河解圍案內保舉免選府經歷本班，以知縣儘先選用。旋隨攻克黃陂等處，復經奏保，於同治五年十二月初九日奉上諭：候選知縣王鎮墉，著免選本班，以直隸州知州不論雙單月，遇缺即選。欽此。十一年，經總統老湘軍劉錦棠札委總理營務，帶隊剿賊，於攻破小峽口、立解西寧城圍，經臣會同前西寧辦事大臣豫師保奏，十一年十一月二十日奉上諭：候選直隸州知州王鎮墉，著免選本班，以知府留於陝西，歸軍功候補班前補用。欽此。是年十二月，經臣札調復赴省，委署靈州知州。奉准部議，照章改留甘肅補用。又於光緒二年在於關內肅清案內，經臣保奏，是年二月初四日奉上諭：甘肅候補知府署靈州知州王鎮墉，著俟補缺後，以道員升用。欽此。札調赴省，交卸靈州事後，委署狄道州知州，於三年二月十三日到任。調署秦州直隸州知州，五年三月二十二日交卸狄道州事。該司等查該員王鎮墉，年壯才明，辦事勤奮，且在甘有年，於該處風土民情最為熟悉。前蒞靈州、狄道，籌辦一切，諸臻妥協。以之借補秦州直隸州知州，實堪勝任，人地極其相宜。該員係改留甘肅候補知府，今請借補直隸州知州，與例雖有不符，惟甘省現辦善後，一切未復舊制，自未便拘泥成例，應請查照變通章程，通融辦理等情。援照人地相宜之例，會詳請奏前來。臣查該員王鎮墉，守潔才優，官聲素著。以之借補秦州直隸州要缺知州，實堪勝任，人地極為相宜。合無仰懇天恩，俯念員缺緊要，准以軍功勞績候補知府王鎮墉借補秦州直隸州知州，洵於地方有裨。如蒙俞允，俟奉准部覆，照例給咨送部引見。將來升轉時,仍照原銜升轉,并令試俸年滿,另請銷去試字。該員王鎮墉於署任內并無參罰案件,相應陳明,恭摺具奏。伏祈皇太后、皇上聖鑒訓示施行。謹奏。光緒五年四月十一日。

光緒五年五月初十日,軍機大臣奉旨:吏部議奏。欽此。①

光緒六年三月初一日,陝甘總督左宗棠以要缺需員,復具摺奏請仍以王鎮墉借補秦州直隸州:

欽差大臣大學士督辦新疆軍務陝甘總督二等恪靖侯加一等輕車都尉臣左宗棠跪奏,爲要缺直隸州知州需員,請仍以候補知府王鎮墉借補,以重地方,恭摺具陳,仰祈聖鑒事。竊臣於光緒五年四月十一日具奏秦州直隸州知州陶模調補迪化直隸州知州一缺,請以勞績保舉改留甘肅候補班前補用知府王鎮墉借補。嗣准吏部議覆:定例并無知府借補直隸州知州明文,變通章程內亦未議及。所請借補秦州直隸州之處,應毋庸議。令將秦州直隸州要缺,另行揀選等因。當經行司遵照辦理去後。兹據署藩司楊昌濬、臬司史念祖會詳:准鞏秦階道譚繼洵詳稱:秦州直隸州一缺,地近戎羌,幅員遼闊,民情刁悍,事務殷繁,非精明幹練之員,不足以資治理。且軍興以後,表率、撫綏尤爲不易。前任知州陶模莅任三載,地方漸有起色。五年春間,接任知州王鎮墉調署斯缺。該員才具明敏,任事耐勞,於查禁罌粟、勸課棉桑、稽查保甲各事,均能認真。夏間地震,城鄉壓斃人畜,隨時撫恤,被灾民人不致失所。貢院牆垣、房脊等處多被震裂,當即捐修完固。城工需費較多,仍擬春間捐資補葺。釐局提調各事,亦能辦理裕如。擬請援照變通章程,俯准復奏,仍以王鎮墉借補秦州直隸州知州,俾收得人之效等情到司。署藩司楊昌濬等查,秦州直隸州知州地處甘肅,界連川陝,政務殷繁,非得精明幹練之員,難資治理。復於應調、應升及各項應補人員內逐加遴選,非現居要缺,即人地不宜。惟署秦州直隸州事勞績保舉改留甘肅候補班前補用知府王鎮墉,年三十四歲,係湖

①　中國第一歷史檔案館藏:《硃批奏摺》,檔號:04—01—12—0526—110;《録副奏摺》,檔號:03—5038—160。

南湘鄉縣人。由監生遵例報捐府經歷選用，投效前任兩江督臣曾國藩行營，於雉河解圍案內保舉免選府經歷本班，以知縣儘先選用。旋於攻克黃陂等處復經保奏，於同治五年十二月初九日奉上諭：候選知縣王鎮墉，著免選本班，以直隸州知州不論雙單月遇缺即選。欽此。十一年，經總統老湘軍劉錦棠札委總理營務，帶隊剿賊，於攻破小峽口、立解西寧城圍，經臣會同前西寧辦事大臣豫師保奏，十一年十一月二十日奉上諭：候選直隸州知州王鎮墉，著免選本班，以知府留於陝西，歸軍功候補班前補用。欽此。是年十二月，經臣札調赴省，委署靈州知州。旋准部議，照章改留甘肅補用。又於光緒二年在於關內肅清案內，經臣保奏，是年二月初四日奉上諭：甘肅候補知府署靈州知州王鎮墉，著俟補缺後，以道員升用。欽此。札調赴省，交卸靈州事後，委署狄道州知州，於三年二月十三日到任。調署秦州直隸州知州，五年三月二十二日，交卸狄道州事，閏三月十二日到秦州直隸州任。署藩司楊昌濬到任未及三月，例不加考。臬司史念祖查該員王鎮墉，精明諳練，辦事認真，才具優長，足資表率，且在甘有年，於該處地方情形極爲熟悉。前署靈州、狄道州，辦理裕如，現署秦州直隸州三項要缺，籌辦一切，操縱得宜，諸臻妥協，實爲甘省不可多得之員。仍請以該員王鎮墉借補秦州直隸州知州，實堪勝任。應請援照人地相宜之例，專摺復奏前來。

　　臣查王鎮墉年壯才優，實心任事。茲請補秦州直隸州知州，係因地擇人起見。合無仰懇天恩，准以勞績改留甘肅候補知府王鎮墉借補秦州直隸州知州缺，以資治理而策實效。如蒙俞允，嗣後不得援以爲例，一俟奉准部復，照例給咨送部引見。將來升轉時，仍照原銜升轉。并令試俸年滿，另請銷去試字。是否有當，伏候訓示施行。再，該員前署任內并無參罰案件，合并聲明。謹恭摺具陳。伏乞皇太后、皇上聖鑒。謹奏。光緒六年三月初一日。

　　光緒六年三月二十七日，軍機大臣奉旨。欽此。①

－－－－－－－－－

①　中國第一歷史檔案館藏：《硃批奏摺》，檔號：04—01—13—0348—025；《錄副奏摺》，檔號：03—5148—162；《左宗棠全集·奏稿七》，第459—461頁，岳麓書社，2009。

左宗棠該摺於光緒六年三月二十七日得清廷批復,未邀允行:

> 甲午,諭內閣:左宗棠奏請以甘肅候補知府王鎮墉借補秦州直隸州,經吏部以與例不符議駁。茲據左宗棠奏稱,仍請以該員借補等語。雖爲因地擇人起見,惟文職勞績保舉候補人員,向無借補之例。且該省合例各員內豈無堪以勝任之員!所有秦州直隸州知州一缺,仍著該督另行揀員請補,以符定例。所請著毋庸議。①

2.【案】陝甘總督左宗棠於同治十三年六月二十日,以藍領補用直隸州知州方希林剿辦回亂在事出力,附片奏請將其改留甘肅即補:

> 再,藍領補缺後補用直隸州知州陝西遇缺儘先即補知縣方希林一員,曾於蕩平金積堡賊巢案內彙保補缺後以應升之缺升用。嗣准部覆,以該員查有直隸州知州用升案,今所請俟補缺後以應升之缺升用,係屬重復,應令另核請獎等因。查該員續於河湟戰功保案內在事出力,自應併案另獎,以示激勵。合無仰懇天恩,俯准將藍領補缺後補用直隸州知州用陝西遇缺儘先即補知縣方希林,以知縣改留甘肅,儘先即補,並請俟補缺後,仍以直隸州知州補用,再行送部引見,出自天恩。謹附片具陳。伏乞聖鑒訓示。謹奏。

> 同治十三年七月二十八日,奉硃批:吏部議奏。欽此。②

3.【案】光緒十一年二月二十六日,新疆巡撫劉錦棠具報准補昌吉縣知縣方希林積勞病故,並請飭部開缺:

> 欽差大臣督辦新疆事宜尚書銜甘肅新疆巡撫二等男臣劉錦棠跪奏,爲知縣在營因病出缺,恭摺具報,仰祈聖鑒事。竊補用知府直隸州知州准補昌吉縣知縣方希林,年五十三歲,安徽安慶府桐城縣人,由監生報捐縣丞,指省陝西。同治二年,經前西安將軍多隆阿調營差遣,旋投效前陝甘督臣左宗棠軍營,洊保知縣,留甘補用並遞請俟補缺後,以知府直隸州知州補用。光緒二年,經左宗棠委署成縣知縣,嗣交卸進省,管解新疆軍餉,臣留行營總理支應事務。九年九月,請

① 《清實錄·德宗景皇帝實錄(二)》,卷一百十一,光緒六年三月,第634頁。
② 臺北故宮博物院藏:《軍機及宮中檔》,文獻編號:116256。

補昌吉縣知縣，經部議覆，於是年十二月十五日奉旨允准。因營中尚
有經手事件，未及飭赴新任。上年十二月二十一日，該員方希林在哈
密行營積勞病故，相應請旨飭部開缺。至所遺昌吉縣知縣，係繁難二
項邊遠要缺，先經臣委員署理，應請扣留外補。除咨部查照外，謹會
同陝甘督臣譚鍾麟，恭摺具奏。伏乞皇太后、皇上聖鑒訓示施行。謹
奏。光緒十一年二月二十六日。

　　光緒十一年三月十七日，軍機大臣奉旨：吏部知道。欽此。①

4.【光緒十一年七月二十日】此奉旨日期，據錄副補。

162. 伊犁禮字後營勇丁嘩變戕官摺

光緒十一年六月二十三日

　　欽差大臣督辦新疆事宜尚書銜甘肅新疆巡撫二等男臣劉錦
棠、署烏魯木齊都統內閣學士兼禮部侍郎銜革職留任伊犁參贊大
臣臣升泰跪◆1 奏，爲伊犁禮字後營勇丁嘩變戕官，匪徒趁勢滋
擾，先將大概情形恭摺馳陳，仰祈聖鑒事。

　　竊臣等前奏伊犁匪徒勾結營勇，戕官劫殺，向東潰竄，經防軍
攔截撲滅，並趕緊緝拿餘匪籌辦情形，本年四月二十三日奉旨：覽
奏，已悉。著該大臣等會同金順，督飭各軍及地方文武，趕緊緝拿
餘匪，務盡根株，並隨時認真彈壓，勿稍疏懈。各營餉項，嚴飭帶
兵員弁，不得稍有剋扣，致釀事端。欽此。欽遵在案。茲據駐防
綏來統領親軍西寧鎮總兵譚上連稟：准分防奎屯陝西漢中鎮總兵
戴宏勝報稱：五月初一日，伊犁綏定鎮總兵劉宏發所部駐防清水
河之禮字後營，因鬧餉滋事，是夜二更，將營官段雲陽戕害◆2，經
劉宏發督隊剿捕，斬殺數十名，餘均向果子溝逃竄，劉宏發亦受槍

　　① 中國第一歷史檔案館藏：《硃批奏摺》，檔號：04—01—12—0532—026；《錄副奏摺》，檔
號：03—5194—059。

傷◆3等情。又據前充綏定營差弁洪隆廷面稟：五月十六日，由伊犁起身，次日行至果子溝，聞大西溝游匪突出，因駐扎四臺之詹營官率隊護餉未回，乘勢劫營，殺傷數人而去。途值駐扎大河沿之營官張長安督帶馬隊，護餉回轉，時交五鼓，在南山頭相遇，未及防備，被此起游匪將馬隊衝散，傷斃哨長孫姓及勇丁六名，擄去數名，其餘逃散之勇隨後零星回營。大西溝毗連果子溝，路徑叢雜，松林盤繞，附近並無居民，地與俄羅斯交界。匪首李皮帽糾合漢回游勇，盤踞其間，聞有千餘人，出沒無常，逢人搶劫，來往官商受害者不少。又於六月初十日有商民陳作英等由伊犁來，當飭傳問稱五月初一日，禮字後營嘩變潰勇均向大西溝逃竄。大西溝及霍爾果斯一帶盤踞匪黨甚多，勢極猖獗。商民等經過四臺，該處原有馬隊一營駐扎，前數日間，營官帶了幾成隊護送餉車到綏定城去，其守營隊伍多被賊匪裹去，並將營盤燒毀，賊匪向西竄去各等情。

據此，臣維伊犁爲新疆要地，大西溝在伊犁西北，緊與俄鄰，又爲伊犁要地。賊匪之負嵎其地者，隱以俄爲奧援；營勇之變亂相尋者，又顯與俄爲淵藪。若不將營務認真整頓，則禍患將無底止，況强鄰逼處，時欲肆其狡謀，遇事刁難，不一而足，設一旦蹈瑕抵隙，撓我藩籬，又將何以爲計？以上各節，臣等早有所聞，特未見前途牘報，不敢冒昧上陳。茲據稟報前情，又疊據自伊犁來者，事經目擊，所述大略相同，自屬彰彰可信。上年，臣錦棠所部精騎馬隊潰變，蒙恩寬貸，愧悚實深。詎伊犁營勇又相尋潰變，匪徒復如此披猖，金順身在事中，自應隨時咨會，以憑商辦。乃迄未咨報到臣，事關邊防重要，似此諱疾忌醫，竊恐有誤大局。除通飭各防營嚴密巡防，相機截剿，並飛咨金順查詢確情，會商辦理，再行具奏外，所有伊犁營勇嘩變、匪徒滋擾大概情形，謹合詞恭摺具奏。再，此摺係臣錦棠主稿，合併聲明。伏乞皇太后、皇上聖鑒訓示。謹奏。光緒十一年六月二十三日◆4。

　　光緒十一年七月二十一日◆5，軍機大臣奉旨：另有旨。欽此。

　　【案】此摺原件、録副查無下落，批復日期見於《軍機處隨手登記檔》①，茲據補。

　　1.【欽差大臣督辦新疆事宜尚書銜甘肅新疆巡撫二等男臣劉錦棠、署烏魯木齊都統内閣學士兼禮部侍郎銜革職留任伊犂參贊大臣臣升泰跪】此前銜係推補。

　　2.【案】光緒十一年五月二十五日，伊犂將軍金順奏報記名總兵段雲陽因整頓營規被刺身死，並懇請飭部從優議恤，未即允行：

　　　　再，奴才准統領禮字等營伊犂鎮總兵劉宏發咨呈：駐扎瞻德城内禮字後營勇丁吳三有等以屢犯營規，經營官段雲陽棍責過重，懷恨在心，突於五月初一日夜半，趁段雲陽睡熟，暗約同時被責之勇丁趙國璧、雷占彪、謝文柱、劉紹玉、簡成章、杜宗如等，潛入臥側，將段雲陽用刀刺死，被更夫知覺喊拿。彼時親兵哨官尚在未睡，聞聲帶領數十人往拿。該犯勇等正欲脱逃，適劉宏發聞報亦至，該犯勇等情急拒捕，施放洋炮，擦傷劉宏發腦後。劉宏發忿極，立將該犯勇全行拿獲，帶營訊究，據供前情不諱，其中並無別故，該營官平時亦無剋扣糧餉情弊等因咨呈前來。奴才當即派員前往查驗無異，擬令將該犯勇等就地正法，梟首示衆，以昭炯戒。惟查該營勇從征二十餘載，每戰必先，勤勞卓著，一旦因整頓營規，致罹斯禍，情殊可憫。可否仰懇天恩俯准，將已故提督銜記名總兵法什尚阿巴圖魯段雲陽敕部從優議恤之處，出自逾格鴻慈。除揀員接管該營事務外，謹附片具奏。伏乞聖鑒訓示。謹奏。

　　　　光緒十一年七月二十三日，軍機大臣奉旨：昨據劉錦棠奏，劉宏發所部勇丁鬧餉滋事、戕害營官等情。當經諭令金順查拿潰勇，並將

────────────

① 中國第一歷史檔案館藏：《軍機處隨手登記檔》，檔號：03—0247—1—1211—196。

扣餉營官嚴行參奏。茲據該將軍所奏,情節不符,且大西溝游勇及李皮帽不法各節,並未奏及,實屬含混。著仍遵前旨,將潰勇悉數查拿,從重懲辦,並迅速查明起事緣由,據實參奏,不准一字匿飾。所請將段雲陽優恤之處,著俟奏到時,再降諭旨。欽此。①

時閱不久,軍機大臣等即以金順查明總兵段雲陽被戕係屬因公殞命擬請議恤等摺片,奏請候命繕旨:

蒙發下摺報,臣等公同商閱金順奏遵旨覆陳營勇嘩變各情摺,查總兵段雲陽被勇丁戕害,前據該將軍奏請賜恤,當經奉旨,俟查明起事緣由奏到時,再降諭旨,欽遵在案。茲據奏陳該總兵被害情形,係屬因公殞命,擬請旨交部將段雲陽照例議恤。如蒙俞允,遵繕批旨。其餘摺片擬批呈進。是否有當,伏候聖裁。謹奏。②

3.【案】光緒十一年七月初三日,伊犁將軍金順奏報伊犁鎮總兵劉宏發因病出缺,請旨簡放:

幫辦軍務大臣伊犁將軍奴才金順謹跪奏,爲伊犁鎮總兵因病出缺,請旨簡放,以重職守,恭摺仰祈聖鑒事。竊奴才據伊犁鎮守軍游擊段文彬呈報:統領禮字等營黃馬褂頭品頂戴記名提督伊犁鎮總兵雲騎尉世職業普鏗額巴圖魯劉宏發,於本年六月初二日染患時疫,不意積年勞傷過重,氣血虧損,日漸沈重,醫藥無效,於本月二十二日戌時因病出缺等情呈報前來。奴才查伊犁鎮總兵劉宏發,由勇目出征二十餘載,剿賊著績,洊保今職。迨光緒八年簡放斯缺,抵任以來,尚能實心任事,不辭勞瘁,詎竟一病不起,深堪憫惻。除另行委員接統禮字等營並揀員奏署總兵篆務外,所有遺伊犁鎮總兵員缺,相應請旨簡放,以重職守。謹會同新疆巡撫臣劉錦棠,恭摺由驛具奏。伏乞皇太后、皇上聖鑒訓示。謹奏。七月初三日。

光緒十一年八月二十四日,軍機大臣奉旨:知道了。欽此。③

光緒十四年二月二十三日,署伊犁將軍錫綸奏報,查明伊犁鎮總兵劉

---

①　中國第一歷史檔案館藏:《錄副奏片》,檔號:03—5834—071。

②　中國第一歷史檔案館藏:《錄副奏片》,檔號:03—6022—071。

③　中國第一歷史檔案館藏:《錄副奏摺》,檔號:03—5835—040。

宏發實係因傷身故,並臚陳戰績,請旨飭部從優議卹:

奴才錫綸跪奏,爲查明帶兵大員實係因傷身故,並臚陳平生戰績,懇恩飭部更正,籲懇天恩從優卹贈,以彰忠藎而洽輿情,恭摺馳陳,仰乞聖鑒事。竊奴才案查接管卷內,頭品頂戴記名提督黃馬褂統領禮字壯勇馬步各營雲騎尉世職伊犁鎮總兵業普鏗額巴圖魯劉宏發,於光緒十一年六月二十二日身故,經前將軍金順奏明在案。維時潰卒甫平,零匪滋擾,道路戒嚴,傳聞異詞,已革江蘇知府游春澤朦蔽其事,不以實情具稟,以致人言嘖嘖,俱爲不平。經金順查明,委係因傷身故,未及奏請更正,移交前來。新疆撫臣劉錦棠時在伊犁,鏊述該故鎮陝甘各處戰功卓著,皆所目擊。至其會攻烏魯木齊、剿平北路等處回逆,又皆奴才所親見者。隨傳該故鎮舊部員弁、營勇暨湖廣會館董事等詢查,無不同稱於五月十一日夜半時,營勇嘩潰,該故鎮料各營必有串通之事,傳令各守營壘,並派營務處知州雷需霖、游擊胡傳俊巡守各處城門,防備外賊。親率差官戈什哈親兵迎頭截擊,頭頂忽被炮傷,血流被面,當割衣襟包裹,督戰益力,手刃潰卒數人。雷需霖等復率居民夾擊,賊始敗遁,擒斬無算,逾城逃者亦被擒獲,訊明正法。不意傷痕過重,又因謠言蜂起,軍心惶惑,不能靜攝,每日扶病撫慰各營,稟求金順概照楚軍章程發餉未准,益深憂慮,漸形腫潰,竟至不起等詞。正核辦間,據總理行營營務處提督曹正興、知州雷需霖、鎮標中營游擊提督段文彬暨商民人等聯名稟請轉奏前來。

奴才伏查劉宏發自咸豐年間投效前荆州將軍多隆阿大營,隨剿湖北、安徽、陝西等髮捻等逆,疊著勞勤。經前署陝甘總督都興阿委代禮字中營,剿辦黃河兩岸竄賊,收撫寧夏靈州一帶回逆,親身搏戰,疊克堅城,都興阿倚之如左右手。凡戰事方酣,勝負未定,該故鎮靴刀帕首,振臂長呼,金順大隊繼之,賊即披靡狂竄。九年,前將軍金順復委統帶禮字等營,攻克納中閘、王家疃等處逆巢。同治十二年,官軍進攻肅州,各軍畢萃於關下。該故鎮已由軍功薦保提督銜記名總兵,賞穿黃馬褂,感恩思奮,督率營官曹正興、李大洪,會同蜀軍統領徐占彪乘夜進攻,蟻附猱升,前者傷亡,後者繼進。值炮彈飛騰之際,該故鎮與曹正興等一躍登城,手刃數賊,遂將關城克復,進逼東門城下。時大學士陝甘總督左宗棠率楚湘蜀軍攻其西南兩面,該故鎮隨同金順攻其東北,賊衆守禦益嚴。該故鎮與左宗棠、金順密計,率曹正興等於濠外,穴地潛通城脚,掘陷城垣,蟻登其上,賊始驚覺堵禦。該故鎮一面督戰,一面於城頭趕修卡房。賊已麕集,槍炮不及,施取開花炮子,手擲以禦之,卒於城頭堅植木卡,湘楚諸軍亦於西南兩面圍攻甚力,遂克肅州,回逆無一漏網。光緒二年,隨金順率師出關,攻克輯懷城,乘勝進攻烏魯木齊、昌吉、呼圖壁等處,而瑪納斯之戰爲尤著。維時賊衆負嵎自固,傷我戰將多員。該故鎮憤極,親率所部越卡進攻,業已登城,連殲悍賊,忽炮子擊斷手指,血淋淋下,仍大呼殺賊,士氣爲奮,城卒以克,至今談者尤爲動色。大小百餘戰,傷痕遍體,都興阿、左宗棠、金順等奏案可覆也。歷保記名請旨簡放提督,先後蒙恩賞加頭品頂戴、三代正一品封典,賞給雲騎尉世職、捷勇業普鏗額巴圖魯名號,恩准免其騎射。嗣復督隊搜剿塔爾巴哈臺、精河、大河沿一帶地方窟賊,北路肅清,蒙恩頒賞白玉搬指一個、白玉柄小刀一把、火鐮刀一把、大荷包一對、小荷包四個。八年,奉旨補授伊犂鎮總兵。該故鎮莅任以來,講求營伍,勤加訓練,督飭所部禮字壯勇各營,平道路,修橋梁,試興屯墾,堅築城垣,以邊防緊要,火器爲先,復捐廉製造擡炮,不時帶隊巡緝,群夷懾服,邊境賴以乂安。十一年三月,營務處親兵營勇嘩潰,該故鎮帶隊剿辦,首要就擒。間有窟匿大西溝中與回匪劫掠者,亦經不時入山搜剿,擒斬無算,俱經金順奏報在案。嗣因五月初一日截擊潰卒,頭頂受傷,醫治罔效,竟至不起,伊犂軍民痛哭野祭者絡繹於道。奴才前在軍營,見該故鎮料敵之明、行軍之肅,與將士同甘苦,毫無行營習氣,善持大體,信賞必罰,爲近日將兵者所罕見。聞其臨終之時,深以國恩未報、子職有虧爲恨,語不及私,是曉然於忠孝大節者也。

　　現既查明實係因傷身故,合無籲懇天恩敕部更正,俯准照提督傷亡例,從優議恤,並將戰績宣付史館,附祀陝甘各處金順專祠,以彰忠藎,出自逾格鴻慈。所有查明帶兵大員實缺總兵委係因傷身故並臚陳戰績懇恩優恤緣由,謹會同陝甘督臣譚鍾麟、新疆撫臣劉錦棠、伊犁副都統奴才長庚,合詞恭摺具陳。伏祈皇太后、皇上聖鑒訓示施行。謹奏。光緒十四年二月二十二日。

珠批:另有旨。①

署伊犁將軍錫綸之奏,於是年三月十三日獲清廷批復。《清實錄》:

庚辰。又諭:錫綸奏查明帶兵大員實係因傷身故,懇恩優恤一摺。據稱已故伊犁鎮總兵劉宏發,於光緒十一年五月營勇嘩潰時,受傷身故,據營務處各員稟請轉奏等語。金順前奏劉宏發因病出缺,係據中軍游擊段文彬呈報,並無受傷之語。此次錫綸所奏該鎮傷故情形,段文彬亦列名具稟,何以前後兩歧?究竟該總兵是否實係因傷身故,事關褒恤,必須確切查明,以昭核實。著色楞額按照錫綸所奏各節,迅即確查,據實具奏,再降諭旨。原摺著鈔給閱看。將此由四百里諭令知之。②

光緒十四年五月二十五日,色楞額具摺奏報已故總兵劉宏發實係因傷身故,並請飭部更正,仍照原奏從優議恤,得允行:

奴才色楞額跪奏,爲遵旨覆查帶兵大員實缺總兵,實係因傷身故,籲懇天恩飭部更正,以昭公論而慰忠魂,恭摺馳陳,仰祈聖鑒事。竊奴才承准軍機大臣字寄:光緒十四年三月二十九日奉上諭:錫綸奏查明帶兵大員實係因傷身故,懇恩優恤一摺。據稱已故伊犁鎮總兵劉宏發,於光緒十一年五月營勇嘩潰時,受傷身故,據營務處各員稟請轉奏等語。金順前奏劉宏發因病出缺,係據中軍游擊段文彬呈報,並無受傷之語。此次錫綸所奏該鎮傷故情形,段文彬亦列名具稟,何以前後兩歧?究竟該總兵是否實係因傷身故,事關褒恤,必須確切查明,以昭核實。著色楞額按照錫綸所奏各節,迅即確查,據實具奏,再降諭旨。原摺著鈔給閱看。將此由四百里諭令知之。欽此。遵旨寄信前來等因。跪讀之下,仰見聖慮周詳,慎重褒恤,欣悚莫名。伏查

---

①　中國第一歷史檔案館藏:《珠批奏摺》,檔號:04—01—17—0140—016。

②　《清實錄·德宗景皇帝實錄(四)》,卷之二百五十三,光緒十四年三月,第417—418頁。

已故頭品頂戴記名提督伊犁鎮總兵業普鏗額巴圖魯雲騎尉世職劉宏
發，於咸豐年間投效軍營，隨剿髮會各逆，轉戰各省，卓著勳勞。其臨
陣身先士卒，受傷甚多，固爲人所共曉。其隨金順至伊犁也，仍統禮
字等營，分防駐扎瞻德城一帶，離金順大營六十里。該員亦往往因偶
觸風寒，舊傷復發，時有請假養病之詞。光緒十一年五月初一日夜
半，營勇嘩潰，劉宏發方在病中，强起率親兵隊邀截，適值炮子飛過，
致傷頭頂，皮破血流，病中受傷，勢自難堪。况當謠言浮動，人心未
安，劉宏發猶復時出巡防，莫能靜攝，兼以勇丁潰變，大傷體面，各統
領、營官爭相隱諱，不敢明言。劉宏發亦不准家人等宣露其傷，故於
五月內仍有請假養病之稟。迨至病勢深沉，傷處實形潰爛，伊犁營制
未復，段文彬雖職居鎮標中軍游擊，實在金順大營供差，並未同居一
處。劉宏發身故，該家丁誤會瞞傷之意，僅稱病故，致段文彬倉猝呈
報因病出缺。金順即據所呈情詞，爲之具奏。然劉宏發病中受傷，延
至不起，其同在一城之營官記名總兵萬長發、營務處補用知州雷霈霖
暨哨弁親兵人等目所共睹，即各城民户罔不聞知，呈懇金順奏請更
正。正在舉辦，適值交卸，該營官等又復稟懇錫綸辦理。段文彬職居
鎮標中軍，自不敢回護前報，故亦列名同稟。此前後歧異之實在情
形也。

　　奴才檢查卷宗，隨傳該故總兵舊部營官萬長發等並各弁勇詢問，
均無異詞。段文彬前後情節亦直言無隱。復照會現任伊犁鎮總兵鄧
增，令其據實查復。旋據覆稱各節，與萬長發等所稱相同。並稱是年
五月底，職鎮前往搜山，道經劉宏發營，見其頭上包裹甚密，詢云炮傷
未愈，恐或受風，是其帶傷不欲人言也。職鎮遠在綏定，比時受傷情
形雖未睹見，然衆口鑿鑿，無不周知，相應據實呈覆等語。奴才又復
暗爲訪察，證以各詞。劉宏發因傷身故，委係實情。當時段文彬以病
故呈報，亦因劉宏發家丁瞞傷未報，倉猝呈詞，未能切實，並非有人朦蔽
其事。合無仰懇天恩，伏念劉宏發立功各省，卓著勤勞，敕部更正，仍照
錫綸原奏，籲恩優恤，出自高厚鴻慈。至劉宏發生平戰績，有各原保大
臣奏案可查，毋庸奴才贅及。所有遵旨查明帶兵大員實缺總兵因傷身

故各緣由,理合恭摺覆陳。伏乞皇太后、皇上聖鑒訓示。謹奏。光緒十四年五月二十五日。

　　硃批:劉宏發著照提督傷亡例,從優議恤,並將戰績宣付國史館立傳,准其附祀陝甘各處金順等專祠。該衙門知道。①

4.【光緒十一年六月二十三日】此具奏日期,據刻本及《軍機處隨手登記檔》校補。

5.【光緒十一年七月二十一日】此奉旨日期,據《軍機處隨手登記檔》校補。

163. 劉文和新招勇丁嘩潰片

光緒十一年六月二十三日

　　再,臣據駐防綏來統領親軍西寧鎮總兵譚上連呈報:本年五月,有塔爾巴哈臺統領綏來營◆1副將劉文和前至綏來招募補勇,適聞伊犁一帶近多不靖,催其作速回防。該副將即於六月初一日率所募勇丁二百名起程返塔。詎初八日,准分防奎屯漢中鎮總兵戴宏勝報稱,宏勝查察防境,便道由舊城到西湖,與伊犁分防各營一會。忽據綏來營◆2車夫馳報,劉文和於初七日帶隊行抵庫爾喀喇烏蘇之頭臺,三更時,該新募勇丁突然嘩潰,焚燒驛店,殺傷數人,搶劫馬匹、服物,相率西竄。劉文和幸未遇害,已派隊分途查拿等情。又疊據各處禀報,或稱因川資缺乏嘩變,或稱有游匪潛來勾結,現已由沙拉烏蘇驛北竄渡河,畏官兵跟踪追捕,將該處渡船沉毀,復向車排子一帶奔竄◆3,聲言往大西溝與匪首李皮帽合夥等語。臣查大西溝緊接俄境,時有匪徒出沒,行旅戒嚴,現在◆4咨商伊犁將軍臣金順查覆辦理。此起新募潰勇亟應嚴密查拿,毋任蔓延滋患。除仍飛咨金順暨塔爾巴哈臺參贊臣錫綸迅速

查辦,並分飭各防營一體嚴防截剿外,所有劉文和新募補勇嘩潰緣由,謹附片馳陳。再,此片係臣錦棠主稿,合併聲明。伏乞聖鑒訓示。謹奏。

光緒十一年七月二十一日◆5,軍機大臣奉旨:另有旨。欽此。

【案】此奏片缺原件,録副①現藏於中國第一歷史檔案館,兹據校補。

1.【綏來營】録副作"綏靖營",是。

2.【綏來營】録副作"綏靖營",是。

3.【奔竄】刻本奪"奔竄",據録副補。

4.【現在】録副作"現正"。

5.【光緒十一年七月二十一日】此奉旨日期,據録副補。

【案】光緒十一年七月初四日,塔爾巴哈臺參贊大臣錫綸奏報查明塔城總理屯防副將劉文和辦事草率,請旨革職,仍留軍營效力:

奴才錫綸跪奏,爲營員差次招募餘丁,遇匪潰散,現經查明該員辦事草率情形,請旨革職,仍留軍營效力,以示懲儆,恭摺具陳,仰祈聖鑒事。竊奴才前經飭派綏靖營記名提督署塔城總理屯防副將劉文和赴欽差大臣甘肅新疆巡撫劉錦棠行營,迎提光緒十一年分新餉。該署副將臨行時面稟,以塔城人民稀少,每於勇丁革故出缺,募補甚艱,擬自籌款項,歸途召募餘丁,帶領回營,以備出缺時補額等語。奴才當查該副將既係自行籌款,且事屬因公,姑允所請去後。嗣據該副將稟稱在途患病,將由哈密糧臺兩次領銀五萬餘兩,先後交委員雷玉等管解回營,該副將將在瑪納斯調治病體。忽於本年六月十一日,據前隨該副將出差之外委李生福回營面稟,並於十二日接據該副將劉文和由驛稟稱,歸途在瑪納斯等處新募補額餘丁二百餘名,六月初七日行至西湖以北頭臺地方,劉文和因病未痊,在彼暫歇,不料是夜三更時,有游匪從外喊擾。隨傳齊隊,但新募餘丁尚無器械,以致倉猝被匪衝散。該匪引新募人丁數十名,結隊向車牌子竄逸。探聞此匪

---

①　中國第一歷史檔案館藏:《録副奏片》,檔號:03—5834—066。

係李皮帽黨羽，仍回伊犁大西溝入夥各等語。據此，奴才即飛檄南路防軍，並添派選鋒營營總佐領額哲善、署守備艾漢章等，率所部馬隊越境剿捕。一面飛速分咨欽差大臣甘肅新疆巡撫劉錦棠、伊犁將軍金順，分飭各軍一體防剿，以杜紛竄。旋據南路偵探報稱，前股游匪數十人由車牌子渡河，恐兵追剿，將渡船沉溺後，向西遁竄。餘與前稟相同。奴才即札調該署副將劉文和回營查訊，據稱各情與各路探報大致相符。

　　奴才查頭臺、車牌子、小草湖以西，有葦湖百餘里，樹木叢雜。自伊犁潰勇滋事後，時有游匪在彼潛匿，乘間肆出搶掠。西湖雖有防軍，未能搜捕淨盡，塔城商民視該處爲畏途。該署副將雖係召募補領餘丁，與募勇辦法有間。然際此伊犁潰勇游匪滋擾之時，所帶烏合原非舊部，並不預籌器械以備不虞，以致昏夜遇賊，陡然衝散，實屬辦事草率，本屬咎有應得。惟查奴才於光緒四年到任時，塔城兵力太單，時有回氛竄擾。是年秋，將劉文和所部馬勇調到，巡防探剿，地方賴以稍平。比以缺餉萬艱，劉文和撫恤衆勇，設法籌食，乃能顧全局面。嗣經奴才增募兵勇，亦頗資劉文和協同整頓，塔城境內始得安謐。而上年劉文和督率各營，試辦開屯收糧，亦有成效。數年辛勤歷著，似未便以一朝獲咎，遽事捐棄前勞，況邊地求材亦不易得。但劉文和既有過失，奴才亦不敢稍事姑息，相應請旨將統領綏靖營記名提督塔城總理屯防副將劉文和即行革職，仍留軍營效力，以示懲儆，用策將來，可否之處，出自鴻慈。所有查明營員差次召募餘丁，辦事草率，奏請革職，仍留軍營效力緣由，理合恭摺具奏。伏乞皇太后、皇上聖鑒訓示。謹奏。光緒十一年七月初四日。①

　　光緒十一年八月二十八日，軍機大臣奉旨：劉文和著革職留營效力，仍著隨時察看，倘不知愧奮，即行嚴參懲辦。該部知道。欽此。②

---

①　中國第一歷史檔案館藏：《硃批奏摺》，檔號：04—01—16—0217—013。
②　中國第一歷史檔案館藏：《錄副奏摺》，檔號：03—5835—053。

●軍機大臣字寄：欽差大臣督辦新疆事宜甘肅新疆巡撫劉、幫辦軍務伊犁將軍金、署烏魯木齊都統伊犁參贊大臣內閣學士升、塔爾巴哈臺參贊大臣錫◆1：光緒十一年七月二十一日奉上諭：劉錦棠等奏伊犁營勇嘩變、匪徒滋擾情形及副將劉文和新募勇丁嘩潰各摺片。據稱五月初一日，總兵劉宏發所部禮字後營勇丁，因鬧餉滋事，戕害營官，劉宏發督隊剿捕，亦受槍傷，該勇丁向大西溝一帶逃竄。其大西溝等處向有匪首李皮帽盤踞，糾黨搶劫，並有傷斃哨長、燒毀營盤等情。前據劉錦棠等奏，伊犁匪徒勾結營勇滋事，當諭令金順等緝拿餘匪，並嚴飭帶兵員弁，不得剋扣餉項，何以該處營勇復有鬧餉戕官之事？且事逾兩月，金順何以尚未奏到？殊屬玩泄！著傳旨申飭。即著該將軍派撥隊伍，迅將此股潰勇悉數查拿，從重懲辦。一面查明該營帶兵各官，如有剋扣餉項情事，即著嚴行參奏。至匪首李皮帽聚衆滋擾，尤應迅速緝捕，並著金順飭軍剿辦，盡殲醜類，毋任日久滋蔓。其劉文和新募勇丁行抵庫爾喀喇烏蘇之頭臺，嘩潰西竄，尤恐勾結游匪，爲患地方，著金順、錫綸認真查辦，分飭各營一體截剿，以杜紛竄。並著劉錦棠等派隊會同辦理，不得稍分畛域。至新疆軍餉，已有旨飭催迅解矣。將此由五百里各諭令知之。欽此。遵旨寄信前來◆2。

【案】此"廷寄"載於《光緒朝上諭檔》①及《清實錄》②，茲據校補。

1.【欽差大臣督辦新疆事宜甘肅新疆巡撫劉、幫辦軍務伊犁將軍金、署烏魯木齊都統伊犁參贊大臣內閣學士升、塔爾巴哈臺參贊大臣錫】此前稱據《光緒朝上諭檔》補。

2.【遵旨寄信前來】此據《光緒朝上諭檔》補。

① 中國第一歷史檔案館編：《光緒朝上諭檔》，第十一冊，第168頁。
② 《清實錄·德宗景皇帝實錄（三）》，卷二百四十二，光緒十一年七月下，第990—991頁。

164. 新疆建省請改設添設各官摺

光緒十一年七月十六日

欽差大臣督辦新疆事宜尚書銜降一級留任甘肅新疆巡撫二等男臣劉錦棠跪◆1奏，爲新疆建立省會，應請改設、添設各官，以專責成而資治理，恭摺仰祈聖鑒事。

竊照新疆改建行省，治迪化州城，所有省會應設各官自應分別添改，除臬司仍照原議無庸專設，經臣奏請加鎮迪道按察使銜兼管全疆刑名、驛傳事務外，惟省會應有首府，附府應有首縣，以期指臂相使，大小相維。臣前奏設立甘肅新疆巡撫、布政使摺內，請改迪化府縣等官，嗣經部議，應俟南路八城建置事宜辦有頭緒，再行酌量具奏，奉旨：依議。欽此。欽遵在案。伏查南路建置諸務隨時舉辦，漸有規模，臣與藩司魏光燾業經先後抵任，籌辦一切，需員臂助，省會各官未可再緩，應請升迪化直隸州爲迪化府，設知府一員，治迪化城。增置迪化縣知縣一員，爲附郭首縣，與迪化州原屬之昌吉、綏來、阜康、奇臺共五縣，均隸迪化府屬，遇事由該府核轉。其迪化州原管之戶籍、田賦、驛刑、考試及地方一切事宜，概歸迪化縣經理。此外，藩司衙門首領各有職司，擬請設布政司經歷一員，又庫大使一員，專司庫務，庫擬請名新裕。至鎮迪道既兼刑名，應請設道庫大使兼按司獄一員。迪化府首領應設府經歷兼司獄一員。查迪化城舊有巡檢一員，爲稽查彈壓而設。現既建置省會，情形不同，擬請即裁該巡檢缺，改設府經歷。迪化縣應設縣典史一員，專司監獄督捕，擬請即改迪化州吏目爲縣典史。學官則迪化州原設學正一員，兼管所屬各縣學務。今升州爲府，擬請升學正爲府教授，照舊兼管各縣學事，一俟將來學校大興，再議添設，以省糜費。以上各缺，應定爲何項缺分，俟設定後，再行擬議辦理，仍懇照吉林新設各缺酌補一次成案,由外揀補一次,庶於地方有裨。據藩司魏光燾詳請具奏前來。臣覆查無異。合無仰懇天恩俯准,飭部核覆,以便遵循。除未盡事宜容俟查明陸續陳奏外,所有省會各官擬請改設、添設各緣由,是否有當,謹會同陝甘督臣譚鍾麟,恭摺具陳。伏乞皇太后、皇上聖鑒訓示施行。謹奏。光緒十一年七月十六日◆2。

光緒十一年八月十五日◆3,軍機大臣奉旨:吏部議奏。欽此。

【案】此摺原件①、錄副②現藏於中國第一歷史檔案館,茲據校補。

1.【欽差大臣督辦新疆事宜尚書銜降一級留任甘肅新疆巡撫二等男臣劉錦棠跪】此前銜據原件補。

2.【光緒十一年七月十六日】此具奏日期,據原件補。

3.【光緒十一年八月十五日】此奉旨日期,據錄副補。

165. 巡撫布政使廉俸應照江蘇例支給片

光緒十一年七月十六日

再,新疆初建行省,南路添設阿克蘇、喀什噶爾兩道屬正佐各官,應支廉項等銀,均經部臣先後比照鎮迪道成例奏奉恩准,行令欽遵辦理各在案。臣查鎮迪道廳州縣,均於應領廉俸外各酌加公費銀兩。推原立法之初,蓋以新疆遠繫絕域,一官赴任,車馬、服物、幕賓、僕從以及歲時一切不可知之費,較之關內不啻倍蓰,特予從寬酌定。此次南疆各官,部臣比照辦理,亦猶古者議增吏俸之意。臣與藩司魏光燾業於本年四月初二、二十六等日先後抵任,一切事宜均須釐定,廉俸亦其一端。查臣前奏設甘肅新疆巡

① 中國第一歷史檔案館藏:《硃批奏摺》,檔號:04—01—01—0953—001。
② 中國第一歷史檔案館藏:《錄副奏摺》,檔號:03—5093—005。

撫、布政使員缺,係仿照江蘇建置大略辦理,所有撫臣、藩司歲支廉俸,應否比照江蘇巡撫、布政使成例支給,以符原奏,仍照關外各官章程酌加公費,以資辦公,應請旨飭部核覆,以便遵辦。是否有當,謹會同陝甘督臣譚鍾麟,附片具陳。伏乞聖鑒訓示。謹奏。

　　光緒十一年八月十五日◆1,軍機大臣奉旨:戶部議奏。欽此。

【案】此奏片缺原件,錄副①現藏於中國第一歷史檔案館,茲據校補。

1.【光緒十一年八月十五日】此奉旨日期,據錄副補。

166. 譚上連生母年逾八旬籲懇恩施摺

光緒十一年七月十六日

　　欽差大臣督辦新疆事宜尚書銜降一級留任甘肅新疆巡撫二等男臣劉錦棠跪◆1奏,爲統兵大員生母年逾八旬,籲懇恩施,恭摺仰祈聖鑒事。

　　竊查光緒十年九月二十六日內閣奉上諭:本年十月初十日,恭遇慈禧端佑康頤昭豫莊誠皇太后五旬萬壽,候旨施恩等因。欽此。仰見聖慈錫類,閭澤旁敷,中外臣工,同深欽感。茲據頭品頂戴題奏提督統領親軍等營甘肅西寧鎮總兵官譚上連文稱:生母姚氏,現年八十一歲,有子五人、孫七人、曾孫一人,曾沐一品封典。上連駐防邊圉,遠隔庭闈,奉養久疏,倍情殷於愛日。承歡有自,幸恭際夫昌期,倘邀雨露之殊恩,庶慰門閭之屬望。懇請代奏前來。臣查一品命婦譚姚氏,淑慎持躬,忠勤勖子。晉八旬而開稚,逢吉康強;合四世以同堂,增麻蕃衍。似此慈祥召福,允宜綸綍推恩。該提督係實任二品武職大員,其生母姚氏應否特加賞賚,出

①　中國第一歷史檔案館藏:《錄副奏片》,檔號:03—6612—068。

自鴻慈。除將籍貫、年歲、姓氏另單咨送軍機處查照外,謹會同陝甘督臣譚鍾麟,恭摺具奏。伏乞皇太后、皇上聖鑒訓示施行。謹奏。光緒十一年七月十六日◆2。

光緒十一年八月十五日◆3,軍機大臣奉旨:另有旨◆4。欽此。

光緒十一年八月十五日內閣奉上諭:上年恭遇慈禧端佑康頤昭豫莊誠皇太后五旬萬壽,疊經降旨,覃敷閭澤。茲據劉錦棠奏稱,總兵譚上連老親年逾八秩,祿養承歡,允宜一體施恩。甘肅西寧鎮總兵譚上連之母姚氏,著賞給御書匾額一面、紫檀三鑲玉如意一柄、小卷江綢袍褂料二件、小卷八絲緞袍褂料二件,用是錫類推恩至意。欽此。

【案】此摺原件①、録副②現藏於中國第一歷史檔案館,兹據校補。

1.【欽差大臣督辦新疆事宜尚書銜降一級留任甘肅新疆巡撫二等男臣劉錦棠跪】此前銜據原件補。

2.【光緒十一年七月十六日】此具奏日期,據原件補。

3.【光緒十一年八月十五日】此奉旨日期,據録副補。

4.【另有旨】即摺後之"上諭"。《清實録》:"以恭遇慈禧端佑康頤昭豫莊誠皇太后五旬萬壽,賞年逾八秩甘肅西寧鎮總兵譚上連之母姚氏御書匾額,曰萱蔭恒春,並珍玩文綺。"③

167. 和闐于闐驛站經費照變通章程支給片

光緒十一年七月十六日

再,臣前奏新疆南路改設驛站,並請酌量變通支給各驛經費

① 中國第一歷史檔案館藏:《硃批奏摺》,檔號:04—01—16—0217—009。

② 中國第一歷史檔案館藏:《録副奏摺》,檔號:03—5541—082。

③ 《清實録·德宗景皇帝實録(三)》,卷二百五十三,光緒十一年八月上,第1005頁。

銀兩等因,業奉諭旨允准欽遵在案。茲查葉城縣治,前於擬設南路佐雜摺内奏明,移建哈哈里克,該處原設驛站,應請改爲葉城底驛。其原在葉爾羌回城擬設之葉城底驛,應即毋庸安設。于闐縣治,奏明移建克里雅,該處距和闐州城四百五十餘里,應請在於多羅白、石頭渠、勒罕蘭及于闐本城,各設一驛,以資郵遞。所有該五驛現設書夫、馬匹經費銀兩,應飭悉照奏定變通章程支給,以歸畫一。除將馬匹、里數開單咨送户、兵二部查照外,謹會同陝甘督臣譚鍾麟,附片具陳。伏乞聖鑒,飭部立案。謹奏。

　　光緒十一年八月十五日◆1,軍機大臣奉旨:該部知道。欽此。

【案】此奏片原件①、録副②現藏於中國第一歷史檔案館,茲據校補。

1.【光緒十一年八月十五日】此奉旨日期,據録副補。

168. 提臣金運昌請開缺摺

光緒十一年七月十六日

　　欽差大臣督辦新疆事宜尚書銜降一級留任甘肅新疆巡撫二等男臣劉錦棠跪◆1奏,爲提臣舊疾復發,懇請開缺回籍就醫,據情代奏,仰祈聖鑒事。

　　竊臣前於光緒九年十月具奏烏魯木齊提督臣金運昌懇請開缺,回籍就醫等情◆2。奉旨:金運昌向來辦事得力,現在籌復兵制,正資整理,著劉錦棠傳知該提督,勉圖報稱,以副委任,毋庸開缺。欽此。欽遵在案。該提督欽奉温諭,感激圖報,仍復力疾從公,未敢稍存諉卸。茲准咨稱:運昌轉戰東南,與賊對壘,輒多露宿,致兩骸受寒酸痛。洎圍攻金積堡老巢,逆匪决水灌營。運昌晝夜防守,

① 中國第一歷史檔案館藏:《硃批奏片》,檔號:04—01—35—0986—059。
② 中國第一歷史檔案館藏:《録副奏摺》,檔號:03—7138—006。

行走泥淖,寢饋沮洳,潮濕浸入骨髓。其後移軍河套,駐防烏垣,均係極寒之區,舊疾時常感發。數年以來,膝胻痛楚,有如芒刺,跬步皆須扶掖,且寒氣深入,心血過虧,微聞聲響,心即下悸。日飲薄粥一甌,夜無片刻成寐。日前嘔血數碗,神識昏憒,得藥灌救,良久乃蘇。現當整飭邊防,規復兵制,在在悉關緊要。恐病軀戀棧,貽誤事機,展轉思維,惟有再申前請,懇恩開缺,回籍就醫。一俟醫治就痊,即當泥首宮門,求賞差使,斷不敢稍圖安逸,有負生成,咨請代奏,並准將日行公事暫委中軍參將代拆代行等情,咨行前來。

臣維金運昌久歷戎行,不辭勞苦,自膺簡畀,益矢精勤,訓練操防,悉臻周妥。惟以積勞過甚,致抱沉疴。上年十一月間,又以乞假就醫為請,當囑安心調養,冀其春暖即痊。詎病證至今未曾稍減,其不能接見賓客已五六月矣。臣往視疾,見其沉綿臥榻,轉側需人,感念同袍,為之心惻。關外既苦無良醫,察其病勢,又非旦夕所能奏效,未便再四慰留。合無仰懇天恩,准其開缺回籍就醫,以示體恤。如蒙俞允,所遺烏魯木齊提督員缺緊要,應請旨迅賜簡放,以重職守。所有提臣金運昌懇請開缺回籍就醫各緣由,理合據情代奏,謹會同陝甘督臣譚鍾麟、署烏魯木齊都統臣升泰,恭摺由驛馳陳。伏乞皇太后、皇上聖鑒訓示。謹奏。光緒十一年七月十六日◆3。

光緒十一年八月十五日◆4,軍機大臣奉旨:另有旨。欽此。

光緒十一年八月十五日內閣奉上諭:劉錦棠奏提臣金運昌舊疾復發,懇請開缺回籍就醫,據情代奏一摺。烏魯木齊提督金運昌,著准其開缺。欽此。

【案】此摺原件①、錄副②現藏於中國第一歷史檔案館,茲據校補。

1.【欽差大臣督辦新疆事宜尚書銜降一級留任甘肅新疆巡撫二等男臣

---

①　中國第一歷史檔案館藏:《硃批奏摺》,檔號:04—01—16—0217—010。

②　中國第一歷史檔案館藏:《錄副奏摺》,檔號:03—5835—015。

劉錦棠跪】此前銜據原件補。

2.【案】光緒九年十月二十七日，督辦新疆軍務大臣劉錦棠以疊准烏魯木齊提督金運昌咨請代奏開缺，回籍就醫，具摺曰：

欽差大臣督辦新疆軍務通政使司通政使二等男臣劉錦棠跪奏，為疊准烏魯木齊提督咨請代奏，籲懇天恩，開缺回籍就醫、省墓，謹據情代陳，並陳邊疆緊要，現須籌復兵制，正資整理情形，恭摺仰祈聖鑒事。竊查提臣金運昌，自蒙恩旨補授烏魯木齊提督，以邊陲之重寄，獨簡在於帝心。同時儕輩，莫不榮之。金運昌感激圖報，雖夙患咯血之證，前經舉發，猶復力疾從公。迨邊局粗定，曾請前督辦臣左宗棠代奏，冀可回籍醫治。經左宗棠申明大意，勸其勉力效忠，以慰夙望。旋值收還伊犁，臣適奉命接縮欽符，整頓邊備。金運昌自念受恩深重，並未更申前請，倍加振奮，暢我皇威。臣嘗佩其忠勇之誠，根諸至性，竊計新疆兵制正可藉以規復也。上年，俄人既就款議，臣即亟籌裁營節餉，先將湘楚各軍遣撤多營，繼與金運昌熟商裁勇復兵，始裁所部卓勝馬步六營，清欠至三十餘萬，另募土勇七旗，權抵標額。於是八年七月、十月，九年二月、五月，疊准咨請由臣代奏，懇恩開缺，以便養疴。各咨均言受病已深，聚難痊愈，而其情之最切者，有曰運昌幼失怙恃，孤苦伶仃，幸得壽春鎮總兵郭寶昌之母收養，以有今日。目下郭母年逾八旬，盼切一見。念養母桑榆之景有限，而運昌報國之日方長。此須定省者一端。又，運昌雙親見背，荒亂貧寒，僅得藁葬，今三十年風雨摧殘，實有為人子所不忍言者。若戀位希榮，置先人遺骸於不顧，是根本有虧。此墳墓祭掃久缺、下懷抱憾者一端。舊疾壯年尚不經意，現今年逾強仕，每逢節令發作，精神漸衰，一切公務難於綜理各等因。臣以事局所繫，為之多方諄勸，並經咨復，例得自行陳請在案。至五月後，奉旨悉裁卓勝馬步存營，臣與金運昌商作三起遣散，截餉找欠。臣實不勝其羅掘之艱，瞬屆年關，方苦難於支展。然以該軍積欠極鉅，茲為概清宿逋，在金運昌釋此重負，當易調養見功。乃近准來咨，堅持前議，益形敦促。

臣與金運昌共事最久，其臨敵勇敢，洵為統將中之傑出。此次率隊出塞，銳欲有爲，屬以晉省堅推月餉，部議概行裁撤。大隊既遣，地方不免空虛。臣上年與之賞募土勇二千五百餘人，所有統率將領皆金運昌之舊部，期於差操一切，聲息易爲聯絡，計抵向額兵數已經逾半，並擬此後餉源稍旺，當更酌裁防營，陸續添募土勇，以抵標兵，合足舊章，團扎訓練，庶幾北路邊防緝捕，即惟金運昌是賴，既可撙節餉需，又可振興營伍，緩急之際，隱然可恃。比金運昌數以調疾省墓爲請，固出臣意料之外，尤於目下局勢未宜。臣既在四婉勸調攝，照常視事，而其退志已萌。提督爲專閫大員，臣若始終勸慰，不爲上達宸聰，匪特不諒於同舟，抑亦有關於公誼。金運昌自以久未復元，深懼因病曠職，敬慎之忱，固所共欽。特以邊庭關重，金運昌督營鎮駐，險要既悉，威望亦隆。當此裁勇復兵，假以歲月，必有成效可睹。臣邊寄忝膺，既有所見，用敢不揣冒昧，披瀝上陳，恭候聖裁，邊疆幸甚。所有疊准烏魯木齊提督咨請代奏、籲懇天恩開缺回籍就醫省墓，並陳邊陲緊要，現須籌復兵制、正資整理各緣由，是否有當，謹會同陝甘總督臣譚鍾麟、烏魯木齊都統臣恭鏜，恭摺具奏。伏乞皇太后、皇上聖鑒訓示。謹奏。光緒九年十月二十七日。

　　光緒九年十一月二十日，軍機大臣奉旨：金運昌向來辦事得力，現在籌復兵制，正資整理，著劉錦棠傳知該提督，勉圖報稱，以副委任，毋庸開缺。欽此。①

3.【光緒十一年七月十六日】此具奏日期，據原件補。

4.【光緒十一年八月十五日】此奉旨日期，據録副補。

【案】烏魯木齊提督金運昌於光緒十二年八月初九日身故。光緒十二年十月二十一日，兩江總督曾國荃、護理安徽巡撫阿克達春具摺奏報已故烏魯木齊提督金運昌戰績卓著，請旨宣付史館立傳，並入祀卓勝軍昭忠祠：

　　兩江總督臣曾國荃、護理安徽巡撫臣阿克達春跪奏，爲已故提督戰績卓著，籲懇天恩宣付史館立傳，並請旨俯准入祀陝西金積堡及安

---

① 中國第一歷史檔案館藏：《硃批奏摺》，檔號：04—01—16—0215—082；《録副奏摺》，檔號：03—5185—085。

徽臨淮兩處卓勝軍昭忠祠，以彰忠藎，恭摺仰祈聖鑒事。

　　竊據壽春鎮總兵郭寶昌呈請，原任烏魯木齊提督金運昌，安徽盱眙人，幼遭喪亂，郭寶昌之母曹氏撫之，遂從郭姓嗣。郭寶昌統領卓勝軍，該提督管帶親兵營隨同效力。同治三年二月間，以皖境肅清得保守備，是該提督立功之始。四年三月間，卓勝軍轉戰皖豫，追賊信陽。逆首張總愚等被擊窮蹙，回旗猛鬥。該提督身受重傷，血戰不已，賊乃宵遁。是月，復追賊碻山，斬馘甚衆，保升都司。雉河解圍案內保升游擊，加副將銜。五年四月，以張寨、瓦店之捷，賞戴花翎。是年，改帶卓勝前營，兼辦營務。六年，移軍援陝，同朝獲勝案內保升參將，並賞給勇號。是年冬，克復綏德州城。七年春，在直隸境內疊獲勝仗，遂由參將起保總兵，並賞換清字勇號。是年三月，郭寶昌剿賊封邱，身受重傷，請假調養，奉旨以金運昌暫統卓勝軍，是爲歸提督獨當一面之始。適張總愚各逆竄直隸，該提督一戰於吳橋，再戰於南皮，皆獲大勝。捻首任柱欲以馬隊由連鎮、泊頭闖越長溝。該提督分隊擊之，賊乃潰散。復於寧津收降張大福賊股，直東肅清，奉旨以提督記名簡放。是年，奏明復姓金氏。八年六月，郭寶昌復因傷發請假，左宗棠仍奏派暫統卓勝軍，調防綏德，奉檄即行，所經北山皆回匪蹂躪之地，計程千餘里，山道崎嶇，人煙斷絕。士卒裹糧束馬，側足而前。甫抵綏德時，湘軍已進剿金積堡，而石灣一軍屢爲賊困，意在梗我糧道。郭寶昌以軍情緊急，力疾赴營。該提督先期兼程馳援石灣，前隊已至花馬池。郭寶昌旋奉旨酌帶親兵赴晉，即由該提督統率各隊，力扼花定一帶，糧道賴以疏通。十一月間，奉旨進軍，馳抵靈川，再進至王洪寨，擒逆回金標、蘇阿紅，斬之。遂至吳忠堡扼扎，後路仍駐花定。時陝回陳林、禹彥祿等十三營益以本地土回，號稱十餘萬，咸以馬化漋爲聲援。每出隊，賊衆十倍於我。卓勝軍孤立其間，無日不戰，更須分兵護運。九年正月，賊氛愈熾，餉道阻塞，軍中至殺馬爲糧。回逆知其僨也，乃決渠水灌我軍。該提督晝夜立水中，激勵士卒，合力堵禦。其時築堤，一面迎戰，洎賊退水消，心力已交瘁矣。厥後一日之內連破回寨二十餘座，軍氣乃揚。是年九月，會合湘軍，力攻金積堡南關。該提督腰受炮傷,督隊不退。各軍以賊堡甚堅,定議合圍,卓勝軍分守北面,晝則督戰,夜則梭巡。每日咯血數次。重圍既久,賊糧乃斷,逆首陳林自縛來降。該提督以西寧河州回眾尚未就撫,宣示寬大,以勸來者,強壯編籍,老稚就糧,以安反側。十一月,馬化漋勢窮出降,而馬家灘之賊負固如初,復會同湘軍進攻,破之,削平金積堡,奉旨賞穿黃馬褂。該提督以從前挑挖營壘有礙溝洫,事定後自捐鉅款,修濬秦渠,民田資灌溉之力。五月,移駐纏金,甫到防所,即值回匪竄擾烏拉特旗界內,派隊平之,奉旨賞給頭品頂戴。旋調扎黃甫川、包頭一帶。到防數年,邊圉粍靜。

　　光緒二年,經左宗棠奏調出關。三年四月,行抵烏魯木齊,是時湘軍進攻南八城,金順駐瑪納斯,自巴里坤至烏垣千七百里,匪徒出沒無常,為害行旅。卓勝軍分段駐扎,設卡梭巡,道路稱便。八月,署烏魯木齊提督。四年,兼護都統。六年八月,奉旨補授烏魯木齊提督。時南北兩路雖經肅清,而伊犁未復,哈薩克游匪及白彥虎餘黨疊擾大河沿一帶。該提督以馬步六營駐守精河,屢有擒獲。餘孽乃不得逞。口外自兵燹後,居民甚少,生計蕭條。該提督興水利,復農業,建橋梁,修城垣,數月之間,百廢具舉,皆捐廉獨力任之。復以餘力協賑直隸、山東、安徽等省災民,奉旨優敘。八、九兩年,以兵事既定,即將卓勝軍陸續凱撤。入關之日,沿途安靜無嘩。方擬規復提標營制,為經久之計,而勞傷舉發,咯血不止,始猶力疾任事。繼因萬分難支,恐致貽誤,疊次陳請開缺,甫於十一年秋間奉旨允准,交卸回籍。本年五月,始抵壽春,而勞傷交作,百計醫治,卒難見效,瀕危語不及私,惟以未報國恩為恨,延至八月初九日身故。該提督無子,以族子振宗為嗣。歿後數日,其妾王氏、馬氏、張氏先後仰藥絕粒,畢命以殉。郭寶昌與該提督同在疆場,轉戰萬里,患難與共垂三十年,良由知之最深,是以言之最切。臚列生平戰績,呈請核奏前來。

　　臣等伏查金運昌前在卓勝軍帶隊,轉戰直、東、秦、晉、江、皖、豫、鄂,所向有功,蒙恩洊擢實缺提督,其生平戰績早在聖明洞鑒之中。

今既賫志長終,深堪憫惻。合無仰懇天恩俯准,將前烏魯木齊提督金運昌宣付國史館立傳,並請旨俯准入祀陝西金積堡及安徽臨淮兩處卓勝軍昭忠祠,以爲勤事者勸。至該提督之妾王氏、馬氏、張氏相率身殉,均屬大義懍然。似此一門忠孝節烈,亟宜表彰,令人觀感興起。臣等核明,此案與從前直隸提督郭松林病故其妾即時身殉奉旨旌表之案相符,理合隨摺一併請旨飭部旌表,以慰幽魂而維風化。如蒙俞允,再由臣等查取事實冊結,分別咨送國史館核辦。謹合詞恭摺具陳,伏乞皇太后、皇上聖鑒訓示。謹奏。十月二十一日。

　　光緒十二年十一月初四日,軍機大臣奉旨。欽此。①

曾國荃等之請,旋於同年十一月初四日得允:

　　光緒十二年十一月初四日內閣奉上諭:曾國荃等奏,已故提督戰績卓著,懇恩立傳入祀一摺。已故烏魯木齊提督金運昌疊經統帶卓勝軍,轉戰直、東、皖、豫各省及陝甘、關外,所向克捷,卓著勤勞,著將生平戰績宣付國史館立傳,並准入祀陝西金積堡、安徽臨淮卓勝軍昭忠祠。其妾王氏、馬氏、張氏,於該提督病故後先後身殉,著照例旌表。該衙門知道。欽此。②

169. 會商揀員署理烏垣提缺片
光緒十一年七月十六日

　　再,新疆既設行省,臣上年奏准將烏魯木齊提督移駐喀什噶爾,自應按照原議妥籌辦理。且提臣統轄防營,日有應行事件,亦未便少有延擱。金運昌臥病日久,不能視事,現在懇恩開缺。如蒙俞允,簡放實缺人員,竊恐道途遼遠,到任尚需時日。可否由臣會商督臣暫行委員署理、以免貽誤之處,恭候諭旨遵行。謹會同

―――――――――

　　① 中國第一歷史檔案館藏:《錄副奏摺》,檔號:03—5544—034;《曾忠襄公(國荃)奏議》,沈雲龍主編《近代中國史料叢刊》第四十四輯,第2643—2651頁,文海出版社,1966。

　　② 中國第一歷史檔案館編:《光緒朝上諭檔》,第十一冊,第398頁。

陝甘總督臣譚鍾麟、署烏魯木齊都統臣升泰,附片陳明。伏乞聖鑒訓示。謹奏。

　光緒十一年八月十五日◆1,軍機大臣奉旨:金運昌已有旨准其開缺。烏魯木齊提督著該撫會商譚鍾麟,派委妥員,暫行署理。欽此。

【案】此奏片原件①、録副②現藏於中國第一歷史檔案館,兹據校補。

1.【光緒十一年八月十五日】此奉旨日期,據録副補。

170.哈密通判劃歸鎮迪道管轄並添設書役片
光緒十一年七月十六日

　再,查哈密通判一缺,向隸甘肅安肅道管轄。光緒六年,臣接縉欽符,經前陝甘督臣左宗棠奏稱,將來議設行省,必以哈密劃隸新疆,形勢始合,請將哈密及鎮迪道屬歸臣統轄。嗣臣奏設甘肅新疆巡撫、布政使員缺,亦曾聲明巡撫一員駐烏魯木齊,管轄哈密以西南北兩路各道廳州縣。現在行省設定,臣與藩司魏光燾均經抵任,哈密辦事、幫辦大臣奉旨裁撤。該地方回務,前左宗棠奏准照吐魯番例,由哈密通判兼管。辦理數年,漢回稱便。通判一缺應請劃歸鎮迪道管轄,遇事由該道核轉,以專責成。惟查《賦役全書》,該廳向無額設書辦,而兼理回務命盜詞訟,概歸經理,辦事需人,歷任不無賠累。兹既劃歸鎮迪道屬,擬請仿照前烏魯木齊理事、通判例,添設書辦二名,並原設各役四十二名工食銀兩及本官廉俸、公費等項,均請照理事通判章程支給,以資辦公。其哈密巡檢一缺,亦請照闢展巡檢開

① 中國第一歷史檔案館藏:《硃批奏片》,檔號:04—01—16—038—2406。
② 中國第一歷史檔案館藏:《録副奏片》,檔號:03—5835—016。

支，俾歸一律。據藩司魏光燾詳請具奏前來。臣覆核無異，相應請旨飭部核議，以憑遵辦。是否有當，謹會同陝甘督臣譚鍾麟，附片具陳。伏祈聖鑒訓示。謹奏。

　　光緒十一年八月十五日◆1，軍機大臣奉旨：該部議奏。欽此。

【案】此奏片原件①、録副②現藏於中國第一歷史檔案館，茲據校補。
1.【光緒十一年八月十五日】此奉旨日期，據録副補。

　　● 軍機大臣字寄：欽差大臣督辦新疆軍務甘肅新疆巡撫劉、陝甘總督譚、署伊犁將軍塔爾巴哈臺參贊大臣錫◆1：光緒十一年八月初四日奉上諭：譚鍾麟密奏稱伊犁現在情形◆2，據陳◆3 弭亂之策，一在籌款以清欠餉，一在擇人以整營規。金順所部各營欠餉約計三十萬兩，可以了結等語。本日已明降諭旨，令金順來京陛見，並派錫綸署理伊犁將軍。其塔爾巴哈臺參贊大臣，已派明春馳往署理，俾錫綸迅速起程矣。伊犁兵勇屢次嘩變，朝廷眷顧西陲，正深廑系。茲據該督所奏各節，亟應將該處將弁兵勇極力整頓，並先清理欠餉，俾該勇等無所藉口。著户部撥銀三十萬兩，解交甘省，未到以前，譚鍾麟無論何款先行籌措實銀三十萬兩，迅解劉錦棠軍營。該大臣俟餉銀到後，酌帶隊伍，馳赴伊犁，會同錫綸將金順所部各營核實查點，分別入營久暫、欠餉多少，分成勻給，並將勇丁應去應留確切查明歸併，嚴定營規，其貪劣素著之營哨官嚴辦一二，以儆其餘。錫綸到任後，與劉錦棠和衷商辦，務將各該營積習悉力涮除，毋稍彌縫，致貽後患，亦不得操之過蹙，別滋事端。譚鍾麟摺著鈔給劉錦棠、錫綸閲看。將此由六百里各諭令知之。欽此。遵旨寄信前來◆4。

①　中國第一歷史檔案館藏：《硃批奏片》，檔號：04—01—12—0533—071。
②　中國第一歷史檔案館藏：《録副奏片》，檔號：03—5199—037。

【案】此"廷寄"見於《光緒朝上諭檔》①,又見於《清實録》②,兹據校補。

1.【欽差大臣督辦新疆軍務甘肅新疆巡撫劉、陝甘總督譚、署伊犁將軍塔爾巴哈臺參贊大臣錫】此前稱據《光緒朝上諭檔》補。

2.【譚鍾麟密奏稱伊犁現在情形】《上諭檔》作"譚鍾麟奏,密陳伊犁現在情形"。

3.【據陳】《上諭檔》作"據稱",是。

4.【遵旨寄信前來】此據《光緒朝上諭檔》補。

171. 刊按察使關防啓用片

光緒十一年八月十一日

再,甘肅新疆鎮迪巡道前經臣奏請加按察使銜,兼管全疆刑名、驛傳事務,並懇飭部頒換關防,業奉諭旨允准在案。惟由部頒換關防尚需時日,亟應先行刊給關防,以昭信守。兹刊就木質關防一顆,文曰"甘肅新疆鎮迪道兼按察使銜管理全省刑名驛傳事務關防"。除由臣飭發祗領取用外,謹會同陝甘督臣譚鍾麟,附片陳明。伏乞聖鑒。謹奏。

光緒十一年九月初九日◆1,軍機大臣奉旨:知道了。欽此。

【案】此奏片原件③、録副④現藏於中國第一歷史檔案館,兹據校補。

1.【光緒十一年九月初九日】此奉旨日期,據録副補。

①　中國第一歷史檔案館編:《光緒朝上諭檔》,第十一册,第 182 頁。
②　《清實録·德宗景皇帝實録(三)》,卷二百十三,光緒十一年八月上,第 999—1000 頁。
③　中國第一歷史檔案館藏:《硃批奏片》,檔號:04—01—30—0077—050。
④　中國第一歷史檔案館藏:《録副奏片》,檔號:03—5200—037。

172. 伊塔各大臣分別應裁應留摺

光緒十一年八月十二日

幫辦新疆軍務頭品頂戴伊犁將軍雲騎尉世職臣金順、欽差大臣督辦新疆事宜尚書銜降一級留任甘肅新疆巡撫二等男臣劉錦棠、頭品頂戴降五級留用暫停開缺塔爾巴哈臺參贊大臣臣錫綸跪◆1奏，爲遵旨酌議伊犁參贊大臣、塔爾巴哈臺領隊大臣各員缺，分別應裁應留，恭摺覆陳，仰祈聖鑒事。

竊臣等前准户部咨開：光緒十年九月三十日內閣奉上諭：户兵等部◆2會奏議覆劉錦棠奏統籌新疆全局一摺。著照所議，添設甘肅新疆巡撫、布政使各一員。其應裁之辦事、幫辦、領隊、參贊各大臣及烏魯木齊都統等缺，除未經簡放有人外，所有實缺及署任各員，著俟新設巡撫、布政使到任後，再行交卸，候旨簡用。至伊犁參贊大臣一缺、塔爾巴哈臺領隊大臣二缺，應裁應留，著劉錦棠等酌定具奏◆3等因。欽此。跪聆之下，仰見聖慮周詳，芻蕘並采，臣等莫名欽感。伏查內地駐防營制，將軍以次率置左右翼副都統二員，或與同城，或分防要地，規模不盡從同，要在因地制宜，歸於允協。伊犁將軍所轄向有領隊大臣五員，分領滿洲、錫伯、索倫、察哈爾、額魯特各營。該處地當邊要，事務殷繁，各領隊職有專司，分任則有餘，兼資則不足。以故舊制於將軍之次，更設參贊大臣，同寅協恭，遇事得有商榷，裨益實多，亦猶建牧立監，設參傅伍，法制相維，至爲周備。今若照內地駐防營制，量設左右翼副都統，則參贊大臣一缺自可裁撤。如暫時不設副都統，則參贊大臣一缺未可遽裁。其應否改設副都統，抑或仍留參贊大臣員缺，伏乞聖明裁奪。

至塔爾巴哈臺領隊大臣二缺，一爲滿洲領隊。舊制換防滿兵，專歸管轄。新疆底定以來，烏魯木齊及伊犁滿營，兵數寥寥，無從徵調，故滿洲領隊大臣一缺，迄未請旨簡放有員。該處現已增設副將，統帶勇兵，其滿洲領隊大臣一缺，應請裁撤。一爲額魯特領隊，專管該蒙部游牧。同治初年，回匪叛亂，該蒙古官兵隨棍噶扎拉參呼圖克圖戰剿歷年，傷亡甚衆，餘多轉徙流離，靡有定所。迨後該營總管巴彥特古斯署理領隊大臣，招集散亡，漸能保舉◆4。復經前參贊臣英廉①奏請簡放實缺人員到任◆5，並奏明將該蒙部人衆遷回塔城，仍飭在額依賓山、巴爾魯克一帶舊地住牧。光緒五年，臣錫綸奉旨選募邊人，招徠蕃屬，因勇隊較單，遵即挑練蒙兵成隊，定爲選鋒五營，奏交領隊大臣圖瓦强阿②統帶◆6。塔城西北兩路緊與俄鄰，尚賴訓練蒙兵，隨時戒備，應請仍留額魯特領隊大臣一缺，以固邊防。臣等往復函商，意見相合。應請旨飭部議覆，以便遵行。所有遵旨酌議各情形，謹會同陝甘總督臣譚鍾麟，合詞具奏。是否有當，伏乞皇太后、皇上聖鑒訓示。再，此摺係臣錦棠主稿。署烏魯木齊都統臣升泰，因伊犁參贊大臣是其本缺，故未列銜，合併陳明。謹奏。八月十二日◆7。

　　光緒十一年九月初九日◆8，軍機大臣奉旨：該部議奏。欽此。

---

　　①　英廉（？—1900），蒙古正藍旗人。咸豐三年（1853），任筆帖式。六年（1856），補護軍校。同治元年（1862），委護軍參領。三年（1864），以參領儘先即補，賞戴花翎。四年（1865），調正藍旗蒙古護軍參領。五年（1866），以副將遇缺儘先即補。次年，管帶八旗漢軍排槍隊。七年（1868），記名以副都統用。十年（1871），擢伊犁幫辦大臣，以副都統遇缺題奏。十二年（1873），加副都統銜，旋調補塔爾巴哈臺參贊大臣。光緒三年（1877），賞加頭品頂戴。八年（1882），調神機營全營翼長，補鑲白旗護軍統領。九年（1883），調補正藍旗漢軍副都統，署馬蘭鎮總兵、總管內務府大臣。十年（1884），授馬蘭鎮總兵，兼總管內務府大臣。二十年（1894），遷鑲紅旗漢軍副都統、八旗漢軍炮隊專操大臣。二十六年（1900），卒於任。
　　②　圖瓦强阿（1824—1909），新疆伊犁霍爾果斯敖拉哈拉人。一生戎馬，英勇剽悍，稱"邊疆衛士"。自同治五年（1866）起，歷任索倫營、塔爾巴哈臺營、兀魯特營總管、領隊大臣，署理塔爾巴哈臺參贊大臣。九年（1870），加梅勒章京銜，賞巴得讓阿巴圖魯勇號，授二品頂戴。光緒三十年（1904），准其以原品休養，加恩賞食半俸。

【案】此摺缺原件,録副①現藏於中國第一歷史檔案館,兹據校補。

1.【幫辦新疆軍務頭品頂戴伊犁將軍雲騎尉世職臣金順……錫綸跪】此前銜據録副補。

2.【户兵等部】録副作“户部等部”。

3.【著照所議……著劉錦棠等酌定具奏】此節文字,録副省略。

4.【漸能保舉】録副作“漸能保聚”,是。

5.【案】同治十二年九月十九日,塔爾巴哈臺參贊大臣英廉奏請簡放額魯特領隊大臣員缺,以重職守,得允行。片曰:

　　奴才英廉跪奏,爲請旨簡放額魯特領隊大臣員缺,以重職守,恭摺具陳,仰祈聖鑒事。竊查額魯特人丁,現因窮困,一時不能移回塔城,亟須實任領隊大臣隨其游牧駐扎,方足以資管轄,且署額魯特領隊大臣總管巴彦特古斯奉旨管帶額魯特官兵一千名,隨同哈密幫辦大臣錫綸進攻瑪納斯。現在該官兵雖無起程日期,而領隊大臣員缺未便久懸。合無仰懇天恩迅賜簡放,以重職守而資鈐束。奴才愚昧之見,是否有當,伏乞皇上聖鑒訓示遵行。謹奏。九月十九日。

　　同治十二年十一月二十七日②,奉硃批:另有旨。欽此。③

6.【案】光緒五年,塔爾巴哈臺參贊大臣錫綸附片奏報選鋒五營由領隊大臣圖瓦强阿統領,並新改綏靖五營由劉文和管帶:

　　再,塔城防軍今年春間經金順所撥索倫官兵五百名,以爲左右翼馬隊兩營,派該營總管現升任額魯特游牧領隊大臣圖瓦强阿爲左翼營總,京城正藍旗蒙古花翎即補佐領忠瑞爲右翼營總。奴才選練察哈爾、額魯特十佐領官兵五百名,以爲左右翼馬隊兩營,派該營花翎佐領現升任副總管巴彦爲左翼營總,黑龍江布特哈正黄旗藍翎即補佐領額哲善爲右翼營總。又選練吐爾扈特三旗官兵五百名,爲步隊一營,派京城鑲黄旗即補佐領春林爲營總。以上馬步五營共官兵一千五百名有奇,以清語爲名曰狻卓霍遠崇阿夸闌,譯言選鋒營。馬隊

---

① 中國第一歷史檔案館藏:《録副奏摺》,檔號:03—5835—083。

② 中國第一歷史檔案館藏:《軍機處隨手登記檔》,檔號:03—0210—4—1112—348。

③ 中國第一歷史檔案館藏:《録副奏摺》,檔號:03—4758—010。

現習馬槍,步隊現習洋槍,隊皆已嫻熟。圖瓦強阿現已蒙恩升授領隊大臣,所有選鋒五營官兵即以該大臣爲統領,仍兼帶索倫左翼。至於練勇,亦有五營,果勇左右兩營,馬隊二百五十名一營,共五百名,舊經金順所撥,記名提督劉文和原爲統領,嗣經左宗棠添撥綏勇中右兩營,步隊五百名一營,共一千名,提督譚禄華等管帶,本年正月到防。而奴才又添募舊部一營步隊計七百餘名,以塔爾巴哈臺城舊賜名綏靖,因即以綏靖爲名。奴才愚見,兵律貴一,今果勇、綏勇諸營名色雜亂,部伍難期整肅。該各營既已奉撥作爲塔城防軍,擬皆改名綏靖。以奴才自募舊部一營爲中營,果勇左營爲前營,右營爲後營,綏勇中營爲左營,右營仍爲右營。以上馬步五營,共官兵二千二百名有奇。提督劉文和久經行陣,有勇知方,即依楚軍例,以該提督爲綏靖五營統領,仍兼帶前營,業由奴才刻給各該營木質行營關防,分別發給,以爲信守。理合附片具陳。伏乞聖鑒。謹奏。

　　軍機大臣奉旨:知道了。欽此。①

7.【八月十二日】此具奏日期,據録副補。

8.【光緒十一年九月初九日】此奉旨日期,據録副補。

【案】此摺於是年九月初九日經兵部議覆,允行。《清實録》:

　　又諭:甘肅新疆巡撫劉錦棠等奏酌議伊犁參贊大臣、塔爾巴哈臺領隊大臣各員缺,分別應裁應留,下部議。尋兵部議,伊犁將軍之次,准其改設副都統二員,所有參贊大臣一缺自應裁撤。其改設副都統,或與同城,或分防要地,應由該撫體察情形,奏明辦理。至塔爾巴哈臺領隊大臣二缺,裁去滿洲領隊,仍留額魯特領隊,管理蒙部游牧。從之。②

　　● 軍機大臣字寄:各直省將軍、督撫◆1:光緒十一年八月二十二日,欽奉慈禧端佑康頤昭豫莊誠皇太后懿旨:前據侍郎薛允升

------

① 中國第一歷史檔案館藏:《硃批奏片》,檔號:04—01—03—0063—019。

② 《清實録·德宗景皇帝實録(三)》,卷二百六十五,光緒十一年九月上,第1028頁。

奏請飭裁減勇營,將中外各旗營加餉訓練一摺。當經諭令軍機大臣會同户部妥議,並令醇親王奕譞一併與議。兹據會議具奏,據稱核計各省現年兵餉,需銀一千四五百萬兩。其養勇之費,每歲約需銀三千四百餘萬兩,加以京外旗兵,又需額餉一千餘萬兩。歲入之款,約共應收銀七八千萬兩◆2,是竭天下十分之物力八分以養兵勇,斷非經久之道。今欲酌加旗營餉需,即就在京各營應領餉項計之,現在支給銀六百餘萬兩◆3,如議加復成數,約須增銀三百萬兩,部庫實難另籌。惟有將各省營勇裁減浮濫,每省每年各裁節銀二三十萬,分批解部,以供加餉練兵之用。其各省設立善後各局,名目繁多,重見復出,尤應大加裁併等語。各省招募勇丁,向多糜費。上年辦理海防,又復紛紛添募,現當軍事敉定,本應認真裁減,汰弱存强,各疆吏往往因伏莽未除,留爲彈壓防守之用,甚至統帶營官藉詞肥己,均所難免。八旗向稱勁旅,亟應加餉精練,果能裁無用之營勇,爲有益之要需,實屬根本至計。著各直省將軍、督撫破除成見,迅將各該省現有勇營切實核減,查照該部所指虚伍空額、老羸幼稚、雜費冗弁及無事長夫各節,逐一確查,認真裁汰,不得任聽營哨各員弁飾詞矇混,並將存留各營按日訓練,無事常如有事,庶幾緩急可恃。其裁勇所節之餉,從光緒十二年起,每省每年可得若干,先行奏明,專款存儲,分批解部備用,不准以斟酌情形、無可裁撤等詞,一奏塞責。至各省紛紛設立各局,如軍需,則既有善後總局,又有善後分局、報銷、籌防、支應、製辦、軍械、轉運等局;地方事宜,則有清查藩庫、營田、招墾官荒、交代清源、發審候審、清訟課吏、保甲、刊刻書籍、采訪忠義等局,種種名目,濫支濫應,無非瞻徇情面,爲位置閑員地步。各防營奏調、咨調候補人員,開支公費,諸多冒濫,均堪痛恨,尤應一併大加裁汰。並著於本年十一月內定議,迅速覆奏。當此時事艱難,餉需支絀,裕國必先理財,而耗財莫如冗濫,删一分浮費,即可多一分正用。各將軍、督撫等務當通盤籌畫，掃除積習，總以核實二字爲主，毋稍觀望推遷。原摺均著鈔給閱看。至在京王公、文武百官俸銀，久經減成給發，自應一律加增，以示體恤。統俟該將軍、督撫等覆奏到日，再行降旨。將此由五百里各諭令知之。欽此。遵旨寄信前來◆4。

【案】此"廷寄"原件①現藏於中國第一歷史檔案館，又見於《光緒朝上諭檔》②及《清實録》③，兹據校補。

1.【各直省將軍、督撫】此前稱據《光緒朝上諭檔》補。

2.【萬兩】刻本脱"兩"，兹據補。

3.【萬兩】刻本脱"兩"，兹據補。

4.【遵旨寄信前來】此據《光緒朝上諭檔》補。

173.酌議新疆補署各缺留省補用人員章程摺

光緒十一年九月初五日

欽差大臣督辦新疆事宜尚書銜降一級留任甘肅新疆巡撫二等男臣劉錦棠跪◆1奏，爲酌議新疆補署各缺留省補用人員章程，懇恩俯准飭部立案，恭摺仰祈聖鑒事。

竊維爲政之要，重在得人。立法之初，貴乎因地。新疆著名荒瘠，自經兵燹，凋劫尤甚，整頓撫綏，悉關緊要。而漢回雜處，言語文字隔閡不通，非習知其情，無從求治。故從前各項差委，皆以隨營辦事人員擇能而任。現值設省之始，亦應酌立定章。新疆北路實缺人員向由關内調補，以後甘肅人員應准於新疆酌量委用，

---

① 中國第一歷史檔案館藏：《諭旨》，檔號：03—6117—036。

② 中國第一歷史檔案館編：《光緒朝上諭檔》，第十一册，第198—199頁。

③ 《清實録·德宗景皇帝實録（三）》，卷二百十四，光緒十一年八月下，第1012—1013頁。

擬請凡甘肅候補曾經引見驗看、領照到省及實缺人員，如熟悉邊務，調赴新疆差遣，遇有人地相宜缺出，准於◆2 分別請補、請調，無庸先行奏留。若留甘尚未引見驗看，先經隨營當差，擬即查取履歷，分咨部籍，無論正雜，亦擇人地相宜之缺，准其酌補。其現在隨營人員內有分省候選並他省候補各員，從事有年，於邊務亦多熟悉，擬請照依變通章程分別奏咨，無論曾否委署地方，均准留於甘肅新疆，照章補署。若向未在營當差，仍不得概援此章，以示限制。至請補各項員缺，除南路經臣奏准仿照吉林章程由外揀補一次外，北路添改各缺，事同一律，亦應先行由外揀補一次。均請於外揀一次之後，與北路舊有各缺一體援照雲貴、甘肅變通章程請補◆3。統俟地方事務◆4 大定，再照向章辦理，以歸畫一。惟新疆各缺例准俸滿調升內地，原以鼓勵人才，於邊缺特示優異。現在新設各廳州縣有距甘省在七八千里以外者，各該員捧檄馳驅，不辭勞瘁。若僅恃此二十餘屬以為升調，竊恐鼓勵之道有時而窮。且此二十餘屬又多瘠苦，尤不足以廣激勸。查新疆北路各缺，例限三年、五年分別俸滿。南路程途更遠，應請比照辦事文員三年期滿例，均作為三年俸滿，屆期由藩司察其在任實心任事，出具考語，詳由撫臣驗看，咨送甘省，照例升用。再，實缺人員例准保送卓異。甘肅州縣以上定例六員、教佐二員。烏魯木齊都統所屬同通雜職，果有實係出色，亦准保薦一員。每屆計典，新疆向由甘省辦理，茲既改置行省，增設郡縣，可否從寬酌定額數，分別核辦，應請飭部併議示覆，以便將來擇尤保薦，如不得其人，任缺毋濫。倘有庸劣不職，仍隨時查明參劾。如此分別定章，庶於變通之中仍寓慎重之意。據藩司魏光燾詳請具奏前來。臣覆核無異。合無仰懇天恩，飭部核准立案，以憑遵辦。所有酌擬新疆補署各缺留省補用人員章程各緣由，是否有當，謹會同陝甘督臣譚鍾麟，恭摺具奏。伏乞皇太后、皇上聖鑒訓示施行。謹奏。光緒十一年九月初五日◆5。

　　光緒十一年十月初四日◆6，軍機大臣奉旨：該部議奏。片併發。欽此。

　　【案】此摺原件①、録副②現藏於中國第一歷史檔案館，兹據校補。

　　1.【欽差大臣督辦新疆事宜尚書銜降一級留任甘肅新疆巡撫二等男臣劉錦棠跪】此前銜據原件補。

　　2.【准於】原件、録副均作“准予”，是。

　　3.【案】光緒九年十月初二日，陝甘總督譚鍾麟以甘肅升調、補署各缺應仍照變通章程，具摺奏報曰：

　　　　頭品頂戴陝甘總督臣譚鍾麟跪奏，爲甘省升調、補署各缺請仍照變通章程辦理，以俾地方，恭摺仰祈聖鑒事。竊臣准吏部咨：甘肅軍務業已肅清，所有升調、補署各缺，均照平静各省定章辦理。其原定變通章程應請查銷，不得再行援引等因。當即轉行飭遵。自據藩臬兩司詳稱：甘省自軍務後，升調、補署各缺遵照部定變通章程辦理。十餘年來，地方尚無貽誤，□□□因地擇人，同收實效。若照平静省分定章辦理，以正途、勞績、捐納分三班輪用，本極公允，而甘省情形微有不同者，查甘省候補府廳州縣，勞績班居十之八，正途不過十之一，捐納一班不及十之一。所謂報捐、分缺、先間各花樣無人焉。照章分班輪補，則正途、捐納兩班不數輪即罄，勢不得不以勞績人員酌量請補，是猶變通之道也。否則祇以勞績一班，按到省先後爲序，不論人品之優劣、才具之短長、人與地是否相宜，但令名次在前，即當頂補。其事固簡而易行，一□吏□爲之，而於地方吏治則有難言者。且關外鎮迪所屬各缺向由關内調補，軍興以來，久未照辦。現在鎮迪道廳州縣及教雜十餘缺，無一實任之員，均係由營暫行委署。即南路新設州縣各缺，亦已奏明由營委員試署，其勢不能遽照定章辦理。固一

　　① 中國第一歷史檔案館藏：《硃批奏摺》，檔號：04—01—12—0533—069。
　　② 中國第一歷史檔案館藏：《録副奏摺》，檔號：03—5836—012。

省也,而關内外辦理兩歧,似於政體未協,可否仍照變通章程辦理,抑或另定甘肅關内新章以便遵行之處,會詳請奏前來。

　　臣查甘肅邊遠之區,承平時即與各省情形互異。肅清後,諸事草創、不分例章者甚多,殊難與平静各省概論。至升調、補署各缺照各省定章辦理,臣與司道籌商,亦覺甚便。第其中有窒礙難行不能不稍爲變通者,並非欲爲擇地意存偏徇也。合無仰懇天恩,俯念邊隅要地得人爲難,補署各缺仍照變通章程辦理,俟一二年後關外局勢大定,自當遵照定章,以歸劃一。臣爲地方吏治起見,謹恭摺具陳,是否有當,伏乞皇太后、皇上聖鑒訓示施行。謹奏。十月初二日。

　　光緒九年十月二十四日,軍機大臣奉旨:吏部議奏。欽此。①

4.【地方事務】刻本脱"務",兹據校補。

5.【光緒十一年九月初五日】此具奏日期,據原件補。

6.【光緒十一年十月初四日】此奉旨日期,據録副補。

174. 籍隸甘肅人員准按序班毋庸迴避片
光緒十一年九月初五日

　　再,查定例:各省文職官員除教職外,俱迴避本省。又例載:鄰省距本籍五百里以内之缺,應行迴避。新疆雖向歸甘肅管轄,而相距甚遠。即哈密最近之區,亦離甘省三千餘里。其南北兩路各城遠至四五千里或七八千里不等,車馬馳驅,極多繁費,與東南各省舟航四達、朝發夕至情形,迥不相同。且甘肅與新疆人民居處既遠,亦無姻親、族黨之嫌。現在新疆改建行省,添設道員以下各缺,可否仰求天恩飭部核議,凡原籍甘肅人員,准其分發新疆差委,與籍隸他省人員一律按班序補,毋庸迴避。俸滿後,仍由司詳撫臣驗看。如果任事實心,循良有績,准予加具考語,送部引見,

---

①　中國第一歷史檔案館藏:《録副奏摺》,檔號:03—5184—068。

由内升調他省,與籍隸他省人員俸滿升調甘省者略示變通,似可並行不悖。該員等距家稍近,民情較易諳習,即到省盤費亦可稍從節省。如此一轉移間,於邊外吏治不無裨益。是否有當,謹會同陝甘總督臣譚鍾麟,附片具奏。伏乞聖鑒訓示。謹奏。

光緒十一年十月初四日◆1,軍機大臣奉旨:覽。欽此。

【案】此奏片原件①、録副②現藏於中國第一歷史檔案館,茲據校補。

1.【光緒十一年十月初四日】此奉旨日期,據録副補。

175. 薩凌阿交卸回京片

光緒十一年九月初五日

再,臣准伊犁將軍臣金順咨稱:新疆南北兩路辦事、幫辦、領隊各大臣員缺奉旨裁撤,所有實缺及署任各員俱應欽遵交卸,候旨簡用。茲准統領吉江馬隊烏魯木齊領隊大臣薩凌阿牘稱:遵將所統各起隊伍交卸清楚,由伊犁赴省,擬照例馳驛回京,懇請◆1轉咨代奏前來。臣維薩凌阿自同治初年由吉林奉派出征,繼隨金順出關,統領吉江馬隊,防守西湖、伊犁等處邊要。光緒五年,蒙恩補授烏魯木齊領隊大臣員缺。因值防務吃緊,經金順奏請留營,仍令統領兵勇,以資得力◆2。該領隊從征數省,前後二十餘載,久經戰陣,卓著勛勤。昨抵烏魯木齊,晤談數次,老成練達,洞曉戎機,自以身受國恩,亦欲及時圖報。烏魯木齊領隊大臣是其本缺,未及到任即經奉旨裁缺,所統兵勇亦已交卸,並無經手未完事件,現在回京,應如何擢用之處,出自鴻慈。除咨部查照外,謹會同伊犁將軍臣金順、署烏魯木齊都統臣升泰,附片代陳。伏乞

① 中國第一歷史檔案館藏:《硃批奏片》,檔號:04—01—12—0533—070。
② 中國第一歷史檔案館藏:《録副奏片》,檔號:03—5836—013。

聖鑒。謹奏。

　　光緒十一年十月初四日◆³，軍機大臣奉旨：知道了。欽此。

【案】此奏片原件①、録副②現藏於中國第一歷史檔案館，茲據校補。

1.【懇請】刻本奪“請”，茲據原件、録副補。

2.【案】光緒五年，伊犁將軍金順以邊防緊要，奏請准新授烏魯木齊領隊大臣薩凌阿留營帶隊，俟軍務肅清，再行飭赴本任：

　　　　再，奴才准新授烏魯木齊領隊大臣薩凌阿呈稱：本年二月初十日，承准烏魯木齊都統照會内開：所有本都統前在領隊大臣任内奏明刊用烏魯木齊領隊大臣木質關防一顆，自應賚送，以昭信守等因，呈請前來。伏查薩凌阿在奴才軍營帶隊有年，現當伊犁尚未收復，陝回出没靡常，邊防緊要，未便遽易生手，前已附片奏請留營在案。所有烏魯木齊領隊大臣關防，應請旨飭下恭鎗暫行兼署。俟軍務肅清，即行飭赴本任，以重職守。除將烏魯木齊領隊大臣關防一顆由奴才派員仍送恭鎗暫行接收外，謹附片具陳。伏乞聖鑒。謹奏。③

3.【光緒十一年十月初四日】此奉旨日期，據録副補。

176. 查明新疆防營臺局十年分實在數目摺

光緒十一年九月初五日

　　欽差大臣督辦新疆事宜尚書銜降一級留任甘肅新疆巡撫二等男臣劉錦棠跪◆¹奏，爲查明新疆防營弁勇光緒十年四月起至十二月底止及各臺局十年分實在各數目，分別繕具清單，奏明立案，恭摺仰祈聖鑒事。

　　竊臣所部馬步諸軍暨烏魯木齊提標土勇，截至光緒十年三月

---

① 中國第一歷史檔案館藏：《硃批奏片》，檔號：04—01—16—0218—024。
② 中國第一歷史檔案館藏：《録副奏片》，檔號：03—5836—014。
③ 中國第一歷史檔案館藏：《硃批奏片》檔號：04—01—16—0218—028。

底止共存五十四營旗、開花炮隊三哨、小馬隊四哨，業經遵照部議，奏明立案。茲據行營糧臺詳稱：光緒十年九月以後，添募湘軍中旗行營◆2步隊一旗、旌善左右漢回坐糧馬隊二旗，挑留嵩武軍假勇編爲董字前旗坐糧步隊一旗、董字前旗坐糧馬隊一旗。原有哈密協標步兵二百七十一員名，酌添數十人改爲土勇一旗。又，十年五月起先後裁併恪靖、精騎兩營，改爲行糧馬隊各一旗。通截至十年十二月底止，共存六十營旗、開花炮隊三哨、小馬隊四哨。合計共額設弁勇二萬三百九十八員名，額外營哨官一百五員，額外火夫、長夫、馬夫九千八百四十一名。此馬步各軍員弁勇夫之實數也。關外向設各臺局，除陸續裁併截至九年底止，曾經奏報有案。查十年分先後共裁撤善後十五局、蠶桑六局、徵糧七局、采運四局、柴草兩局，增設牛痘四局。截至十年十二月底止，下存各局之實數以及各營局新收、開除、起止日期，均於單内分別開明，詳請奏咨等情前來。臣覆核無異。

　　竊維新疆地方遼闊，又居極邊，上年張曜一軍奉旨開拔入關，臣於十月十六日將遴員替防並酌添營伍填扎情形馳奏在案。祇以餉項不繼，添補馬步勇丁僅此數旗，勉爲分布，兵力較單。臣惟有督飭各將領隨時整頓，加意巡防，以固邊圉。至南北兩路所存各局，除萬難裁併之處仍照常安設外，其餘或量爲裁撤，或歸併地方官經理，故十年分各項局員，比較九年大加裁減。所有關外各營局十年分實在數目，除咨部查照外，謹繕清單◆3，恭呈御覽。伏乞皇太后、皇上聖鑒，飭部立案施行。謹奏。光緒十一年九月初五日◆4。

　　光緒十一年十月初四日◆5，軍機大臣奉旨：該部知道。單二件併發。欽此。

【案】此摺原件①、録副②現藏於中國第一歷史檔案館,兹據校補。

1.【欽差大臣督辦新疆事宜尚書銜降一級留任甘肅新疆巡撫二等男臣劉錦棠跪】此前銜據原件補。

2.【行營】原件、録副均作"行糧",是。

3.【案】隨摺清單凡二件,均藏於中國第一歷史檔案館,清單一:

謹將甘肅新疆楚湘蜀軍馬步各營旗員弁勇丁數目自光緒十年四月初一日起至十二月底止,繕具四柱清單,恭呈御覽。

舊管:光緒十年三月底止,實存行糧步隊十五營九旗、坐糧步隊三旗、提標土勇步隊七旗、阿克蘇土勇步隊一旗、行糧馬隊十一營三旗、坐糧馬隊四旗、土勇馬隊一旗。總計五十四營旗、開花炮隊三哨、小馬隊四哨。共計實存額設弁勇一萬九千一百六十三員名,實存額外營哨官一百二員,實存額外伙夫四百九名,實存額外長夫、馬夫九千一百九十三名,實存額馬三千七百八十八匹,實存炮車十八輛、車騾四十八頭。

新收:光緒十年九月起,添募湘軍中旗行糧步隊一旗、旌善左右漢回坐糧馬隊二旗,共計照額新添弁勇六百二十員名,新添額外副哨長三員,新添額外伙夫二十八名,新添額外長夫三百一十六名,新添額馬二百五十四匹。光緒十年十一月起,挑留嵩武軍假勇,編爲董字前旗坐糧步隊一旗、董字前旗坐糧步隊一旗,共計照額新添弁勇四百九十五員名,新添額外伙夫十四名,新添額外長夫、馬夫二百二十三名,新添額馬一百二十七匹。光緒十年十二月起,將哈密協標原有弁兵二百七十一員名,照額新添弁勇九十九名,編爲土勇一旗,按照提標土勇章程支給餉項。再,光緒十年九月初一日起,調派安邊一旗步隊,隨同提督董福祥開復喀什噶爾塡防要隘,改支行餉,以均苦樂而資得力,合併陳明。

開除:光緒十年五月底止,裁併恪靖後營馬隊,改爲行糧馬隊一

---

① 中國第一歷史檔案館藏:《硃批奏摺》,檔號:04—01—12—0533—069。
② 中國第一歷史檔案館藏:《録副奏摺》,檔號:03—6098—033。

旗。除照額挑留弁勇一百二十五員名、額外伙夫十四名、額外長夫一百五十三名、額馬一百二十七匹外,共計裁減舊額弁勇一百二十五員名,裁減額外伙夫一十三名,裁減額外長夫、馬夫一百五十八名,裁減額馬一百二十五匹。光緒十年十一月底止,酌將精騎後營馬隊未潰勇丁,改爲安遠中旗行糧馬隊一旗,除照額挑留弁勇一百二十五員名,額外伙夫十四名,額外長夫、馬夫一百五十三名,額馬一百二十七匹外,共計裁減舊額弁勇一百二十五員名,裁減額外伙夫一十三名,裁減額外長夫、馬夫一百五十八名,裁減額馬一百二十五匹。

實在:光緒十年十二月底止,實存行糧步隊十五營十一旗、坐糧步隊三旗、土勇步隊九旗、行糧馬隊九營五旗、坐糧馬隊七旗、土勇馬隊一旗,總計六十營旗、開花炮隊三哨、小馬隊四哨。共計實存額設弁勇二萬三百九十八員名,實存額外營哨官一百五員,實存額外伙夫四百二十五名,實存額外長夫、馬夫九千四百一十六名,實存額馬三千九百一十九匹,實存炮車十八輛、車騾四十八頭。

軍機大臣奉旨:覽。欽此。①

清單二:

謹將甘肅新疆設立各臺局、義學自光緒十年五月一日起至十二月底止,繕具清單,恭呈御覽。

舊管:光緒九年十二月底止,實存哈密行營糧臺、哈密督催糧運總局、哈密行營軍裝製辦總局、古城屯采總局,安西、玉門、敦煌、巴里坤、吐魯番、喀喇沙爾等處六采運分局,阿克蘇、吐魯番、哈密三柴草局,東四城善後總局兼辦阿克蘇善後局,西四城善後總局兼辦喀什噶爾善後局,喀喇沙爾、庫車、烏什、英吉沙爾、葉爾羌、和闐、吐魯番、迪化州等處八善後局、沙雅爾、拜城、瑪喇巴什等處三善後分局,喀什噶爾、葉爾羌、和闐、英吉沙爾、瑪喇巴什、阿克蘇、烏什等處七征糧局,阿克蘇蠶織總局,阿克蘇、阿依克、葉爾羌、和闐、喀什噶爾、英吉沙爾、庫車、庫爾勒、布告爾、吐魯番、哈密等處十一蠶桑分局,哈密新城老城、吐魯番新城老城、喀喇沙爾、庫車、阿克蘇、烏什、英吉沙爾、喀什噶爾回城漢城、葉爾羌、和闐、古城、迪化州、綏來等處十六保甲局，哈密、巴里坤、昌吉、喀喇沙爾、庫車、阿克蘇、烏什、喀什噶爾、葉爾羌等處九牛痘局，哈密義學五堂，吐魯番義學六堂，喀庫義學四堂，庫車義學五堂，阿克蘇義學五堂，烏魯木齊義學三堂，喀什噶爾義學五堂、瑪喇巴什義學三堂，英吉沙爾義學三堂，葉爾羌義學七堂，和闐義學四堂，巴里坤義學四堂，奇臺義學四堂，濟木薩義學三堂，阜康義學二堂，迪化州義學六堂，昌吉義學二堂、綏來義學四堂，呼圖壁義學二堂，共計義學七十七堂。

新收：光緒十年八月初一日起添設和闐、英吉沙爾、瑪納巴什、吐魯番等處四牛痘局。查和闐、英吉沙爾、瑪喇巴什、吐魯番等處，向未安設牛痘局，近因痘法辦有成效，全活較衆，各城纏民相率求醫點種，冀免災疫，由該地方官呈請暫行設局經理，以順輿情。所有該痘醫薪工仍照向章支給。

開除：光緒十年二月底止，裁撤東四城善後總局兼阿克蘇善後局，迪化州、吐魯番、喀喇沙爾、庫車、烏什等處五處善後局，沙雅爾、拜城兩善後分局。光緒十年四月底止，裁撤西四城善後總局兼辦喀什噶爾善後局，英吉沙爾、葉爾羌、和闐等處三善後局，瑪喇巴什善後分局。又裁撤喀什噶爾、葉爾羌、和闐、英吉沙爾、瑪喇巴什、阿克蘇、烏什等處七徵糧局。又裁撤阿克蘇、阿依克、英吉沙爾、庫爾勒、布告爾五處蠶桑分局。光緒十年十月底止，裁撤阿克蘇蠶織總局，歸地方官經理。又裁撤阿克蘇藥草局、喀喇沙爾采運分局。光緒十年十二月底止，裁撤安西、玉門、敦煌等處三采運分局，又裁撤吐魯番柴草局。

實在：光緒十年十二月底止，實存哈密行營糧臺，哈密督催糧運總局，哈密行營軍裝製辦總局，古城屯采總局，巴里坤、吐魯番二采運分局，哈密柴草局，葉爾羌、和闐、喀什噶爾、庫車、吐魯番、哈密等處六蠶桑分局，哈密新城老城、吐魯番新城老城、喀喇沙爾、庫車、阿克蘇、烏什、英吉沙爾、喀什噶爾回城漢城、葉爾羌、和闐、古城、迪化州、綏來等處十六保甲局,哈密、巴里坤、昌吉、吐魯番、喀喇沙爾、庫車、阿克蘇、烏什、喀什噶爾、英吉沙爾、瑪喇巴什、葉爾羌、和闐等處十三牛痘局,哈密義學五堂,吐魯番義學六堂,喀庫義學四堂,庫車義學五堂,阿克蘇義學五堂,烏魯木齊義學三堂,喀什噶爾義學五堂,瑪喇巴什義學三堂,英吉沙爾義學三堂,葉爾羌義學七堂,和闐義學四堂,巴里坤義學四堂,奇臺義學四堂,濟木薩義學三堂,阜康義學二堂,迪化州義學六堂,昌吉義學二堂,綏來義學四堂,呼圖壁義學二堂,共計義學七十七堂。

軍機大臣奉旨:覽。欽此。①

4.【光緒十一年九月初五日】此具奏日期,據原件補。

5.【光緒十一年十月初四日】此奉旨日期,據録副補。

●軍機大臣字寄:欽差大臣督辦新疆事宜甘肅新疆巡撫劉◆1:光緒十一年九月初五日奉上諭:譚鍾麟奏遵旨趕籌伊犁餉銀解赴劉錦棠軍營,請飭將金順所部勇丁核明在營久暫、欠餉多少,分成匀給。並稱錫綸在塔城經手營餉,款目繁多,到任遲速,未能豫定,請飭劉錦棠先到伊犁,速行辦理等語◆2。劉錦棠著俟餉銀到日,迅即馳赴伊犁,將整頓營勇、清理欠餉各事宜妥速籌辦,毋稍遲延。將此由六百里諭令知之。欽此。遵旨寄信前來◆3。

【案】此“廷寄”見於《光緒朝上諭檔》②,又見於《清實録》③,兹據校補。

1.【欽差大臣督辦新疆事宜甘肅新疆巡撫劉】此前稱據《光緒朝上諭檔》補。

① 中國第一歷史檔案館藏:《清單》,檔號:03—7188—074。
② 中國第一歷史檔案館編:《光緒朝上諭檔》,第十一册,第214頁。
③ 《清實録·德宗景皇帝實録(三)》,卷二百五十五,光緒十一年九月上,第1023—1024頁。

2.【案】光緒十一年八月二十二日,陝甘總督譚鍾麟奏報籌解伊犁軍餉事曰:

頭品頂戴陝甘總督臣譚鍾麟跪奏,爲遵旨籌解伊犁餉銀三十萬兩起程日期,恭摺仰祈聖鑒事。竊臣於八月十三日承准軍機大臣字寄:光緒十一年八月初四日奉上諭:譚鍾麟奏密陳伊犁現在情形。伊犁兵勇屢次嘩變,朝廷眷顧西陲,正深廑系,亟應將該處將弁兵勇極力整頓,並先清理欠餉,俾該勇等無所藉口。著户部撥銀三十萬兩,解交甘省。未到以前,譚鍾麟無論何款先行籌措實銀三十萬兩,迅解劉錦棠軍銀等因,欽此。遵旨寄信前來。臣當即傳藩司譚繼洵面商,無論司庫、釐局、票號、茶商,先行挪借銀三十萬兩,定於八月十八日起程,約計十月中旬可到新疆省城,並將金順八月應分協餉銀六萬餘兩四分平餘項下扣存銀三萬餘兩,於二十六日起解,併交撫臣劉錦棠營中。一面函商撫臣到伊犁時,於金順所部各營先撥一月實餉,以安勇丁之心,然後將在營日久之勇,欠餉多少,確切查明,就此三十萬之數,分成匀給。其時來時去與現募足額之勇,應分別辦理,否則百萬亦且不敷。竊計撫臣劉錦棠智勇深沉,情形洞悉,必能了此。第錫綸在塔城經手營餉,款目繁多,到任遲速,未能預定,可否請旨飭下劉錦棠先到伊犁速行辦理,以期無誤事機之處,出自聖裁。所有籌解餉銀起程日期,謹繕摺馳陳。伏乞皇太后、皇上聖鑒訓示。謹奏。八月二十二日。

光緒十一年九月初五日,軍機大臣奉旨。欽此。①

3.【遵旨寄信前來】此據《光緒朝上諭檔》補。

177. 裁撤糧員改設同知巡檢等缺摺

光緒十一年九月二十八日

欽差大臣督辦新疆事宜尚書銜降一級留任甘肅新疆巡撫二

---

① 中國第一歷史檔案館藏:《錄副奏摺》,檔號:03—6613—016;《譚文勤公(鍾麟)奏稿》,沈雲龍主編《近代中國史料叢刊》第三十三輯,第718—720頁。

等男臣劉錦棠跪[1]奏，爲邊疆員缺緊要，糧員難資鎮撫，亟宜量爲裁改，以期整頓而重地方，恭摺仰祈聖鑒事。

　　竊查庫爾喀喇烏蘇舊設領隊大臣一員，管理庫城、精河土爾扈特游牧及屯田事宜，並設庫城糧員一員、精河糧員一員，由部揀派司理户民糧務。軍興以來，糧員暫行由外委署。查庫城爲西路衝衢，東距迪化城六百九十里，距綏來城三百五十里，西達伊犂，至精河界二百五十里，北通塔城，至塔城界三百三十里。幅員廣闊，地方扼要。軍務初定，游民商旅雜出其途，兼有土爾扈特游牧民人，稽查彈壓，悉關緊要。現在領隊員缺裁撤，糧員既無地方之責，竊恐難資鎮撫。臣前奏設南北兩路驛站，請將庫城、精河兩處改臺爲驛，歸該糧員經管。嗣奉部咨覆准：地方情形、體制，均與曩昔迥殊，自應變通籌辦，改設官員，以期有裨。但欲隸歸綏來，則相距較遠，鞭長莫及。

　　因查庫城舊設縣丞，後改同知，於乾隆四十八年裁改糧員。擬請仿照舊制，裁汰糧員，仍改設庫爾喀喇烏蘇撫民直隸同知一員，兼理事銜，管理地方户籍、田賦、刑案，兼管土爾扈特游牧諸事宜，並轄精河屬境。精河西與伊犂接界，相距二百二十里，東接庫城界一百七十五里，舊設典史，後改糧員，所管四驛，轄境亦廣，擬請裁糧員缺，設分防驛糧巡檢一員，管理户糧、驛站、緝捕等事，仍隸同知管轄，遇事由同知核轉。其同知仍隸道屬，以專責成。又，鎮迪道舊轄喀喇巴爾噶遜糧員一員，地在迪化南一百八十里，原管户民本由迪化分撥，兵燹後，員缺久懸，户民均係由州經管。臣前奏請升迪化直隸州爲迪化府，增迪化縣爲附郭首縣。該處距城較近，一切事宜，縣中自能兼顧。其原設糧員一缺，亦應裁汰。庫城、精河原額户民、屯兵及徵納額糧、房租、園租等項，均歷有成案可考。現在户口凋零，兵屯未復，一切徵收雖屬寥寥，然爲撫綏彈壓起見，似因時制宜莫要於此。官制既定，得人而理，數年之後，自必日有起色。其改設各官應定爲何項缺分，俟設定後，再行擬議辦理，仍懇照吉林新設各缺酌補一次成案，由外先行揀補一次。據藩司魏光燾詳請具奏前來。臣覆查無異。

　　合無仰懇天恩，俯念邊疆員缺緊要，量爲變通，以資整頓，實於地方大有裨益。如蒙俞允，應請飭部核覆示遵。所有擬請裁撤庫爾喀喇烏蘇、精河、喀喇巴爾噶遜三糧員改設同知、巡檢各缺緣由，是否有當，謹會同伊犁將軍臣金順、陝甘總督臣譚鍾麟、署烏魯木齊都統臣升泰，恭摺具陳。伏乞皇太后、皇上聖鑒訓示。謹奏。光緒十一年九月二十八日◆2。

　　光緒十一年十月二十七日◆3，軍機大臣奉旨：該部議奏。欽此。

　　【案】此摺原件①、録副②現藏於中國第一歷史檔案館，兹據校補。此摺具奏日期刻本署“九月二十日”，原件署“光緒十一年九月二十八日”，録副具奏日期脱落，祇載奉旨日期“光緒十一年十月二十七日”。參《軍機處隨手登記檔》③，知此摺之具奏日期爲“光緒十一年九月二十八日”，兹據校正。

　　1.【欽差大臣督辦新疆事宜尚書銜降一級留任甘肅新疆巡撫二等男臣劉錦棠跪】此前銜據原件補。

　　2.【光緒十一年九月二十八日】此具奏日期，據原件補。

　　3.【光緒十一年十月二十七日】此奉旨日期，據録副補。

178. 委譚上連署理烏提篆務片

光緒十一年九月二十八日

　　再，臣前奏烏魯木齊提督金運昌患病日久，懇恩開缺，可否暫

---

①　中國第一歷史檔案館藏：《硃批奏摺》，檔號：04—01—16—0218—008。
②　中國第一歷史檔案館藏：《録副奏摺》，檔號：03—5201—098。
③　中國第一歷史檔案館藏：《軍機處隨手登記檔》，檔號：03—0247—2—1211—290。

行委員署理等情。奉旨：金運昌已有旨准其開缺。烏魯木齊提督著該撫會商譚鍾麟，派委妥員，暫行署理。欽此。欽遵在案。查有頭品頂戴題奏提督甘肅西寧鎮總兵譚上連，智勇深沉，廉能樸實，久經戰陣，洞悉邊情。該員現在統領親軍，駐防北路瑪納斯一帶，距省不遠，堪以就近暫行署理烏魯木齊提督篆務。臣與督臣譚鍾麟會商，意見相同。除咨委外，謹會同陝甘總督臣譚鍾麟、署烏魯木齊都統臣升泰，合詞附片具陳。伏乞聖鑒。謹奏。

　　光緒十一年十月二十七日◆1，軍機大臣奉旨：兵部知道。欽此。

【案】此奏片原件①、録副②現藏於中國第一歷史檔案館，兹據校補。

1.【光緒十一年十月二十七日】此奉旨日期，據録副補。

179. 請旌烈婦譚金氏摺
光緒十一年九月二十八日

　　欽差大臣督辦新疆事宜尚書銜降一級留任甘肅新疆巡撫二等男臣劉錦棠跪◆1奏，爲烈婦殉夫，籲懇旌表，以維風化，恭摺仰祈聖鑒事。

　　竊臣據陝西遇缺儘先題奏道王久銘、記名提督湯彦和、鄧政升、記名總兵譚用賓、甘肅迪化直隸州知州潘效蘇、遇缺儘先即選知州袁運鴻等呈稱：已故記名提督甘肅寧夏鎮總兵譚拔萃之妾金氏，係浙江鄞縣民女，隨父流寓蘭州。譚拔萃征勦歷年，旋赴官寧夏。正妻湯氏在湖南湘潭縣原籍，未以自隨，似續缺然，因於同治十三年納該氏爲妾。光緒二年，譚拔萃奉調督隊出關，留該氏肅

① 中國第一歷史檔案館藏：《硃批奏片》，檔號：04—01—16—0218—009。
② 中國第一歷史檔案館藏：《録副奏片》，檔號：03—5201—099。

州居住。本年正月二十三日，譚拔萃在古城防營積勞病故。未没之先，用賓以族侄孫隨營在側，見其病勢沈重，爲謀僦屋，迎氏出關。及該氏兼程馳至，而譚拔萃已卒，未得一見爲訣，呼號隕絶，誓不獨生。僕婦聞知，晝夜爲備，卒於二十七日乘間仰藥以殉。職等見聞既確，不忍湮没勿彰，齎具册結，呈懇具奏前來。臣維已故記名提督甘肅寧夏鎮總兵譚拔萃，久從征戰，國爾忘家。本年正月，在古城防營因病出缺，經臣奏奉諭旨，交部照提督軍營立功後在營病故例，從優議恤，並將平生戰績宣付史館立傳等因。欽此。其妾金氏痛夫病没，義不獨生，矢以身殉，卒遂其志，庸行奇節，洵屬可風。據報前情，臣覆核無異。相應請旨旌表，以慰貞魂而維風化。除册結咨部查核外，謹會同陝甘總督臣譚鍾麟、甘肅學政臣陸廷黻，合詞恭摺具奏。伏乞皇太后、皇上聖鑒訓示施行。謹奏。光緒十一年九月二十八日◆2。

　　光緒十一年十月二十七日◆3，軍機大臣奉旨：譚金氏著准其旌表，禮部知道。欽此。

　　【案】此摺原件①、録副②現藏於中國第一歷史檔案館，兹據校補。

　　1.【欽差大臣督辦新疆事宜尚書銜降一級留任甘肅新疆巡撫二等男臣劉錦棠跪】此前銜據原件補。

　　2.【光緒十一年九月二十八日】此具奏日期，據原件補。

　　3.【光緒十一年十月二十七日】此奉旨日期，據録副補。

　　①　中國第一歷史檔案館藏：《硃批奏摺》，檔號：04—01—01—0953—012。

　　②　中國第一歷史檔案館藏：《録副奏摺》，檔號：03—5542—023。

劉錦棠奏稿卷十

起光緒十一年十月，訖光緒十二年四月

180. 揀補王鳳鳴等副將員缺摺

光緒十一年十月二十七日

欽差大臣督辦新疆事宜尚書銜降一級留任甘肅新疆巡撫二等男臣劉錦棠跪◆1奏，爲揀員調補、借補副將要缺，以重邊防，恭摺具陳，仰祈聖鑒事。

竊臣前奏哈密協副將郝永剛因病懇請開缺，並聲明遺缺扣留外補，奉旨允准在案◆2。查哈密係新疆南北要衝，該處副將員缺非熟諳邊情、練習營伍之員，弗克勝任。查有頭品頂戴題奏提督借補瑪納斯協副將王鳳鳴，練達廉明，有爲有守，堪以調補。所遺瑪納斯副將員缺，查有現署該協副將記名提督張清和，樸誠勇敢，勤慎耐勞，自署任以來，於邊防、屯務均能實力講求，以之借補斯缺，洵堪勝任。合無仰懇天恩俯准，以王鳳鳴調補哈密協副將員缺，張清和借補瑪納斯協副將員缺，以期得力。如蒙俞允，應請飭部分別給劄，一俟防務大定，即行給咨，赴部引見，以符定制。除飭取該員等履歷至日另咨送部外，謹會同陝甘總督臣譚鍾麟、暫署烏魯木齊提督臣譚上連,合詞恭摺具陳。伏乞皇太后、皇上聖鑒訓示。謹奏。光緒十一年十月二十七日◆3。

　光緒十一年十一月二十六日◆4,軍機大臣奉旨:兵部議奏。欽此。

【案】此摺原件①、録副②現藏於中國第一歷史檔案館,兹據校補。

1.【欽差大臣督辦新疆事宜尚書銜降一級留任甘肅新疆巡撫二等男臣劉錦棠跪】此前銜據原件補。

2.【案】光緒十年九月二十四日,督辦新疆軍務大臣劉錦棠以哈密協副將郝永剛久病難愈,懇請開缺就醫,附片曰:

再,甘肅哈密協副將郝永剛,於光緒二年補授斯缺,四年十月因案撤任,仍留哈密行營效力。臣錦棠接綰軍符,隨時留心察看,該副將雖性情迂緩,而人尚誠實,飭赴本任,冀於屯防諸事均可由臣就近督責。詎該副將旋即病骸,馴至手足麻木,醫治日久不效,稟請交卸前來。臣覆核無異。竊維新疆軍務正在整頓之際,又值試辦屯田,尤非年力精壯、耐苦熟悉之員,難期振作。相應請旨飭部,將哈密協副將郝永剛開缺,以便回籍就醫調理。所遺員缺,查有補用總兵涼州鎮屬新城營都司龍在田,明幹穩練,堪以委署。除分飭遵照並咨部外,謹會同陝甘督臣譚鍾麟、烏魯木齊提臣金運昌,合詞附陳。伏乞聖鑒訓示。再,哈密地方衝要,如蒙俞允,甘省現有合例人員,遺缺應請扣留外補,合併聲明。謹奏。

光緒十年十月十八日,軍機大臣奉旨:兵部知道。欽此。③

3.【光緒十一年十月二十七日】此具奏日期,據原件補。

4.【光緒十一年十一月二十六日】此奉旨日期,據録副補。

【案】光緒二十二年十一月十八日,兵部爲鈔録伊犁鎮總兵王鳳鳴履

---

①　中國第一歷史檔案館藏:《硃批奏摺》,檔號:04—01—16—0218—028。

②　中國第一歷史檔案館藏:《録副奏摺》,檔號:03—5836—101。

③　中國第一歷史檔案館藏:《録副奏片》,檔號:03—5829—073。

歷片行軍機處：

兵部爲知照事。武選司案呈：據甘肅新疆伊犁鎮總兵王鳳鳴呈稱：竊職係安徽人，由軍功歷保記名提督，因告假回籍，准：安徽巡撫福咨稱：光緒二十二年七月十三日，准陝甘總督陶咨：前准兵部咨：光緒二十一年十二月二十二日，內閣奉上諭：伊犁鎮總兵員缺著王鳳鳴補授。欽此。等因。遵即束裝起程，現在到京，於十一月二十日具摺，叩謝天恩，豫備召見等因，具呈前來。相應鈔錄該員履歷，知照貴處查照可也。須至片者。右片行軍機處。計單一紙。光緒二十二年十一月十八日，主事沈。

呈伊犁鎮總兵王鳳鳴履歷清單：

計開：王鳳鳴，年六十一歲，安徽鳳陽縣民籍。同治元年八月，自備資斧，帶領團練馬隊，在江蘇高郵州投效楚勝營，充當馬隊哨長，以疊次打仗出力，漕督吳賞給六品頂戴。二年，在江蘇海洲暨邳宿南岸地方並攻克郯境、長城、孫疃、肅清沂州案內，蒙漕督吳咨保選，以外委歸淮揚鎮標，儘先拔補。於援蒙解圍擒斬要逆收復城隍城案內，蒙漕督吳奏保，三年二月初十日內閣奉上諭：外委王鳳鳴，著免補把總，以千總儘先拔補，並賞戴藍翎。欽此。十月，隨卓勝營剿除髮捻、肅清皖境，蒙安徽提督喬奏保，四年二月十二日內閣奉上諭：千總王鳳鳴，著免補千總，以守備儘先拔補，並賞換花翎。欽此。二月，在豫省追剿髮捻各逆，大獲勝仗，蒙忠親王僧隨摺保奏，三月十三日奉上諭：守備王鳳鳴，著免補守備，以都司儘先拔補。欽此。閏五月，於力解雉圍案內，皖撫喬、欽差大臣曾會保，十一月十四日奉上諭：都司王鳳鳴，著以游擊儘先補用。欽此。六年，於同朝擊賊、保固河防案內，蒙督辦軍務西安將軍庫、陝西撫喬會保奏，九月十六日奉上諭：游擊王鳳鳴，著賞給靖勇巴圖魯名號，並免補參將，以副將儘先升用。欽此。旋於克復德州暨直隸省境迭獲大勝案內，蒙欽差大臣左、大學士官會保，七年三月初十日奉上諭：副將王鳳鳴，著以總兵交軍機處記名，遇缺請旨簡放，並賞給三代一品封典。欽此。是年，直隸肅清案內，蒙欽差大臣左奏保，七月十七日奉上諭：記名總兵王鳳鳴，著以提督交軍機處記名,請旨簡放。八月,蒙欽差大臣左遵旨專摺奏保防剿回捻出力員弁,初六日奉上諭:提督王鳳鳴,著賞換綳武巴圖魯名號。欽此。嗣奉部駁,以同朝、綏德案內所保官階核與定章不符,應行改獎等因,旋於陝省肅清案內,蒙欽差大臣左奏請,聲明同朝案內由游擊原請以副將升用,部議以參將儘先補用,綏德案內原請以總兵記名,部議以副將儘先補用,直隸肅清原請以提督記名,奉旨允准,未經部駁,應否改以總兵記名。防剿回捻案內請換清字勇號,奉旨賞換綳武巴圖魯名號。此次擬請以提督記名,候旨簡放,於十年六月初六日奉旨照准在案。追剿花定回逆、疏通後路出力,蒙欽差大臣左奏保,九年五月十三日奉上諭:提督王鳳鳴,著交部議叙。欽此。十一月,准兵部咨:十月二十七日,遵旨議奏提督王鳳鳴照三等軍功議叙例,給予軍功記錄三次。本日奉旨:依議。欽此。於蕩平金積堡賊巢並寧靈肅清案內,蒙欽差大臣陝甘總督左、署寧夏將軍穆、陝西撫蔣會保,十年二月初二日奉上諭:提督王鳳鳴,著賞穿黃馬褂。欽此。追剿烏拉特旗竄匪獲勝案內,蒙綏遠城將軍定保奏,十一年四月二十三日奉上諭:提督王鳳鳴,著賞給頭品頂戴。欽此。十三年十二月二十五日,蒙欽差大臣陝督左檄委,署巴里坤鎮總兵篆務。光緒元年三月奉到行知,二月十一日差弁賚回原片,後開軍機大臣奉旨:知道了。欽此。於二年二月交卸鎮篆,蒙欽差大臣陝督左檄飭,隨統領卓勝營金提督出關進剿。五年十二月,新疆南北兩路一舉蕩平案內,蒙欽差大臣陝督左奏保,六年正月三十日奉上諭:提督王鳳鳴,著交部從優議叙。欽此。五月,於歷次剿辦竄擾陝回、擒斬净盡、西北兩路肅清案內,蒙欽差幫辦新疆軍務大臣伊犁將軍金保奏,六月十一日奉上諭:提督王鳳鳴,著交部從優議叙。欽此。七年正月初九日准兵部咨:十一月初六日遵上諭,議奏頭品頂戴記名提督王鳳鳴,照三等軍功從優議叙例,給予軍功加一級。本日,奉旨:依議。欽此。光緒九年八月二十三日,議覆前陝督左奏請以記名提督王鳳鳴借補新疆瑪納斯協副將,具奏,奉旨:依議。欽此。又於光緒十二年九月十八日議覆新疆撫劉奏請以記名提督王鳳鳴調補哈密協副將,具奏,奉旨:依議。

欽此。又於光緒十五年三月十一日議覆前陝督譚奏請以該員開缺另補，具奏，奉旨：依議。欽此。又於光緒二十一年十二月二十二日奉上諭：伊犁鎮總兵員缺，著王鳳鳴補授。欽此。①

181. 顧得喜勾結匪類謀變事聞登時撲滅片

光緒十一年十月二十七日

再，臣據總統西四城馬步各軍提督董福祥呈稱：九月二十三日據喀什噶爾稽查委員報稱：聞有游勇張姓勾結定遠左旗勇丁顧姓，約定今夜三更，脅眾滋事等語。當即分飭各營官嚴密查拿。定遠左旗駐扎處所距城稍遠，及密信至，旗官胡登花已先有所聞，於初更時候正在點名，忽有營勇二十餘人奔至營外。胡登花隨率親兵出營追捕，不半里許，聞前面人聲嘈雜，即飭開槍轟擊。該匪初猶開槍抗拒，胡登花被飛子中傷右顴，仍飭隊上前擒捕。該匪不支，始各逃竄。董左旗旗官杜錫斌得報，亦率親兵前來探視，途遇逃匪，擊斃七名。連日據各營卡拿獲首犯張大發、顧得喜及餘匪共二十九名。訊據張大發供稱：係安徽蒙城縣人，原在嵩武軍吃糧。上年隊伍入關，未曾隨行，流落在此，屢與相識之營勇顧得喜敘說苦情，遂潛與結會商約數十人，搶劫買賣街店鋪，冀得盤川，便可入關。本擬二十三日夜間起事，是日初更時分，率帶同夥二十餘人，伏於定遠左旗營外，適顧得喜被人告知◆1旗官點名，事已敗露，不能久待。隨見顧得喜帶同二十餘人，飛奔營外，旗官跟追。犯人等倉皇無計，開了幾槍，就逃走了。據顧得喜亦供認前情不諱。經提督會同地方官訊明，將首犯張大發、顧得喜等十六名分別斬梟。此外李春成等十三名，訊係被其煽誘，情有可原，量爲懲治。其未獲各犯尚有六名，俟緝獲再行訊辦等情具報前來。

臣維提督董福祥，平日治軍尚稱嚴整，祇以近年裁併營勇，間有游手之徒遠羈萬里，謀生無自，欲歸未能，遂藉會匪名色，煽惑顓蒙。此次匪徒張大發勾結營勇顧得喜等起意同謀，希圖搶劫，經董福祥先時覺察，分飭各營預爲防範。旗官胡登花於該匪等起事之時，即行追捕，登時撲散，首要各犯旋亦就擒，不至◆² 擾害地方，辦理尚爲迅速。可否邀恩均免置議，出自逾格鴻慈。除飭將在逃餘匪嚴密查拿務獲究辦外，謹附片具陳。伏乞聖鑒訓示。謹奏。

光緒十一年十一月二十六日◆³，軍機大臣奉旨：知道了。董福祥等均著免其置議，仍飭將在逃餘匪嚴密查拿，按名弋獲，毋任漏網。欽此。

【案】此奏片原件①、録副②現藏於中國第一歷史檔案館，兹據校補。

1.【被人告知】原件、録副均作“著人告知”。

2.【不至】原件、録副均作“不致”，是。

3.【光緒十一年十一月二十六日】此奉旨日期，據録副補。

182.酌裁回官懇賞回目頂戴摺

光緒十一年十月二十七日

欽差大臣督辦新疆事宜尚書銜降一級留任甘肅新疆巡撫二等男臣劉錦棠跪◆¹ 奏，爲酌裁新疆各城回官並懇恩賞給出力回目頂戴，以省煩苛而昭激勸，恭摺具陳，仰祈聖鑒事。

竊臣於光緒八年七月間，奏請將阿奇木等伯克裁去，仍准戴用翎頂，經理藩院遵旨議覆：各城裁去伯克，體制是否合宜，未敢

---

① 中國第一歷史檔案館藏：《硃批奏片》，檔號：04—01—14—0082—053。

② 中國第一歷史檔案館藏：《録副奏片》，檔號：03—6020—087。

率行議准，請飭再行體察情形，悉心妥議覆奏。嗣臣於委署新設南路道廳州縣各官摺內聲明，擬將伯克分撥爲吏、户、禮、兵、刑、工各書，復經部議，係爲隨時變通、期於兩有裨益起見，似應准如所請。惟伯克各有專責，從未議及更張，一旦驟加增改，回民能否相安，似難遥計。請飭酌度情形，妥議核辦等因。先後奏奉諭旨：依議。欽此。欽遵各在案。

竊維回疆民事，從前委之阿奇木伯克等官，原以約束部衆，乃該回目等往往倚權藉勢，魚肉鄉民，爲所欲爲，毫無顧忌。纏回語言文字隔閡不通，民怨沸騰，而下情無由上達。繼遭安夷之變，該回目等苛酷尤甚，横征暴斂，朘削靡遺，民命不絶如縷。幸賴皇威遐暢，天戈所指，莫不聞風披靡，舉二萬餘里之疆土，還隸版圖，使邊民重睹天日。臣曩年規復南疆，每於進克一城，即咨商前督臣左宗棠，揀員設局，辦理善後，招集流亡，籌給牛籽、農具，疏濬溝渠，使之盡力耕作，輕徭薄賦，與民休息。數年以來，荒蕪漸闢，户口日增，地方漸有起色。其大小伯克額缺雖亦揀委署理，究竟地方應辦事宜，均責成各該局員察看情形，稟承遵辦。但藉回目傳頒教令，初未嘗假以事權，現在南路新設道廳州縣各官委署已歷年餘，規模漸具，不乘此時量爲變通，則過此以往，又必有積重難返之勢。況阿奇木等承充伯克，多係三品、四品，州縣官階尚居其下。鄉愚無知，恐啓玩狎之漸，而與州縣儼然並立，於體制亦不相宜。在部院諸臣以事屬更張，自應長思熟慮，而微臣見聞既確，非裁去回官，實無以蘇民困而言治理。上年通飭南路各廳州縣，傳集各該城關阿奇木等伯克，剴切開導，諭以在所必裁之故，准其各留原品頂戴，仍視城關事務繁簡，分設鄉約，專司稽查，即於裁缺之回目選令承充，並視品級之崇卑，分送道廳州縣衙門充當書吏。鄉約酌給租糧，書吏酌給口食，以資養贍。不願者聽其鄉莊地遠，驟難户曉，舊有之伯克暫仍不裁，遇有缺額，亦不另補，以期漸照城關,一律改設鄉約。現據各屬稟報,自試裁城關伯克後,經年以來,甚覺相安,毫無觖望。回民去其壅蔽,意亦漸與官親。若更需以時日,言語相通,則疾苦可以自陳,而弊竇可期永絕矣。容再由臣督飭各該地方官隨時察看,務令措置得宜,不敢稍涉因循,憚於改易,亦不敢過於操切,致啓事端,以仰副朝廷眷顧西陲至意。

惟各城出力回目,前以軍務方殷,正資驅使,或派令鄉導,或委辦軍糧,頗能不辭勞瘁。若不立予獎勵,無以作其急公向義之心。當經臣與前督臣左宗棠、前幫辦軍務臣張曜隨時核酌,與以擬保翎頂行知,俟彙案奏請獎叙。現在歷年既久,未便没其前勞。合無仰懇天恩,俯念該回目等效力疆場,允照臣等擬保行知,賞給翎頂,以昭激勸,出自逾格鴻慈。謹將擬保各回目翎頂,繕具清單,恭呈御覽。所有酌裁回官並懇恩賞給回目翎頂各緣由,謹繕摺具陳。伏乞皇太后、皇上聖鑒訓示施行。謹奏。光緒十一年十月二十七日◆2。

光緒十一年十一月二十六日◆3,軍機大臣奉旨:著照所請,該衙門知道。單併發。欽此。

【案】此摺原件、録副及隨摺清單俱缺,兹僅理校。

1.【欽差大臣督辦新疆事宜尚書銜降一級留任甘肅新疆巡撫二等男臣劉錦棠跪】此前銜據其同日摺件補。

2.【光緒十一年十月二十七日】此具奏日期,據刻本與《軍機處隨手登記檔》①補。

3.【光緒十一年十一月二十六日】此奉旨日期,據《軍機處隨手登記檔》補。

———————

① 中國第一歷史檔案館藏:《軍機處隨手登記檔》,檔號:03—0247—2—1211—318。

183. 報馳赴伊犁會辦起程日期及布置情形摺

光緒十一年十月二十七日

欽差大臣督辦新疆事宜尚書銜降一級留任甘肅新疆巡撫二等男臣劉錦棠跪◆1奏，爲遵旨馳赴伊犁，會辦事務，謹將起程日期及布置大概情形恭摺具奏，仰祈聖鑒事。

竊臣於八月二十八日承准軍機大臣字寄：光緒十一年八月初四日奉上諭：譚鍾麟奏密陳伊犁現在情形，據稱弭亂之策，一在籌款以清欠餉，一在擇人以整營規。金順所部各營欠餉約計三十萬兩，可以了結等語。本日已明降諭旨，令金順來京陛見，並派錫綸署理伊犁將軍。其塔爾巴哈臺參贊大臣，已派明春馳往署理，俾錫綸迅速起程矣。伊犁兵勇屢次嘩變，朝廷眷顧西陲，正深廑系。兹據該督所奏各節，亟應將該處將弁兵勇極力整頓，並先清理欠餉，俾該勇等無所藉口。著户部撥銀三十萬兩，解交甘省，未到以前，譚鍾麟無論何款先行籌措實銀三十萬兩，迅解劉錦棠軍營。該大臣俟餉銀到後，酌帶隊伍，馳赴伊犁，會同錫綸將金順所部各營核實查點，分別入營久暫、欠餉多少，分成勻給，並將勇丁應去應留確切查明歸併，嚴定營規。其貪劣素著之營哨官，嚴辦一二，以儆其餘。錫綸到任後，與劉錦棠和衷商辦，務將各該營積習悉力湔除，毋稍彌縫，致貽後患，亦不得操之過蹙，别滋事端等因。欽此◆2。正在與錫綸函商料理一切，復於九月三十日奉上諭：譚鍾麟奏遵旨趕籌伊犁餉銀解赴劉錦棠軍營，請飭將金順所部勇丁核明在營久暫、欠餉多少，分成勻給，並稱錫綸在塔城經手營餉，款目繁多，到任遲速，未能豫定，請飭劉錦棠先到伊犁，速行辦理等語。劉錦棠著俟餉銀到日，迅即馳赴伊犁，將整頓營勇、清理欠餉各事宜妥速籌辦，毋稍遲延。欽此。跪聆之下，仰見聖慈廑念邊防,莫名欽服。

　　臣本應早日啓行,惟北路天氣嚴寒,近日地凍雪深,車行遲滯。督臣譚鍾麟措解銀三十萬兩,一時未能解到。臣飛飭沿途嚴加催趲,始於本月二十五日晚間解到。臣謹定於二十七日啓程,商令署烏魯木齊提督譚上連由綏來防所酌率隊伍,進駐庫爾喀喇烏蘇,以資防護。另選親軍馬步一千五百人,交陝西漢中鎮總兵戴宏勝統帶,隨臣前進。省中日行事件,委由藩司魏光燾代拆代行。遇有緊要公務,仍隨時遞臣行營辦理,以昭妥慎。現接錫綸來信,擬將參贊篆務交領隊暫行護理,准於二十六日起身。除伊犂應辦事宜到時與錫綸妥細籌商再行陳奏外,所有微臣遵旨馳赴伊犂啓程日期及布置大概情形,理合恭摺具奏。再,署塔爾巴哈臺參贊大臣明春於二十二日行抵省城,與臣面商壹是,定於二十八日由省起程赴任,合併陳明。伏乞皇太后、皇上聖鑒訓示。謹奏。光緒十一年十月二十七日◆3。

　　光緒十一年十一月二十六日◆4,軍機大臣奉旨:知道了。欽此。

　　【案】此摺缺原件,録副①現藏於中國第一歷史檔案館,兹據校補。

　　1.【欽差大臣督辦新疆事宜尚書銜降一級留任甘肅新疆巡撫二等男臣劉錦棠跪】此前銜據録副補。

　　2.【案】此"廷寄",録副祇略爲"譚鍾麟奏密陳伊犂現在情形一摺等因。欽此"。

　　3.【光緒十一年十月二十七日】此具奏日期,據刻本及《軍機處隨手登記檔》②補。

　　4.【光緒十一年十一月二十六日】此奉旨日期,據録副補。

　　①　中國第一歷史檔案館藏:《録副奏摺》,檔號:03—5202—089。
　　②　中國第一歷史檔案館藏:《軍機處隨手登記檔》,檔號:03—0247—2—1211—318。

184. 辦結伊犁殺斃俄屬陝回命案片

光緒十一年十月二十七日

　　再,臣於光緒十年八月初二日承准總理各國事務衙門咨開:光緒十年七月初九日具奏伊犁清汊河殺斃俄屬陝回二名一事,請旨飭交督辦新疆軍務大臣劉錦棠,派員會同俄領事公平迅速議結一片,本日奉旨:依議。欽此。欽遵知照,並將與俄使兩次來往照會抄咨到臣。復查伊犁將軍臣金順前與俄商魏哩糧價轇轕,經年未結,由總理衙門商知領事,函囑臣派員前往辦理。當委甘肅候補道員丁鸚前赴伊犁,三面議結。嗣准前咨,臣復加委該員承辦去後。旋據該員稟稱:到伊面晤領事,與議命案,則以先清糧價爲詞。與議糧價,則又再三狡展。必併兩案清釐,未免稍需時日。經臣疊次剳催,迅圖了結在案。現准金順咨稱:據道員丁鸚詳稱:竊查光緒八年,統領伊犁禮字等營提督劉宏發報稱:新附俄屬之陝回馬六、魏滿娃二名被殺一案,屢與俄領事辯駁,情願議結。惟面稱二陝回被殺在中國地面,請撫恤其家屬等語。職道念兩國和好,酌給銀一千四百兩,以示體恤。該領事商允了案,取具完案回文,詳請轉咨等因前來。臣查殺斃俄屬陝回一案,詳閱領事照會,始稱違約私殺,請辦在事官員。繼復藉故生端,希索償命銀兩。遷延既久,枝節橫生,現經就案了結,無任藉口,即糧價亦已一律算清,毫無轇轕。除糧價由臣另文咨覆總理衙門查照外,所有辦結伊犁殺斃俄屬陝回命案各緣由,理合附片具奏。伏乞聖鑒。謹奏。

　　光緒十一年十一月二十六日◆[1],軍機大臣奉旨:該衙門知道。欽此。

【案】此奏片原件、録副俱缺,僅理校。

1.【光緒十一年十一月二十六日】此奉旨日期,據《軍機處隨手登記檔》①補。

185. 懇恩豁免被旱奇臺縣額糧摺

光緒十一年十二月初二日

欽差大臣督辦新疆事宜尚書銜降一級留任甘肅新疆巡撫二等男臣劉錦棠跪◆¹奏,爲新疆奇臺縣屬被旱成災,地畝本年應徵額糧籲懇天恩概予豁免,以紓民困,恭摺仰祈聖鑒事。

竊查本年春夏以來,新疆北路雨澤稀少,奇臺一縣自播種之後,夏秋二麥多未發生,即間苗萌芽,亦半多黃萎。嗣得微雨二次,潤土未深,禾苗旋復枯槁。該縣屬之大板河、東灣頭、二三畦、永豐渠、中葛根、紅大渠、東吉爾、西吉爾、隆舊渠、上開墾、董子溝、白楊河、牛王宮、半截溝、小堡、西葛根、碧流溝、鶯格布拉、興平渠、下開墾、平定渠、新户渠、木壘河、平頂山等處户民,種地五萬九百七十八畝二分二釐,所種禾苗全無收穫,即間有收穫,籽粒亦多屬秕稃,磨不成麵。委員勘驗,實係被旱成災。伏查關外兵燹之後,民鮮蓋藏,每屆春耕,必由官籌給籽糧,始能有事東作。今歲遭此大祲,秋成失望,匪特額糧無出,抑且日食維艱,待哺嗷嗷,情殊可憫。

核計前項被災地畝,本年應徵京斗額糧二千四十二石二斗二升六合五勺,委屬無力完繳,擬懇概予豁免。其十年分各該户欠完額糧及本年借領籽種,請一併緩至來年秋收後分別帶徵,以紓民困。業經司檄飭該署縣楊敏,先行出示停徵,使胥役無從舞弊。

① 中國第一歷史檔案館藏:《軍機處隨手登記檔》,檔號:03—0247—2—1211—318。

仍一面查明極貧、次貧各戶,分別給賑,由該縣督查監放,俾令實
惠均沾,毋任一夫失所。其賑糧即由倉儲項下動支,事竣核實造
報。至來春應否接濟,屆時熟察情形,再行斟酌核辦。據藩司魏
光燾詳請具奏前來。臣覆核無異。合無仰懇天恩,俯念邊民困
苦,准將奇臺縣屬本年被旱成災地畝應繳額徵糧石概予豁免,其
十年分欠完額糧及本年所借籽種,一律緩徵。如蒙俞允,俟欽奉
諭旨後,即飭司將被災各戶蠲免額糧並緩徵糧石,分別詳細開載,
敬刊謄黃,遍行曉諭,俾令周知,以廣皇仁而彰實惠。是否有當,
謹會同陝甘總督臣譚鍾麟,恭摺具陳。伏乞皇太后、皇上聖鑒訓
示。謹奏。光緒十一年十二月初二日◆2。

　　光緒十二年正月初九日◆3,軍機大臣奉旨:著照所請,戶部知
道。片併發。欽此。

【案】此摺原件①、錄副②現藏於中國第一歷史檔案館,茲據校補。

　1.【欽差大臣督辦新疆事宜尚書銜降一級留任甘肅新疆巡撫二等男臣
劉錦棠跪】此前銜據原件補。

　2.【光緒十一年十二月初二日】此具奏日期,據原件補。

　3.【光緒十二年正月初九日】此奉旨日期,據錄副補。

186. 緩徵迪化各屬被旱額糧片

光緒十一年十二月初二日

　　再,本年新疆北路雨澤稀少,除奇臺一縣被旱成災地畝專摺
奏報外,其餘迪化州及所屬各縣戶民地畝亦間被災祲。查迪化州
屬之上下頭屯、安南、夷戶、軍戶、宣仁、中夷、鐵廠、西工頭、二三

①　中國第一歷史檔案館藏:《硃批奏摺》,檔號:04—01—35—0093—036。
②　中國第一歷史檔案館藏:《錄副奏摺》,檔號:03—9469—001。

坪、沙門、新渠、亂山渠、郜陽渠、頭二七工渠、水西溝、板房溝等處
被旱夏禾地七千五百三十二畝，昌吉縣屬之上元莊、下元莊、利
莊、亨莊等處被旱夏禾地一萬二千八百三十八畝，阜康縣屬之頭
工、二道河、兵戶、東五運、五工梁、西五六八九運、七十東八運等
處被旱夏禾地四千四百七十九畝，綏來縣屬之甘溝、石廠、牛圈、
博洛、同古、新戶、廟塔、西河等處被旱夏禾地一萬一千三百七十
三畝，呼圖壁巡檢所屬之芳草湖、莊下、岌岌梁◆1、破口渠、單板、
五戶地等處被旱夏禾地二千二百六十六畝四分，先後據該管地方
官詳報，飭司委員勘驗。或因泉流涸竭，灌蔭失時，或因雨澤愆
期，霑潤不足，以致受旱輕重不同。各以闔境計之，尚未全災，惟
收成實屬歉薄。核計各屬被旱地畝，迪化州應徵京斗額糧二百九
十一石六斗一升八合四勺，昌吉縣應徵糧五百四十四石三斗四升
七合六勺，阜康縣應徵糧二百七十九石九升，綏來縣應徵糧三百
九十六石四斗五升一合，呼圖壁應徵糧九十二石一斗三升八合。
民情困苦，實屬無力輸將，擬懇將本年應徵前項額糧緩至來年秋
收後再行帶徵，由司檄飭各該州縣，先行出示曉諭，毋使胥役從中
舞弊，仍查明被災輕重，酌量撫恤，毋任失所。據藩司魏光燾詳請
附奏前來。臣覆核無異。合無仰懇天恩俯准，將各屬被旱地畝本
年應繳額糧一律緩徵，以紓民力，出自逾格鴻慈。是否有當，謹會
同陝甘總督臣譚鍾麟，附片具陳。伏乞聖鑒訓示。謹奏。

　　光緒十二年正月初九日◆2，軍機大臣奉旨：覽。欽此。

　　【案】此奏片原件①、錄副②現藏於中國第一歷史檔案館，茲據校補。此
片之具奏日期，原件、錄副均未確，茲據《軍機處隨手登記檔》③及刻本校正。

---

①　中國第一歷史檔案館藏：《硃批奏片》，檔號：04—01—35—0093—039。

②　中國第一歷史檔案館藏：《錄副奏片》，檔號：03—9469—002。

③　中國第一歷史檔案館藏：《軍機處隨手登記檔》，檔號：03—0250—1—1212—008。

1.【炭炭梁】原件、録副均作"茇茇渠"。

2.【光緒十二年正月初九日】此奉旨日期，據録副補。

187. 馳抵伊犁日期片

光緒十一年十二月初二日

再，臣於十月二十七日遵旨馳赴伊犁，當將起程日期恭摺具奏在案。途中積雪過深，步隊跋涉維艱，不無遲滯，前月十九日始抵伊犁。因地凍不能築營，所帶隊伍即就塔勒奇城支帳居住。錫綸前於大河沿地方與臣會商，早一日進發，是日清晨先到。二十二日，錫綸接印視事。查此間勇營較多，吉江馬隊祇一千六百餘人，清理餉事，應先從勇營著手。當會飭各統領營官，造具勇丁實在清冊，開明入伍日期，以憑核辦，並出示曉諭勇丁，告以此次清理之後，即當裁併營旗，務求精實。留營者按月發餉，悉照定章。裁撤者酌給川資，遣歸原籍。其有已經裁撤而願在此落業者，即飭地方官，查照屯墾章程，一律妥爲安插。現在兵勇尚皆安靜，沿途經過地方，民情亦均安堵，堪以上慰宸廑。除俟應辦各事宜清理就緒再行詳細奏陳外，所有微臣馳抵伊犁日期，理合附片具陳。伏乞聖鑒訓示。謹奏。

光緒十二年正月初九日◆1，軍機大臣奉旨：知道了。欽此。

【案】此奏片原件①、録副②現藏於中國第一歷史檔案館，茲據校補。此片之具奏日期，原件、録副均未確，茲據《軍機處隨手登記檔》③及刻本校正。

---

① 中國第一歷史檔案館藏：《硃批奏片》，檔號：04—01—35—0063—018。
② 中國第一歷史檔案館藏：《録副奏片》，檔號：03—6050—028。
③ 中國第一歷史檔案館藏：《軍機處隨手登記檔》，檔號：03—0250—1—1212—008。

1.【光緒十二年正月初九日】此奉旨日期,據錄副補。

188. 各省應解工程銀兩懇飭掃數解清片

光緒十一年十二月初二日

再,新疆南路應需工程經費,前經部議指撥銀三十六萬六千七百八十四兩。上年因報解無幾,興修各工,製辦一切物料、工匠口食,需款甚急,經臣奏請飭催各省關,將應解銀兩限本年春季掃數解清,奉旨:令各將軍、督撫等迅解等因,欽此。欽遵在案。茲查各省關承撥工程經費,除山西省、江漢關、閩海、江海、粵海等關及山西河東道共應解銀六萬兩,均已全數解清,山東省應解銀二萬兩,已解銀一萬兩,仍應解銀一萬兩,其餘四川應解銀五萬兩,湖南、湖北各應解銀四萬兩,江西應解銀三萬兩,河南應解銀二萬兩。又胡光墉應繳西征借款行用、補水等銀十萬六千七百八十四兩,應由浙江撫臣於該革員備抵產業內變價解交,共銀二十九萬六千七百八十四兩,迄今均未報解。此項經費奉撥已歷二年,合計收數不及十成之二。各處工程正報興修,均需現款,而餉項異常支絀萬分,無可騰挪,不得不停工以待。若再遷延時日,則未竣之工風雨漂搖,不免坍塌,從新修補又增耗費。據行營糧臺詳請奏催前來。臣維新疆初設行省,地處極邊,城垣、炮臺、衙署、倉庫、監獄各工,在在均關緊要。合無仰懇天恩飭下各該省,迅將應解前項銀兩掃數解清,無再延宕,俾臣得以分發各處,勒限完工,以固邊圉而昭妥慎。謹附片具陳。伏乞聖鑒訓示。謹奏。

光緒十二年正月初九日◆1,軍機大臣奉旨:著户部咨催各督撫迅速籌解,以濟要需,毋再延宕。欽此。

【案】此奏片原件①、録副②現藏於中國第一歷史檔案館,兹據校補。

1.【光緒十二年正月初九日】此奉旨日期,據録副補。

189. 報都統升泰丁憂日期摺

光緒十一年十二月十四日

　　欽差大臣督辦新疆事宜尚書銜降一級留任甘肅新疆巡撫二等男臣劉錦棠、頭品頂戴署伊犁將軍塔爾巴哈臺辦事大臣臣錫綸跪◆1奏,爲具報署都統臣奉文丁憂日期,恭摺仰祈聖鑒事

　　竊據藩司魏光燾詳稱:署烏魯木齊都統升泰遣家丁報稱:光緒十一年十一月初八日准兵部咨開:准正黄蒙古旗分咨稱:本旗恩傑佐領下革職留任副都統銜内閣學士兼禮部侍郎銜伊犁參贊大臣署烏魯木齊都統升泰之親母愛新覺羅氏,於本年九月初十日在京病故等因。升泰係屬親子,例應丁憂,交卸回旗守制。當將都統印信封存,其應行事件,暫委領隊衙門代拆代行,報由迪化州申轉詳請具奏,並據署烏魯木齊領隊大臣富勒銘額報同前情。臣等覆核無異。所有署烏魯木齊都統臣升泰奉文丁憂日期,除分咨旗、部存查外,謹會同陝甘總督臣譚鍾麟,合詞具奏。再,此摺係臣錦棠主稿,合併陳明。伏乞皇太后、皇上聖鑒。謹奏。光緒十一年十二月十四日◆2。

　　光緒十二年正月二十二日◆3,軍機大臣奉旨:知道了。欽此。

【案】此摺原件③、録副④現藏於中國第一歷史檔案館,兹據校補。

---

①　中國第一歷史檔案館藏:《硃批奏片》,檔號:04—01—35—0987—003。
②　中國第一歷史檔案館藏:《録副奏片》,檔號:03—7155—035。
③　中國第一歷史檔案館藏:《硃批奏摺》,檔號:04—01—12—0533—098。
④　中國第一歷史檔案館藏:《録副奏摺》,檔號:03—5839—020。

1.【欽差大臣督辦新疆事宜尚書銜降一級留任甘肅新疆巡撫二等男臣劉錦棠、頭品頂戴署伊犁將軍塔爾巴哈臺辦事大臣臣錫綸跪】此前銜據原件補。

2.【光緒十一年十二月十四日】此具奏日期,據原件補。

3.【光緒十二年正月二十二日】此奉旨日期,據録副補。

190. 都統員缺應否派員護理片

光緒十一年十二月十四日

再,烏魯木齊都統員缺,前經奉旨裁撤,惟正議歸併旗營之際,尚多應行事件。升泰現在丁憂,應否派員護理印務,俾升泰得以迅速交卸回旗,伏候諭旨遵行。謹會同陝甘總督臣譚鍾麟,合詞附奏。再,此片係臣錦棠主稿,合併陳明。伏乞聖鑒訓示。謹奏。

光緒十二年正月二十二日◆1,軍機大臣奉旨:即著富勒銘額暫行護理。欽此。

【案】此奏片原件①、録副②現藏於中國第一歷史檔案館,茲據校補。又,此片原件目録署具奏日期爲"光緒十年九月二十四日",具奏者爲"伊犁將軍金順",二者皆誤,茲據刻本及《軍機處隨手登記檔》③校正。

1.【光緒十二年正月二十二日】此奉旨日期,據録副補。

191. 請將袁垚齡補授阿克蘇道員缺摺

光緒十一年十二月十四日

欽差大臣督辦新疆事宜尚書銜降一級留任甘肅新疆巡撫二

---

① 中國第一歷史檔案館藏:《硃批奏片》,檔號:04—01—16—0216—086。

② 中國第一歷史檔案館藏:《録副奏片》,檔號:03—5205—062。

③ 中國第一歷史檔案館藏:《軍機處隨手登記檔》,檔號:03—0250—1—1212—020。

等男臣劉錦棠跪[1]奏，爲新設邊疆巡道要缺遵照章揀員請補，以資整飭，恭摺仰祈聖鑒事。

　　竊新疆南路新設道廳州縣各缺，臣前奏請照吉林新章由外揀補一次，業經奉准部覆在案。兹查阿克蘇兵備道員缺，撫馭蒙部，彈壓布魯特，稽察卡倫，督飭所屬水利、屯墾、錢糧、刑名事件，政務殷繁，應作爲衝繁疲三項要缺。現值建官伊始，該道以守兼巡，率屬綏民，在在均關緊要。非得廉明素著、熟悉邊情之員，不足以資整飭。查有總理臣營營務處二品頂戴鹽運使銜浙江儘先題奏道那爾琿巴圖魯袁垚齡，現年五十二歲，安徽泗州直隸州人。咸豐十一年，由文童投效吉字營，幫辦營務，於水陸官軍迭復江岸各城隘六案併保案內保奏，同治元年六月初一日奉上諭：著以從九品，遇缺儘先即選。欽此。嗣於金陵雨花臺解圍案內保奏，二年五月初六日奉上諭：著免選本班，以縣丞不論雙單月遇缺即選。欽此。又於克復金陵省城案內保奏，三年八月二十一日奉上諭：著免選本班，以知縣留於浙江，遇缺儘先即補，並賞戴藍翎。欽此。五年八月，經前湖北撫臣曾國荃奏調赴鄂，幫辦營務。六年，水陸各軍防剿捻逆，迭次猛戰，並克復雲夢、應城、天門等縣案內保奏，是年八月二十三日軍機大臣奉旨：該部核議具奏。欽此。旋經吏部覆奏，查藍翎浙江遇缺儘先即補知縣袁垚齡，係奏調到營，此次迭斬賊目，並克復縣城，所請加同知銜並換花翎，與例案相符，應請照准，奉旨：依議。欽此。十年，調赴臣軍，辦理營務，攻破小峽要隘堅壘數十座、徑薄西寧府城、立解重圍案內隨摺保奏，十一年十一月二十日奉上諭：著俟補缺後，以同知歸軍功候補班，前先補用。欽此。又於蕩平西寧府屬回逆、立解府城重圍、克復大通縣城、肅清邊境、安輯回番案內保奏，十三年七月二十九日奉上諭：著賞給四品頂戴。欽此。旋經吏部議覆：查該員所請，已逾加銜限制，應改爲五品頂戴。是年十二月二十八日具奏，奉旨：

依議。欽此。關隴肅清案内保奏,光緒二年二月初四日奉上諭:
著免補知縣,以同知直隸州知州仍留原省,歸候補班前補用,俟補
缺後以知府用,先換頂戴。欽此。官軍攻拔古牧地堅巢、克復烏
魯木齊等城案内隨摺保奏,是年八月十六日奉上諭:著免補本班,
以知府仍留原省,歸軍功候補班前補用,並賞加鹽運使銜。欽此。
旋署迪化直隸州知州事。次年,因規復南疆,復經臣檄調,交卸回
營,辦理營務,於剿辦安集延、布魯特、陝回金山股逆獲勝案内出
力,隨摺保奏,又經左宗棠奏明剿辦安集延各案隨摺保獎員弁,内
有前次克復西四城南疆肅清案内已經擬保官階,請作爲底銜等
因。奉旨允准。五年十月十四日奉上諭:花翎鹽運使銜浙江補用
知府擬保二品頂戴留原省儘先題奏道袁垚齡,著賞給那爾琿巴圖
魯名號,並賞給二品封典。欽此。新疆六年邊防案内保奏,十年
十月初五日奉上諭:著交部照頭等軍功從優議叙。欽此。

　　查該員前在曾國荃行營,涉歷有年,深資得力。及臣督師關
隴,需人襄理,與曾國荃函商再四,始聽臣檄調來營,自是無役不
從,備嘗艱苦。每遇疑難所在,得該員一言剖斷,悉合機宜。才識
閎通,而處事務求實際。前署迪化州事,爲日無多,而招集流亡,
來者日衆,設法安撫,條理秩然,至今該處人民猶相稱道。察其體
用兼備,實近時不可多得之員,臣前於遵旨保奏人才切實覆陳摺
内,籲懇恩施,破格録用,期於時局有裨,奉旨留中。今擬請補授
阿克蘇道員缺,銜缺相當。合無仰懇天恩,俯念邊疆員缺緊要,准
以二品頂戴鹽運使銜浙江儘先題奏道那爾琿巴圖魯袁垚齡補授
阿克蘇兵備道員缺,於地方實有裨益。是否有當,謹會同陝甘總
督臣譚鍾麟,恭摺具陳。伏乞皇太后、皇上聖鑒訓示施行。謹奏。
光緒十一年十二月十四日◆²。

　　光緒十二年正月二十二日◆³,軍機大臣奉旨:吏部議奏。
欽此。

【案】此摺原件①、録副②現藏於中國第一歷史檔案館,兹據校補。

1.【欽差大臣督辦新疆事宜尚書銜降一級留任甘肅新疆巡撫二等男臣劉錦棠跪】此前銜據原件補。

2.【光緒十一年十二月十四日】此具奏日期,據原件補。

3.【光緒十二年正月二十二日】此奉旨日期,據録副補。

192. 開源節流就新疆情形逐條分晰覆陳摺

光緒十一年十二月十九日

欽差大臣督辦新疆事宜尚書銜降一級留任甘肅新疆巡撫二等男臣劉錦棠跪◆1奏,爲遵照部議開源節流二十四條,就新疆現在情形逐條分晰覆陳,謹繕清單,恭摺具奏,仰祈聖鑒事。

竊臣於光緒十一年正月初八日接准部咨:會議開源節流二十四條,令即認真舉辦等因。准此,竊維時勢艱難,餉糈奇絀,部臣統籌全局,規畫不厭周詳。而微臣忝任封圻,利弊尤須熟慮。查新疆屯軍設戍百有餘年,供億繁多,悉皆取之協濟。誠以地居邊遠,瘠苦異常,朝廷撫馭要荒,非有利於其地也。現雖改設行省,以規久遠,然諸凡創始,亦與内地各省事有不同。數月以來,就部議各條,督同司道、地方官熟察情形,悉心籌畫,其中有亟應照辦者,有限於地勢實難舉行者,有可收效於將來而不能期之旦夕者,兹據藩司魏光燾逐條擬議具詳前來。臣仍當率同僚屬,遇事講求,以期有益民生而漸紓餉力。所有議覆各情形,除咨部查照外,謹分晰繕具清單,恭呈御覽。是否有當,伏乞皇太后、皇上聖鑒訓示。謹奏。光緒十一年十二月十九日◆2。

---

① 中國第一歷史檔案館藏:《硃批奏摺》,檔號:04—01—12—0533—100。

② 中國第一歷史檔案館藏:《録副奏摺》,檔號:03—5207—105。

謹將部議籌辦開源節流二十四條，就新疆情形逐條議覆，繕具清單，恭呈御覽。計開

一、領票行鹽，酌定捐輸。查新疆地處極邊，土瘠人稀，從前並無額設引鹽、徵收鹽課及開辦鹽法之案。現飭據各屬查覆，南路纏民多就地取鹹，浸以爲鹽。飲食所需，咄嗟立辦。到處有鹹，即到處皆鹽，色味不佳，而本地習食已慣，不煩購買，應用有餘。北路迪化州之土墩、南湖，鎮西廳之東西鹽池，綏來之海沿子及精河等處，向均産鹽。又蒙地西凹慶，向亦産鹽。承平時尚有商人販運，亂後商販絕迹，間有腳户携以易換糧食者。然貧民煮鹹爲鹽，與南路大率相等，故來者取值雖廉，行銷亦滯。現在南北兩路實無從招商領票，酌定捐輸。

一、整頓鹺務。查新疆向無額設鹽引及各屬産鹽情形，已於前條陳明。前准部咨：新疆既建行省，所有鹽法、茶務、關稅、錢法、庫儲各事宜，均須次第講求，圖經久遠等因。當經通飭，認真查辦，應俟各屬産鹽之區查明能否行銷暢旺，再行試辦徵收稅課。

一、就出茶處所徵收茶課。查新疆向來行銷官茶，係歸甘肅額引分運發售，課銀亦歸甘肅，照章徵收。自兵燹後，甘肅茶務改引行票，除每引完課鰲銀四兩四錢四分外，復由肅州鰲局完納出口鰲金一道。現在哈密設立稅局，徵收東來貨稅，將來肅州出口茶鰲改由哈密帶收，每百觔征銀二兩。其晉商由歸綏道衙門呈請部票，販運千兩、百兩等茶在北路銷售者，前已議定每引照甘肅完納課鰲銀四兩四錢四分，茲仍加抽落地稅銀二兩，由古城稅局徵收，仍不准其侵占南路引地。惟晉商原領部票本係定限一年繳銷，現已逾限，應令遵章呈繳，以杜回環冒運，有礙甘引。如該商情願辦茶，即令來甘請票采辦，以符定章。至種茶一節，前准部咨，飭屬查覆僉稱：南北兩路從未種過茶樹，緣茶性喜暖，關外雪地冰天，寒冷倍於關內，種植本不相宜。然亦有察其地氣較暖請

購茶籽試種之處,應俟購買茶籽到日,發屬試種,有無成效,隨時查明辦理。又部咨內稱:伊犂地方出產茶觔,官爲設局抽稅等語。飭據前署伊犂同知上官振勛查明,伊犂所屬大西溝、阿敦蓋兩處,向有一種野樹,土人取以充茶,葉大枝粗,味亦遠出南茶之下,亂後無人采用。如果將來利有可興,再行酌辦。

一、推廣洋藥捐輸。查新疆向無洋藥入境行銷,本地所銷衹有土藥一項。現飭哈密、古城兩局,按照甘肅土藥章程,徵收稅課。此物久爲民害,自未便招商領運。而來者又皆零星小販,亦無從議及捐輸。惟有飭令各該局認真稽查,嚴防偷漏,以期於稅課稍有裨益。

一、推廣沙田牙帖捐輸。查新疆向無沙田名目,無從推廣捐輸。至牙帖一項,新疆向無埠頭,牙行自來並未領帖,蓋以地處極邊,無多出產。民間日用所需不過粗布、棉花零星各物。北路多係小鋪地攤,南路每逢八柵之期,手提肩負,互相交易,無所謂行。臣現飭委員會同地方官,查明各該處出產貨物,酌令照章納稅。俟試辦數年後,果有成效,再當飭令繳捐領帖,以符定例。

一、煙酒行店入資給帖。查新疆並無煙酒行店,無從取資給帖,已於推廣沙田牙帖捐輸條內縷晰陳明。

一、匯兌商號入資給帖。查新疆初設行省,尚無匯兌商號,無從取資給帖。

一、劃定各項減平核減。查新疆初設藩司,一切文武例款均查照定例及現時章程,分別核實支發。內文職各官廉俸、公費、役食各款,查照部議,按十成給發。武職養廉一項,亦照甘肅章程,以十成支發。其餘俸薪、疏紅、馬乾、糧料、草折各項,則按甘肅定章,分別核減。以上凡應扣六分減平者,仍扣平支發。向不扣平者,照依部章扣除四分支發。應飭司將一切支發章程專案詳由臣咨部,立案備查。

一、嚴提交代徵存未解銀兩，並嚴定交代限期。查北路各廳州縣，從前交代悉由甘藩司詳由陝甘督臣咨部核辦。現既改設行省，應自光緒十一年起，由新疆藩司詳由臣核咨。遇有交代，應照舊例，定限辦理。徵存銀兩飭令隨時解清，不准開報存庫名目。至南路皆係新設之區，尚未舉辦交代，且因賦額未定，而收支一切又多與善後軍需各款互相牽涉。藩司到任後，正在飭查各款釐定賦額，應俟一切款項釐定章程，再行照例起限辦理。

一、嚴催虧空應繳應賠各款。查新疆尚無應追虧賠案件。此後遇有應繳應賠之案，自當照例分別認真查追，以重帑項。

一、入官產業勒限變價解部。查新疆並無入官產業變價解部之案。

一、酌提漕糧、鹽務、鹽規餘款。查新疆並無漕糧、鹽務、鹽規餘款，無從酌提。此外，牲畜、貨物一切稅務正在籌辦，均令盡收盡解，並無格外餘款。

一、裁減釐局經費。查新疆本年四月，於哈密、古城兩處設立稅局，抽收百貨入境稅銀，能否抽收暢旺，此時尚不可必。另設分卡數處，以便稽查偷漏。事經創始，經費未能畫一，應俟辦有成效，再按收數多寡，將應需經費酌定章程，咨部查核。此外並無釐局，合併陳明。

一、核減各關經費。查新疆並無關稅，從未開支經費。

一、核定各省局員額數、銀數。查新疆現設糧臺、軍裝、采運、柴草、保甲、稽查、蠶桑、牛痘各局，前已於關外勇餉雜支章程案內，逐層奏咨立案。其有隨時增減者，並飭糧臺按季造冊，詳由臣咨部在案。現時無庸另行核定。

一、隨營文武分別裁減及酌定額數、銀數。查新疆隨營文武各員弁，除七、八兩年員數、銀數已於前次報銷單內分別注明有案外，現經隨時裁減，仍於銷案內分別造報。

一、酌減內地防軍長夫。

一、酌減內地防軍口糧。

一、核定內地兵勇餉數。

以上三款，查部文係指內地而言。其關外防軍口糧，均經臣歷次奏咨有案，現在尚難遽減。至餉數自光緒十一年起，連善後經費每年指撥二百二十萬兩，已奉部議指撥。長夫一項，擬酌量裁減，以資節省。

一、防軍有營房者，不准再領帳棚折價。查新疆防軍，築有營防◆³者，均不領發帳棚，亦無折價之事。如係行營，並無營房，自應發給帳棚。日久或有破損，繳舊換新，不准遺失。

一、確估各項軍餉，按年指撥一次。查新疆軍餉及善後經費，自十一年起，業經部議，按年指撥，至十三年為止。此兩年中，應請毋庸另估請撥。

一、停止不急工程。查新疆北路各廳州縣，兵燹之後，舊制蕩然，一切應修應補工程甚多，雖歷年擇要舉辦，究以餉絀，諸從缺略。南路新設各廳州縣應修城垣、衙署各工，勢不能緩，前經請定工程經費，而各省報解寥寥，今尚停工以待。現在新設省會，亦係擇要興工，俟餉項稍裕，隨時酌量修理。此外不急之工並未舉辦。

一、各項欠發，勒限清釐；各項預支，分別核辦。查新疆自本年藩司到任後，由司核發各項，均經按季給領，尚無欠發款目。其十一年以前欠發之款，應由甘藩司核辦。至於欠發勇餉，前經臣奏請專餉，以資補發，業經部議指撥，不在此列。若預支之項，則新疆餉項支絀，從來無此名目。

一、另定各省起運存留。查新疆賦稅，各屬徵收祇有糧石，並無丁銀。所有各屬支款承平時由估撥經費項下開支，無起運存留名目。現在初設行省，一切賦額係全省入款大宗，自應釐定，報部立案。現在飭司清查，一俟定案，即行咨部查核。

　　光緒十二年正月二十九日，軍機大臣奉旨：戶部知道，單併發。欽此。

　　【案】此摺原件①、録副②及隨摺清單③現藏於中國第一歷史檔案館，兹據校補。

　　【案】光緒十一年，慈禧太后以醇親王奕譞所奏開源節流甚爲允協，飭令戶部籌畫：

　　　　本日，軍機大臣面奉慈禧端佑康頤昭豫莊誠皇太后懿旨：醇親王奕譞奏開源節流宜統核出入款項等語。所籌甚爲切當。著戶部按照所奏，悉心查核，分列清單，奏明辦理。欽此。④

　　1.【欽差大臣督辦新疆事宜尚書銜降一級留任甘肅新疆巡撫二等男臣劉錦棠跪】此前銜據原件補。

　　2.【光緒十一年十二月十九日】此具奏日期，據原件補。

　　3.【營防】原清單作“營房”，是。

　　4.【光緒十二年正月二十九日】此奉旨日期，據録副補。

　　• 軍機大臣字寄：欽差大臣督辦新疆事宜甘肅新疆巡撫劉、署伊犁將軍塔爾巴哈臺參贊大臣錫◆1：光緒十一年十二月二十五日奉上諭：譚鍾麟奏伊犁舉辦屯田應派員督辦一摺。據稱近年伊犁防營陸續舉行屯田，而立法未善，流弊滋多，擬請遴員督辦墾務，並將精河及庫爾喀喇烏蘇舊設糧員兩缺改爲撫民同知兼管屯田水利，伊犁理事同知亦可加屯田水利字樣，均歸督辦之員管轄等語◆2。邊塞屯田，本屬善策。惟須經理得宜，方於兵民兩有裨益。分疏渠道，得資水利，尤爲耕種要術。現在伊犁舉行屯田，是

---

①　中國第一歷史檔案館藏：《硃批奏摺》，檔號：04—01—35—0987—008。

②　中國第一歷史檔案館藏：《録副奏摺》，檔號：03—6614—015。

③　中國第一歷史檔案館藏：《清單》，檔號：03—6614—016。

④　中國第一歷史檔案館藏：《諭旨》，檔號：03—6613—141。

否必須派員督辦，著劉錦棠、錫綸籌度情形，會商定議。舊設糧員及伊犁理事同知，應否改設變通，著一併妥籌具奏。原摺均著鈔給閱看。將此各諭令知之。欽此。·遵旨寄信前來◆3。

【案】此“廷寄”見於《光緒朝上諭檔》①及《清實錄》②，兹據校補。

1.【欽差大臣督辦新疆事宜甘肅新疆巡撫劉、署伊犁將軍塔爾巴哈臺參贊大臣錫】此前稱據《光緒朝上諭檔》補。

2.【案】光緒十一年十二月十三日，陝甘總督譚鍾麟以伊犁舉辦屯務，利少弊多，擬請派員督辦，具摺曰：

> 頭品頂戴陝甘總督臣譚鍾麟跪奏，爲伊犁舉辦屯務，利少弊多，應派員督辦，以專責成而收實效，恭摺仰祈聖鑒事。

> 竊維屯田，美政也，在新疆今日尤爲切要之圖。然南北情形亦自互異，南疆八城亂後流亡較少，故凡有水草之處，纏回即已耕種。雖間有荒蕪，而令兵勇往墾，恐不相安求。如漢臣諸葛亮之屯渭濱，兵民雜處而不相擾，誠匪易易。至北路則至綏來以西，人煙闃絕，彌望荆榛，可墾之地甚多，近年伊犁防營亦陸續舉行，而無督辦專員，營官以屯田非己責，勇丁以墾種爲當差，卤莽而耕，滅裂而芸，其實亦卤莽滅裂，而報再歲所獲，不足償牛具、籽種之費，利何有焉？墾地專恃渠水，而溝澮未盡闢，偶有水源，必俟兵屯之地灌足，而後波及民地。小民治地數十畝，農忙雇工每人日需錢三百文，終歲勤動，獲利無幾。而所獲糧食又爲糧員定價采買，發給期票，有無不可知，故往往棄地遠徙，墾熟者又復成荒，流弊滋多，更何望成聚城邑之效？

> 臣愚竊謂當另派大員督辦，而以地方官分理其事。查精河及庫爾喀喇烏蘇舊設糧員兩缺，似可改爲撫民同知，兼管屯田水利。伊犁理事同知亦可加屯田水利字樣，均歸督辦之員管轄。先派各營勇分疏渠道，

① 中國第一歷史檔案館編：《光緒朝上諭檔》，第十一冊，第353頁，廣西師範大學出版社，1996。

② 《清實錄·德宗景皇帝實錄（三）》，卷二百二十二，光緒十一年十二月下，第1112—1113頁，中華書局，1987。

兵屯、民屯畫分經界,水澤均沾,無偏枯之患。兵屯三年之内所獲糧石,除分年繳還牛種、資本外,餘糧官爲收買,以價償給勇丁。小民請領牛具、籽種者,亦分年繳還,三年再定租賦,庶兵民有所利而樂爲,逐漸推廣,或有成效。相應請旨敕下署伊犁將軍臣錫綸、新疆撫臣劉錦棠會商,遴選明幹之員督辦墾務。其糧員應否改爲同知,一併妥議。將軍所駐之地即巡撫所轄之地,本無畛域可分,故不必以越俎爲嫌也。況積儲爲生民之大命,足兵必先足食,軍中糧食尤須預籌。臣於八年冬先發各營一月之餉,采買糧石存營,令州縣隨時稽查,非奉公文,不准擅動,次年冬再將新糧買足,然後支領舊糧。現在關内各營均有一年之食,即使餉不時至,無虞懸釜待炊。新疆南北兩路每歲租入,尚不得其確數,然必須預存一年之糧,庶幾緩急足恃。此屯田爲新疆萬不可緩之政,而興利祛弊,尤不得不先爲籌計,以期兵民相安,兩有裨益,庶足收實效而固邊防。所有伊犁舉辦屯務應派地方官員督辦,以專責成緣由,理合據實具陳。是否有當,伏乞皇太后、皇上聖鑒訓示。謹奏。十二月十三日。

　　光緒十一年十二月二十五日,軍機大臣奉旨。欽此。①

3.【遵旨寄信前來】此據《光緒朝上諭檔》補。

193. 欠餉未清懇飭部指提有著實餉分限解甘摺

光緒十二年正月二十一日

　　欽差大臣督辦新疆事宜尚書銜降一級留任甘肅新疆巡撫二等男臣劉錦棠跪◆¹奏,爲臣軍欠餉未清,就地艱於設法,仍乞天恩,飭部指提有著實餉分限解甘,以慰軍心而資清理,恭摺仰祈聖鑒事。

　　竊臣前奏遵將臣軍欠餉截算至光緒十年止,請旨飭部於光緒六年以後各省積欠西征協餉内,指提銀二百八十五萬兩,分年解濟,以資清理。經部臣議准,指撥浙江省銀一百八十五萬兩、福建

----

　　①　中國第一歷史檔案館藏:《録副奏摺》,檔號:03—9554—032;《譚文勤公(鍾麟)奏稿》,沈雲龍主編《近代中國史料叢刊》第三十三輯,第745—748頁,文海出版社,1966。

省銀三十八萬兩、廣東省銀五十六萬兩、閩海關銀六萬兩，匀分三年報解，截至光緒十四年年底止作爲限滿，並條舉變通辦理三法，咨行到臣。兹復准部咨開：議覆陝甘督臣譚鍾麟奏請將前項撥款改由江蘇籌解一摺◆2。江蘇物力並非有餘，仍應查照前奏變通辦法，切實籌畫，以求自立等因。奉旨：依議。欽此。臣維餉者師徒之大命，非此則無以行軍；餉者將帥之微權，非此亦無以示信。此次臣軍欠餉經部指撥的款，何容置議？即難照督臣之請，而仍就原定各省關指撥的款，臣何容置議？惟變通三法有難期速效者，臣敢不縷晰陳之。

臣自督師出關，迄今十有餘載，仰賴朝廷威福，南北兩路次第蕩平，申畫郊圻以爲郡縣。而臣軍將士半皆募自湖湘，風土異宜，好尚異俗。故雖全疆底定，勞逸迴殊，而展轉懷歸，不能禁止。前次酌裁老勇，臣即擬由甘肅另募防軍，誠念甘肅之與新疆本爲一省，以甘肅之民充新疆之勇，譬猶使一家之父子，自衛其門庭，其俗易安，其情常順，由是漸裁行餉，改發坐糧。舊有各軍願去者，遂其歸思，願留者，編爲新伍。轉移於不覺，操縱於無形，節餉籌邊，莫便於此。然非發清欠餉，實未能遽改坐糧。部臣謂既改坐糧，即可以後此節省之餉銀，補發前此之積欠。是欲使未清舊欠先改坐糧，不知臣所部各軍思歸久矣，照常發餉尚難安其心，一改坐糧，勢必紛紛求去。欲去而發清存餉，聽其去可也。欲去而無銀可發，勢必留之勉强，留之而不能得力，又將何以爲計？部臣謂從來欠餉不必專在勇丁，宜令統領營官報捐改獎。查臣軍欠餉，在勇丁者恒多，在統領營官者恒少。即統領營官隨臣有素，不難曉以大義，酌令捐輸，然非籌發實銀，臣亦何由提勸？銀歸實發，則捐自易行，譬如獻豜者，必先使私有其豵，人各遂其私，則公爾之心自出也。部臣又謂新疆幅員萬里，物産豐盈，宜就地取資，以期彌補。查上年接准部咨，發到籌餉章程二十四條，當經臣督同司道，悉心查核，逐款陳明。大抵新疆患不在貧而在於寡，誠使從容不迫，招徠日多，庶幾樂事勸功，官收其利。譬如種樹，灌溉於數年之間◆³，而得蔭常在數年之後。聖明在上，何敢取近功？是三法者，將來自可取資，而未可以爲事前之張本也。

臣誠知各省之餉力已殫，部臣之籌畫已盡。然以新疆目下情形而論，譬如嬰兒學步，骨殖猶未堅強，若非保抱携持，勢必立見傾仆，臣無論矣，如大局何？再四思維，惟有仰懇天恩，飭部仍就應撥欠餉，各省關靠實指提，分限解甘，俾臣得及早清釐，以便陸續改照坐糧，妥爲布置，邊事幸甚！所有臣軍欠餉急待清釐，就近艱於設法各情形，謹會同陝甘總督臣譚鍾麟，恭摺具奏。伏乞皇太后、皇上聖鑒訓示施行。謹奏。光緒十二年正月二十一日◆⁴。

光緒十二年二月二十七日◆⁵，軍機大臣奉旨：户部速議具奏。欽此。

【案】此摺原件①、録副②現藏於中國第一歷史檔案館，兹據校補。

1.【欽差大臣督辦新疆事宜尚書銜降一級留任甘肅新疆巡撫二等男臣劉錦棠跪】此前銜據原件補。

2.【案】光緒十一年八月二十一日③，譚鍾麟奏請由江南籌餉指撥劉錦棠所部各軍：

再，新疆撫臣劉錦棠一軍欠餉，經户部指撥浙江、福建、廣東十年以前舊欠二百八十④萬兩。竊揣該三省目前情形，恐係必不可得之數，另片所籌變通辦法，如新疆制兵餉，每年百數十萬，現在並未撥此款，何能作抵？即就地取材一節，其收效當在數年之後。其欠餉如營官薪公之類，或可令其捐輸給獎。若勇丁則十數年辛苦撙節，留此爲

① 中國第一歷史檔案館藏：《硃批奏摺》，檔號：04—01—01—0956—062。
② 中國第一歷史檔案館藏：《録副奏摺》，檔號：03—6100—070。
③ 此日期據《軍機處隨手登記檔》（檔號：03—0247—1—1211—238）校正。
④ 據劉錦棠之奏，應爲"二百八十五萬兩"。

事畜之資，一旦概令報捐，空手而歸，在彼固所不甘，於情亦有所不忍。查劉錦棠所部湘軍，本由金陵每月給餉四萬五千兩，截至十年底止，尚欠二十六個月。若仍分兩年按月起解，得此百餘萬有著之餉，可藉以維繫軍心。臣亦知海防甫定，善後爲難，而江南地大物博，每月籌四萬餘兩，或亦力所能及。可否仰懇天恩，飭部核議，與江南督臣曾國荃籌商辦理之處，伏候聖裁。至關內各營欠餉三十餘萬，臣現飭各營官，傳詢勇丁，共圖報效，准其移獎子弟、戚友。俟有成議，再行奏請分別給獎。謹附片具陳。是否可行，伏乞聖鑒訓示。謹奏。

　　光緒十一年九月初五日，軍機大臣奉旨：戶部議奏。欽此。①

3.【數年之間】原件、録副均作“數年之前”，是。

4.【光緒十二年正月十一日】此具奏日期，據原件補。

5.【光緒十二年二月二十七日】此奉旨日期，據録副補。

194. 關外營餉雜支章程再按部議登覆摺

光緒十二年正月二十一日

　　欽差大臣督辦新疆事宜尚書銜降一級留任甘肅新疆巡撫二等男臣劉錦棠跪◆1奏，爲甘肅關外營餉雜支各項章程，謹再按部議，逐款據實登覆，籲懇天恩飭部立案准銷，以昭核實，恭摺仰祈聖鑒事。

　　竊臣准戶部咨：覆核甘肅關外防營口糧及雜支章程一摺，光緒十一年六月初二日具奏，奉旨：依議。欽此。欽遵鈔單知照到臣。伏查部臣原奏，有曰在未定章程之先已支者，分別准銷。既定章程之後應支者，自當照辦。是部臣期於撙節，而未嘗刻以相繩綜核，一秉至公，臣亦何容更計？惟其中窒礙難行之處尚有數

　　①　中國第一歷史檔案館藏：《録副奏片》，檔號：03—6613—017；《譚文勤公（鍾麟）奏稿》，沈雲龍主編《近代中國史料叢刊》第三十三輯，第723—724頁。

端,利弊所關,實難遷就。臣與糧臺司道再四籌商,思之至熟,敢不據實再敬陳之。

部議步隊行糧副哨長日支銀兩及馬隊行糧月支銀兩,均與楚軍舊制不符,飭仍照舊辦理。查西征楚軍馬步營制,經原任陝甘督臣左宗棠核定,內步隊副哨長日支銀二錢六分六釐六毫六絲六忽,外加私夫一名。核比舊制名雖多銀六分有奇,實則少夫一名。通盤合算,原與舊制支銀有減無增。今私夫業經遵照裁減,所有該副哨長口糧銀兩,應懇照舊支銷,以昭平允。其步隊公長夫、子藥夫之外,每隊各有棚夫,馬隊則每勇各准馬夫一名,外無棚夫,牧養裹帶,均資其力。立法原至周詳,歷經遵辦奏銷在案。至馬隊坐糧章程,經臣改爲兩馬一夫,實已省而又省。其每馬照章月支雜費銀六錢,專爲添補鞍屜、羈紲、鐵掌各項之用。如關外長途戈壁,物價昂貴,馬掌每副需銀三四錢不等,月換一次,斷不能少。其餘鞍屜各物添新補舊之費,無月不有。馬勇口糧有限,難任賠墊。若坐糧馬隊雜費,業經臣核減一半,爲數更屬無幾。今部議飭照舊制,則馬夫、雜費二項概應刪除。度理揆情,實多不便。所有馬隊行糧每大建月支銀三千一百餘兩,應懇天恩飭部核准,照舊支銷。其餘核駁之夫銀、薪公、雜支等項,均遵部議。截至光緒十年十二月底止,以前已支之款,無從追繳,應懇天恩准予照舊開銷。以後自十一年正月起,概照新章辦理。其義學、牛痘經費,分別在於善後項下動支添給,請免專案造銷。據辦理糧臺藩司魏光燾等具詳前來。臣覆核無異,謹按款繕具清單,恭呈御覽。除咨部查照外,謹恭摺具奏。是否有當,伏乞皇太后、皇上聖鑒訓示。謹奏。光緒十二年正月二十一日◆2。

光緒十二年二月二十七日◆3,軍機大臣奉旨:户部議奏。單併發◆4。欽此。

【案】此摺原件①、録副②現藏於中國第一歷史檔案館,兹據校補。

1.【欽差大臣督辦新疆事宜尚書銜降一級留任甘肅新疆巡撫二等男臣劉錦棠跪】此前銜據原件補。

2.【光緒十二年正月二十一日】此具奏日期,據原件補。

3.【光緒十二年二月二十七日】此奉旨日期,據録副補。

4.【案】劉錦棠隨摺呈報部議新疆支發各軍營旗餉項及一切雜支章程逐款登覆清單③:

謹將部議新疆支發各軍營旗餉項及一切雜支章程,逐款登覆分晰,繕具清單,恭呈御覽。計開

一、部議楚軍營制,步隊行糧舊制副哨長日支銀二錢,今日支銀二錢六分六釐六毫六絲六忽,計多銀六分有奇。每營用長夫一百八十名,今用長夫一百九十二名,計多夫十二名。營官公費、醫生各費在内等因。查正副哨長加給私夫十二名,緣由前經臣據實覆奏在案。兹部議仍令删除,惟截至十年十二月底止,以前已發之款無從追繳,應請照舊報銷。自十一年正月起,即遵照删除。如有征調,另行核議。其各副哨長日支銀兩,計多六分有奇一節。查原任兩江督臣曾國藩核定湘軍舊制,正哨長每名日支銀三錢,外加私夫三名,每名日支銀一錢,合計月支銀十八兩。副哨長每員日支銀二錢,外加私夫二名,每名日支銀一錢,月支銀十二兩。原任陝甘總督臣左宗棠核定楚軍營制,正哨長每員日支銀三錢,外加私夫二名,每名日支銀一錢,月共支銀十五兩。副哨長每員日支銀二錢六分六釐六毫六絲六忽,外加私夫一名,日支銀一錢,月共支銀十一兩。雖與舊制不符,而通盤比較,實於舊制有減無增。兹私夫既經部議删除,該副哨長日支薪糧銀只有此數,若再核減,實屬不敷應用,應請仍舊支給。至營官公費内本無醫生名目,截至十年底止已支之款,應請核銷。自十一年正月起,各營醫生工食應不另支。其與營制無涉者,仍另款開報。

① 中國第一歷史檔案館藏:《硃批奏摺》,檔號:04—01—01—0956—063。

② 中國第一歷史檔案館藏:《録副奏摺》,檔號:03—6100—071。

③ 此單缺署名,時間亦未確,據内容推斷無誤。

一、部議步隊每旗多夫十二名等因。查每旗正副哨長私夫九名，均照營章，截至十年底止已支之款，應請核銷，自十一年正月起遵照刪除。其親兵步隊每棚長夫三名一節。查部議謂舊制親兵每劈山炮隊用長夫三名，刀矛小槍隊用長夫二名。今親兵隊概用長夫三名，計多夫三名等語。伏查關外遵用原任督臣左宗棠核定營制，內開親兵隊每棚長夫三名，內劈山炮二隊，共加長夫二名。是每旗親兵隊每棚長夫本係三名，而比照營制，劈山炮隊尚應加夫一名。茲應加一名之餉，祇由旗官公夫內勻給，不另開支，已較營制有減無增。所有前項親兵隊長夫三名，實係照章，應請照舊支給。至於坐糧步隊每營多夫十二名，每旗多夫九名，均已於行糧款內聲明。截至十年底止已支之款，應請核銷。自十一年正月起遵照刪除，按行糧步隊一律辦理。

一、部議馬隊行糧月支銀兩與楚軍舊制不符等因。查原任兩江督臣曾國藩原定馬隊營制，每營月支銀二千二百五十四兩三錢，有無外支之款，無從查悉。惟關外遵用原任督臣左宗棠核定營制，部議謂與舊制不符者，一以無公長夫、馬夫，一以雜費、馬乾不另開支，一以無領旗先鋒名目，前經臣將變通增減情形據實奏陳在案。茲查舊制每勇日支銀二錢四分，綜計月支銀七兩二錢。關外現章，每勇日支銀一錢四分，又每馬一匹，日支草乾銀一錢，綜計亦月支銀七兩二錢，數目相符。舊制未提乾銀名目，是否即以乾銀統在馬勇日支口分之內，抑或另發草料，無從查悉。其較舊制所多之馬夫、雜費二項，在定章之始，蓋以步隊營制，公長夫、子藥夫之外，每棚仍有長夫。馬隊則僅給公長夫，外無棚夫，況馬隊利在馳騁迅速，所需芻糧不能令其馱負，故每勇准給馬夫一名，出隊可任裹帶，收隊可司芻秣，勇丁藉資休息，養其精銳，而戰馬亦無疲乏之虞。坐糧則減爲兩馬一夫，已屬從省。此馬夫之不能核減者也。若雜費銀兩，專爲添補鐵掌、鞍屜、籠頭、皮條、繮帶各項之用。關外戈壁長途，遍地沙石，每馬每月向換鐵掌一次，需價銀三四錢不等。若開差出隊，馬掌尤易剝落，而鞍屜、籠頭、皮條、繮繩等項，遇有損壞，亦應隨時買補，方能適用。馬勇口糧月僅四兩二錢，與步勇相等，前項雜費計月支銀六錢。通年牽算，僅勉強敷用，亦間有不夠支銷勇自賠墊者。坐糧則減半支給，尤屬無多。此雜費之不能核減者也。東南與西北地勢迥殊，關外較内地情形更苦，士卒遠戍邊荒，哨探梭巡，動輒奔馳數百里。若必節此用費，該勇等既任馳驅，又司芻牧，一日之内將無喘息之時，而口糧所入，日用又復難支，何能作其銳氣，俾成勁旅？現雖邊圉安靜，而強鄰逼處，奸宄潛窺，防範正宜嚴密。養有用之兵，爲緩急之備，揆時度勢，實難議裁。所有馬步行糧、坐糧馬夫雜費，擬懇仍舊支給。至公長夫一項，十年底已支之款，應請核銷，自十一年起遵照刪除。

一、部議開花炮隊薪糧按步隊行糧或加倍或加半支給，已屬優厚，難以再行議加，應令仍照奏定章程辦理。如將來有出征外域之事，再按該大臣原議支給，以勵戎行等因。查開花炮隊薪糧，本係循照原任督臣左宗棠原定章程支給。該各炮隊現分駐喀什噶爾、阿克蘇、烏魯木齊等處，遠戍絶塞，與出征外域無異，本屬難以議減。惟既奉部議，應請截至十年底止已支之款照舊報銷，自十一年正月起遵照新章辦理。

一、部議統領統費、長夫，查楚軍舊制，軍中浪費最忌官員太多、夫價太多。原奏章程係照舊制辦理，惟將長夫裁去，今擬長夫一項，仍准其照定章支給。至於統領按人數多寡加給統費、長夫，舊章亦有限制，應請仍照奏定章程辦理等因。查楚軍舊制，除每營設立營官管帶外，仍按營旗多寡，另設統領一員，俾資統帥。按所統勇數，酌給統費、長夫。現在專事操防，事務稍簡，應請裁至十年底止，已支之款仍舊報銷，自十一年起遵照新章辦理。如有征調，再行核議。

一、部議營務處一員事務較繁，應如該大臣原議，月支公費銀二百兩，如有兼差，不得重支。查楚軍舊制，營官公費一項，幫辦及管帳目、軍裝書記、醫生、工匠薪糧均在其内，該分統各員按前條分別所統勇數多少，加給統費。所有文案支應、書識薪水即應在内開支，自不得於統費之外另開薪水、公費。小馬隊口糧應准照前條馬隊行糧章程支給。應用火夫，照章按哨官一員火夫一名，什長、散勇十一名共用火夫一名等因。查總理營務處一員分統五員薪公、公費，惟故道羅長祐總理營務，兼充分統。該故道營務薪公及分統薪公、公費，截至是年二月底止。其餘營務分統薪公、公費暨小馬隊口糧，截至十年底止已支之款，請照成案報銷。自十一年正月起遵照新章辦理，醫生工食已於馬步營旗款内聲明。惟軍裝局、軍火局所用修整工匠，另行開報，不與營制相涉。

一、部議各軍營臺局差遣文武各員弁應支薪水，照關內章程，量爲加增，應令仍照奏定章程辦理。新疆軍務久平，一切委員亟應裁撤。現在所存臺局各若干、委員各若干，應令遵照奏案，大加裁減，酌定額數，報部查核等因。查關外物價昂貴，較之内地奚啻倍蓰。各員弁久役邊關，與内地當差勞逸迥殊，本難議減。惟值此餉源支絀，自應力圖節省。自十一年正月起，遵照部議辦理。局站委員數目，均經陸續裁減，隨時報明有案，合併陳明。

一、部議督催糧運總局、屯采總局、采運局及柴草局站經承、貼寫、字識，均應裁撤。紙張、筆墨、油燭銀兩，亦無庸開支。至糧臺及軍裝硝藥局經承、貼寫，應比照則例，書吏日支京斗粟米八合三勺，月支銀四兩八錢，扣建支給等因。查各局站經承、貼寫工食、紙張、筆墨、油燭銀兩，有已截至九年底止，酌量陸續裁撤，歸地方官辦理，均經奏咨在案。其九年十二月底止，從前已支之款請照原議報銷，其未撤之糧臺、軍裝、製辦、督催、糧運及屯采、采運總分各局經承、貼寫、字識工食，截至十年十二月底止已支之款，請照原議報銷。自十一年正月起，遵照則例，書吏米銀數目扣建支給。

一、部議各臺局需用護勇、纏回字識、通事、翻譯若干名，酌定額數等因。查護勇、纏回字識、通事、翻譯，各臺局自七年正月起陸續裁減。截至八年十二月底止銷案内，均經報明在案。理合登明。

一、部議如倉夫、斗級工食必不可少，應令按照楚軍長夫坐糧章程，日支銀八分等因。遵照截至十年底止已支之款，請照成案報銷。自十一年正月起，按照楚軍長夫坐糧章程支給。

一、部議保甲、蠶桑各局文武員弁、經貼、護勇雜色人等薪糧，並酌給紙張、筆墨、油燭，應將現存幾局委員若干、雜色人等若干，分別再行裁減,酌定額數報部,應需紙張、筆墨、油燭銀兩,應如原議十二兩及八兩支給。委員薪水、經承、貼寫、字識、通事,應照前款核定之數支給。所有保甲、蠶桑各局護勇,應行刪除。截至光緒十二年十二月底,一律全裁,即歸地方官辦理等因。遵查現存保甲、蠶桑各局數目,均經報明有案。護勇未便遽裁,截至十二年底止護勇口分,請照原單報銷。自十一年正月起,按照楚軍長夫坐糧章程,日支銀八分,截至十二年十二月底止,能否一律全裁改歸地方官辦理之處,屆時酌量辦理。

一、部議義學經費應查明房租、雜稅是否敷用之處,報部查核。如有不敷,即在善後經費內動支,毋庸由軍需款內添給,以免牽混等因。查義學現設七十七堂,應需經費七、八、九等年已支之款暨徵獲房租、雜稅,概由軍需報銷單內分別收支。惟房租、雜稅本屬無多,實難敷用。自十年正月起不敷之款,遵照在於善後經費內,動支添給,統歸善後報銷,請免專案造報。

一、部議采運糧料情形,查各營現在無事,僅可令長夫自行搬運,並屯田自給等因。查關外戈壁長途,動輒數百里,勢不能使長夫自行搬運。現雖興修屯墾,然各營駐扎之地,不盡可耕之地,應用量料有必資采運者。此項運費未便一概議裁。

一、部議醫生薪工應由各營公費內發給。再,查軍需例載,醫生每名月支工食銀三兩,跟役一名月支鹽菜銀五錢。醫生、跟役每名日支米八合三勺。所有各臺局醫生應令照例支給,並酌定額數,報部查核等因。查營制公費內向無醫生名目,已於前款聲明,截至十年底止已支之款,應請核銷。自十一年正月分起,各臺局醫生遵照軍需則例,支給開報。

一、部議關外傳種牛痘醫生工食、跟役,應如原奏辦理。查各臺局醫生工食,定章在公費內支給,已於前款聲明。至各臺局醫生,查伊犁將軍原奏章程,照例歲支銀六十兩,原議照軍需則例支給之處,應毋庸議。關外種痘係屬創始,痘醫跟役照通事、火夫一體支給,原議跟役二名之處,應暫如所議辦理,撤局時停支。痘局經費既經通飭妥議，俟議覆再行核辦等因。查各局醫生跟役工食，已於前款聲明，自十一年正月起，遵照則例辦理。至痘局暫難裁撤，痘醫工食、跟役既照原議辦理，經費自應照支。已據各廳州縣議覆，請暫由善後經費內支銷。俟二三年後，種痘之法流傳既廣，或裁或留，或就地籌款，屆時再行核議。

　　軍機大臣奉旨：覽。欽此。①

195. 懇發奇臺縣屬春賑摺

光緒十二年二月十二日

　　欽差大臣督辦新疆事宜尚書銜降一級留任甘肅新疆巡撫二等男臣劉錦棠跪◆1奏，爲新疆奇臺縣屬上年被旱成災各户，擬懇續發春賑，以資接濟，恭摺仰祈聖鑒事。

　　竊奇臺縣屬上年被旱成災地畝應徵額糧，業經臣奏懇天恩，概予豁免，並聲明極貧、次貧分別給賑，今春應否接濟，屆時熟察情形，斟酌核辦在案。兹查該縣災民上冬所謂次貧者，入春以來，亦轉爲極貧。其原係極貧各户，至今尤無生計，待哺嗷嗷，情堪憫惻。若不妥爲撫恤，勢必陸續逃亡。伏讀上年十月初三日上諭：各省有無被災地方應行調濟撫恤之處，著該將軍、督撫等一併查奏，候旨施恩等因。欽此◆2。仰見皇上軫念災黎至意，欽感莫名。兹奇臺縣被災户民情形，實屬困苦，自應仰體皇仁，妥籌接濟。擬自本年正月初一日起，按大小丁口通賑三個月食糧，飭由該縣督察監放，嚴杜冒濫侵蝕等弊，務期實惠及民。此項賑糧仍由倉儲項下動支，事竣核實造報。據藩司魏光燾詳請具奏前來。臣覆核無異。合無仰懇天恩俯念該縣災民

---

① 中國第一歷史檔案館藏：《清單》，檔號：03—6104—075。

困苦,准予通賑三個月食糧,俾資接濟,出自逾格鴻慈。所有查明奇臺縣屬被災户民擬懇續發春賑緣由,是否有當,謹會同陝甘督臣譚鍾麟,恭摺具陳。伏乞皇上聖鑒訓示。謹奏。光緒十二年二月十二日◆3。

光緒十二年三月十九日◆4,軍機大臣奉旨:著照所請,續發春賑。該大臣務當督飭地方官,核實散給,毋稍弊混。欽此。

【案】此摺原件①、録副②現藏於中國第一歷史檔案館,兹據校補。

1.【欽差大臣督辦新疆事宜尚書銜降一級留任甘肅新疆巡撫二等男臣劉錦棠跪】此前銜據原件補。

2.【案】此"上諭"見於《光緒朝上諭檔》③及《清實録》④,兹據補:

軍機大臣字寄:盛京、直隸、兩江、江蘇、安徽、江西、浙江、福建、臺灣、湖北、河南、河南、山東、山西、陝西、甘肅、新疆、四川、廣東、廣西、雲南、貴州各將軍、督撫:光緒十一年十月初三日奉上諭:本年山西、陝西、山東、浙江等處災荒地歉,節經該省奏到,加恩將新舊錢糧分别蠲免緩徵,並因廣東、廣西各屬被水成災,民情困苦,欽奉懿旨,撥給銀各三萬兩。山東沿河各州縣伏汛盛漲,災區甚廣,復奉懿旨,撥給銀五萬兩。其順直各屬窪區被災,撥給江蘇漕米十萬石,藉資賑濟。奉天安東等縣被水,江蘇上元等縣被水,安徽桐城等縣被水,江西清江等縣被水,福建省城及福清等縣被風,湖北咸寧等縣被水、穀城等縣被風,湖南鎮筸等處被水,河南裕州等處被水,山東歷城等縣被水,山西汾陽等縣被水,陝西長武等縣被雹、長安等縣被水,四川越巂等處被火、被水,雲南賓川等處被水,均經該將軍、督撫等查勘撫恤,小民諒可不至失所。惟念來春青黄不接之時,民力未免拮据,著傳諭該將軍、督撫等體察情形,如有應行接濟之

①　中國第一歷史檔案館藏:《硃批奏摺》,檔號:04—01—01—0955—003。
②　中國第一歷史檔案館藏:《録副奏摺》,檔號:03—5594—009。
③　中國第一歷史檔案館編:《光緒朝上諭檔》,第十一册,第241—242頁。
④　《清實録·德宗景皇帝實録(三)》,卷二百十七,光緒十一年十月上,第1047—1048頁。

處，即查明據實覆奏，務於封印以前奏到，候朕於新正降旨加恩。直隸熱河朝陽縣被旱，安徽安慶等處被水、被旱，江西鄱陽等縣被水、蓮花廳等處被旱，浙江杭嘉湖等屬被水、被旱、被風、被蟲，湖南益陽等縣被水，山西陽曲等縣被雹，甘肅皋蘭等縣被雹，均經該督撫等委員查勘，即著迅速辦理，並將來春應否接濟之處一併查明，於封印前奏到。此外各省有無被災地方應行調劑撫恤之處，著該將軍、督撫等一併查奏，候旨施恩。將此各諭令知之。欽此。遵旨寄信前來。

3.【光緒十二年二月十二日】此具奏日期，據原件補。

4.【光緒十二年三月十九日】此奉旨日期，據錄副補。

196.新設古城城守尉擬由撫臣兼轄請簡放摺

光緒十二年二月十二日

欽差大臣督辦新疆事宜尚書銜降一級留任甘肅新疆巡撫二等男臣劉錦棠、頭品頂戴署伊犁將軍塔爾巴哈臺參贊大臣臣錫綸跪◆1奏，爲新設古城城守尉遵照部議會商，擬由撫臣兼轄，並請旨迅賜簡放，以專責成，恭摺仰祈聖鑒事。

竊照光緒十一年十一月二十八日准兵部咨：遵旨議覆劉錦棠等奏請將巴里坤等處滿營歸併古城，並添設城守尉一摺。古城地當衝要，旗營歸併於此，自不可無專員鈐束，以專責成。該處本有領隊等官，業已奉旨裁撤。應如該撫等所請，准其添設城守尉一員。其佐領、防禦以下應否仍舊，及新設城守尉歸於何處管轄，應請旨飭下伊犁將軍、新疆巡撫，體察道里形勢，會商奏明辦理等因。奉旨：依議。欽此。欽遵咨行前來。竊維設官分職，國家自有常經，臣等何容置議！惟新疆事經創始，無可率循。此次議設城守尉，尚未酌定由何處管轄，經部臣議令臣等會商具奏，敢不悉心以熟籌之？查古城爲新疆東路，距省四百餘里，聲息相通。伊犁在其西二千餘里，山川綿亘，中隔數城，文報往來，動需時日。以道里形勢而論，遠近判若不同。臣等往復函商，意見相合，擬請將新設古城城守尉援照河南及山西太原城守尉之例，歸於新疆巡撫臣兼轄。是否有當，伏候聖明采擇。現在領隊等官既已奉旨裁撤，各旗營兵丁誠不可無專員鈐束，且歸併古城之議發已經年，各旗營計日待遷，亦不容再緩。新設城守尉員缺，蒙恩俞允，應請旨迅賜簡放，以便各旗營得以從速遷移。至佐領、防禦等官應否仍舊，俟城守尉到任，再行會商核辦。其各旗營兵丁花名清册，現飭分別造報，俟造齎到日，再當送部備查。所有新設古城城守尉遵議會商擬由撫臣兼轄各緣由，謹會同陝甘總督臣譚鍾麟，合詞具陳。伏祈[2] 皇太后、皇上聖鑒訓示。再，此摺係臣錦棠主稿。署烏魯木齊都統臣升泰現在丁憂，故未列銜，合併聲明。謹奏。光緒十二年二月十二日[3]。

　　光緒十二年三月十九日[4]，軍機大臣奉旨：著照所請，兵部知道。欽此。

【案】此摺原件①、錄副②現藏於中國第一歷史檔案館，茲據校補。

　　1.【欽差大臣督辦新疆事宜尚書衘降一級留任甘肅新疆巡撫二等男臣劉錦棠、頭品頂戴署伊犁將軍塔爾巴哈臺參贊大臣臣錫綸跪】此前衘據原件補。

　　2.【伏祈】原件、錄副均作“伏乞”。

　　3.【光緒十二年二月十二日】此具奏日期，據原件補。

　　4.【光緒十二年三月十九日】此奉旨日期，據錄副補。

_____

①　中國第一歷史檔案館藏：《硃批奏摺》，檔號：04—01—12—0534—079。

②　中國第一歷史檔案館藏：《錄副奏摺》，檔號：03—5753—011。

197. 代奏哈密回子親王謝年終恩賞摺

光緒十二年二月十二日

　　欽差大臣督辦新疆事宜尚書銜降一級留任甘肅新疆巡撫二等男臣劉錦棠跪◆¹奏，爲據情代奏，恭謝天恩，仰祈聖鑒事。

　　竊臣據哈密札薩克回子親王沙木胡索特呈到滿文，飭據譯稱：光緒十二年正月初十日接奉軍機處咨到滿文，内開年終恩賞荷包、銀錁、銀錢、食物等件，交兵部由驛遞到。當即望闕碰頭，敬謹承領。伏以微生多幸，大造無私，備萬里之藩封，荷九重之珍賜，益慚僻陋，未報涓埃。所有感激榮幸下忱，呈請代奏前來。臣查此案向由哈密辦事大臣代奏，現在辦事大臣員缺奉旨裁撤，臣理合據情代奏，恭謝天恩。伏乞皇太后、皇上聖鑒。謹奏。光緒十二年二月十二日◆²。

　　光緒十二年四月初四日，軍機大臣奉旨：知道了。欽此◆³。

　　【案】此摺缺原件，録副①現藏於中國第一歷史檔案館，兹據校補。

　　1.【欽差大臣督辦新疆事宜尚書銜降一級留任甘肅新疆巡撫二等男臣劉錦棠跪】此前銜據録副補。

　　2.【光緒十二年二月十二日】此具奏日期，據録副補。

　　3.【光緒十二年四月初四日，軍機大臣奉旨：知道了。欽此】此奉旨日期與内容，據録副補。

198. 估修新疆省城垣及撫藩廨署等工摺

光緒十二年二月二十一日

　　欽差大臣督辦新疆事宜尚書銜降一級留任甘肅新疆巡撫二

---

　　①　中國第一歷史檔案館藏：《録副奏摺》，檔號：03—5208—015。

等男臣劉錦棠跪◆¹奏，爲估修新疆省城城垣及撫藩衙署等工，請旨飭部立案，恭摺奏明，仰祈聖鑒事。

　　竊臣據藩司魏光燾詳稱：迪化州城前經定爲新疆省治，該處原建滿漢兩城，祇西北隅向有垣墻，迤邐相接。其東南一帶，勢若箕張，不相聯屬。且城身低薄，於省城要地亦不相宜。現飭印委各員會同履勘，擬將漢城東北之便門及滿城之南右門一律剗平，即於滿城之東南隅起接至漢城南門止，展築城基，使兩城合而爲一，並於舊城三面增高培厚，使與新築城身一律完固，估計應用銀六萬三千二百餘兩。又創建撫臣衙署，估銀二萬九千餘兩，藩司衙署估銀二萬五千餘兩。以上各工，俱擬照向章，派營勇輪流應役。詳情核辦前來。臣查南路城垣及衙署等工，前經臣奏請撥款，擇要興修，奉旨允准欽遵在案。迪化係新疆北路，舊有兩城，形勢悉皆狹隘，今既定爲省治，自應量加修葺，擴而充之，庶地宜◆²民居參相得也。至撫藩衙署，體制攸關，非度地興工，亦不足以示等威而定民志。除飭撙節動用不得稍有浮濫，以重餉需，仍俟各項工竣，核實具報，以憑咨部核銷外，所有估修新疆省城城垣及撫藩衙署等工，理合先行陳明，請旨飭部立案。是否有當，謹會同陝甘總督臣譚鍾麟，恭摺具奏。伏乞皇太后、皇上聖鑒訓示。謹奏。光緒十二年二月二十一日◆³。

　　光緒十二年三月十八日◆⁴，軍機大臣奉旨：該部知道。片併發。欽此。

　　【案】此摺原件①，録副②現藏於中國第一歷史檔案館，茲據校補。

　　1.【欽差大臣督辦新疆事宜尚書銜降一級留任甘肅新疆巡撫二等男臣劉錦棠跪】此前銜據録副補。

　　①　中國第一歷史檔案館藏：《硃批奏摺》，檔號：04—01—37—0129—090。
　　②　中國第一歷史檔案館藏：《録副奏摺》，檔號：03—7155—048。

2.【地宜】原件、録副均作"地邑"，是。

3.【光緒十二年二月二十一日】此具奏日期，據原件補。

4.【光緒十二年三月十八日】此奉旨日期，據録副補。

199. 古城修理完竣哈密將次完工請立案片

光緒十二年二月二十一日

　　再，新疆南路城垣等工，既經擇要次第興修，北路除省城專摺奏明辦理外，其餘廳縣有無要工，自應一體查明，酌量舉辦。古城毗連外部，東通歸化包頭，商賈所趨，人煙輻輳。原議以奇臺縣治移設於此，當就市廛之外建築城垣，樓堞池隍，悉皆備具。現議歸併旗營，添設城守尉一員，駐防其地，自可因其已成，無煩更置。又，哈密爲南北通衢，設戍屯糧，悉關緊要，舊有城垣規模狹小，當由印委各員會勘興工，擴充舊式。查兩處工程，悉藉各防營勇丁之力，輪流合作，十日犒賞一次，省費實多。惟木石工料皆由遠道搬運而來，脚價未能過少。古城計用銀二萬九千餘兩，哈密估用銀二萬六千餘兩。現在古城工已告竣，哈密亦將次完工。據糧臺司道彙詳前來。臣覆核無異。除飭俟工竣併案報銷外，謹會同陝甘總督臣譚鍾麟，附片陳明。伏乞聖鑒訓示，飭部立案施行。謹奏。

　　光緒十二年三月二十八日◆¹，軍機大臣奉旨：覽。欽此。

【案】此奏片原件①、録副②現藏於中國第一歷史檔案館，茲據校補。

1.【光緒十二年三月二十八日】此奉旨日期，據録副補。

---

① 中國第一歷史檔案館藏：《硃批奏片》，檔號：04—01—37—0147—025。

② 中國第一歷史檔案館藏：《録副奏片》，檔號：03—7155—049。

200. 伊犁營勇查明裁併分成發給存餉摺

光緒十二年三月初六日

欽差大臣督辦新疆事宜尚書銜降一級留任甘肅新疆巡撫二等男臣劉錦棠、頭品頂戴署伊犁將軍塔爾巴哈臺參贊大臣臣錫綸跪◆[1]奏,為遵旨將伊犁營勇查明裁併,分成發給存餉,恭摺馳陳,仰祈聖鑒事。

竊臣錦棠前將遵旨馳赴伊犁日期並與臣錫綸商辦各事,擬先從勇營著手大概情形,於上年十二月初二日附奏陳明在案。旋准將軍臣金順咨送冊開:伊犁防勇馬步二十八營旗,員弁勇丁共一萬五百餘名,其中多有上年八月以後新募入伍者。此項新勇又多招之市井,並非無業可歸者。然已入營數月,各有應得口糧,不能一概不發。當經臣等商定,於伊犁應分月餉內酌發滿餉一關,飭各統領營官將新勇概行裁去,以免多侵存餉,再將實存勇丁開具花名清冊,聽候點驗。續據開呈,多不如法,一再駁詰另開,於本年正月及二月初間,始陸續詳開具報。計開除新勇二千餘名,實存七千餘名。當飭挑留精壯,改為馬隊九旗、步隊十三旗,委提督馬玉崑、李考祥、綏定鎮總兵鄧增等,分起統帶。其餘裁撤勇丁,遣歸原籍,內有情願在於伊犁落業屯墾者,准其報明,撥地安插。此歸併各營之實在情形也。

各營每月向照七天半發給餉銀外,有發過食糧及衣履包巾,均未曾扣價,為日既多,無從查核。臣等復經商議,定以入營在一年之內者,發存餉銀四兩。一年之外,每歲酌加銀二兩,按年遞加。積至十年者,發銀二十二兩。其有入營在十年以上者,遠無可考,未便更加,率以十年為斷。哨官每員發銀六十兩。統領營官,稽其久暫,酌發薪公銀兩。幫辦及幕友薪水等項,即由各該統領營官自行清理，不另開支。其裁撤回籍之弁勇，視留營之所應領數各倍之。惟道里遠近不同，此次發給存餉，衹能按年遞加，不能再分道里，俟至烏魯木齊，察其歸程較遠而所領不敷盤費者，尚應酌量增加。此項約需銀一萬餘兩。其不能在此遽加者，緣留營之勇所領無多，恐不免因之計較也。其情願寄居落業者，照回籍弁勇酌減四分之一，日內派員按名核發，各營勇始猶申訴，展轉求加。當飭統領營官再三開導，始各無詞以退。以上約共銀二十一萬五六千兩。下存八萬餘兩，擬以爲吉江馬隊遣撤回旗盤費。各勇營每年領餉既無細數可稽，每人應存若干，即問之勇丁，亦不能自悉。此次蒙恩飭撥部款，爲之清理舊欠，得銀多寡，視日淺深，臣等奉命以行，幸得帖然無事。隨諭各統領、旗官，將從前欠餉一概截止，以後月餉，自本年二月另行起支。此又清理勇營欠餉之實在情形也。

　　查伊犂營勇，臣錦棠前奏請以四千人爲率◆2，經部議核准，自應照辦。惟現在境內盜風猶未盡戢，居民、商旅時有戒心。禁暴詰姦，不容疏忽。且裁去新勇二千餘人，又裁去老弱二千餘人，按原册一萬五百人之數，裁撤已將及半。現在軍心甫定，亦未便再事裁減◆3，當飭各統領營官，將挑留勇丁俱照楚軍營制，訓練操防，並照楚軍行糧章程，按月關餉，不得少有剋扣。營旗存數應由臣錫綸遵照部章，按季查明，開單具報。至伊犂東路接至西湖，向由金順派所部分屯其地。現在伊犂各營既經裁併，地遠不敷分布。其從伊犂至大河沿，由臣錫綸派隊駐扎。精河以東接至西湖，中間四站，由臣錦棠抽調所部馬步六營旗，委陝西漢中鎮總兵戴宏勝統帶，逐段填防，以期周密。所有欽遵諭旨會商辦理各情形，謹會同陝甘總督臣譚鍾麟，合詞具陳。伏乞皇太后、皇上聖鑒訓示。再，此摺係臣錦棠主稿，合併聲明。謹奏。光緒十二年三月初六日◆4。

光緒十二年四月初八日◆5，軍機大臣奉旨：該部知道。欽此。

【案】此摺原件①、録副②現藏於中國第一歷史檔案館，兹據校補。

1.【欽差大臣督辦新疆事宜尚書銜降一級留任甘肅新疆巡撫二等男臣劉錦棠、頭品頂戴署伊犁將軍塔爾巴哈臺參贊大臣臣錫綸跪】此前銜據原件補。

2.【爲率】原件、録副均作“爲度”。

3.【裁減】原件、録副均作“減裁”。

4.【光緒十二年三月初六日】此具奏日期，據原件補。

5.【光緒十二年四月初八日】此奉旨日期，據録副補。

【案】此摺上達後，旋於是年四月初八日得允行，並飭部知之：

　　辛未，甘肅新疆巡撫劉錦棠等奏，遵旨查明伊犁營勇馬步二十八營旗，員弁勇丁共一萬五百餘名，現裁撤新勇二千餘名，實存七千餘名，復挑留精壯，改爲馬隊九旗、步隊十三旗，並將恩撥部款分成發給存餉，以清舊欠，飭各統領旗官，將挑留勇丁俱照楚軍營制，訓練操防，並照楚軍行糧章程，按月關餉，不得稍有剋扣。下部知之。③

201. 報由伊犁回省日期並陳吉江
馬隊由將軍妥籌遣撤摺

光緒十二年三月初六日

欽差大臣督辦新疆事宜尚書銜降一級留任甘肅新疆巡撫二等男臣劉錦棠跪◆1奏，爲恭報微臣由伊犁回省日期，並陳明吉江馬隊由署將軍臣妥籌遣撤，恭摺仰祈聖鑒事。

---

① 中國第一歷史檔案館藏：《硃批奏摺》，檔號：04—01—30—0146—016。
② 中國第一歷史檔案館藏：《録副奏摺》，檔號：03—5753—015。
③ 《清實録·德宗景皇帝實録（四）》，卷之二百二十六，光緒十二年夏四月上，第52頁。

竊臣前奉諭旨:著俟餉銀到日,迅即馳赴伊犁,將整頓營勇、清理欠餉各事宜妥速籌辦等因。欽此。現在勇營欠餉一律清理就緒,並裁併成旗,責成各統領旗官認真訓練。事局大端已定,惟吉江馬隊久役思歸,稽其應調出征,遠者將二十稔,昔年精銳,強半凋零,若不及早遣歸,亦非朝廷所以軫恤邊軍之意。上年,臣與錫綸清理勇營之際,即飭各該旗官◆2一併造具口糧清册。前月二十日外,始據陸續送齊,款目紛繁,臣既不能深悉,且前後事更多手,輾轉尤多,即欲清釐,亦非急切所能蒇事。而省城公務積至數月,皆待躬爲料理,臣亦未便久留。竊維旗營兵丁本屬將軍專責,此起吉江馬隊一千六百餘名,相率求歸,自應由署將軍臣錫綸妥籌遣撤。查督臣譚鍾麟原奏,請以三十萬兩了伊犁營勇欠款。現除發清勇營欠款外,當將餘款銀八萬兩交由錫綸,湊發各該起馬隊遣撤回旗盤費。臣謹定於三月初七日由伊犁起程回省。所有微臣回省日期並吉江馬隊應由署將軍臣妥籌遣撤各緣由,理合會同署伊犁將軍臣錫綸、陝甘總督臣譚鍾麟,恭摺具奏。伏乞皇太后、皇上聖鑒訓示。謹奏。光緒十二年三月初六日◆3。

光緒十二年四月初八日◆4,軍機大臣奉旨:知道了。欽此。

【案】此摺原件①、録副②現藏於中國第一歷史檔案館,玆據校補。

1.【欽差大臣督辦新疆事宜尚書銜降一級留任甘肅新疆巡撫二等男臣劉錦棠跪】此前銜據原件補。

2.【旗官】原件、録副均作"旗營",是。

3.【光緒十二年三月初六日】此具奏日期,據原件補。

4.【光緒十二年四月初八日】此奉旨日期,據録副補。

---

① 中國第一歷史檔案館藏:《硃批奏摺》,檔號:04—01—16—0219—109。

② 中國第一歷史檔案館藏:《録副奏摺》,檔號:03—5840—062。

202. 南路建置已定請令署提督移防摺

光緒十二年四月初四日

頭品頂戴陝甘總督臣譚鍾麟、欽差大臣督辦新疆事宜尚書銜降一級留任甘肅新疆巡撫二等男臣劉錦棠跪[1]奏，爲新疆南路建置已定，仰懇天恩准令署提督臣迅即移防，以資整理，恭摺馳陳，仰祈聖鑒事。

竊臣錦棠前奏請將烏魯木齊提督移扎喀什噶爾，並移喀什噶爾換防總兵於阿克蘇。經部議稱：應如所請。其烏魯木齊提標原設副、參、游、都、守、千、把、外委等官，是否全行移撥喀什噶爾駐扎，應由該大臣奏明辦理等因，於光緒十年九月二十九日具奏，奉諭旨允准欽遵在案。伏查喀什噶爾爲南疆要地，緊與俄鄰，亟應安設重兵，以資扼守。提督有統轄全省制兵之責，必提督移赴南路，籌設制兵，其原駐營勇始可次第裁改。必提標營制既定，其餘各標應如何增設，始可次第議行。上年，臣錦棠初到烏魯木齊，值提臣金運昌患病，懇請開缺，經臣等奏蒙恩准，以西寧鎮總兵譚上連暫署烏魯木齊提督篆務。該署提臣原統親軍，駐防北路瑪納斯地方，一時未得替人，又值臣錦棠奉有馳赴伊犁清理勇營之命，奏派該署提督酌帶隊伍，駐扎庫爾喀喇烏蘇，故未便遽申前請。現在伊犁勇營清理就緒，北路精河一帶經臣錦棠派令陝西漢中鎮總兵戴宏勝，統領馬步六營旗，分段填防，譚上連毋庸兼顧。且南路道廳州縣建置已及三年，設險屯兵，不容再緩。譚上連謀勇兼備，聲望素孚，移駐南疆，於邊防實有裨益。合無仰懇天恩，准令署提督臣譚上連迅即起程，馳赴喀什噶爾，將任內應辦事宜妥籌布置，伏候諭旨遵行。其烏魯木齊提標原設副、參、游以下等官，應留俟改爲撫標，及分防各營毋庸移駐喀什噶爾。至提督印文原刊烏魯木齊字樣,現經議准移駐喀什噶爾,應請旨飭部換給提督喀什噶爾總兵官印。其移駐阿克蘇總兵,應請照巴里坤及綏定鎮總兵之例,作爲挂印總兵。如蒙俞允,並請旨飭部頒發鎮守阿克蘇等處總兵官之印,以昭信守。臣等爲愼重邊防起見,是否有當,謹合詞恭摺具陳。伏乞皇太后、皇上聖鑒訓示施行。再,此摺係臣錦棠主稿,合併聲明。謹奏。光緒十二年四月初四日◆2。

　　光緒十二年五月初二日◆3,軍機大臣奉旨:著照所請,該部知道。欽此。

　　【案】此摺原件①、録副②現藏於中國第一歷史檔案館,兹據校補。

　　1.【頭品頂戴陝甘總督臣譚鍾麟、欽差大臣督辦新疆事宜尚書銜降一級留任甘肅新疆巡撫二等男臣劉錦棠跪】此前銜據原件補。

　　2.【光緒十二年四月初四日】此具奏日期,據原件補。

　　3.【光緒十二年五月初二日】此奉旨日期,據録副補。

203. 請將董福祥署阿克蘇鎮總兵片

光緒十二年四月初四日

　　再,光緒十年,前幫辦軍務臣張曜奉命入關,經臣錦棠奏委提督董福祥總統西四城馬步各軍,駐扎喀什噶爾。該員久經戰陣,果決廉明,實爲邊才之選。臣錦棠前於光緒八年、九年兩次奏懇天恩量予擢用,均奉旨留中。該員到防以來,兵民相安,諸務悉臻妥協。現在烏魯木齊提督移駐喀什噶爾,擬令董福祥酌帶馬步隊伍,移赴阿克蘇駐扎。查阿克蘇地居衝要,距俄亦近。前議移喀什噶爾換防總兵於此,經部議准,尚未請旨簡放有員。可否即以

---

　　①　中國第一歷史檔案館藏:《硃批奏摺》,檔號:04—01—01—0955—029。

　　②　中國第一歷史檔案館藏:《録副奏摺》,檔號:03—6021—053。

提督董福祥署理阿克蘇鎮總兵事務,俾將該處標營早爲措置,出自鴻慈。臣等未敢擅便,謹合詞附陳。伏乞聖鑒訓示。再,此片係臣錦棠主稿,合併聲明。謹奏。

光緒十二年五月初二日◆1,軍機大臣奉旨:著照所請,兵部知道。欽此。

【案】此奏片原件①、録副②現藏於中國第一歷史檔案館,兹據校補。

1.【光緒十二年五月初二日】此奉旨日期,據録副及《軍機處隨手登記檔》③補。

【案】此奏得邀允行後,甘肅新疆巡撫劉錦棠於光緒十二年十一月十五日,爲提督董福祥奉旨署理阿克蘇總兵具摺代奏謝恩:

> 尚書衘降一級留任甘肅新疆巡撫二等男臣劉錦棠跪奏,爲據情代奏,恭謝天恩,仰祈聖鑒事。竊臣於光緒十二年四月初四日會同陝甘總督臣譚鍾麟,附片奏請以提督董福祥署理阿克蘇總兵事務,奉旨:著照所請,兵部知道。欽此。當即欽遵檄委赴任,並刊給木質關防,附奏陳明在案。兹准該署鎮呈稱:遵於十月二十日恭設香案,望闕叩頭,謝恩任事。伏念福祥歷年行伍,一介粗材,未效涓埃,已深悚惕。兹以邊疆置守,鎮篆權膺,當修明軍政之初,有扼控衝途之責。標營規制尚俟妥籌,轄境巡防尤關緊要。自維愚昧,懼弗克勝,惟有審度機宜,認真經理,以期仰答高厚鴻慈於萬一。所有到任日期及感激下忱,呈請代奏,叩謝天恩。理合據情代奏。伏乞皇太后、皇上聖鑒。謹奏。十一月十五日。

光緒十二年十二月十九日,軍機大臣奉旨:知道了。欽此。④

---

① 中國第一歷史檔案館藏:《硃批奏片》,檔號:04—01—16—0219—104。
② 中國第一歷史檔案館藏:《録副奏片》,檔號:03—6021—054。
③ 中國第一歷史檔案館藏:《軍機處隨手登記檔》,檔號:03—0250—2—1212—116。
④ 中國第一歷史檔案館藏:《録副奏摺》,檔號:03—5845—049。

204. 報由伊犂抵省日期及照常辦事片

光緒十二年四月初四日

再,臣錦棠前月初七日由伊犂回省,當將啓程日期恭摺奏明在案。旋取道固爾札,馬行入山,出登努斯口,以達精河。兹於二十六日到省,照常辦事。沿途經過地方積雪初融,渠流暢旺,軍民亦均安堵,堪以上慰宸廑。所有微臣到省日期,理合附片陳明。伏乞聖鑒。謹奏。

光緒十二年五月初二日◆¹,軍機大臣奉旨:知道了。欽此。

【案】此奏片原件①、録副②現藏於中國第一歷史檔案館,兹據校補。原件、録副之具奏日期均未確,兹據《軍機處隨手登記檔》③校正。

1.【光緒十二年五月初二日】此奉旨日期,據録副補。

205. 覆陳伊犂屯務防務擬辦大概情形摺

光緒十二年四月二十一日

欽差大臣督辦新疆事宜尚書銜降一級留任甘肅新疆巡撫二等男臣劉錦棠跪◆¹奏,爲伊犂地方屯務、防務均關緊要,謹將擬辦大概情形據實陳明,恭摺仰祈聖鑒事。

竊臣承准軍機大臣字寄:光緒十一年十二月二十五日奉上諭:譚鍾麟奏伊犂辦理屯田,應派員督辦一摺。邊塞屯田,本屬善策,惟須經理得宜,方於兵民兩有裨益。分疏渠道,得資水利,尤

① 中國第一歷史檔案館藏:《硃批奏片》,檔號:04—01—25—0527—048。
② 中國第一歷史檔案館藏:《録副奏片》,檔號:03—5209—006。
③ 中國第一歷史檔案館藏:《軍機處隨手登記檔》,檔號:03—0250—2—1212—116。

爲耕種要術。現在伊犁舉行屯田，是否必須派員督辦，著劉錦棠、錫綸籌度情形，會商定議等因。欽此。伏查伊犁爲北路奧區，土膏沃衍，泉源溝洫，處處可通。承平時，於九城之地分置旗屯、兵屯、民屯、回屯，以資耕種，邊氓相勸，利莫厚焉。亂後地畝荒蕪，耕者不及十分之二，且聽兵民自占，舊時經界，無可遵循。現經錫綸派員◆2 三品銜分省補用知府王者彥按畝稽查，以期集事。惟委員之與印官，其勢不相統屬。譚鍾麟原奏請將各處同知均歸督辦之員管轄，究係權宜之計。臣愚以爲欲厚民生，須由郡縣，欲增郡縣，須設監司。況新疆北路向設有道廳州縣，現在全疆改設行省，南路經營建置亦已三年，各該地方官奉法順流，與民更始，其效較然可睹。伊犁及塔爾巴哈臺等處原係新疆北路，輔車相依，不容膜視，擬請仿照鎮迪道之制，增置伊塔道一員，駐扎伊犁，兼管塔城事務。改伊犁撫民廳爲府，改塔城通判爲撫民同知，加理事銜，兼管屯田水利，庶幾官事有聯，而屯政亦因之具舉。當與錫綸計議，並函商明春，均以爲然。可否施行，伏候聖明采擇。如蒙俞允，其道府以下等官應如何增設，容臣與譚鍾麟、錫綸、明春等籌度情形，詳細具奏。

抑臣更有陳者，伊犁幅員遼廓，地處極邊，屯墾在所當行，而防守尤爲要務。謹按：嘉慶九年，該處增置旗兵屯地，當時諭旨有謂：新疆重地，武備最爲緊要。此項地畝祇可專交閑散餘丁代爲耕種，不當令官兵親身力作，有妨操練等因◆3。仰見聖謨廣運，惟懷永圖，實百世不易之至計。今則與俄逼處，邊事日多，附近哈薩克又時有勾結游匪、搶劫殺人之案。若不從嚴懲辦，加意操防，竊恐民不聊生，而屯務亦將終廢。是欲興屯以足食，必先設險以衛民，否則利少害多，民將不至也。該處營勇現經臣與錫綸會商裁併，汰弱留強，餉項照章發給，誠使各統領營官激發天良，認真訓練，自可漸成勁旅。前奉諭旨：錫綸到任後，與劉錦棠和衷商辦，務將各該營積習悉力湔除，毋稍彌縫，致貽後患，亦不得操之過蹙，別滋事端。聖訓周詳，無微弗至。此後宜如何策勵，俾免疏虞，是在錫綸隨時體察，慎以行之者矣。臣忝任封圻，自不容置身事外。愚見所及，理合恭摺具陳。伏乞皇太后、皇上聖鑒訓示。謹奏。光緒十二年四月二十一日◆4。

光緒十二年五月二十三日◆5，軍機大臣奉旨：覽奏，均悉。伊犁營勇，現經劉錦棠會商錫綸，汰弱留強，照章給餉，自應隨時訓練，俾成勁旅。即著該大臣會同該將軍督飭各該營官，激發天良，認真操練，以免疏虞。所請增改道廳各官，係爲因時制宜起見，著該部妥議具奏。欽此。

【案】此摺原件①、録副②現藏於中國第一歷史檔案館，茲據校補。

1.【欽差大臣督辦新疆事宜尚書銜降一級留任甘肅新疆巡撫二等男臣劉錦棠跪】此前銜據原件補。

2.【派員】原件、録副均作“派委”，是。

3.【案】嘉慶九年十二月十五日，清廷以新疆重地，設兵駐防，武備最爲緊要，屯田地畝不准官兵親身力作，有妨操練：

> 庚午，月食。諭內閣：本日軍機大臣會同大學士保寧議奏，松筠陳請酌定分給八旗滿洲田畝自行耕種、永爲世産章程一摺。伊犁駐防滿洲兵丁，生齒日繁。松筠相度屯地，疏濬泉源，設法製備器具，借給牛隻耕種。兩年以來，試有成效。茲該將軍猶恐滿洲兵丁公同夥種，久而生懶，請照伊犁錫伯營屯種之例，按名分給地畝，各令自耕，永爲世業，係爲旗人生計起見，其事本屬可行。惟是新疆重地，設兵駐防，武備最爲緊要。此項田畝即分給官兵，祇可令其轉交閑散餘丁代爲耕種，不當令官兵親身力作，有妨操練，轉致技藝日就生疏。至

---

① 中國第一歷史檔案館藏：《硃批奏摺》，檔號：04—01—01—0956—043。

② 中國第一歷史檔案館藏：《録副奏摺》，檔號：03—9554—048。

閑散餘丁内老弱殘病者,豈能令其耕作,勢必仍需壯丁幫助。其漢仗強健者,一概驅之南畝,自必不能專心練習武藝,即充數入伍,亦難資得力,殊非慎重邊陲之道。此事惟在該將軍妥協經理,既使旗人有田可耕,永資養贍,而於新疆重鎮設兵防守事宜,無少窒礙,始爲盡善。至該官兵等將來生計寬裕,家有儲蓄,即不便照錫伯之例停止口糧,亦當將供支款項量爲撙節。著該將軍於三五年後體察情形,再爲詳酌具奏。①

4.【光緒十二年四月二十一日】此具奏日期,據原件補。

5.【光緒十二年五月二十三日】此奉旨日期,據録副補。

---

① 《清實録・仁宗睿皇帝實録(二)》,卷一百三十八,嘉慶九年十二月,第882—883頁,中華書局,1986。

劉錦棠奏稿卷十一

起光緒十二年六月,訖十一月

206. 地方瘠苦擬請酌加公費摺

光緒十二年六月初二日

欽差大臣督辦新疆事宜尚書銜降一級留任甘肅新疆巡撫二等男臣劉錦棠跪◆[1]奏,為新疆地方異常瘠苦,擬仿照內地加增養廉之例,於各官例定養廉公費外酌加公費,以資辦公而示體恤,恭摺仰祈聖鑒事。

竊臣前奏請升迪化直隸州為府,增設知府以下等官及藩臬兩司首領官,經部議核准,並議定每歲應支俸銀及養廉公費銀兩,令於新疆徵收地糧銀內動支,仍照光緒十年奏准成案,除扣六分減平外,毋庸減成等因。於光緒十二年二月初八日具奏,奉旨:依議。欽此。欽遵咨行在案。查臣前奏請將迪化一道兼按察使銜,管理通省刑名、驛傳,經部議核准,尚未議定養廉、公費。該道例定每年養廉銀三千兩、辦公銀七百兩。現既兼管通省刑名、驛傳,公事較前倍增,擬請每年除照例支給按察使俸銀外,加給公費銀二千兩,毋庸另給按察使養廉。此外,各官向有養廉公費,即此次省會添設各官，亦經部議，比照向章支給。廉俸、公費，本可毋庸更議。惟新疆地處極邊，商賈罕到，日用之艱難，百物之昂貴，較之內地何止倍蓰，各員竭蹶從公，實屬入不敷出。臣前奏請加給各官津貼銀兩，部議以爲多立名目，轉涉紛歧，不如酌將廉俸、公費概照十成發給等因。於光緒九年十二月二十五日覆奏，奉旨允准欽遵在案。查養廉一項，自甘肅軍興以來，已經督臣奏明關內外一體發給實銀。惟公費俸銀仍照章七成折減，現經部議准發十成，以每員例定公費銀七百兩計之，每歲所增二百餘兩，在內地宜無不足，而新疆地方既屬異常瘠苦，核其所入，仍有不敷，使各員以自顧弗遑之故，而至因此誤公，亦非朝廷所以綏靖邊疆之意也。

伏查甘肅皋蘭一縣及東西大路各繁缺州縣，向來均有加增養廉之例，公費亦較他屬爲多，擬請仿照辦理，於例定養廉、公費外酌加公費，庶名目不至紛歧，而公事可收實效。南路兩道除各舊有公費銀，每歲請各加銀一千兩。新設迪化府及迪化縣除各例定公費銀，每歲請各加銀八百兩。鎮西、哈密、喀喇沙爾、瑪喇巴什◆2、阜康、昌吉、拜城七廳縣，除各舊有公費，每歲請各加銀六百兩。迪化州學正向有准支公費銀八十兩，現請改爲府教授，經部議照鎮西府教授例，歲給公費銀六十兩。除此項例定公費外，每歲請加銀一百二十兩。鎮西廳訓導除例定公費外，每歲請加銀一百兩。其餘雜職，新疆向無公費，惟該員等均以末秩遠塞從公，擬請仿照正印人員，一體酌給公費。布政司經歷一員，庫大使一員，每歲請各給公費銀一百六十兩。道庫大使兼按察司司獄一員，迪化府經歷一員，鎮西廳照磨一員，迪化、阜康、昌吉縣典史三員，哈密廳巡檢一員，每歲請各給公費銀一百二十兩。以上歲共加銀一萬一千一百八十兩，均請遵照部章，概以十成實銀發給，仍請在於新疆徵收地糧銀內動支，分年彙總報部。據藩司魏光燾詳請具奏前來。臣覆加查核，自兼臬司以下均係擇其員缺尤爲瘠苦，酌量請加,非此實無以辦公。合無仰懇天恩俯念新疆各員缺實屬異常瘠苦,飭部核准於例定養廉、公費外,照數酌加公費,以資辦公而示體恤,出自逾格鴻施。是否有當,謹會同陝甘總督臣譚鍾麟,恭摺具陳。伏乞皇太后、皇上聖鑒訓示施行。謹奏。光緒十二年六月初二日◆3。

　　光緒十二年七月初七日◆4,軍機大臣奉旨:該部議奏。欽此。

【案】此摺原件①、録副②現藏於中國第一歷史檔案館,兹據校補。

1.【欽差大臣督辦新疆事宜尚書銜降一級留任甘肅新疆巡撫二等男臣劉錦棠跪】此前銜據原件補。

2.【瑪喇巴什】原件、録副均作"瑪納巴什"。

3.【光緒十二年六月初二日】此具奏日期,據原件補。

4.【光緒十二年七月初七日】此奉旨日期,據録副補。

207. 聲復道員袁垚齡保案並請准補缺片
光緒十二年六月初二日

　　再,臣前奏遵照新章請以二品頂戴鹽運使銜浙江儘先題奏道那爾琿巴圖魯袁垚齡補授阿克蘇兵備道員缺,奉旨:吏部議奏。欽此。經部議稱:該員保二品頂戴留原省儘先題奏道之案,查光緒四年二月十二日左宗棠等奏克復南路西四城回疆一律肅清案內,並無袁垚齡之名,是否另案保獎,係在何處出力,何年月日奉旨,應令將該員保案聲覆具奏,再行核辦等因。於光緒十二年二月二十四日具奏,奉旨:依議。欽此。欽遵咨行到臣。查該員袁垚齡,於剿辦陝回金山股逆及兩次剿辦安集延

①　中國第一歷史檔案館藏:《硃批奏摺》,檔號:04—01—35—0987—032。

②　中國第一歷史檔案館藏:《録副奏摺》,檔號:03—5211—020。

布魯特匪尤爲出力員弁隨摺開單請獎案内，經左宗棠奏保單開，花翎鹽運使銜浙江補用知府擬保二品頂戴留原省儘先題奏道袁垚齡，請賞給清字勇號，並請賞給二品封典等因。於光緒五年十月初一日具奏，並附奏此案請獎各員有於前次克復西四城南疆肅清案内已經擬保官階者，均於單内聲明，作爲各員底銜加保，懇恩飭部一併注册。臣於克復西四城南疆肅清案内即便查照開除，不致重復等因。奉旨：著照所請，該部知道。欽此。旋奉是年十月十四日上諭：擬保二品頂戴留原省儘先題奏道袁垚齡，著賞給那爾琿巴圖魯名號，並賞給二品封典。欽此。均准部覆行知在案。

臣維克復南路西四城在事出力各員隨摺請獎在剿辦安集延各匪之前，而彙案請獎在剿辦安集延各匪隨摺保獎之後。凡與剿辦安集延隨摺保獎之員，其克復南路西四城彙保案内，悉皆查照開除。該員袁垚齡於克復南路西四城回疆一律肅清彙保案内擬保官階，實已於剿辦安集延等匪隨摺保獎案内，經左宗棠奏明作爲底銜，奉旨允准欽遵有案。該員從役有年，深資得力，於邊地情形尤爲熟悉。合無仰懇天恩飭部核准，以該員袁垚齡補授阿克蘇兵備道員缺，於地方實有裨益。兹奉前因，相應聲覆。謹會同陝甘總督臣譚鍾麟，附片具陳。伏乞聖鑒訓示施行。謹奏。

光緒十二年七月初七日◆¹，軍機大臣奉旨：吏部知道。欽此。

【案】此奏片原件①、録副②現藏於中國第一歷史檔案館，兹據校補。

1.【光緒十二年七月初七日】此奉旨日期，據録副補。

---

① 中國第一歷史檔案館藏：《硃批奏片》，檔號：04—01—17—0186—024。
② 中國第一歷史檔案館藏：《録副奏片》，檔號：03—5842—012。

208. 請將新疆南路各官初任交代寬免起限片

光緒十二年六月初二日

　　再，據藩司魏光燾詳稱：查定例，各廳州縣經手倉庫、錢糧交卸後限兩個月，移交後任接收結報，歷經遵辦在案。惟查新疆初設行省，除北路各屬交代尚承甘肅向例照舊辦理外，南路各廳州縣皆屬新設，交代係屬創案。從前設局辦理善後收款，無論采買、征糧、支款，無論軍需、善後，概係統收統支。遇有交卸造報，款目紛歧，與例定交代情形迥別。現經該司分別釐定，截至未設郡縣以前，所有善後征糧各局收支動存銀糧，概行提出，飭令造冊報由糧臺核辦。其自設官到任日起，分別軍需、善後、例支爲三大宗，以例款作爲常年定額歸入交代，照例造冊結報。其善後、軍需各項仍分款報由糧臺，彙案核銷，以清界限而免牽混。第初任交代既屬創辦，一切章程未定，一案到司，必須會同糧臺分別清釐，始能飭行遵辦，展轉更造，有需時日，實難依限結報等情。詳請具奏前來。臣覆查無異。合無仰懇天恩俯念設省之初，未能驟照定例，准予飭部將南路各屬凡係設官初任交代，概行寬免起限，一俟次任，再行循例辦理。除咨部查照外，謹會同陝甘總督臣譚鍾麟，附片具陳。伏乞聖鑒訓示。謹奏。

　　光緒十二年七月初七日◆1，軍機大臣奉旨：户部知道。欽此。

　　【案】此奏片原件①、録副②現藏於中國第一歷史檔案館，兹據校補。原件具奏日期署爲“光緒十四年”，顯誤，録副以奉旨日期作爲具奏日期，

---

①　中國第一歷史檔案館藏：《硃批奏片》，檔號：04—01—35—0995—048。
②　中國第一歷史檔案館藏：《録副奏片》，檔號：03—5689—006。

亦未確,茲據《軍機處隨手登記檔》①及刻本校正。

1.【光緒十二年七月初七日】此奉旨日期,據錄副補。

209.恭報十二年正月分糧價得雪情形摺

光緒十二年六月十二日

欽差大臣督辦新疆事宜尚書銜降一級留任甘肅新疆巡撫二等男臣劉錦棠跪◆¹奏,爲恭報光緒十二年正月分糧價並得雪情形,謹繕摺具陳,仰祈聖鑒事。

竊照內地各直省米糧時估及雨水陰晴,向係按月奏報。新疆初設行省,所有雨水、糧價情形應從本年正月分起,遵例核報。查新疆向來雨水稀少,各地屯墾專賴冬春積雪融化入渠,以資灌溉。本年正月分,迪化等州廳屬具報得雪五寸有餘及三四寸不等。惟吐魯番、哈密兩廳平地未曾得雪,各處民情尚稱安謐。至通省糧價,亦參差不一。據藩司魏光燾彙詳請奏前來。理合恭摺具陳,並繕糧價清單◆²,敬呈御覽。伏乞皇太后、皇上聖鑒。再,新省地方遼闊,此案開辦伊始,各屬摺報不齊,且未能一律遵式,由藩司分別行催餙查,是以辦理稍遲,合併陳明。謹奏。光緒十二年六月十二日◆³。

光緒十二年七月十八日◆⁴,軍機大臣奉旨:知道了。欽此。

【案】此摺原件②、錄副③現藏於中國第一歷史檔案館,茲據校補。

1.【欽差大臣督辦新疆事宜尚書銜降一級留任甘肅新疆巡撫二等男臣劉錦棠跪】此前銜據原件補。

---

① 中國第一歷史檔案館藏:《軍機處隨手登記檔》,檔號:03—0250—3—1212—177。

② 中國第一歷史檔案館藏:《硃批奏摺》,檔號:04—01—25—0527—021。

③ 中國第一歷史檔案館藏:《錄副奏摺》,檔號:03—6853—023。

2.【案】此清單現藏於中國第一歷史檔案館,茲據補如下:

謹將新疆各屬光緒十二年正月分米糧時估價值繕具清單,恭呈御覽。

計開正月分

鎮迪道屬。迪化直隸州:大米每京石價銀四兩四錢四釐,小麥每京石價銀一兩五錢九分二釐,莞豆每京石價銀一兩六錢五分六釐,青稞每京石價銀一兩二錢五分八釐。

昌吉縣:大米每京石價銀三兩六錢三釐,小麥每京石價銀一兩三錢四分七釐,莞豆每京石價銀一兩四錢八分六釐,青稞每京石價銀九錢五分八釐。

阜康縣:粟米每京石價銀一兩五錢九分二釐,小麥每京石價銀一兩四錢八分六釐,莞豆每京石價銀一兩四錢一分五釐,高粱每京石價銀七錢七分八釐。

綏來縣:大米每京石價銀三兩一錢八分二釐,小麥每京石價銀一兩一錢六分七釐,莞豆每京石價銀一兩三錢一分九釐,高粱每京石價銀八錢九分七釐。

奇臺縣:大米每京石價銀三兩四錢五分二釐,小麥每京石價銀一兩七錢六分九釐,莞豆每京石價銀一兩三錢八分一釐。

哈密廳:粟米每京石價銀二兩八錢八分,小麥每京石價銀一兩四錢二分一釐,莞豆每京石價銀一兩四錢四分,青稞每京石價銀一兩七分三釐。

鎮西直隸廳:小麥每京石價銀二兩一錢五分,莞豆每京石價銀一兩八錢三分,青稞每京石價銀一兩四錢。

吐魯番廳:小麥每京石價銀一兩七錢七分四釐,大麥每京石價銀七錢四分六釐,高粱每京石價銀八錢五分七釐,黃豆每京石一兩四錢九分三釐。

庫爾喀喇烏蘇糧員:粟米每京石價銀一兩二錢,小麥每京石價銀一兩四錢,莞豆每京石價銀二兩,高粱每京石價銀一兩四錢四分。

精河糧員:大米每京石價銀三兩八錢五分,小麥每京石價銀七錢,高粱每京石價銀六錢三分,莞豆每京石價銀一兩二錢五分九釐。

阿克蘇道屬。温宿直隸州:大米每京石價銀一兩八錢二分四釐,小麥每京石價銀八錢二分八釐,大米每京石價銀四錢八分,包穀每京石價銀五錢四分四釐。

拜城縣:小麥每京石價銀六錢九分,大麥每京石價銀三錢八分八釐,莞豆每京石價銀五錢六分,包穀每京石價銀五錢六分。

喀喇沙爾直隸廳:大米每京石價銀二兩七錢一分,小麥每京石價銀一兩三分五釐,莞豆每京石價銀七錢六分八釐,包穀每京石價銀八錢四分。

庫車直隸廳:大米每京石價銀一兩四錢八分,小麥每京石價銀五錢六分九釐,莞豆每京石價銀三錢七分,包穀每京石價銀三錢四釐。

烏什直隸廳:大米每京石價銀二兩三錢八分四釐,小麥每京石價銀六錢六分,大麥每京石價銀二錢八分八釐,包穀每京石價銀四錢五分八釐。

喀什噶爾道屬。疏勒直隸州:大米每京石價銀二兩八錢五分,小麥每京石價銀一兩五錢一分八釐,包穀每京石價銀一兩五錢,高粱每京石價銀一兩一錢五分。

疏附縣:大米每京石價銀二兩八錢五分,小麥每京石價銀一兩五錢八分七釐,包穀每京石價銀一兩七分二釐,高粱每京石價銀一兩一錢五分。

莎車直隸州:大米每京石價銀二兩六錢六分四釐,小麥每京石價銀一兩三分五釐,大麥每京石價銀八錢七分五釐,包穀每京石價銀九錢五分四釐。

葉城縣:大米每京石價銀三兩四分五釐,小麥每京石價銀一兩三錢七分五釐,包穀每京石價銀九錢,高粱每京石價銀一兩。

和闐直隸州:大米每京石價銀三兩八分,小麥每京石價銀一兩六錢五分六釐,包穀每京石價銀一兩二錢八分,青稞每京石價銀一兩二錢四分二釐。

于闐縣:大米每京石價銀五兩二錢四分四釐,小麥每京石價銀二兩一錢四分四釐,包穀每京石價銀一兩五錢三分六釐。

英吉沙爾廳:大米每京石價銀三兩九錢五分二釐,小麥每京石價銀二兩二錢八釐,包穀每京石價銀一兩三錢四分,大麥每京石價銀一兩四分四釐。

瑪喇巴什廳:大米每京石價銀三兩二錢四分,小麥每京石價銀一兩二錢五分,包穀每京石價銀一兩二錢。軍機大臣奉旨:覽。欽此。①

3.【光緒十二年六月十二日】此具奏日期,據原件補。

4.【光緒十二年七月十八日】此奉旨日期,據録副補。

210. 代奏回王展緩期滿呈懇按班朝覲摺
光緒十二年六月十二日

欽差大臣督辦新疆事宜尚書銜降一級留任甘肅新疆巡撫二等男臣劉錦棠跪◆1奏,爲據情代奏哈密回子親王展緩期滿,呈懇按班朝覲,恭摺仰祈聖鑒事。

竊據哈密札薩克回子親王沙木胡索特呈稱:前呈經哈密辦事大臣明春等於光緒十年十一月二十一日代奏,籲懇天恩准予暫緩二年,俟軍差稍減,回民安輯,再行呈請按班朝覲一摺,嗣奉飭知,光緒十年十二月二十日軍機大臣奉旨:該回王著准其暫緩入覲。欽此。欽遵在案。現屆展緩期滿,諸務稍鬆,溯自蒙恩承襲以來,尚未入覲天顏,供差廷闕,惶悚實深,未便再行延誤。呈請代奏前來。臣覆查無異。相應據情代奏,懇恩准予該回王按班朝覲,以符定制。如蒙俞允,恭候命下,即行轉飭遵照。所有代陳哈密回子親王懇請按班朝覲各緣由,恭摺具奏。伏乞皇太后、皇上聖鑒訓示。謹奏。光緒十二年六月十二日◆2

光緒十二年七月十八日◆3,軍機大臣奉旨:著准其按班朝覲,

① 中國第一歷史檔案館藏:《清單》,檔號:03—6853—024。

該衙門知道。欽此。

【案】此摺缺原件，録副①二件現藏於中國第一歷史檔案館，兹據校補。

1.【欽差大臣督辦新疆事宜尚書銜降一級留任甘肅新疆巡撫二等男臣劉錦棠跪】此前銜據録副補。

2.【光緒十二年六月十二日】此具奏日期，據録副補。

3.【光緒十二年七月十八日】此奉旨日期，據録副補。

211. 恭報啓用關防日期並請繳回
欽差大臣關防摺

光緒十二年七月初四日

欽差大臣督辦新疆事宜尚書銜降一級留任甘肅新疆巡撫二等男臣劉錦棠跪◆¹奏，爲恭報微臣啓用關防日期，並請旨繳回欽差大臣關防，恭摺具陳，仰祈聖鑒事。

竊臣於光緒十二年六月十七日准禮部咨，由差弁賫到光字二十六號甘肅新疆巡撫關防一顆。當即恭設香案，望闕叩頭祇領啓用。伏念新疆當設官經野之初，巡撫有率屬綏民之責，以臣愚昧，首佩寵章，敢不矢慎矢勤，以期仰副朝廷永靖邊陲之至意。惟臣自光緒六年仰承恩命，接縋欽符，感荷殊施，時憂竭蹶。幸賴聖謨廣運，燭照無遺，總挈方隅，悉從省制，量設巡撫以下等官，並特加巡撫兵部尚書銜，俾節制全疆軍務，目張綱舉，因地制宜，時會所乘，規模漸具。但冀各省關應撥協餉，報解如期。此外應辦事宜，悉屬撫臣專責。臣謬當斯任，兢惕方深，若復久縋欽符，尤虞隕越。合無仰懇天恩俯准，繳回欽差大臣關防，俾得少安。愚拙之

①　中國第一歷史檔案館藏：《録副奏摺》，檔號：03—5211—075；03—5211—076。

處,伏候諭旨遵行。謹恭摺具奏。伏乞皇太后、皇上聖鑒訓示。謹奏。光緒十二年七月初四日◆2。

　　光緒十二年八月初六日◆3,軍機大臣奉旨:著准其回繳。所有新疆改設一切未盡事宜,仍著劉錦棠悉心妥籌辦理。欽此。

　　【案】此摺原件①、錄副②現藏於中國第一歷史檔案館,茲據校補。

　　1.【欽差大臣督辦新疆事宜尚書銜降一級留任甘肅新疆巡撫二等男臣劉錦棠跪】此前銜據原件補。

　　2.【光緒十二年七月初四日】此具奏日期,據原件補。

　　3.【光緒十二年八月初六日】此奉旨日期,據錄副補。

212.新疆需才治理照章揀員留省摺
光緒十二年七月十六日

　　欽差大臣督辦新疆事宜尚書銜降一級留任甘肅新疆巡撫二等男臣劉錦棠跪◆1 奏,爲新疆設省伊始,需才治理,擬照變通委署留補章程,揀員留省,懇恩飭部注冊,以資差委,恭摺仰祈聖鑒事。

　　竊維新疆荒瘠之區,兵燹之後,地方凋敝,民氣未紓。當此建立行省,新設郡縣,整頓撫綏,期在得人而理。臣前於酌擬新疆補署各缺留省補用章程案內,請將隨營當差之分省候選並他省候補各項人員內從事有年、熟悉邊務者,照依變通章程,留於甘肅新疆補用。接准部覆:隨營之分省候選並他省候補各員,自應准其留於新疆補用,照甘肅從前變通章程,分別奏咨辦理。又查變通章程內開:雲貴、甘肅如因地方緊要,遴才任使,須將他省候補及候

---

　　① 中國第一歷史檔案館藏:《硃批奏摺》,檔號:04—01—12—0535—031。

　　② 中國第一歷史檔案館藏:《錄副奏摺》,檔號:03—5689—034。

選分發各員變通委署者,應准該督撫將該員留於該省,分別補用,毋庸再歸候選原班及候補原省各等語。茲查有三品銜分省候補班候補知府◆2張起宇、開復道銜籤掣省分遇缺奏補知府劉肇瑞、知府用江西補用直隸州知州江遇璞、遇缺儘先即選知州袁運鴻、四品銜儘先選用通判世襲騎都尉孫志焄、提舉銜補缺後在任候補直隸州知州廣東候補班前儘先補用知縣黃袞、知州用儘先選用知縣任兆觀、同知銜分省補用知縣楊其澍、同知銜儘先即選知縣李徵煦、同知銜◆3分省候補班儘先前遇缺即補知縣喻先麓、同知銜分省補用知縣鄧以潢等十一員,均在營當差有年,於邊情、土俗熟悉諳練,應請照章留於甘肅新疆補用。據藩司魏光燾詳請具奏前來。臣覆查無異。合無仰懇天恩准予飭部將該員等一律注冊,留於甘肅新疆補用,期於地方有裨。除查取各該員履歷咨部外,謹會同陝甘督臣譚鍾麟,恭摺具陳。伏乞皇太后、皇上聖鑒訓示。謹奏。光緒十二年七月十六日◆4。

　　光緒十二年八月十八日◆5,軍機大臣奉旨:著照所請,吏部知道。欽此。

　　【案】此摺原件①、錄副②現藏於中國第一歷史檔案館,茲據校補。

　　1.【欽差大臣督辦新疆事宜尚書銜降一級留任甘肅新疆巡撫二等男臣劉錦棠跪】此前銜據原件補。

　　2.【候補知府】原件、錄副均作"補用知府"。

　　3.【同知銜】刻本奪"同知銜",據原件、錄副補。

　　4.【光緒十二年七月十六日】此具奏日期,據原件補。

　　5.【光緒十二年八月十八日】此奉旨日期,據錄副補。

---

　①　中國第一歷史檔案館藏:《硃批奏摺》,檔號:04—01—01—0955—001。

　②　中國第一歷史檔案館藏:《錄副奏摺》,檔號:03—5212—072。

213. 估修吐魯番廳綏來縣兩城需用數目立案片

光緒十二年七月十六日

　　再，據藩司魏光燾詳稱：鎮迪道屬吐魯番爲南北咽喉重地，該處城垣歷久未修，兵燹以後，城門、甕洞、腰角、城樓均經坍塌，四面城身垛墙亦多傾圮，亟宜修理，以資保衛。又綏來縣城前於光緒二年賊盤踞時，官軍圍攻，多被開花炮擊損，頹敝難堪，雖經防營將城身稍爲補葺，而頻年雨雪所侵，仍多裂毀。該縣爲省西門户，西通伊犁，北達塔城，地當衝繁，最關緊要。前據各該廳縣禀奉飭修，並撥防營幫同版築，一應工料仍飭切實估計在案。兹據吐魯番同知估報：此項城工土作以勇丁任役，經費較減。惟應需木料須采自伊拉湖山北，計程七百餘里，往返約須半月，道遠運艱，燒磚柴薪亦極昂貴。計需銀一萬五千六百餘兩，綏來縣城估用銀七千一百九十餘兩，食糧在外。查關外工程，均經隨時奏報，工竣核實報銷。該兩廳縣城工事同一律，詳請一併具奏前來。臣覆查無異。謹會同陝甘總督臣譚鍾麟，附片陳明。伏乞聖鑒訓示，敕部立案施行。謹奏。

　　光緒十二年八月十八日◆1，軍機大臣奉旨：該部知道。欽此。

　　【案】此奏片原件①、録副②現藏於中國第一歷史檔案館，兹據校補。原件所署具奏日期爲“光緒十一年”，未確，兹據《軍機處隨手登記檔》③、録副及刻本校正。

　　1.【光緒十二年八月十八日】此奉旨日期，據録副補。

①　中國第一歷史檔案館藏：《硃批奏片》，檔號：04—01—37—0129—025。
②　中國第一歷史檔案館藏：《録副奏片》，檔號：03—6022—023。
③　中國第一歷史檔案館藏：《軍機處隨手登記檔》，檔號：03—0250—3—1212—217。

214. 揀員署理塔爾巴哈臺參贊大臣員缺摺

光緒十二年七月十六日

欽差大臣督辦新疆事宜尚書銜降一級留任甘肅新疆巡撫二等男臣劉錦棠、頭品頂戴署伊犂將軍塔爾巴哈臺參贊大臣臣錫綸跪◆1奏，爲遵旨揀員署理參贊大臣員缺，恭摺仰祈聖鑒事。

竊臣等准兵部咨：光緒十二年三月二十二日內閣奉上諭：署塔爾巴哈臺參贊大臣明春奏病難速痊，請開署缺一摺◆2。明春著准開署缺，回旗調理。塔爾巴哈臺參贊大臣員缺，著劉錦棠、錫綸就近揀員，奏派署理。欽此。欽遵咨行前來。臣等竊維塔爾巴哈臺地處極邊，屯墾操防及通商事務，在在悉關緊要，非熟悉邊情、剛柔交濟，不足以資撫馭。茲查有伊犂額魯特領隊大臣春滿①，辦事勤篤，有守有爲，於邊務夷情尤多諳練。以之接署斯缺，可期措理裕如。臣等往復函商，意見相合。除咨春滿查照並由臣錫綸派員接署額魯特領隊大臣事務，另摺奏明辦理外，謹會同陝甘總督臣譚鍾麟，合詞具陳。伏乞皇太后、皇上聖鑒訓示施行。再，此摺係由臣劉錦棠主稿，合併聲明。謹奏。光緒十二年七月十六日◆3。

光緒十二年八月十八日◆4，軍機大臣奉旨：知道了。欽此。

【案】此摺原件②、錄副③現藏於中國第一歷史檔案館，茲據校補。

① 春滿(1839—1905)，字少冊，伊爾根覺羅氏，滿洲鑲白旗人。同治二年(1863)，任吉林伊通驍騎校。三年(1864)，調三姓正白旗防禦。四年(1865)，擢吉林滿洲正黃旗佐領。七年(1868)，調補烏拉正黃旗佐領、烏拉鑲白旗佐領。光緒三年(1877)，加副都統銜。九年(1883)，署理伊犂索倫領隊大臣，旋實授。十二年(1886)，調額魯特領隊大臣，署理塔爾巴哈臺參贊大臣。十九年(1893)，調補察哈爾領隊大臣。二十三年(1897)，任伊犂副都統。三十年(1904)，因病解職。
② 中國第一歷史檔案館藏：《硃批奏摺》，檔號：04—01—16—0219—077。
③ 中國第一歷史檔案館藏：《錄副奏摺》，檔號：03—5212—070。

1.【欽差大臣督辦新疆事宜尚書銜降一級留任甘肅新疆巡撫二等男臣劉錦棠、頭品頂戴署伊犁將軍塔爾巴哈臺參贊大臣臣錫綸跪】此前銜據原件補。

2.【案】光緒十二年二月十六日，塔爾巴哈臺參贊大臣明春以病難速痊，具摺懇請開缺調理：

奴才明春跪奏，爲奴才傷疾增劇，難望速痊，籲懇天恩，俯准開去署缺，回京調理，恭摺具陳，仰祈聖鑒事。竊奴才壯歲從軍，氣體最爲健壯，由皖、豫、秦、隴轉戰出關，雖屢受傷，隨時醫治，即平復如故，以是馳驅戎馬二十餘載，不惜微軀，力圖報效。當同治十二年，大股陝回竄出關外，奴才甫統健銳軍，援剿安、敦、玉三州縣，與賊相持三月之久，日有戰事，糧餉雙缺，激勵饑軍，竭力兜剿，回環馳逐，往往取給於敵，晝夜困憊，心力交勞。比賊敗竄，又奉援哈之命，遂率所部，鼓行而西。哈密解圍後，軍糧匱乏，就食巴里坤，往還於天山南北，未曾一日安枕。次年，追剿變勇，復受重傷，出血過多，幾乎不保。雖醫治痊癒，而氣體非復昔日之健壯矣。職守哈密十二年之中，布置防剿，辦理地方各事，自覺精力尚能支持。光緒九年，漸患喘嗽。十年五月內，因事赴劉錦棠大營，行至半途，忽兩手抽掣，心內突跳，角弓反張，人事不省。劉錦棠聞之，親來看視，急命官醫連扎十餘針，約有兩時之久，始得轉蘇，自此醫藥弗離。奈病根已深，間不數月，前症輒發。維時哈密辦事大臣之缺已經議裁，未敢請假。奴才亟擬將任內經手事件趕緊清釐，即爲奏請進京就醫。上年九月十三日欽奉諭旨，署理塔爾巴哈臺參贊大臣，當伊犁事機緊迫，接替不容稍緩，劉錦棠亦致函相催，未敢藉病推諉，隨即力疾起程，馳赴新任。時值隆冬，途次屢感風寒，觸犯舊疾。抵任後，延醫調治，不惟鮮見功效，日益羸弱，且四肢厥冷，飲食不進，閱看公事，不能終篇，輒心跳眼離，頭暈手顫。據醫者云，氣血太虧，勞傷過甚，須靜心調攝，非尋常藥餌所能愈。入春以來，雜症叢生，絕塞窮邊，醫藥難覓，既不能履勘邊境，又不獲躬閱營壘，轉瞬冰融凍解，東作方興，屯田操防，最關緊要。所幸錫綸平素訓練有方，營屯諸務均有規模。奴才雖飭各營將弁仍循舊章，勤慎辦公，然事事弗能躬親整頓，實切競懼。若以病軀戀棧，設有貽誤，罪責奚辭！况年將六旬，精力漸衰，自知病症匪輕，兼之邊瘴太大，水土不服，難期痊癒。惟有不揣冒昧，籲懇天恩，俯准奴才開去署缺，回京調理，並請另簡賢能接替，以重邊陲。可否飭下新疆撫臣劉錦棠，會同署將軍錫綸，就近揀舉大員，暫行接署，俾奴才早爲交卸之處，出自聖裁。如蒙俞允，奴才回京就醫，調理痊癒，即當泥首官門，求賞差使，斷不敢稍甘廢棄，自外生成。謹將奴才傷疾難愈、懇恩開缺回京調理緣由，恭摺附驛具奏。伏乞皇太后、皇上聖鑒訓示。謹奏。光緒十二年二月十六日①。

　　光緒十二年三月二十二日，軍機大臣奉旨:(另有旨。)欽此。②

【案】明春之奏於十年三月二十二日得允行。《清實録》:"准患病署塔爾巴哈臺參贊大臣明春開缺，回旗調理。"③

3.【光緒十二年七月十六日】此具奏日期，據原件補。

4.【光緒十二年八月十八日】此奉旨日期，據録副補。

【案】光緒十二年十一月十九日，署塔爾巴哈臺參贊大臣春滿附片奏保，爲代卸署參贊大臣明春擬請借用哈密辦事大臣印信事:

　　再，奴才本年十月十八日接准卸署參贊大臣明春咨稱:該大臣於本年八月二十六日交卸參贊大臣印務，業經專摺奏報在案。所有署任內經手十個月糧餉、事件，自應結算交代清楚，早爲北上。無如該大臣傷疾本未大愈，而塔城一入冬令，天氣太冷，又復感寒，病勢轉重，兼之氣體衰弱，畏寒過甚，年內不能起程。再，該大臣尚有哈密任內光緒九年至十一年續案報銷並清還新疆撫臣劉錦棠借款，以及哈密回部糧價、商民借款等項事件，雖已分咨具奏，尚未辦理完結，仍不免有奏咨事件。查有哈密辦事大臣之印，原擬大臣回京自行恭繳，該大臣如遇應奏應咨事件，擬請借用哈密辦事大臣之印，以昭信守。俟將經手事件辦理完竣，仍即自行回京恭繳等情。咨請代奏前來。理合附片具奏。伏乞聖鑒訓示。謹奏。

---

① 　臺北故宮博物院藏:《軍機及宮中檔》，文獻編號:408008260。

② 　中國第一歷史檔案館藏:《録副奏摺》，檔號:03—5207—103。

③ 　《清實録·德宗景皇帝實録(四)》，卷之二百二十五，光緒十二年三月，第45頁。

光緒十二年十二月二十九日，軍機大臣奉旨：著照所請。欽此。①

光緒十二年九月初三日，署塔爾巴哈臺參贊大臣春滿具報到任接署篆務日期曰：

奴才春滿跪奏，爲恭報奴才到任接印日期，叩謝天恩，仰祈聖鑒事。竊奴才於本年七月二十四日承准甘肅新疆巡撫劉錦棠、署伊犁將軍錫綸咨開：會同陝甘總督譚鍾麟遵旨奏委奴才署理塔爾巴哈臺參贊大臣等因。旋准將軍錫綸咨開：奏委副都統銜健銳營前鋒參領前署伊犁額魯特領隊大臣喀勒充伊，接署奴才所管伊犁額魯特領隊大臣事務，並代呈奴才交代起程日期。奴才遵即交卸領隊印務，於本年八月初八日由伊犁起程，是月二十四日馳抵塔爾巴哈臺額牧勒河行營，於二十六日經前署塔爾巴哈臺參贊大臣明春將印信、文卷移交前來。奴才當即恭設香案，望闕碰頭叩謝天恩，接印任事訖。

竊維奴才滿洲世僕，智識庸愚，前隨親王僧格林沁轉戰皖、豫等省，嗣經神機營王大臣委帶馬隊赴綏遠城軍營，繼復奉調新疆，接統隊伍，於光緒九年蒙恩補授伊犁索倫領隊大臣，復蒙簡放伊犁額魯特領隊大臣，正涓埃之未報。刻復經巡撫劉錦棠等奏署斯缺，益惶悚以難名。伏查塔城乃極邊重鎮，參贊係西北專閫，舉凡修兵備、辦屯田、睦俄鄰、撫蒙夷、固邊圉諸大端，在在均關緊要。奴才自慚駑劣，深懼弗勝。惟有遇事稟承巡撫劉錦棠、將軍錫綸、總督譚鍾麟，悉心經理，冀臻妥協，斷不敢以暫設篆務，稍事因循，以期仰答高厚鴻慈於萬一。所有奴才接印日期並感激下忱，理合恭摺具奏。再，奴才赴任時，曾知會俄國伊塔領事官，爲取道博羅塔拉北行，就便查看塔城西境地界。行抵交界時，亦經俄國邊界官飭派官兵，途中在界照料，兩屬哈薩克均亦相安。年穀甚稱豐稔，合併陳明。伏乞皇太后、皇上聖鑒。謹奏。

軍機大臣奉旨：知道了。欽此。②

①　中國第一歷史檔案館藏：《錄副奏片》，檔號：03—5216—122。
②　臺北故宮博物院藏：《軍機及宮中檔》，文獻編號：408008269。

光緒十三年二月初十日,署塔爾巴哈臺參贊大臣春滿奏報明春病故日期曰:

奴才春滿跪奏,爲恭報前署參贊大臣明春積勞病故日期,並代遞遺摺,恭摺仰祈聖鑒事。竊查明春於上年二月內因病乞退,蒙恩准開署缺,回旗調理。於八月二十六日奴才到任,明春交卸後,因經手事件尚未清釐,兼之病未大愈,天氣漸冷,未能起程回京。本年正月初旬,明春忽患咳嗽、痰喘諸證,奴才數往看視,勸其安心調理。無如明春積病已久,氣血兩虧,醫藥頻投,殊鮮功效。延至二月初八日早辰,明春自知病不能起,將經手未完一切公事托付奴才,督飭承辦委員逐款造冊呈賣,代爲奏明辦理,並口授大意,繕具遺摺,交奴才代爲遞。明春自云國恩未報,賚志以終,抱憾九原,並無一語及私。遂於是日亥刻,在於行營病故,其身後蕭條,官囊如洗。明春家居京旗,僅有一子二品蔭生三等侍衛志興,在京當差。奴才飭令明春原帶委員提督楊志勝,將喪中一切妥爲料理,並據該提督同塔城糧餉理事通判將哈密辦事大臣銀印一顆賚送前來,另行派員恭繳。其積勞情形及生平戰功事迹,容俟奴才會同新疆巡撫臣劉錦棠、署伊犁將軍錫綸另行具奏外,謹將該大臣病故日期並代遞遺摺各緣由,恭摺由驛馳陳。伏乞皇太后、皇上聖鑒。謹奏。光緒十三年二月初十日①。

光緒十三年三月十三日,軍機大臣奉旨:另有旨。欽此。②

215. 發給伊犁勇營存餉逐款陳明請飭核銷摺
光緒十二年七月二十六日

欽差大臣督辦新疆事宜尚書銜降一級留任甘肅新疆巡撫二等男臣劉錦棠、頭品頂戴署伊犁將軍塔爾巴哈臺參贊大臣臣錫綸跪◆¹奏,爲發給伊犁勇營存餉,謹逐款陳明,請旨飭部核銷,以清

---

① 中國第一歷史檔案館藏:《硃批奏摺》,檔號:04—01—16—0222—069。
② 中國第一歷史檔案館藏:《録副奏摺》,檔號:03—5220—036。

款目,恭摺仰祈聖鑒事。

　　竊臣等前奉諭旨,清釐伊犁勇營欠餉,當由督臣譚鍾麟委員解到墊款銀三十萬兩,臣等悉心商議,於弁勇之中分別挑留、裁撤,又於裁撤之中分別回籍、落戶,列爲三項。挑留各勇議以入營在一年之内者,發銀四兩。一年之外,每歲酌加二兩,按年遞加。積至十年者,發銀二十二兩。十年以上,遠無可考,未便更加,率以十年爲斷。哨官每員發銀六十兩。統領營官,稽其久暫,酌發薪公銀兩,幫辦及幕友薪水在内,不另開支。其裁撤回籍之弁勇,視留營弁勇按年之所應領數各倍之,仍按其道里較遠而所領不敷盤費者,另外酌加銀兩。其情願寄居落戶者,照回籍弁勇約減四分之一。所有會辦情形當於本年三月初七日據實奏明,奉旨:該部知道。欽此。欽遵在案。兹查挑留一項,發銀九萬九千一十八兩。裁撤回籍一項,發銀九萬四千六百九十八兩,其籍隸遠省各勇丁每名加發銀十兩,即在其内。落戶一項,發銀一萬一千六百一十八兩。統領、營、哨各官,酌發薪公,亦於三項之内分別開列。又病故員弁十七員,均係在營日久,各有應領薪公,遺櫬未歸,待此舉發。内如原任綏定鎮總兵劉宏發,前帶英、禮等營,尚有幫帶營官及幕友薪水未曾發清。查該故員名下應領薪公,爲數尚多,自應酌量支給,此項共發銀五千四百兩。車脚照章應付共銀二千六百五十九兩有零。以上總共發銀二十一萬三千三百九十三兩三錢五釐。據行營銀錢所委員開報前來。臣等覆核無異。竊維此次清釐各該營欠餉,均係欽遵諭旨,分成勻給,與尋常發餉事有不同,自應實用實銷。至此外存餘一款,臣錦棠前在伊犁移交臣錫綸銀八萬兩,當經奏明在案。兹仍存銀六千六百餘兩,應一併解赴伊犁,合前次移交之款共銀八萬六千六百六兩六錢九分五釐,歸入吉江馬隊遣撤回旗盤費項下,由臣錫綸另案報銷。所有酌發伊犁勇營存餉各數目,除開單咨部核銷外,謹會同陝甘總督臣譚鍾麟,合詞具陳。伏乞皇太后、皇上聖鑒，飭部查照施行。再，此摺係臣錦棠主稿，合併聲明。謹奏。光緒十二年七月二十六日^{◆2}。

　　光緒十二年九月初一日^{◆3}，軍機大臣奉旨：該部知道。欽此。

　　【案】此摺原件①、錄副②現藏於中國第一歷史檔案館，茲據校補。

　　1.【欽差大臣督辦新疆事宜尚書銜降一級留任甘肅新疆巡撫二等男臣劉錦棠、頭品頂戴署伊犁將軍塔爾巴哈臺參贊大臣臣錫綸跪】此前銜據原件補。

　　2.【光緒十二年七月二十六日】此具奏日期，據原件補。

　　3.【光緒十二年九月初一日】此奉旨日期，據錄副補。

216. 請將潘效蘇補和闐直隸州知州員缺摺

光緒十二年七月二十六日

　　欽差大臣督辦新疆事宜尚書銜降一級留任甘肅新疆巡撫二等男臣劉錦棠跪^{◆1}奏，爲揀員請補新設直隸州知州員缺，以重地方，恭摺仰祈聖鑒事。

　　竊據新疆布政使魏光燾、兼按察使銜署鎮迪道^{◆2}英林詳稱：新疆新設和闐直隸州知州，西北有莎車州以當其衝，東南有于闐縣以扼其要，距省四千七百餘里，人煙稠密，俗敝民偷，應請定爲疲難二項邊遠請調中缺。該處係屬新設，應即揀員請補，以重職守。查南路新設各缺，前請照吉林新章由外揀補一次，奉部覆准在案。茲查有知府用裁缺撤回留新疆另補即用直隸州知州潘效蘇，年四十八歲，湖南長沙府湘鄉縣人，由俊秀於咸豐十一年投效軍營，歷保同知銜福建補用通判。嗣於追勦直

───────────

①　中國第一歷史檔案館藏：《硃批奏摺》，檔號：04—01—01—0955—016。

②　中國第一歷史檔案館藏：《錄副奏摺》，檔號：03—6102—055。

隸捻逆案内,保免補本班,以同知改留陝西補用,赴部引見,奉
旨:准其免補本班,以同知改留陝西補用。欽此。同治八年五
月,到陝繳照,歷署膚施、澄城等縣事。復經調甘委署河州篆
務,經部議奏,照章留於甘肅,以原官歸原班補用,並免補交分
發銀兩。嗣丁母憂回籍,服滿到甘,管帶恪靖中營,兼帶左路左
後等營,旋即◆³交卸營務,委署狄道州事,蕩平新疆南北兩路案
内,保俟補缺後,以知府用,先換頂戴,調署河州知州,奏補西寧
府循化同知。八年四月,飭赴循化同知本任。九年十月,札調
來營,旋經奏補◆⁴迪化直隸州知州,十年三月二十二日,接印視
事。十二年,調署和闐直隸州知州,於二月初一日交卸迪化州
事。旋奉到部文,因迪化州改設知府,撤回留於新疆,歸即用直
隸州知州班内另補。該司等查該員潘效蘇,練達有爲,辦事勤
幹,久任邊缺,熟悉民情,以之請補和闐直隸州知州,實堪勝任,
人地亦極相宜等情,詳請具奏前來。臣查該員潘效蘇,樸實勤能,
才具開展,合無仰懇天恩,准以該員補授和闐直隸州知州員缺,實
於地方有裨。如蒙俞允,該員係撤回另補直隸州知州,請補直隸
州知州,銜缺相當,毋庸送部引見,任内並無參罰案件。謹會同陝
甘督臣譚鍾麟,恭摺具陳。伏乞皇太后、皇上聖鑒訓示。謹奏。
光緒十二年七月二十六日◆⁵。

　　光緒十二年九月初一日◆⁶,軍機大臣奉旨:吏部議奏。欽此。

【案】此摺原件①、録副②現藏於中國第一歷史檔案館,兹據校補。

1.【欽差大臣督辦新疆事宜尚書銜降一級留任甘肅新疆巡撫二等男臣
劉錦棠跪】此前銜據原件補。

2.【署鎮迪道】原件、録副皆無"署"。

---

① 中國第一歷史檔案館藏:《硃批奏摺》,檔號:04—01—12—0535—036。

② 中國第一歷史檔案館藏:《録副奏摺》,檔號:03—5213—001。

3.【旋即】原件、録副均作"旋"。

4.【奏補】原件、録副均作"調補"。

5.【光緒十二年七月二十六日】此具奏日期,據原件補。

6.【光緒十二年九月初一日】此奉旨日期,據録副補。

217. 魁福交卸回京片

光緒十二年七月二十六日

　　再,臣准古城領隊大臣魁福牘稱:新疆各大臣員缺奉旨裁撤,所有實缺、署任各員俱應欽遵交卸,候旨簡用。現在古城改設城守尉員缺,該領隊並無經手未完事件,亟應請旨交卸回京,聽候簡用,呈請代奏前來。臣查魁福,曩隨前湖廣督臣官文、前陝甘督臣左宗棠、前伊犁將軍臣金順,轉戰鄂、豫、燕、齊、晉、隴間,繼復馳驅關外,會剿烏魯木齊等處,所向克捷,勤勞卓著。自光緒七年署理古城領隊大臣,八年蒙恩補授實缺,迄今六載,於邊防要務均能認真辦理,力顧大局。其性情爽直,持正不阿,尤爲難得。現在領隊員缺奉旨裁撤,理合據情代奏,籲懇天恩准其交卸回京,應如何擢用之處,出自鴻慈。除咨部查照外,謹會同護理烏魯木齊都統臣富勒銘額,附片代陳。伏乞聖鑒訓示。謹奏。

　　光緒十二年九月初一日◆1,軍機大臣奉旨:魁福著准其交卸回京。該部知道。欽此。

　　【案】此奏片原件①、録副②現藏於中國第一歷史檔案館,茲據校補。

1.【光緒十二年九月初一日】此奉旨日期,據録副補。

---

① 中國第一歷史檔案館藏:《硃批奏摺》,檔號:04—01—17—0140—045。

② 中國第一歷史檔案館藏:《硃批奏摺》,檔號:03—5213—002。

218. 訊明不法鄉約正法片

光緒十二年七月二十六日

再，臣等前據民人丁三成喊控伊犁回民鄉約馬鳳三藉公詐害等情，當委道員袁垚齡訊明，丁三成原領牛籽銀八十八兩，馬鳳三屢向催繳，强折牛車，又逼令出賣兒媳，實共收過丁三成銀一百九十六兩之多，而馬鳳三原日承領各户民牛籽銀共一千零十二兩，至今僅呈繳一半，捏報逃亡屬實。檢閱伊犁撫民同知衙門案卷，馬鳳三次交牛籽數目亦皆相符。旋飭解赴省城，交兼臬司訊取供詞，具詳前來。臣錦棠復經親提審訊，據供認前情不諱。查馬鳳三原係甘肅狄道州叛回，關内關外地方擾害殆遍，其在金積堡時尤爲獷悍。前次大軍進剿新疆南路，追至烏什，馬鳳三始由山徑逃匿，得以漏網，嗣查知在伊犁充當鄉約。比以爲果能革面洗心，自應仰體朝廷寬大之仁，不加深究。乃馬鳳三怙惡不悛，冒領牛籽，捏報逃亡，索詐窮民，至於破家鬻女，自未便再事姑容，况伊犁土曠人稀，全賴安撫流亡，漸興屯墾，以實邊陲。似此不法鄉約，爲害閭閻，若不從嚴懲辦，何以安孑遺而儆效尤？臣錦棠於訊明後，即飭將馬鳳三正法，俾昭炯戒。合將訊明不法鄉約即行正法緣由，謹合詞附片具陳。伏乞聖鑒訓示。再，此片係臣錦棠主稿，合併聲明。謹奏。

光緒十二年九月初一日◆[1]，軍機大臣奉旨：刑部知道。欽此。

【案】此奏片缺原件，録副①現藏於中國第一歷史檔案館，兹據校補。

1.【光緒十二年九月初一日】此奉旨日期，據録副補。

---

① 中國第一歷史檔案館藏：《録副奏片》，檔號：03—7413—012。

219. 擬將義塾學童另行酌獎備取俏生摺

光緒十二年八月十八日

　　欽差大臣督辦新疆事宜尚書銜降一級留任甘肅新疆巡撫二等男臣劉錦棠跪◆¹奏，爲遵照部議，擬將義塾學童另行酌獎，備取俏生，以資觀感，恭摺仰祈聖鑒事。

　　竊臣於光緒八年間附奏裁撤各城回官，請將讀書回童分別給予頂戴一片，經部議覆：回童誦習一經，熟諳華語，咨部給予生監頂戴之處，核與例案不符，應俟粗通文藝時，再行酌設學額，憑文取進。如以該回衆等但須讀書認字，不必責其文理，應由該大臣另行酌給獎勵等因。當經分別咨商去後。旋准前甘肅學政臣陸廷黻咨稱：查歷屆考試，於取進儒童之外，另案備取俏生。回童中有能誦習一經、熟諳華語者，既經部議准其另行酌獎，可否仿照辦理，存俟設學後，充作俏舞，免其府縣兩考，庶於例案無礙，亦足以示鼓勵。又准督臣譚鍾麟咨稱：此事難期速效，應俟一二年後，再行察看，奏咨立案各等因。准此，竊維新疆地居邊塞，纏回聚處，謠俗異宜。底定以來，建置行省，欲使殊方異族同我華風，非澤以詩書不能爲力。前於各城創設義學，選纏回子弟入塾讀書，創辦之初，群相疑沮，非特不知向學，且意讀書入塾爲使之當差。迨經臣議定規條，分飭地方官遵照辦理，大概以易漢服、通華語爲先務，以讀書、講解經意爲緊要法門，並仿照内地書院章程，取其粗知文意者，按月酌給膏火銀糧，以示獎勵。行之數年，漸知嚮化。迭據各廳州縣申賚季課卷本，核閱破承起講，儘多可造之資，近日鄉民竟有帶領子弟懇求入塾者，是風氣漸開之候。擬即按照部臣、學臣原咨各節，奏請辦理。然猶恐各塾課卷或有粉飾之弊，因於上年八月遴委揀選知縣任兆觀、即選教諭羅霽，前赴南路各城，面加考試。

據稟各該童等多能誦習經書，講解文義，並齎呈課卷，核與地方官所報尚屬相符。當飭每塾拔取一二名，以憑咨送甘肅學臣衙門注冊，備作佾生。俟設學後，俾充佾舞，免其府縣兩考。合無仰懇天恩，俯念邊氓初知向學，准其變通辦理，備取佾生，仍俟學業有成，再議設學官，議定學額，以符定制。臣爲鼓勵邊氓起見，是否有當，謹會同陝甘總督臣譚鍾麟、甘肅學政臣秦澍春，恭摺馳陳。伏乞皇太后、皇上聖鑒訓示施行。謹奏。光緒十二年八月十八日◆²。

　　光緒十二年九月二十二日◆³，軍機大臣奉旨：著照所請，禮部知道。欽此。

　　【案】此摺原件①、録副②現藏於中國第一歷史檔案館，兹據校補。

　　1.【欽差大臣督辦新疆事宜尚書銜降一級留任甘肅新疆巡撫二等男臣劉錦棠跪】此前銜據原件補。

　　2.【光緒十二年八月十八日】此具奏日期，據原件補。

　　3.【光緒十二年九月二十二日】此奉旨日期，據録副補。

220. 新疆新設佐雜並添改
正佐各官請飭鑄印頒發摺

光緒十二年八月三十日

　　欽差大臣督辦新疆事宜尚書銜降一級留任甘肅新疆巡撫二等男臣劉錦棠跪◆¹奏，爲新疆新設佐雜並添設正佐各官應用印信、關防，請旨飭部鑄造，頒發啓用，以昭信守，恭摺仰祈聖鑒事。

　　竊查新疆南路八城新設巡檢、照磨、吏目、典史，又省城添設、改設迪化府縣並首領、佐雜，以及庫爾喀喇烏蘇、精河糧員改設同

---

　　①　中國第一歷史檔案館藏：《硃批奏摺》，檔號：04—01—38—0167—025。

　　②　中國第一歷史檔案館藏：《録副奏摺》，檔號：03—7189—061。

知、巡檢各官,均經先後接奉部文議准,分別委員署理,暫行刊給木質鈐記,以資整頓各在案。所有需用印信、關防,亟應鑄造頒發,俾垂久遠。又各直省每歲刊發時憲書,例頒欽天監時憲書印,存儲備用。現在新設行省,所需時憲書印,亦應請頒備用。茲據藩司魏光燾詳請查照例章,添鑄迪化府印、迪化縣印、布政司經歷印、司庫大使印、鎮迪道庫大使兼按司獄印,阿克蘇、喀什噶爾兩道庫大使印,莎車州回城、阿克蘇舊城、布告爾、精河四巡檢印,迪化府儒學教授印、迪化府經歷兼司獄印,英吉沙爾、烏什、庫車、喀喇沙爾四同知照磨印,瑪喇巴什通判、照磨兼司獄印各一顆,欽天監時憲書印一顆、庫爾喀喇烏蘇同知關防一顆,開單呈請具奏前來。臣覆核無異。相應請旨飭部分別鑄造,頒發啓用,以昭信守。除開具清單分咨各部查照外,謹會同陝甘總督臣譚鍾麟,恭摺具奏。伏乞皇太后、皇上聖鑒訓示。至吏目、典史各官應用鈐記,已飭藩司照例由外刊給,合併陳明。謹奏。光緒十二年八月三十日◆2。

　　光緒十二年十月初一日◆3,軍機大臣奉旨:禮部知道。欽此。

【案】此摺原件①、録副②現藏於中國第一歷史檔案館,茲據校補。

1.【欽差大臣督辦新疆事宜尚書銜降一級留任甘肅新疆巡撫二等男臣劉錦棠跪】此前銜據原件補。

2.【光緒十二年八月三十日】此具奏日期,據原件補。

3.【光緒十二年十月初一日】此奉旨日期,據録副補。

221. 阜康縣需用祭祀山神祭品由司庫支發片

光緒十二年八月三十日

　　再,臣據甘肅新疆藩司魏光燾詳稱:烏魯木齊博克達山在阜

---

① 中國第一歷史檔案館藏:《硃批奏摺》,檔號:04—01—12—0535—051。

② 中國第一歷史檔案館藏:《録副奏摺》,檔號:03—5214—002。

康縣南,乾隆三十八年列入祀典[*1],每歲由太常寺頒發香帛,經都統於迪化州郊外望祀,例需祭品銀九兩八錢八分,在於經費項下動支,歷經遵辦在案。嗣於光緒七年經前[*2]都統臣恭鏜以山神功德在民,祈禱輒應,捐廉在山麓建廟,奏請頒發匾額。除都統每歲照例望祀外,仍飭阜康縣於春秋二季詣廟行禮,每季需用祭品銀六兩,由該縣墊發開報。現在改設行省,一切祭祀銀兩均由司庫支領。所有前項春秋二季共需祭品銀一十二兩,擬由司庫一併支發造報,詳請具奏前來。臣覆核無異。相應請旨飭部立案,以便造銷而垂久遠。除咨部外,謹附片具陳。伏乞聖鑒訓示。謹奏。

　　光緒十二年十月初一日[*3],軍機大臣奉旨:户部知道。欽此。

　　【案】此奏片缺原件,錄副①現藏於中國第一歷史檔案館,茲據校補。

　　1.【案】乾隆二十四年九月初六日,清廷定西域祀典,博克達山即居其中,《清實錄》:

　　　　癸丑,定西域祀典。諭軍機大臣等:努三奏稱博克達山在烏魯木齊之東,爲西陲重鎮。前年將軍兆惠於察罕郭勒曾經致祭,嗣後未見舉行,請頒祭文香帛,令駐扎大臣每年春季於烏魯木齊之巴爾哈達致祭等語。所奏甚是,著照所請行。除祭文香帛由内頒發交該處駐扎大臣敬謹致祭外,其所用犧牲品物,即於該處虔辦,著爲例。嗣於是年定額林哈畢爾噶山祀典。二十五年,定穆素爾山、格登山、伊犁河祀典。二十六年,定博羅圖山祀典。二十八年,定阿布喇勒山、塔勒奇山、洪郭爾鄂博、阿勒坦額默勒山、察罕賽哩木諾爾、崆吉斯河、哈什河、察罕烏蘇、阿里瑪圖河、策集河、薩瑪勒河、奎屯河祀典。三十一年,定塔爾巴哈臺山、巴爾魯克山、額彬格遜諾爾、裕勒雅爾河、阿拉克圖古勒諾爾、額敏河祀典。均歲以春秋致祭。②

---

　　①　中國第一歷史檔案館藏:《錄副奏片》,檔號:03—5544—019。
　　②　《清實錄·高宗純皇帝實錄(八)》,卷五百九十六,乾隆二十四年九月上,640—641頁,中華書局,1985。

2.【前】刻本奪“前”，據錄副補。

3.【光緒十二年十月初一日】此奉旨日期，據錄副補。

222. 鎮迪二屬歲科兩考改歸撫臣辦理摺

光緒十二年八月三十日

欽差大臣督辦新疆事宜尚書銜降一級留任甘肅新疆巡撫二等男臣劉錦棠、頭品頂戴陝甘總督臣譚鍾麟、提督甘肅學政臣秦澍春跪◆¹奏，爲鎮迪二屬歲科兩試，擬請仿照都統扃試舊章，改歸撫臣辦理，恭摺仰祈聖鑒事。

竊臣等准禮部咨：關外鎮迪二屬生童向由烏魯木齊都統代爲扃試，現在都統已經奏撤，自應改歸巡撫衙門辦理。惟甘肅自光緒元年奏准添設學政◆²，與從前陝甘學政兼考兩省不同。所有鎮迪二屬考試事宜，或仿照都統扃試舊章，由巡撫嚴行扃試，抑或即由該學政按臨烏魯木齊專棚考試，應會同體察情形，奏明辦理等因。臣等竊維新疆南路新設各廳州縣初令纏童入塾，誦習經書，均尚未能設學。北路鎮迪二屬◆³，自乾隆年間議定學額，向由學臣於按臨肅州以前，將考試生童題目封固，豫行密送都統扃試，仍將試卷封固，移送學臣，按額取進，三年一次，科歲並行，歷經辦理在案。現雖改設行省，而各該屬生童應試爲數無多，仍未便專棚考試，且道途遙遠，往返需時。學臣按試出關，於關內考試事宜必多遲滯，應仍照依舊制，俟各屬觀摩日久，文風漸盛，再行體察情形，照內地考試章程，奏明辦理。惟現在烏魯木齊都統既經奉旨裁撤，各該屬生童自應改歸撫臣扃試。臣等往復咨商，意見相合，擬請嗣後迪化各屬及鎮西廳屬生童每屆考試，即由學臣於按試肅州之前，豫將題目密送撫臣，仿照都統扃試舊章辦理。是否有當，謹合詞恭摺具奏。伏祈◆⁴皇太后、皇上聖鑒訓示施行。再，此摺係臣樹春咨由臣錦棠主稿,合併聲明。謹奏。光緒十二年八月三十日^{◆5}。

　　光緒十二年十月初一日^{◆6},軍機大臣奉旨:著照所請,禮部知道。欽此。

　　【案】此摺原件①、録副②現藏於中國第一歷史檔案館,兹據校補。原件具奏者僅署陝甘總督譚鍾麟,兹據刻本、原件及《軍機處隨手登記檔》③可斷,此摺應爲劉錦棠主稿。

　　1.【欽差大臣督辦新疆事宜尚書銜降一級留任甘肅新疆巡撫二等男臣劉錦棠、頭品頂戴陝甘總督臣譚鍾麟、提督甘肅學政臣秦澍春跪】此前銜據原件補。

　　2.【案】光緒元年十月初二日,陝甘總督左宗棠具摺奏請甘肅學政等事曰:

　　　　欽差大臣大學士督辦新疆軍務陝甘總督一等恪靖伯加一等輕車都尉臣左宗棠跪奏,爲請旨簡放甘肅學政並應辦一切事宜,恭摺仰祈聖鑒事。竊查前准禮部鈔咨:陝甘分闈後,另請簡放甘肅學政之處,即由陝督會同陝西巡撫、學政,議奏核辦等因。當經分咨查照。旋准陝甘學臣吳大澂,將新設甘肅學臣一切事宜酌議咨覆。飭據甘肅布政使崇保、按察使楊重雅議詳:甘肅新設學政,應於明年丙子科由禮部先期數月請旨簡放,並頒發關防、書籍,交新任甘肅學政攜帶赴任,便至陝西三原縣,與陝西學政將交涉事件商酌妥協,攜帶案卷、書役來甘,以便録科送卷,次第舉行歲科兩試。至另鑄甘肅學政關防字樣、請發書籍、酌增養廉、駐扎地方及一切應辦事宜,均詳加酌議,呈請會奏前來。臣覆核無異。相應將核議事宜繕具清單,恭呈御覽。合無仰懇天恩飭部查照,於明年丙子科闈期前數月題請簡放甘肅學政,以便學臣先

　　① 中國第一歷史檔案館藏:《硃批奏摺》,檔號:04—01—38—0167—026。
　　② 中國第一歷史檔案館藏:《録副奏摺》,檔號:03—7189—062。
　　③ 中國第一歷史檔案館藏:《軍機處隨手登記檔》,檔號:03—0250—4—1212—258。

期馳赴新任,考録通省遺才。其應頒關防及各書籍均交新任甘肅學政携帶赴甘,以昭鄭重。所有未盡事宜,容再酌察情形,隨時具奏,合併陳明。除咨禮部外,謹會同陝西撫臣譚鍾麟、陝甘學臣吳大澂,合詞恭摺具奏。伏乞皇太后、皇上聖鑒訓示。謹奏。十月初二日。

光緒元年十月二十二日,軍機大臣奉旨:著照所請,該部知道。單併發。欽此。①

左宗棠呈報會議新設甘肅學政一切事宜清單曰:

謹將會議新設甘肅學政一切事宜繕具清單,恭呈御覽。計開

一、甘肅學政應請於明年丙子科簡放學政之年,由禮部先期數月請旨也。本年鄉試,甘肅學政尚未另鑄關防,不及奏請簡放。所有甘省各屬本届歲科兩試,惟鞏、秦、階三屬須俟秋冬按臨,其餘各屬均於鄉試以前,一律試竣。此次甘省歲科兩試,學政尚可兼顧。明年丙子正科例由新任甘肅學政録科送考,應請於録科以前由禮部先期數月請旨簡放甘肅學政,庶時日從容,無虞迫促。

一、甘肅學政應請飭部另鑄關防也。查乾隆十四年,頒發陝西學政關防,文曰"提督陝西學政關防",以後並未改換陝甘字樣。此次分闈,陝西學政無庸改換關防,應請飭部另鑄甘肅學政關防,文曰"提督甘肅學政關防",並請於鑄就後,頒發新任甘肅學政,携帶赴任開用。

一、甘肅學政衙門應用官書,請飭部頒發也。查《禮部則例》《科場條例》《學政全書》等書,係學政衙門應備之書。此次甘肅新設學政,應請飭部將應用官書照例頒發一分,以備檢閲。

一、甘肅各屬應請歲科分試也。查甘省各屬考試,向係歲科連考。因陝甘兩省地方遼闊,學政三年考試爲期迫促,甘肅全省均不及歲科分試。現既分設甘肅學政,應請將甘肅通省各屬一律歲科分試,庶士子及時奮勉,以肄舊學而啓新知。學政三年按臨,兩次課試,既勤訓督,又切其砥礪人材、琢磨行案之方,皆可次第敷施,教思益宏,下之觀摩亦速,人文振興必基於此。至鎮西廳、迪化州各屬現在尚未

①　中國第一歷史檔案館藏:《録副奏摺》,檔號:03—7208—011。

開考，俟地方平静，仍照舊例辦理，毋庸預議更張。

一、甘肅學政養廉銀兩應懇恩酌增，以符體制也。向例陝甘學政每年養廉銀四千兩，由陝西歲支銀二千六百兩，甘肅歲支銀一千四百兩。甘肅各郡向係歲科並考，現在分設學政，各屬考試擬酌量歲科分考，公事甚繁，且三年以内應請幕友及一切辦公之費未能節省。查雲南學政歲支養廉銀四千兩，陝甘與雲南同爲邊省，按行地方遠近相若，若仍照未分以前歲支養廉銀一千四百兩，實有難行，而與各省體制亦均不合。應懇恩特准將甘肅學政養廉援照雲南成例，歲支銀四千兩，陝西學政仍照舊例，歲支養廉銀四千兩。如蒙俞允，應以新任學政奉旨簡放之日爲始，分別由陝甘兩省藩庫按季支領。

一、新任甘肅學政赴任時，應先到陝西三原也。陝西學政現已督飭書吏，將甘肅全省案卷分別造册，以備新任學政到任時按籍而稽，較有頭緒，並擬遴擇熟手書吏，妥幹承差，於交卸時妥商分撥。是新任甘肅學政赴任，應先到陝西三原，與陝西學政會商一切，以期妥善。

一、甘肅學政應即駐扎省垣也。各省學政除江蘇、安徽、陝西並未駐扎省城外，其餘各省學政皆係駐扎省城。查甘省地方遼闊，附省州縣多在一二百里之外。今甘肅新設學政，若駐扎外縣，與省城相距較遠，事多不便。所有甘肅學政應請即於省城駐扎。

以上七條，均體察情形，核商定議，應懇天恩飭部查照辦理。其未盡事宜，容再陸續具陳，合併聲明。

軍機大臣奉旨：覽。欽此。①

3.【二屬】原件、録副均作“兩屬”。

4.【伏祈】原件、録副均作“伏乞”。

5.【光緒十二年八月三十日】此具奏日期，據原件補。

6.【光緒十二年十月初一日】此奉旨日期，據録副補。

---

① 中國第一歷史檔案館藏：《清單》，檔號：03—7208—012。

223. 登覆七八兩年關外報銷部駁摺

光緒十二年九月十八日

欽差大臣督辦新疆事宜尚書銜降一級留任甘肅新疆巡撫二等男臣劉錦棠跪◆1奏,爲光緒七八兩年甘肅關外報銷,遵照部駁,另開詳細清單,逐款登覆,送部查核,籲懇天恩飭部照章准銷,以清積案,恭摺仰祈聖鑒事。

竊臣准户部咨:議覆甘肅關內外光緒七八兩年收支餉項,開具清單報銷一摺。關外收支單內統計七八兩年,共應支庫平銀七百六十餘萬兩,內除七八兩年欠發勇餉銀一百四十餘萬兩,只該銀六百二十餘萬兩。再,伊犁將軍金順及嵩武軍借支並嵩武軍糧料扣合價銀另案辦理外,實應請銷銀五百六十餘萬兩。內除由兵、工兩部核銷九十餘萬兩,臣部實銷銀四百七十一萬二千二百六十一兩八錢三分六釐六毫八忽八微,內除刪除銀二十萬一千一百二十八兩六錢五分四釐四毫三忽七微,行查銀四萬一千七百三十八兩四錢三分一釐七毫五絲二忽二微,實准銷銀四百四十六萬九千三百九十四兩七錢五分四毫絲二忽九微,分繕清單具奏,奉旨:依議。欽此。欽遵咨行到臣。除造報洋款、關內外協餉暨關內收支單內行查各款,由陝甘督臣譚鍾麟另行核奏外,兹據辦理新疆糧臺司道等將部駁七八兩年關外收支各款,逐一核明,分別聲覆、開單,詳請奏咨核銷前來。臣查關外七八兩年報銷收支單內,部議有另行核辦者,有應列入收再列入支者,有應分晰造報者,已飭遵辦。至單開皖楚蜀各軍統領官暨湘軍營務處分統各員開支各項,共刪除銀二萬四千四百三十餘兩,行查銀二萬九千四十餘兩。又管理官車騾駝員弁薪水,共行查銀一萬二千六百九十餘兩。除行查各款另於清單內聲覆,所有部議刪除銀兩實屬已支之款,無從著追,應請照單准銷。又議令删除七八兩年采買糧料、柴草價銀十七萬六千六百九十餘兩,並知照兵部删除運糧脚價銀三十六萬一千二百八十餘兩。又提運撫彝廳、高臺縣采買糧石脚價銀九千三百九十餘兩。

伏查關外地多戈壁,肥磽原至不齊。北路地瘠人稀,雖加意撫輯,究難與南路並論。當左宗棠出關之始,以遠塞行師不扣糧價,其後雖扣糧價,而價值太昂,兵勇正餉衹有此數,不得不酌量收扣,不敷仍由公中津貼以示體恤,蓋時地有以限之也。即七八兩年以後邊陲静謐,而防勇巡防搜捕以及一切工作未嘗稍休,駐扎尤不能盡在膏腴之鄉,以故采運津貼不能驟裁,委係因地而施,並無浮濫。合無仰懇天恩,飭部一併准銷,以昭核實。至采運價值既仍請銷,有軍需善後臺局經貼人等支過各款,應懇毋庸加銷,以免重復。除咨部查照外,謹繕具清單,合同陝甘總督臣譚鍾麟,恭摺具奏。伏乞皇太后、皇上聖鑒訓示。謹奏。光緒十二年九月十八日◆2

光緒十二年十月十九日◆3,軍機大臣奉旨:該部知道。單併發◆4。欽此。

【案】此摺原件①、録副②現藏於中國第一歷史檔案館,兹據校補。

1.【欽差大臣督辦新疆事宜尚書銜降一級留任甘肅新疆巡撫二等男臣劉錦棠跪】此前銜據原件補。

2.【光緒十二年九月十八日】此具奏日期,據原件補。

3.【光緒十二年十月十九日】此奉旨日期,據録副補。

4.【案】此清單現藏於中國第一歷史檔案館,録之如下:

謹將光緒七八兩年辦理軍需善後報銷收支單内除業准部咨核銷

---

① 中國第一歷史檔案館藏:《硃批奏摺》,檔號:04—01—35—0987—046。
② 中國第一歷史檔案館藏:《録副奏摺》,檔號:03—6103—022。

者不重列外，所有奉准駁查各款，逐款登覆，繕具清單，恭呈御覽。計開

一、部議七年分收百貨釐金銀二十萬四千五百五兩二錢二分九釐四毫六忽一微，八年分收銀十四萬九千二百三十八兩一錢三分二釐一毫八絲九忽一微。部查此項釐金是否關外徵收，每年收銀若干，未據報部，俟報部時再行核對等語。查此項係關外七八兩年各釐局經收實數，歷由糧臺統收統支，奉部議准，開單報銷，故按款列單造報，應請即就此單核銷，免其另造。

一、部議七年分收房租、地課、磨課、稅契等項，共銀一萬四千九百七十八兩七錢一分六釐五毫七忽三微，八年分收房租等項共銀一萬六千二百四兩六錢四釐一毫一絲一忽八微。部查房租、地課等項，七八兩年未據奏銷，無從核對，俟報部時再行核辦等語。查此項係關外七八兩年各善後局及各州縣經收實數，歷由糧臺統收統支，奉部議准，開單報銷，故按款列單造報，應請即就此單核銷，免其另造。

一、部議七年分收折徵糧價銀三萬四百十四兩七分四釐九毫四絲一忽五微，八年分收銀六萬九千四百三十兩九錢七分三釐一毫四絲一忽五微。部查折徵糧價，未據奏銷，無從核對，俟報部時再行核辦等語。查此項係關外七八兩年各善後局及各州縣經收實數，歷由糧臺統收統支，奉部議准，開單報銷，故按款列單造報，應請即就此單核銷，免其另造。

一、部議七年分收各軍營旗扣繳徵糧價銀二十七萬八千二百四十六兩六錢，八年分扣繳徵糧價銀二十三萬四千九百七十一兩二錢六分。部查徵糧扣價，京斗大米每石扣銀三兩，小麥每石扣銀一兩一錢，高粱、包穀每石各扣銀五錢，究竟動用何年，徵糧若干，發充兵糧若干，均未分晰，應令查明報部，再行核辦等語。查此項徵糧，從前南疆各城未設州縣，均歸善後徵糧局委員按年徵收，隨時撥發各軍營旗支用，款目繁雜，未及分晰。茲准部查，應即分別造報。

一、部議七年分收各軍營旗扣繳采買存糧價銀九千八百三十六兩七錢一分三釐六毫四絲六忽六微，八年分收扣繳存糧銀九千一百

九十二兩三錢八分七釐五毫六絲二忽四微。部查采買糧石,七年分開除銀九萬有奇,八年分開除銀八萬有奇。運脚一項尤屬不貲,何以扣繳糧價爲數不及十分之一,殊屬不實不盡,應令扣除此款,不得列收,由該臺局自行辦理等語。查采運糧石供支防營,委係關外情形不同,勢非得已,以及應扣價銀各節,均於采買糧料款內詳細聲覆,應請查照准銷。

一、部議七年分收各營旗繳存病故勇丁口糧銀一萬四千三十四兩三錢五分八釐四毫,收報繳截曠銀三萬七千五百九十二兩七錢七分八釐七毫九絲一忽。八年分收各營旗繳存病故勇丁口糧銀七千五百七十兩九錢三分一釐六毫,收報繳截曠銀四萬三千九百七十二兩一錢六分一釐三絲。部查勇丁病故截曠,應行報繳,既據聲明,應毋庸議等語。查截曠銀兩,係例應報繳充公之款。至各營旗繳存病故勇丁口糧,與報繳截曠有別,應仍存俟各該故勇親屬搬柩回籍請領,至日照數發給,歷經辦理報銷有案。應請免其報繳,以示體恤。

一、部議徵糧作價七八兩年軍需、善後、蠶桑各局經書、貼寫、護勇、司事、教習人等,共發大米九百六十五石二斗,每石作價銀三兩,小麥七千三百十九石二斗,每石作價銀一兩一錢,包穀一千五百六十五石四斗六升,每石作價銀五錢。總計三色糧石共折價銀一萬一千四百二十八兩五錢四分八釐八毫八絲三忽二微,應行列收。部查此項折價糧石,未據聲明動用某年徵收糧石若干,應令查明報部,再行核辦等語。查前項糧石,從前善後、徵糧各局委員按年經徵,統收統支,未及分晰。茲准部咨,應即查明,分別造報。

一、部議七年分發關外皖楚蜀馬步各營旗統領官九員,共支統費及長夫口糧折合庫平銀二萬一千一百三十兩六錢八分七釐三毫一絲八忽五微。部查楚軍章程內開,凡統領自帶一營,本營之薪水、公費已足敷用,此外從優酌加,凡統至三千以上,每月加銀百兩。今七年分關外各營旗除陸續裁撤外,現存弁勇不及三萬。以三千人以上合計,應准設統領九員,與單開九員相符。准每員應月支統領費銀一百兩,共應支銀九百兩,連開十三個月,核計應准銷銀一萬一千七百兩。

每員加夫十名，應准加夫九十名，每名日支口糧銀一錢，共應日支口糧銀九兩，連開共三百八十四日，共應准支夫役口糧銀三千四百五十六兩，並統費共應支湘平折合庫平銀一萬四千六百七十一兩八錢二分九釐六毫二絲二忽四微，刪除庫平銀六千四百五十八兩八錢五分七釐六毫九絲六忽一微等語。查各軍統領官月支統費及長夫口糧，前於登覆戶部覆核二十四條章程案內，曾經聲明請從十一年正月起，遵照部章辦理。所有已支之款無從著追，應請照單准銷。

一、部議七年分發湘軍各營旗分統及營務處公費，共折合庫平銀二萬二千六百五十二兩四錢六分八釐五毫三絲八忽二微。部查營務處一員，月支公費銀二百兩，該員是否兼差，有無另支口分，未據聲明。分統五員，各帶小馬隊一哨，人數較少，所支公費即不能較各營旗為優，究竟小馬隊有無另支公費，分統五員有無另支統費、薪水，單內並未開載，均應行查，俟報部再行核辦。至分統各員各月支文案、支應、書識薪水、辦公等項銀一百二十兩，應即在統費內支給，不得另開薪水、公費。統計此款共行查湘平折合庫平銀一萬五千一百一兩六錢四分五釐六毫九絲二忽一微，刪除折合庫平銀七千五百五十兩八錢二分二釐八毫四絲六忽一微等語。查湘軍總理營務處暨分統各員月支公費及各分統月支文案、支應、書識薪水、辦公銀兩，前於登覆戶部覆核二十四條章程案內，曾經聲明請從十一年正月起，遵照部章辦理。所有七年分已支之款無從著追，應請照單准銷。至奉查營務處是否兼差、有無另支口分，查單開總理營務處一員，即係前分統已故道員兼統。查該故道兼差，係在未奉部駁以前，所有月支薪水、辦公，業經截至十年二月底停支在案。此外分統各員月支公費之外，並無另支統費薪水。其各帶小馬隊一哨，亦未另給公費。合併登覆。

一、部議七年分發關外采買糧料、柴草支銀，除扣繳供支營局糧料、柴草價值銀外，實支湘平折合庫平銀九萬七百九十八兩八錢三分八釐三毫三絲四忽九微。部查光緒四年，據前督臣左宗棠奏稱，關外米糧及百貨價值與東南各省腹地相若，且有較內地市價更為平減者。復據該大臣奏稱，三年冬，克復南路前敵各營，均就地采買，糧料充積,頗有谷賤傷農之患。六年分共收各色糧三十四萬六千餘石各等語。既稱糧料充積,何須另行采買?每年收糧三十餘萬石,合計該軍人數,支食之外,尚有餘糧二十餘萬石,更無須另行采買,理所必然。況采買糧石七年支用銀至九萬餘兩之多,腳價尚不在內,而收款內扣繳存糧銀僅九百餘兩。其中不實不盡,更屬顯然。以柴草而論,各營柴草據該大臣奏稱,已於七年正月起一律截止,至各局內亦無開支柴草之條。所有開支采買糧料折合庫平銀九萬七百九十八兩八錢三分八釐三毫三絲四忽九微,應即刪除等語。查新疆南北兩路,遠者相距五六千里,地土肥磽不同,年歲豐歉亦異。伏查臣原奏糧料充積、谷賤傷農情形,係專指南路西四城而言。該處徵糧較多,每年初供支防營外,尚有贏餘,無須另采。若由喀什噶爾東至哈密、北至鎮迪所屬,兵燹以後,戶口凋零,每年徵糧無幾。現按北路各屬徵糧,除撥支滿綠各營暨各衙門例支外,再無餘剩分給防營。關外重山戈壁,地多不毛,軍營駐防處所,往往數百里,黃沙白草,樵汲斷絕,五穀不生。勇營扼要駐防,不能移營就食,必須迂途轉饋,方免乏食。是以歲需糧料,或由庫車、布告爾等處采運,以供喀喇沙爾之軍。或由安西、玉門、敦煌采運,以供哈密、巴里坤之軍。或由奇臺、古城、濟木薩、阜康、昌吉、綏來等處采運,以供烏魯木齊一帶之軍。吐魯番、托克遜、闢展各處均有采運,就近撥供。東西鹽池十數站,防軍之食,官采過多,價值愈形翔貴,故不敷之數尚須由關內高臺、撫彝、肅州等處源源采運,以備支食。雖其間不無耗費,而軍食所關,地利所限,合新疆而論,南路之糧濟軍則有餘,北路之糧贍軍則不足。既不能移北路之勇以就南路之糧,而以南路之糧供北路,則耗費愈多,故不能不擇其附近產糧地方,采運供支,俾資接濟。此新疆軍營采運必不可少之實在情形也。至各營領糧扣價,向係查照前督臣左宗棠核定章程辦理,每大米百斤始初扣銀三兩,後經核減扣銀二兩,豆麥雜料等色以次遞減。緣西征之初,大軍入關度隴,正值斗價奇昂,師行糧隨,全賴後路輾轆乾濟,腳價尤屬不貲。後此關外用兵,饋運愈形艱阻,大率每糧按斗折斤合算,每斤攤合價銀多至七八分至一錢數分不等,勇丁食用所需專靠口糧開銷，額餉衹有此數，如挂支糧斤，各按采運實價攤扣，則該勇正餉不敷應扣糧價之多，其不能不由公中津貼者，勢也。以故酌定章程，無論采買運價多寡，除照章扣價外，餘銀概歸公中津貼，歷經遵辦奏銷無異。七八等年斗價雖較曩時稍減，然加入運脚，耗費仍多。此采運津貼之實在情形也。至各營柴草津貼銀兩，雖於七年正月起一律停止，尚有軍塘、驛站、炮車、官車、官騾駝馬及上下一切差使照例准支者，仍舊照支，均不扣價。又，七八兩年單開采運糧料，内除照例支銷不計外，其照章應扣價銀，有已經扣收列入收款者，有於經書、貼寫、護勇人等應支薪工銀兩項下叙明，除支領糧石、扣價抵銀、虛列收支者，有未經扣收統歸九年分扣繳歸款者，三共應扣價銀一十四萬一千四百六十餘兩。查七八兩年采買糧石價銀一十七萬兩有奇，除以應扣之數作抵外，計實支津貼糧料價值暨照例支給不扣價銀各款，共銀三萬五千有奇，運脚尚不在内。今奉部議删除七八兩年采買糧料、柴草價銀一十七萬六千六百餘兩，並知照兵部删除運糧脚價銀三十六萬一千餘兩，令於各軍欠發内扣抵。伏思此項津貼，除各營支領扣價作抵外，計實支過脚價津貼銀兩，委係因地制宜，勢非得已。若不蒙准核銷，勢必歸於軍餉，悉數照扣。無如此項糧料多屬北路各軍支用，令照價攤扣，則所扣糧價必較南路各軍偏重。如就欠餉内滿扣，則南路防軍不能爲北路防軍墊補糧價。況七八兩年領糧之勇，此時不能悉數在營，更難向離營之勇追還糧價。至例支不應扣價之糧料價值，尤不便攤扣在勇丁之實餉，再三籌酌，實屬窒礙難行。所有七八兩年支過采運糧料、柴草價銀，應請照章悉數准銷。現在各路防營已極力裁併，地方人民漸復，産糧漸多，以故十一年以後采運之費，較從前減省爲多，合併聲明。

　　一、部議七年分發關外官車官駝騾馬委員薪水、牽夫口食並騾馬灌藥、飲水、歇店、燈油、添製什物各項。部查官車官駝騾馬，派員經管。據稱内提督一員、總兵二員、參將一員、都司三員、守備四員。該員有無另支口分，未據聲明，應令聲覆到部，再行核辦。除牽夫工食、雜費等項由兵、工二部核銷外，户部計行查銀六千二百九十五兩六分二釐九毫二絲三忽五微等語。查前項委員每月照章支領薪水之外，並無重複另支口分，應請照單准銷。

一、部議七年分關外轉運餉裝、糧料脚價及各路采運局雇民車解運餉鞘、糧料，計二十款。部查此款應歸兵部核銷，内運糧脚價折合庫平銀十八萬二千五百二十一兩二錢六分三釐二絲二微，應知照兵部，照數劃扣删除。緣采買糧石，户部未准開支收款，内扣還糧價亦未准其列收等語。查采運津貼脚價礙難删除實在情形，已於前采糧價銀項下詳細聲明。此款應請照單准銷。

一、部議八年分發關外楚皖蜀馬步各營旗統領官六員，共支統費及長夫口糧折合庫平銀一萬二千四百七十九兩六錢七分八毫六絲一忽六微。部查應删除折合庫平銀三千四百五十三兩五錢三分三釐三毫九絲六忽八微等語。查此款已於七年分已支統領費及長夫口糧項下詳細聲明，應請照單准銷。

一、部議八年分發關外湘軍各營旗分統及營務處公費，共折合庫平銀二萬九百九兩九錢七分九毫五絲八忽四微。部查統計此款，共行查折合庫平銀一萬三千九百三十九兩九錢八分六毫三絲九忽，删除折合庫平銀六千九百六十九兩九錢九分三毫一絲九忽四微等語。查此款已於七年分湘軍營務處暨分統公費及各分統月支文案、支應、書識薪水、辦公銀兩項下詳細聲明，應請照單准銷。

一、部議八年分發關外采買糧料、柴草價值，内除扣繳供支各營局價銀外，實支湘平折合庫平銀八萬五千八百九十六兩六錢一分一釐八毫一絲四微。部查采買糧料、柴草，應照案删除等語。查此款已於七年分采買糧料、柴草項下詳細聲明，應請照單准銷。

一、部議八年分發關外官車官騾馬委員薪水、牽夫工食並騾馬灌藥、飲水、歇店、燈油、添製什物各項，請由户部核銷薪水銀六千四百一兩七錢四分二釐四毫九絲七忽六微。部查單内提督、總兵、副將、參將、都司、守備共十一員，該員有無重復另支口分，未據聲晰，應令聲覆到部，再行核辦等語。查該員等每月照章支領薪水之外，並無重複另支口分，應請照單准銷。

一、部議八年分發關外轉運餉裝、糧料脚價及各路采運局雇民車解運餉鞘,計十九款。部查係兵部應銷之款,應歸兵部核銷,内運糧脚價折合庫平銀十七萬八千七百六十一兩一錢二分四釐一毫一絲四忽二微,應知照兵部照數劃扣删除等語。查此款於七年分采運糧料項下詳細聲明,應請照單准銷。

一、部議七八兩年關内外支銷運脚單内,肅州轉運局提運撫彝廳及高臺縣采買糧石,用過脚價湘平折合庫平共銀九千三百九十餘兩,現已删除采買糧石數目,概由該督撫自行辦理,應行知照兵部删除等語。查此款於七年分采運糧料項下詳細聲明,應請照單准銷。

軍機大臣奉旨:覽。欽此。①

224.臚陳已故大臣賢勞事實懇宣付史館摺

光緒十二年九月十八日

欽差大臣督辦新疆事宜尚書銜降一級留任甘肅新疆巡撫二等男臣劉錦棠跪◆1 奏,爲已故大臣賢勞卓著,功在西陲,謹臚陳事實,籲懇天恩,宣付史館,恭摺仰祈聖鑒事。

竊原任大學士臣左宗棠,上年七月在閩病故,渥荷聖慈,優加褒恤。其生平戰功、政績,經楊昌濬據實臚陳◆2,臣亦何容煩瀆?惟念臣於左宗棠有鄉子弟之誼,自束髮從戎,即隨同該故大學士轉戰晋、豫、燕、齊、關隴間,相從萬數千里,歷事二十餘年。其於左宗棠平日立心行事,親炙日久,相知最深。謹就見聞所及,爲皇太后、皇上敬陳之。

伏查左宗棠廉正果毅,學問深純。道光末年里居不仕,授徒自給。旋於邑中柳莊置薄田,躬自稼穡,澹泊明志,嘯歌陶然。鄉人士咸以漢臣諸葛亮目之。會粵西髪逆肇變,湘楚戒嚴,原任湖

---

① 中國第一歷史檔案館藏:《清單》,檔號:03—6103—023。

廣督臣張亮基、湖南撫臣駱秉章先後强起入幕。左宗棠遇事持正，不避嫌怨，遂爲言者所摘。荷蒙文宗顯皇帝特達之知，感激奮發，以身許國，遭逢殊遇，由舉人擢升卿寺，歷任疆圻，襄贊綸扉，賞延世爵，寵任倚畀，蔑有以加。而蹇蹇臣心，確有萬變不渝者。其莅事也，無精粗鉅細，必從根本做起，而要以力行，如師行萬里沙磧之地，雖酷暑嚴寒，必居營帳，與士卒同甘苦。民房官舍，從不少即休止；壘旁隙地，悉令軍士開墾。荒蕪既闢，招户承種，民至如歸。城堡橋梁，溝渠官舍◆3，每乘戰事餘暇，修治完善。官道兩旁，樹株遍植，迄今關隴數千里，柳陰夾道，行旅便之。蠶織畜牧諸政，罔不因勢利導，有開必先，而襟懷浩蕩，絶無凝滯。公餘輒徒步出營，循畦流覽，或作書適意。在蘭州督署時，嘗就閣後鑿池引流，同民汲飲。家私一無所營，玩好一無所嗜，其歷任廉俸，除置田供祀與歲給同懷兄嫂外，餘悉以充義舉。軍興日久，教澤寖衰。該故大學士身在行間，講學不輟，嘗手書《孝經》《東西銘》《正氣歌》之類，付手民刊布。每克復一城，招徠撫綏，興教勸學。嘗以爲士者民之望也，不作士氣，無以勸民。故於甘肅鄉試，請旨分闈，鼓舞振興，常如不及。俄官索斯諾福斯齊游歷過甘，携帶教師，沿途闡説西教。迨至蘭州，該故大學士接見如儀，飲食酬酢，備極款曲，與講孟子三自反之義，俄官爲之斂容。臣時在坐，拱默而已。後語臣曰：“忠信篤敬，蠻貊可行。彼亦人也，心知氣血不甚相遠，但能積誠相與，久將自感，無他道也。”索斯諾福斯齊自請由齋桑淖爾代購麵糧以濟軍食，訂約而去。其遇事善存國體，持名教類如此。

素性嗜學，博通經史，旁及輿地掌故，罔不追宗探賾，得其指歸。凡有設施，援古證今，不泥不悖。雖入官以來夙夜宣勤，於著述未暇旁及，然軍書旁午，批答如流，章奏悉由手出，連篇累牘，何啻等身！其所發明，多出人意表。治軍整嚴有制，好謀而成。自

蕩平髮逆,由閩浙總督調任陝甘,值逆回、捻匪內外交訌,該故大
學士自度生平足迹未涉關隴,所部南方將士於西北風土、捻回伎
倆毫無聞見,隴上殘敝尤甚,彌望蒿蕪,師行艱難,百倍他省,非熟
審主客長短之勢、饑飽勞逸之情,權其輕重,察其緩急,慮善以動,
隨機立應,莫要厥成。乃定議進兵次第,先捻後回,先陝後隴,分
道并進,剿撫兼施。必清後路,然後進駐蘭州;必清河、湟,定肅
州,然後及於關外。議既定,猶未及行,適捻逆張總愚全股渡河狂
竄,凶焰甚熾,該故大學士遵旨北嚮。臣時隨侍臣叔原任廣東陸
路提督臣劉松山,率步隊從之,常以步當馬,日馳二三百里,截剿
騎賊。左宗棠日在行間,親自督戰。捻患平,奉旨陛見,返旆入
關,專討回逆。同治八年冬,肅清陝北,逾年蕩平金積堡老巢,肅
清寧、靈。十一年冬,克復西寧,定河狄。十二年冬,肅州平,傳檄
玉關以西,皇威丕暢。其間叛將潰弁、土匪游勇以及就撫復叛之
逆回等,隨時追捕,各伏其辜。關隴全境肅清,以時奏績,皆如
其言。

其奉命進規新疆也,慮糧運萬分不給,乃創爲分起出師之議。
先派張曜置屯哈密,金順進駐古城。遠自晉邊俄境,近而甘、涼、
肅州,四路籌策,軍儲備足,然後檄臣率大軍出關,與金順會師,先
清北路,以固根本。既定吐魯番、闢展,然後遣師南嚮,勢如破竹,
南路八城,一鼓戡定。雖帕夏殘黨五次寇邊,隨即撲滅。不數年
而全疆底定,收還伊犁,謀出萬全,故能奏功迅速。師行所至,罔
不仰體皇仁,切禁枉殺。於關內收撫降回,撥地安插,所全活甚
衆。關內外自遭兵燹,田地荒蕪,無所得食。左宗棠籌發籽種,使
兵民雜耕,收穫有餘,以市價官爲收買。嘗自謂籌防邊地,莫要於
屯田,然興屯必多籌經費,今度支告絀,安可復以此上煩朝廷? 故
行軍以來,未嘗一言顯及於屯政,其實力所能行,無一非屯田遺意
也。其言如此,以故兵民相勸,耕者日多,民務蓋藏而軍無匱乏。

其與人也,開誠布公,取長略短,獎勵誘掖,唯恐不至。於舊僚宿將與共患難者,念之尤不能忘,待降將一出以坦白,以故隨從征剿,均能得其死力。愛人而不流於姑息,疾惡而不傷於苛細,精察明斷,不爲已甚。非獨性情之正,抑亦學術有以濟之。及新疆既平,乃議設行省,以規久遠。

臣愚不學,猥承其後,所以展轉數年,尚無遺誤者,皆左宗棠先事預籌之力也。其東南事迹,楊昌濬已陳者,臣毋庸復陳。其平日見於奏報者,臣亦毋庸瑣述。謹就見聞所及,據實臚陳。合無仰懇天恩,宣付史館,以備采擇。除新疆立功地方專祠告成另行奏明立案外,謹恭摺具陳。伏乞皇太后、皇上聖鑒訓示。謹奏。光緒十二年九月十八日◆4。

光緒十二年十月十九日◆5,軍機大臣奉旨:著照所請,該衙門知道。欽此。

【案】此摺原件①、録副②現藏於中國第一歷史檔案館,兹據校補。

1.【欽差大臣督辦新疆事宜尚書銜降一級留任甘肅新疆巡撫二等男臣劉錦棠跪】此前銜據原件補。

2.【案】光緒十一年十一月初四日,閩浙總督楊昌濬具摺據實臚陳其生前事迹,並請宣付史館立傳,用資采擇:

> 頭品頂戴革職留任閩浙總督兼署福建巡撫臣楊昌濬跪奏,爲原任大學士臣賢勞卓著,功德在人,謹再據實臚陳,請宣付史館,恭摺仰祈聖鑒事。竊大學士軍機大臣二等恪靖侯左宗棠在閩因病出缺,臣與福州將軍臣穆圖善會銜具奏,并聲明生前勳績,由臣昌濬另折詳晰續陳在案。嗣奉到恩旨,備極優隆,左宗棠有知,固已毫髮無憾。其歷年戰功政績,均有奏報可查,本無俟微臣贅述。惟臣與左宗棠爲同

① 中國第一歷史檔案館藏:《硃批奏摺》,檔號:04—01—12—0535—062。
② 中國第一歷史檔案館藏:《録副奏摺》,檔號:03—5544—027。

鄉布衣之交,共事日久,相知最真。其立心行事,有爲人所不盡知者,謹舉其梗概,爲皇太后、皇上陳之。

　　左宗棠由道光壬辰恩科舉人三試禮部不第,遂絶意仕進,究心經世之學。十餘年伏處田里,課徒自給,已隱然具公輔之望。前兩江總督陶澍、前雲貴總督林則徐、賀長齡,交相推重。咸豐之初,粵逆竄湖南,犯長沙,撫臣張亮基、駱秉章素知左宗棠誠有匡時之略,先後延佐軍幕。是時民不知兵,兵不經戰。左宗棠以爲欲遏賊勢,先固民心,欲固民心,須先使民知兵。適朝命在籍侍郎故大學士臣曾國藩練團禦寇,乃就商,意見甚合。遂各舉平素知名之士,召練鄉勇,激以忠義,曉以利害。一時民氣奮興,踴躍争先,先清本省,復分援鄰省,所向有功。湖南之得爲上游根本,湘楚軍之用能殺賊者,曾國藩主之,駱秉章助之,左宗棠實力成之。左宗棠敢於任事,勞怨不辭,居撫幕日久,猜疑易起,而忌之者中以蜚語,幾危及其身。幸蒙文宗顯皇帝聖明洞察,概置勿問,特命以四品京堂襄辦兩江軍務。左宗棠感激思奮,募五千人立爲楚軍,以赴江西。其時曾國藩駐軍祁門,以景德鎮、樂平爲後路。徽州新失,江西邊境皆賊。左宗棠以新集之卒,往來馳援,所至克捷,而樂平一戰,尤爲著名。既而諭軍中曰:"始賊以重圍困我,賊衆我寡,其鋒鋭甚,不可戰也。賊見我不動,以爲怯,故數挑戰,賊驕也。驕極必怠,俟其怠而擊之,用力少而成功倍也。"軍中咸服。其善於審機如此。至其由太常卿任浙撫也,值全浙淪胥,僅餘衢州一城,亦岌岌可危。就地無可籌之餉、可采之糧,孤軍深入,士卒有竟日不得食,至采棕櫚子以充饑者。左宗棠以忠義誓師,歲除由婺源間道入浙,節節掃蕩,先解衢州之圍,然後分道進搗金、嚴,取建瓴之勢。迨浙東肅清,機局較順,乃會師以規杭省。故杭省之復,與蘇州、金陵相後先。同治甲子秋,全浙底定,移師入閩。先以一軍由海道赴漳州,而自率所部由延平進剿。未幾閩事告竣,復追賊及於廣東嘉應州之黃沙嶂,舉十餘年劇寇,一鼓蕩平。若非堅忍耐苦,洞燭幾先,何能克期奏功如此之易也。其督師入關也,關中回亂有年,當事者狃於撫議,加以回、捻交訌,遂至糜爛而不可收拾。左宗棠力持先陝後隴、先剿後撫之議,師次渭南。值捻逆張總愚乘間涉冰橋竄晋,乃轉斾渡河而北,追及於燕、齊之郊,破平之。事畢入覲,復振旅入關,分三路并進。以提督劉松山由北山趨金積堡,取馬化漋。以翼長周開錫趨秦、鞏,以剿甘南之賊。自由邠、涇趨平涼,爲中路,兩面策應。同治九年,克金積堡,誅馬化漋,北路定,南路亦平。左宗棠進次安定,規河州。迨河回就撫,然後進省,遣軍剿西寧,磔馬桂元兄弟,乃移軍以搗肅州。同治十二年,肅州亦克,馬四伏誅,關內大定。方戊辰召見之日,左宗棠面奏西事,以五年爲期,人或以驕譏之。至此果如所言,詢其故,則云天威咫尺,何驕也? 新命甫下,思及進兵、運糧之難,合山川道里,計非二三年所能蕆事。天語垂詢,應聲而對"實自發於不覺,今之如期,亦悸耳"。以此見其成功不居,即辭爵之疏一再上,蓋皆出於至誠也。

光武用兵,兼課吏治。左宗棠頗師其意,故克一城、復一郡,即簡守令以善其後。於浙則核減漕賦,裁革陋規,修治海塘。於閩則創設船政,裁定兵制,剔鹽課、釐捐等弊,立爲定章,至今賴之。於隴請分甘闈、增學政,以作士氣,禁罌粟、修河渠,以重農功。皆卓卓在人耳目者。用人因材器使,不循資格。爲政因時制宜,不拘成例。設卡榷釐,主用士人,則又參以唐臣劉晏之法。歷中外,久任巨艱,凡有利於國家之事,知無不言,言無不盡,見無不爲,爲無不力。其果敢之氣、剛介之風,足以動鬼神而振頑懦。論者不察,或以專擅少之,以褊急目之,殆亦未知其用意之所在耳。左宗棠外嚴厲而內慈祥,所至之處,威惠并行。迹其治關隴、平新疆,桀黠者誅之不遺餘力,歸義者待之不設疑心。甘省安插回衆十餘萬,至今耦居無猜,不聞有復叛者,固由措置之得宜,實亦恩信之久孚也。方其督師出關也,籌兵、籌餉、籌糧、籌轉運,無一不難,人莫不以爲危。而左宗棠精心獨運,算無遺策,不數年卒將全疆恢復,用暢皇威,強鄰聞之,亦帖然斂手。兵事略定,即請設郡縣,俾窮荒黎庶同我華風。臣每誦其疏稿,見其精神力量貫徹始終,誠非僥倖成功者可比也。至於廉不言貧,勤不言勞,縮欽符十餘稔,從未開支公費。官中所入,則以給出力將士及親故之貧者,歲寄家用不過十分之一。自奉儉約,而於孑遺之民救之唯恐弗及。每歲施寒衣、施藥餌、施饘粥,所費以巨萬計,曾不少惜。軍務倥偬之際,章奏書牘從不假手於人,往往至夜分不倦。公餘稍暇,則臨書翰以爲樂,尤喜寫《西銘》《太極》《正氣歌》《琴操》諸篇,遒勁之中,自饒逸氣。督兩江時,年已七十餘矣,仍時檢校簿書,審視軍械,事事親裁。或勸其節勞,則答以平生習慣自然,敢因老而少懈乎?自各國通商以來,洋務最爲難辦,左宗棠則言:"辦洋務要訣,不外《論語》'言忠信,行篤敬'六字。物必相反而後能相克。西人貪利而尚廉,多巧詐而尚信。彼亦人耳,未必不可以誠動、以理喻也。"旨哉斯言矣!居嘗以漢臣諸葛亮自命。觀其宅心澹泊,臨事謹慎,鞠躬盡瘁,以終王事,可謂如出一轍。至其遭際聖明,荷三朝知遇之恩,以成其不世之勳,百爾觀型,九邊慴威,則度量過前賢遠矣。臣就所知,敬達宸聰,并請宣付史館,用備采擇。謹繕摺由驛馳陳。伏乞皇太后、皇上聖鑒。謹奏。十一月初四日。

　　光緒十一年十一月二十四日,軍機大臣奉旨:著照所請,該衙門知道。欽此。①

同日,閩浙總督楊昌濬以遵旨於福州省城擇地建立左宗棠專祠及杭州省城專祠,附片奏報曰:

　　再,前奉恩旨,飭於湖南原籍及立功省分建立左宗棠專祠等因。查閩、浙兩省皆左宗棠立功之地,德澤在人,至今不忘。上年法人犯順,閩省被害獨慘。馬江失事後,百姓一日數驚,賴左宗棠督師前來,然後有恃無恐。本年左宗棠病故,巷哭之聲不絕於耳,靈柩去閩之日,焚香祖道而送者,衢路爲塞。自應遵旨於福州省城擇地建立專祠,以妥忠魂而答輿望。除杭州省城專祠由臣咨會浙江撫臣轉飭辦理外,臣謹附片陳明,伏乞聖鑒。謹奏。

　　光緒十一年十一月二十四日,軍機大臣奉旨:知道了。欽此。②

　　再,兵部郎中左宗棠,上年奉上諭垂詢,曾將其品端才優、曉暢戎

①　中國第一歷史檔案館藏:《録副奏摺》,檔號:03—5542—034。
②　中國第一歷史檔案館藏:《録副奏摺》,檔號:03—5202—081。

機、有體有用業經奏明在案。溯左宗棠自咸豐四年在臣署幫辦軍務，連□用兵，籌辦水師船炮，選將管帶壯勇，聯絡在籍紳士，故得以剿除內犯之寇，而靖鄰省之氛。且援鄂、援江、援粤、援黔，所有山川險要、賊情緩急，左宗棠皆瞭如指掌。各營一切進止機宜，資其策畫之力，是以所向有功。現在江鄂全省肅清，粤西克復平樂、柳州□遠諸郡，黔省克復銅、松桃等處。左宗棠在臣署襄辦，時閱五年，運籌決勝，實屬著有微勞。臣未便聽其掩飾，抑可否請將兵部郎中左宗棠賞加四品卿銜之處，出自天恩。謹附片陳奏。伏乞聖鑒。謹奏。咸豐八年九月初三日，奉硃批。欽此。①

3.【官舍】原件、録副均作"館舍"，是。

4.【光緒十二年九月十八日】此具奏日期，據原件補。

5.【光緒十二年十月十九日】此奉旨日期，據録副補。

225. 請恤張恩濬等片

光緒十二年九月十八日

再，臣於光緒九年三月十六日具奏，請將立功後積勞病故員弁蕭傳薪等議恤一摺，並聲明尚有遺漏未報員弁，容俟各軍陸續查報到日，另案辦理。奉旨：著照所請，該部知道。欽此。欽遵在案。茲據各營陸續查報積勞病故文武員弁十二名，呈懇奏請恩恤前來。臣查已故同知銜甘肅候補知縣張恩濬，湖南善化縣人。鹽提舉銜前湖北崇陽縣知縣祝應燾，浙江仁和縣人。選用州判柳鼎勛，湖南湘陰縣人。甘肅補用從九品吳國棠，湖南長沙縣人。候選未入流熊霈湖、馮兆焜，均係◆1湖南湘鄉縣人。記名提督李玉春，四川犍爲縣人。記名總兵許獻德，甘肅固原州人。記名總兵郭恒昌，安徽鳳陽縣人。總兵劉必勝，湖南湘鄉縣人。總兵銜儘

①　中國第一歷史檔案館藏：《録副奏片》，檔號：03—4133—023。

先副將白祥,甘肅張掖縣人。瑪納斯協右營右哨經制外委王清山,四川巴州人。該故員弁等均係立功後積勞病故。合無仰懇天恩俯准,飭部一併照軍營立功後積勞病故例議恤,以昭激勸而慰幽魂。除咨部外,理合附片具陳。伏乞聖鑒訓示。謹奏。

　　光緒十二年十月十九日◆2,軍機大臣奉旨:張恩濬等均著照軍營立功後積勞病故例議恤。該部知道。欽此。

　　【案】此奏片原件①、録副②現藏於中國第一歷史檔案館,茲據校補。原件、録副所署具奏日期皆誤,茲據刻本及《軍機處隨手登記檔》③校正。

　　1.【均係】原件、録副均無"係"。

　　2.【光緒十二年十月十九日】此奉旨日期,據録副補。

226. 烏魯木齊四次查明陣亡殉難官紳兵民請恤摺
光緒十二年九月十八日

　　欽差大臣督辦新疆事宜尚書銜降一級留任甘肅新疆巡撫二等男臣劉錦棠跪◆1奏,爲烏魯木齊等處四次查明陣亡、殉難官紳兵民,懇恩飭部從優議恤,恭摺仰祈聖鑒事。

　　竊查烏魯木齊屬境陣亡、殉難滿漢員弁兵丁,經前任都統臣恭鏜設局采訪,計三次共采一千四百餘員名,先後奏蒙恩准,交部從優議恤在案◆2。迨光緒九年,甘肅省城善後局裁撤,烏垣采訪亦即停止,臣於上年四月移駐新疆省城。溯自全疆淪陷,前後歷十四年,凡官紳、士民、婦女死事慘烈者,不下數十萬人,雖未能一律查明,而有姓名事實可考者,未便任其湮没勿彰。經臣札飭布

---

①　中國第一歷史檔案館藏:《硃批奏片》,檔號:04—01—13—0425—038。

②　中國第一歷史檔案館藏:《録副奏片》,檔號:03—5214—046。

③　中國第一歷史檔案館藏:《軍機處隨手登記檔》,檔號:03—0250—4—1212—273。

政使魏光燾、署鎮迪道兼按察使銜英林,督同委員設局采訪,茲據
該司道等詳稱:查有從前四次已采未及詳奏官紳兵民,共四千二
百六員名,檢查卷宗,核對冊案,其中或力戰陣亡,或轉輸遇害,或
被執不屈,或聞變自戕,大節凜然,宜邀恤典,並造具花名清冊,詳
請具奏前來。臣覆核無異。合無仰懇天恩飭部從優議恤,以彰忠
義而慰幽魂。除飭該司道等督飭局員再行詳加采訪,由臣覆核陸
續陳奏,並將齎到花名清冊咨送各部查照外,所有烏魯木齊等處
四次查明陣亡、殉難官紳兵民懇請恩恤緣由,謹會同陝甘總督臣
譚鍾麟、護理烏魯木齊都統臣富勒銘額,恭摺具陳。伏乞皇太后、
皇上聖鑒訓示。謹奏。光緒十二年九月十八日◆3。

　　光緒十二年十月十九日◆4,軍機大臣奉旨:著照所請,該部知
道。欽此。

　　【案】此摺原件①、錄副②現藏於中國第一歷史檔案館,茲據校補。

　　1.【欽差大臣督辦新疆事宜尚書銜降一級留任甘肅新疆巡撫二等男臣
劉錦棠跪】此前銜據原件補。

　　2.【案】光緒五年四月二十八日,署烏魯木齊都統恭鏜奏報續查烏魯
木齊等處滿漢殉難員弁,懇恩飭部從優議恤:

　　　　署理烏魯木齊都統領隊大臣奴才恭鏜跪奏,為續查烏魯木齊等
　　處從前滿漢員弁殉難各情,籲懇天恩賜恤,並請附祀以彰忠節,繕摺
　　具陳,仰祈聖鑒事。竊維烏垣善後,宜先扶持正氣,表揚忠烈,足以振
　　靡。奴才到任後,卷查滿漢殉難各員,雖經前都統英翰奏蒙恩恤建祠
　　在案,惟當日滿漢殉難者眾,未經遍訪,尚多遺漏。經奴才復飭鎮迪
　　道暨防禦各員設局采訪,滿漢官兵、紳民一體冊報,並赴援庫車中途
　　接仗陣亡各員弁,併案采入,又咨行各城領隊及所屬各廳州縣同時采

訪，迄今三月。先據該道等造册具報，除前請恤不計外，續查出實在殉難滿漢員弁共六十四員名，或接仗陣亡，或巷戰力竭，或運糧被戕，或脅降不屈自盡各等情。奴才再三覆飭詳核無異。竊思舍身取義，臣節昭然，賜恤褒忠，聖恩最厚。前庫爾喀喇烏蘇領隊大臣文永等殉難慘烈，可否仰懇飭部，逾格優恤，並准附入都統平瑞專祠，以慰英魂而彰忠節，出自天恩。除詳加訪核死事兵丁、紳民再陳外，所有此次查明滿漢殉難員弁繕單請恤緣由，謹會同陝甘督臣左宗棠，合詞具奏。伏乞皇太后、皇上聖鑒。謹奏。四月二十八日。

　　光緒五年六月初一日，軍機大臣奉旨。欽此。①

光緒六年七月十六日，恭鏜再報續查烏魯木齊等處滿漢殉難員弁，懇恩飭部從優議恤：

　　二品頂戴烏魯木齊都統奴才恭鏜跪奏，為二次查出烏魯木齊屬境從前滿漢員弁、兵民殉難各情，籲懇天恩優恤，以彰節烈，恭摺續陳，仰祈聖鑒事。竊奴才自五年正月陳明設局委員采訪烏屬殉難員弁忠節以扶地方正氣，為辦理善後當務之急，曾將先行查出之前任庫爾喀喇烏蘇領隊大臣文永等六十四員，會同督臣左宗棠奏蒙恩施優恤在案。茲又據局員鎮迪道福裕等據詳册報，續查出各屬殉難滿漢員弁兵丁，計共一千一百四十二員名，逐一開具從前死事情形。奴才復加訪核，或不避鋒鏑，力竭陣亡，或歷久守陴，見危授命，以及自焚、自毒各情，册報洵屬詳確。竊以臣子捐軀報國，大節克完，兵民效死同仇，窮邊尤烈，亟宜據情轉請，共荷賜恤褒忠。可否仰懇天恩，敕部將此次續行查出殉難之前糧餉主事署庫爾喀喇烏蘇糧員錫拉春等准予優恤，並附入故都統平瑞專祠，俾慰忠魂之處，出自逾格鴻慈。除再飭訪查並同時殉難家屬分別另陳外，所有二次續查出烏屬境內殉難員弁兵民先行繕單請恤緣由，謹會同陝甘督臣左宗棠，合詞具奏。伏乞皇太后、皇上聖鑒。謹奏。七月十六日。

　　光緒六年八月十八日，軍機大臣奉旨：錫拉春等均著照所請，交

---

①　中國第一歷史檔案館藏：《錄副奏摺》，檔號：03—5801—047。

部從優議恤。單片併發。欽此。①

光緒八年五月十一日,恭鎧第三次奏報續查烏魯木齊等處滿漢殉難員弁,懇恩飭部從優議恤:

　　　烏魯木齊都統奴才恭鎧跪奏,爲第三次查出烏魯木齊屬境從前滿漢員弁兵丁陣亡、殉難各情,繕具清單,懇恩優恤,恭摺仰祈聖鑒事。竊奴才自五年正月陳請設局,委員采訪忠節,以扶地方正氣,曾將烏屬陣亡、殉難之官弁、兵丁、紳民等一千二百餘員名,兩次會同前督辦新疆軍務大學士左宗棠奏蒙恩施優恤在案。前又據局員鎮迪道福裕等詳報,續經查出烏屬吐魯番、古城兩處陣亡、殉難滿漢員弁兵丁共二百一十員名,逐一開具銜名並從前死事情形,詳請核奏前來。奴才復加訪查,該員弁兵丁等於古城垣失陷時,或拼死巷戰,力竭陣亡,或義不辱身,慘遭戕害。均屬捐軀報國,大節懍然。謹繕清單,恭呈御覽。合無仰懇天恩准將此次續行查出吐魯番、古城兩處陣亡、殉難之協領祥奎等二百一十員名,飭部從優議恤,並附祀原任都統平瑞專祠,以慰忠魂而彰節烈,出自逾格鴻慈。除再飭采訪並將殉難家屬一併確查分別續陳外,所有第三次查出吐魯番、古城陣亡、殉難員弁兵丁繕單請恤緣由,謹會同督辦新疆軍務通政使臣劉錦棠,合詞恭摺具陳。伏乞皇太后、皇上聖鑒訓示。謹奏。五月十一日。

　　　光緒八年六月十五日,軍機大臣奉旨:祥奎等均著交部,從優議恤。餘依議,單併發。欽此。②

3.【光緒十二年九月十八日】此具奏日期,據原件補。

4.【光緒十二年十月十九日】此奉旨日期,據錄副補。

227. 新疆人命重案懇暫准變通辦理摺

光緒十二年九月十八日

欽差大臣督辦新疆事宜尚書銜降一級留任甘肅新疆巡撫二

① 中國第一歷史檔案館藏:《錄副奏摺》,檔號:03—5533—091。
② 臺北故宮博物院藏:《軍機及宮中檔》,文獻編號:123712—1。

等男臣劉錦棠跪◆¹奏，爲新疆人命重案礙難遽復舊制，仍懇天恩暫准變通辦理，恭摺具陳，仰祈聖鑒事。

　　竊臣准刑部咨：議覆新疆辦理命盜案件一摺。新疆搶劫盜案，暫准就地正法。命案罪應凌遲、斬絞立決及監候各犯，均由該撫等詳細核勘，照例擬定罪名，專摺奏明請旨，俟奉到部覆後，將罪應凌遲、斬絞立決及例實入勾之犯再行處決等因。奉旨：依議。欽此。仰見朝廷欽恤民命、明慎用刑之至意，臣自應恪遵辦理。第新疆地處極邊，迥異内地，其窒礙難行之處略有二端，敬爲皇太后、皇上縷晰陳之。

　　查例載，州縣承審事件定擬，招解上司，按律改正，該督撫均於題咨内據實聲明，俟刑部核覆後，係州縣官原擬錯誤者，即照部駁改正例，按其罪名出入，分別議處等語。新疆新設州縣，事屬草創，襄理乏人，略知例案者多不願游幕萬里之外。即由關内招募刑件，大半濫竽充數，驗傷填格，諸多未諳。臣於各屬案件，只期供情確實，並不責其爰書，概由臣督同鎮迪道兼臬司銜詳度案情，參諸律例，酌擬完結。若如部議辦理，必由州縣定擬如律，則新疆州縣幾無一員可以自全。此不能遽照舊制者一也。

　　凡罪至凌遲、立決，皆係決不待時。即斬絞例實入勾人犯，亦屬法無可貸。此等亡命死囚久稽囹圄，設使瘐斃，憲典倖逃；倘有疏失，逃入鄰境，爲害滋深，自宜早申國法。然不能不稍爲遲延者，纏回等言語不通，犯供真情頗不易得，繩以照例承審限期，勢必不行。各屬距省窵遠，詳批往返約三兩月，設有駁詰申覆，往返亦需時日。情罪既重，核轉上司，或應親提鞫問，長途解犯，動輒千數百里，迨供情審定，轉詳到省，每結一案，速則大半年，遲則年餘，已屬遲之又久。若照部議隨時具奏，京師距新疆省八千餘里，奉准部覆，去來程限亦須三月有奇。再由臣行文犯事地方，又需月餘。通盤合算，處一決不待時之犯，總須一年以外。此不能遽照舊制者又其一也。

恭讀嘉慶十二年四月十六日上諭:盛駐等奏拿獲圖財害命之回犯審明定擬一摺。此案胡特魯克著即處斬。回疆非内地可比,嗣後遇有此等案件,情節較重者,於訊明正兇後,即著立時懲辦,毋致久稽顯戮等因。欽此。是回疆情形不比内地早在聖明洞鑒之中。現雖改設行省,而風氣所趨,究非旦夕所能丕變。合無仰懇天恩俯念新省地處極邊,州縣諸凡創始,暫准將命案罪應凌遲、斬絞立決及斬絞監候例實入勾各犯,仍照變通章程,就地正法,按季摘由彙報。俟三數年後,察看情形,再行奏請規復舊制。至斬絞監候入緩人犯,即遵部議辦理,專案具奏,聽候部覆,應行減軍、減流,即同尋常遣軍流徒等犯一體,南北兩路互相調發,勻撥地畝,以助屯墾。據藩司魏光燾、鎮迪道兼按察使銜恩綸會詳請奏前來。臣覆查無異。所有新疆人命重案礙難遽復舊制,仍請飭部暫准變通辦理各緣由,謹會同陝甘總督臣譚鍾麟、署伊犁將軍臣錫綸,恭摺具奏。伏乞皇太后、皇上聖鑒訓示施行。謹奏。光緒十二年九月十八日◆2。

光緒十二年十月十九日◆3,軍機大臣奉旨:著照所請,刑部知道。欽此。

【案】此摺原件①、録副②現藏於中國第一歷史檔案館,兹據校補。

1.【欽差大臣督辦新疆事宜尚書銜降一級留任甘肅新疆巡撫二等男臣劉錦棠跪】此前銜據原件補。

2.【光緒十二年九月十八日】此具奏日期,據原件補。

3.【光緒十二年十月十九日】此奉旨日期,據録副補。

---

①　中國第一歷史檔案館藏:《硃批奏摺》,檔號:04—01—01—0956—037。
②　中國第一歷史檔案館藏:《録副奏摺》,檔號:03—7226—049。

228. 恭繳欽差大臣關防摺

光緒十二年九月二十四日

尚書銜降一級留任甘肅新疆巡撫二等男臣劉錦棠跪◆¹奏，為恭繳欽符，仰祈聖鑒事。

竊臣前奏奉到巡撫關防，請繳回欽差大臣關防一摺。光緒十二年九月初七日奉旨：著准其回繳，所有新疆改設一切未盡事宜，仍著劉錦棠悉心妥籌辦理。欽此。仰見聖慈垂察，體念無遺，諒其心之所未安，策以職之所當任。臣自應隨時隨事，勉竭愚忱，以期仰答高厚生成於萬一。惟新疆建置之初，與內地情形迥別。內地各謹其財賦，歲用有餘，新疆則地處窮邊，向資協濟。內地各修其政，刑紀綱具，在新疆則事皆創始，無可率循。所望後此疆臣仍按以定章，毋令軫域，部臣少寬於成憲，量與變通。此則區區之愚不得不瀝陳於君父之前者。除將咸字八十一號欽差大臣關防一顆敬謹封固，派弁賫送軍機處驗收並咨部查照外，理合繕摺具陳。伏乞皇太后、皇上聖鑒。謹奏。光緒十二年九月二十四日◆²。

光緒十二年十一月十二日◆³，軍機大臣奉旨：該部知道。欽此。

【案】此摺原件①、錄副②現藏於中國第一歷史檔案館，茲據校補。

1.【尚書銜降一級留任甘肅新疆巡撫二等男臣劉錦棠跪】此前銜據原件補。

2.【光緒十二年九月二十四日】此具奏日期，據原件補。

3.【光緒十二年十一月十二日】此奉旨日期，據錄副補。

---

① 中國第一歷史檔案館藏：《硃批奏摺》，檔號：04—01—12—0535—061。

② 中國第一歷史檔案館藏：《錄副奏摺》，檔號：03—5691—046。

【案】劉錦棠爲奏旨恭繳欽差大臣關防致軍機處咨呈：

兵部尚書兼都察院右副都御史降一級留任巡撫甘肅新疆等處地方二等男劉，爲咨呈事。爲照本爵部院前恭報啓用巡撫關防日期，並請繳回欽差大臣關防一摺，於光緒十二年九月初七日奉旨：著准其回繳，所有新疆改設一切未盡事宜，仍著劉錦棠悉心妥籌辦理等因。欽此。應即派委妥員賫京呈繳，以昭慎重。除將原頒咸字八十一號欽差大臣關防一顆敬謹封固，黏貼印花，派委花翎守備王席珍、藍翎儘先千總練生科恭繳並奏報外，相應咨呈，爲此合咨呈貴處，謹請鑒照驗收，仍希賜覆施行。須至咨呈者。計恭繳欽差大臣關防壹顆。右咨呈軍機處。光緒十二年九月二十四日。（首尾各鈐甘肅新疆巡撫關防印）①

229. 庫爾喀喇烏蘇同知請添設照磨兼司獄員缺摺

光緒十二年十月十九日

尚書銜降一級留任甘肅新疆巡撫二等男臣劉錦棠跪◆¹奏，爲庫爾喀喇烏蘇撫民同知擬請添設照磨兼司獄員缺，以資佐理而裨地方，恭摺仰祈聖鑒事。

竊照庫爾喀喇烏蘇地方向設糧員由部揀派，經臣奏請改設撫民同知一員，加理事銜，並於摺內聲明未盡事宜，隨時奏明辦理，已奉諭旨飭部核議覆准，欽遵在案。茲據新疆布政使魏光燾、兼按察使銜鎮迪道恩綸會詳稱：庫爾喀喇烏蘇爲通伊犂、塔爾巴哈臺衝道，改設同知，經管地方户口、田賦、刑案，事務殷繁，所有緝捕、監獄，須有專員經理，設遇同知因公出境，或下鄉勘驗案件，亦可藉資彈壓。請仿照南疆各同知之例，添設庫爾喀喇烏蘇同知照磨兼司獄一員，管理監獄、緝捕，以資佐理等情前來。臣查庫爾喀

喇烏蘇爲入伊塔兩城要道,緝捕彈壓,誠關緊要。精河雖改設驛糧巡檢,距廳治窵遠,勢難兼顧。合無仰懇天恩俯准庫爾喀喇烏蘇添設同知照磨兼司獄一員,於地方實有裨益。如蒙俞允,應需養廉、俸銀並書役名數、工食等項,請照南疆各廳照磨章程支給,並照吉林新設各缺酌補一次成案,由外揀補一次。至應定爲何項缺分,請俟設妥後,由臣定擬。所有擬添庫爾喀喇烏蘇同知照磨兼司獄員缺緣由,是否有當,謹會同伊犁將軍臣錫綸、陝甘總督臣譚鍾麟,合詞具奏。伏乞皇太后、皇上聖鑒訓示。謹奏。光緒十二年十月十九日◆2。

　　光緒十二年十一月二十一日◆3,軍機大臣奉旨:該部議奏。欽此。

　　【案】此摺原件①、録副②現藏於中國第一歷史檔案館,兹據校補。

　　1.【尚書銜降一級留任甘肅新疆巡撫二等男臣劉錦棠跪】此前銜據原件補。

　　2.【光緒十二年十月十九日】此具奏日期,據原件補。

　　3.【光緒十二年十一月二十一日】此奉旨日期,據録副補。

　　【案】此摺於光緒十二年十一月二十一日經理藩院議覆,奏奉諭旨允行。《清實録》:"甘肅新疆巡撫劉錦棠奏,庫爾喀喇烏蘇擬請添設照磨兼司獄員缺。下部議。尋議上,設庫爾喀喇烏蘇撫民直隸同知一人、照磨兼司獄一人。如所議行。"③

230. 新疆應設撫標及城守等營員缺擬辦情形摺
光緒十二年十月十九日

頭品頂戴陝甘總督臣譚鍾麟、尚書銜降一級留任甘肅新疆巡

---

①　中國第一歷史檔案館藏:《硃批奏摺》,檔號:04—01—12—0535—073。

②　中國第一歷史檔案館藏:《録副奏摺》,檔號:03—5215—090。

③　《清實録·德宗景皇帝實録(四)》,卷二百三十五,光緒十二年十一月下,第169頁。

撫二等男臣劉錦棠跪[1]奏，爲新疆應設撫標及城守等營各員缺，謹將擬辦情形分別繕具清單，恭摺仰祈聖鑒事。

竊維兵者國家之常制，承平日久，兵不可用，一旦有事，始改而募勇。新疆自遭回亂迄乎底定，十餘年來，所恃以防衛地方者，皆爲客勇。邊疆瘠苦，勇丁遠從征役，餉糈難以驟减，至今猶發行糧。揆以度支有常，勇非經制，原應改設制兵，以規久遠。然他省之勇勢不能强使爲本地之兵，再四思維，惟有因勇設標，以官帶勇，先設定員缺，以期漸就規模。臣錦棠於光緒十年四月二十八日具奏遵旨統籌新疆全局摺内，請將標營員弁參用勇營章程，如副將作營旗官，即以中軍都司爲總哨，千把總、經制外委爲正副哨長；參將、游擊作營旗官，即以中軍守備爲總哨，千把總、經制外委爲正副哨長；都司、守備作營旗官，即以中軍千總爲總哨，把總、經制外委爲正副哨長。經部臣議奏，奉旨允准欽遵在案。兹值提臣移駐喀什噶爾，擬就原隸提標各處應改定者，先議及之。

查向章，勇丁一營，自營官、總哨以下至副哨長，共計官弁十員。標營設官，若必[2]一一牽合，其數未免過多，擬每營旗祇以副、參、游、都、守作營旗官，而量設千把爲哨長，經制外委爲巡查。其總哨、副哨哨長[3]概從減省。又勇丁營制，步隊一營，火勇占額四十餘名，一旗火勇占額三十餘名。馬隊火勇向在額外。標營則向無火勇。兹既仍照勇營之制，蓄養精鋭，使一勇得一勇之用，未便再以執爨負薪分其餘力，火勇自難裁減。擬改步隊以四百九十八人爲一營，三百六十七人爲一旗，官弁、火勇一概在内。馬隊以二百五十人爲一營，一百二十六人爲一旗，官弁在内，火勇在外，以符向章。而議設標營則不計火勇，以足原議鎮迪道屬設兵六千四百名之數。撫標擬以舊有之提標中、左、右三營改設，内設中軍參將一員、游擊二員並中軍守備[4]以下等官共四十餘員，勇二千餘人。雖未能盡如内地各撫標之制，然内地如河南撫標兩營兵額，亦多至二千餘人。邊省情形迥異，防守不容不嚴，設額自不宜過少。省城重地，城守尤關緊要，擬合舊有之迪化、鞏寧二營，設省城城守協副將一員並中軍都司以下等官，宜◆5仿各直省城守協營之制，而以舊有之喀喇巴爾噶遜營隸之。此外瑪納斯營、濟木薩、庫爾喀喇烏蘇營，皆依舊制，略爲增減。精河舊設都司，其地當伊犁要衝，擬設參將一員，以資控制。吐魯番昔爲換防之兵，其地屬鎮迪道，今擬就鎮迪道屬設兵數内，增設游擊一員，駐扎其地。以上均隸撫臣兼轄。計設副將二員、參將三員、游擊四員、都司四員、守備十三員、千總十九員、把總五十二員、經制外委三十四員，共官一百三十一員。步隊八營三旗，馬隊十五旗。除火勇不計外，共正勇六千四百四名。此擬設各標營制之大略也。

　　餉則照坐糧章程，有應稍爲變通者。新疆各營旗勇丁類皆招自南方，各有室家；各懷鄉里，斷難強其改隸兵籍。大抵隸兵籍者，必以土著爲宜。新疆北路人煙稀少，南路盡係纏回，土著無可招募，惟有招之關内。然由甘肅至新疆，近者五六千里，遠或八九千里。小民拋棄室家，來隸營伍，欲其安心用命，亦當代計其身家。關内制兵挑練，則議練軍之餉，誠以一經團扎，日事操防，即不能別營生業，故餉亦因之以加。關外百物昂貴，較關内倍蓰。民間雇一小工，日尚需銀二三錢不等。彼此相形，多願傭工而不願入伍。前此提標七旗土勇，照土勇章程發餉，試辦之初，祇期節省，究之逃亡踵接。其勉強應募者，率皆游惰之民，核其情形，雖給以坐糧，仍恐難資得力。土勇且猶如此，若由關内招募而來，使僅餬其口而無絲毫餘蓄，孰肯別離鄉井，努力戎行？惟有略籌變計，較坐糧每名按月加銀三錢，長夫概行不設。以坐糧章程每營每歲需餉二萬四千餘兩，總數核計，仍屬有減無增。較之現在勇營行糧額數，節省尤鉅，與原奏每年關内外需餉三百數十萬兩之議，亦屬相符。至各員廉俸薪蔬、馬乾草料各項，悉照標營舊制。

惟新疆文職各官廉俸等項，現均給發實銀，並無減折。塞上地方瘠苦，文武事同一律。可否仰懇天恩准一體發給十成實銀，毋庸減折，以示體恤。此擬定各標餉章之大略也。據藩司及鎮迪道兼枲司詳請具奏前來。臣等覆核無異。謹分別繕具清單，恭呈御覽。伏乞飭下户、兵等部核議施行。如蒙俞允，其餘提鎮各標營應請概照此章，以次議設。其分防汛地勇營既宜團扎，難盡如標營舊制節節設塘分汛，將來惟有擇要屯防，使之同力合操，咸成勁旅。

抑臣等更有請者，新疆現撥新餉，歲有定數，必須裁一營客勇，始能招一營土勇。而客勇欠餉累累，前經部臣指撥各省關欠解協餉銀二百八十萬兩，僅福建解銀二萬兩，餘均至今未見報解。舊勇不裁，新勇即難招募，而欲裁一名舊勇，必將挪一名新餉，是徒設標營，究無實效，轉使舊欠未清，新虧又起。況各勇等鋒鏑餘生，久羈絕域，日惟盼此餘資，得以早還鄉里。伏乞天恩飭部嚴催報解，俾得陸續裁舊改新，庶標營早定一日，餉糈早紓一分，邊防幸甚，時局幸甚。所有擬設撫標及城守等營各情形，謹會同署提督臣譚上連，合詞具陳。伏乞皇太后、皇上聖鑒訓示。再此摺係臣錦棠主稿，合併聲明。謹奏。光緒十二年十月十九日◆6。

光緒十二年十一月二十一日◆7，軍機大臣奉旨：該部議奏。單三件併發◆8。其各省關欠解餉銀，著户部嚴催報解，毋任延緩。欽此。

【案】此摺原件①、録副②現藏於中國第一歷史檔案館，茲據校補。

1.【頭品頂戴陝甘總督臣譚鍾麟、尚書銜降一級留任甘肅新疆巡撫二等男臣劉錦棠跪】此前銜據原件補。

————————

① 中國第一歷史檔案館藏：《硃批奏摺》，檔號：04—01—30—0186—034。
② 中國第一歷史檔案館藏：《録副奏摺》，檔號：03—5844—074。

2.【若必】原件、録副均作“若”,是。

3.【副哨哨長】原件、録副均作“副哨長”。

4.【守備】刻本奪“守備”,據原件、録副補。

5.【宜】原件、録副均作“亦”。

6.【光緒十二年十月十九日】此具奏日期,據原件補。

7.【光緒十二年十一月二十一日】此奉旨日期,據録副補。

8.【案】一爲設撫標及城守各營官兵數目清單,現藏於中國第一歷史檔案館,内容如下:

> 謹將擬設撫標及城守各營官兵數目繕具清單,恭呈御覽。計開
>
> 一、擬設撫標步隊三營,馬隊六旗。中營步隊一營,營官參將一員,前左兩哨哨長千總二員,右後兩哨哨長把總二員,巡查經制外委二員。左旗馬隊一旗,旗官中軍守備一員,左右兩哨哨長把總二員,巡查經制外委一員。右旗馬隊一旗,旗官守備一員,左右兩哨哨長把總二員,巡查經制外委一員。左營步隊一營,營官游擊一員,前左兩哨哨長千總二員,右後兩哨哨長把總二員,巡查經制外委二員。左旗馬隊一旗,旗官中軍守備一員,左右兩哨哨長把總二員,巡查經制外委一員。右旗馬隊一旗,旗官守備一員,左右兩哨哨長把總二員,巡查經制外委一員。右營步隊一營,營官游擊一員,前左兩哨哨長千總二員,右後兩哨哨長把總二員,巡查經制外委二員。左旗馬隊一旗,旗官中軍守備一員,左右兩哨哨長把總二員,巡查經制外委一員。右旗馬隊一旗,旗官守備一員,左右兩哨哨長把總二員,巡查經制外委一員。
>
> 一、原設提標城守營,步兵五百六十八名,馬兵四百三十三名,都司一員,守備一員,千總二員,把總四員,經制外委六員;鞏寧城守營,步兵一百七十一名,馬兵一百三十三名,都司一員,千總一員,把總一員,經制外委二員。改設省城城守營。步隊一營一旗,馬隊二旗。中營步隊一營,營官副將一員,前左兩哨哨長千總二員,右後兩哨哨長把總二員,巡查經制外委二員。中旗步隊一旗,旗官中軍都司一員,中哨哨長千總一員,左右兩哨哨長把總二員,巡查經制外委一員。左旗馬隊一旗,旗官都司一員,左右兩哨哨長把總二員,巡查經制外委

一員。右旗馬隊一旗,旗官守備一員,左右兩哨哨長把總二員,巡查經制外委一員。

一、原設喀喇巴爾噶遜營,步兵一百七十一名,馬兵一百三十三名,守備一員,把總二員,經制外委二員。改設喀喇巴爾噶遜營。馬隊一旗,旗官守備一員,左右兩哨哨長把總二員,巡查經制外委一員,隸城守營管轄。

一、原設瑪納斯協營,左營步兵四百三十九名,馬兵三百四十二名,右營步兵四百三十八名,馬兵三百四十四名,副將一員,都司二員,守備二員,千總四員,把總七員,經制外委十員。改設瑪納斯協營。步隊一營一旗,馬隊二旗。中營步隊一營,營官副將一員,前左兩哨哨長千總二員,左後兩哨哨長把總二員,巡查經制外委二員。中旗步隊一旗,旗官中軍都司一員,中哨哨長千總一員,左右兩哨哨長把總二員,巡查經制外委一員。左旗馬隊一旗,旗官都司一員,左右兩哨哨長把總二員,巡查經制外委一員。右旗馬隊一旗,旗官守備一員,左右兩哨哨長把總二員,巡查經制外委一員。

一、原設濟木薩營,步兵五百零四名,馬兵三百八十八名,參將一員,守備一員,千總二員,把總四員,經制外委八員。改設濟木薩營。步隊一營,營官參將一員,前左兩哨哨長千總二員,左後兩哨哨長把總二員,巡查經制外委二員。馬隊一旗,旗官中軍守備一員,左右兩哨哨長把總二員,巡查經制外委一員。

一、原設庫爾喀喇烏蘇營,步兵三百四十一名,馬兵二百六十八名,游擊一員,守備一員,千總二員,把總二員,經制外委四員。改設庫爾喀喇烏蘇營。步隊一營,營官游擊一員,前左兩哨哨長千總二員,左後兩哨哨長把總二員,巡查經制外委二員。馬隊一旗,旗官中軍守備一員,左右兩哨哨長把總二員,巡查經制外委一員。

一、原設精河營,步兵二百二十七名,馬兵一百一十九名,都司一員,千總一員,把總二員,經制外委三員。改設精河營。步隊一營,營官參將一員,前左兩哨哨長千總二員,左後兩哨哨長把總二員,巡查經制外委二員。馬隊一旗,旗官中軍守備一員,左右兩哨哨長把總二員,巡查經制外委一員。

一、添設吐魯番營。步隊一旗,旗官游擊一員,中哨哨長千總一員,左右兩哨哨長把總二員,巡查經制外委一員。馬隊一旗,旗官中軍守備一員,左右兩哨哨長把總二員,巡查經制外委一員。

以上計步隊八營三旗、馬隊十五旗,共員弁一百三十一員,勇丁六千四百零四名。除員弁廉俸照章支給不計外,勇餉照擬改坐糧,扣算每年約計六大建六小建,共需銀肆拾貳萬柒千久百肆拾陸兩肆錢。

軍機大臣奉旨:覽。欽此。①

一爲擬定各營旗營制、餉章清單,現藏於中國第一歷史檔案館。然此單呈報日期僅署"光緒十二年",且未署具報者。據內容推斷,此單應屬此摺所附,內容如下:

謹將擬定各營旗營制、餉章繕具清單,恭呈御覽。計開

一、步隊一營以四百九十八人爲定額,私夫在外。每營營官一員,除每歲廉俸薪蔬、馬乾、本折、料草等項銀兩照章支領外,每月加製辦旗幟、號衣銀六十兩,不扣建。私夫十六名,每名月支銀二兩七錢,扣建。營書四名,每名月支銀六兩,扣建。前左兩哨哨長千總二員,除每歲養廉、俸薪、馬乾等項銀兩照章支領外,每員加私夫二名,每名月支銀二兩七錢,扣建。右後兩哨哨長把總二員,除每歲養廉、俸薪、馬乾等項銀兩照章支領外,每員加私夫二名,月支銀二兩七錢,扣建。巡查經制外委二員,除每歲養廉、馬乾等項銀兩照章支領外,每員加私夫二名,每名月支銀二兩七錢,扣建。親兵什長額外外委六名,每名月支銀四兩五錢,扣建。各哨什長三十二名,每名月支銀四兩二錢,扣建。親兵六十六名,哨書護兵二十名,每名月支銀三兩九錢,扣建。正勇三百二十名,每名月支銀三兩六錢,扣建。伙夫四十三名,每名月支銀三兩,扣建。共大建月支銀一千九百三十七兩四錢,小建月支銀一千八百七十四兩八錢二分。

一、步隊一旗以三百六十七人爲定額,私夫在外。每旗旗官一

---

①　中國第一歷史檔案館藏:《清單》,檔號:03—5844—075。

員,除每歲廉俸、薪蔬、紙紅、馬乾等項銀兩照章支領外,每月加製辦旗幟、號衣銀五十兩,不扣建。私夫八名,每名月支銀二兩七錢,扣建。營書三名,每名月支銀六兩,扣建。中哨哨長千總一員,除每歲養廉、俸薪、馬乾等項銀兩照章支領外,加私夫二名,每名月支銀二兩七錢,扣建。左右兩哨哨長把總二員,除每歲養廉、俸薪、馬乾等項銀兩照章支領外,每員加私夫二名,每名月支銀二兩七錢,扣建。巡查經制外委一員,除每歲養廉、馬乾等項銀兩照章支領外,加私夫二名,每名月支銀二兩七錢,扣建。親兵什長額外外委四名,每名月支銀四兩五錢,扣建。各哨什長二十四名,每名月支銀四兩二錢,扣建。親兵四十四名,哨書護兵十五名,每名月支銀三兩九錢,扣建。正勇二百四十名,每名月支銀三兩六錢,扣建。伙夫三十二名,每名月支銀三兩,扣建。共大建月支銀一千四百二十兩零一錢,小建月支銀一千三百七十四兩四錢三分。

一、馬隊一營以二百五十人為定額,伙夫、私夫、馬夫在外。每營營官一員,除每歲廉俸、薪蔬、馬乾等項銀兩照章支領外,每月加製辦旗幟、號衣銀五十兩,不扣建。私夫十六名,每名月支銀二兩七錢,扣建。營書三名,每名月支銀六兩,馬夫各半名,月支銀一兩三錢五分,扣建。月支雜費銀六錢,不扣建。前左兩哨哨長千總二員,除每歲養廉、俸薪、馬乾等項銀兩照章支領外,加私夫二名,每名月支銀二兩七錢,扣建。右後兩哨哨長把總二員,除每歲養廉、俸薪、馬乾等項銀兩照章支領外,加私夫二名,每名月支銀二兩七錢,扣建。巡查經制外委二員,除每歲養廉、馬乾等項銀兩照章支領外,加私夫二名,每名月支銀二兩七錢,扣建。親兵領旗額外外委二名,每名月支銀四兩五錢。馬夫各半名,月支銀一兩三錢五分,扣建。月支雜費銀六錢,不扣建。各哨領旗二十名,每名月支銀四兩二錢。馬夫各半名,月支銀一兩三錢五分,扣建。月支雜費銀六錢,不扣建。親兵十八名,哨書護兵二十名,每名月支銀三兩九錢。馬夫各半名,月支銀一兩三錢五分,扣建。月支雜費銀六錢,不扣建。馬勇一百八十名,每名月支銀三兩六錢。馬夫各半名,月支銀一兩三錢五分,扣建。月支雜費銀六錢，不扣建。伙夫二十七名，每名月支銀三兩，扣建。營書、額外外委及領旗、哨書、親兵、護兵、正勇，每名騎馬一匹，每匹月支馬乾銀二兩四錢，扣建。其營哨、巡查各官馬匹、本折料草、馬乾，照章支領，不另議給。共大建月支銀二千一百七十兩八錢五分，小建月支銀二千一百零五兩零一分五釐。倒馬價照章支領。

　一、馬隊一旗以二百二十六人爲定額，伙夫、私夫、馬夫在外。每旗旗官一員，除每歲養廉、薪蔬、紙紅、馬乾等項銀兩照章支領外，每月加製辦旗幟、號衣銀二十五兩，不扣建。私夫八名，每名月支銀二兩七錢，扣建。營書二名，每名月支銀六兩。馬夫各半名，月支銀一兩三錢五分，扣建。月支雜費銀六錢，不扣建。左右兩哨哨長把總二員，除每歲養廉、俸薪、馬乾等項銀兩照章支領外，加私夫二名，每名月支銀二兩七錢，扣建。巡查經制外委一員，除每歲養廉、馬乾等項銀兩照章支領外，加私夫二名，每名月支銀二兩七錢，扣建。親兵領旗額外外委三名，每名月支銀四兩五錢。馬夫各半名，月支銀一兩三錢五分，扣建。月支雜費銀六錢，不扣建。各哨領旗八名，每名月支銀四兩二錢。馬夫各半名，月支銀一兩三錢五分，扣建。月支雜費銀六錢，不扣建。親兵二十七名，哨書護兵一十名，每名月支銀三兩九錢。馬夫各半名，月支銀一兩三錢五分，扣建。月支雜費銀六錢，不扣建。馬勇七十二名，每名月支銀三兩六錢。馬夫各半名，月支銀一兩三錢五分，扣建。月支雜費銀六錢，不扣建。伙夫十四名，每名月支銀三兩，扣建。營書、額外外委及領旗、哨書、親兵、護兵、正勇，每名騎馬一匹，每匹月支馬乾銀二兩四錢，扣建。其旗哨、巡查各官馬匹、本折料草、馬乾照章支領，不另議給。共大建月支銀一千零九十八兩一錢，小建月支銀一千零六十四兩七錢七分。倒馬價照章支領。①

　一爲撫標城守營官弁應支養廉、俸薪、蔬紅、馬乾、本折草料各項清單，

---

①　中國第一歷史檔案館藏：《清單》，檔號：03—5846—011。

亦藏於中國第一歷史檔案館。然此單呈報日期僅署"光緒十一年"，亦未署具報者。據內容推斷，此單應屬此摺所附，内容如下：

謹將撫標城守營官弁應支養廉、俸薪、蔬紅、馬乾、本折草料各項繕具清單，恭呈御覽。計開

一、擬設撫標步隊三營、馬隊六旗，共官四十五員，内參將一員，游擊二員，守備六員，千總六員，把總十八員，經制外委十二員，官例馬一百零四匹。歲需俸薪、蔬紅、廉例等項，各按定章，折實銀九千四百六十三兩三錢八分，公費銀二千四百三十八兩九錢四分五釐，折實銀一千七百七兩二錢六分一釐，一半本色京斗料四百一石一斗四升二合八勺，一半本色草一萬八千七百二十束。

一、城守營改設步隊一營一旗、馬隊二旗，共官二十四員，内副將一員，都司二員，守備一員，千總三員，把總八員，經制外委五員，官例馬五十一匹。歲需俸薪、蔬紅、廉例等項，各按定章，折實銀四千九百四十二兩一錢三分六釐，公費銀一千三百六十五兩五錢九分七釐，折實銀九百五十五兩九錢一分八釐，一半本色京斗料一百九十六石七斗一升四合三勺，一半本色草九千一百八十束。

一、喀喇巴爾噶遜營改設馬隊一旗，共官四員，内守備一員，把總二員，經制外委一員，官例馬九匹。歲需俸薪、蔬紅、廉例等項，各按定章，折實銀七百四十一兩八錢二分七釐，公費銀二百六十六兩八錢三釐，折實銀一百八十六兩七錢六分二釐，一半本色京斗料三十四石七斗一升四合二勺，一半本色草一千六百二十束。

一、瑪納斯協營改設步隊一營一旗、馬隊二旗，共官二十員，内副將一員，都司二員，守備一員，千總三員，把總八員，經制外委五員，官例馬五十一匹。歲需俸薪、蔬紅、廉例等項，各按定章，折實銀四千九百四十二兩一錢三分六釐，公費銀一千三百六十五兩五錢九分七釐，折實銀九百五十五兩九錢一分八釐，一半本色京斗料一百九十六石七斗一升四合三勺，一半本色草九千一百八十束。

一、濟木薩營改設步隊一營、馬隊一旗，共官十一員，内參將一員，守備一員，千總二員，把總四員，經制外委三員，官例馬二十七匹。

歲需俸薪、蔬紅、廉例等項，各按定章，折實銀二千五百五十九兩五錢，公費銀七百九十兩八錢六分七釐，折實銀五百五十三兩六錢七釐，一半本色京斗料一百四石一斗四升二合八勺，一半本色草四千八百六十束。

一、庫爾喀喇烏蘇營改設步隊一營、馬隊一旗，共官十一員，內游擊一員，守備一員，千總二員，把總四員，經制外委三員，官例馬二十五匹。歲需俸薪、蔬紅、廉例等項，各按定章，折實銀二千三百三十九兩二錢，公費銀五百三十四兩五錢二分，折實銀三百七十四兩一錢六分四釐，一半本色京斗料九十六石四斗二升八合六勺，一半本色草四千五百束。

一、精河營改設步隊一營、馬隊一旗，共官十一員，內參將一員，守備一員，千總二員，把總四員，經制外委三員，官例馬二十七匹。歲需俸薪、蔬紅、廉例等項，各按定章，折實銀二千五百五十九兩五錢，公費銀七百九十兩八錢六分七釐，折實銀五百五十三兩六錢七釐，一半本色京斗料一百四石一斗四升二合八勺，一半本色草四千八百六十束。

一、添設吐魯番營步隊一旗、馬隊一旗，共官九員，內游擊一員，守備一員，千總一員，把總四員，經制外委二員，官例馬二十二匹。歲需俸薪、蔬紅、廉例等項，各按定章，折實銀二千八十六兩一分一釐，公費銀五百三十四兩五錢二分，折實銀三百七十四兩一錢六分四釐，一半本色京斗料八十四石八斗五升七合一勺，一半本色草三千九百六十束。

總共設官一百三十一員，歲需俸薪、蔬紅、廉例等項，折實銀二萬九千六百三十三兩六錢九分，公費銀八千八十七兩七錢一分六釐，折實銀五千六百六十一兩四錢一釐，一半本色京斗料一千二百一十八石八斗五升六合九勺，一半本色草五萬六千八百八十束。

軍機大臣奉旨：覽。欽此。①

----

①　中國第一歷史檔案館藏：《清單》，檔號：03—6099—063。

新疆巡撫劉錦棠與陝甘總督譚鍾麟之聯銜會奏，於是年十一月二十一日經戶、兵等部議覆，得邀允行。《清實錄》：

陝甘總督譚鍾麟等奏，新疆應設撫標及城守等營各員缺。得旨：該部議奏。其各省關欠解銀兩，著戶部嚴催報解，毋任延緩。尋議上，改烏魯木齊提標各營爲撫標，設城守協副將一、都司二、守備一、千總三、把總八、外委五。改原設提標中左右三營爲撫標中左右三營，設參將一、游擊二、守備六、千總六、把總十八、外委十二。改喀喇巴爾噶遜營爲馬隊一旗，設守備一、把總二、外委一，歸城守營管轄。改瑪納斯協營爲步隊一營一旗、馬隊二旗。步隊營官，設副將一、千總二、把總二、外委二。步隊旗官，設中軍都司一、千總一、把總二、外委一。左旗馬隊旗官，設都司一、把總二、外委一。右旗馬隊旗官，設守備一、把總二、外委一。改濟木薩營爲步隊一營、馬隊一旗。步隊營官，設參將一、千總二、把總二、外委二。馬隊旗官，設中軍守備一、把總二、外委一。改庫爾喀喇烏蘇營爲步隊一營、馬隊一旗。步隊營官，設游擊一、千總二、把總二、外委二。馬隊旗官，設中軍守備一、把總二、外委一。改精河營爲步隊一營、馬隊一旗。步隊營官，設參將一、千總二、把總二、外委二。馬隊旗官，設中軍守備一、把總二、外委一。增設吐魯番步隊一旗、馬隊一旗。步隊旗官，設游擊一、千總一、把總二、外委一。馬隊旗官，設中軍守備一、把總二、外委一。均隸撫標兼轄。如所議行。①

231. 查明新疆用款無可刪減存儲報部摺

光緒十二年十一月二十八日

尚書銜降一級留任甘肅新疆巡撫二等男臣劉錦棠跪◆1奏，爲遵旨查明新疆各項用款無可刪減存儲報部，恭摺具陳，仰祈聖

---

① 《清實錄·德宗景皇帝實錄（四）》，卷二百三十五，光緒十二年十一月下，第168—169頁。

鑒事。

　　竊臣疊次欽奉寄諭，令各直省核實刪減用款，存儲報部等因◆²。仰見皇太后、皇上經國理財、實事求是之至意，當經先後恭錄飭查去後。茲據藩司魏光燾會同糧臺司道詳稱：查新疆出款，除滿營俸餉及現議遷徙各費以奉撥平餘銀兩抵支不計外，其文職廉費、俸工、驛站夫馬、工食、草料並標營官兵俸餉，共歲需銀三十一萬餘兩，現經奏准之加增公費並一切祭祀雜款及提標土勇口糧，向由軍需項下開支，均不在内。而每歲入款、額糧、稅課各項，共合銀二十三萬餘兩，以入抵出，不敷尚鉅。此司庫出入之大較也。防營陸續裁併，現存步隊十五營二十四旗、馬隊九營十六旗、開花炮隊三哨、小馬隊五哨，周迴萬數千里之地，兵力已形單薄。歲定協餉二百二十萬兩，上年各省關報解僅及九成，内應劃撥製辦善後經費銀三十萬兩。又南北兩路城垣、衙署等工，因指撥專款解不足數，墊發尤多，餘亦不敷支放。此糧臺收發之大較也。至各路臺局，原設一百四十餘處，近來裁撤除牛痘局外，衹存二十餘處。體察各項用款，實係萬難議減。詳請覆奏前來。

　　臣維新疆地處邊荒，向資協濟，迴非内地各直省能於就地取資可比。近年裁併營旗，力求節省。現復擬就防勇改設標營，以便徐改坐糧，漸裁行餉。而各省關指撥欠餉銀二百八十五萬兩，衹閩海關解到二萬兩，餘均未聞報解。日復一日，新欠又加。此臣所日夜悚惶而不能自已者。即使各項用款實有可裁，亦當以羨餘彌補積欠，其不能提存解部已在聖明洞鑒之中。臣惟有率同僚屬，認真經理，以期厚一分民生，即可紓一分餉力。所有查明各項用款無可刪減、存儲解部各情形，除咨部查照外，理合恭摺具陳。伏乞皇太后、皇上聖鑒訓示。再，伊犁、塔爾巴哈臺等處有無款項可裁，應由署伊犁將軍臣錫綸等查核覆陳，合併聲明。謹奏。光緒十二年十一月二十八日[◆3]。

　光緒十三年正月初二日[◆4]，軍機大臣奉旨：户部知道。欽此。

【案】此摺缺録副，原件①藏於中國第一歷史檔案館，兹據校補。

1.【尚書銜降一級留任甘肅新疆巡撫二等男臣劉錦棠跪】此前銜據原件補。

2.【案】光緒十二年六月二十二日"廷寄"曰：

　　軍機大臣字寄：各直省將軍、督撫，傳諭粵海關監督：光緒十二年六月二十二日欽奉慈禧端佑康頤昭豫莊誠皇太后懿旨：前因海防善後，用項浩繁，及酌加旗營餉需，必須籌款支給，先後諭令各該省關，將每年出入款目分晰奏報，並將現有勇營切實核減，冗局閑員大加裁汰，每省每年可以節省若干專款存儲解部，節經各直省將軍、督撫、監督等陸續奏到。其能節省解部者，僅止江蘇、安徽、湖北、湖南、陝西、山東、山西、河南數省，餘則非入不敷出，即出入相抵。在各省用款繁多，每謂無可裁減，殊不知近來積習相沿，每辦一事，即創立一局，位置冗員，開支公費，種種濫用，弊竇甚多。雖經屢次嚴諭，迄未大加裁減，總由各督撫未能嚴飭藩司實心經理，致以國家之正供，作無益之冗費。國用何時可充，餉需何時可足耶！況王公、百官、旗營俸餉，現已照舊全數放給，海軍創立，需款尤多，非寬籌餉項不足以資周轉而應要需。各該將軍、督撫、監督等受國厚恩，務當共矢公忠，破除情面，能省一分浮費，即多一分正用。所有奏明無款可撥各省，著再將各項可省之款核實删減，無論正款閑款，不拘數目多寡，每省每年可以節省若干存儲解部，即行籌議具奏，不得以入不敷出、無可節省一奏塞責，稍涉推諉。當此時事艱難，餉需支絀，但得每省能節若干，積少成多，不無裨益。諒各該將軍、督撫、監督等必能共體時艱，力爲籌措也。至已經奏明節省餉需存儲備撥各省，即著照數批解，勿稍遲延。如尚有可省之處，並著隨時籌畫，據實奏聞。將此由四百

① 中國第一歷史檔案館藏：《硃批奏摺》，檔號：04—01—35—0830—034。

里諭知各直省將軍、督撫,並傳諭粵海關監督知之。欽此。遵旨寄信前來。①

3.【光緒十二年十一月二十八日】此具奏日期,據原件補。

4.【光緒十三年正月初二日】此奉旨日期,據《軍機處隨手登記檔》②校補。

232. 新疆大計鉅典懇緩至下屆辦理摺

光緒十二年十一月二十八日

尚書銜降一級留任甘肅新疆巡撫二等男臣劉錦棠跪◆1奏,爲新疆初設行省,各員歷俸未滿三年,本年大計鉅典礙難舉辦,籲懇恩准展至下屆辦理,以昭慎重,恭摺仰祈聖鑒事。

竊臣准吏部咨:定例各省官員,大計三年一次。自光緒九年十二月扣至本年十二月,三年之期已屆,令將大計卓異按額薦舉,有干六法之員,照例參奏,於光緒十二年十二月內具題各等因。光緒十二年八月十六日題,本月十八日奉旨:依議。欽此。欽遵知照到臣,當經飭司遵照去後。茲據新疆布政使魏光燾、兼按察使銜鎮迪道恩綸會詳稱:查定例,道府州縣各官,核計本省歷俸已滿三年,任內並無正項錢糧未完,其平日循聲政績,該上司實係灼見真知,准其列入薦舉等因。歷經遵辦在案。新疆初設行省,北路鎮迪道所屬各官,雖係舊有之缺,而署事人員較多,即有實缺人員,亦歷俸未滿三年。南路新設各缺,委員先行署理,多係十年到任。其有請補實缺者,亦皆於十一年始行奉准核計,均無歷俸已滿三年之員,與大計薦舉之例不符。詳請具奏展緩前來。臣覆核

① 中國第一歷史檔案館藏:《光緒朝上諭檔》,第十二冊,第42—243頁;《清實錄·德宗景皇帝實錄(四)》,卷二百二十九,光緒十二年六月,第95—96頁。

② 中國第一歷史檔案館藏:《軍機處隨手登記檔》,檔號:03—0253—1—1213—001。

無異。合無仰懇天恩,准予展至下屆再行舉辦,以昭慎重。如有應劾人員,臣仍當隨時訪察,據實參奏,斷不敢稍事徇隱,貽誤地方。是否有當,除咨部查照外,謹會同陝甘總督臣譚鍾麟,恭摺具奏。伏乞皇太后、皇上聖鑒訓示。謹奏。光緒十二年十一月二十八日◆2。

光緒十三年正月初二日◆3,軍機大臣奉旨:著照所請,吏部知道。欽此。

【案】此摺原件①、錄副②現藏於中國第一歷史檔案館,茲據校補。

1.【尚書銜降一級留任甘肅新疆巡撫二等男臣劉錦棠跪】此前銜據原件補。

2.【光緒十二年十一月二十八日】此具奏日期,據原件補。

3.【光緒十三年正月初二日】此奉旨日期,據錄副補。

---

① 中國第一歷史檔案館藏:《硃批奏摺》,檔號:04—01—12—0536—022。
② 中國第一歷史檔案館藏:《錄副奏摺》,檔號:03—5545—001。

劉錦棠奏稿卷十二

起光緒十二年十二月,訖光緒十三年閏四月

233. 請旨嚴催協解西征欠餉摺

光緒十二年十二月初四日

尚書銜降一級留任甘肅新疆巡撫二等男臣劉錦棠跪[1]奏,爲部撥閩浙、廣東各省關協解西征欠餉,屢催罔應,請旨嚴催迅解,以清積欠而固邊防,恭摺仰祈聖鑒事。

竊照臣軍餉項,截算至光緒十年底止,共欠發銀二百八十五萬兩。經部臣議奏,指撥浙江省銀一百八十五萬兩,福建省銀三十八萬兩,廣東省銀五十六萬兩,閩海關銀六萬兩,請旨飭下各該省將軍、督撫臣按照所撥數目,勻分三年,解赴甘肅糧臺,轉解關外。所有限期截至光緒十四年年底止,作爲限滿,務須分年分批趲解,毋稍延誤等因。光緒十一年四月二十一日具奏,奉旨:依議。欽此。旋經陝甘督臣譚鍾麟奏請改撥江蘇協餉,部議江蘇物力並非有餘,仍應由原撥各省關按年報解。又於光緒十二年三月初六日經部議奏,各省關倘仍前延宕,即由該撫指名嚴參等因。

均奉旨：依議。欽此。欽遵先後咨行在案。是部臣於此項撥款審
度再三，期在必無遲誤。乃迄今已屆一年期限，祇閩海關解到銀
二萬兩，餘悉未聞報解。緘牘頻催，均未見覆。

　　竊念西征兵勇，自咸豐年間由江、浙、閩、粵轉戰入關，旋折而
東，殲除髮捻，然後由關度隴，逾隴益西，時閱二十年，行經數萬
里。軍興以來，惟此一軍從役最爲久遠。此次存餉二百八十餘
萬，合之於公家，則爲數甚鉅，散之於兵勇，則每名至多不過百餘
金，少或數十金而已。各該兵勇少壯從軍，至於暮齒，不能持此爲
歸休之計，夫豈甘心？設有不虞，臣罪滋重，待其嘩潰，然後從而
收拾，爲費益多。況新疆地處極邊，重在武備，承平時籌兵裕餉，
以全力注於西陲，旋值中原多故，餉饋拮据，遂致全疆淪陷。迨關
隴肅清，仰賴宸謨廣運，協餉之外，發部款，貸洋款，多方接濟，故
能師行順利，挈舊有之疆土還隸版圖。今則經野設官，比於腹地，
然沿邊諸境緊與俄鄰，視承平之時，防務尤爲吃緊。臣謬當斯任，
競惕實深，思所以慎守封圻，惟在簡練軍實。舊時士卒日夜思歸，
加以衰病侵尋，所在多有，不思更換，徒耗餉需。前於酌改營制摺
內陳明，擬由甘肅招募新勇，以資挑補，去弱留强，庶幾緩急足恃。
惟是地方瘠苦，非若臺灣設省可以就地取資，事待他求，遂多停
滯。欠餉遲遲不至，則老勇未可遽裁；老勇未裁，則新勇尚難增
募。措施鮮據，職此之由。臣前議裁行餉，改發坐糧，以爲節省餉
需之計，現在積欠未清，亦未便遽裁行餉。上年及本年新餉幸賴
江南、安徽、湖廣、四川、河南、陝西、山西各疆臣之力，源源解濟，
得以勉應急需。然數米析薪，已無餘剩。若挂發舊欠，又啓新虧。
部臣申誡在先，臣亦何容冒昧？在部臣指提舊欠，自非畫餅相貽；
在微臣事處萬難，尤望同舟共濟。各省關力能籌解，安事遲迴？
即或力有未能，亦應早爲陳奏。若復似此稽遲，置之不理，又將何
以爲計？新疆事事仰給於人，若必遵照部議，指名奏參，又失和衷

之義。

　　臣惟有仰懇天恩，俯念邊疆緊要，飭下兩廣、閩浙各督臣，福建、浙江、廣東各撫臣，將此項指撥欠餉迅籌報解，毋再遲延，致滋貽誤。如各該省實係力難全任，即當督飭藩司通盤籌畫，切實聲明每年能解若干，不敷之數，奏請諭旨，飭部另撥的款，以便及早清釐，妥爲布置。邊軍幸甚，大局幸甚！謹會同陝甘總督臣譚鍾麟，據實瀝陳。伏乞皇太后、皇上聖鑒訓示施行。謹奏。光緒十二年十二月初四日◆2。

　　光緒十三年正月初八日◆3，軍機大臣奉旨：戶部速議具奏。欽此。

　　【案】此摺原件①、録副②現藏於中國第一歷史檔案館，兹據校補。

　　1.【尚書銜降一級留任甘肅新疆巡撫二等男臣劉錦棠跪】此前銜據原件補。

　　2.【光緒十二年十二月初四日】此具奏日期，據原件補。

　　3.【光緒十三年正月初八日】此奉旨日期，據録副補。

　　【案】光緒十三年正月十八日，戶部尚書閻敬銘等以遵旨速議具奏曰：

　　　　大學士管理戶部事務臣閻敬銘等謹奏，爲遵旨速議具奏事。甘肅新疆巡撫劉錦棠奏部撥閩浙、廣東各省關協解西征欠餉，請旨嚴催迅解，以清積欠而固邊防一摺，光緒十三年正月初八日軍機大臣奉旨：戶部速議具奏。欽此。欽遵，由軍機處鈔交到部。據原奏内稱：臣軍餉項，截算至光緒十年底止，共欠發銀二百八十五萬兩。經部臣議奏，指撥浙江省銀一百八十五萬兩，福建省銀三十八萬兩，廣東省銀五十六萬兩，閩海關銀六萬兩，請旨飭下各該省將軍、督撫臣按照所撥數目，匀分三年，解赴甘肅糧臺，轉解關外。所有限期截至光緒

①　中國第一歷史檔案館藏：《硃批奏摺》，檔號：04—01—35—0987—060。

②　中國第一歷史檔案館藏：《録副奏摺》，檔號：03—6616—011。

十四年年底止,作爲限滿等因。又於光緒十二年三月經部議奏,各省
關倘仍前延宕,即由該撫指名嚴參等因。均奉旨:依議。欽此。欽遵
先後咨行在案。乃迄今已屆一年期限,祇閩海關解到銀二萬兩,餘悉
未聞報解。緘牘頻催,未蒙見覆。該兵勇設有嘩潰,然後從而收拾,
爲費益多。前於酌改營制摺内陳明,擬由甘肅招募新勇,以資挑補。
欠餉遲遲不至,則老勇未可遽裁。老勇未裁,則新勇尚難增募,措施
鮮據,職此之由。臣前議裁行餉,改發坐糧,以爲節省餉需之計,現在
積欠未清,亦未便遽裁行餉。惟有仰懇天恩,俯念邊疆緊要,飭下兩
廣、閩浙各督臣;福建、浙江、廣東各撫臣,將此項指撥欠餉迅籌報解,
毋再遲延,致滋貽誤等語。

臣部伏查此項指提銀兩,原係各省關積欠該軍餉銀。臣部定限
分明,理應遵照臣部奏定限期,分年分批起解,以便劉錦棠有所措手,
及早清釐舊欠,改定坐糧。乃各省關任意宕延,置臣部奏章於不顧。
上年七月,除閩海關報解銀二萬兩外,其餘福建、浙江、廣東三省絲毫
均未解甘。現據該撫奏請嚴催,並陳防務緊要,情形甚爲迫切。關外
現改營制,擬由甘肅招募新勇,以資挑補。據稱欠餉不至,則老勇未
可遽裁,老勇未裁,則新勇尚難增募。前議行餉改發坐糧,現在積欠
未清,亦未便遽裁行餉,自係實在情形。相應請旨飭下福州將軍,兩
廣、閩浙各總督,福建、浙江、廣東各巡撫,按照臣部前次指提積欠西
征軍餉數目,仍令分年分批趕解甘肅,轉解新疆,毋得再延,致滋貽
誤。儻仍前稽延宕,即照案由該撫指名參奏。所有遵旨速議緣由,理
合恭摺具陳。伏乞皇太后、皇上聖鑒。謹奏。光緒十三年正月十八
日。大學士管理户部事務臣閻敬銘,經筵講官協辦大學士户部尚書
臣宗室福錕,户部尚書臣翁同龢,户部左侍郎臣嵩申(學差),户部左
侍郎臣孫詒經,户部右侍郎臣景善,户部右侍郎臣孫家鼐。①
光緒十三年正月十八日,大學士閻敬銘等摺得允行,"廷寄"曰:

軍機大臣字寄:福州將軍,閩浙、兩廣、福建、浙江、廣東、甘肅新

---

① 　中國第一歷史檔案館藏:《録副奏摺》,檔號:03—6105—011。

疆各督撫：光緒十三年正月十八日奉上諭：戶部奏各省關協解西征欠
餉，請飭嚴催迅解一摺。據稱協解西征欠餉，前經部撥浙江省銀一百
八十五萬兩，福建省銀三十八萬兩，廣東省銀五十六萬兩，閩海關銀
六萬兩，勻分三年，解赴甘肅，轉解關外。迄今已屆一年，僅據閩海關
解過銀二萬兩，其餘各省均絲毫未解，殊屬任意延宕，貽誤要需。現
在關外擬改營制，需餉情形甚爲迫切。該將軍督撫等務當力顧大局，
將此項未解銀兩迅速依限籌解。儻仍前遲誤，即著該撫指名奏參。
將此由五百里各諭令知之。欽此。遵旨寄信前來。①

234. 查明伊犁新設副都統二員
均應與將軍同城駐扎摺

光緒十二年十二月十八日

尚書銜降一級留任甘肅新疆巡撫二等男臣劉錦棠跪◆1奏，
爲遵旨查明伊犁新設副都統二員，均應與將軍同城駐扎，恭摺覆
陳，仰祈聖鑒事。

竊臣承准軍機大臣字寄：光緒十二年十月二十日奉上諭：新
疆新設副都統二員，前經兵部奏稱，或與將軍同城，或令分防要
地，應由該撫奏明請旨。現已簡放長庚、額爾慶額二員，究應駐扎
何處，著劉錦棠迅速具奏，毋稍延緩。將此由五百里諭令知之。
欽此。伏查此案前准部咨：令臣體察情形，奏明辦理。屬當伊犁
等處議設道府以下等官，事在統籌，不容偏舉，故未便即時陳奏，
致煩聖慈垂問，悚仄實深。竊維伊犁向設參贊一員，與將軍同城
辦事，所以集思廣益，相輔而行，立法至爲周備。現經部議裁去參

---

① 中國第一歷史檔案館編：《光緒朝上諭檔》，第十二冊，第 18 頁，廣西師範大學出版社，
1996；《清實錄‧德宗景皇帝實錄（四）》，卷二百三十八，光緒十三年正月，第 207 頁，中華書局，
1987。

贊大臣員缺,改設副都統二員,自應仿照參贊舊章,均與將軍同城,以便隨時得資計議。且現在各營領隊多已分駐外處,副都統亦毋庸更議分防。惟查伊犁將軍及參贊等,向均駐扎惠遠大城,其後年久失修,城身爲河水所齧,漸就傾圮。及收還伊犁,原任將軍臣金順因綏定城尚無大損,遂加修葺,移營駐之,不過暫資休止◆2。現擬設伊犁府縣,綏定城地居腹裏,宜量設親民之官。其惠遠大城業經金順奏明,移築於舊城十五里高敞地方,丈尺加增,形勢亦爲扼要◆3各等因在案。是將軍與新設之副都統,揆之舊制,按之今時,均應駐於其地。如蒙俞允,其建造衙署、修蓋兵房及一切遷徙經費,應如何籌款,伏乞飭下伊犁將軍臣切實估計,奏明請旨,飭部核議遵行。至各營領隊,職有專司,除巴彥岱領隊大臣一缺經金順奏明裁撤外,其餘各領隊員缺應裁與否,尚待熟商。如尚有應裁或需副都統分防,屆時應由將軍臣就近察酌情形,再行會商具奏。所有遵旨查明伊犁新設副都統應與將軍同城各緣由,謹恭摺覆陳。是否有當,伏乞皇太后、皇上聖鑒訓示。再,伊犁擬設府縣各事宜,現正飭司詳議,容臣另案奏明辦理,合併聲明。謹奏。光緒十二年十二月十八日◆4。

光緒十三年正月十八日,奉◆5硃批:另有旨。欽此。

●軍機大臣字寄:甘肅新疆巡撫劉、伊犁將軍色、署伊犁將軍錫◆6:光緒十三年正月十八日奉上諭:劉錦棠奏遵查伊犁新設副都統二員,均應與將軍同城駐扎一摺。據稱伊犁改設副都統二員,應仿照參贊舊章,與將軍同駐惠遠大城,以期集思廣益。即著照所請行。其建造衙署、兵房及一切遷徙經費,如何籌款,著該將軍切實估計,請旨辦理。至各領隊如尚有應裁員缺即需副都統分防之處,並著察酌情形,與劉錦棠會商具奏。原摺著鈔給色楞額、錫綸閱看。將此由四百里各諭令知之。欽此。遵旨寄信前來◆7。

【案】此摺原件①、録副②現藏於中國第一歷史檔案館，"廷寄"見於《光緒朝上諭檔》③及《清實録》④，兹據校補。

1.【尚書銜降一級留任甘肅新疆巡撫二等男臣劉錦棠跪】此前銜據原件補。

2.【案】伊犁將軍金順、伊犁參贊大臣升泰奏報修理綏定城開工日期之摺，兩岸故宮查無下落。而光緒十一年五月二十五日奏報綏定城工程修築完竣日期之摺，則藏於中國第一歷史檔案館，兹補録：

　　　　幫辦軍務大臣伊犁將軍奴才金順跪奏，爲伊犁綏定城工程修理完竣日期，恭摺仰祈聖鑒事。竊奴才據委辦伊犁善後局江榮、候補知府游春澤、伊犁鎮總兵劉宏發申稱：據委修綏定城城工委員山西遇缺題奏知府吳炳鑫、伊犁滿營協領恩祥呈報：奉派監修綏定城城垣、月城、正城樓、月城樓、角樓、炮樓、馬道、女墙、垜口，北城正中蓋造關帝廟一座等項工程，於光緒八年五月初一日開工起，至十一年四月二十二日一律完竣。除將應用工料以及監修管工各員薪水，字識、局勇口分、局費等項銀兩逐款分晰造具細數清册，另案呈報，所有修理完竣日期，合先具文呈報等情，請奏前來。奴才除飭總理善後局委員前往查驗並取具監修委員保固甘結另行咨部查核外，所有修理綏定城工程完竣日期，理合恭摺具奏。伏乞皇太后、皇上聖鑒。謹奏。五月二十五日。

　　　　光緒十一年七月二十三日，軍機大臣奉旨：該部知道。欽此。⑤

3.【案】光緒八年十一月十九日，將軍金順、參贊升泰會奏改建惠遠新城開工日期：

① 中國第一歷史檔案館藏：《硃批奏摺》，檔號：04—01—16—0219—006。
② 中國第一歷史檔案館藏：《録副奏摺》，檔號：03—5847—017。
③ 中國第一歷史檔案館編：《光緒朝上諭檔》，第十二册，第19頁；《清實録·德宗景帝實録（四）》，卷二百三十八，光緒十三年正月，第207頁。
④ 《清實録·德宗景帝實録（四）》，卷二百三十八，光緒十三年正月，第207頁。
⑤ 中國第一歷史檔案館藏：《録副奏摺》，檔號：03—7155—016。

　　幫辦軍務大臣革職留任伊犁將軍奴才金順、內閣學士兼禮部侍郎銜革職留任伊犁參贊大臣奴才升泰謹跪奏，爲改建惠遠新城，繪圖貼說，進呈御覽，並開工日期，恭摺仰祈聖鑒事。竊奴才金順前於光緒八年七月初八日將舉辦善後先修綏定、瞻德兩城開工日期並惠遠大城西南角被水沖刷已成溝澗、必須擇地遷移情形馳陳在案。自五月間興修以來，歷夏而秋至冬，綏定、瞻德兩城城工漸次完竣。奴才金順等查惠遠大城爲九城之總會，近臨伊犁大河，坐鎮西北，與綏定、瞻德、塔勒奇、霍爾果斯各城氣勢聯絡，最關緊要。惟舊城西南角被伊犁河水沖刷，承平時，舊有護城壩以截水勢，十餘年未經修壩，城牆已成溝澗，城內一片荒土。如必在舊地修築，勢有所不能，非擇地改建，難期久遠。屢次帶同善後局員前往踏看，擇定離惠遠舊城十五里許之高敞處，另建惠遠新城，水抱山環，氣脈頓覺團聚，於此建修甚得地利，恭繪形勢輿圖，進呈御覽。按照《新疆識略》所載，惠遠城周圍九里三分，計一千六百七十四丈，高一丈四尺。城有四門，東曰景仁，西曰說澤，南曰宣闓，北曰來安，中建鼓樓一座。嗣於乾隆五十八年，將軍保寧以戶口繁多，於城東展築二百四十丈，計一里三分三釐零，統計新舊城共十里六分三釐有零。此舊日惠遠城城制也。現擬平底改建，仍照九里三分之制，周圍一千六百七十四丈，城高連垜口二丈三尺，底寬三丈，頂寬一丈八尺，方足以禦外侮而資控制。門四，名仍其舊。已於八月二十四日開土興修，現已將該處地方芟除剗削，一律蕩平。周圍跟脚，力築堅實，磚瓦木石，廣爲購備。維時隆冬嚴寒，水冰土凍，土工暫行停止，俟明春天氣和暖，再行興築。此外霍爾果斯城緊逼俄鄰境，爲西面第一門戶，關係尤爲吃重，明春必須亟時舉辦，以重邊防。茲於十月二十六日參贊大臣升泰馳抵伊犁，奴才金順將惠遠大城改建情形並次第舉辦善後各事一一商榷，並約會奴才升泰一同往勘改建惠遠新城處所，周圍詳度，亦謂踞形勢之勝，意見相同。但城大工鉅，經費不貲，奴才等惟有先儘解到銀兩妥爲辦理，力求撙節，務使功歸實濟。所有改建惠遠新城開工日期緣由，謹合詞恭摺具奏。伏乞皇太后、皇上聖鑒訓示。謹奏。光緒八年十一月十九日。

光緒八年十二月二十九日,軍機大臣奉旨:知道了。欽此。①

4.【光緒十二年十二月十八日】此具奏日期,據原件補。

5.【光緒十三年正月十八日,奉】此奉旨日期,據錄副補。

6.【甘肅新疆巡撫劉、伊犁將軍色、署伊犁將軍錫】此前稱據《光緒朝上諭檔》補。

7.【遵旨寄信前來】此據《光緒朝上諭檔》補。

235. 新疆司道各員循例年終密考繕單具陳摺
光緒十二年十二月十八日

尚書銜降一級留任甘肅新疆巡撫二等男臣劉錦棠跪◆1奏,爲新疆司道各員循例年終密考,繕具清單,恭摺仰祈聖鑒事。

竊照內地各直省鎮、司、道、府等官,例應於年終出具切實考語,密行陳奏。新疆建置行省,吏治所關,自應照章辦理。臣上年到省,諸凡創始,冬間又值奉命前赴伊犁,清理餉事,未及以時陳奏。茲復勤加察看,於各員之才識、操守皆有以觀其深。全省員缺無多,知府又祇一缺,尚未補授有員。實缺既少,訪察亦易。除署事及未經到任人員例不注考外,所有現任各員,理合出具切實考語,密繕清單◆2,恭呈御覽。伏乞皇太后、皇上聖鑒。謹奏。光緒十二年十二月十八日◆3。

知道了。單留中◆4。

光緒十三年正月十八日,奉硃批:知道了。單留中。欽此◆5。

【案】此摺原件②、錄副③現藏於中國第一歷史檔案館,茲據校補。

① 中國第一歷史檔案館藏:《硃批奏摺》,檔號:04—01—37—0128—016;《錄副奏摺》,檔號:03—7154—014。

② 中國第一歷史檔案館藏:《硃批奏摺》,檔號:04—01—12—0536—050。

③ 中國第一歷史檔案館藏:《錄副奏摺》,檔號:03—5218—047。

1.【尚書銜降一級留任甘肅新疆巡撫二等男臣劉錦棠跪】此前銜據原件補。

2.【案】此單現藏於中國第一歷史檔案館,内容如下:

新疆巡撫劉密考司道單,光緒十三年正月十八日到。

布政使魏光燾,器識宏遠,綜核精詳,明於吏治,習於兵事,堪勝文武兼資之任。鎮迪道兼按察使銜恩綸,見識精到,遇事廉明,歷練已深,有爲有守。喀什噶爾道黄光達,踐履篤實,廉潔自持,勤慎耐勞,盡心武事。①

3.【光緒十二年十二月十八日】此具奏日期,據原件補。

4.【知道了。單留中】此句爲原件硃筆。

5、【光緒十三年正月十八日……欽此】此奉旨日期與内容,據録副補。

236. 辦理吐魯番廳屬偏災擬分別蠲緩片

光緒十二年十二月十九日

再,新疆全境本年尚稱豐稔,惟吐魯番屬間有禾苗地畝忽生螣蟲,夏禾大麥、小麥均被蟲食,秋禾棉花、高粱亦多被傷。其被傷之棉花、高粱,又續被狂風吹折。小民終歲勤動,收成難望,情殊堪憫。當飭該地方官將被災莊民,妥爲安撫,俟秋後查看被災輕重,分別核辦蠲緩。兹據印委各員親往托克遜、伊拉湖、鴉兒湖、黑山頭、雅爾巴什、西寧工、凉州工、沙渠子、二工、洋沙爾、東坎爾、底湖、勝金、木頭溝、二堡、三堡、洋海、蘇巴什、漢墩共一十九莊,逐一履勘,内災民二百二十户。所有地畝被蟲、被風,夏秋禾苗全無收穫,即有收者,亦不敷籽種之數。核計本年應徵京斗額糧一千四百八十一石九升七合七勺,委屬無力完繳,造齎分別蠲緩清册,出具切結,由司出示曉諭,先行停徵,並俟來年察看情

---

① 中國第一歷史檔案館藏:《清單》,檔號:03—5218—049。

形應否賑撫及酌借籽種，再行酌辦。據藩司魏光燾詳請具奏前來。臣覆核無異。相應奏懇天恩俯准，將吐魯番屬十九莊本年被災地畝應徵糧石蠲免八百八十八石六斗五升八合六勺，緩徵糧五百九十二石四斗三升九合一勺，分作三年帶徵，以紓民力。如蒙俞允，俟欽奉諭旨後，即飭司將被災各户蠲緩糧石分別詳細開載，敬刊謄黄，遍行曉諭，俾令周知，以廣皇仁而彰實惠。所有辦理吐魯番所屬偏災分別蠲緩緣由，謹會同陝甘總督臣譚鍾麟，附片具陳。是否有當，伏乞聖鑒訓示。謹奏。

　　光緒十三年正月二十三日，奉◆¹硃批：另有旨。欽此。

　　●軍機大臣字寄：光緒十三年正月二十三日内閣奉上諭：劉錦棠奏查明被災地畝，請將糧石分別蠲緩等語。新疆吐魯番上年被蟲、被風，收成歉薄。若將應徵糧石照常徵收，民力實有未逮。加恩著照所請。所有吐魯番屬托克遜、伊拉湖、鴉兒湖、黑山頭、雅爾巴什、西寧工、凉州工、沙渠子、二工、洋沙爾、東坎爾、底湖、勝金、木頭溝、二堡、三堡、洋海、蘇巴什、漢墩十九莊應徵糧石，著蠲免八百八十八石零，緩徵糧五百九十二石零，分作三年帶徵，以紓民力。該撫即刊刻謄黄，遍行曉諭，務使實惠均霑，毋任吏胥舞弊，用副軫念民艱至意。該部知道。欽此。

　　【案】此奏片原件①、録副②現藏於中國第一歷史檔案館，片後之“廷寄”見於《光緒朝上諭檔》③，兹據校補。

　　1.【光緒十三年正月二十三日，奉】此奉旨日期，據録副補。

①　中國第一歷史檔案館藏：《硃批奏片》，檔號：04—01—35—0093—058。

②　中國第一歷史檔案館藏：《録副奏片》，檔號：03—6718—010。

③　中國第一歷史檔案館編：《光緒朝上諭檔》，第十三册，第23頁。

237. 新疆助墾人犯籌款安插情形摺

光緒十二年十二月二十日

尚書銜降一級留任甘肅新疆巡撫二等男臣劉錦棠跪◆1奏，爲遵旨覆陳新疆助墾人犯現時安插情形，恭摺仰祈聖鑒事。

竊臣准刑部咨：議覆陝甘督臣譚鍾麟片奏七省發遣新疆人犯中途恃衆逞强，有毆斃營兵、毆傷解役、乘間脱逃之事◆2，請由前途省分量爲截留，分起遞解，並知照直隸等省，酌定人數，間日發遣。係爲酌量變通，免致擁擠起見，應如所奏辦理。惟是七省應發人數，統計共有二千七百餘名，加以妻室子女，至少亦在五六千人上下。現在辦理已形掣肘，若不預先布置妥協，將來必致愈費周章。且該犯等萬里投荒，倘或不能◆3咸安耕作，勢必別滋事端，殊於邊陲大有關繫。相應請旨飭下該督，再行會同新疆巡撫，詳查地方實在情形，務將經費如何籌畫，究竟有無著落，其已經發到之犯，究竟如何分撥，並以後七省人犯到齊，能否一律安插，一併妥議，迅速具奏等因。奉旨：依議。欽此。仰見朝廷慎重邊陲、實事求是之至意。

臣查新疆北路，土曠人稀，屯墾最爲要務，而招民内地，道遠費艱。部議將各省秋審減等人犯，簽同妻室子女，發新助墾，車輛、口糧一併由沿途地方官撥護資送。原以此等人犯攜有室家，於屯務實爲有濟。迨臣奏請仿照民屯，優給牛籽、房具、口糧，而部臣援引遣犯種地當差之例，謂未經入籍爲民，不得照户民辦理。其實助屯墾之犯，與實犯外遣不同，非照民屯，難收成效。查現擬辦民屯章程，每二人爲一户，撥上地六十畝，給農具銀六兩、修屋銀八兩、耕牛二隻、銀二十四兩、籽種糧三石，月給口糧麵九十觔、鹽菜銀一兩八錢。自春耕至秋穫,按八個月計算,籽糧照時價扣,合共需銀七十三兩有奇,由公借發,限初年繳還一半,次年全還,遇歉酌緩。額糧則自第三年始,初年徵半,次年全徵,仍仿營田之制,十户舉一屯長,月給口糧銀二兩。五十户派一屯正,月給口糧銀四兩,亦以八個月爲限,但免扣還。每屯正五名,復派一委員管理,以資遞相鈐束。修濬渠道,仍由公中給款。各該犯到日,臣當飭設局派員按名點驗,先行酌發鹽菜、口糧,眷口按大小給發。一經撥墾,一切悉如民屯。糧則動用倉儲,不足則益以采買。官犯捐輸一項,此時尚無可籌,應發現銀,即於善後及製辦軍裝款内,暫飭挪移墊用。此籌畫經費之實在情形也。

計自陸續安插以來,有家之犯,悉安耕作;隻身人犯,間不免恃强爭毆,已飭印委各員嚴加管束。其老弱不能力耕者,於各衙門分派役使,或給資本,貿易營生。兹查迪化縣屬,已安三百户。其餘人犯擬於奇臺、阜康、昌吉、綏來四縣各安百户,以次推及濟木薩、呼圖壁並鎮西、庫爾喀喇烏蘇等廳及精河各處。此又分撥安插之實在情形也。

部議准如督臣之請,知照直隷等省,酌定人數,間日發遣,自可免沿途擁擠、恃衆逞强之患。惟查各省咨報起解人犯,已有◆4一千五百餘名,而隨帶妻室子女者不過十之一二,殊與部臣實邊之初意相左。且詢據各犯聲稱,沿途州縣每名每日發給錢文,恒不獲一飽。勢不得不向民間强求飲食。解役稍稍禁束,因而不服,不免忿爭。是督臣譚鍾麟所奏各情大抵皆由於此。此輩孑遺一身,遠行絶域,既無室家,遂無顧忌,聚集一隅之地,誠恐滋生事端,而十年生聚之謀,亦終於此輩無望。惟有仰懇天恩,飭令直隷等七省,凡發遣新疆人犯有室家者,務必簽同起解,仍准一體發給口糧,以免該犯等萬里携家川資不逮。又查刑部咨准河南巡撫邊寶泉咨請於例給口糧外,每名每日捐給錢四十文,如簽同妻子,一律按名捐給，並於起解時，每名捐給川資錢二千文。在該州縣所費不多，而該犯等均沾實惠。誠能各省照辦，將見發遣新疆之犯，室家相保，生齒日繁，屯務可收實效，而沿途恃強逞兇諸弊亦將不禁自除矣。至各犯到後，應請概照新疆先辦民屯章程辦理，均於錢糧全完之年，即准入籍爲民，以廣皇仁而實邊圉。據布政使魏光燾、鎮迪道兼按察使銜恩綸會詳請奏前來。臣覆核無異。所有遵議發遣新疆助墾人犯籌款安插各緣由，是否有當，謹會同陝甘總督臣譚鍾麟，恭摺覆陳。伏乞皇太后、皇上聖鑒，飭部議覆施行。謹奏。光緒十二年十二月二十日◆⁵。

光緒十三年正月二十四日，奉◆⁶硃批：該部議奏。欽此。

【案】此摺原件①、録副②現藏於中國第一歷史檔案館。

1.【尚書銜降一級留任甘肅新疆巡撫二等男臣劉錦棠跪】此前銜據原件補。

2.【案】光緒十二年八月初一日③，陝甘總督譚鍾麟以發遣新疆軍流人犯人數過多，沿途遞解，屢滋事端，附片陳奏曰：

再，前奉部咨：直隸等七省軍流人犯發往新疆，藉助屯田者千數百名。去年恭逢恩詔，減等發新疆者，又不知凡幾，數月間紛至沓來，自陝入甘，每起二三十名至五六十名不等。沿途遞解，屢滋事端。據各州縣具稟前情，臣疊飭陝甘臬司通飭酌量裁留，分日起解。無非人犯過多，前起未解，後起復至。各州縣營汛兵役無多，照例一犯二解，不敷分派，兼有一州縣解送數站者。該犯等恃衆逞強，每於中途毆撻差役，不受管束。至旅店則肆意訛索，差役只圖遞到銷差，莫敢攔阻。據高臺縣稟報：遞解至雙井堡地方，軍犯張起等四名，竟有毆斃營兵之事。數月之中，據永壽、長武、涇州、平涼、静寧、龍德、會寧、安定等

---

① 中國第一歷史檔案館藏：《硃批奏摺》，檔號：04—01—28—0023—097。

② 中國第一歷史檔案館藏：《録副奏摺》，檔號：03—9554—067。

③ 此具奏日期，據《軍機處隨手登記檔》（檔號：03—0250—3—1212—221）硃批同日摺件補。

州縣先後具報：軍流各犯沿路毆傷解役，乘間脱逃五十餘名。臣雖屢飭各州縣嚴密查緝，加派兵役，小心遞解，逾限不獲，照例參處。第後來者尚復不少，稍有遲滯，愈積愈多。若不由前途省分量爲截留，分起遞解，則脱逃滋事之案殆無止日。抑臣更有過慮者，新疆舉辦屯務，現擬章程，發給牛具、籽種，設廬舍以處之，每名約需銀七十兩，以三千人計之，應需銀二十萬兩，鉅款已屬難籌。此等兇惡之犯到配，未必皆安耕作，以一隅之地驟集數千不逞之徒，隱患何堪設想！相應請旨飭下刑部，酌議七省已定發新疆者，咨行各省酌定人數，間日起解，免致擁擠滋事。其餘各省軍流人犯未經定地者，可否改發他處，以分其勢，亦弭患未萌一端也。是否可行，伏候聖鑒訓示。謹奏。

　　光緒十二年八月二十二日，軍機大臣奉旨：刑部議奏。欽此。①

3.【不能】刻本奪“能”，兹據校補。

4.【已有】刻本奪“已”，兹據校補。

5.【光緒十二年十二月二十日】此具奏日期，據原件補。

6.【光緒十三年正月二十四日，奉】此奉旨日期，據録副補。

238. 興辦屯墾並安插户口查報隱糧摺
光緒十三年二月十二日

　　尚書銜降一級留任甘肅新疆巡撫二等男臣劉錦棠跪◆1奏，爲興辦屯墾，酌擬章程，並查明鎮迪各屬十二年安插户口、發過經費及南北路查報隱糧各數目，恭摺具陳，仰祈聖鑒事。

　　竊照新疆地方，幅員寥闊◆2，戈壁之外，不乏膏腴，兵燹以來，鞠爲茂草。繼經平定，招集流亡，加意撫綏，興修屯墾，南路纏民繁庶，荒地尚屬無多，北路鎮迪各屬已墾熟地不過十之二三。田賦缺額既多，閭閻亦形彫敝。新招各户，率皆貧乏，非由公中酌借

---

① 中國第一歷史檔案館藏：《録副奏摺》，檔號：03—6717—052。

成本,不足以廣招徠。臣前飭據藩司魏光燾體察情形,悉心籌畫,
酌擬章程,每户給地六十畝,由公中借給籽種糧三石,製辦農具銀
六兩,修蓋房屋銀八兩,耕牛兩頭,合銀二十四兩。或父子共作,
或兄弟同居,或傭夥結伴,均按以二人爲一户,並月給鹽菜銀一兩
八錢、口糧麵九十觔。自春耕起,按八個月計算,通計每户銀糧牽
算共需借給成本銀七十三兩一錢,定限初年還半,次年全繳。設
遇歉收,查明酌展。繳本之後,按畝升科,啓征額糧。自第三年始
征半,次年全征。仍仿營田之制,十户派一屯長,如營中什長之
制。五十户派一屯正,如營中百長之制。每屯正五名,派一委員,
管理凡請領成本、督查農工一切事宜。地方官責之委員,委員責
之屯正,屯正責之屯長,仍十户出具連環保結,互相糾察,層層鈐
束,以免領本潛逃、耗費曠功及滋事不法諸弊。其屯正、屯長每名
仍准領地六十畝,借給成本,一如户民之例。惟每月另給屯正銀
四兩、屯長銀二兩,仍按八個月計算,但免扣還,以示獎勵,前於覆
陳安插助墾人犯摺内逐一聲明在案。兹查迪化縣安插三百六户,
奇臺縣安插一百户,昌吉縣安插一百四户,阜康縣安插五十三户,
綏來縣安插三百二十户,濟木薩縣丞安插六十六户,呼圖壁巡檢
安插七十四户,哈密通判安插四十五户,精河巡檢安插二十二户,
總計安插土客一千九十户。除籽種、口糧由倉糧項下借發外,共
領過成本銀四萬九千八百餘兩,另由公中籌給修渠經費銀四千八
百餘兩,均於善後經費項下開支。其舊户中有隱匿正賦,亦定章
飭屬嚴查,准各户自行首報,即於具報到官之日按畝升科,姑寬既
往。如不行首報,查出嚴懲,仍追歷年隱賦。已據各屬查報隱糧
一千三百四十餘石,均自十二年起徵。此上年定章興辦屯墾並清
查隱賦之各項情形也。

　　惟新疆屯地,向資渠水灌溉,亂後渠多壅廢。開辦之初,擇其
易於爲力者,先加疏濬,經費尚屬無多,以後續籌安插,此款必須

增鉅。現值安插遣犯，需費不貲，即以收回成本周轉，能否招墾民户如上年之數，應俟察看情形，酌量籌辦，以期户口日增，荒蕪日闢，額賦日加，漸臻富庶。至南路各屬，亦據報新墾地一萬九千餘畝，分年啓徵，均係報明不領墾費，合併聲明。除咨部查照外，謹會同陝甘總督臣譚鍾麟，恭摺具陳。是否有當，伏乞皇太后、皇上聖鑒訓示。謹奏。光緒十三年二月十二日◆3。

　　光緒十三年三月十一日，奉◆4硃批：著照所請，該部知道。欽此。

【案】此摺原件①、録副②現藏於中國第一歷史檔案館，兹據校補。

1.【尚書銜降一級留任甘肅新疆巡撫二等男臣劉錦棠跪】此前銜據原件補。

2.【寥闊】原件、録副均作“遼闊”。

3.【光緒十三年二月十二日】此具奏日期，據原件補。

4.【光緒十三年三月十一日，奉】此奉旨日期，據録副補。

239. 增庫爾喀喇烏蘇同知公費片

光緒十三年二月十二日

　　再，臣據藩司魏光燾詳：據庫爾喀喇烏蘇同知符瑞稟稱：庫屬地方瘠苦，人工貨物昂貴，倍於各屬。且路當衝繁，差務頻仍，供支甚鉅，額領廉費不敷應用，委屬異常支絀。懇請援案酌加公費等情。查南北路各廳州縣稍苦員缺，均蒙奏准酌加辦公銀兩。該廳係屬新設，缺分最苦，可否援照喀喇沙爾同知之例，除舊有公費外，按月給予加增公費銀五十兩等情。詳請具奏前來。臣查新設庫爾喀喇烏蘇同知，前經部議，比照吐魯番同知例，歲支養廉銀八

① 中國第一歷史檔案館藏：《硃批奏摺》，檔號：04—01—22—0063—027。

② 中國第一歷史檔案館藏：《録副奏摺》，檔號：03—9554—070。

百兩、公費銀七百兩,俸銀照五品例,歲支八十兩。茲據稱該廳地方瘠苦,查係實情,自應量加體恤,俾昭平允。合無仰懇天恩俯允,飭部准照喀喇沙爾同知之例,除舊有公費外,按月給予加增公費銀五十兩,以資辦公,出自逾格鴻施。是否有當,謹會同陝甘總督臣譚鍾麟,附片具奏。伏乞聖鑒訓示。謹奏。

　　光緒十三年三月十一日,奉◆[1]硃批:著照所請,該部知道。欽此。

　　【案】此摺原件①、録副②現藏於中國第一歷史檔案館,茲據校補。

1.【光緒十三年三月十一日,奉】此奉旨日期,據録副補。

240. 庫車等五廳州縣交代請寬免起限片
光緒十三年二月十二日

　　再,臣前准户部咨:新疆新設官員,初任交代變通初參、二參往返程途,例限辭任交代,仍照例限辦理,以符定制。奏奉諭旨,飛咨遵照等因到臣。當經飭行遵辦去後,茲據藩司魏光燾詳稱:查清釐交代,例定限期,原爲杜積延、清倉庫起見。前因南路新設各廳州縣,初任交代皆屬創案,一切章程未定,必須分別清釐,展轉更造,有需時日,未能驟照定例,故詳請奏明,免予起限。然錢糧關重,本司責無旁貸。雖請免起限,而催查結報,仍未嘗稍從寬假,並不敢以未經起限,遂聽各屬任意稽延。茲查未經扣限者,庫車同知、莎車直隸州、葉城縣、喀喇沙爾同知、拜城縣先後交代五起,均在未奉部文之先,應懇奏咨仍照前奏,免予起限。其以後交代,凡係初任,均遵此次部議,加倍扣限。次任交代,概照例限辦

①　中國第一歷史檔案館藏:《硃批奏摺》,檔號:04—01—35—0988—027。

②　中國第一歷史檔案館藏:《録副奏摺》,檔號:03—6616—054。

理等情。詳請具奏前來。臣覆查無異。合無仰懇天恩俯准，飭部將未奉部文以前庫車等五廳州縣未經扣限初任交代五起，仍予寬免起限，一俟次任，再行循例辦理，以符定制。除咨部查照外，謹會同陝甘總督臣譚鍾麟，附片具陳。伏乞聖鑒訓示。謹奏。

　　光緒十三年三月十一日，奉◆¹硃批：著照所請，該部知道。欽此。

【案】此摺原件①、錄副②現藏於中國第一歷史檔案館，茲據校補。

1.【光緒十三年三月十一日，奉】此奉旨日期，據錄副補。

241. 請開缺回籍省親就醫摺
光緒十三年二月十九日

　　尚書銜降一級留任甘肅新疆巡撫二等男臣劉錦棠跪◆¹奏，爲微臣病勢日增，親年日邁，籲懇天恩允准開缺，賞假一年，俾回籍省親，兼得就醫調理，恭摺仰祈聖鑒事。

　　竊臣前因患病，累疏陳情，仰蒙優給假期，錫之珍藥，俾在營安心調理。溫綸疊賁，獎勵有加。臣何人斯，遭茲寵遇，即糜頂踵，未足云酬。苟可勉自支持，何敢復有所請？惟三四年來，醫治迄今未能收效，始猶時發時止，發亦不過月餘。至去年夏間，病泄失調，數月不愈，牽動舊時目眩頭暈、心悸汗下諸證，侵尋靡已。冬間腳氣又發，行步須人，甚或數日不能履地，臥閱文書，或接見僚屬於臥榻之側，又畏寒特甚，重裘抱火，猶不自禁，苦嗽多痰，動輒盈碗。關外極寒之地，醫藥俱無。如臣福薄災生，但有日積日

①　中國第一歷史檔案館藏：《硃批奏摺》，檔號：04—01—35—0830—058。
②　中國第一歷史檔案館藏：《錄副奏摺》，檔號：03—5220—033。

深而已。昔人有謂◆2人勞苦則呼天，疾痛則呼父母。臣父昔年沒於行陣，臣甫數齡，賴祖母陳氏撫以成立，及後臣叔原任廣東陸路提督劉松山又沒於戰陣。臣祖母所恃以慰遲暮者，惟臣兄弟二人。臣以樸愚，尤所偏愛。然自從軍以後，祇同治十年送臣叔遺櫬回湘，依侍兩月，旋即帶隊出關，迄今又十六年未曾歸省。上年臣弟自河南乞假，回籍省視。祖母聞報，以爲臣也。及見後，問對移時，始恍然撫之而泣，知其爲誤。蓋年八十有三，神識昏耄久矣。臣弟書來，備述其狀，臣益無以自安。

伏讀光緒九年三月初三日上諭：現在伊犂交涉之事尚多枝節，俄境匪類時出滋擾，外患未靖，大兵勢難遽撤，邊疆緊要，正賴重臣鎮懾，未便遽易生手等因。是臣犬馬力衰、體羸多病早在聖慈垂憫之中，特邊事未平，義難力請。今則界務已定，外匪無踪，惟欠餉未清，客勇未能盡撤。但使各該省應期報解，則按名遣發，盡人所能。臣本粗才，惟知軍旅，如察吏、安民、勸學、屯田諸要政，舉無所知。到任以來，幸賴督臣譚鍾麟啓發於前，藩司魏光燾舉行於後，始得稍免愆尤。該藩司久在行間，習於兵事，歷官内地，吏治尤其所長，所定科條，臣但能畫諾。而病軀委頓，猶且弗堪，每一議行，輒經旬月。若復遲疑戀棧，貽誤必多，負國忘親，臣罪滋重。再四思維，惟有仰懇天恩俯准開缺，賞假一年，回籍省親，兼得就醫調理。臣受恩深重，具有天良，但得到家一視，稍慰臣祖母垂暮之思，臣疾醫治稍痊，即當趨叩闕廷，求賞差使，斷不敢稍耽安逸，有負生成。臣今年四十有四，自度病痊尚可從容效力，所謂報國之日長，事親之日短也。臣不勝烏鳥之私，謹恭摺瀝陳。伏乞皇太后、皇上聖鑒訓示。謹奏。光緒十三年二月十九日◆3。

光緒十三年三月二十六日，奉◆4硃批：另有旨。欽此。

●軍機大臣字寄：甘肅新疆巡撫劉◆5：光緒十三年三月二十六日奉上諭：劉錦棠奏請開缺賞假一年、省親就醫一摺。覽奏，情詞肫摯，殊深廑系。現在新疆地方緊要，所有屯田、遣勇各事宜，尚須妥籌經理。該撫久膺邊寄，辦事認真，於新疆一切情形尤爲熟悉。朝廷眷顧西陲，正資倚畀，雖據陳情懇切，惟當此時事艱難，自應國爾忘家，益圖報稱。劉錦棠著賞假三月，並加恩賞給人參八兩，在任安心調理，毋庸開缺。將此諭令知之。欽此。遵旨寄信前來◆6。

【案】此摺原件①、錄副②現藏於中國第一歷史檔案館，摺後“廷寄”見於《光緒朝上諭檔》③及《清實錄》④，茲據校補。

1.【尚書銜降一級留任甘肅新疆巡撫二等男臣劉錦棠跪】此前銜據原件補。

2.【有謂】原件、錄副均作“嘗謂”。

3.【光緒十三年二月十九日】此具奏日期，據原件補。

4.【光緒十三年三月二十六日，奉】此奉旨日期，據錄副補。

5.【甘肅新疆巡撫劉】此前稱據《光緒朝上諭檔》補。

6.【遵旨寄信前來】此據《光緒朝上諭檔》補。

【案】光緒十三年三月二十九日⑤，陝甘總督譚鍾麟以新疆巡撫劉錦棠乞假歸省，湘軍欠餉甚巨，恐滋事端，奏請由部及甘省塾撥銀兩，以清積欠：

　　再，臣閱撫臣劉錦棠請假省親摺稿，詞意懇切，出於至情。如蒙恩准歸省，則湘勇皆將附之以行。蓋湘軍多係比閭子弟，從征二十年，壯歲入營，今已垂暮，幸得生入玉門，惟恃此存餉爲事蓄之資，倘有觖望，則變故生焉。湘軍既領，他營必群起而相索，二百數十萬鉅

① 中國第一歷史檔案館藏：《硃批奏摺》，檔號：04—01—16—0222—106。
② 中國第一歷史檔案館藏：《錄副奏摺》，檔號：03—5220—085。
③ 中國第一歷史檔案館編：《光緒朝上諭檔》，第十三冊，第129頁。
④ 《清實錄·德宗景皇帝實錄（四）》，卷二百四十，光緒十三年三月，第242頁。
⑤ 此具奏日期，據《軍機處隨手登記檔》（檔號：03—0253—2—1213—093）校補。

款,何能驟得? 即使撫臣不歸,而頻歲以新餉彌舊欠,再越數年,欠數如故,將成不了之局。撫臣來書,擬借洋款,或撥部款。臣謂國家負債已深,何堪重累,此際請撥部款,似屬不識時務之談,而反復思維,舍此別無良法。臣私心竊計,果得實銀百萬,則劃清界限,以十年前爲舊欠,隨營最早者全數給之;十一年以後爲新欠,則減成酌發。其留營者,自此按月給餉,所欠暫行從緩。舊欠既清,則操縱由我,或改營爲旗,或減行糧爲坐糧,以後營餉所省實多,是易釜底抽薪之意也。相應請旨飭部借撥庫銀七十萬兩,仍酌派浙江、福建、廣東、江西、四川五省,於本年解還户部,以重庫款。其不敷三十萬,甘庫現存四分平餘銀十萬餘兩,臣當飭司挪移十餘萬兩,以足百萬之數。此項不能無著,當令五省於十四年解還甘庫。如荷俞允,臣再與劉錦棠酌商妥辦,期一了百了,永斷葛藤,上紓朝廷西顧之憂,下收軍士飽騰之效。臣愚昧之見,是否有當,伏乞聖鑒,飭部核覆施行。謹奏。

　　光緒十三年四月十一日,奉硃批:劉錦棠業已寬予假期。此項應發欠餉,業經户部指撥的款一百萬兩,飭各省關照數籌解,並諭令該督從速料理矣。户部知道。欽此。①

242. 調補莎車直隸州知州要缺摺
光緒十三年二月二十八日

　　尚書銜降一級留任甘肅新疆巡撫二等男臣劉錦棠跪◆¹奏,爲揀員調補新設要缺直隸州知州,以重地方,恭摺仰祈聖鑒事。

　　竊據新疆布政使魏光燾、兼按察使銜鎮迪道恩綸會詳稱:新設莎車直隸州地方,東南毗連葉城,西北與英吉沙爾接壤,東北界瑪喇巴什,正南爲色勒庫爾城,以達瓦罕、坎巨提各回部,地廣丁多,商賈輻輳,各外部往來貿易,雜處其間,稽查彈壓,在在悉關緊

---

　　① 中國第一歷史檔案館藏:《録副奏片》,檔號:03—5848—093;《譚文勤公(鍾麟)奏稿》,沈雲龍主編《近代中國史料叢刊》第三十三輯,第793—796頁,文海出版社,1966。

要,應請定爲衝繁難三項要缺。該處知州係屬新設,應即揀員請補,以重職守。查南路新設各缺,前奉部議,准照吉林新章,由外揀補一次在案。茲查有知府用准補英吉沙爾同知署莎車直隸州知州劉嘉德,年五十歲,安徽潁州府霍邱縣人,由附貢生報捐雙月選用縣丞,投效甘肅軍營,於克復吐魯番案内,保免選本班,以知縣留於甘肅儘先補用,歷署濟木薩縣丞、奇臺縣知縣各篆務。嗣在福建茶葉洋藥十三次案内,捐加同知升銜。新疆五次剿平邊寇案内,保免補本班,以直隸州知州仍留原省,歸候補班前先補用,委署吐魯番同知◆2。烏魯木齊歷辦邊防善後案内,保俟補缺後,以知府用,先換頂戴,調署英吉沙爾同知。新疆六載邊防案内,保戴花翎,又調署莎車直隸州知州事。光緒十二年三月十九日,交卸英吉沙爾同知篆務。四月初三日,接印任事◆3。是年六月,奏補英吉沙爾同知,奉部覆准在案◆4。該司等查該員劉嘉德,有爲有守,辦事實心,在新疆年久,熟悉邊情,歷任地方,均無貽誤。現署斯缺,措置咸宜,輿情愛戴。以之調補莎車直隸州知州,洵於地方有裨等情。詳請具奏前來。臣查該員劉嘉德,廉明果決,勤慎耐勞。合無仰懇天恩,准以該員調補莎車直隸州知州員缺,以裨地方。如蒙俞允,俟奉部覆,即行給咨,併案送部引見,以符例章。仍令試俸年滿,另請銷去試字。再,該員各任内並無參罰案件,合併聲明。是否有當,謹會同陝甘總督臣譚鍾麟,恭摺具陳。伏乞皇太后、皇上聖鑒訓示。謹奏。光緒十三年二月二十八日◆5。

　　光緒十三年四月初一日,奉◆6硃批:吏部議奏。欽此。

　【案】此摺原件①、録副②現藏於中國第一歷史檔案館,茲據校補。

　1.【尚書銜降一級留任甘肅新疆巡撫二等男臣劉錦棠跪】此前銜據原

　　①　中國第一歷史檔案館藏:《硃批奏摺》,檔號:04—01—12—0537—066。
　　②　中國第一歷史檔案館藏:《録副奏摺》,檔號:03—5221—001。

件補。

2.【案】光緒八年八月二十四日，督辦新疆軍務通政使劉錦棠以辦事穩慎奏報委令劉嘉德署理吐魯番同知篆務：

再，鎮迪道福裕邊俸期滿，稟懇遴員接署道篆，以便交卸，請咨赴部引見等情，經臣錦棠批准在案。所遺鎮迪道篆務，係邊陲最要之缺，亟應遴委妥員接署，以重職守。查有三品銜甘肅遇缺題奏道補用知府陳寶善，老成練達，爲守兼優，堪以委署。又，署吐魯番同知兼管理事回民事務貴德同知楊大年，署事期滿。所遺之缺，查有留甘歸候補班前儘先補用直隸州知州劉嘉德，辦事穩慎，操守謹飭，堪以委署。除由臣錦棠分別檄飭遵照外，謹會同烏魯木齊都統臣恭鏜，附片陳明。伏乞聖鑒。再，此片係臣錦棠主稿，合併聲明。謹奏。

光緒八年十月初四日，軍機大臣奉旨：知道了。欽此。①

3.【案】光緒十二年二月二十二日，劉錦棠奏報委令劉嘉德等署理莎車直隸州知州等員缺：

再，署莎車直隸州知州劉兆梅，因案撤委遺缺，查有現署英吉沙爾廳同知劉嘉德，明白練達，辦事勤懇，堪以調署。遞遺英吉沙爾廳同知員缺，查有候補知府危兆麟，堪以委署。據藩臬兩司會詳前來。臣覆核無異。除批飭分別給委外，理合附片陳明。伏乞聖鑒。謹奏。

光緒十二年三月十九日，軍機大臣奉旨：吏部知道。欽此。②

4.【案】光緒十二年六月初二日，劉錦棠奏請以劉嘉德借補英吉沙爾同知：

欽差大臣督辦新疆事宜尚書銜降一級留任甘肅新疆巡撫二等男臣劉錦棠跪奏，爲揀員借補要缺同知，以重地方，恭摺仰祈聖鑒事。竊據甘肅新疆布政使魏光燾、兼按察使銜署鎮迪道英林會詳：新疆新設英吉沙爾同知，東南界莎車州，北界疏勒州，西與布魯特部緊接，地當衝要，責重撫彝。且居民散處，治理繁難，應請定爲衝煩難三項要

---

① 中國第一歷史檔案館藏：《録副奏片》，檔號：03—5170—016。

② 中國第一歷史檔案館藏：《硃批奏片》，檔號：04—01—13—0425—033；《録副奏片》，檔號：03—5027—082。

缺。該處係屬新設，應即揀員請補，以重職守。前請照吉林新章由外揀補一次，奉部覆准在案。茲查有知府用留甘肅補用直隸州知州劉嘉德，現年四十九歲，安徽潁州府霍邱縣人，由附貢生於光緒二年遵籌餉例，在湖北協黔捐局報捐雙月選用縣丞，投效甘肅軍營。四年正月，委署濟木薩縣丞，於克復吐魯番案內彙保，是年二月初四日奉上諭：著免選本班，以知縣留於甘肅，儘先補用。欽此。五年三月，委署奇臺縣事。嗣在福建茶葉洋藥十三次捐案內，捐加同知銜。新疆五次剿平邊寇案內彙保，七年五月二十日奉上諭：著免補本班，以直隸州知州仍留原省，歸候補班前，儘先補用。欽此。八年七月，委署吐魯番同知。烏魯木齊歷辦邊防善後案內彙保，九年十月初八日奉上諭：著俟補缺後，以知府用，先換頂戴。欽此。是年十一月，調署英吉沙爾同知。新疆六載邊防案內彙保，十年十月初四日奉上諭：著賞戴花翎。欽此。十二年正月，調署莎車直隸州知州，四月初三日接印視事。該司等查該員劉嘉德，守節才明，實心任事，在新疆年久，歷任地方，於土俗邊情最為熟悉。前署英吉沙爾同知，正當設官之初，措置一切，極其妥協。以之請補斯缺，洵於地方有裨。雖以直隸州借補同知，與例稍有未符，但該同知為關外新設之缺，各班人數無多，與各省情形本有不同。詳請具奏前來。臣查該員劉嘉德，穩練端詳，盡心民事，以之酌量奏請借補英吉沙爾同知，實堪勝任，人地極其相宜。合無仰懇天恩，俯念要缺需員，准以該員借補英吉沙爾同知員缺，洵於地方有裨。如蒙俞允，俟奉部覆，即行給咨，送部引見，以符例章。仍令試署年滿，另請銷去試字。是否有當，謹會同陝甘督臣譚鍾麟，恭摺具陳。伏乞皇太后、皇上聖鑒訓示。謹奏。光緒十二年六月初二日。

　　光緒十二年七月初七日，軍機大臣奉旨：吏部議奏。欽此。①

5.【光緒十三年二月二十八日】此具奏日期，據原件補。

---

① 中國第一歷史檔案館藏：《硃批奏摺》，檔號：04—01—30—0062—030；《錄副奏摺》，檔號：03—5211—016。

6.【光緒十三年四月初一日，奉】此奉旨日期，據録副補。

【案】光緒十六年十二月初七日，護理甘肅新疆巡撫魏光燾奏請開去劉嘉德莎車直隸州知州本缺，以知府赴部引見：

> 頭品頂戴護理甘肅新疆巡撫布政使魏光燾跪奏，爲實任直隸州知州呈請開去本缺，以知府給咨赴部引見，恭摺仰祈聖鑒事。竊照莎車直隸州知州劉嘉德，於光緒十五年稟請交卸赴部引見，當經奏明在案。兹據署新疆布政使饒應祺、鎮迪道兼按察使銜陳名鈺會詳：據該員呈稱：現年五十三歲，安徽霍邱縣人，由附貢生報捐雙月選用縣丞。光緒二年，報效軍營，遞保留甘歸候補班前儘先補用直隸州知州。又於烏魯木齊歷辦邊防善後案内彙保，九年十月初六日奉上諭：著俟補缺後，以知府用，先換頂戴。欽此。新疆六載邊防案内彙保，十年十月初四日，奉上諭：著賞戴花翎。欽此。十二年，委署莎車直隸州篆，四月初三日到任，旋借補英吉沙爾同知，調補莎車直隸州知州員缺。十六年閏二月十一日交卸，請咨赴部，懇請開去本缺，以知府送部引見等情。詳請具奏前來。臣查莎車直隸州知州劉嘉德，前於烏魯木齊邊防善後案内，曾保俟補直隸州缺後，以知府用。現請開去底缺，以知府給咨送部引見，尚屬於例相符。合無仰懇天恩，俯准開去該員莎車直隸州知州本缺，以知府給咨赴部引見，出自鴻施。謹會同陝甘督臣楊昌濬，恭摺具奏。伏乞皇上聖鑒訓示。再，莎車直隸州知州係衝繁難三項要缺，應請扣留由外揀補，合併聲明。謹奏。十六年十二月初七日。

> 光緒十七年正月十二日，奉硃批：著照所請，吏部知道。欽此。①

光緒二十年八月初四日②，新疆巡撫陶模附片奏報莎車直隸州知州劉嘉德委署和闐直隸州知州緣由：

> 再，署和闐直隸州知州黄袁卸署遺缺。查有莎車直隸州知州劉嘉德，堪以委署。據新疆布政使饒應祺、鎮迪道兼按察使銜丁振鐸會

---

①　臺北故宫博物院藏：《軍機及宫中檔》，文獻編號：408006744；中國第一歷史檔案館藏：《録副奏摺》，檔號：03—5275—021。

②　此具奏日期，據《軍機處隨手登記檔》（檔號：03—0281—1—1220—238）校正。

詳前來。除由臣批飭給委外，謹會同陝甘總督臣楊昌濬，附片具奏。伏乞聖鑒。謹奏。

光緒二十年九月初五日，奉硃批：吏部知道。欽此。①

光緒二十七年三月二十八日，新疆巡撫饒應祺奏報委任劉嘉德署理員缺事：

再，署焉耆府知府石本清期滿遺缺。查有候補知府實任莎車直隸州知州劉嘉德，堪以署理。署莎車直隸州知州劉兆松與調署和闐直隸州知州彭緒贍，堪以對調署理。署鎮西直隸廳同知周應棻，期滿遺缺，查有候補知府桂榮，堪以署理。署新平縣知縣陳廷燦，期滿遺缺，查有候補知州劉國祉，堪以委署。據新疆布政使文光、署鎮迪道兼按察使銜李滋森會詳前來。除由臣分別給委外，謹會同陝甘總督臣崧蕃，附片具陳。伏乞聖鑒。謹奏。

光緒二十七年四月二十四日，奉硃批：吏部知道。欽此。②

光緒二十七年七月初二日，甘肅新疆巡撫奏報焉耆府知府出缺，擬請以劉嘉德補授焉耆府知府員缺：

甘肅新疆巡撫臣饒應祺跪奏，為揀員請補要缺知府，以重地方，恭摺仰祈聖鑒事。竊據新疆布政使文光會同鎮迪道兼按察使銜李滋森詳稱：原設喀喇沙爾直隸廳同知定為衝繁難三項要缺，業經奏准升同知為知府，改名焉耆府，管轄新平縣。該處仍係地當衝途，政務殷繁，與吐爾扈特和碩特游牧地方犬牙相錯，土客雜居，時有蒙民交涉案件，撫馭彈壓，最關緊要，應請照舊定為三項要缺，亟應遴員請補，以重職守。查羅布淖爾添改各缺，經部議准仿照吉林新設各缺成案，先行由外揀補一次。今新設焉耆府知府員缺，查有現署斯缺之在任候補知府實任莎車直隸州知州劉嘉德，年六十四歲，安徽霍邱縣附貢生。光緒二年，在湖北協黔捐局報捐雙月選用縣丞，旋投效甘肅軍營。四年正月，委署濟木薩縣丞，克復吐魯番案內彙保，四年二月初

---

①　臺北故宮博物院藏：《軍機及宮中檔》，文獻編號：135217。
②　中國第一歷史檔案館藏：《錄副奏片》，檔號：03—5405—062。

四日奉上諭:著免選本班,以知縣留甘儘先補用。欽此。五年三月,委署奇臺縣知縣,於福建茶葉洋藥十三次捐輸案內,加捐同知銜。新疆五次剿平邊寇案內彙保,七年五月二十日奉上諭:著免補本班,以直隸州知州仍留原省,歸候補班前儘先補用。欽此。八年七月,委署吐魯番廳同知。烏魯木齊歷辦邊防善後案內彙保,九年十月初八日奉上諭:著俟補缺後,以知府用,先換頂戴。欽此。是年十一月,調署英吉沙爾廳同知。新疆六載邊防案內彙保,十年十月初四日奉上諭:著賞戴花翎。欽此。十二年正月,委署莎車直隸州知州,旋奏補英吉沙爾同知,是年十一月,奉部覆准,照例以奉文准補之日,作爲候補知府到省日期。十三年二月,調補莎車直隸州知州,經部議准。新疆城署各工案內彙保,經部核議准,俟補知府班後,加道銜。十八年十月初八日具題,奉旨:依議。欽此。新疆七載防戍案內彙保,經部議核准,俟歸知府班後,加鹽運使銜。十九年十二月初二日具奏,奉旨:依議。欽此。二十年七月,委署和闐直隸州知州。二十二年六月,仍回莎車直隸州本任。二十七年,委署焉耆府知府,三月十二日到任。該員劉嘉德,老成幹練,爲守兼優,歷任各缺,辦理一切,悉臻妥協,並無參罰案件。在新疆年久,邊情最爲熟悉,以之請補焉耆府知府員缺,實堪勝任,人地亦極相宜等情。詳請具奏前來。臣查該員劉嘉德,老練精明,盡心民事。合無仰懇天恩,俯念要缺需員,准以現署斯缺之在任候補知府實任莎車直隸州知州劉嘉德補授焉耆府知府員缺,於地方實有裨益。如蒙俞允,俟奉部覆,併案給咨,送部引見,以符定制。謹會同陝甘督臣崧蕃,恭摺具陳。伏乞皇太后、皇上聖鑒訓示。至所遺莎車直隸州知州,係衝繁難三項要缺,應請由外揀補,合併聲明,謹奏。光緒二十七年七月初二日。

　　硃批:吏部議奏。①

---

① 　臺北故宮博物院藏:《軍機及宮中檔》,文獻編號:408006389;143271。

243.續查烏垣等處陣亡殉難官紳兵民請旌恤摺

光緒十三年二月二十八日

　　尚書銜降一級留任甘肅新疆巡撫二等男臣劉錦棠跪[◆1]奏，爲續查烏魯木齊等處陣亡殉難官紳、兵民、婦女，彙懇飭部分別從優旌恤，恭摺具奏，仰祈聖鑒事。

　　竊查前烏魯木齊都統臣恭鏜，四次采訪未奏陣亡殉難官紳、兵民四千二百六員，經臣於上年奏請飭部從優議恤，並聲明已飭司道督同局員再行采訪，陸續陳奏。奉旨允准，咨行欽遵在案。兹疊據采訪局司道詳稱：共采訪得官紳、兵民暨婦女死事慘烈者，計一萬九千二百一十六員名口，均屬大節凛然，允宜同邀曠典，分次造具花名清册，詳請彙奏前來。臣覆核無異。合無仰懇天恩，飭部分別從優旌恤，以彰忠節而慰幽魂。除將賷到花名清册咨送[◆2]外，謹會同陝甘總督臣譚鍾麟、護理烏魯木齊都統臣富勒銘額，恭摺具奏。伏乞皇太后、皇上聖鑒訓示。謹奏。光緒十三年二月二十八日[◆3]。

　　光緒十三年四月初一日，奉[◆4]硃批：著照所請，該部知道。片併發。欽此。

【案】此摺原件①、録副②現藏於中國第一歷史檔案館，兹據校補。

　1.【尚書銜降一級留任甘肅新疆巡撫二等男臣劉錦棠跪】此前銜據原件補。

　2.【咨送】原件、録副均作"咨部"。

　3.【光緒十三年二月二十八日】此具奏日期，據原件補。

① 中國第一歷史檔案館藏：《硃批奏摺》，檔號：04—01—16—0222—044。
② 中國第一歷史檔案館藏：《録副奏摺》，檔號：03—5848—056。

4.【光緒十三年四月初一日，奉】此奉旨日期，據錄副補。

244. 查明毛運如積勞病故並眷屬殉難情形片
光緒十三年二月二十八日

　　再，烏魯木齊等處殉難官紳、兵民、婦女，現經臣續查彙奏。查內有同知銜前綏來縣知縣毛運如，係湖南長沙縣人，由附生中式，道光甲午科本省鄉試舉人，選授甘肅環縣知縣，調署靖遠縣知縣，嗣調補綏來縣知縣，於咸豐十一年八月到任，修廢習勤，民情愛戴。同治元年，有匪徒魏大力等聚眾虜掠，該故員親率民壯，搗其巢穴，諭以大義。賊眾感悟，頓首請罪，乃戮渠魁，而釋其脅從，綏來賴以復安。二年，逆匪變亂。該故員編查保甲，督率巡防，不遺餘力，如是經年，患咯血證，三年四月十一日病故，年五十八歲。其妻黃氏痛夫情切，屢絕復蘇。六月，南城陷，乃促其孤子世黼縋城逃出。八月，賊又將陷北城。黃氏及其夫姊黃毛氏，幼女新貞，孫女東貞、雲貞，同時仰藥自盡。及城陷，賊入，於時新貞、雲貞氣猶未絕，因極口罵賊，賊臠割之。僕婦賀王氏、婢女玉全、家人黃鈺、任福，同時殉難。經綏來縣紳士職員晁明智、廩生魏金城等稟由綏來縣知縣李原琳詳：經采訪局司道等查明，轉懇奏請旌恤前來。臣覆查無異。除該故員及其妻其姊與幼女孫女並僕婢家人姓名，業經分別列入續查清冊，奏懇天恩飭部從優議請旌恤外，所有已故同知銜綏來縣知縣毛運如積勞病故及其眷屬、僕婢、家人殉難死事情形，謹會同陝甘總督臣譚鍾麟、護理烏魯木齊都統臣富勒銘額，據實附陳。再，查該故員之子毛世黼，現係山西儘先補用通判◆¹，合併聲明。伏乞聖鑒，飭部核覆施行。謹奏。

　　光緒十三年四月初一日，奉◆² 硃批：覽。欽此。

【案】此奏片原件①、録副②現藏於中國第一歷史檔案館,兹據校補。

1.【案】同治十二年六月二十八日,山西巡撫鮑源深具摺爲試用通判毛世黼甄別:

　　　山西巡撫臣鮑源深跪奏,爲通判試用期滿,照例甄別,恭摺具奏,仰祈聖鑒事。竊查嘉慶十六年欽奉上諭:各省督撫遇有分缺試用期滿人員,務須嚴加甄別等因。欽此。又於同治五年欽奉上諭:外省試用人員,著各督撫於期滿時,考以大清律例,察其能否熟習,分別繁簡補用等因。欽此。又准吏部咨:嗣後丞倅佐貳,應照道府甄別之案辦理等因。歷經遵辦在案。兹查有鹽提舉銜試用通判毛世黼,到省試用一年期滿。據藩臬兩司造具該員履歷清册,詳情甄別前來。臣詳加察看,該員毛世黼明白勤謹,堪以通判本班照例補用。考以大清律例,尚能通曉。除該員履歷清册咨部外,理合恭摺具奏。伏乞皇上聖鑒。謹奏。

　　　同治十二年六月二十八日。同治十二年閏六月初八日,奉硃批:吏部知道。欽此。③

光緒二十三年五月初十日,山西巡撫胡聘之奏請以毛世黼補授和林格爾通判:

　　　頭品頂戴山西巡撫臣胡聘之跪奏,爲請補要缺通判,以重地方,恭摺仰祈聖鑒事。竊照和林格爾撫民通判周親民在任病故,業經具題開缺,並將截缺緣由報部在案。所遺係繁疲難兼三要缺,例應在外揀選調補。查定例,道府同知、直隸州知州、通判,如係奉旨發往,或督撫題明留於該省候補者,無論應題、應調、應選之缺,令該督撫酌量才具,擇其人地相宜者,悉准補用等語。該廳爲朔平外蔽,轄境遼闊,蒙民雜處,俗獷訟繁,非精明幹練之員,不足以資治理。晉省現任簡缺通判,均於邊缺人地不宜,未便稍涉遷就,候補中亦無截取記名分

①　中國第一歷史檔案館藏:《硃批奏片》,檔號:04—01—16—0222—045。
②　中國第一歷史檔案館藏:《録副奏片》,檔號:03—5848—057。
③　中國第一歷史檔案館藏:《硃批奏摺》,檔號:04—01—12—0516—099;《録副奏摺》,檔號:03—4666—014。

發人員,自應於各項候補班内揀選請補。查有遇缺儘先補用通判毛
世黼,現年五十一歲,湖南長沙縣監生,遵例報捐不論雙單月通判,加
捐指省,分發山西試用。同治七年十月二十八日,蒙欽派大臣驗看。
十一月初十日,由吏部帶領引見,奉旨:著照例發往。欽此。八年三
月初九日到省。九年,在甘捐局加捐鹽提舉銜,試看一年期滿甄別,
留省照例補用。因歷署芮城、岳陽、太谷等縣知縣各任内正雜、倉庫、
錢糧,依限交代清楚,經前撫臣奏請,照例給予遇缺儘先補用。光緒
十九年六月初二日,奉旨:依議。欽此。照章應以奉旨後第五日行文
之日,按照限三十日減半計算,扣至十九年六月二十二日,作爲遇缺
儘先補用到省日期。該員才具明幹,辦事勤能,前曾歷署各缺,措置
裕如。以之請補是缺,實堪勝任。惟調缺請補與例稍有未符,但人地
實在相需,例得專摺奏請。據布政使俞廉三、按察使劉鼎會詳請奏前
來。合無仰懇天恩俯准,以遇缺儘先補用通判毛世黼補授和林格爾
撫民通判,洵於地方有裨。如蒙俞允,該員係遇缺儘先補用通判請補
通判,銜缺相當,毋庸送部引見,亦無參罰案件,合併陳明。所有揀員
請補要缺通判緣由,理合恭摺具陳。伏乞皇上聖鑒。謹奏。光緒二
十三年五月初十日。

　　光緒二十三年五月二十三日,奉硃批:吏部議奏。欽此。①

2.【光緒十三年四月初一日,奉】此奉旨日期,據録副補。

245. 西征欠餉逾期未到懇撥庫款摺

光緒十三年三月初五日

尚書銜降一級留任甘肅新疆巡撫二等男臣劉錦棠跪◆1 奏,
爲各省關奉撥西征欠餉逾期未到,籲懇天恩,飭部墊撥庫款,權濟
急需,恭摺具陳,仰祈聖鑒事。

　　① 　中國第一歷史檔案館藏:《硃批奏摺》,檔號:04—01—12—0581—062;臺北故宮博物院藏:《軍機及宮中檔》,文獻編號:139510。

竊臣於光緒十二年十二月初四日具奏,部撥閩浙、廣東、閩海各省關協解西征欠餉,頻催罔應,請旨嚴催迅解一摺,奉旨:戶部速議具奏。欽此。旋承准軍機大臣字寄:光緒十三年正月十八日奉上諭:戶部奏各省關協解西征欠餉,請飭嚴催迅解一摺。據稱西征欠餉,前經部撥浙江省銀一百八十五萬兩,福建省銀三十八萬兩,廣東省銀五十六萬兩,閩海關銀六萬兩,勻分三年,解赴甘肅,轉解關外。迄今已屆一年,僅據閩海關解過銀二萬兩,其餘各省均絲毫未解,殊屬任意延宕,貽誤要需。現在關外擬改營制,需餉情形甚爲迫切。該將軍督撫等務當力顧大局,將此項未解銀兩迅速依限籌解。倘仍前遲誤,即著該撫指名奏參等因。欽此。仰見朝廷眷顧西陲、軫恤邊軍之至意,臣自當靜候部臣嚴催各省關報解,何敢再三嘵瀆。

惟查臣所部湘軍自平定髮逆以後,轉戰出關,迄今二十餘年,未曾遣撤。西征馬隊則前督臣左宗棠前時剿捻募自直東,董軍則同治七年募於陝北,其餘各營亦皆非近時所募。爲時既久,則欠餉愈多;軍務既清,則歸思愈切。近年各弁勇紛紛乞假,亦時有遣裁,然餉項未充,祇能擇其存餉較少者遣之。其存餉較多之勇,雖年力就衰,思歸尤切,臣亦無由遣之使去。前議酌定營制,招募新軍,改行糧爲坐糧,以資節省。今老勇不能去,則新勇不能招,新勇不能招,則坐糧不能速改。國家歲糜數百萬新餉養此疲軍,已爲非計,又況遏其歸志,遠或二十餘年,愈積愈深,勢將有不可復禁者,一旦如決堤潰障,其爲害豈可勝言!上年,臣飭由新餉項下極力騰挪,酌量裁併。截至十月底止,先後裁撤弁勇及額外夫共二千二百餘員名,此外各營旗兵勇應裁併挑補者尚多,當經派員入關,由甘肅招募新勇三千人,分起督帶出關,以便改照坐糧,陸續挑補,爲釜底抽薪之計。除新募勇丁應俟到日照章支給坐糧外,所有裁併各營旗弁勇新餉,按名發訖。又補發各該弁勇十年前舊欠銀二十八萬六千餘兩,内除收到閩海關欠餉銀二萬兩,餘均係由新餉項下挪移動用。明知部臣前次慮啓新虧,謂不得挪新補舊,惟欠餉遲遲不至,各弁勇待已逾年,非以此少安其心,則目下已難安静。此次挪移動用,出於萬不得已。然新餉支絀,亦無可再挪,即啓新虧,又無以應各弁勇求歸之請,數月之後又將奈何?

　　竊念各該省此次諭旨嚴催之後,自當按期報解,不似前次稽延。惟際此時艱,仍恐未能大批趕解,且相距太遠,非數月之久不能運解到甘,由甘轉運新疆又非數月不達。展轉之間,即須經歲,況其遲者又將不止一年。是即報解如期,亦已緩不濟急,日復一日,貽誤實多。臣再四思維,計無所出,惟有仰懇天恩飭部墊撥庫款銀一百四十萬兩,遴委妥員迅解甘肅,轉解新疆,俾臣得將應辦各事宜從速料理。臣前奏明此項欠餉,在勇丁者不能短發,在統領營官者尚可提捐。如蒙聖慈俞允,飭部墊發前項銀兩,臣自當開導各該營將弁,量力捐輸,以便截清餘欠。各該省奉撥臣軍欠餉,即可先儘部款提還,餘俟臣所部各軍彙有報捐確數,再當據實奏明,請分别減撥續解。如此一轉移間,庶部款不至虛懸,各該省可少留餘力,而臣軍舊勇得歸,新餉亦可期節省矣。臣不勝迫切屏營籲仰之至。謹會同陝甘總督臣譚鍾麟,恭摺瀝陳。伏乞皇太后、皇上聖鑒訓示。謹奏。光緒十三年三月初五日◆2。

　　光緒十三年四月初四日,奉◆3 硃批:户部速議具奏◆4。欽此。

【案】此摺原件①、録副②現藏於中國第一歷史檔案館,兹據校補。

1.【尚書銜降一級留任甘肅新疆巡撫二等男臣劉錦棠跪】此前銜據原

---

① 中國第一歷史檔案館藏:《硃批奏摺》,檔號:04—01—01—0958—079。
② 中國第一歷史檔案館藏:《録副奏摺》,檔號:03—6106—001。

件補。

2.【光緒十三年三月初五日】此具奏日期，據原件補。

3.【光緒十三年四月初四日，奉】此奉旨日期，據録副補。

4.【案】光緒十三年四月初八日，大學士管理户部事務閻敬銘等奏報遵旨速議新疆巡撫劉錦棠奏請墊撥西征欠餉事：

大學士管理户部事務革職留任臣閻敬銘等謹奏，爲速議具奏事。新疆巡撫劉錦棠會同陝甘總督譚鍾麟奏請由部墊撥西征欠餉一摺，於光緒十三年四月初四日奉硃批：户部速議具奏。欽此。欽遵，由軍機處鈔交到部。據原奏内稱：臣所部各營皆非近時所募，爲時久則欠餉愈多，歸思愈切。臣前議招募新軍，改行糧爲坐糧，以資節省。老勇不能去，則新勇不能招；新勇不能招，則坐糧不能改。養此疲軍，已爲非計，又况遏其歸志，遠或二十餘年，愈積愈深，勢將不可復禁。一旦決堤潰障，其害豈可勝言！上年酌量裁併，截至十月底止，先後裁撤弁勇及額外夫共二千二百餘員名，此外各營旗應裁併挑補者尚多。當由甘肅招募新勇三千人，分起出關，以便改照坐糧，陸續挑補。除新募勇丁俟到日支給坐糧外，所有裁併兵勇補發十年前舊欠銀二十八萬六千餘兩，内除收到閩海關欠餉銀二萬兩，餘均由新餉項下挪用。各省欠餉遲遲不至，各弁勇待已逾年，非似此少安其心，目下已難安静。此次挪用，出於萬不得已，然新餉支絀，已無可再挪。既啓新虧，又無以應各弁勇求歸之請，數月以後又將奈何！惟有仰懇天恩飭部墊發庫款銀一百四十萬兩，遴員迅解甘肅，轉解新疆，俾得將應辦各事從速料理。臣前奏明此項欠餉，在勇丁者不能短發，在統領營官者尚可提捐。如蒙俞允，飭部墊撥前項銀兩，臣自當開導各將弁，量力捐輸，以便截清餘欠。各省奉撥欠餉可先儘部款提還，餘俟臣所部各軍彙有報捐確數，再當奏請分別減撥續解，庶臣軍舊勇得歸，新餉亦可節省等語。

臣部伏查劉錦棠一軍，自光緒十一年起改定章程，兵有定數，餉有定額，每年由臣部彙案指撥。此即所謂新餉也。查該軍剿辦髮逆，自同治初年以迄光緒十年底止，前據該撫截算奏報，實欠發各營存餉二百八十五萬五百九十兩零。經臣部於光緒十一年議准，由廣東、福建、浙江等省欠解餉內如數提撥。此即所謂西征欠餉也。此項西征欠餉，除閩海關報解二萬兩外，餘均未解。前據該撫奏請嚴催，今又以部墊爲請，不知近來如山東省河工、東三省邊防、海軍衙門及江、浙、閩、廣添購之船炮、神機營，及廣東、福建所借之洋款，加以在京官兵俸餉規復原額，采辦滇銅、洋銅，鼓鑄制錢，需款之多，較之數年前增出款千數百萬。至於滇、粵及沿海各省新募設防之勇，目前又未全裁，所增餉項尚不在內。在邊陲各省輒謂地貧餉絀，籌撥必須的款。而財賦之區則皆自收自用，堅云無可減裁。臣等補救無方，昕夕祇懼。竊以西征舊欠本多，原不能皆係欠發勇丁之款，部庫所存無幾，並不能籌給該軍欠餉之需。惟查自奏定新餉章程後，每年已少撥該軍餉銀數百萬兩，且現據奏稱，補發欠餉之後，改行糧爲坐糧，則新餉亦可節省。臣部核計每年可節省銀三十餘萬兩，冀以規復承平舊額，自不得不代爲竭力區畫，設法騰挪，旋於各省關應行解部款內，指撥銀一百萬兩，以應急需。謹將所撥款目另繕清單，恭呈御覽。如蒙俞允，相應請旨飭下福州將軍，直隸、兩江、閩浙、兩廣、四川、湖廣各總督，山東、山西、江蘇、浙江、廣東、湖南、湖北、江西、安徽、河南各巡撫，粵海關監督，於文到日，勻挪款項，立行如數起解，限本年五月底，即速解至甘肅，由甘轉解該撫應用，不准稍涉宕延。如有遲逾，即行奏參。

再，部臣撥之有著之款，實因該督撫奏稱改支坐糧可以節省，與各省補發欠餉情形不同，於無法支應之中百計勻挪，勉爲撥湊，應再請旨飭下陝甘總督譚鍾麟、新疆巡撫劉錦棠，務踐所言，從速料理，儘此了結該軍勇丁欠餉。若再請款，臣部實屬無可羅掘，萬難准行。其餘欠款如何報捐之處，應令奏明辦理。至臣部支絀情形，中外共知，兼以新增各款，度用更慮不給。此次挪鉅款以濟急，尤必即設法以歸還，專恃該撫節省之款，以資彌補，應令速將每年節省若干奏報。自光緒十四年起，臣部即於該撫應分新餉內，由部劃扣，歸還部庫此次墊款，以免虛懸。所有遵旨速議具奏緣由，理合恭摺具陳。伏乞皇太后、皇上聖鑒訓示。再，臣部光緒十一年由各省提撥西征欠餉，現在有無起程批解，尚不可知，應由臣部隨時查明辦理。理合併聲明。謹奏。光緒十三年四月初八日。大學士管理户部事務革職留任臣閻敬銘，經筵講官内閣大學士户部尚書革職留任臣宗室福錕，户部尚書革職留任臣翁同龢，户部左侍郎革職留任臣嵩申，户部左侍郎革職留任臣孫詒經，户部右侍郎臣熙敬，户部右侍郎候臣曾紀澤。[1]

大學士閻敬銘等呈報各省關應行解部之款改令彌補西征欠餉各數清單：

謹將各省關丁亥年應行解部之款改令彌補西征欠餉各數，繕具清單，恭呈御覽。

江蘇省銀二萬兩。福建省銀六萬兩。閩海關四成洋稅銀六萬兩，閩海關六成洋稅銀十萬兩。粵海關四成洋稅銀六萬兩。江漢關四成洋稅銀六萬兩，江漢關六成洋稅銀八萬兩。江海關六成洋稅銀六萬兩。以上各款，均令於籌邊軍餉内劃出報解。

山西省銀四萬兩。山東省銀四萬兩。浙江省銀四萬兩。湖北省銀四萬兩。湖南省銀二萬兩。河南省銀二萬兩。安徽省銀二萬兩。江西省銀三萬兩。江蘇省銀二萬兩。廣東省銀二萬兩。以上各款，均令於地丁、京餉内劃出報解。

長蘆銀三萬兩。兩浙銀二萬兩。以上各款，均令於鹽課、鹽釐、京餉内劃出報解。

湖北省銀二萬兩。四川省銀二萬兩。以上各款，均令於鹽課、京餉内劃出報解。

粵海關銀二萬兩。閩海關銀二萬兩。九江關銀二萬兩。浙海關銀二萬兩。江海關銀二萬兩。江漢關銀二萬兩。以上各款，均令於洋藥、京餉内劃出報解。

總計以上共銀一百萬兩，均限於文到日即行起解，五月底解至甘

---

[1]　中國第一歷史檔案館藏：《録副奏摺》，檔號：03—6106—004。

肅,專咨報部查核。①

新疆巡撫劉錦棠奏報飭撥的款之請,經戶部議奏,得清廷允行。《清實錄》:

> 又諭:戶部奏速議西征欠餉,請於各省關應行解部款內指撥一摺。劉錦棠一軍應撥欠餉,前經戶部議准,於浙江等省欠餉內分年撥解,時逾一年,僅據閩海關解銀二萬兩。各該省任意玩延,實屬不顧大局。該軍遠駐關外,爲時愈久,欠餉愈多。前擬酌改營制,遣撤舊勇,非籌給大批的餉不足以應急需。現據戶部於各省關應行解部款內,指撥銀一百萬兩,著該將軍、督撫、監督迅速籌撥,務於五月底如數解至甘肅,轉解劉錦棠應用。一面將起解日期專案奏報。此係本應解部有著之款,不准稍涉推諉遲延,致有貽誤。儻逾期不解,即著戶部指名奏參。譚鍾麟、劉錦棠於此項撥款解到後,務當從速料理,儘此一百萬兩,清釐該軍欠餉。其餘欠款,各該統領營官如何報捐之處,即行奏明辦理。餘照該部所議行。原單著鈔給古尼音布等閱看。將此由五百里諭知古尼音布、李鴻章、曾國荃、楊昌濬、張之洞、劉秉璋、裕祿、譚鍾麟、張曜、剛毅、崧駿、衛榮光、吳大澂、卞寶第、奎斌、陳彝、邊寶泉、劉錦棠,並傳諭李嘉樂、增潤知之。②

246.新疆田賦戶籍造冊咨部立案摺

光緒十三年三月初五日

尚書銜降一級留任甘肅新疆巡撫二等男臣劉錦棠跪◆1,爲新疆通省田賦、戶籍彙造清冊,咨部立案,恭摺具陳,仰祈聖鑒事。

竊照新疆軍興以來,地多荒廢,收復之後,漸次招墾。不特昔年民屯、兵屯、園租地畝不能悉依舊地,即各屬原管地畝,亦有非

---

① 中國第一歷史檔案館藏:《清單》,檔號:03—6106—005。
② 《清實錄·德宗景皇帝實錄(四)》,卷二百四十一,光緒十三年四月,第248—249頁。

復舊制者。如昌吉縣舊管頭屯所地畝,早經撥作迪化兵屯。喀喇巴爾噶遜糧員舊管地畝,亦歸迪化管轄。是事雖因舊,不啻更新。現在清理田賦,只期丈量地畝,按地科糧,若必牽合舊章,轉多窒礙。經前陝甘督臣左宗棠暨臣疊次派員清丈迪化、昌吉、阜康、綏來、奇臺、吐魯番、濟木薩、呼圖壁各屬,均按上中下地畝,分別升科。上地每畝科糧七升,中地四升,下地三升,照章概不征耗。其鎮西、哈密、庫爾喀喇烏蘇、精河,仍照舊章科則辦理。疊據各屬清查科算,除去兵屯,荒熟並計,應征糧石均與原額相若。惟吐魯番科征糧數多於原額,科征銀數少於原額,而銀糧相抵,有贏無絀。此北路清查田賦情形也。

南路征糧,前准部按◆2,或有地畝科則,或無地數科則,並有徵收銅觔普爾錢,一切章程不同。且從前分駐大臣經管,此時改設郡縣,劃分疆界,情形大非昔比,不能不從新釐定。前督臣左宗棠派員辦理善後、徵糧各局,暫按什一徵收。嗣臣查照各局員詳賷畝冊等則,酌定試辦,繼以輕重間有失平,復經酌減,各按地方情形,上地每畝科糧五升、四升不等,科草五觔;中地每畝科糧三升,科草三觔;下地每畝科糧一升五合、一升不等,科草二觔。耗草不另加徵。其折徵銅觔金課地畝,向章無論是否業銅、業金,戶民但種額銅額金之地,即須交納銅金,於民殊多未便。臣現酌定章程,委員試辦礦務,凡舊日額徵銅金地畝,一律改征糧石。所有銅觔各礦,聽民開采,納課歸官。又各城伯克向有養廉地畝,自改郡縣,伯克多經裁撤,廉地歸官,招佃承租,額糧照則收納。其未裁伯克廉地及撥作義學、壇廟香火各官地,均科額糧,歸入此次田賦案內。至額徵糧石,以小麥六成、包穀四成交納,亦間有搭徵稻穀之處。其距城二百里以外完納本色不便者,則准完折色,按時估酌定每小麥一石,折銀一兩;包穀一石,折銀六錢。第倉儲爲兵食所關,自又以多徵本色爲是。現定需糧較多之區,則全徵本色,或僅折三成,或准折五成,或量准五成以上。惟草束需用較少,折色較多,每百觔折銀五分,統於此次一律核定,作爲永額。此南路清查田賦情形也。

綜計通省南北兩路三道屬,共查丈各等荒熟地一千一百四十八萬一百九十四畝四分五釐。其額徵本色糧二十七萬六千五十一石三斗一升四合一勺,額徵本色草一千四百九十萬二千七百一觔七兩七分。額徵糧草折色及地課銀五萬九千一百四十八兩四錢一分一釐四毫四絲七忽,内現墾熟地每年應徵本色糧二十萬二千二十九石二斗三升八合二勺,應徵本色草一千三百九十五萬八千二百一十六觔一十兩二錢八分,應徵糧草折色及地課銀五萬七千九百五十二兩一錢六釐二毫一絲七忽。其荒地已經招墾者,升科之年,再列入熟地核算。未經開墾者,飭令隨時招墾,照章科糧,以昭核實。又糧由户出,田賦既均,户口即可併計。現飭造賚户口清册,通省漢回纏民及入籍安民共計二十六萬六千九百五十九户,男女大小一百二十三萬八千五百八十三丁口,逐加查核,内以北路户口爲最稀,尚須極力招徠撫輯,以期生齒日盛,額賦日增等情。據藩司魏光燾詳請具奏前來。臣覆查◆3無異。除將彙賚田賦、户口各册咨部查核立案外,謹會同陝甘總督臣譚鍾麟,恭摺具奏。是否有當,伏乞皇太后、皇上聖鑒訓示。再,新疆各屬徵收銀兩◆4,皆於每年秋收後開徵,並無上忙應徵之款,以後應辦考核各案,應請免造上忙,合併陳明。謹奏。光緒十三年三月初五日◆5。

光緒十三年四月初四日,奉◆6硃批:户部知道。欽此。

【案】此摺原件①、録副②現藏於中國第一歷史檔案館,兹據校補。

1.【尚書銜降一級留任甘肅新疆巡撫二等男臣劉錦棠跪】此前銜據原

---

①　中國第一歷史檔案館藏:《硃批奏摺》,檔號:04—01—35—0610—022。

②　中國第一歷史檔案館藏:《録副奏摺》,檔號:03—9470—005。

件補。

2.【部按】原件、録副均作"部案"。

3.【覆查】原件、録副均作"覆核"。

4.【銀兩】原件、録副均作"銀糧"。

5.【光緒十三年三月初五日】此具奏日期,據原件補。

6.【光緒十三年四月初四日,奉】此奉旨日期,據録副補。

247. 擬設伊塔道府等官摺

光緒十三年三月十二日

頭品頂戴陝甘總督臣譚鍾麟、尚書銜降一級留任甘肅新疆巡撫二等男臣劉錦棠跪◆1 奏,爲遵照部議,擬設伊犁、塔城等處道府以下等官,恭摺具陳,仰祈聖鑒事。

竊臣錦棠於光緒十二年四月二十一日具奏,請增置伊塔道一員,駐扎伊犁,兼管塔城事務,改伊犁撫民廳爲府,改塔城通判爲撫民同知,加理事銜,兼管屯田水利。如蒙俞允,其道府以下等官應如何增設,容臣等籌度情形,詳悉具奏。奉旨:所請增改道廳各官,係爲因時制宜起見,著該部妥議具奏等因。欽此。經部議稱:應令將該處道府以下州縣等官作何增設詳細情形具奏到日,再行一併核議,於光緒十二年八月十三日覆奏,奉旨:依議。欽此。欽遵知照到臣。當經分別咨行去後。

兹據新疆布政使魏光燾、兼按察使銜鎮迪道恩綸等詳稱:遵查伊犁列城有九,其西六城,曰惠遠,曰綏定,曰拱宸,曰廣仁,曰瞻德,曰塔勒奇。舊制將軍、參贊駐惠遠城,現因舊城頹廢,重建新城,衙署、兵房缺然未備,暫時駐於綏定。將來應以惠遠新城作爲滿城,仍請將軍移往駐之,以仿照內地駐防之制。其餘各城形勢,以綏定爲扼要,距廣仁六十里、瞻德四十里、塔勒奇十里,惟距拱宸即霍爾果斯九十里爲最遠。擬升伊犁廳爲府，裁撫民同知，設知府一員，治綏定城，設附府知縣一員，爲綏定縣，以廣仁、瞻德、拱宸、塔勒奇四城隸之。東三城，曰寧遠，曰惠寧，曰熙春，以寧遠爲扼要。舊制回屯居此，設一糧員，此時商賈輻輳，俄領事亦駐於此，距惠寧三十里、熙春十里。擬設寧遠縣知縣一員，治寧遠城，隸伊犁府，而以惠寧、熙春兩城隸之。設伊塔道一員，以守兼巡，爲兵備道，督飭所屬水利、屯田、錢糧、刑名諸務，稽查卡倫，兼管通商事宜，作爲衝繁疲難請旨最要缺，駐扎寧遠，與知縣同城，府道東西分駐。綏定向駐總兵，設府縣而其鎮益重。寧遠爲俄商聚集、領事駐扎之所，駐巡道而勢不偏輕，且就近經理通商各事，尤爲周妥。霍爾果斯緊連俄界，又有索倫各旗分屯，其地距縣城較遠，擬裁舊設之巡檢，置伊犁府分防通判一員，加理事銜，駐霍爾果斯，管理旗務並中俄交涉及督捕彈壓諸務。廣仁城爲伊犁通衢，人民龐雜，現以惠寧城巡檢移駐彈壓，擬即改爲廣仁城巡檢，隸綏定縣。越廣仁而東，歷頭、二、三、四臺至大河沿，交精河界。四臺之北一站即博羅塔拉，爲伊塔適中之地，察哈爾游牧於此，田地亦多，西臨俄境，形勢亦爲扼要，應設雜職一員，招民屯墾其地，並管理督捕、彈壓諸務，開通驛道，以聯伊犁、塔城之聲氣。惟隸之綏定，相距較遠。查精河向設糧員，上年改設巡檢，隸庫爾喀喇烏蘇同知管轄。該處係伊犁後路衝要，西南出登努斯口直達寧遠，相距甚近，應請設精河直隸廳撫民同知一員，隸於伊塔道。而以前設之精河巡檢移駐博羅塔拉，隸之精河同知，則骨節靈通，事機亦順。此外雜職各官，即擬裁舊設之惠遠城巡檢，改設伊犁府經歷兼司獄一員。裁綏定城巡檢，改設綏定縣典史一員。裁寧遠城巡檢，改設寧遠縣典史一員，並增設伊塔道庫大使一員、精河同知照磨兼司獄一員，以資分任。仍留舊設伊犁理事同知，隨將軍駐惠遠城，辦理旗務。塔爾巴哈臺理事通判擬改爲塔城直隸廳撫民同知,仍兼理事銜,管理民屯、旗務及地方一切刑名事件,仍設同知照磨兼司獄一員,同爲伊塔道屬。所有擬設各官應需養廉、公費,應請悉照新疆現行章程支給,仍仿照定章,均准加給公費,以資辦公,並請仿照吉林新章由外揀補一次。其自府廳以下應定爲何項缺分,及畫定疆界與一切未盡事宜,應俟各官到任後,察看情形,再行核辦。至標營員缺應否酌量變通,亦應俟道府各官到任後,再行核辦。會同擬議,詳請具奏前來。臣等覆核無異。

　　惟查伊犁向有旗屯、兵屯、民屯、回屯,塔城向有兵屯、民屯,現擬改設道府廳縣,所有民屯、回屯自應由地方官分撥耕種。其旗綠各營屯地兵數未能復額,已耕之外,餘地尚多,應併由地方官酌量招民屯墾,以免荒廢。是否有當,除咨部外,謹會同署伊犁將軍臣錫綸、署塔爾巴哈臺參贊大臣臣春滿,合詞具陳。伏乞皇太后、皇上聖鑒,飭部核覆施行。再,此摺係臣錦棠主稿,合併聲明。謹奏。光緒十三年三月十二日◆2。

　　光緒十三年四月十一日,奉◆3硃批:該部議奏。欽此。

【案】此摺原件①、録副②現藏於中國第一歷史檔案館,兹據校補。

1.【頭品頂戴陝甘總督臣譚鍾麟、尚書銜降一級留任甘肅新疆巡撫二等男臣劉錦棠跪】此前銜據原件補。

2.【光緒十三年三月十二日】此具奏日期,據原件補。

3.【光緒十三年四月十一日,奉】此奉旨日期,據録副補。

【案】據《清實録》載“頒甘肅新疆伊塔兵備道、伊犁府、綏定、寧遠等縣關防印信,從甘肅新疆巡撫劉錦棠請也”③可斷,譚鍾麟、劉錦棠之請得邀清廷允行。

---

①　中國第一歷史檔案館藏:《硃批奏摺》,檔號:04—01—30—0004—019。

②　中國第一歷史檔案館藏:《録副奏摺》,檔號:03—9990—058。

③　《清實録·德宗景皇帝實録(四)》,卷二百六十五,光緒十五年正月下,第547頁。

248. 古城城守尉到省日期並會商滿營遷併事宜摺

光緒十三年四月初四日

尚書銜降一級留任甘肅新疆巡撫二等男臣劉錦棠跪◆1奏，爲新設古城城守尉現已到省，擬將滿營遷併事宜會商辦理，並請旨飭頒印信，以資啓用，恭摺仰祈聖鑒事。

竊臣前奏滿營遷併古城，應否仍設佐領、防禦等官，應俟城守尉到任，再行會商核辦，奉旨允准欽遵在案。現在古城城守尉德勝已於三月十九日抵省◆2，臣比照會到任。惟古城滿營衙署兵房，因匠役缺乏、工艱費鉅，修造尚未及半，城守尉辦公無所，令暫住省垣。德勝此次出關，值天山雪深難行，繞由南路進省，於巴里坤、古城旗營一切情形未能查悉。各該旗營兵丁亟應切實查明，通盤籌畫，以便早日酌定旗分營制，可裁則裁，可併則併，庶幾餉不虛糜，兵歸實用。臣已商令德勝刻日馳赴巴里坤城，並由臣加派遇缺題奏道英林會同前往核實點驗，並便道察看古城地方工程情形。臣仍一面飭催承修委員，將衙署、兵房趕緊修理，俾各旗營得以及早遷移，城守尉得以專意統轄。現在古城工程既未告竣，各處旗營尚難歸併。除烏魯木齊滿營事務應由富勒銘額移交德勝接辦外，巴里坤相距較遠，德勝現駐省城，難於兼顧，該領隊大臣應請暫緩交卸，俟歸併古城之日，再行奏請移交◆3。至城守尉一缺，係屬新設，未頒印信。臣現刊刻木質關防一顆，文曰"鎮守古城城守尉之關防"，暫給啓用。應請飭部鑄造古城城守尉印一顆，頒發應用，以昭信守，合併陳明。所有古城城守尉到省日期並會商辦理各情形，謹會同署伊犁將軍臣錫綸、陝甘總督臣譚鍾麟，恭摺具陳。伏乞皇太后、皇上聖鑒訓示施行。謹奏。光緒十三年四月初四日◆4。

　　光緒十三年閏四月初四日,奉◆5硃批:著照所請,該部知道。
欽此。

　　【案】此摺原件①、録副②現藏於中國第一歷史檔案館,兹據校補。

　　1.【尚書銜降一級留任甘肅新疆巡撫二等男臣劉錦棠跪】此前銜據原
件補。

　　2.【案】光緒十二年八月二十四日,大學士管理兵部事務額勒和布以
新授古城城守尉德勝由京赴疆程途窵遠,具摺奏請准其馳驛:

　　　　經筵講官大學士管理兵部事務臣額勒和布等謹奏,爲奏聞請旨
　　事。光緒十二年八月十三日,據新疆古城城守尉德勝呈稱:本年六月
　　奉旨:新疆古城城守尉,著德勝補授。欽此。伏思由京至新疆萬數千
　　里,若照内地行走,資斧維艱,仰懇照例馳驛前往等語。查新疆西北
　　兩路將軍、大臣等官,向係奉旨照例馳驛前往,俱經臣部標明官階,分
　　别給節,勘合限票。至各省駐防城守尉,向無馳驛之例。惟查古城城
　　守尉一缺,係由例准馳驛之領隊大臣改設,自非各省駐防可比。可否
　　量爲變通,仍照西路換班官員馳驛之處,臣等未敢擅便。伏乞聖裁。
　　再,查現在伊犁裁撤參贊大臣、領隊大臣各缺,添設副都統二員,與此
　　事同一律,將來簡放有人,可否一併賞給馳驛之處,恭候欽定。爲此
　　謹奏請旨。八月二十四日。③

　　　　同日,奉旨:德勝著准其馳驛前往。餘依議。欽此。④

　　3.【案】光緒十三年四月初四日⑤,劉錦棠以古城城守尉業已到任,附
片奏准歷署烏魯木齊領隊大臣護理副都統富勒銘額交卸:

　　　　再,烏魯木齊都統及各領隊大臣等前經奉旨裁缺,另候簡用。上

---

　①　中國第一歷史檔案館藏:《硃批奏摺》,檔號:04—01—01—0958—065。
　②　中國第一歷史檔案館藏:《録副奏摺》,檔號:03—5222—009。
　③　中國第一歷史檔案館藏:《録副奏摺》,檔號:03—5843—037。
　④　此奉旨日期與内容,據《軍機處隨手登記檔》(檔號:03—0250—3—1212—223)校補。
　⑤　此具奏日期,據《軍機處隨手登記檔》(檔號:03—0253—2—1213—116)補正。

年,烏魯木齊都統臣升泰丁憂。其時新設古城城守尉尚未到省,都統尚有應辦事宜,經臣代奏,奉旨:著富勒銘額暫行護理。欽此。欽遵在案。茲准頭品頂戴副都統銜護理烏魯木齊都統署領隊大臣堅勇巴圖魯富勒銘額咨稱:新任古城城守尉德勝現已到省,應將烏魯木齊滿營事件並領隊大臣文卷一併移交城守尉接辦。原刊領隊大臣木質關防一顆,應請收銷。其都統文卷,應請就近經收。銀印一顆,應請代爲送部,並請代爲奏請交卸等因咨會前來。臣查烏魯木齊滿營事件並領隊大臣文卷,城守尉德勝既已到任,自應移交德勝接收。其護理都統任內支領糧餉,係由藩司援案照發,原由滿營自行報銷,自應趕將以前一切報銷辦理完竣,由臣接收,以清眉目。至富勒銘額應署烏魯木齊領隊大臣及護理都統,與臣共事,於一切邊防要務,靡不和衷商辦,議見老成,洵爲不可多得,以身受國恩,亟思圖報。除由臣咨覆請將經手事件趕緊清釐外,可否籲懇天恩准其交卸,並應如何擢用之處,出自鴻施。理合會同署伊犁將軍臣錫綸、陝甘總督臣譚鍾麟,附片具陳。伏乞聖鑒訓示。謹奏。

　　光緒十三年閏四月初四日,奉硃批:知道了。①

4.【光緒十三年四月初四日】此具奏日期,據原件補。

5.【光緒十三年閏四月初四日,奉】此奉旨日期,據錄副補。

【案】光緒十六年閏二月二十四日,巡撫魏光燾奏報古城城守尉因病出缺:

　　頭品頂戴護理甘肅新疆巡撫布政使臣魏光燾跪奏,爲城守尉因病出缺,請旨迅賜簡放,以重職守,恭摺仰祈聖鑒事。竊臣據署古城滿營正黃、正紅旗佐領文裕等稟稱:古城城守尉德勝於光緒十六年閏二月初三日子時身故等語稟報前來。臣查德勝奉旨補放古城城守尉員缺,管轄旗務將滿三年,茲遽因病身故,殊堪憫惜。除飭將該故員身後事宜妥爲料理外,所遺古城城守尉員缺,相應請旨迅賜簡放,以

<hr>

① 中國第一歷史檔案館藏:《硃批奏片》,檔號:04—01—16—0220—064;《錄副奏片》,檔號:03—5222—018。

重職守。謹會同伊犁將軍臣色楞額、陝甘總督臣楊昌濬，恭摺具奏。伏乞皇上聖鑒訓示。謹奏。閏二月二十四日。

　　光緒十六年三月三十日，奉硃批：該部知道。欽此。①

　　●軍機大臣字寄：陝甘總督譚、甘肅新疆巡撫劉◆1：光緒十三年四月十一日奉上諭：譚鍾麟奏錫綸患病甚重，請飭色楞額速赴新任一摺◆2。本日已諭知色楞額，於文碩接任後迅速馳赴新任矣◆3。該督所奏錫綸病情，殊深厪系，發去如意金黃散二匣，譚鍾麟即派員賚交錫綸祇領，俾資醫治。儻錫綸病竟不支，伊犁地方不可無人統攝。著劉錦棠即行馳往，暫署將軍篆務。甘肅新疆巡撫，著魏光燾暫行護理。劉錦棠素抱公忠，務當力疾從事，以副倚任。將此由五百里各諭令知之。欽此。遵旨寄信前來◆4。

　　【案】此"廷寄"見於《光緒朝上諭檔》②及《清實錄》③，茲據補。

　　1.【陝甘總督譚、甘肅新疆巡撫劉】此前稱據《光緒朝上諭檔》補。

　　2.【案】光緒十三年三月二十九日，陝甘總督譚鍾麟以伊犁將軍錫綸患病甚重、軍務繁緊，奏請飭催新授伊犁將軍色楞額速赴新任：

　　　　頭品頂戴陝甘總督臣譚鍾麟跪奏，為請旨飭催伊犁將軍速赴新任，以重邊務，恭摺仰祈聖鑒事。竊臣准總理伊犁營務處提督曹振興呈稱：署伊犁將軍錫綸去冬頭上頂心偶生巨癰，日久潰腐。春來左項喉側生瘡潰爛，膿血不止，流注左脖，近日右項亦復如是，終日呻吟床褥，痛楚難堪，勢甚危篤。又據伊犁總兵鄧增所稟，情形相同。伏思署將軍錫綸之病，悉中要害，其證甚險。縱使醫調得法，亦非數月所能痊愈。副都統長庚、額爾慶額尚無到伊消息，綏定城中別無大員可

　　————————

　　①　臺北故宮博物院藏：《軍機及宮中檔》，文獻編號：408006680；中國第一歷史檔案館藏：《錄副奏摺》，檔號：03—5868—118。
　　②　中國第一歷史檔案館編：《光緒朝上諭檔》，第十三冊，第151頁。
　　③　《清實錄‧德宗景皇帝實錄（四）》，卷二百四十一，光緒十三年四月，第250—251頁。

資鎮攝，邊地緊要，關係匪輕。查去歲遣撤吉江馬隊，擾攘一年，耗餉甚鉅，致防營勇餉未能按月支發。十月間，聞各營勇丁嘖有煩言，一因吉江馬隊欠餉發至五成、七成，而各營勇丁欠餉每年衹得二兩，輕重懸殊；一因每月僅領鹽菜銀一兩，而所發糧石較市價爲昂，以致衆心不服。幸營官約束甚嚴，尚未滋事。錫綸因派三弁馳赴新疆，借銀六萬，並囑臣代借銀十萬。臣於十二月中飭司挪移銀十萬兩，作爲十三年新餉，先行起解。正月初，專弁抵蘭，又給銀六萬五千兩，計三月中可到。二三兩月起解銀十一萬三千八百餘兩，而果權所部馬隊指日到蘭，需銀六萬餘兩，當於四月分餉劃扣，但令屏除不急之務，儘此已到之餉以贍軍，計亦可以敷衍。臣已飛飭曹正興傳諭各營，以後餉糈源源解濟，不至缺乏，並咨商撫臣劉錦棠，派候補道英林前往察看病勢，撫綏邊軍。相應請旨飭新授伊犁將軍色楞額速行赴任，以資鎮撫而固邊疆。是否有當，謹繕摺馳陳。伏乞皇太后、皇上聖鑒訓示施行。謹奏。光緒十三年三月二十九日。

　　光緒十三年四月十一日，奉硃批：另有旨。欽此。①

3.【案】是日，清廷頒寄信諭旨，飭令色楞額交卸後，迅速馳赴新任：

　　軍機大臣字寄：光緒十三年四月十一日奉上諭：文碩自簡任駐藏大臣後，於上年二月請訓赴任，迄今已逾一年，尚未據報到任，實屬任意遷延。本日據譚鍾麟奏，錫綸患病甚重，請飭色楞額速赴新任等語。西陲地方關繫緊要，錫綸現既患病，尤須色楞額迅往接任。惟必俟文碩到任，方能交替起程。該大臣現已行至何處，著即兼程前進，速抵西藏，不准再有耽延，致干咎戾。色楞額交卸後，並著迅速馳赴新任，將一切應辦事宜實心經理，以副委任。將此由五百里各諭令知之。欽此。遵旨寄信前來。②

4.【遵旨寄信前來】此據《光緒朝上諭檔》補。

____

① 中國第一歷史檔案館藏：《硃批奏摺》，檔號：04—01—01—0958—008；《錄副奏摺》，檔號：03—5848—092。

② 中國第一歷史檔案館編：《光緒朝上諭檔》，第十三冊，第151頁；《清實錄·德宗景皇帝實錄（四）》，卷二百四十一，光緒十三年四月，第251頁。

249. 請將譚拔萃附祀片

光緒十三年四月十四日

再,臣前奉光緒十一年四月初九日上諭:劉錦棠奏總兵積勞病故,請飭從優議恤一摺。記名提督甘肅寧夏鎮總兵譚拔萃,於咸豐、同治年間隨同已故提督劉松山帶兵剿賊,轉戰湖南、江西、安徽、河南、山東、山西、直隸、陝西、甘肅等省,嗣經隨同劉錦棠出關,疊克各城,戰功卓著。兹以積勞病故,殊堪軫惜。加恩著交部照提督軍營立功後在營病故例,從優議恤,並將生平戰績宣付國史館立傳,以彰勞勩。欽此。仰見聖慈褒獎成勞之至意,臣緬懷袍澤,感戴同深。惟查譚拔萃,始以武童投效湘軍,即隨同臣叔劉松山轉戰東南,以至關隴,相從最久,立功亦最多。可否仰懇天恩,准其附祀原任廣東陸路提督臣劉松山甘肅省城及湖南省城專祠,以妥英魂而昭激勸之處,出自鴻施。謹會同陝甘總督臣譚鍾麟,附片具奏。伏乞聖鑒訓示。謹奏。

光緒十三年閏四月十八日,奉◆1 硃批:著照所請,該部知道。欽此。

【案】此奏片原件、録副現藏於中國第一歷史檔案館,兹據校補。具奏日期録副署"光緒十三年三月二十九日",顯誤,兹據原件、刻本及《軍機處隨手登記檔》①校正。

1.【光緒十三年閏四月十八日,奉】此奉旨日期,據録副補。

【案】關於此奏之允行,見《清實録》:"乙巳,追予甘肅總兵譚拔萃附祀廣東提督劉松山湖南、甘肅省城專祠。"②

---

① 中國第一歷史檔案館藏:《軍機處隨手登記檔》,檔號:03—0253—2—1213—130。

② 《清實録·德宗景皇帝實録(四)》,卷二百四十二,光緒十三年閏四月,第263頁。

250. 請將王德溥並其母姚氏妻郭氏分別旌恤片

光緒十三年四月十四日

再，臣據已故前署哈密協副將世襲一等子爵王德溥堂弟王惠溥稟稱：王德溥係甘肅靖遠縣人，前奮威將軍王進寶九世嫡孫，由世襲一等子爵歷署督標後營、定遠、蘆塘等營游擊。同治二年，委署哈密協副將，迎其母就養，妻亦隨侍到署◆[1]。三年八月，關外逆回倡亂，圍攻哈密廳城，火彈墜城中如雨。王德溥時方臥病，急起登陴固守，歷七晝夜，賊猶未退。恐事不可爲，乃留書與諸弟相訣。既而乘間出師擊賊，賊敗走，城賴以全。四年，賊復至，哈密失陷，王德溥力戰陣亡。其母姚氏、妻郭氏，均自焚以殉。謹開具事實，並賫呈所寄家書，稟懇查核具奏，請旨旌恤等情。臣當照會巴里坤鎮總兵徐占彪，並飭前署哈密協副將龍在田、前署哈密通判婁紹豫，將該副將王德溥死事情形詳細查明去後，旋據徐占彪等呈稱：遵查同治四年五月二十四日，南路大股逆回竄至哈密，圍攻廳城，王德溥督隊逆戰，屢挫賊鋒。賊四面縱火，至二十六日酉刻，南城失陷。王德溥振臂大呼，提兵巷戰，賊至益衆，力竭陣亡。當城破時，其母姚氏、妻郭氏以硝磺實簍中，皆自焚死。先後查覆前來。臣覆加查核，與王惠溥所稟情節相符。臣維逆回倡亂時，哈密孤懸徼外。該副將王德溥以世受國恩，思圖報稱，遂乃慷慨授命，闔室自焚。至今讀其家書，忠義之氣猶凜然可見也。可否仰懇天恩俯准，飭部將前署哈密協副將世襲一等子爵王德溥並其母姚氏、妻郭氏分別從優議請旌恤，以慰忠魂而彰節烈，出自逾格鴻慈。除咨部外，謹會同陝甘總督臣譚鍾麟，附片具奏。伏乞聖鑒訓示。謹奏。

光緒十三年閏四月十八日，奉◆2硃批：王德溥並其母姚氏、妻郭氏分別從優旌恤。該部知道。欽此。

【案】此奏片原件①、録副②現藏於中國第一歷史檔案館，兹據校補。

1.【案】同治二年五月十一日③，護理陝甘總督恩麟奏報哈密協副將員缺先經改委世襲子爵王德溥前往署理：

再，臣承准議政王軍機大臣傳諭：同治二年四月初二日奉上諭：哈密協副將印務，前經陝甘總督委令穆克登布前往護理，此時諒已起程等因。欽此。伏查署哈密協副將恩賢撤任遺缺，臣先接准烏魯木齊提督業普沖額來咨：因口外附近哈密各營並無可委之員，當經飭委護永固協副將固原城守營游擊穆克登布前往接護。其所遺永固協副將，有防禦野番之責，遴委洪廣營游擊李大成往護，未及到任，適瓦亭回匪竄擾鹽固，改派李大成帶兵馳往靖遠一帶防堵，致永固協副將一時乏員接署。臣因穆克登布於該處情形較熟，將其仍留護任，並將哈密協副將事務，改委署蘆塘營游擊世襲一等子爵王德溥前往接署，於本年二月內繕給委牌，飭令交卸起程在案。兹欽奉諭旨，臣即催令該員王德溥無論行抵何處，趕緊兼程馳往哈密，接署副將印務，以重職守。所有哈密協副將員缺，先經改爲世襲子爵王德溥前往署理並現催該員馳往接任緣由，理合附片具奏。伏乞聖鑒。謹奏。

同治二年七月初九日，議政王軍機大臣奉旨：知道了。欽此。④

同治二年九月十六日，護理陝甘總督恩麟奏請將學習期滿之承襲一等子爵王德溥留於陝甘省差遣委用：

再，臣前因署哈密協副將恩賢參革遺缺，揀選得現署蘆塘營游擊之世襲一等子爵王德溥，前往接署。該世職於路過省城時，經臣循例考驗，弓馬甚爲嫻習，詢以營伍，亦頗暢曉。惟該世職已收標學習有

① 中國第一歷史檔案館藏：《硃批奏片》，檔號：04—01—16—0220—007。
② 中國第一歷史檔案館藏：《録副奏片》，檔號：03—6023—043。
③ 此具奏日期，據恩麟同日摺件補正。
④ 臺北故宮博物院藏：《軍機及宮中檔》，文獻編號：089768。

年，詰其何以不即赴京當差，據該世職王德溥聲稱，該世職於道光二十八年承襲世職，送部引見，奉旨：准其承襲一等子爵。隨蒙收入陝甘督標中營學習，扣至咸豐元年，三年期滿。因先期委署定遠營游擊，始於二年七月交卸來省，請咨赴京。經前督臣舒興阿因南服軍興，陝甘營伍乏員，飭令暫緩請咨，隨委署蘆塘營游擊。嗣前督臣易棠奏明，將陝甘省各項引見營員暫緩給咨，俟軍務告竣，再行陸續送部。是以該世職在標學習已十四年，尚未能赴京當差等語。除飭令該世職王德溥速赴哈密接署副將事務外，臣查定例，承襲公侯伯子男世職人員，於學習三年期滿後，令在侍衛上行走三年，由該管大臣出考，送部引見，以副將補用。是襲爵世職在京外學習行走六年之後，如果才堪造就，即可望補實缺。至前督臣易棠前因陝甘實缺營員多經調赴軍營，遺缺乏員接署，奏請將各營升任調取以及各項引見人員暫緩給咨。其發標學習期滿，例應赴京之世職，原不在暫緩給咨之列，乃營員誤會原奏內各項二字，致該世職隨標學習至十四年之久，尚未據該管營員呈請給咨，歷任督臣亦漏未查催，原辦實屬歧誤。第現在陝甘軍旅四起，較之上年，差遣尤覺乏人。臣查該世職王德溥，現年四十一歲，若照原奏，俟本省軍務告竣，補行送部引見後，令在侍衛上行走三年，再行請旨錄用，計該時該世職已年近五旬，是入伍於少壯之時，待缺於垂暮之年，不特虛糜世祿，亦非國家軫恤世職、造就人才之至意。臣愚昧之見，可否仰懇聖主天恩，俯念該承襲一等子爵王德溥在標學習，久經期滿，免其送京當差，即留於陝甘省差遣委用。如果始終勤奮，遇有陝西相當副將員缺，再行酌量請補，俾得自效而免向隅，出自逾格慈施。如蒙俞允，仍俟得缺後，補行送部引見，以符定例。是否可行，謹附片陳明。伏乞聖鑒訓示。謹奏。

同治二年十一月二十五日，議政王軍機大臣奉旨：王德溥著免其來京當差，留於陝甘差遣委用。如果始終勤奮，遇有陝西相當副將缺出，酌量請補。該部知道。欽此。①

---

① 臺北故宮博物院藏：《軍機及宮中檔》，文獻編號：092337。

2.【光緒十三年閏四月十八日，奉】此奉旨日期，據録副補。

251. 揀員請補葉城縣知縣要缺摺

光緒十三年四月二十七日

尚書銜降一級留任甘肅新疆巡撫二等男臣劉錦棠跪◆1奏，爲揀員請補要缺知縣，以重地方，恭摺仰祈聖鑒事。

竊據甘肅新疆布政使魏光燾、兼按察使銜鎮迪道恩綸會詳稱：新疆新設莎車直隸州署葉城縣知縣，所轄幅員寬廣，東南兩面戈壁居多，人民散處，地土亦肥磽不一，且南有卡倫，爲溫都斯坦商民往來要道。稽查彈壓，治理匪易，應請定爲衝疲難三項要缺。該縣係屬新設，應即揀員請補，以重職守。查南路新設各缺，前奉部議准，照吉林新章由外揀補一次在案。兹查有補缺後在任候補直隸州知州留新疆委用知縣黃袁，年四十五歲，湖南長沙府善化縣人。由附貢生於同治十二年，在湖南援防捐局報捐鹽運司經歷，指分廣東，加鹽課司提舉升銜，並免赴部驗看。是年十一月，經湖南撫臣驗看給咨，十三年五月十四日到省試用，奉准部咨注冊。前陝甘督臣左宗棠因該員前在軍營效力，於克復烏魯木齊等城案内彙保，光緒三年九月初五日奉上諭：黃袁著免補本班，以知縣仍留廣東，歸候補班前儘先補用。欽此。六年，復奉委赴甘肅，偵探軍務，於十二月十八日抵湖南原籍，便道省親，適於七年正月二十一日丁母憂。九年四月二十一日服滿，呈明咨部起復，經臣札調出關，隨營差遣。六載邊防案内彙保，十年十月初四日奉上諭：黃袁著俟補缺後，以直隸州知州在任候補，並賞戴花翎。欽此。是年，委辦臣營總理文案事務。十一年，留省候補，八月十七日稟到。十二年，經臣奏留新疆差遣委用，十月二十六日奉上諭：著照所請，吏部知道。欽此。欽遵各在案。該司等查該員黃袁，處事安詳,才具穩練,在新疆當差有年,熟悉邊情,以之請補葉城縣知縣,實堪勝任,人地亦極相宜,且與變通章程相符等情。詳請具奏前來。臣查該員黃袁,通達政體,辦事實心。合無仰懇天恩,俯念邊疆員缺緊要,准以留新委用知縣黃袁補授葉城縣知縣,洵於地方有裨。如蒙俞允,俟奉部覆,即行給咨送部引見,以符例章。仍令試署年滿,另請銷去試字。是否有當,謹會同陝甘總督臣譚鍾麟,恭摺具陳。伏乞皇太后、皇上聖鑒訓示。謹奏。光緒十三年四月二十七日◆2。

　　光緒十三年閏四月二十七日,奉◆3硃批:吏部議奏。欽此。

【案】此摺原件①、録副②現藏於中國第一歷史檔案館,兹據校補。

1.【尚書銜降一級留任甘肅新疆巡撫二等男臣劉錦棠跪】此前銜據原件補。

2.【光緒十三年四月二十七日】此具奏日期,據原件補。

3.【光緒十三年閏四月二十七日,奉】此奉旨日期,據録副補。

【案】光緒十四年八月十二日③,新疆巡撫劉錦棠附片奏報黃袁飭赴葉城縣知縣事:

　　　　再,葉城縣知縣員缺,臣前以留新委用知縣黃袁請補,業經部議核准在案。兹查該員別無委辦事件,應急飭赴本任,以專責成。據藩、臬兩司會詳前來。除由臣批飭給委外,謹會同陝甘總督臣譚鍾麟,附片具奏。伏乞聖鑒。謹奏。

　　　　光緒十四年九月十三日,奉硃批:吏部知道。欽此。④

　　光緒十六年閏二月二十日,巡撫魏光燾以員缺緊要奏請准以葉城縣知縣黃袁調補迪化縣知縣員缺:

---

①　中國第一歷史檔案館藏:《硃批奏摺》,檔號:04—01—12—0538—108。

②　中國第一歷史檔案館藏:《録副奏摺》,檔號:03—5222—132。

③　此具奏日期,據《軍機處隨手登記檔》(檔號:03—0257—3—1214—236)校正。

④　中國第一歷史檔案館藏:《硃批奏片》,檔號:04—01—12—0543—066;《録副奏片》,檔號:03—5239—028。

　　頭品頂戴護理甘肅新疆巡撫新疆布政使臣魏光燾跪奏，爲調補要缺知縣，以重地方，恭摺仰祈聖鑒事。竊據署新疆布政使饒應祺、鎮迪道兼按察使銜恩綸會詳稱：迪化縣知縣陳希洛升補溫宿直隷州知州，奉部覆准，係於十五年十一月十六日奉旨，按照行文程限，應以十六年二月初三日作爲開缺日期。所遺迪化縣知縣係附府首縣，亟應由外揀員請補，以重職守。查北路添設各缺，前經撫臣劉錦棠奏准，仿照吉林章程由外揀補一次，以後出缺照甘肅變通章程辦理。查變通章程內開：丞倅州縣以及佐雜各要缺，將現任各員按照應升官階內無論有無升案，並是否到任實授以及試俸、歷俸未經期滿各員，准擇其人地相宜者，一律升調。又定例，應調缺出，俱令於現任人員內揀選調補各等語。今迪化縣知縣係衝繁難三項要缺，於現任人員內逐加揀選，查有葉城縣知縣黃袁，年四十八歲，湖南長沙府善化縣人。由附貢生於同知十二年，在湖南援防捐局報捐鹽運司經歷，指分廣東，加鹽課司提舉升銜，並免赴部驗看。是年十一月，經湖南撫臣驗看給咨，十三年五月十四日到省試用，奉准部咨注冊。前陝甘督臣左宗棠因該員前在軍營效力，於克復烏魯木齊等城案內彙保，光緒三年九月初五日奉上諭：黃袁著免補本班，以知縣仍留廣東，歸候補班前儘先補用。欽此。六年，復奉委赴甘肅，偵探軍務，於十二月十八日抵湖南原籍，便道省親，適於七年正月二十一日丁母憂。九年四月二十一日服滿，呈明咨部起復。經撫臣劉錦棠札調出關，隨營差遣。六載邊防案內彙保，十年十月初四日奉上諭：黃袁著俟補缺後，以直隷州知州在任候補，並賞戴花翎。欽此。是年，委辦臣營總理文案事務。十一年，留省候補，八月十七日稟到。十二年，奏准留於新疆委用，十三年四月，奏補葉城縣知縣，奉准部覆，十四年十一月二十七日到任。查該員黃袁，才識明通，公事練達，現在葉城縣任內，措置裕如，輿情愛戴，以之調補迪化縣知縣，實堪勝任，人地亦極相宜等情。詳請具奏調補前來。臣查該員穩練安詳，通達事理。合無仰懇天恩，俯念要缺需員，准以葉城縣知縣黃袁調補迪化縣知縣，洵於地方有裨。如蒙俞允，俟奉部覆，併案給咨，送部引見，以符定制。該員任內並無參罰案件，所遺葉城縣知縣員缺，係衝疲難三項要缺，應請由外揀補。除咨部外，謹會同陝甘總督臣楊昌濬，恭摺具奏。伏乞皇上聖鑒訓示。謹奏。

　　光緒十六年閏二月二十日。光緒十六年三月二十五日，奉硃批：吏部議奏。欽此。①

光緒十九年三月十七日，甘肅新疆巡撫陶模附片奏請以黃袁調署和闐州：

　　再，署和闐直隸州知州江遇璞卸署遺缺。查有在任候補直隸州知州迪化縣知縣黃袁，堪以調署。遞遺員缺，查有同知銜候補知縣劉兆松，堪以委署。據新疆布政使饒應祺、署鎮迪道兼按察使銜黃光達會詳前來。除由臣批飭分別給委外，謹會同陝甘總督臣楊昌濬，附片具陳。伏乞聖鑒。謹奏。

　　光緒十九年四月十五日，奉硃批：吏部知道。②

光緒二十一年十月二十五日，新疆巡撫陶模奏報迪化縣知縣黃袁仍回本任：

　　再，署迪化縣知縣劉澄清卸署遺缺，應飭該縣知縣黃袁仍回本任，以專責成。據新疆布政使饒應祺、鎮迪道兼按察使銜丁振鐸會詳前來。除由臣批飭給委外，謹會同陝甘總督臣楊昌濬，附片具奏。伏乞聖鑒。謹奏。

　　光緒二十一年十一月二十八日，奉硃批：吏部知道。欽此。③

光緒二十一年十一月初九日，甘肅新疆巡撫陶模奏請以在任候補直隸州知州迪化縣知縣黃袁升補英吉沙爾直隸廳同知員缺：

　　頭品頂戴甘肅新疆巡撫臣陶模跪奏，爲揀員升補要缺，以俾地方，恭摺仰祈聖鑒事。竊據新疆布政使饒應祺、鎮迪道兼按察使銜丁振鐸會詳稱：英吉沙爾直隸廳同知李慶棠因病開缺回籍，係光緒十九

　　①　臺北故宮博物院藏：《軍機及宮中檔》，文獻編號：408006679；中國第一歷史檔案館藏：《錄副奏摺》，檔號：03—5263—093。
　　②　臺北故宮博物院藏：《軍機及宮中檔》，文獻編號：408002790；中國第一歷史檔案館藏：《錄副奏片》，檔號：03—5305—053。
　　③　中國第一歷史檔案館藏：《錄副奏片》，檔號：03—5908—098。

年四月二十四日奉旨行文，按例限計算，應以是年七月十一日接到部文之日作爲開缺日期。所遺英吉沙爾直隸廳同知衝繁難三項要缺，應即揀員請補，以重職守。查南路新設各缺，經前撫臣劉錦棠奏准由外揀補一次，以後出缺，援照甘肅變通章程辦理。查章程內開，丞倅州縣以及佐雜各要缺，將現任各員按照應升官階內無論有無升案，並是否到任實授以及試俸、歷俸未經期滿各員，准擇其人地相宜者，一律升調。又定例，現任人員保舉以何項官階用及以何項官階補用，凡係指定官階應歸候補班內補用人員，除應升之別項缺出，仍准照例升用。如遇所保指定之項缺出，准歸於候補班內請補，概不得仍行請升各等語。今英吉沙爾直隸廳同知要缺，於現任人員內逐加揀選，查有在任候補直隸州知州迪化縣知縣黃袁，年五十三歲，湖南善化縣人。由附貢生於同知十二年，在湖南援防捐局報捐鹽運司經歷，指分廣東，加鹽課司提舉升銜，並免赴部驗看。是年十一月，經湖南撫臣驗看給咨，十三年五月十四日，到省試用。旋經前陝甘總督臣左宗棠因該員前在軍營效力，於克復烏魯木齊等城案內彙保，光緒三年九月初五日奉上諭：黃袁著免補本班，以知縣仍留廣東，歸候補班前儘先補用。欽此。六年，復奉委赴甘肅，偵探軍務，於十二月十八日抵湖南原籍，便道省親，適於七年正月二十一日丁母憂。九年四月二十一日，服滿起復。經劉錦棠札調出關，隨營差遣。六載邊防案內彙保，十年十月初四日奉上諭：著俟補缺後，以直隸州知州在任候補，並賞戴花翎。欽此。是年，委辦臣營總理文案事務。十一年，留省候補，八月十七日稟到。十二年，奏准留於新疆委用，十三年，奏補葉城縣知縣，是年九月初一日，經部覆准，照例以奉文准補之日作爲直隸州知州到省候補日期。十四年十一月二十七日，到葉城縣本任。十六年，奏請調補迪化縣知縣，經部覆准，是年九月十五日，交卸葉城縣事，十月二十九日接署疏附縣篆務。十七年四月二十七日，交卸疏附縣事，八月二十二日，到迪化縣本任。新疆城署各工案內彙保，請俟補直隸州知州後，以知府在任候補，經部議准。十八年十月初八日具題，奉旨：依議。欽此。十九年三月十八日，交卸迪化縣事，八月初一日接署和闐直隸州篆務。新疆七載防戍案内彙保，請俟歸知府班後，加三品銜，並加一級，旋經部議請加一級，核准注冊，所叙之加銜應改爲俟離任歸知府班後准加鹽運使銜。是年十二月初二日具奏，奉旨：依議。欽此。二十年八月初八日，交卸和闐州事。二十一年十月十七日，仍回迪化縣本任。查該員黄袁，宅心和厚，辦事精詳，在新疆年久，邊情熟悉，歷任各缺，辦理一切，諸臻妥協。以之請補斯缺，實堪勝任，人地亦極相宜等情。詳請具奏前來。臣查該員黄袁，老成穩練，辦事勤能。合無仰懇天恩，俯念要缺需員，准以在任候補直隸州知州迪化縣知縣黄袁升補英吉沙爾直隸廳同知員缺，洵於地方有裨。如蒙俞允，俟奉部覆，併案給咨，送部引見，以符定例。謹恭摺具陳。伏乞皇上聖鑒訓示。再，所遺迪化縣知縣係衝繁難三項要缺，應請扣留外補。至該員各任内並無參罰案件，合併聲明。謹奏。光緒二十一年十一月初九日。

光緒二十一年十二月初六日，奉硃批：吏部議奏。欽此。①

光緒二十三年九月十三日②，新疆巡撫饒應祺奏報黄袁等調署温宿直隸州等缺：

再，署温宿直隸州知州傅壽森卸署遺缺。查有准補英吉沙爾直隸廳同知署迪化縣知縣黄袁，堪以調署。遞遺迪化縣員缺，查有候補知縣左昭煦，堪以委署。又，署昌吉縣知縣張雯，暫行調省遺缺。查有候補知縣向貴鏞，堪以代理。據新疆布政使丁振鐸、鎮迪道兼按察使銜潘效蘇會詳前來。除由臣批飭分別給委外，謹會同陝甘總督臣陶模，附片具陳。伏乞聖鑒。謹奏。

光緒二十三年十月十六日，奉硃批：吏部知道。欽此。③

光緒二十五年五月初四日④，新疆巡撫饒應祺奏請以黄袁等遞補各員缺：

---

① 臺北故宫博物院藏：《軍機及宫中檔》，文獻編號：408002967；中國第一歷史檔案館藏：《録副奏摺》，檔號：03—5333—024。
② 此具奏日期，據《軍機處隨手登記檔》（檔號：03—0293—2—1223—275）校正。
③ 臺北故宫博物院藏：《軍機及宫中檔》，文獻編號：142322。
④ 此具奏日期，據《軍機處隨手登記檔》（檔號：03—0305—2—1226—327）校正。

再，署英吉沙爾直隸廳同知蔣士修調省，另有差委。所遺英吉沙爾直隸廳同知員缺，應以准補該廳同知黃袁餉赴本任，以專責成。又，和闐直隸州知州潘震，經陝甘總督臣魏光燾奏調入關。所遺和闐直隸州知州員缺，查有庫車直隸廳同知彭緒瞻，堪以調署。遞遺庫車直隸廳同知員缺，查有現署迪化縣知縣王炳堃，堪以調署。遞遺迪化縣知縣員缺，查有現署吐魯番直隸廳同知請補温宿直隸州知州鄧以潢，堪以調署。遞遺吐魯番直隸廳同知員缺，查有請補該廳同知文立山，堪以先行署理。據新疆布政使文光、署鎮迪道兼按察使銜李滋森會詳前來。除由臣批餉分別給委外，謹會同陝甘總督臣魏光燾，附片具陳。伏乞聖鑒。謹奏。

光緒二十六年十一月初六日，奉硃批：吏部知道。欽此。①

光緒二十六年十一月十八日，新疆巡撫饒應祺奏報英吉沙爾直隸廳同知黃袁因病出缺日期，遺缺並請扣留外補：

甘肅新疆巡撫臣饒應祺跪奏，爲同知因病出缺，照例扣留外補，恭摺仰祈聖鑒事。竊據新疆布政使文克祥據署焉耆府知府石本清申稱：准補英吉沙爾直隸廳同知黃袁，年五十八歲，湖南善化縣附貢生，由捐納鹽提舉銜廣東試用鹽運司經歷保舉花翎，在任候補直隸州知州，仍留廣東，歸候補班前先補用知縣。光緒十二年，奏留新疆委用。十三年，准補葉城縣知縣。十六年，調補迪化縣知縣，復於新疆城工防戍肅清各案内，保鹽運使銜道員用，在任候補知府，並加一級。歷署疏附縣及和闐直隸州各缺。二十一年，升補英吉沙爾直隸廳同知。二十三年十一月十七日，署理温宿直隸州知州。二十五年八月初三日，交卸回省。二十六年九月，餉赴英吉沙爾同知本任，行抵焉耆府，於十一月十三日因病身故等情。詳請奏咨前來。臣覆查無異。除咨部外，謹會同護理陝甘總督臣李廷簫，恭摺具陳。伏乞皇太后、皇上聖鑒。所遺英吉沙爾直隸州同知，係衝繁難三項要缺，應請由外揀補。再案，改題爲奏，合併聲明。謹奏。十一月十八日。

---

① 中國第一歷史檔案館藏：《錄副奏片》，檔號：03—5393—025。

光緒二十六年十一月二十八日，奉硃批：吏部知道。欽此。①

252. 提督呈請復姓歸宗摺

光緒十三年閏四月初四日

尚書銜降一級留任甘肅新疆巡撫二等男臣劉錦棠跪◆1奏，爲提督大員呈請復姓歸宗，援例具陳，仰祈聖鑒事。

竊臣據總統東四城馬步各軍題奏提督阿克蘇鎮總兵董福祥呈稱：董字中營正哨長記名提督達桑阿巴圖魯董占富，甘肅固原州人，本姓王氏，因遭回亂，全家離散，福祥憐其年幼無依，養爲義子，遂從董姓。該員隨營二十年，迭著戰功，累保今職。上年請假進關，尋訪親族，始悉其父母俱故，家無次丁，並無期功近支之人，請復姓王氏，俾承宗祧，取具印甘各結，代請核辦前來。臣查光緒十一年兵部議奏，提鎮大員及副、參等官，或已補實缺，或現在軍營效力，如有更名復姓等項，均取具印甘各結，由統兵大臣暨各督撫奏明辦理等因。奉旨：依議。欽此。欽遵咨行在案。茲董占富係在營效力提督大員，呈請復姓，與例相符。合無仰懇天恩俯准，將該員董占富復姓王氏，飭部注册，出自鴻施。除將印甘各結咨部外，謹會同陝甘總督臣譚鍾麟，合詞恭摺具陳。伏乞皇太后、皇上聖鑒訓示。謹奏。光緒十三年閏四月初四日◆2。

光緒十三年五月初七日，奉◆3硃批：該部議奏。欽此。

【案】此摺原件②、録副③現藏於中國第一歷史檔案館，茲據校補。

1.【尚書銜降一級留任甘肅新疆巡撫二等男臣劉錦棠跪】此前銜據原

---

① 中國第一歷史檔案館藏：《録副奏摺》，檔號：03—5394—056。

② 中國第一歷史檔案館藏：《硃批奏摺》，檔號：04—01—16—0220—076。

③ 中國第一歷史檔案館藏：《録副奏摺》，檔號：03—5849—071。

件補。

2.【光緒十三年閏四月初四日】此具奏日期,據原件補。

3.【光緒十三年五月初七日,奉】此奉旨日期,據録副補。

253.新疆無秋審人犯請飭核議册式及截止日期摺

光緒十三年閏四月初四日

尚書銜降一級留任甘肅新疆巡撫二等男臣劉錦棠跪[◆1]奏,爲查明新疆各屬本屆新事秋審並無應辦人犯,仍請旨飭部議定册式及截止日期,以便遵循,恭摺仰祈聖鑒事。

竊臣於光緒十三年四月初四日,接准刑部咨催辦理秋審等因。查新疆人命案件,業經奏准,隨時奏咨,聽候部覆。應歸秋審人犯,免其解省,仿照各省舊事秋審之例辦理。所有上年十一月起陸續具奏人命案件,僅伊犁客民胡風田毆傷陳志士身死一案[◆2],奉准刑部議覆,例得減流,令將該犯南北互相調發,匀撥地畝,以駐屯政等因。自應遵照辦理,毋庸歸入秋審。其餘所奏人命案件,均未奉到部覆,無從查辦。至原任伊犁將軍金順前奏纏民賽斯克毆傷色斯克身死一案[◆3],已經去歲秋審查辦在案,應入本年舊事秋審摘叙案由[◆4],造册咨送刑部查辦。此外亦無舊事秋審應辦案件。再,准刑部鈔單內開:新疆案件,嘉慶元年欽遵諭旨,改繕黄册。又查秋審截止日期,各省亦有不同,現在改設行省,其秋審應用何項册式及截止日期,均應及時議定。相應請旨飭下刑部,一併核議示覆,以便遵循。據鎮迪道兼按察使銜恩綸詳請具奏前來。臣覆查無異。所有查明本屆新事秋審並無應辦人犯、仍請飭部核議册式及截止日期各緣由,理合繕摺具陳。伏乞皇太后、皇上聖鑒施行。謹奏。光緒十三年閏四月初四日[◆5]。

光緒十三年五月初七日,奉[◆6]硃批:刑部議奏。欽此。

【案】此摺原件①、録副②現藏於中國第一歷史檔案館,兹據校補。

1.【尚書銜降一級留任甘肅新疆巡撫二等男臣劉錦棠跪】此前銜據原件補。

2.【案】光緒十二年十一月十五日,巡撫劉錦棠奏報審明伊犁傭工胡風田鬥毆命案:

　　　尚書銜降一級留任甘肅新疆巡撫二等男臣劉錦棠跪,爲鬥毆斃命,審明定擬,恭摺具陳,仰祈聖鑒事。竊查前據署伊犁撫民同知上官振勛詳稱:光緒十一年四月十五日據職員陳勝榮呈報:族兄陳志仕於本月初四日晚,因口角起釁,被胡風田奪轉耕田鐵爬,毆傷陳志仕左後肋,醫治無效,於本月十四日夜殞命,報經驗訊等情。詳由臣批飭,訊擬招解。嗣因未加看語,經前署鎮迪道兼按察使銜英林批飭另詳。適上官振勛另案撤參,接署撫民同知駱恩綬遵批加看,詳由英林核轉,漏叙全案供招。英林亦即交卸。復經臣批據鎮迪道兼按察使銜恩綸驗看,查録全案供招,按例問擬,詳請具奏前來。臣覆加查核。緣胡風田籍隸天津,在伊犁傭工,與已死陳志仕同院居住,素好無嫌。光緒十一年四月初四日晚,陳志仕工作回家,至胡風田厨房,向其催工徐進才索欠争鬧。胡風田斥其不應。陳志仕不服詈罵。胡風田趕出理論。胡風田即拿耕田三齒鐵爬向毆,胡風田將爬奪轉,陳志仕撲攏拼命,胡風田側身閃讓,聚爬嚇毆,適傷陳志仕左後肋,經田夥胡起和扶歸,醫治無效,延至十四日因傷殞命。當經署伊犁撫民同知上官振勛驗看,詳由臣批飭,訊擬招解。嗣因未加看語,經前署鎮迪道兼按察使銜英林批飭加看,上官振勛另案撤參,駱恩綬接准移交,覆審定擬,詳由英林轉核,漏叙全案供招。復經臣批據鎮迪道兼按察使銜恩綸,查録全案供招,按例定擬,詳臣覆核,案無遁飾。查律載,鬥毆殺人者,不問手足他物金刃,並絞監候等語。此案胡風田口角起釁,

---

① 中國第一歷史檔案館藏:《硃批奏摺》,檔號:04—01—01—0961—044。

② 中國第一歷史檔案館藏:《録副奏摺》,檔號:03—7226—058。

奪轉鐵爬嚇毆,適傷陳志仕,越十日身死,自應按律問擬。胡風田合依鬥毆殺人者不問手足他物金刃並絞律,擬絞監候,秋後處決。雇工徐進才所欠銀兩,隨即清還。惟争鬥釀命究屬不合,照不應重律杖八十,折責發落。無干省釋。是否有當,除全案供招咨送刑部外,合將鬥毆斃命審明定擬緣由,謹會同署伊犁將軍臣錫綸,恭摺具奏。伏乞皇太后、皇上聖鑒,飭部核議實行。謹奏。

　　光緒十二年十一月十五日。光緒十二年十二月十九日,軍機大臣奉旨:刑部議奏。欽此。①

3.【案】光緒十一年九月十一日,伊犁將軍金順奏報纏回賽斯克與色斯克醉酒口角起釁互毆,致色斯克越日身死一案審明議擬情形:

　　幫辦軍務大臣伊犁將軍奴才金順跪奏,爲審明口角起釁,互毆受傷,越日身死,按律擬議,恭摺仰祈聖鑒事。竊奴才於光緒十年十月二十六日據代理伊犁理事同知明徵申報:纏回賽斯克與色斯克醉酒口角起釁,毆傷色斯克,越日身死一案,當經批飭再行研審,是否有心欲殺,有無起釁別故及在場幫毆之人,務得確情,按律招解去後。於本年正月十九日據該代理同知覆審,該犯據供前情不諱,詰非有心致死,亦無在場幫毆之人,擬議前來。復經批飭無供無勘,殊屬不合,應即查明例案詳辦。兹於六月二十四日據理事同知聯恩申稱:以代理同知明徵審明,未及擬議招解卸事。該同知到任接交,覆審擬議解勘前來。奴才率同領隊大臣等親提覆鞫。緣賽斯克年十九歲,係阿奇木伯克管轄之人,父母俱存,兄弟二人,與已死色斯克素好無嫌。十年九月三十日,午後酒醉,走至東關道,遇見色斯克亦吃酒醉,賽斯克即同色斯克一路走至纏回飯館。色斯克吃了包子,不肯給銀,反向飯館吵鬧。賽斯克向前勸解,色斯克撲來,揮拳就打,因此争吵。賽斯克取旁放木小闌干一根,向色斯克頭上打了幾下,致傷頂心囟門左等處,又脚踢左肋一處。經阿布都噶依提勸散回去。次早,色斯克因傷

　　① 中國第一歷史檔案館藏:《硃批奏摺》,檔號:04—01—26—0076—021;《録副奏摺》,檔號:03—7309—059。

殞命。報經代理同知明徵前往勘驗訊詳，批飭覆審。明徵審明，未及擬議招解，卸事。理事同知聯恩到任接交，審擬解勘前來。奴才率同領隊大臣親提覆鞫，據供前情不諱，詰非有心致死，亦無起釁別故及在場幫毆之人，矢口不移，案無遁飾。查律載，鬥毆殺人者，不問手足他物金刃，並絞監候。又新疆變通章程：擬凌遲、斬絞立決並監候，應入情實者，即照律擬罪，詳情就地正法。應梟首者，仍梟首示衆。擬斬監候，應入緩決者，斬罪監禁五年，絞罪監禁四年，限滿均杖責一百保釋各等語。此案賽斯克因酒醉口角起釁，被辱罵毆，情急用木棒打傷色斯克凶門，脚踢左肋等處，越日身死，自應按律問擬。賽斯克合依鬥毆殺人者不問手足他物金刃並絞監候律，擬絞監候，秋後處決。應否照變通章程監禁四年、限滿杖責保釋之處，未敢擅擬。色斯克用手毆人，本干律議，業已身死，應毋庸議。阿布都噶依提尚無不合，概予省釋。屍飭領埋。是否允協，除全案供招咨部查照外，所有審明擬議緣由，理合恭摺具陳。伏乞皇太后、皇上聖鑒，飭部核覆施行。謹奏。九月十一日。

　　光緒十一年十一月初八日，軍機大臣奉旨：刑部議奏。欽此。①

　　4.【案】光緒十二年六月十二日，新疆巡撫劉錦棠奏報查明伊犁在監病故斬犯馬牲異及色斯克毆斃人命案等事：

　　　　欽差大臣督辦新疆事宜尚書銜降一級留任甘肅新疆巡撫二等男臣劉錦棠跪奏，爲伊犁斬犯在監病故，絞犯應入本年秋審，分別開除入緩，恭摺具陳，仰祈聖鑒事。竊臣准署伊犁將軍臣錫綸咨：據署伊犁撫民同知駱恩綬詳報：監犯馬牲異在監病故。當飭行營委員候選知縣明徵，帶同刑仵詣驗，填格取結詳辦去後，茲據覆稱：驗明監犯馬牲異實係病故，並無凌虐等弊，取具醫生、禁卒人等甘結，賫呈備案，相應咨請核轉等因。又准咨稱：案准刑部議據伊犁將軍金順奏稱，賽斯克因酒醉口角起釁，毆傷色斯克身死，請照變通章程監禁四年，限滿折責保釋，臣部礙難率准，請旨飭下該將軍會同新疆巡撫，查照臣部前奏，速即妥議章程，俟覆奏到日，再行核辦，奉旨：依議。欽此。

①　中國第一歷史檔案館藏：《録副奏摺》，檔號：03—7308—063。

所有賽斯克毆傷色斯克身死一案,應如何妥議章程,即乞定擬具奏。
先後咨會前來。臣查新疆刑名案件,向係變通章程,並未辦理秋審。
去秋刑部議奏,新疆命盜等案規復舊制,經臣體察情形,擬將凌遲、斬
絞立決及斬絞監候情實入勾各犯,仍照變通章程,就地正法。其斬絞
監候秋審入緩及遣軍流徒人犯,照例隨時奏咨,聽候部覆。此項監候
入緩各犯,照舊事秋審之例辦理,業蒙聖慈俞允,嗣後刑名案件,自應
恪遵辦理。第前次伊犁斬犯馬牲異、絞犯賽斯克二案,均在鎮迪道未加
按察使銜之前,未由該道核轉,無案可稽。現准錫綸咨臣定擬具奏,臣
查斬犯馬牲異,係因挾忿謀殺,用斧砍傷陳彰身死案內,照謀殺擬斬監
候,恭逢光緒十一年恩詔停勾,應入本年秋審之犯。既已在監病故,禁
卒人等訊無凌虐情弊,自應議結,於本年秋審內開除。其絞犯賽斯克一
名,金順原奏請照變通章程監禁四年,經部駁令妥議章程,再行核辦。
現在新疆斬絞入緩人犯,既經奏准照例定例,賽斯克一犯罪應絞候,自
應照例歸入本年秋審辦理。惟查原奏釁起酒醉,傷非金刃,情節較輕,
應請入緩。相應請旨飭部,分別開除入緩。除將咨鈔各結並摘叙原案
咨送刑部查核外,謹會同署伊犁將軍臣錫綸,恭摺具陳。伏乞皇太后、
皇上聖鑒施行。謹奏。光緒十二年六月十二日。

　　光緒十二年七月十八日,軍機大臣奉旨:刑部知道。欽此。①

5.【光緒十三年閏四月初四日】此具奏日期,據原件補。

6.【光緒十三年五月初七日,奉】此奉旨日期,據錄副補。

254. 伊犁將軍病勢較輕毋庸馳往摺

光緒十三年閏四月十一日

　　尚書銜降一級留任甘肅新疆巡撫二等男臣劉錦棠跪◆1奏,
為查明署伊犁將軍臣病勢較前輕減,臣毋庸馳往伊犁,恭摺覆陳,

---

①　中國第一歷史檔案館藏:《硃批奏摺》,檔號:04—01—28—0023—095;《錄副奏摺》,檔
號:03—7396—012。

仰祈聖鑒事。

　　竊臣於閏四月初八日承准軍機大臣字寄：光緒十三年四月十八日奉上諭：譚鍾麟奏錫綸患病甚重，請飭色楞額速赴新任一摺。本日已諭知色楞額，於文碩接任後，迅速馳赴新任矣。該督所奏錫綸病情，殊深廑系，發去如意金黃散二匣，譚鍾麟即派員賫交錫綸祇領，俾資醫治。儻錫綸病竟不支，伊犁地方不可無人統攝，著劉錦棠即行馳往，暫署將軍篆務。甘肅新疆巡撫，著魏光燾暫行護理。劉錦棠素抱公忠，務當力疾從事，以副倚任。將此由五百里各諭令知之。欽此。仰見朝廷眷顧西陲、軫念邊臣之至意，跪聆之下，欽感莫名。伏查錫綸於上年春間，額角生癤，日久未散，前在伊犁相見，每指以示臣，慮其爲患。至冬間潰爛，毒氣蔓延，下及肩項，皆生瘡瘤，痛楚異常。本年二月間，勢尤沉重。疊據總理伊犁營務處提督曹正興等先後呈報，與譚鍾麟此次所奏情形相同。臣當飭該提督等妥爲延醫，用心調護。三月二十日，接到錫綸來信云：已漸次就痊，地方幸俱靜謐等語。又據各員弁稟報，均稱錫綸肩項間各證皆已平復。惟額角一瘡未愈，現已能强起辦公，並照常接見僚屬。昨又有自伊犁來者，詢之無異。是錫綸病勢實已較前輕減。譚鍾麟相距過遠，此次所奏當係據三月以前稟報言之，以後情形尚未能周悉也。前准譚鍾麟來咨，商令道員英林前赴伊犁照料，時臣已奏派該員，會同城守尉德勝，前往巴里坤點驗旗營册籍，未及令其折轉。現在錫綸病勢既已較前輕減，且於一應公事均尚照常辦理，臣亦毋庸馳往伊犁。色楞額未到新任以前，遇有伊犁要事，臣自當與錫綸和衷商辦，以期上慰宸廑。所有查明署伊犁將軍臣病勢較前輕減各情形，除咨會督臣查照外，理合繕摺由驛馳奏。伏乞皇太后、皇上聖鑒訓示。謹奏。光緒十三年閏四月十一日◆2。

光緒十三年五月十二日,奉◆3硃批:知道了。欽此。

【案】此摺原件①、録副②現藏於中國第一歷史檔案館,兹據校補。

1.【尚書銜降一級留任甘肅新疆巡撫二等男臣劉錦棠跪】此前銜據原件補。

2.【光緒十三年閏四月十一日】此具奏日期,據原件補。

3.【光緒十三年五月十二日,奉】此奉旨日期,據録副補。

255. 請設撫署筆帖式摺

光緒十三年閏四月十三日

尚書銜降一級留任甘肅新疆巡撫二等男臣劉錦棠跪◆1奏,爲請設新疆撫臣衙門筆帖式員缺,以資翻譯而符定制,恭摺仰祈聖鑒事。

竊照新疆初設行省,官制未備,所有撫臣衙門筆帖式員缺尚未議設,遇有滿蒙文件,雖暫委員翻譯,究與定制不符。兹據新疆布政使魏光燾詳稱:查定例,各督撫衙門筆帖式由京補用,六年期滿,各該處注考送部,以京缺補用。又例載,直隸、云南總督衙門筆帖式各一人,陝甘、四川總督衙門筆帖式各二人,山西巡撫衙門筆帖式二人,陝西巡撫衙門筆帖式一人各等語。新疆地處極邊,所屬土爾扈特、和碩特及哈密回部,亦時有往來文件,翻譯較多,擬請仿照山西巡撫衙門筆帖式之例,設新疆撫臣衙門筆帖式二員,掌理翻譯,其俸銀照品支給。養廉一項,查新疆道遠地瘠,百物昂貴,擬請從優照陝甘總督衙門筆帖式之例,每員歲支銀二百五十兩,並照甘肅津貼公費章程,每員歲給公費銀六百兩,以資辦公

---

① 中國第一歷史檔案館藏:《硃批奏摺》,檔號:04—01—16—0220—080。

② 中國第一歷史檔案館藏:《録副奏摺》,檔號:03—5849—086。

等情。詳請具奏前來。臣覆核無異。合無仰懇天恩俯念翻譯關重,准予添設新疆撫臣衙門筆帖式二員,並請飭下部院核議補放,以符定制。是否有當,謹會同陝甘總督臣譚鍾麟,恭摺具奏。伏乞皇太后、皇上聖鑒訓示。謹奏。光緒十三年閏四月十三日◆²。

　　光緒十三年五月十七日,奉◆³硃批:該衙門議奏。欽此。

【案】此摺原件①、録副②現藏於中國第一歷史檔案館,兹據校補。

1.【尚書銜降一級留任甘肅新疆巡撫二等男臣劉錦棠跪】此前銜據原件補。

2.【光緒十三年閏四月十三日】此具奏日期,據原件補。

3.【光緒十三年五月十七日,奉】此奉旨日期,據録副補。

【案】此摺經吏部會議,於是年八月初二日具奏,奉旨允准:

　　　　八月初二日,吏部奏會議甘肅新疆巡撫奏請添設筆帖式員缺事,擬請旨傳依議。③

256. 蒙部纏回改歸地方官管轄並改鑄關防片
光緒十三年閏四月十三日

　　再,喀喇沙爾、庫爾喀喇烏蘇辦事領隊大臣各員缺,前經奉旨裁撤,並准設喀喇沙爾、庫爾喀喇烏蘇直隸撫民同知各一員,加理事銜,管理地方户籍、田賦、刑案,兼管土爾扈特游牧事宜各在案。是土爾扈特等蒙衆向隸辦事領隊管轄者,自應改歸地方官管轄。第事屬創始,誠恐各蒙民未能户曉,遇有交涉事件,辦理仍多窒礙。相應請旨飭下理藩院,申明新設定制,轉行各該蒙部一體遵

①　中國第一歷史檔案館藏:《硃批奏摺》,檔號:04—01—01—0957—082。

②　中國第一歷史檔案館藏:《録副奏摺》,檔號:03—5093—030。

③　中國第一歷史檔案館藏:《清單》,檔號:03—5696—033

照,以資治理。至哈密廳纏回,亦經前督臣左宗棠援照吐魯番例,奏歸哈密通判兼管,一切案件由官審報,應請敕部仿照吐魯番同知之例,改鑄哈密通判兼管理事回民事務關防一顆,頒發領用,以專責成。仍由臣督飭各該地方官,遇事秉公辦理,俾蒙、漢、纏回一體相安,以仰副朝廷綏靖邊藩之至意。謹會同陝甘總督臣譚鍾麟、署伊犁將軍臣錫綸,附片具陳。是否有當,伏乞聖鑒訓示。謹奏。

　　光緒十三年五月十七日,奉◆1硃批:該衙門知道。欽此。

　　【案】此奏片原件①、録副②現藏於中國第一歷史檔案館,兹據校補。

　1.【光緒十三年五月十七日,奉】此奉旨日期,據録副補。

---

①　中國第一歷史檔案館藏:《硃批奏片》,檔號:04—01—01—0957—081。

②　中國第一歷史檔案館藏:《録副奏片》,檔號:03—5093—031。

劉錦棠奏稿卷十三

起光緒十三年五月,訖十月

257. 請頒司道傳敕摺

光緒十三年五月初九日

尚書銜降一級留任甘肅新疆巡撫二等男臣劉錦棠跪◆1奏,爲請旨頒發新省司道傳敕,以資信守,恭摺仰祈聖鑒事。

竊臣據新疆布政使魏光燾詳稱:定例各省布、按二司守巡各道給予傳敕。新疆新設布政使及鎮迪道新加按察使銜並新設阿克蘇道、喀什噶爾道,均應請領敕書,以符定制。造具清冊,詳請具奏前來。臣覆查無異。相應請旨飭下內閣,撰給新疆新設布政使、鎮迪道新兼按察使銜並新設阿克蘇道、喀什噶爾道敕書各一道,俾資信守。除將清冊分咨查照外,謹恭摺具陳。伏乞皇太后、皇上聖鑒訓示施行。謹奏。光緒十三年五月初九日◆2。

光緒十三年六月初九日,奉◆3硃批:該衙門知道。欽此。

【案】此摺原件①、録副②現藏於中國第一歷史檔案館,兹據校補。

1.【尚書銜降一級留任甘肅新疆巡撫二等男臣劉錦棠跪】此前銜據原件補。

2.【光緒十三年五月初九日】此具奏日期,據原件補。

3.【光緒十三年六月初九日,奉】此奉旨日期,據録副補。

258. 請王命旗牌片

光緒十三年五月初九日

再,查各直省巡撫衙門,例有應領王命旗牌等件。新疆巡撫係屬初設,所有應領王命旗牌尚未奉發,相應請旨飭部照例頒發施行。謹附片具陳。伏乞聖鑒訓示。謹奏。

光緒十三年六月初九日,奉◆¹硃批:該部知道。欽此。

【案】此奏片原件③、録副④現藏於中國第一歷史檔案館,兹據校補。

1.【光緒十三年六月初九日,奉】此奉旨日期,據録副補。

259. 溫宿州烏什廳被水大概情形片

光緒十三年五月二十二日

再,據溫宿直隸州知州陳名鈺稟報:該州入夏以來,天氣清和,至閏四月十三日夜雷雨大作,逾時而息,十五日未刻復雨,勢若傾盆,直至十六日戌刻始止。該州地本低窪,值兹◆¹霪雨連綿,山水漲溢,平地成湖。新城街署、營房、城垣因積水難消,多有

---

① 中國第一歷史檔案館藏:《硃批奏摺》,檔號:04—01—01—0957—078。

② 中國第一歷史檔案館藏:《録副奏摺》,檔號:03—5093—033。

③ 中國第一歷史檔案館藏:《硃批奏片》,檔號:04—01—01—0957—079。

④ 中國第一歷史檔案館藏:《録副奏片》,檔號:03—5093—034。

坍塌損壞。城關内外暨沿河一帶民房、橋梁、道路並附近村莊禾麥，沖塌淹没，亦復不少。其距新城二十五里之舊回城，東門◆2受水尤急，城門、民屋均被衝倒，經州籌款賑恤，並據調署阿克蘇道黄光達、署阿克蘇鎮總兵董福祥報同前情。正在飭辦間，續據署烏什直隸廳撫彝同知左宗翰禀稱：該廳閏四月十五日大風，十六日大雨，自子刻迄亥正始止。查城鄉房屋暨各處橋梁、道路，均有傾圮。東鄉洋海、托克遜，西鄉哈喇、玉爾滚，南鄉伯什、克勒木哈、哈土魯，北鄉哈喇八克等莊，地勢較低，被水尤甚，沖刷麥豆地千餘畝，餘亦間有洗壞。經廳酌借籽種，飭令趕種秋糧等情前來。經臣先後批飭布政司魏光燾移行該管道，督同該州再行親赴各處，確切查明民房實係坍塌若干，地畝實係淹没若干，分別輕重，妥爲撫恤，並查勘阿克蘇新老城城垣、門洞、衙署、營房塌損實有幾處，仍分飭所屬各廳縣查明有無水患，是否成災，會銜由司彙核詳辦。除俟查覆至日，應否分別賑濟、量爲蠲緩，毋令災黎失所，另行奏辦外，所有温宿州、烏什廳現報被水大概情形，謹附片具陳。伏乞聖鑒訓示。謹奏。

　　光緒十三年六月二十六日，奉◆3硃批：知道了。著即飭屬查明被災户口，妥爲撫恤，毋任失所。餘依議。欽此。

　　【案】此奏片原件①、録副②現藏於中國第一歷史檔案館，兹據校補。原件目録具奏日期著録錯誤，具奏者亦未署，兹據刻本、録副校正。

　　1.【值兹】原件、録副均作“兹值”。

　　2.【東門】原件、録副均作“東面”，當是。

　　3.【光緒十三年六月二十六日，奉】此奉旨日期，據録副補。《軍機處

①　中國第一歷史檔案館藏：《硃批奏片》，檔號：04—01—05—0294—065。
②　中國第一歷史檔案館藏：《録副奏片》，檔號：03—7103—012。

隨手登記檔》署爲“七月十五日”①，與録副相差較遠。

260. 節婦李歐陽氏請旌摺

光緒十三年六月初二日

　　尚書銜降一級留任甘肅新疆巡撫二等男臣劉錦棠跪◆1奏，爲節婦年例相符，籲懇天恩，准於旌表，恭摺仰祈聖鑒事。

　　竊據布政使魏光燾詳：據署迪化縣知縣陳希洛等禀稱：查有同鄉湖南善化縣節婦李歐陽氏，係處士歐陽孝之女、已故李樹本之妻、現署鎮西廳照磨甘肅候補主簿李裕勛之母，年十六歸樹本，甫二年，樹本從征閩粤間，逾歲始一歸。氏奉姑謹，家故貧，甘旨未嘗缺乏。姑没，哀毁盡禮。同治元年，樹本以勞瘁卒於福建軍次，氏時年二十有七，旅櫬歸葬，慟不欲生。旋念遺孤子四，長纔八齡，幼者尚◆2猶在抱，乃矢志撫孤，備嘗辛苦，藉紡績以資誦讀，而於親屬中之貧窶者，復以時恤之，或脱簪珥以助葬。鄉人稱道勿置。現年五十二歲，計守節已二十六年。職等或誼屬同寅，或情關桑梓，見聞既確，不忍聽其湮没勿彰，造具事實册結，禀請旌表，由司轉詳前來。臣查定例，各直省節孝婦女應旌表者，由督撫、學臣會同具奏。其外省節孝婦女，亦准由同鄉官出具册結，公懇奏咨。歷經遵辦有案。茲據詳前情，臣覆核無異。合無仰懇恩施俯准，敕部照例旌表，以彰苦節而維風化。除將册結咨部查照外，謹會同陝甘總督臣譚鍾麟、甘肅學政臣秦澍春，恭摺具陳。伏乞皇太后、皇上聖鑒訓示。謹奏。光緒十三年六月初二日◆3。

　　光緒十三年七月初七日，奉◆4硃批：著照所請，禮部知道。欽此。

---

①　中國第一歷史檔案館藏：《軍機處隨手登記檔》，檔號：03—0254—1—1213—211。

【案】此摺原件①、録副②現藏於中國第一歷史檔案館，兹據校補。

1.【尚書銜降一級留任甘肅新疆巡撫二等男臣劉錦棠跪】此前銜據原件補。

2.【尚】刻本脱"尚"，據原件補。

3.【光緒十三年六月初二日】此具奏日期，據原件補。

4.【光緒十三年七月初七日，奉】此奉旨日期，據録副補。

261.新省額設壇廟祠宇祀典請飭立案摺

光緒十三年六月十一日

尚書銜降一級留任甘肅新疆巡撫二等男臣劉錦棠跪◆1奏，爲新省額設壇廟、祠宇祀典請旨敕部立案，以垂久遠，恭摺具陳，仰祈聖鑒事。

竊臣據新疆布政使魏光燾詳稱：新疆鎮迪各屬向隸甘肅，所有祀典惟文廟、武廟、文昌廟照例舉行，其餘各壇廟尚多闕而未備。哈密一屬祇額設武廟、文昌廟，吐魯番廳亦僅祀武廟，庫爾喀喇烏蘇改設同知，則尚未舉行祀典。南路各屬，承平時額祭關帝神廟及本境敕祀山川。改置郡縣後，祀典亦未概照例章。現在初建行省，祭祀典禮攸關，自應亟爲釐定。除各屬舊有祀典不計外，其未備處所應即一律增設，以昭誠敬。又南路各屬暫雖未定學額，而現已廣設義學，取備俊生，則文廟亦應及時興建。請於新疆通省各廳州縣，照例額設文廟、武廟、文昌廟、社稷廟、神祇廟、先農廟、龍神祠各一所。府治及各直隸州、直隸廳治並照例各設昭忠祠一所。此外山川方鎮，如迪化、阜康之博克達山、喀喇沙爾之

①　中國第一歷史檔案館藏：《硃批奏摺》，檔號：04—01—12—0539—065。

②　中國第一歷史檔案館藏：《録副奏摺》，檔號：03—5546—002。

博爾圖、達阪、阿克蘇之索木爾嶺,悉從舊制,概自光緒十三年爲始,一體照章春秋致祭。每歲共需祭祀二千三百八十八兩八錢二分四釐。詳請具奏立案,並另齎摺請咨前來。臣覆核無異。相應請旨飭部立案,以重明禋而垂久遠。除將齎到細數清摺咨部外,謹恭摺具陳。伏乞皇太后、皇上聖鑒訓示。謹奏。光緒十三年六月十一日◆²。

　　光緒十三年七月十六日,奉◆³ 硃批:該部知道。欽此。

【案】此摺原件①、録副②現藏於中國第一歷史檔案館,茲據校補。

1.【尚書銜降一級留任甘肅新疆巡撫二等男臣劉錦棠跪】此前銜據原件補。

2.【光緒十三年六月十一日】此具奏日期,據原件補。

3.【光緒十三年七月十六日,奉】此奉旨日期,據録副補。

262. 拜城縣報被水雹情形片

光緒十三年六月十一日

　　再,温宿、烏什兩州廳先後禀報閏四月十五、六等日被水大概情形,業經臣附片具奏在案。茲據署拜城縣知縣楊廷珍禀稱:該縣自閏四月十六日起至二十六日止,霪雨連綿,山水漲發,村莊禾稼暨沿河兩岸民房渠道,間有損傷。其達阪岐峽、河土拉、鵝斯堂等莊,小麥正秀,又被冰雹,災傷較重。經該縣督飭户民趕修渠道,酌量補種秋糧,並請員蹈勘◆¹ 等情前來。當經臣批飭布政司魏光燾移行調署阿克蘇道黄光達,派委妥員迅赴該縣,會同確切勘明是否成災,禀由該道咨司會銜詳辦。除俟詳覆至日查明應否

① 中國第一歷史檔案館藏:《硃批奏摺》,檔號:04—01—37—0130—018。

② 中國第一歷史檔案館藏:《録副奏摺》,檔號:03—5546—007。

蠲緩並量爲賑濟，再由臣彙案奏明辦理外，所有拜城縣現報被水、被雹情形，謹附片具陳。伏乞聖鑒訓示。謹奏。

光緒十三年七月十五日，奉◆²硃批：知道了。即著飭屬確勘被災情形，妥爲賑撫，毋任失所。餘依議。欽此。

【案】此奏片原件①、録副②現藏於中國第一歷史檔案館，兹據校補。

1.【蹈勘】原件、録副均作"踏勘"，是。

2.【光緒十三年七月十五日，奉】此奉旨日期，據録副補。

【案】光緒十三年十月初三日，清廷頒發"廷寄"曰：

軍機大臣字寄：盛京將軍、直隸、兩江、閩浙、湖廣、四川、兩廣、陝甘、雲貴各總督，江蘇、安徽、江西、浙江、福建、臺灣、湖北、湖南、河南、山東、山西、陝西、甘肅、新疆、廣東、廣西、云南、貴州各巡撫：光緒十三年十月初三日奉上諭：本年順天、直隸各屬窪區積水未消，春麥未能播種，賞撥江蘇海運漕米十萬石，並由李鴻章在直隸藩庫添提銀八萬兩，辦理春賑。開州黃河漫溢，灌入山東濮州等處，准令張曜截留新漕五萬石。湖北羅田、石首及沔陽等州縣先後被水，准令奎斌截留冬漕三萬石。順天通州等處被水，賞撥京倉漕米五萬石。河南鄭州漫口，黃流奪溜南趨，被災地方甚廣。欽奉懿旨，發給內帑銀十萬兩，並准倪文蔚截留銀三十萬兩，復特諭曾國荃等將十四年分江北及江蘇應行河運京倉米石全數截留，俾資賑濟。直隸永清等縣，安徽懷寧、太和等縣，江西進賢、新城等縣各被水，江西彭澤等縣被水、被旱，浙江富陽等縣、山東齊河縣各被水，湖北漢口鎮被火，湖南龍陽等縣被水，河南南陽等縣被風、被水，內鄉等縣被水，武陟縣小楊莊被淹。四川安縣等縣、陝西省城各被水，陝西長武、榆林等州縣各被水被雹，山陽縣及洋縣各被水，甘肅洮州等處被雹，平番等縣被雹、被水，又洮州被水、被雪，甘肅新疆溫宿等處被水，廣西凌雲縣被風、被雹，龍州

---

①　中國第一歷史檔案館藏：《硃批奏片》，檔號：04—01—01—0960—005。

②　中國第一歷史檔案館藏：《録副奏片》，檔號：03—7103—015。

融縣等處被火，雲南開化府等屬被火，平彝縣被水，建水縣被雹。均
經該督撫等查勘撫恤，小民諒可不至失所。惟念來春青黄不接之時，
民力未免拮据，著傳諭該督撫等體察情形，如有應行接濟之處，即查
明據實覆奏，務於封印以前奏到，候朕於新正降旨加恩。再直隸開
州、安徽安慶等府、浙江仁和等州縣、臨安等縣各被水，浙江長興等州
縣被風、被旱，湖南澧州、臨湘、益陽等州縣、河南滑縣各被水，甘肅新
疆拜城縣被水、被雹，均經該督撫等委員查勘，即著迅速辦理，並將來
春應否接濟之處一併查明，於封印前奏到。此外各省有無被災地方，
應行調劑撫恤之處，著該將軍、督撫等一併查奏，候旨施恩。將此各
諭令知之。欽此。遵旨寄信前來。①

263. 查明呼圖克圖徒衆無處
可徙並籌哈巴河防務摺

光緒十三年六月二十四日

　　尚書銜降一級留任甘肅新疆巡撫二等男臣劉錦棠跪◆1 奏，
爲遵旨查明棍噶札拉參呼圖克圖所領徒衆，新疆實無餘處可資遷
徙，擬請仍在舊地居住，並擬籌哈巴河一帶防務，恭摺具陳，仰祈
聖鑒事。

　　竊臣承准軍機大臣字寄：甘肅新疆巡撫劉、署伊犁將軍塔爾
巴哈臺參贊大臣錫◆2：光緒十三年三月二十四日奉上諭：棍噶札
拉參呼圖克圖於上年到京瞻覲後，曾據劉秉璋等奏請調赴西藏，
經總理各國事務衙門議覆請旨，當以棍噶札拉參於開導番衆、議
辦通商等事恐不相宜，未經准行◆3。惟該呼圖克圖曾在塔爾巴哈
臺帶兵剿賊，於西北邊情自較熟習。曾在四川省城，丁寶楨與之

---

① 中國第一歷史檔案館藏編：《光緒朝上諭檔》，第十三册，第374—375頁，廣西師範大學出
版社，1996；《清實錄·德宗景皇帝實錄（四）》，卷二百四十八，光緒十三年十月，第333—334頁。

接見，稱其胸襟闊大，深明大義，奏請留備任使。該呼圖克圖才略短長，早在朝廷洞鑒之中，必須安置得宜，亦可儲以待用。所領徒衆應如何收回安插，前經諭令錫綸等詳晰定議，迄今日久未據覆奏，殊屬延緩。著劉錦棠會同錫綸妥爲籌商，於新疆所屬擇一距俄較遠可以安插之地，迅速奏明，請旨辦理。將此由五百里各諭令知之。欽此。仰見聖謨廣運、廑念邊陲之至意。當即欽遵恭録咨商去後。適錫綸咨到遵議覆奏各摺片，於西北情形言之詳盡，臣愚實無以易之。查棍噶札拉參前在塔爾巴哈臺帶兵剿賊，著有成勞，此時籌度邊防，自應妥籌安插。惟新疆北路伊犁、塔城距俄既近，而其餘廳縣又已奏明安插戶口，興修屯務，實無餘地可以安插此項僧衆。南路向係纏民居處，經教不同，其勢亦難置議。必欲安插此項僧衆，自仍以蒙古諸部落爲宜，而蒙古諸部落中又無一距俄較遠之地。是與其勞費他移，莫若仍居舊地。且該處距俄雖近，而人民既衆，彼族亦無從生心。使一旦徙之以行，勢必爲俄屬哈薩克占踞其地。如錫綸所奏，烏梁海部屬人口無多，又戀寒畏熱，不樂居山南之地，使不能保有此土，又將若何？是一議遷移，不獨費鉅人勞爲多窒礙也。從前界務未定，棍噶札拉參曾與俄人有忿争之事。今則時越數年，界務亦已大定，即令還其故居，亦可相安無事。如慮該呼圖克圖無所管轄，恐復滋生事端，擬請以該呼圖克圖就近歸塔爾巴哈臺參贊大臣管轄，令於無事時，但率其徒衆誦經，不得干預公事，庶僧俗相安，而與俄人亦無從生釁矣。

　　至哈巴河達承化寺一帶地方，在塔城迤東，布倫托海迤北，阿爾泰山在其東北，緊接俄國七河、斜米兩省，爲中俄出入要衝。其南又有捷徑直通迪化府屬之古城、奇臺、綏來等處。長庚前奏謂一旦有事，俄人由布倫托海南下古城，則伊犁、烏魯木齊隔絶在西，新疆全局皆震。是布倫托海據古城之上游，地勢已爲扼要，況哈巴河一帶又在布倫托海西北，其爲扼要，尤屬顯然。光緒八年，俄人駐兵其地，意圖侵占，經升任參贊大臣清安等奏明有案[4]。查該處向歸科布多管轄。同治年間，塔城遭回逆變亂，棍噶札拉參率其徒衆，與柯勒依十二鄂拓克人衆借居其地，耕種營生。當時籌辦安插事宜，曾經升任烏里雅蘇臺將軍臣額勒和布等先後議奏，請就近歸塔爾巴哈臺參贊管轄，並稱布倫托海雖係科布多屬，然去科西南十六臺，去塔九臺等語。是布倫托海去科已遠，況哈巴河又在其西，去科尤爲窵遠，中間重岡疊巘，山徑崎嶇，冬苦雪封，夏又無水。雖承化寺地在布倫托海，東北距科稍近，然中隔大山，仍須繞由布倫托海行走。是哈巴河至承化寺一帶地段，歸科則道里隔絕，隸塔則聲息相通。哈巴河之於塔城，猶門戶之於堂奧，非防塔城，新疆北路無屏障，非防哈巴河一帶，塔城東北無憑依也。夫隸塔隸科，同爲聖朝疆土，苟非關係新疆全局，臣亦何容置詞？特以該處即爲險要所在，隸科不過少資游牧，蒙、哈之獲利無多，隸塔即可自固藩籬，形勢之所關甚大。臣與錫綸、春滿等往復函商，意見相合，擬請將原借地段劃歸塔爾巴哈臺管轄，以資防守。如蒙俞允，其一切建置事宜，容臣等另案奏明辦理。臣爲慎重邊防起見，是否有當，謹會同陝甘總督臣譚鍾麟、署伊犁將軍臣錫綸、署塔爾巴哈臺參贊大臣春滿，恭摺具陳。伏乞皇太后、皇上聖鑒訓示施行。再，此案因往返籌商，是以覆奏稍遲，合併聲明。謹奏。光緒十三年六月二十四日[5]。

光緒十三年七月二十六日，奉[6]硃批：另有旨。欽此。

● 軍機大臣字寄：甘肅新疆巡撫劉、署伊犁將軍塔爾巴哈臺參贊大臣錫[7]：光緒十三年七月二十六日奉上諭：劉錦棠奏棍噶札拉參所領徒衆，擬請仍在舊地居住，並籌哈巴河防務一摺。前因沙克都林札布等奏烏梁海蒙哈官兵逼令承化寺僧衆趕緊移挪，情形急迫,當於五月二十二日諭令劉錦棠、錫綸迅籌覆奏◆8。此次該撫所奏,尚係議覆三月間諭旨、未經奉到續諭之件。所稱烏梁海部屬人口無多,戀寒畏熱,不樂居山南之地等語,與沙克都林札布等前奏該部落急盼還歸各節,大相徑庭。此事頗有關係,必須得一實在情形,著劉錦棠、錫綸懍遵前旨,確切查明,迅速籌議。一面咨商沙克都林札布等,秉公酌度,務須籌一妥善辦法,奏明請旨,毋得各存成見,以致輾轉稽延,迄無定議。至所奏哈巴河以達承化寺一帶地方,擬請劃歸塔爾巴哈臺管轄等語,俟覆奏到日,再行酌定降旨。將此由五百里各諭令知之。欽此。遵旨寄信前來◆9。

【案】此摺原件、録副俱缺,兹據《光緒朝上諭檔》①、《軍機處隨手登記檔》②及《清實録》③校補,摺後"廷寄"據《光緒朝上諭檔》④及《清實録》⑤校補。

1.【尚書銜降一級留任甘肅新疆巡撫二等男臣劉錦棠跪】此前銜據原件補。

2.【甘肅新疆巡撫劉、署伊犁將軍塔爾巴哈臺參贊大臣錫】此前稱據《光緒朝上諭檔》補。

3.【案】光緒十二年十一月二十一日,清廷頒佈諭旨曰:

又諭:總理各國事務衙門奏,遵議劉秉璋、文碩所籌西藏事宜一摺。開導藏番,自宜擇人而使,惟棍噶札拉參雖曾赴藏,是否與藏衆浹洽,究難深信。且從前在西北各路帶兵,諸多鹵莽,於開導番藏、議辦通商等事恐不相宜。所請將該呼圖克圖調往之處,著毋庸議……

①　中國第一歷史檔案館編:《光緒朝上諭檔》,第十三冊,第 126 頁。
②　中國第一歷史檔案館藏:《軍機處隨手登記檔》,檔號:03—0254—1—1213—222。
③　《清實録・德宗景皇帝實録(四)》,卷二百四十,光緒十三年三月,第 240—241 頁。
④　中國第一歷史檔案館編《光緒朝上諭檔》,第十三冊,第 271—272 頁。
⑤　《清實録・德宗景皇帝實録(四)》,卷二百四十五,光緒十三年七月,298—299 頁。

原摺均著鈔給閱看。將此由五百里各密諭知之。①

4.【案】光緒八年五月二十四日，清安等奏報籌防俄人入潛科布多境內事宜：

奴才清安、額爾慶額跪奏，爲俄人帶兵潛入科境，其情難測，亟宜先事籌備，以安邊民，恭摺馳奏，仰祈聖鑒事。竊奴才等預知分界之時，俄人必派使臣入境。早經派委妥員常川赴各卡倫密探，前此尚無消息。忽於五月十一日，據烏梁海左翼散秩大臣巴圖恭乃呈報：四月十四日，有俄兵馬步二百餘人突至哈巴河地方。細詢來由，據云奉伊國劄飭，駐扎哈巴河。又於二月初間復來俄人五百餘名，亦於斯地駐扎各等情。奴才等當即飭令該散秩大臣嚴飭蒙民，並傳諭哈薩克頭目等一體各安生業，毋得與俄人爭論，致起釁端。復據密探、差員並各卡倫侍衛等先後稟報俄情，與巴圖恭乃所報無異。均令隨時確探呈報。又於五月十一日接准簡派分界大臣哈密幫辦大臣長順咨商奴才等，選派前經辦過分界、熟悉情形之員赴該大臣差次，聽候差遣。當即派委二品頂戴即補協領貴祥星馳前往，所有分界一切事宜，悉聽該大臣指示遵辦。且該大臣曾任科布多參贊大臣，於地方尚稱熟悉。至境內哈薩克，因無所棲止，擁擠入蒙古地方之烏梁海等處就牧各情行，諒該大臣亦深知其詳，不待奴才等言也。當此俄人既係分界入境，何致率領馬步數百之衆，紛至沓來，盤踞哈巴河，其情難以窺測。但視來意，似欲侵占於是地耳。

奴才等查哈巴河係科境之門户，又爲塔城之屏蔽。其地水草俱好，樹木極多，哈薩克向在此游牧，俄人早已垂涎。若俄人占居此地，哈夷無所棲止，必至全行移居烏梁海一帶游牧。此地蒙民本來窮苦，惟仗牲畜養命。哈夷素來強橫，雜居其間，霸占水草，彼此必至爭鬥，互相傷害，誠所謂釀禍之階，尤不可不慮也。抑或無知哈夷陰爲俄人煽惑，以利啖之，能保無潛徙俄疆，爲之鉤深索隱，而彼既得其地，又得其人，哈夷牲畜又多，皆被俄人所有。是剪我之爪牙而添彼之羽翼

---

① 《清實録・德宗景皇帝實録(四)》，卷二百三十五，光緒十二年十一月下，第167—168頁。

也。况哈薩克去年被棍噶札拉參索取若許之財帛、牲畜,元氣尚未平復,而塔城至今亦無調回之信。奴才等兩次接奉廷寄,諭令此項哈夷未經塔城調回以前,仍著奴才等妥爲安撫,免致激而生變。今俄人占聚哈巴河一帶膏腴之地,哈夷無所栖止,塔城又不收回,使該夷何處安身?誠非我國一視同仁之意。竊思自古以來,未有利人莫不先於利己,但能憂國莫不急於憂民,此情理之常也。今揆俄情,早已垂涎於哈巴河者,將來必有覬覦阿勒泰山之意。約內奎峒山者,係俄人詭譎,即是阿勒泰山也。此山綿亙數千里,係科境第一膏腴之地,棍噶札拉參建蓋承化寺於其間。俄人意欲奪我膏腴之地,爲彼之利藪,此地實難分讓。若聽其割去,則地利失矣。兹查前同治三年,前烏里雅蘇臺將軍明誼與俄國使議地界時,已將科境膏腴之地割去甚多,所定界圖紅綫外,向係哈薩克游牧之區,既經畫斷歸俄,姑且毋論。今祇哈巴河一隅之地,亦係哈夷游牧,土原沃壤,界未分定,而俄人現已撥兵駐守,想必將此地早已算入彀中矣。

又查同治九年,經分界大臣金昌與俄國使臣穆魯本策傅等,自瑪呢圖噶圖勒幹卡倫起,至哈巴爾蘇地方止,立界牌博十處,其中間隔疏密不一。凡人不能行走之地,即爲交界處所。其立定交界,東南爲中國地方,西北爲俄國地方。兩國以此次新定界址爲憑,永遠遵守,不可淆混等語。其圖約鈐印畫押,彼此更換爲憑。圖約昭然,中外咸聞,奴才等歷經遵守在案。今出使大臣曾紀澤與俄國新定條約,內載第八條有塔城界約所定齊桑湖迤東之界,查有不妥之處,應由兩國特派大臣會同勘改,以歸妥協,並將兩國所屬之哈薩克分別清楚。至交界辦法,應自奎峒山過里依爾特什河,至薩烏爾嶺,畫一直綫,由分界大臣就此直綫與舊界之間,酌定新界等語。奴才等細閱新約,往復討論,雖曰約內未有科城名目,究竟所言齊桑湖迤東查有不妥之處者,其中俄人暗藏陰謀,已可概見。今若任其勘改,實有牽礙於哈巴河矣。既有兩國大臣前經設立牌博,自應永遠遵守,迄今不數年間,忽又改變,則前定之界既不足爲憑,而今日所定之界又安知久而不變哉?且今之條約原因交收伊犁、分定界限而立,是與科城無相干涉。

細推此議，足見俄人任意淆混，希圖巧試開端，以啓日後之漸。而出使大臣曾紀澤於邊疆形勢未嘗親歷，致使俄人藉以憑弄。際此時艱，縱不讓哈巴河，而哈夷已無地安身矣。夫哈夷不安，必累及蒙民。邊圉不安，必有煩聖慮。奴才等所以懇切指陳者，皆因科境以内尺寸之地實難分讓。倘以哈巴河而輕許之，庶致將來逐漸開端，使俄人貪得無厭恐猶不止此，恐將來西北半壁幾無寧日矣。亟應請旨密飭分界大臣長順，將我國情理兼盡之處與之開導，亦毋使彼藉詞尋釁，俄人未有不折服者也。若仍遵舊議界約不再勘改，則國家幸甚，邊民幸甚。奴才等竭盡愚忱，實爲保固邊圉而安邊民起見，是以不揣冒昧，縷晰陳明。應如何辦理之處，伏候聖裁。謹將俄人帶兵入境，深恐陰謀哈巴河，致哈夷無地安插各緣由，理合恭摺，由五百里先行馳奏。伏乞皇太后、皇上聖鑒訓示遵行。謹奏請旨。五月二十四日。

光緒八年六月二十一日，軍機大臣奉旨。欽此。①

該奏於是年六月二十一日得批復，《清實錄》：

又諭：清安等奏俄人帶兵潛入科境宜先事籌備一摺。據稱四五月間，俄人數百名突至哈巴河地方駐扎。該處爲科境門户，又爲塔城屏蔽，俄人早經垂涎，且恐有覬覦阿勒泰山之意。新定條約内，奎峒山係俄人詭譎，即是阿勒泰山，若任其勘改，實有關礙等語。俄人突至哈巴河地方，其情難測，著清安、額爾慶額飭令卡倫各員，確探動靜，隨時防範，不可稍涉張惶。西北邊界，於科塔兩城均有關係，既經定約，祇宜按約勘改。惟條約内載，自奎峒山過黑伊爾特什河，至薩烏爾嶺，畫一直線，就此直線與舊界之間，酌定新界等語。所指地名必須查考確實，方免混淆。至舊直線以西、舊界以東，酌定新界，稍有遷就，出入甚大。長順於查勘地界時，務當詳慎妥辦，不得稍涉大意，並著金順、升泰隨時會商辦理，以清邊界。將此由五百里各諭令知之。②

5.【光緒十三年六月二十四日】此具奏日期，據《軍機處隨手登記檔》

---

① 臺北故宮博物院藏：《軍機及宮中檔》，文獻編號：123911。

② 《清實錄·德宗景皇帝實錄（三）》，卷一百四十八，光緒八年六月下，第93—94頁。

及刻本校補。

6.【光緒十三年七月二十六日,奉】此奉旨日期,據《軍機處隨手登記檔》補。

7.【甘肅新疆巡撫劉、署伊犁將軍塔爾巴哈臺參贊大臣錫】此前稱據《光緒朝上諭檔》補。

8.【案】光緒十三年五月二十二日,清廷再飭劉錦棠等迅籌安置棍噶札拉參呼圖克圖:

> 軍機大臣字寄:甘肅新疆巡撫劉、署伊犁將軍塔爾巴哈臺參贊大臣錫:光緒十三年五月二十二日奉上諭:本日據沙克都林札布等奏承化寺僧衆借居游牧,久未移挪,恐滋事端,請飭趕緊指地安插等語。前於本年三月二十四日諭令劉錦棠、錫綸將棍噶札拉參徒衆擇地安插,錫綸嗣有遷回塔地窒礙之奏,當諭令仍遵前旨,與劉錦棠妥籌速覆,迄今尚未奏到。現在烏梁海蒙哈官兵逼令該僧衆趕緊移挪,情形急迫,雖經沙克都林札布等暫行慰諭,特恐再事遷延,必致別生枝節。況該僧衆極願交還借地,與錫綸前奏情勢迥不相同,自應趕籌安插,以弭釁端。著劉錦棠懍遵前旨,會同錫綸迅於新疆所屬擇一距俄較遠之地,俾該僧衆安插得宜,免致該蒙哈等藉端生事,並著迅速奏覆,毋再遲緩。沙克都林札布等摺,均著鈔給閱看。將此由五百里各諭令知之。欽此。遵旨寄信前來。①

9.【遵旨寄信前來】此據《光緒朝上諭檔》補。

264.請賞坎巨提頭目翎頂片
光緒十三年六月二十四日

再,臣准署烏魯木齊提督臣譚上連會同喀什噶爾道員黃光達文稱:色勒庫爾之南回部坎巨提頭目賽必得哎里罕專差解貢

---

① 中國第一歷史檔案館編:《光緒朝上諭檔》,第十三冊,第213頁;《清實錄·德宗景皇帝實錄(四)》,卷二百四十三,光緒十三年五月,第276頁。

來喀，以該頭目初充部長，人心恐有未孚，請派弁赴查，以安民心。當經揀派布魯特回目庫爾班前往該部傳示，並察看情形去後，據庫爾班回稱：該處民情安靜，惟頭目自以未有職銜，不足以孚衆望，並由該部頭目禀同前情，呈請核示前來。臣查該部落，當回疆變亂之時，頭目額則項以蕞爾微區，不甘從逆，憑險自守，巋然獨存。南疆克復以來，旋即遣人進貢沙金，詞意懇摯，實屬深明大義。當經臣咨由前大學士陝甘總督左宗棠奏明有案。現查該回部頻年貢獻，殫竭悃忱，遇各外部偶有不靖，隨即專差禀報。此次該頭目初領部衆，又復禀請查看，洵屬恭順可嘉。合無仰懇天恩俯准，賞給該頭目花翎四品頂戴，以示懷柔而昭激勸。臣爲撫綏外部起見，是否有當，謹據情附奏。伏乞聖鑒訓示。謹奏。

　　光緒十三年七月二十六日，奉◆1 硃批：著照所請，該部知道。欽此。

　　【案】此奏片原件、録副皆缺，兹僅理校。

　　1.【光緒十三年七月二十六日，奉】此奉旨日期，據《軍機處隨手登記檔》①補。

265.新省添設税務局試辦情形摺

光緒十三年七月初三日

　　尚書銜降一級留任甘肅新疆巡撫二等男臣劉錦棠跪◆1 奏，爲新疆省城添設税務總分各局，謹將試辦情形據實陳明，恭摺仰祈聖鑒事。

---

　　①　中國第一歷史檔案館藏：《軍機處隨手登記檔》，檔號：03—0254—1—1213—222。

　　竊維新疆防營歲餉向賴各省關協濟，而設省以來，地方應辦事宜需用浩繁，每歲就地籌款，所入無多，不敷尚鉅。前准部咨議籌封儲之款，此時雖未遑計及，而每歲不敷既鉅，仍不能不就地力籌，期其少有裨益。臣前於光緒十一年委員於哈密、古城兩處設局抽收百貨入稅，又委員於南路各城會同地方官查明出產貨物，酌令照章收納稅課，曾於籌辦開源節流二十四條案內，將試辦情形奏明在案。兩年以來，哈密、古城兩局每歲收銀二萬餘兩，南路各城土產貨稅亦屬寥寥。推原其故，實緣地方遼闊，奸商繞越偷漏，在所不免。即如哈密一局專收東路貨稅，古城一局專收北路貨稅，而西南兩路出入貨稅，獨未開辦，無論稽查難周，亦不足以昭平允。現在省城商賈漸集，自應照章抽收貨稅，以歸一律。臣當飭在省城設立稅務總局，委員試辦，兼以稽核哈密、古城各局報銷事宜，並於西路之綏來縣、南路之吐魯番廳各設分局，抽收西路貨稅，兼事稽查，以免偷漏，庶於通省稅務可期漸有起色。

　　抑臣更有請者，新疆開辦土稅以來，俄國商民藉有暫不納稅之條，一切土貨、牲畜任意販買，每有俄商入境，勾引中國商民，百計濤張，肆行包庇，或將原領舊票賣於商民，或引車輛同行，希圖蒙混。一經分局查明，照章收稅，俄商即稱不守條約，捏報俄官，紛紛照會查辦。其為洋貨猶可，甚至土貨亦然。其為真正俄商猶可，甚至久在新疆居住之安集延、哈薩克亦然。真偽混淆，巧詐百出，所由銷貨多而收稅少也。查中俄改定條約，准俄民在關外天山南北各城貿易，暫不納稅，俟將來商務暢旺，由兩國議定稅則，即將免稅之例廢棄等語。屈指訂約已屆七年，俄商之運貨出入者，喀什噶爾道屬每年估計成本銀約百二十萬兩，阿克蘇道屬亦不下二十餘萬兩。其由伊、塔入中者，尚不在此數。新疆地方瘠苦，銷貨無多，似此即為暢旺。若不乘此議定俄商稅則，一律抽收，竊恐俄商日逞其覬覦之心，而小民之生計因之日削。是不獨包攬土税爲可慮也。且一經明定税則，彼此遵行，弊竇即除，爭端亦泯，尤足以安邊息事，實於地方有益。如蒙俞允，相應請旨飭下總理各國事務衙門，照會俄國駐京公使，議定税則，分飭遵辦，庶商民無所藉口，而税課亦昭平允矣。據藩司魏光燾詳請奏咨前來。臣覆查無異，當飭該司等先將土税妥爲籌辦，總期於公家有益，而下亦不致◆2病民。除一應開支局費章程與開辦洋税、設立邊關各程式，俟奉到諭旨再行詳奏外，所有新疆設立税務總分各局暨擬請議辦洋税各緣由，謹會同陝甘總督臣譚鍾麟，恭摺具陳。伏乞皇太后、皇上聖鑒訓示施行。謹奏。光緒十三年七月初三日◆3。

　　光緒十三年八月初三日，奉◆4硃批：該衙門知道。欽此。

　　【案】此摺原件①現藏於中國第一歷史檔案館，兹據校補。

　　1.【尚書銜降一級留任甘肅新疆巡撫二等男臣劉錦棠跪】此前銜據原件補。

　　2.【不致】原件作“不至”。

　　3.【光緒十三年七月初三日】此具奏日期，據原件補。

　　4.【光緒十三年八月初三日，奉】此奉旨日期，據《軍機處隨手登記檔》②補。

　　【案】是年八月初三日，清廷飭部議奏，《清實録》：“甘肅新疆巡撫劉錦棠奏，新疆省城添設税務總分各局。報聞。”③

266. 前烏魯木齊都統銀印及木質關防分別繳銷片
光緒十三年七月初三日

　　再，臣准前護烏魯木齊都統臣富勒銘額咨稱：光緒十三年六

---

① 中國第一歷史檔案館藏：《硃批奏摺》，檔號：04—01—35—0565—001。
② 中國第一歷史檔案館藏：《軍機處隨手登記檔》，檔號：03—0254—1—1213—228。
③ 《清實録·德宗景皇帝實録（四）》，卷二百四十六，光緒十三年八月，301—302頁。

月初八日,由驛具奏交卸護任日期,業經鈔稿咨明在案。兹將原接光字十二號烏魯木齊都統銀印及領隊大臣木質關防各一顆,一併封固,派員賷送,咨請代繳等因前來。除將收到銀印一顆派弁賷繳禮部查銷並將木質關防由臣銷毀外,理合附片具陳。伏乞聖鑒。具奏。

　　光緒十三年八月初三日,奉◆¹硃批:禮部知道。欽此。

　　【案】此奏片原件①、録副②現藏於中國第一歷史檔案館,兹據校補。

1.【光緒十三年八月初三日,奉】此奉旨日期,據録副補。

267.塔爾巴哈臺營勇潰變籌辦大概情形摺

光緒十三年七月初七日

　　尚書銜降一級留任甘肅新疆巡撫二等男臣劉錦棠跪◆¹奏,爲塔爾巴哈臺步隊三營勇丁潰變,戕害營官,謹將先籌大概情形恭摺馳陳,仰祈聖鑒事。

　　臣於本月初二日夜子刻,據管帶綏靖前營馬隊營官李兆祥禀稱:綏靖中左右三營步隊勇丁於六月二十七日夜同時潰變,戕斃中營營官陳明德。卑營駐扎南湖,距該營一百六十餘里。據領餉勇丁回營禀報,該勇丁於路又聞得左右兩營營官同被殺害,合先飛報等情。查統領庫精等營總兵戴宏勝於月前病故後,經臣檄委提督湯彦和接統其軍,當經附奏陳明在案◆²。該提督因在省城料理經手事務,尚未起身,臣聞報之下,即飭該提督星夜趲程,馳赴西湖防所,調集所部各營迅爲准備,並加派老湘步隊二旗、壽字馬

①　中國第一歷史檔案館藏:《硃批奏片》,檔號:04—01—01—0957—091。

②　中國第一歷史檔案館藏:《録副奏片》,檔號:03—5696—034。

隊一旗,續往西湖,統歸調遣。正核辦間,復准署塔爾巴哈臺參贊大臣春滿函開:六月二十七日夜二更時分,突有綏靖中營勇丁糾合滋鬧,殺斃營官陳明德,煽動左、右兩營同時潰變,逼進行臺,施放槍炮,損壞大門官廳。值領隊圖瓦強阿率領索倫營官兵聞變,前來接應,出署同往地户,扼要駐扎,請速派隊伍協同兜剿,以防西竄等因。臣查塔爾巴哈臺轄境,東北通科布多,東南通古城、奇臺、阜康、濟木薩等處,皆經由布倫托海,西南通伊犁大路,經由西湖又有小路通綏來等處,道路紛歧,在在皆宜防守。而西北沿邊一帶近與俄鄰,防守尤關緊要。現在西湖等處防營齊集,當可無虞竄越。臣復由省城附近抽調馬隊數旗,飭赴古城一帶,會同蜀軍馬隊,不時偵探。若該潰勇竄向布倫托海,即由古城前進。一面飛咨科布多參贊大臣,預爲防範,以免疏虞。惟西北沿邊一帶,該處防營不敷分布,若徑由西湖進隊,恐逼其奔竄入俄。臣比飛咨署伊犁將軍臣錫綸速派統領一員,督帶隊伍,取道博羅塔拉,徑抵綏靖城,以遏其西竄入俄之路。仍飭湯彦和約定日期,由西湖進隊併力擒剿,以期計出萬全。

此起潰勇皆久役思歸之衆,如能悔罪乞撫,除應查明首要各犯懲辦外,其餘人衆相應仰懇天恩,准其收撫,以廣皇仁而示區別。署塔爾巴哈臺參贊大臣春滿,平素馭軍尚稱廉謹,此次變起倉猝,臣相距較遠,尚未能盡知其詳。除俟辦理就緒並委員查明詳細情形再行據實陳奏外,理合先將塔爾巴哈臺勇營潰變、現在籌辦大概情形,謹會同署伊犁將軍臣錫綸、陝甘總督臣譚鍾麟,恭摺馳奏。伏乞皇太后、皇上聖鑒訓示。謹奏。光緒十三年七月初七日◆3。

光緒十三年八月初二日,奉◆4硃批:另有旨。欽此。

● 軍機大臣字寄:甘肅新疆巡撫劉、署伊犁將軍塔爾巴哈臺參贊大臣錫、署塔爾巴哈臺參贊大臣春◆5：光緒十三年八月初二日奉上諭：劉錦棠奏塔爾巴哈臺勇丁潰變、籌辦大概情形一摺。據稱本年六月二十七日夜間，綏靖中左右三營步隊勇丁潰變，戕斃營官陳明德，逼近春滿行臺，施放槍炮，損壞大門官廳，經劉錦棠飭提督湯彥和馳赴西湖防所，並調派各旗營防範偵探，一面飛咨錫綸，速派隊伍，遏其竄路，仍飭湯彥和約期進剿等語。此起勇丁究竟因何潰變，春滿駐扎該城，何以毫無布置，任其煽亂？著即查明起釁緣由，迅速具奏。現在該潰勇有無竄越情形？該處西連俄境，恐其鋌而走險，著錫綸速派得力將弁，取道博羅塔拉，徑抵綏靖，防其奔竄，並著劉錦棠會同該大臣等督飭派出各營，併力兜剿，務將首要各犯嚴拿懲辦。其餘人眾應剿應撫，即著妥籌辦理，毋任日久蔓延，是爲至要。將此由六百里各諭令知之。欽此。遵旨寄信前來◆6。

　　【案】此摺原件①、錄副②現藏於中國第一歷史檔案館，茲據校補，摺後"廷寄"據《光緒朝上諭檔》③及《清實錄》④校補。

　　1.【尚書銜降一級留任甘肅新疆巡撫二等男臣劉錦棠跪】此前銜據原件補。

　　2.【案】光緒十三年六月二十四日，劉錦棠具報總兵戴宏勝因病出缺：

　　　　再，臣前據統領庫精馬步等營陝西漢中鎮總兵戴宏勝呈稱：本年閏四月間勘驗，北往塔城驛站，沿途感冒風寒，致患痰喘諸證，呈請給假調理等情。臣正飭醫往治間，適據該親軍左營總哨記名總兵易盛富呈報：戴宏勝已於六月初九日酉刻，因病出缺。查戴宏勝久歷戎行，戰功卓著，茲以積勞身故，殊堪憫惻。除批飭易盛富將該故總兵

　　① 中國第一歷史檔案館藏：《硃批奏摺》，檔號：04—01—01—0957—005。
　　② 中國第一歷史檔案館藏：《錄副奏摺》，檔號：03—6023—060。
　　③ 中國第一歷史檔案館編：《光緒朝上諭檔》，第十三冊，第276頁。
　　④ 《清實錄·德宗景皇帝實錄（四）》，卷二百四十六，光緒十三年八月，第301頁。

身後一切妥爲照料，親軍左營小馬隊事務即由該總哨暫行代理外，查伊、塔等處，哈薩克出没無常，庫、精一帶，時虞搶劫，邊防最關緊要，駐防營旗不可無員統攝，已飭統領湘軍頭品頂戴記名提督湯彦和率帶湘軍一旗，刻日開赴庫爾喀喇烏蘇駐扎，將庫、精馬步各營旗併歸節制調遣，以專責成。所遺陝西漢中鎮總兵員缺，應咨由督臣譚鍾麟請旨簡放。其該故總兵生平戰績，容臣查明，另奏請恤，以慰幽魂。所有陝西漢中鎮總兵戴宏勝因病出缺緣由，謹附片具陳。伏乞聖鑒訓示。謹奏。

　　光緒十三年七月二十六日，奉硃批：知道了。欽此。①

光緒十三年七月十八日，陝甘總督譚鍾麟具報戴宏勝病故遺缺，奏請旨簡放：

　　頭品頂戴陝甘總督臣譚鍾麟跪奏，爲漢中鎮總兵因病出缺，請旨迅賜簡放，以重地方，恭摺仰祈聖鑒事。竊臣准新疆撫臣劉錦棠咨稱：統帶庫精馬步各營旗漢中鎮總兵戴宏勝，向有痰喘之症，夏初請假調理，另飭醫往治。據報於光緒十三年六月初九日在營次病故，咨請開缺前來。臣查戴宏勝，忠勇性誠，戰功卓著，從征二十餘載，馭衆有方，所向克捷，將弁中不可多得之員。兹以積勞身故，殊堪憫惜。除戴宏勝生平戰績事實由撫臣另行具奏請恤外，所遺漢中鎮總兵員缺，請旨迅賜簡放，以重職守。謹會同新疆撫臣劉錦棠、陝西撫臣葉伯英、陝西提督雷正綰，合詞恭摺由驛具奏。伏乞皇太后、皇上聖鑒訓示。謹奏。七月十八日。

　　光緒十三年八月初一日，奉硃批：另有旨。欽此。②

譚鍾麟之奏，於十三年八月初一日得批："光緒十三年八月初一日內閣奉上諭：陝西漢中鎮總兵員缺，著孫金彪補授。欽此。"③

3.【光緒十三年七月初七日】此具奏日期，據原件補。

---

① 中國第一歷史檔案館藏：《硃批奏片》，檔號：04—01—16—0220—141；《録副奏片》，檔號：03—6023—059。

② 中國第一歷史檔案館藏：《録副奏摺》，檔號：03—5851—001。

③ 中國第一歷史檔案館編：《光緒朝上諭檔》，第十三册，第275頁。

4.【光緒十三年八月初二日,奉】此奉旨日期,據録副補。

5.【甘肅新疆巡撫劉、署伊犁將軍塔爾巴哈臺參贊大臣錫、署塔爾巴哈臺參贊大臣春】此前稱據《光緒朝上諭檔》補。

6.【遵旨寄信前來】此據《光緒朝上諭檔》補。

268. 查明潰勇就撫擬籌整頓摺

光緒十三年七月十一日

尚書銜降一級留任甘肅新疆巡撫二等男臣劉錦棠跪◆1奏,爲查明塔爾巴哈臺潰勇已均就撫,仍擬籌整頓,以重邊防,恭摺馳陳,仰祈聖鑒事。

竊臣前據管帶綏靖前營馬隊營官李兆祥稟稱,綏靖步隊三營勇丁戕殺營官、同時潰變等情,當飭統領庫精等營提督湯彥和馳赴西湖防所,調集所部各營,相機防剿,並飛飭馬步各營旗嚴防要隘,於本月初七日由驛六百里專摺奏明在案。旋據塔城營務處副將陳榮光、李正榮申稱:潰勇於六月二十七日夜,槍殺中營營官陳明德、右營營官劉春發,次日即各自回營,隨於二十九日收撫等語。臣因所言未能詳晰,其投遞日期亦遲延特甚,又未接准春滿來函,恐有未確,仍飭沿途各防營飛速偵探去後。兹於初九日酉刻,准署塔爾巴哈臺參贊大臣春滿咨稱:二十七日夜,勇丁猝變,戕殺營官,其時索倫、額魯特、蒙古各營兵丁多派往屯工收穫,存營無多,猝難調集,當飭統領副將陳榮光馳赴南湖,號召兩營馬隊自帶差官人等,駐扎三十里堡,催調十蘇木蒙古官兵分防要隘。二十八日,派署通判劉鳳翔、署城守營都司常畏前赴該營,先行安撫,並出示剴切曉諭。七月初一日,復親爲開導,遂各帖然,並未擾害,居民、市肆亦均安堵。現在督飭馬隊各營嚴加防範,並飭陳榮光密爲查辦等因。又據署塔爾巴哈臺通判劉鳳翔稟稱:卑廳衙署距綏靖中營最近,二十七日夜,該營猝變,被掠一空,幸與家丁緊護關防,未曾遺失。因思附近街市半寓俄商,又無城垣衞蔽,倘有遺失,所損必多。至二十八日黎明,查悉街市尚未焚掠,當與都司常畏商議,稟明參贊,往各營招撫。各頭目始猶不信,經卑職等再三開導,始令常畏留營,於初一日隨同就撫。現查户民均無傷損,惟逃避山内者甚多,已諭令各歸復業。稟報前來。

臣查塔爾巴哈臺,地處極邊,防守最關緊要。此次各該營潰變,雖旋經收撫,而積習已深,其勢決不可用。若聽其遷就了事,誠恐爲患滋多。該處選鋒五營向皆散處屯牧,所恃以資防守惟綏靖馬步五營。此次步隊三營既經潰變,而其餘兩營馬隊又皆遠駐南湖,相去百數十里,民心惶惑,即此可知。除咨春滿仍嚴拿首要各犯,務獲究辦,以示懲儆外,當飭提督湯彦和仍酌帶隊伍,由西湖前進,約距額敉勒河五六十里地方擇要駐扎,以資鎮攝。俟該提督到後,察看情形,再咨商春滿,將此起就撫人衆一律妥籌遣撤,庶積患可消,而邊防可期整頓矣。至此次起釁根由,應俟臣確切查明,另案奏明辦理。是否有當,謹會同陝甘總督臣譚鍾麟,恭摺馳奏。伏乞皇太后、皇上聖鑒訓示。謹奏。光緒十三年七月十一日[◆2]。

光緒十三年八月初六日,奉[◆3]硃批:另有旨。欽此。

●軍機大臣字寄:甘肅新疆巡撫劉、署伊犁將軍塔爾巴哈臺參贊大臣錫[◆4]:光緒十三年八月初六日奉上諭:前據劉錦棠奏塔爾巴哈臺勇丁潰變籌辦大概情形,當經諭令該大臣等督飭各營併力兜剿。兹復據錫綸奏,塔城營勇潰變,派隊馳往剿撫[◆5]。劉錦棠奏潰勇就撫,仍籌整頓各一摺。覽奏,均悉。此項勇丁聚衆嘩潰,雖據稱開導歸營,尚未別滋擾害。惟該三營同時煽亂,並膽敢戕斃營官,其平時積習甚深,目無法紀,已可概見。倘不認真究辦,何以肅軍令而重邊防！即著該大臣等懍遵前旨,務將首要各犯嚴拿懲辦,並將起釁緣由確切查明,據實具奏,毋得遷就了事◆6。其各營就撫人眾應如何一律遣撤,著劉錦棠等於事竣後察看情形,妥籌辦理。將此由六百里各諭令知之。欽此。遵旨寄信前來◆7。

【案】此摺原件①、録副②現藏於中國第一歷史檔案館,兹據校補,摺後"廷寄"據《光緒朝上諭檔》③及《清實録》④校補。

1.【尚書銜降一級留任甘肅新疆巡撫二等男臣劉錦棠跪】此前銜據原件補。

2.【光緒十三年七月十一日】此具奏日期,據原件補。

3.【光緒十三年八月初六日,奉】此奉旨日期,據録副補。

4.【甘肅新疆巡撫劉、署伊犁將軍塔爾巴哈臺參贊大臣錫】此前稱據《光緒朝上諭檔》補。

5.【案】光緒十三年七月初六日,署伊犁將軍錫綸奏報塔城營勇潰變、派隊剿撫情形:

> 奴才錫綸跪奏,爲塔城營勇潰變,業經派隊馳往、相機剿撫情形,恭摺馳陳,仰祈聖鑒事。竊奴才於七月初三日接據北路稟報:塔城營勇有潰變之事,未得其詳。即派守備謝心敬等星夜偵探,務得確情去後,初四日午間接到署塔爾巴哈臺參贊大臣伊犁額魯特領隊大臣春滿來函,據稱六月二十七日二更以後,額敉勒河行營屯扎之綏靖中營勇丁聚眾嘩潰。該營管帶官署游擊陳明德被害,綏靖左右兩營亦同時突起,燒毀參贊大臣衙署,其餘文武員弁未知下落。該署參贊大臣春滿、額魯特游牧領隊大臣圖瓦強阿調來索倫、額魯特各馬隊,極力捍禦。竟夜之間,三營同時嘩潰,變起倉猝,不及防範,誠恐該潰勇四

---

① 中國第一歷史檔案館藏:《硃批奏摺》,檔號:04—01—01—0957—101。

② 中國第一歷史檔案館藏:《録副奏摺》,檔號:03—6023—062。

③ 中國第一歷史檔案館編:《光緒朝上諭檔》,第十三冊,第279頁。

④ 《清實録·德宗景皇帝實録(四)》,卷二百四十六,光緒十三年八月,第302頁。

路紛竄,滋蔓轉大,請即派隊防堵等情前來。奴才接閲之下不勝焦慮。查塔城爲北路巖疆重地,緊鄰俄境,華夷雜處,惟恃防營鎮守,以資捍衛。今或人心不遑,變生肘腋,所餘索倫、蒙古各隊恐未足以敵營勇之狡獪。春滿既不能撫馭於平時,又安能勘定於已亂?奴才即派軍標營統領委會辦營務提督馬玉崑,帶軍標左旗馬隊、後旗馬隊、左翼馬隊、綏定中旗馬隊共五百名,馳往塔城,相度機宜,能撫則撫,不聽撫則剿,務期力净根株,無任滋蔓。又派軍標營游騎馬隊統領提督王鳳鳴,帶軍標中旗馬隊、副中旗馬隊、前旗馬隊,右旗馬隊共五百名,馳往伊犁北境沁遠、蘭山、瑪利山一帶,以爲馬玉崑之後應,倘須剿辦,則進兵塔城。又派管帶軍標中旗步隊參將署都司汪友元,帶軍標中旗步隊、左旗步隊五百名,屯扎博羅塔拉,會同署領隊大臣德克津布新練察哈爾馬隊,扼守該鹽池間道,以截紛竄,且保護察哈爾游牧。一面飛咨新疆撫臣劉錦棠,並飛飭精河以東至瑪納斯一路、烏魯木齊所屬各防營,一體防範,相機截剿。該提督等均於初四、初五兩日業經先後啓行前往。奴才現在督飭伊犁各軍統領等,嚴密稽查,認真防範。

伏思此項潰勇愚蠢無知,小醜跳梁,應無難立時撲滅,似不應遇事張皇。第值此减餉裁兵之時,客勇人心不定,不得不加意思危,以期妥慎。俟復接探報確情,再行隨時奏聞。所有塔城營勇嘩潰業經派隊馳往相機剿撫刻下辦理各情形,理合恭摺先行由驛六百里馳奏。伏乞皇太后、皇上聖鑒。謹奏。七月初六日。

光緒十三年八月初六日,奉硃批:另有旨。欽此。①

光緒十三年七月初六日,塔爾巴哈臺參贊大臣春滿亦爲平定嘩潰勇丁具摺:

奴才春滿跪奏,爲行營勇丁嘩變戕斃營官,旋即平定安撫,謹將大概情形恭摺具陳,仰祈聖鑒事。竊於本年六月二十七日夜晚二更後,忽聞綏靖中營火起,奴才刻即派人前往查看。接據綏靖中營哨官

---

① 中國第一歷史檔案館藏:《録副奏摺》,檔號:03—5851—008。

飛奔來署報稱：該營勇丁作亂，營官陳明德已被砍翻。又據報稱：綏靖左右兩營同時火起，右營營官劉春發亦被砍死等情。奴才聞報，正擬親往彈壓，倏見大隊呼喊殺聲，來勢甚兇，倉促之間，身邊再無兵隊，只得帶領差官、跟役暫駐東路，扼要保護游牧，再行調隊鎮撫。因選鋒各營官兵正在分撥收穫屯田，存營無多，綏靖前後兩營馬隊駐扎南湖，索倫馬隊駐扎塔城，均遠在百數十里，不能立刻便到。一面飭令統領署副將陳榮光力疾馳往南湖，調派馬隊，並知會選鋒營統領領隊大臣圖瓦強阿調派選鋒各營並額魯特官兵，分隊護守屯工，扼扎要害，以防奔突。一面出示曉諭安撫。復派署通判劉鳳翔、署城守營都司常畏等前往開導。旋據覆稱：首事兇惡已經逃逸，爲從者亦陸續逃亡多名。七月初一日，馬隊到齊，其餘未叛勇丁均聽陳榮光安撫，奴才亦即回署。查悉中右兩營起事者各數人，因積憤謀殺營官。左營勇丁一半嘩變，一半爲營官唐潤泉帶赴該營屯工聽調。該弁勇等並未焚掠街市、傷害居民，境內平靜。當即飛咨伊犁將軍、新疆巡撫，轉飭各處防營，捕剿竄出匪黨，另行揀員充補營官各缺，並令統領陳榮光督同新充營官，妥爲整理，先安反側，然後密查確情，再爲相機辦理，容另具陳。所有行營勇丁嘩變戕害營官、旋即安撫平靜大概情形，謹恭摺馳陳。伏乞皇太后、皇上聖鑒。謹奏。光緒十三年七月初六日。

　　光緒十三年八月十一日，奉硃批：知道了。另有旨。欽此。①

6.【案】光緒十三年七月十七日，署塔爾巴哈臺參贊大臣春滿奏報查明綏靖中右兩營戕害營官首要各犯，即行正法：

　　奴才春滿跪奏，爲查明綏靖中右兩營戕害營官首要各犯，即行正法，謹將辦理緣由恭摺續陳，仰祈聖鑒事。竊奴才前將額敉勒河行營勇丁嘩變戕斃營官、旋即安撫平定大概情形，於七月初六日奏報在案。撫定之後，據統領綏靖五營署屯防副將陳榮光查得此案首要各

　　①　中國第一歷史檔案館藏：《硃批奏摺》，檔號：04—01—30—0406—012；《錄副奏摺》，檔號：03—5851—015。

犯事前聞知該統領請假養病，丞乘此機會密謀先殺營官，然後舉火相應，逼脅衆勇爲亂。正擬勾結前後兩營，馬隊探知，該統領已經力疾馳往南湖調隊，前營營官李凡祥已聯絡後營勒兵以待調遣。又聞奴才與選鋒營統領領隊大臣圖瓦强阿調集索倫、額魯特馬隊，迎頭合剿，其中被脅之衆悔懼，咸欲乞撫。該潰勇等自知勢蹙，比見奴才告示曉諭安撫及通判、都司等前往開導，遂不敢焚掠街市，驚擾商民，陳榮光督帶馬隊到時，即赴營前乞撫。該統領察知首惡尚在，佯許一概收撫，不加之罪，諭令各歸營盤。

查悉爲首殺中營營官陳明德者，係該營親兵什長馬士熏，同謀者係該營哨官杜天成、張玉成。杜、張二犯業已逃逸。右營營官劉春發被該營親兵什長張玉春、傳號周國棟二人砍斃，左營一半勇丁被其脅從，並無謀害營官之事。訪查確實，稟商奴才，不動聲色，即於初八日早晨，出其不意，將該犯馬士熏、張玉春、周國棟等三名擒拿。訊其作亂之由，供稱營官待下苛薄，刻減口糧，有罰無賞，該犯等屢被鞭責，蓄憤已久。又有中營傳號顏安道，竊弄權柄，擅作威福，衆勇莫不受其凌虐，人皆切齒，因此數人密謀報仇，先將營官伺隙砍斃，逼脅衆勇，揚言我等當勇多年，欲歸不得，現議安設綠營，將勇改兵，既當屯田苦差，又要減餉，何以得了。以此激衆助勢，圖脫法網等情。呈請核辦前來。即飭將該犯等先行正法梟示，以昭炯戒。復查中營傳號顏安道，素爲該營官信用，蠱惑起釁，實爲厲階，亦一併正法，以儆將來。在逃之杜天成、張玉成二犯，聞被旌善馬隊防卡在庫排子地方拿獲，送交庫爾喀喇烏蘇糧廳監押候提。其餘乘亂脫逃者，亦陸續回營，訊無搶掠情事，仍飭歸伍。當即咨明新疆巡撫、伊犁將軍。西湖一路有撫臣劉錦棠飭派提督湯彥和所部各營，博羅塔拉一路有署將軍錫綸派出提督馬玉崑所部馬隊四起，已於七月十五日抵塔，暫行駐扎，憑藉聲威，足資鎮撫。其餘派出各路兜剿之師，應請撤回，勿勞遠涉。現在地方靜謐，民夷相安，差足仰慰宸廑。

奴才伏思經靖中、左、右三營步隊，南省客勇十居七八，鋒鏑餘生，久役思歸，同此心理。奈新疆北路人民稀少，另募土著，在在維艱。塔城遠在窮邊，尤其爲難。嘗與將領講求及此，俾陸續招募，得一土著，即裁一客勇，漸次添換，爲將來改設綠營之計。中營營官署協防游擊陳明德，平素治軍嚴整，遇驕惰頑梗者，法無寬貸，於糧餉尚無刻減情弊。右營營官劉春發，管帶日淺，恩信未孚，雖查無克扣糧餉實據，而待下不免苛薄，馴至橫罹殺身之禍。第念衆勇蠢愚無知，乃被二三狡黠者倡亂蠱惑。奴才惟當仰體皇仁，誅戮首惡，罔治脅從，用示懲勸，諄飭將領等加意整頓，以期慎固邊防。其餘應行查辦一切事宜，容俟查明呈報前來，另行奏明辦理。謹將綏靖中右兩營戕害營官首要各犯即行正法暨現辦各緣由，理合恭摺續陳。伏乞皇太后、皇上聖鑒。謹奏。光緒十三年七月十七日。

　　光緒十三年八月二十三日，奉硃批：覽奏，均悉。首要各犯既經拿獲懲辦，著即將各營認真整頓，以肅營伍。杜天成、張玉成二犯，並著訊明，按律懲辦。餘依議。欽此。①

光緒十三年九月二十日，署塔爾巴哈臺參贊大臣春滿奏報拿獲潰勇，分別懲辦，並自請交部議處：

　　奴才春滿跪奏，爲塔爾巴哈臺行營收撫潰勇案内陸續查拿滋事首從各犯，分別訊辦，並將步隊三營勇丁酌量去留，嚴加整頓，謹將辦理情形恭摺具陳，仰祈聖鑒事。竊奴才前將查明綏靖中右兩營戕害營官啓釁緣由，拿獲首要各犯即行正法，並伊犁將軍派出軍標統領提督馬玉崑帶隊馳抵額敉勒河各情形，於本年七月十七日具摺陳奏在案。提督馬玉崑於七月十五日抵營，奴才即與晤面籌商，當飭綏靖營統領副將陳榮光，會同該提督將綏靖步隊三營現存勇丁逐名點查，應去應留，妥籌整頓，毋稍敷衍。其有逃逸各犯勇，分派弁勇，嚴行拿緝，務獲究辦，勿任遠颺。新疆巡撫臣劉錦棠委派營務處補用道袁鴻祐輕騎前來，詳查一切情形，並派統領庫精等營提督湯彦和，督帶馬步隊三營旗，於七月二十七日馳抵距額敉勒河四十里之二道橋駐扎，

────────────

①　中國第一歷史檔案館藏：《硃批奏摺》，檔號：04—01—26—0076—065；《録副奏摺》，檔號：03—7253—046。

藉壯聲威。旋據綏靖營統領副將陳榮光等詳稱：於七月二十四日拿獲右營逃脫犯勇魏長齡一名，訊明係與已經正法綏靖右營首犯周國棟等同謀倡亂，罪證確鑿，隨即請令將該犯正法。續經查出中營勇丁楊景堂、楊樹亭、趙金五，左營勇丁李官斗、馬一萬，右營勇丁李如和等六名，訊係均被誘脅從亂，旋即悔罪聽撫，情尚可原，從輕酌擬將該勇等遞解各回原籍，交地方官嚴加管束。嗣後陸續拿獲中營逃逸首要犯勇王得勝即王代生、賈獐子及賈如臣二名，訊明王得勝係與已經正法之首犯馬世勛即馬士熏同刃營官陳明德，賈獐子係助惡同謀倡亂。又會同署通判劉鳳翔勾拿游民裴三羊，係串通營勇致禍煽亂。以上各犯，均係罪證確鑿。復經研審，亦各認供無諱。應請一併正法而昭炯戒。此外查明在逃中營首犯勇丁朱子玉，從犯勇丁吳敬權、曾此林、李傳信，右營從犯勇丁辜金錫、李勛孝、易良高等七名，俟緝獲日，再行訊辦。綏靖步隊三營現存勇丁，業已會同點名，隨即詳查老弱及久役思歸勇丁，挑出共七十名，綏靖前後兩營馬隊亦挑出共三十名，均歸遣撤，趕緊清算口糧，即由統領副將陳榮光斟酌，分起呈請派員資送回籍。據該統領等先後會同，詳請核辦前來。奴才隨時查核，當經擬將右營犯勇魏長齡、中營首犯王得勝即王代生、賈獐子即賈如臣、游民裴三羊等四名正法。其擬請遞解回籍勇丁楊景堂等六名，併准照辦，飭令派撥弁兵，即於八月十六日護解起程，送至庫爾喀喇烏蘇廳交收轉解，並分別咨行在案。該統領等將綏靖步隊三營點名，查出老弱及久役思歸勇丁共七十名，馬隊兩營亦挑出共三十名，均歸遣撤。奴才復加詳查，撫定各營勇丁，有不可留者，概行遣撤，以絕禍根。隨時咨商撫臣劉錦棠、署將軍錫綸，酌奪辦理。

此番劉錦棠、錫綸所派兩路客軍，原為維持邊局，慎之加慎，深謀遠慮，計出萬全。其軍容嚴肅，不特就撫潰勇望風震懾，即接壤夷族亦無不變色思服。奴才自顧庸愚，謬權重任，冰淵切懼，無補時艱。此次潰勇雖經即時撫戢，幸未有礙大局，究屬不能先事預防，消患未萌，咎有難辭。應懇天恩將奴才交部議處，以肅戎行。所有綏靖各營勇丁除懲辦、逃逸，分別遣撤，空出額數就地無丁招募。奴才商諸署將軍錫綸,由伊犁勇營挑派□□,俾符原額。現仍督飭統領營官,揀派得力哨官,切實整理營伍,認真訓練,以重操防而固邊圉。謹將奴才行營收撫潰勇案內陸續查拿滋事首從各犯分別訊辦,並將步隊勇丁酌量遣留、嚴加整頓,以及轄境一律肅平、民夷安靜各情形,恭摺由驛馳陳。伏乞皇太后、皇上聖鑒。謹奏。九月二十日。

　　光緒十三年十月二十七日,奉硃批:已有旨,令額爾慶額查明具奏。春滿著仍遵前旨,暫回本任,聽候諭旨。欽此。①

光緒十三年九月二十日②,春滿附奏查明拿獲塔城潰弁嚴行訊辦事:

　　再,奴才於本年九月初五日,接准新疆撫臣劉錦棠咨開:據親軍左營營管易盛富、旌善前旗旗官禹中海先後拿獲塔城潰弁杜天成、張玉成二名,交署庫爾喀喇烏蘇同知符瑞審訊,録候押解來省,當發迪化府知府蔣誥,會同發審局委員嚴審詳奪去後,茲據該知府録供前來,核與庫爾喀喇烏蘇廳原供大相歧異,難保非有心狡避,殊難憑信。究竟該二弁是否同謀潰變,咨行奴才查詢明確,咨覆辦理等因。録供咨行前來。奴才查閱該犯弁杜天成、張玉成等,供出綏靖中營潰變首犯,除王得勝一名先經報獲訊明歸於前案懲辦在案,尚有譚什長即譚運才、朱子玉二名,已經奴才訪拿獲案。其吳大山即武大山一名,並飭統領副將陳榮光,轉飭該營拿獲歸案,現經派員嚴加審訊,俟鞫得確情,即爲咨會撫臣劉錦棠分別懲辦。所有前項各緣由,理合附片具奏。伏乞聖鑒。謹奏。

　　光緒十三年十月二十七日,奉硃批:知道了。欽此。③

7.【遵旨寄信前來】此據《光緒朝上諭檔》補。

269.新屬十二年徵收額糧徵信册遵章印發摺

光緒十三年七月二十日

尚書銜降一級留任甘肅新疆巡撫二等男臣劉錦棠跪◆¹奏,

---

① 　中國第一歷史檔案館藏:《録副奏摺》,檔號:03—5228—090。

② 　此具奏日期,據《軍機處隨手登記檔》(檔號:03—0254—2—1213—310)校正。

③ 　中國第一歷史檔案館藏:《硃批奏片》,檔號:04—01—28—0023—075;《録副奏片》,檔號:03—5228—091。

爲新疆各屬光緒十二年徵收額糧及催徵帶徵糧石各徵信册,遵照新章,刷印散發,恭摺具陳,仰祈聖鑒事。

竊臣前准部咨:釐剔官吏經徵錢糧積弊,並請行錢糧民欠徵信册各摺片◆2,欽奉諭旨,行令欽遵辦理等因◆3。當經轉行遵照去後,茲據藩司魏光燾詳稱:新疆徵收向止額糧一項,並無地丁銀兩各款,歷係每年秋後開徵,十二月截數。本年正月,飭屬照依部限,將十二年經徵錢糧及催徵、帶徵歷年民欠並緩徵糧石,造具徵信底册,刷印分發。嗣據各屬陸續申覆,除鎮迪道屬哈密、庫爾喀喇烏蘇兩廳、綏來縣、精河巡檢及阿克蘇、喀什噶爾兩道屬各廳州縣經徵十二年已墾熟地及催徵、帶徵各年民欠並奇臺縣十二年額徵、迪化縣十二年額徵、十一年緩徵,均於十二年下忙截數之前一律全完,吐魯番廳除因災蠲緩係十三年二月奉到諭旨允准,應歸下屆辦理,餘亦掃數全完,均毋庸造具徵信册外,其餘鎮西廳、昌吉、阜康兩縣、濟木薩縣丞、呼圖壁巡檢五屬經徵十二年並催徵、帶徵糧石,均有未完。迪化、奇臺兩縣催徵九、十、十一等年民欠亦有未完。據各該屬造具徵信底册本,賫司發交經歷司雇募工匠,刊刻活字印板,首列部擬清釐民欠章程十條◆4,次列各項民欠數目,一律擺印,並委庫大使會同校對。計刊印鎮西廳應徵收十二年未完、催徵節年民欠册各四十本,濟木薩縣丞徵收十二年未完、催徵節年民欠册各三十本,昌吉、阜康兩縣、呼圖壁巡檢徵收十二年未完、催徵節年民欠及帶徵十一年災緩册各三十本,迪化、奇臺兩縣催徵節年民欠册各四十本,注明葉數,鈐用司印。内迪化府屬各縣縣丞、巡檢徵信册,遵限於六月内,發交鎮迪道一半,發交迪化府一半。鎮西廳册則全發鎮迪道,分別轉發各屬紳民,散給各鄉民,公同查閱,俾令周知。附賫各册,詳請奏咨前來。臣覆查無異。除將各册咨部外,所有新疆各屬光緒十二年徵收額糧及催徵、帶徵糧石徵信册遵章刷印散發緣由,理合會同陝甘總督臣譚鍾麟,恭摺具陳。伏乞皇太后、皇上聖鑒訓示。謹奏。光緒十三年七月二十日◆5。

光緒十三年八月二十三日,奉◆6硃批:户部知道。欽此。

【案】此摺原件①、録副②現藏於中國第一歷史檔案館,兹據校補。

1.【尚書銜降一級留任甘肅新疆巡撫二等男臣劉錦棠跪】此前銜據原件補。

2.【案】光緒十一年十二月二十一日,大學士管理户部事務閻敬銘等以正供錢糧缺額過多,具摺奏請釐剔官吏經徵積弊:

> 大學士管理户部事務臣閻敬銘等謹奏,爲正供錢糧缺額過多,亟當釐剔官吏經徵積弊,核實整頓,以復舊制而裕餉源,恭摺仰祈聖鑒事。竊聞古制,賦税者,計其歲入,以供郊廟、社稷百神之祀,天子奉養、百官有司禄食、車馬兵甲、士徒征調之用,故曰正供。成周創制,重以要會簿書而國用通於三十年,深慮無九年、三年之蓄,財賦闕供,豈細故哉! 我朝承平舊制,惟恃正供所入,以備度支。經費既有定款,錢糧尤鮮未完,虧空少而弊以清,故國用足而民不困。軍興以來,田賦缺徵,不得已別爲籌餉,關税之外,又抽釐金;引課之外,復增鹽價。他如牙帖、捐輸之類,重重加收,百姓困窮,疲於供億。及至軍務平定,終難減裁,良由吏治不修,政刑不飭,勇丁遍於寰區,員役浮於常設,坐致物力耗竭,而用款日多,即使錢糧絲毫無虧,猶若不給,況夫賦法刓敝,官吏侵虧,條令廢弛而弗行,文告紛繁而鮮實。部庫未嘗有一年之蓄,各省並不能給終歲之需,民間瘝苦已如彼,帑項匱乏又如此。臣等職司度支,昕夕深懼。方今河患未平,邊防未撤,出款更增於昔時,入款不多於曩日。臣等勉思補救,別無良圖,惟有極力整頓錢糧而已。

> 我朝深仁厚澤,優恤黎民,現在閭閻生計艱難,臣等斷不敢爲剝

①　中國第一歷史檔案館藏:《硃批奏摺》,檔號:04—01—35—0094—039。
②　中國第一歷史檔案館藏:《録副奏摺》,檔號:03—6223—033。

瘠搜枯之計。所謂整頓錢糧，亦惟嚴杜官吏中飽而已。查髮、捻之平垂二十年，正雜錢糧，期可漸復原額。臣部考核正雜賦稅額徵總數，歲計三千四百餘萬兩，近年實徵僅二千三四百萬兩有奇，每年少徵銀在一千萬兩以外。各省漕項、倉銀額徵總數，歲計二百五十餘萬兩，近年實徵銀僅一百四五十萬兩有奇，少徵銀在一百五十萬兩以外。賦稅虧額之多如此。財既不在國，又不在民，大率爲貪官墨吏所侵蝕。錢糧積弊，日累月深。約而言之，其弊有五：

一曰報荒不實。查天下戶口之數，中國最爲繁昌，雖多無業之民，鮮有無民之業。即兵燹之後，荒地實多，然生聚日繁，則必逐漸墾闢。乃歲不加益，甲年除荒銀數如此，乙、丙等年除荒銀數亦如此。在百姓或報升科，而州縣猶指爲荒地，視吃荒之多寡，爲缺分之肥瘠，奏銷冊內又可除去荒缺銀數，巧避考成，於是已荒之地不可復熟。此報荒不實之弊也。

一曰報災不確。查水旱爲災，間有之事乃捏災，官吏利其可以侵蝕，謂之例災。或無歲不然，或輪年開報。核計奏銷冊內，因災蠲緩總數，彼年間報若干，此年亦必開報若干，幾成一定之例，上司以報災爲故事，數月之後，督撫始奏請蠲免、緩徵，其實州縣已勒限嚴追完繳。至於奏報摺內更不聲明蠲緩銀兩數目，率請恩施，復將謄黃壓擱，間有張貼，語本渾括，究竟某莊某圖蠲緩若干，民間概無由知，蠲免者立入私囊，緩徵者逾時又請豁除。復慮發覺其貪私，事閱多年，並不照例題豁。即或具題到部，每於奏銷冊內完欠數目不符。一經駁查，則以頭緒拉雜爲詞，或以劃除另辦爲説。此報災不確之弊也。

一曰捏完作欠。查兩稅逾限不完，民則杖笞，紳則褫革，定例綦嚴，縱有無力輸將之小戶與夫抗納不交之劣紳，其實並不多見，在民間已輸之款州縣必捏作未完者，無非希冀他日恩詔豁免，以遂其侵吞之私。當錢糧開徵，佐貳、教職既不敢按簿監收；民欠細數，州縣又未嘗出示。本里該管道府大都仰其供給，串根紅簿終未調查。州縣詭計變幻，甚有私造徵冊者。雖未完例有考成，而處分可以抵銷，不過報捐數百金，即降調數級，毫無妨礙。而盈千累萬之民欠，實已婪入貪囊。甚或一面造送奏銷，一面奏請豁免，永無帶徵未完之處分，亦可自便其私圖。此捏完作欠之弊也。

一曰徵存不解。查已徵錢糧，例限三日批解，及查各省報部考成、奏銷、交代各冊，顯列徵存未解字樣，上司並不登時督提。歷年既多，積至數萬、數十萬、數百萬不等。此等名目顯係挪移侵蝕，該州縣恃上司不行催提揭參，將徵存銀兩或任意揮霍，或厚自封殖。迨至離任敗露，上司復代爲彌縫，後任被其抑勒，私議通融彌補，將無作有，捏作徵存。此缺挪於彼缺，後任加於前任，愈積愈深，虧空愈大。此徵存不解之弊也。

一曰交代宕延。查官員交代，例有定限。各省遲逾不結、不報二參，積累多年，臣部疊催，則請分別新案、舊案，先行清釐，繼而舊案未清，新案又積，再請將新案作爲舊案，屢易名目，百端支吾，應送冊結並不送部，偶或送部，亦多逾二參定期。文內聲稱皆因冊結舛錯，往返駁詰，以致稽遲，避重就輕，各省一律。良由州縣虧空，該管上司設法迴護，深恐屬員挾制，不敢照例開參，反爲更調優缺，令其陸續彌補，必屢任屢虧。其人已故、已革，始揭出一二虧空。查抄僅有空名，庫款早同虛挪。此習已成痼疾。臣部文牘山積，莫可如何。此交代宕延之弊也。

在貪官侵蝕錢糧，不捏爲荒地，則捏爲災區，不捏爲災區，則捏爲民欠。加以徵存未解，交代宕延，不顧憲章，諸弊叢集。臣部嘗核計近年賦稅，短徵之多，以安徽及江蘇之江寧爲最，蘇州、江西次之，河南又次之。查安徽地丁額徵起運銀一百四十餘萬兩，內除荒田未徵、該年緩徵及民欠未完銀八十餘萬兩，止完銀六十餘萬兩，所收不及五分。江蘇江寧藩司所屬地丁額徵起運銀九十三萬餘兩，內除荒田未徵、該年緩徵及民欠未完銀四十餘萬兩，止完銀五十二萬餘兩，所收不及六分。蘇州藩司所屬地丁額徵起運銀一百四十七萬餘兩，內除豁免、緩徵及民欠未完銀四十餘萬兩，止完銀一百萬餘兩，所收不及七分。江西省額徵地丁起運銀一百八十餘萬兩，內除該年緩徵及民欠未完銀五十餘萬兩，止完銀一百二十八萬餘兩，所收僅及七分。河南省地丁額徵起運銀二百四十餘萬兩,內除荒地未徵、豁免、緩徵及民欠未完銀五十二萬餘兩,止完銀一百八十九萬兩,所收不及八分。其他各省除四川係一年全數完解外,餘均虧缺一分、二分不等。臣部粗舉光緒九年虧缺省分如是,溯考上三年虧缺省分,大致亦皆如是。虧缺地丁正銀如是,虧缺耗羨、蘆項、漕項等賦亦大率如是。至於雜稅,則任聽州縣意爲多少,當稅則任聽州縣虧欠不完,該上司概不照應解之數催齊。近年各省所欠當雜各稅,總計百數十萬兩,所收又不及三分,且已收銀內尚有徵存未解、交代虧空之款。賦稅多缺,國用何由而足? 敬維我朝政治寬仁,勤恤民隱,雖大兵大役,從未加賦於民。溯查雍正年間部庫積存六千餘萬,乾隆年間部庫積存七千餘萬,皆我世宗憲皇帝、高宗純皇帝清釐財賦,故收效若是。當時天下地丁錢糧牽勻計算,每年所欠不過六十萬,而近歲欠數,每年輒至千萬,以今較昔,判若天淵。雖每年尚有續完,所欠總不下六七百萬,欲求有濟,亟當整頓正供。臣等若一一遵制刻繩,尚恐窒礙難行,無補於事。惟有申明近年奏定例章未能實行者,再爲我皇太后、皇上切實陳之。

一、荒地逐年考核,分別勸懲也。查定例,勸課農桑,貴在有司,不實心者,以溺職論。臣部同治十二年十月具奏整頓正供,令各省認真考核荒地,未墾田畝趕緊勸墾開徵,不准藉詞短欠。州縣徵解足數者,破格甄敘,督催不力者,從嚴參處。又光緒元年六月具奏浙江荒產,查明成熟分數,開單奏報,並令江蘇等省一律照辦,將荒熟田地確切查明,造册開單,奏咨立案。核成熟之分數,定牧令之考成。倘有指熟作荒、與原報成數不符者,奏參重懲。光緒五年十月,議覆翰林院侍讀王先謙條陳,令各省限三個月內將荒熟田地開單報部。光緒六年,奏請籌備餉需,令各省將有無荒地,徵收是否足額,專摺奏明。其有清出隱匿墾有成效者,奏請優敘,因循廢弛者,立予嚴參。條奏已繁,迄今仍無成效。古之察諸侯也,土地荒蕪則有讓,今之上司絕不以此課牧令,田賦混淆久矣。官多不知民事,不思設法授田,一任百姓私相侵占,土客紛爭,豪強包庇。飭令清理,官吏丁役又刁難罔利,民或不服思逞,官犯代爲含混,奸僞者吃荒捏荒更無論矣。查光緒四、五年，山西大祲之後，荒田無數，惟解州設法授田，百計便民，三年升科輸納，省於往昔地丁掃數全完。良由備體民隱，一錢不擾，固非易民而治也。應令直省司道府州各立查荒專條，勸督州縣遵照定例及近年戶部通行章程，逐年漸次切實辦理。督撫年終必奏明該省荒地已未墾復若干頃畝，有無升科，銀糧若干，分縣開單，隨以勸懲牧令，毋令正供賦稅終歲廢棄。此其一也。

一、災區免緩銀糧數目初報必須聲明也。臣部光緒十年議覆御史程鼎芬疏內，奏定蠲緩章程五條，報災之初，不必由省委員，令該管道府州履勘，會同該州縣將某村、某圖、某里、某甲被災分數、畝數及應免、應緩銀兩若干總數申報，督撫、藩司據詳入奏，聲明應免、應緩總共畝數、銀數，再令造冊具題。勘定成災之日，一面即由道府、直隸州即日先出停徵告示，內注明某村、某圖、某里、某甲應免、應緩銀米若干，所有錢糧自某月日停徵。如有停徵之前先期全輸在官，俱准流抵下年正賦。現在各省是否照辦，臣部無由而知，而請蠲請緩奏報仍無銀數糧數，並有題本報冊亦無銀糧數目者。此非細故也，請言其詳。州縣報災不肯即時報出銀數糧數爲始終作弊之秘訣，一切侵蝕皆於此早留地步。至屆奏銷考成，不足之數，概入免緩，始有大略數目。此如無底之囊，任意藏納，無可定數，奏銷逾限之由，此亦一端。猾吏劣幕，痼疾難改。臣部令隨奏即報銀糧數目，州縣必以即時難查巧惑上司。或謂臣部爲此瑣屑不要之具文，此未知官之情僞也。州縣每一都圖里甲，各有分造徵冊，冊內銀數糧數，散總分明，開冊照錄，即累百盈千，頃刻畢事，何難即報？今再爲簡便之法：州縣報災之初，花戶畝數，令其隨後冊報。惟每一村莊都圖里甲免緩銀數糧數，必令隨稟，一一分注該處總數，初案報定，道府州出示一村一莊，亦各分示該村莊免緩銀糧總數，督撫彙總具奏通省災案，亦可核定銀糧定數，或稍逾於事後之朦混無考。應請旨飭下各省督撫，此後奏請災荒免緩摺內，即令聲明通省銀糧總數，並令道府州會勘後，即日自行單銜出示，分村分莊示明免緩銀糧總數，以除積弊。各督撫如別有良法，亦即奏請施行，總期實惠及民，免緩不虛。又其一也。

一、官報民欠必與民間核對也。查例載徵收錢糧各條，今多不復遵行，强令照辦，一不得人，更易滋弊。惟例載民欠錢糧，州縣官歲令里書將所管各户完欠細數開送查對，出示本里。是定例杜絕捏完作欠之弊，實屬嚴密。如果認真核對，何難摘發奸欺？奈久廢不行，漏卮中飽，此爲尤甚。現在御史劉恩溥有刊散民間徵信册之奏，臣部已議准照行，擬定章程頒發，册式另摺奏明辦理。果能認真舉行，不惟於稽查民欠有益，大可杜絕一切弊端，但慮有名無實，則雖法良意美，終屬空文。兹再切實聲明，各省上司勿憚繁瑣，確實核對民欠。又其一也。

一、徵存未解名目宜嚴行禁止也。光緒十年十二月，臣部奏參陝西藩司葉伯英摺内，議令各省凡交代之際將已徵未解及扣缺裁減等項，無論何款，凡係應行解司之項，統由前任官掃數解司，即交卸之日，尾款趕解不及，移交後任，後任官於接印之日登時批解，各清各任，概不准率報存庫。如册内仍有開報徵存未解，其責專在接報之後任官，應由該藩司詳請將接收之員照起解錢糧設法延挨、顯有虧挪情弊例，革職查辦。如藩司有心循隱，不行查參，即由督撫照徇庇例，將該藩司參奏。倘督撫、藩司均不參辦，臣部查出，即將督撫、藩司一併照徇庇例，從嚴議處。復於上年十二月初八日會奏籌餉摺内，嚴行提催，截至光緒十年十二月底止，令各省督撫查明歷年交代案内應解徵存未解銀兩，限於光緒十一年五月内一律解清。其未完及欠解各員於六月初旬奏參革職，查辦治罪。若該省不照奏定限期奏參，或率請展緩，即由户部將督撫、藩司、鹽糧道均照徇庇例嚴參。至光緒十一年正月起，如有徵存未解，即照十二月初四日奏案參處。惟各省尚未能一律辦理，嗣後各項册内均不准再有徵存未解名目，如違定將上司參處。此在各上司於各官一年徵收正雜錢糧催提掃數速解，自不至有徵存未解名目。一年無虧，乃可望一任無虧。又其一也。

一、交代宜遵限辦結也。查官員交代初二參，例限四個月完結，逾限參處。又例載交代款册隨結，依限呈詳，由司核轉咨部。如限内祇送總結，不送款册，即以交代遲延查參。又例載二參限期及各州縣到任、卸任日期,隨案咨部核扣,並由吏部將補署各缺知照考核。倘二參已逾,該管上司延不揭報,即由戶部奏參,將二參逾限之州縣革職,該管上司照徇隱例議處。復查光緒十一年八月臣部奏交代逾二參限期該省造冊仍稱舛誤遲延者,扣去初次駁查程途日期,核計仍屬逾限,概照交代逾限未清例參處,並將該管上司一併照徇庇例參處。又查上年會奏籌餉案內,將八月間奏案再四聲明,臣部於交代一事不啻連章累牘,奈各省仍多不照行,州縣到任日期不肯按月接報,臣部無從查考。冊結到部,多已逾限,無不曲爲遲延飾詞。茲再援引交代例案,請旨飭下各直省,遵依歷次奏章辦理,但得各省交代皆能依限,舉凡錢糧各事,如前四端之弊,可漸袪除,實於一切政事有益,非僅可裕庫儲。倘仍前玩泄,臣部惟有指參督撫、藩司、糧道以徇庇之咎,非好刻核,實亦勢逼處。此又其一也。

五者之外,復有當稅一項,斷無商欠之理。本年七月,臣部奏定如有欠完,責令該州縣照數賠補,不准列欠。各項雜稅,應令一併照應徵之數,極力催齊。以上各事,必責成該上司先振起州縣精力,使之專心民事。又體恤州縣財力,使之省減攤捐耗費。守定例章,有犯必參,庶握其要。如仍前因循,辦理毫不得力,惟督撫、藩司是問,即以此定其功。但得中收年歲,錢糧或可少有起色,以救一時之急,逐歲增復,日久錢糧復額,凡釐金諸不得已之舉,即可議減議裁。抑臣等更有請者,方今用款太鉅,例外釐金所入取於民者,誠不爲少。民爲邦本,古訓昭然。欲恤民艱,莫如節用。臣等識見寡陋,以爲國家元氣在民,故於錢糧先杜中飽之官吏,藉爲支應目前之計。仍當將近二十年來例外新增中外一切支款漸爲釐裁節,庶庫儲可望充積。苟不能然,空言何益?惟整頓錢糧,本係臣部專責,未敢因節用尚鮮實效,置正供入款於不言。相應請旨飭下各直省督撫、藩司,認真釐剔官吏錢糧積弊,守法不移,期有成效,可觀將來裁減釐金、裕儲度支、與民休息之政,當基於此矣。臣等愚昧之見,是否有當,伏乞皇太后、皇上聖鑒訓示。具奏。光緒十一年十二月二十一日。大學士管理戶部事務臣閻敬銘,協辦大學士戶部尚書臣宗室福錕,戶部尚書臣翁同穌，戶部左侍郎臣嵩申（假），戶部左侍郎兼署禮部左侍郎臣孫詒經，戶部右侍郎臣景善（感冒），戶部右侍郎臣孫家鼐。①

同日，閻敬銘等又奏報遵議清釐官欠民欠錢糧積弊請頒徵信册章程：

　　大學士管理戶部事務臣閻敬銘等謹奏，爲遵旨議奏事。光緒十一年六月二十一日，准軍機處交出本日軍機大臣奉旨：御史劉恩溥奏請清釐民欠，請飭妥議章程，並官欠民欠挪移飛灑、壓擱謄黃等弊各摺片。著戶部議奏。欽此。據該御史請清釐民欠原摺內稱：各直省積欠之年不下千萬，皆由州縣虧空。道光年間，中允馮桂芬嘗有杜虧空之議，其言曰定稽查之法，以四柱册公於衆，按日揭榜，管收除在，必書細數，月終用活字板印徵信銀四柱册百本，備列全榜，分送上司、各圖紳士。如某戶完糧而榜册不列者，許揭府；有解領開除之款與榜册不符者，赴揭亦如之；有弊者，論如法等語。向時頗齮其議，然繁瑣難以經久，似可參用其法。而變通之請於每年下忙收完後，各州縣開具某都、某圖、某里、某甲欠戶某人、欠數若干，詳細造册，申報藩司。藩司用活字板照册擺刷數十本，逕交該縣紳士數人，分送各鄉查閱，不假官吏之手。其有已完捏作未完及完多少報者，准鄉民粘連串票，赴藩司控告，即將該州縣治罪。如此整頓，虧空一望而知，不至有朦混之弊。應請飭下戶部核議，予以造報限期，定以遲延處分等語。臣等恭讀雍正六年二月諭旨：每年令各鄉各里將各名下已完錢糧若干、尚欠若干，逐一開明，呈送州縣官，查對無差，即用印出示，各貼本里，使欠糧之民家喻戶曉。如有中飽等弊，許執串票具控等因。欽此。查戶部則例內載，民欠錢糧，州縣官歲令里書將所管各戶完欠細數開送查封，出示本里等語。道光年間，中允馮桂芬揭榜之議，自係恭繹聖訓、詳玩例文而出。惟州縣榜示百姓之數，未必即申報藩司之數，上下隔絕，則弊從中生。馮桂芬所以於榜示之外另立徵信册一議，以杜欺朦。然所云逐日按月開造四柱，備列全榜，過爲繁瑣。該御史擬只開欠數，較爲簡易，實屬可行。臣等以事關創舉，博詢衆謀，反覆核

---

① 中國第一歷史檔案館藏：《録副奏摺》，檔號：03—6216—017。

議,有謂仍嫌繁重、應別思簡便之法者,有謂虛糜款項、無益實際者,有謂上司或因循廢弛、視同具文者。臣等竊維事極繁重,莫如科場之糊名,數萬卷易書數萬卷。又如鹽茶引張累數千萬,海角天涯,赴部領繳。此二事者,自宋至今,不能以繁重而廢其法。今徵信冊之舉,每縣造送不過數本,藩司擺印通省不過五六千本,復擬定極簡冊式,擺用活字,寬以數月限期,何繁重之有?積欠錢糧累千百萬,州縣開報民欠,藩司不知百姓之已完。百姓自謂已完,不知州縣尚列作民欠。一遇恩詔,概行豁免。實則所免在官,並不在民。至本年因災蠲免、緩徵,原爲仁民善政。經徵官吏弊竇尤多,不可殫述。今徵信冊之舉,但使上司辦理認真,必可袪除朦蔽,不虛小民報效之忱。取私囊呈諸公家者,稍可核實。以雜項用辦款冊,所費僅百中一二,何糜費之有?天下不皆廉吏,即天下不能廢法,時弊太甚,不得不立法挽救。今徵信冊之舉,各省大吏切實舉辦,必同此心。若視爲具文,因循廢弛,是乃漠視國計民生,一意衵官,責在奉行不力,非關立法太繁,必州縣皆得人而後言法,安有立法之日,又安用律例爲?臣等公同商酌,該御史所奏民欠徵信冊一事,誠以我朝深仁厚澤,蠲緩錢糧不可數計,各省大吏果能實心奉行日久,凡有蠲緩,民沾實惠,庶不負浩蕩之恩,並非令格外敲扑,嚴酷追比,竭澤而漁。至杜絕中飽,清查虧空,即寓其中,極應舉辦,未便因噎廢食。謹擬冊式五本,並定章程十條,繕呈御覽。如蒙俞允,擬請明旨飭下各直省督撫等,自光緒十二年下忙收數截止日爲始,一律認真核實舉辦,並將章程十條按年預行刷印諸徵信冊首,俾官吏、士庶人等永遠遵行,以袪積弊。再各省錢漕名目極多,有統徵者,有分徵者,有道府州縣衛所、鹽場分收者。所擬單內如尚有遺漏、尚未明朗,其應如何總括分晰,應由各省妥議變通酌改,統限光緒十二年四月前改定具奏,總期簡易易知。在官在民,凡粗識字者,一覽了然,遇辦蠲緩,隨手可考,事事清楚,乃事事可望真實。積弊甚深,無法挽除,臣等爲此迂拙下策,是否有當,伏乞皇太后、皇上聖鑒。謹奏。光緒十一年十二月二十一日。大學士管理戶部事務臣閻敬銘,協辦大學士戶部尚書臣宗室福錕,戶部尚書臣翁同龢,户部左侍郎臣嵩申(假),户部左侍郎兼署禮部左侍郎臣孫詒經,户部右侍郎臣景善(感冒),户部右侍郎臣孫家鼐。①

同日,閻敬銘等又奏各省遇有災害蠲緩錢糧均照民欠徵信册章程辦理:

再,查上年四月間,臣部議覆御史程鼎芬奏蠲緩錢糧勘報停徵一摺,聲明詳考舊例,擬定章程五條,奏奉允准通行在案。查第一條内開:各直省所屬遇有災傷,一面申明督撫,一面報明該管道府、直隸州,親詣履勘,會同該州縣將某村、某圖、某甲被災分數、畝數及應免應緩銀數,隨文申報,該上司即據詳入奏,再令該州縣按照區圖村莊,詳細分晰,某區、某村、幾圖、幾甲業户某某、被災幾分,應蠲應緩銀米若干,開具細册,依限申詳,咨部備核。原以杜吏胥影射朦混之弊,惟查此項細册止於詳司咨部,其應蠲應緩係何村、何莊、銀數若干,雖另定有登時出示鄉民章程,仍恐時移弊生,民間無可指證,且蠲緩錢糧如有先期全輸在官者,除應徵分數外,其餘應蠲應緩分數俱准流抵下年正賦。此項流抵之款,若無册籍可稽,尤易啓重徵侵蝕之弊,即有廉吏,亦無以自白閭閻。臣部既議創立民欠徵信册,所有蠲免緩徵分數、銀數及已完流抵各户,亦擬分立徵信册。惟是民欠徵信册以欠户爲重,宜令先列各都圖里甲應豁應緩細數,次列完户姓名、完數,庶應豁應緩者既有都圖里甲可稽,可杜移西灑東之弊;已完者有姓名、銀數可按,可杜私徵入己之弊。且查各省錢糧奏銷,災前豫完者,一縣不過數户,不難查造分列。至應豁應緩花户,只令分都圖里甲,查造銀糧總數,毋庸按户開列,以歸簡易。其造報、申送、印刷、頒發、奏報限期,均照民欠徵信册章程辦理。理合附片陳明。伏乞聖鑒。謹奏。②

3.【案】光緒十一年十二月二十一日,户部之奏得允行。清廷頒佈"上諭"曰:

①　中國第一歷史檔案館藏:《録副奏摺》,檔號:03—6216—015。
②　中國第一歷史檔案館藏:《録副奏摺》,檔號:03—6216—018。

　　光緒十一年十二月二十一日內閣奉上諭：戶部奏正供錢糧缺額過多，釐剔官吏經徵積弊，又核對民欠，請頒徵信冊，並擬章程冊式呈覽，暨立蠲緩徵信冊各摺片。錢糧爲國家正供，小民具有天良，無不爭先輸納。其偶有抗欠者，不過千百中之一二，全在封疆大吏督飭藩司糧道，認真考核，力杜官吏中飽之弊，上不虧短國課，下不朘削民生。戶部總理度支，通權出入，自以清釐正賦爲國用之大經，現據詳晰查明正雜各項賦稅，每年短徵在一千一百萬兩以外，推求其故，報荒不實，報災不確，捏完作欠，徵存不解，交代宕延。以上五弊，屢經該部陳奏通行，乃各直省錮習成風，因循怠玩，錢糧弊竇，愈積愈深。若不嚴申禁令，痛除宿弊，年復一年，伊於何底。近年各省短徵之數，據奏以安徽及江蘇之江寧爲最多，蘇州、江西次之，河南又次之。其餘各省，除四川全完外，均虧缺一二分不等。此次該部摺內既指出致弊之由，復屢陳除弊之法，著各該督撫查照該部所籌辦法各節，嚴飭所屬，逐一整頓，實心實力，期在必行。用人理財爲疆吏專責，果能政事修明，財用不患不足。儻以簿書爲故事，視誥誡爲具文，經徵錢糧仍前弊混，該管上司相率徇庇，即著該部將該督撫、藩司、糧道指名嚴參，決不姑容。其捏造民欠一節，蚩蚩愚氓，莫可控訴，尤宜定一簡便之法，俾民間共知共曉。該部所擬民欠及蠲緩徵信各冊，立法已爲詳備，然有治法賴有治人，若徇頒發之名，無稽查之實，則一紙文書仍無實濟，著各直省督撫飭令該管道府州縣分散徵信冊，必須設法確付鄉間，勿令稍有隔閡，仍不時下鄉，按冊抽查，總期與民相親，不憚繁瑣，庶窮檐百姓報上之忱纖悉必達，一切侵挪影射之弊不難盡行革除。我朝政崇寬大，大兵大役從未加賦於民。自錢糧收不足數，不得已而榷貨抽釐，物價增昂，民用不裕，朝廷念切痌瘝，豈忍迫以追呼，致失愛民如傷之隱！現在清釐錢糧，專杜貪吏侵欺之弊，毫不擾累閭閻。儻有不肖州縣巧立名目，藉端苛斂，或刁劣紳士造言煽惑，包攬把持，均著執法嚴懲，以挽澆風而裕正課。但得錢糧漸次足額，釐金即可量減酌裁，與民休息，是爲殷盼。至每年因災蠲緩，一經督撫陳奏，無不立沛恩施。而所敘災區蠲緩各節，前後套搭，動輒牽混，適開胥吏舞弊之端。嗣後各省奏請蠲緩，務將各屬銀米等項分縣開單，俟降旨允准後，即照單開數目，刊刻謄黃，遍行曉諭，庶使識字農夫一覽瞭然，應蠲應緩，絲毫無混，用副體恤民艱、實事求是之至意。餘均照該部所議行。將此通諭知之。單、冊併發。欽此。①

4.【案】光緒十一年十二月二十一日，大學士管理戶部事務閻敬銘、戶部尚書福錕等呈報酌擬清釐民欠章程十條清單：

謹將酌擬清釐民欠章程十條繕具清單，恭呈御覽。

一、徵收照例截限也。查例載，徵收地丁錢糧，奉天、直隸、山東、山西、河南、安徽、江西、浙江、湖北、湖南、甘肅、廣西、江蘇、陝西、四川各省，限十二月底全完解司。廣東省限次年正月全完解司。云南、貴州二省，限次年三月全完解司等語。此即下忙期限，各該廳州縣即按限截數，將徵信冊底本造送藩司查核。鹽場、衛所，亦依此限核定。

一、申送底本酌定限期也。奉天、直隸、山東、山西、河南、安徽、江西、浙江、湖北、湖南、甘肅、廣西、江蘇、陝西、四川各省下忙即以十二月爲限，州縣陸續造送徵信冊底本，限於次年三月底止通省全送到司。廣東下忙即以次年正月爲限，州縣陸續送到徵信冊底本，於次年四月底到司。云南、貴州二省下忙即以次年三月爲限，州縣陸續送到徵信冊底本，於次年六月底到司。毋庸另扣程限。如逾限未到，由藩司照交代例指名揭參。逾限兩個月，罰俸一年。逾限四個月，革職。至鹽場經徵竈課、折價、坵折，衛所經徵漕項、幫津、餘租，凡有徵收錢糧衙門，概造欠戶花名底冊，申送運司、鹽糧道，一律照造徵信冊。各糧道自行徵糧發票不由州縣經徵者，即由糧道自造徵信冊，限期處分，均與州縣一律核計。其掃數全完並無民欠者，亦按限期專詳報明，毋庸造冊。

一、刷印工本應作正開銷也。刷印徵信冊，由藩司、鹽糧道預爲購辦活字板，全分招募匠役，酌給工食以及紙張、筆墨各項，准令作正

① 中國第一歷史檔案館編：《光緒朝上諭檔》，第十一冊，第337—339頁；《清實錄·德宗景皇帝實錄（三）》，卷二百二十二，光緒十一年十二月下，第1107—1108頁。

開銷。所有前項費用如耗羨有餘省分，准於耗羨項下動支，如耗羨無餘，應准動用雜項及外銷之款。惟不可無限制，應令估計每年額支若干，報部核定。估定之後，不得有逾定額。如有餘剩，專款存儲。儻下屆不敷，即於餘存款內動用。該上司概不得攤派州縣絲毫，州縣尤不得派累百姓絲毫，違者照例分別參處治罪。

一、冊到司道應認真查核也。各廳、州、縣、場、衛申送徵信冊底本，應令於冊面注明本數，各本內注明葉數，由司道詳查。如有不分晰明白、故意舛誤遺漏者，司道即將廳、州、縣、場、衛揭參，照錢糧造冊不分晰明白例議處。

一、刷印款冊應認真核對也。刷印徵信冊，應由藩運司、鹽糧道責令所屬理問、都事經歷、照磨、運同、運副、監掣、同知、提舉、知事、倉庫大師等官，揀派一二三員，專辦擺印定冊，必逐篇核對，不准錯誤。每二篇用該屬員騎縫印鈐，冊末印明某官某人核造戳記。惟該屬員難保不需索，各廳州縣稍不如意，即將數目移易，設法陷害，民間或因數目不符紛紛上控，滋生事端。如有上項情弊，查實應行治罪。倘無別項情弊，查係辦事草率，以致數目大小舛誤，該上司即將造冊草率各官揭參。

一、發給州、縣、場、衛冊數、葉數應印明也。災緩帶徵，不必各屬皆有。所發徵信冊數彼此不同，滑吏舞弊，或少發一冊，或冊少一二葉，故意抽短，俾無可考。冊內各加印一戳，寫明冊共幾葉，並於各冊面大字加戳，寫明某州、縣、場、衛，光緒某年、錢糧各樣，徵信冊共幾本。無論何款，冊面皆加此戳，彼此互證，以防弊竇。

一、發冊限期應行酌定也。查各廳、州、縣、場、衛申送徵信冊底本，奉天、直隸、山東、山西、河南、安徽、江西、浙江、湖北、湖南、甘肅、廣西、江蘇、陝西、四川各省既限以次年三月底到司、到道，該司道早爲派員陸續刷印，趕緊辦理，勒限於六月底發交該地方。如甲年錢糧，所屬徵信冊於乙年三月底到司，上司即於乙年六月底發交該地方。廣東既限於次年四月底到司、到道，該司道即將刷印冊於七月底發交該地方。云南、貴州二省既限於次年六月底到司、到道，該司道即將刷印冊於九月底發交該地方。儻逾限未發，係由藩運司、鹽糧道所屬理問、經歷、照磨等官遲誤者，即由該上司將理問、經歷、照磨等官揭參，照易結不結例議處。倘上司不行揭參，顯係上司遲誤，由督撫查出，即將該上司奏參，照易結不結例議處。奉天等省督撫應於次年八月、即乙年，下仿此。廣東督撫應於次年九月、雲貴二省督撫應於次年十一月彙奏一次，聲明除某州、某縣、某場、某衛皆掃數全完，毋庸查造欠戶徵信冊外，其有民欠蠲緩各廳、州、縣、場、衛徵信冊，是否依限全數到司、到道，是否依限發交該地方完竣之處，逐一聲明，並將逾限之各廳、州、縣、場、衛理問、經歷、照磨，各上司曾否參處，分晰開報，仍將全省各廳州縣徵信冊一分隨摺送部備查。

一、分散查閱應令民共見也。各上司既將各廳、州、縣、場、衛徵信冊刷印完竣，蓋用印信，除隨奏送部一分，申送督撫各一分，發給臬司及該廳、州、縣、場、衛各一分存案備查外，繁缺另備五十分，中缺備四十分，簡缺備三十分，以一半發交該管道員，以一半發交該管知府、直隸州，各於冊面加印，於下鄉過境、月課考試及隨時接見該州縣紳民時，迅速設法轉交本地公正紳民，確實分給各鄉民，公同查閱，不許該州、縣、場、衛官吏經手。該管道府州倘匿冊不散，或遲延月日者，照徇庇例，加等嚴參。有壓擱沉匿需索一錢者，一經高發審實，計贓科罪。此條至為緊要關鍵。道府州親臨上司，若不扶同隱匿，州縣何敢奸欺？分散徵信冊，定惟該管道府州是問。如督撫、藩司自願出資，另行刷印多冊，設法確發民間公閱，或廉正州、縣、場、衛各官，將經徵錢糧於截數造底冊後，自願另寫出徵信冊數本，令本境紳民公閱者，均聽其便。惟由何衙門發冊，必冊面蓋用該衙門印信，以示分別。總之，此項徵信冊專為稽查官吏中飽起見，百姓踐土食毛，非遇十分災歉，豈敢玩視國課！州縣積弊以百姓為可欺，捏報災荒，指完為欠，任意侵蝕，實堪共憤。此冊遍行，則完欠顯然，可以杜官吏中飽之弊，即可以見良民樂輸之忱，實於閭閻大有裨益。

一、侵欺官吏應按律治罪也。查錢糧中飽，例許完戶執持串票控告。今刊發民欠徵信冊，所以力杜中飽。各該紳民詳細查閱，如有已完銀糧在該年下忙截數限内、册内仍列未完者,許完户執持該年已完納錢糧串票,赴各該上司衙門具控,審實係地方官吏侵欺,捏作民欠,將該官吏照監守自盜律治罪。若百姓具控而藩司、臬司及道府、直隸州通同地方官設法彌縫、不行揭參者,由督撫將徇庇之該管上司參處。若係督撫徇庇屬員,不行揭參,將督撫議處。如有刁生地棍並無串票,或非該年已完錢糧串票,或日期不符妄行控告者,仍按律嚴懲。該管各上司於巡閲或因公過境之便,仍不時訪查有無前項情弊,以昭周密。

　　一、收到錢糧必給串票也。交納錢糧,例付串票爲據。聞有樸願地方向只交納,不知領取串票官遂不給者,亦有書吏勒索錢文、民開慣不領取者,更有串票寬僅及寸、長不及三四寸者,字迹印信模糊仿佛,種種刁難含混,故令無可查考,致有重徵、重納各弊,滋生事端。此後無論紳士軍民、大小各糧户,各衙門收到錢糧,必登時截取串票,紙必寬長,字必清楚,印必明顯。通諭糧户,必皆領串票,爲徵信册封證憑據,嚴禁書吏勒索。違者,即將經徵之員撤參。①

5.【光緒十三年七月二十日】此具奏日期,據原件補。

6.【光緒十三年八月二十三日,奉】此奉旨日期,據録副補。

270.新疆城署各工告竣請獎摺

光緒十三年七月二十六日

　　尚書銜降一級留任甘肅新疆巡撫二等男臣劉錦棠跪◆1 奏,爲新疆城署各工次第告竣,撫臣、藩司均已遷入新署,擬將在事出力文武員弁遵照部章,懇恩俯准擇尤彙獎,以示鼓勵,恭摺仰祈聖鑒事。

　　竊臣前因南疆新置郡縣、城署等工勢不容緩,奏請興修城工十三起、衙署十五起,仰蒙天恩准撥的款,得以次第興修。惟各省關未能如期報解,不得不設法騰挪,以期蕆事。嗣因北路迪化新

---

①　中國第一歷史檔案館藏:《清單》,檔號:03—6216—016。

建省城,城垣、衙署尤應及時修理,古城、哈密、吐魯番、綏來各城,悉屬扼要,均經先後奏明興修在案。茲據糧臺司道詳報:南路除疏附、拜城、于闐、葉城四縣城尚待緩辦外,其喀喇沙爾、阿克蘇、和闐、庫車、烏什、瑪喇巴什、喀什噶爾、英吉沙爾、葉爾羌九城,北路古城、哈密、吐魯番、綏來四城,均經次第完工,省城亦刻期告竣。南路應修衙署十五起,已修十三起,撫藩衙署俱已落成。臣於本年六月十三日移入巡撫衙署,藩司亦於上年十月間遷入新署。

新疆初設行省,城垣爲屏蔽所關,官廨亦體制攸繫,規模粗具,堪以仰慰宸廑。惟前項土工專資勇力,原爲撙節經費、體恤民艱起見。臣前奏事竣後懇恩獎勵,經部議准,按照軍務省分勸捐督修紳董保獎章程,擇尤獎敘,奉旨:依議。欽此。欽遵咨行在案。各防營員弁勇丁感激思奮,或監程督隊,或掘壍築墉,以工兼防,均能黽勉從公,不辭勞瘁。現在綜計南北兩路已用營工三百數十萬,南路纏回生齒漸繁,傭值稍賤,北路人煙稀少,民間小工日需銀二三錢不等。此項營勇幫工,通盤從減,估計約可節省銀五十餘萬兩,而頻年河渠等工奚啻倍蓰,多係營勇之力,尚不在此數內。至於審擇要隘,布置程式,籌采物料,協濟工賑諸要務,創制之初,並無成法,罔不悉心籌畫,俾臻妥善,則地方臺局文武員弁之力居多,不無微勞足録。現值次第完竣,所有在事出力人等,合無仰懇天恩俯准擇尤照章保獎,以勵勤勞而昭激勸。如蒙俞允,俟奉旨後,由臣開單彙案奏保,不敢稍涉浮濫。除飭取銷册分起咨部外,謹會同陝甘總督臣譚鍾麟,恭摺具陳。伏乞皇太后、皇上聖鑒訓示。謹奏。光緒十三年七月二十六日◆2。

光緒十三年八月三十日,奉◆3硃批:著准其擇尤酌保,毋許冒濫。欽此。

【案】此摺原件①、録副②現藏於中國第一歷史檔案館,兹據校補。

1.【尚書銜降一級留任甘肅新疆巡撫二等男臣劉錦棠跪】此前銜據原件補。

2.【光緒十三年七月二十六日】此具奏日期,據原件補。

3.【光緒十三年八月三十日,奉】此奉旨日期,據録副補。

271. 催解清南路工程銀兩並籌撥北路工程專款片

光緒十三年七月二十六日

再,臣奏修南路各工,原請撥款三十七萬四千餘兩,初次部撥西征欠餉銀十八萬兩,限十年五月以前解到。二次部撥胡光墉侵取行用補水銀十萬六千七百八十四兩,限十年閏五月前解到。又撥烏魯木齊軍餉銀八萬兩,自十年四月起至十二月底止,改解甘肅糧臺,以濟要工。臣以部中指撥的款自屬可靠,是以權於軍餉騰挪,待款彌補,分飭一律動工,於十年奏明有案。乃截至上年十一月底,僅准各省關報解銀一十七萬六千七百八十四兩。其山東省原撥銀二萬兩,僅報解銀一萬兩◆1。江西撥銀三萬兩,湖北撥銀四萬兩,湖南撥銀四萬兩,四川撥銀五萬兩,河南撥銀二萬兩,則全未報解。尚共欠解銀一十九萬兩。臣前咨由戶部轉催各該省督撫,嚴飭藩司無論如何爲難,即將欠解前項工程銀兩迅速照數解清,毋任延欠,致誤要需等因。現又截至本年七月止,屈指已逾九月,仍絲毫未據報解,任催罔應,幾成畫餅。加以北路城署各工需款又在一十九萬四千兩以外,既藉營勇之力以資節省,又虧營勇之餉,無款籌還。現值改支坐糧之時,蒙恩飭撥欠餉一百萬兩,俾資清理。而此項工程墊款尚虛懸無著,勢難復緩,焦急徒

① 中國第一歷史檔案館藏:《硃批奏摺》,檔號:04—01—16—0221—081。

② 中國第一歷史檔案館藏:《録副奏摺》,檔號:03—6617—116。

深。合無仰懇天恩俯准飭催各該省督撫,將欠解南路工程銀一十九萬兩,限本年十月以前趕緊如數解清,毋再延欠。至北路工程,並無專款,前准戶部咨查,無憑聲覆。所有前項動用銀一十九萬四千九百餘兩,究應如何籌撥清款之處,並乞飭部核議示遵,出自鴻施,臣不勝迫切惶悚之至。謹會同陝甘總督臣譚鍾麟,附片具奏。伏乞聖鑒訓示。謹奏。

光緒十三年八月三十日,奉◆²硃批:戶部議奏。欽此。

【案】此奏片原件①、録副②現藏於中國第一歷史檔案館,茲據校補。

1.【一萬兩】刻本奪“兩”,茲據原件補。

2.【光緒十三年八月三十日,奉】此奉旨日期,據録副補。

272. 籌發欠餉懇請續假摺

光緒十三年八月初一日

尚書銜降一級留任甘肅新疆巡撫二等男臣劉錦棠跪◆¹奏,爲遵旨清釐臣軍欠餉,辦理已有端緒,仍懇天恩續假兩月,以資調理,恭摺仰祈聖鑒事。

竊臣前因部撥各省關欠解西征協餉二百八十餘萬屢催罔應,奏請飭撥部款一百四十萬兩,以濟急需。旋承准軍機大臣字寄:光緒十三年四月初八日奉上諭:現據戶部於各◆²省關應行解部款內,指撥銀一百萬兩,著該將軍、督撫、監督迅速籌撥,務於五月底如數解至甘肅,轉解劉錦棠應用。譚鍾麟、劉錦棠於此項撥款解到後,務當從速料理,儘此一百萬兩清釐該軍欠餉等因。欽此。當即欽遵恭録咨行去後。伏查臣軍舊欠既多,新虧亦復不少。上

---

① 中國第一歷史檔案館藏:《硃批奏片》,檔號:04—01—35—00989—047。

② 中國第一歷史檔案館藏:《録副奏片》,檔號:03—6617—117。

年裁併湘軍，挪用新餉二十八萬餘兩，目下本難歸款，而新餉需用孔急，仍應由此項下如數撥還。此外南路城署各工前經部撥專款，報解未能及半，而工役勢難中止，挪用新餉十餘萬兩。北路城署各工接續興辦，又挪用十餘萬兩。均經臣另案具奏。合之十一、十二兩年，各省欠解三十餘萬兩，又共欠解新餉七十餘萬兩。此時既議遣裁，則不但舊欠宜清，並新虧亦應補發，而各省所欠新餉部議許其帶解者，遠或期以五年。墊發城署各工，亦猝難歸款。若不通融辦理，窒礙實多。因飭各營先儘老弱疲廢及入營最久者，酌量裁遣，餘悉妥爲開導，仍使留營，約以十成留六去四，即以留者之舊欠彌補去者之新虧，而留者之舊欠、新虧，概從緩發。然又恐其不得現銀，易生觖望。其有欲寄家用者，亦准於存餉內酌發三四成，以示體恤。餘即存記，俟城工專款及各省所欠新餉撥解到日，再行補發。此籌發欠餉之大概情形也。

附省各營因應調築城尚未畢事，當飭南路各營及北路之巴里坤營先行辦起。原擬南路各營遣撤過省後，城工亦可告竣，即便接續辦理，現因塔爾巴哈臺勇丁滋事，各該營隊伍又多調赴古城、西湖及塔爾巴哈臺等處，須稍遲調回，方可一律裁改。督臣譚鍾麟現已解到銀七十萬兩，餘三十萬兩亦准緘稱隨後即當齊解。此項撥款計除扣還新餉二十八萬餘兩外，以清舊欠，實有不敷，容臣與譚鍾麟妥速籌商，再會同奏明辦理。

惟臣前因患病日久，奏請開缺，於本年閏四月初三日欽奉諭旨，優給假期，並頒珍藥，令在任安心調理。撫躬循省，感悚彌深，當即趕緊延醫調治。旋奉清釐欠餉之命，因一面延醫，一面力疾視事，仍未敢稍耽安逸。原期假滿即可照常辦公，無如病勢既深，非急切所能求效。痰凝胸膈，觸寒即增。夏間喘嗽略平，又復病泄，日數十起，夜不成眠，寒熱往來，不思飲食，腳氣亦時時掣發。現在假期已滿，而醫治未愈，屢欲強自支持，急求銷假，而日俟一日，仍苦不支，腹疾難平，而疲倦特甚，危坐略久，即頭暈目昏，言語稍多，即汗出如瀋。自惟薄弱，焦急徒深。而各營遣發未竣，又未敢遽申前請。惟有籲懇天恩，再賞假兩月，俾得更醫調理。其清釐欠餉、改發坐糧各事宜，臣不敢因臥病致有稽延，仍當會同督臣從速料理，以仰副朝廷綏靖邊疆之至意。所有籌發欠餉及懇請續假各緣由，謹恭摺具陳。伏乞皇太后、皇上聖鑒訓示。謹奏。光緒十三年八月初一日◆3。

　　光緒十三年九月初三日，奉◆4硃批：著再賞假兩個月，安心調理。欽此。

　　【案】此摺原件①、錄副②現藏於中國第一歷史檔案館，茲據校補。

　　1.【尚書銜降一級留任甘肅新疆巡撫二等男臣劉錦棠跪】此前銜據原件補。

　　2.【各】刻本脱"各"，據原件、錄副補。

　　3.【光緒十三年八月初一日】此具奏日期，據原件補。

　　4.【光緒十三年九月初三日，奉】此奉旨日期，據錄副補。

273. 查明司庫支絀請立案備撥摺
光緒十三年八月初一日

　　尚書銜降一級留任甘肅新疆巡撫二等男臣劉錦棠跪◆1奏，為查明司庫支款不敷甚鉅，懇請飭部立案備撥，以便報銷，恭摺仰祈聖鑒事。

　　竊照錢糧出入，各有常經。惟新疆甫建行省，一切徵收額款，初無定則，即支發各項，亦因官制、營制次第議設，尚無定程。藩

① 中國第一歷史檔案館藏：《硃批奏摺》，檔號：04—01—30—0202—021。
② 中國第一歷史檔案館藏：《錄副奏摺》，檔號：03—6108—004。

司魏光燾到任後，臣飭逐漸清理。兩年以來，觕有端倪。茲據詳稱：新疆地方瘠苦，入款無多，文武一切支款，就地取資，不敷甚鉅。查通省田賦，已墾熟地歲徵本色糧二十萬三千二十餘石，本色草一千三百九十五萬八千二百餘斤。糧以上下兩色合計並本色草束，約抵銀十餘萬兩，糧草折色銀五萬四千餘兩，地課銀三千六百餘兩。此外雜稅如磨課、房租、稅契、牲稅等項，並無定額，每歲約徵銀三萬六七千兩。南路試辦土產貨稅，及哈密、古城設局抽收百貨稅，每歲亦約三萬兩之譜。通計歲入銀不過三十萬上下。然本色糧草必須各營領用，始可陸續扣價，多寡尚難預定。是歲入的款衹一十二萬三千餘兩。此司庫入款大略也。

每歲支款應需文職養廉銀五萬六千六百兩、公費銀一萬七千九百二十兩，加增公費銀一萬一千七百八十兩，俸銀三千三百八十餘兩，書役工食銀七萬六千五百一十餘兩，驛站夫馬工料銀一十萬五千一百九十餘兩，均係奉准部覆應支額款。又歲需祭祀銀二千三百八十餘兩。通共歲需銀二十七萬三千七百六十餘兩，零星雜支尚不在內。烏魯木齊提標協路各營，除兵餉現照土勇章程由糧臺支發外，應需各官養廉、俸薪等項照章折實銀二萬五千八百七十餘兩。巴里坤鎮標協路各營，應需官兵俸餉各項銀四萬五千八百三十餘兩。又提鎮各標歲需公費銀二千九百七十餘兩，通共歲需銀七萬四千六百七十餘兩，零星雜支亦不在內。其滿營遷併古城，餉章尚未奏定，估計亦約在六萬五千餘兩。綜計歲需文武各款銀四十一萬三千四百三十餘兩。此司庫出款大略也。

以入抵出，計不敷銀二十九萬四百三十餘兩。除烏魯木齊提標現經改設撫標，巴里坤鎮標暨喀什噶爾、阿克蘇各防營亦須照依新章辦理，滿營移併後餉章亦必酌定，應需廉俸、兵餉均應統入軍餉估調不計外，實在文職廉俸、驛站各項歲需銀二十七萬三千七百六十餘兩。以入抵支，仍不敷銀一十五萬兩有奇。本色糧草既須各營領扣始有定數,而新疆地方遼闊,各城相距甚遠,斷不能概行變賣,致倉廩空虛,緩急莫恃。是有額之款,祇折徵糧草、地課兩項銀五萬七千餘兩。其餘稅課增減無常,而文職廉俸、驛站各款,雖原議於地糧項下動支,並疊奉部飭有案,無如地利所限,祇有此數。且查十年原奏,時鎮迪各屬廉俸尚歸甘藩司支發,十一年以後,概由新疆司庫支領。又增出撫番養廉、役食及新設迪化府、庫爾喀喇烏蘇同知並各項佐雜廉費俸工,奚止四五萬,皆當時所未計及。雖不敷之款頻年由糧臺借撥墊支,邇值三年新餉期滿,亟須◆2清釐一切,並預籌應用,應請每歲加撥驛站經費銀一十萬兩、廉俸公用銀五萬兩,隨餉撥交司庫,作爲常年專款,分款支發報銷,仍由藩司查明每年入款,如能多收一分,即留抵一分。其本色糧石,如有各營領扣之價,亦即作抵減調,以期核實等情。詳請具奏立案前來。臣覆核無異。

除不敷各款咨由督臣譚鍾麟彙入十四年軍餉案內估調外,相應請旨飭部立案備撥,以便報銷施行。再,伊犁、塔爾巴哈臺現議設道府以下等官應需廉俸、驛站各項經費,容俟設定後,再飭藩司查明該處出入款目,奏明辦理,合併陳明。是否有當,謹會同陝甘總督臣譚鍾麟,恭摺具陳。伏乞皇太后、皇上聖鑒訓示。謹奏。光緒十三年八月初一日◆3。

光緒十三年九月初三日,奉◆4硃批:戶部知道。欽此。

【案】此摺缺録副,原件①現藏於中國第一歷史檔案館,兹據校補。

1.【尚書銜降一級留任甘肅新疆巡撫二等男臣劉錦棠跪】此前銜據原件補。

① 中國第一歷史檔案館藏:《硃批奏摺》,檔號:04—01—30—0202—021。

2.【亟須】原件作“亟應”。

3.【光緒十三年八月初一日】此具奏日期，據原件補。

4.【光緒十三年九月初三日，奉】此奉旨日期，據《軍機處隨手登記檔》①補。

274. 旗營遷併古城酌擬旗制餉章摺

光緒十三年八月初一日

尚書銜降一級留任甘肅新疆巡撫二等男臣劉錦棠跪◆1奏，爲烏魯木齊、巴里坤旗營遷併古城，酌擬旗制、餉章，請旨辦理，恭摺仰祈聖鑒事。

竊照烏魯木齊、巴里坤旗營遷併古城，上年准前護都統富勒銘額咨稱：各旗官兵、世職現僅存一千四百餘員名，爲數不多，分設八旗，官多兵少，虛耗餉項，擬按六旗分設等因。並開送清册前來。臣比擬俟城守尉到任後，核實舉辦，嗣城守尉德勝抵省，即令會同候補道英林前往點驗。旋據驗明擬定旗分，造册呈核。臣查册擬六旗，數目與富勒銘額原議相符，當飭藩司妥議餉章去後。茲據藩司魏光燾詳稱：遵查烏魯木齊、巴里坤、古城各滿營官兵，經城守尉點驗，實存官四十六員，內協領三員、佐領十員、防禦十員、驍騎校十員、筆帖式二員、委筆帖式三員。又雲騎尉五員、恩騎尉三員。馬步甲、匠役、養育兵九百九十八名，外閑散幼丁六十一名，按照旗制，僅敷六旗之數。綜計六旗共設佐領六員，防禦六員，驍騎校六員，部缺筆帖式一員，委筆帖式二員，催總、領催三十六名，前鋒三十六名，馬兵七百二十八名，炮手十二名，匠役十二名，步甲一百一十六名，養育兵六十名。總共設官二十一員，馬步

---

① 中國第一歷史檔案館藏：《軍機處隨手登記檔》，檔號：03—0254—1—1213—257。

甲、炮手、匠役、養育兵一千名，照依現存官兵數目，應裁協三員，
佐領、防禦、驍騎校各四員，部缺筆帖式、委筆帖式各一員，尚應補
兵二名。所裁各官除實缺協領二員如何委用應請部議飭遵外，其
餘各員擬概給馬甲、錢糧，留營當差。候補世職，則分別已、未及
歲，照章食俸。孀婦孤女，仍給津貼銀糧。共設義學三堂，束脩照
滿營現章支給。官俸兵餉，均照烏魯木齊、巴里坤滿營承平舊制，
分別定支。惟城守尉係屬新設，新疆地尤瘠苦，廉俸及家口、例
馬、米糧、料草等項，擬請照莊浪城守尉舊章支領。仍仿從前關外
領隊大臣加增養廉之例，於定額養廉二百兩外，每歲加增銀一百
兩◆²，俾資幫貼。此外漢檔房民書工食及紙紅、公費等項，一律酌
定按章核算。統計官兵俸餉、米麥、料草折各項，歲需銀六萬五千
九百四十九兩四錢一分二釐，本色京斗米麥一萬五千九百二十九
石八斗二合七勺，本色京斗料二千四十八石八斗一升一合八勺。
銀由司庫按年隨營餉請撥，糧料由奇臺縣倉供支，不敷再由他縣
撥運及將來滿營屯田內支發。仍按定章，養廉以八成支發，俸銀
以八成減半支發。委筆帖式以下甲兵餉項，統以春冬七成、夏秋
八成分別支放。惟現在標營官弁廉俸業經奏請仿照文職廉俸，概
給十成，滿營事同一律，擬懇准照十成支放，毋庸折減，以免向隅
而示體恤。開摺詳請具奏前來。臣覆核無異。謹將酌擬旗制、餉
章分別繕具清單，恭呈御覽。相應請旨飭部核議，以憑遵辦。

惟前據德勝呈稱：古城城守尉員缺關係緊要，應請賞加副都
統銜，以資鎮守。並續據該城守尉轉准巴里坤護領隊金貴咨：據
各滿營兵丁稟稱：歸併六旗，紊亂旗籍，懇請仍照八旗舊制等情。
臣維新疆遷併滿營，事屬創始，並無成案可循。山西、河南城守尉
所管旗分，無從查悉。惟查甘肅莊浪城守尉，原設兵丁八百五十
名內，將八旗併作四旗，又設蒙古一旗，計止五旗。現在烏魯木齊
等處滿營擬設六旗，係爲兵少節餉起見。而查原册造費兵額，其

年在十二歲以下者,尚有二百五十八名。又報閑散幼丁六十一名,請補小甲,尚未編入甲名之内。若令删除,僅兵七百四十名,揆之莊浪旗制,即設五旗尚不足數,臣不敢不據實直陳。第查各該營旗丁,多係陣亡官兵之後,軍興以來,流離失所,陸續歸旗,類多窮困,非領錢糧,莫資養贍。而巴里坤各旗,當賊氛四起時,堅守危城,衝鋒陷陣,率能捐軀報國,其節可嘉,其孤可憫,尤應優爲撫恤,養成精壯,捍衛邊疆。可否仰懇恩施,將前項編入馬步甲幼丁一律分别准食錢糧,以足六旗兵額,並將册造閑散幼丁六十一名一律准補小甲,以示優恤。其古城城守尉請加副都統銜,查各省城守尉,無此成例,未敢遽請。至各旗官兵應否仍照八旗安設之處,伏乞飭部核議飭遵。除咨部外,謹會同署伊犁將軍臣錫綸、陝甘總督臣譚鍾麟,恭摺具陳。伏乞皇太后、皇上聖鑒訓示。謹奏。光緒十三年八月初一日◆3。

　　光緒十三年九月初三日,奉◆4 硃批:該部議奏。單二件並發◆5。欽此。

【案】此摺原件①、録副②現藏於中國第一歷史檔案館,兹據校補。

1.【尚書銜降一級留任甘肅新疆巡撫二等男臣劉錦棠跪】此前銜據原件補。

2.【一百兩】原件、録副均作"二百兩"。

3.【光緒十三年八月初一日】此具奏日期,據原件補。

4.【光緒十三年九月初三日,奉】此奉旨日期,據録副補。

5.【案】劉錦棠呈烏魯木齊、巴里坤滿營遷併古城擬設六旗官兵數目清單:

　　　謹將烏魯木齊、巴里坤滿營遷併古城擬設六旗官兵數目繕具清

① 中國第一歷史檔案館藏:《硃批奏摺》,檔號:04—01—01—0957—035。

② 中國第一歷史檔案館藏:《録副奏摺》,檔號:03—5754—041。

單,恭呈御覽。計開

一、設鑲黃、正白兩旗合一旗,佐領一員,防禦一員,驍騎校一員,催總一名,領催五名,前鋒校一名,前鋒小旗一名,前鋒七名,馬兵一百二十二名,炮手二名,匠役二名,步甲二十名,養育兵十名。

一、設鑲白、正藍兩旗合一旗,佐領一員,防禦一員,驍騎校一員,催總一名,領催五名,前鋒校一名,前鋒五名,馬兵一百二十一名,炮手二名,匠役二名,步甲十九名,養育兵十名。

一、設正黃、正紅兩旗合一旗,佐領一員,防禦一員,驍騎校一員,催總一名,領催五名,前鋒校一名,前鋒小旗一名,前鋒四名,馬兵一百二十二名,炮手二名,匠役二名,步甲二十名,養育兵十名。

一、設鑲紅、鑲藍兩旗合一旗,佐領一員,防禦一員,驍騎校一員,催總一名,領催五名,前鋒校一名,前鋒五名,馬兵一百二十一名,炮手二名,匠役二名,步甲十九名,養育兵十名。

一、設左翼蒙古四旗合一旗,佐領一員,防禦一員,驍騎校一員,催總一名,領催五名,前鋒校一名,前鋒五名,馬兵一百二十一名,炮手二名,匠役二名,步甲十九名,養育兵十名。

一、設右翼蒙古四旗合一旗,佐領一員,防禦一員,驍騎校一員,催總一名,領催五名,前鋒校一名,前鋒五名,馬兵一百二十一名,炮手二名,匠役二名,步甲十九名,養育兵十名。

一、設印房部缺筆帖式一員。

一、設兵、戶司委筆帖式二員。

以上共設官二十一員,前鋒、催總、領催、馬步甲、炮手、匠役、養育兵一千名。[1]

劉錦棠呈烏魯木齊、巴里坤滿營遷併古城擬設六旗官兵應需餉項清單:

謹將烏魯木齊、巴里坤滿營遷併古城、擬設六旗官兵應需俸餉等項,繕具清單,恭呈御覽。計開

---

① 中國第一歷史檔案館藏:《清單》,檔號:03—5754—043。

一、古城滿營連原設城守尉共官二十二員。內城守尉一員,歲支俸銀一百三十兩,養廉銀二百兩,加增養廉銀二百兩,粳米三十九石,粟米二十六石,坐馬十二匹。佐領六員,每員歲支俸銀一百五兩,月支粳米家口十口,粟米家口十口,常川拴餧馬四匹八分。防禦六員,每員歲支俸銀八十兩,月支粳米家口四口,粟米家口十口,常川拴餧馬三匹。驍騎校六員,每員歲支俸銀六十兩,月支粳米家口二口,粟米家口十口,常川拴餧馬二匹四分。筆帖式一員,歲支俸銀二十一兩一錢一分四釐,月支鹽菜銀八兩,粟米家口十口,常川拴餧馬一匹八分。委筆帖式二員,每員月支鹽菜銀三兩、餉銀二兩,粟米家口十口,馬一匹八分。

一、兵共一千名,內前鋒三十六名,總催六名,領催三十名。以上均每名月支餉銀三兩、粟米家口十口,春冬二季拴餧馬一匹八分。馬甲兵七百二十八名,每名月支餉銀二兩、粟米家口十口,春冬二季拴餧馬一匹八分。炮手十二名,每名月支餉銀二兩、粟米家口七口。匠役十二名,步甲一百一十六名,養育兵六十名。以上均每名月支餉銀一兩、粟米家口二口。又,每名月加增京斗細糧二斗四升。

一、官兵共家口八千七百六十六口,內粳米家口九十六口、粟米家口八千六百七十口。

一、馬共一千五百一十八匹六分,內官員常川拴餧馬七十五匹、兵丁春冬季拴餧馬一千四百四十三匹六分。

一、城守尉一員,歲支俸銀一百三十兩,養廉銀二百兩,加增養廉銀二百兩。又歲需粳米三十九石,每石折銀一兩五錢,共銀五十八兩五錢。又歲需粟米二十六石,內部折一半倉斗粟米一十三石,每石折銀一兩,共銀一十三兩。時折二分五釐倉斗粟米三石二斗五升,以加三合京斗粟米四石二斗二升五合,每石折銀一兩五錢,共銀六兩三錢三分七釐,實支七分五釐。倉斗粟米九石七斗五升,以加三合京斗粟米一十二石六斗七升五合,每石折麵一百三十斤,共折麵一千六百四十七斤十二兩。每麵一百八斤,折合京斗小麥一石,共折合京斗小麥一十五石二斗五升六合九勺。坐馬十二匹,每匹月支倉斗料一石二斗，共料一十四石四斗，一歲共需料一百七十二石八斗，内部折一半倉斗料八十六石四斗，每石折銀一兩，共折銀八十六兩四錢。時折七分五釐倉斗料六十四石八斗，每石加四斗二升八合五勺，合京斗料九十二石五斗六升六合八勺，每石折銀一兩二錢，共折銀一百一十一兩八分。實支二分五釐倉斗料二十一石六升，每石加四斗二升八合五勺，合京斗料三十石八斗五升五合六勺。每匹月支七斤草六十束，共草七百二十束，一歲共需草八千六百四十束，内部折一半七斤草四千三百二十束，每束折銀一分，共折銀四十三兩二錢。時折二分五釐七斤草一千八十束，每束折銀一分五釐，共折銀一十六兩二錢，實支二分五釐七斤草一千八十束，折十斤草七百五十六束，每束折銀六分，共折銀四十五兩三錢六分。以上共俸米、料草、折價等項銀九百一十兩七分七釐。

一、佐領等官共歲需鹽菜、俸銀一千六百五十九兩一錢一分四釐。

一、官員粳米、家口共九十六口，每口月支粳米二斗五升，共粳米二十四石，一歲共需粳米二百八十八石。照依部折章程，每石折銀一兩五錢，共折銀四百三十二兩。

一、官兵粟米家口共八千六百七十口，每口月支粟米二斗五升，共粟米二千一百六十七石五斗，一歲共需粟米二萬六千一十石，内部折一半倉斗粟米一萬三千五石，每石折銀一兩，共折銀一萬三千五兩。時折二分五釐倉斗粟米三千二百五十一石二斗五升，加三合京斗粟米四千二百二十六石六斗二升五合，每石折銀一兩五錢，共折銀六千三百三十九兩九錢三分八釐，實支七分五釐倉斗粟米九千七百五十三石七斗五升，加三合京斗粟米一萬二千六百七十九石八斗七升五合，每石折麵一百二十斤，共折麵一百六十四萬八千三百八十三斤十二兩，每麵一百八十斤折小麥一石，共折小麥一萬五千二百六十二石八斗一升二合五勺。

一、官員馬共六十三匹，每匹月支倉斗料一石二斗，共料七十五石六斗，一歲共需料九百七石二斗，内部折一半倉斗料四百五十三石六斗，每石折銀一兩，共折銀四百五十三兩六錢。時折七分五釐倉斗料三百四十石二斗，每石加四斗二升八合五勺，合京斗料四百八十五石九斗七升五合七勺，每石折銀一兩二錢，共折銀五百八十三兩一錢七分一釐，實支二分五釐倉斗料一百一十三石四斗，每石加四斗二升八合五勺，共合京斗料一百六十一石九斗九升一合九勺。

一、官員馬匹每四月支草六十束，共草三千七百八十束，一歲共需草四萬五千三百六十束，內部折一半七斤草二萬二千六百八十束，每束折銀一分，共折銀二百二十六兩八錢。時折二分五釐七斤草五千六百七十束，每束折銀一分五釐，共折銀八十五兩五分，實支二分五釐七斤草五千六百七十束，折十斤草三千九百六十九束，每束折銀六分，共折銀二百三十八兩一錢四分。

一、前鋒、領催、催總等兵七十二名，共月支餉銀二百一十六兩，一歲共需餉銀二千五百九十二兩。

一、委筆帖式、馬甲、炮手等兵七百四十二名，共月支餉銀一千四百八十四兩，一歲共需餉銀一萬七千八百八兩。

一、步甲、匠役、養育兵一百八十八名，共月支餉銀一百八十八兩，一歲共需銀二千二百五十六兩，三共歲需銀二萬二千六百五十六兩。

一、步甲、匠役、養育兵共一百八十八名，照依舊制，每名月加增京斗糧二斗四升，共糧四十五石一斗二升，一歲共需糧五百四十一石四斗四升，每石折麵一百三十斤，共折麵七萬三百八十七斤三兩二錢，每麵一百八斤，折合京斗小麥一石，共折合京斗小麥六百五十一石七斗三升三合三勺。

一、兵丁春冬季馬共一千四百四十三匹六分，每匹月支料一石二斗，共料一千七百三十二石三斗二升，六個月共需料一萬三百九十三石九斗二升，內部折一半倉斗料五千一百九十六石九斗六升，每石折銀一兩，共折銀五千一百九十六兩九錢六分。時折七分五釐倉斗料三千八百九十七石七斗二升，每石加四斗二升八合五勺，合京斗五千五百六十七石八斗九升三合，每石折銀一兩二錢，共折銀六千六百八

十一兩四錢七分二釐,實支二分五釐。倉斗料一千二百九十九石二
斗四升,每石加四斗二升八合五勺,共合京斗料一千八百五十五石九
斗六升四合三勺。

一、兵丁馬匹春冬季每匹月需草六十束,共草八萬六千六百六九
十六束,六個月共需草五十一萬九千六百九十六束,内部折一半七斤
草二十五萬九千八百四十八束,每束折銀一分,共折銀二千五百九十八
兩四錢八分。時折二分五釐七斤草六萬四千九百六十二束,每束折銀
一分五釐,共折銀九百七十四兩四錢三分,實支二分五釐七斤草六萬四
千九百六十二束,每束折銀六分,共折銀二千七百二十八兩三錢八分。

一、漢檔房經書八名,每名月支工食銀四兩八錢,共月支三十八
兩四錢,紙紅、油燭每月公費銀六兩。

一、佐領檔房每月公費銀三兩,共月支銀一十八兩。

一、義學三堂,每堂每月公費銀一十二兩,共月支銀三十六兩,共
歲需銀一千一百八十兩八錢。

以上總共歲需俸餉、米料、草束、折價等項銀六萬五千九百四十
九兩四錢一分二釐,本色京斗米麥一萬五千九百二十九石八斗二合
七勺,本色京斗料二千四十八石八斗一升一合八勺。查前項應支銀
糧、料草各項,除官俸、養廉、公費外,餘均遇閏加增,小建照扣,並按
定章,養廉以八成支放,官俸以八成減半支放,兵餉春冬以七成支放,
夏秋以八成支放。再,烏魯木齊、巴里坤、古城現存世職,有無年未及
歲支領俸銀,並孀婦等項應幫貼銀糧,單内未經開入,一俟定章後,即
由該營隨餉,照章估領支發,合併聲明。①

275. 臚陳戴宏勝戰績請恤摺

光緒十三年八月初八日

尚書銜降一級留任甘肅新疆巡撫二等男臣劉錦棠跪◆¹ 奏,

---

① 中國第一歷史檔案館藏:《清單》,檔號:03—5754—042。

爲臚陳已故記名提督實缺總兵生平戰績，懇恩飭部從優議恤，恭摺仰祈聖鑒事。

　　竊照頭品頂戴記名提督賞穿黃馬褂陝西漢中鎭總兵騎都尉世職額爾克巴圖魯戴宏勝，本年六月間因病出缺，經臣檄委提督湯彥和接統該軍，並附片具陳，請俟查明該故總兵生平戰績，由臣另奏請恤在案。兹據各該營旗官記名提督蘇貴興、湯咏山、馬心勝，記名總兵易盛富、查春華、禹中海、譚用賓、許明耀造具該故總兵履歷清册，呈請具奏前來。臣查該故總兵，自咸豐六年以武童投效霆軍，轉戰江西、湖北、安徽廣東等省。當是時，賊踪遍東南，攻剿殆無虛日。該故總兵年壯氣銳，蹈厲無前，由軍功洊保副將，感激思奮，前後百數十戰，疊受重傷，或炮子嵌膝骨，刀入膚寸許，血涔涔下，猶打呼殺賊，士氣爲奮。同治六年，以總兵由豫援楚。八年，凱撤回籍。十年，左宗棠調赴甘肅行營，旋克肅州，擒斬首逆，關內肅清，洊保提督。光緒二年，隨臣出關，日帕首踔冰雪中，戰必身先，遂搗古牧地堅巢，並會克烏魯木齊等處。既定北路，復攻克達阪城，以臨南疆，連復喀喇沙爾、庫車、阿克蘇、烏什、和闐各城，仰賴天威，將士用命，而該故總兵愨誠勇敢，口不言功，實爲武弁中不可多得之員。九年，蒙恩補授陝西漢中鎭總兵員缺，以邊防緊要未及赴任，經臣檄飭駐防奎屯。上年，復飭統領庫精馬步等營，進駐庫爾喀喇烏蘇，操演巡防，屹然爲迤北捍蔽。該故總兵馭軍嚴肅，尤能講求邊備。十一年，臣奉旨赴伊犁時過其營壘，壁門之內，耰鋤畢具。該故總兵指揮塍隴間遇士卒，一如家人，課其勤惰，不少貸，故屯務獨爲諸軍冠。又建造廬舍，以處行旅。橋梁道路，無不完固治平，過其境者，雖未睹其人，皆知其能任事也。該故總兵歷年臨陣，身受重傷，出血過多，氣體大損，右膝一炮子傷，深入骨裏，未能取出，尤時時作痛。本年夏間，臥病數日，遂以不起，道路聞之，皆爲流涕。合無仰懇天恩俯准，飭部照提督軍營立功後在營病故例，從優議卹，並將其生平戰績宣付史館，仍附祀左宗棠新疆專祠，以彰忠藎，出自鴻施。除將該故總兵履歷咨部，並飭湯彥和派弁護送遺櫬回籍外，謹會同陝甘總督臣譚鍾麟，恭摺具陳。伏乞皇太后、皇上聖鑒訓示。謹奏。光緒十三年八月初八日◆2

光緒十三年九月初八日，奉◆3 硃批：戴宏勝著照提督軍營立功後在營病故例，從優議卹。餘依議。該衙門知道。欽此。

【案】此摺原件①、錄副②現藏於中國第一歷史檔案館，茲據校補。

1.【尚書銜降一級留任甘肅新疆巡撫二等男臣劉錦棠跪】此前銜據原件補。

2.【光緒十三年八月初八日】此具奏日期，據原件補。

3.【光緒十三年九月初八日，奉】此奉旨日期，據錄副補。

276.調王久銘赴新疆差遣片
光緒十三年八月初八日

再，前督辦新疆糧臺陝西題奏道王久銘，於光緒十一年四月間聞訃丁繼母憂，經臣飭將經手事件辦理就緒，於上年給咨，回籍守制，附片奏明在案◆1。查該員王久銘，廉幹篤實，從臣日久，得力最多，於邊務尤爲熟悉。現在新疆辦事需才，計該員業已服闋。合無仰懇天恩飭下湖南撫臣，轉飭該員原籍湘鄉縣，傳諭王久銘迅赴新疆，畀臣差遣◆2，出自鴻慈。除咨部外，謹附片具陳。伏乞聖鑒訓示。謹奏。

光緒十三年九月初八日，奉◆3 硃批：知道了。即著該部咨行

---

① 中國第一歷史檔案館藏：《硃批奏摺》，檔號：04—01—16—0221—114。

② 中國第一歷史檔案館藏：《錄副奏摺》，檔號：03—5851—090。

湖南巡撫,飭令王久銘迅赴新疆,交劉錦棠差遣。欽此。

【案】此奏片原件①、録副②現藏於中國第一歷史檔案館,兹據校補。

1.【案】光緒十一年七月十六日,劉錦棠奏請行營糧臺陝西題奏道王久銘俟經手事件完竣,再行回籍守制:

> 　　再,督辦行營糧臺陝西題奏道王久銘遣丁呈稱:本年四月初四日接到家信,繼母彭氏於光緒十年十二月初十日在湖南湘鄉縣原籍病故,懇祈奔喪回籍,並請委員接替等情前來。臣查該員王久銘,自光緒八年委辦臺務以來,總核精詳,任勞任怨,迄今三載,經手款項,頭緒繁多,現正趕造報銷,應由該員一手經理,俾免舛誤。當飭該員趕緊核辦,俟經手事件清楚,即行給咨回籍守制。除咨部查照外,理合附片陳明。伏乞聖鑒訓示。謹奏。

> 　　光緒十一年八月十五日,軍機大臣奉旨:知道了。欽此。③

光緒十二年九月十八日④,劉錦棠以陝西題奏道王久銘丁憂回籍守制,奏報委令陳晉蕃接辦糧臺事務:

> 　　再,督辦新疆糧臺陝西題奏道王久銘,上年聞訃丁繼母憂,經臣飭將經手事件核辦完竣,再行給咨回籍,於上年七月附奏陳明在案。兹據該員稟稱:承辦事務業已就緒,並無經手未完事件,懇請回籍守制等情前來。臣覆查無異。當經照例給咨回籍。所遺糧臺事務,查有營務處三品銜甘肅遇缺儘先題奏道陳晉蕃,廉能樸實,綜核精詳,堪以接辦。除由臣檄飭遵照並飭司道會同辦理外,理合附片具陳。伏乞聖鑒。謹奏。

> 　　光緒十二年十月十九日,軍機大臣奉旨:吏部知道。欽此。⑤

①　中國第一歷史檔案館藏:《硃批奏片》,檔號:04—01—16—0221—141。
②　中國第一歷史檔案館藏:《録副奏片》,檔號:03—5227—014。
③　中國第一歷史檔案館藏:《録副奏片》,檔號:03—5199—038。
④　此片之具奏日期,原件、録副俱誤,兹據《軍機處隨手登記檔》(檔號:03—0250—4—1212—273)校正。
⑤　中國第一歷史檔案館藏:《硃批奏片》,檔號:04—01—13—0425—037;《録副奏片》,檔號:03—5214—047。

2.【畀臣差遣】原件、録副均作"俾資差遣",是。

3.【光緒十三年九月初八日,奉】此奉旨日期,據録副補。

【案】光緒十五年八月初六日,甘肅新疆巡撫魏光燾奏委王久銘總理新疆營務:

> 再,新疆營務殷繁,需員經理。查有調赴新疆差遣陝西題奏道王久銘,器識宏遠,曉暢戎機,堪以接理,藉資臂助。除檄委外,謹附片陳明。伏乞聖鑒。謹奏。
>
> 光緒十五年九月十一日,奉硃批:知道了。欽此。①

光緒十五年十二月初九日,魏光燾以巡道要缺需員奏請以王久銘補授阿克蘇兵備道員缺:

> 頭品頂戴護理甘肅新疆巡撫布政使臣魏光燾跪奏,爲揀員請補巡道要缺,以資治理,恭摺仰祈聖鑒事。竊光緒十三年,撫臣劉錦棠請以阿克蘇道袁堯齡調補喀什噶爾道員缺,奉部覆准,並令將所遺阿克蘇道缺由外遴員請補等因。查南路新設道廳州縣各缺,奏准由外揀補一次,以後援照甘肅變通章程辦理。其隨營之分省候選並他省候補各員,從事有年,於道務亦多熟悉,均准留於新疆,照章補署在案。今阿克蘇兵備道員缺,以守兼巡,督飭所屬水利、屯墾、錢糧、刑名,撫馭蒙部,彈壓布魯特,稽②查卡倫,係衝繁疲三缺,亟應遴員請補,以重職守。查有調新差遣二品頂戴鹽運使銜陝西遇缺儘先題奏道烏能依巴圖魯王久銘,現年五十二歲,湖南湘鄉縣人,由文童報效湘軍,於安徽徽州解圍案內保奏,同治元年十一月初八日奉上諭:著以從九品不論雙單月,遇缺儘先即選。欽此。克復旌德、堅守寧國府、涇縣案內保奏,四年二月二十三日奉上諭:著免選本班,以縣丞不論雙單月,儘先即選,並賞戴藍翎。欽此。肅清皖南案內保奏,是年閏五月初一日奉上諭:著免選本班,以知縣儘先選用。欽此。旋因湘軍赴陝,於剿擊回土各匪、肅清陝北、克服甘肅靈州城池案內保奏,九

---

① 中國第一歷史檔案館藏:《録副奏片》,檔號:03—5864—012。

② 原文疑奪,茲補。

年閏十月二十五日奉上諭：著以本班知縣留於陝西，歸候補班前先補用，並俟補缺後，以直隸州知州歸候補班前先補用，並賞加運同銜，賞換花翎。欽此。嗣經部核，所敘在後之加運同銜並換花翎，均逾准獎層數，應毋庸議。蕩平金積堡老巢案內保奏，是年十月初三日奉上諭：著俟知縣補缺後，免補直隸州，以知府仍留原省補用，先換頂戴，並賞換花翎。欽此。經部議駁，另核附奏，蕩平金積堡案內改該員補知縣，以同知直隸州仍留原省歸軍功候補班補用，並換花翎。此次攻破小峽口要隘、力解西寧城圍，又蹈平大通縣屬白陽堡賊巢、復收大通縣城兩案，該員迭次陷陣，擒斬要逆，請由陝西補用同知直隸州加保免補本班，以知府仍留原省，歸軍功候補班補用，飭部分別註冊。十三年七月二十八日奉硃批：吏部知道。欽此。旋經吏部註冊。關隴肅清案內保奏，光緒二年二月初四日奉上諭：著賞加鹽運使銜。欽此。攻克烏魯木齊等城案內保奏，三年九月初五日奉上諭：著賞給三品封典。欽此。新疆南北路一舉蕩平案內保奏，六年正月三十日奉上諭：著免補本班，以道員仍留原省，遇缺儘先題奏。欽此。新疆南路諸軍五次剿平邊寇案內保奏，七年六月二十日奉上諭：著賞加二品頂戴，並賞給二品封典。欽此。八年，奉辦營務，督辦行營糧臺，並委辦老湘中營六載、邊防搜捕餘匪案內保奏，十年十月初四日奉上諭：著給烏能依巴圖魯名號。欽此。十一年，奏委哈密馬步各營，旋丁繼母艱，交卸回籍守制。十三年七月服滿，撫臣劉錦棠以辦事需才，奏請調赴新疆差遣，奉硃批：即著該部咨行湖南巡撫，飭令王久銘迅赴新疆，交劉錦棠差遣。欽此。十五年八月到省。

　　查該員王久銘，廉明篤實，通達治體，在新疆辦事有年，勛勞最著，邊情尤為熟悉，以之請補阿克蘇道員缺，實堪勝任，人地亦極相宜。合無仰懇天恩，俯念邊疆要缺需員治理，准以調新差遣二品頂戴鹽運使銜陝西遇缺儘先題奏道烏能依巴圖魯王久銘補授阿克蘇兵備道員缺，實於地方有裨。如蒙俞允，俟奉部覆，給咨送部引見，以符定制。是否有當，謹會同陝甘總督臣楊昌濬，恭摺具陳。伏乞皇上聖鑒訓示。謹奏。十五年十二月初九日。

光緒十六年正月二十一日,奉硃批:吏部議奏。欽此。①

光緒十六年三月十三日,巡撫魏光燾奏王久銘病故,請旨優恤:

頭品頂戴護理甘肅新疆巡撫布政使臣魏光燾跪奏,爲請補實缺道員在營病故,籲懇天恩,飭部從優議恤,恭摺仰祈聖鑒事。竊二品頂戴鹽運使銜請補阿克蘇道陝西題奏道烏能依巴圖魯王久銘,歷在新疆軍營辦事。光緒十一年,丁憂回籍守制,服闋奏調出關,經臣奏委總理營務。十五年十二月初八日,奏補阿克蘇道員缺,欽奉硃批:吏部議奏。欽此。欽遵在案。尚未奉准部覆,本年二月初六日在營病故。查該員籍隸湖南湘鄉縣。咸豐初年,粵賊竄擾縣境,以治團練指明道員張運蘭領老湘軍出境討賊,邀請襄贊營務,遞前廣東陸路提督劉松山、今撫臣劉錦棠先後接統,更相倚重,參預戎事,總理軍需糧餉。老湘一軍轉戰江、皖、燕、豫、齊、晉、秦、隴,平髮、平捻、平回,以迄蕩平新疆,一切度支,該員一手經理。每軍書告急,餉事奇艱,輒百計千營,辛苦支拄。論者謂是軍能所向立功者,該員實與有力焉。同治八年,果軍勇叛,戕統將高連陞,勾煽湘營。該道督餉陝西綏德州,聞變,乃窨藏之,馳白劉松山,斬首亂十數人,遂定。檔冊、餉裝均無恙。其處事精密,雖倉卒尚如此也。在軍三十餘年,入理軍糈,出臨戰陣,卓著勛勤,有時迅赴戎機,日馳數百里,露處野宿,積受瘴濕,右臂偏廢,以左手代勾核,籌運如故。新疆設行省,立標營,裁遣客軍,清釐積欠,該員總辦糈臺,實與老湘軍相終始。本年二月,偶感風寒,牽動勞疾,咳嗽氣喘,日以增劇,遂致不起。

臣查該故道,秉性沉毅,托志忠雅,資望材器實爲新疆特出之選。方期策以吏事,詎料天不假年。顧念邊材,良深悼惜!除查取履歷清冊咨部,另行揀員請補阿克蘇道員缺,並委員護送該員遺櫬回籍外,合無仰懇天恩俯准,飭部將該員照軍營立功後積勞病故例,從優議恤,並請附祀前廣東陸路提督劉松山甘肅省城專祠,以彰忠藎,出自

---

① 臺北故宮博物院藏:《軍機及宮中檔》,文獻編號:408006655;中國第一歷史檔案館藏:《錄副奏摺》,檔號:03—5260—081。

逾格鴻慈。謹會同陝甘總督臣楊昌濬,恭摺具奏。伏乞皇上聖鑒訓示。謹奏。

光緒十六年三月十三日。光緒十六年四月十五日,奉硃批:著照所請,該部知道。欽此。①

277. 請恤鄒魯彥等六員片

光緒十三年八月初八日

再,臣於光緒九年三月十六日具奏,請將立功後積勞病故員弁蕭傳薪等議恤一摺,並聲明尚有遺漏未報員弁,容俟各軍陸續查報到日,另案辦理,奉旨:著照所請,該部知道。欽此。欽遵辦理在案。茲據各營陸續查報積勞病故文武各員六名,呈懇奏請恩恤前來。查已故補用知府留甘候補同知鄒魯彥,湖北天門縣人。五品銜留廣東補用縣丞宇文鶴,湖南寧鄉縣人。藍翎選用巡檢陳士鐸,湖南湘陰縣人。頭品頂戴記名提督王義和,湖南湘鄉縣人。頭品頂戴題奏提督曾楚勝,湖南湘鄉縣人。副將銜留甘補用參將李桂馨,安徽天長縣人。該故員等均係立功後積勞病故,合無仰懇天恩俯准,飭部一併照軍營立功後積勞病故例議恤,以昭激勸而慰幽魂。除咨部外,理合附片具陳。伏乞聖鑒訓示。謹奏。

光緒十三年九月初八日,奉◆¹硃批:鄒魯彥等均著照軍營立功後積勞病故例議恤。該部知道。欽此。

【案】此奏片原件②、錄副③現藏於中國第一歷史檔案館,茲據校補。原件未署具奏者,且具奏日期亦未確,茲據刻本、錄副判定其爲原件無疑。

---

① 臺北故宮博物院藏:《軍機及宮中檔》,文獻編號:408006682;中國第一歷史檔案館藏:《錄副奏摺》,檔號:03—5264—042。

② 中國第一歷史檔案館藏:《硃批奏片》,檔號:04—01—16—0221—140。

③ 中國第一歷史檔案館藏:《錄副奏片》,檔號:03—5851—091。

1.【光緒十三年九月初八日,奉】此奉旨日期,據録副補。

278. 新疆暫難規復制錢摺

光緒十三年八月十四日

尚書銜降一級留任甘肅新疆巡撫二等男臣劉錦棠跪◆¹奏,爲新疆銅觔不敷鼓鑄,暫難規復制錢,恭摺具陳,仰祈聖鑒事。

竊臣前准部咨:本年正月間欽奉皇太后懿旨:醇親王奕譞◆²等奏會議整頓錢法一摺◆³。規復制錢,必應廣籌鼓鑄,福建所鑄分量稍輕,嗣後每錢一文,均以重一錢爲率,京局及各省一律照辦等因。欽此◆⁴。前已恭録飛咨在案。現在各直省停鑄已久,應再飛咨甘肅新疆巡撫,嚴飭藩司籌款辦銅,加卯鼓鑄。除搭放行用外,餘備酌提等因,咨行到臣。當經轉行遵辦去後,兹據藩司魏光燾詳稱:遵查新疆北路向用制錢,南路向用紅錢。承平時,制錢於伊犂設寶伊局鼓鑄,紅錢於阿克蘇設局,就温宿、拜城、庫車三屬額銅鼓鑄。其錢沿纏俗普爾式樣,枚重一錢三分,以一文當制錢之四,以五百文爲一挂,合銀一兩。自阿古柏竊踞南八城,創鑄天罡,形圓如餅,中無方孔,每圓五分,沿用既久,成色、分量任意低減,流弊滋多。光緒六年,前陝甘督臣左宗棠奏請改鑄銀錢,每圓一錢,製造新式銅模校準,一律交前幫辦軍務陞任山東撫臣張曜設局試辦,以防作僞。因工多費鉅,旋復停止。北路制錢亦爲入關商民携帶略盡,市肆遂通用天罡。南路仍天罡、紅錢並用。十一年,因各屬完納額銅,民多不便,改徵糧石。阿克蘇局需用之銅,遂招民承采,由官價購。然小民類多窮苦,必須公家先給成本。嗣擬廣籌紅錢,爲禁革天罡地步,復於北路南山試挖銅礦,就省鼓鑄,而以庫車銅益之。南路則以拜城等處之銅專供阿克蘇局,無如產銅之區多係童山,且隔民居,動輒數站,負糧運炭,咸苦遠涉。北路人煙稀少，工價更昂，銅復不旺。以故南山銅觔歲不滿萬，溫宿、拜城、庫車三屬合計亦不過五萬餘觔。工匠技藝未嫻，每日工祇成錢一挂。而北路多寒，南路多熱，每年又需停工三五月不等。以銅炭價值、折耗、薪工等項通盤核計，阿克蘇局之錢，每挂需本銀九錢五六分，以錢一挂易銀一兩，尚屬有贏。省城則需本銀一兩九分有零，不無賠貼。若鑄制錢，按新疆從前市價二千文易銀一兩，賠貼將及三倍，時地所限，萬難如內地籌辦之易。請俟礦務暢旺，經費漸減，再行改鑄制錢等情，詳請具奏前來。

臣維規復制錢，必廣籌鼓鑄。欲籌鼓鑄，必先辦銅觔，如福建等省鼓鑄之銅，或取資鄰省，或轉購外洋。新疆僻在西陲，水道不通，礙難照辦。而紅錢五百文計重四觔一兩，制錢一千文計重六觔四兩，以錢合銀，紅錢五百文易銀一兩，制錢二千文易銀一兩，兩相比較，制錢費銅多至兩倍有奇，改鑄制錢勢必益形竭蹶。合無仰懇天恩俯念新疆銅礦不旺，暫難規復制錢，准用沿鑄紅錢照常行使，一俟工商輻輳，物價日平，銅觔足供鼓鑄，徐圖改造制錢，以歸畫一，出自聖裁。除伊犁原設寶伊局能否照舊辦理由署伊犁將軍臣錫綸就近查明奏辦外，謹會同陝甘總督臣譚鍾麟，恭摺具陳。是否有當，伏乞皇太后、皇上聖鑒訓示。謹奏。光緒十三年八月十四日◆5。

光緒十三年九月十四日，奉◆6硃批：戶部知道。欽此。

【案】此摺原件①、錄副②現藏於中國第一歷史檔案館，茲據校補。

1.【尚書銜降一級留任甘肅新疆巡撫二等男臣劉錦棠跪】此前銜據原件補。

---

① 中國第一歷史檔案館藏：《硃批奏摺》，檔號：04—01—35—1372—060。
② 中國第一歷史檔案館藏：《錄副奏摺》，檔號：03—9529—065。

2.【奕譞】刻本因諱空"譞"，茲據原件補。

3.【案】光緒十三年正月二十七日，醇親王奕譞等奏議開爐鼓鑄制錢五款事：

　　臣奕譞等謹奏，爲欽遵懿旨，會議覆陳，恭摺仰祈聖鑒事。竊臣等面奉慈禧端佑康頤昭豫莊誠皇太后懿旨：戶部奏遵議開爐鼓鑄各事宜摺，御史文海奏規復制錢預定期限摺，並整頓錢法章程片，著一併會議具奏。欽此。竊上年七月間，臣等會同戶部、工部籌議整頓錢法，並豫擬規復制錢時辦理章程六條摺內，詳陳規復舊制，本以廣籌鼓鑄爲最要。欽奉懿旨：照所請行。此次戶部奏請於各省運解制錢，意在輔京局鼓鑄之不足。惟未將開爐鼓鑄各事宜分晰陳明，致煩聖慈訓飭。現經該部臚陳鼓鑄事宜四條，臣等公同商閱，並將御史文海條陳摺片參酌妥善，應將規復制錢一事趕緊籌辦，而變通務期盡利裕國，尤在便民。目前辦法仍不外籌工本、購銅鉛、儲制錢數大端。謹將節目次第分條臚陳，伏求聖慈采擇。

　　一、戶、工兩局現存鑪座應先行鼓鑄制錢也。上年原奏聲明三年內京局仍舊鼓鑄當十大錢，係爲支付各項放款起見。現據戶部奏稱，統計現存銅觔，戶、工兩局一年內尚可按卯鼓鑄，現存鉛觔雖屬不敷，業已催辦，自應就現在鑪座先行鼓鑄制錢備用，再將應添鑪座陸續興辦，以期規復舊額。其應用銅鉛應如戶部所議，趕緊采購。至鑄錢銅鉛搭用成數，查咸豐三年以前所用制錢，以銅五成四分、鉛四成六分配鑄。現於滇銅之外添購洋銅，係屬創舉，應如何分成之處，由戶部考察銅質，均勻配用，務使銖兩悉稱，錢質堅好。

　　一、機器鑄錢仍應令直隸、江蘇等省核實舉辦也。查李鴻章、曾國荃、崧駿咨覆戶部文內，縷陳機器制錢工本過虧，種種爲難等情。從來創辦一事，難於圖始，若購外洋機器鑄錢，誠不免多費資本。然如閩浙督臣楊昌濬所奏機器局鑄鐵各節，工本尚無虧折。應請飭下李鴻章等，仿照福建章程，再行切實籌議，不得畏難推卸。至福建既已著有成效，擬由戶部籌銀二十萬兩，撥給該省作爲工本，加卯鼓鑄，以鑄成之錢抵飾解京。應如何核算銀兩，由部酌定，仍令閩省將輪機辦法詳細具奏。其餘四川等省本設有機器局者,亦令推廣籌議,酌量試辦。查閩省機器局所鑄新錢,銅質細膩,打磨光净,較尋常局鑄爲精。雖分兩稍輕,而私鑄無從仿造,民間必知寶貴。設與局鑄錢分兩相等,恐啓私銷之弊,且康熙年間制錢亦有兼鑄九分者。擬請嗣後各省制錢如由機器局鑄造,每錢一文,均照福建定章,以八分五釐爲率。其京局及例應鼓鑄制錢各省,每錢一文,仍以重一錢爲率。

一、銅本務須籌撥的款也。云南辦銅,向有銅本,業由戶部先後籌撥銀二百萬兩,各省未能一律解清。本月據岑毓英奏催欠款,已有旨令戶部速議具奏。查銅礦爲鑄錢之根本,如果内地銅苗暢旺,辦理得法,何須購自外洋? 云南銅礦籌辦多年,近來運京之銅不及從前十分之一。推原其故,一由籌辦之不力,一由銅本之不足。嗣後擬由戶部籌撥的款,嚴催認真興辦,該省督撫不得以經費不足有所藉口。至鉛勘爲貴州、湖南出産,應由戶部核定需用數目,籌款多購。至雲南、四川等省采銅較便,應令多加卯數,認真鼓鑄。

一、各省制錢應令酌量搭解無須多提也。查沿江、沿海各省釐金局,均有抽收制錢易錢解餉之事。若將制錢運京備用,亦屬權宜之一策。戶部前奏,擬令湖北等省於應解京餉銀内,共酌易制錢一百二十萬串。臣等查民間摇惑之情與商人趨利之私,到處皆然,若提錢過多,必至錢價驟長,亦非市廛不擾之意。擬令江蘇、湖北、江西、浙江、安徽等省各該督撫酌量該省情形,能提若干即提若干,一面奏報,一面分批解至天津,聽候戶部提用。此係轉輸錢文,以羨補不足之意,各該督撫不得藉詞推諉,戶部尤不得因有外省解錢之舉,致鼓鑄事宜稍涉觀望。

一、當十大錢擬籌款設局收買,並於税捐兩項搭收也。京城行用當十大錢,業已三十餘年,自無遽廢之理。上年臣等所擬章程六條,於新抵、籌收、搭交各節已陳大概,惟均就官鑄大錢言之。至於私鑄攙雜,不知凡幾。若論整頓圜法,自應一概棄置。惟市肆貿易通用已久,小販營生行使尤多。若一旦盡歸無用,頓絶生機,是私鑄奸民獲其利,窮檐小民受其害。聖慈體恤民隱,必在矜憫之列。此次文海摺內於收買打錢一節兼及私鑄，不爲無見。即使將來改鑄，折耗甚多，而損上益下，恩逮閭閻，實足固國本而培民命，似應將現行當十錢文一律設局收買，仍須嚴立期限，酌定觔數，應如何杜絕流弊之處，由戶部悉心籌議。至崇文門兩翼等處稅項、部庫收捐等項准其按成搭收各節，擬請仍照上年奏定章程，由戶部臨時奏辦。

以上五條，臣等參酌時勢，悉心核議，是否有當，恭候命下，行知該部遵照辦理。至文海所請豫定期限、特降懿旨等語，恭查本月十三日欽奉懿旨，飭部臣於一年內辦理就緒，天下臣民亦可家喻戶曉，似無須重複明降懿旨，該御史所請，應毋庸議。所有臣等會議緣由，理合恭摺具陳。伏乞皇太后聖鑒訓示。謹奏。光緒十三年正月二十七日。臣奕譞，臣世鐸（假），臣額勒和布，臣張之萬，臣許庚身，臣孫毓汶。①

4.【案】此"廷寄"現存於《光緒朝上諭檔》及《清實錄》，茲照錄如下：

軍機大臣字寄：戶部大學士直隸總督一等肅毅伯李，兩江總督一等威毅伯曾，閩浙總督楊，雲貴總督兼署雲南巡撫岑：光緒十三年正月二十七日欽奉慈禧端佑康頤昭豫莊誠皇太后懿旨：醇親王奕譞等奏會議整頓錢法分條臚陳一摺。規復制錢，必應廣籌鼓鑄，福建機器局辦理既有成效，應即仿照試鑄，以期逐漸推行，著李鴻章先行購置機器一分，就天津機器局趕緊鼓鑄，運京應用。福建所鑄新錢較尋常局鑄爲精，惟八分五釐，分兩稍輕。嗣後每錢一文，均以重一錢爲率，京局及各省一律照辦，不得稍有參差。至京局鑄錢，尤須銅質光潔，砂滓淘淨，應如何加配銅斤，俾錢質堅好，可資經久，著戶部詳細考察，妥籌辦理。即就現有鑪座迅速鼓鑄，毋許稍涉延宕。雲南籌辦銅礦，本日已准戶部奏撥的款五十萬兩。該省辦運銅斤，需款甚鉅。著再由部庫陸續籌撥的款，以資應用。餘均照所議行。原摺著鈔給閱

①　中國第一歷史檔案館藏：《硃批奏摺》，檔號：04—01—35—1372—042；《錄副奏摺》，檔號：03—9529—008。

看。將此諭知戶部，並由五百里各諭令知之。欽此。遵旨寄信前來。①

5.【光緒十三年八月十四日】此具奏日期，據原件補。

6.【光緒十三年九月十四日，奉】此奉旨日期，據錄副補。

279. 遵旨籌辦塔爾巴哈臺事務摺

光緒十三年九月初十日

尚書銜降一級留任甘肅新疆巡撫二等男臣劉錦棠跪◆1奏，爲遵旨籌辦塔爾巴哈臺事務，恭摺仰祈聖鑒事。

竊臣前奉到八月初二日上諭，當即恭錄咨行去後。茲復承准軍機大臣字寄：光緒十三年八月初六日奉上諭：前據劉錦棠奏塔爾巴哈臺勇丁潰變籌辦大概情形，當經諭令該大臣等督飭各營，併力兜剿。茲復據錫綸奏塔城營勇潰變，派隊馳往剿撫，劉錦棠奏潰勇就撫仍籌整頓各一摺。覽奏，均悉。此項勇丁聚衆嘩潰，雖據稱開導歸營，尚未別滋擾害。惟該三營同時煽亂，並膽敢戕斃營官，其平時積習甚深，目無法紀，已可概見。儻不認真究辦，何以肅軍令而重邊防！即著該大臣等懍遵前旨，務將首要各犯嚴拿懲辦，並將起釁緣由確切查明，據實具奏，毋得遷就了事。其各營就撫人衆應如何一律遣撤，著劉錦棠等於事竣後，察看情形，妥籌辦理。將此由六百里各諭令知之。欽此。

伏查此起潰勇就撫之後，臣飭提督湯彥和仍酌帶隊伍，前往額敉勒河附近地方擇要駐扎，並委營務處二品頂戴分省遇缺儘先題奏道袁鴻祐會同前往察看情形。旋據該員等稟稱：該處各營自

___

① 中國第一歷史檔案館編：《光緒朝上諭檔》，第十三冊，第27—28頁；《清實錄·德宗景皇帝實錄（四）》，卷二百三十八，光緒十三年正月，第212頁。

光緒十一年奏明照楚軍營制之後，每年發滿餉三個月、鹽菜九個月。餉係照章發給，鹽菜則每月按名發銀一兩或一兩二錢不等，從無短缺。惟營官轉發，間有以貨物抵折者，又或私相挪用，延不發清，以致衆心懷恨。中營營官陳明德性情嚴急，曾因細故鞭撻什長馬士勛至死復蘇，衆尤不服。該處營規向不准給假，馬士勛之黨遂暗布謠言，謂不准給假是永無歸期，又無發給存餉之望，欲以此激衆爲變。六月二十七日夜，馬士勛爲首，糾合勇丁王得勝等，戕殺營官陳明德，即舉火爲號。其時營中持械出應者尚無多人，迨馬士勛等聲言營官已死，有不出應者即當搜殺，衆始紛然嘩潰。右營什長張玉春、周國棟亦乘亂戕殺營官，同時響應。左營祗殺◆² 數十人竄出，餘均未動。由是參贊衙署及隨員私寓搶劫一空，餉項、軍裝已多被劫，惟未擾及街市。既變之後，衆思竄赴伊犁，爲南湖兩馬隊所扼，知事不成，始行就撫。經參贊查明首犯馬士勛、張玉春、周國棟，又續獲魏生林、王得勝、陳萬明等，一併正法。該處各營本未能足額，聞此次收撫之後，中營存勇二百三十餘名、左營一百五十餘名、右營一百三十餘名而已。稟報前來。又准署塔爾巴哈臺參贊大臣春滿咨鈔七月十七日奏稿，查與該道等所稟大略相同。惟於初變之時如何搶劫，既撫之後曾否嚴追，並未言及。其由西湖拿獲之杜天成、張玉成二犯，供詞狡展，現正飭查取確情，俟該處查覆至日再行核辦。此查明起釁根由及拿獲首要各犯分別懲辦之實在情形也。

　　臣前與錫綸函商，誠恐其務爲遷就，當由錫綸檄飭提督馬玉崑會同該處在事各員認真清理，仍察其可留者，編列入營。其不可留者，即令概行遣撤。現復經錫綸奏委副都統額爾慶額馳往該處，接辦參贊大臣印務◆³，自係爲徹底清查起見，臣自應欽遵諭旨，仍會同錫綸妥籌辦理，以期上慰宸廑。惟查關外防軍多由內地招募，一經入伍，或至十有餘年，人情久役思歸，非勢力之所能禁。以故臣軍自新疆底定以來，雖未能一律遣撤，然必隨時准假，或量爲募補，或歸併成旗，無歲不然，行之亦便。近因設立行省，請改就標營之制，而仍存其客勇之名。誠以著籍爲兵，勢不能聽其求去。新疆既無土著可募爲兵，即不能不爲變通之計。幸蒙聖慈允准，各將士歡忭同深。伊犁、塔爾巴哈臺等處勇營事同一律，而獨不聽其乞假，或雖准假而存餉轇轕不清，累月經年，猶須守候，相沿既久，習爲故常，坐使姦人得有所藉口。此次杜天成到案，並供稱初潰之際，聞亂黨以得歸相慶，異口同聲，則其弊較然可睹。從前伊犁營勇屢次嘩潰，大率皆由於此。應請旨飭下各該處將軍、參贊，嗣後應查明弁勇，實係入營年久者，即當酌量准假，並清其存餉，勿使稽延，著爲定章，每年以一二成爲率，仍隨時募補，以重操防，庶張弛得宜，而軍心亦定矣。

抑臣愚見所及，有不得不並以陳明者，臣前於本年三月十二日會同督臣譚鍾麟，奏請增設伊塔道及府廳縣以下各官，並聲明各該處標營亦應俟道府各官設定後，酌量變通，奏明辦理。奉硃批：該部議奏。欽此。現在尚未接准部覆，應俟接到部覆後，如經照准，則伊犁、塔爾巴哈臺等處除各旗營應由將軍、參贊妥籌布置外，其鎮協各標應如何整頓，臣自應悉心籌議，不敢避勞。如部議各仍其舊，即應請旨飭下該將軍、參贊，督飭各將領認真經理。臣即毋庸置議。否則，十羊九牧，其令難行，轉非所以慎重邊防之道。現在臣軍遣裁老勇，改發坐糧，辦理已將就緒。惟湯彥和所部各營，因該提督開往前途，未及同時舉辦，臣比飭該提督，俟額爾慶額到後，即督率所部仍回西湖，將應辦事宜迅速辦理。俟塔爾巴哈臺等處設官議定，再定行止，以順事機。是否有當，謹會同陝甘總督臣譚鍾麟，恭摺具奏。伏乞皇太后、皇上聖鑒訓示。謹奏。光緒十三年九月初十日◆4。

光緒十三年十月初八日，奉◆⁵硃批：覽奏，均悉。所籌伊犁等處勇營給假清餉各節，尚屬妥善，即著劉錦棠咨行該將軍、參贊，一體認真核辦，以肅軍紀而重邊防。餘依議。欽此。

【案】此摺原件①、録副②現藏於中國第一歷史檔案館，兹據校補。

1.【尚書銜降一級留任甘肅新疆巡撫二等男臣劉錦棠跪】此前銜據原件補。

2.【殺】原件、録副均無"殺"，刻本衍。

3.【案】光緒十三年九月初一日，署伊犁將軍錫綸奏報擬以副都統額爾慶額先行馳往塔爾巴哈臺整頓嘩潰勇丁事：

奴才錫綸跪奏，爲塔爾巴哈臺潰勇雖已就撫，事多掩飾，所辦實未妥協，擬以副都統額爾慶額先行馳往，認真整頓，以維邊局，恭摺瀝陳，候旨遵行，仰祈聖鑒事。

竊奴才前據署塔爾巴哈臺參贊大臣春滿來函，所稱六月二十七日該處營勇嘩潰、戕官焚署等情，並奴才撥派馬步各隊由捷徑星馳前往相機剿撫一切情形，於七月初六日奏報在案。嗣於七月十四、十五等日，連接春滿等文稟，據稱潰勇旋於七月初四日皆已收撫歸伍，閭閻游牧均無驚擾等語。奴才見其收撫太速且易，又無懲治首惡，安集脅從作何辦法，詞意含糊，不能無疑。當札令提督馬玉崑仍帶軍標等旗馬隊五百名，馳往額敉勒河行營，會同該處辦理收撫各員，務將首先倡亂之人拿獲正法，其餘脅從分別遣留，缺額另行募補，永絕後患。其餘提督王鳳鳴、參將汪友元等馬步各隊，皆已撤回伊犁，免多勞擾。旋據署塔爾巴哈臺屯防副將陳榮光及提督馬玉崑等先後呈稱：已將首犯馬士熏等四名拿獲，正法梟示。又逸犯杜天成、張玉成等二名，亦由庫爾喀喇烏蘇防營盤獲。其餘逸犯，已通飭各路防營一體嚴拿。嗣又據陳榮光、馬玉崑等稟稱，續獲首犯魏生林一名正法梟示，餘犯

────────────

① 中國第一歷史檔案館藏：《硃批奏摺》，檔號：04—01—16—0221—003。
② 中國第一歷史檔案館藏：《録副奏摺》，檔號：03—6108—036。

楊景堂等六名遞解回籍等情。是所辦撫局已少有端倪,似可無庸再事更張。惟查陳榮光、馬玉崑等及奴才舊部各員所稟,僉稱參贊衙署並未焚毀,庫存餉銀、軍裝等項皆被劫掠一空,軍械火器已多被毀壞。吐爾扈特練兵無人管束,皆潰散,自歸游牧,沿途並擄掠農民牛馬。種種情形,均關緊要。及閱春滿奏咨,皆隱飾其辭,僅以應行查辦事宜、容俟查明呈報前來另行奏明辦理等語,故作含糊,不知其意之所在。

奴才伏思此次潰勇,變聲倉猝,原爲防範所不及。春滿身任大員,正宜自行檢舉,實言無隱,乘此亂後力求整頓,爲亡羊補牢之計,乃該署參贊大臣臨事倉皇,事後姑息,詞多粉飾,意圖規避,其爲不能振作,已可概見。塔爾巴哈臺地方華夷雜處,俄境包其西北兩面,內患不清,外侮何禦?且與烏魯木齊、伊犂輔依鼎峙,實爲嚴疆重鎮,折足覆餗,十分可憂。至餉局爲合軍待命之源,軍裝局所有軍械、衣物雖至細微,無不由內地轉運儲備,以待需用,一有缺乏,置辦即屬不易。今春滿皆隱瞞不言,遷就了事,養癰遺患,遲之又久,必致頑民慣成驕悍,外族狡啓戎心,有壞邊防,所關匪細。奴才受恩深重,不敢扶同容隱,自干嚴譴。昨接撫臣劉錦棠來函,亦稱塔爾巴哈臺反側未安,恐春滿窘手,事多遷就,派員前赴該處,查訪切實情形等語,自係爲邊防大局起見,與奴才意見相同。查新任將軍色楞額雖已由藏啓程,道途既遠,俟其到任,奴才交卸,尚需時日。而塔爾巴哈臺事機緊迫,不容延緩,新設副都統奴才額爾慶額現已到任。所有應辦事宜雖須布置,較之塔爾巴哈臺現時情形,似當移緩就急。奴才商以奴才額爾慶額暫往接辦塔爾巴哈臺參贊大臣印務,以次整頓,並確查被掠餉銀、軍裝實在數目。其署參贊大臣春滿辦理不善,一蹶不能復振,應令先回伊犂額魯特領隊大臣本任,聽候諭旨。額爾慶額擬一面發摺,一面即於本月初六日啓程前往,合併聲明。奴才爲邊務所關、礙難刻緩起見,是否有當,謹會同新疆撫臣劉錦棠,合詞恭摺具陳。伏乞皇太后、皇上聖鑒訓示。謹奏。光緒十三年九月初一日。

光緒十三年十月初八日,奉硃批:另有旨①。欽此。②

光緒十三年十月十一日,額爾慶額奏報馳抵塔爾巴哈臺接辦參贊印務日期:

奴才額爾慶額跪奏,爲恭報奴才遵照奏咨馳抵塔爾巴哈臺接辦參贊大臣印務日期,仰祈聖鑒事。竊奴才於本年九月初二日接准署伊犁將軍錫綸咨開:本年九月初一日,會同新疆巡撫劉錦棠由驛具奏塔爾巴哈臺潰勇雖已就撫,事多掩飾,所辦實未妥協③,擬以奴才先行馳往,接辦塔爾巴哈臺參贊印務,並由伊犁挑派步隊兩旗,隨奴才前往,酌量裁添。奴才渥蒙殊恩,補授伊犁副都統,到任甫經三月,未報涓埃……於九月初六日由伊犁起程,二十四日抵額敉勒河行營。十月初二日,經署參贊大臣春滿將印行文卷派員齎送前來。奴才當即恭設香案,望闕碰頭,暫行接印受事……前急務,奴才自經諭知,深懼弗勝。惟有力矢慎勤,次第籌畫,悉心布置,以期仰答高厚鴻慈於萬一,斷不敢以暫時權事稍有怠忽。查提督徐得標酌帶惠遠後旗步隊一旗,已於十月初四日到額敉勒河行營,奴才飭令暫於南岸駐扎,一俟接守前旗步隊到齊,即將綏遠各營久役思歸及不可留伍者查明,裁汰定妥,以便酌量歸併,添補原額,迨春滿將旗漢各營員弁兵勇花名清冊暨糧餉、軍裝、屯田項移交前來,奴才查明後,另行具奏。謹將奴才遵照奏咨接辦塔爾巴哈臺參贊大臣印務日期各緣由,恭摺附驛具奏。伏乞皇太后、皇上聖鑒。謹奏。十月十一日。

光緒十三年十一月二十一日,奉硃批:知道了。欽此。④

4.【光緒十三年九月初十日】此具奏日期,據原件補。

---

① "辛卯,諭軍機大臣等:錫綸奏塔爾巴哈臺潰勇就撫,事多掩飾,擬派員接辦一摺。額爾慶額准其暫行接辦參贊印務,即著錫綸傳諭該副都統將該處勇營認真整頓,並將春滿辦理遷就情形及被掠銀物各數,確切查明,據實具奏,毋稍徇隱。春滿著暫回本任,聽候諭旨。至額爾慶額接辦參贊印務,錫綸未經奏准,輒即派往,著飭行。將此由五百里諭令知之。"(《清實錄·德宗景皇帝實錄(四)》,卷二百四十八,光緒十三年十月,第336頁)

② 中國第一歷史檔案館藏:《硃批奏摺》,檔號:04—01—01—0957—008.《録副奏摺》,檔號:03—5228—017。

③ 此處二十餘字摺面字迹漫漶,兹據錫綸摺推補。

④ 中國第一歷史檔案館藏:《録副奏摺》,檔號:03—5229—096。

5.【光緒十三年十月初八日,奉】此奉旨日期,據錄副補。

280.請旌節婦張楊氏摺

光緒十三年九月十九日

尚書銜降一級留任甘肅新疆巡撫二等男臣劉錦棠跪◆1奏,爲已故節婦年例相符,懇恩旌表,以維風化,恭摺仰祈聖鑒事。

竊據三品銜遇缺題奏道陳晉蕃等稟稱:查有已故同鄉湖南湘潭縣節婦張楊氏,係處士楊應章之女、張品光之妻、理問銜分省補用縣丞張曜先之母,十四歲于歸,逾五年而品光病。氏旦夕禱神,願代夫死。既而品光没,氏年十九,誓以身殉,一慟幾絕。旋念舅姑在堂,祖母年老,病風痺瘖不能語,孤子未離乳哺,遂矢志守節。家極貧,夜或燃松脂,紡績達旦,堂上甘旨,未嘗缺乏,相繼喪葬,亦悉如禮。其子讀書、婚配諸費,皆竭力經營,以迄成立。而於親屬之貧者,復分潤之,不少吝。没年五十六歲,守節三十七年。職道等誼屬同鄉,見聞既確,未便聽其湮没,造具事實册結,聯名稟懇具奏前來。臣查定例,各省節孝婦女應旌表者,由督撫、學政會同具奏,其外省節孝婦女,亦准同鄉官出具册結,公懇奏咨,歷經遵辦在案。兹據稟前情,臣覆核無異。合無仰懇天恩俯准敕部照例旌表,以彰苦節而維風化。除將事實册結咨部外,謹會同陝甘總督臣譚鍾麟、甘肅學政臣秦澍春,恭摺具奏。伏乞皇太后、皇上聖鑒訓示。謹奏。光緒十三年九月十九日◆2。

光緒十三年十月二十二日,奉◆3硃批:著照所請,禮部知道。欽此。

【案】此摺原件①、録副②現藏於中國第一歷史檔案館,兹據校補。

1.【尚書銜降一級留任甘肅新疆巡撫二等男臣劉錦棠跪】此前銜據原件補。

2.【光緒十三年九月十九日】此具奏日期,據原件補。

3.【光緒十三年十月二十二日,奉】此奉旨日期,據録副補。

281. 鎮西廳禾稼被災情形片

光緒十三年九月十九日

　　再,臣據藩司魏光燾詳:八月初八日據鎮西廳同知甘承謨詳稱:該廳夏間雨水調勻,豆麥滋長。不料入秋以後,田鼠爲害。七月初八日復降大雪,甫經晴霽,又霜結如冰,禾稼迭遭凍萎。據各鄉約先後禀報,該廳於十九、二十至二十四五等日,親往各處履勘。查東路大泉、東西渠、大黑溝、小黑溝、石人子、拱北爾、松樹塘、北鄉、坂坊溝◆¹、樓坊溝、紅旗溝等處,遍地鼠穴,旱種之小麥、青稞、莞豆、油菜均被嚙斷,苗脚僅存,並無收穫。遲糧亦被凍壞,約僅可收一二三分不等。東北沙山子、柳溝,旱糧被鼠,遲糧被凍,較各處尤甚,收成更無可望。其武威户暨西路花墻子、西大墩,或地處卑濕,或沙磧較多,雖無鼠傷,疊經霜雪凝凍,結穟秕瘦,收成亦僅約二三分。惟近營屯之三渠、四渠、大有莊、淵泉、敦煌、玉門各渠居中平衍,損傷較少,尚可收四五分之譜。已由司飭令先行撫恤,一面移道委員,前往會勘等情。詳請具奏前來。臣查鎮西廳,地本瘠苦,遇此災傷,情殊可憫,當即飭司移行覆勘,清查被災户口,分別輕重,妥爲撫恤。一面確查地畝、糧數,實係鼠傷若干,凍傷若干,是否成災,錢糧

①　中國第一歷史檔案館藏:《硃批奏摺》,檔號:04—01—14—0083—092。

②　中國第一歷史檔案館藏:《録副奏摺》,檔號:03—5546—048。

應否蠲緩,即日分晰,稟覆核辦。除俟查辦完竣另案再辦外,所有鎮西廳被鼠被凍大概情形,謹附片具陳。伏乞聖鑒訓示。謹奏。

　　光緒十三年十月二十二日,奉◆2硃批:知道了。著即飭屬查明被災戶口,分別妥籌撫恤。餘依議。該部知道。欽此。

　　【案】此奏片原件①、録副②現藏於中國第一歷史檔案館,原件未署具奏者,且具奏日期亦未確,兹據刻本、録副判定其爲原件無疑。

　　1.【坂坊溝】原件、録副均作"板坊溝"。

　　2.【光緒十三年十月二十二日,奉】此奉旨日期,據録副補。

282. 綏來濟木薩秋禾被災情形片

光緒十三年九月二十八日

　　再,北路鎮西廳屬各莊禾稼被鼠、被凍情形,業經臣附片奏明在案。兹據綏來縣知縣李原琳申稱:該縣七月初九、初十、十一等夜迭降大霜,皓若積雪。八月二十二三等日,據各鄉農約稟報:各色秋禾自被霜後,早者漿漸乾枯,半成秕殼,遲者未經結實,日就萎悴。經該縣下鄉逐段履勘,查東南西北四鄉秋禾,在芒種前播種者,稻子約被災五分,高粱、糜穀、小穀約被災七分。其播種較遲者,並無顆粒,委係因霜凍壞。又據署濟木薩縣丞酆甲英申稱:該屬近山一帶,七月半間,麥禾迭被霜雪,雖旋經晴霽,而結顆迄難圓滿,甚至苗葉焦黃。據各渠農約稟報,當經馳往勘驗,其中太平、長山、興隆三渠被災較重,全無收穫者,計有五十餘户,餘與各渠約凍傷十之五六,平地雖無凍傷之害,而雀啄蟲傷,田鼠嚙食,

①　中國第一歷史檔案館藏:《硃批奏片》,檔號:04—01—04—0030—009。
②　中國第一歷史檔案館藏:《録副奏片》,檔號:03—9470—007。

又至七八分不等。先後懇請委員蹓勘，稟報前來。臣查定例，夏災不出六月底，秋災不出九月底。甘肅地氣較遲，夏災不出七月半，秋災不出十月半。關外北路地氣尤遲，現值招徠屯墾，遇此災傷，亟應妥爲安撫。當飭藩司魏光燾一面飭查被災戶口，分別輕重，先行撫恤，一面移道委員分赴該兩屬會勘是否成災，錢糧應否蠲緩，據實結報詳辦。除俟詳覆至日另案奏明辦理，餘仍查明有無災傷陸續陳奏外，所有綏來、濟木薩兩屬秋禾被災大概情形，謹附片具陳。伏乞聖鑒訓示。謹奏。

　　光緒十三年十月二十二日，奉◆[1] 硃批：知道了。著即督飭查明被災戶口，分別妥籌撫恤。餘依議。該部知道。欽此。

　　【案】此奏片原件①、録副②現藏於中國第一歷史檔案館。原件未署具奏者，且具奏日期僅署“光緒朝”，録副日期亦未確，兹據刻本、《軍機處隨手登記檔》③校正。

　　1.【光緒十三年十月二十二日，奉】此奉旨日期，據録副補。

283. 庫爾喀喇烏蘇廳稻穀被災情形片

光緒十三年十月十七日

　　再，臣前於奏報綏來縣、濟木薩兩屬被災案内，曾經聲明餘仍查明有無災傷、陸續陳奏在案。兹據署庫爾喀喇烏蘇廳同知符瑞申稱：該廳入秋以後，迭降嚴霜，稻穀均被凍傷，其結實者又被鼠耗。據各鄉農約會同新老戶民稟報，當即下鄉逐勘。查四鄉新安之戶，自本年三月報領荒地，發給牛籽、農具、銀兩，飭令疏通渠

①　中國第一歷史檔案館藏：《硃批奏片》，檔號：04—01—23—0204—021。
②　中國第一歷史檔案館藏：《録副奏片》，檔號：03—7103—029。
③　中國第一歷史檔案館藏：《軍機處隨手登記檔》，檔號：03—0254—2—1213—313。

道，及時墾種，不料全無收穫。其老户已墾熟地，已被霜凍鼠嚙，間有收割，不敷籽種。懇請委員勘驗，並奏請蠲免等情前來。臣查該廳新安各户甫經領墾，老户額糧歲祇六十餘石，人稀地廣，正在招徠，遇此重災，不但成本、額糧無可追繳，而嗷嗷待哺，實堪憫惻。除飭藩司魏光燾移道委員，會同確切覆勘，分別新老户民，蠲免額糧、成本，並應如何給賑及來春應否接濟，據實詳報，再行詳細具奏外，所有庫爾喀喇烏蘇廳被災情形，謹附片具陳。伏乞聖鑒訓示。謹奏。

　　光緒十三年十一月二十一日，奉◆¹硃批：知道了。欽此。

　　【案】此奏片原件①、録副②現藏於中國第一歷史檔案館。原件未署具奏者，且具奏日期亦未確，兹據刻本、《軍機處隨手登記檔》③校正。

　　1.【光緒十三年十一月二十一日，奉】此奉旨日期，據録副補。

284. 新疆提鎮標路員缺營制餉章仿照撫標擬議摺
光緒十三年十月二十七日

　　頭品頂戴陝甘總督臣譚鍾麟、尚書銜降一級留任甘肅新疆巡撫二等男臣劉錦棠跪◆¹奏，爲新疆喀什噶爾、阿克蘇、巴里坤提鎮標路各營員缺、營制、餉章，仿照撫標章程分別擬設，謹繕具清單，恭摺仰祈聖鑒事。

　　竊臣等前奏設立新疆撫標參用勇營章程，現准部臣議覆內開：提鎮各營，據稱擬照此章，以次議設，應令該督等體察情形，即行會商興辦等因。奉旨允准欽遵在案。惟查喀什噶爾、阿克蘇、

①　中國第一歷史檔案館藏：《硃批奏片》，檔號：04—01—01—0957—096。
②　中國第一歷史檔案館藏：《録副奏片》，檔號：03—6224—006。
③　中國第一歷史檔案館藏：《軍機處隨手登記檔》，檔號：03—0254—2—1213—334。

新疆省城，原駐開花炮隊三哨，最利攻剿。邊防要地，未便因改設營制，遽予遣撤，擬於喀什噶爾提屬、阿克蘇鎮屬，各照舊設開花炮隊一哨，並於前設撫標內加設開花炮隊一哨，均隸各城守營管轄，咨行商辦去後。茲准署提臣譚上連咨稱：先後會同喀什噶爾正署巡道袁垚齡、黃光達查察地勢情形，擬議呈請酌辦前來。

　　查喀什噶爾地處極邊，緊與俄鄰，原議以烏魯木齊提督移駐，俾資鎮守。今擬設提標中前左右四營，參將一員，游擊三員，守備七員，千總、把總、經制外委四十五員，步隊四營，馬隊七旗。城守營擬設游擊一員，守備二員，千總、把總、經制外委十員，步隊、馬隊一旗，開花炮隊一哨。回城駐分巡通商道員，中俄交涉，尤關緊要，擬設副將一員，都司一員，守備一員，千總、把總、經制外委十二員，步隊一營，馬隊二旗。英吉沙爾東連葉爾羌，西南緊要◆2奈曼、布魯特，卡倫最多，防閑不易，擬設參將一員，守備一員，千總、把總、經制外委九員，步隊一營，馬隊一旗。莎車州即葉爾羌，西界愛烏罕，南連英屬之退擺特，西南山徑通英屬之克什米爾各部落，防範宜嚴，擬設副將一員，都司一員，守備二員，千總、把總、經制外委十五員，步隊一營，馬隊三旗。其所屬之葉城縣，即由所設馬隊內分右旗一旗駐防。瑪喇巴什東接阿克蘇，南通莎車州，西連喀什噶爾，爲往來衝衢，實上下關鍵，擬設游擊一員，守備一員，千總、把總、經制外委七員，步隊一旗，馬隊一旗。和闐州南通西藏，西南緊與英鄰，巡防宜密，擬設參將一員，守備一員，千總、把總、經制外委九員，步隊一營，馬隊一旗。其所屬之于闐縣，即由所設步隊內分左哨駐防。再，喀什噶爾與各外部毗連，往來文報必須翻譯。查烏魯木齊提標中、左兩營，原設蒙古千總各一缺，茲參用勇營章程，千總必須帶哨，擬於中營另設蒙古把總二缺，歸提署差遣。遇有缺出，仍由古城滿營合例人員內補放。以上各營，均歸提督管轄。計設副將二員、參將三員、游擊五員、都司二員、守備十五員、千總十九員、把總五十五員、經制外委三十五員，並提督共官一百三十七員。步隊九營一旗，馬隊十六旗，開花炮隊一哨，除火勇共設正勇六千三百九十七名。並酌設提督稿書十名、纏文書辦二名、通事二名，以資辦公。此擬設喀什噶爾提標官弁勇丁之數目情形也。

又據署阿克蘇鎮總兵董福祥會同護阿克蘇道陳名鈺呈稱：查阿克蘇居南疆適中之地，非駐重兵不足以資策應，擬設鎮標中左右三營，游擊三員，守備六員，千總、把總、經制外委三十六員，步隊三營，馬隊六旗，並將左營馬隊抽撥一旗，分駐拜城縣治。城守營擬設都司一員，守備一員，千總、把總、經制外委五員，步隊一旗，開花炮隊一哨。烏什兼轄胡什齊、奇里克各布魯特，又連俄境，防衛關重，擬設副將一員，都司二員，守備一員，千總、把總、經制外委十六員，步隊一營一旗，馬隊二旗。喀喇沙爾爲南疆門戶，蒙回雜處，南通羅布淖爾，擬設參將一員，守備一員，千總、把總、經制外委九員，步隊一營，馬隊一旗。庫車爲東西通衢，所屬沙雅爾民情刁悍，擬設游擊一員，守備一員，千總、把總、經制外委七員，步隊一旗，馬隊一旗，並於中營另設蒙古把總二缺，由古城滿營合例人員內補放，歸鎮署差遣。以上各營，均歸總兵管轄。計設副將一員、參將一員、游擊四員、都司三員、守備十員、千總十三員、把總三十九員、經制外委二十三員，並總兵共官九十五員。步隊五營三旗、馬隊十旗、開花炮隊一哨，除火勇共設正勇四千五百三十三名，仍酌設鎮署稿書八名、纏文書辦二名、通事二名。此擬設阿克蘇鎮標官弁勇丁之數目情形也。

至巴里坤鎮標路各營，原額馬步兵三千六百七十二名，現止八百八十五名，缺額已逾三倍，部臣謂未改各營，須酌留兵額，以符舊制。竊維現在因勇設標，係出一時權宜之計，而大致與原額相仿，俟將來察看土著可募爲兵，自可徐圖規復兵制，或仿照各省練兵章程，仍可隨時參酌辦理。茲據巴里坤鎮總兵徐占彪呈稱：
擬設鎮標中左右三營，游擊三員，守備三員，千總、把總、經制外委
二十七員，步隊三營，馬隊三旗。城守營擬設都司一員，千總、把
總、經制外委四員，步隊一旗。哈密協營擬設副將一員，都司一
員，守備一員，千總、把總、經制外委十二員，步隊一營，馬隊二旗。
哈密協屬塔爾納沁擬設守備一員，把總一員，步隊一哨。古城營
擬設游擊一員，守備一員，千總、把總、經制外委九員，步隊一營，
馬隊一旗。木壘營擬設守備一員，把總、經制外委三員，馬隊一
旗。仍於中營另設蒙古把總二缺，由古城滿營合例人員內補放，
歸鎮署差遣。以上各營，均歸總兵管轄。計設副將一員、游擊四
員、都司二員、守備七員、千總十一員、把總二十九員、經制外委十
八員，並總兵共官七十三員。步隊五營一旗一哨，馬隊七旗，除火
勇共設正勇三千五百一十七名，並添設鎮署稿書八名、清書二名。
此擬設巴里坤鎮標官弁勇丁之數目情形也。

　　總共提鎮標路各營官弁俸薪、蔬紅、廉費、馬乾料草折價及書
辦通事口食，世職世俸，牧馬掃雪兵丁鹽菜、鞠鞋等項，歲需銀一
十萬零三千六百九十一兩六錢四分八釐，勇丁較原議人數有減無
增，餉項照依撫標章程，歲需銀九十六萬一千九百六十五兩四錢
八分。例馬草料，北路額徵較少，前設撫標議給半本半折，巴里坤
應請照舊全支折色。南路額徵料草尚多，喀什噶爾、阿克蘇擬概
發給本色，歲需京斗料四千五百三十六石，歲需草二十一萬一千
六百八十束。兩鎮標路各營均歸提督管轄，提鎮各營均由撫臣節
制。飭據藩司魏光燾議覆，詳請具奏前來。臣等覆核無異。謹分
別繕具清單，恭呈御覽。仰懇飭下戶、兵等部核議，並將前設撫標
加設開花炮隊一哨併案議覆遵行。其餘未盡事宜，仍俟陸續察
酌，隨時奏明辦理。所有仿照撫標擬設喀什噶爾提屬，阿克蘇、巴
里坤鎮屬標路各營員缺、營制、餉章，暨添設撫標炮隊各緣由，謹

會同署提督臣譚上連,合詞恭摺具奏。伏乞皇太后、皇上聖鑒訓示。再,此摺係臣錦棠主稿,合併聲明。謹奏。十月二十七日◆3。

　　光緒十三年十二月初一日,奉◆4 硃批:該部議奏。單三件併發◆5。欽此。

　　【案】此摺缺原件,録副①現藏於中國第一歷史檔案館,茲據校補。

　　1.【頭品頂戴陝甘總督臣譚鍾麟、尚書銜降一級留任甘肅新疆巡撫二等男臣劉錦棠跪】此前銜據録副補。

　　2.【緊要】録副作"緊接",是。

　　3.【十月二十七日】此具奏日期,據録副補。

　　4.【光緒十三年十二月初一日,奉】此奉旨日期,據録副補。

　　5.【案】陝甘總督譚鍾麟、新疆巡撫劉錦棠呈擬設新疆喀什噶爾提屬及阿克蘇、巴里坤鎮屬標路各營哨官弁勇丁數目清單:

　　　　謹將擬設喀什噶爾提屬,阿克蘇、巴里坤鎮屬標路各營哨官弁勇丁數目繕具清單,恭呈御覽。計開

　　　　一、擬設喀什噶爾提標步隊四營、馬隊七旗。内中營步隊一營,營官中軍參將一員,前左兩哨哨長千總二員,右後兩哨哨長把總二員,又蒙古把總二員,巡查經制外委二員。左旗馬隊一旗,旗官中軍守備一員,左右兩哨哨長把總二員,巡查經制外委一員。右旗馬隊一旗,旗官守備一員,左右兩哨哨長把總二員,巡查經制外委一員。左營步隊一營,營官游擊一員,前左兩哨哨長千總二員,右後兩哨哨長把總二員,巡查經制外委二員。左旗馬隊一旗,旗官中軍守備一員,左右兩哨哨長把總二員,巡查經制外委一員。右旗馬隊一旗,旗官守備一員,左右兩哨哨長把總二員,巡查經制外委一員。右營步隊一營,營官游擊一員,前左兩哨哨長千總二員,右後兩哨哨長把總二員,巡查經制外委二員。左旗馬隊一旗,旗官中軍守備一員,左右兩哨哨長把總二員,巡查經制外委一員。右旗馬隊一旗,駐扎烏帕爾旗官守

備一員,左右兩哨哨長把總二員,巡查經制外委一員。前營步隊一營,營官游擊一員,前左兩哨哨長千總二員,右後兩哨哨長把總二員,巡查經制外委二員。馬隊一旗,旗官中軍守備一員,左右兩哨哨長把總二員,巡查經制外委一員。

一、擬設喀什噶爾提標城守營步隊一營,營官游擊一員,前左兩哨哨長千總二員,右後兩哨哨長把總二員,巡查經制外委二員。馬隊一旗,駐扎玉斯圖阿爾圖什莊旗官中軍守備一員,左右兩哨哨長把總二員,巡查經制外委一員。開花炮隊一哨,守備一員,把總一員。

一、擬設喀什噶爾回城協營步隊一營、馬隊二旗。內中營步隊一營,營官副將一員,前左兩哨哨長千總二員,右後兩哨哨長把總二員,巡查經制外委二員。左旗馬隊一旗,旗官中軍都司一員,左右兩哨哨長把總二員,巡查經制外委一員。右旗馬隊一旗,駐扎明瑤路旗官守備一員,左右兩哨哨長把總二員,巡查經制外委一員。

一、擬設英吉沙爾步隊一營,營官參將一員,前左兩哨哨長千總二員,右後兩哨哨長把總二員,巡查經制外委二員。馬隊一旗,旗官中軍守備一員,左右兩哨哨長把總二員,巡查經制外委一員。

一、擬設莎車協營步隊一營、馬隊三旗。內中營步隊一營,營官副將一員,前左兩哨哨長千總二員,右後兩哨哨長把總二員,巡查經制外委二員。中旗馬隊一旗,旗官中軍都司一員,左右兩哨哨長把總二員,巡查經制外委一員。左旗馬隊一旗,旗官守備一員,左右兩哨哨長把總二員,巡查經制外委一員。右旗馬隊一旗,駐防葉城縣治旗官守備一員,左右兩哨哨長把總二員,巡查經制外委一員。

一、擬設瑪喇巴什營步隊一旗,旗官游擊一員,中哨哨長千總一員,右後兩哨哨長把總二員,巡查經制外委一員。馬隊一旗,旗官中軍守備一員,左右兩哨哨長把總二員,巡查經制外委一員。

一、擬設和闐營步隊一營,營官參將一員,前左兩哨哨長千總二員,右後兩哨哨長把總二員,巡查經制外委二員。內分左哨駐防于闐縣治。馬隊一旗,旗官中軍守備一員,左右兩哨哨長把總二員,巡查經制外委一員。

　　以上計步隊九營一旗、馬隊十六旗、開花炮隊一哨。除提督外，共員弁一百三十六員，勇丁六千三百九十七名。除員弁廉俸等項照章支給外，勇餉按照撫標章程扣算，每年約計六大建、六小建，共需銀四十三萬五千五百三十兩零九錢四分。

　　一、擬設阿克蘇鎮標步隊三營、馬隊六旗。內中軍步隊一營，營官中軍游擊一員，前左兩哨哨長千總二員，右後兩哨哨長把總二員，又蒙古把總二員，巡查經制外委二員。左旗馬隊一旗，旗官中軍守備一員，左右兩哨哨長把總二員，巡查經制外委一員。右旗馬隊一旗，旗官守備一員，左右兩哨哨長把總二員，巡查經制外委一員。中營步隊一營，營官游擊一員，前左兩哨哨長千總二員，右後兩哨哨長把總二員，巡查經制外委二員。左旗馬隊一旗，旗官中軍守備一員，左右兩哨哨長把總二員，巡查經制外委一員。右旗馬隊一旗，旗官中軍守備一員，左右兩哨哨長把總二員，巡查經制外委一員。右營步隊一營，營官游擊一員，前左兩哨哨長千總二員，右後兩哨哨長把總二員，巡查經制外委二員。左旗馬隊一旗，旗官中軍守備一員，左右兩哨哨長把總二員，巡查經制外委一員。右旗馬隊一旗，旗官中軍守備一員，左右兩哨哨長把總二員，巡查經制外委一員。分防拜城縣治。

　　一、擬設阿克蘇城守營步隊一旗，旗官城守都司一員，中哨哨長千總一員，左右兩哨哨長把總二員，巡查經制外委一員。開花炮隊一哨，守備一員、把總一員。

　　一、擬設烏什協營步隊一營一旗、馬隊二旗。內中營步隊一營，營官副將一員，前左兩哨哨長千總二員，右後兩哨哨長把總二員，巡查經制外委二員。中旗步隊一旗，旗官中軍都司一員，中哨哨長千總一員，左右兩哨哨長把總二員，巡查經制外委一員。左旗馬隊一旗，旗官都司一員，左右兩哨哨長把總二員，巡查經制外委一員。右旗馬隊一旗，旗官守備一員，左右兩哨哨長把總二員，巡查經制外委一員。

　　一、擬設喀什噶爾營步隊一營，營官參將一員，前左兩哨哨長千總二員，右後兩哨哨長把總二員，巡查經制外委二員。馬隊一旗，旗官中軍守備一員，左右兩哨哨長把總二員，巡查經制外委一員。

一、擬設庫車營步隊一旗,旗官游擊一員,中哨哨長千總一員,左右兩哨哨長把總二員,巡查經制外委一員。馬隊一旗,旗官中軍守備一員,左右兩哨哨長把總二員,巡查經制外委一員。

以上計步隊五營三旗、馬隊十旗、開花炮隊一哨。除總兵外,共員弁九十四員,勇丁四千五百三十三名。除員弁廉俸等項照章支給外,勇餉按照撫標章程扣算,每年約計六大建、六小建,共需銀二十九萬九千七百零八兩七錢。

一、原設巴里坤鎮標三營步兵八百三十八名,馬兵一千一百一十七名,官處總兵一員外,游擊三員,守備三員,千總六員,把總一十二員,經制外委一十八員,額外外委一十八名。擬設巴里坤鎮標步隊三營、馬隊三旗。內中營步隊一營,營官中軍游擊一員,前左兩哨哨長千總二員,右後兩哨哨長把總二員,又蒙古把總二員,巡查經制外委二員。馬隊一旗,旗官中軍守備一員,左右兩哨哨長把總二員,巡查經制外委一員。左營步隊一營,營官游擊一員,前左兩哨哨長千總二員,右後兩哨哨長把總二員,巡查經制外委二員。馬隊一旗,旗官中軍守備一員,左右兩哨哨長把總二員,巡查經制外委一員。右營步隊一營,營官游擊一員,前左兩哨哨長千總二員,右後兩哨哨長把總二員,巡查經制外委二員。馬隊一旗,旗官中軍守備一員,左右兩哨哨長把總二員,巡查經制外委一員。

一、原設鎮標城守營步兵八十三名、馬兵九十七名,都司一員,千總一員,把總二員,經制外委二員,額外外委二名。擬設巴里坤城守營步隊一旗,旗官都司一員,中哨哨長千總一員,左右兩哨哨長把總二員,巡查經制外委一員。

一、原設鎮屬哈密協並塔爾納沁二營步兵四百四十七名,馬兵三百八十三名,副將一員,都司二員,千總二員,把總六員,經制外委六員,額外外委七名。擬設哈密協營步隊一營、馬隊二旗。內中營步隊一營,營官副將一員,前左兩哨哨長千總二員,右後兩哨哨長把總二員,巡查經制外委二員。左旗馬隊一旗,旗官中軍都司一員,左右兩哨哨長把總二員,巡查經制外委一員。右旗馬隊一旗,旗官守備一員,左右兩哨哨長把總二員,巡查經制外委一員。擬設塔爾納沁營步隊一哨,屯田守備一員,把總一員,仍歸哈密協副將管轄。

一、原設鎮屬古城營步兵二百二十名、馬兵一百八十五名,游擊一員,千總一員,把總二員,經制外委四員,額外外委四名。擬設古城營步隊一營,營官游擊一員,前左兩哨哨長千總二員,右後兩哨哨長把總二員,巡查經制外委二員。馬隊一旗,旗官中軍守備一員,左右兩哨哨長把總二員,巡查經制外委一員。

一、原設鎮屬木壘營步兵一百七十四名、馬兵一百二十八名,守備一員,把總二員,經制外委二員,額外外委二名。擬設木壘營馬隊一旗,旗官守備一員,左右兩哨哨長把總二員,巡查經制外委一員。

以上計步隊五營一旗一哨、馬隊七旗。除總兵外,共員弁七十二員,勇丁三千五百一十七名。除官弁廉俸等項照章支給外,勇餉按照撫標章程扣算,每年約計六大建、六小建,共需銀二十二萬六千七百二十五兩八錢四分。①

譚鍾麟、劉錦棠呈擬定各營旗哨等營制、餉章清單:

謹將擬定各營旗哨暨開花炮隊營制、餉章,繕具清單,恭呈御覽。計開

一、步隊一營,以四百九十八人爲定額,私夫在外。每營營官一員,除每歲廉俸、薪蔬、紙紅、馬乾本折料草等項銀兩照章支領外,每月加製辦旗幟、號衣銀六十兩,不扣建。私夫十六名,每名月支銀二兩七錢,扣建。營書四名,每名月支銀六兩,扣建。前左兩哨哨長千總二員,除每歲養廉、俸薪、馬乾等項銀兩照章支領外,每員加私夫二名,每名月支銀二兩七錢,扣建。右後兩哨哨長把總二員,除每歲養廉、俸薪、馬乾等項銀兩照章支領外,每員加私夫二名,每名月支銀二兩七錢,扣建。巡查經制外委二員,除每歲養廉、俸薪、馬乾等項銀兩照章支領外,每員加私夫二名,每名月支銀二兩七錢,扣建。親兵什長、額外外委六名,每名月支銀四兩五錢,扣建。各哨什長三十二名,

① 中國第一歷史檔案館藏:《清單》,檔號:03—5754—062。

每名月支銀四兩二錢，扣建。親兵六十六名、哨書護兵二十名，每名月支銀三兩九錢，扣建。正勇三百二十名，每名月支銀三兩六錢，扣建。伙夫四十三名，每名月支銀三兩，扣建。共大建月支銀一千九百三十七兩四錢，小建月支銀一千八百七十四兩八錢二分。

一、步隊一旗以三百六十七人爲定額，私夫在外。每旗旗官一員，除每歲廉俸、薪蔬、紙紅、馬乾等項銀兩照章支領外，每月加製辦旗幟、號衣銀五十兩，不扣建。私夫八名，每名月支銀二兩七錢，扣建。營書三名，每名月支銀六兩，扣建。中哨哨長千總一員，除每歲養廉、俸薪、馬乾等項銀兩照章支領外，加私夫二名，每名月支銀二兩七錢，扣建。左右兩哨哨長千總二員，除每歲養廉、俸薪、馬乾等項銀兩照章支領外，每員加私夫二名，每名月支銀二兩七錢，扣建。巡查經制外委一員，除每歲養廉、俸薪、馬乾等項銀兩照章支領外，加私夫二名，每名月支銀二兩七錢，扣建。親兵什長、額外外委四名，每名月支銀四兩五錢，扣建。各哨什長二十四名，每名月支銀四兩二錢，扣建。親兵四十四名、哨書護兵十五名，每名月支銀三兩九錢，扣建。正勇二百四十名，每名月支銀三兩六錢，扣建。伙夫三十二名，每名月支銀三兩，扣建。共大建月支銀一千四百二十兩零一錢，小建月支銀一千三百七十四兩四錢三分。

一、步隊一哨以一百四十人爲定額，私夫在外。守備一員，除每歲廉俸、薪蔬、紙紅、馬乾等項銀兩照章支領外，每月加製辦旗幟、號衣銀十六兩，不扣建。私夫四名，每名月支銀二兩七錢，扣建。營書一名，每名月支銀六兩，扣建。把總一員，除每歲養廉、俸薪、馬乾等項銀兩照章支領外，加私夫二名，每名月支銀二兩七錢，扣建。什長八名，每名月支銀四兩二錢，扣建。護兵四名、每名月支銀三兩九錢，扣建。正勇八十名，每名月支銀三兩六錢，扣建。伙夫九名，每名月支銀三兩，扣建。共大建月支銀四百二兩四錢，小建月支銀三百八十九兩五錢二分。

一、馬隊一營以二百五十人爲定額，伙夫、私夫在外。每營營官一員，除每歲廉俸、薪蔬、紙紅、馬乾等項銀兩照章支領外，每月加製辦旗幟、號衣銀五十兩,不扣建。私夫十六名,每名月支銀二兩七錢,扣建。營書三名,每名月支銀六兩。馬夫各半名,月支銀一兩三錢五分,扣建。月支雜費銀六錢,不扣建。前左兩哨哨長千總二員,除每歲養廉、俸薪、馬乾等項銀兩照章支領外,每員加私夫二名,每名月支銀二兩七錢,扣建。右後兩哨哨長把總二員,除每歲養廉、俸薪、馬乾等項銀兩照章支領外,每員加私夫二名,每名月支銀二兩七錢,扣建。巡查經制外委二員,除每歲養廉、俸薪、馬乾等項銀兩照章支領外,每員加私夫二名,每名月支銀二兩七錢,扣建。親兵領旗額外外委二名,每名月支銀四兩五錢。馬夫各半名,月支銀一兩三錢五分,扣建。月支雜費銀六錢,不扣建。各哨領旗二十名,每名月支銀四兩二錢。馬夫各半名,月支銀一兩三錢五分,扣建。月支雜費銀六錢,不扣建。親兵十八名、哨書護兵二十名,每名月支銀三兩九錢。馬夫各半名,月支銀一兩三錢五分,扣建。月支雜費銀六錢,不扣建。馬勇一百八十名,每名月支銀三兩六錢。馬夫各半名,月支銀一兩三錢五分,扣建。月支雜費銀六錢,不扣建。伙夫二十七名,每名月支銀三兩,扣建。營書、額外外委及領旗、哨書親兵、護兵、正勇,每名騎馬一匹,每匹月支馬乾銀二兩四錢,扣建。其營哨、巡查各官馬匹本折料草、馬乾照章支領,不另議給。共大建月支銀二千一百七十兩八錢五分,小建月支銀二千一百零五兩一分五釐,例馬價照章支領。

一、馬隊一旗以一百二十六人爲定額,伙夫、私夫、馬夫在外。每旗旗官一員,除每歲廉俸、薪蔬、紙紅、馬乾等項銀兩照章支領外,每月加製辦旗幟、號衣銀二十五兩,不扣建。私夫八名,每名月支銀二兩七錢,扣建。營書二名,每名月支銀六兩。馬夫各半名,月支銀一兩三錢五分,扣建。月支雜費銀六錢,不扣建。左右兩哨哨長把總二員,除每歲養廉、俸薪、馬乾等項銀兩照章支領外,每員加私夫二名,每名月支銀二兩七錢,扣建。巡查經制外委一員,除每歲養廉、俸薪、馬乾等項銀兩照章支領外,每員加私夫二名,每名月支銀二兩七錢,扣建。親兵領旗額外外委三名,每名月支銀四兩五錢。馬夫各半名,月支銀一兩三錢五分。馬夫各半名,月支銀一兩三錢五分,扣建。月支雜費銀六錢，不扣建。各哨領旗八名，每名月支銀四兩二錢。馬夫各半名，月支銀一兩三錢五分，扣建。月支雜費銀六錢，不扣建。親兵二十七名，哨書護兵一十名，每名月支銀三兩九錢。月支銀一兩三錢五分，扣建。月支雜費銀六錢，不扣建。馬勇七十二名，每名月支銀三兩六錢。馬夫各半名，月支銀一兩三錢五分，扣建。月支雜費銀六錢，不扣建。伙夫十四名，每名月支銀三兩，扣建。營書、額外外委及領旗、哨書親兵、護兵、正勇每名騎馬一匹，每匹月支馬乾銀二兩四錢，扣建。其旗哨、巡查各官馬匹本折料草、馬乾照章支領，不另議給。共大建月支銀一千零九十八兩一錢，小建月支銀一千零六十四兩七錢七分，例馬價照章支領。

一、開花炮隊一哨以九十二人爲定額，私夫、車夫在外。每哨守備一員，除每歲廉俸、薪蔬、紙紅、馬乾等項銀兩照章支領外，每月加製辦旗幟、號衣銀十六兩，不扣建。私夫四名，每名月支銀二兩七錢，扣建。營書一名，月支銀六兩，扣建。把總一員，除每歲養廉、俸薪、馬乾等項銀兩照章支領外，加私夫二名，每名月支銀二兩七錢，扣建。護兵四名，每名月支銀四兩二錢，扣建。炮勇七十二名，每名月支銀三兩九錢，扣建。伙夫七名，每名月支銀三兩，扣建。車夫八名，每名月支銀三兩，扣建。車騾十六頭，每頭月支乾銀二兩四錢，扣建。共大建月支銀四百四十六兩二錢，小建月支銀四百三十一兩八錢六分。查開花炮隊口糧，向較馬步營旗爲優。此次裁改坐糧，自難照舊支給。茲照步隊餉章，量爲加增，以示區別，合併聲明。①

譚鍾麟、劉錦棠呈擬設喀什噶爾提屬，阿克蘇、巴里坤鎮屬各營官弁數目清單：

謹將擬設喀什噶爾提屬、阿克蘇、巴里坤鎮屬標路各營官弁數目，繕具清單，恭呈御覽。計開

一、擬設喀什噶爾提督一員，除俸銀照章停支外，歲需薪蔬銀三百二十四兩、紙紅銀二百兩、養廉銀二千八百兩，例馬二十匹，馬乾銀

---

①　中國第一歷史檔案館藏：《清單》，檔號：03—5754—063。

六十兩,共銀三千三百八十四兩,本色京斗料一百五十四石二斗八升五合七勺,本色草七千二百束。

一、擬添設喀什噶爾提署稿書十名,每名月支銀六兩,歲共支銀七百二十兩。纏文書辦二名,每名月支銀四兩八錢,歲共支銀一百十五兩二錢。通事二名,每名月支銀九錢,歲共支銀二十一兩六錢。總共歲需銀八百五十兩八錢,遇閏加增,小建扣除。理合登明。

一、擬設喀什噶爾提標步隊四營、馬隊七旗,共官五十八員,內參將一員,游擊三員,守備七員,千總八員,把總二十二員,蒙古把總二員,經制十五員,例馬一百一十八匹,經制騎操馬十五匹。歲需俸薪、蔬紅、養廉、馬乾等項銀一萬二千七百九十九兩三錢,公費銀二千三百九十四兩四錢二分七釐,本色京斗料一千零二十六石,本色草四萬七千八百八十束。

一、擬設喀什噶爾提標城守營步隊一營、馬隊一旗、開花炮隊一哨,共官十三員。內游擊一員,守備二員,千總二員,把總五員,經制三員,例馬二十八匹,經制騎操馬三匹。歲需俸薪、蔬紅、養廉、馬乾等項銀三千零六十五兩七錢五分二釐,公費銀五百三十四兩五錢二分,本色京斗料二百三十九石一斗四升二合九勺,本色草一萬一千一百六十束。

一、擬設喀什噶爾回城協營步隊一營、馬隊二旗,共官十五員。內副將一員,都司一員,守備一員,千總二員,把總六員,經制四員,例馬三十六匹,經制騎操馬四匹。歲需俸薪、蔬紅、養廉、馬乾等項銀四千零八十兩零一錢零四釐,公費銀一千三百六十五兩五錢九分七釐,本色京斗料三百八石五斗七升一合四勺,本色草一萬四千四百束。

一、擬設英吉沙爾營步隊一營、馬隊一旗,共官十一員。內參將一員,守備一員,千總二員,把總四員,經制三員,例馬二十四匹,經制騎操馬三匹。歲需俸薪、蔬紅、養廉、馬乾等項銀二千六百九十九兩零四分四釐,公費銀七百九十兩八錢六分七釐,本色京斗料二百八石二斗八升五合七勺,本色草九千七百二十束。

一、擬設莎車協營步隊一營、馬隊三旗,共官十九員。內副將一員,都司一員,守備二員,千總二員,把總八員,經制五員,例馬四十四匹,經制騎操馬五匹。歲需俸薪、蔬紅、養廉、馬乾等項銀四千八百五十七兩八錢一分二釐,公費銀一千三百六十五兩五錢九分七釐,本色京斗料三百七十八石,本色草一萬七千六百四十束。

一、擬設瑪喇巴什營步隊一旗、馬隊一旗,共官九員。內游擊一員,守備一員,千總一員,把總四員,經制二員,例馬二十匹,經制騎操馬二匹。歲需俸薪、蔬紅、養廉、馬乾等項銀二千二百一十六兩零四分四釐,公費銀五百三十四兩五錢二分,本色京斗料一百六十九石七斗一升四合三勺,本色草七千九百二十束。

一、擬設和闐營步隊一營、馬隊一旗,共官十一員。內參將一員,守備一員,千總二員,把總四員,經制三員,例馬二十四匹,經制騎操馬三匹。歲需俸薪、蔬紅、養廉、馬乾等項銀二千六百九十九兩零四分四釐,公費銀七百九十兩八錢六分七釐,本色京斗料二百八石二斗八升五合七勺,本色草九千七百二十束。

以上總共設官一百三十七員,歲需俸薪、蔬紅、養廉、馬乾、口食等項銀三萬六千六百五十七兩九錢,公費銀七千七百七十六兩三錢九分五釐,本色京斗料二千六百九十二石二斗八升五合七勺,本色草一十二萬五千六百四十束。

一、擬設阿克蘇總兵一員,除俸銀照章停支外,歲需薪蔬銀二百八十四兩,紙紅銀一百六十兩,養廉銀二千一百兩,例馬十六匹,馬乾銀四十八兩。共銀二千五百九十二兩,本色京斗料一百二十三石四斗二升八合六勺,本色草五千七百六十束。

一、擬設阿克蘇鎮署稿書八名,每名月支銀六兩,歲共支銀五百七十六兩。纏文書辦二名,每名月支銀四兩八錢,歲共支銀一百一十五兩二錢。通事二名,每名月支銀九錢,歲共支銀二十一兩六錢。總共歲需銀七百一十二兩八錢,遇閏加增,小建扣除,理合登明。

一、擬設阿克蘇鎮標步隊三營、馬隊六旗,共官四十七員。內游擊三員,守備六員,千總六員,把總一十八員,蒙古把總二員,經制外委一十二員,例馬九十四匹,經制騎操馬十二匹。歲需俸薪、蔬紅、養廉、馬乾等項銀一萬一百兩二錢五分六釐,公費銀二千四百三十八兩九錢四分五釐,本色京斗料八百一十七石七斗一升四合三勺,本色草三萬八千一百六十束。

一、擬設阿克蘇城守營步隊一旗、開花炮隊一哨,共官七員。內都司一員,守備一員,千總一員,把總三員,經制一員,例馬一十六匹,經制騎操馬一匹。歲需俸薪、蔬紅、養廉、馬乾等項銀一千七百零七兩一錢零四釐,公費銀三百五十六兩三錢三分三釐,本色京斗料一百三十一石一斗四升二合八勺,本色草六千一百二十束。

一、擬設烏什協營步隊一營一旗、馬隊二旗,共官二十員。內副將一員,都司二員,守備一員,千總三員,把總八員,經制五員,例馬四十六匹,經制騎操馬五匹。歲需俸薪、蔬紅、養廉、馬乾等項銀五千二百零二兩五錢,公費銀一千三百六十五兩五錢九分七釐,本色京斗料三百九十三石四斗二升八合六勺,本色草一萬八千三百六十束。

一、擬設喀什噶爾營步隊一營、馬隊一旗,共官一十一員。內參將一員,守備一員,千總二員,把總四員,經制三員,例馬三十四匹,經制騎操馬三匹。歲需俸薪、蔬紅、養廉、馬乾等項銀二千六百九十九兩零四分四釐,公費銀七百九十兩八錢六分七釐,本色京斗料二百八石二斗八升五合七勺,本色草九千七百二十束。

一、擬設庫車營步隊一旗、馬隊一旗,共官九員。內游擊一員,守備一員,千總一員,把總四員,經制二員,例馬二十匹,經制騎操馬二匹。歲需俸薪、蔬紅、養廉、馬乾等項銀二千二百一十六兩零四分四釐,公費銀五百三十四兩五錢二分,本色京斗料一百六十九石七斗一升四合三勺,本色草七千九百二十束。

以上總共設官九十五員,歲需俸薪、蔬紅、養廉、馬乾、口食等項銀二萬五千二百二十九兩七錢四分八釐,公費銀五千四百八十六兩二錢六分二釐,本色京斗料一千八百四十三石七斗一升四合三勺,本色草八萬六千零四十束。

一、巴里坤鎮總兵一員,除俸銀照章停止外,歲需薪蔬銀二百八十四兩,紙紅銀一百六十兩,養廉銀二千一百兩,例馬十六匹,馬乾銀四十八兩,料草折價銀三百五十七兩九錢四分三釐,共銀二千九百四十九兩九錢四分三釐。

一、添設巴里坤鎮署稿書八名,每名月支銀六兩,歲共支銀五百七十六兩。清書二名,每名月支銀四兩八錢,歲共支銀一百一十五兩二錢。總共歲需銀六百九十一兩二錢,遇閏加增,小建扣除。理合登明。

一、擬設巴里坤鎮標步隊三營、馬隊三旗,共官三十五員。內游擊三員,守備三員,千總六員,把總一十二員,蒙古把總二員,經制外委九員,例馬七十匹,經制騎操馬九匹。歲需俸薪、蔬紅、養廉、馬乾、料草折價等項銀九千五百三十四兩四錢七分三釐,公費銀一千八百七十兩三錢六分四釐。

一、擬設巴里坤城守營步隊一旗,共官五員。內都司一員,千總一員,把總二員,經制外委一員,例馬十匹,經制騎操馬一匹。歲需俸薪、蔬紅、養廉、馬乾、料草折價等項銀一千三百六十八兩四錢八分二釐,公費銀一百七十八兩一錢七分三釐。

一、擬設哈密協營步隊一營、馬隊二旗,共官一十五員。內副將一員,都司一員,守備一員,千總二員,把總六員,經制外委四員,例馬三十六匹,經制騎操馬四匹。歲需俸薪、蔬紅、養廉、馬乾、料草折價等項銀四千九百七十四兩九錢六分二釐,公費銀六百二十四兩六分五釐。

一、擬設哈密協屬塔爾納沁屯田步隊一哨,共官二員。內守備一員,把總一員,例馬六匹。歲需俸薪、蔬紅、養廉、馬乾、料草折價等項銀七百一十八兩九錢三分七釐,公費銀八十三兩七錢。

一、擬設古城營步隊一營、馬隊一旗,共官一十一員。內游擊一員,守備一員,千總二員,把總四員,經制外委三員,例馬二十二匹,經制騎操馬三匹。歲需俸薪、蔬紅、養廉、馬乾、料草折價等項銀三千零四十兩三錢二分九釐,公費銀三百五十六兩三錢四分七釐。

一、擬設木壘營馬隊一旗,共官四員。內守備一員,把總二員,經制外委一員,例馬八匹,經制騎操馬一匹。歲需俸薪、蔬紅、養廉、馬乾、料草折價等項銀九百七十九兩五分一釐，公費銀二百六十七兩七錢一分七釐。

一、標營世職騎都尉一員，雲騎尉四員，歲需世俸銀四百五十兩。

一、東廠牧馬兵丁三十二名，歲需鹽菜、鞾鞋銀三百四十五兩六錢。

一、天山掃雪兵丁三十名，共歲需鞾鞋銀一百八兩。

以上總共設官七十三員，並世職共歲需俸薪、蔬紅、養廉、例馬、料草折價、世俸、鹽菜、鞾鞋、口食等項銀二萬五千一百六十兩九錢七分七釐，公費銀三千三百八十兩三錢六分六釐。再，前奏設撫標，官弁俸薪、蔬紅、廉例、公費等項銀兩，係按定章折實扣算。現在經部議覆，准以十成實銀發給，無庸減成，是以單內將提鎮標路各營官弁俸薪、廉費等項，均按十成之數開列，合併聲明。①

_____

① 中國第一歷史檔案館藏：《清單》，檔號：03—5754—064。

劉錦棠奏稿卷十四

起光緒十三年十一月，訖光緒十四年六月

285. 估修古城衙署兵房等工立案摺

光緒十三年十一月初一日

尚書銜降一級留任甘肅新疆巡撫二等男臣劉錦棠跪◆1奏，爲估修古城旗營衙署兵房等工，請旨飭部立案，恭摺仰祈聖鑒事。

竊照烏魯木齊、巴里坤旗營遷併古城，前經奏明就原建齊臺縣新城蓋造房屋，以資居止，當飭藩司魏光燾委員勘修去後。兹據該司詳據各委員等稟稱：古城旗營暫按奏設六旗旗制，擬修城守尉衙署一所，佐領、防禦、驍騎校衙署十八所，兵房暫修五百所，內一院三間者九十二所，一院兩間者四百零八所。堆房六所，鼓樓一所，轉角廳四所，糧倉、火器營、步軍營、總學堂各一所，萬壽宮、關帝廟各一所。共估需銀八萬八千兩餘兩。該司查所估木料，係派營勇入山采伐，祇按旬犒賞酒肉一次，所省實多。惟遠在吉布庫等處，距城百數十里不等，山路崎嶇，不得不僱車搬運，以節勇力。泥、木各匠暨漢纏小工並應需一切物料，北路尤屬翔貴，

核計所估數目，委係極力撙節，懇請核辦前來。臣覆查無異。除
飭俟工竣造具實數由臣咨部核銷，並俟遷併時查明工程應否酌
增，再行陸續陳奏外，所有估修古城旗營衙署、兵房等工，理合先
行陳明，請旨飭部立案。是否有當，謹會同陝甘總督臣譚鍾麟，恭
摺具奏。伏乞皇太后、皇上聖鑒訓示。謹奏。十一月初一日◆²。

　　光緒十三年十二月初六日，奉硃批：該部知道。欽此◆³。

【案】此摺缺原件，録副①現藏於中國第一歷史檔案館，茲據校補。

1.【尚書銜降一級留任甘肅新疆巡撫二等男臣劉錦棠跪】此前銜據録
副補。

2.【十一月初一日】此具奏日期，據録副補。

3.【光緒十三年十二月初六日，奉硃批：該部知道。欽此】此奉旨日期
與内容，據録副補。

286. 鎮西等廳縣被災請分別蠲緩額徵摺

光緒十三年十一月二十一日

　　尚書銜降一級留任甘肅新疆巡撫二等男臣劉錦棠跪◆¹ 奏，
爲新疆鎮西、庫爾喀喇烏蘇、拜城、烏什各廳縣被災地畝，本年額
徵糧草分別應否蠲緩，恭摺仰祈聖鑒事。

　　竊南路温宿、烏什、拜城被水、被雹，北路鎮西、綏來、濟木薩、
庫爾喀喇烏蘇被凍、被鼠，經臣先後將大概情形奏明，並聲明飭司
移行復勘是否成災，錢糧應否蠲緩，再行彙辦各在案。茲據藩司
魏光燾詳據各印委勘報：鎮西廳屬成災地四萬三百二十三畝四分
二釐，額徵糧三千七十石三斗五升二合三勺。庫爾喀喇烏蘇廳新

<hr>

① 中國第一歷史檔案館藏：《録副奏摺》，檔號：03—6185—038。

老各户成災地四百八十畝,額徵糧四十六石二斗二升四合。該兩廳地瘠民貧,災傷甚重。所有本年額徵糧石委係無力完繳,擬請概予豁免。其鎮西廳十一、十二兩年民欠額糧,十三年所借籽種,並庫爾喀喇烏蘇廳新安各户借領成本,一併請緩至來年秋收帶徵。拜城縣屬被水、被雹計地一萬四十八畝一分,地面雖闊,災傷較輕。本年額糧一百九十四石七斗六升六合四勺,額草八千五百五十六斤一兩六錢,應請緩至來年徵收。以上三屬,均經檄飭先行出示停徵,並分別被災輕重,酌量賑撫。其烏什廳屬被水地畝尚少,又經補種秋糧,不至成災,糧草已飭照常完納等情。具詳請奏前來。臣覆核無異。除飭俟温宿、綏來、濟木薩等處勘覆至日,再行彙詳請奏,並來春應否接濟應俟屆時確查情形,再行斟酌辦理外,所有鎮西、庫爾喀喇烏蘇、拜城各廳縣被災地畝額徵糧草,仰懇天恩俯准分別蠲緩,以示體恤。如蒙俞允,俟欽奉諭旨後,飭司即將各災户蠲緩糧石分別詳細開載,敬刊謄黃,遍行曉諭,以廣皇仁而昭實惠。是否有當,謹會同陝甘總督臣譚鍾麟,恭摺具奏。伏乞皇太后、皇上聖鑒訓示。謹奏。十一月二十一日◆2。

光緒十三年十二月二十五日,奉◆3硃批:另有旨。欽此。

光緒十三年十二月二十五日,内閣奉上諭:劉錦棠奏,鎮西廳等處被災,請將額徵糧草分別蠲緩一摺。新疆鎮西、庫爾喀喇烏蘇、拜城本年被水、被雹、被凍、被鼠,致成災歉,若將應徵糧草照常徵收,民力實有未逮。加恩著照所請,所有鎮西廳屬成災地四萬三百二十三畝零,本年額徵糧三千七十石零,庫爾喀喇烏蘇廳新老各户成災地四百八十畝,本年額徵糧四十六石零,著概予豁免。其鎮西十一、十二兩年民欠額糧、十三年所借籽種,並庫爾喀喇烏蘇廳新安各户借領成本,均著緩至來年秋成帶徵。拜城縣屬被水、被雹計地一萬四十八畝零,本年額糧一百九十四石零、草八千五百五十六斤零,著緩至來年徵收,以紓民力。餘著照所議辦理。該撫即刊刻謄黄，遍行曉諭，務使實惠均霑，毋任胥吏舞弊，用副體恤民艱至意。該部知道。欽此。

【案】此摺缺原件，録副①及摺後"上諭"②均藏於中國第一歷史檔案館，兹據校補。

1.【尚書銜降一級留任甘肅新疆巡撫二等男臣劉錦棠跪】此前銜據録副補。

2.【十一月二十一日】此具奏日期，據録副補。

3.【光緒十三年十二月二十五日，奉】此奉旨日期，據録副補。

287.病難速痊仍懇開缺回籍就醫摺
光緒十三年十二月十三日

尚書銜降一級留任甘肅新疆巡撫二等男臣劉錦棠跪◆¹ 奏，爲微臣病難速痊，仍懇天恩允准開缺，回籍就醫，以資調理，恭摺仰祈聖鑒事。

竊臣於本年二月因病懇請開缺，蒙恩賞假三月，加賞人參，令在任安心調理。旋於八月因病仍未痊，而核發各營舊欠亦未告竣，復經奏請續假。十月初七日，兵部遞回原摺，奉硃批：著再賞假兩個月，安心調理。欽此。屢蒙高厚之施，莫罄髮膚之報，生非木石，豈有不知？惟臣自七月以來，病骨支離益甚，初患脾泄，既而閉結，旋又便血。醫者寒熱雜投，莫衷一是，終以下血不止，引動肝風，發於偏左肢體，麻木皆在一偏。即同一舌間，亦覺半非己有，言語寒澀，口角喎斜。連易數醫，血止而偏風如故。脚氣亦時

---

① 中國第一歷史檔案館藏：《録副奏摺》，檔號：03—9470—022。

② 中國第一歷史檔案館藏：《上諭》，檔號：03—6233—042；中國第一歷史檔案館編：《光緒朝上諭檔》，第十三册，第501頁，廣西師範大學出版社，1996。

時觸發，發則痛入骨髓，徹夜不眠，狼狽不堪，殆難言喻。此僚友所共知。臣即欲强自支持，不可得也。臣早歲從軍，習於勞苦，自蒙恩畀兹重任，與民更始，共沐深仁，風教日開，商旅漸集，視昔之兵戈擾攘，奚啻天淵，飽食安居。於臣已過，臣復何所容其趨避？所慮者，及今年力尚可有爲，若遂病廢不支，將永無報效涓埃之日也。臣軍舊欠未清，前承恩命，准撥部款百萬，令會同督臣迅速清理。現已督飭各營，先後截清存餉。自光緒十四年起，一律改發坐糧。關內招募新勇已陸續報到，即可次第按照營旗，挑補足額。至此項銀兩尚有不敷，臣已與督臣會商，容另案奏明辦理。此外應辦事宜，非臣愚之所素習，而臣於此數月皆在病中，每對簿書，不能終幅。現在假期又滿，而病且益深，若不急治，恐遂成偏枯之證。關外既苦無醫藥，思維再四，焦灼徒深。惟有仰懇天恩，仍准開缺回籍就醫，俾得趕緊調理，一俟醫治就痊，即當趨叩闕廷，求賞差使，斷不敢稍耽安逸，不勝迫切屏營之至。謹恭摺瀝陳，伏乞皇太后、皇上聖鑒訓示。謹奏。光緒十三年十二月十三日◆2。

　　光緒十四年正月二十四日，奉◆3硃批：覽奏，殊深廑系。新疆地方緊要，該撫辦事諸臻妥協，朝廷正資倚任。著再賞假四月，安心調理，毋庸開缺。欽此。

　　【案】此摺原件①、録副②現藏於中國第一歷史檔案館，兹據校補。

　　1.【尚書銜降一級留任甘肅新疆巡撫二等男臣劉錦棠跪】此前銜據原件補。

　　2.【光緒十三年十二月十三日】此具奏日期，據原件補。

　　3.【光緒十四年正月二十四日，奉】此奉旨日期，據録副補。

_____

①　中國第一歷史檔案館藏：《硃批奏摺》，檔號：04—01—13—0389—005。

②　中國第一歷史檔案館藏：《録副奏摺》，檔號：03—5233—071。

288. 查明被災各屬來春分別接濟摺

光緒十三年十二月十四日

尚書銜降一級留任甘肅新疆巡撫二等男臣劉錦棠跪◆¹奏，爲遵旨查明新疆本年被災各屬，來春應分別接濟，恭摺具陳，仰祈聖鑒事。

竊臣於光緒十三年十一月初八日承准軍機大臣字寄：光緒十三年十月初三日奉上諭：本年甘肅新疆温宿等處被水，經該督撫等查勘撫恤，小民諒可不至失所。惟念來春青黃不接之時，民力未免拮据。著傳諭該督撫等體察情形，如有應行接濟之處，即查明據實覆奏，於封印以前奏到，候朕於新正降旨加恩。再，甘肅新疆拜城縣被水、被雹，均經該督撫等委員查勘。即著迅速辦理，並將來春應否接濟之處一併查明，於封印前奏到。此外各省有無被災地方應行調劑撫恤之處，著該督撫等一併查奏，候旨施恩等因。欽此。仰見皇上軫恤災黎有加無已之至意，當經欽遵轉飭查辦去後。茲據藩司魏光燾詳稱：新疆鎮西、庫爾喀喇烏蘇、拜城、烏什暨温宿、綏來、濟木薩等處被災各户業經檄飭酌量賑撫，並本年應完糧草成本應否蠲緩，先後詳請奏明在案。茲查鎮西、庫爾喀喇烏蘇兩廳被災較重，來春食糧、籽種均無所出，應請量爲接濟，以資耕種。其拜城、烏什、温宿、綏來、濟木薩被災等屬，或收成歉薄，或勘不成災，亦已分別徵緩。此外所屬各廳州縣，本年夏秋麥禾收成尚稱中稔，均請來春毋庸接濟等情，具詳請奏前來。臣覆查無異。所有遵旨查明新疆本年被災各屬來春應分別接濟各情形，謹會同陝甘總督臣譚鍾麟，恭摺具陳。伏乞皇太后、皇上聖鑒訓示。謹奏。十三年十二月十四日◆²。

光緒十四年正月十二日,奉◆³硃批:知道了。欽此。

【案】此摺缺原件,錄副①現藏於中國第一歷史檔案館,茲據校補。

1.【尚書銜降一級留任甘肅新疆巡撫二等男臣劉錦棠跪】此前銜據錄副補。

2.【十三年十二月十四日】此具奏日期,據錄副補。

3.【光緒十四年正月十二日,奉】此奉旨日期,據錄副補。

289. 新疆十四年實需餉數並應議各條分晰覆陳摺
光緒十三年十二月十四日

尚書銜降一級留任甘肅新疆巡撫二等男臣劉錦棠跪◆¹奏,爲新疆省十四年實需餉數並應議各條,謹分晰開單覆陳,恭摺仰祈聖鑒事。

竊甘肅十四年新餉經戶部奏請援案指撥,並繕具八條,令臣與督臣等會商,分別關內外裁省若干,實需若干,妥籌奏辦等因,咨行到臣。當飭藩司、糧臺議覆去後。茲據詳稱:新疆省應分新餉,自光緒十一年起至十三年止,歲需勇餉銀一百九十萬兩,製辦軍裝、器械銀十六萬兩,善後經費銀十四萬兩,共銀二百二十萬兩。又由四分平餘項下另撥旗營經費銀十萬兩,實共歲需銀二百三十萬兩。現將防營一律裁併,奏設撫提鎮標,自十四年起,官弁兵勇俸餉等項歲需銀一百五十六萬兩,計減銀三十四萬兩。添製軍裝、器械歲需銀十萬兩,計減銀六萬兩。善後經費歲需銀七萬兩,計減銀七萬兩。旗營俸餉等項歲需銀六萬五千兩,計減銀三萬五千兩。惟前撥善後經費、部議北路城工,令於此項銀兩內取

① 中國第一歷史檔案館藏:《錄副奏摺》,檔號:03—9975—016。

給,應請仍照原撥銀十四萬兩。旗營經費十一、二、三等年支發餉項並修理衙署等工已將罄盡,遷徙費仍無出,請仍照原撥銀十萬兩。又原估勇餉皆計口授食,自設行省,出款隱增,如烏魯木齊提標、巴里坤鎮標官弁俸餉歲需銀九萬餘兩,向由甘肅藩庫搭解支放。自十一年以後,概由新疆在於新餉內挪移墊發。又司庫例支不敷,歲需銀十五萬兩,以及地方供應例支雜差作正開報之款,皆當日原估所未計及,無不指餉挪墊。計三年中共已墊銀八十餘萬兩,益以各省欠解南路經費銀十九萬兩,並各省欠解新餉又不下數十萬兩,新虧極鉅,應請補撥補解,以資清釐。茲切實估計,光緒十四年實需官弁勇丁俸餉銀一百五十六萬兩,添製軍裝、器械銀十萬兩,善後經費銀十四萬兩,旗營經費銀十萬兩,司庫例支不敷銀十五萬兩,糧餉、軍裝運腳暨地方例支雜差、車腳口分銀五萬兩。通共需銀二百一十萬兩。繕具應議各條清摺,詳請具奏前來。

臣查光緒十年臣原奏新疆裁撤舊勇,改支坐糧,歲可省銀八十萬兩,係合伊犁、塔爾巴哈臺等處統籌核計。其時省制未興,諸凡未備,如司庫例支及地方雜差等項,非臣愚所能預估。茲據該司道等估詳前情,查明實係萬無可省。然歲需俸餉及軍裝、器械等項已省銀四十萬兩,核於本年四月部議臣軍改支坐糧後歲可省銀三十餘萬兩一語,尚無不合。提鎮兩標支款,本不在原撥之內,既悉由新疆支給,則出款隱增,於撥款又爲隱減,合之司庫例支等項,共需銀二百一十萬兩,較原撥二百三十萬兩之數,仍屬有減無增。伊犁、塔爾巴哈臺等處,前經臣咨商辦理,旋准錫綸等均以行糧不能遽改,請照原撥等因,先後咨覆。臣固未便置議。其關內撤勇改兵,亦已由督臣力求節省,減撥銀十萬兩,另案奏明。當此河患方深,偏災疊見,惟有與將軍、督臣等共體時艱,核實減省,下以紓鄰封協濟之勞,上以慰皇上眷念邊陲之至意。除伊犁、塔爾巴哈臺額餉應由錫綸及現署塔爾巴哈臺參贊大臣額爾慶額會商奏辦外，所有新疆省十四年實需餉數暨應議各條，謹繕清單，恭呈御覽。伏乞皇太后、皇上聖鑒訓示。謹奏。光緒十三年十二月十四日◆2。

　　光緒十四年正月十二日，奉◆3硃批：户部知道。單併發◆4。欽此。

　　【案】此摺原件①、録副②現藏於中國第一歷史檔案館，兹據校補。

　　1.【尚書銜降一級留任甘肅新疆巡撫二等男臣劉錦棠跪】此前銜據録副補。

　　2.【光緒十三年十二月十四日】此具奏日期，據原件補。

　　3.【光緒十四年正月十二日，奉】此奉旨日期，據録副補。

　　4.【案】隨摺呈報關外新疆省應議各條分晰覆陳清單：

　　　　謹將關外新疆省應議各條分晰覆陳，繕具清單，恭呈御覽。

　　　　一、部議兵餉等項應劃定數目一條。内載常年款目應分爲十二，新疆巡撫所屬古城旗營應分某某等項若干，緑營某某等項若干，勇餉若干，軍裝、器械銀若干。伊犁、塔爾巴哈臺兩處亦仿照分別酌定等因。查新疆省原奏設官兵二萬一千人，於十四年起一律改支坐糧，業經酌定餉章，次第奏設。計撫標官弁歲需廉俸、薪蔬、糧折、草折、公費等項銀四萬二千三百餘兩，喀什噶爾提標官弁歲需廉公等項銀四萬四千四百餘兩，阿克蘇鎮標官弁歲需廉公等項銀三萬七百餘兩，巴里坤鎮標官弁歲需廉公等項銀二萬八千五百餘兩。又各標歲需倒馬價銀九千八百餘兩。通共計歲需銀十五萬五千八百餘兩。此新省標營廉公、俸薪、倒馬各等項常年應需實在數目也。撫標鎮迪屬步隊八營三旗、馬隊十五旗、開花炮隊一哨，歲需勇餉銀四十三萬三千二百餘兩。提標喀什噶爾步隊九營一旗、馬隊十六旗、開花炮隊一哨，歲

①　中國第一歷史檔案館藏：《硃批奏摺》，檔號：04—01—30—0214—018。

②　中國第一歷史檔案館藏：《録副奏摺》，檔號：03—6619—013。

需勇餉銀四十三萬五千五百餘兩。鎮標阿克蘇屬步隊五營三旗、馬隊十旗、開花炮隊一哨,歲需勇餉銀二十九萬九千七百餘兩。巴里坤屬步隊五營一旗一哨、馬隊七旗,歲需勇餉銀二十二萬六千七百餘兩。通共計步隊二十七營八旗一哨、馬隊四十八旗、開花炮隊三哨,歲需餉銀一百三十九萬五千一百餘兩。此新省標營餉項常年應需實在數目也。新疆地處極邊,需用軍裝、器械、子藥大率采諸內地,購自外洋,操防所必需。每歲原撥銀十六萬兩,現改坐糧,通盤核計,每歲至減仍需銀十萬兩。此新省軍械製辦常年應需實在數目也。旗營經費原撥每歲銀十萬兩,遷徙之費一併在內。現在核定餉章,奏明每歲需銀六萬五千餘兩,但十一、二、三等年由四分平餘項下,奉撥銀三十萬兩支發餉項。至修理古城城垣、衙署、兵房、廟宇各費已將罄盡,遷徙費仍無出,遽難減估,擬請仍照原撥旗營經費營十萬兩,以備支發。此又旗營經費十四年仍需銀十萬兩之實在情形也。又司庫支發文職廉公、驛站各款,以每歲地糧稅課所入盡數抵支,尚不敷銀十五萬兩,前已另案詳晰奏咨。此亦常年應需應請隨餉估撥之數也。又善後經費每歲原撥銀十四萬兩,內義學一項每年支款二萬六千餘兩,由雜稅項下動支,不敷始由善後經費內添撥。查雜稅係地方例款,現在由司提歸例支項下統算,備抵例支義學經費,別無所出,不能不由善後款內專撥。他若牛痘、保甲、蠶桑、礦務、測繪疆里、經理通商各事宜,以及渠道、工程、卡倫、屯墾各項,在在需費,各臺局員弁、丁夫、通事、翻譯各項,亦不能概行裁撤,統計仍需銀七萬兩。惟北路城工動用銀一十九萬四千九百餘兩,部議於新疆巡撫每年應分善後銀兩內取給。善後經費,三年之內祇有此數,不敷甚鉅,應請仍照原撥銀十四萬兩,以資彌補。運解糧餉、軍裝、腳價、川資、官車、駝騾、雜費,現在驛站未復,奉准由餉內動支。又各屬地方官支應過往雜差、車價、口分等項,例准作正開報。新省別無他款抵支,亦不能不預請指撥,約共每歲需銀五萬兩。此非常年應需暫請隨餉估撥之數也。以上除歲需旗營經費十萬兩、善後經費銀十四萬兩外,軍餉、軍裝、轉運及不敷廉費等項,歲需銀一百八十六萬兩,內司庫廉俸經費不敷銀十五萬兩,轉運各費銀五萬兩，爲當日統籌全局案內所未估及。其餘標營官弁兵勇俸餉、軍裝、製辦、歲需銀一百六十六萬兩，較原分軍餉、軍裝兩項銀二百六萬兩，已減銀四十萬兩。烏魯木齊提標官弁廉俸暨巴里坤鎮標官弁廉俸、餉乾，向例應由甘藩庫搭解支放。自十一年起，歷由新疆藩庫墊支，較原估隱增出款，每歲約九萬餘兩。以此乘除減數，約已將及五十萬兩。原奏舊餉裁畢統改坐糧，可省餉銀八十萬兩，係併伊犂、塔爾巴哈臺合算，計亦不相逕庭。惟善後經費原請三年後停止，現在察酌情形，不能不請展緩，則因初設行省，一切應辦之事實非倉促所能就緒，且加入義學支款，與原估之數量所減已將及二萬。至劃還部墊撥款一節，所省坐糧雖可漸次改定，十一、二兩年新省應分新餉，各省欠解已三十八萬餘兩，南路工程經費銀十九萬兩，剜肉補瘡，新虧尚鉅。所有部款百萬應請仍由部臣前次指撥各省關光緒十年以前舊欠餉內，按限解還部庫清款。關外轉運軍餉，除南北各城餉裝運費已估請撥款備支外，其新餉自涇州運至新省所需轉運公費，另於下條登覆。

一、部議軍餉等項應統收分支一條。查光緒十一、二、三等年，甘肅新餉由承協各省分派員解交甘藩庫統收，按月分數開單匯總，派員解交新疆糧臺統收，按月分數解赴南北路各處支發。伊犂、塔爾巴哈臺兩城派員赴新省，自行領用散放，歷經辦理在案。應請仍照舊章辦理。

一、部議解餉脚價應分別辦理一條。查光緒十一、二、三等年，新餉由承協各省派員解赴甘肅，自涇州至肅州，歷哈密以達新疆省城，所需脚價、川資、鞘釘、紙張等項，均由甘肅新餉內扣除四分平餘項下開支。光緒十四年以後新省估撥餉數，皆係計口授食，累銖積算，纖毫無溢。倘於應分餉內提一公用之款，即於應發餉內短一實支之數，故分運南北各城裝餉脚價，尚請估撥備支。其新餉由涇州轉運新省，以新省應分餉數二百二十萬兩，估計需運費銀二萬二千兩，非比關內爲數有限，可就估撥餉數內提出，應請另撥專款，作爲轉運公用。

一、部議軍餉內扣除湘平銀兩應照劃扣一條。查甘肅收各省解到庫平新餉，以湘平折支，每銀一兩扣平銀四分，封存備用。十三年以前，每歲撥給旗營經費十萬兩。部議自十四年起，由新疆軍餉內勻出供支，現在仍請照撥。計十四年新餉，部臣係照原數指撥，關內外實用餉數均有節減，應請於十四年軍餉四百八十萬兩之中，提撥銀十萬兩，作爲新省十四年分旗營經費，毋庸指撥四分平餘。又關外餉銀自涇州直達新省，運費向指四分平餘開支，現在聲明請籌專款，若並於關內外節減贏餘數內專提備用，前項平餘自可遵照部示，自光緒十七年起，循章劃扣湘平，以一半存儲甘肅司庫，一半存儲新疆司庫，以重邊儲。

一、部議正雜款內扣除湘平六分平應令封儲一條。查新疆省司庫支發例支各款，應扣六分平餘，歷經遵辦在案。惟歲入之款抵支文職公用、廉俸、驛站各項，不敷甚鉅，業經另案奏咨，請每歲撥銀十五萬兩。倘撥解如額，足備支發，所有前項六分減平銀應遵部示封儲，專備緊急軍需之用，並於年終盤查奏報一次，以備稽考。

一、部議賦稅流抵應從緩議一條。查新疆省城賦稅所入，以之抵支出款，尚有不敷，應遵部示緩議。本地所入銀糧仍認真經理，不敢濫支。

一、部議解部書吏飯銀應分別辦理一條。查前山西撫臣張之洞前奏軍需善後銷案內，每准銷一萬兩，解飯銀十兩，專指軍需善後報銷而言，業經遵辦在案。自光緒十一年起，除伊犁、塔爾巴哈臺如何辦理應咨明查覆彙辦外，甘肅議由甘藩庫籌解。所有新省軍需善後用款照章應解飯銀，請隨案先解八成，其餘二成俟核准後補解，均由新疆知會甘藩庫批解，歸新省應分餉內劃扣。

一、部議新餉應按年指撥一條。查甘肅新餉，光緒十三年以前，每年撥銀四百八十萬兩。十四年分新省估餉實需銀一百二十萬兩，又寧夏、涼莊、西寧等處銀二十萬兩。惟部臣既照原案指撥新省，應請仍照原數劃分銀二百三十萬兩，餘存仍留抵十五年新餉。其伊犁、塔爾巴哈臺實需餉數，應由該將軍、參贊等確估奏辦，合併聲明。①

————————

① 中國第一歷史檔案館藏：《清單》，檔號：03—6619—014。

290.新疆總兵城守尉司道等官年終密考摺

光緒十三年十二月十六日

尚書銜降一級留任甘肅新疆巡撫二等男臣劉錦棠跪◆¹奏，爲新疆總兵、城守尉、司道等官循例年終密考，繕具清單，恭摺仰祈聖鑒事。

竊照新疆司道等官，經臣於光緒十二年年終出具切實考語，密行陳奏在案。惟巴里坤鎮總兵向由督臣注考，古城城守尉上年尚未到任，是以武職均未舉辦。兹本年又已屆期，巴里坤標營兵制業已奏請改設，古城城守尉亦經履任，自應一併循例辦理。該總兵、城守尉司道等經臣詳加察看，於各員操守、才具一切見聞較確，除署事及未經到任人員例不注考外，謹就現在實任各員，分別出具切實考語，密繕清單，恭呈御覽。至伊犁請設道府等官，尚未接准部覆。伊犁鎮總兵應仍由將軍臣察看。其阿克蘇鎮總兵及迪化府知府等缺，尚未請補有員，是以均未注考，合併聲明。伏乞皇太后、皇上聖鑒。謹奏。光緒十三年十二月十六日◆²。

光緒十四年正月十七日，奉硃批：知道了。單留中。欽此◆³。

【案】此摺原件①、録副②現藏於中國第一歷史檔案館，兹據校補。

1.【尚書銜降一級留任甘肅新疆巡撫二等男臣劉錦棠跪】此前銜據原件補。

2.【光緒十三年十二月十六日】此具奏日期，據原件補。

3.【光緒十四年正月十七日，奉硃批：知道了。單留中。欽此】此奉旨日期與内容，據録副補。

---

① 中國第一歷史檔案館藏：《硃批奏摺》，檔號：04—01—30—0186—036。
② 中國第一歷史檔案館藏：《録副奏摺》，檔號：03—5854—021。

291. 光緒十一年分司庫收支懇飭核銷摺

光緒十三年十二月十八日

尚書銜降一級留任甘肅新疆巡撫二等男臣劉錦棠跪◆¹奏，爲造報光緒十一年分新疆司庫收支各款銀糧，分繕總散細數清冊，籲懇天恩，飭部核銷，恭摺仰祈聖鑒事。

竊照各直省司庫收支例有專款，按年奏銷。新疆未設行省以前，一切款項向歸糧臺辦理。自◆²十一年藩司到任，始分別劃歸司庫，應即由司分別造報，以符定制。茲據藩司魏光燾詳稱：查新疆三道屬每年入款，如折徵、糧草、地課、房租、牲稅、契稅、土產貨稅，抵發文武廉費、俸工、驛站、夫馬、工料各款，惟喀什噶爾一道尚屬有贏，阿克蘇一道即有不足。該兩道離省窵遠，各屬領解維艱，收支皆歸道庫，但由司彙總報銷。其鎮迪一道，歲入僅稅課一項，出款尤屬不敷。一應例支，由司庫就近領解，欲如內地收支各分專款，不相牽混，勢有不能。該司到任之初，經臣飭由新餉項下，暫行撥款支發，仿照內地章程，設兵餉一款，經收新餉。其各標營官弁俸餉，即由兵餉內開支。又設公用一款，經收各屬解交稅課各項銀兩。其文職廉費、俸工、驛站等項，即由公用款內開支，不敷仍由兵餉款內騰挪提用。至建曠一款，現在未辦估撥，所有應扣小建等項，皆於發銀時核除，發給實銀，並未另行扣儲，其應由建曠項下支發。各武職署員錢糧，亦即由兵餉項下統支，邀免另造建曠款冊，應扣六分減平並新章四分減平及應行折減各款，悉遵部章辦理。又該司未經到任之先，由糧臺支過文職廉俸各款，概撥由司庫作收作付。惟驛站經費係自十一年八月初一日起，照奏定新章起支，由司造銷。以前概由糧臺照依舊章支發，仍劃歸糧臺,接續造報。徵收糧草,於十二年始由各屬清查科額,造册詳請奏咨。其十一年分,仍照實收之數造報支發糧草,各歸各款,分別開支,仍彙總請銷。各軍營旗及善後支領糧草應扣價銀,經糧臺扣解到司者,照數作收彙報。未經扣解者,俟扣解之日作收,歸入下屆造報。稅課銀兩,諸無定額,儘收儘報,解交司道各庫。其由善後項下動用,如義學經費各款,概行作解糧臺,由糧臺作收,統支造報。旗營經費,滿收滿支,所有細數由該各營自行造報。統計光緒十一年分司庫經收各款銀四十六萬五千四百四十五兩九錢五分,開除銀二十六萬九千一百八十四兩八錢五分八釐。截至十一年底止,實共存銀一十九萬六千二百六十一兩九分二釐,未解銀九千三百七十七兩七分一釐,於十二年分解繳動用,歸十二年造報。又未支銀三萬八千八百三十八兩二分四釐,長支銀一千八十七兩五錢三分四釐,分別補支扣還,歸入下屆造報附銷。又截至十年底止,各屬倉儲各色京斗糧二十九萬九十九石七斗一升一合三勺,十一年分共收各色京斗糧一十七萬二百三十石五升八合四勺,開除各色京斗糧一十七萬二千九百八十二石七斗六升二合三勺,實在應存各色京斗糧二十八萬七千三百六十四石九斗八升一合二勺,徵收未完籽種額糧一萬三千六百九十五石一斗六升四合七勺,未支料三百五十一石六斗一合八勺,不敷糧一十七石九斗七升三合八勺。又截至十年底止,各屬廠儲草三百五十萬七千二百八斤七兩五錢二分。十一年分共收草一千一百三萬一千十五斤九兩三錢八分,開除草六百二十萬三千五百一十三斤十五兩六錢,實存草八百三十三萬四千七百一十斤一兩三錢,徵收未完草八十萬八百九十二斤四兩四錢,未支草二萬六千三百八束。遵造銀糧草束四柱清單並總散報銷清册,詳請奏咨核銷前來。

　　臣覆核無異。理合繕具簡明清單,恭呈御覽。仰懇天恩,飭部核銷。除將清册分送部、科查核外，謹會同陝甘總督臣譚鍾麟，恭摺具奏。伏乞皇太后、皇上聖鑒訓示。謹奏。光緒十三年十二月十八日◆3。

　　光緒十四年正月二十一日，奉◆4 硃批：户部知道。單二件◆5併發。欽此。

【案】此摺原件①、録副②現藏於中國第一歷史檔案館，兹據校補。

1.【尚書銜降一級留任甘肅新疆巡撫二等男臣劉錦棠跪】此前銜據原件補。

2.【自】刻本脱"自"，據原件補。

3.【光緒十三年十二月十八日】此具奏日期，據原件補。

4.【光緒十四年正月二十一日，奉】此奉旨日期，據録副補。

5.【單二件】原件、録副均作"單三件"，刻本誤。

【案】新疆巡撫劉錦棠呈光緒十一年新疆通省各屬收支各款數目清單：

　　謹將新疆通省各屬光緒十一年分收支實在各款銀兩，繕具四柱清單，恭呈御覽。

　　計開

　　舊管：無項。

　　新收：一、收新疆行營糧臺解到新餉銀一十九萬二千四十二兩二錢三分。一、收新疆行營糧臺解到旗營經費銀九萬六千兩。一、收新疆行營糧臺解到各屬光緒十年分新疆折色糧草銀二萬三千四百六十三兩九分二釐。一、收新疆行營糧臺解到庫車廳徵銅鑄錢合銀一千七百四十四兩四錢二分。一、收地課折色糧草銀七萬三千七百八十一兩八錢七分五釐。一、收新疆行營糧臺撥解各屬光緒十年分税銀一千三百八十一兩二錢二分八釐。一、收新疆行營糧臺撥解各屬光

①　中國第一歷史檔案館藏：《硃批奏摺》，檔號：04—01—35—0831—033。
②　中國第一歷史檔案館藏：《録副奏摺》，檔號：03—6562—010。

緒十年分房租銀四百四十二兩五錢一分八釐。一、收新疆行營糧臺撥解各屬光緒十年分契稅銀一百三十九兩三錢七分二釐。一、收新疆行營糧臺撥發各屬廉費銀二千四百七十四兩一錢。一、收牲稅銀七千六百七十三兩二分。一、收房租銀三千八百五十四兩四錢三分一釐。一、收水磨碓稅銀一萬二千四百四十五兩四錢七分二釐。一、收契稅銀七千二十五兩二錢一分六釐。一、收金課銀三十九兩五錢六分七釐。一、收地租銀一千一百七十五兩七錢一分五釐。一、收草湖稅銀一千二百八十二兩一錢八分六釐。一、收百貨稅銀二萬六千三兩六錢五分一釐。一、收減平銀九千一百五十兩三分七釐。一、收扣防營領用草價銀八百一十三兩九錢五分一釐。一、收麵價銀二千四百九十兩六錢。一、收扣瑪納斯協營長支俸薪銀一百三十七兩五分三釐。一、收扣哈密回子親王長支俸銀一千兩。一、收前烏魯木齊提督金運昌繳還報銷冊內長支薪蔬銀八百八十六兩二錢一分六釐。以上二十三款，共收銀四十六萬五千四百四十五兩九錢五分。

開除：一、支發文職養廉工費銀八萬六千二十三兩三錢二分一釐。一、支發驛站經費銀三萬七千二百二十四兩九錢一分三釐。一、支發武職廉俸、薪蔬、紙紅、馬乾、公費、兵餉等項銀六萬二千八十七兩七錢二分二釐。一、支發哈密回子親王沙木胡索特俸銀二千兩。一、支發祭祀銀四百四十二兩一錢二釐。一、支發哈密、古城兩稅局局費銀五千一百兩六錢三分九釐。一、支發烏魯木齊、古城、巴里坤三滿營經費銀四萬七千三百四十七兩二錢六分六釐。一、支發新疆行營糧臺銀二萬八千九百五十八兩八錢九分五釐。以上八款共支銀二十六萬九千一百八十四兩八錢五分八釐。

實在：一、存銀一十九萬六千二百六十一兩九分二釐，內司庫存銀一十四萬五千五百四十六兩九錢八分一釐，鎮迪道庫存銀四千八百五十四兩三錢六分九釐，阿克蘇道庫存銀一萬四千八百五十九兩三錢七分二釐，喀什噶爾道庫存銀三萬一千兩三錢七分。一、未解銀九千三百七十七兩七分一釐。一、未支銀三萬八千八百三十八兩二分四釐。一、長支銀一千八十七兩五錢三分四釐。①

劉錦棠呈光緒十一年新疆通省各屬各色糧石四柱清單：

謹將新疆通省各屬光緒十一年分管收除在各色糧石，繕具清單，恭呈御覽。

計開

舊管：一、存各色京斗糧二十九萬九十九石七斗一升一合三勺。

新收：一、收各色京斗糧一十七萬二百三十石五升八合四勺。

以上管、收京斗糧四十六萬三百二十九石七斗六升九合七勺。

開除：一、支發書役口食京斗糧七千二百三十九石一升八合六勺。一、支發驛站書夫口食、馬料京斗糧四千六百九十一石七斗四升三合。一、支發烏魯木齊提標協屬各營例支馬料京斗糧七百一十石六斗一合九勺。一、支發賑濟被旱戶民口食京斗糧九百八十一石四斗四升。一、支發烏魯木齊、巴里坤、古城三旗營官兵食糧、馬料京斗糧五千八百一十一石七斗四升三合二勺。一、支發孤貧殘廢口糧京斗糧七百七十二石三斗二合。一、支發監禁遞解人犯口糧京斗糧四百九十七石五升三合。一、支發防營及善後各項領用京斗糧一十四萬五千二百七十一石一斗三合六勺。一、支發戶民及各營借領籽種京斗糧七千六石七斗五升七合。以上九款共支發京斗糧一十七萬二千九百八十二石七斗六升二合三勺。

實在：一、存各色京斗糧二十八萬七千三百六十四石九斗八升一合二勺。一、庫爾喀喇烏蘇不敷京斗糧一十七石九斗七升三合八勺。一、存戶民及各營借領未完九、十、十一等年分籽種京斗糧八千二百三十四石九斗六升七勺。一、緩徵及民欠未完糧五千四百六十石二斗四合。一、未支料三百五十一石六斗一合八勺。②

劉錦棠呈新疆通省光緒十一年分本色草束四柱清單：

謹將新疆通省各屬光緒十一年分管收除在本色草束，繕具清單，

---

① 中國第一歷史檔案館藏：《清單》，檔號：03—6562—011。
② 中國第一歷史檔案館藏：《清單》，檔號：03—6562—012。

恭呈御覽。

計開

舊管：一、存本色草三百五十萬七千二百八斤七兩五錢二分。

新收：一、收本色額草一千一百三萬一千十五斤九兩三錢八分。

以上管、收共本色草一千四百五十三萬八千二百二十四斤九錢。

開除：一、支發本色草六百二十萬三千五百一十三斤一十五兩六錢。

實在：一、存本色草八百三十三萬四千七百一十斤一兩三錢。

一、民欠未完草八十萬八百九十二斤四兩四錢。一、未支草二萬六千三百八束。①

292. 已故大臣明春請建專祠摺

光緒十三年十二月十九日

尚書銜降一級留任甘肅新疆巡撫二等男臣劉錦棠跪◆1奏，爲已故大臣邊功卓著，遺愛在民，籲懇天恩，宣付國史館立傳，並請於立功地方建立專祠，以彰勞勩而順輿情，恭摺仰祈聖鑒事。

竊臣前准署塔爾巴哈臺參贊大臣春滿咨開：光緒十三年三月十五日，奉上諭：前署塔爾巴哈臺參贊大臣明春，於咸豐年間由京營出兵從征，轉戰安徽、河南、陝西、甘肅等省，久歷戎行，勤勞懋著。前於署塔爾巴哈臺參贊任内因病請假，准開署缺調理，兹聞溘逝，軫惜殊深，加恩著照副都統例賜恤。任内一切處分，悉予開復。靈柩回旗時，沿途地方官妥爲照料。應得恤典，該衙門察例具奏。欽此。仰見聖慈獎成勞、憫恤有加之至意，邊陲將吏感勵同深。伏查該故大臣靈柩於本年六月由塔爾巴哈臺啓行，當即欽遵轉飭所屬沿途各廳縣一體妥爲照料，於七月十七日過省去訖。兹據署哈密廳通判喻先麓稟稱：准哈密回子親王沙木胡索特

---

① 中國第一歷史檔案館藏：《清單》，檔號：03—6562—060。

移開：同治十二年，爲逆回所迫，盡室以行，纏民數千同時被脅，流離道路，艱苦備嘗。光緒二年，大軍克復南疆，始陸續得還故土，而田園廬舍荒蕪殆盡，賴故大臣明春之力，乃得有以自存。故大臣於纏民之始至也，視其飢則食之，視其寒則衣之，所以慰藉之者無弗至。繼乃清其地畝，籌給資糧，計口授耕，勸使復業，所以安定之者又無弗至。平治道路，繕固屯防，力所得爲，無弗備舉，且疏濬龍泉以修水利尤賴之。於其去也，攀轅者不絕於道。茲聞其溘逝，追慕尤深，願建立專祠，以資報祀。移由該廳轉稟，懇請具奏前來。

　　臣維該故大臣籍隸蒙古正紅旗，由京營應調出征，初歷皖、豫，繼隨原任荆州將軍多隆阿轉戰入秦，由秦而隴，疊著戰功，歷保副都統銜，記名副都統、博奇巴圖魯。同治五年，因剿辦肅州踞逆，分統一軍以當前敵，自平番以西節節掃蕩，破賊於涼州李家東莊，復擊退金塔大股援賊，親冒矢石，直抵肅州，逼城爲壘，與賊相持者六年，大小數百戰，善能以寡擊衆，每戰輒有擒斬。賊犯各鄉民堡，輒不分雨夜，馳往救援，由是所全甚衆。十二年四月，陝回白彥虎率其死黨奔竄出關，圍攻安西、玉門、敦煌等州縣甚急，經原任伊犁將軍金順奏派，該故大臣統帶健銳等營出關援剿，馳逐於三城之地，歷時三月，卧不解衣，激勵飢軍，人人自奮，賊解圍竄去。奉旨以哈密幫辦大臣率所部赴援哈密，鼓行而西，抵哈密，賊又先竄。搜剿伏莽，務絕根株。亂後凡百無存，竭力經營，城防賴以粗備。旋以糧餉奇絀，移軍就食巴里坤。次年，追剿叛回藍得全，身被重傷，出血過多，由是得病。然勇於任事，志不少衰。及光緒二年，欽承恩命爲哈密辦事大臣。是時臣督隊出關，方剿北路，該故大臣屯軍哈密，以壯聲援。及北路既平，進軍南路，該故大臣仍辦理後路防務，練兵之外，專意興屯，修濬溝渠，籌撥牛種，廣爲招徠，民至如歸，南路各軍得無後顧之憂者，該故大臣力也。

八年，奏裁所部健銳及威儀兩軍◆2。十一年九月，奉旨署理塔爾巴哈臺參贊大臣事務◆3。上年春間，因病勢日深，請開署缺，回旗調理，八月卸任，未及起身，即於本年二月病故。

該故大臣秉性和平，宅心仁厚，處僚友一以誠信，尤喜扶持善類，自奉儉約，與士卒同甘苦，故人皆樂爲之用，在軍中二十餘年，家無餘蓄，垂没之日，語不及私，惟殷殷以未報國恩爲憾。其赴塔爾巴哈臺署任也，道過省城，臣時亦奉旨將赴伊犁清理餉事，因與偕行，至西湖分道而去。是時其病已深，然於嚴寒風雪中，猶馳馬日行百餘里，勸使小休弗可。蓋其堅忍耐勞出於天性者如此。在塔爾巴哈臺遣撤大同鎮換防官兵，籌發口糧，纖毫無缺，軍士歡聲載道。方意塔爾巴哈臺務得該大臣實心經理，可以日進有功，不謂其止於是也。臣與共事有年，知之最悉。其在哈密任事最久，纏民之不忘報侑，亦係實情。合無仰懇天恩，准將該故大臣戰功事迹宣付國史館立傳，並准於哈密地方建立專祠，以彰勞勩而順輿情，出自鴻慈。謹恭摺具陳。伏乞皇太后、皇上聖鑒訓示。謹奏。光緒十三年十二月十九日◆4。

光緒十四年正月二十四日，奉◆5硃批：另有旨。該部知道。欽此。

【案】此摺原件、録副查無下落，兹據《光緒朝上諭檔》①、《軍機處隨手登記檔》②等校補。

1.【尚書銜降一級留任甘肅新疆巡撫二等男臣劉錦棠跪】此前銜據《軍機處隨手登記檔》補。

2.【案】光緒八年三月十一日，哈密辦事大臣明春以遵部議裁撤防營具摺奏報：

---

① 中國第一歷史檔案館編：《光緒朝上諭檔》，第十三册，第116頁。
② 中國第一歷史檔案館藏：《軍機處隨手登記檔》，檔號：03—0257—1—1214—021。

　　奴才明春跪奏,爲遵照部議裁撤哈密防營,謹將遣軍用款分晰開具清單,仰懇天恩飭部籌撥現款,以俾迅速資遣,恭摺仰祈聖鑒事。竊奴才於上年八月二十五日由營專差具奏,哈密防軍缺餉日久,兵勇困苦異常,懇恩飭部先行借撥銀兩,抵清商款糧價,並請另籌有著款項,以資接濟一摺。本年正月十五日接奉戶部議覆內開:查湖北、四川兩省應協明春月餉,係每年三十六萬兩。上年因明春奏裁健銳軍馬步隊五營,經臣部核議,每年裁減餉銀十八萬兩,並聲明該兩省現既減解一半,餉力已紓,務當按月如數報解,毋誤要需。乃奉撥一年之久,僅各據報解銀二三萬兩,欠解又至十餘萬兩,實屬意存膜視,應請飭下湖廣、四川各總督,湖北巡撫,嚴飭藩司務將前項應協明春月餉,如數補解,以濟要需。至該大臣奏請飭撥部款並由各省關改撥協餉一節,查部庫仍前支絀,加以每月應放各要款,需用甚鉅,實難輕予墊發。各省關刻下應協之款甚多,亦難改撥,所請應毋庸議。並稱健銳一軍,從前係因關外軍務未平,調防哈密,現時新疆底定,哈密等處欽差大臣劉錦棠重兵駐扎,此外各軍儘可酌量裁撤,以節糜費,並請旨飭下哈密辦事大臣明春,會同劉錦棠體察情形,如何將健銳步隊三營概行裁撤。此後哈密有威儀一軍可資防守,每年需銀不過六萬兩,指令湖北、四川兩省專協此款,或不致仍前延欠。應令該大臣趕緊查明覆奏,總期兵歸實用,餉不虛糜等因。奏奉諭旨,咨行前來。

　　伏查光緒五年,奴才奏請裁併防營之際,原擬將健銳一軍概行裁撤,因彼時伊犁和議未定,未敢遽弛防務。現在伊犁和約已定,將軍金順與參贊大臣升泰前後馳赴伊犁,辦理交收事宜,刻下均已辦有端倪。所有南路防務,均經劉錦棠詳籌布置,諸臻妥協。哈密現有大軍駐扎,軍威頗壯,足資守禦。以現在情形而論,不獨健銳軍三營可以裁撤,即威儀一軍,亦可一律裁撤,用節糜費。奴才擬將健銳、威儀兩軍馬步六營全行裁撤,隨與劉錦棠面爲籌商,意見相同。此次辦理裁撤,奴才仍擬仿照前年裁軍章程,與各營補發半年欠餉,以資旅費。所有餉銀數目,奴才另繕清單,恭呈御覽。

　　查此次裁軍用款並應還糧價、商款,計共需銀二十萬有奇,待用甚急。若指湖北、四川兩省撥解，斷難一時解齊，多延一日，仍需一日糧餉。然裁軍原爲節餉，自應朝裁夕遣，早收節省經費之效。合無仰懇天恩，俯念邊軍在哈防剿十年之久，困苦異常，現因遣撤，需款甚急，飭下戶部先爲籌撥現款，以俾迅速資遣。惟奴才屢奉部咨，示以庫款支絀情形，本不應冒昧瀆請，但此次所請現款，係爲裁軍節餉一勞永逸之計，與尋常請撥者不同，無厭之求，出於勢不得已。所有部撥之款，仍令湖北、四川兩省在於欠解哈密軍餉內，如數解還部庫，以重帑藏。如蒙俞允，俟接奉部覆，奴才即便委員兼程赴部請領，星夜趕解來營，以資應用。謹將奴才遵照部議裁撤防軍撥用專款各緣由，恭摺專差具奏。伏乞皇太后、皇上聖鑒訓示。謹奏。光緒八年三月十一日。

　　硃批：威儀一軍在哈密駐防十年，並未接仗，本應裁撤。今乃以欠餉、糧價取償於部庫，試問有此政體乎？著劉錦棠斟酌情形，核實具奏。朕細思之，威儀一軍既經全撤，則月餉即可節省，著戶部指撥有著之款，速行解往，俾資遣撤。①

　　另件硃批：防營固宜亟裁，而部款不能分撥，著戶部妥議具奏。至所稱將健銳、威儀兩軍全行裁撤，實數深明大體。若果朝裁夕遣，自可節省經費。著該大臣妥慎爲之。②

光緒九年二月二十六日，哈密辦事大臣明春奏報裁撤健銳、威儀兩軍完竣：

　　奴才明春跪奏，爲奴才所部健銳、威儀兩軍防營一律遣散，謹將辦理完竣緣由恭摺奏報，仰祈聖鑒事。竊奴才前奏請將所部健銳、威儀兩軍防營概行裁撤，懇恩敕部籌撥現餉，俾速資遣，並請撥款歸還積欠糧價商款而符民信一摺。嗣准戶部議覆內開：查該大臣奏請將健銳、威儀兩軍馬步六營概行裁撤，從此每年可節省餉銀十數萬兩，尚係核實辦法。所稱需款甚急，若指湖北、四川兩省撥解，斷難解齊

① 中國第一歷史檔案館藏：《硃批奏摺》，檔號：04—01—01—0946—018。
② 中國第一歷史檔案館藏：《硃批奏摺》，檔號：04—01—01—0946—019。

等語,亦係實在情形。臣等公同商酌,據該大臣單開,將現裁健銳、威儀兩軍馬步六營官弁、勇夫、書役共三千六百六十三員名,補發半年欠餉,共需銀十萬餘兩,請由部庫墊發一節,擬請准如所奏,在於部庫封存四成洋稅項下撥發庫平銀十萬兩,俾作遣撤各軍用款。至單開應還墊過三個月餉銀,匯借商款銀五萬三千三百二十兩二錢,係借自何處商號,何時息借,並應還回部糧價銀六萬七千兩係何時所欠,應請飭下哈密辦事大臣明春,務將單開各款據實聲明,再由臣部核辦等因。奏奉諭旨,咨行前來。除糧價、商款等項奴才另摺分晰覆奏外,所有部撥遣軍之款,奴才派令都司張洪泰執持文領,赴戶部請領。上年十一月二十五日,據該都司領解部款庫平銀十萬兩到營。奴才將各營弁勇按名點查,計共員弁勇夫三千四百八十六員名,照章放給半年欠餉,以資旅費,共需銀十萬零九十八兩,於十二月起,將馬步六營員弁勇夫陸續分起遣散。至本年正月底,一律遣散完竣,飭令各回原籍。查前項部款,僅敷資遣六營弁勇之需,尚有文武委員、差官、書役共二百零七員名,應發欠餉計共需銀六千五百四十二兩四錢,無款資遣,擬俟川、楚兩省解到月餉,再爲給發。此次防營裁撤後,所有奴才與幫辦大臣衙門應辦一切事宜暨回務主事、滿漢印房、糧餉、駝馬等處各員以及各項差遣人等支領薪公等項,應即規復舊章。而今昔情形不同,尚須稍有變通,容奴才等另行酌擬,奏請辦理。謹將裁撤防營辦理完竣緣由,恭摺由驛具奏。伏乞皇太后、皇上聖鑒。謹奏。二月二十六日。

　　光緒九年三月二十二日,軍機大臣奉旨:該部知道。欽此。①

　3.【案】光緒十一年十一月二十六日,明春奏報接署塔爾巴哈臺參贊印務日期:

　　　奴才明春跪奏,爲恭報奴才馳抵塔爾巴哈臺接署參贊大臣印務日期,仰祈聖鑒事。竊奴才於本年九月十三日在哈密辦事大臣任內,接奉恩旨,署理塔爾巴哈臺參贊大臣。當即具摺叩謝天恩,並將交卸

---

①　中國第一歷史檔案館藏:《錄副奏摺》,檔號:03—5751—091。

起程赴任日期先後奏聞在案。奴才於十月初二日自哈密起程，二十二日行抵新疆省城，會晤撫臣劉錦棠，面商一切。劉錦棠以伊犁事機緊迫，已經會商署將軍錫綸，定期於十月二十六日起程，同赴伊犁。奴才即以十月二十八日由新疆省城起程，於十一月二十日行抵額敉勒河行營。二十六日，經暫護參贊大臣印務察哈爾額魯特游牧領隊大臣圖瓦強阿派員將參贊大臣印信賫送前來。奴才隨即恭設香案，望闕叩頭謝恩，即於是日接印視事。伏查塔城爲西北極邊重鎮，接壤强鄰，舉凡撫綏蒙古，控制哈薩克，暨中俄交涉事件以及營屯操防，責任綦重。奴才知識短淺，深懼弗克負荷，惟有隨時隨事，矢慎矢勤，竭盡血誠辦理，以期仰答高厚鴻慈於萬一。謹將奴才馳赴塔城署任接印視事日期，恭摺由驛具奏。伏乞皇太后、皇上聖鑒。謹奏。光緒十一年十一月二十六日。

　　軍機大臣奉旨：知道了。欽此。①

　4.【光緒十三年十二月十九日】此具奏日期，據刻本、《軍機處隨手登記檔》補。

　5.【光緒十四年正月二十四日，奉】此奉旨日期，據《軍機處隨手登記檔》補。

　【案】此摺於光緒十四年正月二十四日得允行，《清實錄》：“以邊功卓著，民不能忘，予故署塔爾巴哈臺參贊大臣明春在哈密地方建立專祠，並將戰績宣付史館立傳。”②

293. 温宿等處被災請分別蠲緩額徵摺
光緒十三年十一月二十九日

尚書銜降一級留任甘肅新疆巡撫二等男臣劉錦棠跪◆1 奏，

---

①　臺北故宮博物院藏：《軍機及宮中檔》，文獻編號：408008259。
②　《清實錄·德宗景皇帝實錄（四）》，卷二百五十一，光緒十四年正月，第389頁，中華書局，1987。

爲南路温宿、北路綏來、濟木薩等處被水、被凍,本年應完糧草成本分別應否蠲緩,恭摺仰祈聖鑒事。

竊鎮西、庫爾喀喇烏蘇、烏什、拜城等廳縣,業經臣飭勘報被災分數,奏請蠲緩在案。兹據藩司魏光燾詳據各印委結報,查温宿州屬被水成災十分地三千七百四畝四分,應請蠲免十分之七糧六十五石八斗五升五合一勺、草八千四百九十五斤十三兩七錢,應請緩徵糧二十八石二斗二升三合六勺、草三千六百四十一斤一兩三錢,分作三年帶徵。又成災八分地三千六百五十七畝四分,應請蠲免十分之四糧三十九石九斗五合七勺、草五千一斤六兩,應請緩徵糧五十九石八斗五升八合五勺、草七千五百二斤一兩,分作三年帶徵。又成災七分地一千七百四十一畝二分八釐,應請蠲免十分之二糧八石九斗五升一合七勺、草一千一百九十二斤十兩二錢,應請緩徵糧三十五石八斗六合五勺、草四千七百七十斤八兩八錢,分作二年帶徵。又成災六分地九千三百二十八畝三分五釐,應請蠲免十分之一糧二十三石一斗五升七合八勺、草二千九百七十五斤四兩八錢,應請緩徵糧二百八石四斗二升一合二勺、草二萬六千七百七十七斤十一兩二錢,分作二年帶徵。又收成歉薄地一萬五百九十畝五分七釐,額徵糧三百二十三石九斗四升八合九勺、草三萬六千三百二十三斤,應請緩至來年秋收帶徵。綏來縣屬秋禾雖被凍傷,查各老户種有夏糧,牽合計算,尚不成災。惟新户甫經安插,衹種秋禾,無可牽補。本年應繳成本銀兩,應請緩至來年收還。濟木薩屬被凍地三千三百六十四畝,額徵糧二百石二斗六升三合五勺,應請緩至來年秋收帶徵。其餘間有損傷,情形較輕,應照常徵收。以上應蠲應緩各户,均經檄飭先行出示停徵,並酌量被災輕重,妥爲賑撫等情,具詳請奏前來。臣覆核無異。合無仰懇天恩俯准,將温宿州、綏來縣、濟木薩縣丞被災地畝應完糧草成本,分別蠲緩,以示體恤。如蒙俞允,即飭司將蠲緩糧草各數目,敬刊謄黃,遍行曉諭,務令實惠及民,以副皇上軫念災區之至意。至來春應否接濟,仍俟屆時確察情形,斟酌辦理。是否有當,謹會同陝甘總督臣譚鍾麟,恭摺具陳。伏乞皇太后、皇上聖鑒訓示。謹奏。光緒十三年十一月二十九日◆²。

光緒十四年正月初四日,奉◆³硃批:另有旨。欽此。

光緒十四年正月初四日內閣奉上諭:劉錦棠奏溫宿等處被災,請將額徵糧草分別蠲緩一摺。新疆南路溫宿州、北路綏來縣、濟木薩縣丞所屬地畝被水、被凍,致成災歉。若將應徵糧草照常徵收,民力實有未逮。加恩著照所請,所有溫宿州屬被水成災十分地三千七百四畝零,著蠲免十分之七糧六十五石零、草八千四百九十五斤零;其應緩徵糧二十八石零、草三千六百四十一斤零,著分作三年帶徵。成災八分地三千六百五十七畝零,著蠲免十分之四糧三十九石零、草五十一斤零。其應緩徵糧五十九石零、草七千五百二斤零,著分作三年帶徵。成災七分地一千七百四十一畝零,著蠲免十分之二糧八石零、草一千一百九十二斤零。其應緩徵糧三十五石零、草四千七百七十斤零,著分作二年帶徵。成災六分地九千三百二十八畝零,著蠲免十分之一糧二十三石零、草二千九百七十五斤零。其應緩徵糧二百八石零、草二萬六千七百七十七斤零,著分作二年帶徵。收成歉薄地一萬五百九十畝零,額徵糧三百二十三石零、草三萬六千三百二十三斤,著緩至光緒十四年秋收後帶徵。綏來縣屬應繳成本銀兩,著緩至光緒十四年收還。濟木薩屬被凍地三千三百六十四畝,額徵糧二百石零,著緩至光緒十四年秋收後帶徵,以紓民力。餘著照所議辦理。該撫即刊刻謄黃,遍行曉諭,務使實惠均霑,毋任吏胥舞弊,用副軫念民艱至意。該部知道。欽此。

【案】此摺原件①現藏於中國第一歷史檔案館,兹據校補。此摺具奏日期,原件爲“光緒十三年十一月二十九日”,查《軍機處隨手登記檔》②亦然,刻本日期舛誤。

1.【尚書銜降一級留任甘肅新疆巡撫二等男臣劉錦棠跪】此前銜據原件補。

2.【光緒十三年十一月二十九日】此具奏日期,據原件校補。

3.【光緒十四年正月初四日,奉】此奉旨日期,據《軍機處隨手登記檔》補。

294. 遵保提鎮各員摺

光緒十四年三月初一日

尚書銜降一級留任甘肅新疆巡撫二等男臣劉錦棠跪◆¹奏,爲遵旨列保提鎮各員,開具清單,恭摺仰祈聖鑒事。

竊臣前准軍機大臣字寄:各直省督撫◆²:光緒十三年四月初八日奉上諭:各省◆³提鎮大員均有專閫之責,必須才略素優,方足以資整頓。邇來軍務敉平,尤應安不忘危,物色將才,用備任使。著各直省督撫,於軍營著績人員内無論實缺候補,各就其人之才具,或長於陸路,或熟於水師,出具切實考語,分別保奏。其曾經引見發往各省差委之提鎮各員,本欲令其練習營伍,以備緩急,並著隨時留心察看,如有才識出衆之員,一併奏保,聽候簡擢。各該督撫身膺疆寄,以知人爲最要,務當確切考察,勿采虚聲,勿徇情面,用副朝廷訪求人才、整飭武備之至意。將此各諭令知之。欽此。遵旨寄信前來◆⁴。

伏查關外各軍,其人皆歷練有年,誠多可用。惟地方平定,遣

---

① 中國第一歷史檔案館藏:《硃批奏摺》,檔號:04—01—35—0095—011。

② 中國第一歷史檔案館藏:《軍機處隨手登記檔》,檔號:03—0257—1—1214—002。

撤已多,兹謹就現留新疆及假歸未久各員,察其才略出群及操守尤爲可信者,開具考語,恭呈御覽。又查有頭品頂戴副都統銜前古城協領堅勇巴圖魯富勒銘額,久經戰陣,洞達邊情,亦非提鎮一班,未敢開列。然前署烏魯木齊領隊並護理都統印務,與臣相處,知其實心任事,洵將領中不可多得之員,合併陳明,伏候采擇。其餘提鎮各員內應膺保列者,尚不乏人,容臣悉心考察,隨時開列,以仰副朝廷選拔真才◆5之至意。謹恭摺具陳。伏乞皇太后、皇上聖鑒訓示。謹奏。光緒十四年三月初一日◆6。

　　光緒十四年四月初二日◆7,奉旨:留中。欽此。

【案】此摺缺原件,錄副①現藏於中國第一歷史檔案館,兹據校補。

1.【尚書銜降一級留任甘肅新疆巡撫二等男臣劉錦棠跪】此前銜據錄副補。

2.【各直省督撫】此前稱據《光緒朝上諭檔》②補。

3.【各省】此二字據《光緒朝上諭檔》補。

4.【遵旨寄信前來】此據《光緒朝上諭檔》補。

5.【真才】錄副作"真材"。

6.【光緒十四年三月初一日】此具奏日期,據錄副補。

7.【光緒十四年四月初二日】此奉旨日期,據錄副、《軍機處隨手登記檔》③校補。

【案】新疆巡撫劉錦棠隨摺呈遵保提鎮各員並填注考語清單:

　　謹將遵保提鎮各營開具清單,填注考語,恭呈御覽。賞穿黃馬褂頭品頂戴題奏提督甘肅西寧鎮總兵署新疆提督騎都尉世職伯奇巴圖魯譚上連,忠慎廉幹,洞達戎機,現在布置邊防,改設營制,均能悉心

①　中國第一歷史檔案館藏:《錄副奏摺》,檔號:03—5855—059。

②　中國第一歷史檔案館編:《光緒朝上諭檔》,第十三冊,第145頁;《清實錄·德宗景皇帝實錄(四)》,卷二百四十一,光緒十三年四月,第247—248頁。

③　中國第一歷史檔案館藏:《軍機處隨手登記檔》,檔號:03—0257—2—1214—085。

規畫,周密無遺,和易近人,寬而有制。賞穿黃馬褂頭品頂戴題奏提督署阿克蘇鎮總兵雲騎尉世職阿爾杭阿巴圖魯董福祥,忠誠篤實,果敢廉明,沉默寡言,而見事敏速,治軍嚴整,謀勇兼優。賞穿黃馬褂頭品頂戴題奏提督倭欣巴圖魯張俊,堅強勇敢,戰必身先,遇士卒勤懇有恩,孜孜不倦,卓然有守,誠信不欺。賞穿黃馬褂頭品頂戴記名提督札福孔阿巴圖魯湯彥和,部伍整齊,有條不紊,而每當大敵,奮迅無前,堅苦耐勞,廉明質實。賞穿黃馬褂頭品頂戴記名提督額騰額巴圖魯曾松明,歷練老成,器局深穩,善於持重,人莫能欺,謙約不爭,勤於任事。賞穿黃馬褂頭品頂戴記名提督霍伽春巴圖魯夏辛酉,樸訥性成,而臨陣最爲奮勇,所至之處,不獨秋毫無擾,且能勤恤民隱,民亦愛之。①

295.陳明欠餉清理就緒懇指撥以清借款摺

光緒十四年三月初一日

尚書衘降一級留任甘肅新疆巡撫二等男臣劉錦棠跪◆1奏,爲臣軍欠餉現已清理就緒,並擬懇天恩,飭部仍在於原撥欠餉各省關指撥銀二十萬兩,以清借款,恭摺仰祈聖鑒事。

竊照臣軍欠餉,截算至光緒十年止,經部指撥福建、浙江、廣東、閩海各省關銀二百八十五萬兩,內除閩海關解到銀二萬兩,餘悉未聞報解。臣於上年奏請由部墊撥銀一百四十萬兩,經部議覆,奏蒙恩准撥銀一百萬兩,令會同督臣從速料理,當將籌辦情形於上年八月初一日恭摺奏明在案。

竊維關外各軍,全資協濟。各省關歷年轉饋,備極勤勞。欲求撙節之方,當以改發坐糧爲第一義。然欠餉未清,則坐糧無由速改。自蒙恩准撥此款,臣始得有所措施。惟顧此邊防不容忽視,當飭由關內招募新勇四千餘人,並就地挑選精壯,編爲步隊一

---

① 中國第一歷史檔案館藏:《清單》,檔號:03—5855—060。

營、馬隊六旗。又據各營旗稟報，隨時募補一千八百餘人，更番抽換，共假遣舊勇八千餘人，挑留舊勇六千餘人，其十一年以後新募入營者，不在其內。仍將留營舊勇先後截清存餉，一律起支坐糧。各弁勇積欠既清，均無異議。此項欠餉除前於十二年發過銀二十八萬六千餘兩外，仍欠銀二百五十六萬四千餘兩，內應發遣撤弁勇存餉銀一百二十四萬七千餘兩，留營弁勇存餉銀五十二萬四千餘兩，皆鋒鏑餘生，錙銖積累，所恃以爲身家之計者，臣前已陳明不宜短發。此次收到庫平銀一百萬兩，又收到廣東續解庫平銀一萬兩，共申合新湘平銀一百五萬二千餘兩，悉數支發，實有不敷。譚鍾麟素抱公忠，力顧大局，前於上年春間撥解新疆司庫銀二十萬兩，原約存儲，以備緩急，至是囑臣動用，無庸歸款。又由蘭州代借商款銀二十萬兩，以資清發，此項借款自應及早籌還。際此時艱，餉源支絀，加以河流爲患，宵旰焦勞，苟可勉力支撐，臣亦何敢再三瀆請！籌思無策，惟有仰懇天恩，飭部仍在於原撥欠餉各省關指撥銀二十萬兩，交由譚鍾麟列收，以便歸款。前於十二年所發銀，除收到閩海關一款，餘悉由新餉項下挪移動用，本擬於此次經收款內勻撥歸還，適已支發無餘，無從扣抵。而除節次發過現銀外，尚不敷留營舊勇存餉銀三十一萬九千餘兩。查江西、四川等省，尚欠解十一年以後新餉，經部臣議准，分年帶解，但使各該省按成解足，毫無蒂欠，臣自應極力節省，仍在於此項新餉內酌量勻放，隨時列報，不敢再有所請，致涉紛歧。此外病故勇丁存餉銀十一萬五千餘兩，查其家屬各在一方，或遲至數年始來具領，擬並由以後新餉內陸續查明補給。其統領營官應領薪公、夫價銀六十七萬七千餘兩，已由臣宣揚諭旨，勉以公心，幸各允從，概行報解[2]。所有臣軍欠餉現已清釐[3]就緒，並擬請籌還借款各緣由，謹會同陝甘總督臣譚鍾麟，恭摺具陳。伏乞皇太后、皇上聖鑒訓示施行。謹奏。光緒十四年三月初一日◆4。

　　光緒十四年四月初二日,奉◆5 硃批:著照所請,户部知道。
欽此。

　　【案】此摺原件①、録副②現藏於中國第一歷史檔案館,兹據校補。

　　1.【尚書銜降一級留任甘肅新疆巡撫二等男臣劉錦棠跪】此前銜據原
件補。

　　2.【報解】原件、録副均作“報繳”。

　　3.【清釐】原件、録副均作“清理”。

　　4.【光緒十四年三月初一日】此具奏日期,據原件補。

　　5.【光緒十四年四月初二日,奉】此奉旨日期,據録副補。

296. 請恤道員雷聲遠等片

光緒十四年三月初一日

　　再,臣於光緒九年三月十六日具奏,請將立功後積勞病故員
弁蕭傳薪等議恤一摺,尚有遺漏未報員弁,容俟陸續查報到日,另
案辦理,奉旨:著照所請,該部知道。欽此。欽遵歷經辦理在案。
兹查已故二品頂戴甘肅遇缺儘先題奏道前署阿克蘇道雷聲遠◆1,
四川中江縣人。五品頂戴儘先前選用知縣前署疏附縣知縣張介
祺,浙江餘姚縣人。總兵銜留甘補用副將馬正國,甘肅化平廳人。
該員等均隨征關外有年,積勞已久,兹或在任病故,或在營病故,
均係軍營立功後積勞病故。合無仰懇天恩俯准,飭部一併照軍營
立功後積勞病故例議恤,以昭激勸而慰幽魂。除咨部外,理合附
片具陳。伏乞聖鑒訓示。謹奏。

---

　　① 中國第一歷史檔案館藏:《硃批奏摺》,檔號:04—01—35—0993—028。

　　② 中國第一歷史檔案館藏:《録副奏摺》,檔號:03—6110—065。

　　光緒十四年四月初二日，奉◆²硃批：雷聲遠等均著交部照軍營立功後積勞病故例議恤。欽此。

　　【案】此奏片原件①、錄副②現藏於中國第一歷史檔案館，茲據校補。原件未署具奏者，且具奏日期僅署“光緒十四年”，茲據內容與刻本、錄副及《軍機處隨手登記檔》③，斷爲原件無疑。

　　1.【案】關於雷聲遠之履歷，光緒元年五月署吉林將軍穆圖善奏懇請准雷聲遠仍按原保請獎一片可資參考：

　　　　再，奴才接准吏部咨開：查雷聲遠，由遇缺先選從九品，前據前湖廣總督官文於截剿安慶援賊出力案內保奏，咸豐十一年八月二十九日奉上諭：著免選本班，以府經歷縣丞不論雙單月遇缺前先選，並賞戴六品藍翎。欽此。清單內遇缺先選從九品雷聲遠，請免選本班，以府經歷縣丞不論雙單月遇缺先選，並請戴六品藍翎，當經臣部查照章程，如係履險隨營等項出力，只准保舉免選本班，以陞階用，不得越級請升。今查府經歷縣丞非從九品應升之階，應請將雷聲遠准其免選本班，以府經歷之階指定一項，歸部選用，加六品藍翎。所保越級之處，應毋庸議。咸豐十一年十二月十九日具奏，奉旨：依議。欽此。欽遵知照在案。又據前湖廣總督官文於追剿安慶援賊、克復桐城等州縣城池出力案內保奏，咸豐十一年十二月二十日奉上諭：著免選本班，以知縣不論雙單月遇缺先選。欽此。查清單內候選府經歷縣丞雷聲遠請免選本班以知縣不論雙單月遇缺先選，當經臣部查照章程，尋常勞績出力，概不准越級請升及請免補本班。又隨營出力只准免補本班，以陞階選用，不得越級保升。今雷聲遠因隨剿出力，請免選本班，以知縣遇缺先選，查雷聲遠前因隨營出力，請免選本班，以府經歷縣丞選用，當經臣部查與奏定章程不符，請將雷聲遠准其免選本班，以應升之階指定一項，歸部選用。所保越級之處，應毋庸議等因。

①　中國第一歷史檔案館藏：《硃批奏片》，檔號：04—01—17—0140—044。
②　中國第一歷史檔案館藏：《錄副奏片》，檔號：03—5855—061。
③　中國第一歷史檔案館藏：《軍機處隨手登記檔》，檔號：03—0257—2—1214—085。

奏駁在案。是該員並非候選府經歷縣丞。今因隨營出力，請免選本班以知縣選用之處，核與定章不符，毋庸議。該員勞績出力，應令該督另核奏請給獎。同治元年六月十七日具奏，奉旨：依議。欽此。欽遵知照在案。又據陝西巡撫張集馨於攻破積年逆巢大獲全勝出力案內保奏，同治四年正月初一日奉上諭：著免選知縣，以同知直隸州知州用，並賞換花翎。欽此。又據陝西提督雷正綰於攻克固原州城出力案內保奏，同治四年二月十七日奉上諭：著免選本班，以知府不論雙單月遇缺前先選。當經臣部查，該員前由從九品請以縣丞遇缺前先選並戴藍翎，經臣部改選缺後，以縣丞遇缺前先選用，並戴藍翎。嗣仍由縣城請免選本班，以知縣遇缺前先選用。經臣部奏明更正另獎行知在案。今復由知縣遞請獎勵，礙難核議，應令一併更正另獎。同治四年閏五月十八日具奏，奉旨：依議。欽此。今並未將前案詳核更正另獎，仍照原保縣丞層遞，請免選各本班，以知府不論雙單月遇缺前先選用，臣部礙難核議，應令按照該員歷次所著勞績更正另獎等因。同治十二年六月初一日具奏，奉旨：依議。欽此。欽遵咨行到營。惟查雷聲遠自到奴才軍營以來，每遇官軍出隊擊賊，該員督率打仗，身先士卒，勇往異常，擒斬悍逆，攻克城池，實屬勞績最為卓著。上年奴才曾將在營年久隨征各員酌保，蒙聖恩允准在案。今雷聲遠雖經奉部駁令更正，查其隨征年久，勞績最著，合無仰懇天恩俯准仍照歷次所奉諭旨，將雷聲遠准其免選從九品、府經歷縣丞、知縣、同知直隸州知州各本班，以知府不論雙單月，遇缺前先選用，並賞換花翎，以示鼓勵，出自皇太后、皇上逾格恩施。謹附片具陳。伏乞聖鑒訓示。謹奏。

　　光緒元年六月十七日，軍機大臣奉旨：吏部議奏。欽此。①

　　光緒七年八月十七日，欽差大臣劉錦棠以候補道雷聲遠辦理吐魯番城善後事宜大著成效自請回省委用，附片曰：

---

　　① 中國第一歷史檔案館藏：《硃批奏片》，檔號：04—01—12—0520—053；《錄副奏片》，檔號：03—5769—035。

　　再，前據督辦吐魯番采運撫輯善後總局甘肅候補道雷聲遠稟稱：吐城善後諸事宜，現均辦有條緒，政務較前稍簡，此後無庸設局專管，擬即裁局，以節糜費。將一切經手事件移交吐魯番同知衙門經理，自請回省候補等情。臣查雷聲遠，自光緒三年間經大學士前任陝甘督臣左宗棠奏委辦理吐魯番采運撫輯善後事宜。臣駐軍托克遜、吐魯番一帶，方謀進規南路，以糧運維艱、師行乏食，引爲深慮。幸該員辦理采運最爲得力，臣得率諸軍掃蕩而前，士飽馬騰，無後顧憂，用能速摧狂寇，底定八城。而其時吐魯番屬境亂後地荒民散，凋殘已極。該員潔己奉公，將地方應辦諸務切實舉行。數載以來，地利日興，戶口日增，固已大著成效。據稟請裁局各節，臣詳加查核，係屬實在情形，當經批准照辦去後。兹復據稟稱，撤局交代諸事，業已逐一清釐，懇請咨送回省前來。臣查該員老成穩慎，廉正忠實，使膺監司之任，必能不負職守。現既交卸局務，應即准其回甘肅省城，聽候委用。除咨護理陝甘督臣楊昌濬查照外，謹附片具陳。伏乞聖鑒。謹奏。

　　光緒七年九月初十日，軍機大臣奉旨：知道了。欽此。①

光緒十年閏五月十四日②，欽差大臣劉錦棠奏委雷聲遠署理阿克蘇道：

　　再，署阿克蘇道羅長祜病故遺缺，前經臣飭委署温宿直隸州知州陳名鈺暫行兼護在案。兹查有二品頂戴甘肅候補道雷聲遠，樸勤穩練，堪以委署，經臣商調出關。除檄飭遵照外，謹會同陝甘總督臣譚鍾麟、幫辦軍務廣東陸路提督臣張曜，附片具陳。伏乞聖鑒。謹奏。

　　光緒十年六月二十三日，軍機大臣奉旨：吏部知道。欽此。③

光緒十三年二月十七日，新疆巡撫劉錦棠奏報署理阿克蘇道因病出缺：

　　再，臣前據署阿克蘇道雷聲遠稟稱：患病日加沉重，懇請給假，交

---

①　中國第一歷史檔案館藏：《録副奏片》，檔號：03—5164—037。

②　此具奏日期、具奏者，原件均未確，兹據《軍機處隨手登記檔》（檔號：03—0242—2—1210—191）校正。

③　臺北故宮博物院藏：《軍機及宮中檔》，文獻編號：128368；中國第一歷史檔案館藏：《硃批奏片》，檔號：04—01—13—0357—037。

卸署缺等情。當經查有喀什噶爾道黄光達,安詳謹慎,辦事實心,堪以調署。遞遺之缺,查有營務處二品頂戴鹽運使銜准補阿克蘇道袁垚齡,器識閎深,善持大體,堪以委署。正在檄飭遵照間,適接三品銜甘肅遇缺儘先題奏道温宿直隸州知州陳名鈺稟稱:雷聲遠已於正月二十九日因病出缺,所有關防由署道庫大使楊陞承送,交州署封存。稟報前來。除飭該州陳名鈺暫行兼護道篆,並催黄光達俟袁垚齡到日,迅速交卸起程馳赴署任外,謹會同陝甘總督臣譚鍾麟,附片具奏。伏乞聖鑒。謹奏。

　　光緒十三年三月十九日,奉硃批:吏部知道。欽此。①

2.【光緒十四年四月初二日,奉】此奉旨日期,據録副補。

297. 修建南路提鎮衙署並擬續修通省武官營署摺

光緒十四年三月二十八日

　　尚書銜降一級留任甘肅新疆巡撫二等男臣劉錦棠跪◆1奏,爲南路提鎮各衙署現擬分别修建,並擬陸續籌修通省副、參、游、都、守等官營署,請旨飭部立案,恭摺仰祈聖鑒事。

　　竊南路新設道廳州縣等官,臣前奏請興修城工十三起、衙署十五起,所有已竣各工曾於上年恭摺奏明,並飭趕造銷册在案。惟查喀什噶爾提督、阿克蘇總兵,均職在守邊,責任綦重。而設標既定,衙署未修,恐外無以觀示遠人,内無以輯綏◆2衆志,當經咨行估辦去後。兹據會勘估報:喀什噶爾地處極邊,一切工料均較他處爲貴。木料雖派勇砍伐,用費略省,而深山窮谷之中,車路不通,實難搬運。及昇至平地,催車轉運,尚離城二三百里或四五百里不等,運脚極多。通盤估計,共需銀二萬二千四百餘兩,需糧九萬六百餘斤。阿克蘇應修鎮署,查該處道署尚爲寬敞,現擬將道

━━━━━━━━━━

① 中國第一歷史檔案館藏:《録副奏片》,檔號:03—5220—052。

署改作鎮署,州署改作道署,另修溫宿州署,以資節省。鎮署計原用銀一萬三千二百餘兩,道署計原用銀八千九百餘兩,食糧在外。新修州署並吏目衙署以及監獄,計需銀五千六百餘兩,需糧六萬六千六百餘斤。據藩司魏光燾詳請具奏前來。臣查所估各工,均尚核實,分飭趕緊興修,工竣造册具報。

至通省撫提鎮各標,雖參用勇營章程,仍居營壘,然既各有官守,亦須略具規模。際此時艱,未便率請撥款。現擬各營所需兵房及哨長巡查應需公廨,諸從簡樸,均令自行修造,派勇赴工。其副、參、游、都、守等官,或帶步隊一營,或帶馬隊一旗,概令於營中蓋造營署一所,取足辦公,不求美備。惟需用匠工、木料等項,需費頗鉅,應由臣另行籌款。各營副將及撫標中軍,擬各給銀二千兩,參將、游擊擬各給銀一千二百兩,都司、守備擬各給銀八百兩,略資津貼,邀免造報。如此變通辦理,庶餉力既紓,而辦公亦便。是否有當,謹會同陝甘總督臣譚鍾麟,恭摺具奏。伏乞皇太后、皇上聖鑒訓示。飭部立案施行。謹奏。光緒十四年三月二十八日◆3。

光緒十四年四月二十八日,奉◆4硃批:該部知道。欽此。

【案】此摺原件①、録副②現藏於中國第一歷史檔案館,兹據校補。

1.【尚書銜降一級留任甘肅新疆巡撫二等男臣劉錦棠跪】此前銜據原件補。

2.【輯綏】原件、録副均作"緝綏"。

3.【光緒十四年三月二十八日】此具奏日期,據原件補。

4.【光緒十四年四月二十八日,奉】此奉旨日期,據録副補。

① 中國第一歷史檔案館藏:《硃批奏摺》,檔號:04—01—20—0019—056。
② 中國第一歷史檔案館藏:《録副奏摺》,檔號:03—7156—048。

298. 估修迪化府及經歷衙署監獄銀數片

光緒十四年三月二十八日

　　再，新疆省城及撫藩衙署各工次第告竣，上年曾經奏明在案。惟迪化向係州治，自設行省改升爲府，並添迪化縣爲附府首縣。其舊有州署業經改爲縣署，府署暨經歷衙署、監獄，均須另建，當經行司轉飭迪化府知府，會同省城工程局委員勘估去後。兹據藩司魏光燾詳稱：照依例制，切實估計，共需工料銀九千二百餘兩，委屬極力核減，懇請興修等情前來。臣查核屬實。除飭一面興修，工竣造册請銷外，謹會同陝甘總督臣譚鍾麟，附片具陳。伏乞聖鑒，飭部立案。謹奏。

　　光緒十四年四月二十八日，奉◆¹ 硃批：該部知道。欽此。

　　【案】此奏片原件①、録副②現藏於中國第一歷史檔案館，兹據校補。

　　1.【光緒十四年四月二十八日，奉】此奉旨日期，據録副補。

299. 查明新疆現辦税務情形摺

光緒十四年四月二十五日

　　尚書銜甘肅新疆巡撫二等男臣劉錦棠跪◆¹ 奏，爲遵照部咨，查明新疆現辦税務各情形，恭摺具陳，仰祈聖鑒事。

　　竊臣上年具奏新疆添設税務總分各局並請辦洋税一摺，旋准部咨：所徵貨税是否往來商税，抑係落地税銀，税則按值百抽税若

---

　　①　中國第一歷史檔案館藏：《硃批奏片》，檔號：04—01—37—0131—004。

　　②　中國第一歷史檔案館藏：《録副奏片》，檔號：03—7156—049。

干,局費應需若干,應俟詳細奏明,再行核辦等因。臣查光緒十一年新設東路哈密、北路古城兩局,均徵百貨入税,一税之後,不復重收。上年春間,復於西路綏來縣、南路吐魯番廳添設分局,以收兼查,並於省城設立總局,徵收落税,以歸畫一。大率新疆貨物,自東北兩路來者,皆陝甘、山西、歸化、包頭等處商民,販運內地各貨,爲數較少。自西南兩路來者,係◆2本地漢回纏商,販運一切土貨,爲數較多。現定税則,均值百兩税銀三兩,較值百抽五之例,量爲核減。所需局費,查內地抽釐章程,准按一成支銷。新疆百物騰昂,創辦艱苦,行令實支實銷,但不得逾二成之數。至稱所税貨物,係土人所販土貨,抑土人所販洋貨,或俄人所販土貨等語。查洋税未定,先收土税,俄商包庇,勢所不免,已於前奏陳明在案。惟現在不能因未辦洋税並廢土税,亦未便獨抽土税遂棄洋税。設法補救,惟有於華商洋貨税於入境落地之時、俄商洋貨税於轉售華商之後,華商土貨税收於販户,俄商土貨税收於賣主,徵商人之税而不經商人之手,彼即無從置喙,辦理亦覺持平。然此究屬一時權宜,若欲税務暢興,仍非開辦洋税不可。據該總局司道查明,詳請奏咨前來。臣覆核無異。除洋税一節仍俟總理衙門核覆再行辦理外,所有查明新疆現辦税務情形,謹會同陝甘總督臣譚鍾麟,恭摺具陳。伏乞皇太后、皇上聖鑒訓示,飭部查核施行。謹奏。光緒十四年四月二十五日◆3。

光緒十四年五月二十五日,奉◆4硃批:該衙門知道。欽此。

【案】此摺原件①藏於中國第一歷史檔案館,兹據校補。

1.【尚書銜甘肅新疆巡撫二等男臣劉錦棠跪】此前銜據原件補。

【案】光緒十四年正月二十三日,清廷開復劉錦棠等原得降一級留任處分:

---

① 中國第一歷史檔案館藏:《硃批奏摺》,檔號:04—01—35—0565—037。

　　光緒十四年正月二十三日内閣奉上諭:三載考績,爲國家激揚大典。中外滿漢諸臣,有能職守恪共、勞勩最著者,允宜特加甄叙,以示優眷。兹當京察届期,吏部開單題請,詳加披閱,禮親王世鐸、大學士額勒和布、協辦大學士刑部尚書張之萬、署兵部尚書吏部右侍郎許庚身、工部左侍郎孫毓汶,翊贊樞廷,勤勞懋著,公忠共矢,悉協機宜,均著交該衙門議叙。大學士直隸總督李鴻章宣力畿疆,經猷遠大。兩江總督曾國荃勳勤卓著,歷久不渝。均著交部從優議叙。陝甘總督譚鍾麟、兩廣總督張之洞、雲貴總督岑毓英、甘肅新疆巡撫劉錦棠、福建臺灣巡撫劉銘傳,盡心民事,綏輯巖疆,殫竭藎忱,不辭勞瘁。譚鍾麟、張之洞、岑毓英均著交部議叙。劉錦棠著開復降一級留任處分。劉銘傳著開復降二級留任處分。餘著照舊供職。欽此。①

光緒十四年四月二十四日,劉錦棠以奉旨開復降級處分具摺謝恩:

　　尚書銜甘肅新疆巡撫二等男臣劉錦棠跪奏,爲恭謝天恩,仰祈聖鑒事。竊臣接准吏部咨開:光緒十四年正月二十三日内閣奉上諭:三載考績,爲國家激揚大典。中外滿漢諸臣,有能職守恪共、勞勩最著者,允宜特加甄叙,以示優眷。兹當京察届期,吏部開單題請,詳加披閱,甘肅新疆巡撫劉錦棠盡心民事,綏輯巖疆,殫竭藎忱,不辭勞瘁,著開復降一級留任處分等因。欽此。欽遵恭録知照到臣。謹即恭設香案,望闕叩頭謝恩。伏念臣前以顓愚誤干例議,仰蒙高厚,僅予薄懲。邀覆幬之優容,愧涓埃之未報。撫衷方疚,補過不遑。今者恭逢鉅典激揚,乃荷殊恩甄叙。濫登上考,頒嘉勉之温綸;寬宥前愆,示矜全之至意。自天聞命,伏地悚顏。惟有益懷素餐,殫攄丹悃,恪共職守,圖邊陲綏固之基;惕省愆尤,答君父生成之德。所有微臣感激下忱,謹繕摺叩謝天恩。伏乞皇太后、皇上聖鑒。謹奏。光緒十四年四月二十四日。

　　① 中國第一歷史檔案館編:《光緒朝上諭檔》,第十四册,第21—22頁;《清實録·德宗景皇帝實録(四)》,卷二百五十一,光緒十四年正月,第387—388頁。

光緒十四年六月十三日，奉硃批：知道了。欽此。①

2.【係】原件作“悉”，是。

3.【光緒十四年四月二十五日】此具奏日期，據原件補。

4.【光緒十四年五月二十五日，奉】此奉旨日期，據《軍機處隨手登記檔》②校補。

300.已故大臣左宗棠專祠告成請飭部立案摺
光緒十四年四月二十五日

尚書銜甘肅新疆巡撫二等男臣劉錦棠跪◆¹奏，爲遵旨建立已故大臣專祠，懇請敕部立案，恭摺仰祈聖鑒事。

竊前大學士二等恪靖侯左宗棠，光緒十一年因病出缺，奉旨於湖南原籍及立功省分建立專祠等因。當飭布政使魏光燾、鎮迪道兼按察使銜恩綸、道員陳晉蕃、王久銘等，籌款興修去後，旋據各文武員弁捐集款項詳委前署哈密協副將龍在田、候補知縣羅正湘，會同署迪化縣知縣陳希洛，在於新疆省城南隅擇地建修，上年十月，祠宇落成，當經安位致祭。詳請奏咨立案前來。臣查左宗棠，自奉命進規新疆，蕩平南北兩路，議設行省，允宜隆以享祀，上副朝廷褒嘉之典，下慰軍民酬報之心。茲專祠告成，除祭祀、歲修等項飭由藩司轉飭迪化府、縣妥議章程，另案咨部外，謹恭摺具陳。伏乞皇太后、皇上聖鑒訓示。謹奏。光緒十四年四月二十五日◆²。

光緒十四年五月二十五日，奉◆³硃批：該部知道。欽此。

---

①　中國第一歷史檔案館藏：《硃批奏摺》，檔號：04—01—12—0542—031;《錄副奏摺》，檔號：03—5237—038。

②　中國第一歷史檔案館藏：《軍機處隨手登記檔》，檔號：03—0257—2—1214—137。

【案】此摺原件①、録副②現藏於中國第一歷史檔案館,兹據校補。

1.【尚書銜甘肅新疆巡撫二等男臣劉錦棠跪】此前銜據原件補。

2.【光緒十四年四月二十五日】此具奏日期,據原件補。

3.【光緒十四年五月二十五日,奉】此奉旨日期,據録副補。

【案】關於此摺之批復,《清實録》:"追予故大學士左宗棠在新疆省城及巴里坤東關立功地方捐建專祠,從巡撫劉錦棠請也。"③

301. 巴里坤東關捐建左大臣
祠宇並附祀死事立案片

光緒十四年四月二十五日

再,據巴里坤鎮總兵徐占彪呈稱:前大學士左宗棠已於省城建立專祠。惟查巴里坤城自遭回逆之變,滿漢官兵士民陣亡傷故甚多,經左大臣遣師平定,功德昭著,令人思慕不忘。現與護領隊大臣金貴並地方文武,於巴里坤城東關捐建左大臣◆1祠宇一所,查明當日死事官兵士民計共一千九百餘名,附祀祠内,以肅明禋而勵殊俗。懇請奏咨立案前來。臣覆查無異。相應請旨俯准將巴里坤東關捐建前大學士左宗棠祠宇並附祀官兵士民,敕部立案。除花名清册容俟查明另案咨部外,謹附片具陳。伏乞聖鑒訓示。謹奏。

光緒十四年五月二十五日,奉◆2硃批:著照所請,該部知道。欽此。

---

① 中國第一歷史檔案館藏:《硃批奏摺》,檔號:04—01—14—0083—017。

② 中國第一歷史檔案館藏:《録副奏摺》,檔號:03—5548—021。

③ 《清實録·德宗景皇帝實録(四)》,卷二百五十五,光緒十四年五月,第440頁。

【案】此奏片原件①、録副②現藏於中國第一歷史檔案館,兹據校補。原件具奏者誤爲“吉林將軍希元”,具奏日期“光緒十四年四月初九日”亦未確,兹據刻本、録副及《軍機處隨手登記檔》③校正。

1.【左大臣】原件、録副均作“左宗棠”。

2.【光緒十四年五月二十五日,奉】此奉旨日期,據録副補。

302. 新疆省捐修湘軍忠義祠立案片
光緒十四年四月二十五日

再,查烏魯木齊地方,自光緒二年克復後,經臣在迪化城內擇地捐修湘軍忠義祠一所,入祀陣亡傷故文武員弁勇丁,並捐置房屋、園地、水磨,作爲香火、歲修、祭祀等項經費。惟時◆1軍務吃緊,臣率隊進剿,未及入奏。現在烏魯木齊建設新疆行省,所有從前捐修湘軍忠義祠,相應請旨飭部立案◆2,歲時由地方官致祭,以垂久遠而昭激勸。除各員弁勇丁姓名並房屋、園地、水磨租課銀兩飭由藩司轉飭迪化府縣分別查造清單,至日另案送部外,謹附片具陳。伏乞聖鑒訓示。謹奏。

光緒十四年五月二十五日,奉◆3硃批:著照所請,該部知道。欽此。

【案】此奏片原件④、録副⑤現藏於中國第一歷史檔案館,兹據校補。原件具奏者誤爲“吉林將軍希元”,具奏日期“光緒十四年四月初九日”亦未確,

---

① 中國第一歷史檔案館藏:《硃批奏片》,檔號:04—01—14—0083—022。
② 中國第一歷史檔案館藏:《録副奏片》,檔號:03—5548—022。
③ 中國第一歷史檔案館藏:《軍機處隨手登記檔》,檔號:03—0257—2—1214—137。
④ 中國第一歷史檔案館藏:《硃批奏片》,檔號:04—01—14—0083—021。
⑤ 中國第一歷史檔案館藏:《録副奏片》,檔號:03—5548—023。

兹據刻本、録副及《軍機處隨手登記檔》①校正。

1.【惟时】原件、録副均作“維時”。

2.【相應請旨飭部立案】原件、録副均作“相應請旨俯准敕部立案”。

3.【光緒十四年五月二十五日,奉】此奉旨日期,據録副補。

303. 請設迪化府學額摺

光緒十四年五月十七日

尚書衔甘肅新疆巡撫二等男臣劉錦棠、頭品頂戴陝甘總督臣譚鍾麟、提督甘肅學政臣秦澍春跪◆¹ 奏,爲援案請設新疆迪化府學額,以符定制而資鼓勵,恭摺仰祈聖鑒事。

竊照新疆改建行省,經臣錦棠奏升迪化州爲迪化府,增置迪化縣爲附府首縣,以原設州學正爲府教授,照舊兼管各縣學事。其歲科兩試,復經臣等奏明,仿照都統局試舊章,改歸撫臣辦理各在案。上年歲科並行,由臣錦棠照章局試,密封試卷,咨由臣澍春按額取進。因迪化州原管户籍、考試各事宜奏歸迪化縣經理,將原設州學進額改爲迪化縣學額,惟府學進額尚未議及。據在籍紳士高廷選等禀由前署迪化府知府蔣誥,轉詳藩司魏光燾詳請添設前來。

臣等查甘肅八府府学進額,均由所屬各廳州縣額進之外,照文風高下酌取撥入。迪化等屬自經兵燹,學校廢弛,底定以來,學者漸衆,上届入場人數已較前届加多。既經設府,自應於各縣額進之外,酌取府學,以符定制。惟各屬府學額數多少不一,臣錦棠查新疆舊設鎮西府知府,管轄兩縣,定額府學三名、廩生二名、增生二名,六年一貢。嗣改府爲廳,府學遂廢。今迪化府管轄五縣,

---

①　中國第一歷史檔案館藏:《軍機處隨手登記檔》,檔號:03—0257—2—1214—137。

內迪化、昌吉、阜康、綏來四縣歲科,均各取進四名;奇臺一縣歲科,各取進五名。應設府學學額,擬請援照鎮西舊案,酌量添設。迪化爲省會之地,文風較盛。擬於縣學額進之外,酌取三名。昌吉、阜康、綏來、奇臺文風不相上下,各於縣學額進之外,酌取一名。五屬共取七名,撥入府學,歲科兩試,一體照辦。比較鎮西兩屬撥府三名,額數尚無加增,並請照鎮西府設廩增之例,俟府學生員已足三十名,添設廩生五名、增生五名,以歲科試優等生員充補,即以補廩之日爲始,六年一貢,以廣聖朝作人之化。合無仰懇天恩,飭部議覆。如蒙俞允,即自下屆歲科試起,遵照辦理。是否有當,謹合詞恭摺具奏。伏乞皇太后、皇上聖鑒訓示施行。再,此摺係臣錦棠主稿,合併聲明。謹奏。光緒十四年五月十七日◆2。

　　光緒十四年六月十九日,奉◆3硃批:禮部議奏。欽此。

　　【案】此摺原件①、録副②現藏於中國第一歷史檔案館,茲據校補。

　　1.【尚書銜甘肅新疆巡撫二等男臣劉錦棠、頭品頂戴陝甘總督臣譚鍾麟、提督甘肅學政臣秦澍春跪】此前銜據原件補。

　　2.【光緒十四年五月十七日】此具奏日期,據原件補。

　　3.【光緒十四年六月十九日,奉】此奉旨日期,據録副補。

304.酌定伊塔旗營員缺並籌辦勇營事務摺

光緒十四年五月二十八日

　　頭品頂戴陝甘總督臣譚鍾麟、伊犁將軍臣色楞額、尚書銜甘肅新疆巡撫二等男臣劉錦棠跪◆1奏,爲查照部議,酌定伊犁、塔爾巴哈臺各旗營員缺,並擬籌辦各勇營事務,恭摺仰祈聖鑒事。

---

① 中國第一歷史檔案館藏:《硃批奏摺》,檔號:04—01—38—0168—006。

② 中國第一歷史檔案館藏:《録副奏摺》,檔號:03—5237—057。

　　竊臣鍾麟前奏請裁撤塔爾巴哈臺參贊大臣員缺,以伊犁副都統一員移駐其地。其索倫、錫伯、察哈爾、額魯特等部落,宜各擇其人,派爲總管,兼設千户、百户,以相拑制。伊犁、塔爾巴哈臺既設道府,防營月餉應責成新疆藩司按月解交道府,分支各營,自行采辦食糧。糧局、糧員均可裁撤等因。經部議覆准裁撤伊犁糧員,餘仍令由臣等詳晰會商,奏明辦理,於光緒十三年八月初八日具奏,奉旨:依議。欽此。咨行到臣。現在臣色楞額業已到任,伊犁、塔爾巴哈臺等處添設道府以下等官,亦經部議允准,自應會同妥籌辦理。伏查伊犁、塔爾巴哈臺事同一律,伊犁參贊大臣員缺,前經部議裁撤,改設副都統二員,以仿照内地駐防之制。塔爾巴哈臺屬境向例亦將軍所轄,該處參贊大臣員缺自無須獨留,應請一併裁撤,以免歧異。伊犁新設副都統二員,以一員與將軍同城,辦事尚屬裕如,應請照臣鍾麟原奏,以一員移駐塔爾巴哈臺駐扎。該處旗隊向由伊犁換防,平定以來,大率由本地挑補,編列成營,無復換防之事。經臣錦棠奏准額設旗隊千人,究如何改照駐防之處,俟此次奉旨後,再由該副都統體察情形,會同臣色楞額妥爲定擬。其索倫、錫伯、察哈爾、額魯特各部落,言語不同,性情亦異,非各有所屬無以資彈壓而專責成。所有伊犁現存之領隊大臣四缺,應請毋庸裁撤。其塔爾巴哈臺領隊大臣一缺應否裁撤,亦應俟副都統移定後,再行定擬。各該領隊大臣及新設之副都統,均歸將軍統轄。伊犁將軍仍節制伊犁鎮道。如此酌量變通,庶幾法制相維,而事機亦順矣。

　　伊犁糧員既經部議裁撤,以後各該處月餉均應按照部議,由新疆藩司按月撥解分支。各營應領食糧,由各營自行采買。伊犁月餉解由該道收支。塔爾巴哈臺既改定同知員缺,該處月餉亦應解由該同知收支,以歸畫一。其各該處額設之糧餉章京應否裁撤,應俟各旗營事定,再由臣色楞額察酌具奏。至各該處防營均應及時整頓,前經臣錦棠於上年九月奏明,俟設官議定後,除各旗營應由將軍、參贊妥籌布置外,其鎮協各標臣自應悉心籌議,奉旨允准欽遵在案。現在色楞額到任,正在接收交代,而錫綸病故^{◆2},比飭經手各員,將錫綸任內一切應交案件迅速清理,並由臣錦棠咨明,俟接收交代後,照原議將勇營事務截清起止,交由臣錦棠會商辦理。仍一面檄飭各統領營官,核算存餉,趕造清冊,以便及時裁併,按照原奏額設四千人之數,改定標營。塔爾巴哈臺事務,應俟伊犁諸務辦理就緒,再行接辦。其餘一切未盡事宜,容臣等隨時會商,陸續奏明辦理。所有查照部議先行定擬各情形,是否有當,謹合詞恭摺具奏。伏乞皇太后、皇上聖鑒訓示施行。再,此摺係由臣錦棠主稿,合併聲明。謹奏。光緒十四年五月二十八日^{◆3}。

光緒十四年六月二十七日,奉^{◆4}硃批:該部議奏。欽此。

【案】此摺原件①、録副②現藏於中國第一歷史檔案館,兹據校補。

1.【頭品頂戴陝甘總督臣譚鍾麟、伊犁將軍臣色楞額、尚書銜甘肅新疆巡撫二等男臣劉錦棠跪】此前銜據原件補。

2.【案】光緒十四年五月初七日,署伊犁將軍錫綸具摺自陳病危:

> 奴才錫綸跪奏,爲奴才病體益沉,難期報效,謹繕遺摺,仰祈聖鑒事。竊奴才前以癉毒復發牽動舊日傷勢,兩次乞恩賞假調理,交卸將軍印務後得以静心,趕緊醫治,一俟氣體稍健,即擬奏懇賞准開去塔爾巴哈臺參贊大臣本缺,趨叩闕廷,俾遂奴才二十年犬馬戀主之誠。無如清釐經手事件,昕夕不遑,現雖將軍營欠餉、善後收支款目已陸續備抵移交,事務紛繁,勢難静攝,時發時愈,忽重忽輕。入夏以來,肩脅兩處漸次潰破,痛苦呻吟,膿血流溢,毒攻於外,氣衰於内,百藥

① 中國第一歷史檔案館藏:《硃批奏摺》,檔號:04—01—12—0542—043。
② 中國第一歷史檔案館藏:《録副奏摺》,檔號:03—5755—011。

罔效，一息僅存。伏念奴才馳驅邊塞以來，涓埃未報。光緒十一年八月，奉旨署理伊犁將軍，十一月抵任後，承兩次嘩變之後，盤根錯節，如理棼絲。各勇營人數既多，餉項又有定限。該兵勇皆百戰之餘，曾立功各省，既未能悉數盡撤，奴才又難聽其飢潰。其已裁者，游手山谷，弗肯盡去；已去者，無處謀生，仍輒旋回。眾情所迫，訛言時起，強鄰窺伺，辦理至爲棘手，大局攸繫，如一拘牽，又恐變生不測。故每至情形竭蹶之極，不能不委曲求全，設法挹注。只顧醫眼前之瘡，不意剜心頭之肉。奴才雖咎深累重，萬不敢辭。幸仰托朝廷福蔭，邊境軍民謐安，俄情亦敦睦誼，此奴才署任三年稍紓聖主西顧之憂者也。第奴才才識庸愚，辦事求速，反致不達，愆尤叢集，深負慈恩。惟生前既不敢留後患以貽憂身後，亦不敢有餘財以自玷。至伊犁、塔爾巴哈臺爲漠北右臂，將軍、大臣之設，有關控制，惟乞我皇太后、皇上仰體高宗純皇帝締造之艱，滿蒙各營及藩部尤宜慎守列聖鴻規，此尤奴才馳驅沙漠二十餘年之所深悉有不能緘默以終者。奴才受恩深重，報稱無時，瞻望觚棱，有懷莫吐，未竟之志，難遽期於後人；未報之恩，願得補於來世。君門萬里，呼籲無從，此生不能再叩天顏，徒深飲泣，就枕九頓首，叩謝天恩，含悲入地，繕具遺摺，不盡畢生悲戀之忱！伏祈皇太后、皇上聖鑒。謹奏。光緒十四年五月初七日。①

光緒十四年五月初十日，伊犁將軍色楞額奏報塔城參贊大臣錫綸出缺日期：

奴才色楞額跪奏，爲大員因病出缺，恭摺馳陳，仰祈聖鑒事。竊奴才抵任伊犁，與前署將軍塔爾巴哈臺參贊大臣錫綸彼此往來，見其精神健旺，行動如常。詢悉舊疾，係洋藥爲之調理，瘡口漸已結痂，惟左腕浮腫，其粗如瓠。奴才以洋醫治法不同、未克輕信告之。不料入夏以來，腫澈於臂，復經洋醫割破，黃水時流，委頓床席。然聲音清朗，每食能盡薄粥數甌。僉謂去歲錫綸病重之時，亦復如是，俟毒氣流盡，即可就痊。奴才每往看視，呻吟之下，猶言交代之事，已飭前辦

---

①　中國第一歷史檔案館藏：《錄副奏摺》，檔號：03—5236—124。

營務處提督曹正興、前辦糧餉處副都統馬亮代爲經理，不至再有遲延。奴才見其病勢危篤，祇得好言慰之，一面慎選良醫，趕爲診治。惟是公項交代未能克期辦理，正擬繕摺籲懇天恩，准其戰限，忽於五月初七日因患腹瀉，突起變症，醫治罔效，自知不起，開具遺摺，交家丁陳福，囑其呈送奴才處，代爲賫呈。延至初八日子時，因病出缺。伏查錫綸由郎中起家，同治十年轉補哈密幫辦大臣員缺，於時關內尚未肅清，新疆各城相繼變亂。錫綸堅守危城，隨剿回逆，馳騁冰雪之中，轉戰天山迤北，備嘗辛苦，卓著勤勞。迨補塔爾巴哈臺參贊大臣，捕斬餘匪，安輯撫循，厥功亦偉。前年署理伊犁將軍，遣撤旗營，因餉銀減成，兵丁不肯就道，謠言四起，以致患怒傷肝，思慮傷脾，起病之根即由於此。該大臣待人以誠，自奉極薄，平生食不兼味，衣不重帛，宅內除書卷外，別無長物。沒之日，貧至無以爲斂。有子二人，長忠昌，年五歲；次孝昌，年三歲。淒涼旅況，深爲惻然！奴才當派參領定啓、佐領瑞徵等經理其喪。其遺摺一件，謹封呈御覽。所遺參贊大臣員缺，現准部議裁撤，毋庸請旨簡放。除一面督飭曹正興、馬亮迅將錫綸任內交代事件逐一清釐、分別奏咨外，所有塔爾巴哈臺參贊大臣出缺日期，謹會同副都統奴才長庚，合詞恭摺由驛五百里馳陳。伏乞皇太后、皇上聖鑒。謹奏。

　　光緒十四年五月初十日。光緒十四年六月十五日，奉硃批：另有旨。欽此。①

清廷旋即頒旨賜恤：

　　光緒十四年六月十五日內閣奉上諭：塔爾巴哈臺參贊大臣錫綸，於同治年間由郎中補授哈密幫辦大臣，堅守危城，隨剿回逆，卓著勤勞，嗣補塔爾巴哈臺參贊大臣，署理伊犁將軍，宣力邊疆，勇於任事。前因患病，賞假調理，茲聞溘逝，軫惜殊深。加恩著照副都統例賜恤。任內一切處分，悉予開復。靈柩回旗時，沿途地方官妥爲照料。應得

　　①　中國第一歷史檔案館藏：《硃批奏摺》，檔號：04—01—16—0223—075；《録副奏摺》，檔號：03—5237—043。

恤典,該衙門查例具奏。欽此。①

3.【光緒十四年五月二十八日】此具奏日期,據原件補。

4.【光緒十四年六月二十七日,奉】此奉旨日期,據錄副補。

305. 龍神靈應請敕加封號摺

光緒十四年六月十二日

尚書銜甘肅新疆巡撫二等男臣劉錦棠跪◆1奏,爲廟祀正神靈應顯著,懇恩敕加封號,以答神庥,恭摺仰祈聖鑒事。

竊據護迪化府知府迪化縣知縣陳希洛詳:據紳民高廷選等稟稱:迪化城西關向建有龍神祠,靈應素著,已歷年所。今歲夏間,雨澤愆期,經官紳戶民虔誠祈禱,立沛甘霖,禦災無形,不致旱魃爲虐,洵屬效靈助順,允宜曠典崇封。聯名稟懇,由府轉詳請奏前來。臣查廟祀正神,實能禦災捍患有功德於民者,例得請加封號。前迪化府城隍神靈顯應,經臣於上年奏准敕封靈感欽遵在案◆2。茲迪化城西關龍神靈應,屢著功德及民,合無仰懇天恩敕加封號,以答神庥而順輿情。謹會同陝甘總督臣譚鍾麟,恭摺具陳。伏乞皇太后、皇上聖鑒訓示施行。謹奏。光緒十四年六月十二日◆3。

光緒十四年七月十三日,奉◆4硃批:禮部知道。欽此。

【案】此摺原件②、錄副③現藏於中國第一歷史檔案館,茲據校補。

1.【尚書銜甘肅新疆巡撫二等男臣劉錦棠跪】此前銜據原件補。

2.【案】光緒十三年九月初一日,劉錦棠奏報迪化府城隍神靈顯應並請敕封號:

---

① 中國第一歷史檔案館編:《光緒朝上諭檔》,第十四冊,第190頁。

② 中國第一歷史檔案館藏:《硃批奏摺》,檔號:04—01—14—0083—009。

③ 中國第一歷史檔案館藏:《錄副奏摺》,檔號:03—5548—053。

尚書銜降一級留任甘肅新疆巡撫二等男臣劉錦棠跪奏，爲廟祀正神靈應顯著，懇恩敕加封號，以答神庥，恭摺仰祈聖鑒事。臣據署迪化府知府蔣誥詳稱：據署迪化縣知縣陳希洛轉據紳士高廷選等稟稱：迪化直隸州知州向建有城隍神廟，屢著靈應。前年旱魃爲虐，經官紳祈禱，立沛甘霖。今歲災疫流行，病者詣廟誠求，無不立愈。現值初開行省，迪化州已改府，凡此明神效順，允宜秩典崇封。聯名稟懇，由府轉詳請奏前來。臣查廟祀正神，能禦災捍患有功德於民者，例得請加封號。前巴里坤城隍廟神靈顯應，經臣於光緒八年會同前烏魯木齊都統臣恭鏜奏准，敕封靈濟欽遵在案。茲迪化府城隍神靈應疊著，洵屬功德及民。合無仰懇天恩敕加封號，以昭靈貺而順輿情。謹會同陝甘總督臣譚鍾麟，恭摺具陳。是否有當，伏乞皇太后、皇上聖鑒訓示施行。謹奏。光緒十三年九月初一日。

光緒十三年十月初四日，奉硃批：禮部議奏。欽此。①

3.【光緒十四年六月十二日】此具奏日期，據原件補。

4.【光緒十四年七月十三日，奉】此奉旨日期，據録副補。

306. 請旌節婦陳王氏摺

光緒十四年六月十二日

尚書銜甘肅新疆巡撫二等男臣劉錦棠跪◆1奏，爲已故節婦年例相符，懇恩旌表，以維風化，恭摺仰祈聖鑒事。

竊據新疆布政使魏光燾詳：據鎮西廳同知甘承謨詳：准署鎮西廳訓導劉柱南牒轉在籍新選甘肅秦安縣訓導常九齡等呈稱：查有已故節婦陳王氏，係里民王林之女，貤贈昭武都尉陳萬選之妻，陳吉之母，游擊銜儘先都司借補呼圖壁守備陳登魁、補用守備巴

---

① 中國第一歷史檔案館藏：《硃批奏摺》，檔號：04—01—14—0083—088；《録副奏摺》，檔號：03—5546—033。

里坤鎮標千總陳發魁之祖母，年十六于歸，事姑孝。姑没，哀毀盡禮。嘉慶二十五年，萬選病故，氏年二十九歲，慟不欲生。旋以子吉纔數齡，矢志撫孤，因强起營祭葬，繼爲吉擇配，生兩孫。家貧，恒藉紡績市薪米。嗣遣吉入伍，吉夫婦先後病殁。氏又撫二孫成立，仍效力行間。同治初，逆回構亂，廳城瀕於危者屢。氏輒以奮勇殺賊爲二孫勖，城卒無恙。登魁等亦遂以軍功累保今職。氏殁於同治三年冬，計守節四十四年。光緒七年，恭逢覃恩，賞給四品封典。職等誼屬同鄉◆2，見聞較確，未便聽其湮没勿彰，造具事實册結，聯名呈懇，由學及廳依次加結詳司核轉前來。

　　臣查定例，直省節孝婦女應旌表者，由該督撫、學政會同具題，並取具册結，送部核議題准後，令地方官給銀三十兩，聽本家建坊等因。歷經遵奉在案。兹據詳前情，臣覆核無異。合無仰懇天恩俯准，敕部核議，照例旌表，以彰苦節而維風化。除將事實册結咨部外，謹會同陝甘總督臣譚鍾麟、甘肅學政臣秦澍春，恭摺具陳。伏乞皇太后、皇上聖鑒訓示。再，上年禮部奏請通行各省嗣後各省貞孝節烈婦女，應照舊具題。如有再違例奏請者，應將該督撫隨本附參，送交吏部議處等因。新疆初設行省，一切例案均係改題爲奏，未能照例辦理，邀免議處，合併聲明。謹奏。光緒十四年六月十二日◆3。

　　光緒十四年七月十三日，奉◆4 硃批：著照所請，禮部知道。欽此。

【案】此摺原件①、録副②現藏於中國第一歷史檔案館，兹據校補。

1.【尚書銜甘肅新疆巡撫二等男臣劉錦棠跪】此前銜據原件補。

2.【同鄉】原件、録副均作“同里”。

①　中國第一歷史檔案館藏：《硃批奏摺》，檔號：04—01—01—0963—005。

②　中國第一歷史檔案館藏：《録副奏摺》，檔號：03—5548—052。

3.【光緒十四年六月十二日】此具奏日期,據原件補。

4.【光緒十四年七月十三日,奉】此奉旨日期,據録副補。

307. 訊明潰弁就地正法片

光緒十四年六月十二日

再,查上年六月二十七日夜,塔爾巴哈臺綏靖中營勇丁潰變,該營哨官杜天成、張玉成於潰勇戕殺營官後,均私取營官馬匹、槍炮,帶同潰勇搶掠參贊衙署,並攻撲開花炮隊,事後同逃,經庫爾喀喇烏蘇防營盤獲送廳録供,詳由臣批飭提省發審。因供詞狡展,飭候咨查,於上年九月間奏明,俟查取確情,再行核辦在案。兹准署塔爾巴哈臺參贊大臣額爾慶額咨覆:詢據前綏靖左營幫辦陳芝廷並各勇丁等僉稱,是晚確見該犯帶領潰勇,攻逼營壘,搶掠衙署等情,咨請從嚴懲辦前來。臣飭營務處道員袁鴻祐提案覆鞫,該二犯供認前情不諱。臣查杜天成、張玉成,身充哨弁,膽敢帶領潰勇攻打炮隊,搶劫衙署,實屬罪大惡極。當於訊明後綁赴市曹,就地正法,並梟首示衆,以昭炯戒。所有訊明潰弁杜天成、張玉成、就地正法緣由,謹附片具奏。伏乞聖鑒訓示。謹奏。

光緒十四年七月十三日,奉◆¹ 硃批:刑部知道。欽此。

【案】此摺原件①藏於中國第一歷史檔案館,具奏者署"劉秉棠",顯誤,兹據刻本及《軍機處隨手登記檔》②校正。

1.【光緒十四年七月十三日,奉】此奉旨日期,據《軍機處隨手登記檔》補。

---

① 中國第一歷史檔案館藏:《硃批奏片》,檔號:04—01—16—0224—042。

② 中國第一歷史檔案館藏:《軍機處隨手登記檔》,檔號:03—0257—3—1214—180。

308. 關外七八兩年報銷覆陳部駁懇飭准銷摺

光緒十四年六月二十二日

尚書銜甘肅新疆巡撫二等男臣劉錦棠跪◆1奏，爲甘肅關外光緒七、八兩年報銷三次部駁，謹再開具詳細清單，逐款覆陳，籲懇天恩飭部准銷，恭摺仰祈聖鑒事。

竊臣准戶部咨：三次核駁甘肅關外登覆七、八兩年開單報銷一摺，計鈔單一紙等因，當經轉行遵辦去後。兹據糧臺司道遵照部駁各節，詳細核明，於單內逐一登覆，詳請具奏前來。臣查支發楚、皖、蜀各軍統費、長夫口糧暨湘軍各營旗分統、營務處公費，照章核算，除准銷外，有著之款，已遵照追繳，歸入十一年銷案内列收造報。惟已故烏魯木齊提督金運昌、已故寧夏鎮總兵譚拔萃，按照部算核計，溢支之款本應删除，第該二員從征日久，積勞病故。查已故道員羅長祐可否免其著追，既經部議請旨，該二員事同一律，應懇一併邀恩免追，以示體恤。至采買一節，遵查同治五年二月欽奉上諭：從前南省勇丁以甘肅地方瘠苦，多不願往。若將調赴甘肅勇丁酌增餉銀若干，當可樂於從事，益加奮勉等因。欽此◆2。前督臣左宗棠入關度隴，仰體皇仁，奏明軍行寒苦荒瘠之區，復當兵燹之後，物產既絀，陸運又極艱難，於正餉外分途設局，采運糧料、柴草，以資津貼。光緒四、五、六等年支發采買軍糧米麵、草料價值，除轉發各營扣回價銀外，實銷津貼糧價銀五十三萬餘兩、脚價等項銀一百六十餘萬兩。臣接縉欽符，駐師哈密，適值大亂初平，元氣未復，非得糧價平減，災黎尤難度日，因照舊章辦理，酌留本地之糧，以養孑遺，委員分途采運，以供軍食。道里之遠、運費之艱，不暇計也。雖源源轉饋，尚慮不支，偶遇糧運稍遲,市價驟增倍蓰。若概就地采買,荒苦之區,不難搜括殆盡,民既無以爲食,軍糧仍屬不敷,饑潰堪虞。軍民交病,何敢不事先預籌！此籌理采運之實在情形也。

臣查光緒十二年四月户部覆核新疆各營支款章程單內第十三條,謂運費雖不便一概議裁,采運似可稍從節省。是關外情形不同,部臣早已曲爲體諒。現在新疆防營漸次規復標營兵制,如果年穀順成,采運自可◆3停止。各軍駐扎之所有徵糧者,即由徵糧項下估撥。其無徵糧與有徵糧而不敷估撥者,亦應由各營自行采買,以圖節省。惟從前已支之款,當此時局艱難,在部臣一再議删,固爲慎重度支起見。臣受恩深重,如果非實用實銷,亦曷敢自蹈欺飾之罪！且查關外七、八兩年采買價銀七萬餘兩,遵照部議删除,係由欠餉劃抵。微臣賦性愚戇,十年以前欠餉,除發過現銀及不敷留營存餉三十一萬餘兩萬難短發外,實已報繳銀六十七萬餘兩,抵無可抵,銷不准銷,中夜徬徨,莫知所措。所有七、八兩年分支發采買糧料、柴草價銀一十七萬六千六百九十餘兩,運糧脚價銀三十六萬一千二百八十餘兩,又由關內造報提運撫彝、高臺采買糧石脚價銀九千三百餘兩,委係核實辦公,毫無冒濫。合無仰懇天恩特允所請,飭下户、兵等部一併照單准銷,以清積案,出自逾格鴻慈。臣不勝惶悚迫切待命之至。除咨部外,謹會同陝甘總督臣譚鍾麟,繕單恭摺具陳。伏乞皇太后、皇上聖鑒訓示。謹奏。光緒十四年六月二十二日◆4。

光緒十四年七月二十五日,奉◆5硃批:著照所請,該部知道。單併發◆6。欽此。

【案】此摺原件①、録副②現藏於中國第一歷史檔案館,兹據校補。

1.【尚書銜甘肅新疆巡撫二等男臣劉錦棠跪】此前銜據原件補。

---

① 中國第一歷史檔案館藏:《硃批奏摺》,檔號:04—01—35—0993—058。

② 中國第一歷史檔案館藏:《録副奏摺》,檔號:03—6111—053。

2.【案】此"上諭"《光緒朝上諭檔》未載,茲據《清實録》補之如下:

諭軍機大臣等:前因廣東嘉應州髮逆全股殄滅,東南各省大局雖已肅清,而豫楚捻匪奔突靡常,蔓延數省,特經諭令左宗棠等將江閩各軍暫行停撤,聽候曾國藩函商,將得力將士揀調北路江、皖、豫、楚各營助剿,並令鮑超先統所部馳赴鄂、豫,聽候曾國藩調遣,以期厚集兵力,迅掃捻氛。因思甘省寧夏雖經收復,而回匪到處肆擾靈、固及秦、凉、狄、河等處,盤踞勾結,其勢甚熾。楊岳斌所部兵勇頗單,不敷防剿之用,現在江閩各軍,除應撥鄂、豫、江、皖助剿外,尚餘若干名可以調赴甘省軍營。將領中何人可以派令帶往,總以精鋭得力爲主。此時江、閩、粵東軍務已平,浙江、江西、湖南亦應撤防,自可將各該省餉項移作甘肅軍需之用。嗣後江西、浙江、湖南每月可協濟甘省餉銀若干兩,並協濟調赴鄂、豫、江、皖助剿勇營餉銀若干兩。鮑超一軍調赴鄂、豫約有若干名,楚北可協濟此軍餉銀若干兩,江蘇省能否於現協甘省月餉外,再行籌添若干兩,均著官文、曾國藩、左宗棠、李鴻章、劉坤一、馬新貽、李瀚章妥籌速奏。從前南省勇丁以甘肅地方瘠苦,多不願往。此時若將調赴甘省勇丁酌增餉銀若干,或再將員弁勇丁之從征西路者,變通章程,從優保舉,當可樂於從事,益加奮勉。曾國藩、左宗棠、李鴻章識見素優,此舉是否可行,即著詳晰奏聞。儻南勇以水土異宜,難於調赴甘省,此外如有嘉謨碩畫、可以統顧全局者,亦當各抒所見,以期謀出萬全,早蕆軍事,有厚望焉。廣東髮逆雖平,而土客匪徒互鬥,蔓延糾結,爲患方長,且降衆土匪散處各州縣,伏莽甚多,嘉應、新隆匪徒亦須籌畫安插,均不可無得力兵勇彈壓。左宗棠仍當酌留閩軍在粵,不可概行遣撤,並著該督仍留粵東,辦理善後事宜,毋庸遽回閩省。肇慶等處滋事匪徒即由左宗棠派兵剿辦,分別良莠,懲勸兼施,豫遏亂萌,以副殷望。嘉應州前助髮逆戕害官兵之土匪,亦應分兵搜捕,净絶根株,毋留餘孽。將此由六百里各諭令知之。①

---

① 《清實録·穆宗毅皇帝實録(五)》,卷一百六十八,同治五年二月上,第41—42頁,中華書局,1987。

3.【自可】原件、録副均作"似可"。

4.【光緒十四年六月二十二日】此具奏日期,據原件補。

5.【光緒十四年七月二十五日,奉】此奉旨日期,據録副補。

6.【案】甘肅新疆巡撫劉錦棠呈七、八兩年關外報銷收支各款清單:

謹將光緒七、八兩年分甘肅關外報銷收支各款,遵照第三次奉駁各節,逐細登覆,繕具清單,恭呈御覽。

收款項下:

一、部議關外收支釐金、薪糧、局費係照何章,支銀若干,未據報部,應令專案册報,以憑查核款。查七、八兩年關外所收釐金開支委員薪糧、局費,按照奏定各臺局薪糧局費章程,委員各按官階、局費,分別繁簡支給,遵照造報備查。

一、部議關外收支房租、地課、磨課、税契、徵銅、鑄錢易銀,既據照辦,應令迅速送部款。查光緒九年以前暨十年分已分年、分款造報在案。

一、部議折徵糧價尾數稍有不符,應令查明咨部更正款。查七年分收銀三萬四百一十四兩七分四釐九毫四絲一忽五微,八年分收銀六萬九千四百三十兩九錢七分三釐一毫四絲一忽五微,應請仍照初次單内數目核銷。

一、部議各軍營旗扣繳徵糧價銀,既據照辦,應令迅速送部款。查前項徵糧,某處某年徵收某色糧石若干,發過各營局某色糧石若干,分別扣繳價銀,業經遵照造報在案。

一、部議七年分各軍營旗扣繳採買存糧價銀九千八百三十六兩七錢一分三釐六毫四絲六忽六微,八年分收銀九千一百九十二兩三錢八分七釐五毫六絲二忽四微,後條採買糧料仍應議駁。所有扣繳價銀仍不准其列收款。查採買糧料已於後條聲明請銷,此項扣繳價銀,仍請查照原案列收。

一、部議七、八兩年共收各營旗繳存病故勇丁口糧銀二萬一千六百餘兩,應令查核的確,始准發給,毋任濫支款。遵照辦理。

一、部議七、八兩年蠶桑等局司事、教習等支發大米,初次報銷清單內開入八年分,係三十八石。此次作三十九石,計多一石,每石價湘平三兩,合庫平銀二兩九錢四釐一毫六絲二忽六微款。查八年分蠶桑等局司事、教習等支發大米底數,實係三十九石。初次報銷清單如果誤開三十八石,應請更正。上次登覆係查照底數,開載所有三色糧石總數,應請仍以湘平折合庫平銀一萬二千三百一十九兩八錢四分五釐一毫一絲三微核銷。

開除項下:

一、部議七八兩年分統費、長夫口糧銀兩,既據聲明有著之款,歸入十一年銷案內列報,應如所請辦理。至金運昌共支統費、長夫口糧湘平銀六千四百七十八兩,與初次單內之數符合,照部章月支統費銀一百兩,加夫十名,每名日支銀一錢。核算共准支湘平銀三千二百三十九兩,刪除銀三千二百三十九兩。今據聲稱照部章准銷銀五千五百二十八兩四錢三分五釐,尚應追剿銀七百四十二兩六錢二分,數目殊不相符。譚拔萃一員准駁數目,照章扣算,亦不相合。此次單開數目恐有舛誤,且原章統費多寡不等,礙難懸斷,應令將該二員照該撫初次單開核算,每員應支某項若干,照部章核算。每員應支若干、准銷若干、刪除若干,分晰扣算明白報部,再行核辦款。查前奏二十四條用款案內,聲明凡統領一二營者,每月加銀一百兩、夫十名;三營以上者,每月加銀一百五十兩、夫十五名;五營以上者,每月加銀二百兩、夫二十名。金運昌一員統領營數較多,初次單內係按統領五營以上者扣算。譚拔萃一員統領營數間有增減,亦係按照前章分別支給。上次登復單內係按統領未及三千人者,照部章統領三千人扣算,未及五千人者,照部章統領五千人扣算。而部議金運昌一員准銷銀三千二百三十九兩,係按統領三千人以上核算,是以不符。茲計金運昌一員,初次單內准銷湘平銀六千四百七十八兩,照部章核算,准銷湘平銀三千二百三十九兩,應刪除銀三千二百三十九兩。譚拔萃一員初次單內請銷湘平銀五千四百四十一兩五錢,照部章核算,亦應准銷湘平銀三千二百三十九兩,刪除銀二千二百二兩五錢。惟該二員從征日久,積勞病故,已支之款,無從著追,所有刪除銀兩,仍請核銷。

一、部議七、八兩年分支發湘軍各營分統及營務處公費，內稱刪除有著之款共銀一萬一千六百一十六兩六錢四分六釐四毫九絲六忽六微，即據聲稱追繳歸入十一年分銷案內列報，應如所奏辦理。至已故道員羅長祐應追剿銀七千四百四十四兩四錢四分三釐，可否免其著追之處，候旨遵行款。自應遵照。

一、部議七、八年分采買糧料、柴草價銀九萬七百九十八兩八錢三分八釐三毫三絲四忽九微款。部駁未登復者四款，已復未指實者二款，不確者二款。一謂安西、玉門、敦煌糧石並無運至巴里坤之事，巴里坤小麥每百斤價銀一兩二錢，青稞每百斤價銀六錢，較哈密糧價爲賤，且巴里坤向運糧至哈密，無須由安西等處越哈密至巴里坤等語。查南人習食大米，不慣麥食。巴里坤地氣極寒，土産糧料向以青稞爲大宗，不産大米。軍中需用食米必須由安西等處運至哈密。其由哈密運至巴里坤，係就巴里坤運糧送哈之車帶運至坤，以資搭放。因係便車帶運，不支脚價，故原單未載安西、玉門、敦煌運糧至巴里坤之事。又謂綏來縣無采買之事，奇臺、古城、濟木薩、阜康、昌吉無運糧至烏魯木齊之事，原奏與報銷原單不相符合。又謂托克遜、闢展各處采運，以供東西鹽池十數站防軍之食，與報銷原單未能吻合等語。查前次登復案內，係就前後數年相提而論，以見運銷之難。如奇、古、濟、阜、昌、綏等處采運以供烏魯木齊一帶之軍，此就十年以後之事而言。托克遜、闢展各處采運以供東西鹽池十數站防軍之食，此就七年以前之事而言，七、八兩年本無是事。惟登復單內未及聲叙明白，是以與原單未能吻合。又謂該軍駐扎之所直抵精河，報銷原單所開小麥每百斤價值，巴里坤、古城均一兩二錢，奇臺、濟木薩均一兩。該軍駐扎在北路者，其地糧價本賤，原無須移北路之勇以就南路之糧，更無須以南路之糧供北路等語。查前奉部議，光緒四年，據前督臣左宗棠奏關外米糧百貨價值，與東南各省腹地相若，且有較內地更爲平減者。復據該大臣奏稱，三年冬，克復南路前敵各軍均就地采買，糧料充積，頗有穀賤傷農之患。六年分共收各色糧三十四萬六千餘石。既稱糧料充積，何須另行采買？每年收糧三十餘萬石，核計該軍人數,支食之外,尚有餘糧二十餘萬石,更無須另行采買等因。當以新疆南北兩路相距五六千里,地土肥磽不同,豐歉亦異,原奏所稱糧料充積、谷賤傷農,係專指西四城而言。該處糧料較多,每年所收之糧,除供支防營外,尚有贏餘,無須另采。北路戶口凋殘、産糧較少之區,開采過多,市價必然陡貴,窮民殊難度活,衹得隨時體察情形,酌量定采,仍於産糧較廣之區采運,以供不足,是以糧價尚能平減,並非糧多價賤也。又謂轉運糧數多於采買糧數,采買糧數多於轉運糧數。今據復稱徵采並用,故運浮於采。或係就地供支各差,或係官車騾駝運送,不開脚價,究竟轉運某處、徵糧若干、采糧若干,某處供支某差若干,車數、畜數及轉運斤數、次數各若干,均未指實等語。查各處徵糧、采糧數目,均經報明有案。惟七、八兩年糧運緊急,各處倉廒無多,徵糧、采糧合儲一處,隨收隨運,絡繹不絕,其中某爲徵糧、某爲采糧,實難分別。至轉運糧數若干、供支某差若干,如何扣收,上次單內業經聲明。其官車、騾駝及轉運糧斤,亦經報明有數。惟次數實無從分晰也。又謂采運糧料、柴草並無核准案據,據稱每年季冊詳載各營駐扎之處,均可覆按。查七、八兩年分,並未將季冊報部等語。查采運糧料、柴草,前督臣左宗棠酌定章程,委員分途開辦,采運有局,柴草有局。六年以前,奏銷有案。七年以後,又將各臺局薪糧、局費用款列入新疆用款二十四條內,或添或減,四柱單內均經按季報明在案。至七、八兩年季冊,查光緒九年六月初七日准兵部咨稱:應行文陝甘總督,督飭哈密糧臺各員趕緊核明造冊,呈由該督送部查核等因。當經飭行遵照去後,旋據糧臺於十年二月逐一分晰,補造清冊,咨送甘肅新疆總糧臺,應由督臣咨部立案。又謂從前總藉各營勇糧爲詞,今又牽入經書、貼書、護勇、匠工、醫生、通事、司事、教習人等,均發糧石,亦在緊貼之列等語。查采買糧料,原係備支營勇,照章扣價。各局經書、貼書、護勇、匠工、醫生、通事、司事、教習人等,均係隨營辦事,若不支糧米,未免向隅,是以照章支發扣價,並非牽入。又謂總以糧價昂貴爲詞,考之糧價極貴之處,莫如哈密小麥,每百斤價銀一兩七錢,以每勇一名月食口糧四十餘斤計算,每月僅需銀七錢有奇。歸湘軍統率各營既月支正餉四兩二錢，又月支津貼、米折銀四錢，固不得於津貼、米折之外，復有津貼糧價名目。即無米折，各軍每月應支餉銀四兩二錢，除口食外，尚可餘銀三兩數錢。糧價較賤之處，則勇丁所餘更多，何必勞費采運等語。查歸湘軍統率各營，駐防南路西四城，每勇於月支正餉外，每月另支津貼、米折銀四錢，並未重支采糧津貼。北路產糧較少，每勇僅月支正餉四兩二錢，所需食糧，勢不能不由公家采運，以昭平允。又謂喀喇沙爾糧少，不能不取之庫爾勒、布古爾爲詞。考之喀喇沙爾頭工在城東六十里，向有屯地一千四百二十畝；二工在城東七十里，向有屯地二千二十畝。每年應徵糧三千餘石，循照舊章辦理，就地儘可取資。即使屯工均已廢棄，查喀喇沙爾小麥，每百斤價銀八錢，包穀每百斤價銀四錢，價值甚賤，糧多可知，何不就地采買？乃於庫爾勒購買小麥，價銀一兩，運至喀喇沙爾，合銀多至一兩七錢八分。布古爾采買包穀，價銀四錢，運至喀喇沙爾，合銀至二兩三錢五分。舍近求遠，舍賤買貴等語。查喀喇沙爾兵燹之後，戶口逃亡，所有屯工早已廢棄。該處產糧無多，歲止徵糧六百餘石，不采則價平減，小民可免怨咨；采則市價陡增，軍食仍難騰飽。勢不能不由庫爾勒、布古爾采運，並非舍近求遠，舍賤買貴。至庫爾勒糧價八錢，喀喇沙爾糧價一兩，由庫運喀加入人工運費，本不合算。惟營勇食糧，勢不容緩，祇能視糧之有無，不能問價之貴賤。此必須由官采運以資接濟者也。又謂報銷原單，采買糧石，有大米、小麥、包穀、青稞諸色，及查其扣收糧價，僅有大米、小麥二色。所買豌豆、包穀、青稞，並未按色扣收等語。查糧石支發各營者，照章扣價。其塘臺、驛站、官騾駝馬暨開花炮隊車騾支用各色雜料，係作正開報，概不扣價。所以采糧有扣價、不扣價之分。至謂采買價銀多至十七萬餘兩，加以運脚，又費數十萬兩，原單僅扣收銀一萬餘兩，迨經議駁，始稱有十一萬餘兩，歸入九年列收等語。查七、八兩年支發營糧，已扣價者，自應列入原單報收，其尚未扣回者，自應俟九年扣繳，是以歸入九年分造報，並非采供糧斤之不實也。總之，新疆初復之區，戶民招徠未廣，前項糧料、柴草委係因時因地，實采實銷，並無浮冒。所有七年分菜價銀九萬七百九十八兩八錢三分八釐三毫三絲四忽九微，仍請核銷。

一、部議七年分發運糧腳價銀一十八萬二千五百二十一兩二錢六分三釐二絲二微款。查采買糧價，前條仍請開支。此項運腳，應請知照兵部核銷。

一、部議八年分發統費及長夫口糧銀一萬二千四百七十九兩六錢七分八毫六絲一忽六微款。查此款已於七年分聲明，應請核銷。

一、部議八年分發湘軍各營旗分統及營務處公費銀二萬九百九兩九錢七分九毫五絲八忽四微款。查此款已於七年分聲明，應請查核准銷。

一、部議八年分發糧料、柴草價銀八萬五千八百九十六兩六錢一分一釐八毫一絲四微款。查此款已於七年分聲明，應請仍照原單准銷。

一、部議八年分發運糧腳價銀一十七萬八千七百六十一兩一錢二分四釐一毫一絲四忽二微款。查采買糧料，前條仍請開支。此款與七年分事同一律，應請知照兵部核銷。

統計七、八兩年原單，共應支庫平銀七百六十五萬六千七百二十二兩二錢九分八釐四毫九絲八忽五微，內除劃抵各臺局經貼、護勇、纏回通事、長夫、斗級等，支過徵糧扣價湘平折合庫平銀一萬二千三百一十九兩八錢四分五釐一毫一絲三微，應歸徵糧報銷案內另案彙造，不列收支。又支過采糧扣價湘平折合庫平銀一萬二千七十七兩四錢六分三釐六毫九絲七忽八微，在應支口糧項下抵。除已於七、八兩年采買糧價款內聲叙請免列收均不計外，實應支庫平銀七百六十三萬二千三百二十四兩九錢八分九釐六毫九絲四忽，內除七八兩年欠發勇餉銀一百四十一萬三千三百五十二兩四錢二分六釐二毫九絲五忽二微外，實該銀六百二十一萬八千九百七十二兩五錢六分三釐三毫九絲五忽二微。再，除伊犂將軍金順借支銀一十三萬七千四百六十三兩六錢九分七釐九毫六絲七忽一微，嵩武軍借支銀三十一萬八千五百兩一錢四分三釐二毫七絲二忽，嵩武軍糧料合價銀一十三萬三千一百四十九兩八錢四分三釐九毫一忽二微另案辦理外,實應請銷銀五百六十三萬九千八百五十八兩八錢七分八釐二毫五絲四忽九微,內應歸兵部核銷銀八十一萬四千二百二十兩五錢七分一釐一毫五絲二忽三微,工部核銷銀一十三萬一千九百四兩五錢五分四釐三毫九忽三微,戶部核銷銀四百六十八萬三千七百三十三兩七錢五分二釐七毫九絲三忽三微,內遵照刪除統費、公費銀一萬八千二百一十三兩八分四毫九絲六忽六微,應俟下案列收具報不計外,實請銷銀四百六十六萬五千五百二十兩六錢七分二釐二毫九絲六忽七微。查截至八年十二月底,仍照原案實存銀七萬八千二百八十九兩七分一毫三絲一忽六微,仍欠發六年以前並七八兩年存餉銀二百八萬一千六百四十六兩八錢七分一釐,合併陳明。①

_____

① 中國第一歷史檔案館藏:《清單》,檔號:03—6111—054。

劉錦棠奏稿卷十五

起光緒十四年七月,訖十二月

309. 烏垣滿營官兵遷併古城到防日期摺

光緒十四年七月初一日

尚書銜甘肅新疆巡撫二等男臣劉錦棠跪◆¹ 奏,爲恭報烏魯木齊滿營官兵遷併古城到防日期,謹繕摺具陳,仰祈聖鑒事。

竊照旗營遷併古城,定議已久。本年春間,據該工程局委員呈報,古城衙署、兵房各工漸次完竣,請飭趕緊遷徙,以資照料。當經飭據藩司議給盤費、車輛、鹽菜等項,並借支俸餉,以便清理,刻期就道去後。茲據古城城守尉德勝呈稱,飭派署左翼佐領德克吉本◆² 帶領烏魯木齊滿營頭起兵眷,署右翼防禦伊克精額◆³ 帶領烏魯木齊滿營二起兵眷並軍裝、車輛,暨該城守尉率帶書吏、戈什人等先後起程,於六月初四、初七、初九、十一等日均到古城防所,各按旗色、方向安置等情呈報前來。臣覆查無異。所有烏魯木齊滿營官兵遷併古城到防日期,謹會同伊犁將軍臣色楞額、陝甘總督臣譚鍾麟,恭摺具陳。伏乞皇太后、皇上聖鑒。謹奏。光緒十四年七月初一日◆⁴。

光緒十四年八月初四日，奉◆⁵硃批：該部知道。欽此。

【案】此摺原件①、録副②現藏於中國第一歷史檔案館，茲據校補。

1.【尚書衔甘肅新疆巡撫二等男臣劉錦棠跪】此前衔據原件補。

2.【案】關於德克吉本，光緒五年九月十四日，陝甘總督左宗棠附奏曰：

　　再，新疆南路一律肅清隨摺保獎案内，五品頂翎德克吉本請以驍騎校儘先補用，並請賞戴花翎，加防禦衔。奉旨允准欽遵行知在案。茲准通政使司通政使二等男臣劉錦棠咨稱：該員德克吉本原係伊犁駐防滿洲正白旗人，其父署喀什噶爾印房幫辦章京部缺筆帖式柯興額，同治三年七月，在喀什噶爾漢城殉難，業經呈懇具奏，奉旨從優議恤。德克吉本被賊裹脅，嗣由達阪城自拔來歸，隨營效力。光緒三年十二月十八日，經奏以回目列保，請賞給五品頂戴。該員當時實未自陳明旗籍也。續經訪查確實，故肅清獎案即請以旗員列保。其原有底衔，應行更正，咨請核辦前來。臣查該員德克吉本，於纏回出力保獎案内既未查明旗籍，南疆肅清隨摺保獎又未查明底衔系五品頂戴，誤繕五品頂翎。應懇天恩，飭部於新疆南路肅清隨摺保獎案内，將該員德克吉本底衔改爲五品頂戴。其新疆纏回隨同官軍打仗出力咨保案内，德克吉本改注滿洲正白旗人，庶籍貫不至參差，獎案亦歸有著。謹附片陳明，伏乞聖鑒訓示施行。謹奏。

　　光緒五年十月十一日，軍機大臣奉旨：兵部知道。欽此。③

光緒十四年七月初一日，新疆巡撫劉錦棠奏委德克吉本署理滿營左翼佐領：

　　再，署理烏魯木齊滿營左翼佐領連喜因案撤任。所遺員缺，查有即補協領德克吉本，堪以委署。據古城城守尉德勝呈請給委前來。除由臣檄委外，謹會同伊犁將軍臣色楞額、陝甘總督臣譚鍾麟，附片陳明。伏乞聖

---

① 中國第一歷史檔案館藏：《硃批奏摺》，檔號：04—01—01—0963—074。
② 中國第一歷史檔案館藏：《録副奏摺》，檔號：03—6024—053。
③ 中國第一歷史檔案館藏：《硃批奏片》，檔號：04—01—16—0209—124；《録副奏片》，檔號：03—5142—038。

鑒。謹奏。

　　光緒十四年八月初四日,奉硃批:兵部知道。欽此。①

3.【案】關於伊克精額,光緒九年七月初七日②,前烏魯木齊都統恭鏜附片奏報委令伊克精額接署烏魯木齊滿營左翼驍騎校:

　　再,烏魯木齊滿營補用驍騎校署左翼驍騎校連奎,自委署斯缺以來,辦事不能得力,且性情乖謬。現當關外規復旗營之始,未便稍事姑容,相應請旨開去署缺。所遺左翼驍騎校,茲准前領隊大臣恩澤揀送委驍騎校伊克精額接署前來。奴才覆查伊克精額,人尚明白,堪以署理。除轉飭遵照外,理合附片具奏。伏乞聖鑒。謹奏。

　　光緒九年八月十三日,軍機大臣奉旨:著照所請,該部知道。欽此。③

4.【光緒十四年七月初一日】此具奏日期,據原件補。

5.【光緒十四年八月初四日,奉】此奉旨日期,據錄副補。

310. 請將提督董福祥等十四員留於甘肅新疆補用片

光緒十四年七月初一日

　　再,投效新疆及隨臣征剿各武員多由軍營立功,堪資差遣。除曾經奏留、改留甘肅補用者均毋庸議外,其有未經奏改者,亟應照章奏明,改留甘肅新疆補用,以資得力而符定制。茲查有現署理阿克蘇鎮總兵頭品頂戴題奏提督雲騎尉世職阿爾杭阿巴圖魯董福祥、頭品頂戴題奏提督倭欣巴圖魯張俊、頭品頂戴記名提督訥齊欣巴圖魯杜錫斌、頭品頂戴記名提督奇臣巴圖魯張宗本、記

① 中國第一歷史檔案館藏:《硃批奏片》,檔號:04—01—16—0223—034;《錄副奏片》,檔號:03—5857—077。
② 此具奏日期,據《軍機處隨手登記檔》(檔號:03—0239—1—1209—209)校正。
③ 中國第一歷史檔案館藏:《錄副奏片》,檔號:03—5826—022。

名提督年常阿巴圖魯楊先勝、記名提督訥恩登額巴圖魯趙奉樂、記名提督利勇巴圖魯牛允誠、提督銜記名總兵年常阿巴圖魯禹中海、題奏總兵博卿額巴圖魯查春華、儘先補用副將張天有、副將銜儘先補用參將育勇巴圖魯張宗文、參將銜儘先補用游擊藍德清、二品頂戴儘先補用游擊武勇巴圖魯廖克明、儘先補用都司張鴻疇等十四員,均在新疆帶隊,疊著戰功,熟悉邊防營伍。若以原官原銜留於甘肅新疆儘先補用,於營伍邊防實有裨益。合無仰懇天恩俯准,將董福祥等十四員一併留於甘肅新疆補用,出自鴻慈。除飭取該員等履歷清冊另咨送部並俟續查尚有堪留差遣之員再行陳奏外,謹會同陝甘總督臣譚鍾麟,附片具陳。伏乞聖鑒訓示。謹奏。

　　光緒十四年八月初四日,奉◆1 硃批:著照所請,兵部知道。欽此。

【案】此奏片缺原件,録副①現藏於中國第一歷史檔案館,茲據校補。

1.【光緒十四年八月初四日,奉】此奉旨日期,據録副補。

311. 清欠不敷動用司庫商借銀兩應分別抵銷歸還摺

光緒十四年七月初七日

　　尚書銜甘肅新疆巡撫二等男臣劉錦棠跪◆1 奏,為臣軍清欠不敷,動用甘肅撥存司庫銀兩及由商號代借銀兩,實應分別抵銷歸還,恭摺具陳,仰祈聖鑒事。

　　竊臣准户部咨議覆新疆欠餉清理就緒一摺,內稱撥解、代借各款,案據兩歧,請旨飭令詳細查明,報部核辦等因。臣正擬覆奏

---

① 中國第一歷史檔案館藏:《録副奏片》,檔號:03—5857—076。

間,適准督臣譚鍾麟咨到查明新疆借款摺稿◆2,逐加查核,前項撥存、代借之四十萬兩,不在部撥百萬之内,譚鍾麟已詳細聲覆,臣可毋庸復贅。惟查譚鍾麟所奏各節,有不能不陳於君父之前者。

臣前奏清理欠餉,原請撥部款一百四十萬兩,已屬減而又減,未敢以爲此數即能敷用。嗣譚鍾麟奏請飭部借撥庫平銀七十萬兩,由甘庫四分平餘項下撥銀十餘萬兩,飭司挪移銀十餘萬,挪撥之款,勢須劃還。幸蒙聖慈明察,已先飭部指撥的款一百萬,歸款有著,臣始得有所藉手。既因假遣甚衆,實在不敷,復向函商,乃稱去冬所解二十萬不妨動用,若百二十萬外,尚不敷銀十餘萬兩,當極力設法籌辦等語。臣是以復將撥存司庫銀二十萬兩動用支發,並乞代挪商款以了此事。其撥存司庫之款,原係十二年冬間由甘肅起解,十三年春間始行解到。其時,譚鍾麟實有來信謂不扣還,後又有信,囑將此款由臣奏明,臣是以前奏有毋庸歸款之語。其由蘭州代借之款,譚鍾麟上年奏催江西、四川欠解十一、二年新餉,内稱新疆撫臣應分三十八九萬兩。如果兩省如數解到,自應先其所急,儘發欠餉。而咨報起解商款文内則又謂擬在十四年應分關外新餉内劃扣。臣以江西、四川欠解之款尚待支發留營舊勇存餉,本年新餉亦指濟本年之用,其不可扣留之故,亦疊次專函告明。是未具奏之先,實已商之再四。現在疊准咨稱:已於江西、四川補解十一、二年關外應分欠餉内,扣去庫平銀九萬二千八百餘兩,又由本年關外應分新餉内先後扣去銀四萬兩,餉由關内分支,自難阻其不扣。惟光緒七年以後歲餉,經前督臣左宗棠奏定,以六成劃分新疆,四成劃留甘肅。查前伊犂將軍金順七年分需餉甚殷,經前護督臣楊昌濬商由關内外分借,以濟眉急。嗣據甘肅總量臺賚到分餉清摺,關内借撥之八萬兩,係歸十成公用截算,關外借撥之十四萬二千兩,悉於新疆六成協餉内劃除。計應由關内補解銀五萬六千八百兩。烏魯木齊制兵額餉,例由甘藩庫支發。譚鍾麟商臣改勇爲兵，仍束以防營之制，團扎訓練，俾復步兵舊額之半，名曰土勇餉章，謂較甘兵爲優。庫支恐干部詰，因囑臣改由營發。計從八年七月初一日起，應由關內補解銀二十四萬五千四百三十八兩二錢。哈密、巴里坤等處軍塘經費亦係司庫例支，前護督臣楊昌濬商請仿照司庫向糧臺撥款成案，於行營糧臺撥發銀兩，作爲司中借款。計從七年支發起，應由關內補解銀五萬九百一兩一錢六分五釐七毫四絲四忽。以上七、八、九、十等年共欠解關外湘平銀三十五萬三千一百三十九兩三錢六分五釐七毫四絲四忽。譚鍾麟撥解新疆司庫銀二十萬兩，即悉數抵欠，尚不敷銀一十五萬餘兩。此外有無別項，尚未逐細勾稽。

臣初亦以關外爲督臣所轄，協餉賴其轉輸，是以每自思維，苟於公用無虧，亦從不敢與之計較。關外分餉雖倍半於關內，關外防軍亦倍半於關內，餉歸正用，似不得謂之揮霍。但舉關外應得之餉畀之關外，何敢於關內所有格外取求？臣前摺已奉硃批：著照所請。譚鍾麟若必指由蘭州代借之款於關外新餉內取償，是臣部留營舊勇存餉終歸無著，本年之餉必至又啓新虧，清欠之局仍不能一了百了。惟有仰懇天恩，飭部仍遵前旨，在於原撥欠餉各省關指撥的款銀二十萬兩，速清此款，俾免虛懸。譚鍾麟所扣之銀，仍令照數補解，各歸各款，以符原案而免歧異。其七、八、九、十等年欠解關外銀兩，除以撥存司庫二十萬兩餉臺列收抵解外，其餘下欠一十五萬餘兩如何著落，應由譚鍾麟據實奏明。至新疆支款，臣自當督飭藩司，如能節省一分，即封存一分，隨時奏咨立案，不得指爲甘肅撥存之款。臣忝膺疆寄，幕友固所必需，然一應公事，究無不由臣自主，合併聲明。所有關外清欠不敷，動用甘肅撥存司庫及由商號代借銀兩分別抵銷歸還緣由，謹據實恭摺具奏。伏乞皇太后、皇上聖鑒訓示。謹奏。光緒十四年七月初七日◆³。

　　光緒十四年八月十一日,奉◆⁴硃批:户部議奏。欽此。

　　【案】此摺原件①、録副②現藏於中國第一歷史檔案館,兹據校補。

　　1.【尚書銜甘肅新疆巡撫二等男臣劉錦棠跪】此前銜據原件補。

　　2.【案】光緒十四年五月二十八日,陝甘總督譚鍾麟奏報查明新疆借款詳細情形:

　　　　頭品頂戴陝甘總督臣譚鍾麟跪奏,爲查明新疆借款詳細聲覆,恭摺仰祈聖鑒事。竊臣准户部咨,議覆新疆撫臣劉錦棠奏請於各省關欠餉内指撥銀二十萬兩以清借款一摺,前後數目不符,令臣詳細查明,聲覆到部,再行核辦等因,咨行到臣。查新疆省城用費浩繁,署票兑蘭之款,無月不有。各省協餉未到,甘藩司必先挪移墊發,於下月餉内扣還。光緒十二年冬,臣與藩司譚繼洵商酌,由甘庫節省項下撥給銀二十萬兩,解交新疆藩庫,責成藩司魏光燾另款封儲,遇有急需,偶爾借動,必須隨時歸還,俾司庫常存此款,以備緩急。此即劉錦棠原奏上年春間撥解新疆司庫銀二十萬兩一款,其事在未奉部撥百萬以前也。去年四月,奉部撥各省關百萬,以清欠餉。臣恐緩不濟急,再由甘藩庫籌撥銀二十萬兩,又從商號借撥銀二十萬兩,先行解赴新疆,俾得早撤一日即可省一日之餉。各營從六月起改支坐糧,則所省較多。此夏間籌撥新疆之四十萬兩,曾於各省解足百萬内如數扣還歸款,前經報部有案者也。至秋間,劉錦棠函稱,部撥百萬,實有不敷,欲借用春間解存新疆司庫之二十萬兩。臣以欠餉果可一了百了,則不妨動用,並無不必歸還之説。至冬間,劉錦棠函來,囑臣再籌撥二十萬兩。臣又飭藩司於商號借給二十萬兩,即行起解,當經奏明於四川、江西解到十一、二年欠餉内,先其所急,提還借款。嗣准部咨奏奉諭旨,令將四川、江西解到欠餉仍行照數分攤,以昭公允,業經分咨

①　中國第一歷史檔案館藏:《硃批奏摺》,檔號:04—01—01—0964—074。
②　中國第一歷史檔案館藏:《録副奏摺》,檔號:03—6620—082。

欽遵在案。乃劉錦棠此奏並不先行咨商，輒列臣銜會奏，且謂春間之二十萬毋庸歸款，而借用商款之二十萬，則請以各省舊欠抵還，實臣所未喻。春間所撥之二十萬，甘庫由節省而來，而所節者亦公款也。臣於光緒十一年十二月覆奏甘肅餉數實在情形摺內，曾奏明關內有可慮者三，而尤可慮者，公私蓋藏蕩然殆盡。但望各省協餉解足，臣於所分餉內撙節動用，稍有羨餘，另款封存，能使關內有一年之蓄，則內憂外患，緩急足恃。數年來夙夕經營，百計節嗇者，意在於此。即戶部去年所議八條，內有十七年以後將四分平餘一款分撥關內外封存，司庫不准擅動，與臣前奏意亦相同。關外爲臣所兼轄，凡力所能爲，莫不圖維補救，而特不能舉關內所有悉供關外之取求。譬諸兄弟分居，父母各給以財産，一則謹慎節用，常覺有餘；一則任意揮霍，時虞不足。父母比不以撙節者爲不肖，而令出所餘以供其揮霍。況關外分餉倍半於關內，果能出入有經，則所餘必多。春間所撥之款，縱不解還甘庫，安得不存儲新疆藩庫以備緩急耶？且商借之款並無利息，隨借隨還，不能失信。今以各省關欠餉作抵，是直以畫餅相貽也。夫浙江、福建、廣東欠餉之不可恃，劉錦棠豈不知之？乃挈臣銜而爲此奏，此又事理之不可解者，大約皆幕友所爲耳。除商借二十萬已由新疆分到江西、四川所解欠餉劃還另摺陳明外，相應請旨飭下劉錦棠，飭令藩司魏光燾隨時節省，歸還去春所撥之二十萬兩，封存新疆司庫，非萬分緊急，不得擅動，以符原案而應急需。所有查明新疆借款詳細聲覆緣由，謹繕摺具奏。伏乞皇太后、皇上聖鑒訓示。謹奏。

　　光緒十四年五月二十八日。光緒十四年六月二十一日，奉硃批：戶部知道。欽此。①

同日，陝甘總督譚鍾麟以收到江西、四川光緒十一、二年欠餉並照數分攤，具摺奏報曰：

　　頭品頂戴陝甘總督臣譚鍾麟跪奏，爲收到江西、四川十一、二年

----

① 中國第一歷史檔案館藏：《硃批奏摺》，檔號：04—01—35—0993—053；《錄副奏摺》，檔號：03—6562—059。

欠餉,照數分攤,以昭公允,恭摺仰祈聖鑒事。竊臣准軍機大臣字寄：

光緒十四年正月二十日奉上諭:前據譚鍾麟奏,請催四川、江西欠餉,

當諭令户部速議具奏。茲據該部奏稱,甘肅新餉,江西省欠解光緒十

一年分四十九萬八千餘兩,丁亥年應帶解銀九萬八千餘兩。又自戊

子年起每年帶解銀十萬兩。四川省欠解光緒十二年分三十三萬二千

餘兩,自丁亥年起每年應帶解銀十一萬七百餘兩。前經奏准,飭令依

限解清,上年江西僅帶解銀三萬兩,尚欠解六萬八千餘兩,四川並未

帶解分毫等語。關外遣撤各軍,需餉孔亟,四川、江西欠解餉數甚鉅,

自應遵照部議,分年帶解。著劉秉璋、德馨嚴飭各該藩司,將丁亥年

應行帶解甘肅新餉務於本年三月以前,如數籌撥,並將戊子年應行帶

解之款一併提前照數解清,毋稍延宕,並著譚鍾麟於前項餉銀解到

時,按照各處應分數目劃撥,以濟要需等因。欽此。遵旨寄信前來。

嗣據江西省解到十一年分欠餉銀九萬八千餘兩,四川解到十二年分

欠餉銀十一萬餘兩,山西河東道解到短平銀二千餘兩。仍照四百八

十萬之數分攤。除扣四分平餘外,新疆應分銀九萬二千餘兩,以之歸

還去臘代借商款二十萬,尚不敷銀十餘萬兩,現分作五個月於新餉內

扣還,以清商款。伊犂、塔城應分銀六萬一千餘兩,除由江西、四川各

解銀五千兩歸還神機營借給吉江馬隊川資銀一萬兩外,下餘銀五萬

一千餘兩,係前將軍金順、署將軍錫綸任內之款,應由署將軍錫綸經

收,以清舊欠。至寧夏凉莊應分之數,亦已分別解清。謹繕摺具陳。

伏乞皇太后、皇上聖鑒。謹奏。光緒十四年五月二十八日。

　　光緒十四年六月二十一日,奉硃批:該衙門知道。欽此。①

3.【光緒十四年七月初七日】此具奏日期,據原件補。

4.【光緒十四年八月十一日,奉】此奉旨日期,據録副補。

---

① 中國第一歷史檔案館藏:《硃批奏摺》,檔號:04—01—01—0946—095;《録副奏摺》,檔號:03—6620—020。

312. 假期已滿病難速痊懇准開缺
回籍就醫藉遂烏私摺

光緒十四年七月十九日

尚書銜甘肅新疆巡撫二等男臣劉錦棠跪◆1 奏，爲微臣假期已滿，病難速痊，仍懇天恩允准，開缺回籍就醫，藉遂烏私，恭摺仰祈聖鑒事。

竊臣前奏懇請開缺回籍就醫，於光緒十四年三月十五日差弁賷回原摺，奉硃批：覽奏，殊深廑系。新疆地方緊要，該撫辦事諸臻妥協，朝廷正資倚任，著再賞假四月，安心調理，毋庸開缺。欽此。跪聆之下，感激涕零。伏念臣自臥病以來，已逾一稔，初蒙恩賞假三月，繼又蒙恩賞假兩月，未能自力，已懼曠官。茲復仰荷殊施，有逾常格。以朝廷之宵旰，寬臣子之職司。聞命悚惶，罔知所措，急欲醫治就痊，以期上慰宸廑。無如積病已深，急難求效。現在假期又已屆滿，而手足麻木如故，或與僚屬接見，坐未數語，而脚筋抽轉，其緊若弦，雖使數人按之，不能少止。如此數四，其苦異常，下久血虛，昏倦特甚。臣所以刻難再緩者，亦誠以邊方緊要，未可稍有疏虞，而臣以久病之身肩此重任，日復一日，遺誤必多，且臣祖母年高，望臣最苦。臣前以諭旨有國爾忘家之訓，未敢再四陳請，然烏鳥之私，實難自已，向使邊隅未靖，臣不敢以此爲辭。今仰賴宸謨，邊陲無事，如臣久病，復何所施！惟有仍懇天恩，允准開缺，迅賜簡放人員，俾臣得回籍就醫，兼伸定省，親心少慰。臣病略痊，即當趨叩闕廷，求賞差使，斷不敢少耽安逸，有負生成。臣不勝迫切屏營之至。謹恭摺瀝陳。伏乞皇太后、皇上聖鑒訓示施行。謹奏。光緒十四年七月十九日◆2。

光緒十四年九月初十日,奉◆3硃批:據奏,病久未痊,殊深系念。新疆地處邊陲,責任綦重。該撫威望素著,倚畀正殷,著再賞假六個月,安心調理,毋庸開缺,並賞給人參八兩,俾資調攝。欽此。

【案】此摺原件①、錄副②現藏於中國第一歷史檔案館,茲據校補。

1.【尚書銜甘肅新疆巡撫二等男臣劉錦棠跪】此前銜據原件補。

2.【光緒十四年七月十九日】此具奏日期,據原件補。

3.【光緒十四年九月初十日,奉】此奉旨日期,據錄副補。

313.哈密吐魯番庫車回子王等
年班懇分年分班赴京摺
光緒十四年七月二十六日

尚書銜甘肅新疆巡撫二等男臣劉錦棠跪◆1奏,爲哈密、吐魯番、庫車回子王等年班擬懇援案分年分班,赴京朝覲,以示懷柔而加體恤,恭摺仰祈聖鑒事。

竊臣准理藩院咨奏回子王等應行來京年班班次一片,於光緒十四年五月二十三日具奏,本日奉旨:依議。欽此。欽遵咨行前來。查原奏内稱回子王等年班例載本未明晰,應另定班次,將哈密、吐魯番、庫車回子王等三人定爲三班,均令其間二年來京該班一次,總期每年有回子王一人來京。其本年年班,應令其次之吐魯番回子王瑪木特來京該班等因。當經欽遵轉行去後,旋據瑪木特呈稱:世爵自承襲以來,未得瞻仰天顏,稍紓忱悃,自應赴京該班,以崇盛典。惟兵燹之後,拮据異常,前蒙借支歷年廉俸,早經修理衙署、墳墓動用無存,目下負債纍纍。新疆距京甚遙,往返旅

---

① 中國第一歷史檔案館藏:《硃批奏摺》,檔號:04—01—12—0543—085。

② 中國第一歷史檔案館藏:《錄副奏摺》,檔號:03—5239—019。

費無從籌措，懇請再行展限三年，以紓困苦等情。臣查嘉慶十六年奉上諭：鐵保等奏阿奇木伯克入覲年班懇恩展限一摺。阿奇木伯克等年班瞻覲之例，向係分爲六班，六年一輪，爲期既速，其程途迂遠，往返旅費亦未免拮据，著照鐵保等所請，所有八城回子阿奇木等年班，加恩改爲九班，俾三品阿奇木俱得一律領班，而四品以下伯克亦得稍爲寬假，以昭體制而示優恤等因。欽此◆2。又，道光十年◆3正月二十六日內閣奉上諭：向來回子伯克等每年朝覲，九班輪流。惟念萬里馳驅，載途雨雪，朕俯懷況瘁，爲期未免過勤。著加恩自道光十九年起，回子伯克年班改爲間二年朝覲，仍照舊九班輪流。第一班著於道光二十一年來京，第二班著於二十四年來京。此後俱照此辦理，用示朕懷柔遠服、體恤優加至意等因。欽此。現在新疆改設行省，阿奇木伯克業已裁撤，僅存哈密、吐魯番、庫車回子王等三人，內哈密回子親王所部回衆尚多，差堪自立。其吐魯番、庫車回子郡王自前遭兵燹，家產蕩盡，雖承襲世爵，無阿奇木伯克可兼，而廉俸無幾，卯糧寅支，負債既深，拮据萬狀。茲瑪木特呈稱，旅費無從籌措，懇展限三年，亦係實在情形。合無仰懇天恩，飭下理藩院核議，准援照道光十年◆4間二年朝覲成案，將該回子王等仍分三班。哈密札薩克回子親王沙木胡索特已於光緒十二年進京該班一次，應即作爲第一班。其吐魯番札薩克回子郡王瑪木特請作爲第二班，於十五年進京該班一次。庫車回子郡王阿密特請作爲第三班，於十八年進京該班一次。以後照此遞推辦理，爲期既不過迫，其力自可稍紓。該回子王等自當各效悃忱，不敢再有違誤，實足以存體制而示優恤。所有哈密、吐魯番、庫車回子王等年班擬請援案分年分班朝覲緣由，是否有當，謹會同陝甘總督臣譚鍾麟，恭摺具陳，伏乞皇太后、皇上聖鑒訓示。謹奏。光緒十四年七月二十六日◆5。

光緒十四年八月二十九日，奉◆⁶硃批：該衙門議奏。欽此。

【案】此摺原件、録副俱缺，兹僅據《軍機處隨手登記檔》《上諭檔》及《清實録》等校補。

1.【尚書銜甘肅新疆巡撫二等男臣劉錦棠跪】此前銜據《軍機處隨手登記檔》①校補。

2.【案】此嘉慶十六年三月初五日"上諭"，載於"《清實録》：

> 癸丑，諭内閣：鐵保等奏阿奇木伯克入覲年班懇恩展限一摺。阿奇木伯克等年班瞻覲之例，向係分爲六班，每班派三品阿奇木一員，帶領四品以下伯克九人。該處三品阿奇木共九員，六班輪派，領班止須六員，其餘三員即作爲散衆跟隨，未免於官制未符，且四品以下伯克六年一輪，爲期既速，其程途迂遠，往返旅費亦未免拮据。著照鐵保等所請，所有八城回子阿奇木等年班，加恩改爲九班，俾三品阿奇木俱得一律領班，而四品以下伯克亦得稍爲寬假，以昭體制而示優恤。該衙門即遵諭行。欽此。②

3.【道光十年】據上下文，此處應爲"道光十九年"，查《道光朝上諭檔》，是。

> 道光十九年正月二十六日内閣奉上諭：向來回子伯克等每年朝覲，九班輪流。惟念萬里馳驅，載途雨雪，朕俯懷況瘁，爲期未免過勤。著加恩自道光十九年起，回子伯克年班改爲間二年朝覲，仍照舊九班輪流。第一班著於道光二十一年來京，第二班著於二十四年來京，四川土司年班改爲間五年朝覲一次。仍照舊班輪流。第一班著于道光二十四年來京。第二班著於三十年來京。此後均照此辦理，用示朕懷柔遠服、體恤優加至意。該衙門即遵諭行。欽此。③

---

① 中國第一歷史檔案館藏：《軍機處隨手登記檔》，檔號：03—0257—3—1214—225。

② 《清實録·仁宗睿皇帝實録（四）》，卷二百四十，嘉慶十六年三月，第235—236頁，中華書局，1986。

③ 中國第一歷史檔案館編：《道光朝上諭檔》，第十九册，第25頁，廣西師範大學出版社，2000；《清實録·宣宗成皇帝實録（五）》，卷三百十八，道光十九年正月，第975—976頁，中華書局，1986。

4.【道光十年】此處亦係誤刻,應爲"道光十九年"。

5.【光緒十四年七月二十六日】此具奏日期,據刻本及《軍機處隨手登
記檔》校補。

6.【光緒十四年八月二十九日,奉】此奉旨日期,據《軍機處隨手登
記檔》校補。

314. 新疆撫標城守各營添改
副參游都守等缺均作題缺摺

光緒十四年七月二十九日

頭品頂戴陝甘總督臣譚鍾麟、尚書銜甘肅新疆巡撫二等男臣
劉錦棠跪◆1奏,爲新疆撫標暨城守各營添設副、參、游、都、守等
缺,均請作爲題缺,由外揀員請補,以重邊防,恭摺仰祈聖鑒事。

竊臣等准兵部咨稱,應將新疆改設撫標中、左、右三營,省城
城守營、喀喇巴爾噶遜營、瑪納斯協營、濟木薩營、庫爾喀喇烏蘇
營、精河營及添設之吐魯番營副、參、游、都、守等缺,應作何項之
缺,體察情形,迅即奏明辦理。至現設各缺,並令查明堪勝改缺之
任者,分別奏咨報部,以憑換劄注册。人地未宜者,奏明開缺另
補,以符定制等因。當經行司妥議去後,茲據藩司魏光燾、鎮迪道
兼按察使銜恩綸會詳稱,新疆撫標及城守各營副、參、游、都、守等
官員缺,係以烏魯木齊提標所部各營員缺體察情形,分別改設、添
設。計改設撫標中營參將一員、守備二員,左營游擊一員、守備二
員,右營游擊一員、守備二員。省城城守營副將一員、都司二員、
守備一員。喀喇巴爾噶遜營守備一員。瑪納斯協營副將一員、都
司二員、守備一員。濟木薩營參將一員、守備一員。庫爾喀喇烏
蘇營游擊一員、守備一員。精河營參將一員、守備一員。添設吐
魯番營游擊一員、守備一員。其各該員缺從前均定由外揀選題

補。誠以地處極邊，界連外部，兵政極關緊要，非洞悉邊情、練習營務之員，難期勝任。現雖建置行省，而情形今昔則同。所有改設、添設撫標中、左、右三營，省城城守營、喀喇巴爾噶遜營、瑪納斯協營、濟木薩營、庫爾喀喇烏蘇營、精河營及添設之吐魯番營副、參、游、都、守等缺，應請均作爲題缺，由外揀員請補。詳請具奏前來。臣等查新疆設立行省，營制參用勇章，係屬因地制宜。其副將以下員缺，必得熟悉地方情形、明幹有爲之員，方足以資治理。合無仰懇天恩俯准，將新疆撫標並城守營副、參、游、都、守等缺均作爲題缺，由外揀員請補。如蒙俞允，臣等即遵照部議，將堪勝改缺之任者分別奏咨報部，換劄注册；人地未宜者，奏明開缺，另行揀員請補，以重邊防而資得力。所有新疆撫標並城守等營員缺均請作爲題缺由外揀補緣由，謹合詞恭摺具陳。伏乞皇太后、皇上聖鑒訓示施行。再，此摺係臣錦棠主稿，合併聲明。謹奏。光緒十四年七月二十九日◆2。

　　光緒十四年九月初二日，奉◆3硃批：兵部議奏。欽此。

　　【案】此摺原件①、録副②現藏於中國第一歷史檔案館，兹據校補。

　　1.【頭品頂戴陝甘總督臣譚鍾麟、尚書銜甘肅新疆巡撫二等男臣劉錦棠跪】此前銜據原件補。

　　2.【光緒十四年七月二十九日】此具奏日期，據原件補。

　　3.【光緒十四年九月初二日，奉】此奉旨日期，據録副補。

315.伊犁營勇亟宜裁汰整頓摺

光緒十四年八月十二日

尚書銜甘肅新疆巡撫二等男臣劉錦棠跪◆1奏，爲伊犁營勇

---

①　中國第一歷史檔案館藏：《硃批奏摺》，檔號：04—01—16—0224—073。

②　中國第一歷史檔案館藏：《録副奏摺》，檔號：03—5858—002。

積習太深，亟宜大加裁汰，查照原議改定標營，以資整頓而重邊圉，恭摺仰祈聖鑒事。

　　竊臣准伊犁將軍臣色楞額咨：奏酌遣伊犁勇隊款項無出，籲懇特恩飭撥銀十五萬兩，以維危局一摺◆[2]。臣維伊犁營勇積習之深，已非一日，從前藉索餉爲名，屢次滋事，至於戕害營官，逃回大西溝，勾結匪徒，乘機滋擾。幸蒙天恩，飭撥部款三十萬兩交臣，會同前署將軍臣錫綸，核實查點，分別入營久暫、欠餉多少，分成勻給，並將勇丁應去應留，查明歸併。臣與錫綸等欽遵辦理。數年以來，大西溝一帶匪徒幸已斂戢。惟營勇鬧餉，幾成慣技。臣前於回省後請設立伊、塔道府等官，並擬改定標營，力袪積弊。尚未舉行，而錫綸於上年冬間有裁遣惠遠等旗之議。各該旗弁勇遂請於截算存餉外加給資費，錫綸亦無可如何，飭令暫緩勿裁，得以無事。至本年將軍臣色楞額到任，臣比咨商將伊犁各勇定期交割，以便假遣另補，漸改標營。旋准咨覆：察看各營旗勇數，尚浮於原額，似可無須另行募補，及動用經費有無存儲，未准前任移交等語。臣時已接准設官部覆，即委候補道陳晉蕃署理伊塔道篆◆[3]，以期先辦地方之事。詎料該道行至大河沿一帶，前途函牘紛來，謂此後防營月餉按月解由該道分支，各營俟其到後，定索取從前餉項。其實防營並未交割，餉仍由將軍照舊派員領解，而營勇不知也。及抵綏定，果訛言四起，群情洶洶。軍標衛隊綏定各勇丁藉索存餉，攔輿遞稟，來者麕集。該道見其人數衆多，逼近俄界，儻有意外之變，必致貽笑俄人。又未携帶卷宗，無從查悉，而人言紛紛，深懼釀成事變，不得已批准代懇補給。具稟前來。

　　臣查光緒十一年冬間，奉旨清理伊犁欠餉，其時前將軍臣金順移交案卷，於各該營勇衹有入伍日期，並無存餉實數。即問之各營某人應得若干，亦皆不能自舉，再四思維，不得不就部撥之實銀，爲按年勻撥之公議。查明留營勇丁，入伍在一年之內者，發存餉銀四兩。一年之外，每歲酌加銀二兩，按年遞加，積至十年，發銀二十二兩。以十年爲斷，其裁撤回籍者，酌加一倍。寄居落業者，酌加半倍。約共用去銀二十一萬五六千兩，一律發給清楚。下存之銀，移交錫綸，作爲吉江馬隊遣撤盤費。以後月餉，自十二年二月起，照楚軍行糧章程，按月關發，不得少有剋扣。原以當日部撥之款祇有此數，不能不盡此了結。其遣撤回籍加倍給領者，則以年分較淺之勇所得無幾，一旦裁假，不但不能回籍，且不能出伊犁境地，因酌其盈虛，務期均一。其實數雖略加，終不若留營勇丁新餉毫無短欠。當經臣與錫綸會商各統領營旗官，傳諭各弁勇。僉稱辦理持平，毫無異議，並無留營勇丁尚有應領加項存俟准假找給之事。乃伊犁防軍驕蹇成習，不思該道赴任本係辦理地方之事，與防營絕無干涉，輒敢虛聲恫喝，聚衆攔索。誠如色楞額前奏所云，動以欠餉挾制官司，且防營未准造冊移交，應由將軍主政。不獨該道不能干預，即臣亦不得與聞，該道不應批覆。當經臣嚴切批斥，並分別咨行查照，仍將該道撤任各在案。色楞額旋以衆議紛紜，復經批准，並請旨撥款，以定軍心。

　　臣維當日清理欠餉，是否留營勇丁尚有加項存留未發，奏案具在，無容深辯。且該處營勇積習既深，每有裁遣，即相衆而嘩，其意不專在索餉。加以游手無賴之徒雜處城廂內外，幸災樂禍，與營勇聯絡一氣，幾成牢不可破之勢。若不大加裁汰，改定標營，一洗從前惡習，縱敷衍目前苟安無事，如治疾不抉其根，觸邪即發，終非邊陲之福。此次色楞額奏請撥款，如蒙聖慈允准，自應由色楞額妥爲清理。臣於事前既未嘗許之以此，此時色楞額准其發給，臣即未便與聞。惟於清理之後應請旨飭下伊犁將軍，核實挑留，餘悉妥爲遣撤。臣現因伊犁新設寧遠縣一帶防務空虛，已檄飭提督張懷玉督帶馬步三營旗，前往駐扎。如該處各營旗遣撤之後不敷原奏四千人之額，再由臣調派營旗進駐防守，以資抽換，庶兵制易復，餉力亦紓，而邊境亦可期安静矣。臣爲整頓邊防起見，是否有當，謹恭摺具陳，伏乞皇太后、皇上聖鑒訓示施行。謹奏。光緒十四年八月十二日◆4。

　　光緒十四年九月十三日，奉◆5硃批：另有旨。欽此。

【案】此摺原件①、録副②現藏於中國第一歷史檔案館，兹據校補。

1.【尚書銜甘肅新疆巡撫二等男臣劉錦棠跪】此前銜據原件補。

2.【案】光緒十四年七月初三日，伊犁將軍色楞額以裁撤伊犁營勇川資無出具摺曰：

　　　　奴才色楞額跪奏，爲酌遣伊犁勇隊款項無出，情迫勢急，現擬設法另籌，籲懇特恩賞准飭撥，以維危局而顧邊防，恭摺仰祈聖鑒事。

　　　　竊維伊犁地處西陲，爲新疆極邊門户。光緒八年收還已③來，兵制未復，郡縣甫設，華夷雜處，全恃客軍多方捍禦，得保無虞。奴才莅任視事，接管前署將軍錫綸移交各軍勇隊馬步等旗，體念時艱，籌度至再，始將酌改官制、節裁餉糈爲之舉行，一切事件立待交割，期符原奏。籌辦情形，前已繕摺具陳。大率以整軍定餉爲目前首務。現在錫綸病故，交代未清，勇隊欠餉尚多，本難一律遣撤。然當此庫款空虚，河工吃緊，各直省水旱頻仍，誠恐餉源日涸，又不得不就現有餉力，算給欠款，先行抽撤數旗。爲早裁早省之計，當經傳飭遵辦。旋據各旗勇丁聯名具稟，以新疆撫臣劉錦棠會同錫綸前次改營成旗辦理遣撤案内，留營勇丁尚有存餉二十二萬兩，懇請補發，並求賞給川資等情前來。殊深詫異，遂檢查原奏，有"定以一年之内者，發存餉銀四兩；一年之外者，每歲酌加二兩，按年遞加；積至十年者，發銀二十二兩，回籍之弁勇倍之"等語。批飭駁詰，又據稟覆：我等兵勇原屬無知，但彼時回籍之人，加倍給銀，行至新疆省城，察其歸途較遠，不敷

———————

① 中國第一歷史檔案館藏：《硃批奏摺》，檔號：04—01—30—0146—011。

② 中國第一歷史檔案館藏：《録副奏摺》，檔號：03—6112—007。

③ "已"應爲"以"，原件誤。

盤費者,酌量加增。今我等挑留在營,又復戍邊數載,艱苦備嘗,反比回籍之人少領一半,恐不足以昭公允。環求愈切,衆口曉曉,似有不允不退之勢。奴才細加訪查,在當日隨意傳宣,本無實據,而在勇丁等以爲欽差大員辦事無厚薄之殊。該撫等原奏謂留營之勇所領無多,恐不免因之計較,蓋逆料其必不釋然耳。正在飭令各統領妥爲開導,適署伊塔道陳晉蕃赴任過綏,該勇等具稟前情,隨行批准,内有"留營勇丁應得加項銀兩,按名存注,俟准假之日一律找給,軍民人等共見共聞。此不待口舌爭也"等語。情詞益厲,駁詰無從。奴才或恐從前本有此議,案内漏未聲明,復將原稟發交各統領,飭據查覆:該勇等自陝甘出關,從未領過全餉,嗣改營成旗,始照楚軍章程放餉。近年存餉無多,路遠不敷盤費,前項二十二兩,原有十數兩、數兩不等,雖無明文,却有其事。求找此款,不爲無因,擬請算明補發,並求破格恩施,不使流落乞丐。該勇等聞與道批兩歧,疑有侵蝕之弊,竟於六月二十間怨讟交興,謠風四起,甚有扭扯軍標統領馬玉崑,欲赴副都統衙門喊訴,勢甚洶湧。經提督王鳳鳴馳往禁止,闃然散去,竟不辨其誰何。奴才睹此情形,私心籌畫,該勇等應募投營,類多精悍之士,其氣質本不馴良。然當軍務倥傯,時勢艱難,糧餉兩缺,枵腹荷戈,竟能轉戰數省,廓清疆宇,殄滅逆氛,以鋒鏑之餘生久戍邊陲,其志可嘉,其情亦可憫。前者湘、楚、皖、豫等軍,皆同時出關剿賊,其遣撤回籍川資有多至數百兩者,該勇丁早已心爲計之。每恨向來餉缺,本無蓄積,只此一二年内存餉不過三四十兩,照章支領,並非格外優加,一旦遣令起程,所稟前情若不允准,是留者之勞轉不如去者之逸。去者已獲加倍銀兩,新疆尚予酌增,留者並此加項亦不可得。匪特相形見絀,抑亦多寡懸殊,誠難禁其必不計較也。且當日輾轉申訴,難保從中開導者,無權宜應允之語。即此次陳晉蕃批詞,驟致虛實不分,訛傳誤聽,鄙夫患失,無所不爲。現既有所藉口,固不可堅執前案,折服其心,更不可稍事推卸,釀成變故。奴才到任未久,恩信未孚,處此群疑洶動之時,種夷環伺,會匪潛勾,儻不消患未萌,設有意外,奴才固不足惜,其如朝廷大局何! 加以積年裁汰冗惰弁勇以及遠來謀食、投效無路者,大半困居,幸災樂禍。而又强鄰逼處,淵藪逋逃,營勇意近挾制,刁風斷不可長。設操之過急,徒致藉事生風者乘隙煽惑爲患,曷可勝言?

再四思維,不得不從權批准,以顧危局,以定軍心,情事緊迫,邊防關重,縱治奴才以擅專之咎,自分亦無可辭。擬請將該勇等求找加項銀兩,無分去留,先行算明,概予清給,然後酌量抽撤起程,業已牌示、分咨撫臣查照,軍心亦稍就安貼。嚴拿造言生事之人,重懲示儆,分飭統領旗官,各守防汛地段,約束部伍,毋許仍前懷疑譟動,違者置以軍法,並督率地方文武暨保甲稽查局員,認真盤查,以清奸宄,出示曉諭,以安閭閻。一面將驕悍妄爲之軍標衛隊旗官署鎮標瞻德城營參將汪友元飭摘頂翎,撤去管帶署任,交該管總兵看守,另候參辦。已於二十六日地面浮議盡絶,靜謐如常。

伏查奴才現管馬步等旗,原係金順舊部,其間有由淮楚川豫招募,有由陝省接統,自陝而甘而關外,宣力二十餘年,協濟軍餉省分積欠在千數百萬兩,歷年餉糈不足,艱苦之情,久已不堪言狀。錫綸任內所欠新餉,自當另案辦理,惟此次懇領加項,至多不過二十二兩,以及十數兩、數兩,均係按進營之年分早遲遞減,合計不下十四五萬兩。伊塔道陳晉蕃隨侍撫臣最久,辦事認真,其示勇丁之批、上撫臣之稟,均謂實有此款。雖經撫臣援案駁斥,咨行查照,奴才深悉該勇等多年苦況,素乏積存,遥遥萬餘里,不但到籍後無所養贍,即中途亦難免流落。金順包頭、肅州兩次遣撤,每勇給銀五六十兩,車脚由州縣應付。伊犁距關内又多五六千里,艱苦奚止百倍?若於應領正餉之外不酌加川資銀兩,竊恐多所偏枯。設有緩急,誰復爲之用命?奴才受恩深重,具有天良,固不敢博寬大之名稍滋糜費,亦不敢涉迂拘之見致礙事機。值此時勢交迫,既經允准,自不能誑語欺人,一誤再誤。伊犁額分新餉,有絀無贏,挹注不能,挪移不可,似未便再安緘默。前聞撫臣籌度南北兩路裁遣案内奏准撥銀一百萬兩,由各省關撥解。仰見聖主嘉惠征軍,無微不至,伊犁地處邊要,咸列覆幬之中,國家一秉大公,何分厚薄?今事同一律,所需不及十分之二,相應仰懇天恩,垂念戰士異乎尋常之窘況、奴才萬不得已之苦衷,立賜俯准,飭部徑撥銀十五萬兩,迅解新疆,轉交奴才,查明確數,一律找發,以昭大信,並將應遣勇丁按路途遠近、入營久暫,酌給川資,以示體恤。仍先咨商撫臣就近暫行籌撥,以便及早清釐,免多浮費。一俟部款解到,劃扣歸還。用過數目,即行歸入遣撤,併案造報。其餘各隊如何續遣,將來能否改歸制兵,隨時體察情形,請旨辦理。至此次抽撤勇丁應需車輛,併懇敕下經過省分督撫臣,轉飭各廳州縣,一體照例應付,准其作正開銷。如蒙俞允,特沛恩施,俾所遣勇隊得以妥速東行,大局幸甚,人民幸甚。奴才無任激切屏營惶恐待命之至。所有酌遣伊犁勇隊川資無出、情迫勢急,擬設法另籌,擬懇特恩賞准飭撥以維危局各緣由,是否有當,謹會同副都統富勒銘額,合詞恭摺披瀝馳陳。伏乞皇太后、皇上聖鑒訓示施行。謹奏。光緒十四年七月初三日。

　　光緒十四年八月初十日,奉硃批:户部速議具奏。欽此。①

　3.【案】光緒十四年五月十七日,新疆巡撫劉錦棠奏委陳晉蕃署理伊塔道篆務:

　　　　再,臣前會同臣譚鍾麟奏設伊塔道府廳縣等官,業經部議覆准,應即委員署理,以重職守。查伊塔道以守兼巡,爲衝繁疲難請旨最要缺,茲查有辦理新疆糧臺三品銜甘肅遇缺題奏道陳晉蕃,才長識卓,爲守兼優,堪以委署。除由臣給委並刊給木質關防祗領赴任,所遺糧臺事務即飭交由藩司魏光燾等經理以專責成外,謹會同伊犁將軍臣色楞額、陝甘總督臣譚鍾麟,附片具陳。伏乞聖鑒訓示。謹奏。

　　　　光緒十四年六月十五日,奉硃批:吏部知道。欽此。②

　4.【光緒十四年八月十二日】此具奏日期,據原件補。

　5.【光緒十四年九月十三日,奉】此奉旨日期,據録副補。

　【案】劉錦棠此奏旋於是年九月十三日得清廷批復,“廷寄”曰:

---

　　①　中國第一歷史檔案館藏:《硃批奏摺》,檔號:04—01—01—0964—071;《録副奏摺》,檔號:03—6111—057。

　　②　中國第一歷史檔案館藏:《硃批奏片》,檔號:04—01—12—0542—058;《録副奏片》,檔號:03—5237—041。

軍機大臣字寄:伊犁將軍色、前陝甘總督譚、甘肅新疆巡撫劉:光緒十四年九月十三日奉上諭:前據色楞額奏,遣撤伊犁勇隊,酌發餉項川資,請飭撥解銀十五萬兩應用。當令戶部速議具奏。旋據該部奏准,由譚鍾麟先行如數墊發,解交劉錦棠設法妥辦,迅速清結。茲據劉錦棠奏,該處營勇驕蹇成習,此次發款清理後,請核實挑留,餘悉妥爲遣撤等語。伊犁防軍動輒藉餉滋鬧,實屬不成事體,亟應妥籌整理,以靖邊陲。著譚鍾麟遵照部議,無論何款,迅即墊撥銀十五萬兩,解交應用,毋稍延緩,並著劉錦棠會同色楞額妥速清釐,將該處勇丁核實挑留,其餘妥爲裁遣,並將營制餉章認真整頓,務期邊軍日久相安,是爲至要。此次滋事勇丁,並著色楞額查明爲首之人,照例懲辦,以肅軍律。餘著照所議辦理。將此由五百里各諭令知之。欽此。遵旨寄信前來。①

316. 布政司魏光燾暫緩陛見片
光緒十四年八月十二日

再,據甘肅新疆布政使魏光燾詳稱:光緒六年,在平慶涇固道任內,因大計保薦卓異及本任俸滿,併案請咨,赴部引見,蒙恩召見一次,領照回甘,旋署甘肅按察使◆1。七年正月,補授甘肅按察使◆2。九年三月,補授甘肅布政使◆3。十年十月,調補新疆布政使◆4。均於叩謝天恩摺內籲懇陛見,奉旨:著毋庸來見。欽此。遵於十一年四月二十八日到新疆藩司任,扣至十四年四月任滿。計自六年回甘以後,迄今已閱八載,應請陛見,以伸犬馬依戀之忱等情。詳請代奏前來。臣查藩司魏光燾,器識閎通。當新疆改設行省之初,事務極繁,創始匪易。該司在任三載,於用人理財諸要政,殫竭藎悃,因地制宜,罔不措置裕如,悉臻妥善,且素嫻軍旅,

____

① 中國第一歷史檔案館編:《光緒朝上諭檔》,第十四冊,第282頁;《清實錄·德宗景皇帝實錄(四)》,卷二百五十九,光緒十四年九月,第478—479頁。

洞達邊情,臣派兼管營務,兵制餉章,力求整頓,深資臂助。臣自膺疆寄,病苦侵尋,現復陳情◆5開缺,回籍醫治。藩司責任綦重,未便遽易生手,可否仰懇天恩,准藩司魏光燾暫緩陛見之處,恭候命下遵行。謹附片具陳。伏乞聖鑒訓示。謹奏。光緒十四年八月十二日◆6。

　　光緒十四年九月十三日,奉◆7硃批:著照所請。欽此。

　　【案】此奏片原件①、録副②現藏於中國第一歷史檔案館,兹據校補。原件、録副之館藏目録所署具奏日期均未確,兹據刻本及《軍機處隨手登記檔》③校正。

　　1.【案】光緒六年十月初四日,陝甘總督左宗棠奏委魏光燾署理甘肅臬司篆務事:

　　　　再,甘肅按察使史念祖欽奉諭旨陛見。所遺按察司篆務為甘肅刑名總匯,職任綦重,亟應遴員接署。臣查有二品頂戴按察使銜卓異候陛甘肅平慶涇固道魏光燾,才品優長,實心任事,堪以委署。除由臣檄委接署外,理合附片具陳。伏乞聖鑒。謹奏。

　　　　光緒六年十月十四日,軍機大臣奉旨:知道了。欽此。④

　　光緒六年十月十二日,魏光燾奏報接署甘肅臬司篆務日期並謝恩:

　　　　二品頂戴按察使銜署理甘肅按察使平慶涇固道臣魏光燾跪奏,為恭報微臣接署臬篆日期,叩謝天恩,仰祈聖鑒事。竊臣於光緒六年正月,因本任七年俸滿、保薦卓異,併案赴部引見,仰蒙鴻恩優渥,召見一次,跪聆聖訓,感悚莫名。旋於六月二十八日回抵甘肅省城,遵限繳照,即赴哈密行營。於九月初六日接奉大學士陝甘總督臣左宗棠檄飭,以甘肅按察使史念祖奉旨陛見,委臣接署臬司印務,遵即起程入關,十月十一日到省,准正任臬司史念祖將印信、文卷等件移交

----

① 中國第一歷史檔案館藏:《硃批奏片》,檔號:04—01—12—0543—032。
② 中國第一歷史檔案館藏:《録副奏片》,檔號:03—5239—027。
③ 中國第一歷史檔案館藏:《軍機處隨手登記檔》,檔號:03—0257—3—1214—236。
④ 中國第一歷史檔案館藏:《録副奏片》,檔號:03—5150—031。

前來。當即恭設香案,望闕叩頭謝恩祇領任事。伏念臣湖南下士,識
陋材庸,弱冠從戎,歷保今職,補授平慶涇固道,分巡十稔,未報涓埃,
循省五中,時深兢惕。茲蒙奏委署理臬篆,彌切悚惶。隴省地當邊
塞,臬司職總刑名,按獄當重夫衡情,察吏要藪於責實。現在地方初
復,回漢雜處,舉凡緝捕撫綏,在在均關緊要。如臣樗昧,懼弗克勝,
惟有勉竭駑駘,益加策勵,隨時隨事稟商督臣,實力講求,認真經理,
萬不敢以暫時署篆稍事因循,以冀仰答高厚鴻慈於萬一。所有微臣
任事日期並感激下忱,謹繕摺叩謝天恩。伏乞皇太后、皇上聖鑒。謹
奏。十月十二日。

　　光緒六年十一月初三日,軍機大臣奉旨:知道了。欽此。①

　2.【案】光緒七年二月二十四日,新授甘肅按察使魏光燾具摺謝恩,並
籲請陛見:

　　二品頂戴新授甘肅按察使西林巴圖魯臣魏光燾跪奏,爲微臣叩
謝天恩,籲懇陛見,恭摺仰祈聖鑒事。竊臣於光緒七年二月十九日蒙
護理陝甘督臣行知:接准部咨:正月二十四日奉上諭:史念祖著來京,
另候簡用。甘肅按察使著魏光燾補授。欽此。當即恭設香案,望闕
叩頭謝恩。伏念臣湖南下士,起自戎行,疊蒙涖保道員,補授平慶涇
固道。上年俸滿卓異,併案請咨,赴部引見,瞻仰聖顏,叩聆慈訓,私
衷欣感,忭躍難名。回甘後,蒙督臣委署臬篆,於十月十一日接印,當
經恭摺奏報在案。暫權陳臬,方慚未報涓埃,茲復簡擢優隆,真除遽
忝。自天聞命,伏地悚惶。查甘肅當規模粗復之際,臬司爲刑名總匯
之區,察吏安民,詰奸禁盜,清理庶獄,整頓傳郵,無一不關緊要。臣
材慚樗櫟,失虞隕越之貽;心戀闕廷,倍切瞻依之願。合無仰懇天恩,
賞准微臣來京陛見,俾得欽聆聖訓,有所秉承,臣無任依戀屏營之至。
所有微臣感激下忱並請旨陛見緣由,謹繕摺叩謝天恩。伏乞皇太后、
皇上聖鑒訓示。謹奏。二月二十四日。

_____

① 　中國第一歷史檔案館藏:《錄副奏摺》,檔號:03—5153—088。

光緒七年三月十四日,軍機大臣奉旨:著毋庸來見。欽此。①

光緒八年七月初八日,甘肅臬司魏光燾以奉旨接署藩篆具摺謝恩:

　　二品頂戴署理甘肅布政使按察使西林巴圖魯臣魏光燾跪奏,爲
恭報微臣接署藩篆日期,叩謝天恩,仰祈聖鑒事。竊臣奉督臣譚鍾麟
飭知,藩司楊昌濬遵旨陛見,所遺藩司印務委臣署理。旋於光緒八年
七月初八日,准布政使楊昌濬將印信、文卷等件移交前來。臣當即恭
設香案,望闕叩頭祇領任事。伏念臣湘楚下士,知識凡庸,臬事忝陳,
隆恩渥荷,愧涓埃之未報,覺寢饋以難安。兹復忝署藩篆,兢惕彌深。
查甘省當彫敝之餘,藩司任旬宣之重,正供未復,清賦宜先,民氣未
紓,培元爲本。理財裕餉,貴開源以節流;課吏用人,必整頓而率屬。
如臣檮昧,懼弗克勝,惟有竭盡愚誠,遇事稟稱督臣,妥爲經理,斷不
敢以暫時署篆,稍涉因循,以冀仰酬高厚鴻慈於萬一。所有微臣接署
藩篆日期並感激下忱,理合恭摺叩謝天恩。伏乞皇太后、皇上聖鑒。
謹奏。七月初八日。

　　光緒八年八月十三日,軍機大臣奉旨:知道了。欽此。②

3.【案】光緒九年三月初一日,清廷以甘肅按察使魏光燾爲甘肅布政
使③,新授甘肅藩司魏光燾遂於是年三月二十二日具摺謝恩:

　　新授甘肅布政使西林巴圖魯臣魏光燾跪奏,爲叩謝天恩,籲懇陛
見,恭摺仰祈聖鑒事。竊臣光緒九年三月二十日奉督臣行知:接准部
咨:三月初一日奉上諭:魏光燾著補授甘肅布政使。欽此。當即恭設
香案,望闕叩頭謝恩。伏念臣湖南下士,起自戎行,數年之間,由道員
洊陞臬司,晉攝藩篆。愧涓埃之未報,實惶悚以彌深。兹復仰荷天
恩,補授今職,自天聞命,伏地滋慚。查甘省爲邊陲劇要之區,藩司有
理財用人之責,整頓撫綏,均屬今日切務。如臣檮昧,懼弗克勝。惟
臣自光緒六年由平慶涇固道俸滿卓異,併案引見,瞻仰聖顏,已逾三
載,望闕廷而神往,時耿耿於寸衷。合無仰懇天恩,准臣入都陛見,親

----

① 中國第一歷史檔案館藏:《録副奏摺》,檔號:03—5159—049。
② 中國第一歷史檔案館藏:《録副奏摺》,檔號:03—5168—056。
③ 《清實録·德宗景皇帝實録(三)》,卷一百六十一,光緒九年三月,第254頁。

聆聖訓,俾得有所遵循,無任依戀屏營之至。所有微臣感激下忱並請旨陛見緣由,謹繕摺叩謝天恩。伏乞皇太后、皇上聖鑒訓示。謹奏。三月二十二日。

　　光緒九年四月十六日,軍機大臣奉旨:著毋庸來見。欽此。①

4.【案】光緒十年十月初二日,清廷以甘肅布政使魏光燾爲甘肅新疆布政使②,魏光燾遂於是年十月二十六日具摺謝恩:

　　二品頂戴調補甘肅新疆布政使臣魏光燾跪奏,爲叩謝天恩,籲懇陛見,恭摺仰祈聖鑒事。竊臣於光緒十年十月二十六日奉督臣行知,接准部咨:十月初三日奉上諭:魏光燾著調補甘肅新疆布政使。欽此。當即恭設香案,望闕叩頭謝恩。伏念臣湘南下士,從事戎行,由監司洊授甘藩,未報涓埃,時深悚惕。茲復仰荷恩遇,開藩新疆,聞命自天,感慚無地。查新疆建置行省,定綏邊廓宇之規;微臣調任藩司,當承流宣化之昭。舉凡撫輯教養、用人理財諸大端,實屬創舉,務協遠謨,樗昧如臣,曷克勝任! 溯臣自光緒六年由平慶涇固道俸滿引見出都,於茲五載,戀闕之忱,每深耿耿。合無仰懇天恩,准臣赴京陛見,親聆聖訓,俾有遵循,不勝翹企屏營之至。所有微臣感激下忱並請陛見緣由,謹繕摺叩謝天恩。伏乞皇太后、皇上聖鑒訓示。謹奏。

　　光緒十年十一月二十五日,軍機大臣奉旨:著毋庸來見。欽此。③

5.【陳情】原件、録副均作“陳請”,是。

6.【光緒十四年八月十二日】此具奏日期,據刻本與《軍機處隨手登記檔》校正。

7.【光緒十四年九月十三日,奉】此奉旨日期,據録副補。

317. 烏魯木齊提標參游以下一律開缺分別咨補摺
光緒十四年八月二十二日

頭品頂戴陝甘總督臣譚鍾麟、尚書銜甘肅新疆巡撫二等男臣

---

① 中國第一歷史檔案館藏:《録副奏摺》,檔號:03—5178—051。
② 《清實録·德宗景皇帝實録(三)》,卷一百九十五,光緒十年十月上,第773頁。
③ 中國第一歷史檔案館藏:《録副奏摺》,檔號:03—5190—074。

劉錦棠跪◆1奏，爲烏魯木齊提標原設參、游以下等官，擬請先行一律開去實缺，再分別奏咨改補、另補，以收實效而裨營伍，恭摺仰祈聖鑒事。

竊新疆撫標並城守等營添設副、參、游、都、守等官，均請作爲題缺由外揀補，業經具奏在案。惟查提標原設各缺，前准部議，所有裁撤各員弁應即留於該省，遇缺另補。其現設各缺，應令查明，堪勝改缺之任者，即行分別奏咨報部，換劄注册，令其赴任。人地未宜者，亦即奏明開缺，另揀熟悉地方情形、明幹有爲之員請補等因。臣等查新疆議設撫標等營，原係因勇設標，以官帶勇，或就原設之營量爲移改，或按新立營標分別添設。營制既別，餉章各殊。所設原缺，揆諸舊制，大缺改小者有之，小缺改大者有之，情形本自不一。而舊有實缺員弁，有現充別營旗哨等官者，有留他軍差遣者，有署事關內者，有請假回籍者，且有查無下落者。而新設馬步營旗需員訓練，不能懸缺以待，若拘泥牽合，殊多窒礙。即應領廉俸、薪蔬等項，不先截清起止，新舊互異，支發亦涉紛歧。相應請旨飭部將烏魯木齊提標中左右營、迪化城守營、喀喇巴爾噶遜營、瑪納斯協營、濟木薩營、庫爾喀喇烏蘇營、精河營舊有參、游以下等官，先行一律開去實缺，截至奉到此次部文之日止，俾清界限。仍由臣等細心察看，查明堪勝改缺之任者，分別奏咨，報銷注册◆2。人地未宜者，揀員另補，以收實效。核與部章亦屬相符，於營伍不無裨益。除飭取各該員弁原領劄付另案咨繳，並將千把、經制外委等缺咨部辦理外，所有請開烏魯木齊提標參、游、都、守等實缺緣由，謹繕清單，恭摺具奏。伏乞皇太后、皇上聖鑒訓示施行。再，此摺係臣錦棠主稿，合併聲明。謹奏。光緒十四年八月二十二日◆3。

光緒十四年九月二十三日，奉硃批：兵部知道。單併發。

欽此◆4。

【案】此摺原件①、録副②現藏於中國第一歷史檔案館，兹據校補。

1.【頭品頂戴陝甘總督臣譚鍾麟、尚書銜甘肅新疆巡撫二等男臣劉錦棠跪】此前銜據原件補。

2.【報銷注册】原件、録副均作"報部注册"，是。

3.【光緒十四年八月二十二日】此具奏日期，據原件補。

4.【光緒十四年九月二十三日，奉硃批：兵部知道。單併發。欽此】此奉旨日期與内容，據原件、録副校補。劉錦棠等隨摺呈請開去烏魯木齊等處標營原設參、游以下等官實缺姓名清單：

> 謹將請開烏魯木齊提標各營原設參、游、都、守實缺等官姓名開具清單，恭呈御覽。

> 烏魯木齊提標中營參將葉占魁，烏魯木齊提標左營守備黄桂芳，烏魯木齊提標右營都司彭桂馥，烏魯木齊提標右營守備陳登魁，迪化城守營都司張積功，瑪納斯協左營都司蔡義興，瑪納斯協右營都司陶廷相，瑪納斯協右營守備傅國相，濟木薩營參將恒祥，濟木薩營參將守備唐炳，庫爾喀喇烏蘇營游擊馬心勝，庫爾喀喇烏蘇營守備劉可全。③

318. 請旌烈婦周羅氏摺
光緒十四年九月十三日

尚書銜甘肅新疆巡撫二等男臣劉錦棠跪◆1 奏，爲烈婦夫亡殉節，懇恩旌表，以維風化，恭摺仰祈聖鑒事。

① 中國第一歷史檔案館藏：《硃批奏摺》，檔號：04—01—16—0224—012。
② 中國第一歷史檔案館藏：《録副奏摺》，檔號：03—5858—039。
③ 中國第一歷史檔案館藏：《清單》，檔號：03—5858—040。

　　竊據新疆布政使魏光燾詳：據◆2喀什噶爾道袁尭齡咨：據
莎車直隸州劉嘉德稟稱：代理葉城縣知縣陳啓豐轉據候選訓導
顧傳誥等呈稱：署葉城縣知縣周發鏞◆3，係湖南湘陰縣人。其
妾羅氏係甘肅張掖縣民羅國望之女，性端靜，言笑不苟。光緒
九年，該令納爲簉室，經理家政，井井有條。逾年，舉一男。十
一年，隨赴任所。嫡室顧氏旋由籍來署，氏奉事維謹。未幾，其
子以驚風折，而該令亦病。氏雖傷切於心，猶設詞寬解。既而
該令疾日增劇，氏侍湯藥，衣不解帶者累月。十四年二月初七
日，該令身故。氏痛不欲生，語其嫡曰：“扶櫬回籍◆4，撫子承
祧，主母任之，妾將侍主人於地下矣。”次日，該故令殯畢，遂仰
藥以殉，年二十有二歲。職等誼屬同鄉，見聞真確，不忍聽其湮
沒，造具事實册結，稟懇轉詳具奏前來。臣查官員身故，其妻妾
有殉節者，由同鄉官於服官省分呈乞，奏請旌表。今已故署葉
城縣知縣周發鏞之妾羅氏捐軀殉節，義烈可嘉。合無仰懇天恩
俯准，飭部照例旌表，以彰節烈而闡幽光。除將册結咨部外，謹
會同陝甘總督臣譚鍾麟、甘肅學政臣秦澍春，恭摺具陳。伏乞
皇太后、皇上聖鑒訓示。再，此案例應具題，惟新疆初設行省，
一切例案均係改題爲奏，合併聲明。謹奏。光緒十四年九月十
三日◆5。

　　光緒十四年十月十五日，奉◆6硃批：著照所請，禮部知道。
欽此。

【案】此摺原件①、録副②現藏於中國第一歷史檔案館，兹據校補。

1.【尚書銜甘肅新疆巡撫二等男臣劉錦棠跪】此前銜據原件補。

2.【據】原件、録副均作“准”。

①　中國第一歷史檔案館藏：《硃批奏摺》，檔號：04—01—14—0084—116。

②　中國第一歷史檔案館藏：《録副奏摺》，檔號：03—5549—011。

3.【案】光緒十一年二月二十六日,新疆巡撫劉錦棠奏報委任周發鏞署理葉城縣事:

> 　　再,署莎車直隸州知州忠曾、署葉城縣知縣周振嶽,均調營差遣。所遺各缺,亟應遴委妥員前往接署,以重職守。查有補用知府留甘補用直隸州知州劉兆梅,器宇軒豁,通達治體,堪以委署莎車直隸州知州篆務。留陝歸候補班前先補用知縣周發鏞,舉止安詳,辦事誠實,堪以委署葉城縣知縣篆務。除由臣分別檄飭遵照外,謹會同陝甘督臣譚鍾麟,附片具陳。伏乞聖鑒。謹奏。

　　光緒十一年三月十七日,軍機大臣奉旨:吏部知道。欽此。①

4.【回籍】原件、録副均作"旋里",是。

5.【光緒十四年九月十三日】此具奏日期,據原件補。

6.【光緒十四年十月十五日,奉】此奉旨日期,據録副補。

【案】此摺之得允行,亦見《清實録》:"旌表捐軀殉夫署甘肅新疆葉城縣知縣周發鏞妾羅氏。"②

319. 新疆助墾人犯在配脱逃請飭部議罪名摺

光緒十四年九月十三日

　　尚書銜甘肅新疆巡撫二等男臣劉錦棠跪◆1奏,爲新疆助墾人犯在配脱逃,請旨飭部酌議罪名,恭摺仰祈聖鑒事。

　　竊查新疆兵燹之後,户口稀少,前於光緒十一年經部議,將直隸、山東、山西、河南、陝西、四川、甘肅七省絞罪減流人犯,發往新疆助屯,以實邊徼。嗣因七省一併起解,中途擁擠,並有恃衆逞强情事,又經臣於十二年奏懇天恩飭令直隸等七省,凡有家室者,務必簽同起解,並聲明各省報解人犯隨帶妻室子女者,不過十之一

---

　　① 中國第一歷史檔案館藏:《硃批奏片》,檔號:04—01—16—0217—019;《録副奏片》,檔號:03—5194—060。

　　② 《清實録·德宗景皇帝實録(四)》,卷二百六十,光緒十四年十月,第492頁。

二,殊與部臣實邊之意相左。旋准部議:查免死减等各犯,簽同妻子,改發新疆,原期室家相聚,既可盡力農耕,生齒日繁,並可漸臻富庶。若令隻身前往,於興屯實邊仍屬毫無裨益,應令有室家者◆2,概行簽同起解,不得任其藉詞支飾,率免簽發。其實係隻身人犯,在途既易滋事端,到配亦難安耕作,毋庸再發新疆,以免煩擾等因。在部臣專意實邊,固已力防流弊,無如以前發來隻身各犯,始猶小貿營生之犯乘間逃走,繼則屯墾之户亦有逃走者矣。夫以不能力耕之人小貿營生,或往鄰近販運,或赴四鄉趕集,因此潛逃,尚於屯政無損。而以安插屯墾之犯,公家不惜成本,發給牛具、籽種,撥以地畝,庇以室廬,繳本完糧,寬其歲月,而亦不免脱逃,則實非意料所及。推求其故,無非此輩游惰性成,孑然一身,無所繫戀,不肯盡力農畝,由是脱逃。亟應酌量整頓,以裨屯政。除據各屬具報業經隨時查拿外,查免死减等發往新疆遣犯,辦理原有專條。惟此等發新助屯人犯,究與實犯外遣不同。遍查律例,並無逃走治罪恰合專條。此項逃犯如尚在新疆拿獲,可否由臣酌量改發充當折磨差使◆3?其逃入關内被獲人犯,應如何定擬罪名,相應請旨飭部核議,以便遵照辦理。所有新疆助墾人犯在配脱逃請酌議罪名緣由,是否有當,謹恭摺具陳。伏乞皇太后、皇上聖鑒訓示。謹奏。光緒十四年九月十三日◆4。

　　光緒十四年十月十五日,奉◆5硃批:該部議奏。欽此。

【案】此摺原件①、録副②現藏於中國第一歷史檔案館,兹據校補。

1.【尚書銜甘肅新疆巡撫二等男臣劉錦棠跪】此前銜據原件補。

2.【應令有室家者】原件、録副均作"應令凡有室家"。

3.【差使】原件、録副均作"差事",是。

① 中國第一歷史檔案館藏:《硃批奏摺》,檔號:04—01—22—0063—029。
② 中國第一歷史檔案館藏:《録副奏摺》,檔號:03—9990—061。

4.【光緒十四年九月十三日】此具奏日期，據原件補。

5.【光緒十四年十月十五日，奉】此奉旨日期，據錄副補。

320. 援案估計光緒十五年新疆餉銀懇飭部核撥彙入關內新餉統收分支摺

光緒十四年九月十五日

尚書銜甘肅新疆巡撫二等男臣劉錦棠跪◆1奏，爲援案估計光緒十五年新疆餉數，懇恩飭部指撥，仍彙入關內新餉統收分支，以資接濟，恭摺仰祈聖鑒事。

竊照甘肅關內外十三年以後新餉，迭准部咨，每年秋季將來年餉數專案奏明指撥一次。查十四年新餉，經部臣奏准，仍照十一、二、三等年，共撥銀四百八十萬兩。上年，臣開單覆陳，新疆仍請劃分銀二百三十萬兩，如有餘存，留抵十五年新餉。惟各省關現在尚未解齊，應俟年終再行核算。所有十五年餉數，前經臣飭司詳覆，咨請陝甘總督臣譚鍾麟彙入甘肅新餉內一併奏請指撥。茲准譚鍾麟咨：關內新餉業經奏請撥銀一百三十萬兩◆2，新疆餉數尚未接准咨報，應由臣自行奏明辦理等因。臣查新疆十五年撫提鎮標俸餉需銀一百五十六萬兩，添製軍裝、器械需銀十萬兩，司庫例支不敷需銀十五萬兩，糧餉、軍裝、運腳、地方例支雜差、車腳、口分需銀五萬兩。善後經費，上年原請撥銀七萬兩，因北路城工部議令於此項銀兩內取給，仍請照十三年以前撥銀十四萬兩。現查城工動用經費，尚待十五年善後餘款彌補，應請仍撥銀十四萬兩，俟十六年察看情形，酌議減撥。旗營經費，本年仍由甘肅統撥四百八十萬兩，內提銀十萬兩，原以該營遷併必得此數，方可敷衍。自十五年起，應照臣奏定餉章，歲撥銀六萬五千兩，定爲常額。統計十五年實共需銀二百六十萬五千兩，均係確切估計，萬難議減。合無仰懇天恩，俯念餉需關緊，飭部指撥的款，彙入關内新餉，分限解由甘肅藩庫照舊批解，以資支放。除伊犁、塔爾巴哈臺餉數應由將軍臣色楞額、參贊大臣臣額爾慶額會商奏辦外，所有援案請撥新疆十五年新餉緣由，理合恭摺由驛馳奏。伏乞皇太后、皇上聖鑒訓示。謹奏。光緒十四年九月十五日◆3。

　　光緒十四年十月十六日，奉◆4硃批：户部議奏。欽此。

　　【案】此摺原件①、録副②現藏於中國第一歷史檔案館，兹據校補。

　　1.【尚書銜甘肅新疆巡撫二等男臣劉錦棠跪】此前銜據原件補。

　　2.【案】光緒十四年八月十二日，陝甘總督譚鍾麟奏請援案指撥甘肅十五年新餉：

　　　　頭品頂戴陝甘總督臣譚鍾麟跪奏，爲援案指撥光緒十五年甘肅關内新餉，恭摺仰祈聖鑒事。竊甘肅關内外軍餉，前經户部議定，自十一年起，合之旗綠各營兵勇，無論有閏無閏，每歲共指撥銀四百八十萬兩，業經部臣於每年秋季先行指撥，分限解甘協濟。查關内新餉，十四年請撥寧夏、凉莊、西寧二十萬兩，甘肅兵勇餉銀一百二十萬兩。聲明如有贏餘，留抵十五年新餉。兹各省報解未齊，應俟年終再行核算。所有十五年關内兵勇新餉請撥銀一百一十萬兩，寧夏等處仍請撥銀二十萬兩，共一百三十萬兩。此必不可少之數也。至伊犁、塔爾巴哈臺十四年新餉，尚未定有確數。即新疆省城十五年餉數能否減撥，未據咨報，無從懸揣。應由伊犁將軍色楞額、新疆巡撫劉錦棠自行奏明辦理。所有援案請撥十五年甘肅新餉緣由，理合恭摺由驛馳奏。伏乞皇太后、皇上聖鑒訓示。謹奏。

　　　　光緒十四年八月十二日。光緒十四年八月二十四日，奉硃批：户部知道。欽此。③

----

　　①　中國第一歷史檔案館藏：《硃批奏摺》，檔號：04—01—35—0994—044。

　　②　中國第一歷史檔案館藏：《録副奏摺》，檔號：03—6621—014。

　　③　中國第一歷史檔案館藏：《硃批奏摺》，檔號：04—01—01—0964—067；《録副奏摺》，檔號：03—6111—062。

3.【光緒十四年九月十五日】此具奏日期,據原件補。

4.【光緒十四年十月十六日,奉】此奉旨日期,據録副補。

321. 新疆第一次遵辦鄭工 新例捐輸懇飭分別獎叙摺

光緒十四年九月十五日

尚書銜甘肅新疆巡撫二等男臣劉錦棠跪◆1奏,爲新疆第一次遵辦鄭工新例捐輸,懇恩飭部分別獎叙,以資鼓勵,恭摺仰祈聖鑒事。

竊臣於光緒十三年十一月二十五日准户部咨開:會奏鄭工新例銓補章程一摺,奉旨:依議。欽此。相應刊録原奏清單,飛咨查照◆2。此次奏案,外省以接到部文之日起作爲收捐日期,予限一年,所收各捐生應由各該省造具清册,按月分次咨部請獎,並將副實收及隨收部飯照費銀兩一併隨同獎册解部交納。又准國子監咨:此次開辦鄭工捐輸貢、監兩項,應收監照飯銀,仿照海防章程批解各等因,先後到臣。當經行司移道飭屬一體遵辦去後。兹據新疆布政使魏光燾詳稱:新疆地處極邊,異常瘠苦,歷未開辦捐輸。兹值河工需款,遵例開捐。間有捐生,多係寄寓,爲數無幾。查自本年三月十三日開辦起,截至七月底止,據各捐生報捐實官、職銜各項,均經照章減成收捐,並填實收,給予收執,一俟領換執照,即行收銷,以杜假冒。計捐生四十名,填發實收◆3四十張,共繳正項庫平銀九千八百一十一兩五錢四分,專款存儲,聽候部撥。隨收部飯銀一百四十七兩一錢七分三釐一毫、照費銀八兩、監飯銀四十兩四錢六釐,均如數解繳,並造齎各捐生報捐銀數、三代年籍各清册及填過副實收,詳請具奏,並請咨部填發執照,以便換給等情前來。臣覆核無異。除正項銀兩飭存候撥,其副實收照飯費銀隨册分別咨解外，所有新疆第一次遵辦鄭工新例捐輸懇恩飭部核獎緣由，謹恭摺具陳。伏乞皇太后、皇上聖鑒訓示。謹奏。光緒十四年九月十五日◆4。

　　光緒十四年十月十六日，奉◆5 硃批：該部議奏。欽此。

　　【案】此摺原件①、録副②現藏於中國第一歷史檔案館，兹據校補。

　　1.【尚書銜甘肅新疆巡撫二等男臣劉錦棠跪】此前銜據原件補。

　　2.【案】光緒十三年九月十二日，江南道監察御史周天霖具摺奏請開河工捐輸：

　　　　巡視西城掌江南道監察御史臣周天霖跪奏，爲豫省河工急宜堵築、東省河工急宜疏濬，並請開河工捐輸，以裕財用而救民生，恭摺具陳，仰祈聖鑒事。竊聞本年八月初七日河南武陟縣屬之小楊村沁河漫決一百四十餘丈，泛濫四五十村莊，淹斃男婦無數。是月十三日酉時，鄭州下汛之石家橋黄河漫決三百丈。嗣聞復有沖刷泛濫十餘州縣，漂没人畜，不可勝計，現已奪溜南趨，下游正河可以步涉，實爲近年罕見之災，未知河臣如何籌辦，然必須於霜清以後、春汛以前趕緊設法堵築，以期早日合龍。被水災區本年秋收全無，一誤春耕，明歲亦難望有秋。此豫省河工之刻不容緩者也。臣以爲豫省堵合口門、賑恤災民，固爲當急之先務，而東省疏通河道、培築堤岸，亦不可緩之時宜。自山東連年黄水爲災，臣工屢有改歸故道之議。本年四月，經河臣、漕臣與山東撫臣會勘情形，先後奏報在案。其勢難行，已可概見。實緣江南境内黄底淤墊已甚，高於民田數丈，東入大清河已三十餘年，舊河久爲居民所占，大堤綿長千餘里，亦半就殘缺，挑挖補築，加以節節導引，所費殊屬浩繁。現聞黄水亦已斷流，東省挑河築堤，較前皆易施工，正事半功倍之時，若不即時興修，坐失機宜，使河南合龍後，黄河仍行爲害，勢將不易堤防。況今日經行大清河之道，地勢

　　① 　中國第一歷史檔案館藏：《硃批奏摺》，檔號：04—01—01—0965—008。
　　② 　中國第一歷史檔案館藏：《録副奏摺》，檔號：03—9973—036。

既下,入海又近,較之南行,實爲順而且易。近年山東河患,衹以河面太窄,民堰亦低,一遇漲發,水與堤平,是以易於決裂不可收拾。果趁此時將河身挑深加寬,堤岸增高培厚,民堰之可去者,擇要削平,以順水性。如再不能容納,西與徒駭河相去匪遥,亦可挑通,建立閘座,隨時啓放,以資分洩,再將河口積沙排決剔除,使得暢流入海,則正河之水當不至漫溢爲患。其應如何施工,尤須相度機宜,因勢而利導之,是用力少而成功多也。惟鳩工庀材,必廣備夫經費,而集資籌款,又恐重累於商民。我皇太后軫念災黎,飢溺爲懷,或發内帑,或截留京餉銀兩,或截留京倉米石,聖恩疊沛,至再至三。際兹庫款支絀,恐難兼顧,臣再四籌思,非仍准開捐不可。查從前歷辦成案,或因軍需,或因河工,或因賑濟,無非藉資紳富之力。前於光緒十年,曾以海防需餉浩繁,奏准暫開海防事例,比照籌餉例核減二成。此次係屬河工,擬請比照海防例再減二成,仍以實銀報捐官職,名爲鄭工新例,並准於各直省設立分局,以廣招徠。被水災區賑款,亦不敷分布,擬請仿照山東賑捐辦理,衹准捐虛銜、封典,專備賑災之需。如蒙俞允,即請飭下户部,會同吏、兵二部妥速議奏,以應急需,並請敕下河南、山東撫臣,河道總督,核實勘估,迅速舉辦,庶於國計民生兩有裨益。臣愚昧之見,是否有當,伏祈皇太后、皇上聖鑒施行。謹奏。光緒十三年九月十二日。①

光緒九年九月十五日,御史李士琨具摺奏請飭部議頒各省開捐實職官階:

　　掌浙江道監察御史臣李士琨跪奏,爲河工需款甚鉅,請旨飭部議頒各省開捐實職官階,以廣招來而濟要工,恭摺仰祈聖鑒事。竊聞河南鄭州河決,黃水爲災。恭閱邸抄,迭次欽奉諭旨,撥帑金二百餘萬兩,截留河運漕糧,廣爲賑恤,並飭部陸續籌撥的款,源源接濟。仰見皇太后、皇上軫念災區、慎重河防之至意,俾億萬生靈咸獲再生,感戴皇仁,曷有紀極! 維是目前之拯救,賑恤爲先,日後之河工,籌款宜

---

①　中國第一歷史檔案館藏:《録副奏摺》,檔號:03—9600—093。

裕。聞此次决口已逾千數百丈,恐非數百萬工程未能集事。查道光
年間,曾因河工廣開捐例。此次工款浩大,似無妨援案辦理。現在海
防捐例由銅局上兑,無非欲現銀上庫,慎名器而杜糜費,在殷富大家
報捐正途實職,自無難挟資遠來,而捐雜職微員者,或且以萬里京師
畏難自阻,雖欲自效,其道末由,捐之不旺,未必不由於此。臣愚以爲
欲捐輸之踴躍,莫若各省設局,以廣招來;欲捐輸之濟用,莫若統解部
款,以待動撥。可否請旨飭下部臣妥議,仍舊頒發各省藩庫設局開捐
實職官階,按季彙咨,由部核給執照。其捐款統解部庫,以濟要工,毋
許外省擅行動撥。至開捐章程,或按八成量減,俾捐生益加踴躍,並
宜於海防新例兩不相背,而選補之途期無窒礙。俟河工事竣,再議停
止。如此廣爲招來,庶急公好義者皆得以自效,鉅款自無難籌備矣。
臣愚昧之見,是否有當,伏乞皇太后、皇上聖鑒。謹奏。光緒十三年
九月十五日。①

　　光緒十三年九月二十日,工科給事中方汝紹以河工緊要,户部議開河
防捐例,具摺曰:

　　　　工科給事中臣方汝紹跪奏,爲河工緊要,户部議開河防捐例,敬
陳管見,以備采擇,恭摺仰祈聖鑒事。竊惟捐輸之開,惟籌餉例行之
最久,中間屢議減成,而弊病因之紛起。上年,開海防捐,章程一變,
整齊嚴肅,甚爲美善。無如缺少人多,凡内選外補各班,均不免壅滯。
近聞户部議開河防捐,有減二成以廣招徠之説。臣愚以爲現今捐例,
有宜增者,有宜減者,有求實獲者,雖加增而亦爭趨;有博虛榮者,必
大減而方踴躍。未可徒泥減成之一見也。查凡開捐例,必新班能壓
舊班,方足以資鼓勵。今如開河防減二成,准壓海防,則捐銀少者居
前,捐銀多者落後,不惟捐生飲恨吞聲,即在朝廷亦無此政體。就使
與海防相間輪用,而情理亦未得其平。且開河防必停海防,將來皆是
遇入新班者居多,恐初捐者終屬無幾,是徒有漸成之濫,而並無實效
之收,亦何必爲此無益之舉耶?據臣愚見,莫若海防捐仍照舊辦理,

①　中國第一歷史檔案館藏:《録副奏摺》,檔號:03—9600—100。

現祗開河防新捐一班,照海防先銀數酌增二成,定爲河防先前一項名目,以十缺爲一週,見缺用河防先前五人,再用海防先二人,海防即一人,舊例大八成一人,各項一人。如舊例大八成、大四成無人,准以河工先前抵補。如此則得缺較速,必可望踴躍輸將,且銀數比海防先加增,則捐海防者亦無所怨恨,並爲海防班人員計,亦不過推讓五缺,不致終無選補之期。似此變通辦理,既廣招徠,仍寓體恤,於政體無傷,於捐輸有益。臣所謂有宜增者此也。其宜減者,則如虛銜、封典等項。查籌餉事例,係減二成遞減四成報捐。現在籌餉孔亟,儘可仿照辦理。至翎支一項,亦擬請減成令捐,並請飭下戶部,速辦花翎執照二千張、藍翎執照一千張,發交河南巡撫。如有捐麻料及土方等項者,核計銀數,填給執照,隨時報部。此項翎支專爲此次河防而設,他省不准援照辦理。即將來河工合龍,亦不准保舉翎支。如此則翎支一項,亦可湊集一巨款矣。再,從前籌餉事例尚有推廣各條。上年議開海防,刪去者不少,應請飭下戶部查取舊案,細加酌核,如推廣條款內有可行者,仍增入海防例內一律准捐,亦可多增進款。總之,凡係實官有關於銓補之事者,有增勿減。若係虛銜無關名器之重者,減之不妨再減。斯損益得中而權衡歸於至當矣。愚昧之見,是否有當,伏乞皇太后、皇上聖鑒。謹奏。光緒十三年九月二十日。①

光緒十三年九月二十八日,閻敬銘奏報遵議方汝紹敬陳管見事:

大學士管理戶部事務革職留任臣閻敬銘等謹奏,爲遵旨速議具奏事。軍機處交出工科給事中方汝紹奏河工緊要,戶部議開河防捐例,敬陳管見,以備采擇一摺,於光緒十三年九月二十日軍機大臣面奉諭旨:給事中方汝紹奏戶部議開河防捐例,敬陳管見一摺。著戶部速議具奏。欽此。欽遵到部。查原奏內稱:海防捐仍照舊辦理,現祗開河防新捐一班,照海防先銀數酌增二成,定爲河防先前一項,應自以十缺爲一週,見缺用河防先前五人,再用海防先二人,海防即一人,舊例大八成一人,各項一人。如舊例大八成、大四成無人,准以河工

①　中國第一歷史檔案館藏:《清單》,檔號:03—9600—107。

先前抵補。其宜減者,則如虛銜、封典等項。查籌餉事例,係減二成遞減四成報捐。現在籌餉孔亟,儘可仿照辦理。至翎支一項,亦擬請減成,並請速辦花、藍翎執照,發交河南巡撫。如有捐麻料及土方等項者,核計銀數,填給執照,隨時報部。再,從前籌餉事例尚有推廣各條。上年議開海防,刪去者不少,請飭下戶部查取舊案,細加酌核,如推廣條款內有可行者,仍增入海防例內一律准捐等語。臣等伏查,前據御史周天霖、李士琨等先後陳奏,請開河工捐輸,所有擬開鄭工新例,應行酌定各事宜,由臣等另摺具奏,請旨遵行。今該給事中方汝紹新陳各條,臣等公同參酌,如虛銜、封典減成收捐一節,查海防例,新收封銜等項,按照八成實銀上兌。直隸等省賑捐,應收封銜、貢監等項,均按海防例八成遞減二成上兌,歷經辦理在案。今該給事中奏稱,仍宜遞減。查虛銜、封典以及貢監,均無關於實職官階,自應准如所奏,量為核減,擬請將鄭工新例及豫省賑捐應收之職銜、封典、升銜、頂戴、貢監等項,均照例定銀數核減五成。其各省向收賑捐者,似未便銀數兩歧,應請一律辦理。均令以五成收捐,報部請獎。其遵照減成新章報捐之貢監生,如鄉試及捐納實官者,仍令分別補交監生五成實銀,以符舊章。又原奏內稱,海防照舊辦理,祇開河防先前一班,照海防例酌增二成,以十缺為一週等語。查河工需款浩繁,祇開河工先前一項花樣,仍恐收捐有限,無濟要需。現在臣部奏停海防事例,以辦鄭工事例,減成收捐以期湊集鉅資,俾急先務。其所陳先用河防、次用海防等情,事關銓補班次,當經行查吏部去後,旋據覆稱,查現在捐例,議將海防擬停,若以十缺計算,將新捐十成人員先選用五人,不但各項班次恐多窒滯,即海防例已捐各項選補班次,亦難期均平。既據吏部咨覆前因,所請應毋庸議。又稱翎支一項,擬請減成,並頒發空白執照等語。查初開海防事例,翎支一項,援照軍火捐輸章程,三品以上捐銀三千兩,四品以下捐銀二千兩,准給花翎,捐銀一千兩,准給藍翎。嗣於本年四月,臣部議覆直隸總督李鴻章奏請變通章程摺內,陳明擬照晉豫賑捐章程酌定,三品以上捐銀二千兩、四品以下捐銀一千兩,准給花翎,捐銀五百兩,准給藍翎,經臣部議准在案。

是翎支一項業已核減，似未便再議更張。至預發空白執照一節，查從前籌餉事例，頒發空白執照，往往捏報遭兵，至今尚未繳清，遂致漫無稽考。且報捐麻料、土方，流弊滋多，均難照准。至該給事中所稱推廣捐例一節，自係爲籌集捐款起見，應如所請，由臣等歸入捐例各條，會同吏部奏明辦理。所有臣等遵議緣由，謹恭摺具陳。伏乞皇太后、皇上聖鑒。謹奏。九月二十八日。①

光緒十三年九月二十八日，方汝紹等奏立鄭工新例得允行。《清實錄》：

壬午，先是給事中方汝紹、御史周天霖、李士琨先後奏請開辦河工新捐。下部議。至是議上，除歸部收之免保舉、免考試、加級、紀錄、捐復、補濫銀兩、捐輸贖罪並京外收捐翎枝等項仍照舊辦理外，所有虛銜、封典、貢監等項，照例銀減五成，實官雙月三班，分發指省，並分缺先、分缺間、本班儘先各花樣，照例銀減四成，另立鄭工新例遇缺先花樣一項，照例銀減二成。從之。②

3.【填發實收】原件、錄副均作“填發正實收”，是。

4.【光緒十四年九月十五日】此具奏日期，據原件補。

5.【光緒十四年十月十六日，奉】此奉旨日期，據錄副補。

322. 代奏回子親王懇請暫緩進京朝賀摺

光緒十四年九月二十六日

尚書銜甘肅新疆巡撫二等男臣劉錦棠跪◆1 奏，爲哈密回子親王懇請暫緩進京朝賀，恭摺代奏，仰祈聖鑒事。

竊臣據御前行走哈密札薩克回子親王沙木胡索特呈稱：案准甘肅提督臣周達武行知：承准理藩院咨：具奏皇上大婚屆期，查照成案，蒙古王公及回子等分別來京朝賀一摺，奉旨：依議。欽此。

---

①　中國第一歷史檔案館藏：《錄副奏摺》，檔號：03—9600—121。

②　《清實錄·德宗景皇帝實錄（四）》，卷二百四十七，光緒十三年九月，第328—329頁。

相應鈔録原奏,飛咨查照,迅飭依限於本年内來京,恭候朝賀等因。竊維世爵,仰沐皇恩,至優極渥,恭值大婚盛典,宜伸慶賀微忱,曷敢稽延,致滋咎戾。惟世爵於光緒十二年進京朝覲,十三年回至哈密,正逢天氣炎蒸,沿途復冒風雨濕熱,兼感兩足酸疼,現在醫治未痊,步履仍難如故,擬俟醫就痊可,再行趨詣闕廷,恭伸叩賀等情。呈請代奏前來。臣查沙木胡索特感受足疾,係屬實情。可否暫緩進京朝賀以示體恤,出自鴻慈。除咨理藩院查照外,謹恭摺據情代奏。伏乞皇太后、皇上聖鑒訓示施行。謹奏。光緒十四年九月二十六日◆2。

　　光緒十四年十一月初二日,奉◆3硃批:著照所請,該衙門知道。欽此。

【案】此摺原件、録副俱缺,兹據《軍機處隨手登記檔》①校補。

1.【尚書銜甘肅新疆巡撫二等男臣劉錦棠跪】此前銜據《軍機處隨手登記檔》補。

2.【光緒十四年九月二十六日】此具奏日期據刻本及《軍機處隨手登記檔》補。

3.【光緒十四年十一月初二日,奉】此奉旨日期,據《軍機處隨手登記檔》校補。

323. 請將提督黃萬鵬等二十二員名留於甘肅新疆儘先補用片

光緒十四年九月二十六日

再,臣前將投效新疆及隨從征剿各武員奏留甘肅新疆補用,奉旨允准欽遵在案。兹查有頭品頂戴記名提督二等輕車都尉伯

① 中國第一歷史檔案館藏:《軍機處隨手登記檔》,檔號:03—0257—4—1214—282。

奇巴圖魯黃萬鵬、頭品頂戴題奏提督額騰額巴圖魯曾松明、頭品
頂戴記名提督騎都尉巴克坦巴圖魯蕭元亨、頭品頂戴記名提督阿
爾杭阿巴圖魯喻先達、頭品頂戴記名提督額爾德蒙額巴圖魯趙寶
林、題奏提督講阿巴圖魯萬勝常、記名提督繃僧額巴圖魯宋賢聲、
記名提督色拉謹巴圖魯張復良、記名提督芬臣巴圖魯周添才、記
名提督訥奇欣巴圖魯顏昌燦、記名提督西吉爾渾巴圖魯周大美、
記名提督烏拉星額巴圖魯戴富臣、提督銜記名總兵爽勇巴圖魯朱
德和、記名總兵最勇◆1巴圖魯谷振傑、總兵銜留湖南儘先補用副
將誠勇巴圖魯譚其祥、儘先補用總兵勊勇巴圖魯周惟翔、記名總
兵長勇巴圖魯楊鶴皋、儘先補用副將徐廣學、降補副將那斯洪阿
巴圖魯蕭拱照、儘先補用副將超勇巴圖魯許明耀、副將銜儘先補
用參將便勇巴圖魯徐春先、副將用浙江提標儘先補用游擊恒勇巴
圖魯陳文英等二十二員，均在新疆帶隊，疊著戰功，營伍邊防，尤
爲熟悉。合無仰懇天恩俯准，將頭品頂戴記名提督黃萬鵬等二十
二員，一併以原官原銜留於甘肅新疆儘先補用，實於戎政大有裨
益。除飭取該員等履歷清冊咨部查核，並俟續查尚有應行留省之
員再行陳奏外，謹會同陝甘總督臣譚鍾麟，附片具陳。伏乞聖鑒
訓示。謹奏。

　　光緒十四年十一月初二日，奉◆2硃批：著照所請，兵部知道。
欽此。

　　【案】此奏片原件①、録副②現藏於中國第一歷史檔案館，兹據校補。
此片原件未署具奏者，兹據刻本與録副判斷，確爲劉錦棠所奏。關於此片
之具奏日期，原件僅署"光緒朝"，而録副署爲"光緒十四年九月二十八

　①　中國第一歷史檔案館藏：《硃批奏片》，檔號：04—01—30—0190—016。
　②　中國第一歷史檔案館藏：《録副奏片》，檔號：03—5858—088。

日”，與刻本不符。查閱《軍機處隨手登記檔》①，録副日期未確。

1.【最勇】原件、録副均作“勖勇”，是。

2.【光緒十四年十一月初二日，奉】此奉旨日期，據録副補。

324. 籌議移併古城滿營官兵隨缺地畝並懇暫緩屯墾摺

光緒十四年十月初八日

尚書銜甘肅新疆巡撫二等男臣劉錦棠跪◆1奏，爲滿營移併古城，遵旨籌撥官兵隨缺地畝，並懇暫緩屯墾，以紓兵力◆2，恭摺仰祈聖鑒事。

竊臣於光緒十三年二月十六日承准軍機大臣字寄：光緒十三年正月十七日奉上諭：富勒銘額奏烏魯木齊滿營官兵議遷古城，請援案撥還隨缺地畝一摺◆3。據稱烏魯木齊、古城、巴里坤三營旗兵，前經撥給迪化州屬熟荒地二萬◆4一千餘畝，藉資生計。現遵部議，將該三營官兵一千餘名併遷古城。查有古城地方頭、二、三屯地，約計一萬一千餘畝，向爲緑營屯耕之所。目前緑營屯兵無多，堪以撥歸滿營經理，並將古城迤東吉布庫地方官屯撥爲緑營屯地等語。烏魯木齊等處滿營遷併古城，官兵隨缺地畝，自應預爲籌撥，以資養贍。所請以頭、二、三屯地撥給滿營，以吉布庫官屯撥給緑營之處，著劉錦棠悉心酌核，奏明請旨辦理。原摺著鈔給劉錦棠閲看。欽此。遵旨寄信前來等因到臣。當經欽遵飭查，吉布庫地畝現係歸緑營耕種。其頭、二、三等屯向爲緑營屯地，自遭變亂，地畝盡荒。光緒三年，經前陝甘總督臣左宗棠招集流亡，給資承墾，迄今陸續增添，已安插百數十户，共男婦一千數

---

①　中國第一歷史檔案館藏《軍機處隨手登記檔》，檔號：03—0257—4—1214—282。

百口,耕稼婚娶,漸成土著。若以此項地畝撥歸滿營,不但遷移改撥徒滋勞費,且甫經招集,忽議遷徙,亦甚非朝廷勞來還定之意。臣查古城東灣、中渠,地屬上中,接引山水澆灌,得地一萬餘畝,撥歸◆5各滿營耕種,不敷由附近之大板河、西岔撥給。查大板河約地三四千畝,西岔約地四五千畝。該各處雖有户民耕種,爲數尚少,遷徙較易,毋庸將頭、二、三屯地撥歸滿營。如此辦理,似屬兵民兩便,並經行司飭縣估計修渠經費,檄行城守尉德勝委勘覆辦去後。兹據德勝呈◆6:查巴里坤滿營,現未遷齊。烏魯木齊滿營雖經遷併,安插尚未就緒。所撥東灣、中渠等處地畝,修理各渠,又非急切所能蔵事,擬請展緩三年,再行屯墾,藉紓兵力等情前來。臣覆加查核,自係實情。惟事關旗屯,未敢擅便。除飭司查取迪化縣接收滿營原撥地畝,招民承種應完額糧,清册另案奏咨外,所有遵撥滿營官兵隨缺地畝並暫緩屯墾各緣由,理合恭摺具陳。伏乞皇太后、皇上聖鑒訓示施行。謹奏。光緒十四年十月初八日◆7。

光緒十四年十一月十三日,奉◆8硃批:户部知道。欽此。

【案】此摺原件①、録副②現藏於中國第一歷史檔案館,兹據校補。

1.【尚書銜甘肅新疆巡撫二等男臣劉錦棠跪】此前銜據原件補。

2.【以紓兵力】此句據原件、録副校補。

3.【案】光緒十二年十二月初十日,護理烏魯木齊都統富勒銘額以烏魯木齊滿營官兵現已議遷古城,具摺奏請撥還官兵隨缺地畝:

護理烏魯木齊都統署領隊大臣奴才富勒銘額跪奏,爲烏屬滿營官兵現已議遷古城,籲懇天恩,仍准援案於古城地面撥還隨缺地畝,以資津貼而裕生計,恭摺仰祈聖鑒事。竊查烏、古、巴三營旗兵,遠戍

① 中國第一歷史檔案館藏:《硃批奏摺》,檔號:04—01—01—0963—058。

② 中國第一歷史檔案館藏:《録副奏摺》,檔號:03—6719—026。

萬里,駐防邊疆,生計維艱,困苦滋甚。承平之時,所需口糧向蒙天恩飭令於附近地方官額徵倉儲屯租糧内,按名劃撥,以資食用,習以為常,以故人鮮知耕養。在豐年地方糧廣,易於購覓,尚無足慮。倘遇荒歉,市鎮糧缺,佐撥未能時到,生計遂蹙,恒多飢餒之虞。溯自往歲,軍興後,餉源日竭,四郊多壘,各城旋多以無糧而失事者,良由仰給於人,不耕而食,户鮮蓋藏,有以儲之屬也。迨新疆底定,續於光緒七年規復滿營兵制,經前烏魯木齊都統奴才恭鏜體察旗丁饑潰之由,每兵除月支糧餉外,其餘眷口别無生計,時有戒心,當為奏請援照奉天、吉林雙城堡滿營官兵屯耕章程,按名分别撥給隨缺地畝,以為務本津貼之計,俾於操防之暇,仍各用力於田疇,一以去坐食之痼習,一以備不虞之隱患。仰荷聖慈飭部議覆,准於迪化州所屬新舊滿城附近一帶地方,共撥熟荒地兩萬一千餘畝,令各官兵實力耕作,以期收穫豐稔,生計寬裕。仍於農隙之暇,操演武備,毋得偏廢等因在案。其法至善,而其慮極周。數年以來,各官兵感激思奮,遵照辦理,於習騎射之暇,即各兼務農事,期於逐漸積蓄,有恃無患,頗知自勵,已著有成效可觀。每年將所獲屯糧數目報名户部,俱交存旗倉,以備緩急公用。如近三年間,地方官倉糧不敷分撥,即於旗屯倉儲内,每年動用糧一千餘石,以抵將來三個月應撥烏營滿兵之口糧,是於公家亦可稍資挹注也。

　　惟查此項地畝,現雖已耕熟,牛馬、農具亦俱齊全,但明歲旗營已定遷古,即不能再耕,是以今春播種之初,奉文議遷,因冬麥早經下籽,各地亦多翻犂,未便因待遷尚需時日而輒作輟,坐滋荒棄,曾經奴才咨明户部,並面商新疆撫臣,督飭各弁兵仍將原種地畝照舊經理,聲明俟本屆秋收後,如果可以成行,即當照數退交地方官,聽其另為招户耕種。倘來春尚未能就遷,仍當續籌辦理,以免兩相耽誤,而失農時,亦各在案。第思烏、古、巴三營官兵共計一千餘名,來年併遷,甫經到古,諸須從置,其破費已形窘累。若不仍於古城地方撥還前項地畝,藉資屯耕,津貼辦公,不惟此項牛隻、農具棄之可惜,即於旗丁將來生計設有不繼,仍恐難免不蹈袖手枵腹之故轍,不得不援案預為

綢繆，以圖補救。查古城地方有頭、二、三屯之地，約計一萬一千餘
畝，距古城新修滿城不遠，向本爲綠營屯耕之所，每年所交租糧，即權
撥滿營需用。刻下該營屯兵無多，未能遍種，即以之撥歸滿營經理，
亦屬近便，且係同一渠水所能灌漑，與民地不相交涉，即可免兵民相
爭之釁。至綠營所需屯地，查古城迤東當有吉布庫地方，原亦係官
屯，即可撥歸綠營耕作，則一東一西，亦屬兩便，仍於地方民屯無所窒
礙，用敢瀝陳。合無仰懇聖主逾格鴻慈，俯念旗丁赴遷困苦，准予援
照前案，敕下新疆撫臣將古城頭、二、三屯之地撥歸滿營官兵耕種，以
抵前項交出地畝，藉作津貼，庶於興屯務本之良法不至半廢，而於旗
營習營蓄食備荒禦患之道亦均有裨益矣。所有滿營遷古仍請撥還地
畝以資津貼而裕生計各緣由，是否有當，謹繕摺陳懇。伏乞皇太后、
皇上聖鑒訓示施行。謹奏。十二月初十日。

　　光緒十三年正月十七日，奉硃批：另有旨。欽此。①

4.【二萬】原件、録副、《上諭檔》②及《清實録》③均作“兩萬”。

5.【撥歸】原件、録副均作“擬歸”，是。

6.【呈】原件、録副均作“呈稱”，是。

7.【光緒十四年十月初八日】此具奏日期，據原件補。

8.【光緒十四年十一月十三日，奉】此奉旨日期，據録副補。

325. 遵旨整頓伊犁勇營先將擬辦情形陳明摺

光緒十四年十月二十三日

　　尚書銜甘肅新疆巡撫二等男臣劉錦棠跪◆¹奏，爲遵旨整頓
伊犁勇營，先將擬辦情形據實陳明，仰祈聖鑒事。

　　竊臣准户部咨：議覆伊犁將軍請撥款十五萬兩，酌遣伊犁勇

---

①　中國第一歷史檔案館藏：《録副奏摺》，檔號：03—6718—004。

②　中國第一歷史檔案館編：《光緒朝上諭檔》，第十三册，第 17 頁。

③　《清實録·德宗景皇帝實録（四）》，卷二百三十八，光緒十三年正月，第 206 頁。

隊等因一摺,於本年八月十八日具奏,奉旨:依議。欽此。欽遵咨
行到臣。正籌辦間,復承准軍機大臣字寄:光緒十四年九月十三
日奉上諭:前據色楞額奏,遣撤伊犁勇隊,酌發餉項川資,請飭撥
解銀十五萬兩應用。當令户部速議具奏。旋據該部奏准,由譚鍾
麟先行如數墊發,解交劉錦棠設法妥辦,迅速清結。兹據劉錦棠
奏,該處營勇驕蹇成習,此次發款清理後,請核實挑留,餘悉妥爲
遣撤等語。伊犁防軍動輒藉餉滋鬧,實屬不成事體,亟應妥籌整
理,以靖邊陲。著譚鍾麟遵照部議,毋論何款,迅即墊撥銀十五萬
兩,解交應用,毋稍延緩,並著劉錦棠會同色楞額妥速清釐,將該
處勇丁核實挑留,其餘妥爲裁遣,並將營制餉章認真整頓,務期邊
軍日久相安,是爲至要。此次滋事勇丁,並著色楞額查明爲首之
人,照例懲辦,以肅軍律。餘著照所議辦理。將此由五百里各諭
令知之。欽此。

　　伏查光緒十一年冬間,臣與前署將軍臣錫綸欽奉諭旨,會同
清理伊犁勇營舊欠。其時議定自十二年二月以後,按照楚軍行糧
章程,按月發餉,不得少有剋扣。從前欠餉,概行截止,並無留營
勇丁尚有應領加項、存俟准假找給之事,當經奏報有案,亦爲衆所
共知。本年七月,色楞額奏請撥款,以資遣撤,臣不得不申明其
事。兹蒙天恩准撥銀十五萬兩,臣自應欽遵,會同色楞額妥爲清
理,以仰副朝廷慎重邊防之至意。惟查前此清理之時,分別挑留
遣撤。其挑留一項,共銀九萬九千餘兩,內除酌發統領營官及哨
長各項,其在勇丁者,實共銀七萬四千餘兩。此當時報部之實數
也。其後錫綸任內,又續有假汰逃亡,今欲按名補發,則錫綸任內
所已經假汰及逃亡、病故者,亦應删除。且加發一項,原祇遣撤者
有之,以其存餉無多,非此不足以示體恤,而遣撤之內又有回籍與
落户之分,亦不能概歸一律。色楞額前奏請將加發銀兩無分去
留,先行算明,概予清結,不知當時原議既有回籍、落户之分。若

不先定去留，何從區別？若無區別，又何以得事理之平？臣再四思維，惟有仍照舊章辦理。前此挑留弁勇花名清册，原飭造具二分，各注明籍貫箕斗、入伍日期並發過銀兩數目，一存伊犁，一由臣携帶回省，底案具在，不難覆按而知。擬俟譚鍾麟解到此款，即遵照部議存儲司庫，一面咨商色楞額將應撤勇丁妥速遣撤。除新餉應由色楞額核發外，其加發此款，即由色楞額查明，飭令各營分別回籍落户，照前造具花名清册，賫送省城，以憑核對。其情願寄居落户者，即解由伊犁，按名發給。其實係報明回籍者，即給票持赴省城，由臣飭司委員按名發給，並將前存底册發司，已經給領，即由司於册內注明。留營勇丁仍存俟准假之日，照此查明，分別發給。現在各該營於未定議之先已有遣撤，應令補造清册。其墊發此項銀兩，俟前款解到，如數撥還，以清款目。下存若干，由司隨後查明，詳請報部立案。似此辦理，庶覺持平。統領營哨各官身受國恩，自不肯與勇丁一同再領。

至營制餉章，現如巴里坤及阿克蘇等處，均已經臣奏定，伊犁事同一律，自可照行。惟該處各營向由將軍統轄，未准色楞額造册移交，臣亦無由過問。色楞額前奏擬先儘入營年久及不勝差操者，酌量准假，發清存餉，資遣回籍。願留勇丁，歸併綠營，改支坐糧，以符原議四千人之數。臣愚實無以易此。現在蒙恩准發此款，正可及時舉辦。各統領營官有約束勇丁之責，亦當激發天良，共求整頓。臣比咨商色楞額，經此次奉旨之後，如各該營弁勇再有滋鬧，即惟各統領營官是問，容臣與色楞額指名嚴參，以示懲儆。除俟辦理就緒再行會同詳細具奏外，所有擬辦情形，理合恭摺具陳。伏乞皇太后、皇上聖鑒訓示。謹奏。光緒十四年十月二十三日◆2。

光緒十四年十一月二十五日，奉◆3硃批：該部知道。欽此。

【案】此摺原件①、録副②現藏於中國第一歷史檔案館，兹據校補。

1.【尚書銜甘肅新疆巡撫二等男臣劉錦棠跪】此前銜據原件補。

2.【光緒十四年十月二十三日】此具奏日期，據原件補。

3.【光緒十四年十一月二十五日，奉】此奉旨日期，據録副補。

【案】光緒十四年九月初六日，陝甘總督譚鍾麟奏報籌解部撥伊犁遣撤勇餉事：

> 頭品頂戴陝甘總督臣譚鍾麟跪奏，爲籌解部撥伊犁遣散勇餉，恭摺仰祈聖鑒事。竊臣准户部咨：議覆伊犁將軍色楞額遣撤營勇需款孔急一摺，奉諭旨，飭臣無論何款，撥銀十五萬兩，先行墊解，由户部撥還等因。臣當飭藩司籌借銀十五萬兩，於九月初六日起解，運至新疆省城，交藩庫收存，並飛咨伊犁將軍色楞額，預派員弁赴新省守領，以期妥速。除咨部外，謹繕摺具陳。伏乞皇太后、皇上聖鑒。謹奏。九月初六日。
>
> 光緒十四年九月十八日，奉硃批：户部知道。欽此。③

326. 南路已修城署經費懇飭部核銷
並請飭催各省關欠解銀兩以清墊款摺

光緒十四年十月二十三日

尚書銜甘肅新疆巡撫二等男臣劉錦棠跪◆1奏，爲南路已修城署經費，懇恩飭部核銷，並請飭催各省關欠解銀兩，以清墊款而期藏事，恭摺具陳，仰祈聖鑒事。

竊臣於光緒九年奏修南路城工十三起、衙署十五起，土工◆2由各營派勇幫作。所需鐵木、磚石、陶瓦、物料及工役薪糧、犒賞

---

① 中國第一歷史檔案館藏：《硃批奏摺》，檔號：04—01—30—0146—012。

② 中國第一歷史檔案館藏：《録副奏摺》，檔號：03—6024—089。

③ 中國第一歷史檔案館藏：《硃批奏摺》，檔號：04—01—01—0964—056；《録副奏摺》，檔號：03—6112—014。

各款,從減估銀三十七萬四千餘兩,蒙恩飭部指撥各省關銀三十六萬六千七百餘兩,次第興辦。上年,復經臣將已竣各工並北路興修城署各工奏明在案。茲據各印委陸續造賫工料、銀兩、丈尺、做法、細數圖説、保固印結,由糧臺司道彙造圖册,並委勘阿克蘇、喀喇沙爾、庫車、烏什、喀什噶爾、瑪喇巴什、英吉沙爾、葉爾羌、和闐城工九起;阿克蘇、喀什噶爾道署,喀喇沙爾、庫車、烏什、瑪喇巴什、英吉沙爾廳署,温宿、疏勒、莎車、和闐州署,疏附、于闐縣署十三起;附修阿克蘇、喀什噶爾道庫大使,英吉沙爾照磨,温宿、疏勒、莎車吏目,疏附典史衙署七起。各屬倉廒、監禁亦經次第修造,均屬工堅料實,並無草率等情,轉詳前來。

臣查前項工程,大小二十餘起,前後數年,派撥勇丁,幫同興作,計工二百餘萬,十日犒賞酒肉一次,按照南路雇工,除給食糧日需銀一錢有奇計算,實省銀三十餘萬兩。其應需工匠、物料,多有内地雇辦,價值既昂,采運木料脚價尤屬不貲。綜計實用銀三十二萬五千餘兩,動支各省關解到銀一十七萬餘兩,收回平餘銀二千六百餘兩。不敷之數,無可騰挪,先後共由軍需項下墊用銀一十四萬八千餘兩,委係撙節動支,核實開報,並無浮濫。相應繕呈清單,請旨飭將前項用過經費一併核銷,以清款項。其北路城署各工,容俟彙造齊全,另案具奏。至指撥各省關銀三十六萬六千餘兩,已報解一十七萬餘兩,尚欠解一十九萬兩。現在挪用軍餉,急須劃還清款。拜城、疏附、葉城、于闐四縣城,拜城、葉城兩縣署,尚待修建,應請旨飭下各省關,趕將下欠銀兩悉數提解,俾得清還墊款,一律蕆事,出自鴻施。除將圖説、册結咨部外,所有南路已修城署工程用過經費,並懇催解銀兩各緣由,謹會同陝甘總督臣譚鍾麟,恭摺具陳。伏乞皇太后、皇上聖鑒訓示施行。謹奏。光緒十四年十月二十三日◆3。

光緒十四年十一月二十五日,奉◆4 硃批:該部知道,單併發◆5。所有各省關欠解銀兩,即著分咨催解,以清款目。欽此。

【案】此摺原件①、録副②現藏於中國第一歷史檔案館,兹據校補。

1.【尚書銜甘肅新疆巡撫二等男臣劉錦棠跪】此前銜據原件補。

2.【土工】原件、録副均作“土功”。

3.【光緒十四年十月二十三日】此具奏日期,據原件補。

4.【光緒十四年十一月二十五日,奉】此奉旨日期,據録副補。

5.【案】劉錦棠隨摺呈報南路已修城垣、衙署等項收支經費清單:

謹將南路已修城垣九起、衙署十三起並佐雜衙署七起及倉廠監禁等項,收支經費銀兩數目,繕具簡明清單,恭呈御覽。計開

收款:一、收山西河東道協解銀一萬兩。一、收山西省協解銀一萬兩。一、收山東省協解銀一萬兩。一、收閩海關協解銀九千九百九十一兩九錢四分五釐。一、收江漢關協解銀一萬兩。一、收江海關協解銀一萬兩。一、收粵海關協解銀九千六百九十四兩八錢八分三釐。一、收浙江省追繳已故道員胡光墉銀一十萬四千六百八十二兩九錢二分。一、收扣回采買各款平餘銀二千六百四十八兩三分九釐。一、收軍需項下墊發不敷經費銀一十四萬八千五百一十兩八錢三分三釐。以上共收銀三十二萬五千五百二十八兩六錢二分。

支款:一、建修喀喇沙爾城工,共支經費銀二萬三千五百三十七兩五錢六分四釐。一、補修庫車城工,共支經費銀六千二百五十兩六錢一分一釐。一、建修阿克蘇城工,共支經費銀三萬二千八百二十三兩六錢五分九釐。一、補修烏什城工,共支經費銀二萬三千七百六十二兩七錢一分九釐。一、補修瑪喇巴什城工,共支經費銀一萬五千一百五十四兩八錢二分八釐。一、補修喀什噶爾城工,共支經費銀二萬二百一十兩六分七釐。一、補修英吉沙爾城工,共支經費銀二萬二千

────────────

① 中國第一歷史檔案館藏:《硃批奏摺》,檔號:04—01—35—0994—067。

② 中國第一歷史檔案館藏:《録副奏摺》,檔號:03—6621—058。

二百七十六兩七錢六分五釐。一、補修葉爾羌城工,共支經費銀二萬一千一百七十七兩二錢四分三釐。一、建修和闐城工,共支經費銀二萬四千六百五十兩八錢四釐。以上共支銀一十八萬九千八百四十四兩二錢六分。

一、建修阿克蘇兵備道署,共支經費銀一萬一千一百五十四兩三錢六分九釐。一、建修喀什噶爾兵備道衙署,共支經費銀一萬一千六百六十六兩四錢七分九釐。一、建修溫宿直隸州知州衙署,共支經費銀八千六百二十兩四錢三分六釐。一、建修疏勒直隸州知州衙署,共支經費銀九千八百二十兩五錢九分九釐。一、建修莎車直隸州知州衙署,共支經費銀七千六百六十九兩一錢一分二釐。一、建修和闐直隸州知州衙署,共支經費銀九千五百四十五兩五錢八分三釐。一、建修喀喇沙爾廳同知衙署,共支經費銀一萬一千一百四十五兩五錢六分九釐。一、建修庫車廳衙署,共支經費銀七千五百五十四兩五錢五分七釐。一、建修烏什廳同知衙署,共支經費銀九千一百四十二兩六錢四分七釐。一、建修英吉沙爾廳同知衙署,共支經費銀九千六百三十七兩一錢三分五釐。一、建修瑪喇巴什通判衙署,共支經費銀四千七十七兩八分七釐。一、建修疏附縣知縣衙署,共支經費銀八千五百四十兩三錢三分七釐。一、建修于闐縣知縣衙署,共支經費銀九千四十一兩三錢五分九釐。一、建修阿克蘇道庫大使衙署,共支經費銀一千六百三十一兩六錢一分六釐。一、建修喀什噶爾道庫大使衙署,共支經費銀二千二十七兩八錢五分三釐。一、建修溫宿州吏目衙署,共支經費銀四千二兩九錢九分二釐。一、建修疏勒州吏目衙署,共支經費銀二千二百三十一兩九錢六分九釐。一、建修莎車州吏目衙署,共支經費銀三千八十五兩七錢九分一釐。一、建修英吉沙爾同知照磨衙署,共支經費銀二千四百九十五兩二錢三分八釐。一、建修疏附縣典史衙署,共支經費銀二千二百九十三兩五錢三分二釐。以上共支銀一十三萬五千六百八十四兩三錢六分。

統計城工、衙署共支經費銀三十二萬五千五百二十八兩六錢二分,內由軍需項下墊用銀一十四萬八千五百一十兩八錢三分三兩,合併聲明。①

327. 請旌節婦王劉氏摺

光緒十四年十一月初六日

尚書銜甘肅新疆巡撫二等男臣劉錦棠跪◆¹奏，爲節婦年例相符，懇恩旌表，以維風化，恭摺仰祈聖鑒事。

竊臣據新疆布政使魏光燾詳：准鎮迪道兼按察使銜恩綸咨：據署迪化府知府陳名鈺詳：據署奇臺縣知縣劉澄清詳轉紳民馮積興等稟稱：節婦王劉氏係該縣民人劉生魁之女，王林之妻，附生王承鈞、王承銓之祖母。年十七于歸，至道光二十三年，王林病故，氏年二十九歲，慟不欲生。親族以姑老子幼勸勉，始節哀强起。維時遺孤子三，長者纔七齡，幼者猶在抱，家甚貧，姑又以病瞽。氏藉鍼黹之資以奉甘旨，朝夕扶持，未嘗稍懈。既而姑歿，葬祭皆如禮，撫諸孤成立。其孫承鈞等相繼入學，皆氏教也。現年七十四歲，計守節已四十五年。紳民等誼屬戚族，見聞較確，不忍聽其湮没，造具事實册結，聯名稟懇，由縣加結，依次轉詳前來。臣查定例，直省節孝婦女應旌表者，由該督撫、學政會同具題，並取具册結，送部核議題准後，令地方官給銀三十兩，聽本家建坊等因，歷經遵辦在案。兹節婦王劉氏年例均屬相符，合無仰懇天恩，敕部核議，照例旌表，以彰節孝而維風化。除將事實册結咨部外，謹會同陝甘總督臣譚鍾麟、甘肅學政臣秦澍春，恭摺具陳。伏祈皇太后、皇上聖鑒訓示。再，此案係改題爲奏，合併聲明。謹奏。光緒十四年十一月初六日◆²。

光緒十四年十二月十一日，奉◆³硃批：著照所請，禮部知道。

---

① 中國第一歷史檔案館藏：《清單》，檔號：03—6621—059。

欽此。

【案】此摺原件①、録副②現藏於中國第一歷史檔案館,兹據校補。

1.【尚書銜甘肅新疆巡撫二等男臣劉錦棠跪】此前銜據原件補。

2.【光緒十四年十一月初六日】此具奏日期,據原件補。

3.【光緒十四年十二月十一日,奉】此奉旨日期,據録副補。

【案】《清實録》:"旌表撫孤守節新疆奇臺縣民王林妻劉氏。"③

328. 覆陳光緒九十兩年報銷部議 刪除行查各款懇飭核銷摺

光緒十四年十一月十四日

尚書銜甘肅新疆巡撫二等男臣劉錦棠跪◆1奏,爲併案覆陳甘肅關外光緒九、十兩年報銷部議刪除行查各款,懇恩飭部核銷,恭摺仰祈聖鑒事。

竊准戶部咨:議奏甘肅關外九年分軍需善後收支報銷摺稿、清單,並准咨議十年分軍需善後收支報銷一摺、清單一紙。先後咨行到臣,當經轉行遵辦去後。兹據糧臺司道遵照部議,分年分款,詳細核明,繕具清單,詳請併案奏咨前來。臣查九年分報收支◆2軍營扣回七、八兩年采糧價銀,部議不准列收。查七、八兩年支發采買糧價及運脚銀兩,前於聲覆三次部駁案內請銷,業奉諭旨:著照所請。則九年分扣回糧價,自應列收。至九、十兩年支發各軍統領公費,照章核算,除准銷外,應刪之款,已遵照刪除,歸入十二年報銷內列收。精騎後營馬隊,查係十年十月十五日夜嘩

---

① 中國第一歷史檔案館藏:《硃批奏摺》,檔號:04—01—14—0084—110。

② 中國第一歷史檔案館藏:《録副奏摺》,檔號:03—5549—058。

③ 《清實録·德宗景皇帝實録(四)》,卷二百六十二,光緒十四年十二月,第523頁。

潰,計潰弁勇一百四十九名。九年以前存餉,業於十年分册内列收。自十年正月初一日起截至十月底止,應繳餉銀歸入十一年分册内報繳。其餘部議各款,均經逐一登覆,委係實用實銷,並無浮冒。謹分別繕呈清單,併案懇請飭銷,以清款目。除咨部查照外,謹會同陝甘總督臣譚鍾麟,恭摺覆奏。伏乞皇太后、皇上聖鑒訓示。謹奏。光緒十四年十一月十四日◆3。

光緒十四年十二月二十一日,奉◆4硃批:户部知道,單併發◆5。欽此。

【案】此摺原件①、録副②現藏於中國第一歷史檔案館,兹據校補。

1.【尚書銜甘肅新疆巡撫二等男臣劉錦棠跪】此前銜據原件補。

2.【報收支】原件、録副均作“報收”。

3.【光緒十四年十一月十四日】此具奏日期,據原件補。

4.【光緒十四年十二月二十一日,奉】此奉旨日期,據録副補。

5.【案】劉錦棠隨摺呈光緒九、十年分甘肅關外報銷軍需收支各款清單:

謹將光緒九、十兩年分甘肅關外報銷軍需善後收支各款,除准銷不計外,所有部議行查扣除各節,理合逐細登覆,繕具清單,恭呈御覽。計開

九年分舊管項下:一、部議九年分册内上案報銷,截至光緒八年十二月底止,實存銀數與上案相符。惟上案收款項下實應列收銀六百二十九萬三百六十兩八錢九分六釐零,以支銀六百二十四萬五千六百二十兩四錢六分二釐零列抵外,實祇該存銀四萬四千七百四十兩四錢三分三釐零等因。查七、八兩年不准收支之款,曾於第三次部駁案內逐一登復,應請列收列付。截至八年十二月底,仍照原案實存銀七萬八千二百八十九兩七分一毫三絲一忽六微,欽奉硃批:著照所

①　中國第一歷史檔案館藏:《硃批奏摺》,檔號:04—01—01—0965—081。
②　中國第一歷史檔案館藏:《録副奏摺》,檔號:03—6113—022。

請等因。欽此。欽遵在案。前項銀兩應請仍照原數列收。

新收項下：一、部議額糧折徵、畜稅、房租、地課、水磨、碓租、稅契、徵銅、鑄錢易銀、徵糧變價等項，應令列入常例奏銷。七、八兩年課金折銀，應俟報部再行核辦各等因，業經遵照造報。

一、部議變賣絲綢價銀二千三百二十九兩五錢六分，絲綢若干，每斤每匹各變價若干，均未分晰，應令查明報部等因。查新疆所產之絲，概係織綢變價，並未另行變賣。且絲性生硬，織成綢匹，耗失甚多。其綢料又遜於內地，按照市估售銷，計九年分變賣上等綢七十二匹，合價銀九百八十二兩八錢。中等綢八十八匹，合價銀七百五十二兩四錢。下等綢一百九十一匹，合價銀五百九十四兩三錢六分。以上綢匹合符前項變賣價銀，應請照數列收。

一、部議收各軍營領七、八兩年采買糧石扣回價銀十一萬三百六十三兩四錢三分。查采買數多，扣回數少，不准列收等因。查七、八兩年采糧價銀及運腳銀兩，曾於聲覆部駁三次案內請銷，奉旨著照所請，欽遵在案。前項扣回銀兩，仍請列收。

統計九年分冊內共列收銀二百八十九萬三千八百三十二兩六錢七釐。管收合計共銀二百九十七萬二千一百二十一兩六錢七分七釐，仍請按照原數列收。

開除項下：一、部議第一冊、二冊、四冊開發馬步各軍營旗薪糧、馬乾及開花炮隊、小馬隊員弁勇夫薪糧並車騾、料草，數目相符。惟弁勇花名未據開列，應令補送等因。查內地標兵均係土著，並無客勇，一經入伍，歷久充當。即按名造報，不至案牘紛更。惟新疆各營旗土著無多，專恃客勇以實營伍。該勇或久役假歸，或因事假遣，隨假隨補，無月不有，前季之冊，至次季又須更改。所有弁勇花名，請免造冊，以省繁牘。

一、部議第三冊開發統領公費銀三萬二十兩四錢八分四釐，准銷銀二萬六百四十二兩七錢八分八釐，刪除銀一萬一千三百五十七兩六錢九分六釐等因。遵照刪除，歸入十二年分冊內列收造報。

一、部議第三十六冊開發色勒庫爾、坎巨提頭目及阿奇木伯克例賞大緞、辦公鹽菜、犒賞、羊隻、布匹、茶葉等項銀二百二十五兩七錢五分，係照何例案折給，未據聲敘，應令查明，再行核辦等因。前項例賞大緞、辦公、鹽菜及犒賞、羊隻、布匹、茶葉等項，係照該處當日市價折給，應請核銷。

統計九年分冊內，共開除庫平銀二百五十九萬九千九十二兩六錢一分二釐，內除撥伊犁嵩武軍、烏魯木齊、哈密借支各款、自行列收報銷共銀十四萬七千二百三十八兩八錢五分三釐外，實請銷支發銀二百三十五萬一千八百五十三兩七錢五分九釐。又除兵部核銷銀四十四萬六千八百二十四兩四錢五釐、工部核銷銀三萬二千三百七十四兩五錢三釐外，應歸戶部核銷銀一百八十七萬二千六百五十五兩三錢一釐，內遵照刪除銀一萬一千三百五十七兩六錢九分六釐，歸入十二年分報銷案內，如數列收外，實應銷銀一百八十六萬一千二百九十七兩六錢五釐。

實在項下：一、截至光緒九年十二月底止，實存銀四十七萬三千二十九兩六分五釐。至刪除行查各項，已於各前款分別聲明。其欠發關外各軍營旗八年以前並九年分餉銀，共二百二十二萬六千八百八十八兩四錢三分六釐，應歸十年以後收到協餉，陸續補發。

十年分舊管項下：一、部議十年分冊開上案，截至九年十二月底止，實存銀四十七萬三千二十九兩六分五釐，款已於九年分舊管項下聲明，仍請照數列存。

新收項下：一、部議冊開收變賣絲綢價銀三千七百一十三兩九錢二分六釐，絲綢若干，每斤每匹變價若干，未據分晰，應令查明報部等因。絲斤一項，已於九年分款內聲明。查十年分織成綢匹，按照市估售銷，計上等綢七十八匹，合價銀九百九十八兩四錢。中等綢九十六匹，合價銀七百七十九兩五錢二分。下等綢三百一十四匹，合價銀九百三十六兩六釐。以上綢匹合符前項變賣價銀，應請照數列收。

一、部議冊開收精騎後營報繳潰勇存餉銀七千九百七十五兩七錢四分四釐。查精騎後營係行糧馬隊，究於何年月日嘩潰，共若干名，內先鋒、領旗、親兵、護勇、馬勇各若干名，某名應存某年餉銀各若干,均未據分晰聲叙,應令逐一查明報部等因。查精騎後營馬隊於光緒十年十月十五日夜嘩潰,弁勇一百四十九名,内哨長一名、先鋒一名、領旗十二名、親兵九命、護兵七名、馬勇一百一十九名。按名截存餉數,計共應存九年以前餉銀,合符前數。

統計十年分册内共收銀一百三十八萬七千八百一十七兩九錢五釐,管收合計共銀一百八十六萬八百四十七兩九錢七分,仍請照數列收。其七、八兩年及九年分删除之款,已於各前款分別登明。

開除項下:一、部議第一册、二册、四册開發馬步各軍營旗薪糧、馬幹及開花炮隊、小馬隊弁勇薪糧、車騾、草料等項數目,與案相符,應准核銷。惟精騎後營馬隊於十一月底改爲安遠中旗,至十二月止,連閏十三個月,共應支庫平銀三萬七千八百九十八兩九錢一分六釐,已支過銀一萬九千七百二十七兩六錢二分九釐,尚欠銀一萬八千一百七十一兩二錢八分七釐。應令查明於何年月日嘩潰,已支未支若干,實存未潰人數,截至十一月底改旗止,已支若干,欠發若干,分晰報部等因。查精騎後營於十年十月十五日夜嘩潰,計潰變勇一百四十九名,比將閤營餉項自正月初一日起截至十一月底止,改爲安遠中旗。其已潰變勇應繳餉銀八千一百九十二兩七分,歸入十一年銷册内報繳。其未潰弁勇一百名並添募成旗各新勇,均截至十二月底止,存餉銀九千九百七十九兩二錢一分七釐,歸入該旗清發,合符欠發該兩營旗存餉銀一萬八千一百七十一兩二錢八分七釐之數。至馬步各營旗弁勇花名清册,請免造送,已於九年分款内聲明。

一、部議第三册開發統領公費銀二萬六千一百四十五兩三錢六分三釐,准銷銀一萬六千九百七十五兩七錢九分九釐,删除銀九千一百六十九兩五錢六分四釐等因,應即遵照删除,歸入十二年册内列收造報。

一、部議第十五册開發各臺局轉運餉裝、員役、盤費、鹽菜、口糧銀一千六百三十八兩五錢七分一釐。查開支文武鹽菜並文職跟役鹽菜銀,又文武員弁並跟役口糧米,均與軍需則例相符。惟粳米每石照例折銀二兩六錢,粟米每石折銀一兩二錢,未據聲明係照何例章折價,應令查明報部等因。查粳米每石二兩六錢,粟米每石折銀一兩二錢,共口糧米折銀四百九十三兩,係照甘肅奏銷成案辦理,應請核銷。

　　一、部議第三十四册開發色勒庫爾、坎巨提頭目及阿奇木伯克例賞大緞、辦公、鹽菜、犒賞、羊隻、布匹、茶葉等項銀二百二十五兩七千五分。查呈繳課金,賞給大緞二匹,與光緒九年奏案相符。惟緞匹改折價銀及支給辦公、鹽菜、犒賞、羊隻、布匹、茶葉等項,係照何例章折給,上案業經行查,迄今仍未登覆,仍令一併查明報部等因。遵於九年分款内聲明,應請核銷。

　　統計十年分册内共開除庫平銀一百八十四萬三千五十七兩三錢四分七釐,内除撥發伊犁嵩武軍、烏魯木齊、哈密借支各項,自行列收報銷共銀一十一萬二千八百八十六兩七錢九分八釐外,實請銷支發銀一百七十三萬一百七十兩五錢四分九釐,内除兵部核銷銀三十五萬三千六百七十五兩九錢一分九釐,工部核銷銀六萬一千八百八十三兩五錢四分八釐,應歸户部核銷銀一百三十一萬四千六百一十一兩八分二釐,内遵照删除銀九千一百六十九兩五錢六分四釐,歸入下案列收。實准銷銀一百三十萬五千四百四十一兩五錢一分八釐。

　　實在項下:一、截至光緒十年十二月底止,存銀一萬七千七百九十兩六錢二分三釐。其删除行查各項,已於前款分別聲明。欠發關外各軍營旗九年以前並十年分餉銀二百七十五萬九千五百二十六兩四錢七分七釐,應歸入十一年以後收到協餉,陸續補發。至部議前次奏報截至光緒十年底止欠發銀二百八十五萬兩,與銷册二百七十五萬餘兩之數不符,應令查明聲覆款。查前次奏報欠發銀二百八十五萬餘兩,原係湘平銷册所載,二百七十五萬餘兩係以湘平折合庫平,是以不符。理合登明。①

329. 懇恩展假數月回籍省親摺

光緒十四年十一月二十二日

尚書銜甘肅新疆巡撫二等男臣劉錦棠跪◆1 奏,爲籲懇天恩

---

① 中國第一歷史檔案館藏:《清單》,檔號:03—6113—023。

展假數月,回籍省親,恭摺瀝陳,仰祈聖鑒事。

竊臣前以久病疊荷聖慈,優給假期,寵頒珍藥。現復蒙恩賞假六月,並賞給人參八兩,俾資調攝,臣自應恪遵批旨,加意醫調,以期上慰宸廑,亦何敢復有所請? 惟臣少遭家難,賴祖母陳氏辛勤鞠育,得以有成。其後從役四方,相依之日恒少。今又十八年未嘗歸省。上年臣弟自河南回籍省親,臣未得歸。臣祖母望之尤切,每遇鄉人來者,必對之泣曰:"安得吾孫使我一見也?"臣祖母素明大義,非年衰病迫,亦不至以念思之意形於語言。臣是以疊次陳情,冀蒙允許。近得臣子來信,臣祖母於七月初間傾仆不語,有類中風,數日醫治未瘥,家人皆輪流坐夜。此信係七月初十日發,今又數月未得來書,蓋路遠則聞信亦難。臣晝夜徬徨,罔知所措。伏念臣祖母年逾八十有四,臣受恩深重,即不敢援例自陳,而貪禄忘親,亦何以仰承孝治? 且臣祖母平生艱苦,所出祇臣父兄弟二人。臣父咸豐四年殁於岳州,臣叔原任廣東陸路提督劉松山,於同治九年殁於金積堡,皆效命疆場,義不旋踵。臣叔無後,以臣弟嗣之。其在諸孫,又祇臣兄弟二人而已,臣祖母之念臣最苦亦有由。然臣所以竊竊上陳者,亦以爲宜邀矜憫也。臣誠知甫經賞假,不應遽有所陳,然臣祖母老病侵尋,危在旦夕,若不及今陳請,誠恐永無見期。再四思維,惟有仰懇天恩,展假數月,俾臣得回籍一伸省視。現在邊陲無事,藩司魏光燾於應辦一切均能措理裕如。臣到家後,一俟假滿,即當星夜馳回本任,於邊防亦不廢事。如蒙恩允准,可否即以藩司魏光燾署理巡撫事務,俾臣迅速啓程,臣不勝迫切屏營待命之至。謹恭摺瀝陳。伏乞皇太后、皇上聖鑒訓示施行。謹奏。光緒十四年十一月二十二日◆2。

光緒十四年十二月二十八日,奉◆3硃批:另有旨。欽此。

光緒十四年十二月二十八日內閣奉上諭:劉錦棠奏懇恩展假回籍省視祖母一摺。覽奏,情詞懇切,自應勉如所請。劉錦棠著再賞假六個月，准其回籍省視，假滿即行回任，以資倚畀。甘肅新疆巡撫，著魏光燾暫行護理。欽此◆4。

【案】此摺原件①、錄副②現藏於中國第一歷史檔案館，茲據校補。

1.【尚書銜甘肅新疆巡撫二等男臣劉錦棠跪】此前銜據原件補。

2.【光緒十四年十一月二十二日】此具奏日期，據原件補。

3.【光緒十四年十二月二十八日，奉】此奉旨日期，據錄副補。

4.【案】此"上諭"據《光緒朝上諭檔》③及《清實錄》④校。

330. 請簡放新疆提督總兵各員缺摺

光緒十四年十一月二十八日

尚書銜甘肅新疆巡撫二等男臣劉錦棠跪◆1奏，爲新疆改定喀什噶爾提督、阿克蘇鎮總兵各員缺，請旨簡放，以重職守，恭摺仰祈聖鑒事。

竊臣前於光緒十年奏請以烏魯木齊提督移駐喀什噶爾，移喀什噶爾換防總兵於阿克蘇。又於十一年會同督臣譚鍾麟奏請，以頭品頂戴題奏提督甘肅西寧鎮總兵騎都尉世職伯奇巴圖魯譚上連署理烏魯木齊提督。至十二年，復會同具奏，請令譚上連移赴喀什噶爾，並聲明阿克蘇鎮總兵一缺，請照巴里坤鎮及綏定鎮之例，作爲掛印總兵，仍附奏請以頭品頂戴題奏提督雲騎尉世職阿爾杭阿巴圖魯董福祥署理，均經先後奉旨允准欽遵在案。該員等久經戰陣，洞悉邊情，自蒙恩委以來◆2，均能措理裕如，毫無遺誤。惟邊缺緊要，未便久懸，所有喀什噶爾提督、阿克蘇鎮總兵各員

① 中國第一歷史檔案館藏：《硃批奏摺》，檔號：04—01—12—0544—128。

② 中國第一歷史檔案館藏：《錄副奏摺》，檔號：03—5242—147。

③ 中國第一歷史檔案館編：《光緒朝上諭檔》，第十四冊，第519頁。

④ 《清實錄·德宗景皇帝實錄（四）》，卷二百六十三，光緒十四年十二月下，第535頁。

缺,相應請旨迅賜簡放,以重職守。除咨部查照外,謹會同陝甘總督臣譚鍾麟,恭摺具陳。伏乞皇太后、皇上聖鑒訓示施行。謹奏。光緒十四年十一月二十八日◆3。

　光緒十五年正月初五日,奉◆4硃批:另有旨。欽此。

【案】此摺原件①、録副②現藏於中國第一歷史檔案館,兹據校補。

1.【尚書銜甘肅新疆巡撫二等男臣劉錦棠跪】此前銜據原件補。

2.【自蒙恩委以來】原件、録副均作"自蒙恩委用以來",是。

3.【光緒十四年十一月二十八日】此具奏日期,據原件補。

4.【光緒十五年正月初五日,奉】此奉旨日期,據録副補。

【案】劉錦棠該摺,於光緒十五年正月得清廷允行。《清實録》:"以甘肅西寧鎮總兵譚上連爲喀什噶爾提督,記名提督董福祥爲阿克蘇鎮總兵官。"③

331. 陳喀什噶爾提督阿克蘇總兵
可否以譚上連董福祥補授片

光緒十四年十一月二十八日

再,新疆初定標營規制,尚無土著可募爲兵,前經臣奏准,暫以勇丁填補。現在填補喀什噶爾提標者,即譚上連所部湘楚各軍。填補阿克蘇鎮標者,即董福祥所部董定各軍。是皆調習有年,似未便遽更生手。伏查提鎮大員補授實缺,非臣下所敢擅請。惟邊防緊要,務在人地相宜,臣不敢不據實陳明,伏候聖明采擇。謹會同陝甘總督臣譚鍾麟,附片具奏。伏乞聖鑒訓示。謹奏。

---

① 中國第一歷史檔案館藏:《硃批奏摺》,檔號:04—01—16—0226—065。

② 中國第一歷史檔案館藏:《録副奏摺》,檔號:03—5860—001。

③ 《清實録·德宗景皇帝實録(四)》,卷二百六十四,光緒十五年正月上,第539頁。

光緒十五年正月初五日,奉◆¹硃批:另有旨。欽此。

光緒十五年正月初七日内閣奉上諭:喀什噶爾提督,著譚上連補授。阿克蘇鎮總兵,著董福祥補授。欽此。

【案】此奏片缺原件,録副①現藏於中國第一歷史檔案館,兹據校補。

1.【光緒十五年正月初五日,奉】此奉旨日期,據《軍機處隨手登記檔》②校補。

【案】光緒十六年三月十七日,巡撫魏光燾奏報喀什噶爾提督譚上連因病出缺,並請旨簡放:

> 頭品頂戴巡撫新疆布政使臣魏光燾跪奏,爲喀什噶爾提督因病出缺,請旨迅賜簡放,以重地方,恭摺仰祈聖鑒事。竊臣前准喀什噶爾提督臣譚上連咨稱:邇來舊傷時發,痰血交吐,設法醫調,益形委頓,請據情代奏開缺回籍等因。臣以喀什噶爾地方緊要,標營甫立,防範未可稍鬆,當經咨覆在任調養,藉資鎮守。兹據署喀什噶爾提標中營參將萬勝常、疏勒直隸州知州蔣誥稟報:該提督於光緒十六年三月初三日丑時病故等情前來。臣查譚上連忠勇性成,勛勞卓著,兹以舊傷觸發,在任病故,殊堪憫惜。除飭將該提督身後一切妥爲料理,並查明生平戰績事實另案具奏請恤外,所有喀什噶爾提督員缺,相應請旨迅賜簡放,以重職守。謹會同陝甘總督臣楊昌濬,恭摺由驛馳奏。伏乞皇上聖鑒訓示。謹奏。光緒十六年三月十七日。
>
> 光緒十六年四月二十日,奉硃批:另有旨。欽此。③

同日,巡撫魏光燾又附片奏請遴員署理提督員缺:

> 再,喀什噶爾提督員缺極關緊要,亟應遴員署理,以重地方。查有頭品頂戴甘肅新疆儘先補用提督阿克蘇鎮總兵雲騎尉世職阿爾杭阿巴圖魯董福祥,忠誠果致,器識閎深。前次克復新疆各城,戰功卓

---

① 中國第一歷史檔案館藏:《録副奏片》,檔號:03—5755—034。
② 中國第一歷史檔案館藏:《軍機處隨手登記檔》,檔號:03—0258—1—1215—004。
③ 臺北故宮博物院藏:《軍機及宮中檔》,文獻編號:408006686;中國第一歷史檔案館藏:《録副奏摺》,檔號:03—5869—034。

著。嗣統軍駐防喀什噶爾,威望素孚,兵民翕服,迄署阿克蘇鎮總兵,旋補實缺,設立標營,尤能悉心規畫,措置咸宜,堪以署理提督篆務。其所遺總兵篆務,查有頭品頂戴甘肅新疆儘先補用提督請補喀什噶爾回城協營副將現署該營副將二等輕車都尉伯奇巴圖魯黃萬鵬,馭軍整暇,韜略優嫻,久歷邊疆,情形洞悉,堪以署理。除分別咨行外,謹會同陝甘總督臣楊昌濬,附片具奏。伏乞聖鑒。謹奏。

　　光緒十六年四月二十日,奉硃批:兵部知道。欽此。①

　光緒十六年四月十三日,陝甘總督楊昌濬具摺奏報喀什噶爾提督譚上連因病出缺,請旨簡放:

　　　太子少保頭品頂戴陝甘總督臣楊昌濬跪奏,爲提督大員因病出缺,請旨迅賜簡放,以重邊疆,恭摺仰祈聖鑒事。竊臣接據新疆疏勒直隸州知州蔣誥申稱:喀什噶爾提督譚上連久在軍營,積勞致疾,延醫調治罔效,於光緒十六年三月初三日在喀什噶爾提督任所病故等情。臣查該提督譚上連,忠勇性成,戰功卓著,所向克捷,馭兵有方。現當新疆勘定未久,該提督莅任後,整頓營務及辦理中外交涉事件,胥臻妥協,實提督中不可多得之員。茲以積勞病故,殊堪憫惜。除譚上連生平戰績事實應由撫臣魏光燾另行具奏請恤,並就近委員接署外,其所遺喀什噶爾提督員缺,應請旨迅賜簡放,以重職守。所有提督大員因病出缺緣由,謹會同撫臣魏光燾,合詞恭摺具奏。伏乞皇上聖鑒訓示。謹奏。光緒十六年四月十三日。

　　光緒十六年四月二十五日,奉硃批:已簡放董福祥矣。欽此。②

　魏光燾、楊昌濬之奏於十年四月二十日得批復,《上諭檔》:"光緒十六年四月二十日內閣奉上諭:喀什噶爾提督,著董福祥補授。黃萬鵬著補授阿克蘇鎮總兵。欽此。"③光緒十六年七月十八日,新授喀什噶爾提督董福

---

　　①　臺北故宮博物院藏:《軍機及宮中檔》,文獻編號:408006686—2;中國第一歷史檔案館藏:《軍機處隨手登記檔》,檔號:03—0264—2—1216—135。

　　②　中國第一歷史檔案館藏:《硃批奏摺》,檔號:04—01—17—0143—050;《錄副奏摺》,檔號:03—5869—048。

　　③　中國第一歷史檔案館編:《光緒朝上諭檔》,第十六冊,第131頁;《清實錄·德宗景皇帝實錄(四)》,卷二百八十四,光緒十六年四月,第786頁。

祥具摺謝恩：

　　頭品頂戴新授甘肅新疆喀什噶爾提督奴才董福祥跪奏，爲恭謝天恩，仰祈聖鑒事。竊奴才於光緒十六年七月十六日准護理甘肅新疆巡撫臣魏光燾〔咨：〕准兵部咨：四月二十二日奉上諭：喀什噶爾提督，著董福祥補授等因。欽此。恭録知照前來。當即恭設香案，望闕叩頭謝恩。伏念奴才謬以泥質，疊沐隆施，忝綰鎮符，愧乏涓埃之報；暫權提篆，方深隕越之虞。兹復仰荷殊恩，簡授斯職。自天聞命，緬高厚以難酬；伏地滋慚，益冰淵之是懷。奴才惟有倍加惕勵，力戒因循，竭盡恫誠，恪供職守，以期仰答鴻慈於萬一。所有感激下忱，謹繕摺叩謝天恩。伏乞皇上聖鑒。謹奏。七月十八日。

　　光緒十六年九月初四日，奉硃批：知道了。欽此。①

光緒十六年五月二十八日，董福祥具摺奏報到任接署喀什噶爾提督印務日期：

　　頭品頂戴署甘肅新疆喀什噶爾提督阿克蘇鎮總兵奴才董福祥跪奏，爲恭報奴才接署喀什噶爾提督印務日期，叩謝天恩，仰祈聖鑒事。竊奴才於光緒十六年三月二十四日准護理巡撫臣魏光燾咨：喀什噶爾提督譚上連因病出缺，所遺篆務奏委奴才署理，並以喀什噶爾地方緊要，應行速赴署任等因。奴才遵於五月初十日將阿克蘇鎮總兵印信、文卷，移交鎮標中軍游擊田九福暫行兼護，克期起程，於五月二十七日馳抵喀什噶爾。據署提標中軍參將萬勝常將喀什噶爾提督銀印一顆並文卷等件賫送前來。當即恭設香案，望闕叩頭謝恩，祇領任事。伏念奴才隴西末弁，智識庸愚，謬綰鎮符，慚無報稱。兹復暫署提篆，兢惕益深。蓋轄境遠處要邊，兵制初經創設，舉凡整頓營伍，彈壓地方，巡防卡倫，鎮撫外部，在在均關緊要。自維疇昧，深懼弗勝。惟有勉竭愚誠，認真體察，一切應辦事件，隨時與督撫臣熟商籌辦，不敢以暫時署篆，稍涉因循，以期仰答高厚鴻慈於萬一。所有奴才接署喀什噶爾提督印務日期並感激下忱，謹繕摺叩謝天恩。伏乞皇上聖

---

①　中國第一歷史檔案館藏：《録副奏摺》，檔號：03—5872—004。

鑒。謹奏。五月二十八日。

光緒十六年八月初二日,奉硃批:知道了。欽此。①

光緒十六年七月初二日,巡撫魏光燾奏爲臚陳已故實任提督譚上連戰績事,籲懇天恩從優賜恤:

頭品頂戴巡撫新疆布政使臣魏光燾跪奏,爲臚陳已故實任提督戰績事實,籲懇天恩從優賜恤,恭摺仰祈聖鑒事。竊查頭品頂戴甘肅新疆喀什噶爾提督騎都尉世職伯奇巴圖魯譚上連,於本年三月因病出缺,業經臣暨陝甘總督臣楊昌濬先後奏報,並聲明查取戰績事實、另奏請恤在案。茲據署提標中軍參將萬勝常、疏勒直隸州知州蔣誥造賚履歷清册,詳請具奏前來。

臣查該故提督譚上連,籍隸湖南衡陽縣,自髮逆倡亂,慨然有殺敵致果之志。咸豐八年,仗劍投湘軍,隨解寶慶府重圍,轉戰湖北、安徽、江南等省,迭克名城,以驍勇聞,累保花翎副將。同治六年,隨前廣東陸路提督劉松山援陝,剿辦回、捻各匪於乾、同、綏德等州,並追剿山東、直隸、山西、河南捻匪,所向克捷,每酣戰輒入賊陣,奪茅奮殺。劉松山壯之,委帶壽字後營馬隊,洊保總兵,以提督記名。捻平,轉剿甘肅逆回。八年,靈州失守,官軍進逼郭家橋,賊勢甚張。該故提督率隊由右路進,奮威衝擊,諸軍繼之,槍炮聲震山谷,賊敗遁,平卡壘二十餘座。既詗知賊擬襲舊堡,斷我後路,官軍逆擊之,殺斃無算。正追躡間,吳忠堡逆回張馬隊作兩翼,傾巢來撲。該故提督策馬徑進敗之。節次復靈州,剷金積堡,並會克肅州,該故提督血戰之功爲多。旋委統領楚軍副、中馬步等營,兼帶老湘十旗馬隊,駐扎肅州。光緒二年,奉旨補授陝西漢中鎮總兵。今撫臣劉錦棠正出關剿賊,飭該故提督提兵先進抵巴里坤,諜報賊騎由南山西竄,截我餉道,分兵扼之。自率兩營,進屯古城,以待大軍。當是時,逆回踞烏魯木齊,倚南路安集延爲聲援,尤恃古牧地爲屏蔽,安逆亦遣黨助戰。該故提督以不得此山則城不可下,分隊繞賊後,自領親兵,冒槍炮,一鼓而登,

---

① 中國第一歷史檔案館藏:《錄副奏摺》,檔號:03—5871—003。

踏平山壘,遂破南關,合諸軍拔其城。悍黨兇渠,殲除净盡,乘勝直搗烏魯木齊,克之。敗賊竄達阪城,與安集延合。劉錦棠督師進剿,該故提督駐兵城後山阿。賊憑城擎槍指擊,屹不爲動。城高且堅,乃於城東築炮臺,連環施放飛子,焚賊火藥,煙焰障天。賊大亂,開門狂竄。進據之。劉錦棠以達阪既下,逆賊膽落,議攻托克遜,開南路門户。時賊正焚攻莊堡,火光四起。我軍由小草湖進,賊從旁莊抄出,圍馬隊數匝。該故提督率勁卒,橫貫其陣,圍始解,會大軍至,齊薄城下。賊驚潰,立復其城。該故提督自投營至此,大小已數百戰,槍子穿肋嵌膝,幾無完骨,刀槍痕尤重疊不可辨。傷發,請假赴湖北就醫。五年,復調出關,歷統馬步等軍,講求軍政,常若敵至,擇要隘撥隊填扎。所在盜賊屏迹,屹然爲邊陲保障。九年,調補甘肅西寧鎮總兵,以防務吃緊,奏署烏魯木齊提督,旋移駐喀什噶爾。十五年,奉旨補授斯缺。臣伏查該故提督,忠誠幹練,曉暢戎機,每戰身先士卒,摧鋒陷陣,踔厲無前,顧善持重,猝遇巨寇,好整以暇。故在軍數十年來,未嘗挫衄。其在喀什噶爾提督任内,選材練兵,彈壓諸部,尤能恩威並用,中外翕然。上年舊創復發,猶强起巡閲各營旗,以固邊防,其不敢安逸如此,洵屬提鎮中最爲出力之員。嗣疾日增劇,吐血輒至數升,有骨時從血中咯出,皆向被炮衝碎入肺者。各將弁就榻問視,深以國恩未報、母年八十、遠在衡湘、不得一訣爲憾。死之日,案無積牘,篋鮮藏金,尤有足多者,宿將彫零,實堪憫念。合無籲懇天恩俯准,將已故喀什噶爾提督譚上連照軍營立功病故例,敕部從優議恤,生平戰績事實宣付史館,並附祀陝西、甘肅、新疆等省前大學士左宗棠專祠,以彰忠藎,出自鴻施。除將履歷咨部外,謹會同陝甘總督臣楊昌濬,恭摺具奏。伏乞皇上聖鑒訓示。謹奏。光緒十六年七月初二日。

　　光緒十六年八月初八日,奉硃批:另有旨。欽此。①

---

　　①　臺北故宫博物院藏:《軍機及宫中檔》,文獻編號:408006707;中國第一歷史檔案館藏:《録副奏摺》,檔號:03—5871—011。此摺於十六年八月初八日得允行,《清實録》:"以戰功卓著,予故甘肅新疆喀什噶爾提督譚上連照軍營立功後積勞病故例賜恤,戰績宣付史館立傳,並附祀陝西甘肅新疆左宗棠專祠。從巡撫魏光燾請也。"(《清實録·德宗景皇帝實録(四)》,卷二百八十八,光緒十六年八月,第834頁)

332. 遵旨清結中俄積案並陳交涉情形摺

光緒十四年十一月二十九日

尚書銜甘肅新疆巡撫二等男臣劉錦棠跪◆1 奏，爲請旨清結中俄歷年積案，並具陳交涉情形，恭摺仰祈聖鑒事。

竊臣於光緒十四年八月初九日承准總理各國事務衙門咨：奏新疆與俄境歷年積案應迅爲清理一摺，奉硃批：依議。欽此。欽遵鈔録奏稿，並譯録俄外部來文節略與歷年未結各案鈔單，咨行到臣。當查内有伊犂、塔爾巴哈臺事件，係在未設伊塔道以前，臣處無案可稽，業經分別咨由將軍臣色楞額署參贊臣額爾慶額飭屬清結，徑咨呈總理衙門查照。其餘新疆未結各案，由臣分飭各地方官遵辦去後。兹據各屬先後具覆前來。臣查俄文内稱鎮迪虐待俄人，兵勇强劫等語，鎮迪各屬並無其事，惟南路入籍安回貿易各城◆2，娶妻置産，一經犯事，地方官不得不按法訊究，以示懲儆，而領事輒認爲俄民被官凌虐。又喀什噶爾兵丁赴市買馬，與俄商口角，領事遂指爲兵勇搶劫。種種不實情形，前已縷晰咨呈總理衙門各在案。至囚禁商人一節，大約指哈密監禁米爾開里木及其子米爾烏巴二犯。查該犯係在喀什噶爾生長，居住有年，安逆帕夏牙胡普擾亂南疆，該犯相從爲逆，充當首領，殘殺多人，纏民飲恨極深。官兵恢復各城，該犯逃匿。光緒十年，經布魯特拿獲，解送前幫辦軍務臣張曜，轉解前來。當飭哈密廳監禁訊辦，並咨呈總理衙門在案。上年俄國使臣庫滿堅請開釋，疊經據理照覆，彼亦無詞。或因計不得逞，遂向俄外部捏詞聳聽，殆未可知。又稱中國違約取稅◆3。查上年俄使由總理衙門鈔送綏來縣等處稅票七張，核計稅銀僅一百八十餘兩，票内並未注有俄商字樣，且無中俄執照。臣查俄商每年出入貨物,約值◆4二百餘萬兩,如果違約徵收,則所收之稅不應祇此百數十兩。果係俄商,何以無中俄執照?顯有包庇影射情弊。即如此次來文,欲於新疆各城販賣土貨,其故違約章,尤可概見。臣維新疆袤延萬里,緊與俄鄰,交涉事繁,動形輆輵,應請旨飭下總理各國事務衙門,照會該國公使轉飭各領事,嗣後務須遵照約章辦理。臣亦當督飭各屬,遇事持平,不敢以委靡誤公,亦不敢以矯激生事。除將清理各案彙單咨呈總理各國事務衙門外,理合恭摺覆陳。伏乞皇太后、皇上聖鑒訓示。謹奏。光緒十四年十一月二十九日◆5。

　　光緒十五年正月初七日,奉◆6硃批:該衙門知道。欽此。

【案】此摺缺原件,録副現載於《清季外交史料》①,兹據校補。

1.【尚書銜甘肅新疆巡撫二等男臣劉錦棠跪】此前銜據《軍機處隨手登記檔》推補。

2.【各城】《清季外交史料》作"各埠"。

3.【取税】《清季外交史料》作"徵税"。

4.【約值】《清季外交史料》作"約計"。

5.【光緒十四年十一月二十九日】此具奏日期,據刻本補。

6.【光緒十五年正月初七日】此奉旨日期,據《軍機處隨手登記檔》②校補。

333.光緒十一年分防軍善後收支懇飭核銷摺

光緒十四年十二月初三日

尚書銜甘肅新疆巡撫二等男臣劉錦棠跪◆1奏,爲造報甘肅

---

①　王彦威纂輯、王亮編、王敬立校:《清季外交史料》,第1414—1415頁,書目文獻出版社,1987。

②　中國第一歷史檔案館藏:《軍機處隨手登記檔》,檔號:03—0258—1—1215—006。

新疆光緒十一年分防軍善後收支各款,分繕細數清册,籲懇天恩
飭部核銷,恭摺仰祈聖鑒事。

　　竊照甘肅新疆防軍善後用款,光緒十年以前業經按年造銷。
至十一年分甘肅關內外餉項,係統籌全局案內經部臣於光緒十年
奏准,指撥各省的款銀四百八十萬兩,統名曰甘肅新餉,新疆應分
二百二十萬兩,由甘藩庫統收,扣除四分減平分支在案。茲據糧
臺司道詳稱:光緒十一年分新疆收支各款舊管存報銷案內銀一萬
七千七百九十兩六錢二分三釐,按一零三三申合湘平銀一萬八千
三百七十七兩七錢一分三釐。上案截至十年十二月底止,欠發關
外各軍營旗九年以前並十年餉銀二百七十五萬九千五百二十六
兩四錢七分七釐,仍按一零三三申合湘平銀二百八十五萬五百九
十兩八錢五分。新收甘藩庫分解新餉暨甘肅總糧臺分解十年分
餉銀,閩海關補解舊餉,遵照刪除七、八兩年分報銷案內統領公費
及各軍營旗報繳截曠糧價、精騎後營報繳潰勇餉銀、采買製辦運
腳扣回平餘等項,通計十一年分共收銀二百一十四萬六千一百九
十四兩一錢九分九毫。此新疆收款之總數也。

　　開除十一年分關餉、統費、夫價、倒馬價值共銀一百三十二萬
八千六百五十餘兩,隨營及臺局薪糧、口食、運腳、采買、製辦各項
雜款共銀二十六萬九千一百七十餘兩,塘臺、驛站、義學、保甲、蠶
桑、牛痘等項共銀一十一萬九千九百八十餘兩,撥給嵩武軍、烏魯
木齊都統、塔爾巴哈臺參贊及新疆藩庫共銀二十五萬六千四百三
十一兩五錢五分八釐。通計十一年分共開除銀一百九十七萬四
千二百五十兩九錢三釐。此新疆支銷撥發之總數也。實在存銀
一十九萬三百二十一兩九毫,欠發各軍營旗九年以前並十年餉銀
二百八十五萬五百九十兩八錢五分,又欠發各軍營旗哨十一年分
新餉銀二十二萬一千三百八兩二錢一分。此項欠款應俟江西省
補解十一年欠餉,再行清給。計截至十一年底止,共欠發新舊餉

銀三百七萬一千八百九十九兩六分。此新疆防軍、善後實存並欠發之實數也。造具支用各款總散細數清册,詳請奏銷前來。

臣查該司道等所開新疆防軍、善後收支細數,皆係實用實銷,並無浮冒,理合繕具簡明清單,恭呈御覽。仰懇天恩飭部核銷,以清款目。除將清册分送各部查核外,謹會同陝甘總督臣譚鍾麟,恭摺具奏。伏乞皇太后、皇上聖鑒訓示。再,關外十二、十三等年防軍、善後銷案,已飭司道等依次趕辦,應俟造報到日,再行分案辦理,合併聲明。謹奏。光緒十四年十二月初三日◆2。

光緒十五年正月初九日,奉◆3 硃批:該部議奏。單併發◆4。欽此。

【案】此摺原件①、録副②現藏於中國第一歷史檔案館,茲據校補。

1.【尚書銜甘肅新疆巡撫二等男臣劉錦棠跪】此前銜據原件補。

2.【光緒十四年十二月初三日】此具奏日期,據原件補。

3.【光緒十五年正月初九日,奉】此奉旨日期,據録副補。

4.【案】劉錦棠呈報十一年分甘肅關外防軍收支各款數目清單:

謹將光緒十一年分甘肅關外防軍善後收支各款數目繕具清單,恭呈御覽。

計開

舊管:一、上案關外防軍善後報銷案內,截至光緒十年十二月底止,實存銀一萬七千七百九十兩六錢二分三釐,按一零三三申合湘平銀一萬八千三百七十七兩七錢一分三釐。一、截至光緒十年十二月底止,欠發關外各軍營旗九年以前並十年分餉銀二百七十五萬九千五百二十六兩四錢七分七釐,仍按一零三三申合湘平銀二百八十五萬五百九十兩八錢五分。

---

① 中國第一歷史檔案館藏:《硃批奏摺》,檔號:04—01—01—0965—069。

② 中國第一歷史檔案館藏:《録副奏摺》,檔號:03—6114—003。

　　新收：一、收協餉案內甘肅藩庫分撥新餉銀一百九十六萬九千二百一十五兩三錢四分八釐五毫。一、收甘肅總糧臺分解十年分餉銀六萬四千九百三十六兩七錢三分。一、收閩海關補解舊餉銀二萬八百三十三兩三錢三分三釐四毫。一、收七、八兩年報銷案內遵照刪除統費、公費銀一萬八千八百一十四兩一錢一分二釐。一、收十年分徵糧報銷案內撥發各軍營旗糧料、已歸十一年分應領月餉內扣繳糧料價值銀四萬五千九百六十五兩六錢二分九釐。一、收各軍營旗報繳截曠銀一萬六千三百二十七兩八錢四分三釐。一、收精騎後營馬隊潰勇繳十年分餉銀八千四百六十二兩四錢八釐。一、收各臺局支發運腳、采買、製辦等項扣回平餘銀一千六百三十八兩七錢八分七釐。

　　開除：一、除發馬步各軍營旗哨十一年分餉銀一百二十八萬九千六百四十兩四錢三分八釐。一、除發開花炮隊十一年分餉銀二萬一千九百七十兩五錢六分。一、除發各軍十一年分統領公費、夫價銀七千六百五十五兩七錢三分。一、除發馬隊各營旗十一年分倒馬價值銀九千三百九十兩五錢一分一釐。一、除發營務、文案、支應、隨營及各臺局十一年分薪水銀三萬二千五十二兩。一、除發各臺局經貼各書、字識十一年分口糧銀三千七百九十五兩二錢一釐。一、除發各臺局十一年分紙張筆墨油燭銀九百四十兩。一、除發各臺局護勇、長夫、通事十一年分口糧銀六千五十五兩三錢六分。一、除發采運各局倉夫、斗級十一年分工食銀五百八十七兩五錢二分。一、除發采買糧料、柴草津貼價值銀一萬五百九十九兩九錢四分一釐。一、除發新疆塘臺、驛站經費，自十一年正月初一日起至七月底止，共銀六萬三千九百五兩八錢六分七釐。一、除發各臺局押運餉裝、軍火等項員役、護勇盤費、鹽菜、口糧銀一千五百一十三兩四錢四分七釐。一、除發官車、騾馬、馱駝、委員薪水、護運長夫、牽夫工食並騾馬、料草、折價、灌藥、飲水、歇店、燈油、油鹽、添製什物等項銀五萬九千一百五十三兩七錢二分八釐。一、除發軍裝製辦局招募浙、粵並關內本地各匠工食銀六千二百四十六兩五錢一分八釐。一、除發各臺局醫生十一年分工食銀四百兩。一、除發轉運軍裝、軍火等項水路運價銀四百五十二兩七錢三分六釐。一、除發轉運餉裝、軍火等項脚價除官車騾馬、馱駝不再支銷外,共支陸路運脚銀一十一萬四千七百三十二兩二錢七分八釐。一、除發病故員弁靈柩回籍車脚銀一千五百七十四兩八錢五分一釐。一、除發采製軍裝、軍火、騾馬、什物並修整軍裝、器械、車騾、什物等項價值銀三萬一千七十三兩八錢一分六釐。一、除發各處保甲局十一年分經費銀一萬六千七百七兩二分三釐。一、除發各處蠶桑局十一年分經費銀五千二百四十二兩八錢六分八釐。一、除發義學塾師十一年分薪水暨購辦紙張筆墨硯銀二萬七千五百八十六兩五錢七分九釐。一、除發牛痘局醫生、跟役、通事、伙夫十一年分工食、口食暨藥資銀六千五百四十二兩三錢七分三釐。以上二十三款,共支銀一百七十一萬七千八百一十九兩三錢四分五釐。一、除撥發嵩武軍、烏魯木齊都統、塔爾巴哈臺參贊、新疆藩司借支餉項並糧料合價,共銀二十五萬六千四百三十一兩五錢五分八釐。前項應由嵩武軍、烏魯木齊都統、塔爾巴哈臺參贊、新疆藩司等處各自列收報銷。理合登明。

通共支銷撥發共銀一百九十七萬四千二百五十兩九錢三釐,內除撥發嵩武軍、烏魯木齊都統、塔爾巴哈臺參贊、新疆藩司借支餉項及糧料合價銀二十五萬六千四百三十一兩五錢五分八釐外,應由兵部核銷步隊各營旗子藥夫口糧,馬隊倒馬價值,塘臺驛站經費,轉運餉裝、軍火、糧料,護送病故員弁靈柩回籍官車騾駝駝經費,解運餉裝盤費、鹽菜、口糧等項銀二十六萬八千五百八十六兩六分九釐;應由工部核銷製辦軍裝、軍火、騾馬、什物、義學、書籍等件,修整車騾、軍裝、器械、物料等項銀三萬五千三百四兩一錢一分九釐;應由戶部核銷各軍營旗暨隨營各臺局薪水、口糧、統費、夫價,采買糧料、柴草、緊貼價值、筆墨、油燭、紙張,義學、保甲、蠶桑、牛痘醫生、洋炮、鐵木各匠薪水、薪糧、工食、口食,押運餉裝、騎騾、脚價等項銀一百四十一萬三千九百二十九兩一錢五分七釐。

實在:一、存銀一十九萬三百二十一兩九毫。一、欠各軍營旗哨十年以前並十一年分新餉,共銀三百七萬一千八百九十九兩六分。

前件查截至十年底止,欠發各軍營哨九年以前並十年分餉銀二百七十五萬九千五百二十六兩四錢七分七釐,仍按一零三三申合湘平銀二百八十五萬五百九十兩八錢五分。又十一年分馬步各軍營旗哨、開花炮隊共計應支薪糧、馬乾等項銀一百五十三萬二千九百一十九兩二錢八釐。開除項下支發餉銀一百三十一萬一千六百一十兩九錢九分八釐外,尚欠十一年分新餉銀二十二萬一千三百八兩二錢一分。共計欠發餉銀合符前數,應歸十二年以後陸續補發。理合登明。①

334. 光緒十二年分司庫收支懇飭核銷摺

光緒十四年十二月初三日

尚書銜甘肅新疆巡撫二等男臣劉錦棠跪◆¹奏,爲造報甘肅新疆光緒十二年分司庫收支銀糧、草束,分繕總散清册,懇恩飭部核銷,恭摺仰祈聖鑒事。

竊照新疆光緒十一年分司庫收支各屬正雜銀糧、草束,業經奏請核銷在案。茲據藩司魏光燾詳稱:光緒十二年分各屬徵收本折糧草、地課、雜稅等項,支發文武廉費、俸工、驛站、夫馬、工料各款,仍分司庫、道庫實收實支數目,分別造册,彙總請銷。至十一、十二兩年分各軍營旗以及善後各項、臺驛各站支領糧料應扣價銀,已經糧臺扣收解司。各屬徵收稅課銀兩,其有善後項下動用者,亦經糧臺解還司庫,照數作收彙報。又于闐課金局自十一年十一月試辦起至十二年底止,徵收金沙變價銀兩,亦應於册內列收造報。統計光緒十二年分舊管存銀一十九萬六千二百六十一兩九分二釐,新收各款銀五十一萬八千八百六十五兩八錢九分六釐,開除銀三十九萬三百三十四兩七錢一分七釐。實在截至十二

---

① 中國第一歷史檔案館藏:《清單》,檔號:03—6114—004。

年底止,共存銀三十二萬四千七百九十二兩二錢七分一釐。又未支銀一萬六百四十四兩八錢六分,又仍未支十一年分銀一千四百一十六兩五錢八分,又長支銀六百二十九兩七錢一分一釐。舊管存各屬倉儲各色京斗糧二十八萬七千三百六十四石九斗八升一合二勺,新收各色京斗糧二十二萬四千一百三十石一斗九升四合三勺,開除各色京斗糧一十五萬八千七百九十八石七合,實在截至十二年底止,共存各色京斗糧三十五萬二千八百三十七石二斗六升一合九勺。又各屬徵收未完籽種、額糧一萬二千一百一十六石三斗三升五合六勺,又未支料七十七石八斗二升五合六勺,又仍未支十一年分料一百五十八石三斗六升六合四勺,又長支料八升三合九勺,又不敷十一、十二兩年分糧一百五十八石六升七合二勺。舊管各屬廠儲草八百三十三萬四千七百一十斤一兩三錢,新收草一千五百五十三萬三千三百八斤三兩三錢二分,開除草一千一百九萬五千八百三十三斤一十兩五錢八分。實在截至十二年底止,各屬共存草一千二百七十七萬二千一百八十四斤一十兩四分,又未支草二萬八千六束,又仍未支十一年分草二萬八千九百六十四束。其長支、未支銀糧、草束俟找發扣還後,歸入下屆附銷,造具銀糧、草束四柱清單並總散報銷清册,詳請奏咨核銷前來。臣覆核無異,理合繕具簡明清單,恭呈御覽。仰懇天恩,飭部核銷。除將清册分送部、科查核外,謹會同陝甘總督臣譚鍾麟,恭摺具奏。伏乞皇太后、皇上聖鑒訓示。謹奏。光緒十四年十二月初三日◆2。

光緒十五年正月初九日,奉◆3硃批:戶部議奏。單併發◆4。欽此。

【案】此摺原件①、録副②現藏於中國第一歷史檔案館,玆據校補。

1.【尚書銜甘肅新疆巡撫二等男臣劉錦棠跪】此前銜據原件補。

2.【光緒十四年十二月初三日】此具奏日期,據原件補。

3.【光緒十五年正月初九日,奉】此奉旨日期,據録副補。

4.【案】劉錦棠呈報各屬十二年分收除各款銀糧草束數目清單:

謹將新疆各屬十二年分管收除在各款銀糧、草束數目繕具清單,恭呈御覽。

計開

一、銀兩項下

舊管:一、存銀一十九萬六千二百六十一兩九分二釐。

新收:一、收新疆行營糧臺及甘藩司解到旗營經費銀九萬六千兩。一、收各屬園地課折色糧草銀五萬八千八百五十七兩九錢二分七釐。一、收牲稅銀八千四百三十五兩六分六釐。一、收園房地租銀四千八百七十兩三錢六分七釐。一、收水磨碓稅銀一萬二千九百四兩八錢四分七釐。一、收金課銀七十四兩八錢七釐。一、收草湖稅銀一千三百五十六兩六錢一分。一、收契稅銀二千七百四兩八錢一分九釐。一、收金砂變價銀八千四十四兩八錢。一、收新疆行營糧臺解繳十一年分糧草價銀一十三萬二千三百四十三兩六錢六分。一、收新疆行營糧臺解繳糧草價銀九萬八千七百八兩七錢六釐。一、收防營及善後解繳草價銀八百八十七兩二錢九分四釐。一、收減糶糧石價銀八千六百八十七兩七錢四分六釐。一、收變賣草價銀八十兩四錢二分一釐。一、收百貨土産稅銀四萬五千五十二兩八錢五分八釐。一、收減平銀一萬九千一百八兩四錢六分三釐。一、收熬價銀六千五百八十二兩九錢。一、收扣哈密回子親王沙木胡索特、庫車回子郡王阿密特長支俸銀二千八百兩。一、收各屬及各標營繳還十一年分報銷冊内長支銀一千八十七兩五錢三分四釐。一、收各屬及哈密、古城

────────────

① 中國第一歷史檔案館藏:《硃批奏摺》,檔號:04—01—35—0995—010。
② 中國第一歷史檔案館藏:《録副奏摺》,檔號:03—6564—002。

兩稅局解繳十一年分徵收未解銀九千三百七十七兩七分一釐。以上二十款,共新收銀五十一萬八千八百六十五兩八錢九分六釐。總共管收銀七十一萬五千一百二十六兩九錢八分八釐。

開除:一、支發文職廉俸、公費等項銀一十六萬六千六百二十九兩九錢六分三釐。一、支發驛站經費等項銀一十萬七千三百七十七兩六錢四分三釐。一、支發武職廉俸、薪蔬、紙紅、馬乾、公費、兵餉等項銀六萬五千八百二十一兩三錢一分。一、支發祭祀銀六百一十兩九錢七分二釐。一、支發哈密回子親王沙木胡索特、庫車回子郡王阿密特俸銀五千六百兩。一、支發孤貧花布銀二百五十七兩八錢五分六釐。一、支發坎巨提頭目進貢金砂例賞物料價銀二百二十一兩四錢五分三釐。一、支發刊刻謄黄工料銀五十三兩三錢七分六釐。一、支發扣收各屬長支銀兩減平銀六十一兩一錢五分二釐。一、支發哈密、古城兩稅局局費銀五千一百四十兩四錢四分。一、支發烏魯木齊、巴里坤、古城三旗營經費銀三萬八千五百六十兩五錢五分二釐。以上十一款,共支發銀三十九萬三百三十四兩七錢一分七釐。

實在:一、存銀三十二萬四千七百九十二兩二錢七分一釐,内司庫存銀二十七萬七千七百七十九兩九錢四分,阿克蘇道庫存銀四百三十五兩二錢二分四釐,喀什噶爾道庫存銀四萬六千五百七十七兩一錢七釐。一、未支銀一萬六百四十四兩八錢六分。一、仍未支十一年分銀一千四百一十六兩五錢八分。一、長支銀六百二十九兩七錢一分一釐。

一、糧石項下

舊管:一、存各色京斗糧二十八萬七千三百六十四石九斗八升一合二勺。

新收:一、收各色京斗糧二十二萬四千一百三十石一斗九升四合三勺。

以上管收共京斗糧五十一萬一千四百九十五石一斗七升五合五勺。

開除:一、支發書役口食京斗糧八千三百九十一石五斗五升一合八勺。一、支發驛書夫口食京斗糧四千三百二十三石九斗五升八合三勺。一、支發烏魯木齊提標各營例馬料京斗糧七百七十二石五斗三升四合六勺。一、支發烏魯木齊、巴里坤、古城三旗營官兵食糧、馬料京斗糧九千六百七十四石一斗二升三合三勺。一、支發孤貧殘廢口食京斗糧一千二百九十七石一斗六升六合九勺。一、支發監禁遞解人犯口食京斗糧五百五石二斗七升九合七勺。一、支發賑濟被災戶民口食京斗糧一千二十四石八斗三升五合。一、支發軍需、善後領用京斗糧一十萬二千八百七十一石八升一合三勺。一、支發減糶京斗糧八千七百六十二石三斗二升六合。一、支發戶民借領籽種京斗糧六千二十一石三斗四升四勺。一、支發迪化縣提用京斗糧一萬五千一百五十三石八斗九合七勺。以上十一款，共支發京斗糧一十五萬八千七百九十八石七合。

實在：一、存各色京斗糧三十五萬三千八百三十七石二斗六升一合九勺。一、庫爾喀喇烏蘇廳不敷京斗糧一百四十石九升三合四勺。一、庫爾喀喇烏蘇廳不敷十一年分京斗糧一十七石九斗七升三合八勺。一、存民欠未完籽種京斗糧四千一百七十八石七斗一升一合四勺。一、存民欠未完九、十、十一等年分籽種京斗糧二千五百九十九石八斗五升八合六勺。一、緩徵及民欠未完額糧一千八百九十三石四斗六合。一、民欠未完九、十、十一等年分額糧三千四百四十四石三斗五升九合六勺。一、烏魯木齊提標協屬各營長支京斗料八升三合九勺。一、烏魯木齊提標協屬各營未支料七十七石八斗二升五合六勺。一、烏魯木齊提標協屬各營仍未支十一年分馬料一百五十八石三斗六升六合四勺。

一、草束項下

舊管：一、存本色草八百三十三萬四千七百一十斤一兩三錢。

新收：一、收本色草一千五百五十三萬三千三百八斤三兩三錢二分。

以上管收共草二千三百八十六萬八千一十八斤四兩六錢二分。

開除：一、支發本色草一千一百九萬五千八百三十三斤一十兩五錢八分。

實在：一、存本色草一千二百七十七萬二千一百八十四斤一十兩四分。一、烏魯木齊提標協屬各營未支草二萬八千六束。一、烏魯木齊提標協屬各營仍未支十一年分草二萬八千九百六十四束。①

335. 巴里坤鎮標原補副游都守
一律開缺另行請補摺

光緒十四年十二月初十日

頭品頂戴陝甘總督臣譚鍾麟、尚書銜甘肅新疆巡撫二等男臣劉錦棠跪◆1奏，爲巴里坤鎮標原補副、游、都、守各員，擬懇一律開缺，另行請補，恭摺仰祈聖鑒事。

竊烏魯木齊提標改爲撫標，前經臣等奏請將舊設參、游等官開缺另補在案。查上年奏設喀什噶爾提標，阿克蘇、巴里坤鎮標，經部議准，分別裁改添設，所裁員弁留於該省另補。惟現設各缺，立營方始，操練巡防，均關緊要，務當遴選人材，毋稍瞻徇。其員缺又◆2未便久懸，應即分別奏咨報部，以憑換劄注册等因，咨行到臣。伏查喀什噶爾提標、阿克蘇鎮標均屬新設，副將以下應由臣等陸續奏咨請補。至巴里坤鎮標向係綠營規制，奏定新章則係以官帶勇，參用勇營章程，員缺既經添改，營制亦與曩殊。若將舊補各員强爲遷就，竊恐人地不盡相宜，防務難期得力。相應請旨將巴里坤鎮標中左右三營、城守營、哈密協營、木壘營副、游、都、守各實缺一律開去，以奉到部文之日作爲該各員開缺日期，俾清界限。容臣等細心察看，或以原官，或另揀員從新請補，給劄注册，以期整飭戎行，上副朝廷慎重邊陲之意。除飭取該各員原領劄付另案繳銷，並千把、外委各弁咨部開缺外，所有請補巴里坤鎮

①　中國第一歷史檔案館藏：《清單》，檔號：03—6564—003。

標副、游、都、守實缺緣由,謹繕清單,合詞恭摺具陳。伏乞皇太后、皇上聖鑒訓示。再,此摺係臣錦棠主稿,合併聲明。謹奏。光緒十四年十二月初十日◆³。

　　光緒十五年正月十七日,奉硃批:兵部議奏。單併發。欽此◆⁴。

　　【案】此摺原件①、録副②現藏於中國第一歷史檔案館,兹據校補。

　　1.【頭品頂戴陝甘總督臣譚鍾麟、尚書銜甘肅新疆巡撫二等男臣劉錦棠跪】此前銜據原件補。

　　2.【又】原件、録副均作"尤",是。

　　3.【光緒十四年十二月初十日】此具奏日期,據原件補。

　　4.【光緒十五年正月十七日,奉硃批:兵部議奏。單併發。欽此】此據原件、録副校補。清單現藏於中國第一歷史檔案館,兹據補如下:

　　　　謹將請開巴里坤鎮標各營原設副、游、都、守實缺等官姓名開具清單,恭呈御覽。

　　　　巴里坤鎮標中營游擊丁連科。巴里坤鎮標中營守備吴得喜。巴里坤鎮標左營游擊戴福禄。巴里坤鎮標左營守備徐丕先。巴里坤鎮標右營游擊馬世勛。巴里坤鎮標右營守備杜得潤。巴里坤城守營都司李玉堂。哈密協營副將王鳳鳴。哈密協營中軍都司馮立春。木壘營守備王有道。③

336. 伊犁新設正佐各官關防印信請飭鑄造頒發摺
光緒十四年十二月十五日

　　尚書銜甘肅新疆巡撫二等男臣劉錦棠跪◆¹奏,爲伊犁新設

---

①　中國第一歷史檔案館藏:《硃批奏摺》,檔號:04—01—30—0186—044。

②　中國第一歷史檔案館藏:《録副奏摺》,檔號:03—5860—014。

③　中國第一歷史檔案館藏:《清單》,檔號:03—5860—015。

正佐各官應用關防印信，請旨飭部鑄造頒發，以昭信守，恭摺仰祈聖鑒事。

　　竊查伊犁新設伊塔道伊犁府知府、綏定縣知縣、寧遠縣知縣並伊塔道庫大使、伊犁府經歷、廣仁城巡檢，業經接准部咨，分別委員署理，暫刊木質關防鈐記，給領啓用，亟應循例頒發關防印信，俾垂久遠。兹據新疆布政使魏光燾開單，請鑄分巡伊塔兵備道關防一顆，伊犁府知府、綏定縣知縣、寧遠縣知縣、伊塔道庫大使、伊犁府經歷兼司獄、綏定縣屬廣仁城巡檢印各一顆，詳請具奏前來。臣覆核無異。相應請旨飭部分別鑄造，頒發啓用，以昭信守。除將清單咨部查照外，謹會同陝甘總督臣譚鍾麟，恭摺具陳。伏祈◆2 皇太后、皇上聖鑒訓示。至綏定、寧遠兩縣典史鈐記，例由藩司刊給，合併聲明。謹奏。光緒十四年十二月十五日◆3。

　　光緒十五年正月二十一日，奉硃批：著照所請，該部知道。欽此◆4。

　　【案】此摺原件①、録副②現藏於中國第一歷史檔案館，兹據校補。

　　1.【尚書銜甘肅新疆巡撫二等男臣劉錦棠跪】此前銜據原件補。

　　2.【伏祈】原件、録副均作“伏乞”，是。

　　3.【光緒十四年十二月十五日】此具奏日期，據原件補。

　　4.【光緒十五年正月二十一日，奉硃批：著照所請，該部知道。欽此】此奉旨日期與内容，據録副補。

337. 光緒十二年分防軍善後收支懇飭核銷摺

光緒十四年十二月十八日

尚書銜甘肅新疆巡撫二等男臣劉錦棠跪◆1 奏，爲造報甘肅

---

①　中國第一歷史檔案館藏：《硃批奏摺》，檔號：04—01—30—0004—018。
②　中國第一歷史檔案館藏：《録副奏摺》，檔號：03—5705—011。

新疆光緒十二年分防軍、善後收支各款,分繕細數清冊,籲懇天恩
飭部核銷,恭摺仰祈聖鑒事。

　　竊照甘肅新疆十一、二、三等年防軍、善後用款,於統籌全局
案內經部臣於光緒十年奏准,每年指撥各省的款銀四百八十萬
兩,統名曰甘肅新餉,新疆應分二百二十萬兩,由甘藩庫統收,扣
除四分減平分支,業將十一年分新疆防軍、善後用款造報請銷在
案。茲據糧臺司道詳稱,光緒十二年分新疆收支各款,舊管報銷
案內存銀一十九萬三百二十一兩九毫。上案截至十一年十二月
底止,欠發關外各軍營旗哨十年以前並十一年分新舊餉銀三百七
萬一千八百九十九兩六分,新收甘藩庫分解新餉暨閩海關勻還西
征軍餉,遵照刪除九年分報銷案內統領公費及各軍營旗報繳截
曠、采買、製辦、運脚扣回平餘等項,通計十二年分共收銀二百一
十萬一千三百一十二兩九錢一分八釐。此新疆收款之總數也。
開除新疆十二年分關餉、統費、夫價、倒馬價值共銀一百四十萬九
千七百六十餘兩,又十年以前舊餉銀二十八萬六千四百六十餘
兩,又十一年分新餉銀二萬四百七十餘兩,隨營及各臺局薪糧、口
食、運脚、采買、製辦各項雜款,共銀一十八萬九千六百四兩八錢。
義學、保甲、牛痘經費,遣犯車輛、口分等項,共銀五萬一千九百四
十餘兩。撥給前哈密辦事大臣借支餉項、新疆南路城工衙署經
費,共銀一十六萬六千六百九十八兩七錢八分四釐。此新疆支發
之總數也。實在存銀一十六萬六千六百八十一兩九毫,欠發各軍
營旗哨十年以前並十一年新舊餉銀二百七十六萬四千九百五十
九兩九錢一分。因四川省欠解十二年分新餉甚鉅,又欠發各軍營
旗哨十二年分新餉銀十五萬一千一百七兩七錢八分九釐。計截
至十二年底止,共欠發新舊餉銀二百九十一萬六千六百六十七兩六錢
九分九釐。此新疆防軍餉項、善後實存並欠發之總數也。造具收
支各款總散細數清冊,詳請奏銷前來。臣查該司道等所開新疆防

軍、善後收支細數,皆係實用實銷,並無浮冒,理合繕具簡明清單,恭呈御覽。仰懇天恩飭部核銷,以清款目。除將清册分送各部查核外,謹會同陝甘總督臣譚鍾麟,恭摺具陳。伏乞皇太后、皇上聖鑒訓示。再,關外十三年分防軍、善後銷案,已飭司道等接續趕辦,應俟造報至日,再行辦理,合併聲明。謹奏。光緒十四年十二月十八日◆2。

光緒十五年正月二十六日,奉硃批:該部議奏。單併發。欽此◆3。

【案】此摺原件①、録副②現藏於中國第一歷史檔案館,兹據校補。

1.【尚書銜甘肅新疆巡撫二等男臣劉錦棠跪】此前銜據原件補。

2.【光緒十四年十二月十八日】此具奏日期,據原件補。

3.【光緒十五年正月二十六日,奉硃批:該部議奏。單併發。欽此】此奉旨日期與內容,據原件、録副補。此清單現藏於中國第一歷史檔案館,兹補録如下:

謹將光緒十二年分甘肅關外防軍、善後收支各款數目繕具清單,恭呈御覽。

計開

舊管:一、上案關外防軍、善後報銷案內,截至光緒十一年十二月底止,實存銀一十九萬三百二十一兩九毫。一、截至光緒十一年十二月底止,欠發關外各軍營旗哨十年以前並十一年分餉銀三百七萬一千八百九十九兩六分。

新收:一、收協餉案內甘肅藩庫分撥新餉銀二百四萬六千一百五十兩七錢九分一釐。一、收閩海關匀還西征軍餉銀二萬八百三十三兩三錢三分三釐。一、收九、十兩年分報銷案內遵照删除統領公費銀二萬一千二百四兩六錢六分。一、收各軍營旗報繳截曠銀一萬二千一百三十一兩五錢四分八釐。一、收各臺局支發運脚、采買、製辦等項扣回平餘銀九百九十二兩五錢八分六釐。

開除：一、除發馬步各軍營旗哨十二年分餉銀一百三十七萬二百五十八兩九錢二分七釐。一、除發開花炮隊十二年分餉銀二萬二千一百八兩六分。一、除發馬步各營旗十年以前並十一年欠餉銀三十萬六千九百三十九兩一錢五分。一、除發各軍十二年分統領公費、夫價銀七千五百三十六兩四錢五分四釐。一、除發馬隊各營旗哨十二年分倒馬價值銀九千八百六十四兩九分六釐。一、除發營務、文案、支應、隨員及各臺局十二年分薪水銀三萬一千三百七十七兩五錢。一、除發各臺局經貼各書、字識十二年分口食銀三千七百五十五兩四錢三分一釐。一、除發各臺局十二年分紙張筆墨油燭銀八百七十四兩。一、除發各臺局護勇、長夫、通事十二年分口糧銀六千六百三十六兩七錢二分。一、除發采運各局倉夫、斗級十二年分工食銀五百九十四兩七錢二分。一、除發十二年分采買糧料、柴草津貼價值銀九千八百三十九兩九分三釐。一、除發各臺局十二年分押運餉裝、軍火等項員役、護勇盤費、鹽菜、口糧銀一千一百二十兩四錢三分。一、除發十二年分官車、騾馬、馱駝、委員薪水、護勇、長夫、牽夫工食並驛馬料草、折價、灌藥、飲水、歇店、燈油、油鹽、添製什物等項銀四萬七千一百九十八兩三分六釐。一、除發軍裝製辦局招募浙、粵並關內本地各匠十二年分工食銀六千二百九十一兩三錢四分八釐。一、除發各臺局醫生十二年分工食銀四百二十兩。一、除發十二年分轉運軍裝、軍火等項水路脚價銀二百八十二兩七千六分九釐。一、除發十二年分轉運餉裝、軍火等項脚價除官車、騾馬、馱駝不再支銷外，共支陸路運脚銀四萬九千二十九兩一錢五分三釐。一、除發十二年分假遣員弁勇丁及殘廢病故員弁勇丁靈柩回籍車脚銀七千五百三十三兩六錢四分五釐。一、除發十二年分遣返車輛、口分銀五千二百五十兩六錢二釐。一、除發十二年分采運軍裝、騾馬、什物並修整軍裝、器械、車騾馱、什物等項價值銀二萬四千六百五十一兩九錢五分五釐。一、除發各保甲局十二年分經費銀一萬三千六百三十三兩九錢七分三釐。

一、除發義學塾師十二年分薪水暨購辦紙筆墨硯等項銀二萬六千五百二十一兩五錢二分二釐。一、除發牛痘局醫生、跟役、通事、伙夫十二年分工食、口食銀六千五百三十六兩五錢五分。以上二十三款,共支發銀一百九十五萬八千二百五十四兩一錢三分四釐。一、除撥發前哈密辦事大臣借支軍餉銀一萬二千兩、南路城工衙署經費銀一十五萬四千六百九十八兩七錢八分四釐。兩款工銀一十六萬六千六百九十八兩七錢八分四釐。前項前哈密辦事大臣借支軍餉,應自行列收報銷。南路城工衙署挪用經費,已另案造報。理合登明。

通共支銷、撥發共銀二百一十二萬四千九百五十二兩九錢一分八釐,內除撥發前哈密辦事大臣借支軍餉及南路城工衙署挪用經費共銀一十六萬六千九百九十八兩七錢八分四釐外,應由兵部核銷步隊子藥夫口糧,馬隊倒馬價值,開花炮隊車夫口糧,車騾料草,轉運餉裝、軍火、糧料,假遣員弁勇丁及殘廢病故員弁靈柩回籍,遣犯車輛、口分、官車、騾馬、馱駝經費,解運餉裝盤費等項銀一十四萬一千四百九十九兩九錢一分九釐。應由工部核銷製辦軍裝、軍火、騾馬、什物、義學書籍等件,修整車騾、軍裝、器械、物料等項銀二萬六千九百五十六兩八錢七分八釐。應由戶部核銷各軍營旗哨暨隨營各臺局薪水、工食、口糧、統費、夫價、欠餉,采買糧料、柴草、津貼價值、筆墨、油燭、紙張,義學、保甲、牛痘醫生、洋炮、鐵木各匠薪水、薪糧、工食、口食,押運餉裝員役騎騾腳價、鹽菜、口糧等項銀一百七十八萬九千七百九十七兩三錢三分七釐。

實在:一、存銀一十六萬六千六百八十一兩九毫。一、欠各軍營旗哨十年以前舊餉並十一、十二兩年分新餉,共銀二百九十一萬六千六百六十七兩六錢九分九釐。前件查截至十一年底止,欠發各軍營旗哨十年以前舊餉並十一年分新餉,共銀三百七萬一千八百九十九兩六分,內除十二年分陸續發過十年以前舊餉銀二十八萬六千四百六十三兩一錢一分。又發過十一年分新餉銀二百七十六萬四千九百五十九兩九錢一分,又十二年分馬步各軍營旗哨共計應支薪糧、馬乾等項銀一百五十一萬九千六百一十三兩六錢一分六釐。開除項下,支發餉銀一百三十七萬二百五十八兩九錢二分七釐外,尚欠發銀一十四萬九千三百五十四兩六錢八分九釐。又十二年分開花炮隊三哨共計應支薪糧銀二萬三千八百六十一兩一錢六分。開除項下,支發銀二萬二千一百八兩六分外,尚欠發銀一千七百五十三兩一錢。共計欠發餉銀合符前數,應歸十三年分以後陸續補發。理合登明。①

•軍機大臣字寄:伊犁將軍色、甘肅新疆巡撫劉◆¹:光緒十四年十二月二十九日奉上諭:色楞額奏清釐伊犁勇餉,撫臣請照舊章,礙難照辦一摺◆²。所有伊犁遣撤勇隊,酌發餉項、川資各事宜,即著責成色楞額就近一手經理。前由譚鍾麟撥解銀十五萬兩,著劉錦棠派員轉解伊犁應用。此事該將軍所奏爲難棘手之處,固係實在情形,但摺內往復瀆陳,語多負氣,殊失和衷共濟之道。著傳旨申飭。該將軍接奉此旨,務當妥速清釐,將應裁營勇早日遣撤,核實報銷,並將善後諸務妥爲籌辦,以肅營伍而靖邊陲。將此由四百里各諭令知之。欽此。遵旨寄信前來◆³。

【案】此"廷寄"載於《光緒朝上諭檔》②及《清實錄》③,茲據校補。

1.【伊犁將軍色、甘肅新疆巡撫劉】此前稱據《上諭檔》補。

2.【案】光緒十四年十一月十七日,伊犁將軍色楞額以清釐伊犁勇餉,新疆撫臣劉錦棠請照舊章,礙難照辦,具摺曰:

奴才色楞額跪奏,爲遵旨會同清釐伊犁勇餉,撫臣請照舊章,有礙大局,斷難查照辦理,可否特飭撫臣來伊秉公清釐,抑或由奴才就近一手清釐,以全大局而專責成,恭摺仰祈聖鑒事。

竊奴才前擬遣撤各軍酌發餉項、川資,籲懇特恩賞准飭撥銀十五

① 中國第一歷史檔案館藏:《清單》,檔號:03—6114—020。
② 中國第一歷史檔案館編:《光緒朝上諭檔》,第十四册,第521頁。
③ 《清實錄·德宗景皇帝實錄(四)》,卷二百六十四,光緒十五年正月上,第536—537頁。

萬兩,以資應用,良由以前核減勇餉過於偏枯,目下確執前批,權宜寬大。客軍早裁早省,不失節用愛人。甘蹈愆尤,冒昧陳請,實爲邊疆大局起見,仰蒙曲宥,譴責不加,俯准飭部速議。嗣經擬請如數撥給,奉旨:依議。欽此。欽遵咨行。奴才承准之下,感激莫名,立即宣示邊軍,並告以此項銀兩,若論前案,非能應得。兹出天恩高厚,格外矜憐,倘再挾詐懷私,貪利無恥,匪特難齒於人類,更爲覆載所不容。該勇等共悉奴才具摺乞恩抽遣示信,駢誅悍卒,嚴辦營官,早已洗心革面,静候裁汰,一聞開導,莫不歡聲雷動,戴頌皇仁。奴才體察情形,彌幸得所藉手。同日並准陝甘總督臣譚鍾麟咨稱,遵議籌墊銀十五萬兩,已於九月初六日奏報起解,令奴才派員馳赴新疆迎取,以期妥速。揣督臣不分畛域,惟恐遲延,皆亦爲邊陲關要,軍府孤懸,不得不顧念時艱,保全大局。奴才自宜遵照辦理,俾餉項年内到伊,明春即可暢辦,務儘秋冬完竣,庶幾仰酬眷顧,力踐前言,旋經派員去後。承准軍機大臣字寄:光緒十四年九月十三日奉上諭:前據色楞額奏,遣撤伊犁勇隊,酌發餉項川資,請飭撥解銀十五萬兩應用,當令戸部速議具奏。旋據該部奏准,由譚鍾麟先行如數墊發,解交劉錦棠設法妥辦,迅速清結。兹據劉錦棠奏,該處營勇驕蹇成習,此次發款清理後,請核實挑留,餘悉妥爲遣撤等語。伊犁防軍動輒藉餉滋鬧,實屬不成事體,亟應妥籌整理,以靖邊陲。著譚鍾麟遵照部議,無論何款,迅即墊撥銀十五萬兩,解交應用,毋稍延緩,並著劉錦棠會同色楞額,妥速清釐,將該處勇丁核實挑留,其餘妥爲裁遣,並將營制餉章認真整頓,務期邊軍日久相安,是爲至要。此次滋事勇丁,並著色楞額查明爲首之人,照例懲辦,以肅軍律。餘著照所議辦理。將此由五百里各諭令知之。欽此。仰見朝廷於籌邊整伍之中,仍寓兼任信使之意。竊今冒昧請款,過在奴才。撫臣奏明,不便與聞,則清釐一切,奴才更屬責無旁貸。若或避難就易,有始無終,具有人心,何忍出此?正在籌擬備文會商間,接准撫臣恭録諭旨咨會,並鈔送先行擬辦情形摺稿前來。其摺仍申明留舊勇丁實無應領加項之事,兹因欽奉諭旨,乃願與聞。其稱報部有數,按籍可稽,實足預絕流弊,應删逃亡假革,亦見辦事認真。惟於奴才牌示勇丁、無分去留、概予清結一層，謂非事理之平，極力區別，請照舊章辦理。然則稍異舊章，即拗其意，撫臣又將不便與聞乎？試思當日舊章，究竟能得情理之平否？若得其平，異議何由而起？既有異議，則其不平可知。伏念奴才前此之牌示，本屬從權於一時，在撫臣即不願與聞。若循撫臣舊日之章程，必至失信於衆勇，在奴才將何以自解？縱邊卒可愚，而以立身主帥者，照舊臨之以兵，使其噤不敢發，自顧且有所不能。倘或一誤再誤，罔之使陷於罪，然後從而刑之，問心更有所不忍，且失奴才一己之信，由此招尤賈禍，果於邊事有濟？宜若可爲，而辜聖主特沛之恩，坐聽道嘆塗嗟，或於國體有傷，咎將誰委？所謂斷難查照辦理者，此其一也。

　　劉錦棠矜守舊章，乃上年與錫綸清釐原任將軍金順積欠之事，其時權操查辦，故一切任所欲爲。今奴才懇恩嘉惠征軍，事出補偏救弊，辦法業已奏報，又得會同清釐，是款到即可照辦。苟無大謬，便當共矢和衷，不得執定舊章，強爲牽附。今劉錦棠擬俟譚鍾麟將款解到，悉存司庫，實與諭旨、部議並其原奏不符。其擬令奴才造冊賫送，飭回籍勇丁持票赴省，由司委員發給，並令補送先已遣撤清冊，由司查明，詳請報部立案，儼然奴才聽其查辦，歸其節制，尚何會同清釐之有？人才容有不相及者，既同爲天子疆臣，奈何鉗束至此乎？且以敏才之不肖，上能自信於黈座，下免見格於同寅。其芥蒂在胸，其吹求必力。溯查劉錦棠前與錫綸清釐金軍欠餉，新創匀攤章程，營勇不能了然，瀆求日衆，喧囂嚴急。愚畢事遄歸伊犁，留營勇冊實爲事後趕造，當時已列確鑿，日久豈無變更？奴才莅任以來，點隊多所更正，迨及遣撤之際，仍有謬誤可尋，惟隨時準法原情，故事辦而人不擾。新疆距伊可二千里，照撫臣所擬行之，倘新舊章冊稍有舛錯，勢將駁詰刁難，奴才則查覆不遑，弁勇則羈守耗費，衆情格沮，視爲畏途。強而後行，遷延特甚，設明冬竟難藏事，彼治奴才以疲玩之罪，固不敢辭。若責以先事欺朦，懷私坐視，則不敢受也。況此地盡窮邊，境逼強國，錯小責以拂人性，矜小智而察淵魚，既煩且苛，祇足貽患。奴才職守所在，敢惜捐糜頂踵？特恐於事無補萬一，且復奈何？所謂斷難查照辦理者，此其一也。

至統領營哨各官，與勇丁一同再領餉資，亦屬勞旋故事，謂之不宜，乃責備賢者之道，謂其不肯，則一廂情願之詞。撫臣於區區勇丁加餉，必欲照舊章，區别回籍、落户。而於將弁又惟恐援引舊章，稍壯其征途之色。軍興以來，在在嘗遣部曲矣，恐未必漠然如此。即便意存節餉，要不宜先後兩歧，是其愛人以德，略近勉强，責人太厚，稍遠事情也。查七月間奴才請款原奏，漏未及此，實緣爾時索餉祇有勇丁，第於節次遣撤時，凡屬管帶回籍各勇將弁，均給川資，藉示信義，囑令沿途好爲管束，毋任滋事干咎。該將弁等感恩，前路僉能守分成行，每接其途次來禀，欣慰殊深轉歉。然於經費無多，其所得終遜於前，而又未能溥遍耳。兹若一併禁止，不特恩信全無，誰復以離營之人兼此差使？且恐已發者即在查駁之中。補造清册，更增許多波折。所謂斷難查照辦理者，此又其一也。

總之，奴才請撥加餉，原未誣執，當日確鑿有案。其請酌給川資，則照案擬辦，應用多寡，申明併案報銷，亦不敢於衆人甘受之端、數載相安之事教唆，激使張大其詞，存翻案之心，爲侵漁之地，上糜國帑，下快私圖。不過以情理而論，金順未領協餉，爲數既鉅，其勇營必有積欠，可知譚鍾麟遥籌金軍欠解餉銀三十餘萬兩可以了結，則必須此數方可了結，或稍逾此數乃可了結。又可知朝廷准撥銀三十萬兩，未照譚鍾麟原奏者，欲使清釐之人秉公體察，酌量開銷，雖不容格外請益，似亦不欲再從核扣也。使金軍果有浮侵，則應嚴辦一二，否則宜設法酌給，何得謂其勇餉實數不能自舉，遂就部款之實銀爲按年匀攤之公議，而又開支煩瑣，强别去留，豈金順所部萬餘人，竟無少半可靠者乎？期以十年爲止，歲以二兩爲止，新來同於舊募，戰士賤於傭工，實爲自來餉章所無，又豈楚軍營制所有？若非在上懾於兵威，在下權詞開導，果能令其饜服乎？此誠所謂敷衍目前，如治疾不抉其根，觸邪即發，而奴才不得不詳審病源，調劑其壞誤也。劉錦棠謂伊犁客軍驕蹇成習，奴才亦深爲痛恨，然須推所由來。凡關外戰功，金順亦偉，攻堅陷陣，輒率所部先驅。平日愛惜卒伍，餉乏惟憑撫慰，餉裕不與

較量。其不善於理財、巧於彌縫，致貽當躬之累，正可觀而知仁。而
弁勇感激私恩，咸崇公門，論功行賞，破格從優，馴習主將之寬，漸成
驕子之養。此則金軍之弊，實則勇營通弊也。蓋臨敵用人，蹈危履
險，權宜之術，煩瑣之情，實有不能形諸章奏者，惟在統帥廉正無私，
處膏不潤，功罪即可昭然。若以文墨相繩，從而持議，其後所傷實多。
奴才久厠行間，略識甘苦，茲蒙恩命，總統伊犁，適從金順、錫綸之後，
恰值裁兵節餉之秋，自愧德不足以感人，威不足以服衆，惟恃誠信，衷
示邊軍。數月以來，偶經譟動，旋就敉平，剛柔撫馭之間，曷敢自矜允
協，而圖維大局，實亦殫竭血誠。滿擬請款到來，藉能一了百了，詎撫
臣先籌辦法，事事若人所難，又不得不此顧却慮。蓋在撫臣久著聲
威，遠居省會坐論，不憚從嚴，而在奴才素無恩信，□□窮邊，號令惟
欲共服，勢也，亦情也。如前此牌示勇丁後，疊次婉商撫臣，不特問非
所答，難允絲毫，且以未便與聞，先事諉卸，似乎伊犁非所顧惜，越俎
滋嫌，而以臣聞索餉東進防營之兵，强來填劄，北連塔城之衆，勢極張
皇，又似伊犁已不可支，鋌險罔計，可見疾殊痛癢。人各有心，則當事
值艱虞，理宜自別也。且查來函，所謂節留清款，惠濟旗營，是以明明
奏請遣撤之資，故意指爲挹彼注茲之計，已覺相猜過甚、隱責取巧要
求，甚至謂錫綸交代未清，即可藉此彌補，則直指捏詞請款，罪不容誅
矣。竊思奴才請撥銀兩，酌發勇餉、川資，原係估計大概，將來用存多
寡，自有報銷。旗營需費若干，臨時自當估清，各歸各項，事本兩歧，
予否在懇天恩，豈可預爲地步？即如伊犁糧餉，户部撥至光緒十六
年，奴才仍以明年一年爲請拜摺，在奉文以後，曾不敢遷就徇私。誠
以臣子之於君父，何事不可直言，當求必求，無煩逆億，將計就計，是
謂貪欺者，且不爲而反，從井救人，自貽伊戚乎？劉錦棠之爲斯言也，
奴才固不敢以己度人，妄加擬議，但其籌辦勇餉、川資，未免過嚴迫
刻，過計多疑，似於大局欠妥，奴才斷難查照辦理。而以事在伊犁轄
境，奉旨清釐，漠置不能，悻爭不可，再四思維，惟有籲懇天恩，俯念邊
陲至重，遣撤將屆垂成，可否特飭撫臣赴伊犁，秉公清釐。此類完其
未竟、補其不及，奴才即未便與聞，免涉歧異。抑或即由奴才就近一

手清釐,俾昭大信,各專責成,亦當欽遵妥辦,趕明年年內完竣,照數核實報銷。奴才始終均爲大局起見,是否有當,伏候命下施行。除伊犁營制、餉章容俟酌量情形會議妥籌,隨時請旨遵辦,其索餉滋事勇丁,早經奴才陸續查明爲首之人,照例懲辦,附片陳明。欽奉硃批:知道了。業已恭録咨行,並嚴飭各防營將領時時訓誡弁勇安分候裁、免陷軍律外,所有遵旨會同清釐伊犁勇餉,撫臣請照舊章,有礙大局,斷難查照辦理,可否特飭撫臣來伊犁秉公清釐,抑或由奴才就近一手清釐,以全大信而專責成各緣由,謹繕摺由驛馳奏。伏乞皇太后、皇上聖鑒訓示。謹奏。十一月十七日。

　　光緒十四年十二月二十九日,奉硃批:另有旨。欽此。①

3.【遵旨寄信前來】此據《光緒朝上諭檔》補。

---

①　中國第一歷史檔案館藏:《録副奏摺》,檔號:03—6113—031。

劉錦棠奏稿卷十六

起光緒十五年正月，訖光緒二十年三月
附湘撫代奏各摺片

338. 籌議承化寺僧衆遷徙事宜摺
光緒十五年正月二十四日

尚書銜甘肅新疆巡撫二等男臣劉錦棠、伊犁將軍臣色楞額、署塔爾巴哈臺參贊大臣伊犁副都統臣額爾慶額跪◆1奏，爲遵旨籌議承化寺僧衆遷徙事宜，恭摺仰祈聖鑒事。

竊臣錦棠前承准軍機大臣字寄：光緒十三年七月二十六日奉上諭：劉錦棠奏棍噶札拉參所領徒衆擬請仍在舊地居住，並籌哈巴河防務一摺。覽奏，均悉。前因沙克都林札布等奏，烏梁海蒙哈官兵逼令承化寺僧衆趕緊移挪，情形急迫，當於五月二十二日諭令劉錦棠、錫綸迅籌覆奏。此次該撫所奏，尚係議覆三月間諭旨，未經奉到續諭之件。此事頗有關係，必須得一實在情形，著劉錦棠、錫綸懍遵前旨，確切查明，迅速籌議。一面咨商沙克都林札布等秉公酌度，務須籌一妥善辦法，奏明請旨。至所奏哈巴河以達承化寺一帶地方，擬請劃歸塔爾巴哈臺管轄等語，俟覆奏到日，再行酌定降旨等因。欽此。又承准軍機大臣字寄：光緒十三年十二月初一日奉上諭：錫綸奏遵議棍噶札拉參所領僧衆請仍照劉錦棠前奏辦理一摺。該大臣所奏，仍與前奏大略相同。著劉錦棠會同沙克都林札布等妥速籌商，並應否委員確勘，再行定議，務各破除成見，詳審酌度，奏明辦理等因，欽此◆2。

　　伏查此案疊奉諭旨，訓示周詳，無微弗至。臣等不能及時定議，惶悚實深。前署將軍臣錫綸未及再議，旋即交卸。臣色楞額到任後，復會同籌商，沙克都林札布仍持前議，催令交還借地。是即令委員會勘，亦終無益，且臣額爾慶額曾在科布多任事，於該處情形知之甚悉。上年復派員往查，亦毋庸再行會勘。該處原屬烏梁海蒙部，前歲該部落僱人種地，意在遷回。繼因賠累難堪，毫無所獲，上年已無人再至。沙克都林札布原奏請遷去承化寺僧衆，收還借地，以便安插蒙哈。此起哈薩克，其始亦祇係借地游牧，非科布多所有，且多於承化寺僧衆約數十倍，烏梁海蒙部能聽其安插，則無爭於此土蓋可知矣。惟其地緊與俄鄰，棍噶札拉參曾與俄人構釁，久居其地，誠恐不能相安。前奉諭旨，令於新疆所屬，擇一距俄境較遠之地，奏明安插。臣等自應恪遵，惟擇地甚難，非急切所能指定。正籌議間，適臣色楞額據舊吐爾扈特東部落盟長畢西勒爾圖郡王巴雅爾呈稱：棍噶札拉參前在庫爾喀喇烏蘇地方，該部落賴其保護，今聞會議，欲令其遷回新疆，讓還科布多借地，部衆皆願其復來等語。復咨由臣錦棠飭據庫爾喀喇烏蘇廳查明。廳屬八英溝，一名察汗烏素，在西南山中，距城一百六十餘里，原係該蒙古牧場，附近並無官地。中有寺院一所，原係棍噶札拉參建造，現住喇嘛二百餘人，皆其舊日徒衆。復詢該處蒙民，僉稱願得棍噶扎拉參復來屬實。上年十一月間，承化寺僧衆人有省視棍噶札拉參回寺者，道過省城。臣錦棠復親加詢問，據稱該寺僧衆有招之近地者，有來自遠方者。其招之近地者，現存約三百餘人。其來自遠方者，自棍噶扎拉參去日，多已從行。其後又或游化十方,所存不過數十人而已。臣等公同商議,棍噶札拉參既應遷徙,而八英溝一帶距俄實遠,以遷於此,洵屬相宜。該蒙部又望之甚殷,自可從其所請。但其徒衆既多係招之近地,各安其土,各有布施,恐遷地弗良,徒多耗費。且承化寺名由敕賜,工在不資,亦未便聽其毀棄。近年棍噶札拉參遠去,該徒衆恂恂自守,亦尚相安,擬就其中量爲區別。其原係來自遠方者,前與俱來,今即應與之俱往。其原係招之近地者,即聽其留居該寺,概免遷移,仍擇大喇嘛一人領之,有願隨同遷徙亦聽。以後該處若歸塔爾巴哈臺管轄,則所留僧衆亦仍歸塔爾巴哈臺參贊大臣管轄,以專責成。如此則舉動不勞,而事機亦順。如蒙允准,應請旨飭下理藩院,催令該呼圖克圖速來新疆。其未盡事宜,應俟該呼圖克圖至日面商,再行詳晰具奏。

至哈巴河一帶地方,緊與俄鄰,俄人窺伺已久。塔爾巴哈臺自借地以來,即已派兵駐守,以故數年尚稱安静。若一旦委之以去,使俄人乘虛而入,得以南下古城,則新疆隔絶在西,全局將爲之俱震,非小失也。科布多遠隔大山,勢必不能爲之固守,應否改隸塔爾巴哈臺管轄,自應恭候諭旨遵行。所有臣等會同擬議緣由,謹合詞恭摺具陳。伏乞皇太后、皇上聖鑒訓示施行。再,此摺係由臣錦棠主稿,因往返熟商,有需時日,是以覆奏稽遲,合併聲明。謹奏。光緒十五年正月二十四日◆3。

光緒十五年二月二十六日◆4,奉硃批:著照所請,該衙門知道。欽此。

【案】此摺原件①現藏於中國第一歷史檔案館,兹據校補。

1.【尚書銜甘肅新疆巡撫二等男臣劉錦棠、伊犁將軍臣色楞額、署塔爾

---

① 中國第一歷史檔案館藏:《硃批奏摺》,檔號:04—01—09—0005—006。

巴哈臺參贊大臣伊犁副都統臣額爾慶額跪】此前銜據原件補。

2.【案】此"廷寄"載於《光緒朝上諭檔》及《清實録》，兹補録如下：

軍機大臣字寄：甘肅新疆巡撫劉、科布多參贊大臣沙：光緒十三年十二月初一日奉上諭：錫綸奏遵議棍噶札勒參所領僧衆，請仍照劉錦棠前奏辦理一摺。前於三月間，諭令劉錦棠、錫綸將該僧衆等於新疆所屬，擇地安插。嗣經沙克都林札布等奏，以烏梁海蒙哈官兵逼迫該僧衆遷徙，復諭令劉錦棠等確切查明，一面咨商沙克都林札布等秉公妥籌速奏。劉錦棠於七月間雖有仍在舊地居住之請，係尚在未奉續諭之先。兹據錫綸所稱，科布多現無尚待安插之蒙哈，該僧衆與之相處，不致滋事。若議遷徙新疆，既無隙地，亦有他虞，業已咨行劉錦棠，毋庸委員踏勘等語。該大臣所奏，仍與前奏大略相同，與沙克都林札布等前奏迥異。劉錦棠既有委員踏勘之議，現在又未自行覆奏，未便憑錫綸一人之言，遽定辦法。著劉錦棠會同沙克都林札布妥速籌商，並應否委員確勘，再行定議，務各破除成見，詳審酌度，奏明辦理。原摺均著鈔給閲看。將此由四百里各諭令知之。欽此。遵旨寄信前來。①

3.【光緒十五年正月二十四日】此具奏日期，據原件補。

4.【光緒十五年二月二十六日】此奉旨日期，據《軍機處隨手登記檔》②校補。

【案】光緒十五年九月十一日，"廷寄"曰：

軍機大臣字寄：科布多參贊大臣沙、署塔爾巴哈臺參贊大臣伊犁副都統額：光緒十五年九月十一日奉上諭：前據色楞額等奏，籌議承化寺僧遷徙事宜，請將哈巴河一帶地方改隸塔爾巴哈臺管轄，當經降旨允准。兹據沙克都林札布奏稱，哈巴河游牧地方改歸塔爾巴哈臺管轄，本屬蒙古及前收哈薩克數萬之衆，無地謀生，懇請將承化寺一

_____

① 中國第一歷史檔案館編：《光緒朝上諭檔》，第十三册，第457頁，廣西師範大學出版社，1996；《清實録·德宗景皇帝實録（四）》，卷二百五十，光緒十三年十二月，第363—364頁，中華書局，1987。

② 中國第一歷史檔案館藏：《軍機處隨手登記檔》，檔號：03—0258—1—1215—054。

帶游牧仍由科布多烏梁海收回，俾得就地安插等語。與色楞額等會奏蒙哈情形不甚相符，且據該將軍等奏稱，哈巴河一帶爲邊防要地，塔爾巴哈臺於該處派兵駐守，以故數年尚稱安靜。此節尤關緊要，朝廷兼權熟計，借地自應給還，邊防尤不可忽，應否一面將該處游牧地方仍歸烏梁海，俾得安插蒙哈，一面由塔爾巴哈臺照舊派兵駐守，期於防務民情兩無妨礙之處，著沙克都林扎布與額爾慶額會商妥議具奏。沙克都林扎布原摺，著鈔給額爾慶額閱看。將此由四百里各諭令知之。欽此。遵旨寄信前來。①

光緒十五年十二月十七日，總理各國事務衙門王大臣奕劻等以棍噶扎勒參赴新疆安插徒衆，具摺奏請准其馳驛前往：

　　總理各國事務多羅慶郡王臣奕劻等跪奏，爲棍噶扎勒參呼圖克圖擬赴甘肅新疆，安插徒衆，援案懇請馳驛前往，恭摺具陳，請旨遵行事。光緒十五年十一月十八日准北洋大臣直隸總督咨稱：據棍噶扎勒參呼圖克圖呈稱：竊棍噶扎勒參於光緒十二年四月到京，十四年四月經總理衙門傳旨，先後賞給銀七千兩，並將承化寺徒衆給予勘合，由驛資遣回寺安插，棍噶扎勒參暫赴五臺山唪經。本年五月，伊犁將軍奏籌議承化寺僧衆遷徙事宜，請旨飭令前往新疆，遵即束裝，於八月十三日到京，在理藩院報到。旋因左足舊受炮傷，觸寒舉發，來津就醫，現擬整裝，迅速前進。惟路途遙遠，資斧維艱，可否援照上年由驛遣回徒衆成案，准其由驛前往，行至甘肅省城，由藩庫支領前次恩賞銀二千兩，交垂弼勝地方所建廟宇喇嘛等，擇日永遠唪經，恭祝皇太后、皇上萬壽無疆。棍噶扎勒參即當馳赴新疆，聽候妥適遷徙，懇准咨照總理衙門，據情代奏等因。查該呼圖克圖熟悉邊情，尚係有用之才，現擬遵旨前往甘肅，請領恩賞銀兩建寺，恭祝慈壽、聖壽，並馳赴新疆，安插徒衆。既有由驛遣回徒衆成案，應請奏懇恩施，准其由驛前往甘肅新疆，以示體恤等因前來。臣等查上年三月二十日，臣衙

①　中國第一歷史檔案館編：《光緒朝上諭檔》，第十五冊，第306—307頁；《清實錄·德宗景皇帝實錄（四）》，卷二百七十四，光緒十五年九月，第657—658頁。

門奏請將棍噶札勒參所帶徒衆三十餘人，由驛先行遣回，並籌給銀五千兩，奉旨允准在案。此次該呼圖克圖呈請由驛前往，核與上年成案相符。合無仰懇天恩，俯如所請，准其由驛前往之處，臣等未敢擅便，謹恭摺陳明。伏乞聖鑒訓示遵行。再，此摺係總理各國事務衙門主稿，會同理藩院辦理，合併聲明。謹奏。十二月十七日①。總理各國事務多羅慶郡王臣奕劻，協辦大學士户部尚書臣宗室福錕，軍機大臣兵部尚書臣許庚身，軍機大臣刑部尚書臣孫毓汶，户部左侍郎臣續昌，户部右侍郎一等毅勇侯臣曾紀澤，禮部右侍郎臣廖壽恒，兵部左侍郎署刑部右侍郎臣徐用儀，經筵講官太子少保大學士管理藩院事務都統臣恩承，理藩院尚書臣宗室松森，理藩院左侍郎副都統臣恩棠，理藩院右侍郎副都統臣慶福，理藩院額外侍郎臣達木定札布。

　　光緒十五年十二月十七日，奉硃批：依議。欽此。②

339. 伊犁及塔爾巴哈臺等處
事權不一請旨定奪摺

光緒十五年二月初二日

尚書銜甘肅新疆巡撫二等男臣劉錦棠跪◆¹奏，爲伊犁及塔爾巴哈臺等處事權不一，請旨定奪，以重邊防，恭摺仰祈聖鑒事。

　　竊臣承准軍機大臣字寄：光緒十四年十二月初五日奉上諭：色楞額奏俄國毆斃中國兵民一案，幾肇釁端，並陳時局窒礙情形一摺。寧遠一案，前經總理各國事務衙門照會俄使，確查妥辦，並知照洪鈞轉電該將軍彈壓兵民，勿任滋事。此事近在伊犁，色楞額責無旁貸，總在就地確查，與該領事持平商辦。該處密邇鄰疆，此等交涉，事所常有，必須持以鎮靜，斷不可急遽張皇,致滋貽誤。至所籌邊要務各條,新疆建設行省,全局已定,該將軍甫經到任,豈宜輕議更張！至善後未盡事宜及有應行變通之處,應隨時與劉錦棠和衷商榷,會同妥辦,慎勿各持意見,致誤事機。色楞額原摺著鈔給劉錦棠閱看。將此由五百里各諭令知之等因。欽此◆2。跪聆之下,仰見朝廷燭照無遺、訓示周詳之至意,欽服莫名。

伏查色楞額前過省城,與臣相見,意氣極爲浹洽,語及伊犁、塔爾巴哈臺等處設官情事,即云風會所趨,自無疑義。惟邊防事勢與內地究有不同,若鎮道不歸節制,恐呼應不能靈通,所慮者祇此而已,臣是以會同有伊犁將軍節制鎮道之奏。及色楞額到任後,遇事漸有參差,部覆議准設官,臣是以委員往署。色楞額以爲不合。寧遠地連俄境,向未置營防守,及鬧餉事起,欲商令調營扼守,而近地無營可調,臣是以派隊前往。色楞額又以爲不合。其見於原奏者,皆聖明所知,臣無庸復辯。臣初疑其不應與前歧異,由今思之,新疆本應將軍所轄,謂之總統,體制最崇,一旦改移以行省,色楞額即不以爲忤,亦必有喜事者爲之造言。如原奏所陳,已可概見。其實行省之議,自左宗棠發之,譚鍾麟繼言於其後,臣乃言之,且皆斷自宸衷,非臣下一人之私智。色楞額初至,蓋未之知也。現在蒙恩准撥銀十五萬兩,爲遣撤伊犁勇營之費,臣自應欽遵會同辦理。色楞額前奏係援臣十二年清餉原案臣所奏,亦請照原案辦理,並無歧異。及拜摺後錄稿咨商,請轉飭各該營造册,而色楞額至今不覆,誠恐遷延日久,各營勇又從而生心。發餉既如此其難,則營制更無能望其速改。查伊犁自收還以後,已及數年,而應辦事宜毫未就緒,非盡督催不力,正由承行者視非己事,故不肯盡心。譚鍾麟前奏,請專派大員辦理屯政,臣與錫綸皆知其無益,是以具奏請改設道府及以下等官。今既已設官,自無容更議。惟事無專屬,實應明定章程。若因此紛爭,尚復成何事體?

竊念設官分職，國家自有常經，若伊犁鎮道等官應歸撫臣統轄，則地方一切及勇營册籍，即應由色楞額悉數移交，以符體制。或以將軍兼管伊犁、塔爾巴哈臺等處巡撫事務，自伊犁原管大河沿以西以及塔爾巴哈臺等處，仍劃歸將軍管轄，該鎮道以下悉由將軍統轄，臣即毋庸過問。其應分協餉仍可由新疆統收分解，以利轉輸。臣與脣齒相依，亦斷無漠不相關之理。但事權一定，則彼此心無芥蒂，遇有應商之事，仍可會商。事有合之而見其疏、分之而見其親者，此類是也。臣不敢隱忍不言，致滋遺誤，應請旨迅賜定奪，以便遵行。再，查伊犁將軍舊時總統伊犁等處，其所統轄兼及南路各城。自新疆設省以來，臣與將軍已各有專責，近復經部議，裁撤伊犁參贊，設副都統二員，以改照駐防之制。是職司已定，即不應復有總統之名。其所領敕書及原頒印信，似均應更換，以昭劃一。臣爲慎重邊防起見，是否有當，謹恭摺陳明。伏乞皇太后、皇上聖鑒訓示施行。謹奏。光緒十五年二月初二日[3]。

光緒十五年三月初六日，奉[4]硃批：所奏不爲無見。前據色楞額等奏，伊塔地方請歸將軍專轄，已諭令該撫等妥商會奏，著俟覆奏到日，再降諭旨。欽此。

【案】此摺缺原件，録副①現藏於中國第一歷史檔案館，兹據校補。

1.【尚書銜甘肅新疆巡撫二等男臣劉錦棠跪】此前銜據録副補。

2.【案】此"廷寄"録副全文省略。

3.【光緒十五年二月初二日】此具奏日期，據録副、刻本校補。

4.【光緒十五年三月初六日，奉】此奉旨日期，據録副補。

---

① 中國第一歷史檔案館藏：《録副奏摺》，檔號：03—5247—051。

340. 關外七八兩年徵收釐金支發薪糧局費報銷摺

光緒十五年二月初十日

尚書衙甘肅新疆巡撫二等男臣劉錦棠跪◆1奏，爲甘肅關外光緒七、八兩年徵收釐金，支發薪糧、局費，繕具清單，懇恩飭銷，恭摺仰祈聖鑒事。

竊臣前准户部咨：議光緒七、八兩年防軍、善後報銷案内列收釐金，支發委員薪糧、局費，係照何章，支銀若干，應令專案册報，以憑查核等因。當經轉行遵辦，並於奏覆報銷案内聲明，按照奏定各臺局薪糧、局費章程，委員各按官階、局費，分別繁簡支給在案。兹據糧臺司道開單，詳請奏咨前來。臣查關外釐金，前督臣左宗棠於光緒四年議行開辦，八年五月二十三日奉旨停收。截至六月底，一律撤局。光緒六年以前徵收之款，業經前督臣左宗棠開單報銷。光緒七年分實徵稅釐庫平銀二十四萬八千二百五十五兩四錢六分九釐四毫六忽一微。八年正月起至六月底撤局停收止，實徵稅釐庫平銀一十六萬九千四百一十兩七錢三分四釐一毫八絲九忽一微。共銀四十一萬七千六百六十六兩二錢三釐五毫九絲五忽二微，内除防軍、善後報銷七年分列收銀二十萬四千五百五兩二錢二分九釐四毫六忽一微，八年分列收銀一十四萬九千二百三十八兩一錢三分二釐一毫八絲九忽一微外，下餘銀六萬三千九百二十二兩八錢四分二釐。計七年分開支薪糧等項銀四萬三千七百五十兩二錢四分，八年分開支薪糧等項銀二萬一百七十二兩六錢二釐，均係照章，毫無冒濫。除咨部外，謹繕清單，會同陝甘總督臣譚鍾麟，恭摺具陳。伏乞皇上聖鑒，飭部核銷，以清款項。再，查光緒八年以前報銷，均係奉准開單，釐金、薪糧、局費應仍開單請銷,以歸一律,合併聲明。謹奏。光緒十五年二月初十日◆2。

　　光緒十五年三月十二日,奉◆3硃批:户部議奏。單併發◆4。欽此。

【案】此摺原件①、録副②現藏於中國第一歷史檔案館,兹據校補。

1.【尚書衙甘肅新疆巡撫二等男臣劉錦棠跪】此前衙據原件補。

2.【光緒十五年二月初十日】此具奏日期,據原件補。

3.【光緒十五年三月十二日,奉】此奉旨日期,據録副補。

4.【案】此清單現藏於中國第一歷史檔案館,兹據補:

　　　謹將甘肅關外稅釐各局自光緒七年正月起至八年六月底撤局止支發薪糧等項銀兩,繕具清單,恭呈御覽。

　　　一、七年分支發新疆稅釐各局文武員弁薪水。内古城稅釐總局:道員一員、知縣一員,東西門兩分卡佐雜一員、守備一員,西大橋分卡佐雜一員,奇臺、濟木薩兩分卡佐雜二員。烏魯木齊稅釐局:署迪化直隸州知州兼辦東西南門三分卡佐雜一員、把總二員。綏來稅釐局:署綏來縣知縣兼辦東西門兩分卡佐雜一員、千總一員,安集海分卡佐雜一員。巴里坤稅釐局:署鎮西廳同知兼辦東南北門三分卡佐雜一員、把總一員、外委一員。哈密釐稅局:知縣一員,東路新莊分卡佐雜一員,新城南北門兩分卡千總一員、把總一員,土胡蘆分卡佐雜一員,瞭墩分卡守備一員,南山口分卡都司一員。吐魯番稅釐局:知州一員,闢展、托克遜兩分卡佐雜一員、守備一員。喀庫稅釐局:同知一員,喀喇沙爾兩分卡佐雜一員、千總一員,庫爾勒、哈勒哈爾滿臺兩分卡佐雜二員,布古爾、洋薩爾兩分卡佐雜一員、把總一員。庫車稅釐局:知縣一員,沙雅爾、托和奈兩分卡佐雜一員、千總一員。阿克蘇稅釐總局:知府一員、佐雜一員,東西北三處分卡佐雜二員、守備一員,尹阿瓦提、阿伊克冰、達阪、拜城、塞里木等處五分卡佐雜二員、守備

①　中國第一歷史檔案館藏:《硃批奏摺》,檔號:04—01—35—0998—006。

②　中國第一歷史檔案館藏:《録副奏摺》,檔號:03—6500—013。

一員、把總一員。烏什稅釐局:知縣一員,洋海分卡佐雜一員。喀什
噶爾稅釐總局:道員一員、知縣一員,漢城、牌素巴特兩分卡、瑪納巴
什分卡佐雜二員、守備一員。英吉沙爾稅釐局:知縣一員,本城分卡
佐雜一員。葉爾羌稅釐局:直隸州知州一員,哈哈里克、啯瑪兩分卡
佐雜一員、千總一員。和闐稅釐局:知縣一員,哈拉哈什、玉龍哈什兩
分卡佐雜二員。以上共計道員二員,月支銀八十兩;知府一員,月支
銀六十兩;同知、州縣十員,每員月支銀四十兩;佐雜、都司二十九員,
每員月支銀三十兩;守備六員,每員月支銀二十四兩;千總六員,每員
月支銀二十兩;把總六員,每員月支銀一十六兩;外委一員,月支銀一
十二兩。統計道府、同知、州縣、佐雜、都司、千把、外委六十一員,每
月應支薪水銀一千八百六十二兩。自光緒七年正月初一日起至閏四
月底止,計五個月,共支銀九千三百一十兩。又自五月初一日起,除
哈喇哈什分卡請假佐雜一員、另派守備一員,計實存道員二員,知府
一員,同知、知縣十員,佐雜、都司二十八員,守備七員,千總六員,把
總六員,外委一員,共計六十一員,每月應支薪水銀一千八百五十六
兩。截至十二月底止,計八個月,共支銀一萬四千八百四十八兩。以
上共支過湘平銀二萬四千一百五十八兩,折合庫平銀二萬三千三百
八十六兩二錢五分三釐,應由戶部核銷。

一、七年分支發新疆各稅釐局經書、貼書口食。內古城、阿克蘇、
喀什噶爾三稅釐總局,每局各設經書四名、貼書六名。烏魯木齊、綏
來、巴里坤、哈密、吐魯番、喀庫、庫車、烏什、英吉沙爾、葉爾羌、和闐
等處十一稅釐局,每局各設經書二名、貼書三名。以上共設經書三十
四名,每名月支銀八兩,貼書五十一名,每名月支銀六兩。計每月共
應支口糧銀五百七十八兩。自光緒七年正月初一日起截至十二月底
止,連閏計十三個月,共支過湘平銀七千五百一十四兩,折合庫平銀
七千二百七十三兩九錢五分九釐,應由戶部核銷。

一、七年分支發新疆各稅釐局油燭、筆墨、紙張。內古城、阿克
蘇、喀什噶爾三稅釐總局,每局月支銀一十六兩。烏魯木齊、綏來、巴
里坤、哈密、吐魯番、喀庫、庫車、烏什、英吉沙爾、葉爾羌、和闐等處十

一税釐局,每局各月支銀八兩。又古城、阿克蘇、喀什噶爾、烏魯木齊、綏來、巴里坤、哈密、吐魯番、喀庫、庫車、烏什、英吉沙爾、葉爾羌、和闐等處,安設四十七分卡,每卡各月支銀一兩二錢。以上計每月共支銀一百九十二兩四錢。自光緒七年正月初一日起截至十二月底止,連閏計十三個月,共支過湘平銀二千五百一兩二錢,折合庫平銀二千四百二十一兩二錢九分七釐,應由户部核銷。

一、七年分支發新疆各税釐局巡丁並纏回通事口糧。内古城、阿克蘇、喀什噶爾三税釐總局,每局各募巡丁十二名。又阿克蘇、喀什噶爾兩總局,每局各募纏回通事二名。烏魯木齊、綏來、巴里坤、哈密、吐魯番、喀庫、庫車、烏什、英吉沙爾、葉爾羌、和闐等處十一税釐局,每局各募巡丁六名。又哈密、吐魯番、喀庫、庫車、烏什、英吉沙爾、葉爾羌、和闐等處八税釐局,每局各募纏回通事一名。又古城、阿克蘇、喀什噶爾、烏魯木齊、綏來、巴里坤、哈密、吐魯番、喀庫、庫車、烏什、英吉沙爾、葉爾羌、和闐等處,共計安設四十七分卡,每卡各募巡丁二名。以上共計巡丁一百九十六名,内什長三名,照依楚軍營制行糧章程,每名各日支銀一錢六分,共日支銀四錢八分。巡丁一百九十三名,每名各日支銀一錢四分,共日支銀二十七兩二分。纏回通事十二名,每名各日支銀一錢,共日支銀一兩二錢。統計日支口糧銀二十八兩七錢。自光緒七年正月初一日起截至十二月底止,内除小建六日不支外,連閏計三百八十四日,共支過湘平銀一萬一千二十兩八錢,折合庫平銀一萬六百六十八兩七錢三分一釐,應由户部核銷。

以上四款,共計七年分支發銀四萬三千七百五十兩二錢四分,應由户部核銷。

一、八年分支發新疆税釐各局文武員弁薪水。内古城税釐總局:道員一員,知縣一員,東西門兩分卡佐雜一員、守備一員,西大橋分卡佐雜一員,奇臺、濟木薩兩分卡佐雜二員。烏魯木齊税釐局:署迪化直隸州知州兼辦東西南門三分卡佐雜一員、把總二員。綏來税釐局:署綏來縣知縣兼辦東西門兩分卡佐雜一員、千總一員,安集海分卡佐雜一員。巴里坤税釐局:署鎮西廳同知兼辦東南北門三分卡佐雜一員、把總一員、外委一員。哈密釐稅局:知縣一員,東路新莊分卡佐雜一員,新城南北門兩分卡千總一員、把總一員,土胡蘆分卡佐雜一員,瞭墩分卡守備一員,南山口分卡都司一員。吐魯番稅釐局:知州一員,闢展、托克遜兩分卡佐雜一員、守備一員。喀庫稅釐局:同知一員,喀喇沙爾兩分卡佐雜一員、千總一員,庫爾勒、哈勒哈爾滿臺兩分卡佐雜二員,布古爾、洋薩爾兩分卡佐雜一員、把總一員。庫車稅釐局:知縣一員,沙雅爾、托和奈兩分卡佐雜一員、千總一員。阿克蘇稅釐總局:知府一員,佐雜一員,東西北三處分卡佐雜二員、守備一員,尹阿瓦提、阿伊克冰、達阪、拜城、塞里木等處五分卡佐雜二員、守備一員、把總一員。烏什稅釐局:知縣一員,洋海分卡佐雜一員。喀什噶爾稅釐總局:道員一員,知縣一員,漢城、牌素巴特兩分卡、瑪納巴什分卡佐雜二員、守備一員。英吉沙爾稅釐局:知縣一員,本城分卡佐雜一員。葉爾羌稅釐局:直隸州知州一員,哈哈里克克、啯瑪兩分卡佐雜一員、千總一員。和闐稅釐局:知縣一員,哈拉哈什、玉龍哈什兩分卡佐雜二員。以上共計道員二員,月支銀八十兩。知府一員,月支銀六十兩。同知、州縣十員,每員月支銀四十兩。佐雜、都司二十八員,每員月支銀三十兩。守備七員,每員月支銀二十四兩。千總六員,每員月支銀二十兩。把總六員,每員月支銀一十六兩。外委一員,月支銀一十二兩。統計道府、同知、州縣、佐雜、都司、千把、外委六十一員,每月應支薪水銀一千八百五十六兩。自光緒八年正月初一日起至三月底止,計三個月,共支銀五千五百六十八兩。又,自四月初一日起,除南山口分卡請假都司一員、另派佐雜一員,計實存道員二員,知府一員,同知、知縣十員,佐雜二十八員,守備七員,千總六員,把總六員,外委一員,共計六十一員,每月應支薪水銀一千八百五十六兩。截至六月底停撤止,計三個月,共支銀五千五百六十八兩。以上共支過湘平銀一萬一千一百三十六兩,折合庫平銀一萬七百八十兩二釐五分一釐,應由戶部核銷。

　　一、八年分支發新疆各稅釐局經書、貼書口食。內古城、阿克蘇、喀什噶爾三稅釐總局,每局各設經書四名、貼書六名。烏魯木齊、綏

來、巴里坤、哈密、吐魯番、喀庫、庫車、烏什、英吉沙爾、葉爾羌、和闐
等處十一稅釐局,每局各設經書二名、貼書三名。以上共設經書三十
四名,每名月支銀八兩,貼書五十一名,每名月支銀六兩。計每月共
應支口糧銀五百七十八兩。自光緒八年正月初一日起截至六月底停
撤止,計六個月,共支過湘平銀三千四百六十八兩,折合庫平銀三千
三百五十七兩二錢一分二釐,應由戶部核銷。

一、八年分支發新疆各稅釐局油燭、筆墨、紙張。內古城、阿克
蘇、喀什噶爾三稅釐總局,每局月支銀一十六兩。烏魯木齊、綏來、巴
里坤、哈密、吐魯番、喀庫、庫車、烏什、英吉沙爾、葉爾羌、和闐等處十
一稅釐局,每局各月支銀八兩。又,古城、阿克蘇、喀什噶爾、烏魯木
齊、綏來、巴里坤、哈密、吐魯番、喀庫、庫車、烏什、英吉沙爾、葉爾羌、
和闐等處,安設四十七分卡,每卡各月支銀一兩二錢。以上計每月共
支銀一百九十二兩四錢。自光緒八年正月初一日起截至十二月底停
撤止,計六個月,共支過湘平銀一千一百五十四兩四錢,折合庫平銀
一千一百一十七兩五錢二分一釐,應由戶部核銷。

一、八年分支發新疆各稅釐局巡丁並纏回通事口糧。內古城、阿
克蘇、喀什噶爾三稅釐總局,每局各募巡丁十二名。又阿克蘇、喀什
噶爾兩總局,每局各募纏回通事二名。烏魯木齊、綏來、巴里坤、哈
密、吐魯番、喀庫、庫車、烏什、英吉沙爾、葉爾羌、和闐等處十一稅釐
局,每局各募巡丁六名。又哈密、吐魯番、喀庫、庫車、烏什、英吉沙
爾、葉爾羌、和闐等處八稅釐局,每局各募纏回通事一名。又古城、阿
克蘇、喀什噶爾、烏魯木齊、綏來、巴里坤、哈密、吐魯番、喀庫、庫車、
烏什、英吉沙爾、葉爾羌、和闐等處,共計安設四十七分卡,每卡各募
巡丁二名。以上共計巡丁一百九十六名,內什長三名,照依楚軍營制
行糧章程,每名各日支銀一錢六分,共日支銀四錢八分。巡丁一百九
十三名,每名各日支銀一錢四分,共日支銀二十七兩二分。纏回通事
十二名,每名各日支銀一錢,共日支銀一兩二錢。統計日支口糧銀二
十八兩七錢。自光緒八年正月初一日起截至六月底止,內除小建三
日不支外,計一百七十七日,共支過湘平銀五千七十九兩九錢,折合

庫平銀四千九百一十七兩六錢一分八釐,應由戶部核銷。①

341. 巴里坤八旗官兵及古城滿營遷併到防摺

光緒十五年二月二十四日

尚書銜甘肅新疆巡撫二等男臣劉錦棠跪◆¹奏,爲恭報巴里坤八旗官兵遷徙到防,古城滿營一律遷併就緒,恭摺仰祈聖鑒事。

竊照烏魯木齊、巴里坤滿營,前經奏准遷併古城。上年,臣飭局藩司議給盤費、車輛等項,並分別借支俸餉,咨行護理巴里坤領隊大臣金貴、古城城守尉德勝,分起遷徙,以符原奏,業將烏魯木齊滿營官兵到防日期具奏在案。旋據德勝呈報:護理領隊大臣金貴督飭原設八旗官兵眷口及軍械、文卷,於十月初一日至十二月二十四日先後到古城防所,撥給衙署、兵房,分別居住。並據金貴將領隊印信、兩翼協領關防呈繳前來。臣查兵部議奏烏魯木齊、巴里坤滿營,舊制向設八旗,現在遷併古城,今昔情形不同,應准暫按六旗安設,一俟兵丁敷額、餉項充足,隨時酌定◆²,規復舊制,奏明辦理等因。奉旨允准,欽遵咨行在案。茲據呈報前情,當飭德勝迅將一切接收具報,並將烏魯木齊、巴里坤遷併各旗及古城舊有各官兵,查照奏定章程,作爲六旗安設,分晰造賫旗佐年貌清冊,另案奏咨。巴里坤滿營報銷,應由金貴截至十四年底止趕造咨部,俾清界限。至烏魯木齊、古城舊設協領、防禦、驍騎校、筆帖式等官,均係委署。巴里坤舊補各員,應由德勝查開銜名,呈請咨部開缺。佐領以下,由德勝按現設六旗員數,或以原官,或另行揀員,呈請奏補,以資得力。其裁撤各員,

---

①　中國第一歷史檔案館藏:《清單》,檔號:03—6500—014。

擬給馬甲、錢糧,留營當差候補。所裁協領二員,查副都統銜左翼協領英魁,年力衰邁,應請以原品休致。副都統銜右翼協領金貴,於光緒二年准補斯缺,屢護領隊篆務,邊防戎政均能措置裕如。上年遷併各旗,尤能妥爲調度,一體安謐,洵屬不可多得,應如何擢用以示鼓勵,出自天恩。所有巴里坤官兵到防,古城滿營一律遷併就緒各情形,除咨部外,謹會同伊犁將軍臣色楞額、陝甘總督臣譚鍾麟,恭摺具陳。伏乞皇上聖鑒訓示。謹奏。光緒十五年二月二十四日◆3。

　　光緒十五年三月二十八日,奉◆4 硃批:英魁著以原品休致,金貴著交軍機處存記。該部知道。欽此。

【案】此摺原件①、録副②現藏於中國第一歷史檔案館,兹據校補。

1.【尚書銜甘肅新疆巡撫二等男臣劉錦棠跪】此前銜據原件補。

2.【酌定】原件、録副均作"酌度",是。

3.【光緒十五年二月二十四日】此具奏日期,據原件補。

4.【光緒十五年三月二十八日,奉】此奉旨日期,據録副補。

342. 代繳巴里坤領隊大臣銀印
及左右翼協領銅質關防片
光緒十五年二月二十四日

　　再,巴里坤領隊大臣暨左右兩翼協領各缺,業經奉旨裁撤在案。兹准護領隊臣金貴賫送原頒乾字五百三十六號巴里坤領隊大臣銀印一顆,又乾字一萬四千七百七號左翼協領銅質關防一顆、乾字一萬四千七百八號右翼協領銅質關防一顆,呈請代繳等

---

① 中國第一歷史檔案館藏:《硃批奏摺》,檔號:04—01—01—0970—068。
② 中國第一歷史檔案館藏:《録副奏摺》,檔號:03—5755—019。

因前來。除將印信、關防鐫刻繳字咨送禮部查銷外,理合附片具陳。伏乞聖鑒。謹奏。

　　光緒十五年三月二十八日,奉◆1 硃批:禮部知道。欽此。

　　【案】此奏片原件①、録副②現藏於中國第一歷史檔案館,兹據校補。

　　1.【光緒十五年三月二十八日,奉】此奉旨日期,據録副補。

343. 委黃萬鵬等署喀什噶爾提屬
並阿克蘇鎮屬各副將員缺片

光緒十五年二月二十四日

　　再,新設喀什噶爾提屬並阿克蘇鎮屬各副將員缺亟應委員署理,以重職守。喀什噶爾回城協營副將員缺,查有頭品頂戴記名提督黃萬鵬,久經戰陣,曉暢戎機,堪以委署。莎車協營副將員缺,查有題奏提督陶生林,精勤勇敢,歷練老成,堪以委署。烏什協營副將員缺,查有頭品頂戴題奏提督張俊,深明大略,洞達邊情,堪以委署。除分行遵照,飭司先行刊給木質關防暫資啓用,並咨部查照外,謹會同陝甘總督臣譚鍾麟、喀什噶爾提督臣譚上連,附片具陳。伏乞聖鑒。謹奏。

　　光緒十五年三月二十八日,奉◆1 硃批:兵部知道。欽此。

　　【案】此奏片原件③、録副④現藏於中國第一歷史檔案館,兹據校補。

　　1.【光緒十五年三月二十八日,奉】此奉旨日期,據録副補。

---

①　中國第一歷史檔案館藏:《硃批奏片》,檔號:04—01—16—0227—066。

②　中國第一歷史檔案館藏:《録副奏片》,檔號:03—5861—058。

③　中國第一歷史檔案館藏:《硃批奏片》,檔號:04—01—16—0227—065。

④　中國第一歷史檔案館藏:《録副奏片》,檔號:03—5861—059。

344. 請恤故員趙奉樂等八員片

光緒十五年二月二十四日

　　再，新疆立功後積勞病故文武各員，迭經臣奏蒙恩准，照例議恤各在案。茲續查有記名提督訥恩登額巴圖魯趙奉樂，甘肅平遠縣人；提督銜記名總兵甘肅永昌協屬新城營都司龍在田，湖南湘鄉縣人；總兵銜陝甘儘先推補副將岳正南，湖南武陵縣人；副將銜留甘補用游擊賀茂棠，湖南湘鄉縣人；參將銜留閩補用游擊戴海廷，湖南寧鄉縣人；儘先補用都司賴國安，湖南湘鄉縣◆¹人；分省補用通判張光綬，湖南寧鄉縣人；理問銜分省補用縣丞張曜先，湖南湘潭縣人◆²。該員等從征關外有年◆³，先後在營病故，殊堪憫惻。合無仰懇天恩俯准，將該故員趙奉樂等八員一併飭部，照軍營立功後積勞病故例議恤，以昭激勸而慰幽魂，出自逾格鴻慈。除咨部外，謹附片具陳。伏乞聖鑒訓示。再，龍在田係借補甘肅新城營都司，所遺員缺，臣已咨明陝甘總督臣譚鍾麟，奏請開缺另補，合併聲明。謹奏。

　　光緒十五年三月二十八日，奉◆⁴硃批：著照所請，該部知道。欽此。

　　【案】此奏片原件①、録副②現藏於中國第一歷史檔案館，茲據校補。

　　1.【湘鄉縣】原件、録副均作"湘潭縣"，是。

　　2.【分省補用通判張光綬，湖南寧鄉縣人；理問銜分省補用縣丞張曜先，湖南湘潭縣人】此節文字刻本錯亂，且有遺漏，茲據原件校正。

　　3.【有年】原件、録副均作"歷有年所"。

---

　　①　中國第一歷史檔案館藏：《硃批奏片》，檔號：04—01—16—0227—071。

　　②　中國第一歷史檔案館藏：《録副奏片》，檔號：03—5247—161。

4.【光緒十五年三月二十八日,奉】此奉旨日期,據録副補。

345.懇將留營軍犯張得太釋回片

光緒十五年二月二十四日

再,已革外委張得太原犯誣良案内,發配靖遠縣安置,光緒六年到配。臣因關外積寒侵骨,從軍士卒往往墮指裂膚,乏術診視。聞張得太精於鍼灸推捵之術,於光緒九年商調來營,醫治勇夫,著有成效。該犯籍隸天津,前聞順直水災,願將歷年所積醫資銀五百兩捐助賑需,臣於光緒十年六月二十七日附片奏請留營在案◆1。查例載,發遣新疆等處效力官犯,若原犯軍流從前加重改發者,定限十年期滿,遵例奏聞,如蒙允准,即令各回旗籍。又發遣新疆廢員派令管理鉛鐵等廠,如果妥協,其原犯軍流例應十年奏請,准其於十年之内酌減三年,奏聞◆2 如蒙允准,即令各回旗◆3 等語。該犯張得太原係足四千里發甘肅省靖遠縣安置,迨調新疆,幾至萬里,不啻加重改發。在營將屆七年,合之到靖遠縣配所,共計十年,且係奏請留營醫治兵勇,與原犯發遣新疆效力者實有不同。醫術既精,保全甚衆,勞勤實不可没,又曾捐貲助賑,勇於悔過。可否仰懇天恩,准將留營軍犯張得太釋回之處,出自鴻慈。謹會同陝甘總督臣譚鍾麟,附片具陳。伏乞聖鑒訓示施行。謹奏。

光緒十五年三月二十八日,奉◆4 硃批:准其釋回。欽此。

【案】此奏片原件①、録副②現藏於中國第一歷史檔案館,兹據校補。

1.【案】光緒十年六月二十七日,督辦新疆軍務大臣劉錦棠附片曰:

再,臣所部弁勇多係東南之人,從征各省,久爲濕蒸,連年于役邊

---

① 中國第一歷史檔案館藏:《硃批奏片》,檔號:04—01—01—0972—039。

② 中國第一歷史檔案館藏:《録副奏片》,檔號:03—7400—054。

庭，復爲積寒侵骨，率多遍體酸痛。每屆冬令，防護要差，風雪饕撲，往往墮趾裂膚，正苦無人診治。適聞有安置甘肅靖遠縣之軍犯張得太，精於鍼灸推捺之术，經臣商調差送到營，醫治勇夫，著有明效。因係定地之犯，應仍送回配所，以符例章。無如該軍犯經醫營中舊證尚多，勢難中輟，合無仰懇天恩，俯念邊軍士卒，特准將軍犯張得太留於臣營醫治之處，出自鴻慈。除咨部外，謹會同陝甘總督臣譚鍾麟，附片具奏。伏乞聖鑒訓示。再，該軍犯籍隸天津縣，前聞順直水災，情殷桑梓，願將歷年醫藥積存銀五百兩捐助賑需，業已如數呈繳，亦即悔過遷善之徵。其原犯罪由係約人往拿盜犯，偶見同店客民楊姓，起意嚇作，審依誣良爲盜，發配到甘，合併陳明。謹奏。

　　光緒十年七月十八日，軍機大臣奉旨：刑部議奏。欽此。①

2.【奏聞】原件、録副均作“奏聞請旨”，是。

3.【各回旗】原件、録副均作“各回旗籍”，是。

4.【光緒十五年三月二十八日，奉】此奉旨日期，據録副補。

346. 報交卸起程日期片
光緒十五年二月二十五日

　　尚書銜甘肅新疆巡撫二等男臣劉錦棠跪◆1 奏，爲恭報微臣交卸起程日期，仰祈聖鑒事。

　　竊臣欽奉諭旨，允准展假回籍，省視祖母，當即具摺叩謝天恩。茲於本年二月二十五日，派委署撫標中軍參將郝忠裔、代理迪化府知府潘時策，將甘肅新疆巡撫關防一顆暨王命旗牌並文卷等件賫送護撫臣魏光燾，接收任事◆2。臣即於是日卸事起程。新疆改設標營，規制已定，護撫臣在事日久，洞達無遺，必能廣益集思，和衷共濟。臣一俟假滿，即當馳回本任，勉竭愚忱，以仰副聖

_____

　　① 臺北故宮博物院藏：《軍機及宮中檔》，文獻編號：128843。

主曲賜矜全之至意。所有微臣交卸起程日期,謹恭摺具陳。伏乞皇上聖鑒。謹奏。光緒十五年二月二十五日◆3。

　　光緒十五年三月二十八日,奉◆4硃批:知道了。欽此。

　　【案】此摺原件①、録副②現藏於中國第一歷史檔案館,兹據校補。

　　1.【尚書銜甘肅新疆巡撫二等男臣劉錦棠跪】此前銜據原件補。

　　2.【案】光緒十五年二月二十八日,護理新疆巡撫魏光燾奏報接護撫篆日期並謝恩:

　　　　頭品頂戴護理甘肅新疆巡撫新疆布政使臣魏光燾跪奏,爲恭報微臣接護撫篆日期,叩謝天恩,仰祈聖鑒事。竊臣於光緒十五年二月二十三日奉撫臣轉准吏部咨:光緒十四年十二月二十八日内閣奉上諭:劉錦棠奏懇恩展假回籍省視祖母一摺等因。欽此。行之到臣。旋於二月二十五日准撫臣劉錦棠委員將甘肅新疆巡撫關防暨王命旗牌、文卷等件賫送前來。臣當即恭設香案,望闕叩頭謝恩,祗領任事訖。伏念湖湘下士,由監司洊擢甘肅藩司,調任新疆藩司。四年以來,慚無報稱。兹復欽承恩命,暫護撫篆,撫衷循省,益切悚惶。查新疆行省初建,營制甫更,舉凡課吏整軍,在在均關緊要。如臣檮昧,深懼弗勝,惟有勉竭愚忱,倍加勤慎,遇有重大事件,仍隨時禀商督臣,認真辦理,斷不敢以暫時護理,稍涉因循,以期仰答高厚鴻慈於萬一。所有微臣接護撫篆日期並感激下忱,理合恭摺叩謝天恩。伏乞皇上聖鑒。謹奏。二月二十八日。

　　　　光緒十五年四月初十日,奉硃批:知道了。欽此。③

　　3.【光緒十五年二月二十五日】此具奏日期,據原件補。

　　4.【光緒十五年三月二十八日,奉】此奉旨日期,據録副補。

---

①　中國第一歷史檔案館藏:《硃批奏摺》,檔號:04—01—12—0545—164。
②　中國第一歷史檔案館藏:《録副奏摺》,檔號:03—5247—162。
③　中國第一歷史檔案館藏:《録副奏摺》,檔號:03—5248—044。

347. 轉解伊犁勇餉日期片

光緒十五年二月二十五日

　　再，臣於本年二月初四日承准軍機大臣字寄：光緒十四年十二月二十九日奉上諭：色楞額奏清釐伊犁勇餉，撫臣請照舊章，礙難照辦一摺。所有伊犁遣撤勇隊、酌發餉項川資各事宜，即著責成色楞額就近一手經理。前由譚鍾麟撥解銀十五萬兩，著劉錦棠派員轉解伊犁應用等因。欽此。欽遵咨行在案。茲據藩司詳稱：前項銀十五萬兩，遵於本月十三日委員管解去訖。並准色楞額咨鈔原摺咨照前來。臣查此項銀兩，由色楞額批准給發，臣本不便與聞。部議令臣專辦，臣正擬具奏，復奉旨飭令臣與色楞額會同辦理，臣始不敢過辭。色楞額援前案請款，又不能照前案發餉，意實兩歧。前此臣與錫綸會同發餉，實奉有諭旨，飭令分別入營久暫，分成匀給。色楞額蓋未周知。伊犁勇營舊章，每月發餉七天半，其餘糧料及衣履、包巾等項，隨時作價。各營勇應存餉數，實不自知，以故當時按年匀給，各營勇並無異說。其後錫綸遣撤吉江馬隊，因有存餉可稽，核發至六十餘萬兩。如各營勇存有餉冊，乃藏而不出，豈非至愚？不然又豈臣所能强抑？此次色楞額請撥款十五萬兩，部議如無須此數，自應存儲藩庫，不得濫支。臣恐色楞額意有未安，故告以有餘，仍當具奏，以濟伊犁之用。不謂乃以此更生異論也。臣現在請假回籍，已蒙恩允准。色楞額當信其無他。臣長於兵間，深知甘苦，從不敢過於嚴切。惟伊犁營勇積習太深，非嚴恐無以整頓。臣欲嚴而色楞額以寬，則色楞額之所處自易。惟望速清此款，早定營規，使邊圉之民相安無事，則伊犁之幸，亦新疆全局之幸矣。所有轉解前項銀兩日期，謹附片陳明。伏乞聖鑒訓示。謹奏。

光緒十五年三月二十八日◆1,奉硃批:户部知道。欽此。

【案】此奏片原件①現藏於中國第一歷史檔案館,茲據校補。

1.【光緒十五年三月二十八日】此奉旨日期,據《軍機處隨手登記檔》②校補。

348. 抵籍日期片（湘撫王文韶代奏）

光緒十五年八月二十四日

再,臣於八月初一日承准軍機大臣字寄:光緒十五年七月十五日奉上諭:甘肅新疆巡撫劉錦棠,前經賞假六個月,回籍省親。嗣據該撫奏報,於二月二十五日起程,現在計已行抵湖南。新疆地方緊要,邊防諸務關繫重大,朝廷廑念甚殷。著王文韶傳知該撫,不必拘定假期,迅速回任。將此由四百里諭令知之。欽此。遵旨寄信前來。臣查新疆撫臣劉錦棠,蒙恩准假省親,於七月二十七日行抵湖南省城,彼此往還,小住三日,旋即遄回湘鄉縣本籍。欽奉前因,遵即恭錄諭旨,備文知照去後。茲據呈稱:錦棠前蒙恩准,展假六個月,回籍省視祖母。當即恭摺叩謝天恩,並將交卸起程日期專摺奏明在案。嗣因沿途感受暑濕,觸動舊時便血及手足麻木諸證,隨時醫治,略有耽延,茲於八月初六日行抵湖南湘鄉縣本籍。錦棠祖母病勢雖較前輕減,然終日昏瞀,不能辨識家人,其眠食步履,一切需人。錦棠惟有加意醫治,以期速愈。合將到籍日期呈請據情代奏等情。核其發行月日,所有欽奉寄諭轉行之件,自係尚未接到,理合先將該撫到籍日期,附片代奏。伏乞聖鑒。謹奏。

---

① 中國第一歷史檔案館藏:《硃批奏片》,檔號:04—01—30—0214—022。

② 中國第一歷史檔案館藏:《軍機處隨手登記檔》,檔號:03—0258—1—1215—085。

光緒十五年九月初八日,奉◆¹ 硃批:知道了。欽此。

【案】此摺原件①、録副②現藏於中國第一歷史檔案館,兹據校補。

1.【光緒十五年九月初八日,奉】此奉旨日期,據録副補。

349. 請俟祖母病勢稍痊即行起程回任片
(湘撫王文韶代奏)
光緒十五年八月二十九日

再,臣於八月初一日欽奉寄諭,以新疆地方緊要,飭即傳知劉錦棠,不必拘定假期,迅速回任等因。欽此。當即恭録轉行,並附片奏報在案。兹於八月二十日◆¹ 接據新疆撫臣劉錦棠文稱:錦棠前蒙恩准,賞假六個月回籍,省視祖母,業將到籍日期呈請代奏。現在將近一月,祖母病勢諸未輕減。錦棠雖日侍醫藥,祖母總不識錦棠爲何人,口中時念孫歸,目中不知孫歸。是錦棠雖歸,究與未歸無異,傷心怵目,泣下潸然,五内徬徨,莫知所措。兹奉天語煌煌,跪讀之下,莫名惶悚。計惟有趕延名醫,多方調理,俟祖母病稍痊可,即當不拘假期,迅速回任,以期上慰宸廑等因,呈請轉奏前來。理合據情附片代奏。伏乞聖鑒。謹奏。

光緒十五年九月二十九日,奉◆² 硃批:仍著傳諭劉錦棠,新疆事務緊要,俟伊祖母病勢稍輕,即行回任,以重邊防。欽此。

【案】此摺原件③、録副④現藏於中國第一歷史檔案館,兹據校補。

---

① 中國第一歷史檔案館藏:《硃批奏摺》,檔號:04—01—13—0365—025。
② 中國第一歷史檔案館藏:《録副奏摺》,檔號:03—5253—037。
③ 中國第一歷史檔案館藏:《硃批奏摺》,檔號:04—01—17—0142—045。
④ 中國第一歷史檔案館藏:《録副奏摺》,檔號:03—5253—140。

1.【八月二十日】原件、録副均作“八月二十八日”，是。

2.【光緒十五年九月二十九日，奉】此奉旨日期，據録副補。

350. 祖母病勢增劇懇開缺終養摺
（湘撫邵友濂代奏）

光緒十五年十二月十三日

頭品頂戴湖南巡撫臣邵友濂跪◆¹奏，爲據情恭摺代奏，仰祈聖鑒事。

竊准甘肅新疆撫臣劉錦棠文稱：錦棠前蒙恩准，賞假六個月，回籍省視祖母。到籍後，復奉諭旨，飭令不拘假期，迅速回任。當將祖母病未減輕、一俟稍愈、即行起程各節，呈請升任雲貴總督前湖南巡撫王文韶，附片代奏。光緒十五年十一月十二日承准咨開：十月二十九日在常德府途次接回原片，奉硃批：仍著傳諭劉錦棠，新疆事務緊要，俟伊祖母病勢稍輕，即行回任，以重邊防。欽此。跪聆之下，感悚莫名。錦棠一介庸儒◆²，受恩深重，此身豈尚復爲己有！且邊防吃重，久曠厥職，尤爲寢饋難安。到籍以來，初不意祖母之暮景頹唐至斯極也。名醫訪遍，祈禱多方，病且有增無減。向雖不能辨識家人，視聽稍見精神，今則家人至其前，而不知其至矣。向雖飲食減少，猶有索食之時，今則竟日不自索食，必使人扶掖而食◆³，徐啗之，乃得進以少許矣。向雖精神恍惚◆⁴，猶間有清醒語言，今則無非顛倒之詞，家人環聽而細測之，莫知其意之所在矣。向雖起處維艱，每當便溺，猶或示人以意，今則侍疾者略不經心，而溷穢在身矣。錦棠日侍牀蓐，昕夕所見，無非可悲可泣之狀。醫者謂，尺脈細弱，虛不受補。藥方屢易，病證亦復屢變，所以久不見效。錦棠聞之，肝腸寸裂，憂懼之餘，公私兩念交迫於中，亦遂神魂莫定，夜不能寐，致成驚悸之疾。

伏思錦棠髫齡孤苦，賴祖母鞠育教誨，以有今日。歷溯祖母生平艱苦之境，多不忍言。祖母所出，祇錦棠之父與叔兩人。咸豐四年，錦棠之父戰歿岳州。同治九年，叔父劉松山殉節金積堡。皆祖母傷痛之事。錦棠又離家十有八載，久疏定省。此次仰荷逾格鴻施，獲睹慈顏，方深慶幸，以謂今始得博老人一笑，乃事不從心若此。此時若遂不顧而行，棄絕恩義，聖朝以孝治天下，亦安用此忘親不孝之人！錦棠未嘗學問，惟一片血誠秉諸天性，二十餘年效力疆場，夫豈不知公爾忘私之義！邊防爲重，祖母爲輕，然錦棠於無可如何之中，作強自寬解之想，則亦有二説焉。現在邊疆安謐，屢接關外來函，兼詢南歸員弁，皆言魏光燾措置裕如，軍民悦服，可以上慰宸廑。是此時之邊防，似尚寬緩，而祖母之情形，則極急切也。祖母今年八十有五，錦棠今年四十有六，是錦棠感激馳驅之日長，而依戀庭闈之日短也。是以屢奉廷旨催促，實有不克欽遵就道之苦衷。轉瞬假期屆滿，再四思維，若僅求恩展假，則祖母衰病彌留，何能應期而愈？祖母之病一日不愈，則錦棠之心一日不安。一日不安◆5，則身一日無用。身既無用，則回任之期實難預必成行。與其愆期而獲咎於後，何如據情而泣訴於前？惟有籲求天恩，俯准開錦棠甘肅新疆巡撫員缺，迅賜另簡，以專責成，俾錦棠得以安心在籍，侍奉祖母餘年。錦棠亦藉以稍紓憂鬱，留此身效力於將來，則有生之年，無非報國之日。犬馬愚忱，雖赴湯蹈火，甘之如飴矣。冒昧瀆陳，不勝迫切惶恐之至。所有錦棠祖母病勢增劇、懇恩賞准開缺終養緣由，呈請據情轉奏前來。臣自到任後，接見紳耆，詢以該撫臣祖母病狀，均稱其老病日篤，係屬實情。茲准來文叙述情形，詞尤肫切，理合恭摺代奏。伏乞皇上聖鑒訓示。謹奏。光緒十五年十二月十三日◆6。

光緒十六年正月初八日，奉◆7硃批：另有旨。欽此。

光緒十六年正月初八日内閣奉上諭:邵友濂代奏劉錦棠瀝陳祖母病狀,懇恩開缺終養一摺。覽奏。情詞惟惻,出於至誠,朝廷良深憫念。惟新疆事務重要,該撫久膺邊寄,威望素孚,一時實難遽易生手。劉錦棠著毋庸開缺,再賞假四個月,並加恩賞給伊祖母人參八兩,以資頤養。該撫其善求醫藥,盡心調治,一俟親疾就痊,即行馳回本任,用副朕眷念西陲、優加倚任至意。欽此。

【案】此摺缺原件,録副①現藏於中國第一歷史檔案館,兹據校補。摺後"上諭"載於《光緒朝上諭檔》②及《清實録》③,兹據校勘。

1.【頭品頂戴湖南巡撫臣邵友濂跪】此前銜據録副補。

2.【一介庸儒】録副作"一介庸愚",是。

3.【扶掖而食】録副作"扶掖而以食"。

4.【精神恍惚】録副作"心神恍惚"。

5.【一日不安】録副作"心一日不安",是。

6.【光緒十五年十二月十三日】此具奏日期,據刻本、録副校補。

7.【光緒十六年正月初八日,奉】此奉旨日期,據録副補。

351. 謝年終恩賞摺(護湘撫沈晉祥代奏)

光緒十六年正月二十二日

暫行護理湖南巡撫按察使臣沈晉祥跪◆¹奏,爲據情代奏,叩謝天恩,恭摺仰祈聖鑒事。

竊准請假在籍甘肅新疆撫臣劉錦棠文開:光緒十五年十二月二十八日承准軍機處咨開:十一月二十八日由内交出恩賞福字荷

---

①　中國第一歷史檔案館藏:《録副奏摺》,檔號:03—5260—027。

②　中國第一歷史檔案館編:《光緒朝上諭檔》,第十六册,第20—21頁。

③　《清實録·德宗景皇帝實録(四)》,卷二百八十,光緒十六年正月,第732頁。

包、銀錢、銀鍝、食物等項，交兵部由驛遞到，按照單開數目祗領等因。承准此，當即恭設香案，望闕叩頭祗領。伏念錦棠薄植輇材，久膺疆寄，荷恩慈之遠被，准乞假以陳情。茲當鳳篇新更，復沐龍綸下逮，九疇敷錫，拜特眷於奎章；萬類包容，凝泰和於辰極。貢金品重，赤仄同頒，賜果名嘉，瓊芬並屑。潤到滴酥之味，寵渥醍醐；持將切玉之方，潔侔冰雪。凡此鴻施之沛，實深龜戴之忱。惟有震省身心，刻銘肺腑，以期仰答高厚於萬一。所有感激下忱請代奏叩謝天恩等情，准此，理合據情恭摺代奏。伏乞皇上聖鑒。謹奏。光緒十六年正月二十二日◆2。

　　光緒十六年二月十八日，奉◆3 硃批：知道了。欽此。

【案】此摺缺原件，録副現藏於中國第一歷史檔案館，茲據校補。

1.【暫行護理湖南巡撫按察使臣沈晉祥跪】此前銜據録副補。

2.【光緒十六年正月二十二日】此具奏日期，據録副、刻本校補。

3.【光緒十六年二月十八日，奉】此奉旨日期，據録副補。

352. 恩賞祖母陳氏緞匹謝恩摺（湘撫張煦代奏）
光緒十六年三月十五日

　　頭品頂戴湖南巡撫臣張煦跪◆1 奏，爲據情代奏，叩謝天恩，恭摺仰祈聖鑒事。

　　竊准請假在籍甘肅新疆撫臣劉錦棠咨稱：准前湖南撫臣邵友濂轉交恩賞各壽婦緞匹一案，單開湘鄉縣命婦陳氏，未屆百齡，親見七代，五世同堂，蒙恩賞給上用緞一匹、改折江綢二件等因。錦棠祗領之餘，謹即恭設香案，望闕叩頭謝恩。伏念錦棠祖母陳氏，年逾八秩，釵荊安儒素家風；誥捧五花，翟茀沐聖朝恩露。惜桑榆之已迫，有負鴻慈；感參藥之頻頒，久深龜戴。茲復恭逢慶典，渥荷殊施,分出天章,璀璨焕雲霞之色;謬膺上賞,喬黃生杖履之輝。
聞命自天,感恩無地。錦棠惟有仰體皇仁,勉承親志,傍藥爐而戲
綵,萱可忘憂;企黼座以攄丹,葵還向日。所有感激榮幸下忱咨請
代奏叩謝天恩等情到臣。理合據情恭摺代奏。伏乞皇上聖鑒。
謹奏。光緒十六年三月十五日◆2。

　　光緒十六年四月初二日,奉◆3硃批:知道了。欽此。

【案】此摺原件①、録副②現藏於中國第一歷史檔案館,兹據校補。

1.【頭品頂戴湖南巡撫臣張煦跪】此前銜據原件補。

2.【光緒十六年三月十五日】此具奏日期,據原件補。

3.【光緒十六年四月初二日,奉】此奉旨日期,據録副補。

353. 祖母病勢增劇懇暫行開缺摺(湘撫張煦代奏)
光緒十六年三月十五日

　　頭品頂戴湖南巡撫臣張煦跪◆1奏,爲據情恭摺代奏,仰祈聖
鑒事。

　　竊准請假在籍甘肅新疆撫臣劉錦棠咨稱:前將祖母病勢增劇
懇恩開缺終養各節,呈由前湖南撫臣邵友濂代奏,奉上諭:邵友濂
代奏劉錦棠瀝陳祖母病狀,懇恩開缺終養一摺。覽奏。情詞悱
惻,出於至誠,朝廷良深憫念。惟新疆事務重要,該撫久膺邊寄,
威望素孚,一時實難遽易生手。劉錦棠著毋庸開缺,再賞假四個
月,並加恩賞給伊祖母人參八兩,以資頤養。該撫其善求醫藥,盡
心調治,一俟親疾就痊,即行馳赴本任,用副朕眷念西陲、優加倚
任至意。欽此。跪誦迴環,涕零如雨。並准前護撫臣沈晉祥遞到

① 中國第一歷史檔案館藏:《硃批奏摺》,檔號:04—01—12—0547—115。

② 中國第一歷史檔案館藏:《録副奏摺》,檔號:03—5264—006。

兵部木牌一面、參匣一個，業將叩謝天恩各情呈請代奏在案。

伏念錦棠至愚極陋，朝廷優加委任，謬膺邊寄。此次陳情乞養，尤復過蒙恩眷，不以瀆陳爲干咎，且以重圍衰病爲可矜。天語慈祥，鴻恩稠疊，雖古仁聖之君，厚恤臣工家室，殆未有若是之篤至者！碎骨粉身，不足言報。錦棠具有天良，豈不知感激而奮興！況邊疆緊要，離任已周一年，尚復退食委蛇，日夜徬徨，神魂如失。皇天后土，實鑒此心。惟内顧祖母病勢朝不保夕，錦棠不學，於古人仁孝之道未之有聞，然至誠惻怛，人各本於性生，何忍於祖母阽危之際，欣然◆2離牀蓐而賦長征？設征車甫經就道，而風木之聲遽傳於耳，其何以爲心，其何以自立於世？此又烏私之苦萬無可寬者也。仰蒙聖旨展假四個月，固已至優極渥，無以復加矣。乃迄今又兩月有餘，醫藥遍求，祖母仍未稍痊。轉瞬假期復滿，再欲輾轉乞假，幾無了期，尚復成何事體！慈諭又曰：“一俟親疾就痊，即行赴任。”體恤周詳，不加逼迫，方之李密之所謂詔書切峻者，可見孝治之世，其寬大之典遠邁前朝。惟祖母衰老病篤，奄奄一息，痊愈不知何時。而錦棠受恩深重，實任封疆之身，日復一日，月復一月，虛膺重寄於田間，久曠職守於邊省，既乖設官之體制，尤深内疚於神明。夫公義私情，輕重懸殊。惟公義乃畢世之所重，私情爲一時之所急。畢世之所重者，相期補報於畢世，暫乞紓徐於一時。一時之所急者，稍或蹉跎於一時，永貽痛憾於畢世。念進退之維谷，因仰首以悲鳴。凡人有疾痛憂患之事，未有不窮極而呼父母者。錦棠四顧茫茫，如窮人之無歸，再四思維，惟有高厚之恩可恃，以蘇困心衡慮之苦，是以不揣冒昧，仍呼籲於我皇上之前，如孺子痛哭於慈父母之側，伏懇曲加憐憫，俯聽微志，暫開錦棠甘肅新疆巡撫員缺，另簡賢能，以專責成，俾要缺不至日久虛懸，錦棠亦稍解曠職之咎，聊紓兼顧之憂,庶得謹遵諭旨,善求醫藥,盡心調理◆3。一俟就痊,即當泥首天廷,求賞差使,捐軀圖報,理得心安。犬馬愚忱,神人共鑒,決不敢辜負天恩,稍涉欺罔。所有祖母病勢急切懇恩暫行開缺緣由,咨請代奏前來。理合據情代奏。伏乞皇上聖鑒訓示。謹奏。光緒十六年三月十五日◆4。

　　光緒十六年四月初二日,奉◆5硃批:另有旨。欽此。

【案】此摺原件①、録副②現藏於中國第一歷史檔案館,兹據校補。
1.【頭品頂戴湖南巡撫臣張煦跪】此前銜據原件補。
2.【欣然】刻本奪“欣然”,據原件校補。
3.【調理】原件、録副均作“調治”。
4.【光緒十六年三月十五日】此具奏日期,據原件補。
5.【光緒十六年四月初二日,奉】此奉旨日期,據録副補。

354.懇辭賞加太子太保銜片(湘撫張煦代奏)
光緒十六年三月十五日

　　再,准甘肅新疆撫臣劉錦棠咨稱:竊錦棠恭閱邸鈔:正月二十七日奉上諭:甘肅新疆巡撫劉錦棠,著賞加太子太保銜。欽此◆1。跪聆之下,感激莫名。伏念錦棠忝任封疆之重要,莫酬高厚於涓埃。自蒙鴻慈,得遂省親之願,久離雁塞,何辭曠職之愆。大母既荷推恩,頒尚方之藥餌,錦棠更承温諭,緩邊域之馳驅,已叨非分之榮,方虞廢官◆2之懼。乃淪肌浹髓,頻◆3驚拜賜於龍章;而福過災生,竊恐貽憂於蚊負。況夫勛非蕭瑀,何堪儀備三師;德愧召公,敢望班躋◆4六傅? 庭闈攖◆5痼疾,效劉審理之蒭藥,尚滯征

①　中國第一歷史檔案館藏:《硃批奏摺》,檔號:04—01—12—0547—114。
②　中國第一歷史檔案館藏:《録副奏摺》,檔號:03—5264—009。

車;輔弼號崇階,如南郭士之濫竽,滋慚夢轂。伏乞俯鑒愚忱,收回成命,俾寬罪戾,曷罄悚惶,情實出於肺誠,事非故爲矯激。所有懇辭賞加太子太保銜緣由,咨請代奏前來。理合據情代奏。伏乞聖鑒訓示。謹奏。

光緒十六年四月初二日,奉硃批:另有旨。欽此◆6。

光緒十六年四月初六日◆7内閣奉上諭:張煦代奏劉錦棠瀝陳祖母病篤,懇恩暫行開缺侍養,並請收回加銜成命各摺片。覽奏。情辭迫切,具見悃忱。惟新疆爲西陲要地,劉錦棠辦理一切,深合機宜,朝廷正資倚任。著再賞假四個月,毋庸開缺,仍俟伊祖母病體稍愈,即行回任,以重職守。前以行慶宣綸,賞加該撫太子太保銜,酬庸懋賞,出自特恩,毋庸固辭。欽此。①

【案】此摺原件②、録副③現藏於中國第一歷史檔案館,兹據校補。原件既無具奏日期,亦無具奏者,兹據刻本、録副判定。

1.【案】此"上諭"《光緒朝上諭檔》未載,兹據《清實録》補足:

又諭:本年朕二旬慶辰,恩施疊沛,因念各省文武大臣,有卓著勳勞、久膺重寄者,允宜優加獎叙。大學士直隸總督李鴻章、兩江總督曾國荃、山東巡撫張曜,著該部查明各該大臣子弟具奏,候旨施恩。福建臺灣巡撫劉銘傳,著賞加兵部尚書銜。甘肅新疆巡撫劉錦棠,著賞加太子太保銜。督辦東三省練兵事宜正白旗漢軍都統定安、雲南提督馮子材,均著交部從優議叙。四川提督宋慶、長江水師提督李成謀、陝西提督雷正綰、廣西提督蘇元春,均著賞加太子少保銜,用示朕

① 此"上諭"載於《清實録·德宗景皇帝實録(四)》,卷二百八十四,光緒十六年四月,第780頁。
② 中國第一歷史檔案館藏:《硃批奏摺》,檔號:04—01—13—0432—064。
③ 中國第一歷史檔案館藏:《録副奏摺》,檔號:03—5264—010。

慶賞酬庸、優眷勛勤至意。①

2.【廢官】原件、録副均作“瘝官”，是。

3.【頻】原件、録副均作“復”，是。

4.【躋】原件、録副均作“儕”，是。

5.【攖】原件、録副均作“嬰”，是。

6.【光緒十六年四月初二日，奉硃批：另有旨。欽此】此奉旨日期與内容，據録副補。

7.【四月初六日】查《光緒朝上諭檔》②，應爲“四月初二日”。

355. 賞加太子太保銜謝恩摺（湘撫張煦代奏）

光緒十六年五月二十七日

頭品頂戴湖南巡撫臣張煦跪◆1奏，爲據情代奏，叩謝天恩，恭摺仰祈聖鑒事。

竊准在籍太子太保甘肅新疆巡撫臣劉錦棠咨開：前閲邸鈔，恭讀正月二十七日上諭：甘肅新疆巡撫劉錦棠，著賞加太子太保銜。欽此。比經備文呈請代奏，籲懇收回成命。五月十五日，接到轉准吏部咨行：光緒十六年五月初二日◆2奉上諭：張煦代奏劉錦棠瀝陳祖母病篤，懇恩暫行開缺侍養，並請收回加銜成命各摺片。覽奏。情詞迫切，具見悃忱。惟新疆爲西陲要地，劉錦棠辦理一切，深合機宜，朝廷正資倚任。著再賞假四個月，毋庸開缺，仍俟伊祖母病體稍愈，即行回任，以重職守。前以行慶宣綸，賞加該撫太子太保銜，酬庸懋賞，出自特恩，毋庸固辭等因◆3。欽此。跪聆之下，感悚莫名。當即恭設香案，望闕叩頭謝恩訖。伏念錦棠謬膺疆寄，未報涓埃，屢叨異數之頒，恒切非常之懼。兹值同登

壽寓,方殷頂祝於臣工,復荷恩綸,榮晉頭銜於丞弼。聞命而時縈丹悃,獻箴而愧列青宮。當親病之未瘳,推恩展假,乃殊施之渥沛,曠職滋慚。錦棠惟有益懷冰淵,勉圖報稱,重闈侍奉,每瞻雁塞以依馳;寸念徬徨,冀答鴻慈之高厚。所有感激榮幸下忱,請據情轉奏,叩謝天恩等因。准此,理合據情恭摺代奏。伏乞皇上聖鑒。謹奏。光緒十六年五月二十七日◆⁴。

　　光緒十六年六月十七日,奉硃批:知道了。欽此◆⁵。

　　【案】此摺原件①、録副②現藏於中國第一歷史檔案館,兹據校補。

　　1.【頭品頂戴湖南巡撫臣張煦跪】此前銜據原件補。

　　2.【五月初二日】原件、録副及《光緒朝上諭檔》③均爲"四月初二日",刻本誤。

　　3.【等因】刻本脱"等因",據原件、録副校補。

　　4.【光緒十六年五月二十七日】此具奏日期,據原件補。

　　5.【光緒十六年六月十七日,奉硃批:知道了。欽此】此奉旨日期與内容,據録副補。

356.陳請開缺終養摺(湘撫張煦代奏)

光緒十六年七月十八日

　　頭品頂戴湖南巡撫臣張煦跪◆¹奏,爲在籍大員屢次陳情,懇乞開缺終養,謹照録原咨,恭摺代呈,仰祈聖鑒事。

　　竊臣於五月二十四日接奉寄諭:前因劉錦棠迭請開缺終養,兩次賞假,諭令俟伊祖母病體稍瘳,即行回任。兹據楊昌濬奏稱,

---

①　中國第一歷史檔案館藏:《硃批奏摺》,檔號:04—01—12—0548—073。

②　中國第一歷史檔案館藏:《録副奏摺》,檔號:03—5266—057。

③　中國第一歷史檔案館編:《光緒朝上諭檔》,第十六册,第106頁。

關外行省新立,善後百端待舉,塔爾巴哈臺尚未定局,事極繁重。該撫久駐新疆,文武各員指臂相聯,延盼之心同形焦切,請飭伊弟河南候補道劉㢾回籍侍養,俾該撫得以安心就道等語◆2。本日已有旨,諭令倪文蔚轉飭劉㢾迅回湖南矣。著張煦傳諭劉錦棠,不必拘定假滿,即行馳回本任。朝廷以該撫孝思肫篤,曲加體恤。該撫務當仰體朕懷,移孝作忠,以副眷念西陲至意。將此由四百里諭令知之。欽此。欽遵轉行,並由臣加函勸令遵旨,酌量訂期起程回任去後。旋准該撫臣以祖母病難速痊、不忍遠離等語,咨請代奏。經臣以既奉巽命,未便再爲代陳答復,並將原咨退還。嗣該撫臣親身來省面懇,又經臣當面力勸,並婉陳大意。乃該撫臣愛親之心根於天性,非口舌所能爭,仍留原咨,堅請代奏。臣情切桑梓,非不知新疆一隅關係綦重,該撫臣在任有年,辦理悉合機宜,冀其早日就道,上紓聖主廑念邊疆之意。無如伊祖母衰病纏綿,亦屬實情。既據面投公牘,又未敢壅於上聞,謹將劉錦棠原咨恭錄,進呈御覽◆3,請旨定奪。所有臣恭摺代呈緣由,伏乞皇上聖鑒訓示遵行。謹奏。光緒十六年七月十八日◆4。

　　光緒十六年八月十二日,奉硃批:另有旨。欽此◆5。

　　●光緒十六年八月十三日,內閣鈔出十二日奉上諭:張煦奏在籍大員籲懇開缺終養,據情代奏一摺。劉錦棠於上年回籍省視祖母,嗣據屢次陳請開缺,均經加恩展假,並諭令伊弟河南候補道劉㢾回籍侍養,俾該撫得以安心回任。朝廷加意體恤,不爲不周。茲復據奏該撫祖母病益增劇,未能遠離,仍懇開缺。在劉錦棠孝思肫摯,原屬出於至誠。惟念新疆地方緊要,該撫威望素孚,整頓一切事宜,諸臻妥協,實未便准其開缺。劉錦棠著再賞假四個月,俟伊祖母病體稍痊,即行馳回本任,用副朝廷廑念邊陲、優加倚任至意。欽此。

　　【案】此摺原件①、録副②現藏於中國第一歷史檔案館,兹據校補。摺後"上諭"據《光緒朝上諭檔》③及《清實録》④校勘。

　　1.【頭品頂戴湖南巡撫臣張煦跪】此前銜據原件補。

　　2.【案】光緒十六年四月二十七日,陝甘總督楊昌濬以新疆邊地關係緊要,具摺奏請飭催新疆巡撫劉錦棠銷假回任:

　　　　太子少保頭品頂戴陝甘總督臣楊昌濬跪奏,爲請旨飭催撫臣回任,以重邊防,恭摺由驛馳陳,仰祈聖鑒事。竊新疆撫臣劉錦棠前因祖母年老多病,懇恩賞假六個月,回籍省視,去年五月初旬,道經甘肅省城,與臣匆匆接晤,即回湖南湘鄉縣原籍。到籍後,復兩次陳請,均荷温旨准其展假,計前後十四個月,須本年秋間方可屆滿。竊念劉錦棠離任以來,得伸烏哺之私,皆出自朝廷錫類推仁之德。異數迭邀,自當感激聖慈,力圖報稱,欽遵諭旨,假滿即行回任。第關外行省新立,一切規模布置粗定。伊犁雖經交割,善後百端待舉。塔爾巴哈臺尚未定局。本年三月,提臣譚上連、將軍臣色楞額先後身故。新失統帥,尚不知後來者爲誰。疆域廖闊,强鄰交涉,事極繁重,全賴護理撫臣魏光燾督同司道,慘淡經營。臣相隔過遠,時虞鞭長莫及。劉錦棠威望素著,新疆係一手恢復之區,文武各員大半皆其部曲,指臂伸縮,氣脈靈通。聞南北兩路延盼之心,同形焦切。合無仰懇天恩,敕下撫臣迅即銷假回任,地方幸甚。臣爲邊疆重臣關係緊要起見,是否有當,伏乞皇上聖鑒訓示施行。謹奏。光緒十六年四月二十七日。

　　　　光緒十六年五月十一日,奉硃批:另有旨。欽此。⑤

　　同日,楊昌濬附片奏請敕下河南撫臣轉飭候補道劉㵾即行回湘,侍奉祖母,俾劉錦棠迅速就道回任:

　　　　再,劉錦棠秉性至孝,目睹祖母臥病在牀,何忍恝然舍去,而感激天

　　①　中國第一歷史檔案館藏:《硃批奏摺》,檔號:04—01—12—0548—017。
　　②　中國第一歷史檔案館藏:《録副奏摺》,檔號:03—5268—024。
　　③　中國第一歷史檔案館編:《光緒朝上諭檔》,第十六册,第248頁。
　　④　《清實録·德宗景皇帝實録(四)》,卷二百八十八,光緒十六年八月,第835頁。
　　⑤　中國第一歷史檔案館藏:《硃批奏摺》,檔號:04—01—13—0366—054;《録副奏摺》,檔號:03—5265—051。

恩又無日不亟圖報稱,兩念交切,所以屢次陳請開缺,亦屬出於萬不得已之苦衷也。臣代爲籌思,查劉錦棠之胞弟劉鼐,已出繼劉松山爲嗣,現在河南候補道,並非實任職官。若令該道回家侍養祖母,俾劉錦棠得以安心回任供職,斯恩義交盡、兩全其美矣。可否敕下河南撫臣迅飭該道劉鼐回湘侍養之處,出自聖裁。謹附片陳請。伏乞聖鑒。謹奏。

光緒十六年五月十一日,奉硃批:另有旨。欽此。①

楊昌濬之奏於是年五月十一日獲准,令豫撫倪文蔚轉飭劉鼐回籍侍養:

軍機大臣字寄:河南巡撫倪:光緒十六年五月十一日奉上諭:楊昌濬奏請飭河南候補道劉鼐回湘侍奉祖母,俾劉錦棠得以回任供職等語。新疆地方緊要,亟需該撫回任,以資鎮撫。本日已有旨,令劉錦棠不俟假滿,即回新疆。著倪文蔚飭令道員劉鼐趕緊回湘,庶劉錦棠祖母侍養有人。該撫自可安心赴任,以重職守。將此由四百里諭令知之。欽此。遵旨寄信前來。②

光緒十六年五月二十七日,塔爾巴哈臺參贊大臣額爾慶額以新疆伊犁事局緊要,具摺密陳請飭在籍新疆巡撫劉錦棠馳回本任:

奴才額爾慶額跪奏,爲伊犁事局緊要,擬請將地方文武升遷降調各事宜,由將軍會同督撫辦理,以重事權,並請旨飭催在籍巡撫速回本任,以資鎮撫,謹恭摺密陳,仰祈聖鑒事。竊維伊犁爲極邊要地,控馭素難。將軍係專閫大員,事權宜重。溯查新疆自乾隆年間勘定以來,設立將軍員缺,統轄南北兩路,印信、敕書特加總統字樣,節制都統、提督以下,所以隆體制而重事權也。自新疆改建行省,伊犁新設府道,而將軍之權遂輕,伊犁事局因之日壞。查已故伊犁將軍色楞額於前年赴任時,道過新疆省城,自以於關外情形不甚熟習,商之撫臣調員差遣,以收指臂之效。於是劣員鑽營,轉相汲引,隨同該將軍前往辦事,名相維持,實則箝制。道府則虛文崇奉而呼應不靈,將弁則

<hr />

① 中國第一歷史檔案館藏:《錄副奏片》,檔號:03—3265—052。

② 中國第一歷史檔案館編:《光緒朝上諭檔》,第十六冊,第169—170頁;《清實錄·德宗景皇帝實錄(四)》,卷二百八十五,光緒十六年五月,第796—797頁。

驕蹇奢華而積習不改。其餘同城文武皆以旗綠各別，無所忌憚，每存輕視之心。色楞額見遇事齟齬，業已積忿難平。茲復因屬員朦蔽錢法，辦理不善，貽害地方，而且牽涉俄商，恐生邊釁，自以累世受恩深重，愧憤交集，服毒捐生。雖咎由自取，而情實可矜。奴才之愚以爲色楞額之事既往矣，無可深求，似宜亟思變計，以圖補救之方。惟伊犁地處極邊，毗連俄境，中外交涉，關係匪輕，將軍員缺自非他省駐防可比。查陝甘總督距伊犁五千餘里，甘肅新疆巡撫距伊犁一千餘里，均屬鞭長莫及。擬請將伊犁文武員弁自鎮道以下如有優劣，應聽伊犁將軍隨時舉劾。凡升遷、調補各事宜，並由將軍隨時會同督撫辦理，以重事權。如此酌量變通，庶屬吏知所敬畏，而邊防得以措手矣。儻邀俞允，並懇天恩飭部立案，以便遵守。抑奴才更有請者，新疆行省初立，一切粗有規模，惟南路纏回苦官吏之煩苛，狡焉思逞，徒以懾於兵威，暫就羈縻，苟安無事，游匪潛踪。各處稽查難遍，遇事生風，吏治漸習因循，民氣日趨澆薄。整頓撫綏，實非易易。護理甘肅新疆巡撫布政使魏光燾，居心刻薄，物議沸騰，衆望未孚，難資表率。查准假在籍甘肅新疆巡撫劉錦棠，夙著聲威，軍民悅服，行省之議，實總其成。相應請旨飭催該撫臣迅速馳回本任，俾得一手經理，以資鎮撫而竟全功。奴才愚昧之見，是否有當，謹恭摺密陳。伏乞皇上聖鑒訓示。謹奏。光緒十六年五月二十七日。①

光緒十六年六月初六日②，河南巡撫倪文蔚奏報劉鼏起程回湘侍奉祖母：

　　再，臣欽奉五月十一日寄諭：楊昌濬奏請飭河南候補道劉鼏回湘侍奉祖母，俾劉錦棠得以回任供職等語。新疆地方緊要，亟需該撫回任，以資鎮撫。本日已有旨，令劉錦棠不俟假滿，即回新疆。著倪文蔚飭令道員劉鼏趕緊回湘，庶劉錦棠祖母侍養有人，該撫自可安心赴任，以重職守等因。欽此。仰見恩隆孝治，體恤庶情，凡在臣寮，同深

―――――――――――――

① 中國第一歷史檔案館藏：《録副奏摺》，檔號：03—5265—083。

② 此具奏日期，據中國第一歷史檔案館藏《軍機處隨手登記檔》，（檔號：03—0264—2—1216—192）之同日所批摺件校正。

欽感。伏查道員劉鼎,由併襲二等子分發來豫,歷辦軍需、水利各局事務,曾署河北道篆。前此鄭工事起,襄辦工賑各事,咸臻得力。復因整頓營伍,經臣奏明,派令會同提督李承先總辦營務。該員遇事整飭,悉洽機宜,器局閎達,才識兼優,歷膺艱鉅之事,實爲監司中不可多得之員。本難令其遽離豫省,惟現當新疆地方緊要,該員本生胞兄錦棠奉旨即回本任,其祖母年老多病,不得不令劉鼎遵旨回湘侍奉。當即恭錄諭旨,檄飭遵照。旋據該員稟稱:已將經手營務交代清楚,即於五月三十日由汴起程,回湘侍養等情呈報前來。臣覆查無異。所有道員遵旨回湘起程日期,理合附片具陳。伏乞聖鑒。謹奏。

　　光緒十六年六月二十日,奉硃批:吏部知道。欽此。①

　　3.【案】光緒十六年七月十八日,湖南巡撫張煦呈報新撫劉錦棠咨請代奏開缺事:

　　　　謹將甘肅新疆巡撫劉錦棠原咨恭錄,進呈御覽。爲咨請代奏事。竊錦棠前奉上諭:再賞假四個月,毋庸固辭太子太保銜等因。欽此。業將叩謝天恩各情,咨請代奏在案。茲復接准來咨:光緒十六年五月二十四日欽奉上諭:據楊昌濬奏稱,關外行省新立,善後百端待舉,塔爾巴哈臺尚未定局,事極繁重,該撫久駐新疆,文武各員指臂相聯,延盼之心同形焦切,請飭伊弟河南候補道劉鼎回籍侍奉,俾該撫得以安心就道等語。本日已有旨,諭令倪文蔚轉飭劉鼎迅回湖南矣。著張煦傳諭劉錦棠,不必拘定假滿,即行馳回本任等因。欽此。

　　　　伏念朝廷教孝教忠,相爲表裏。忠之盡不盡,即於孝之誠不誠驗之。錦棠之愚,何敢言孝?更何敢言忠?惟一片血誠,欲終養衰病之祖母者以此,欲報我皇上天高地厚之恩者亦以此。數月以來迭蒙賞假,雖均限於四個月,而兩奉慈諭,一曰俟親疾就痊,一曰俟病體稍愈,於明示限制之中,仍寓紓徐不迫之意。是欲令竭愚以盡忠,仍慮未能及時而盡孝。仁孝所推至於此極宜,亦率土臣民所共聞而感激涕零者也。錦棠祖母一生憂鬱,血氣過傷。回籍後,親侍湯藥,漫不

① 中國第一歷史檔案館藏:《錄副奏片》,檔號:03—5266—077。

省識，今奄奄氣息，百計莫施。睹此情形，尚安所得痊愈之一日？若忍心害理，不俟痊愈，萬一征車就道，而風木旋驚，既負聖朝教孝之恩，錦棠亦何須立於新疆士民之上？陝甘總督楊昌濬繫念邊疆，而於錦棠迭奉諭旨俟疾痊愈等語，未深體念。錦棠前此乞假，早聲明兄弟兩人，弟已出繼臣叔，弟曾歸省，祖母終以未見錦棠爲戚，而繫念錦棠爲尤苦。是弟雖歸來，仍不得祖母歡也。況例載父母年八十以上，雖有次丁，准其終養。又載承重嫡長孫，如無應侍祖父母之叔，即照獨子之例。是弟歲歸來，錦棠亦非不宜終養者。夫以年迫九十、一息僅存之祖母，倘爲之承重嫡長孫者，於安全無事之秋，藉口於公而忘私之言，棄之而去，則自此次拜辭牀褥，安知此後尚復一睹慈顏？言念及此，行路亦爲酸心。而不知者，或疑錦棠規避，有所希冀。此則錦棠所不能不披肝瀝膽痛陳於聖主之前者也。錦棠未見楊昌濬原摺，惟奉上諭宣示中有善後百端待舉、塔爾巴哈臺尚未定局等語。錦棠渥荷殊恩，雖眷念庭闈，何日不繫懷職守？但念新疆善後，自將田賦、兵制、餉制、文武官制、城池、衙署等務一切報竣後，久已撤局。塔爾巴哈臺誠未定局，然今天前准護撫臣魏光燾函牘：現已欽奉諭旨，交部核議。亦無患不能定局。魏光燾兵事、吏事，均其所長，以本任藩司護理，熟悉情形，措置胥當，軍民翕服，外夷向風，以朝廷付托邊事，允爲得人，雖護理較之實任權勢稍輕，而魏光燾護理已逾一載，辦理裕如，堪紓睿慮。應如何另賜簡放，俾專責成，則綏遠安邊必更日有起色。錦棠以祖母桑榆晚景，免曠職守，穫終天年，感荷鴻慈，豈有涯涘？錦棠年未五十，犬馬報效，爲日方長，除此次乞終祖母餘年外，以後有生之年皆盡瘁之日，決不至自耽安逸，致外生成。伏懇皇上天恩俯准，開去錦棠甘肅新疆巡撫員缺，迅賜另簡，則錦棠一家永戴如天之德，即新疆全省普沾西顧之恩。所有祖母痊愈難期，仍懇開缺另簡各緣由，理合咨請代奏。①

4.【光緒十六年七月十八日】此具奏日期，據原件補。

---

① 中國第一歷史檔案館藏：《録副奏片》，檔號：03—5273—012。

5.【光緒十六年八月十二日,奉硃批:另有旨。欽此】此奉旨日期與内容,據録副補。

●軍機大臣字寄:湖南巡撫張◆1:光緒十六年七月十一日奉上諭:前因新疆地方緊要,迭經諭令劉錦棠迅即回任,並因該撫祖母年邁,令道員劉鼐回湘侍奉,俾得安心就道。嗣經倪文蔚奏稱,劉鼐已於五月三十日起程回湘等語,現在當已到籍。著張煦傳諭劉錦棠即行回任,毋稍遲延,並著將起程日期由驛馳奏。將此由四百里諭令知之。欽此。遵旨寄信前來◆2。

【案】此"廷寄"載於《光緒朝上諭檔》①及《清實録》②,兹據校勘。

1.【湖南巡撫張】此前稱據《光緒朝上諭檔》校補。

2.【遵旨寄信前來】此據《光緒朝上諭檔》校補。

357. 請俟假滿後起程赴京摺(湘撫張煦代奏)

光緒十六年十月初六日

頭品頂戴湖南巡撫臣張煦跪◆1奏,爲據情代奏,仰祈聖鑒事。

竊臣准◆2在籍甘肅新疆撫臣劉錦棠文稱:錦棠前將祖母痊愈難期、仍懇天恩開缺另簡各緣由,呈請代奏在案。兹准咨開:轉准吏部咨:光緒十六年八月十二日内閣奉上諭:張煦奏在籍大員籲懇開缺終養,據情代奏一摺。劉錦棠於上年回籍省視祖母,嗣據屢次陳請開缺,均經加恩展假,並諭令伊弟河南候補道劉鼐回籍侍養,俾該撫得以安心回任。朝廷加意體恤,不爲不周。兹復

---

① 中國第一歷史檔案館編:《光緒朝上諭檔》,第十六册,第225頁。

② 《清實録·德宗景皇帝實録(四)》,卷二百八十七,光緒十六年七月,第821頁。

據奏該撫祖母病益增劇，未能遠離，仍懇開缺。在劉錦棠孝思肫摯，原屬出於至誠。惟念新疆地方緊要，該撫威望素孚，整頓一切事宜，諸臻妥協，實未便准其開缺。劉錦棠著再賞假四個月，俟伊祖母病體稍痊，即行馳回本任，用副朝廷廑念邊陲、優加倚任至意。欽此。恭錄咨行，欽遵查照等因。伏念錦棠草莽庸愚，受恩深重。上年荷蒙給假歸省後，屢次陳情乞養，疊沐鴻施，不加訶責，寬予假期。每讀温諭之慈祥，曷禁涕零之如雨！自顧此身何才何德，朝廷曲加體量，至再至三。心非木石，能無奮興？現雖祖母沉痾未起，未忍決絶私情，棄之而去。然公義如此之重，實有不敢再申前請之勢。差幸入秋以來，祖母以錦棠日侍牀蓐，扶持抑搔，已周一年，雖仍不識錦棠爲孫，尚不若前此之目爲外人。適錦棠弟蕭奉旨，諭令回籍侍養，自五月三十日由豫稟報起程，因汴梁連旬大雨，驛路積水阻隔，改由周家口乘船，趨清淮，出長江，泝流而上，已◆³於八月十五日抵家，登堂拜謁。祖母雖不能認識，似尚目爲面熟家人。自此兄弟更番侍養，病勢幸未增劇。此時距恩旨續假之期尚有數月，加緊調理，仰蒙福庇，但得平平如故，即當於明年正月假滿後，破涕啓行。明知年近九十之篤病老人，自此次拜別慈顔，安知尚有獲見之一日？將求如現在之親侍湯藥，杳不可得，言之酸心。然高天厚地之恩淪肌浹髓，何敢再顧烏私，致滋罪戾！所爲情同絶裾，不復躊躇者也。惟念錦棠一家，自祖母以下歷承恩眷，有加無已，數十年如一日，從未一睹天顔◆⁴，寸心耿耿，無時或釋。且新疆如常安謐，正宜乘此無事之時，求領訓詞，稍申孺戀。陛辭後，立即馳回本任，不致多延時日。伏懇聖慈俞允，不勝感激屏營之至。所有遵旨於明年正月假滿後起行，先請陛見，即赴本任，並聲明弟蕭到家日期各緣由，呈請代奏前來。理合據情代奏。伏乞皇上聖鑒。謹奏。光緒十六年十月初六日◆⁵

光緒十六年十一月初八日,奉◆6硃批:劉錦棠著俟假滿後,即行來京陛見。欽此。

【案】此摺原件①、録副②現藏於中國第一歷史檔案館,兹據校補。

1.【頭品頂戴湖南巡撫臣張煦跪】此前銜據原件補。

2.【准】原件、録副均作“接准”。

3.【已】原件、録副均作“亦”。

4.【一睹天顔】原件、録副均作“一覲天顔”。

5.【光緒十六年十月初六日】此具奏日期,據原件補。

6.【光緒十六年十一月初八日,奉】此奉旨日期,據録副補。

358.賞祖母匾額綢緞謝恩摺(湘撫張煦代奏)
光緒十七年正月二十二日

頭品頂戴湖南巡撫臣張煦跪◆1奏,爲據情代陳,仰祈聖鑒事。

竊臣准在籍甘肅新疆巡撫臣劉錦棠文稱:接准行知:光緒十六年九月二十三日内閣奉上諭:本年朕二旬慶辰,業經覃敷閩澤,將在京大員老親年逾八旬者,優加賞賚。兹據京外各衙門續查,太子太保尚書銜甘肅新疆巡撫劉錦棠等老親,均年逾八旬,禄養承歡,允宜一體施恩,以昭盛典。尚書銜甘肅新疆巡撫劉錦棠之祖母陳氏,著賞給御書匾額一方、紫檀三鑲玉如意一柄、大卷江綢袍料二匹、大卷八絲緞袍褂料二匹,用示錫類推恩至意。欽此。旋由驛發遞恩賞各件到錦棠湘鄉縣原籍。當即恭設香案,望闕叩頭祗領訖。伏念錦棠世沐殊榮,備極優渥,愧無建樹,莫報涓埃。兹值

① 中國第一歷史檔案館藏:《硃批奏摺》,檔號:04—01—13—0367—064。

② 中國第一歷史檔案館藏:《録副奏摺》,檔號:03—5271—030。

堯殿長春，疇陳五福，方效華封上祝，寵賁重闈。日麗天章，宸藻耀庭階之色；珠明如意，皇圖開仁壽之祥。膺申錫而綵絢絲綸，頌壬林而輝增黼黻。疊蒙賞賚，彌切悚惶。錦棠惟有勉竭庸愚，力圖報稱。望彤庭而忭舞，載咏南山；瞻丹徵以依馳，遙殷西向。所有錦棠感激榮幸下忱，咨請代奏等因前來。理合據情恭摺代奏，叩謝天恩。伏乞皇上聖鑒。謹奏。光緒十七年正月二十二日◆2。

光緒十七年二月十一日，奉硃批：知道了。欽此◆3。

【案】此摺原件①、錄副②現藏於中國第一歷史檔案館，茲據校補。

1.【頭品頂戴湖南巡撫臣張煦跪】此前銜據原件補。

2.【光緒十七年正月二十二日】此具奏日期，據原件補。

3.【光緒十七年二月十一日，奉硃批：知道了。欽此】此奉旨日期與內容，據錄副補。

359. 謝年終恩賞摺（湘撫張煦代奏）

光緒十七年正月二十二日

頭品頂戴湖南巡撫臣張煦跪◆1奏，爲據情代陳，叩謝天恩，恭摺仰祈聖鑒事。

竊臣准在籍甘肅新疆巡撫臣劉錦棠咨稱：光緒十六年十二月二十七日承准軍機處咨開：光緒十六年十一月二十九日，由內交出恩賞福字荷包、銀錢、銀錁、食物等項，交兵部由驛馳遞，按照單開數目祗領等因。承准此，當即恭設香案，望闕叩頭祗領訖。伏念錦棠猥以微材，叨逢盛世，屢邀光寵，時切悚惶。茲當鳳篆將更，忽荷龍綸下逮。宸翰煥雲霞之色，敷錫九疇；覆幬彰天地之

①　中國第一歷史檔案館藏：《硃批奏摺》，檔號：04—01—14—0087—078。

②　中國第一歷史檔案館藏：《錄副奏摺》，檔號：03—5554—021。

仁,包涵萬類。貢金品重,寶並球圖。賜果名嘉,頒來禁苑。滴酥同潤,濃恩沾帝眷之隆;屑玉流芬,異味拜天厨之賜。凡此鴻施之沛,實深黿戴之忱。惟有震省身心,刻銘肺腑,以期仰答高厚鴻慈於萬一。所有感激下忱咨請代奏,叩謝天恩等因到臣。理合據情恭摺代陳。伏乞皇上聖鑒。謹奏。光緒十七年正月二十二日◆2。

　　光緒十七年二月十一日,奉硃批:知道了。欽此◆3。

　　【案】此摺原件①、録副②現藏於中國第一歷史檔案館,兹據校補。

　　1.【頭品頂戴湖南巡撫臣張煦跪】此前銜據原件補。

　　2.【光緒十七年正月二十二日】此具奏日期,據原件補。

　　3.【光緒十七年二月十一日,奉硃批:知道了。欽此】此奉旨日期與内容,據録副補。

360. 丁祖母承重憂例應開缺摺〔片〕
(湘撫張煦代奏)
光緒十七年正月二十七日

　　再,請假在籍甘肅新疆巡撫臣劉錦棠,自光緒十五年八月初六日到湘鄉縣本籍省親,因伊祖母陳氏久病纏綿,業經三次陳情,均蒙恩賞假。又經臣於上年十月初六日代奏,俟假滿後,即行赴京陛見。十二月初六日,欽奉硃批:劉錦棠著俟假滿後,即行來京陛見。欽此。當即恭録咨行去後。兹據藩司何樞③詳報:據署湘

①　中國第一歷史檔案館藏:《硃批奏摺》,檔號:04—01—14—0087—079。

②　中國第一歷史檔案館藏:《録副奏摺》,檔號:03—5276—043。

③　何樞(1824—1900),字拱辰,號紫垣,河南祥符人。咸豐六年(1856)進士,選吏部文選司行走。同治九年(1870),升吏部主事、員外郎。十一年(1872),擢郎中。光緒元年(1875),補湖南常德府知府。次年,調長沙府知府。九年(1883),升授辰永沅靖道。十四年(1888),遷四川按察使。十五年(1889),調補湖南布政使。二十四年(1898),調山西布政使。二十六年(1900),卒於任。

鄉縣◆1 孫如卿申稱：劉錦棠正擬料理起程赴京間，詎伊祖母陳氏於十七年正月初九日病故。該撫臣係承重嫡長孫，例應丁憂。呈請轉詳奏咨開缺等情前來。臣覆查無異。除分咨吏部及陝甘督撫臣查照外，理合附片陳明。伏乞聖鑒。謹奏。

　　光緒十七年二月二十三日，奉硃批：另有旨。欽此◆2。

【案】此奏片原件①、録副②現藏於中國第一歷史檔案館，兹據校補。原件未署具奏者，且具奏日期亦未確，兹據刻本、録副判斷爲原件。

1.【湘鄉縣】原件、録副均作"湘鄉縣知縣"，是。

2.【光緒十七年二月二十三日，奉硃批：另有旨。欽此】此奉旨日期與内容，據録副補。

【案】光緒十七年二月十九日，吏部以劉錦棠丁祖母承重憂事知照軍機處曰：

　　　吏部爲知照事。據湖南巡撫咨：甘肅新疆巡撫劉錦棠，於光緒十七年正月初九日丁祖母承重憂，相應知照貴處查照。因□不及，先行白片，後補印文可也。須至知照者。右知照軍機處。光緒十七年二月十九日。③

　　光緒十七年二月二十三日，清廷任命陶模爲甘肅新疆巡撫。《上諭檔》："光緒十七年二月二十三日内閣奉上諭：甘肅新疆巡撫著陶模補授。欽此。"④據此可知，清廷允准劉錦棠在籍守制。

361.服闋後俟病體稍痊
即行遵旨赴京摺（湘撫吳大澂代奏）
光緒十九年四月二十八日

頭品頂戴湖南巡撫臣吳大澂跪◆1 奏，爲據情代奏，仰祈聖

---

① 中國第一歷史檔案館藏：《硃批奏摺》，檔號：04—01—13—0368—063。
② 中國第一歷史檔案館藏：《録副奏摺》，檔號：03—5276—083。
③ 中國第一歷史檔案館藏：《知照》，檔號：03—5712—039。
④ 中國第一歷史檔案館編：《光緒朝上諭檔》，第十七册，第47頁。

鑒事。

　　竊臣前據前新疆巡撫臣劉錦棠以足疾舉發，並患目昏各情，呈請暫緩北上，當經恭摺代奏◆2。嗣於光緒十九年三月十一日接回原摺，奉硃批：著傳諭劉錦棠，一俟病體稍痊，即行來京陛見。欽此。欽遵轉咨去後。茲據劉錦棠呈稱：欽奉諭旨，跪誦之下，感激涕零。計自光緒十七年正月初九日丁憂起，至十九年四月初九日已經服闋，亟應起程北上，以副感恩圖報之忱。惟兩目昏矇，近雖漸愈，而足疾則積冷如冰，少欲行動，須人扶掖，兼有頭眩、自汗、便血等證◆3，精神異常困憊。據醫家云，兩足疾根◆4過深，調治得法，尚可望痊。若再延緩，必成痼疾。清夜自思，殊深焦急。前此籲懇聖慈，稍爲展緩。方慮上違朝旨，寢饋莫安，乃蒙俞允之恩，如獲更生之慶。天良具在◆5，感奮何如。自當趕緊調治，一俟足能舉步，各證稍見痊可，立即束裝就道，泥首闕廷，瞻仰天顏，跪聆聖訓，不敢稍耽安逸，自外生成等情，呈請代奏前來。臣查劉錦棠尚在中年，氣體未衰，所患足頓等證，皆由積受風濕，稍寬時日，俾得安心醫治，自易復元。一俟疾體稍痊，臣當催令北上，仰副聖恩眷念之隆。除咨明吏部起復外，所有據情代奏緣由，謹繕摺具陳。伏乞皇上聖鑒。謹奏。光緒十九年四月二十八日◆6。

　　光緒十九年五月二十日，奉◆7硃批：知道了。欽此。

　　【案】此摺原件①、録副②現藏於中國第一歷史檔案館，茲據校補。

　　1.【頭品頂戴湖南巡撫臣吳大澂跪】此前銜據原件補。

　　2.【案】光緒十九年正月二十四日，湖南巡撫吳大澂以在籍服闋前新疆巡撫劉錦棠病體未痊，具摺代奏暫緩進京陛見：

　　　　頭品頂戴湖南巡撫臣吳大澂跪奏，爲據情代奏，仰祈聖鑒事。光

　　①　中國第一歷史檔案館藏：《硃批奏摺》，檔號：04—01—12—0559—007。

　　②　中國第一歷史檔案館藏：《録副奏摺》，檔號：03—5306—091。

緒十九年正月初四日承准軍機大臣字寄：光緒十八年十二月十二日
奉上諭：甘肅新疆巡撫劉錦棠在籍守制，現在計將服闋。著吳大澂傳
知該撫，於明春開河後，迅即來京陛見，毋稍遲延。將此諭令知之。
欽此。當即欽遵轉行去後。茲據前新疆巡撫臣劉錦棠遣家屬來省呈
稱：家長恭讀諭旨，仰荷聖恩高厚，感激涕零，應俟服闋後，趕即乘輪
北上。惟家長兩足感受潮濕，艱於行動。去冬偶因步履蹉跌，右肘受
傷，並及腰脅，因此牽動肝風，兩目昏花，不辨小楷。現在趕緊醫治，
自可日就痊愈。一俟目光清亮，行步不致艱難，當即進省奏報起程，
不敢稍耽安逸，自外生成等情，呈請代奏前來。臣查劉錦棠足疾未
瘳，又增目疾，皆係日久居鄉、積受風濕所致。若至北地高燥之區，易
於調治。俟其到省，臣當勸令早日北上，病體必可復元，不致稽延。
所有據情代奏緣由，謹繕摺具陳。伏乞皇上聖鑒。謹奏。光緒十九
年正月二十四日。

　　光緒十九年二月二十二日，奉硃批：著傳諭劉錦棠，一俟病體稍
痊，即行來京陛見。①

3.【證】原件、録副均作"症"。下文同。

4.【疾根】原件、録副均作"病根"。

5.【具在】原件、録副均作"俱在"。

6.【光緒十九年四月二十八日】此具奏日期，據原件補。

7.【光緒十九年五月二十日，奉】此奉旨日期，據録副補。

362.晉封一等男謝恩並
請旨祝嘏摺（湘撫吳大澂代奏）

光緒二十年三月二十六日

頭品頂戴湖南巡撫臣吳大澂跪◆¹奏，爲據情代奏，叩謝天

---

①　中國第一歷史檔案館藏：《硃批奏摺》，檔號：04—01—12—0558—024；《録副奏摺》，檔
號：03—5303—096。

恩,並懇入都祝嘏,恭摺仰祈聖鑒事。

竊准在籍太子太保尚書銜一等男前甘肅新疆撫臣劉錦棠咨開:恭閱邸鈔:欽奉光緒二十年正月初一日上諭:朕欽奉慈禧端佑康頤昭豫莊誠壽恭欽獻皇太后懿旨:予六旬慶辰,在廷臣工,業經降旨加恩,因念各省文武大臣,有久膺疆寄,卓著勛勞,允宜同膺懋賞。前甘肅新疆巡撫劉錦棠,著晉封一等男。欽此。竊錦棠倥侗陋質,蹢躅屢䪻,蒙賞假以養疴,未宣勤而報德,久已滋慚,午夜負疚寅恭矣◆2。乃復跪誦綸音,欽承布澤。皇太后長生進錄,萬壽無疆。皇上錫類陳詩,一人有慶。仰九重閶闔,敷惠雨以如膏;合萬國衣冠,沐恩波而似海。凡屬在公靰掌,尚因受寵驚心,矧錦棠職曠采薪,形同朽木,馬空伏櫪,雀未銜環◆3。感曩時兌澤頻沾,榮邀蒲璧;喜此日坤安上祝◆4,秩晉花珊。山戴黿頭,襲且遞增十世;梁濡鶗翼,德詎足安衆人。陪東門而領西門,謠羞竉養;由八次而逾九次,濫愧竽吹。理宜籲懇聖慈,收還成命,藉安愚分,末減重愆。惟念長樂添籌,四海上南山之頌;中安戢毅,千宮稱北斗之觴。白麟亦解呈祥,嵩呼響應;赤雁皆來獻瑞,華祝聲騰。莫不共沐龍恩,同申虎拜,重輪普照,草木生輝◆5。錦棠仰托鴻釐,固淪肌而浹髓;從茲駑步,當應手以回春。現在藥石頻投,冀增起色,一俟趨蹌稍勝,即便首塗,詣闕謝恩,隨班祝嘏,虔申陛見,謹聆聖謨。所有感激微忱,呈請代奏前來。臣查湖南武職大員,未經籲請祝嘏者,恪遵諭旨,毋庸再爲代奏。惟劉錦棠本係奉旨催令入都陛見之員,其忠愛感激出於至誠,臣未便拘泥,仍應勸其早日北上。理合據情恭摺代奏。伏乞皇上聖鑒。謹奏。光緒二十年三月二十六日◆6。

光緒二十年四月二十七日◆7,軍機大臣知會,奉旨:留中。欽此。

【案】此摺原件①現藏於臺北故宮博物院，兹據校補。

1.【頭品頂戴湖南巡撫臣吳大澂跪】此前銜據原件補。

2.【矣】刻本奪"矣"，據原件補。

3.【馬空伏櫪，雀未銜環】原件作"馬空櫪伏，雀未環銜"。

4.【上祝】原件作"永祝"。

5.【莫不共沐龍恩，同申虎拜，重輪普照，草木生輝】此節文字刻本錯亂且脫奪，原件爲"莫不共切葵衷，爭踴躍而申虎拜；豈其同膺芝誥，獨逡巡而避龍恩。所幸萬象維新，山川耀景，重輪普照，草木生輝"。

6.【光緒二十年三月二十六日】此具奏日期，據原件補。

7.【光緒二十年四月二十七日】此奉旨日期，據《軍機處隨手登記檔》②校補。

【案】光緒二十年六月初七日，吏科掌印給事中余聯沅以日本兵犯朝鮮，片奏請飭劉錦棠等分赴南北洋幫辦軍務：

　　再，聞日本僻處東瀛，常以限於疆域爲憾，故近年不惜鉅款，製艦練兵，力謀軍實。即如此次兵犯朝鮮，已備陸軍五萬人，海軍十餘艘，載兵商船十號，定買煤十五萬噸，並帶電料及工匠數百人，赴朝鮮趕造電綫，所費已逾百萬。推狡焉思啓之心，如此竭力經營，其勢即難中止。而中國北洋各海口海軍祇有鐵艦八號，陸軍合直、東、奉三省亦祇二萬數千人，戰事方棘，水陸兵單，亟應預籌，以資防禦。謹竭其一得之愚，仰祈聖明采擇：

　　一、治軍首在得人。前台灣巡撫劉銘傳、前新疆巡撫劉錦棠，皆夙習韜鈐，深通洋務，值此海氛不靖，該撫等受恩深重，理合共濟時艱，擬請旨飭令分赴南北洋，幫辦軍務，剋日就道，不准以病推諉。

　　一、用兵必先籌餉。各省與部庫均屬支絀，大宗款項勢難猝辦。聞現在辦理慶典，存款尚多，當此時事艱難，不能不通盤籌畫，可否懇請懿旨飭令內務府、戶部，將未經動用銀兩酌撥若干，以濟軍餉。

---

① 臺北故宮博物院藏：《軍機及宮中檔》，文獻編號：132165。

② 中國第一歷史檔案館藏：《軍機處隨手登記檔》，檔號：03—0280—2—1220—113。

一、臨陣貴求宿將。擬請旨飭下南北洋大臣,於各省提鎮及統兵將領無論有缺無缺,曾經著有戰績者,除海疆統兵不須調動外,其餘邊省及内地各員,均准其隨時奏請調用。查廣東南澳鎮總兵劉永福素著聲威,江蘇按察使陳湜久歷戎行,亦擬請旨飭赴南北洋,以備任使。

一、制勝宜厚兵力。現在水陸不敷分布,擬請飭令南北洋大臣會商,應添練陸軍若干、水軍若干,迅速奏明辦理,以資戰守。

一、禦夷須防海口。北洋如天津、煙臺、旅順,南洋如廣東、福建、江西、浙江等地方,處處可通番舶。若台灣之孤懸海外,尤爲緊要,擬請旨飭下沿江、沿海各督撫,先自爲備,以固守藩籬,復互相援以聯絡聲勢,使彼族無隙可乘,而後可出奇而制勝。

考之以上五事,皆目前當務之急。是否有當,伏乞聖鑒訓示施行。謹奏。①

光緒二十年六月二十三日,湖廣總督張之洞奉旨傳旨劉錦棠即行來京陛見,電諭曰:“奉旨著張之洞傳旨前甘肅新疆巡撫劉錦棠,即行來京陛見。欽此。”②七月二十日,清廷又電諭:“奉旨前諭令張之洞傳旨劉錦棠來京陛見。該前撫有無覆奏,何時啓行,著張之洞即日電覆。欽此。”③

劉錦棠奉旨正擬進京陛見,忽患中風之症,病勢增劇,自感時日無多,遂於光緒二十年七月初九日口授遺摺,奏報病危:

太子太保尚書銜前甘肅新疆巡撫一等男臣劉錦棠跪奏,爲天恩未報,臣病垂危,伏枕哀鳴,恭摺仰祈聖鑒事。光緒二十年三月初一日,呈請湖南巡撫吳大澂代奏叩謝天恩,並陳下悃。維時足疾尚未少瘳,而虛火上炎,頭眩眼昏諸症時時間作,夢寐觚棱,恨不奮飛。因先治其所急,專投行血補氣之劑。入夏以後,漸能舉足。五月中旬,已能獨行數十步。私幸沈疴忽起,即可瞻拜闕廷。五月二十二日,行至湘鄉縣城,正擬克期起程,忽左體中風,勢同痿痺,飲食少進,徹夜自

---

① 臺北故宫博物院藏:《軍機及宫中檔》,文獻編號:133309。
② 中國第一歷史檔案館藏:《諭旨‧電寄諭旨檔》,檔號:1—01—12—020—0022。
③ 中國第一歷史檔案館藏:《諭旨‧電寄諭旨檔》,檔號:1—01—12—020—0044。

汗,不能成寐。醫者謂肝火內煎,脚氣上逆,此由求效太速、藥力偏勝所致,已成險症。正深焦慮,七月初四日欽奉六月二十三日寄諭:即行來京陛見。臣聞命之下,涕淚潸然。又聞朝鮮內變,日本肇釁。綏藩肖小,上勞宵旰。當國家多事之秋,正臣子效命之日。臣臥病牀褥,報恩不得,自揣病狀,萬無生理。以臣一介粗材,蒙皇太后、皇上破格之恩,久領兵符,涒膺疆寄。假歸以後,猶復頻邀異數,曾未一覲天顔,誓將力疾起程,而又危在旦夕,死不瞑目。伏願皇上聖謨堅定,激勵將帥,掃蕩夷氛,綏靖藩服。自設立湘軍以來,感荷殊恩,至今感戴奮發之忱未嘗少替,尚有知兵夙將年力未衰,擇而用之,必當力圖報稱。臣犬馬戀,惟有圖報來生! 口授遺摺,命子道謙、篤烈等於牀前恭繕,呈由湖南巡撫臣吳大澂代奏。伏乞皇上聖鑒。謹奏。光緒二十年七月初九日。①

劉錦棠於七月初十日病故,湖南巡撫吳大澂於光緒二十年七月十七日奏報劉錦棠病故,並代遞遺摺等事:

頭品頂戴湖南巡撫臣吳大澂跪奏,爲大員在籍病故,呈遞遺摺,籲懇天恩准將生平事迹宣付國史館立傳,以彰忠藎而勵臣節,恭摺仰祈聖鑒事。竊前新疆巡撫臣劉錦棠於光緒十五年正月奉旨賞假回籍省親,二月二十五日由新疆起程,八月初六日行抵湖南湘鄉縣本籍。旋因劉錦棠祖母病勢沉重,未能克期銷假。光緒十七年正月初九日,在籍丁祖母承重憂,扣至光緒十九年四月初八日服闋。屢經傳旨,催令進京陛見。該故撫臣始因兩足感受潮濕,行動維艱,加以兩目昏花,不辨小楷,趕緊延醫調治。數月以來,漸有成效。欽奉六月二十三日電旨:著張之洞傳諭劉錦棠,即日來京陛見。欽此。該故撫臣聞命之下,擬即治裝,扶病起程。自謂年力未衰,一息尚存,自當勉濟時艱,力圖報稱。不意左體忽患中風,病勢驟增,竟於七月初十日病故。專遣家丁進省,呈遞遺摺,由臣代奏。伏念劉錦棠以一介書生,馳騁戎馬,智勇兼優。胞叔劉松山在甘肅靈州力戰陣亡,劉錦棠接統湘

---

① 臺北故宮博物院藏:《軍機及宮中檔》,文獻編號:134420。

軍。將士服其膽略,協力同心,卒能克復金積堡。身經數十戰,屢破回巢,廓清關隴,故大學士左宗棠倚爲腹心。與諸將如家人父子,同甘共苦,用能疊奏膚公,譽爲時棟。臣於光緒元年以陝甘學政按試西寧,適劉錦棠在西寧道任內。臣見其激昂慷慨,忠勇性成,蒿目時艱,有攬轡澄清之志,遂與臣爲布衣昆弟之交。旋即奉命督師出關,克復新疆,釐定伊犁邊界,力興屯墾,撫輯民回。蒙恩擢授新疆巡撫,改設郡縣,規畫有方,以艱苦卓絶之才,布草昧經營之略,破除成見,吏治爲之一新。其籌兵籌餉,舉重若輕,事事必圖久遠,不爲目前苟且之計。非有過人之膽識,不能任此艱鉅,屹然爲西北長城。其生平戰功政績載在方略,久蒙皇太后、皇上倚畀之隆。乃因積勞成疾,未竟厥施耿耿忠誠,齎志以殁。擬懇天恩,准其將生平事迹宣付國史館立傳,可否於立功省分及原籍地方建立專祠,出自特恩,非臣所敢擅擬。謹將已故新疆巡撫臣劉錦棠呈遞遺摺,專摺代陳。伏乞皇上聖鑒。再,該故撫臣長子道謙,監生;次篤烈,優增生;次國祉,雙月選用州同;次國祜、次國佑,均業儒。孫六人:家璠、家璵、家瑞、家瑗、家璐、家琛。合併陳明。謹奏。光緒二十年七月十七日。

　　光緒二十年八月初五日,奉硃批:另有旨。欽此。[1]

是年八月初五日,清廷頒布上諭:

　　光緒二十年八月初五日內閣奉上諭:吳大澂奏大員在籍病故,代遞遺疏,懇恩賜恤一摺。前任甘肅新疆巡撫劉錦棠秉性忠勇,卓著勛勤。同治年間,隨同劉松山剿辦回匪,接統湘軍,克復金積堡,身經數十戰,屢破回巢,廓清關隴,由道員荐擢京卿,授爲欽差大臣,督辦新疆軍務,運籌決策,悉合機宜,於撫輯民回、創辦屯墾事,尤臻妥協。補授甘肅新疆巡撫,賞加尚書銜,辦理新疆善後及地方事宜,均能悉心規畫,勞瘁不辭。前經疊次懇請終養,賞假回籍省視,旋以丁憂開缺。本年正月,欽奉懿旨,晉封一等男爵。六月間,有旨召令來京。

---

① 　中國第一歷史檔案館藏:《硃批奏摺》,檔號:04—01—12—0564—026;臺北故宮博物院藏:《軍機及宮中檔》,文獻編號:134417。

方冀長資倚畀,遽聞溘逝,悼惜殊深! 劉錦棠著照巡撫例賜恤,加恩予謚,准其於立功省分建立專祠。生平戰績事實,宣付國史館立傳。賞銀一千兩治喪,由湖南藩庫給發。任內一切處分悉予開復。應得恤典,該衙門查例具奏。伊子監生劉道謙,著以員外郎用。優增生劉篤烈著賞給舉人,准其一體會試。伊孫劉家璠著以主事用,以示篤念藎臣至意。欽此。①

① 中國第一歷史檔案館藏:《諭旨》,檔號:03—5898—005;《光緒朝上諭檔》,第二十册,第408頁;《清實録·德宗景皇帝實録(五)》,卷三百四十六,光緒二十年八月,第431—432頁。

參考文獻

［1］中國第一歷史檔案館藏：《硃批奏摺》《硃批奏片》。

［2］中國第一歷史檔案館藏：《錄副奏摺》《錄副奏片》。

［3］中國第一歷史檔案館藏：《諭旨》。

［4］中國第一歷史檔案館藏：《咨文》。

［5］中國第一歷史檔案館藏：《清單》。

［6］中國第一歷史檔案館藏：《呈文》。

［7］中國第一歷史檔案館藏：《户科題本》

［8］中國第一歷史檔案館藏：《刑科題本》。

［9］中國第一歷史檔案館藏：《呈狀》。

［10］中國第一歷史檔案館藏：《禀文》。

［11］臺北故宮博物院藏：《宮中檔硃批摺件》

［12］臺北故宮博物院藏：《軍機處錄副摺件》。

［13］臺北故宮博物院藏：《清單》。

［14］臺北故宮博物院藏：《廷寄》。

［15］臺北“中央研究院”近代史所檔案館藏：《外交檔案》。

［16］中國第一歷史檔案館編：《道光朝上諭檔》，廣西師範大學出版
社，2000。

［17］中國第一歷史檔案館編：《咸豐朝上諭檔》，廣西師範大學出版
社，1998。

[18]中國第一歷史檔案館編:《同治朝上諭檔》,廣西師範大學出版社,1998。

[19]中國第一歷史檔案館編:《光緒朝上諭檔》,廣西師範大學出版社,1996。

[20]中華書局影印:《清實錄·仁宗睿皇帝(嘉慶)實錄》,中華書局,1986。

[21]中華書局影印:《清實錄·宣宗成皇帝(道光)實錄》,中華書局,1986。

[22]中華書局影印:《清實錄·文宗顯皇帝(咸豐)實錄》,中華書局,1986。

[23]中華書局影印:《清實錄·穆宗毅皇帝(同治)實錄》,中華書局,1987。

[24]中華書局影印:《清實錄·德宗景皇帝(光緒)實錄》,中華書局,1987。

[25]中國第一歷史檔案館編:《光緒朝硃批奏摺》,中華書局,1995。

[26]臺北故宮博物院編:《宮中檔光緒朝奏摺》,臺北東亞制本所,1973—1975。

[27]臺灣史料集成編輯委員會編:《明清臺灣檔案彙編》,臺北遠流出版有限公司,2009。

[28]中國第一歷史檔案館編:《清代軍機處電報檔匯編》,中國人民大學出版社,2005。

[29]中國第一歷史檔案館編:《清代軍機處隨手登記檔》,國家圖書館出版社,2013。

[30]秦國經主編:《清代官員履歷檔案全編》,華東師範大學出版社,1997。

[31]劉錦藻編:《清朝文獻通考》,浙江古籍出版社,1988。

[32]劉錦藻編:《清朝續文獻通考》,浙江古籍出版社,1988。

[33]中國第一歷史檔案館、福建師範大學歷史系編:《清末教案》,中華書局,1996。

[34]戚其章、王如繪編:《晚清教案紀事》,東方出版社,1990。

[35]臺北"中央研究院"近代史所編:《教務教案檔》,臺北"中央研究院"近代史所,1974—1981。

[36]顧廷龍主編:《清代朱卷集成》,臺北成文出版社,1992。

[37]中央民族大學圖書館藏:《欽定平定陝甘新疆回匪方略》。

[38]左宗棠著:《左宗棠全集》,上海書店出版社,1986。

［39］左宗棠著：《左宗棠全集》，岳麓書社，2009。

［40］曾紀澤著：《曾惠敏公遺集》，《近代中國史料叢刊》第十九輯，臺北文
　　　海出版社，1968。

［41］劉銘傳著：《劉壯肅公奏議》，《近代中國史料叢刊》第二十輯，臺北文
　　　海出版社，1968。

［42］劉坤一著：《劉忠誠公遺集》，《近代中國史料叢刊》第二十六輯，臺北
　　　文海出版社，1968。

［43］譚鍾麟著：《譚文勤公奏稿》，《近代中國史料叢刊》第三十三輯，臺北
　　　文海出版社，1969。

［44］王延熙、王樹敏編：《皇清道咸同光奏議》，《近代中國史料叢刊》第三
　　　十四輯，臺北文海出版社，1969。

［45］沈桐生輯：《光緒政要》，《近代中國史料叢刊》第三十五輯，臺北文海
　　　出版社，1969。

［46］曾國荃著：《曾忠襄公奏議》，《近代中國史料叢刊》第四十四輯，臺北
　　　文海出版社，1969。

［47］張之洞著：《張文襄公全集》，《近代中國史料叢刊》第四十六輯，臺北
　　　文海出版社，1970。

［48］寶鋆等修：《籌辦夷務始末（同治朝）》，《近代中國史料叢刊》第六十
　　　二輯，臺北文海出版社，1971。

［49］蔡冠洛編：《清代七百名人傳》，《近代中國史料叢刊》第六十三輯，臺
　　　北文海出版社，1971。

［50］金梁輯：《近世人物志》，《近代中國史料叢刊續編》第六十八輯，臺北
　　　文海出版社，1977。

［51］寶宗一著：《李鴻章年譜》，《近代中國史料叢刊續編》第七十輯，臺北
　　　文海出版社，1977。

［52］汪兆鏞編：《碑傳集三編》，《近代中國史料叢刊續編》第七十三輯，臺
　　　北文海出版社，1980。

［53］馮用、吳幅員編：《劉銘傳撫台前後檔案》，《近代中國史料叢刊續編》
　　　第七十四輯，臺北文海出版社，1980。

［54］朱壽朋編：《光緒朝東華録》，中華書局，1958。

［55］王先謙等編：《東華續録・同治朝》，文瀾書局1898年石印本。

［56］蔣良騏編：《東華録》，中華書局，1980。

［57］貴州大學歷史系近代史教研室點校：《平黔紀略》，貴州人民出版社，1988。

［58］李翰章編纂、李鴻章校勘：《足本曾文正公全集》，吉林人民出版社，1995。

［59］顧廷龍、戴逸主編：《李鴻章全集》，安徽教育出版社，2008。

［60］郭嵩燾著：《郭嵩燾日記》，湖南人民出版社，1980—1983。

［61］郭廷以、尹仲容等著：《郭嵩燾先生年譜》，臺北"中央研究院"近代史所，1971。

［62］翁同龢著、陳義傑整理：《翁同龢日記》，中華書局，1993。

［63］丁鳳麟、王欣之編：《薛福成選集》，上海人民出版社，1987。

［64］趙爾巽等撰：《清史稿》，中華書局，1977。

［65］王鍾翰點校：《清史列傳》，中華書局，1987。

［66］王彦威纂輯、王亮編、王敬立校：《清季外交史料》，書目文獻出版社，1987。

［67］來新夏著：《近三百年人物年譜知見録》，上海人民出版社，1983。

［68］李侃等著：《中國近代史》，中華書局，2004。

［69］李灵年、楊忠編：《清人別集總目》，安徽教育出版社，2000。

［70］中國社科院近代史研究所資料室編：《曾國藩未刊往來函稿》，岳麓書社，1986。

後　記

　　本書自 2008 年收集材料,至 2013 年基本完成,時閱五載,始克蒇功。在此期間,山東大學杜澤遜先生、中國社會科學院邊疆史地研究中心厲聲先生,時加鞭策,鼎力贊襄;中國第一歷史檔案館和臺北故宮博物院的諸位同仁,文獻需索,有求必應;中華書局張榮國先生、杜艷茹女史,克盡厥職,補苴良多;謹此一併致謝!

　　惟以學識庸陋,才智愚鈍,舛訛紕繆,實所難免,方家勘正,是所企望。

杜宏春